VW Passat

Gör-det-själv-handbok

Martynn Randall

Modeller som behandlas

(3943-352)

VW Passat sedan- och kombimodeller, inklusive specialmodeller
Bensinmotorer: 1,6 liter (1595 cc) och 1,8 liter (1781 cc), 4-cylindriga (även turbo)
Turbodieselmotorer: 1,9 liter (1896 cc), 4-cylindrig

Behandlar inte V5- (bensin) eller V6-motorer (bensin och diesel), eller Syncro/4-Motion-modeller
Behandlar inte modeller som introducerades i december 2000

ABCDE
FGHIJ
KL

En bok i **Haynes serie med Gör-det-själv-handböcker**

ISBN **978 0 85733 943 0**

British Library Cataloguing in Publication Data
En katalogpost för denna bok finns att få från British Library

Tryckt i USA

Haynes Publishing Nordiska AB
Box 1504, 751 45 UPPSALA, Sverige

Haynes Publishing
Sparkford, Yeovil, Somerset BA22 7JJ, England

Haynes North America, Inc
861 Lawrence Drive, Newbury Park, California 91320, USA

Printed using 33-lb Resolute Book 65 4.0 from Resolute Forest Products Calhoun, TN mill. Resolute is a member of World Wildlife Fund's Climate Savers programme committed to significantly reducing GHG emissions. This paper uses 50% less wood fibre than traditional offset. The Calhoun Mill is certified to the following sustainable forest management and chain of custody standards: SFI, PEFC and FSC Controlled Wood.

Innehåll

DIN VW PASSAT

Reparationer vid vägkanten

Veckokontroller

UNDERHALL

Rutinunderhåll och service

Innehåll

REPARATIONER OCH UNDERHALL

De VW Passat-modeller som behandlas i denna handbok introducerades i februari 1997. Det finns sedan- och kombimodeller med en rad olika motorstorlekar. Den här handboken behandlar 4-cylindriga bensin- och dieselmotormodeller, både med turbo och utan turbo. Den minsta motorn är bensinmotorn på 1595 cc med enkel överliggande kamaxel. Dessutom finns det bensinmotorer på 1781 cc med dubbla överliggande kamaxlar. Alla dieselmotorer har turbo och enkel överliggande kamaxel. Vissa av dem är utrustade med pumpinsprutningsventiler, där insprutningspumpen är utbytt mot en vipparmsaxel och en armenhet som med hjälp av en andra uppsättning kamnockar trycker ihop varje pumpinsprutningsventil i tur och ordning. Den här tekniken används för att uppnå högre insprutningstryck och för att bränslet ska sprutas in vid rätt tidpunkt.

Bilarna har helt individuell främre fjädring, där komponenterna är monterade på en kryssrambalk. Den bakre fjädringen är halvindividuell, med en torsionsstav och hjälparmar.

Femväxlad manuell växellåda är standard på alla modeller, och en sexväxlad låda finns som tillval för modeller med dieselmotor på 1896 cc, 85 kW.

För varje modell finns en stor mängd standard- och extrautrustning för alla smaker, inklusive låsningsfria bromsar och luftkonditionering.

Passat är en enkel bil att underhålla, och de flesta komponenter som behöver regelbunden tillsyn är lätt åtkomliga.

Den här VW Passat-handboken

Syftet med den här handboken är att hjälpa dig få så stor glädje av din bil som möjligt. Det kan göras på flera sätt. Boken är till hjälp vid beslut om vilka åtgärder som ska vidtas (även då en verkstad anlitas för att utföra själva arbetet). Den ger även information om rutinunderhåll och service, och föreslår arbetssätt för ändamålsenliga åtgärder och diagnos om slumpmässiga fel uppstår. Förhoppningsvis kommer emellertid handboken att användas till försök att klara av arbetet på egen hand. Vad gäller enklare jobb kan det till och med gå snabbare att ta hand om det själv än att först boka tid på en verkstad och sedan ta sig dit två gånger, en gång för att lämna bilen och en gång för att hämta den. Och kanske viktigast av allt, en hel del pengar kan sparas genom att man undviker de avgifter verkstäder tar ut för arbete och administration.

Handboken innehåller teckningar och beskrivningar som förklarar de olika komponenternas funktion och utformning. Arbetsgången är beskriven och fotograferad i tydlig ordningsföljd, steg för steg. Bilderna är numrerade efter det avsnitt och den punkt som de illustrerar. Om det finns mer än en bild per punkt anges ordningsföljden mellan bilderna alfabetiskt.

Hänvisningar till "vänster" eller "höger" avser vänster eller höger för en person som sitter i förarsätet och tittar framåt.

VW Passat sedan

Tack till...

Tack till Draper Tools Limited, som stod för en del av verktygen, samt till alla på Sparkford som hjälpte till att producera den här boken.

Den här handboken är inte en direkt ombearbetning av tillverkarnas uppgifter, och publiceringen av den innebär inte att något tekniskt medgivande från fordonstillverkare eller importörer har givits.

Vi är mycket stolta över tillförlitligheten i den information som ges i den här boken, men biltillverkare gör ändringar i konstruktion och utformning under pågående tillverkning och talar inte alltid om det för oss. Författarna och förlaget kan inte ta på sig något ansvar för förluster, skador eller personskador till följd av fel eller ofullständig information i denna bok.

Bilar som användes

Den bil som användes mest under förberedelserna av den här handboken, och som finns med på flera av bilderna, var en 1999 års VW Passat sedanmodell med 1,9-liters dieselmotor. Vidare användes en 1998 års sedan med 1,9-liters dieselmotor och en 1999 års kombi med 1,8-liters bensinmotor med turbo.

VW Passat kombi

Att arbeta på din bil kan vara farligt. Den här sidan visar potentiella risker och faror och har som mål att göra dig uppmärksam på och medveten om vikten av säkerhet i ditt arbete.

Allmänna faror

Skållning

• Ta aldrig av kylarens eller expansionskärlets lock när motorn är het.

• Motorolja, automatväxellådsolja och styrservovätska kan också vara farligt varma om motorn just varit igång.

Brännskador

• Var försiktig så att du inte bränner dig på avgassystem och motor. Bromsskivor och -trummor kan också vara heta efter körning.

Lyftning av fordon

• Vid arbete nära eller under ett lyft fordon, använd alltid extra stöd i form av pallbockar eller använd ramper. ***Arbeta aldrig under en bil som endast stöds av en domkraft.***

• När muttrar eller skruvar med högt åtdragningsmoment skall lossas eller dras, bör man lossa dem något innan bilen lyfts och göra den slutliga åtdragningen när bilens hjul åter står på marken.

Brand och brännskador

• Bränsle är mycket brandfarligt och bränsleångor är explosiva.

• Spill inte bränsle på en het motor.

• Rök inte och använd inte öppen låga i närheten av en bil under arbete. Undvik också gnistbildning (elektrisk eller från verktyg).

• Bensinångor är tyngre än luft och man bör därför inte arbeta med bränslesystemet med fordonet över en smörjgrop.

• En vanlig brandorsak är kortslutning i eller överbelastning av det elektriska systemet. Var försiktig vid reparationer eller ändringar.

• Ha alltid en brandsläckare till hands, av den typ som är lämplig för bränder i bränsle- och elsystem.

Elektriska stötar

• Högspänningen i tändsystemet kan vara farlig, i synnerhet för personer med hjärtbesvär eller pacemaker. Arbeta inte med eller i närheten av tändsystemet när motorn går, eller när tändningen är på.

• Nätspänning är också farlig. Se till att all nätansluten utrustning är jordad. Man bör skydda sig genom att använda jordfelsbrytare.

Giftiga gaser och ångor

• Avgaser är giftiga. De innehåller koloxid vilket kan vara ytterst farligt vid inandning. Låt aldrig motorn vara igång i ett trångt utrymme, t ex i ett garage, med stängda dörrar.

• Även bensin och vissa lösnings- och rengöringsmedel avger giftiga ångor.

Giftiga och irriterande ämnen

• Undvik hudkontakt med batterisyra, bränsle, smörjmedel och vätskor, speciellt frostskyddsvätska och bromsvätska. Sug aldrig upp dem med munnen. Om någon av dessa ämnen sväljs eller kommer in i ögonen, kontakta läkare.

• Långvarig kontakt med använd motorolja kan orsaka hudcancer. Bär alltid handskar eller använd en skyddande kräm. Byt oljeindränkta kläder och förvara inte oljiga trasor i fickorna.

• Luftkonditioneringens kylmedel omvandlas till giftig gas om den exponeras för öppen låga (inklusive cigaretter). Det kan också orsaka brännskador vid hudkontakt.

Asbest

• Asbestdamm kan ge upphov till cancer vid inandning, eller om man sväljer det. Asbest kan finnas i packningar och i kopplings- och bromsbelägg. Vid hantering av sådana detaljer är det säkrast att alltid behandla dem som om de innehöll asbest.

Speciella faror

Flourvätesyra

• Denna extremt frätande syra bildas när vissa typer av syntetiskt gummi i t ex O-ringar, tätningar och bränsleslangar utsätts för temperaturer över 400 °C. Gummit omvandlas till en sotig eller kladdig substans som innehåller syran. *När syran väl bildats är den farlig i flera år. Om den kommer i kontakt med huden kan det vara tvunget att amputera den utsatta kroppsdelen.*

• Vid arbete med ett fordon, eller delar från ett fordon, som varit utsatt för brand, bär alltid skyddshandskar och kassera dem på ett säkert sätt efteråt.

Batteriet

• Batterier innehåller svavelsyra som angriper kläder, ögon och hud. Var försiktig vid påfyllning eller transport av batteriet.

• Den vätgas som batteriet avger är mycket explosiv. Se till att inte orsaka gnistor eller använda öppen låga i närheten av batteriet. Var försiktig vid anslutning av batteriladdare eller startkablar.

Airbag/krockkudde

• Airbags kan orsaka skada om de utlöses av misstag. Var försiktig vid demontering av ratt och/eller instrumentbräda. Det kan finnas särskilda föreskrifter för förvaring av airbags.

Dieselinsprutning

• Insprutningspumpar för dieselmotorer arbetar med mycket högt tryck. Var försiktig vid arbeten på insprutningsmunstycken och bränsleledningar.

Varning: Exponera aldrig händer eller annan del av kroppen för insprutarstråle; bränslet kan tränga igenom huden med ödesdigra följder

Kom ihåg...

ATT

• Använda skyddsglasögon vid arbete med borrmaskiner, slipmaskiner etc, samt vid arbete under bilen.

• Använda handskar eller skyddskräm för att skydda händerna.

• Om du arbetar ensam med bilen, se till att någon regelbundet kontrollerar att allt står väl till.

• Se till att inte löst sittande kläder eller långt hår kommer i vägen för rörliga delar.

• Ta av ringar, armbandsur etc innan du börjar arbeta på ett fordon - speciellt med elsystemet.

• Försäkra dig om att lyftanordningar och domkraft klarar av den tyngd de utsätts för.

ATT INTE

• Ensam försöka lyfta för tunga delar - ta hjälp av någon.

• Ha för bråttom eller ta osäkra genvägar.

• Använda dåliga verktyg eller verktyg som inte passar. De kan slinta och orsaka skador.

• Låta verktyg och delar ligga så att någon riskerar att snava över dem. Torka upp olje- och bränslespill omgående.

• Låta barn eller husdjur leka nära en bil under arbetets gång.

Följande sidor är tänkta att vara till hjälp vid hantering av vanligt förekommande problem. Mer detaljerad information om felsökning finns i slutet av boken, och beskrivningar av reparationer finns i bokens olika huvudkapitel.

Om bilen inte startar och startmotorn inte går runt

- ☐ Om det är en modell med automatväxellåda, se till att växelväljaren står i läge P eller N.
- ☐ Öppna motorhuven och kontrollera att batterifästena är rena och sitter fast ordentligt.
- ☐ Slå på strålkastarna och försök starta motorn. Om strålkastarljuset försvagas mycket under startförsöket är batteriet troligen urladdat. Lös problemet genom att använda startkablar (se sidan 0•7) och en annan bil.

Om bilen inte startar trots att startmotorn går runt som vanligt

- ☐ Finns det bensin i tanken?
- ☐ Finns det fukt i elsystemet under motorhuven? Slå av tändningen och torka bort synlig fukt med en torr trasa. Spraya vattenavstötande medel (WD-40 eller liknande) på tändningen och bränslesystemets elektriska kontaktdon som visas på bilden. Var extra noga med tändspolens kontaktdon och tändkablarna. (Observera att fukt sällan förekommer i dieselmotorer.)

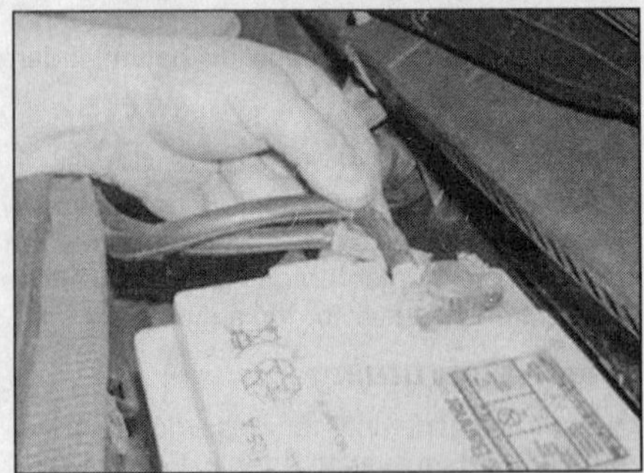

A Kontrollera batterianslutningarnas skick och att de är ordentligt åtdragna.

B Kontrollera att kablarna till bränsleinsprutningssystemets luftflödesmätare sitter ordentligt.

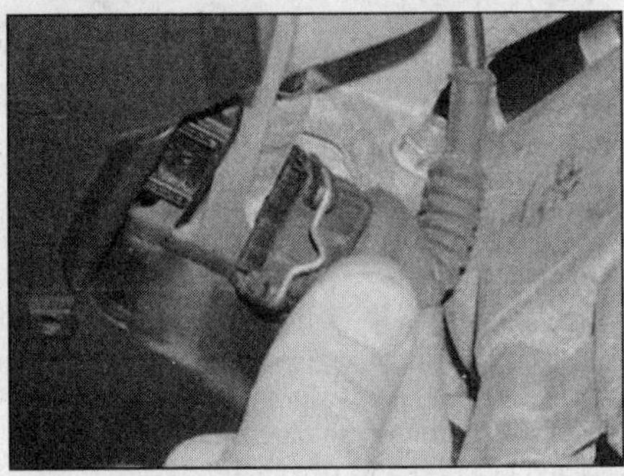

C Kontrollera att kablarna till tändsystemets Hall-givare sitter ordentligt.

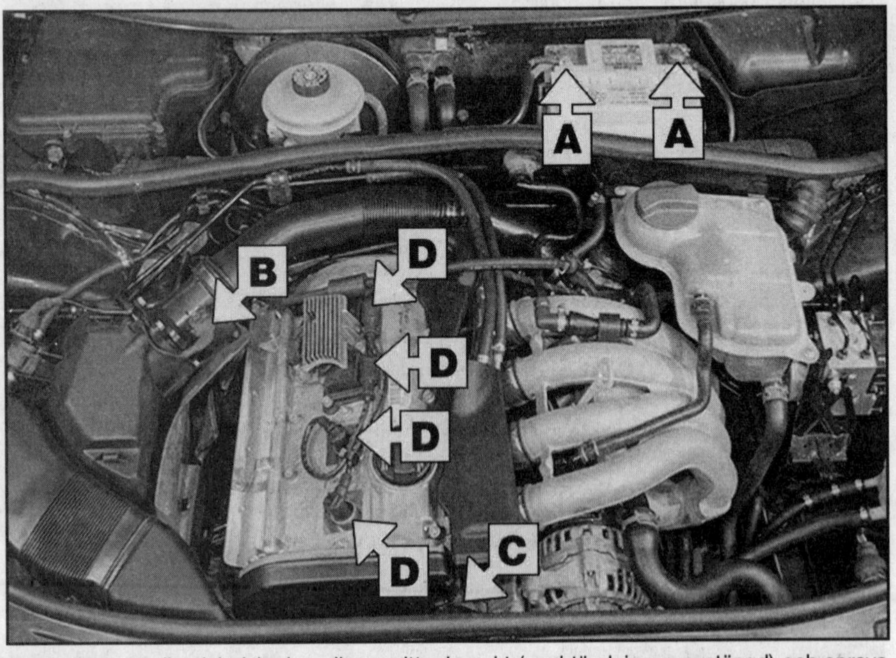

Kontrollera att alla elektriska kopplingar sitter korrekt (med tändningen avstängd) och spraya dem med vattenavstötande medel av typen WD-40 om problemet misstänks bero på fukt.

D Kontrollera att tändkablarna är ordentligt kopplade till tändstiften (bensinmotorer). För att kunna göra det måste du först ta bort motorns övre skyddskåpa.

Start med startkablar löser ditt problem för stunden, men det är viktigt att ta reda på vad som orsakar batteriets urladdning.

Det finns tre möjligheter:

***1** Batteriet har laddats ur efter ett flertal startförsök, eller för att lysen har lämnats på.*

***2** Laddningssystemet fungerar inte tillfredsställande (generatorns drivrem slak eller av, generatorns länkage eller generatorn själv defekt).*

***3** Batteriet är defekt (utslitet eller låg elektrolytnivå).*

Starthjälp

När en bil startas med hjälp av ett laddningsbatteri, observera följande:

✔ Innan det fulladdade batteriet ansluts, slå av tändningen.

✔ Se till att all elektrisk utrustning (lysen, värme, vindrutetorkare etc.) är avslagen.

✔ Observera eventuella speciella föreskrifter som är tryckta på batteriet.

✔ Kontrollera att laddningsbatteriet har samma spänning som det urladdade batteriet i bilen.

✔ Om batteriet startas med startkablar från batteriet i en annan bil, får bilarna INTE VIDRÖRA varandra.

✔ Växellådan ska vara i neutralläge (PARK för automatväxellåda).

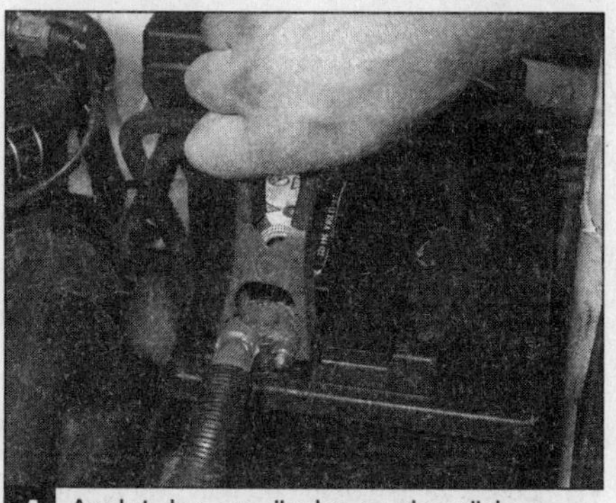

1 Anslut den ena änden av den röda startkabeln till den positiva (+) polen på det urladdade batteriet.

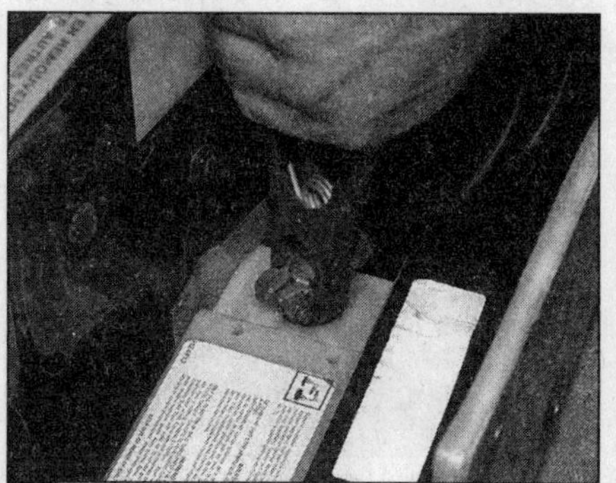

2 Anslut den andra änden av den röda startkabeln till den positiva (+) polen på det fulladdade batteriet.

3 Anslut den ena änden av den svarta startkabeln till den negativa (-) polen på det fulladdade batteriet.

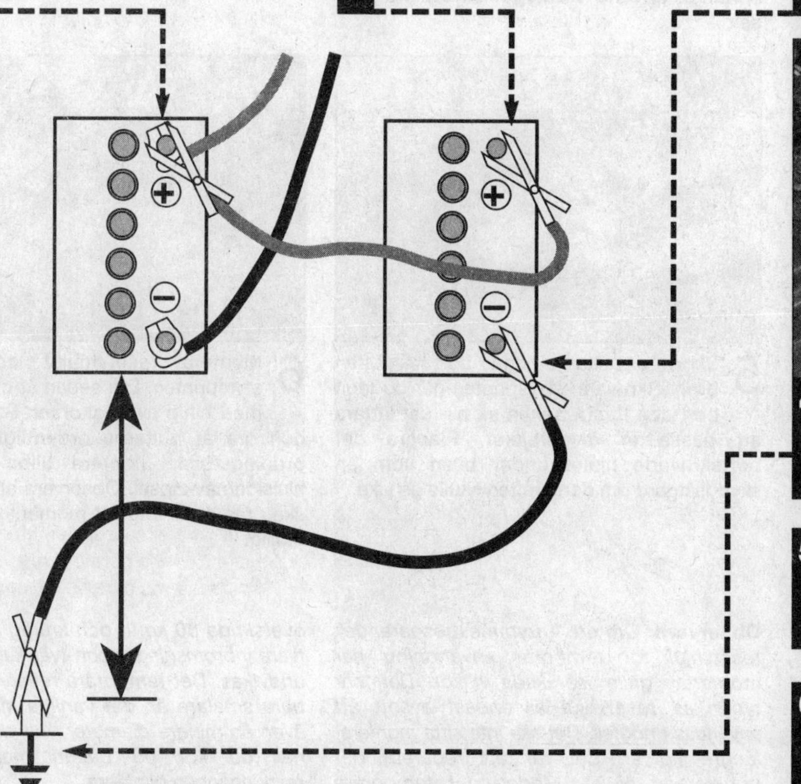

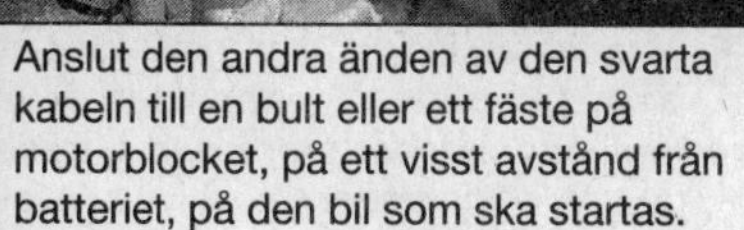

4 Anslut den andra änden av den svarta kabeln till en bult eller ett fäste på motorblocket, på ett visst avstånd från batteriet, på den bil som ska startas.

5 Se till att startkablarna inte kommer i kontakt med fläkten, drivremmarna eller andra rörliga delar av motorn.

6 Starta motorn med laddningsbatteriet och låt den gå på tomgång. Slå på lysen, bakrutevärme och värmefläktsmotor och koppla sedan loss startkablarna i omvänd ordning mot anslutning. Slå sedan av lysen etc.

Hjulbyte

Varning: ***Byt aldrig hjul om du befinner dig i en situation där du riskerar att bli påkörd av ett annat fordon. Försök att stanna i en parkeringsficka eller på en mindre avtagsväg om du befinner dig på en väg med mycket trafik. Håll uppsikt över passerande trafik när du byter hjul - det är lätt att bli distraherad av arbetet med hjulbytet.***

Vissa av de detaljer som visas här varierar beroende på modell. T.ex. sitter inte reservhjulet och domkraften placerade likadant på alla modeller. Grundprinciperna är dock desamma för alla bilarna.

Förberedelser

- ☐ Vid punktering, stanna så snart det är säkert för dig och dina medtrafikanter.
- ☐ Parkera om möjligt på plan mark där du inte hamnar i vägen för annan trafik.
- ☐ Använd varningsblinkers om det behövs.
- ☐ Använd en varningstriangel (obligatorisk utrustning) för att göra andra trafikanter uppmärksamma på bilens närvaro.
- ☐ Dra åt handbromsen och lägg i ettan eller backen (eller parkeringsläge på modeller med automatväxellåda).
- ☐ Blockera det hjul som är placerat diagonalt från det hjul som ska tas bort - några stora stenar kan användas till detta.
- ☐ Om underlaget är mjukt, använd en plankstump eller liknande för att fördela tyngden under domkraften.

Hjulbyte

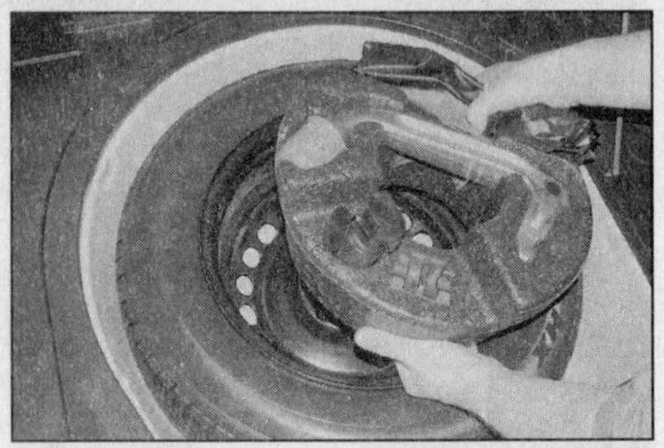

1 Reservhjulet är placerat under bagageutrymmets golvklädsel. Domkraften och verktygslådan är placerade i reservhjulet. Skruva loss bulten och ta bort verktygslådan. Lyft ut reservhjulet från utrymmet i golvet.

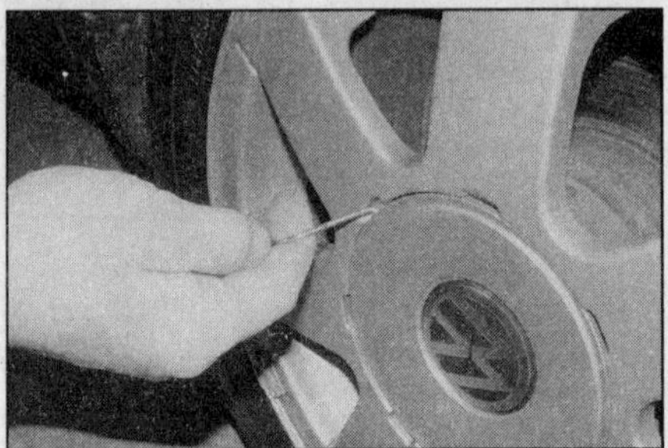

2 Bänd bort eventuell navkapsel från hjulet med hjälp av en skruvmejsel i skåran. Dra bort eventuell hjulsida från hjulet med den bifogade kroken. Om det sitter hattar på bultarna, använd verktyget till att dra bort dem.

3 Lossa varje hjulbult ett halvt varv. Använd hylsnyckeln.

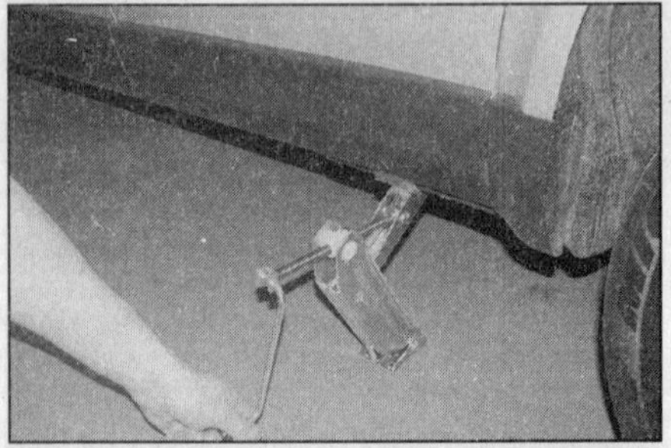

4 Placera domkraftshuvudet under den förstärkta stödpunkten närmast det hjul som ska bytas. Stödpunkten är märkt med en rutersymbol inpressad i tröskelns nedkant. Vrid handtaget för att lyfta hjulet från marken.

5 Skruva ur bultarna och ta bort hjulet från bilen. Skruva in styrsprinten när du tagit bort den första bulten så blir det lättare att passa in reservhjulet. Placera det bortskruvade hjulet under bilen som en skyddsåtgärd om domkraften skulle ge vika.

6 Montera reservhjulet och ta bort styrsprinten. Dra sedan åt bultarna något med hjälp av fälgkorset. Sänk ner bilen och dra åt bultarna ordentligt, i diagonal ordningsföljd. Montera tillbaka eventuell hjulsida/navkapsel. Observera att hjulbultarna ska dras åt till angivet moment så snart som möjligt.

Slutligen...

- ☐ Ta bort hjulblockeringen.
- ☐ Lägg tillbaka domkraft och verktyg på sin rätta plats.
- ☐ Kontrollera det nymonterade däckets lufttryck. Om det är lågt eller om en tryckmätare inte finns tillgänglig, kör långsamt till närmaste bensinstation och kontrollera/justera trycket.
- ☐ Se till att det skadade däcket eller hjulet repareras så snart som möjligt.

Observera: *Om ett "utrymmesbesparande" reservhjul för temporär användning har monterats gäller särskilda villkor. Den här typen av reservhjul är endast avsett att användas i nödfall. Det ska inte sitta monterat längre tid än det tar att reparera det punkterade hjulet. Medan det temporära reservhjulet används ska hastigheten inte överskrida 80 km/h och kraftig acceleration, tvära inbromsningar och tvär kurvtagning ska undvikas. Det temporära reservhjulet är inte bara smalare än det vanliga hjulet, det har även en mindre diameter. Var därför försiktig när du kör på ojämn mark eftersom markfrigången blir lägre.*

Hitta läckor

Pölar på garagegolvet (eller där bilen parkeras) eller våta fläckar i motorrummet tyder på läckor som man måste försöka hitta. Det är inte alltid så lätt att se var läckan är, särskilt inte om motorrummet är mycket smutsigt. Olja eller andra vätskor kan spridas av fartvinden under bilen och göra det svårt att avgöra var läckan egentligen finns.

Varning: De flesta oljor och andra vätskor i en bil är giftiga. Vid spill bör man tvätta huden och byta indränkta kläder så snart som möjligt

Lukten kan vara till hjälp när det gäller att avgöra varifrån ett läckage kommer och vissa vätskor har en färg som är lätt att känna igen. Det är en bra idé att tvätta bilen ordentligt och ställa den över rent papper över natten för att lättare se var läckan finns. Tänk på att motorn ibland bara läcker när den är igång.

Olja från sumpen

Motorolja kan läcka från avtappningspluggen . . .

Olja från oljefiltret

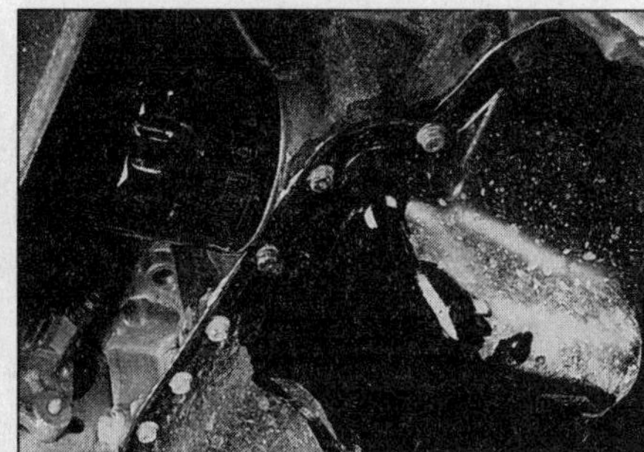

. . . eller från oljefiltrets packning.

Växellådsolja

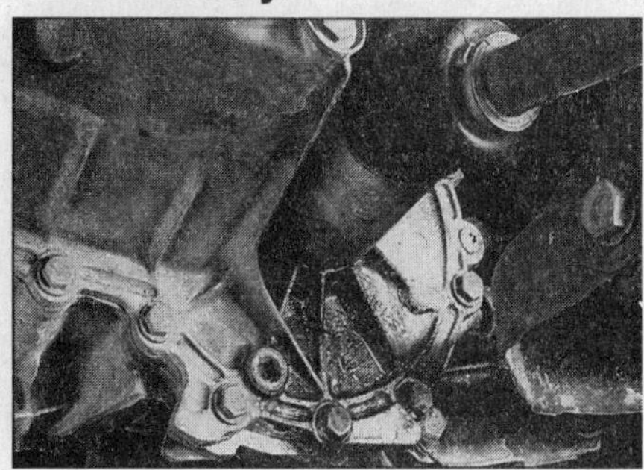

Växellådsolja kan läcka från tätningarna i ändarna på drivaxlarna.

Frostskydd

Läckande frostskyddsvätska lämnar ofta kristallina avlagringar liknande dessa.

Bromsvätska

Läckage vid ett hjul är nästan alltid bromsvätska.

Servostyrningsvätska

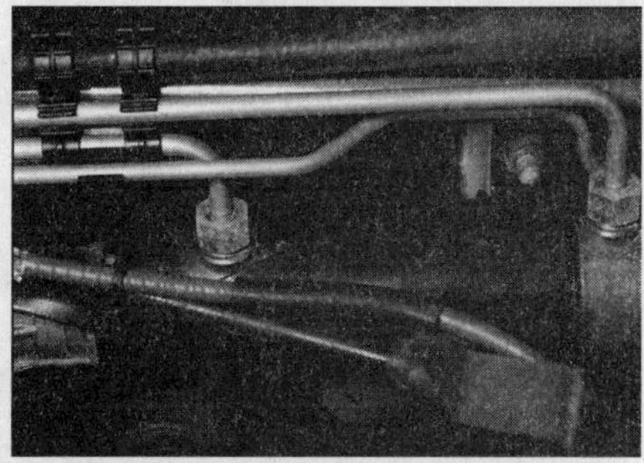

Servostyrningsvätska kan läcka från styrväxeln eller dess anslutningar.

Bogsering

När ingenting annat hjälper kan du behöva bli bogserad hem - eller kanske är det du som får hjälpa någon annan med bogsering. Hur som helst underlättar det om du vet hur man går tillväga. Bogsering längre sträckor bör överlåtas till verkstäder eller bärgningsfirmor. Kortare sträckor går det utmärkt att låta en annan privatbil bogsera, men tänk på följande:

☐ Använd en riktig bogserlina - de är inte dyra.

☐ Slå alltid på tändningen när bilen bogseras så att rattlåset släpper och körriktningsvisare och bromsljus fungerar.

☐ En bakre bogseringsögla sitter monterad under stötfångarens högra sida. Den främre bogseringsöglan sitter monterad bakom kåpan på den främre stötfångarens högra sida. Dra försiktigt i plastfliken för att lossa kåpan **(se bild)**.

☐ Lossa handbromsen och ställ växellådan i neutralläge innan bogseringen börjar.

Observera*: För modeller med automatväxellåda gäller särskilda föreskrifter. Undvik bogsering vid minsta tveksamhet, annars kan växellådan skadas.*

☐ Observera att du behöver trycka hårdare än vanligt på bromspedalen när du bromsar eftersom vakuumservon bara fungerar när motorn är igång.

☐ På modeller med servostyrning behövs även större kraft än vanligt för att vrida ratten.

☐ Föraren av den bogserade bilen måste vara noga med att hålla bogserlinan spänd hela tiden för att undvika ryck.

☐ Försäkra er om att båda förarna känner till den planerade färdvägen innan ni startar.

☐ Bogsera aldrig längre sträcka än nödvändigt och håll lämplig hastighet (högsta tillåtna hastighet vid bogsering är 30 km/h). Kör försiktigt och sakta ner mjukt och långsamt före korsningar.

Varning: Undvik att bogsera eller putta igång en bil med bensinmotor i mer än 50 meter, annars kan katalysatorn skadas. Använd om möjligt startkablar (se Starthjälp).

Inledning

Det finns ett antal mycket enkla kontroller som endast tar några minuter i anspråk, men som kan bespara dig mycket besvär och stora kostnader.

Dessa *veckokontroller* kräver inga större kunskaper eller specialverktyg, och den korta tid de tar att utföra kan visa sig vara väl använd. Detta gäller t.ex. följande:

☐ Kontroll av däckens lufttryck förebygger inte bara att de slits ut i förtid utan också rädda liv.

☐ Många motorhaverier orsakas av elektriska problem. Batterirelaterade fel är särskilt vanliga och genom regelbundna kontroller kan de flesta av dem förebyggas.

☐ Om det uppstår en läcka i bromssystemet kanske den upptäcks först när bromsarna slutar att fungera. Vid regelbundna kontroller av bromsvätskenivån uppmärksammas sådana fel i god tid.

☐ Om olje- eller kylvätskenivån blir för låg är det betydligt billigare att laga läckan direkt, än att bekosta dyra reparationer av de motorskador som annars kan uppstå.

Kontrollpunkter i motorrummet

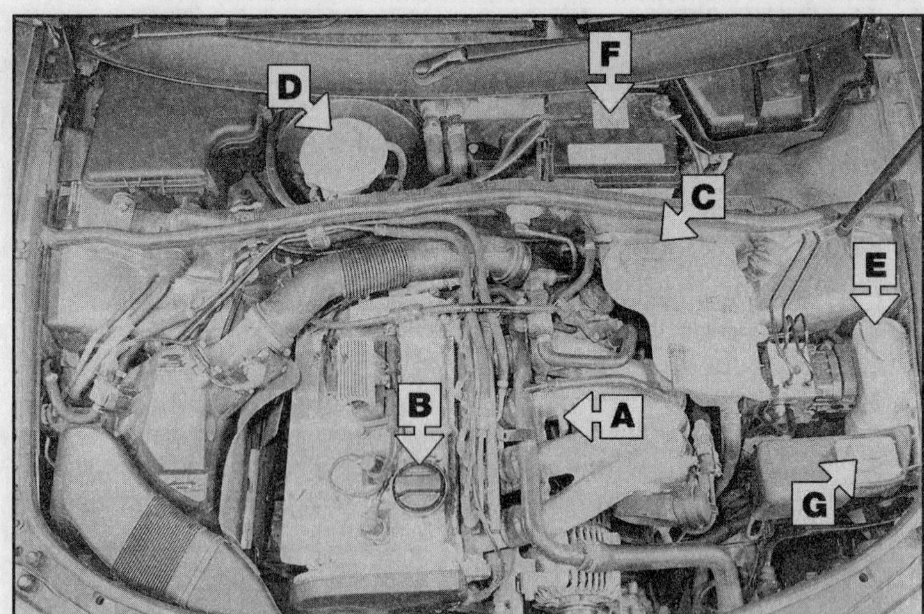

1,8-liters bensinmotor

A *Mätsticka för motorolja*
B *Påfyllningslock för motorolja*
C *Kylsystemets expansionskärl*
D *Bromsvätskebehållare*
E *Spolarvätskebehållare*
F *Batteri*
G *Behållare för styrservoolja*

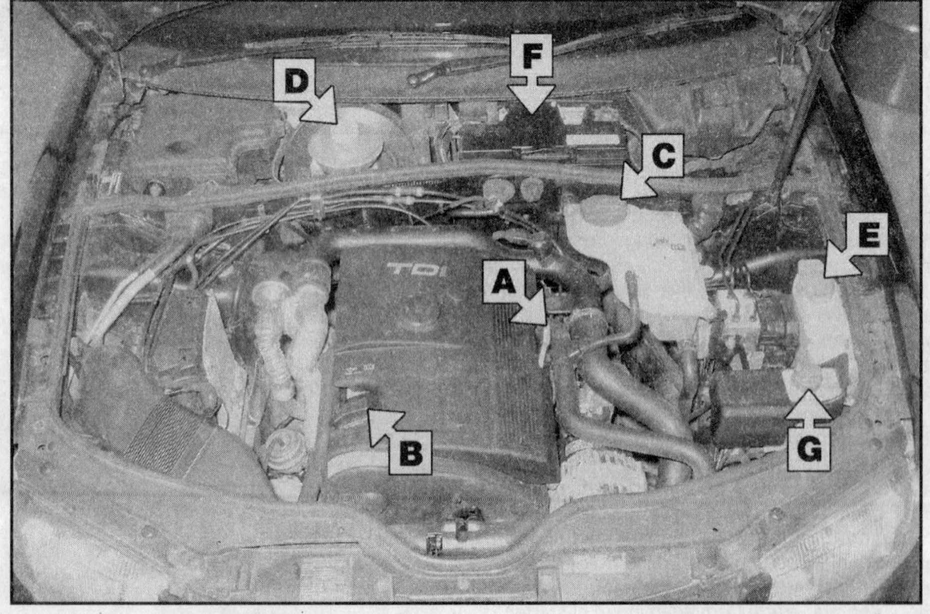

1,9-liters dieselmotor

A *Mätsticka för motorolja*
B *Påfyllningslock för motorolja*
C *Kylsystemets expansionskärl*
D *Bromsvätskebehållare*
E *Spolarvätskebehållare*
F *Batteri*
G *Behållare för styrservoolja*

Motoroljenivå

Innan arbetet påbörjas

✔ Se till att bilen står på plan mark.
✔ Oljenivån måste kontrolleras innan bilen körs, eller tidigast 5 minuter efter det att motorn stängts av.

Om oljenivån kontrolleras direkt efter det att bilen har körts, kommer en del av oljan att vara kvar i den övre delen av motorn. Detta ger felaktig avläsning på mätstickan.

Korrekt oljetyp

Moderna motorer ställer höga krav på oljans kvalitet. Det är viktigt att rätt olja används till bilen (se Smörjmedel och vätskor).

Bilvård

● Om oljan behöver fyllas på ofta bör bilen kontrolleras med avseende på oljeläckor. Lägg ett rent papper under motorn över natten och se om det finns fläckar på det på morgonen. Finns inga läckor drar kanske motorn olja.

● Oljenivån ska alltid vara någonstans mellan oljestickans övre och nedre markering (se bild 3). Om oljenivån är för låg kan motorn ta allvarlig skada. Oljetätningarna kan gå sönder om man fyller på för mycket olja.

1 Mätstickan är placerad på motorns vänstra sida (*se Kontrollpunkter i motorrummet för information om exakt placering*). Dra upp oljestickan.

2 Torka av oljan från mätstickan med en ren trasa eller en bit papper. Stick in den rena mätstickan i röret och dra ut den igen.

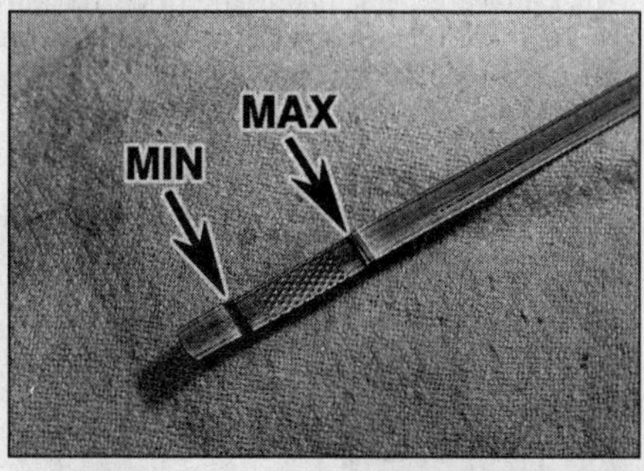

3 Observera oljenivån på mätstickans ände, som ska vara mellan den övre och den nedre markeringen. Det skiljer ungefär en liter olja mellan minimi- och maximinivån.

4 Oljan fylls på genom påfyllningslocket på motorns överdel. Vrid locket motsols ett fjärdedels varv och ta bort det. Fyll på olja. En tratt hjälper till att minimera spill. Häll i oljan långsamt och kontrollera på mätstickan så att behållaren fylls med rätt mängd. Fyll inte på för mycket.

Kylvätskenivå

Varning: Skruva aldrig av expansionskärlets lock när motorn är varm på grund av risken för brännskador. Låt inte behållare med kylvätska stå öppna eftersom vätskan är giftig.

Bilvård

● Ett slutet kylsystem ska inte behöva fyllas på regelbundet. Om kylvätskan behöver fyllas på ofta har bilen troligen en läcka i kylsystemet. Kontrollera kylaren samt alla slangar och fogytor efter stänk och våta märken och åtgärda eventuella problem.

● Det är viktigt att frostskyddsvätska används i kylsystemet året runt, inte bara under vintermånaderna. Fyll inte på med enbart vatten, då sänks koncentrationen av frostskyddsvätska.

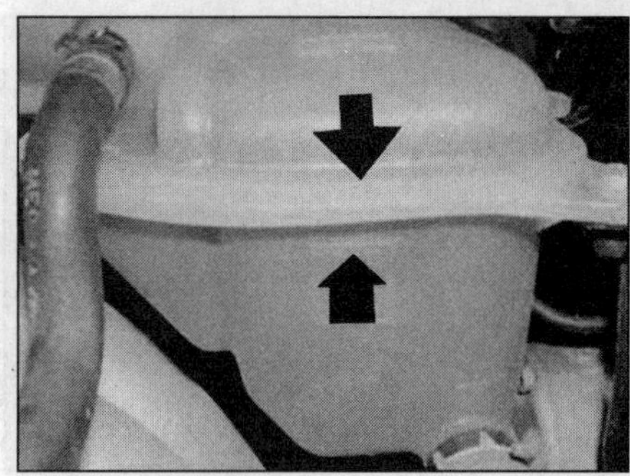

1 Kylvätskenivån varierar med motorns temperatur. När motorn är kall bör kylvätskenivån ligga mellan min- och maxmarkeringarna.

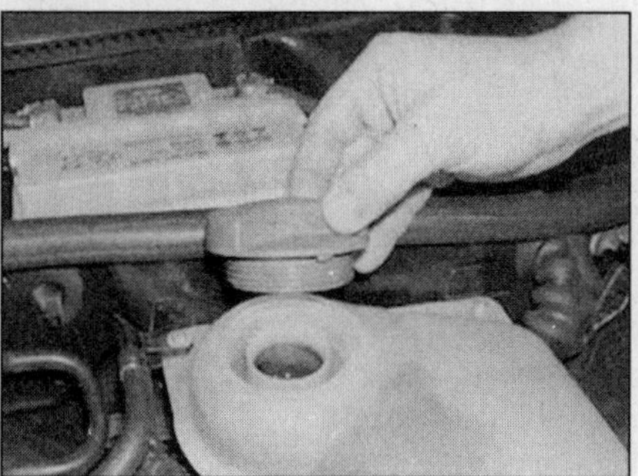

2 Vänta med att fylla på kylvätska tills motorn är kall. Skruva av locket långsamt så att eventuellt övertryck i kylsystemet först släpps ut, och ta sedan av locket helt.

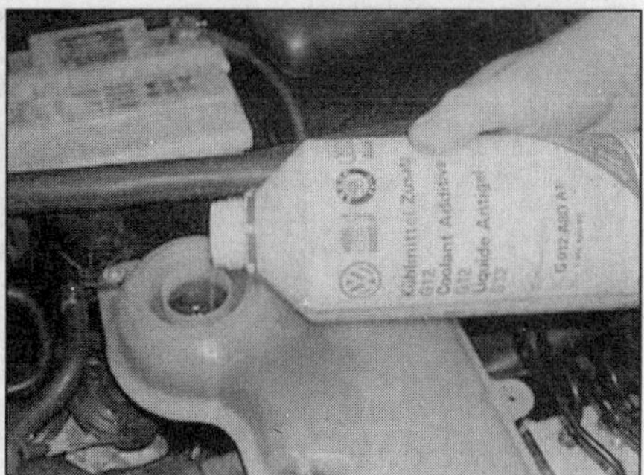

3 Häll en blandning av vatten och frostskyddsvätska i expansionskärlet tills kylvätskenivån ligger på MAX-markeringen.

Broms- och kopplingsvätskenivå

- ***Var försiktig vid hantering av bromsvätska eftersom den kan skada ögonen och bilens lack.***
- ***Använd inte olja ur kärl som har stått öppna en längre tid. Bromsvätska drar åt sig fuktighet från luften vilket kan försämra bromsegenskaperna avsevärt.***

Säkerheten främst!

- ***Se till att bilen står på plan mark.***
- ***Nivån i vätskebehållaren sjunker en aning i och med att bromsklossarna slits. Nivån får dock aldrig sjunka under MIN-markeringen.***

- Om bromsvätskebehållaren måste fyllas på ofta har bilen fått en läcka i bromssystemet. Detta måste undersökas omedelbart.

- Vid en misstänkt läcka i systemet får bilen inte köras förrän broms-/kopplingssystemet har kontrollerats. Ta aldrig några risker med bromsarna.

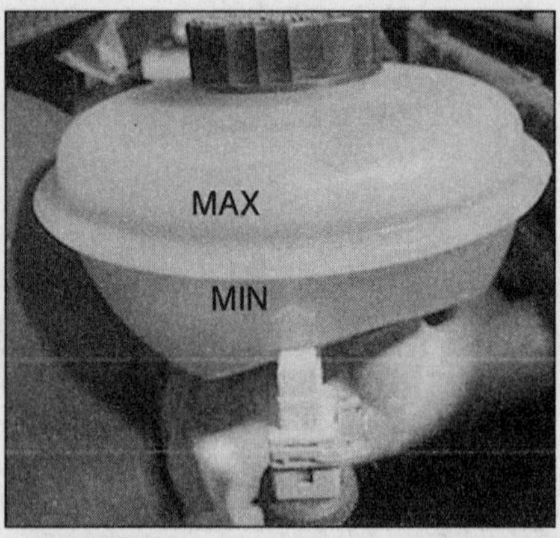

1 Behållaren har nivåmarkeringarna MIN och MAX. Vätskenivån måste alltid hållas mellan dessa två markeringar.

2 Om vätskebehållaren behöver fyllas på bör området runt påfyllningslocket först rengöras för att förhindra att hydraulsystemet förorenas. Skruva loss locket.

3 Fyll på vätska försiktigt. Var noga med att inte spilla på de omgivande komponenterna. Använd endast rekommenderad bromsvätska. Om olika typer blandas kan systemet skadas. Sätt tillbaka locket efter påfyllningen och torka bort eventuellt spill. Slå på tändningen. Kontrollera bromsvätskenivåns varningslampa genom att låta en medhjälpare trycka ner knappen ovanpå behållarens lock.

Servostyrningens oljenivå

Innan arbetet påbörjas

✔ Se till att bilen står på plan mark.

✔ Med motorn igång, vrid ratten långsamt fram och tillbaka från spärr till spärr 2 eller 3 gånger och rikta hjulen rakt fram. Stäng sedan av motorn.

✔ För att kontrollen ska bli korrekt måste motorn ha arbetstemperatur och styrningen får inte vridas när motorn har stängts av.

Säkerheten främst!

- Om styrservooljan behöver fyllas på ofta betyder det att systemet läcker. Undersök och åtgärda detta omedelbart.

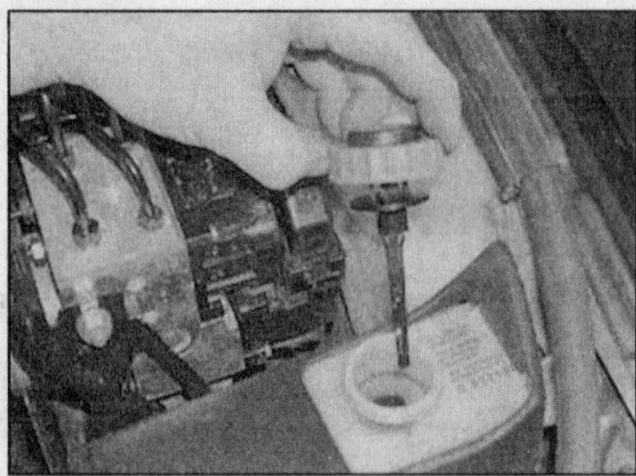

1 Styrservobehållaren är placerad till vänster i motorrummet. Skruva försiktigt bort locket, som även är försett med en mätsticka.

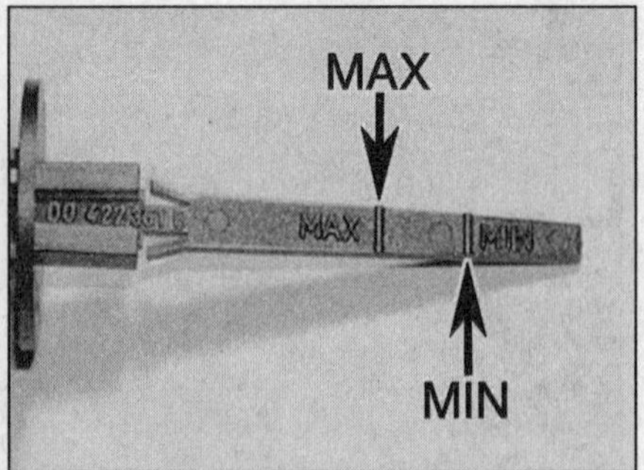

2 Kontrollera att oljenivån är mellan MIN- och MAX-märkena på mätstickan, gärna i närheten av MAX-märket. Om nödvändigt, torka av mätstickan med en ren trasa, stick ner den i hålet och ta upp den igen.

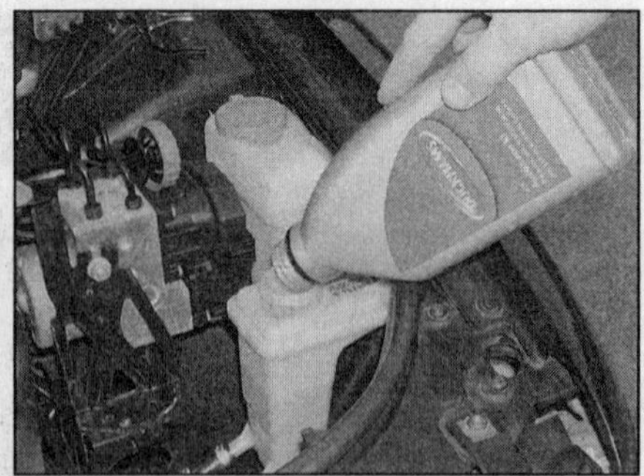

3 Fyll på behållaren med angiven oljetyp tills nivån når MAX-märket, om det behövs. Avsluta med att montera och dra åt locket.

Spolarvätskenivå

Spolarvätskekoncentrat rengör inte bara rutan, utan fungerar även som frostskydd så att spolarvätskan inte fryser under vintern, då den behövs som mest. Fyll inte på med enbart vatten eftersom spolarvätskan då späds ut och kan frysa.

Använd aldrig frostskyddsvätska i spolarsystemet, eftersom detta kan skada lacken.

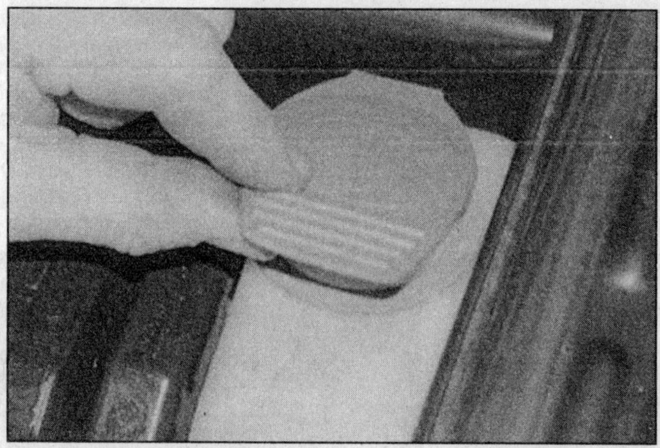

1 Spolarvätskebehållaren för vindrutans och strålkastarnas spolarsystem är placerad till vänster i motorrummets främre del.

2 Spolarvätska bör hällas i spolarsystemet i den koncentration som anges på flaskan.

Torkarblad

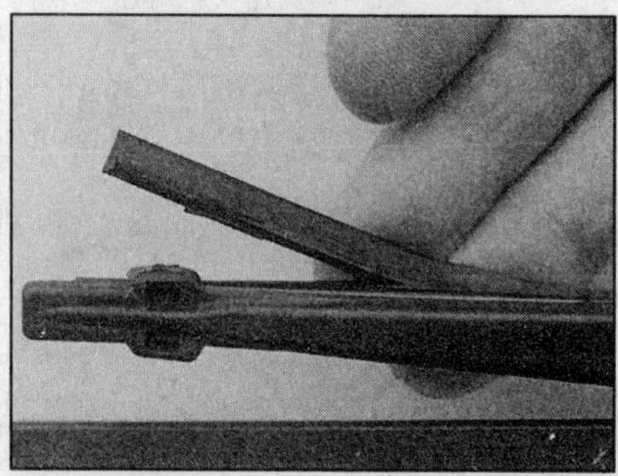

1 Kontrollera torkarbladens skick. Om de är spruckna eller ser slitna ut, eller om rutan inte torkas ordentligt, ska de bytas ut. För bästa sikt bör torkarbladen bytas rutinmässigt en gång per år.

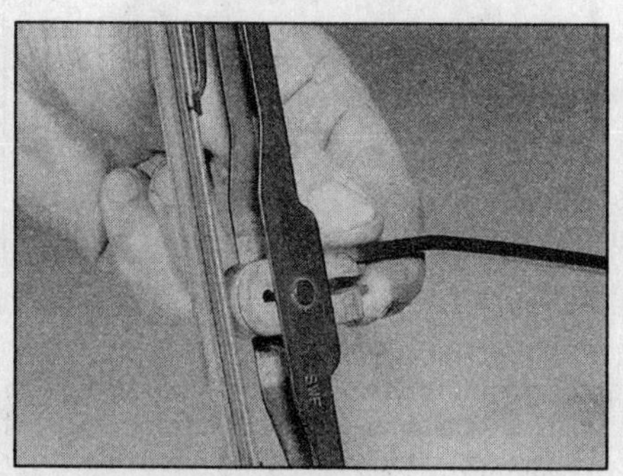

2 Ta bort ett torkarblad genom att lyfta upp armen från rutan helt, tills det tar stopp. Vrid bladet 90°, tryck sedan ner låspiggen med en skruvmejsel eller med fingrarna.

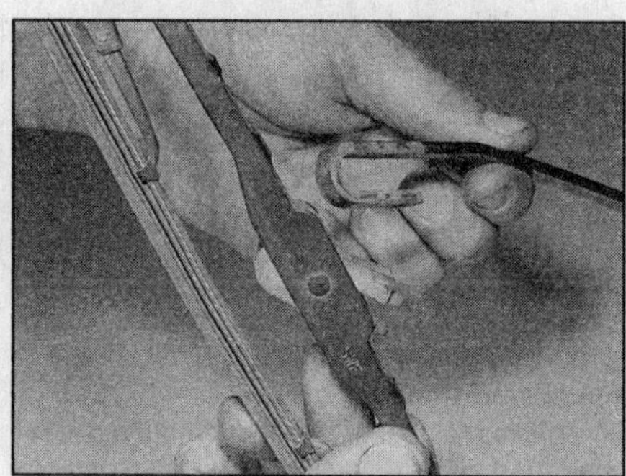

3 Dra ut torkarbladet ur torkararmens böjda ände och låt armen glida ut genom hålet i bladet. När du monterar ett nytt blad, se till att bladet fäster ordentligt i armen och att det är korrekt riktat.

Däck - skick och tryck

Det är viktigt att däcken är i bra skick och att de har rätt tryck. Går ett däck sönder vid hög hastighet är det väldigt farligt.

Däckens slitage påverkas av körstilen. Snabba inbromsningar och accelerationer eller tvära kurvtagningar orsakar snabbare däckslitage. Framdäcken slits i regel ut snabbare än bakdäcken. Om man roterar däcken (sätter framdäcken bak och flyttar fram bakdäcken) då och då blir slitaget mer jämnt fördelat. Fungerar det här systemet bra kan alla fyra däcken behöva bytas samtidigt!

Ta bort alla spikar och stenar som har fastnat i däckmönstret så att de inte orsakar punktering. Om det visar sig att däcket är punkterat när en spik tas bort, sätt tillbaka spiken för att märka ut platsen för punkteringen. Byt sedan omedelbart ut det punkterade däcket och lämna in det till en däckåterförsäljare för reparation.

Kontrollera regelbundet däcken med avseende på skador i form av rispor eller bulor, särskilt på däckssidorna. Skruva bort däcken med jämna mellanrum för att rengöra dem invändigt och utvändigt. Undersök hjulfälgarna efter rost, korrosion eller andra skador. Lättmetallfälgar skadas lätt om man kör på trottoarkanten vid parkering. Stålhjul kan också bli buckliga. Är ett hjul svårt skadat är ett hjulbyte ofta den enda lösningen.

Nya däck ska balanseras när de monteras men de kan behöva balanseras om i takt med att de slits ut eller om motvikten på hjulfälgen ramlar av. Obalanserade däck slits ut snabbare än balanserade och orsakar dessutom onödigt slitage på styrning och fjädring. Vibrationer är ofta ett tecken på obalanserade hjul, särskilt om vibrationerna förekommer vid en viss hastighet (oftast runt 70 km/h). Om vibrationerna endast känns genom styrningen är det troligen bara framhjulen som behöver balanseras. Om vibrationerna däremot känns i hela bilen är det antagligen bakhjulen som är obalanserade. Balansering av hjul ska utföras av en däckåterförsäljare eller en verkstad.

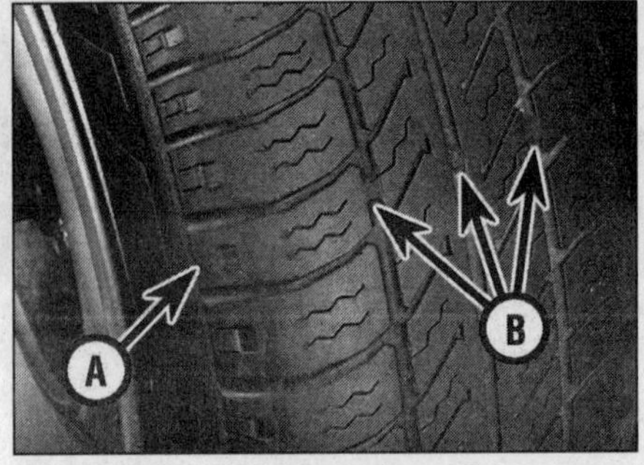

1 *Mönsterdjup - visuell kontroll*
Originaldäcken har säkerhetsband mot mönsterslitage (B), som blir synliga när däcken slitits ner ungefär 1,6 mm. En triangelformad markering på däcksidan (A) anger säkerhetsbandens placering.

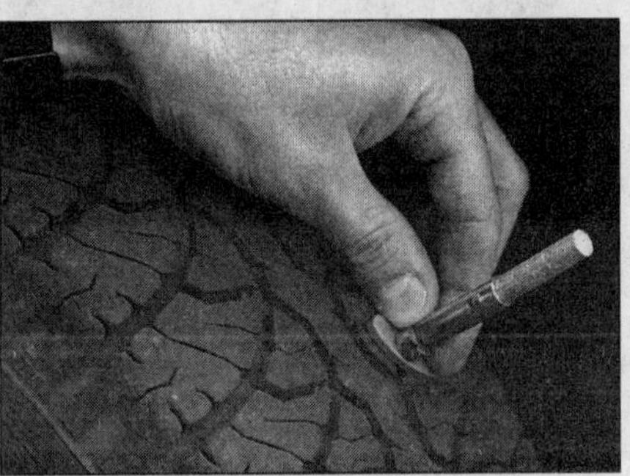

2 *Mönsterdjup - manuell kontroll*
Mönsterdjupet kan också kontrolleras med hjälp av en enkel och billig mönsterdjupsmätare.

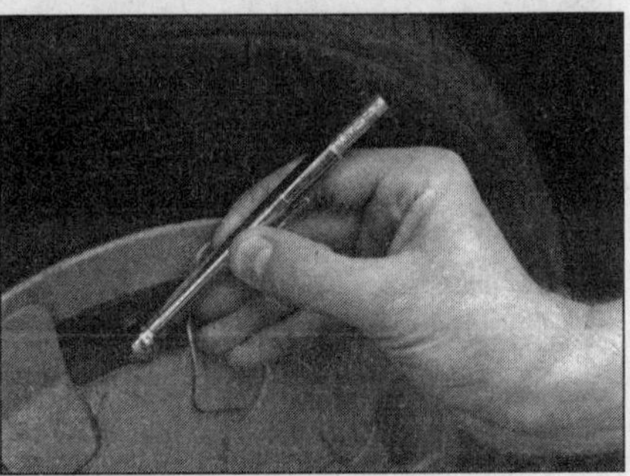

3 *Däcktryck - kontroll*
Kontrollera däcktrycket regelbundet när däcken är kalla. Justera inte däcktrycket omedelbart efter det att bilen har använts, det kommer att resultera i felaktigt tryck.

Däckslitage

Slitage på sidorna

Otillräckligt lufttryck i däck (slitage på båda sidor)
Är trycket i däcken för lågt överhettas däcket på grund av att däcksidorna ger vika och mönsterytan ligger an mot vägen på ett felaktigt sätt. Det bidrar till sämre fäste och överdrivet slitage och risken för punktering på grund av upphettning ökar.
Kontrollera och justera trycket
Felaktig cambervinkel (slitage på en sida)
Reparera eller byt ut fjädringen
Hård kurvtagning
Sänk hastigheten!

Slitage i mitten

För högt däcktryck
För högt lufttryck orsakar snabbt slitage av mittersta delen av däcket, dessutom minskat väggrepp, stötigare gång och risk för stötskador i korden.
Kontrollera och justera trycket

Om däcktrycket ibland måste ändras till högre tryck avsett för maximal lastvikt eller ihållande hög hastighet, glöm inte att minska trycket efteråt.

Ojämnt slitage

Framdäcken kan slitas ojämnt på grund av felaktig hjulinställning. De flesta däckåterförsäljare och verkstäder kan kontrollera och justera hjulinställningen för en låg kostnad. **Felaktig camber- eller castervinkel**
Reparera eller byt ut fjädringsdetaljer.
Defekt fjädring
Reparera eller byt ut fjädringsdetaljer.
Obalanserade hjul
Balansera hjulen.
Felaktig toe-inställning
Justera framhjulsinställningen.
Observera: *Den fransiga ytan i däckmönstret, ett typiskt tecken på toe-förslitning, kontrolleras bäst genom att man känner med handen över ytan.*

Batteri

> **Varning: Läs säkerhetsföreskrifterna i Säkerheten främst! (i början av handboken) innan något arbete utförs på batteriet.**

✔ Se till att batterilådan är i gott skick och att klämman sitter ordentligt. Rost på plåten, hållaren och batteriet kan avlägsnas med en lösning av vatten och bikarbonat. Skölj noggrant alla rengjorda delar med vatten. Alla rostskadade metalldelar ska först målas med en zinkbaserad grundfärg och därefter lackeras.

✔ Kontrollera regelbundet (ungefär var tredje månad) batteriets skick enligt beskrivningen i kapitel 5A.

✔ Om batteriet är urladdat och det behövs starthjälp för att starta bilen, se *Reparationer vid vägkanten*.

Korrosion på batteriet kan minimeras genom att lite vaselin stryks på batteriklämmorna och polerna när de dragits åt.

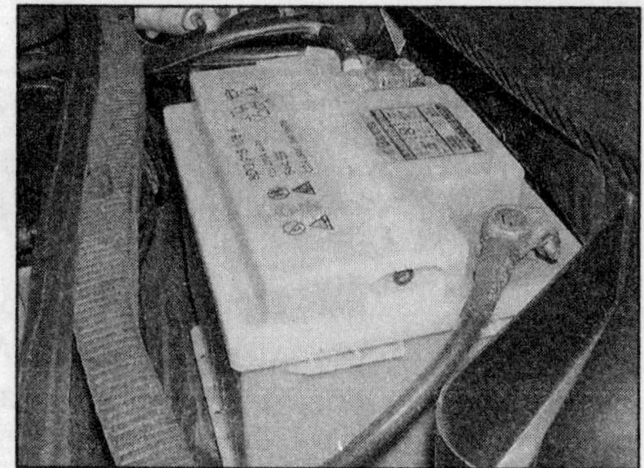

1 Batteriet är placerat på torpedväggen i motorrummets bakre del.

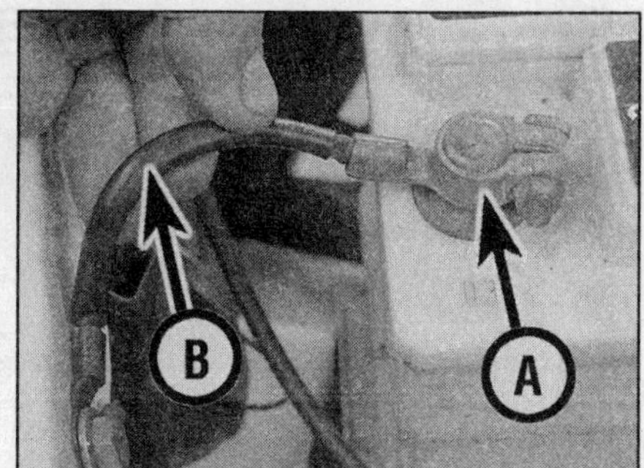

2 Kontrollera att batteriklämmorna (A) sitter ordentligt för bästa ledareffekt. Det ska inte gå att rubba dem. Undersök också varje kabel (B) efter sprickor eller fransade ledare.

3 Om synlig korrosion finns (vita porösa avlagringar), ta bort kablarna från batteripolerna och rengör dem med en liten stålborste. Sätt sedan tillbaka dem. I biltillbehörsbutiker kan man köpa ett särskilt

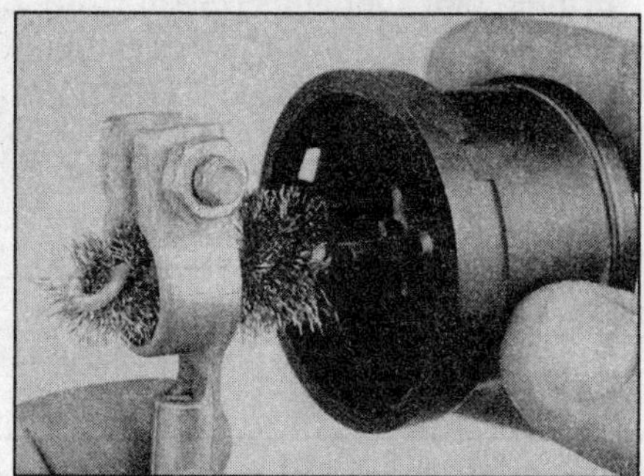

4 verktyg för rengöring av batteripoler. . . . .
. . . och batteriets kabelklämmor

Elsystem

✔ Kontrollera alla yttre lampor samt signalhornet. Se aktuella avsnitt i kapitel 12 för närmare information om någon av kretsarna inte fungerar.

✔ Se över alla tillgängliga kontaktdon, kablar och kabelklämmor så att de sitter ordentligt och inte är skavda eller skadade.

Om bromsljus och körriktningsvisare behöver kontrolleras när ingen medhjälpare finns till hands, backa upp mot en vägg eller garageport och slå på ljusen. Det reflekterade skenet visar om de fungerar eller inte.

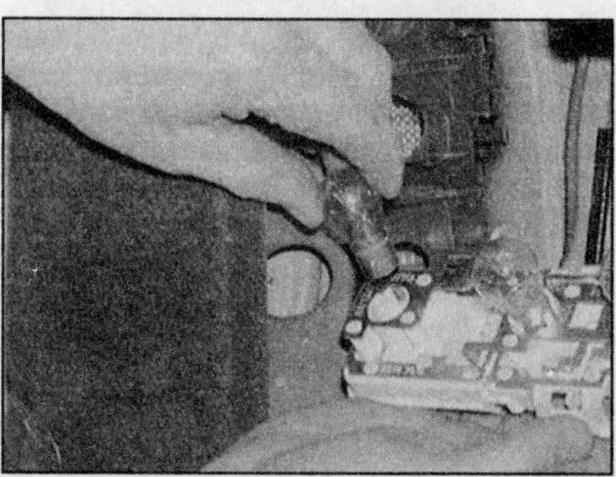

1 Om enstaka körriktningsvisare, bromsljus eller strålkastare inte fungerar beror det antagligen på en trasig glödlampa som behöver bytas ut. Se kapitel 12 för mer information. Om inget av bromsljusen fungerar är det möjligt att bromsljusbrytaren som styrs av bromspedalen är defekt. Se kapitel 9 för mer information.

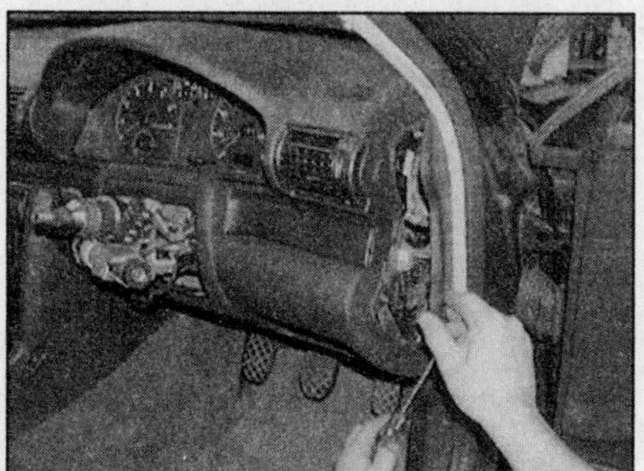

2 Om mer än en blinker eller strålkastare inte fungerar har troligen en säkring gått eller ett fel uppstått i kretsen (se kapitel 12). Huvudsäkringarna sitter i säkringsdosan under ett lock till höger på instrumentpanelen. Fler säkringar finns i motorutrymmet. På dieselmodeller sitter glödstiftssäkringen placerad i utjämningskammaren i motorrummets bakre del.

3 Dra ut den trasiga säkringen från sin plats i säkringsdosan. Sätt i en ny säkring av samma strömstyrka (finns att köpa i biltillbehörsbutiker).

Smörjmedel och vätskor

Motorn

Bensinmotor	Motorolja för VW 500 00 eller VW 501 01 502 00, viskositet SAE 10W-30 till 15W-50
Dieselmotor	Motorolja enligt specifikation VW 505 00, VW 505 01, viskositet SAE 10W-30 till 15W-50. Till motorkod AJM och ATJ får endast olja enligt VW 505 01 användas.
Kylsystem	Frostskyddsvätska VW G12, enligt specifikation TL-VW 774 D
Manuell växellåda	Syntetisk växellådsolja G50, viskositet SAE 75W-90
Automatväxellåda	VW ATF, artikelnummer G 052 152 A1 eller A2
Slutväxel (automatväxellåda)	Syntetisk växellådsolja G50, viskositet SAE 75W-90
Broms- och kopplingssystem	Bromsvätska ner till DOT 4
Styrservosystem	VW hydraulvätska G 002 000

Däcktryck

Observera: *Det rekommenderade däcktrycket för varje bil anges på en etikett fäst vid insidan av tankluckan. Angivna tryck gäller för originaldäcken. Fråga däcktillverkaren eller leverantören om de senaste rekommendationerna om däck av annat märke eller annan typ monterats.*

Kapitel 1 Del A:
Rutinunderhåll och service - bensinmodeller

Innehåll

Svårighetsgrad

Enkelt, passar novisen med lite erfarenhet 	**Ganska enkelt,** passar nybörjaren med viss erfarenhet 	**Ganska svårt,** passar kompetent hemmamekaniker 	**Svårt,** passar hemmamekaniker med erfarenhet 	**Mycket svårt,** för professionell mekaniker 

Specifikationer - bensinmodeller

Smörjmedel och vätskor	Se slutet av *Veckokontroller*

Volymer

Motorolja (inklusive filter)	
Motorkod AHL, ARM	3,0 liter
Alla övriga motorer	3,5 liter
Kylsystem	cirka 6,0 liter
Växellåda	
Manuell växellåda:	
012/01W	2,25 liter
01E/0A1	2,5 liter
Automatväxellådsolja	
4-växlad låda:	
Första påfyllning	5,5 liter
Oljebyte	3,5 liter
5-växlad låda:	
Första påfyllning	9,0 liter
Oljebyte	2,6 liter
Automatväxellåda, slutväxel:	
4-växlad låda	1,0 liter
5-växlad låda	0,75 liter
Servostyrning	1,5 liter (cirka)
Bränsletank	62 liter

Kylsystem

Kylmedelsblandning:	
40% frostskyddsvätska	skydd ner till –25 °C
50% frostskyddsvätska	skydd ner till –35 °C

Tändningssystem

Tändningsinställning	Se kapitel 5B
Tändstift	kontakta återförsäljaren

Bromsar

Minsta tjocklek på främre bromsklossarna (inklusive stödplatta)	7,0 mm
Minsta tjocklek på bakre bromsklossarna (inklusive stödplatta)	7,0 mm

Drivrem

Spänningsjustering:	
Huvuddrivrem	Automatisk justering
Kylvätskepumpens drivrem	Ej justerbar
Luftkonditioneringskompressorns drivrem	Dra åt hexagonen på spännarhuset till 25 Nm

Åtdragningsmoment

	Nm
Automatväxellåda:	
Avtappningsplugg (01V)	40
Slutväxelns påfyllnings-/nivåplugg	25
Inspektionsplugg:	
01N	15
01V	80
Skvallerrör (01N)	2
Kylvätskepumpens avtappningsplugg	30
Påfyllnings-/nivåplugg till manuell växellåda	25
Servostyrningspumpens fäste	25
Hjulbultar	120
Tändstift	30
Sumpens avtappningsplugg:	
Aluminiumsump	50
Stålplåtssump	30
Termostathusets bultar	10

Underhållsintervallen i denna handbok förutsätter att arbetet utförs av en hemmamekaniker och inte av en verkstad. Detta är minimiintervall som vi rekommenderar för fordon som körs varje dag. Om bilen alltid ska hållas i toppskick bör vissa moment utföras oftare. Vi rekommenderar regelbundet underhåll, eftersom det höjer bilens effektivitet, prestanda och andrahandsvärde. **Observera:** *Konverteringarna från miles till kilometer är ungefärliga.*

Alla VW Passat-modeller har en serviceindikator på instrumentpanelen. Varje gång motorn startas lyser indikatorn under några sekunder. Det betyder att det är dags för sevice. När VW-mekanikern utför ett oljebyte programmerar hon eller han om indikatorn så att den visar OIL när man har kört ytterligare 15 000 km. När det är dags för service anger displayen detta 1000 km eller 10 dagar i förväg. Indikatorn är programmerad i km, även om bilen har mätning i engelska miles.

På modeller från och med årsmodell 2000 har serviceintervallet utökats till 24 månader, men med bibehållen vägsträcka mellan varje service.

Var 400:e km eller en gång i veckan

- ☐ Se *Veckokontroller*

Var 15 000:e km

- ☐ Byt motoroljan och filtret (avsnitt 3)

Observera: *Det är bra för motorn att olja och filter byts ofta. Vi rekommenderar att oljan byts oftare än vad som anges här, eller minst två gånger om året.*

- ☐ Kontrollera de främre bromsklossarnas tjocklek (avsnitt 4)
- ☐ Kontrollera drivremmens skick (avsnitt 5)
- ☐ Återställ servicedisplayen (avsnitt 6)

Var 12:e månad eller var 30 000:e km, beroende på vad som kommer först

- ☐ Återställa servicedisplayen (avsnitt 7)
- ☐ Kontrollera funktionen hos spolaren för vindrutan/bakrutan/strålkastarna (avsnitt 8)
- ☐ Kontrollera däckens slitage (avsnitt 9)
- ☐ Smörj alla gångjärn och lås (avsnitt 10)
- ☐ Kontrollera batteriets elektrolytnivå (avsnitt 11)
- ☐ Kontrollera eventuella felkoder i den elektroniska styrenhetens minne (avsnitt 12)
- ☐ Kontrollera alla komponenter och slangar under motorhuven, med avseende på läckage (avsnitt 13)
- ☐ Kontrollera frostskyddsvätskekoncentrationen i kylsystemet (avsnitt 14)
- ☐ Kontrollera att alla bromsslangar och rör är i gott skick (avsnitt 15)
- ☐ Kontrollera de bakre bromsklossarnas tjocklek (avsnitt 16)
- ☐ Kontrollera avgassystemet och dess fästen är i gott skick (avsnitt 17)
- ☐ Kontrollera att styrningens och fjädringens delar är i gott skick, samt att de sitter ordentligt (avsnitt 18)
- ☐ Utför ett landsvägsprov (avsnitt 19)

Var 30 000:e km

Observera: *Utför följande arbete utöver det som beskrivs för intervallet var 12:e månad.*

- ☐ Byt bränslefiltret (avsnitt 20)
- ☐ Byt ut pollenfiltret (avsnitt 21)
- ☐ Kontrollera underredets rostskydd (avsnitt 22)
- ☐ Kontrollera den manuella växellådans oljenivå (avsnitt 23)
- ☐ Kontrollera strålkastarinställningen (avsnitt 24)

Var 60 000:e km

Observera: *Utför följande arbete utöver det som beskrivs för intervallen var 12:e månad och var 30 000:e km.*

- ☐ Byt luftfilter (avsnitt 25)
- ☐ Byt ut tändstiften. **Observera:** *Var 3:e år om körsträckan underskrider 60 000 km* (avsnitt 26)
- ☐ Kontrollera oljenivån i slutväxeln (automatväxellåda) (avsnitt 27)
- ☐ Byt automatväxellådans olja. **Observera:** *Var 4:e år om körsträckan underskrider 60 000 km* (avsnitt 28)
- ☐ Byt kamremmen (avsnitt 29)*

***Observera:** *Tillverkaren rekommenderar att kamremmen byts ut vid 120 000 km. Vi rekommenderar dock att den byts ut vid 60 000 km, särskilt om bilen i huvudsak används för korta resor eller stadstrafik. Det är mycket upp till den enskilde ägaren att avgöra hur ofta remmen bör bytas, men med tanke på hur allvarliga motorskador som kan bli följden om remmen går sönder under körning rekommenderar vi att hellre byta för ofta än för sällan.*

Var 120 000:e km

- ☐ Byt ut drivremmen/remmarna (avsnitt 30)

Vartannat år (oberoende av körsträcka)

- ☐ Byt bromsvätska (avsnitt 31)
- ☐ Byt kylvätska (avsnitt 32)
- ☐ Kontrollera avgasutsläppen (avsnitt 33)

Motorrummet på en 1,8-litersmodell med turbo (kod ANB)

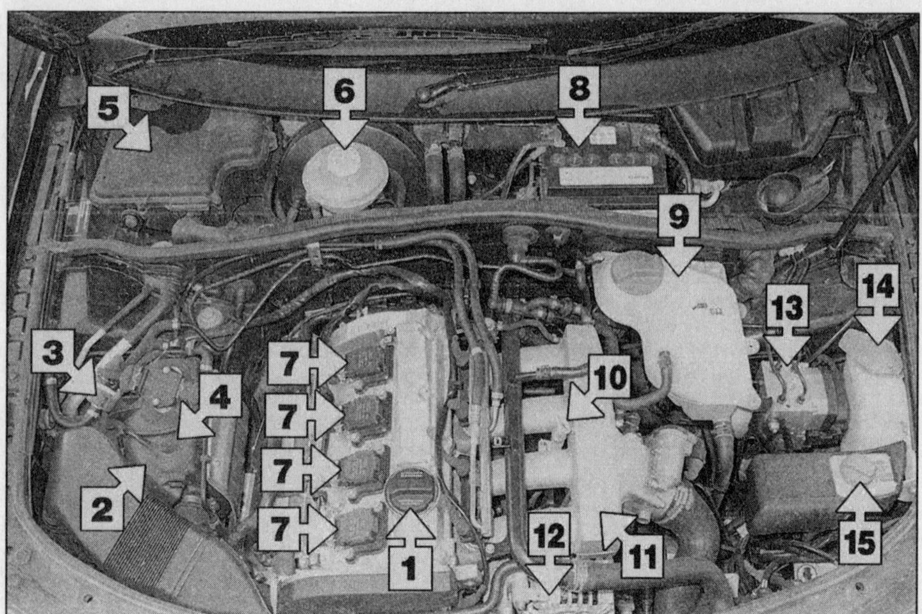

1 Motoroljans påfyllningslock
2 Luftrenare
3 Kolfiltrets magnetventil
4 Luftflödesmätare
5 Motorstyrmodul
6 Behållare för broms-/kopplingsvätska
7 Tändspolar
8 Batteri
9 Kylsystemets expansionskärl
10 Mätsticka för motorolja
11 Insugningsrör
12 Generator
13 ABS-enhet
14 Spolarvätskebehållare
15 Behållare för styrservoolja

Främre underredet på en 1,8-litersmodell (kod APT)

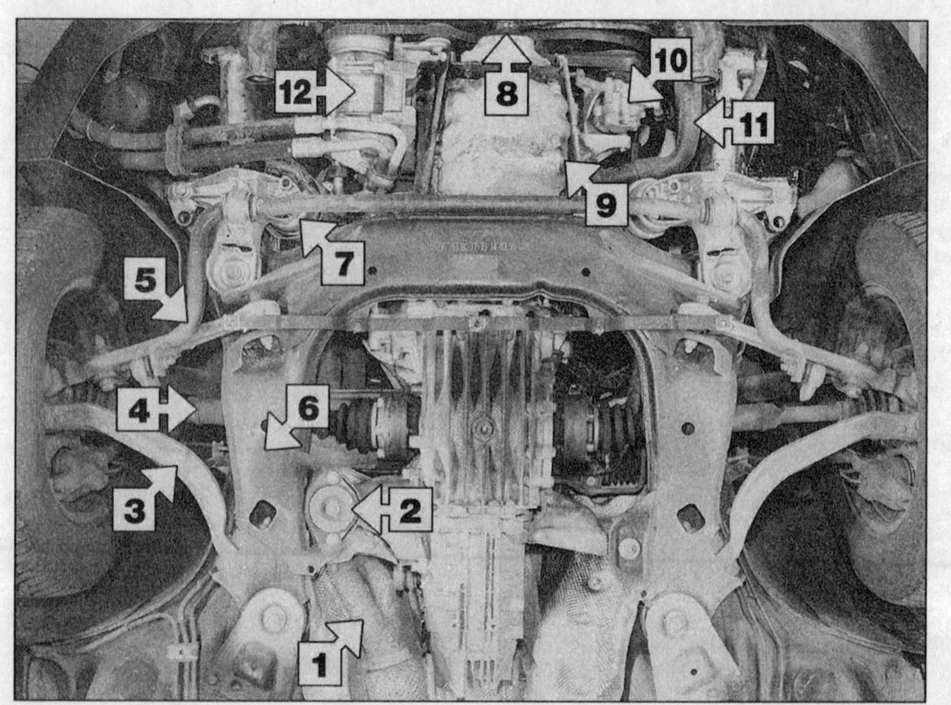

1 Avgassystemets främre avgasrör
2 Växellådans fäste
3 Främre fjädringsarm
4 Drivaxel
5 Krängningshämmare
6 Främre kryssrambalk
7 Motorfäste
8 Motorns främre momentarm
9 Motorsumpens oljeavtappningsplugg
10 Servostyrningspump
11 Kylarens nedre slang
12 Luftkonditioneringens kompressor

Bakre underrede

1 Mellanliggande avgasrör och ljuddämpare
2 Bakaxelbalk
3 Avgasrör och ljuddämpare
4 Bränsletank
5 Spiralfjäder
6 Fjäderben med stötdämpare

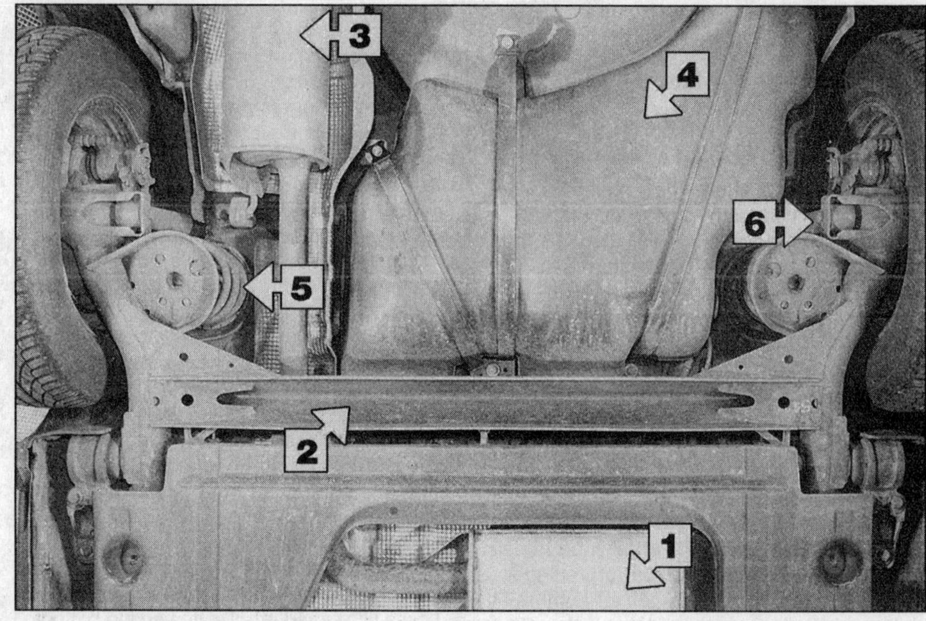

1 Inledning

Detta kapitel är tänkt att hjälpa hemmamekanikern att underhålla bilen för bättre säkerhet, ekonomi, livslängd och högsta prestanda.

Kapitlet innehåller ett underhållsschema följt av avsnitt som i detalj behandlar åtgärderna i schemat. Bland annat behandlas åtgärder som kontroller, justeringar och byte av delar.. På de tillhörande bilderna av motorrummet och bottenplattan visas de olika delarnas placering.

Underhåll av bilen enligt schemat för tid/körsträcka och de följande avsnitten bör resultera i lång och tillförlitlig tjänstgöring för bilen. Underhållsplanen är heltäckande, så om man väljer att bara utföra vissa delar av den vid de angivna tidpunkterna, kan inte samma goda resultat garanteras.

Under arbetet med bilen kommer det att visa sig att många arbeten kan - och bör - utföras samtidigt, antingen för att en viss typ av åtgärd ska utföras eller för att två separata delar råkar finnas nära varandra. Om bilen lyfts av någon orsak kan t.ex. kontroll av avgassystemet utföras samtidigt som styrning och fjädring kontrolleras.

Första steget i detta underhållsprogram är noggranna förberedelser innan själva arbetet påbörjas. Läs igenom relevanta avsnitt. Gör sedan upp en lista över vad som behövs och skaffa fram verktyg och delar. Om problem dyker upp, rådfråga en specialist på reservdelar eller vänd dig till återförsäljarens serviceavdelning.

2 Rutinunderhåll

1 Om underhållsschemat följs noga från det att bilen är ny och om vätske- och oljenivåerna och de delar som är utsatta för stort slitage kontrolleras enligt denna handboks rekommendationer, hålls motorn i bra skick och behovet av extra arbete minimeras.

2 Ibland går motorn dåligt på grund av bristande underhåll. Risken för detta ökar om bilen är begagnad och inte fått regelbunden service. I sådana fall kan extra arbeten behöva utföras, utöver det normala underhållet.

3 Om motorn misstänks vara sliten ger ett kompressionsprov (se relevant del av kapitel 2) värdefull information om de viktigaste komponenternas skick. Ett kompressionsprov kan användas för att avgöra omfattningen av det kommande arbetet. Avslöjar provet allvarligt inre slitage är det slöseri med tid och pengar att utföra underhåll på det sätt som beskrivs i detta kapitel, om inte motorn först renoveras.

4 Följande åtgärder är de som oftast behövs för att förbättra prestanda hos en motor som går dåligt:

I första hand

a) Rengör, kontrollera och testa batteriet (se Veckokontroller).
b) Kontrollera alla motorrelaterade oljor och vätskor (se Veckokontroller).
c) Kontrollera drivremmarnas skick (avsnitt 5 och 30).
d) Byt tändstiften (avsnitt 26).
e) Kontrollera tändningssystemets komponenter (kapitel 5B).
f) Kontrollera luftfiltrets skick och byt ut det om det behövs (avsnitt 25).
g) Kontrollera bränslefiltret (avsnitt 20).
g) Kontrollera samtliga slangars skick och leta efter läckor (avsnitt 13).

5 Om ovanstående åtgärder inte får någon effekt ska följande åtgärder utföras:

Sekundära åtgärder

Allt som anges under *I första hand*, plus följande:

a) Kontrollera laddningssystemet (kapitel 5A).
b) Kontrollera tändningssystemet (kapitel 5B).
c) Kontrollera bränslesystemet (kapitel 4A).
d) Byt tändkablarna (se kapitel 5B)

Var 15 000:e km

3 Motorolja och filter - byte

1 Täta olje- och filterbyten är det viktigaste underhåll en hemmamekaniker kan utföra. När motoroljan åldras blir den utspädd och förorenad, vilket leder att motorn slits ut i förtid.

2 Samla ihop alla verktyg och allt material som behövs innan arbetet påbörjas. Se även till att ha gott om rena trasor och tidningar till hands för att torka upp eventuellt spill. Helst ska motoroljan vara varm, eftersom den då rinner ut lättare och mer avlagrat slam följer med. Se dock till att inte vidröra avgassystemet eller andra heta delar vid arbete under bilen. Använd handskar för att undvika skållning och för att skydda huden mot irritationer och skadliga föroreningar i begagnad motorolja. Det går att komma åt bilens undersida om bilen kan lyftas, köras upp på en ramp eller ställas på pallbockar (se *Lyftning och stödpunkter*). Oavsett vilken metod som används måste bilen stå plant eller, om den lutar, stå så att avtappningspluggen sitter i dess lägsta del. Ta bort motorrummets undre skyddskåpa medan bilen är upphissad.

Dra snabbt undan avtappningspluggen när den släpper från gängorna, så att oljan som rinner ut från sumpen hamnar i kärlet och inte i tröjärmen!

3 Använd en hyls- eller ringnyckel och lossa pluggen ungefär ett halvt varv. Placera behållaren under avtappningspluggen och ta bort pluggen helt **(se Haynes tips)**. Ta loss tätningsringen från avtappningspluggen **(se bild)**.

4 Ge den gamla oljan tid att rinna ut. Observera att det kan bli nödvändigt att flytta behållaren när oljeflödet minskar.

5 Torka av avtappningspluggen med en ren trasa när all olja har runnit ut, och byt tätningsbrickan. Rengör området runt avtappningspluggens öppning och sätt tillbaka pluggen. Dra åt pluggen ordentligt.

6 Om filtret också ska bytas ut, flytta behållaren till en plats under oljefiltret, som sitter baktill på motorblockets vänstra sida.

7 Lossa filtret med ett oljefilterverktyg om det behövs, och skruva sedan loss det för hand **(se bild)**. Töm oljan från filtret i behållaren.

8 Torka bort all olja, smuts och slam från filtrets tätningsyta på motorn med en ren trasa. Kontrollera det gamla filtret så att ingen del av gummitätningen sitter fast på motorn. Om någon del av tätningen fastnat ska den försiktigt avlägsnas.

9 Lägg ett tunt lager ren motorolja på tätningsringen på det nya filtret, och skruva sedan fast det på motorn. Dra åt filtret ordentligt, men endast för hand – **använd inte** något verktyg.

10 Ta bort den gamla oljan och verktygen under bilen, och montera sedan den undre skyddskåpan och sänk ner bilen.

11 Dra ut mätstickan och skruva loss oljepåfyllningslocket från ventilkåpan **(se bild)**. Fyll på motorn med rätt viskositetsgrad och typ av olja (se *Smörjmedel och vätskor*). En oljekanna med pip eller en tratt kan hjälpa till att minska spillet. Börja med att hälla i halva den angivna mängden olja och vänta några minuter så att den hinner sjunka ner i sumpen. Fortsätt fylla på små mängder i taget till dess att nivån når det nedre märket på mätstickan. Påfyllning med 1,0 liter höjer nivån till den övre markeringen på mätstickan. Sätt tillbaka påfyllningslocket.

12 Starta motorn och låt den gå på tomgång under några minuter. Leta efter läckor runt oljefiltrets packning och sumpens avtappningsplugg. Observera att det kan ta ett par sekunder innan oljetryckslampan släcks sedan motorn startats första gången efter ett oljebyte. Detta beror på att oljan cirkulerar runt i kanalerna och det nya filtret innan trycket byggs upp.

Varning: På modeller med turboaggregat ska motorn lämnas på tomgång tills varningslampan för oljetryck slocknar. Om motorvarvtalet ökas när varningslampan är tänd kommer turboaggregatet att skadas.

13 Stäng av motorn och vänta ett par minuter till på att oljan ska rinna till sumpen. Kontrollera oljenivån igen när den nya oljan har cirkulerat och filtret är fullt. Fyll på mer olja om det behövs.

14 Ta hand om den använda oljan på ett säkert sätt. Se *Allmänna reparationsanvisningar* i referenserna

4 Främre bromsklossarnas tjocklek - kontroll

1 Dra åt handbromsen och lossa framhjulsbultarna. Lyft sedan upp framvagnen och stöd den på pallbockar (se *Lyftning och stödpunkter*). Demontera framhjulen.

2 Om en fullständig kontroll ska utföras bör bromsklossarna tas bort och rengöras. Då kan även bromsokets funktion kontrolleras, och bromsskivans skick kan

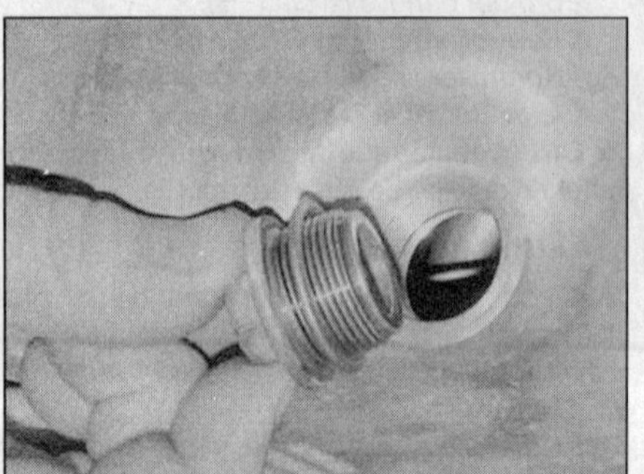

3.3 Avtappningspluggen tas bort från sumpen

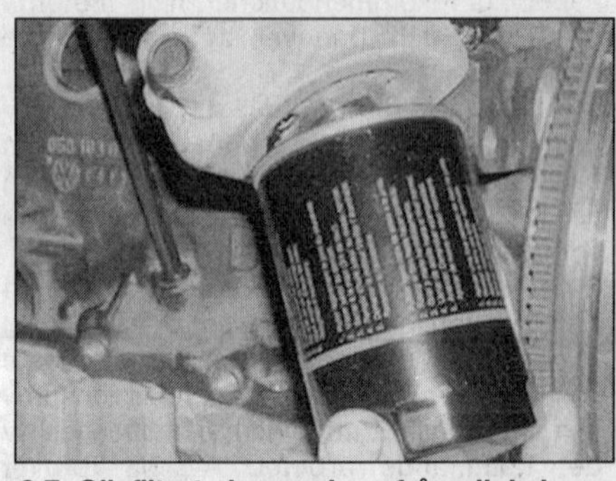

3.7 Oljefiltret skruvas loss från oljekylaren

3.11 Oljepåfyllningslocket tas bort från ventilkåpan

kontrolleras på båda sidorna. Se kapitel 9 **(se Haynes tips)**.

3 Om belägget på någon kloss är slitet till angiven minimitjocklek eller tunnare, *måste alla fyra klossarna bytas*.

5 Drivremmens skick och spänning - kontroll

1 Beroende på bilens specifikation och typ av motor kan en, två eller tre drivremmar finnas monterade. Huvuddrivremmen driver generatorn, fläkten samt servostyrningspumpen. Om bilen är utrustad med luftkonditionering drivs luftkonditioneringskompressorn av en sekundär drivrem från vevaxelns remskiva. På alla motorer utom AHL, ANA och ARM finns en tredje drivrem från en extra remskiva på servostyrningspumpen som driver kylvätskepumpen.

2 För att komma åt drivremmarna, dra åt handbromsen och lyft upp framvagnen och ställ den på pallbockar (se Lyftning och stödpunkter). Ta bort stänkskyddet från motorn undersida. Ta även bort motorns övre kåpa, om det är tillämpligt.

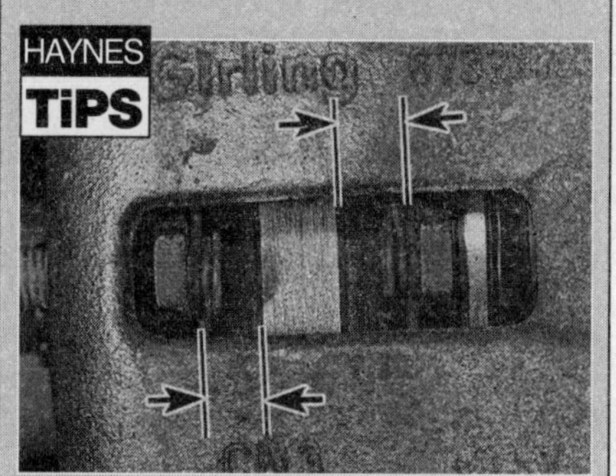

Bromsklossarnas tjocklek kan kontrolleras genom inspektionsöppningen i bromsoket

3 Undersök drivremmarna i sin helhet och leta efter tecken på skada och slitage i form av repor, nötning, fransning och sprickbildning. En spegel och eventuellt en ficklampa underlättar arbetet. Motorn kan vridas med en skiftnyckel på vevaxelns remskiva för att remmen ska kunna kontrolleras i sin helhet.

4 Om en drivrem måste bytas, se kapitel 2A för information om demontering, montering och justering.

6 Nollställa servicedisplayen

1 När allt underhåll som krävs har utförts, måste servicedisplaykoden återställas.

2 Displaykoden återställs med ett speciellt elektroniskt instrument som kopplas in i bilens diagnosuttag. Det går även att återställa displayen utan specialverktyg.

3 Slå av tändningen, tryck och håll ner knappen som sitter bredvid hastighetsmätaren. Slå på tändningen och släpp upp knappen.

4 Vrid knappen som sitter bredvid varvräknaren medurs. Nu ska servicedisplayen återgå till normalläge. Slå av tändningen.

Var 12:e månad eller 30 000 km, beroende på vad som kommer först

7 Nollställa servicedisplayen

1 Se avsnitt 6.

8 Vindrutans/bakrutans/ strålkastarnas spolarsystem

1 Kontrollera att spolarmunstyckena inte är igentäppta och att de sprutar en stark stråle spolarvätska. Munstyckena ska vara riktade så att strålarna hamnar på en punkt något ovanför mitten av vindrutan. Spolarmunstyckena för framrutan kan justeras genom att man trycker munstycket upp eller ner i hållaren med fingret **(se bild)**. Bakrutans spolarmunstycken juteras med ett smalt stift.

2 Kontrollera torkarbladen. Leta efter flisor och sprickor på svepytan och byt ut om det behövs. Kontrollera att torkarbladen gör ordentligt rent över hela svepytan. Om inte hela svepytan blir ren kan det bero på att torkarbladens fästen är defekta, så att bladen inte kan följa rutans/linsens yta. Kontrollera att torkarbladen inte sticker ut utanför kanten på vindrutan/linsen i slutet av rörelsen och att bladen parkeras korrekt när torkaren stängs av. Om så inte är fallet, eller om torkarbladen överlappar varandra i mitten av svepet, kan det bero på att de är felmonterade (se kapitel 12).

9 Däckslitage - kontroll

1 Lyft och ställ upp bilen på pallbockar på den sida där däcken ska inspekteras. Se *Lyftning och stödpunkter* .

2 Vrid hjulet långsamt för hand och inspektera däcken enligt beskrivningen i *Veckokontroller*.

10 Smörj alla gångjärn och lås

1 Smörj gångjärnen på motorhuven, dörrarna och bakluckan med en lättflytande olja. Smörj även alla spärrar, lås och låsgrepp. Kontrollera samtidigt att alla lås fungerar och justera dem efter behov (se kapitel 11).

8.1 Spolarmunstyckena kan justeras genom att man trycker dem upp eller ner i hållaren

2 Smörj motorhuvens låsmekanism och kabel med smörjfett.

11 Batteriets elektrolytnivå - kontroll

1 Om ett vanligt underhållsfritt standardbatteri är monterat kan elektrolytnivån kontrolleras och, om det behövs, fyllas på. På vissa batterier finns MIN- och MAX-markeringar tryckta på sidan av batteriet. Nivån kan då kontrolleras utan att locken tas bort från battericellerna. Om det inte finns några yttre markeringar, ta bort locken från cellerna och kontrollera att elektrolytnivån är ungefär 2 eller 3 mm ovanför plattorna. Vissa batterier har en inbyggd nivåindikator av plast.

2 Fyll på battericellerna med destillerat eller avjoniserat vatten, om det behövs.

3 Sätt tillbaka locken på cellerna.

12 Motorstyrningssystemets elektroniska styrenhet - felkodskontroll

Den här kontrollen kan endast utföras av en VW-mekaniker eller en verkstad med tillgång till nödvändig utrustning. Om en felkod visas måste problemet åtgärdas för att motorn ska fungera effektivt.

13 Komponenter och slangar under motorhuven/underredet - läckagekontroll

1 För att kunna komma åt både motorns över- och underdel, demontera motorns övre skyddskåpa. Lyft sedan upp framvagnen och ställ den på pallbockar (se Lyftning och stödpunkter) och demontera den undre skyddskåpan. Undersök motorns fogytor, packningar och tätningar efter tecken på vatten- eller oljeläckage. Var särskilt noga med områdena runt ventilkåpans, topplockets, oljefiltrets och sumpens fogytor. Tänk på att med tiden är ett litet läckage från dessa områden helt normalt, så leta efter tecken på allvarliga läckor. Om ett läckage påträffas, byt den defekta packningen eller tätningen enligt beskrivning i relevant kapitel i denna handbok.

2 Kontrollera även att motorrelaterade rör och slangar är i gott skick och se till att de sitter ordentligt. Se till att alla kabelklämmor eller fästklämmor sitter på plats och är i gott skick. Trasiga eller saknade klämmor kan leda till skavning på slangar, rör eller kablage. Detta kan i sin tur leda till allvarligare fel i framtiden.

3 Kontrollera noga kylarslangarna och värmeslangarna i sin helhet. Byt slangar som är spruckna, svullna eller slitna. Sprickor syns bättre om man klämmer på slangen. Kontrollera noggrant slangklämmorna som håller fast slangarna vid kylsystemets delar. Slangklämmor kan punktera slangarna, med läckor i kylsystemet som följd.

4 Undersök alla delar av kylsystemet (slangar, fogytor, etc.) och leta efter läckor. Kylvätskeläckage visar sig vanligen som vita eller rostfärgade avlagringar i området runt läckan **(se Haynes tips)**. Upptäcks något problem av detta slag hos någon del i systemet ska delen eller packningen bytas ut enligt beskrivningen i kapitel 3.

5 Leta efter läckor eller förslitning på automatväxellådans vätskekylslangar, om tillämpligt.

6 Ställ bakvagnen på pallbockar och undersök bensintanken och påfyllningsröret och leta efter tecken på läckor, sprickor eller andra skador. Anslutningen mellan påfyllningsröret och tanken är speciellt kritisk. Ibland läcker ett påfyllningsrör av gummi eller en slang eftersom slangklämmorna är för löst åtdragna eller gummit har åldrats.

7 Kontrollera noggrant alla gummislangar och metallrör som leder från bränsletanken. Leta efter lösa anslutningar, åldrade slangar, bockade rör och andra skador. Var extra uppmärksam på ventilationsrör och slangar som ofta är lindade runt påfyllningsröret och som kan bli igensatta eller veckade. Följ ledningarna till framsidan av bilen och undersök dem noga hela vägen. Byt ut skadade delar vid behov.

8 Kontrollera att alla bränsleslangar och rör i motorrummet sitter ordentligt och se till att inga bränsle- eller vakuumslangar är bockade, åldrade eller skaver mot något.

9 Kontrollera att servostyrningens vätskeslangar och rör är i gott skick, om tillämpligt.

10 När du är klar sätter du tillbaka motorns undre och övre skyddskåpa, och sänker ner bilen.

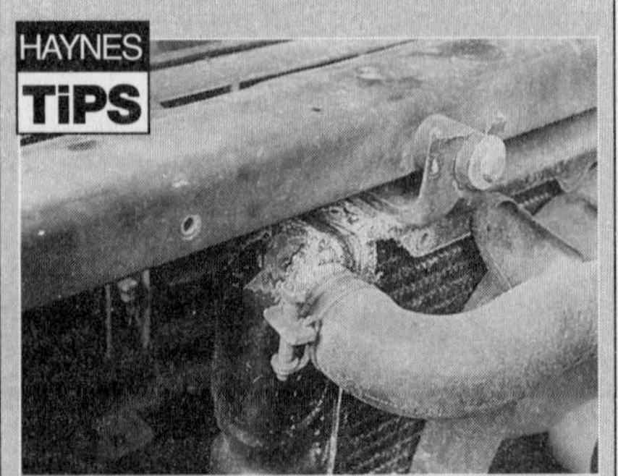

Kylvätskeläckage visar sig vanligen som vita eller rostfärgade, sköra avlagringar i området runt läckan.

14 Kylvätskans frostskydd - kontroll

Varning: Vänta till dess att motorn är helt kall innan arbetet påbörjas. Låt inte frostskyddsmedel komma i kontakt med huden eller lackerade ytor på bilen. Spola omedelbart bort eventuellt spill med stora mängder vatten.

1 Observera att det krävs en särskild provare för att kontrollera frostskyddet. En sådan kan man införskaffa till relativt låg kostnad hos de flesta bildelsbutiker.

2 Kontrollera att motorn är helt kall och skruva bort påfyllningslocket från kylvätskans expansionskärl. Följ instruktionerna som följer med kontrollverktyget och mät om kylvätskeblandningens koncentration är tillräckligt hög för att ge skydd vid temperaturer långt under nollpunkten. Om kylvätskan har bytts ut regelbundet bör detta inte vara ett problem. Om kylvätskeblandningen inte är tillräckligt stark för att ge bra skydd måste kylsystemet tömmas och kylvätskan bytas ut (se avsnitt 32).

3 När koncentrationen är rätt ska kylvätskenivån kontrolleras (se *Veckokontroller*). Dra sedan åt expansionskärlets lock ordentligt.

15 Bromsslangarnas och bromsrörens skick - kontroll

1 Se avsnitt 13 och undersök alla slangar och metallrör i bromssystemet efter tecken på skada eller åldrande. Alla defekta rör/slangar måste bytas ut (se kapitel 9).

16 Bakre bromsklossbeläggens tjocklek - kontroll

1 Lägg rejäla klossar vid framhjulen och lägg i första växeln eller läge P. Lyft upp bakvagnen och ställ bilen på pallbockar (se *Lyftning och stödpunkter*). Demontera bakhjulen.

2 Bromsklossens tjocklek kan snabbkontrolleras via inspektionshålet på bromsokets baksida. Mät tjockleken på bromsklossbeläggningen, inklusive stödplattan, med en stållinjal. Tjockleken får inte vara mindre än vad som anges i specifikationerna.

3 Genom bromsokets inspektionshål kan man grovt uppskatta bromsklossarnas skick. Vid en ingående kontroll ska bromsklossarna demonteras och rengöras. Kontrollera även okens funktion och undersök bromsskivornas skick. Kapitel 9 innehåller en detaljerad beskrivning av hur bromsskivan ska kontrolleras med avseende på slitage och/eller skador.

4 Om belägget på någon kloss är slitet till angiven minimitjocklek eller tunnare *måste alla fyra klossarna bytas*. Se kapitel 9 för mer information.

5 Sätt tillbaka hjulen och sänk ner bilen när kontrollen är klar.

17 Avgassystemets och fästenas skick - kontroll

1 Se till att motorn är kall. Undersök sedan hela avgassystemet ända från motorn till och med bakre avgasröret.Avgassystemet kontrolleras enklast med bilen upplyft på en lyft eller placerad på pallbockar. Då är avgassystemets komponenter tydligt synliga och lätta att komma åt.

2 Kontrollera om avgasrör eller anslutningar visar tecken på läckage, allvarlig korrosion eller andra skador. Kontrollera att alla fästen och fästbyglar är i gott skick samt att alla relevanta muttrar och bultar sitter ordentligt. Läckage i någon fog eller annan del visar sig vanligen som en sotfläck i närheten av läckan.

3 Skaller och andra missljud beror ofta på avgassystemet, speciellt på dess fästen och upphängningar. Om det går att få delarna att komma i kontakt med underredet eller fjädringen, bör systemet förses med nya fästen. Man kan också skilja på fogarna (om det går) och vrida rören så att de kommer på tillräckligt stort avstånd.

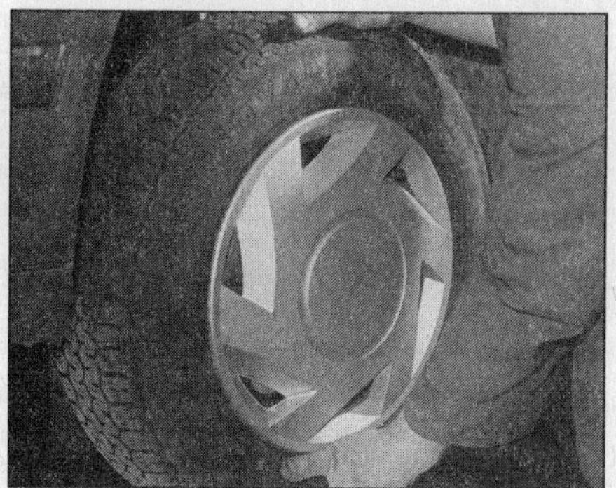

18.4 Leta efter tecken på slitage i navlagren genom att greppa hjulet upptill och nedtill och försöka rucka på det

18 Styrningens och fjädringens komponenter - kontroll av skick och säkerhet

Kontroll av framvagnens fjädring och styrning

1 Lyft upp framvagnen och ställ den på pallbockar.

2 Inspektera kulledernas dammskydd och styrväxelns damasker. De får inte vara skavda, spruckna eller ha andra defekter. Slitage på någon av dessa delar gör att smörjmedel läcker ut och att smuts och vatten kan komma in, vilket snabbt sliter ut kullederna eller styrväxeln.

3 På bilar med servostyrning, kontrollera oljeslangarna och leta efter tecken på skavning eller åldrande, och titta efter läckor i rör- och slanganslutningar. Leta även efter läckor under tryck från styrväxelns gummidamask, vilket indikerar trasiga tätningar i styrväxeln.

4 Fatta sedan tag i hjulet längst upp och längst ner och försök att rucka på det **(se bild)**. Ett ytterst litet spel kan märkas, men om rörelsen är stor krävs en närmare undersökning för att fastställa orsaken. Fortsätt rucka på hjulet medan en medhjälpare trycker på bromspedalen. Om spelet försvinner eller minskar markant är det troligen fråga om ett defekt hjullager. Om spelet finns kvar när bromsen är nedtryckt rör det sig om slitage i fjädringens leder eller fästen.

5 Fatta sedan tag i hjulet på sidorna och försök rucka på det igen. Märkbart spel beror antingen på slitage på hjullager eller på styrstagets kulleder. Det syns tydligt om den inre eller yttre kulleden är sliten.

6 Kontrollera om fjädringens fästbussningar är slitna genom att bända med en stor skruvmejsel eller en platt metallstång mellan relevant fjädringskomponent och dess fästpunkt. En viss rörelse är att vänta eftersom bussningarna är av gummi, men eventuellt större slitage visar sig tydligt. Kontrollera även de synliga gummibussningarnas skick, leta efter bristningar, sprickor eller föroreningar i gummit.

7 Ställ bilen på marken och låt en medhjälpare vrida ratten fram och tillbaka ungefär ett åttondels varv åt vardera hållet. Det ska inte finnas något, eller bara ytterst lite, spel mellan rattens och hjulens rörelser. Kontrollera noga lederna och fästena enligt tidigare beskrivning om spelet är större, men kontrollera dessutom om rattstångens kardanknutar är slitna, samt även själva styrväxeln.

Fjäderben/stötdämpare - kontroll

8 Leta efter tecken på oljeläckage kring fjäderbenet/stötdämparen eller gummidamasken runt stötdämparstången. Om det finns spår av olja är fjäderbenet/stötdämparen defekt och ska bytas. **Observera:** *Fjäderben/stötdämpare ska alltid bytas parvis på samma axel.*

9 Fjäderbenets/stötdämparens effektivitet kan kontrolleras genom att bilen gungas i varje hörn. I normala fall ska bilen återta planläge och stanna efter en nedtryckning. Om den höjs och återvänder med en studs är troligen fjäderbenet/stötdämparen defekt. Undersök även fjäderbenets/stötdämparens övre och nedre fästen och leta efter tecken på slitage.

Drivaxlar

10 Hissa upp bilen och stöd den på pallbockar. Vrid ratten till fullt utslag och snurra sedan långsamt på hjulet. Undersök den yttre drivknutens gummidamasker genom att klämma på dem så att vecken öppnas. Leta efter tecken på sprickor, bristningar och åldrat gummi som kan släppa ut fett och släppa in vatten och smuts i drivknuten. Kontrollera även damaskernas klamrar vad gäller åtdragning och skick. Upprepa dessa kontroller på de inre drivknutarna. Om skador eller slitage påträffas bör damaskerna bytas enligt beskrivningen i kapitel 8, avsnitt 3.

11 Kontrollera samtidigt drivknutarnas skick genom att först hålla fast drivaxeln och sedan försöka snurra på hjulet. Håll sedan fast innerknuten och försök vrida på drivaxeln. Märkbar rörelse indikerar slitage i drivknutarna eller drivaxelspåren, eller att drivaxelns fästmutter är lös.

19 Landsvägsprov

Instrument och elektrisk utrustning

1 Kontrollera att alla instrument och hela den elektriska utrustningen fungerar tillfredsställande.

2 Kontrollera att instrumenten ger korrekta utslag och slå på all elektrisk utrustning i tur och ordning för att kontrollera att den fungerar som den ska.

Styrning och fjädring

3 Kontrollera om bilen uppför sig normalt med avseende på styrning, fjädring, köregenskaper och vägkänsla.

4 Provkör bilen och var uppmärksam på ovanliga vibrationer eller ljud.

5 Kontrollera att styrningen känns som den ska, utan överdrivet fladder eller kärvningar, och lyssna efter fjädringsmissljud vid kurvtagning och gupp.

Drivaggregat

6 Kontrollera motorns, kopplingens (om tillämpligt), växellådans och drivaxlarnas prestanda.

7 Lyssna efter onormala ljud från motorn, kopplingen och växellådan.

8 Kontrollera att motorn går jämnt på tomgång och att den inte "tvekar" vid acceleration.

9 Kontrollera att kopplingen (om tillämpligt) går mjukt, att den tar jämnt och att pedalen inte har för lång slaglängd. Lyssna även efter missljud när kopplingspedalen är nedtryckt.

10 På modeller med manuell växellåda, kontrollera att alla växlar går i smidigt, utan missljud, och att växelspakens rörelse inte är onormalt oprecis eller ryckig.

11 På modeller med automatväxellåda, kontrollera att växlingarna inte är ryckiga och att motorvarvtalet inte ökar mellan växlingarna. Kontrollera att alla växelpositioner kan väljas när bilen står stilla. Kontakta en VW-återförsäljare om några problem påträffas.

Kontrollera att bromssystemet fungerar

12 Kontrollera att bilen inte drar åt ena hållet vid inbromsning, och att hjulen inte låser sig för tidigt vid hård inbromsning.

13 Kontrollera att ratten inte vibrerar vid inbromsning.

14 Kontrollera att handbromsen fungerar ordentligt utan för stort spel i spaken, och att den kan hålla bilen stilla i en backe.

15 Testa bromsservoenhetens funktion så här: Tryck ner bromspedalen 4-5 gånger med motorn avslagen, för att få ut vakuumet. Håll ner bromspedalen och starta motorn. När motorn startar ska pedalen ge efter märkbart medan vakuumet byggs upp. Låt motorn gå i minst två minuter och stäng sedan av den. Om bromspedalen trycks ner nu hörs ett pysande ljud. Efter 4-5 upprepningar bör inget pysande höras, och pedalen bör kännas betydligt hårdare.

Var 30 000:e km

20 Bränslefilter - byte

Se kapitel 4A **(se bild)**.

21 Pollenfilter - byte

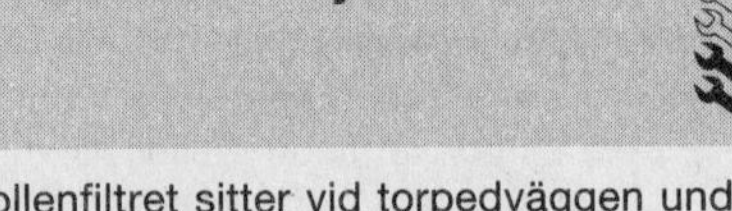

1 Pollenfiltret sitter vid torpedväggen under vindrutan. På högerstyrda modeller sitter det på höger sida, och på vänsterstyrda modeller sitter det till vänster.
2 Skruva loss fästbulten och ta bort kåpan **(se bild)**.
3 Dra filtret uppåt och ta ut det ifrån motorrummet **(se bild)**.
4 Kontrollera att ordet OBEN på det nya filterelementet är vänt uppåt när filtret sätts tillbaka.
5 Resten av monteringen sker i omvänd ordningsföljd mot demonteringen.

22 Underredsbehandling - kontroll

1 Lyft upp bilen och ställ den på pallbockar (se *Lyftning och stödpunkter*). Inspektera hela bilens undersida. Använd en ficklampa, och kontrollera särskilt hjulhusen. Leta efter skador på underredsbeläggningen. När den blir äldre kan den spricka eller flagna, vilket leder till rostangrepp. Kontrollera även att innerskärmarna (i förekommande fall) sitter ordentligt fästa med alla klämmor. Om de lossnar kan smuts komma in bakom fodren så att de motverkar sitt syfte. Om du upptäcker några skador på underredsbehandlingen eller någon rost, bör detta åtgärdas innan skadan förvärras.

23 Manuell växellåda - oljenivåkontroll

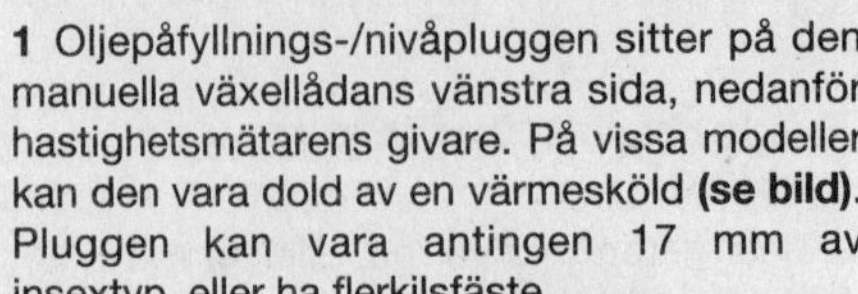

1 Oljepåfyllnings-/nivåpluggen sitter på den manuella växellådans vänstra sida, nedanför hastighetsmätarens givare. På vissa modeller kan den vara dold av en värmesköld **(se bild)**. Pluggen kan vara antingen 17 mm av insextyp, eller ha flerkilsfäste.
2 Dra åt handbromsen, och lyft sedan upp framvagnen och bakvagnen och ställ bilen på pallbockar (se *Lyftning och stödpunkter*). Bilen måste stå på plant underlag för att kontrollen ska vara korrekt.
3 Skruva loss påfyllnings-/nivåpluggen.
4 Kontrollera att oljenivån når upp till påfyllningshålets undre kant.
5 Fyll på angiven olja i påfyllnings-/nivåhålet om det behövs. Om systemet ständigt måste fyllas på, leta efter läckage och reparera detta.
6 Montera pluggen och dra åt till angivet moment. Sänk sedan ner bilen.

24 Strålkastarinställning

Halogenstrålkastare

1 Noggrann justering av strålkastarna är endast möjlig om man har speciell utrustning och bör därför utföras av en VW-mekaniker eller en kvalificerad verkstad.
2 Strålkastarna kan justeras med justerskruvarna som sitter ovanför respektive strålkastare (se bilderna i kapitel 12, avsnitt 9).
3 Vissa modeller är utrustade med ett elmanövrerat strålkastarinställningssystem som styrs via en brytare på instrumentbrädan. På dessa modeller, se till att brytaren är satt i grundläget 0 innan strålkastarna justeras.

Strålkastare med bågljuslampor

4 Strålkastarens räckvidd styrs av en elektronisk styrenhet som läser av chassits höjd över marken via givare som sitter monterade på den främre och bakre fjädringen. Strålkastarinställningen kan endast utföras med VW-testutrustning.

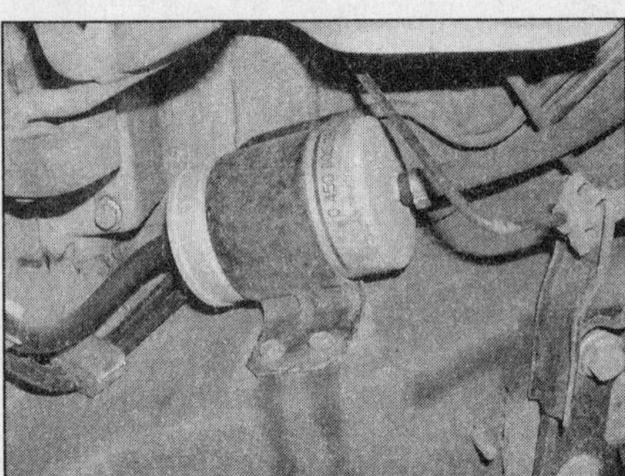

20.1 Bränslefiltrets placering på höger sida av bränsletanken

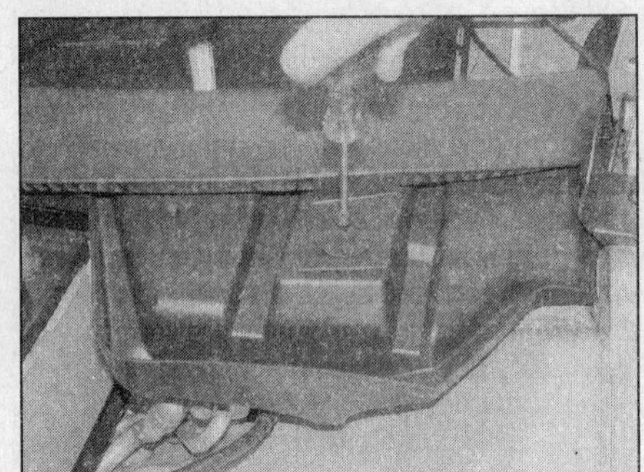

21.2 Skruva loss fästskruven och lyft undan pollenfiltrets kåpa

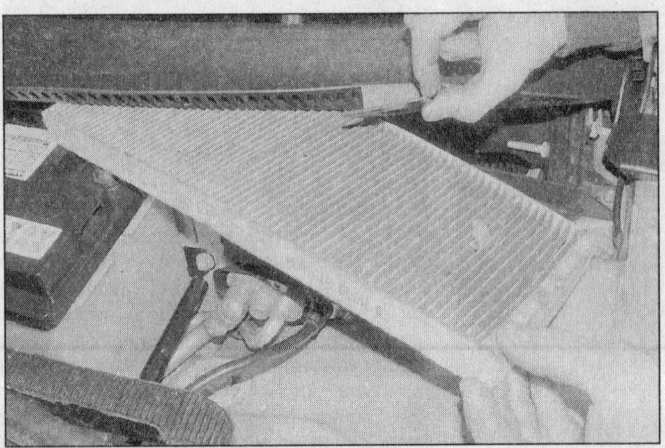

21.3 Lyft ut pollenfiltret

23.1 Påfyllnings-/nivåpluggen sitter på den manuella växellådans vänstra sida (se pilen)

Var 60 000:e km

25 Luftfilter - byte

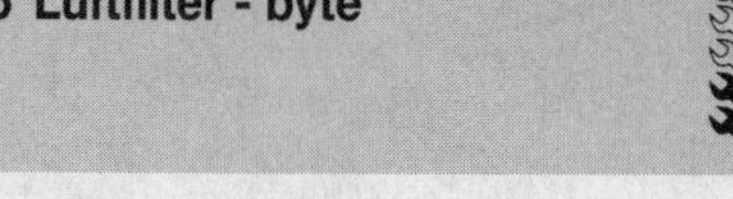

1 Ta bort luftrenarkåpan och luftkanalen. Bänd sedan upp fästklämmorna och lyft bort den övre kåpan från luftrenarhuset. Ta tillfälligt bort kolfiltrets magnetventil från kåpan, om det behövs **(se bilder)**. Observera att luftflödesmätaren sitter fäst vid den övre kåpan.

2 Ta bort luftfiltret och notera hur det sitter monterat **(se bild)**.

3 Torka rent huset och montera det nya luftfiltret. Se till att det sitter åt rätt håll.

4 Sätt tillbaka den övre kåpan och fäst den med fästklämmorna.

26 Tändstift - byte

1 Det är av avgörande betydelse att tändstiften fungerar som de ska för att motorn ska gå jämnt och effektivt. Det är viktigt att man monterar tändstift som är avsedda för motorn. Om motorn är i gott skick kräver inte tändstiften någon omsorg mellan bytesintervallen. Rengöring av tändstift är sällan nödvändig och ska inte utföras utan specialverktyg, eftersom det är lätt att skada elektrodernas spetsar.

2 Ta först bort motorns övre skyddskåpa. För motorkod ADR, AEB, APT, ANB, APU och ARG gäller att tändspolen (spolarna) ska tas bort enligt beskrivningen i kapitel 5B. Om markeringarna på tändkablarna inte är synliga, märk kablarna med 1 - 4 efter vilken cylinder de leder till (cylinder 1 är på motorns kamremssida). Dra loss tändkablarna från stiften genom att dra i tändhatten, inte i kabeln eftersom detta kan bryta av ledaren.

3 Det är klokt att ta bort all smuts runt tändstiftens fästen med en ren borste, en dammsugare eller med tryckluft innan tändstiften demonteras, för att förhindra att smuts faller in i cylindrarna.

4 Skruva loss tändstiften med en tändstiftsnyckel eller passande hylsnyckel **(se bild)**. Håll hylsan rakt riktad mot tändstiftet - om den tvingas åt sidan kan porslinsisolatorn brytas av. När ett stift skruvats ur ska det undersökas enligt följande:

5 Om tändstiftet är rent och vitt, utan avlagringar, indikerar detta en mager bränsleblandning eller ett stift med för högt värmetal (ett stift med högt värmetal överför värme långsammare från elektroden medan ett med lågt värmetal överför värmen snabbare).

6 Om tändstiftet är täckt med en hård svart avlagring, indikerar detta att bränsleblandningen är för fet. Om tändstiftet är svart och oljigt är det troligt att motorn är ganska sliten, förutom att bränsleblandningen är för fet.

7 Om tändstiftet är täckt med en ljusbrun till gråbrun avlagring är blandningen riktig, och motorn är troligtvis i gott skick.

8 Tändstiftets elektrodavstånd är av avgörande betydelse. Är det för stort eller för litet, kommer gnistans storlek och dess effektivitet att vara starkt begränsad. På motorer som använder tändstift med flera elektroder, är det bättre att byta tändstiften än att försöka justera avstånden. För andra tändstift gäller att elektrodavståndet ska justeras till det värde som tillverkaren anger.

9 Man justerar avståndet genom att mäta det med ett bladmått och sedan bända upp eller in den yttre elektroden tills rätt avstånd uppnås. Elektroden i mitten får inte böjas eftersom detta kan spräcka isolatorn och förstöra tändstiftet, eller något ännu värre.

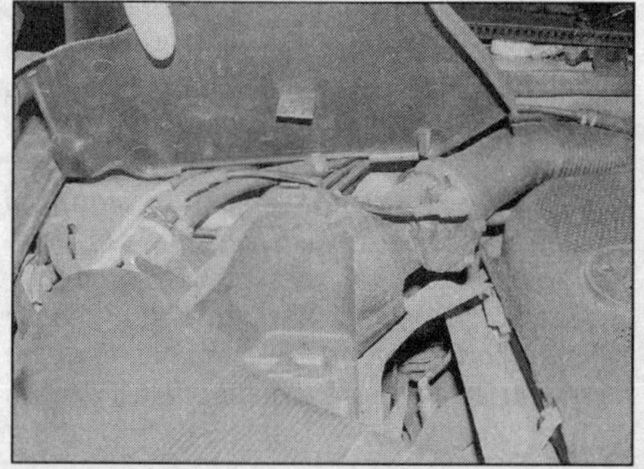

25.1a Bänd loss luftrenarens lock. . .

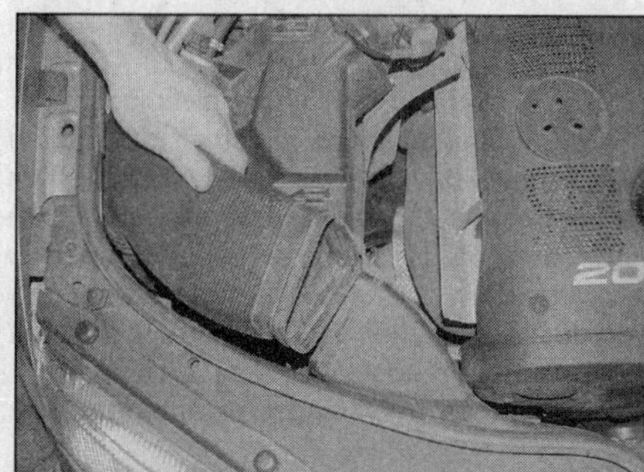

25.1b . . . och ta bort luftkanalen. . .

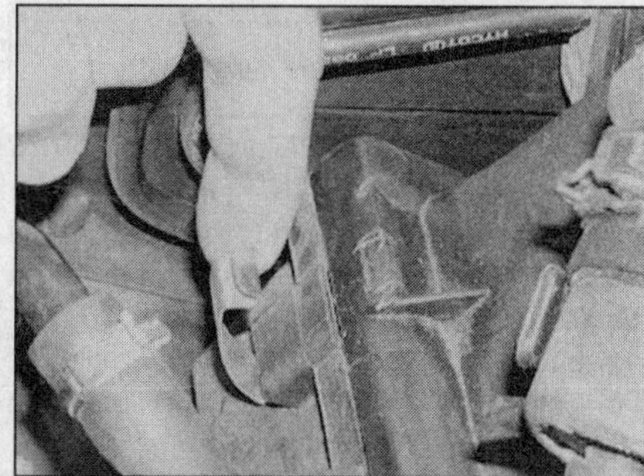

25.1c . . . bänd sedan upp kåpans klämmor

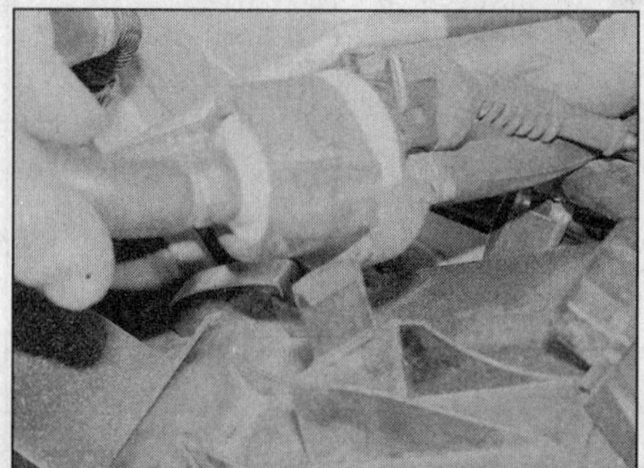

25.1d Ta bort kolfiltrets magnetventil från kåpan, om det behövs

25.2 Luftfiltret tas bort

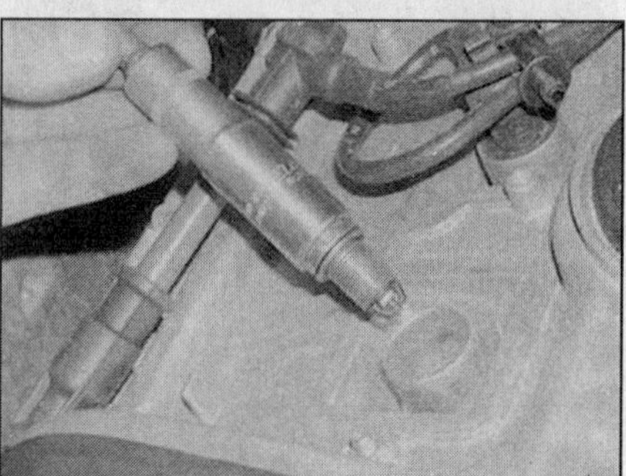

26.4 Skruva försiktigt ur tändstiften

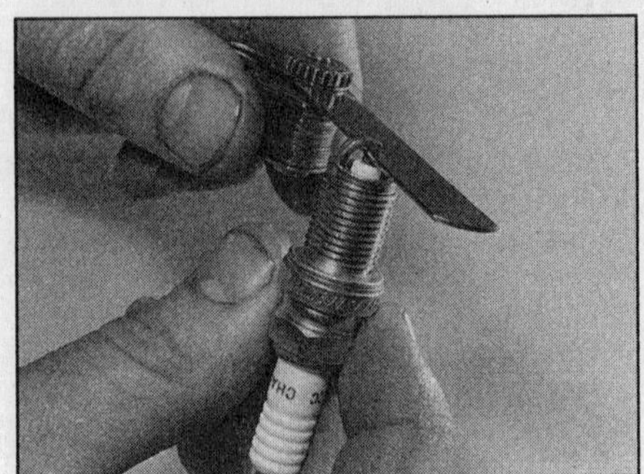
26.9a Om tändstift med enkla elektroder är monterade, kontrollera elektrodavståndet med ett bladmått . . .

26.9b . . . eller en trådtolk. . .

26.10 . . . och justera gapet genom att böja elektroden, om det behövs

HAYNES TIPS

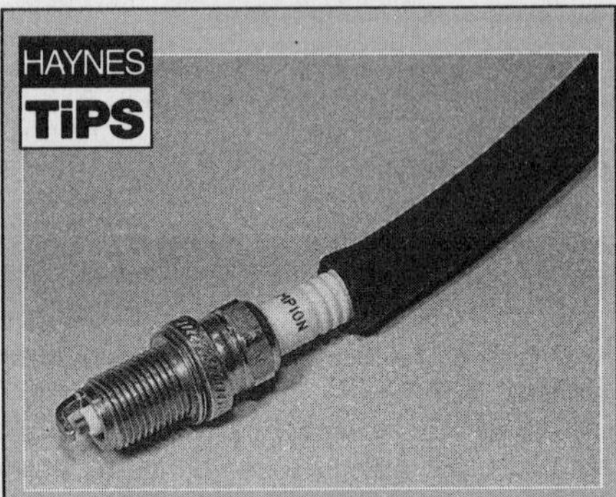

Det är ofta väldigt svårt att sätta tändstift på plats utan att förstöra gängorna. Undvik detta genom att sätta en kort bit gummislang över änden på tändstiftet. Slangens tänjbarhet gör att det är lättare att få rätt gäng. På så sätt undviks skador på de känsliga gängorna i topplocket.

Använder du bladmått, är avståndet korrekt när bladet precis går att få in **(se bilder)**.

10 Speciella tändstiftsverktyg finns att köpa i de flesta tillbehörsaffärer och från vissa tändstiftstillverkare **(se bild)**.

11 Innan tändstiften monteras tillbaka, kontrollera att de gängade anslutningshylsorna sitter tätt, och att tändstiftens utsidor och gängor är rena. Det är ofta svårt att skruva i nya tändstift utan att dra dem snett. Detta kan undvikas med hjälp av ett stycke gummislang **(se Haynes tips)**.

12 Ta bort gummislangen (om en sådan använts) och dra åt stiftet till angivet moment med hjälp av en tändstiftshylsa och en momentnyckel **(se bild)**. Upprepa med de resterande tändstiften.

13 Återanslut tändkablarna och montera om tillämpligt tändspolen (spolarna) enligt beskrivningen i kapitel 5B.

14 Montera motorns övre skyddskåpa.

27 Slutväxelns oljenivå (automatväxellåda) - kontroll

1 Slutväxelns oljepåfyllnings-/nivåplugg sitter på automatväxellådans vänstra sida, bakom den vänstra drivaxelns inre led **(se bild)**. Dra åt handbromsen och lyft upp framvagnen och ställ den på pallbockar (se *Lyftning och stödpunkter*). Ta bort motorns undre skyddskåpa. Bilen måste stå på plant underlag för att kontrollen ska vara korrekt.

2 Skruva loss påfyllnings-/nivåpluggen och kontrollera att oljenivån ligger vid påfyllningshålets undre kant. Om det behövs, fyll på med angiven olja genom påfyllnings-/nivåhålet. Om systemet ständigt måste fyllas på, leta efter läckage och reparera detta.

3 Sätt i pluggen och dra åt till angivet moment. Sänk sedan ner bilen.

28 Automatväxellåda - oljebyte

Observera: *Enligt VW behöver inte automatväxellådsoljan bytas. Vi menar att det är en bra försiktighetsåtgärd att byta oljan var 60 000:e km eller vart fjärde år, beroende på vilket som inträffar först.*

1 Dra åt handbromsen. Lyft sedan upp framvagnen och ställ den på pallbockar (se *Lyftning och stödpunkter*). Ta bort motorns undre skyddskåpa. **Observera:** *För att få rätt oljenivå använder VW-mekaniker ett elektroniskt testverktyg som ansluts till växellådans elektroniska system, och som kontrollerar att bränslets temperatur ligger mellan 35 °C och 40 °C. Med detta i åtanke rekommenderar vi att bilen lämnas in till en VW-verkstad för att få arbetet utfört. Följande*

26.12 Tändstiften dras åt med en momentnyckel

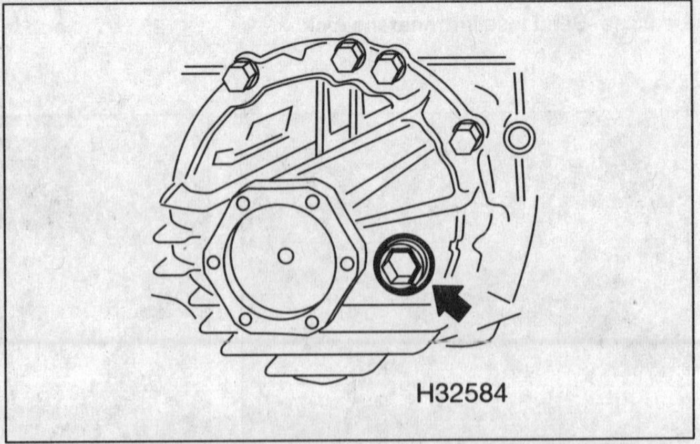

27.1 På automatväxellådor sitter slutväxelns påfyllnings-/nivåplugg på vänster sida (se pilen)

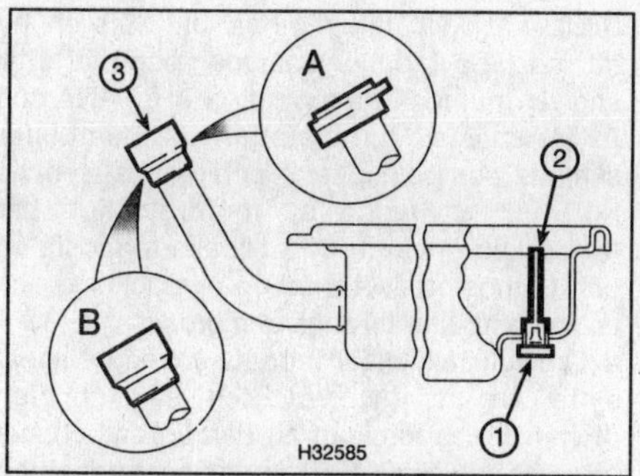

28.3 Oljetrågets komponenter på 01N automatväxellåda

1 Inspektionsplugg
2 Överfallsrör
3 Tätningslock och plugg
A Tidigt tätningslock
B Senare tätningslock
Observera: *Tätningslocket B måste bytas ut efter demontering*

moment sker under förutsättning att nivån kontrolleras av en VW-mekaniker när arbetet har avslutats.

2 Observera att växellådan måste fyllas på från bilens undersida. Se därför till att bilen står plant.

01N 4-växlad låda

3 Placera en lämplig behållare under växellådan. Rengör oljetråget. Skruva sedan loss inspektionspluggen följt av överfallsröret från botten av oljetråget **(se bild)**. Låt oljan rinna ner i behållaren.

4 Montera överfallsröret och dra åt till angivet moment.

5 Ta bort tätningslocket och pluggen från påfyllningsröret som sitter fäst vid sidan av oljetråget. **Observera:** *Tätningslocket och pluggen ska bytas ut varje gång de tas bort.*

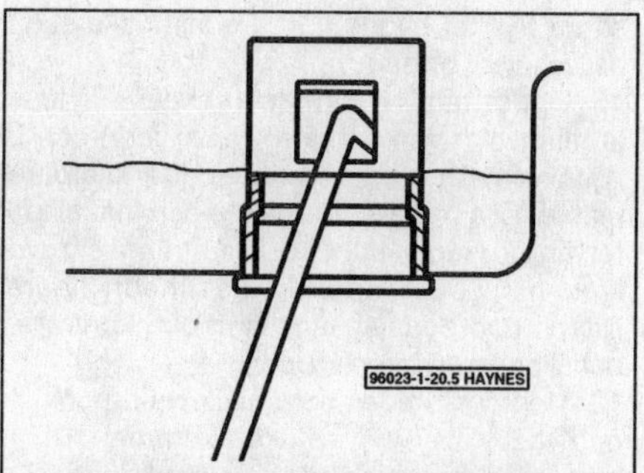

28.15 På 01V-växellådor måste munstycket på det verktyg som används för att fylla på olja passa i fönstret på kåpan

6 Häll olja i oljetråget tills det rinner ut ur överfallsröret.

7 Lägg i P och kör motorn på tomgångshastighet tills den får normal arbetstemperatur. Fyll på med mer olja om det behövs, tills den rinner ut ur överfallsröret.

8 Tryck ner bromspedalen. Gå sedan igenom alla lägen med växelväljaren. Stanna i varje växelläge cirka 3 sekunder. Sätt tillbaka växelspaken i läge P.

9 På det här stadiet ansluter VW-mekanikern testaren för att kontrollera att oljetemperaturen ligger mellan 35 °C och 40 °C. **Observera:** *Om oljenivån kontrolleras när temperaturen är för låg kommer den slutliga oljemängden att bli för stor. Om oljenivån kontrolleras när temperaturen är för hög kommer den slutliga oljemängden att bli för liten.*

10 Låt motorn gå på tomgång och låt all överflödig olja rinna ut genom överfallsröret.

11 Stäng av motorn, montera tillbaka inspektionspluggen tillsammans med en ny tätning och dra åt till angivet moment.

12 Sätt ett nytt tätningslock och en ny plugg på påfyllningsröret.

01V 5-växlad låda

13 Placera en lämplig behållare under växellådan. Torka rent oljetråget och skruva sedan loss avtappningspluggen på trågets högra sida. Låt oljan rinna ner i behållaren.

14 Sätt en ny tätning på avtappningspluggen och dra åt till angivet moment.

15 Skruva loss inspektionspluggen på baksidan av tråget och fyll på olja tills den rinner ut ur hålet **(se bild)**.

16 Lägg i P och kör motorn på tomgång tills den når normal arbetstemperatur. Fyll på med mer olja om det behövs, tills den rinner ut ur inspektionshålet.

17 Tryck ner bromspedalen. Gå sedan igenom alla lägen med växelväljaren. Stanna i varje växelläge cirka 3 sekunder. Sätt tillbaka växelspaken i läge P.

18 På det här stadiet ansluter VW-mekanikern testaren för att kontrollera att oljetemperaturen ligger mellan 35 °C och 40 °C. **Observera:** *Om oljenivån kontrolleras när temperaturen är för låg kommer den slutliga oljemängden att bli för stor. Om oljenivån kontrolleras när temperaturen är för hög kommer den slutliga oljemängden att bli för liten.*

19 Låt motorn gå på tomgång och låt all överflödig olja rinna ut genom överfallsröret.

20 Stäng av motorn, montera tillbaka inspektionspluggen tillsammans med en ny tätning och dra åt till angivet moment.

Alla modeller

21 Sänk ner bilen.

29 Kamrem - byte

Se kapitel 2A, avsnitt 4.

Var 120 000:e km

30 Drivrem - byte

Se kapitel 2A, avsnitt 6.

Vartannat år (oberoende av körsträcka)

31 Vätska för broms- och kopplingssystem - byte

Varning: Bromsvätska är farlig för ögonen och kan skada målade ytor, så var ytterst försiktig vid hantering av vätskan. Använd inte vätska från en behållare som har stått öppen en tid eftersom den drar åt sig fukt från luften. För mycket fukt kan orsaka farligt försämrad bromsverkan.

1 Arbetet liknar i stort sett det som beskrivs för luftning i kapitel 9. Bromsvätskebehållaren måste tömmas genom sifonering med en ren bollspruta eller liknande innan arbetet påbörjas. Lämna plats för den gamla olja som töms ut vid luftning av en del av kretsen.

2 Arbeta enligt beskrivningen i kapitel 9 och låt en medhjälpare trampa bromsen i botten ett flertal gånger, så att trycket byggs upp. Pedalen ska sedan hållas kvar i botten.

3 Upprätthåll pedaltrycket, lossa luftningsskruven (cirka ett halvt varv) och låt oljan strömma ut i burken.

4 Medhjälparen måste hålla trycket på pedalen, ända ner till golvet om så behövs, och inte släppa förrän du säger till. Dra år luftningsskruven igen när flödet upphör. Låt medhjälparen släppa upp pedalen långsamt och kontrollera behållarens vätskenivå igen.

5 Upprepa arbetsmomenten som beskrivs i punkterna 2 till och med 4 tills det bara finns ny vätska i behållaren, och det kommer ny vätska från luftningsskruven.

6 När ingen gammal olja finns i kretsen längre ska luftningsskruven dras åt ordentligt. Ta sedan bort slangen och nyckeln och montera dammkåpan. Dra inte åt luftningsskruven för hårt.

Gammal hydraulvätska är oftast mycket mörkare i färgen än ny vilket gör det lätt att skilja dem åt.

7 Gå igenom alla luftningsskruvarna i ordningsföljd tills ny vätska kommer ut ur dem. Var noga med att alltid hålla huvudcylinderbehållarens nivå över minmarkeringen, annars kan luft tränga in i systemet och då ökar arbetstiden betydligt. Luftingen ska göras i följande ordning:

a) Höger bakbroms.
b) Vänster bakbroms.
c) Höger frambroms.
d) Vänster frambroms.

8 Kontrollera att alla luftningsskruvar är ordentligt åtdragna och att dammkåporna sitter på plats när du är klar.

9 Eftersom kopplingens hydraulsystem använder samma vätskebehållare som bromssystemet rekommenderar vi att vätskan i den kretsen byts samtidigt. Arbeta enligt beskrivningen i kapitel 6 och ta bort dammkåpan från slavcylinderns luftningsskruv. Trä nyckel och slang på luftningsskruven och för ner andra slangänden i glasburken. Häll i tillräckligt med hydraulvätska så att den täcker slangänden.

10 Se till att oljenivån överstiger linjen för miniminivå på behållaren under hela arbetets gång.

11 Låt en medhjälpare trampa kopplingspedalen i botten ett flertal gånger, så att trycket byggs upp. Pedalen ska sedan hållas kvar i botten.

12 Upprätthåll pedaltrycket, lossa luftningsskruven (cirka ett havt varv) och låt oljan strömma ut i burken. Medhjälparen måste hålla pedalen nedtryckt och inte släppa förrän du säger till. Dra år luftningsskruven igen när flödet upphör. Låt medhjälparen släppa upp pedalen långsamt och kontrollera behållarens vätskenivå igen.

13 Upprepa stegen som beskrivs i punkt 11 och 12 tills ny vätska kommer ut ur luftningsskruven. Om huvudcylindern har tappats på vätska och fyllts på igen, vänta cirka fem sekunder mellan omgångarna så att kanalerna i huvudcylindern hinner fyllas.

14 Dra åt luftningsskruven ordentligt, ta bort slang och nyckel och sätt tillbaka dammkåpan. Dra inte åt luftningsskruven för hårt.

15 Torka bort allt spill och kontrollera vätskenivån en sista gång.

16 Kontrollera att bromsarna fungerar innan du kör bilen.

32 Kylvätska - byte

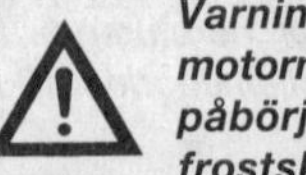

Tömning av kylsystemet

Varning: Vänta till dess att motorn är helt kall innan arbetet påbörjas. Låt inte frostskyddsmedel komma i kontakt med huden eller lackerade ytor på bilen. Spola omedelbart bort eventuellt spill med stora mängder vatten. Lämna aldrig frostskyddsvätska i en öppen behållare eller i en pöl på garageuppfarten eller garagegolvet. Barn och husdjur dras till den söta lukten, men frostskyddsvätska är mycket farlig att förtära.

1 När motorn är helt kall, lägg trassel eller en trasa över expansionskärlets lock, och vrid locket långsamt moturs för att lätta på trycket i kylsystemet (vanligtvis hörs ett pysande ljud). Vänta tills systemet är tryckutjämnat. Fortsätt sedan att vrida locket tills det kan tas bort.

2 Lossa hållarna och ta bort motorns nedre stänkplåt om det behövs. Placera en lämplig behållare under kylarens nedre slanganslutning. Lossa sedan fästklämman och lirka av slangen från kylartappen. Om husfogen inte har rubbats på länge kan det vara nödvändigt att försiktigt lirka med slangen för att bryta fogen. Ta inte i för hårt, då kan kylartappen skadas. Låt kylvätskan rinna ner i behållaren. Observera att kylaren är utrustad med en avtappningstapp, men det går att komma åt den endast när den främre stötfångaren är demonterad.

3 På motorkod ADR, AEB, ANB, APT, APU, ARG och ADP måste kylvätskepumpens avtappningsplugg som sitter på motorblockets vänstra sida skruvas loss **(se bild)**. Låt kylvätskan rinna ut. Sätt en ny tätning på avtappningspluggen och dra åt till angivet moment. På motorkod AHL, ANA och ARM måste termostathusets fästbultar skruvas loss (se kapitel 3) och termostaten tas bort för att tappa av motorblocket. Låt kylvätskan rinna ut. Sätt tillbaka termostaten och termostathuset med en ny packning och dra år fästbultar till angivet moment.

32.3 Skruva loss kylvätskepumpens avtappningsplugg (se pilen) – motorkod ADR, AEB, ANB, APT, APU, ARG och ADP

4 Om kylvätskan har tappats ur i något annat syfte än att byta ut den så kan den återanvändas förutsatt att den är ren och inte äldre än två år. Det rekommenderas dock att ny kylvätska används.

5 När all kylvätska har runnit ut, återanslut slangen till kylaren och se till att fästklämman sitter rätt.

Spolning av kylsystem

6 Om man försummar att byta kylvätska, eller om kylvätskeblandningen har blivit utspädd, kommer kylsystemet med tiden att bli allt mindre effektivt, allt eftersom kylvätskledningarna täpps till av rost, avlagringar etc. Kylsystemets effektivitet kan återställas genom att systemet spolas ur.

7 Kylaren bör spolas separat från motorn, för att förhindra förorening.

Kylarspolning

8 Börja med att koppla loss de övre och nedre slangarna från kylaren, enligt beskrivningen i kapitel 3. Koppla även loss andra slangar som är kopplade till kylaren.

9 Sätt i en trädgårdsslang i kylarens övre inlopp. Spola rent vatten genom kylaren och fortsätt spola tills rent vatten kommer ut från kylarens nedre utsläpp.

10 Om vattnet efter en rimlig tid fortfarande inte är klart kan kylaren spolas ur med ett bra rengöringsmedel för kylsystem. Det är viktigt att tillverkarens anvisningar följs noga. Om föroreningen är kraftig, sätt in slangen i kylarens nedre utlopp och spola kylaren åt andra hållet.

Motorspolning

11 För att spola motorn, ta bort termostaten enligt beskrivningen i kapitel 3, och sätt tillfälligt tillbaka termostathuset.

12 Med de övre och nedre slangarna bortkopplade från kylaren, sätt i en trädgårdsslang i kylarens övre slang. Spola med rent vatten genom motorn och fortsätt spola tills rent vatten kommer ut ur kylarens nedre slang.

13 Sätt tillbaka termostaten och återanslut slangarna enligt beskrivningen i kapitel 3 när du har spolat klart.

Kylsystem - påfyllning

14 Se till att alla slangar och klämmor är i gott skick och att klämmorna och anslutningarna sitter ordentligt innan kylsystemet fylls på. Observera att frostskyddsvätska måste användas året runt för att förhindra korrosion på motorkomponenterna (se följande underavsnitt).

15 Lossa klämman och ta bort värmepaketets matarslang från torpedväggens tapp (se kapitel 3) tills luftningshålet på slangens ovansida inte längre täcker tappens yta. Ta inte bort slangen från tappen helt och hållet.

16 Skruva loss fästskruvarna och koppla loss expansionskärlet från motorrummet. Lyft upp den ungefär 100 mm ovanför motorrummet och stöd den med en bit trä eller med ståltråd.

17 Ta bort expansionskärlets påfyllningslock och fyll systemet genom att hälla kylvätska i expansionskärlet, långsamt så att inga luftfickor bildas.

18 Om kylvätskan ska bytas, börja med att hälla i ett par liter vatten, följt av rätt mängd frostskyddsvätska, och fyll sedan på med mer vatten.

19 Fortsätt fylla på tills kylvätska börjar rinna ut ur luftningshålet i värmeslangen. Montera slangen och dra åt klämman ordentligt när detta inträffar.

20 När nivån i expansionskärlet börjar stiga, kläm ihop kylarens övre och nedre slangar för att släppa ut eventuell luft ur systemet. När all luft är ute, fyll på kylvätskenivån till MAX-markeringen. Montera sedan expansionskärlets lock och montera expansionskärlet vid karossen.

21 Starta motorn och låt den gå på hög tomgång i ungefär tre minuter. Låt därefter motorn gå på normal tomgång tills den nedre slangen blir varm.

22 Leta efter läckor, särskilt runt komponenter som har tagits loss. Kontrollera kylvätskenivån i expansionskärlet och fyll på om det behövs. Observera att systemet måste vara kallt innan korrekt nivå visas i expansionskärlet. Om expansionskärlets lock tas bort medan motorn fortfarande är varm, täck över det med en tjock trasa och skruva långsamt av locket för att gradvis tryckutjämna systemet (ett väsande ljud brukar höras). Vänta tills systemet är tryckutjämnat. Fortsätt sedan vrida locket tills det kan tas bort. Ta aldrig bort locket medan motorn fortfarande är varm.

Kylmedelsblandning

Varning: Enligt VW:s specifikationer ska frostskyddsvätska G12 användas (röd till färgen). BLANDA DEN INTE med andra sorters frostskyddsvätska. Det kan förorsaka allvarliga motorskador. Om kylvätskan i expansionskärlet är brunfärgad är det möjligt att kylsystemet har fyllts på med kylvätska innehållande fel typ av frostskyddsvätska. Om du är osäker på vilken typ av frostskyddsmedel som använts eller misstänker att flera sorter kan ha blandats, är det bästa att tömma och spola ur kylsystemet och sedan fylla på det igen.

23 Frostskyddsvätskan bör alltid bytas vid angivna intervall. Detta är nödvändigt för att behålla frostskyddsvätskans egenskaper men även för att förhindra korrosion som annars kan uppstå då de korrosionshämmande ämnenas effektivitet försämras med tiden.

24 Mängden frostskyddsmedel och olika skyddsnivåer anges i specifikationerna.

25 Innan frostskyddsvätska hälls i, måste kylsystemet tömmas helt och helst spolas ur, och alla slangar kontrolleras vad gäller skick och fastsättning.

26 När kylaren fyllts med frostskyddsvätska bör en lapp klistras på kylaren eller expansionskärlet, där det står vilken typ och koncentration av frostskyddsvätska som använts och när den fyllts på. All efterföljande påfyllning ska göras med samma typ och koncentration av frostskyddsvätska.

27 Använd inte motorfrostskyddsmedel i vindrutans/bakrutans/strålkastarnas spolarvätska, eftersom den skadar lacken.

33 Avgasreglering - kontroll

Den här kontrollen ingår i tillverkarens underhållsschema och inbegriper kontroll av avgasutsläppet med hjälp av en avgasanalyserare. Det är inte nödvändigt att utföra den här kontrollen om inte något misstänks vara fel, men observera att tillverkarna rekommenderar att den utförs. Test av avgaserna ingår i bilbesiktningen.

Kapitel 1 Del B:
Rutinunderhåll och service - dieselmodeller

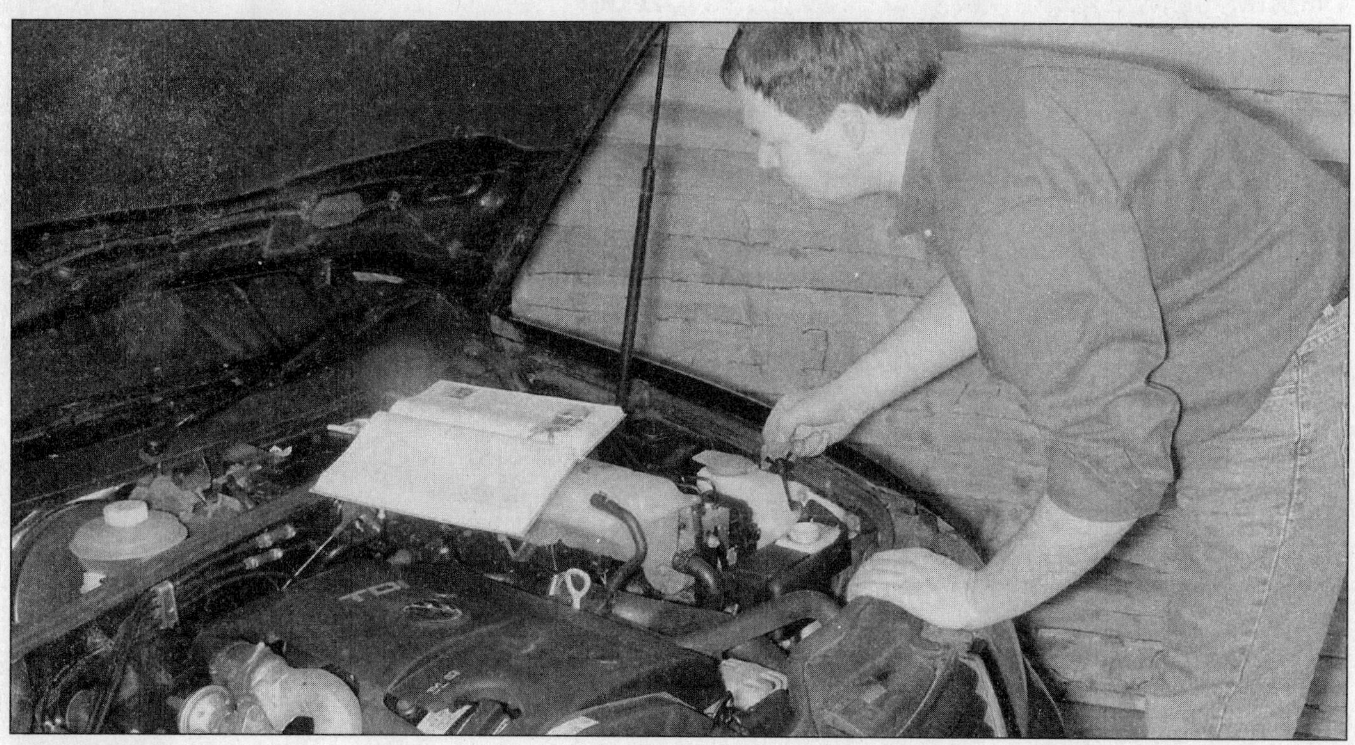

Innehåll

Svårighetsgrad

Enkelt, passar novisen med lite erfarenhet 	**Ganska enkelt,** passar nybörjaren med viss erfarenhet 	**Ganska svårt,** passar kompetent hemmamekaniker 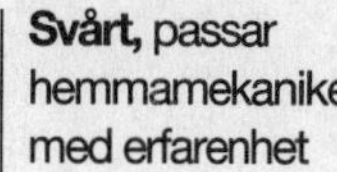	**Svårt,** passar hemmamekaniker med erfarenhet 	**Mycket svårt,** för professionell mekaniker 

Smörjmedel och vätskor	Se slutet av *Veckokontroller*

Volymer

Motorolja (inklusive filter)	3,8 liter (ca)
Kylsystem	7,5 liter (ca)
Växellåda	
Manuell växellåda:	
012/01W	2,25 liter
01E/0A1	2,5 liter
Automatväxellådsolja	
4-växlad låda:	
Första påfyllning	5,5 liter
Oljebyte	3,5 liter
5-växlad låda:	
Första påfyllning	9,0 liter
Oljebyte	2,6 liter
Automatväxellåda, slutväxel:	
4-växlad låda	1,0 liter
5-växlad låda	0,75 liter
Servostyrning	1,5 liter (ca)
Bränsletank	62 liter (ca)

Kylsystem

Kylmedelsblandning:	
40 % frostskyddsvätska	skydd ner till –25 °C
50 % frostskyddsvätska	skydd ner till –35 °C

Bromsar

Minsta tjocklek på främre bromsklossarna (inklusive stödplatta)	7,0 mm
Minsta tjocklek på bakre bromsklossarna (inklusive stödplatta)	7,0 mm

Drivrem

Spänningsjustering:	
Huvuddrivrem	Automatisk justering
Kylvätskepumpens drivrem	Ej justerbar
Luftkonditioneringskompressorns drivrem	Dra åt hexagonen på spännarhuset till 25 Nm

Åtdragningsmoment

	Nm
Automatväxellåda:	
Avtappningsplugg (01V)	40
Slutväxelns påfyllnings-/nivåplugg	25
Inspektionsplugg:	
01N	15
01V	80
Skvallerrör (01N)	2
Kylvätskepumpens avtappningsplugg	30
Påfyllnings-/nivåplugg till manuell växellåda	25
Oljefilterhusets kåpa (motorkod AJM och ATJ)	25
Servostyrningspumpens fäste	25
Hjulbultar	120
Sumpens avtappningsplugg:	
Aluminiumsump	50
Stålplåtssump	30
Termostathusets bultar	10

Underhållsintervallen i denna handbok förutsätter att arbetet utförs av en hemmamekaniker och inte av en verkstad. Detta är minimiintervall som vi rekommenderar för fordon som körs varje dag. Om bilen alltid ska hållas i toppskick bör vissa moment utföras oftare. Vi rekommenderar regelbundet underhåll, eftersom det höjer bilens tillförlitlighet, prestanda och andrahandsvärde. **Observera:** *Konverteringarna från kilometer till miles är ungefärliga.*

Alla VW Passat-modeller har en serviceindikator på instrumentpanelen. Varje gång motorn startas lyser indikatorn under några sekunder. Det betyder att det är dags för sevice. När VW-mekanikern utför ett oljebyte programmerar hon eller han om indikatorn så att den visar OIL när man har kört ytterligare 15 000 km. När det är dags för service anger displayen detta 1000 km eller 10 dagar i förväg. Indikatorn är programmerad i km, även om bilen har mätning i engelska miles.

På modeller från och med årsmodell 2000 har serviceintervallet utökats till 24 månader, men med bibehållen vägsträcka mellan varje service.

Var 400:e km eller en gång i veckan

- ☐ Se *Veckokontroller*

Var 15 000:e km

- ☐ Byt motoroljan och filtret (avsnitt 3)

Observera: *Det är bra för motorn att olja och filter byts ofta. Vi rekommenderar att oljan byts oftare än vad som anges här, eller minst två gånger om året.*

- ☐ Kontrollera de främre bromsklossarnas tjocklek (avsnitt 4)
- ☐ Kontrollera drivremmens skick (avsnitt 5)
- ☐ Kontrollera kamremmens skick – motorkod AFN, AHH och AHU (avsnitt 6)
- ☐ Återställ servicedisplayen (avsnitt 7)

Var 12:e månad eller efter 30 000 km, beroende på vad som kommer först

- ☐ Kontrollera funktionen hos spolaren för vindrutan/bakrutan/strålkastarna (avsnitt 8)
- ☐ Kontrollera däckens slitage (avsnitt 9)
- ☐ Smörj alla gångjärn och lås (avsnitt 10)
- ☐ Kontrollera batteriets elektrolytnivå (avsnitt 11)
- ☐ Kontrollera eventuella felkoder i den elektroniska styrenhetens minne (avsnitt 12)
- ☐ Kontrollera alla komponenter och slangar under motorhuven, med avseende på läckage (avsnitt 13)
- ☐ Kontrollera frostskyddsvätskekoncentrationen i kylsystemet (avsnitt 14)
- ☐ Kontrollera att alla bromsslangar och rör är i gott skick (avsnitt 15)
- ☐ Kontrollera de bakre bromsklossarnas tjocklek (avsnitt 16)
- ☐ Kontrollera att avgassystemet och dess fästen är i gott skick (avsnitt 17)
- ☐ Kontrollera att styrningens och fjädringens delar är i gott skick, samt att de sitter ordentligt (avsnitt 18)
- ☐ Utför ett landsvägsprov (avsnitt 19)
- ☐ Återställ servicedisplayen (avsnitt 7)

Var 30 000:e km

Observera: *Utför följande arbete utöver det som beskrivs för intervallet var 12:e månad.*

- ☐ Töm ur vattnet från bränslefiltret (avsnitt 20)
- ☐ Byt ut pollenfiltret (avsnitt 21)
- ☐ Kontrollera underredets rostskydd (avsnitt 22)
- ☐ Kontrollera den manuella växellådans oljenivå (avsnitt 23)
- ☐ Kontrollera strålkastarinställningen (avsnitt 24)

Var 60 000:e km

Observera: *Utför följande arbete utöver det som beskrivs för intervallen var 12:e månad och var 30 000:e km.*

- ☐ Byt luftfilter (avsnitt 25)
- ☐ Byt bränslefiltret (avsnitt 26)
- ☐ Kontrollera oljenivån i slutväxeln (automatväxellåda) (avsnitt 27)
- ☐ Byt automatväxellådans olja. **Observera:** *Vart 4:e år om körsträckan underskrider 60 000 km* (avsnitt 28)
- ☐ Byt kamremmen (avsnitt 29)

Var 120 000:e km

- ☐ Byt ut drivremmen/remmarna (avsnitt 30)

Vartannat år (oberoende av körsträcka)

- ☐ Byt bromsvätska (avsnitt 31)
- ☐ Byt kylvätska (avsnitt 32)
- ☐ Kontrollera avgasutsläppen (avsnitt 33)

Motorrummet på en 1,9-litersmodell med turbo (kod AFN)

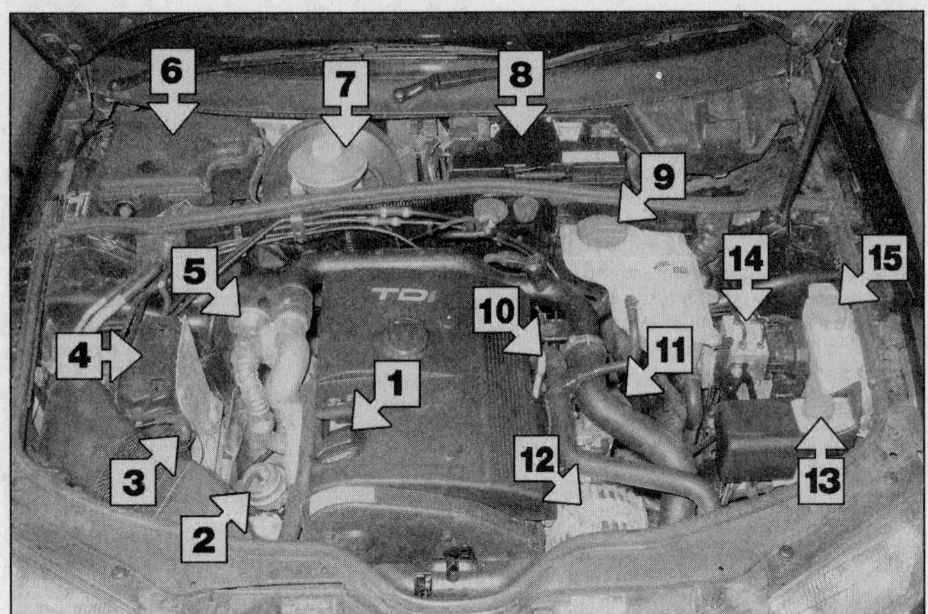

1 Motoroljans påfyllningslock
2 Styrventil för laddtryck
3 Luftflödesmätare
4 Luftrenare
5 Avgasåterföringsventil
6 Motorstyrmodul
7 Bromsvätskebehållare
8 Batteri
9 Kylvätskans expansionskärl
10 Mätsticka för motorolja
11 Bränslefilter
12 Generator
13 Behållare för styrservoolja
14 ABS-enhet
15 Spolarvätskebehållare

Främre underredet på en 1.9-litersmodell (kod AJM)

1 Främre avgasrör
2 Växellådans fäste
3 Fjädringsarm
4 Drivaxel
5 Krängningshämmare
6 Främre kryssrambalk
7 Motorfäste
8 Motorns främre momentarm
9 Luftkonditioneringens kompressor
10 Motoroljesumpens avtappningsplugg
11 Servostyrningspump
12 Mellankylare
13 Kylarens nedre slang

Bakre underrede

1 Bakaxelbalk
2 Bakre avgasrör och ljuddämpare
3 Bränsletank
4 Spiralfjäder
5 Fjäderben med stötdämpare
6 Mellanljuddämpare

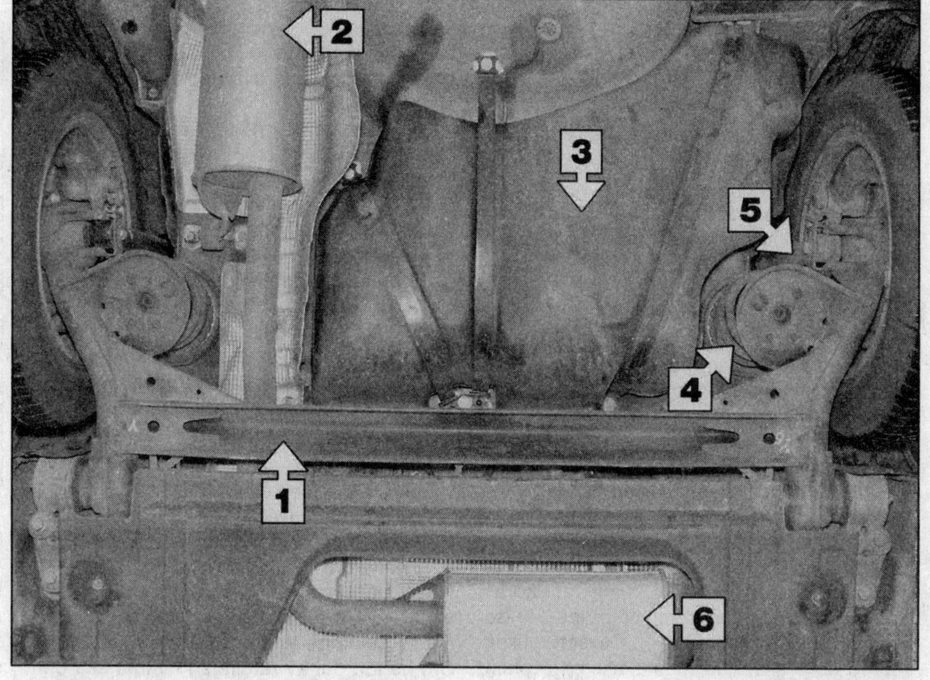

1 Inledning

Detta kapitel är tänkt att hjälpa hemmamekanikern att underhålla bilen för bättre säkerhet, ekonomi, livslängd och högsta prestanda.

Kapitlet innehåller ett underhållsschema följt av avsnitt som i detalj behandlar åtgärderna i schemat. Bland annat behandlas åtgärder som kontroller, justeringar och byte av delar. På de tillhörande bilderna av motorrummet och bottenplattan visas de olika delarnas placering.

Underhåll av bilen enligt schemat för tid/körsträcka och de följande avsnitten bör resultera i lång och pålitlig tjänstgöring för bilen. Underhållsplanen är heltäckande så om man väljer att bara utföra vissa delar av den vid de angivna tidpunkterna, kan inte samma goda resultat garanteras.

Under arbetet med bilen kommer det att visa sig att många arbeten kan - och bör - utföras samtidigt, antingen för att en viss typ av åtgärd ska utföras eller för att två separata delar råkar finnas nära varandra. Om bilen lyfts av någon orsak kan t.ex. kontroll av avgassystemet utföras samtidigt som styrning och fjädring kontrolleras.

Första steget i detta underhållsprogram är noggranna förberedelser innan själva arbetet påbörjas. Läs igenom relevanta avsnitt. Gör sedan upp en lista över vad som behövs och skaffa fram verktyg och delar. Om problem dyker upp, rådfråga en specialist på reservdelar eller vänd dig till återförsäljarens serviceavdelning.

2 Rutinunderhåll

1 Om underhållsschemat följs noga från det att bilen är ny och om vätske- och oljenivåerna och de delar som är utsatta för stort slitage kontrolleras enligt denna handboks rekommendationer, hålls motorn i bra skick och behovet av extra arbete minimeras.

2 Ibland går motorn dåligt på grund av bristande underhåll. Risken för detta ökar om bilen är begagnad och inte har fått regelbunden service. I sådana fall kan extra arbeten behöva utföras, utöver det normala underhållet.

3 Om motorn misstänks vara sliten ger ett kompressionsprov (se relevant del av kapitel 2) värdefull information om de viktigaste komponenternas skick. Ett kompressionsprov kan användas för att avgöra det kommande arbetets omfattning. Om provet avslöjar allvarligt inre slitage är det slöseri med tid och pengar att utföra underhåll på det sätt som beskrivs i detta kapitel, om inte motorn först renoveras.

4 Följande åtgärder är de som oftast behövs för att förbättra prestanda hos en motor som går dåligt:

I första hand

a) Rengör, kontrollera och testa batteriet (se Veckokontroller).
b) Kontrollera alla motorrelaterade oljor och vätskor (se Veckokontroller).
c) Kontrollera att drivremmarna är i gott skick (avsnitt 5 och 30).
d) Kontrollera luftfiltret och byt vid behov (avsnitt 25).
e) Byt bränslefilter (avsnitt 26).
f) Kontrollera att samtliga slangar är i gott skick och leta efter läckor (avsnitt 13).

5 Om ovanstående åtgärder inte visar sig tillräckliga ska följande åtgärder utföras:

Sekundära åtgärder

Allt som anges under *I första hand*, plus följande:

a) Kontrollera laddningssystemet (kapitel 5A).
b) Kontrollera förvärmningssystemet (kapitel 5C).
c) Kontrollera bränslesystemet (kapitel 4B).

Var 15 000:e km

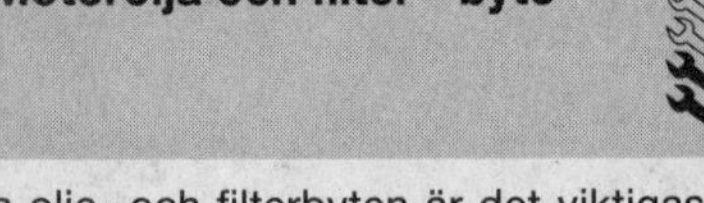

3 Motorolja och filter - byte

1 Täta olje- och filterbyten är det viktigaste underhållet en hemmamekaniker kan utföra. När motoroljan åldras blir den utspädd och förorenad, vilket leder att motorn slits ut i förtid.

2 Samla ihop alla verktyg och allt material som behövs innan arbetet påbörjas. Se även till att ha gott om rena trasor och tidningar till hands för att torka upp eventuellt spill. Helst ska motoroljan vara varm, eftersom den då rinner ut lättare och mer avlagrat slam då kommer att följa med. Se dock till att inte vidröra avgassystemet eller andra heta delar vid arbete under bilen. Använd handskar för att undvika skållning och för att skydda huden mot irritationer och skadliga föroreningar i begagnad motorolja. Det går att komma åt bilens undersida om bilen kan lyftas, köras upp på en ramp eller ställas på pallbockar (se *Lyftning och stödpunkter*). Oavsett vilken metod som används måste bilen stå plant eller, om den lutar, stå så att avtappningspluggen sitter i dess lägsta del. Ta bort motorrummets undre skyddskåpa medan bilen är upphissad.

3 Använd en hyls- eller ringnyckel och lossa pluggen ungefär ett halvt varv. Placera behållaren under avtappningspluggen och ta bort pluggen helt **(se Haynes tips)**. Ta loss tätningsringen från avtappningspluggen **(se bild)**.

4 Ge den gamla oljan tid att rinna ut. Observera att det kan bli nödvändigt att flytta behållaren när oljeflödet minskar.

5 Torka av avtappningspluggen med en ren trasa när all olja har runnit ut, och byt tätningsbrickan. Rengör området runt avtappningspluggens öppning och sätt tillbaka pluggen. Dra åt pluggen ordentligt.

6 Om filtret också ska bytas ut, flytta behållaren till en plats under oljefiltret, som sitter baktill på motorblockets vänstra sida.

Motorkod AFN, AHU, AHH och AVG

7 Lossa filtret med ett oljefilterverktyg om det behövs, och skruva sedan loss det för hand **(se bild)**. Töm oljan från filtret i behållaren.

8 Torka bort all olja, smuts och slam från filtrets tätningsyta på motorn med en ren trasa. Kontrollera det gamla filtret så att ingen del av gummitätningen sitter fast på motorn. Om någon del av tätningen fastnat ska den försiktigt avlägsnas.

9 Lägg ett tunt lager ren motorolja på tätningsringen på det nya filtret, och skruva sedan fast det på motorn. Dra åt filtret ordentligt, men endast för hand – **använd inte** något verktyg.

Dra snabbt undan avtappningspluggen när den släpper från gängorna, så att oljan som rinner ut från sumpen hamnar i kärlet och inte i tröjärmen!

Motorkod AJM och ATJ

10 Bänd loss skyddskåporna, skruva sedan loss fästmuttrarna/bultarna och ta bort motorns övre skyddskåpa.

11 Skruva loss oljefilterhusets kåpa som sitter till vänster om topplocket. Det finns ett särskilt verktyg från VW till detta, men ett remskiveverktyg är ett lämpligt alternativ. Lyft ut filtret från huset och kasta de två O-ringarna **(se bilder)**.

12 Torka rent husets och kåpans insida. Sätt i det nya filtret i huset. Observera att

3.3 Ta bort avtappningspluggen och tappa av oljan

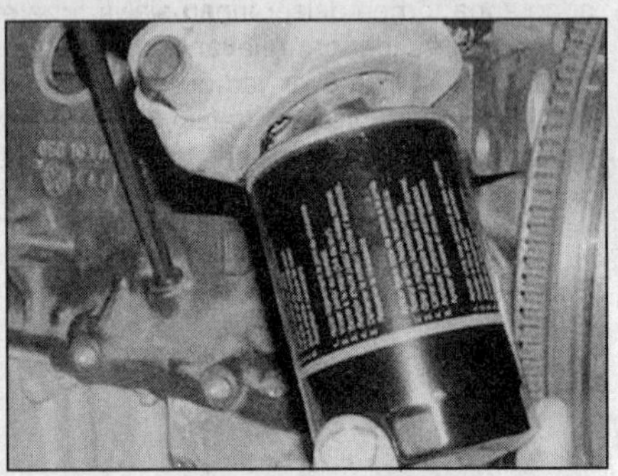

3.7 Ta bort oljefiltret

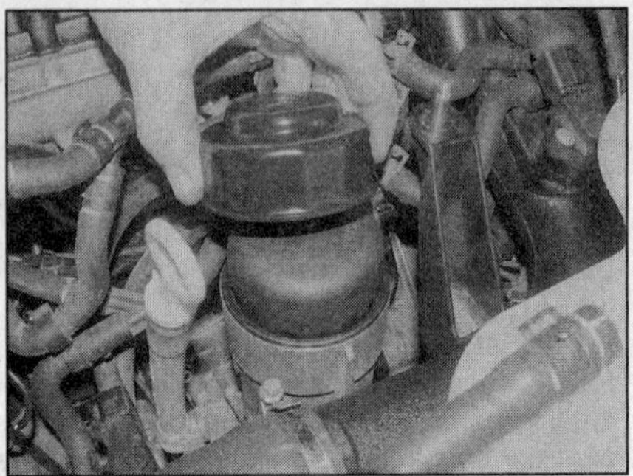

3.11a Använd ett remskiveverktyg för att ta bort oljefilterkåpan om specialverktyget inte finns att tillgå

3.11b Ta bort oljefilterkåpan och kasta filtret. . .

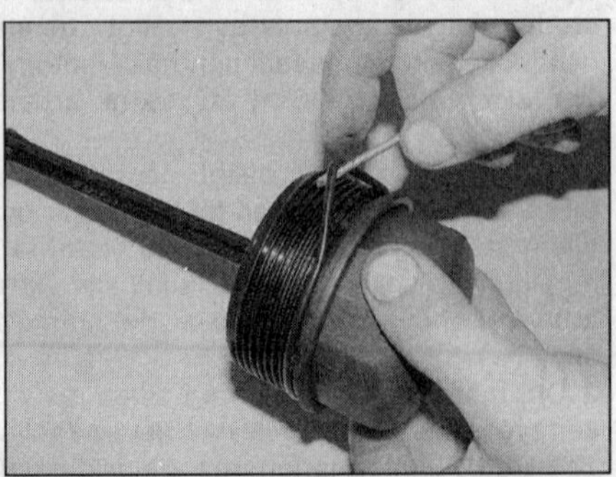

3.11c . . . ta sedan bort de övre . . .

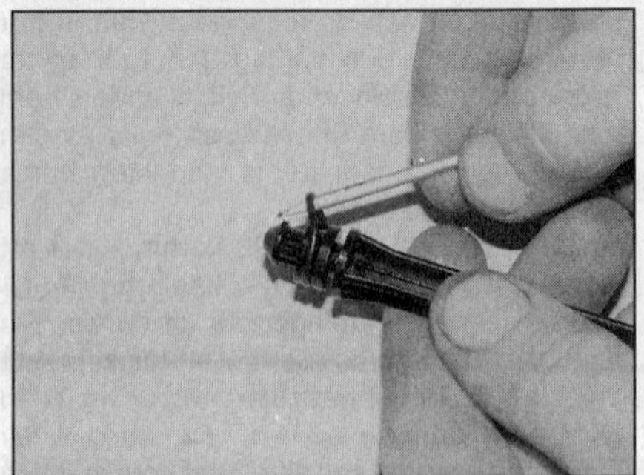

3.11d . . . och nedre O-ringarna

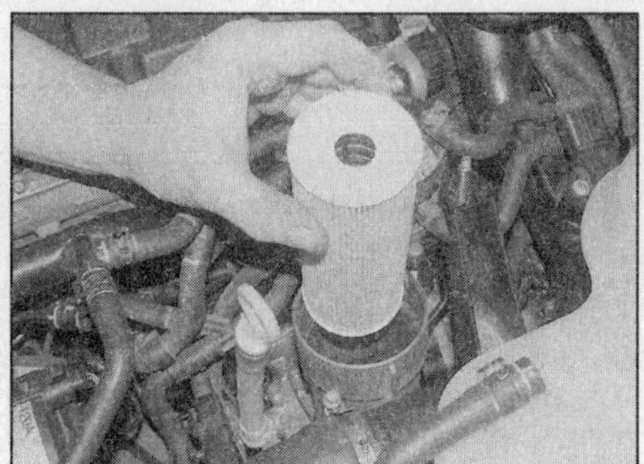

3.12 Sätt i oljefiltret med änden märkt med TOP uppåt

3.15 Ta bort oljepåfyllningslocket

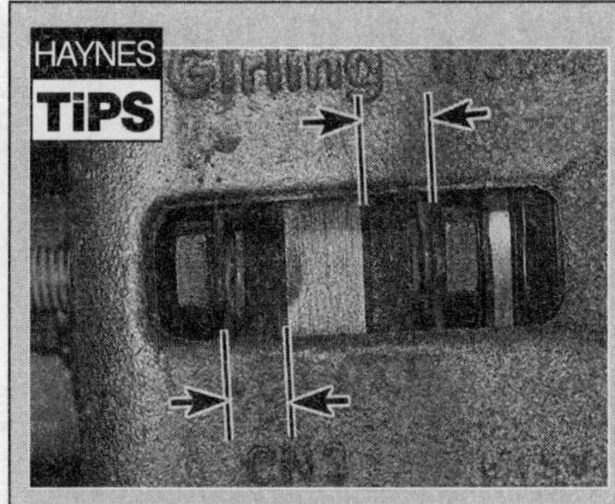

Bromsklossarnas tjocklek kan kontrolleras genom inspektionsöppningen i bromsoket.

filtret är markerat med TOP på ena änden **(se bild)**.

13 Sätt dit de nya O-ringarna, skruva på kåpan på huset och dra åt till angivet moment.

Alla motorer

14 Ta bort den gamla oljan och verktygen från under bilen. Montera den undre skyddskåpan och sänk sedan ner bilen.

15 Dra ut mätstickan och skruva loss oljepåfyllningslocket från ventilkåpan **(se bild)**. Fyll på motorn med rätt viskositetsgrad och typ av olja (se *Smörjmedel och vätskor*). En oljekanna med pip eller en tratt kan hjälpa till att minska spillet. Börja med att hälla i halva den angivna mängden olja och vänta några minuter så att den hinner sjunka ner i sumpen. Fortsätt fylla på små mängder i taget till dess att nivån når det nedre märket på mätstickan. Påfyllning med 1,0 liter höjer nivån till den övre markeringen på mätstickan. Montera påfyllningslocket.

16 Starta motorn och låt den gå på tomgång under några minuter. Leta efter läckor runt oljefiltrets packning och sumpens avtappningsplugg. Observera att det kan ta ett par sekunder innan oljetryckslampan släcks sedan motorn startats första gången efter ett oljebyte. Detta beror på att oljan cirkulerar runt i kanalerna och det nya filtret innan trycket byggs upp.

Varning: På modeller med turboaggregat ska motorn lämnas på tomgång tills varningslampan för oljetryck slocknar. Om motorvarvtalet ökas när varningslampan är tänd kommer turboaggregatet att skadas.

17 Stäng av motorn och vänta ett par minuter på att oljan ska rinna tillbaka till sumpen. När den nya oljan har cirkulerat runt i motorn och fyllt filtret ska oljenivån kontrolleras igen, fyll på mer vid behov.

18 Ta hand om den använda oljan på ett säkert sätt. Se *Allmänna reparationsanvisningar* i *Referenser*.

4 Främre bromsklossarnas tjocklek - kontroll

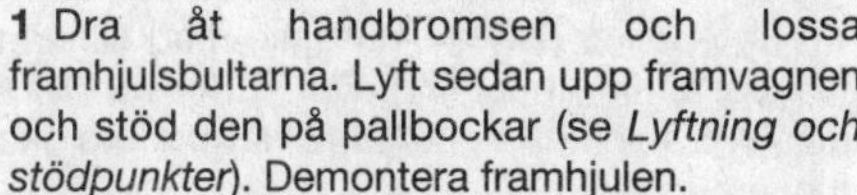

1 Dra åt handbromsen och lossa framhjulsbultarna. Lyft sedan upp framvagnen och stöd den på pallbockar (se *Lyftning och stödpunkter*). Demontera framhjulen.

2 Om en fullständig kontroll ska utföras bör bromsklossarna tas bort och rengöras. Kontrollera även okens funktion och undersök bromsskivornas skick. Se kapitel 9 **(se Haynes tips)**.

3 Om belägget på någon kloss är slitet till angiven minimitjocklek eller tunnare *måste alla fyra klossarna bytas.*

5 Drivremmens skick och spänning - kontroll

1 Beroende på bilens specifikation och typ av motor kan en, två eller tre drivremmar finnas monterade. Huvuddrivremmen driver generatorn, fläkten samt servostyrningspumpen. Om bilen är utrustad med luftkonditionering drivs luftkonditioneringskompressorn av en sekundär drivrem från vevaxelns remskiva. På alla motorer utom AJM och ATJ finns en tredje drivrem från en extra remskiva på servostyrningspumpen som driver kylvätskepumpen.

2 För att komma åt drivremmarna, dra åt handbromsen och lyft upp framvagnen och ställ den på pallbockar (se *Lyftning och stödpunkter*). Ta bort stänkskyddet från motorns undersida. Ta även bort motorns övre kåpa, om det är tillämpligt.

3 Undersök drivremmarna i sin helhet och leta efter tecken på skada och slitage i form av repor, nötning, fransning och sprickbildning. En spegel och eventuellt en ficklampa underlättar arbetet. Motorn kan vridas med en skiftnyckel på vevaxelns remskiva för att remmen ska kunna kontrolleras i sin helhet.

4 Om en drivrem måste bytas, se kapitel 2B för information om demontering, montering och justering.

6 Kamremmens skick - kontroll

1 Lossa fjäderklämmorna och ta bort den övre kamremskåpan från motorns främre del (Se kapitel 2B, avsnitt 4).

2 Undersök kamremmen och leta efter tecken på slitage, fransning, sprickbildning eller skador. Leta även efter spår av olja som kan ha kommit från en defekt oljetätning. Kamremmens hela längd bör kontrolleras genom att motorn vrids med en skiftnyckel på vevaxelns remskivebult.

3 Mät kamremmens bredd på flera ställen med en stållinjal eller ett skjutmått. Om den är mindre än 22,0 mm på något ställe måste kamremmen bytas enligt beskrivningen i kapitel 2B.

4 Montera tillbaka den övre kamremskåpan när kontrollen är utförd.

7 Nollställa servicedisplayen

1 När allt underhåll som krävs har utförts, måste servicedisplaykoden återställas.

2 Displaykoden återställs med ett speciellt elektroniskt instrument som kopplas in i bilens diagnosuttag. Det går även att återställa displayen utan specialverktyg.

3 Slå av tändningen, tryck och håll ner knappen som sitter bredvid hastighetsmätaren. Slå på tändningen och släpp upp knappen.

4 Vrid knappen som sitter bredvid varvräknaren medurs. Nu ska servicedisplayen återgå till normalläge. Slå av tändningen.

Var 12:e månad eller efter 30 000 km, beroende på vad som kommer först

8 Vindrutans/bakrutans/ strålkastarnas spolarsystem

1 Kontrollera att spolarmunstyckena inte är igentäppta och att de sprutar en stark stråle spolarvätska. Munstyckena ska vara riktade så att strålarna hamnar på en punkt något ovanför mitten av vindrutan. Spolarmunstyckena för framrutan kan justeras genom att man trycker munstycket upp eller ner i hållaren med fingret **(se bild)**. Bakrutans spolarmunstycken juteras med ett smalt stift.

2 Kontrollera torkarbladen. Leta efter flisor och sprickor på svepytan och byt ut om det behövs. Kontrollera att torkarbladen gör ordentligt rent över hela svepytan. Om inte hela svepytan blir ren kan det bero på att torkarbladens fästen är defekta, så att bladen inte kan följa rutans/linsens yta. Kontrollera att torkarbladen inte sticker ut utanför kanten på vindrutan/linsen i slutet av rörelsen och att bladen parkeras korrekt när torkaren stängs av. Om så inte är fallet, eller om torkarbladen överlappar varandra i mitten av svepet, kan det bero på att de är felmonterade (se kapitel 12).

9 Däckslitage - kontroll

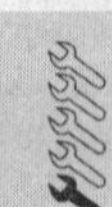

1 Lyft och ställ upp bilen på pallbockar på den sida där däcken ska inspekteras. Se *Lyftning och stödpunkter*.

2 Vrid hjulet långsamt för hand och inspektera däcken enligt beskrivningen i *Veckokontroller.*

10 Smörj alla gångjärn och lås

1 Smörj gångjärnen till motorhuven, dörrarna och bakluckan med en lättflytande olja. Smörj även alla spärrar, lås och låsgrepp. Kontrollera samtidigt att alla lås fungerar och justera dem efter behov (se kapitel 11).

2 Smörj motorhuvens låsmekanism och kabel med smörjfett.

11 Batteriets elektrolytnivå - kontroll

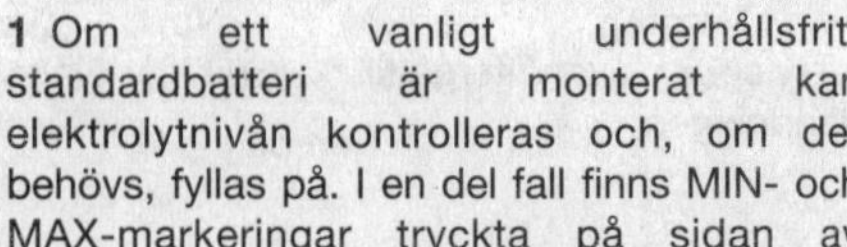

1 Om ett vanligt underhållsfritt standardbatteri är monterat kan elektrolytnivån kontrolleras och, om det behövs, fyllas på. I en del fall finns MIN- och MAX-markeringar tryckta på sidan av batteriet. Nivån kan då kontrolleras utan att locken tas bort från battericellerna. Om det inte finns några yttre markeringar, ta bort locken från cellerna och kontrollera att elektrolytnivån är ungefär 2 eller 3 mm ovanför plattorna. Vissa batterier har en inbyggd nivåindikator av plast.

2 Fyll på battericellerna med destillerat eller avjoniserat vatten, om det behövs.

3 Sätt tillbaka locken på cellerna.

12 Motorstyrningssystemets elektroniska styrenhet - felkodskontroll

Den här kontrollen kan endast utföras av en VW-mekaniker eller en verkstad med tillgång till nödvändig utrustning. Om en felkod visas måste problemet åtgärdas för att motorn ska fungera effektivt.

13 Komponenter och slangar under motorhuven/underredet - läckagekontroll

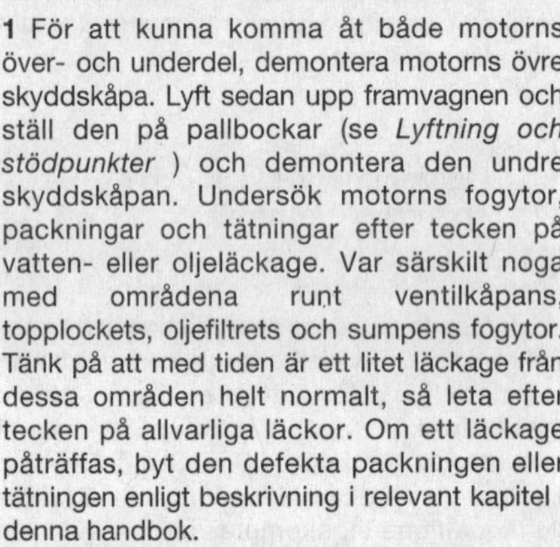

1 För att kunna komma åt både motorns över- och underdel, demontera motorns övre skyddskåpa. Lyft sedan upp framvagnen och ställ den på pallbockar (se *Lyftning och stödpunkter*) och demontera den undre skyddskåpan. Undersök motorns fogytor, packningar och tätningar efter tecken på vatten- eller oljeläckage. Var särskilt noga med områdena runt ventilkåpans, topplockets, oljefiltrets och sumpens fogytor. Tänk på att med tiden är ett litet läckage från dessa områden helt normalt, så leta efter tecken på allvarliga läckor. Om ett läckage påträffas, byt den defekta packningen eller tätningen enligt beskrivning i relevant kapitel i denna handbok.

2 Kontrollera även att alla motorrelaterade rör och slangar är i gott skick och se till att de sitter ordentligt. Se till att alla kabelklämmor eller fästklämmor sitter på plats och är i gott skick. Trasiga eller saknade klämmor kan leda till skavning på slangar, rör eller kablage. Detta kan i sin tur leda till allvarligare fel i framtiden.

8.1 Spolarmunstyckena kan justeras genom att trycka dem upp eller ner

3 Kontrollera kylarslangarna och värmeslangarna noga i sin helhet. Byt slangar som är spruckna, svullna eller slitna. Sprickor syns bättre om man klämmer på slangen. Kontrollera noggrant slangklämmorna som håller fast slangarna vid kylsystemets delar. Slangklämmor kan punktera slangarna, med läckor i kylsystemet som följd.

4 Undersök alla delar av kylsystemet (slangar, fogytor, etc.) och leta efter läckor. Kylvätskeläckage visar sig vanligen som vita eller rostfärgade avlagringar i området runt läckan **(se Haynes tips)**. Upptäcks något problem av detta slag hos någon del i systemet ska delen eller packningen bytas ut enligt beskrivningen i kapitel 3.

5 Leta efter läckor eller slitage på automatväxellådans vätskekylslangar, om tillämpligt.

6 Ställ bakvagnen på pallbockar och undersök bensintanken och påfyllningsröret efter tecken på läckor, sprickor eller andra skador. Anslutningen mellan påfyllningsröret och tanken är speciellt kritisk. Ibland läcker ett påfyllningsrör av gummi eller en slang eftersom slangklämmorna är för löst åtdragna eller gummit har åldrats.

7 Kontrollera noggrant alla gummislangar och metallrör som leder från bränsletanken. Leta efter lösa anslutningar, åldrade slangar, bockade rör och andra skador. Var extra uppmärksam på ventilationsrör och slangar som ofta är lindade runt påfyllningsröret och som kan bli igensatta eller veckade. Följ ledningarna till framsidan av bilen och undersök dem noga hela vägen. Byt ut skadade delar vid behov.

8 Kontrollera att alla bränsleslangar och rör i motorrummet sitter ordentligt och se till att inga bränsle- eller vakuumslangar är bockade, åldrade eller skaver mot något.

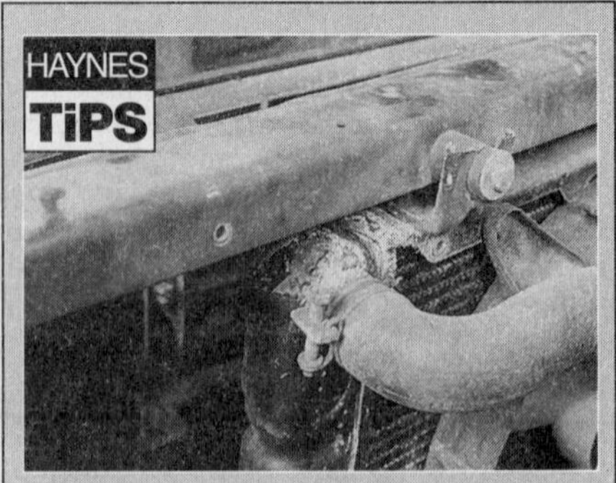

Kylvätskeläckage visar sig vanligen som vita eller rostfärgade, sköra avlagringar i området runt läckan.

9 Kontrollera att servostyrningens vätskeslangar och rör är i gott skick, om tillämpligt.

10 När du är klar sätter du tillbaka motorns undre och övre skyddskåpa, och sänker ner bilen.

14 Kylvätskans frostskydd - kontroll

Varning: Vänta till dess att motorn är helt kall innan arbetet påbörjas. Låt inte frostskyddsmedel komma i kontakt med huden eller lackerade ytor på bilen. Spola omedelbart bort eventuellt spill med stora mängder vatten.

1 Observera att det krävs en särskild provare för att kontrollera frostskyddet. En sådan kan man införskaffa till relativt låg kostnad hos de flesta bildelsbutiker.

2 Kontrollera att motorn är helt kall och skruva bort påfyllningslocket från kylvätskans expansionskärl. Följ instruktionerna som följer med kontrollverktyget och mät om kylvätskeblandningens koncentration är tillräckligt hög för att ge skydd vid temperaturer långt under nollpunkten. Om kylvätskan har bytts ut regelbundet bör detta inte vara ett problem. Om kylvätskeblandningen inte är tillräckligt stark för att ge bra skydd måste kylsystemet tömmas och kylvätskan bytas ut (se avsnitt 32).

3 När koncentrationen är rätt ska kylvätskenivån kontrolleras (se *Veckokontroller*). Sätt sedan tillbaka expansionskärlets lock ordentligt.

15 Bromsslangarnas och bromsrörens skick - kontroll

1 Se avsnitt 13 och undersök alla slangar och metallrör i bromssystemet efter tecken på skada eller åldrande. Alla defekta rör/slangar måste bytas ut (se kapitel 9).

16 Bakre bromsklossbeläggens tjocklek - kontroll

1 Lägg rejäla klossar vid framhjulen och lägg i första växeln eller läge P. Lyft upp bakvagnen och ställ bilen på pallbockar (se *Lyftning och stödpunkter*). Demontera bakhjulen.

2 Bromsklossens tjocklek kan snabbkontrolleras via inspektionshålet på bromsokets baksida. Mät tjockleken på bromsklossbeläggningen, inklusive stödplattan, med en stållinjal. Tjockleken får inte vara mindre än vad som anges i specifikationerna.

3 Genom bromsokets inspektionshål kan man grovt uppskatta bromsklossarnas skick. Vid en ingående kontroll ska bromsklossarna demonteras och rengöras. Kontrollera även okens funktion och undersök bromsskivornas skick. Kapitel 9 innehåller en detaljerad beskrivning av hur bromsskivan ska kontrolleras med avseende på slitage och/eller skador.

4 Om belägget på någon kloss är slitet till angiven minimitjocklek eller tunnare *måste alla fyra klossarna bytas.* Se kapitel 9 för mer information.

5 Sätt tillbaka hjulen och sänk ner bilen när kontrollen är klar.

17 Avgassystemets och fästenas skick - kontroll

1 Se till att motorn är kall. Undersök sedan hela avgassystemet ända från motorn till och med bakre avgasröret. Avgassystemet kontrolleras enklast med bilen upplyft på en lyft eller placerad på pallbockar. Då är avgassystemets komponenter tydligt synliga och lätta att komma åt.

2 Kontrollera om avgasrör eller anslutningar visar tecken på läckage, allvarlig korrosion eller andra skador Se till att alla fästbyglar och fästen är i gott skick, och att relevanta muttrar och bultar är ordentligt åtdragna. Läckage i någon fog eller annan del visar sig vanligen som en sotfläck i närheten av läckan.

3 Skaller och andra missljud beror ofta på avgassystemet, speciellt på dess fästen och upphängningar. Om det går att få delarna att komma i kontakt med underredet eller fjädringen, bör systemet förses med nya fästen. Man kan också skilja på fogarna (om det går) och vrida rören så att de kommer på tillräckligt stort avstånd.

18 Styrningens och fjädringens komponenter - kontroll av skick och säkerhet

Kontroll av framvagnens fjädring och styrning

1 Lyft upp framvagnen och ställ den på pallbockar.

2 Inspektera kullederens dammskydd och styrväxelns damasker. De får inte vara skavda, spruckna eller ha andra defekter.Slitage på någon av dessa delar gör att smörjmedel läcker ut och att smuts och vatten kan komma in, vilket snabbt sliter ut kullederna eller styrväxeln.

3 På bilar med servostyrning, kontrollera oljeslangarna och leta efter tecken på skavning eller åldrande, och titta efter tecken på läckor i rör- och slanganslutningar. Leta även efter läckor under tryck från styrväxelns gummidamask, vilket indikerar trasiga tätningar i styrväxeln.

4 Fatta sedan tag i hjulet längst upp och längst ner och försök att rucka på det **(se bild)**. Ett ytterst litet spel kan märkas, men om rörelsen är stor krävs en närmare undersökning för att fastställa orsaken. Fortsätt rucka på hjulet medan en medhjälpare trycker på bromspedalen. Om spelet försvinner eller minskar markant är det troligen fråga om ett defekt hjullager. Om spelet finns kvar när bromsen är nedtryckt rör det sig om slitage i fjädringens leder eller fästen.

5 Fatta sedan tag i hjulet på sidorna och försök rucka på det igen.Märkbart spel beror antingen på slitage på hjullager eller styrstagets kulleder. Det syns tydligt om den inre eller yttre kulleden är sliten.

6 Kontrollera om fjädringens fästbussningar är slitna genom att bända med en stor skruvmejsel eller en platt metallstång mellan relevant fjädringskomponent och dess fästpunkt. En viss rörelse är att vänta eftersom bussningarna är av gummi, men eventuellt större slitage visar sig tydligt. Kontrollera även de synliga gummibussningarnas skick och leta efter bristningar, sprickor eller föroreningar i gummit.

7 Ställ bilen på marken och låt en medhjälpare vrida ratten fram och tillbaka ungefär ett åttondels varv åt vardera hållet. Det ska inte finnas något, eller bara ytterst lite, spel mellan rattens och hjulens rörelser.Kontrollera noga lederna och fästena enligt tidigare beskrivning om spelet är större, men kontrollera dessutom om rattstångens kardanknutar är slitna, samt även själva styrväxeln.

Fjäderben/stötdämpare - kontroll

8 Leta efter tecken på oljeläckage kring fjäderbenet/stötdämparen eller gummidamasken runt kolvstången.Om det finns spår av olja är fjäderbenet/stötdämparen defekt och ska bytas. **Observera:** *Fjäderben/stötdämpare ska alltid bytas parvis på samma axel.*

18.4 Leta efter tecken på slitage i navlagren genom att greppa hjulet upptill och nedtill och försöka rucka på det

9 Fjäderbenets/stötdämparens effektivitet kan kontrolleras genom att bilen gungas i varje hörn. I normala fall ska bilen återta planläge och stanna efter en nedtryckning. Om den höjs och återgår med en studs är troligen fjäderbenet/stötdämparen defekt. Undersök fjäderbenets/stötdämparens övre och nedre fästen och leta efter tecken på slitage.

Drivaxlar

10 Hissa upp bilen och stöd den på pallbockar. Vrid ratten till fullt utslag och snurra sedan långsamt på hjulet.Undersök den yttre drivknutens gummidamasker genom att klämma på dem så att vecken öppnas. Leta efter tecken på sprickor, bristningar och åldrat gummi som kan släppa ut fett och släppa in vatten och smuts i drivknuten. Kontrollera även damaskernas klamrar vad gäller åtdragning och skick. Upprepa dessa kontroller på de inre drivknutarna. Om skador eller slitage påträffas bör damaskerna bytas enligt beskrivningen i kapitel 8, avsnitt 3.

11 Kontrollera samtidigt drivknutarnas skick genom att först hålla fast drivaxeln och sedan försöka snurra på hjulet.Håll sedan fast innerknuten och försök vrida på drivaxeln. En märkbar rörelse indikerar slitage i drivknutarna, slitage i drivaxelspåren eller att drivaxelns fästmutter är lös.

19 Landsvägsprov

Instrument och elektrisk utrustning

1 Kontrollera alla instrument fungerar tillfredsställande och hela den elektriska utrustningen.

2 Kontrollera att instrumenten ger korrekta utslag och slå på all elektrisk utrustning i tur och ordning för att kontrollera att den fungerar som den ska.

Styrning och fjädring

3 Kontrollera om bilen uppför sig normalt med avseende på styrning, fjädring, köregenskaper och vägkänsla.

4 Provkör bilen och var uppmärksam på ovanliga vibrationer eller ljud.

5 Kontrollera att styrningen känns som den ska, utan överdrivet fladder eller kärvningar, och lyssna efter fjädringsmissljud vid kurvtagning och gupp.

Drivaggregat

6 Kontrollera motorns, kopplingens (om tillämpligt), växellådans och drivaxlarnas prestanda.

7 Lyssna efter onormala ljud från motorn, kopplingen och växellådan.

8 Kontrollera att motorn går jämnt på tomgång och att den inte "tvekar" vid acceleration.

9 Kontrollera att kopplingen (om tillämpligt) går mjukt, att den tar jämnt och att pedalen inte har för lång slaglängd. Lyssna även efter missljud när kopplingspedalen är nedtryckt.

10 På modeller med manuell växellåda, kontrollera att alla växlar går i smidigt, utan missljud och att växelspakens rörelse inte är onormalt oprecis eller ryckig.

11 På modeller med automatväxellåda, kontrollera att växlingarna är inte är ryckiga och utan att motorvarvtalet ökar mellan växlingarna.Kontrollera att alla växelpositioner kan väljas när bilen står still. Kontakta en VW-återförsäljare om några problem påträffas.

Kontrollera att bromssystemet fungerar

12 Kontrollera att bilen inte drar åt ena hållet vid inbromsning, och att hjulen inte låser sig för tidigt vid hård inbromsning.

13 Kontrollera att ratten inte vibrerar vid inbromsning.

14 Kontrollera att handbromsen fungerar ordentligt utan för stort spel i spaken, och att den kan hålla bilen stilla i en backe.

15 Testa bromsservoenhetens funktion så här: Tryck ner bromspedalen 4-5 gånger med motorn avslagen, för att få ut vakuumet. Håll ner bromspedalen och starta motorn. När motorn startar ska pedalen ge efter märkbart medan vakuumet byggs upp. Låt motorn gå i minst två minuter och stäng sedan av den. Om bromspedalen trycks ner nu hörs ett pysande ljud. Efter 4-5 upprepningar bör inget pysande höras, och pedalen bör kännas betydligt hårdare.

Var 30 000:e km

20 Tömma ut vatten ur bränslefiltret

Motorkod AFN, AHU, AHH och AVG

1 Bränslefiltret sitter på motorns vänstra sida, bakom generatorn **(se bild)**. Rengör först filtrets utsida för att förhindra att föroreningar tränger in i bränslesystemet.

2 Ställ en lämplig behållare under bränslefiltret. Ta bort luftkanalen från mellankylaren genom att lossa klämmorna för komma åt lättare.

3 Lossa luftningsskruven ovanpå filtret, och anslut en gummislang till dräneringsventilen på undersidan av filtret. Stoppa i slangen i behållaren.

4 Lossa dräneringsventilen och töm ut ungefär 1 dl vatten och bränsle **(se bild)**. Dra åt avtappningspluggen och ta loss gummislangen. Ta bort behållaren.

5 Dra åt luftningsskruven ovanpå filtret och sätt tillbaka luftkanalen.

6 Starta motorn och leta efter läckor.

20.1 Bränslefiltret sitter på motorns vänstra sida

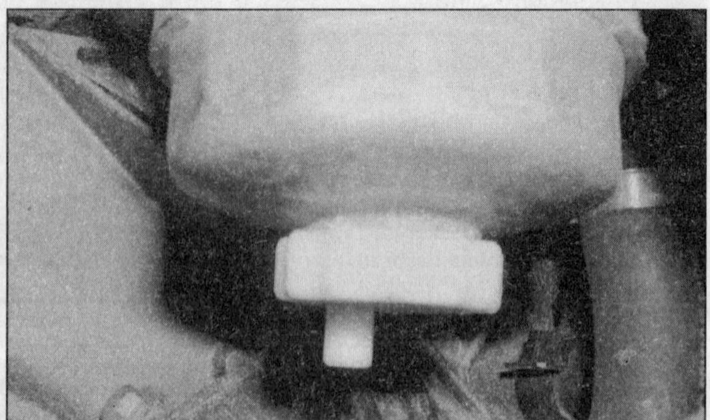

20.4 Skruva loss vattendräneringsventilen i botten på filtret

20.8 Skruva loss mittbulten som håller fast den övre delen av filtret (se pil)

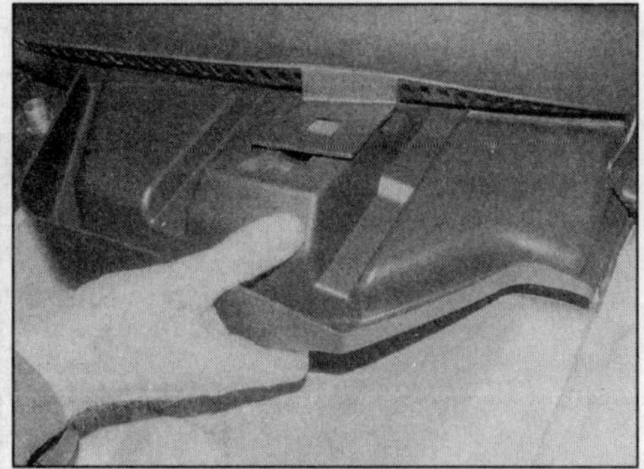

21.2 Skruva loss fästskruven och lyft undan pollenfiltrets kåpa

21.3 Dra bort filtret från huset

Motorkod AJM och ATJ

7 Bränslefiltret sitter på motorns vänstra sida. Bänd ut skyddskåporna, skruva loss fästmuttrarna och ta bort den övre motorkåpan. Rengör först filtrets utsida för att förhindra att föroreningar tränger in i bränslesystemet.

8 Ställ en lämplig behållare under filtret och skruva lossa mittbulten som håller fast filtrets övre del **(se bild)**. För filtrets överdel åt sidan med slangarna fortfarande anslutna.

Varning: Se till att ingen dieselolja kommer i kontakt med kylvätskeslangarna. Torka omedelbart upp eventuellt bränslespill.

9 Anslut en gummislang till dräneringsventilen på filtrets undersida. Stoppa in slangen i behållaren.

10 Lossa dräneringsventilen och töm ur ungefär 1 dl vatten och bränsle. Dra åt avtappningspluggen och ta loss gummislangen. Ta bort behållaren.

11 Sätt tillbaka filtrets övre del och dra åt fästbulten ordentligt.

12 Starta motorn och leta efter läckor.Montera motorns övre skyddskåpa.

21 Pollenfilter - byte

1 Pollenfiltret sitter vid torpedväggen under vindrutan. På högerstyrda modeller sitter det på höger sida, och på vänsterstyrda modeller sitter det till vänster.

2 Skruva loss fästbulten och ta bort kåpan **(se bild)**.

3 Dra filtret uppåt och ta ut det ur motorrummet **(se bild)**.

4 Kontrollera att ordet OBEN på det nya filterelementet är vänt uppåt när filtret sätts tillbaka.

5 Resten av monteringen sker i omvänd ordningsföljd mot demonteringen.

22 Underredsbehandling - kontroll

1 Lyft upp bilen och ställ den på pallbockar (se Lyftning och stödpunkter). Inspektera hela bilens undersida. Använd en ficklampa, och kontrollera särskilt hjulhusen. Leta efter skador i underredsmassan. När den blir äldre kan den spricka eller flagna, vilket leder till rostangrepp. Kontrollera även att innerskärmarna (i förekommande fall) sitter ordentligt fästa med alla klämmor. Om de lossnar kan smuts komma in bakom fodren så att de motverkar sitt syfte. Om du upptäcker några skador på underredsbehandlingen eller någon rost, bör detta åtgärdas innan skadan förvärras.

23 Manuell växellåda - oljenivåkontroll

1 Oljepåfyllnings-/nivåpluggen sitter på den manuella växellådans vänstra sida, nedanför hastighetsmätarens givare. På vissa modeller kan den vara dold av en värmesköld **(se bild)**.

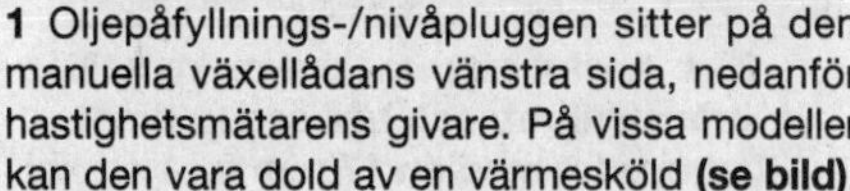

23.1 Påfyllnings-/nivåplugg för växellåda (se pil)

Pluggen kan antingen vara17 mm av insextyp eller XZN-typ.

2 Dra åt handbromsen, och lyft sedan upp framvagnen och bakvagnen och ställ bilen på pallbockar (se *Lyftning och stödpunkter*). Bilen måste stå på plant underlag för att kontrollen ska vara korrekt.

3 Skruva loss påfyllnings-/nivåpluggen.

4 Kontrollera att oljenivån når upp till påfyllningshålets undre kant.

5 Fyll på angiven olja i påfyllnings-/nivåhålet om det behövs. Om systemet ständigt måste fyllas på, leta efter läckage och reparera detta.

6 Montera pluggen och dra åt till angivet moment. Sänk sedan ner bilen.

24 Strålkastarinställning

Halogenstrålkastare

1 Korrekt inställning av strålkastarna kan endast utföras med optisk utrustning och ska därför överlåtas till en VAG-verkstad eller en annan lämpligt utrustad verkstad.

2 Strålkastarna kan justeras med justerskruvarna som man kommer åt via strålkastarnas överdelar (se bilderna i kapitel 12, avsnitt 9).

3 Vissa modeller är utrustade med ett elmanövrerat strålkastarinställningssystem som styrs via en brytare på instrumentbrädan. På dessa modeller, se till att brytaren är satt i grundläget 0 innan strålkastarna justeras.

Strålkastare med bågljuslampor

4 Strålkastarens räckvidd styrs av en elektronisk styrenhet som läser av chassits höjd över marken via givare som sitter monterade på den främre och bakre fjädringen.Strålkastarinställningen kan endast utföras med VAG-testutrustning.

Var 60 000:e km

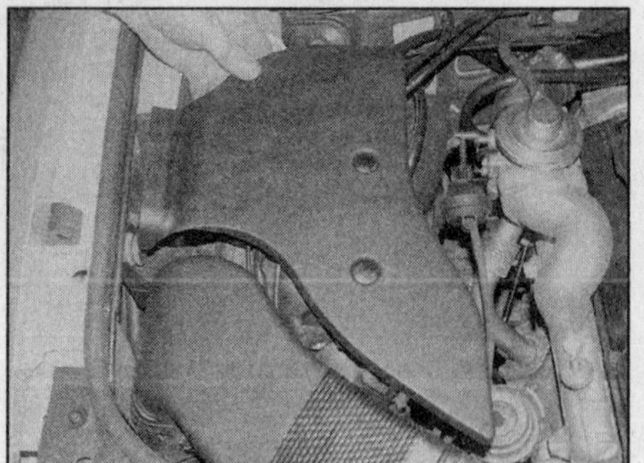
25.1a Ta bort skruvarna och lyft av luftfilterkåpan...

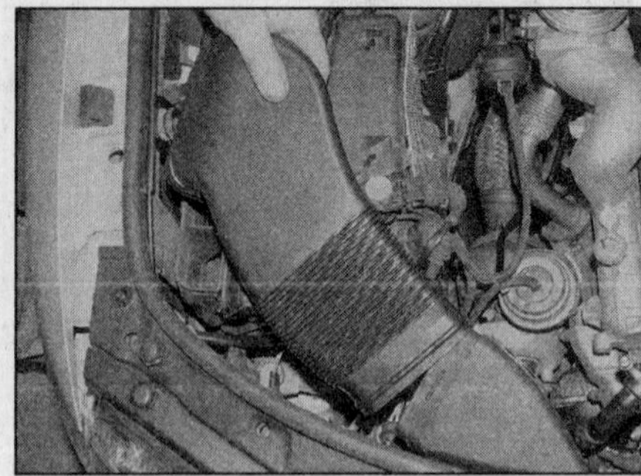
25.1b ... och dra av luftkanalen ...

25.1c ... och lossa fästklämmorna

25.2 Notera åt vilket håll luftfiltret sitter

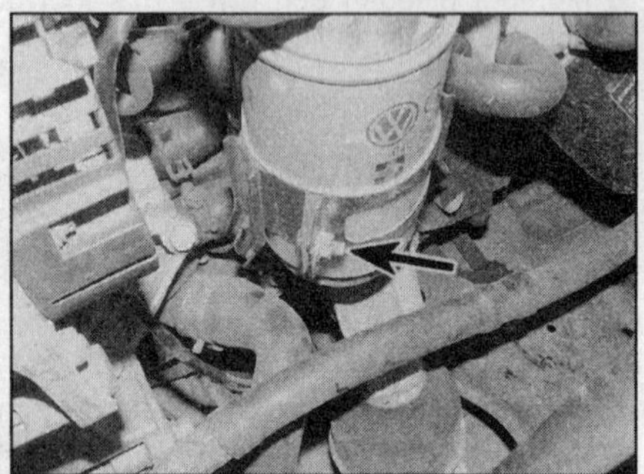
26.3 Skruva loss bränslefiltrets klämmutter

26.4 Anslut ett remskiveverktyg till bränslefiltret, och håll sedan emot filterhuvudet med en 17 mm fast nyckel längst ner på avtappningsskruven

26.10 Skruva loss bränslefiltrets mittbult (se pil)

26.11 Lossa bränslefiltrets klämmutter

25 Luftfilter - byte

1 Ta bort luftrenarkåpan och luftkanalen. Bänd sedan upp fästklämmorna och lyft bort den övre kåpan från luftrenarhuset **(se bilder)**. Observera att luftflödesmätaren sitter fäst vid den övre kåpan.

2 Ta bort luftfiltret och notera hur det sitter monterat **(se bild)**.

3 Torka rent huset och montera det nya luftfiltret. Se till att det sitter åt rätt håll.

4 Sätt tillbaka den övre kåpan och fäst den med fästklämmorna.

26 Bränslefilter - byte

Motorkod AFN, AHU, AHH och AVG

1 Bränslefiltret sitter på motorns vänstra sida, bakom generatorn. Ta bort luftkanalen från mellankylaren genom att lossa klämmorna för komma åt lättare. Rengör först filtrets utsida för att förhindra att föroreningar tränger in i bränslesystemet.

2 Ställ en lämplig behållare under filtret.

3 Skruva loss klämmuttern och lyft bort bränslefiltret från fästbygeln tillsammans med slangarna **(se bild)**.

4 Anslut ett remskiveverktyg till bränslefiltret, och håll sedan emot filterhuvudet med en 17 mm fast nyckel längst ner på avtappningsskruven **(se bild)**. Skruva loss filtret från huvudet. **Observera:** *Håll inte fast huvudet med en tång, eftersom filtret kan börja läcka om det skadas.*

5 Applicera lite dieselolja på det nya filtrets gummitätning, och fyll sedan filtret med dieselolja. Detta gör att motorn startar snabbare.

6 Skruva på filtret samtidigt som du håller emot huvudet, och dra endast åt för hand.

7 Sätt in filtret i fästbygeln och fäst det genom att dra åt klämmuttern.

8 Montera laddluftkanalen. Starta motorn och leta efter läckor.

Motorkod AJM och ATJ

9 Bränslefiltret sitter på vänster sida av motorn. Bänd ut skyddskåporna, skruva loss fästmuttrarna och ta bort den övre motorkåpan.

10 Skruva loss mittbulten och för filtrets övre del åt sidan **(se bild)**.

11 Lossa klämbulten och dra filtret uppåt och ut ur klämman **(se bild)**.

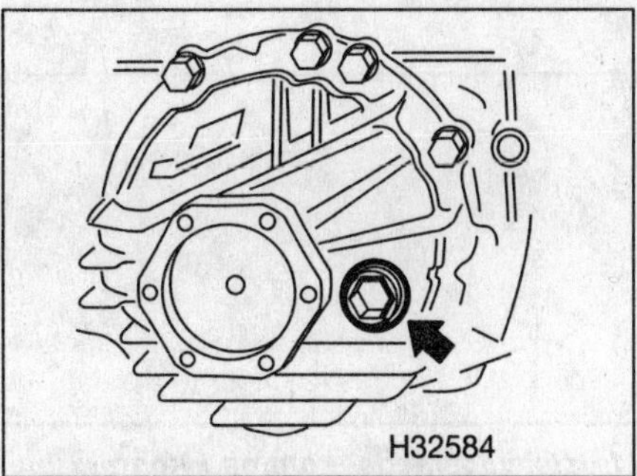

27.1 Påfyllnings-/nivåpluggens plats på automatväxellådans slutväxel

Varning: Se till att dieselolja inte kommer i kontakt med kylvätskeslangarna. Torka omedelbart upp eventuellt bränslespill.

12 Fyll det nya filtret med dieselolja och för in det i klämman. Dra åt klämskruven ordentligt.

13 Sätt tillbaka filtrets övre del och dra åt fästbulten ordentligt.

14 Starta motorn och leta efter läckor.

15 Montera motorns övre skyddskåpa.

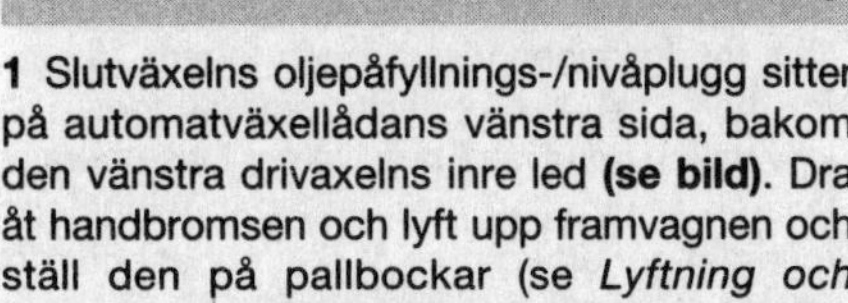

27 Slutväxelns oljenivå (automatväxellåda) - kontroll

1 Slutväxelns oljepåfyllnings-/nivåplugg sitter på automatväxellådans vänstra sida, bakom den vänstra drivaxelns inre led **(se bild)**. Dra åt handbromsen och lyft upp framvagnen och ställ den på pallbockar (se *Lyftning och stödpunkter*). Ta bort motorns undre skyddskåpa. Bilen måste stå på plant underlag för att kontrollen ska vara korrekt.

2 Skruva loss påfyllnings-/nivåpluggen och kontrollera att oljenivån ligger vid påfyllningshålets undre kant. Om det behövs, fyll på med angiven olja genom påfyllnings-/nivåhålet. Om systemet ständigt måste fyllas på, leta efter läckage och reparera detta.

3 Sätt i pluggen och dra åt till angivet moment. Sänk sedan ner bilen.

28 Automatväxellåda - oljebyte

Observera: *Enligt VW behöver inte automatväxellådsoljan bytas. Vi menar att det är en bra försiktighetsåtgärd att byta oljan var 60 000:e km eller vart fjärde år, beroende på vilket som inträffar först.*

1 Dra åt handbromsen. Lyft upp framvagnen och ställ den på pallbockar (se *Lyftning och stödpunkter*). Ta bort motorns undre skyddskåpa. **Observera:** *För att få rätt oljenivå använder VW-mekaniker ett elektroniskt testverktyg som ansluts till växellådans elektroniska system, och som kontrollerar att bränslets temperatur ligger mellan 35 °C och 40 °C. Därför rekommenderar vi att bilen lämnas in till en VW-verkstad för att få arbetet utfört. Följande moment sker under förutsättning att nivån kontrolleras av en VW-mekaniker när arbetet har avslutats.*

2 Observera att växellådan måste fyllas på från bilens undersida. Se därför till att bilen står plant.

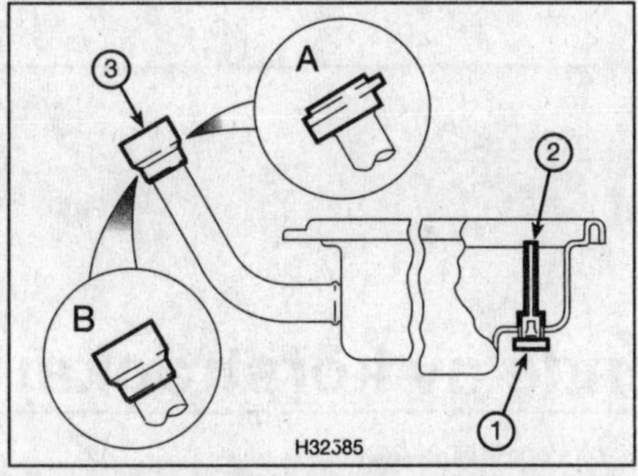

28.3 Komponenter för oljeavtappning på 01N-automatväxellåda

1 Inspektionsplugg
2 Överfallsrör
3 Tätningslock och plugg
A Tidigt tätningslock
B Senare tätningslock

Observera: *tätningslocket B måste bytas ut*

01N 4-växlad låda

3 Placera en lämplig behållare under växellådan. Rengör oljetråget. Skruva sedan loss inspektionspluggen följt av överfallsröret från botten av oljetråget **(se bild)**. Låt oljan rinna ner i behållaren.

4 Montera överfallsröret och dra åt till angivet moment.

5 Ta bort tätningslocket och pluggen från påfyllningsröret som sitter fäst vid sidan av oljetråget.*Observera:Tätningslocket och pluggen ska bytas ut varje gång de tas bort.*

6 Häll olja i oljetråget tills det rinner ut ur överfallsröret.

7 Lägg växeln i läge P och kör motorn på tomgång tills den når normal arbetstemperatur. Fyll på med mer olja om det behövs, tills den rinner ut ur överfallsröret.

8 Tryck ner bromspedalen. Gå sedan igenom alla lägen med växelväljaren. Stanna i varje växelläge cirka 3 sekunder. Sätt tillbaka växelspaken i läge P.

9 På det här stadiet ansluter VW-mekanikern verktyget för att kontrollera att oljetemperaturen ligger mellan 35 °C och 40 °C. **Observera:** *Om oljenivån kontrolleras när temperaturen är för låg kommer den slutliga oljemängden att bli för stor. Om oljenivån kontrolleras när temperaturen är för hög kommer den slutliga oljemängden att bli för liten.*

10 Låt motorn gå på tomgång och låt all överflödig olja rinna ut genom överfallsröret.

11 Stäng av motorn, montera tillbaka inspektionspluggen tillsammans med en ny tätning och dra åt till angivet moment.

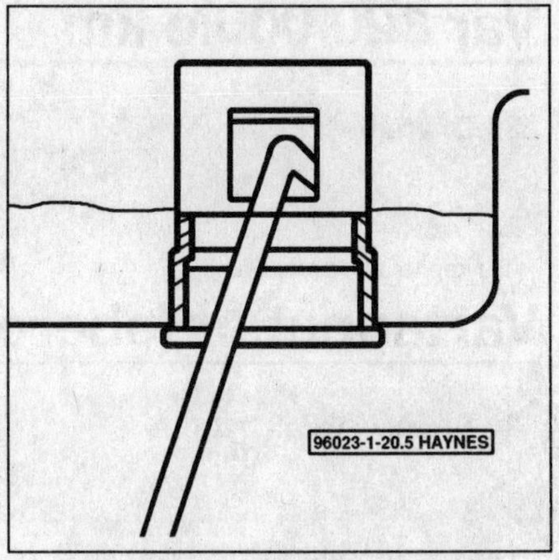

28.15 På 01V-växellådor måste munstycket på det verktyg som används för att fylla på olja passa i fönstret på kåpan

12 Sätt ett nytt tätningslock och en ny plugg på påfyllningsröret.

01V 5-växlad låda

13 Placera en lämplig behållare under växellådan. Torka rent oljetråget och skruva sedan loss avtappningspluggen på trågets högra sida. Låt oljan rinna ner i behållaren.

14 Sätt en ny tätning på avtappningspluggen och dra åt till angivet moment.

15 Skruva loss inspektionspluggen på baksidan av tråget och fyll på olja tills det rinner ut ur hålet **(se bild)**.

16 Lägg i P och kör motorn på tomgång tills den når normal arbetstemperatur. Fyll på med mer olja om det behövs, tills den rinner ut ur inspektionshålet.

17 Tryck ner bromspedalen. Gå sedan igenom alla lägen med växelväljaren. Stanna i varje växelläge cirka 3 sekunder. Ställ växelväljaren i läge P.

18 På det här stadiet ansluter VW-mekanikern testaren för att kontrollera att oljetemperaturen ligger mellan 35 °C och 40 °C. **Observera:** *Om oljenivån kontrolleras när temperaturen är för låg kommer den slutliga oljemängden att bli för stor. Om oljenivån kontrolleras när temperaturen är för hög kommer den slutliga oljemängden att bli för liten.*

19 Låt motorn gå på tomgång och låt all överflödig olja rinna ut genom överfallsröret.

20 Stäng av motorn, montera tillbaka inspektionspluggen tillsammans med en ny tätning och dra åt till angivet moment.

Alla modeller

21 Sänk ner bilen.

29 Kamrem - byte

Se kapitel 2B, avsnitt 4.

Var 120 000:e km

30 Drivrem - byte

Se kapitel 2B, avsnitt 6.

Vartannat år (oberoende av körsträcka)

31 Bromsvätska - byte

Varning: Bromsvätska är farlig för ögonen och kan skada målade ytor, så var ytterst försiktig vid hantering av vätskan. Använd inte vätska från en behållare som har stått öppen en tid eftersom den drar åt sig fukt från luften. För mycket fukt kan orsaka farligt försämrad bromsverkan.

1 Arbetet liknar i stort sett det som beskrivs för luftning i kapitel 9. Bromsvätskebehållaren måste tömmas genom sifonering med en ren bollspruta eller liknande innan arbetet påbörjas. Lämna plats för den gamla olja som töms ut vid luftning av en del av kretsen.

2 Arbeta enligt beskrivningen i kapitel 9 och låt en medhjälpare trampa bromsen i botten ett flertal gånger, så att trycket byggs upp. Pedalen ska sedan hållas kvar i botten.

3 Upprätthåll pedaltrycket, lossa luftningsskruven (cirka ett havt varv) och låt oljan strömma ut i burken.

4 Medhjälparen måste hålla trycket på pedalen, ända ner till golvet om så behövs, och inte släppa förrän du säger till. Dra år luftningsskruven igen när flödet upphör. Låt medhjälparen släppa upp pedalen långsamt och kontrollera behållarens vätskenivå igen.

5 Upprepa arbetsmomenten som beskrivs i punkterna 2 till och med 4 tills det bara finns ny vätska i behållaren, och det kommer ny vätska från luftningsskruven.

6 När ingen gammal olja finns i kretsen längre ska luftningsskruven dras åt ordentligt. Ta sedan bort slangen och nyckeln och montera dammkåpan. Dra inte åt luftningsskruven för hårt.

Gammal hydraulvätska är oftast mycket mörkare i färgen än ny, vilket gör det lätt att skilja dem åt.

7 Gå igenom alla luftningsskruvarna i ordningsföljd tills ny vätska kommer ut ur dem. Var noga med att alltld hålla huvudcylinderbehållarens nivå över minmarkeringen, annars kan luft tränga in i systemet och då ökar arbetstiden betydligt. Luftingen ska göras i följande ordning:

a) Höger bakbroms.
b) Vänster bakbroms.
c) Höger frambroms.
d) Vänster frambroms.

8 Kontrollera att alla luftningsskruvar är ordentligt åtdragna och att dammkåporna sitter på plats när du är klar.

9 Eftersom kopplingens hydraulsystem använder samma vätskebehållare som bromssystemet rekommenderar vi att vätskan i den kretsen byts samtidigt. Arbeta enligt beskrivningen i kapitel 6 och ta bort dammkåpan från slavcylinderns luftningsskruv. Trä nyckel och slang på luftningsskruven och för ner den andra slangänden i glasburken. Häll i tillräckligt med hydraulvätska så att den täcker slangänden.

10 Se till att oljenivån överstiger linjen för miniminivå på behållaren under hela arbetets gång.

11 Låt en medhjälpare trampa kopplingspedalen i botten ett flertal gånger, så att trycket byggs upp. Pedalen ska sedan hållas kvar i botten.

12 Upprätthåll pedaltrycket, lossa luftningsskruven (cirka ett havt varv) och låt oljan strömma ut i burken. Medhjälparen måste hålla pedalen nedtryckt och inte släppa förrän du säger till. Dra år luftningsskruven igen när flödet upphör. Låt medhjälparen släppa upp pedalen långsamt och kontrollera behållarens vätskenivå igen.

13 Upprepa stegen som beskrivs i punkt 11 och 12 tills ny vätska kommer ut ur luftningsskruven. Om huvudcylindern har tappats på vätska och fyllts på igen, vänta cirka fem sekunder mellan omgångarna så att kanalerna i huvudcylindern hinner fyllas.

14 Dra åt luftningsskruven ordentligt, ta bort slangen och nyckeln och sätt tillbaka dammkåpan. Dra inte åt luftningsskruven för hårt.

15 Torka bort allt spill och kontrollera vätskenivån en sista gång.

16 Kontrollera att bromsarna fungerar innan du kör bilen.

32 Kylvätska - byte

Tömning av kylsystemet

Varning: Vänta till dess att motorn är helt kall innan arbetet påbörjas. Låt inte frostskyddsmedel komma i kontakt med huden eller lackerade ytor på bilen. Spola omedelbart bort eventuellt spill med stora mängder vatten. Lämna aldrig frostskyddsvätska i en öppen behållare eller i en pöl på garageuppfarten eller garagegolvet. Barn och husdjur dras till den söta lukten, men frostskyddsvätska är mycket farligt att förtära.

1 När motorn är helt kall, lägg trassel eller en trasa över expansionskärlets lock, och vrid locket långsamt moturs för att lätta på trycket i kylsystemet (vanligtvis hörs ett pysande ljud). Vänta tills systemet är tryckutjämnat. Fortsätt sedan vrida locket tills det kan tas bort.

2 Lossa hållarna och ta bort motorns nedre skyddskåpa. Placera en lämplig behållare under kylarens nedre slanganslutning. Lossa sedan fästklämman och lirka av slangen från kylartappen. Om husfogen inte har rubbats på länge kan det vara nödvändigt att försiktigt lirka med slangen för att bryta fogen. Ta inte i för hårt, då kan kylartappen skadas. Låt kylvätskan rinna ner i behållaren. Observera att kylaren är utrustad med en avtappningstapp, men det går att komma åt den endast när den främre stötfångaren är demonterad.

3 På motorkod AFN, AHU, AHH och AVG måste termostathusets fästbultar skruvas loss (se kapitel 3) och termostaten tas bort för att tappa av motorblocket. Låt kylvätskan rinna ut. Sätt tillbaka termostaten och termostathuset med en ny packning och dra åt fästbultarna till angivet moment. Bänd loss tätningskåporna på motorkod AJM och ATJ. Lossa fästskruvarna/-muttrarna och demontera den övre motorkåpan. Lossa fästklämman och koppla loss en av kylvätskeslangarna till oljekylaren för att tappa av motorblocket **(se bild)**. Låt kylvätskan rinna

32.3 Lossa fästklämman och koppla loss en av oljekylarens kylvätskeslangar för att tappa av motorblocket

ut. Ateranslut slangen och sätt fast den med fästklämman och sätt tillbaka motorkåpan.

4 Om kylvätskan har tappats ut av någon annan orsak än vid byte kan den återanvändas, om den är ren och mindre än två år gammal och det inte finns något annat alternativ. Detta är dock inte att rekommendera.

5 När all kylvätska har runnit ut, återanslut slangen till kylaren och se till att fästklämman sitter rätt.

Spolning av kylsystem

6 Om man försummar att byta kylvätska, eller om kylvätskeblandningen har blivit utspädd, kommer kylsystemet med tiden att bli allt mindre effektivt, allt eftersom kylvätskledningarna täpps till av rost, avlagringar etc. Kylsystemets effektivitet kan återställas genom att systemet spolas ur.

7 Kylaren bör spolas separat från motorn, för att förhindra förorening.

Kylarspolning

8 Spola kylaren genom att koppla loss den övre och nedre slangen samt andra relevanta slangar från kylaren, enligt beskrivningen i kapitel 3.

9 Sätt i en trädgårdsslang i kylarens övre inlopp. Spola rent vatten genom kylaren och fortsätt spola tills rent vatten kommer ut från kylarens nedre utsläpp.

10 Om vattnet efter en rimlig tid fortfarande inte är klart kan kylaren spolas ur med ett bra rengöringsmedel för kylsystem. Det är viktigt att tillverkarens anvisningar följs noga. Om föroreningen är kraftig, sätt in slangen i kylarens nedre utlopp och spola kylaren åt andra hållet.

Motorspolning

11 För att spola motorn, ta bort termostaten enligt beskrivningen i kapitel 3, och sätt tillfälligt tillbaka termostatkåpan.

12 Med de övre och nedre slangarna bortkopplade från kylaren, sätt in en trädgårdsslang i kylarens övre slang. Spola med rent vatten genom motorn och fortsätt spola tills rent vatten kommer ut från kylarens nedre slang.

13 Sätt tillbaka termostaten och återanslut slangarna enligt beskrivningen i kapitel 3 när du har spolat klart.

Kylsystem - påfyllning

14 Se till att alla slangar och klämmor är i gott skick och att klämmorna/anslutningarna sitter ordentligt innan kylsystemet fylls på . Observera att frostskyddsvätska måste användas året runt för att förhindra korrosion på motorkomponenterna (se följande underavsnitt).

15 Lossa klämman och ta bort värmepaketets matarslang från torpedväggens tapp (se kapitel 3) tills luftningshålet på slangens ovansida inte längre täcker tappens yta. Ta inte bort slangen från tappen helt och hållet.

16 Skruva loss fästskruvarna och koppla loss expansionskärlet från motorrummet. Lyft upp den ungefär 100 mm ovanför motorrummet och stöd den med en bit trä eller med ståltråd.

17 Ta bort expansionskärlets påfyllningslock och fyll systemet genom att hälla kylvätska i expansionskärlet långsamt, så att inga luftfickor bildas.

18 Om kylvätskan ska bytas, börja med att hälla i ett par liter vatten, följt av rätt mängd frostskyddsvätska, och fyll sedan på med mer vatten.

19 Fortsätt fylla på tills kylvätska börjar rinna ut från luftningshålet i värmeslangen. Montera slangen och dra åt klämman ordentligt när detta inträffar.

20 När nivån i expansionskärlet börjar stiga, kläm ihop kylarens övre och nedre slangar för att släppa ut eventuell luft ur systemet. När all luft är ute, fyll på kylvätskenivån till MAX-markeringen. Montera sedan expansionskärlets lock och montera expansionskärlet vid karossen.

21 Starta motorn och låt den gå på hög tomgång i ungefär tre minuter. Låt därefter motorn gå på normal tomgång tills den nedre slangen blir varm.

22 Leta efter läckor, särskilt runt komponenter som har tagits loss. Kontrollera kylvätskenivån i expansionskärlet och fyll på om det behövs. Observera att systemet måste vara kallt innan korrekt nivå visas i expansionskärlet. Om expansionskärlets lock tas bort medan motorn fortfarande är varm, täck över locket med en tjock trasa och skruva långsamt av locket för att gradvis tryckutjämna systemet (ett väsande ljud brukar höras). Vänta tills systemet är tryckutjämnat. Fortsätt sedan vrida locket tills det kan tas bort. Ta aldrig bort locket medan motorn fortfarande är varm.

Kylmedelsblandning

Varning: Enligt VW:s specifikationer ska frostskyddsvätska G12 användas (röd till färgen). BLANDA DEN INTE med andra sorters frostskyddsvätska. Det kan förorsaka allvarliga motorskador. Om kylvätskan i expansionskärlet är brunfärgad är det möjligt att kylsystemet har fyllts på med kylvätska innehållande fel typ av frostskyddsvätska. Om du är osäker på vilken typ av frostskyddsmedel som använts eller misstänker att flera sorter kan ha blandats är det bäst att tömma och spola ur kylsystemet och sedan fylla på det igen.

23 Frostskyddsvätskan bör alltid bytas vid angivna intervall. Detta är nödvändigt för att behålla frostskyddsvätskans egenskaper men även för att förhindra korrosion som annars kan uppstå då de korrosionshämmande ämnenas effektivitet försämras med tiden.

24 Mängden frostskyddsmedel och olika skyddsnivåer anges i specifikationerna.

25 Innan frostskyddsvätska hälls i, måste kylsystemet tömmas helt och helst spolas ur, och alla slangar kontrolleras vad gäller skick och fastsättning.

26 När kylaren fyllts med frostskyddsvätska bör en lapp klistras på kylaren eller expansionskärlet, där det står vilken typ och koncentration av frostskyddsvätska som använts och när den fyllts på. All efterföljande påfyllning ska göras med samma typ och koncentration av frostskyddsvätska.

27 Använd inte motorfrostskyddsmedel i vindrutans/bakrutans/strålkastarnas spolarvätska, eftersom det skadar lacken.

33 Avgasreglering - kontroll

Den här kontrollen ingår i tillverkarens underhållsschema och inbegriper kontroll av avgasutsläppet med hjälp av en avgasanalyserare. Det är inte nödvändigt att utföra den här kontrollen om inte något misstänks vara fel, men observera att tillverkarna rekommenderar att den utförs. Test av avgaserna ingår i bilbesiktningen.

Kapitel 2 Del A: Reparationer med motorn kvar i bilen - bensinmotorer

Innehåll

Svårighetsgrad

Enkelt, passar novisen med lite erfarenhet 
Ganska enkelt, passar nybörjaren med viss erfarenhet 
Ganska svårt, passar kompetent hemmamekaniker
Svårt, passar hemmamekaniker med erfarenhet 
Mycket svårt, för professionell mekaniker 

Specifikationer

Allmänt

Motorkod per motortyp*:

1595 cc, enkel överliggande kamaxel, Bosch Motronic M3.2-insprutning	ADP
1595 cc, enkel överliggande kamaxel, Simos-insprutning	AHL
1595 cc, enkel överliggande kamaxel, Simos 2-insprutning	ARM
1595 cc, enkel överliggande kamaxel, Simos 3-insprutning	ANA
1781 cc, dubbla överliggande kamaxlar, Bosch Motronic M3.2-insprutning	ADR
1781 cc, dubbla överliggande kamaxlar, Bosch Motronic ME7.1-insprutning	APT
1781 cc, dubbla överliggande kamaxlar, Bosch Motronic ME7.5-insprutning, med turbo	ANB
1781 cc, dubbla överliggande kamaxlar, Bosch Motronic ME7.5-insprutning, med turbo	APU
1781 cc, dubbla överliggande kamaxlar, Bosch Motronic ME7.1-insprutning	ARG
1781 cc, dubbla överliggande kamaxlar, Bosch Motronic M3.2-insprutning, med turbo	AEB

Motortyp per motorkod*:

ADP	1595 cc, enkel överliggande kamaxel, Bosch Motronic M3.2-insprutning
ADR	1781 cc, dubbla överliggande kamaxlar, Bosch Motronic M3.2-insprutning
AEB	1781 cc, dubbla överliggande kamaxlar, Bosch Motronic M3.2-insprutning, med turbo
AHL	1595 cc, enkel överliggande kamaxel, Simos-insprutning
ANA	1595 cc, enkel överliggande kamaxel, Simos 3-insprutning
ANB	1781 cc, dubbla överliggande kamaxlar, Bosch Motronic ME7.5-insprutning, med turbo
APT	1781 cc, dubbla överliggande kamaxlar, Bosch Motronic ME7.1-insprutning
APU	1781 cc, dubbla överliggande kamaxlar, Bosch Motronic ME7.5-insprutning, med turbo
ARG	1781 cc, dubbla överliggande kamaxlar, Bosch Motronic ME7.1-insprutning
ARM	1595 cc, enkel överliggande kamaxel, Simos 2-insprutning

***Observera:** *Se "Chassinummer" i slutet av den här handboken för information om kodmärkningens placering på motorn.*

Allmänt (forts.)

Effekt:	
ADP	74 kW (100 hk)
ADR	92 kW (124 hk)
AEB	110 kW (149 hk)
AHL	74 kW (100 hk)
ANA	74 kW (100 hk)
ANB	110 kW (149 hk)
APT	92 kW (124 hk)
APU	110 kW (149 hk)
ARG	92 kW (124 hk)
ARM	74 kW (100 hk)
Lopp	81,0 mm
Kolvslag:	
1,6-litersmodeller	77,4 mm
1,8-litersmodeller	86,4 mm
Kompressionsförhållande:	
ADP	10,3 : 1
ADR	10,3 : 1
AEB	9,5 : 1
AHL	10,2 : 1
ANA	10,2 : 1
ANB	9,5 : 1
APT	10,3 : 1
APU	9,5 : 1
ARG	10,3 : 1
ARM	10,2 : 1
Kompressionstryck (slitagegräns):	
Modeller utan turbo	7,5 bar
Turbomodeller	7,0 bar
Maximal skillnad mellan cylindrar	3,0 bar
Tändföljd	1 - 3 - 4 - 2
Placering, cylinder 1	Kamremsänden

Smörjningssystem

Oljepumpstyp:	
Motorkod AHL, ANA, ARM	Sumpmonterad, drivs med kedja av vevaxeln
Alla andra motorkoder	Sumpmonterad, drivs indirekt från mellanaxeln
Oljetryck (oljetemperatur 80°C):	
Motorkod ADP	
Vid 2 000 varv per minut	Minst 2,0 bar
Alla andra motorkoder	
Vid tomgångskörning	2,0 bar minimum
Vid 2 000 varv/minut	3,0 till 4,5 bar
Oljepumpens dödgång	0,2 mm (slitagegräns)
Oljepumpens dödgång	0,15 mm (slitagegräns)

Åtdragningsmoment

	Nm
Luftkonditioneringskompressorns drivremsspännare	20
Automatisk kamaxeljusteringsbult (motorer med dubbla överliggande kamaxlar)	10
Vevstaksöverfallets bultar/muttrar*:	
Steg 1	30
Steg 2	Vinkeldra ytterligare 90°
Kamaxellageröverfall:	
Motorer med enkel överliggande kamaxel	20
Motorer dubbla överliggande kamaxlar	10
Ventilkåpa	10
Kamaxeldrev	
Motorer med enkel överliggande kamaxel	100
Motorer dubbla överliggande kamaxlar	65
Kylvätskepumpens remskivehalvor	25
Vevaxelns främre oljetätningshus:	
M6-bultar	15
M8-bultar	25
Vevaxelns bakre oljetätningshus:	
Motorkod AHL, ANA, ARM	15
Alla andra motorkoder	10

Kamaxelns kuggremskiva*:	
Steg 1	90
Steg 2	Vinkeldra ytterligare 90°
Topplocksbultar*:	
Motorkod AHL, ANA, ARM:	
Steg 1	40
Steg 2	Vinkeldra ytterligare 90°
Steg 3	Vinkeldra ytterligare 90°
Alla andra motorkoder	
Steg 1	40
Steg 2	60
Steg 3	Vinkeldra ytterligare 90°
Steg 4	Vinkeldra ytterligare 90°
Drivplattans fästbultar*:	
Steg 1	60
Steg 2	Vinkeldra ytterligare 90°
Motorfästets bygel till motorblocket:	
Motorkod AHL, ANA, ARM	40
Alla andra motorkoder	30
Motorfäste till kryssrambalk	25
Givare för motoroljetemperatur	10
Bultar mellan motor och växellåda:	
M10	45
M12	65
Avgasrör till grenrör:	
1,6-litersmodeller	40
1,8-litersmodeller	30
Svänghjulets fästbultar*:	
Steg 1	60
Steg 2	Vinkeldra ytterligare 90°
Hall-givarrotor till insugskmaxeln (motorer med dubbla överliggande kamaxlar)	25
Hall-givare till topplock	10
Tändspole (motorer med dubbla överliggande kamaxlar)	10
Insugningsrör:	
1,6-litersmodeller	20
1,8-litersmodeller	10
Insugningsrörets fästbygel	20
Mellanaxelns fläns	25
Mellanaxeldrev	80
Ramlageröverfallens bultar*:	
Steg 1	65
Steg 2	Vinkeldra ytterligare 90°
Oljemunstycken	27
Oljepump:	
Motorkod AHL, ANA, ARM	15
Alla andra motorkoder	25
Oljepumpens kåpa:	
Motorkod ADP, ADR, AEB, ANB, APT, APU, ARG	10
Oljeupptagningsventil	8
Sump:	
Motorkod ADP:	
Korta bultar i två steg till	20
Långa bultar (vid svänghjul/drivplatta – M10)	45
Motorkod AHL, ANA, ARM:	
Korta bultar i två steg till	15
Långa bultar (vid svänghjul/drivplatta – M10)	45
Motorer med dubbla överliggande kamaxlar:	
Korta bultar mellan sump och motorblock i två steg till	15
Långa bultar mellan sump och motorblock (M10)	45
Bultar mellan sump och växellåda	
M8	25
M10	45
Kamremmens bakre skydd	20
Kamremsspännare	20
Mittbult för fläktens viskokoppling	45

**Använd nya muttrar/bultar*

1 Allmän information

Så här använder du detta kapitel

Kapitel 2 är indelat i tre delar, A, B och C. Reparationer som kan utföras med motorn kvar i bilen beskrivs i del A (bensinmotorer) och del B (dieselmotorer). Del C beskriver demonteringen av motorn/växellådan som en enhet samt behandlar motorns isärtagning och renovering.

I del A och B förutsätts att motorn är monterad i bilen med alla hjälpaggregat anslutna. Om motorn har tagits ut ur bilen för renovering kan du bortse från de inledande råd om isärtagningen som föregår varje ingrepp.

Åtkomligheten till motorrummet kan förbättras genom att motorhuven tas bort enligt beskrivningen i kapitel 11.

Motorbeskrivning

I detta kapitel anges motortyperna med tillverkarens motorkoder istället för med sin effekt. En förteckning över de motortyper som tas upp finns, tillsammans med deras kodbeteckningar, finns i Specifikationer.

Motorerna är vattenkylda med enkla eller dubbla överliggande kamaxlar, fyra cylindrar i rad och motorblock av gjutjärn samt topplock av aluminiumlegering. Alla är monterade längsgående i främre delen av bilen, med växellådan fäst på motorns bakre del.

Vevaxeln löper i fem stödlager, med tryckbrickor som reglerar vevaxelns axialspel monterade vid det mellersta ramlagret.

Kamaxeln drivs via en kuggrem från vevaxelns kuggremskiva. På motorer ADR, AEB, ANB, APT, APU och ARG med dubbla överliggande kamaxlar driver kamremmen avgaskamaxeln och insugskamaxeln drivs från avgaskamaxeln med en kedja på kamaxlarnas baksida. En hydraulisk spännare sitter monterad på kedjan, och på ADR-, ARG- och APT-motorer består denna av en mekanisk kamaxeljusterare som automatiskt justerar insugskamaxelns inställning.

På ADP-, ADR-, APT-, AEB-, ANB-, APU- and ARG-motorer driver kamremmen också mellanaxeln som i sin tur används för att driva oljepumpen och, på ADP-motorer, fördelaren. På AHL-, ANA- och ARM-motorer finns ingen mellanaxel. Kylvätskepumpen drivs istället av kamremmen. Ventilerna styrs från kamaxeln via hydrauliska ventillyftare och ventilspelen justeras automatiskt på alla motorer.

I topplocket sitter en enkel eller dubbla kamaxlar och samt insugs- och avgasventilerna, som stängs med en enkel eller dubbla spiralfjädrar och löper i styrningar som är inpressade i topplocket. Topplocket innehåller inbyggda smörjkanaler som smörjer ventillyftarna.

På alla motorer utom AHL, ANA och ARM pumpas motorns kylvätska runt med en pump som drivs av en drivrem från vevaxelns remskiva. På vissa modeller drivs pumpen indirekt från servostyrningspumpens remskiva. På AHL-, ANA- och ARM-motorer drivs kylvätskepumpen av kamremmen. För närmare uppgifter om kylsystemet, se kapitel 3.

Smörjmedel pumpas runt under tryck av en pump som antingen drivs av en kedja från vevaxeln (AHL, ANA och ARM) eller från mellanaxeln (ADP, ADR, AEB, ANB, APT, APU och ARG). Olja dras från sumpen genom en renare, och tvingas sedan genom ett externt, utbytbart filter. Därifrån förs den vidare till topplocket för att smörja kamaxeltappar och hydrauliska ventillyftare, och till vevhuset, där den smörjer ramlager, vevstakslager, kolvtappar och cylinderlopp. En oljetrycksbrytare sitter placerad på oljefilterhuset och verkar vid 1,4 bar. På alla motorer utom ADP sitter en oljekylare fäst ovanpå oljefiltret. Oljekylaren förses med kylvätska från kylsystemet för att kyla ner oljans temperatur innan den pumpas in i motorn igen.

Reparationer som kan utföras med motorn kvar i bilen

Följande ingrepp kan utföras utan att motorn demonteras:

a) Drivremmar - demontering och montering.
b) Kamaxel(axlar) - demontering och montering.
c) Kamaxelns oljetätning - byte.
d) Kamaxeldrev - demontering och montering.
e) Kylvätskepump - demontering och montering (se kapitel 3)
f) Vevaxelns oljetätningar - byte.
g) Vevaxeldrev - demontering och montering.
*h) Topplock - demontering och montering.**
i) Motorfästen - kontroll och byte.
j) Mellanaxelns oljetätning - byte.
k) Oljepump och oljeupptagare - demontering och montering.
l) Sump - demontering och montering.
m) Kamrem, drev och kåpa - borttagning, kontroll och montering.

**Topplockets isärtagning beskrivs i kapitel 2C, med information om demontering av kamaxel och hydrauliska ventillyftare.*

Observera: *Det går att ta loss kolvar och vevstakar (efter det att topplocket och sumpen demonterats) utan att motorn tas ur bilen. Det rekommenderas dock inte. Arbete av den här typen blir betydligt enklare att utföra och får bättre resultat om det utförs med motorn på en arbetsbänk enligt beskrivningen i kapitel 2C.*

2 Motorns ventilinställningsmärken – allmän information och användning

Allmän information

1 Vevaxelns, kamaxelns och (förutom på AHL-, ANA- och ARM-motorer) mellanaxelns drev drivs av kamremmen och roterar i fas med varandra. När kamremmen tas bort vid service eller reparation kan axlarna rotera oberoende av varandra, och den korrekta fasningen går förlorad.

2 De motorer som behandlas i det här kapitlet är utformade så att kolven kommer i kontakt med ventilen om vevaxeln vrids när kamremmen är demonterad.Därför är det viktigt att inställningsförhållandet mellan kamaxeln, vevaxeln och mellanaxeln (om tillämpligt) bevaras medan kamremmen är borttagen.Detta uppnås genom att motorn ställs i ett referensläge (även kallat övre dödpunkt eller ÖD) innan kamremmen tas bort, och att axlarna sedan hindras från att rotera tills remmen har återmonterats. Om motorn har tagits isär för renovering kan den också ställas till ÖD under hopsättningen, så att axlarna står i rätt förhållande till varandra.

Observera: *På AHL-, ANA- och ARM-motorer drivs kylvätskepumpen också av kamremmen, men det spelar ingen roll i vilket läge pumpen står. På motorer med dubbla överliggande kamaxlar drivs bara oljepumpen av mellanaxeln. Därför spelar dess inställningsförhållande till vevaxeln och kamaxeln inte någon roll.*

3 Övre dödläge är det högsta läge som en kolv når i cylindern. I en fyrtaktsmotor når varje kolv ÖD två gånger per arbetscykel, en gång i kompressionstakten och en gång i avgastakten. Normalt avses med ÖD cylinder nr 1 i kompressionstakten. Observera att cylindrarna är numrerade ett till fyra med början från motorns kamremsände.

4 Vevaxelns remskiva har en markering som anger att cylinder nr 1 (och således även cylinder nr 4) är i ÖD när den är i linje med referensmarkeringen på kamremskåpan **(se bild)**.

2.4 ÖD-markeringar på den nedre kamremskåpan

5 Kamaxeldrevet (avgaskamaxeln på motorer med dubbla överliggande kamaxlar) är också utrustat med ett tändinställningsmärke **(se bild)**. När märket är i linje med ett märke på den bakre övre kamremskåpan eller ventilkåpan är cylinder nr 1 i ÖD.

6 Dessutom har svänghjulet/drivplattan ÖD-markeringar som kan ses om skyddskåpan tas bort från balanshjulskåpan. Observera dock att märkena inte kan användas om växellådan har tagits bort från motorn för reparation eller renovering.

2.5 Tändningsinställningsmarkering på kamaxeldrevet och kamremmens inre kåpa

Inställning av ÖD för cylinder 1

7 Se till att tändningen är avslagen innan arbetet påbörjas.

8 Skruva i förekommande fall loss fästbultarna och ta bort motorns övre skyddskåpa.

9 På ADP-motorer, observera hur tändkabel nr 1 sitter placerad på fördelarlocket. Ta sedan bort locket och gör ett märke på fördelardosan som motsvarar placeringen av segment nr 1 i locket. Detta gör det lättare att avgöra när kolv nr 1 är i ÖD.

10 Ta bort alla tändstiften enligt beskrivningen i kapitel 1A.

11 Vrid motorn medurs med en skiftnyckel på vevaxelns remskiva. Använd en lämplig gummiplugg över tändstiftshål nr 1 för att avgöra när kolv nr 1 är i sin kompressionstakt (trycket känns genom tändstiftshålet). På motorer med fördelare når rotorarmen märket som gjordes i punkt 9.

12 Fortsätt vrida motorn medurs tills ÖD-märket på vevaxelns remskiva eller svänghjulet/drivplattan är i linje med motsvarande märke på kamremskåpan eller växelhuset. Gör en extra kontroll genom att ta bort den övre yttre kamremskåpan för att komma åt ÖD-markeringarna på kamaxelinställningsremmens drev.

3 **Cylinder** - kompressionsprov

1 Om motorns prestanda sjunker eller om misständningar uppstår som inte kan hänföras till tändning eller bränslesystem, kan ett kompressionsprov ge en uppfattning om motorns skick. Om kompressionsprov görs regelbundet kan de ge förvarning om problem innan några andra symptom uppträder.

2 Motorn måste ha uppnått normal arbetstemperatur, batteriet måste vara fulladdat och alla tändstift måste vara urskruvade (se kapitel 1A). Dessutom behövs en medhjälpare. Skruva i förekommande fall loss fästbultarna och ta bort motorns övre skyddskåpa.

3 Sätt tändningssystemet på motorer med fördelare ur funktion genom att koppla loss tändspolens ledning från fördelarlocket och jorda den på motorblocket. Använd en startkabel eller liknande för att få god anslutning. På motorer utan fördelare, koppla loss kablaget från tändspoleenheten (se kapitel5B).

4 Avaktivera bränslepumpen genom att ta bort säkring 28 från säkringsdosan som sitter i änden av instrumentbrädan på förarsidan.

5 Anslut ett verktyg för kompressionsprov till tändstiftshålet för cylinder nr 1. Det är bäst att använda den typ av verktyg som skruvas fast i hålet.

6 Låt en medhjälpare ge full gas. **Observera:** *Vissa senare modeller är utrustade med en gaspedalgivare i stället för en vajer. Gasspjället fungerar inte förrän tändningen slås på.* Dra runt motorn med startmotorn i flera sekunder. Efter ett eller två varv bör kompressionstrycket byggas upp till maxvärdet och sedan stabiliseras. Anteckna det högsta värdet.

7 Upprepa provet på de återstående cylindrarna och skriv upp trycket för var och en av dem. Håll gasspjället vidöppet.

8 Trycket i alla cylindrarna bör hamna på i stort sett samma värde. En tryckskillnad på mer än 3 bar mellan två cylindrar tyder på fel. Observera att kompressionen ska byggas upp snabbt i en oskadad motor. Om kompressionen är låg i det första kolvslaget och sedan ökar gradvis under följande slag är det ett tecken på slitna kolvringar. Om kompressionsvärdet är lågt under den första takten och inte stiger under de följande, tyder detta på läckande ventiler eller en trasig topplockspackning (eller ett sprucket topplock).

9 Se specifikationerna i detta kapitel och jämför de uppmätta kompressionsvärdena med värdena från tillverkaren.

10 Om trycket i en cylinder är mycket lägre än i de andra kan följande kontroll utföras för att hitta orsaken. Häll i en tesked ren olja i cylindern genom tändstiftshålet och upprepa provet.

11 Om tillförsel av olja tillfälligt förbättrar kompressionen är det ett tecken på att det är slitage på kolvringar eller lopp som orsakar tryckfallet. Om ingen förbättring sker tyder det på läckande/brända ventiler eller trasig topplockspackning.

12 Ett lågt värde från två intilliggande cylindrar beror nästan alltid på att topplockspackningen mellan dem är trasig.

13 Om värdet för en cylinder ligger runt 20 procent lägre än för de övriga och tomgången är en smula ojämn, kan orsaken vara en sliten kamlob.

14 Avsluta kontrollen med att montera tändstiften, tändkablarna, bränsleinsprutarkablaget och den övre kåpan.

4 **Kamrem** - demontering, kontroll och montering

Allmän information

1 Den kuggade kamremmens primära funktion är att driva kamaxeln (axlarna). Om remmen slirar eller går sönder när motorn är igång kommer ventilinställningen att rubbas och kolven kommer i kontakt med ventilen. Detta leder till allvarliga motorskador. Därför är det viktigt att kamremmen är rätt spänd.

Demontering

2 Koppla loss batteriets minusledning (jord) innan arbetet påbörjas (se kapitel 5A).

3 Dra åt handbromsen. Lyft sedan upp framvagnen och ställ den på pallbockar (se *Lyftning och stödpunkter*). Om det är tillämpligt, ta bort stänkskyddet från motorrummets undersida.

4 Man kommer åt kamremmen bäst genom att föra hela den främre panelen (låshållaren) så långt bakåt som möjligt (till läge Service – se kapitel 11, avsnitt 10), utan att koppla loss kylarslangarna eller kablaget. Gör på följande sätt: Ta först bort stötfångaren enligt beskrivningen i kapitel 11. Skruva sedan loss de tre klämmorna från ljudisoleringen och skruva loss luftkanalen mellan låshållaren och luftrenaren. Skruva loss servostyrningens oljekylare från kylarens nederdel. Lossa kablaget från klämmorna på kylarens vänstra sida. Skruva loss de bultar som håller fast låshållaren/stötfångaren vid underredet. Skruva sedan loss och ta bort de två bultar som håller fast låshållaren i framskärmens överkant på vardera sidan om bilen – en längst upp, längst fram på båda skärmarna och en längs vardera strålkastaren. Skruva loss de sidomonterade stötfångarstyrningarna som sitter strax under strålkastarna och snäpp loss dem från framskärmarna. Bänd upp motorhuvslåsvajerns anslutning framför motorhuvens gångjärn på förarsidan och skilj låsvajerns två halvor åt. Ta hjälp av en medhjälpare och dra bort hela enheten så långt som möjligt från bilens framvagn. VW-mekaniker använder specialverktyg för att hålla enheten. Det går dock att tillverka stödstag av gängad stång

4.4a Använd gängad stång för att stödja låshållaren

4.4b Skruva loss servostyrningens oljekylare . . .

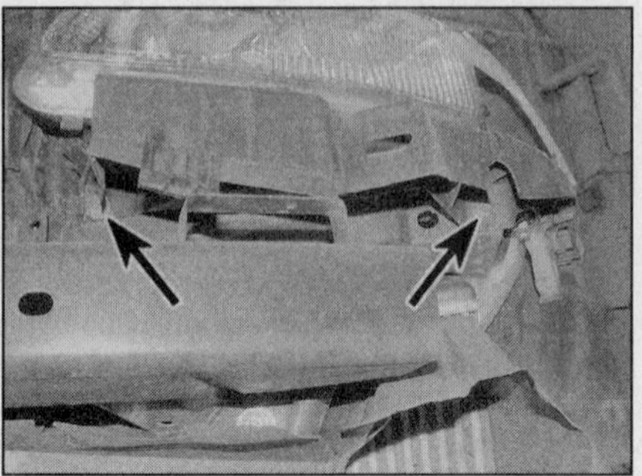
4.4c . . . skruva sedan loss och ta bort stötfångarens styrbultar under respektive strålkastare (se pil) . . .

4.4d . . . och under skärmen på båda sidor (se pil) . . .

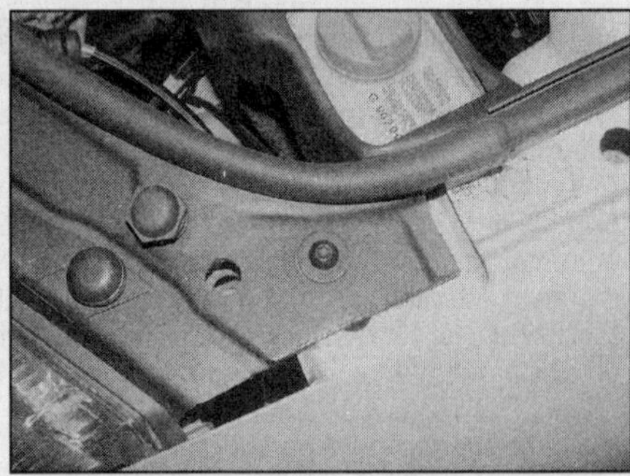
4.4e . . . skruva sedan loss bulten på skärmens ovansida . . .

som skruvas in i underredets kanaler **(se bilder)**.

5 Ta bort drivremmen (remmarna) enligt beskrivningen i avsnitt 6. Skruva även loss spännaren från motorns främre del med hjälp av en insexnyckel **(se bilder)**.

6 Ta bort fläkten med viskokoppling enligt beskrivningen i kapitel 3, avsnitt 5. Den tas bort med en insexnyckel bakifrån, medan enheten hålls på plats med en monterad bult som stuckits in bakifrån och som vilar på motorblocket **(se bilder)**.

7 Lossa klämmorna och ta bort den övre, yttre kamremskåpan.

8 Om kamremmen ska återmonteras, märk ut

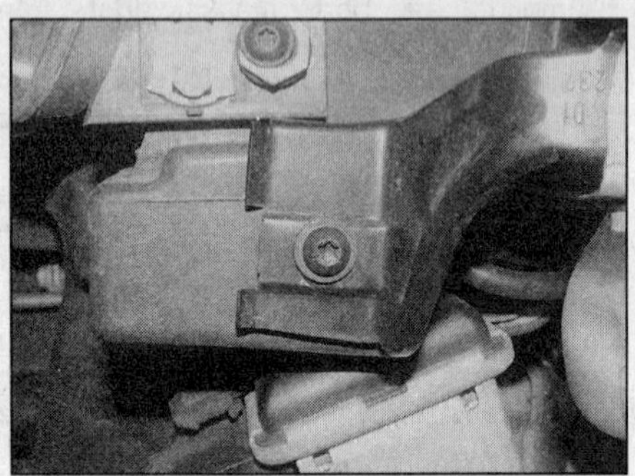
4.4f . . . och den bredvid respektive strålkastare

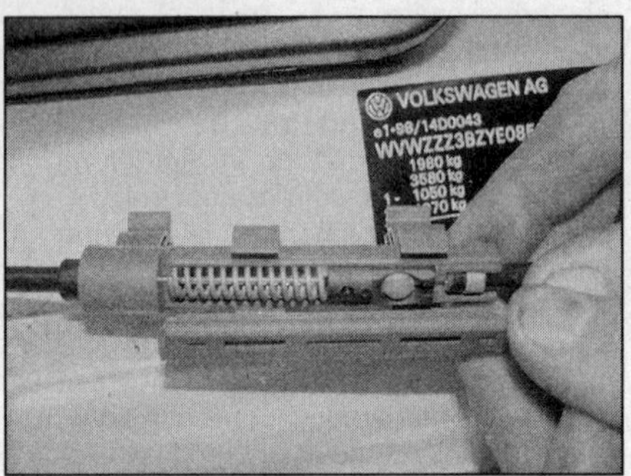

4.4g Skilj motorhuvslåsvajerns främre del

4.5a Skruva loss bultarna . . .

4.5b . . . och ta bort spännaren

4.6a Skruva loss bulten . . .

4.6b . . . och ta bort fläkten med viskokoppling

remmens rotationsriktning med en krita eller en märkpenna.

9 Ställ motorn i ÖD enligt beskrivningen i avsnitt 2. **Observera:** *Kontrollera att **alla** ÖD-markeringar står exakt i linje. Ibland kan märket på ventilkåpan vara något snett vilket kan leda till förvirring när kamremmen återmonteras. Om inriktningen är en aning fel, gör ett tillfälligt andra märke för att använda vid återmonteringen.*

10 Skruva loss och ta bort bultarna som fäster remskivan (eller vibrationsdämparen) vid drevet medan vevaxeln hålls fast med en hylsnyckel på remskivans mittbult. Dra bort remskivan/vibrationsdämparen **(se bilder)**.

11 Skruva loss bultarna och demontera kamremmens nedre yttre kåpa från motorblocket **(se bilder)**.

Motorkod ADP, ANB, AEB och APU

12 Använd en Torx-nyckel och lossa bulten som fäster spännrullens nav vid spännararmen. Tryck spännarnavet medurs för att minska kamremmens spänningen **(se bild)**.

Motorkod ADR, APT och ARG

13 Stick in en 8,0 mm insexnyckel i hålet i spännarens nav. Vrid sedan långsamt spännaren moturs för att trycka samman spännarfjädern. Ställ de små hålen i spännarens överkant och den inre kolven mot varandra och för in en 2,0 mm spiralborr för att hålla spännfjädern ihoptryckt **(se bild)**. Lossa inte någon av spännarbultarna. **Observera:** *Spännaren har en oljedämpare och den kan bara tryckas ihop långsamt genom att man använder ett jämnt tryck. Dämparen kan bara tryckas ihop om temperaturen är högre än 30 °C.*

Motorkod AHL, ANA och ARM

14 Skruva loss mittmuttern på den halvautomatisk spännaren så att den släpper all spänning från kamremmen.

Alla motorer

15 Dra av kamremmen från vevaxeln, kamaxeln och mellanaxeln eller kylvätskepumpsdreven, och ta bort den. **Böj inte** kamremmen för skarpt om den ska återanvändas.

Kontroll

16 Undersök remmen efter spår av kylvätska eller smörjmedel. Om sådan smuts finns på remmen måste orsaken letas upp innan vidare åtgärder vidtas. Kontrollera om remmen visar tecken på slitage eller skada, särskilt runt tändernas kanter. Byt remmen om den inte är i perfekt skick. Kostnaden för en ny rem är försumbar i jämförelse med de motorskador som kan uppstå om remmen skulle gå av under drift. Remmen måste bytas så ofta som tillverkaren har angett (se kapitel 1A). Även om den har gått kortare är det en bra försiktighetsåtgärd att byta ut remmen mot en ny. **Observera:** *Om kamremmen inte ska sättas tillbaka på ett tag är det en bra idé att sätta en varningslapp på ratten för att påminna dig själv (och andra) att inte dra runt motorn.*

Montering

Motorkod ADP, ANB, AEB och APU

17 Se till att tändningsinställningsmärket på kamaxelremskivan är står i linje med motsvarande refrensmärke för ÖD på ventilkåpan. Se kapitel 2 för mer information.

18 Sätt tillfälligt tillbaka den nedre kamremskåpan och för sedan på den tandade drivremmens remskiva på vevaxeln med hjälp av två av fästskruvarna – observera att monteringshålen gör att det bara går att sätta dit remskivan på ett sätt. **Observera**: *Det finns ett visst glapp i remskivans bulthål, så det är bäst att sätta den i mitten.* Se till att ÖD-märkena är korrekt i linje. Ta sedan bort remskivan och kamremskåpan.

19 Dra kamremmen löst under vevaxeldrevet. Notera den markerade rotationsriktningen om den gamla kamremmen återmonteras.

20 På ADP-motorer, sätt tillfälligt tillbaka remskivan på vevaxeln och kontrollera sedan att tändningsinställningsmärket på vevaxelns remskiva och mellanaxeldrevet står i linje. Linjen på vevaxelns remskiva måste stå i linje

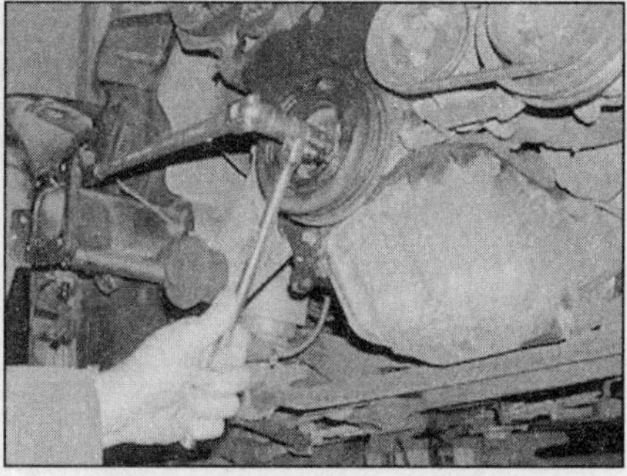

4.10a Skruva loss bultarna . . .

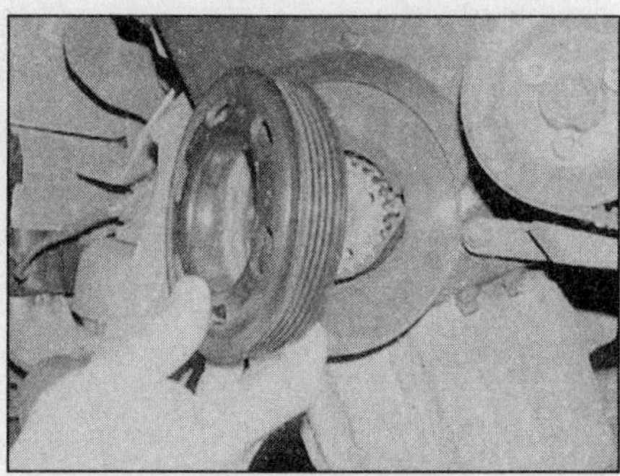

4.10b . . . och dra bort remskivan/vibrationsdämparen

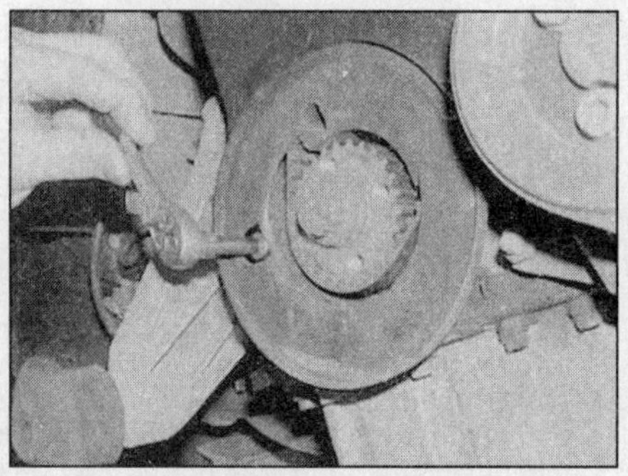

4.11a Skruva loss bultarna . . .

4.11b . . . och ta bort kamremmen och den nedre yttre kåpan

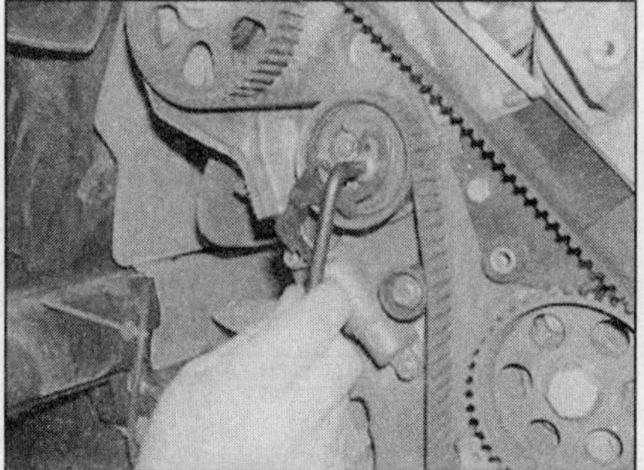

4.12 Lossa navbulten till kamremsspännaren med en torxnyckel (motorkod ADP, ANB, AEB och APU)

4.13 Vrid spännarremskivan moturs med en insexnyckel och för sedan in borren för att hålla spännarfjädern ihoptryckt (motorkod ADR, APT och ARG)

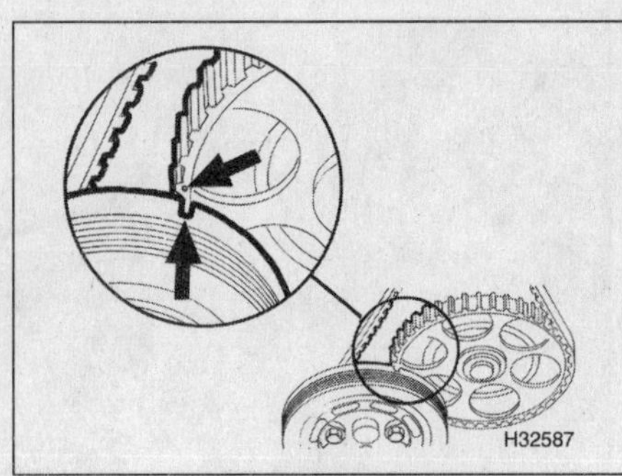

4.20 Kontrollera att vevaxeldrevets och mellanaxeldrevets tändningsinställningsmärken står i linje (motorkod ADP)

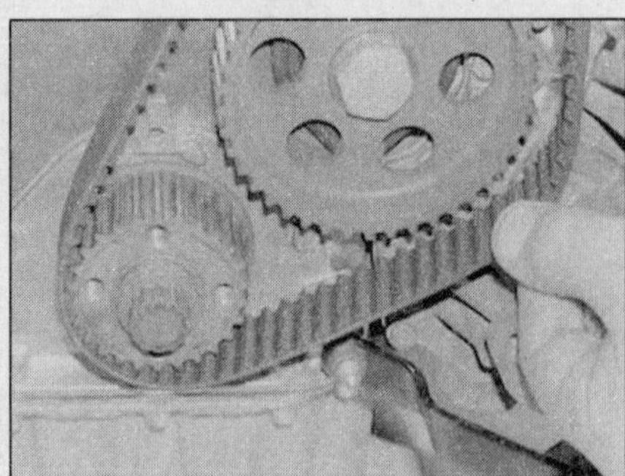

4.21 Sätt den nya kamremmen på mellanaxeldrevet

med **punkten** på mellanaxeldrevet **(se bild)**. Observera dock att markeringen **OT** på mellanaxeldrevet inte har någon betydelse här. Kontrollera att fördelarens rotorarm är i linje med märket för cylinder nr 1 på fördelardosan. Ta bort remskivan efter utförd kontroll.

21 Skjut in kamremmens kuggar på vevaxeldrevet och lirka den sedan på plats över mellanaxel- och kamaxeldreven **(se bild)**. Observera rotationsriktningsmarkeringarna på remmen.

22 För remmens platta sida över spännrullen – undvik att böja remmen tillbaka mot sig själv eller att vrida den för mycket. Se till att remmens främre löpsida är spänd, dvs. allt spelrum ska vara på den del av remmen som löper över spännrullen.

23 Spänn remmen genom att vrida spännarnavet moturs och den fjäderbelastade armen medurs. Det finns ett hål och en tapp för att spänna remmen. En rejäl högervinklad låsringstång kan användas istället för originalverktyget från VW. Vrid spännaren tills den fjäderbelastade inre kolven är fullt utdragen och den yttre kolven lyfter cirka 1,0 mm och dra sedan åt låsbulten. Kontrollera att det tandade området A sammanfaller med den yttre kolvens övre ände **(se bilder)**. Lossa om nödvändigt låsbulten och justera spännaren. Avståndet mellan yttre kolvens överkant och den inre kolvens ögla måste vara mellan 25,0 och 29,0 mm. **Observera:** *När den nya kamremmen har monterats kommer det excentriska navet att gradvis vridas moturs under en period beroende på att kamremmen sträcks ut. Det gör att den yttre kolvens övre ände ligger i område B. Om den yttre kolven ligger i område C är det sannolikt att antingen kamremmen eller spännardelarna är utslitna.*

24 På ADP-motorer, sätt tillfälligt tillbaka vevaxelns remskiva och kontrollera att ÖD-markeringarna på mellanaxeln står i linje med markeringen på remskivan. Ta bort remskivan.

Motorkod ADR, APT och ARG

25 Se till att tändningsinställningsmärket på kamaxelremskivan står i linje med motsvarande referensmärke för ÖD på kamremskåpan. Se kapitel 2 för mer information. Dra kamremmen löst under vevaxeldrevet. Notera den markerade rotationsriktningen om den gamla kamremmen återmonteras.

26 Sätt tillfälligt tillbaka den nedre kamremskåpan och för sedan på den tandade drivremmens remskiva på vevaxeln med hjälp av två av fästskruvarna – observera att monteringshålen gör att det bara går att sätta dit remskivan på ett sätt.

27 Kontrollera att tändningsinställningsmärkena på vevaxelns remskiva och den nedre kamremskåpan står i linje med varandra. Förhållandet mellan mellanaxeln och vevaxeln är oväsentligt eftersom mellanaxeln endast driver oljepumpen.

28 Skjut in kamremmens kuggar på vevaxeldrevet och lirka den sedan på plats över mellanaxel- och kamaxeldreven. Observera rotationsriktningsmarkeringarna på remmen.

29 För remmens platta sida över spännrullen – undvik att böja remmen tillbaka mot sig själv eller att vrida den för mycket. Se till att remmens främre löpsida är spänd, dvs. allt spelrum ska vara på den del av remmen som löper över spännrullen.

30 Vrid spännrullen moturs med en 8,0 mm insexnyckel och ta sedan bort borren och släpp rullen så att den spänner kamremmen.

Motorkod AHL, ANA, ARM

31 Se till att tändningsinställningsmärket på kamaxelremskivan står i linje med motsvarande referensmärke för ÖD på kamremskåpan. Se kapitel 2 för mer information.

32 Dra kamremmen löst under vevaxeldrevet. Notera den markerade rotationsriktningen om den gamla kamremmen återmonteras.

33 Sätt tillfälligt tillbaka den nedre kamremskåpan och för sedan på den tandade drivremmens remskiva på vevaxeln med hjälp av två av fästskruvarna – observera att monteringshålen gör att det bara går att sätta dit remskivan på ett sätt.

34 Kontrollera att tändningsinställningsmärkena på vevaxelns remskiva och den nedre kamremskåpan står i linje med varandra.

35 Skjut in kamremmens kuggar på

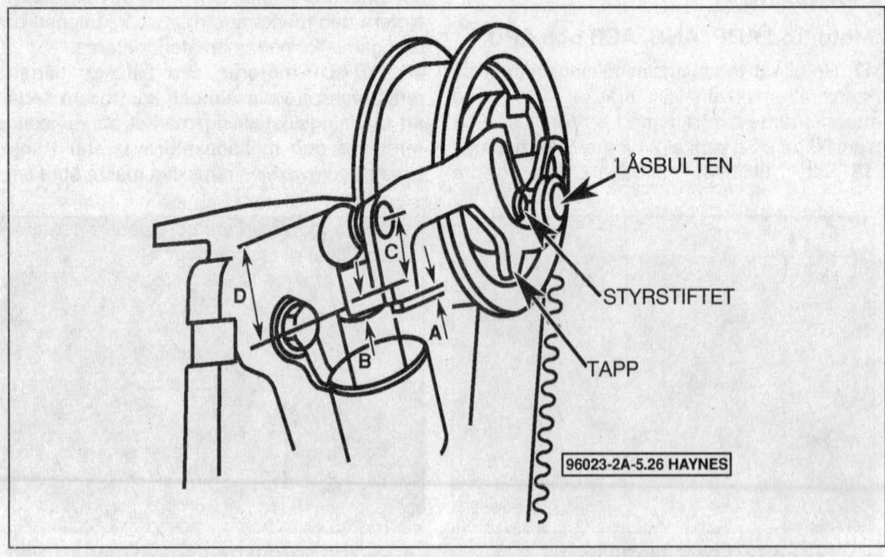

4.23a Inställning av kamremsspännaren (motorkod ADP, ANB, AEB och APU)

A Inställningsområde
B Slitagezon
C Justering krävs eller spännaren är sliten
D 25,0 till 29,0 mm

4.23b Inställning av kamremmens spänning (motorkod ADP, ANB, AEB och APU)

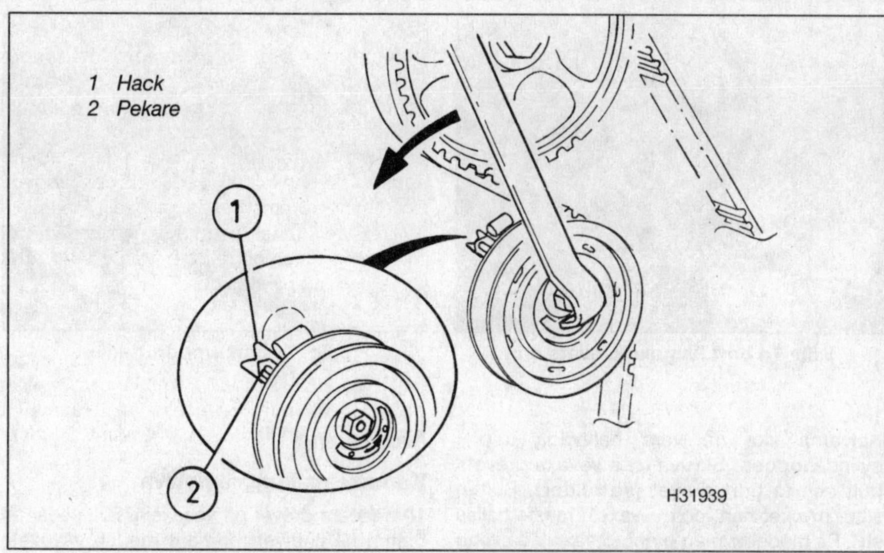

4.37 Inställning av kamremsspännare (motorkod AHL, ANA och ARM)

vevaxeldrevet och lirka den sedan på plats över kylvätskepumps- och kamaxeldreven. Observera rotationsriktningsmarkeringarna på remmen.

36 För remmens platta sida över spännrullen – undvik att böja remmen tillbaka mot sig själv eller att vrida den för mycket. Se till att remmens främre löpsida är spänd, dvs. allt spelrum ska vara på den del av remmen som löper över spännrullen. Kontrollera att fliken på spännarens bakre plåt är fäst i skåran i topplocket.

37 VW-mekaniker använder ett specialverktyg som fäster i de två hålen i justeringshjulet. Det går dock att använda en 90° låsringstång eller två lagom stora borrar och en hävarm. Vrid spännaren moturs så långt som möjligt. Vrid den sedan långsamt medurs tills pekaren befinner sig ungefär 10,0 mm nedanför den fasta inskärningen. Fortsätt vrida spännaren tills de två pekarna är exakt mitt emot varandra. Dra sedan åt muttern till angivet moment **(se bild)**.

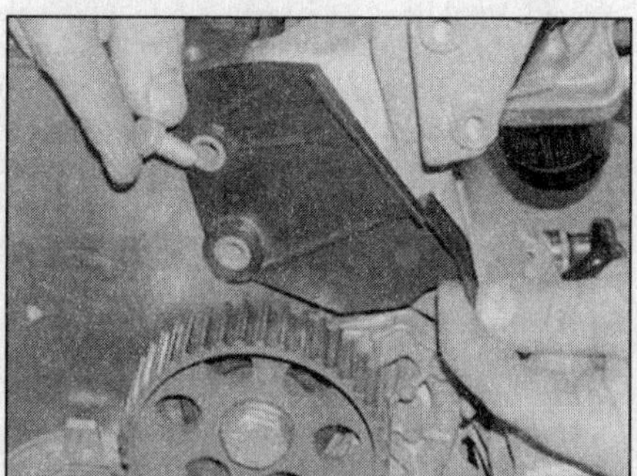

5.1 Ta bort den inre kamremskåpan (motorkod ADP, ANB, AEB och APU)

5.2a Ta bort kamremsspännaren/rullen (motorkod ADP, ANB, AEB och APU)

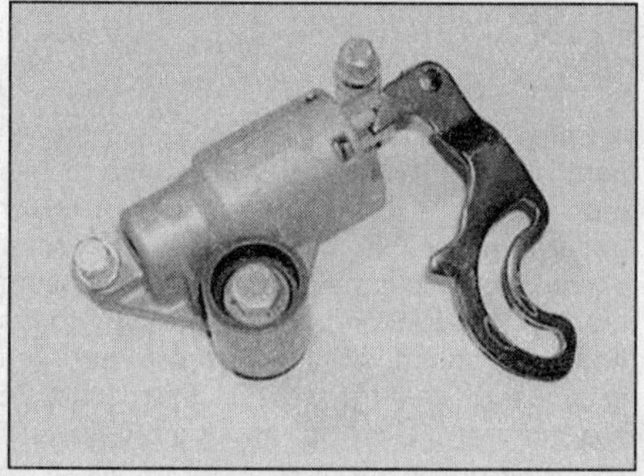

5.2b Kamremsspännare (motorkod ADP, ANB, AEB och APU)

5.3 Kamremsspännare (motorkod ADR, APT och ARG)

Alla motorer

38 Dra runt vevaxeln två hela varv med en skiftnyckel eller hylsnyckel på vevaxelremskivans centrumbult. Ställ tillbaka motorn i övre dödläge på cylinder nr 1 enligt beskrivningen i avsnitt 2. Kontrollera att tändinställningsmärkena på vevaxelns remskiva, mellanaxeln och kamaxeldrevet är korrekt inriktade. Kontrollera kamremsspänningen ännu en gång och justera den om det behövs. **Observera:** *Det är viktigt att man vrider de sista 45° utan uppehåll när vevaxeln ställs tillbaka till ÖD för cylinder nr 1.*

39 Montera den nedre delen av den yttre kamremskåpan. Montera sedan remskivan. Montera slutligen fästbultarna och dra åt dem.

40 Montera kamremmens övre, yttre kåpa.

41 Montera fläkten och viskokopplingen enligt beskrivningen i kapitel 3. Montera sedan drivremsspännaren och dra åt bultarna. Montera drivremmen (remmarna) enligt beskrivningen i avsnitt 6.

42 Montera tillbaka låshållaren i omvänd ordningsföljd mot demonteringen.

43 Montera stänkskyddet under motorrummet. Sänk sedan ner bilen.

44 Återanslut batteriets minusledning (jord) (se kapitel 5A).

5 Kamremsspännare och drev - demontering, kontroll och montering

Demontering

1 Ta bort kamremmen enligt beskrivningen i avsnitt 4. Skruva loss den inre kåpan från motorblocket om det behövs **(se bild)**.

Spännare/rulle

2 Spännarenehten tas bort på ADP-, AEB-, ANB- och APU-motorer genom att man skruvar loss de nedre och övre fästbultarna och bulten som håller fast enheten på rullens nav **(se bilder)**. Rullens nav kan sedan tas bort från justeringsbulten genom att fästbulten skruvas loss och justeringsbulten skruvas loss från topplocket.

3 Ta bort spännrullen och fjädern på motorer med motorkod ADR, APT och ARG. Se till att fjädern hålls fast ordentligt med borren (se avsnitt 4). Skruva sedan loss bulten från excenterns nav.Skruva loss spännarens fästbultar, inklusive den på navet, och dra bort fjäderenheten och rullen från motorns främre del **(se bild)**. Ta loss lagerhylsan.

4 Den halvautomatiska spännaren på AHL-, ANA- och ARM-motorer tas bort genom att fästmuttern skruvas loss och spännaren och plattan dras bort från styrstiftet. Observera att spännarplattan fäster i ett hål i topplocket.

Kamaxelns kuggremskiva

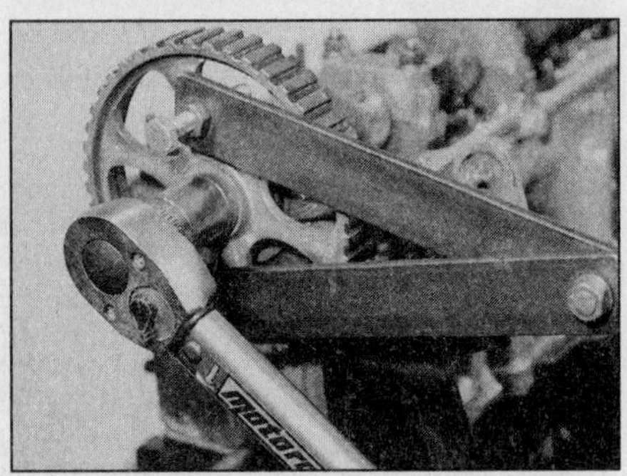
5.5a Håll emot kamaxeldrevet med ett hemmagjort verktyg

5.5b Ta bort kamaxeldrevets bult

5.5c Ta bort woodruff-kilen

5 Undvik risken att kolvarna och ventilerna krockar genom att vrida vevaxeln mot den normala rotationsriktningen (moturs) cirka 90°. Skruva loss kamaxeldrevets bult medan drevet hålls på plats. Ta bort bulten, brickan (om sådan finns), drevet och (i förekommande fall) kilen **(se bilder)**.

Mellanaxeldrev

6 Skruva loss bulten till mellanaxeldrevet samtidigt som drevet hålls fast med verktyget enligt bild 5.5a. Ta bort bulten, drevet och (i förekommende fall) kilen **(se bilder)**. Observera att drevet är monterat med ÖD-markeringen och den mindre kanten framåt.

Kamaxelns kuggremskiva

7 Undvik risken att kolvarna och ventilerna krockar genom att vrida vevaxeln mot den normala rotationsriktningen (moturs) cirka 90°. Kolvarna ska då vara halvvägs upp i cylinderloppen. Skruva loss vevaxeldrevets bult och ta bort drevet **(se bilder)**. Bulten sitter mycket hårt, och vevaxeln måste hållas still. På modeller med manuell växellåda, lägg i den högsta växeln och trampa ner bromspedalen ordentligt. På modeller med automatväxellåda, skruva loss växellådans främre kåpa. Använd en bredbladig skruvmejsel i krondrevet för att hålla vevaxeln still.

Kontroll

8 Rengör dreven och kontrollera om de är slitna eller skadade. Vrid spännrullen och kontrollera att den rör sig smidigt.

9 Kontrollera spännaren efter tecken på slitage och/eller skador och byt ut den om det behövs.

5.6a Ta bort bulten . . .

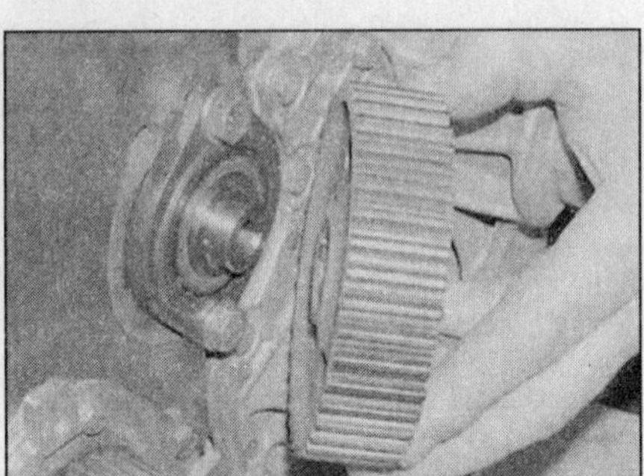
5.6b . . . och mellandrevet

5.7a Skruva loss bulten . . .

5.7b . . . och ta bort vevaxeldrevet

Montering

Kamaxelns kuggremskiva

10 Placera drevet på vevaxeln. Dra sedan åt bulten till angivet moment medan vevaxeln hålls still med den metod som användes vid demonteringen. **Observera:** *Vrid inte vevaxeln eftersom kolvarna kan krocka med ventilerna.*

11 Montera tillbaka kamremmen enligt beskrivningen i avsnitt 4.

Mellanaxeldrev

12 Placera kilen på mellanaxeln och montera drevet och bulten. Dra åt bulten till angivet moment medan drevet hålls fast med samma metod som användes vid demonteringen.

13 Montera tillbaka kamremmen enligt beskrivningen i avsnitt 4.

Kamaxelns kuggremskiva

14 Placera kilen på kamaxeln och montera drevet, brickan (i förekommande fall) och bulten. Dra åt bulten till angivet moment medan drevet hålls fast med samma metod som användes vid demonteringen. Observera att på 1,8-litersmotorer måste drevet monteras med den smala kanten framåt.

15 Montera tillbaka kamremmen enligt beskrivningen i avsnitt 4.

Spännare/rulle

16 Montera spännrullen och fjäderenheten i omvänd ordningsföljd.

17 Montera tillbaka kamremmen enligt beskrivningen i avsnitt 4.

6 Drivremmar – demontering och montering

1 Beroende på bilens specifikation och typ av motor kan en, två eller tre drivremmar finnas monterade. Huvuddrivremmen driver generatorn, fläkten samt servostyrningspumpen. Om bilen är utrustad med luftkonditionering drivs luftkonditioneringskompressorn av en sekundär drivrem från vevaxelns remskiva. På alla motorer utom AHL, ANA och ARM finns en tredje drivrem från en extra remskiva på servostyrningspumpen som driver kylvätskepumpen.

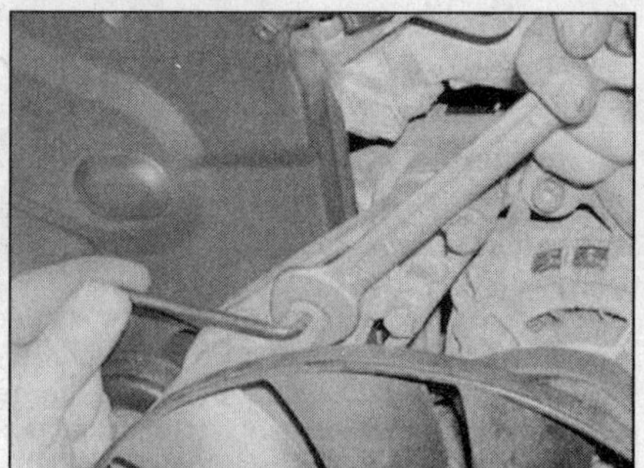
6.8a Vrid spännaren medurs med en skiftnyckel. Stick sedan in en metallstång som spärr

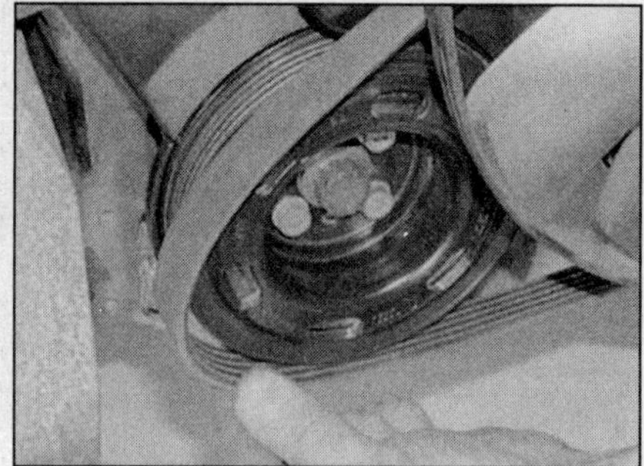
6.8b Huvuddrivremmen tas bort från vevaxelns remskiva

2 Huvuddrivremmen och luftkonditioneringens drivrem är kuggade medan kylvätskepumpen drivs av en kilrem som går från styrservopumpen.
3 På alla motorer justeras huvuddrivremmen automatiskt av ett fjäderbelastat överföringshjul. Luftkonditioneringskompressorns drivrem justeras (i förekommande fall) med en momentnyckel på överföringshjulet. Remmen mellan kylvätskepumpen och styrservopumpen kan inte justeras.
4 Om drivremmarna ska demonteras, dra först åt handbromsen. Lyft sedan upp framvagnen och ställ den på pallbockar (se *Lyftning och stödpunkter*). Ta bort den undre skyddskåpan från motorrummets undersida.

Demontering

5 Om drivremmen ska återanvändas måste dess rotationsriktning markeras, så att den kan monteras tillbaka åt samma håll.
6 Man kommer bäst åt drivremmen genom att flytta hela den främre panelen (låshållaren) så långt som möjligt från bilens framvagn, utan att koppla loss kylarslangarna eller det elektriska kablaget. Men det går att komma åt den ändå. Gör på följande sätt: Ta först bort stötfångaren enligt beskrivningen i kapitel 11. Skruva sedan loss de tre klämmorna från ljudisoleringen och skruva loss luftkanalen mellan låshållaren och luftrenaren. Lossa kablaget från klämmorna på kylarens vänstra sida. Skruva loss bultarna som håller fast låshållaren/stötfångarstaget vid underredskanalerna, skruva sedan loss de övre bultarna - en på ovansidan/framsidan av varje skärm, och en längs varje strålkastare. Skruva loss de sidomonterade stötfångarstyrningarna som sitter strax under strålkastarna och snäpp loss dem från framskärmarna. Ta hjälp av en medhjälpare och dra bort hela enheten så långt som möjligt från bilens framvagn. VW-mekaniker använder specialverktyg för att hålla enheten. Det går dock att tillverka stödstag av gängad stång som skruvas in i underredets kanaler.
7 På modeller med luftkonditionering, lossa kulbulten och spännbultarna. Flytta spännrullen uppåt för att minska spänningen på drivremmen. Dra bort drivremmen från vevaxeln, kompressorn och spännarremskivorna.
8 För att huvuddrivremmen ska gå att ta bort måste den automatiska spännaren lossas och hållas med ett lämpligt verktyg. Använd en skiftnyckel på de flata ytorna. Flytta spännaren medurs tills sprinthålen är i linje. Stick sedan in en metallstång, en bult eller borr för att hålla fast spännaren medan den är lös. Ta bort drivremmen från vevaxelns, generatorns, fläktens och servostyrningspumpens remskivor **(se bilder)**.
9 Ta bort kylvätskepumpens drivrem på följande sätt: Håll först servostyrningspumpens remskiva på plats med hjälp av en skruvmejsel som sticks in från pumpens baksida. Skruva sedan loss bultarna som fäster remskivan vid kylvätskepumpen. Ta bort drivremmen och remskivans båda halvor **(se bilder)**. **Observera:** *Kontrollera om drivremmen sträckts ut så mycket att spelrummet är för stort, innan den tas bort. Byt ut remmen om det behövs eftersom det inte går att justera den vid återmonteringen.*

Montering

10 Placera kylvätskepumpens drivrem på servostyrningspumpens remskiva. Montera sedan remskivans båda halvor och drivremmen löst på kylvätskepumpen och sätt fästbultarna löst på plats. Tryck samman remskivans båda halvor medan remskivorna roteras. Dra åt fästbultarna stegvis. Remmen får inte hamna i kläm mellan remskivans båda halvor. Avsluta med att dra åt bultarna till angivet moment.
11 Placera huvuddrivremmen på remskivorna. Börja sedan vrida spännaren medurs och ta bort fästsprinten. Lossa spännaren för att spänna drivremmen. Se till att den är korrekt placerad i alla remskivespåren.
12 På modeller med luftkonditionering, placera drivremmen på kompressorns och vevaxelns remskivor. Se till att den är korrekt placerad i remskivornas spår. Flytta spännarremskivan nedåt och fäst drivremmen i remskivans spår. Spänn drivremmen genom att dra åt hexagonen på spännarhuset till ett moment på 25 Nm. Håll detta moment, och dra sedan åt justerings- och styrbultarna.

7 Ventilkåpa – demontering och montering

Motorer med enkel överliggande kamaxel

Demontering

1 Skruva i förekommande fall loss fästbultarna och ta bort motorns övre skyddskåpa.
2 Ta bort klämman och koppla loss vevhusventilationens slang från ventilkåpan. Ta loss O-ringstätningen.
3 Lossa och ta bort den övre kamremskåpan enligt beskrivningen i avsnitt 4.
4 Lossa muttrarna som håller fast ventilkåpan vid topplocket. Notera hur kamremmens inre skydd och den lilla fästbygeln sitter monterade. Ta sedan bort förstärkningsremsorna.

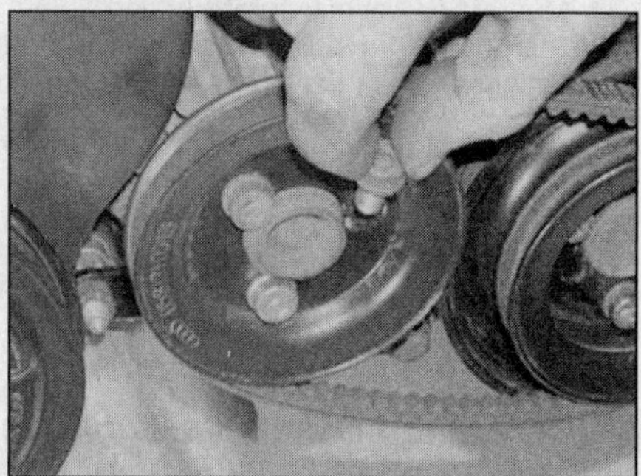
6.9a Skruva loss bultarna . . .

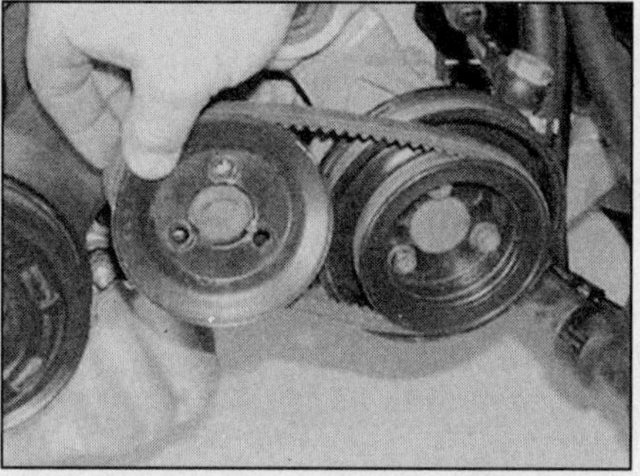
6.9b . . . ta bort kylvätskepumpens drivrem och den yttre remskivehalvan . . .

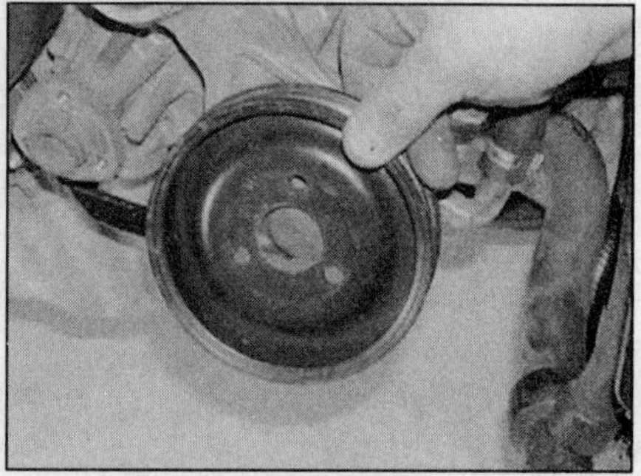
6.9c . . . ta sedan bort den inre halvan av remskivan

7.19a Demontera ventilkåpan . . .

7.19b . . . och ta sedan bort tändstiftspackningen

5 Lyft ventilkåpan från topplocket och ta loss packningen.
6 Ta bort oljeavvisaren från ventilkåpan.

Montering

7 Rengör ytorna på ventilkåpan och topplocket. Montera sedan oljeavvisaren.
8 Arbeta på topplockets baksida. Applicera lämpligt tätningsmedel på kanterna till de halvcirkulära utskärningarna i topplocket.
9 Arbeta på topplockets framsida. Applicera lämpligt tätningsmedel på de två punkter där kamaxellageröverfallet är i kontakt med topplocket.
10 Lägg försiktigt packningen på topplocket. Montera sedan ventilkåpan tillsammans med förstärkningsremsorna, kamremmens inre skydd och den lilla fästbygeln. Dra åt muttrarna stegvis till angivet moment.
11 Montera den övre kamremskåpan och fäst med klämmorna.
12 Anslut vevhusventilationsslangen tillsammans med en ny O-ringstätning och fäst med klämman.
13 Montera motorns övre skyddskåpa.

Motorer med dubbla överliggande kamaxlar utan turbo

Demontering

14 Skruva i förekommande fall loss fästbultarna och ta bort motorns övre skyddskåpa.
15 Kontrollera att tändningen är avstängd. Koppla sedan loss tändkablarna från tändstift nr 1 och nr 2. Koppla även loss kablaget från tändspolen på ventilkåpan.
16 Skruva loss muttern och koppla loss jordkabeln från tändspolen.
17 Skruva loss fästmuttrarna och ta bort tändspolen tillsammans med tändkablarna. Ta loss packningen.
18 Lossa och ta bort den övre kamremskåpan.
19 Skruva bort muttrarna och bultarna och lyft försiktigt av ventilkåpan från topplocket. Ta loss huvudpackningen, tändstiftspackningen och oljeavskiljaren mellan cylinder 1 och 2 ovanför insugskamaxeln **(se bilder)**.

Montering

20 Rengör ytorna på ventilkåpan och topplocket. Montera sedan oljeavskiljaren.
21 Arbeta på topplockets baksida. Applicera lämpligt tätningsmedel på de två punkter där den hydrauliska spännaren/kamaxeljusteraren kommer i kontakt med topplocket **(se bild)**. Applicera på samma sätt tätningsmedel på de två punkter på topplockets främre del där kamaxelns dubbla lageröverfall är i kontakt med topplocket.
22 Lägg försiktigt huvudpackningen och tändstiftspackningarna på topplocket. Sätt tillbaka oljeskvalpskottet och montera sedan ventilkåpan **(se bild)**. Dra stegvis åt fästmuttrarna och bultarna till angivet moment.
23 Montera den övre kamremskåpan och fäst med klämmorna.
24 Montera tändspolen tillsammans med en ny packning. Se till att tändkablarna är helt nedtryckta över tändstiften. Dra åt fästmuttrarna till angivet moment.
25 Montera motorns övre skyddskåpa.

Motorer med dubbla överliggande kamaxlar och turbo

Demontering

26 Skruva i förekommande fall loss fästbultarna och ta bort motorns övre skyddskåpa/-kåpor.
27 Lossa klämman som fäster vevhusventilationens slang vid ventilröret på motorns framsida. Skruva loss fästbultarna (placerade på ventilkåpan och topplocket) och koppla loss ventilröret från slangen. Flytta röret åt sidan.
28 Lossa och ta bort den övre kamremskåpan.
29 Koppla loss kablaget från tändspolarna ovanpå ventilkåpan.
30 Skruva loss bulten och koppla loss jordkabeln på ventilkåpans framsida.
31 Skruva loss fästbultarna och ta bort tändspolarna från ventilkåpan samtidigt som de kopplas bort från tändstiften. Ta loss O-ringstätningarna och byt ut dem om det behövs.
32 Skruva loss muttrarna. Lyft sedan bort ventilkåpan från topplocket. Ta loss huvudpackningen, tändstiftspackningen och oljeavskiljaren mellan cylinder 1 och 2 ovanför insugskamaxeln.

Montering

33 Rengör ytorna på ventilkåpan och topplocket. Montera sedan oljeavskiljaren.
34 Arbeta på topplockets baksida. Applicera lämpligt tätningsmedel på de två punkter där den hydrauliska spännaren/kamaxeljusteraren kommer i kontakt med topplocket **(se bild 7.21)**. Applicera på samma sätt tätningsmedel på de två punkter på topplockets främre del där kamaxelns dubbla lageröverfall är i kontakt med topplocket.
35 Lägg försiktigt huvudpackningen och tändstiftshylspackningarna på topplocket. Montera sedan ventilkåpan tillsammans med värmeskölden. Dra stegvis åt fästmuttrarna och bultarna till angivet moment.
36 Montera tändspolarna tillsammans med O-ringstätningarna. Se till att de är korrekt placerade på tändkablarna. Dra åt fästbultarna till angivet moment.
37 Återanslut kablaget till tändspolarna.
38 Montera jordkabeln och dra åt bulten.
39 Montera den övre kamremskåpan.
40 Återanslut vevhusventilationsröret till ventilationsslangen. Fäst sedan ventilröret vid ventilkåpan och dra åt bultarna.
41 Montera motorns övre skyddskåpa.

7.21 Tätningsmedel appliceras på topplockets fogytor

7.22 Ventilkåpan monteras

8 Kamaxelns oljetätning - byte

Motorer med enkel överliggande kamaxel

1 Demontera kamaxeldrevet enligt beskrivningen i avsnitt 5.

2 Borra två diagonalt placerade små hål i den monterade oljetätningen. Skruva in två självgängande skruvar i hålen. Dra sedan i skruvskallarna med tänger för att dra ut oljetätningen. Var ytterst försiktig så att borren inte skadar huset eller kamaxelns tätningsyta.

3 Rengör tätningshuset och kamaxelns tätningsyta genom att torka med en luddfri trasa. Avlägsna metallspån, grader och liknande som kan orsaka läckage hos tätningen.

4 Smörj läppen och ytterkanten på den nya oljetätningen med ren motorolja. Tryck den sedan över kamaxeln tills den sitter placerad ovanför sitt hus. **Observera:** *Oljetätningar av teflontyp måste användas på dessa motorer – de får **inte** oljas innan de monteras. Den här sortens tätningar känns igen på att de inte har någon spiralfjäder.*

5 Använd en hammare och en hylsa av lämplig storlek. Driv in tätningen rakt in i huset **(se bild 8.16)**. **Observera:** *Välj en hylsa som bara ligger an mot tätningens hårda, utvändiga yta och inte mot den inre flänsen, som lätt skadas.*

6 Montera tillbaka kamaxeldrevet enligt beskrivningen i avsnitt 5.

Motorer med dubbla överliggande kamaxlar

7 Avgaskamaxelns oljetätning tas bort enligt beskrivningen i punkt 1 till 6. Följande punkter beskriver demontering av insugskamaxelns oljetätning.

8 Ta bort drivremmen (remmarna) enligt beskrivningen i avsnitt 6. Lossa dessutom spännaren från motorns främre del med en insexnyckel.

9 Koppla loss kablaget från Hall-givaren som sitter på insugskamaxelns främre del.

10 Lossa och ta bort den övre kamremskåpan.

11 Skruva bort fästbulten och dra bort Hall-givaren från topplocket.

12 Notera hur Hall-givarens rotor och konvexa bricka sitter monterade. Skruva loss mittbulten och ta bort brickan och rotorn. Rotorn sitter fäst i springan i änden av insugskamaxeln.

13 Borra två diagonalt placerade små hål i den befintliga oljetätningen. Skruva in två självgängande skruvar i hålen. Dra sedan i skruvskallarna med tänger för att dra ut oljetätningen. Var ytterst försiktig så att borren inte skadar huset eller kamaxelns tätningsyta.

14 Rengör tätningshuset och kamaxelns tätningsyta genom att torka med en luddfri trasa. Avlägsna metallspån, grader och liknande som kan orsaka läckage hos tätningen.

15 Smörj utsidan och flänsen på den nya oljetätningen med ren motorolja och tryck in den på kamaxeln tills den hamnar ovanför sitt hus. Vira lite självhäftande tejp runt änden av kamaxeln för att undvika skador på tätningsläpparna **(se bild)**. **Observera:** *Oljetätningar av teflontyp måste användas på dessa motorer – de får **inte** oljas innan de monteras. Den här sortens tätningar känns igen på att de inte har någon spiralfjäder.*

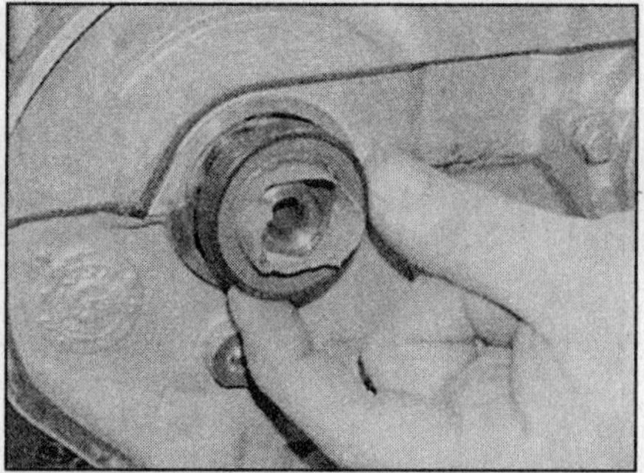

8.15 Kamaxelns nya oljetätning monteras

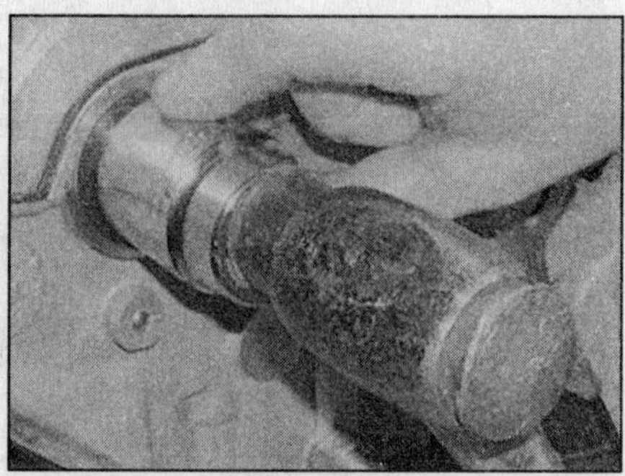

8.16 Driv oljetätningen rakt in i huset med en hylsa

16 Använd en hammare och en hylsa av lämplig storlek. Driv in tätningen rakt in i huset **(se bild)**. **Observera:** *Välj en hylsa som bara ligger an mot tätningens hårda, utvändiga yta och inte mot den inre flänsen, som lätt skadas.*

17 Placera Hall-givarens rotor på änden av insugskamaxeln. Se till att den fäster i springan. Montera den konvexa brickan och bulten och dra åt till angivet moment.

18 Placera Hall-givarenheten på topplocket. Fäst den med bulten åtdragen till angivet moment.

19 Montera den övre kamremskåpan. Se till att den fäster korrekt i den undre kåpan. Fäst med klämmorna.

20 Återanslut Hall-givarens kablage.

21 Montera tillbaka spännaren på framsidan av motorn och dra åt bultarna ordentligt.

22 Montera drivremmen (remmarna) enligt beskrivningen i avsnitt 6.

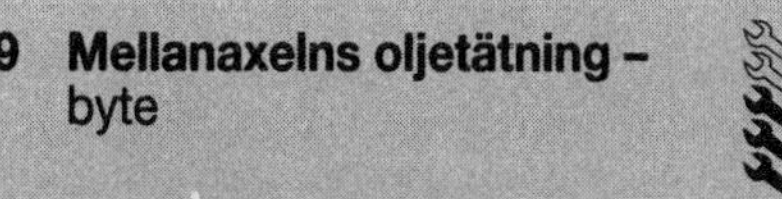

9 Mellanaxelns oljetätning – byte

1 Ta bort mellanaxeldrevet enligt beskrivningen i avsnitt 5.

2 Borra två diagonalt placerade små hål i den monterade oljetätningen. Skruva in två självgängande skruvar i hålen. Dra sedan i skruvskallarna med tänger för att dra ut oljetätningen. Var mycket noga med att inte borra igenom och in i tätningsflänsen. En alternativ metod är att skruva loss flänsen, ta bort den inre O-ringen från den inre fogen och trycka ut tätningen.

3 Rengör tätningsflänsen och tätningsytan på kamaxeln genom att torka med en luddfri trasa. Avlägsna metallspån, grader och liknande som kan orsaka läckage hos tätningen.

4 Smörj läppen och ytterkanten på den nya tätningen med ren motorolja. För in den i huset för hand till en början och se till att tätningens slutna ände är riktad utåt.

5 Använd en hammare och en hylsa med lämplig diameter och knacka in tätningen rakt i huset. **Observera:** *Välj en hylsa som bara ligger an mot tätningens hårda, utvändiga yta och inte mot den inre flänsen, som lätt skadas.*

6 Byt ut O-ringen om flänsen har tagits bort. Montera sedan flänsen och dra åt bultarna till angivet moment.

7 Montera tillbaka mellanaxeldrevet enligt beskrivningen i avsnitt 5.

10 Vevaxelns oljetätningar – byte

Främre oljetätning

1 Ta bort kamremmen och vevaxeldrevet, enligt beskrivningen i avsnitt 5.

2 Tätningen kan bytas ut utan att huset tas bort. Borra två små hål diagonalt mitt emot varandra. Skruva in självgängande skruvar i hålen och dra i skruvarna med tänger **(se bild)**. Skruva alternativt bort huset (inklusive relevanta sumpbultar) och ta bort packningen.

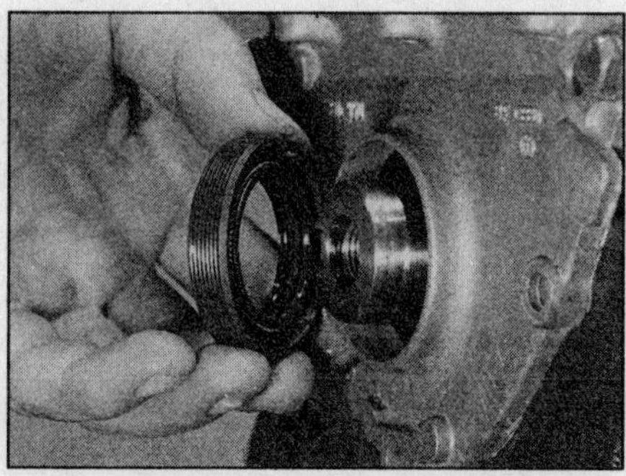

10.2a Vevaxelns främre oljetätning tas bort

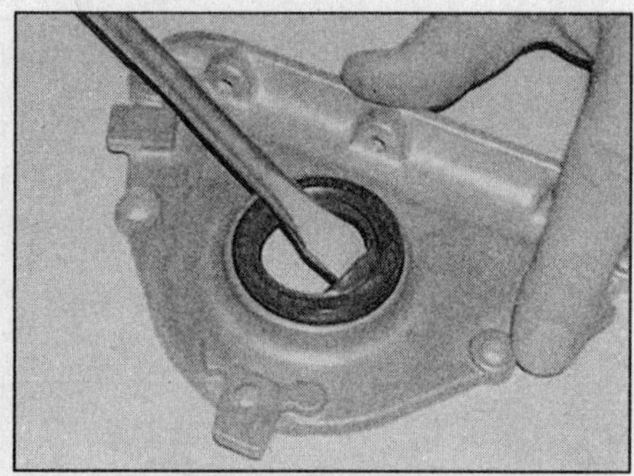

10.2b Vevaxelns främre oljetätning bänds ut ur huset med en skruvmejsel

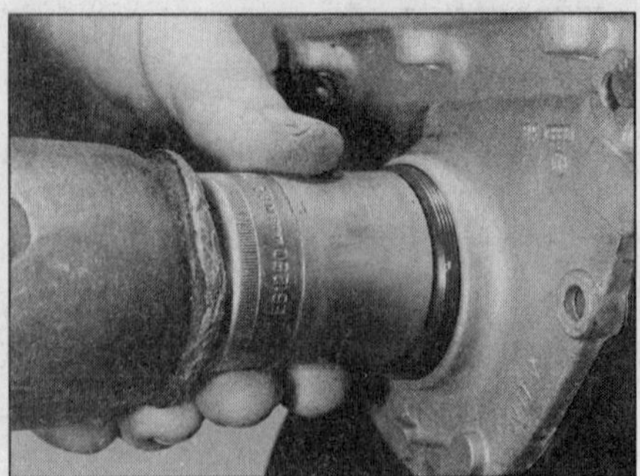
10.3 Driv vevaxelns oljetätning rakt in i huset med en hylsa

Ta bort packningen och bänd sedan ut oljetätningen på bänken **(se bild)**. Skruva om nödvändigt bort mellanaxelns drev för att komma åt lättare. Om sumppackningen skadas när huset tas bort måste sumpen demonteras och en ny packning monteras. Montera dock sumpen *efter* det att huset har monterats.

3 Smörj den nya packningens tätningsläppar med ny motorolja och driv in den i huset med en träkloss eller en hylsa tills den sitter jämnt **(se bild)**. Kontrollera att tätningens släta sida är vänd utåt.

4 Montera huset tillsammans med en ny packning. Dra åt bultarna jämnt i diagonal ordningsföljd. Vira lite tejp runt änden på vevaxeln för att undvika skador på tätningen vid monteringen **(se bilder)**.

5 Montera kamremmen och vevaxeldrevet enligt beskrivningen i avsnitt 5.

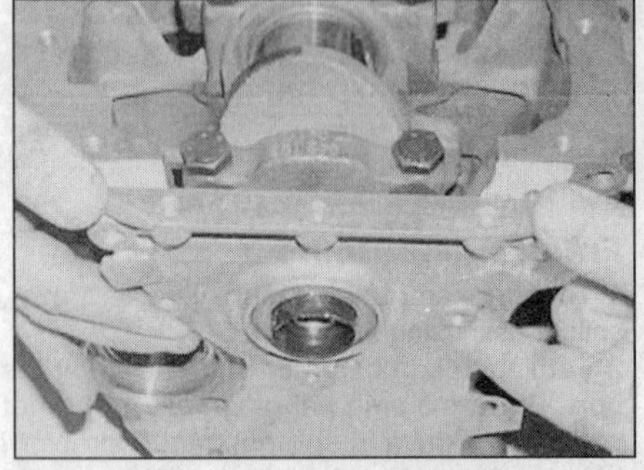
10.4c . . . sätt tillbaka huset . . .

10.8a Montera den nya packningen . . .

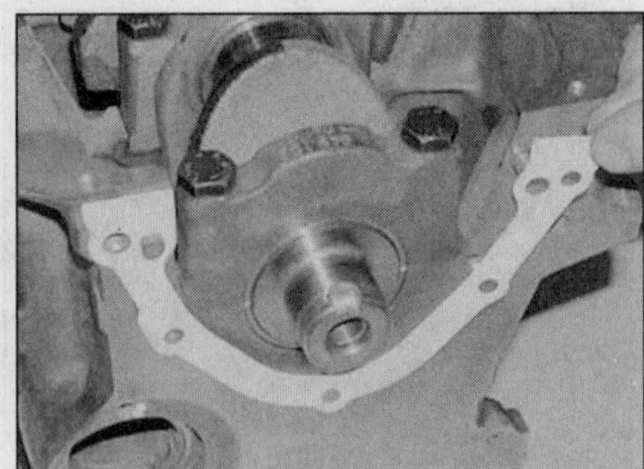
10.4a Placera en ny packning på blocket . . .

Bakre oljetätning

Observera: *Det går inte att köpa oljetätningen separat från huset.*

6 Ta bort svänghjulet/drivplattan enligt beskrivningen i avsnitt 13.

7 Skruva loss huset (inklusive relevanta sumpbultar) och ta bort packningen. Om sumppackningen skadas när huset tas bort måste sumpen demonteras och en ny packning monteras. Montera dock sumpen *efter* det att huset har monterats.

8 Nya hus levereras med ett monteringsverktyg för att förhindra skador på oljetätningen när den monteras. Montera först den nya packningen. Placera sedan verktyget på änden av vevaxeln **(se bilder)**.

9 Montera huset och oljetätningen. Dra åt bultarna jämnt i diagonal ordningsföljd till angivet moment. Ta sedan bort verktyget **(se bild)**.

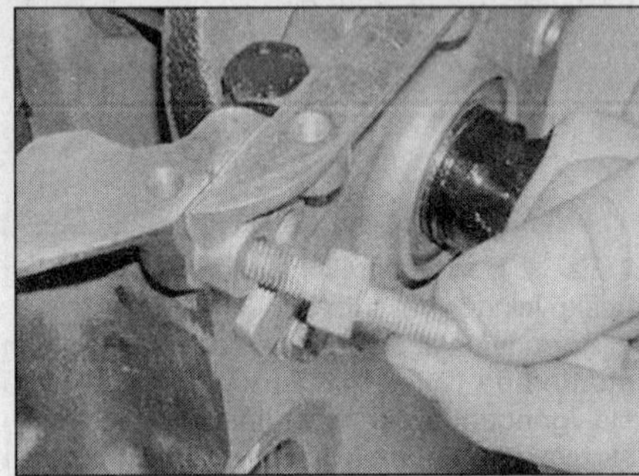
10.4d . . . och montera bultarna

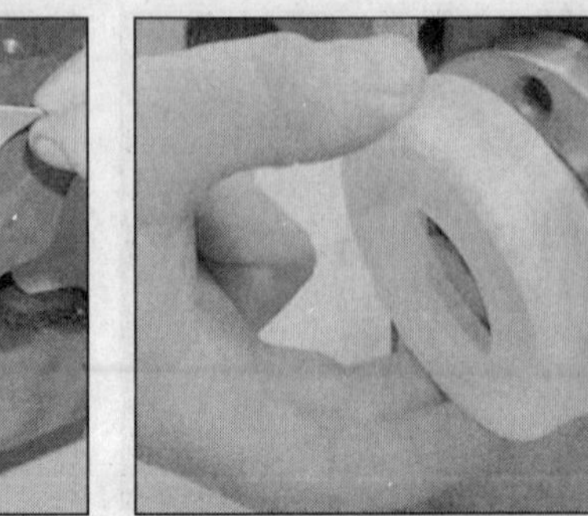
10.8b . . . placera sedan verktyget över vevaxeländen

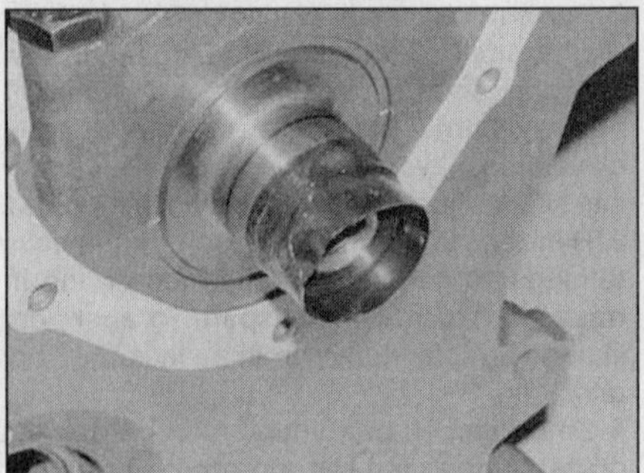
10.4b . . . vira sedan tejp runt änden på vevaxeln . . .

10 Montera tillbaka svänghjulet/drivplattan enligt beskrivningen i avsnitt 13.

11 Topplock – demontering och montering

Observera: *Isärtagning och renovering av topplocket behandlas i kapitel 2C.*

Demontering

1 Koppla loss batteriets minusledning (jord) innan arbetet påbörjas (se kapitel 5A).

2 Dra åt handbromsen. Lyft sedan upp framvagnen och ställ den på pallbockar (se *Lyftning och stödpunkter*).

3 Skruva i förekommande fall loss fästbultarna och ta bort motorns övre skyddskåpa/-kåpor.

4 Ta bort kamremmen enligt beskrivningen i avsnitt 4. I det här momentet demonteras den främre stötfångaren och den främre låshållaren flyttas långt ifrån bilens front.

5 Töm kylsystemet enligt beskrivningen i kapitel 1A.

6 Koppla loss det främre avgasröret från avgasgrenröret enligt beskrivningen i kapitel 4C. Tryck det främre avgasröret bakåt och ta loss packningen/ringen. På motorer med turbo, koppla loss luftslangen som sitter ovanför turboaggregatet. Skruva sedan loss de två bultar som håller fast oljetillförselröret på topplocket. Ta bort värmeskölden. Skruva sedan loss turboaggregatet från avgasgrenröret.

10.9 Huset och oljetätningen monteras över monteringsverktyget

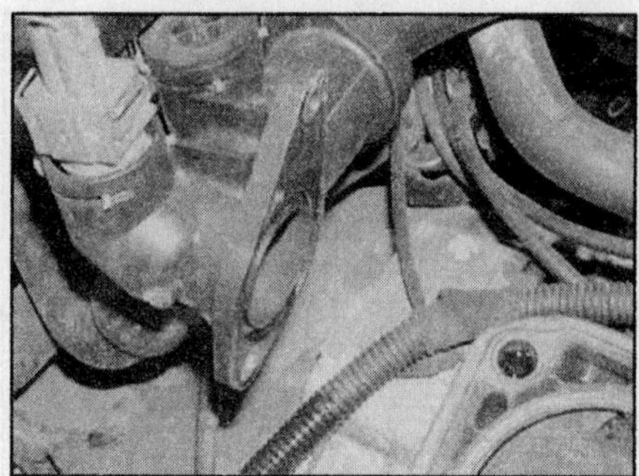
11.17 Ta isär kylvätskeröret från topplockets baksida

11.19 Ta bort oljestänkskyddet

11.20a Topplocksbultarna skruvas loss

7 Ta bort luftrenaren tillsammans med luftflödesmätaren enligt beskrivningen i kapitel 4A. Ta även bort luftkanalen mellan luftrenaren och gasspjällshuset.

Motorkod ADP, ADR, ANB, AEB, APT, APU och ARG

Observera: *Ta bort topplocket tillsammans med avgasgrenröret, men utan insugningsröret.*

8 Demontera insugningsröret enligt beskrivningen i kapitel 4A.

9 Koppla i förekommande fall loss kablaget från den automatiska kamaxeljusteraren.

Motorkod AHL, ANA och ARM

Observera: *Ta bort topplocket tillsammans med både insugnings- och avgasgrenrören.*

10 Bänd upp klämmorna och koppla loss kylarens nedre slang från både kylaren och motorn. Ta sedan bort kylvätskans expansionskärl. Koppla dessutom bort den övre slangen från kylvätskeröret.

11 Lossa anslutningarna och koppla loss bränsletillförsel- och returledningarna från bränslefördelarskenan. **Observera:** *Placera en trasa över ledningen innan anslutningen lossas eftersom bränslet kan vara under tryck.*

12 Om en gasvajer finns, koppla loss den från gasspjällshuset (se kapitel 4A). Koppla loss vakuumslangarna från kolfilterventilen (kapitel 4C) och bromsservoenheten (se kapitel 9).

13 Koppla loss kablaget från insprutarna, gasspjällshuset samt kamaxelgivaren (motorns främre vänstra sida). Koppla sedan loss kablaget från insugsluftens temperaturgivare på insugningsröret. Koppla även loss kablaget från oljetemperaturgivaren på topplockets baksida.

14 Skruva loss insugningsrörets fästbyglar från röret och motorns vänstra sida. På motorkod ANA, koppla loss övriga luftrör och -slangar som hindrar att topplocket tas bort.

Alla motorer

15 Lossa lambdasondens kontaktdon från hållaren på torpedväggen bakom motorn. Koppla sedan loss kablaget.

16 Koppla loss värmeslangen från kylvätskeledningens krök på topplockets baksida. Koppla sedan loss kablaget från kylvätsketemperaturgivaren på kröken. På motorer med dubbla överliggande kamaxlar ska även kablaget till den sekundära kylvätskegivaren på topplockets baksida kopplas loss.

17 Koppla loss slangarna från det övre kylvätskeröret på topplockets vänstra sida. Skruva loss de bakre fästbultarna. Lossa sedan endast den främre fästbulten (rörets fästbygel är skårad). Flytta röret bakåt och ta bort det från motorn **(se bild)**.

18 På motorer med enkel överliggande kamaxel, koppla loss tändkablarna från tändstiften och för dem åt sidan.

19 Ta bort ventilkåpan enligt beskrivningen i avsnitt 7. På motorer med dubbla överliggande kamaxlar måste tändspolen och tändkablarna tas bort. Ta bort oljestänkskyddet **(se bild)**.

20 Använd en XZN-hylsa. Skruva loss topplocksbultarna med ett varv i taget i omvänd ordning mot åtdragningsföljden **(se bild 11.28a eller 11.28b)** och ta bort dem tillsammans med brickorna **(se bilder)**.

Observera: *Topplocksbultskallarna kan antingen vara av XZN- eller Polydrive-typ så därför kan man behöva två sorters nycklar.*

21 Lyft upp topplocket från motorblocket tillsammans med avgasgrenröret när alla bultar är demonterade **(se bild)**. Knacka loss det med en träklubba om det sitter fast. Bänd inte i packningsfogen.

22 Ta bort topplockspackningen från motorblocket **(se bild)**.

23 Ta bort avgasgrenröret från topplocket om det behövs, enligt beskrivningen i kapitel 4C. På AHL, ANA- och ARM-motorer ska även insugningsröret tas bort enligt beskrivningen i kapitel 4A.

Montering

24 Rengör topplockets och motorblockets fogytor noga. Tvätta också bort eventuell olja eller kylvätska från bulthålen i motorblocket. Om detta inte görs kommer åtdragningsmomenten att bli fel och det finns risk för att motorblocket skadas. Topplocksbultarna måste bytas ut varje gång de demonteras (se anmärkningen i punkt 19).

25 Montera avgasgrenröret på topplocket tillsammans med en ny packning, enligt beskrivningen i kapitel 4C. På AHL, ANA- och ARM-motorer, sätt tillbaka insugningsröret enligt beskrivningen i kapitel 4A.

26 Placera en ny packning på motorblocket med artikelnumret eller orden "OBEN TOP"

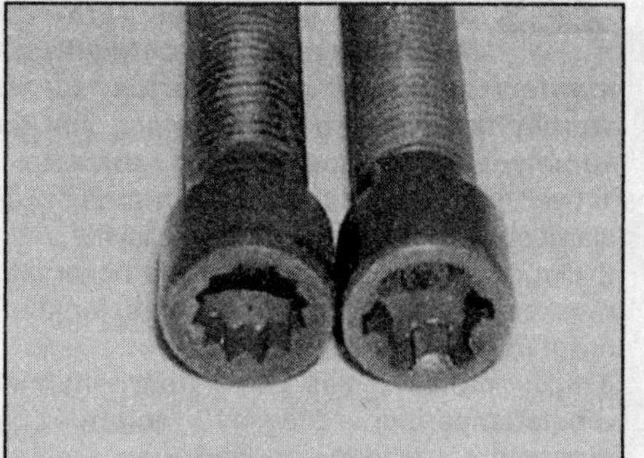
11.20b Två olika typer av topplocksbultar kan vara monterade

11.21 Lyft bort topplocket från motorblocket

11.22 Topplockspackningen tas bort

11.26 Topplockspackningens markeringar

riktade uppåt **(se bild)**. Se till att styrbultarna är på plats. VW rekommenderar att packningen inte tas fram ur sin förpackning förrän strax innan den ska monteras.

27 Sänk försiktigt ner topplocket på motorblocket. Se till att det hamnar rätt på styrbultarna. Använd ingen tätningsmassa på topplockets fogyta. Stick in de nya topplocksbultarna tillsammans med brickorna. Skruva först åt dem för hand med en XZN-hylsa.

28 Arbeta i den ordningsföljd som visas **(se bilder)** och dra åt alla bultar till åtdragningsmomentet för steg 1 som anges i specifikationerna.

29 På modeller med motorkod AHL, ANA och ARM, vinkeldra bultarna i samma ordningsföljd till vinkeln för steg 2, och sedan vinkeln för steg 3 enligt specifikationerna **(se bild)**. På alla andra motorer, dra åt bultarna i den ordningsföljd som visas till åtdragningsmomentet för steg 2, och sedan till vinklarna för steg 3 och 4 enligt specifikationerna.

30 Montera ventilkåpan enligt beskrivningen i avsnitt 7.

31 Återanslut tändkablar till tändstiften på motorer med enkel överliggande kamaxel.

32 Montera det övre kylvätskeröret på topplockets vänstra sida. Dra åt fästbultarna och återanslut slangarna.

33 Återanslut värmeslangen till kylarkröken på topplockets baksida. Återanslut sedan kablaget till kylvätsketemperaturgivaren på kröken. På motorer med dubbla överliggande

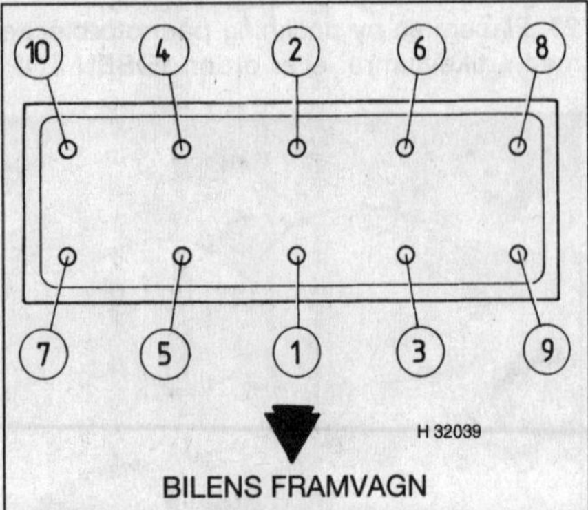

11.28b Ordningsföljd vid åtdragning av topplocksbultar (motorer med enkel överliggande kamaxel)

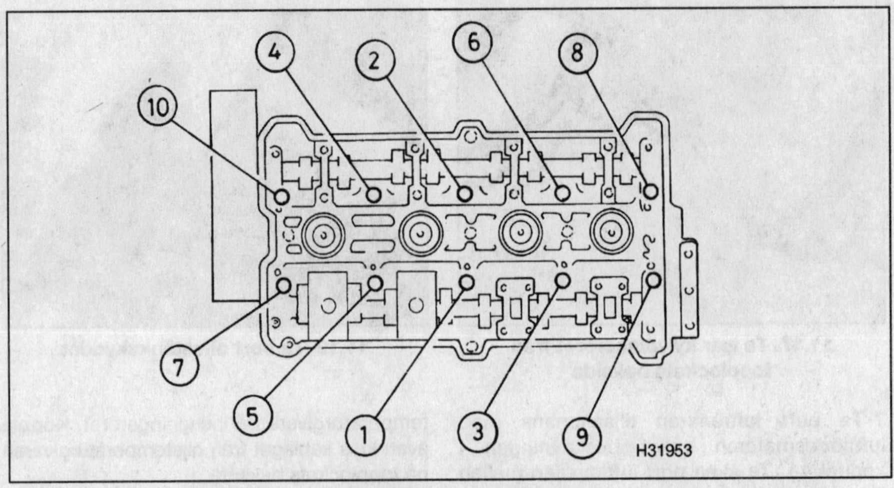

11.28a Ordningsföljd vid åtdragning av topplocksbultar (motorer med dubbla överliggande kamaxlar)

kamaxlar ska även kablaget till den sekundära kylvätskegivaren på topplockets baksida sättas tillbaka.

34 Återanslut lambdasondens kablage. Placera den sedan i hållaren.

Motorkod AHL, ANA och ARM

35 Montera insugningsrörets fästbyglar och dra åt bultarna.

36 Återanslut kablaget till bränsleinsprutarna, gasspjällsgivaren (på gasspjällshuset) och kamaxelgivaren (motorns främre vänstra sida). Återanslut även kablaget till insugsluftens temperaturgivare som sitter placerad på insugningsröret. Återanslut kablaget till oljetemperaturgivaren på topplockets baksida.

37 Återanslut gasvajern till gasspjällshuset (se kapitel 4A). Återanslut sedan vakuumslangarna till kolfilterventilen och bromsservoenheten.

38 Återanslut bränsletillförsel- och returledningarna och dra åt anslutningarna. På motorkod ANA, återanslut övriga luftrör och slangar som har kopplats loss.

39 Montera kylvätskans expansionskärl och återanslut den övre slangen till kylvätskeröret. Montera sedan kylarens nedre slang och dra åt klämmorna.

Motorkod ADP, ADR, ANB, AEB, APT, APU och ARG

40 Om det är tillämpligt, återanslut kablaget till den automatiska kamaxeljusteraren.

11.29 Topplocksbultarna vinkeldras

41 Montera insugningsröret enligt beskrivningen i kapitel 4A.

Alla motorer

42 Montera luftrenaren tillsammans med luftflödesmätaren enligt beskrivningen i kapitel 4A. Montera sedan luftkanalen mellan luftrenaren och gasspjällshuset.

43 Återanslut det främre avgasröret tillsammans med en ny packning enligt beskrivningen i kapitel 4C. På turbomotorer, anslut turboaggregatet till avgasgrenröret tillsammans med värmeskölden. Fäst oljetillförselröret med två bultar. Återanslut sedan ventilationsslangen som sitter placerad över turboaggregatet.

44 Montera tillbaka kamremmen enligt beskrivningen i avsnitt 4.

45 Fyll på kylsystemet enligt beskrivning i kapitel 1A.

46 Montera motorns övre skyddskåpa (kåpor).

47 Sänk ner bilen. Återanslut sedan batteriet (se kapitel 5A).

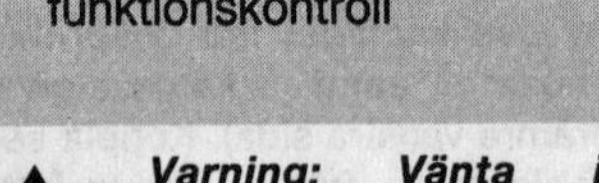

12 Hydrauliska ventillyftare – funktionskontroll

Varning: Vänta i minst 30 minuter (eller helst över natten) efter det att de hydrauliska ventillyftarna monterats innan motorn startas, så att ventillyftarna får tid att sätta sig, annars kommer ventilhuvudena att slå i kolvarna.

1 De hydrauliska ventillyftarna är självjusterande och kräver ingen tillsyn.

2 Om de hydrauliska ventillyftarna börjar låta mycket kan du kontrollera deras funktion enligt beskrivningen nedan.

3 Kör motorn tills den når normal arbetstemperatur. Slå av motorn och demontera sedan ventilkåpan enligt beskrivningen i avsnitt 7.

4 Vrid kamaxeln genom att vrida på vevaxeln

13.3a Verktyg för att hålla svänghjulet/drivplattan still.

13.3b Ta bort svänghjulsbultarna

13.4 Svänghjulet tas bort

med en hylsnyckel tills den första kamloben över cylinder nr 1 pekar uppåt.

5 Pressa ventillyftaren nedåt med ett verktyg som inte är av metall. Kontrollera sedan glappet med ett bladmått. Om glappet blir större än 0,2 mm innan ventilen börjar öppnas ska ventillyftaren bytas ut.

6 Demontering och montering av hydrauliska ventillyftare behandlas som en del av topplocksrenoveringen. Se kapitel 2C för närmare beskrivning.

7 Om de hydrauliska ventillyftarna regelbundet ger ifrån sig oljud vid kortare sträckor ska oljeupptagningsventilen i den bakre delen av oljefilterhuset bytas ut. Oljefiltret måste tas bort. Skruva sedan loss huset från motorblocket och ta loss packningen. Använd en lämplig nyckel för att skruva loss ventilen. Dra åt den nya ventilen till angivet moment. Montera huset tillsammans med en ny packning.

13 Svänghjul/drivplatta demontering, kontroll och montering

Demontering

1 På modeller med manuell växellåda, demontera växellådan (se kapitel 7A) och kopplingen (se kapitel 6).

2 På modeller med automatväxellåda, demontera denna enligt beskrivningen i kapitel 7B.

3 Svänghjulets/drivplattans bultar är förskjutna, så att endast korrekt montering är möjlig. Skruva loss bultarna samtidigt som svänghjulet/drivplattan hålls stilla.Sätt tillfälligt i en bult i motorblocket och använd en skruvmejsel till att hålla svänghjulet/ drivplattan stilla, eller tillverka ett specialverktyg på det sätt som visas **(se bild).**

4 Lyft av svänghjulet/drivplattan från vevaxeln **(se bild).** Om en drivplatta ska tas bort, notera hur mellanlägget (bredvid vevaxeln) och mellanläggsbrickan är placerade.

Kontroll

5 Kontrollera om svänghjulet/drivplattan är sliten eller skadad. Se efter om startkransens kuggar är mycket slitna. Om drivplattan eller dess startkrans är skadad måste hela drivplattan bytas. Svänghjulets startkrans kan däremot bytas åtskilt från svänghjulet, men detta arbete bör överlåtas till en VW-verkstad. Om kopplingens friktionsbeslag är missfärgat eller kraftigt repat, kan det i vissa fall slipas om. Detta arbete bör dock överlåtas till en VW-verkstad.

6 När svänghjulet är demonterat, kontrollera om nållagret i änden av vevaxeln är slitet genom att vrida det med ett finger.Om det finns tecken på kraftigt slitage eller om lagret har gått torrt måste det bytas ut.Använd en lageravdragare som fäster i lagrets bakre ände.Driv in det nya lagret på plats tills den yttre änden är 1,5 mm nedanför vevaxeländen.Den sida på lagret som är märkt måste vara synlig när lagret monteras.

Observera: *Ett nållager får inte monteras på vevaxeln på modeller med automatväxellåda.*

Montering

7 Montering sker i omvänd ordningsföljd. På modeller med automatväxellåda ska drivplattan monteras temporärt med de gamla bultarna åtdragna till 30 Nm. Kontrollera sedan att avståndet mellan blockets baksida och momentomvandlarens *fästyta* på drivplattan är 27 mm ± 1 mm. Om det behövs, demontera drivplattan och sätt en mellanläggsbricka bakom den för att få rätt mått. Den upphöjda piggen på det yttre mellanlägget måste vara riktad mot momentomvandlaren. Använd nya bultar när svänghjulet eller drivplattan återmonteras. Applicera låsvätska på bultgängorna innan bultarna monteras. Dra åt dem till angivet moment.

14 Motorfästen – kontroll och byte

Kontroll

1 Om bättre åtkomlighet behövs, lyft upp framvagnen och ställ den på pallbockar. Demontera sedan den undre skyddskåpan om det är tillämpligt.

2 Kontrollera gummifästena för att se om de har spruckit, hårdnat eller släppt från metallen någonstans. Byt fästet vid sådana tecken på skador eller åldrande.

3 Se till att alla muttrar och bultar till fästena är ordentligt åtdragna. Kontrollera helst med en momentnyckel.

4 Använd en stor skruvmejsel eller en kofot och kontrollera om fästet är slitet genom att försiktigt bända mot det för att se om det finns något glapp. Där detta inte är möjligt, låt en medhjälpare vicka på motorn/växellådan framåt/bakåt och i sidled, medan du granskar fästet. Ett visst spel är att vänta även hos nya delar, men ett större slitage märks tydligt. Om för stort spel förekommer, kontrollera först att hållarna är ordentligt åtdragna, och byt sedan slitna komponenter enligt beskrivningen nedan.

Byte

Främre momentarm (modeller utan luftkonditionering)

5 Dra åt handbromsen. Lyft upp framvagnen och ställ den på pallbockar (se Lyftning och stödpunkter). Ta bort den undre skyddskåpan, om det är tillämpligt. Stöd motorn/växellådan med en garagedomkraft och en träkloss.

6 Skruva loss bultarna och ta bort momentarmen och gummifästena från den främre delen av motorblocket **(se bild).** Gummistoppet finns tillgängligt separat om det behövs.

7 Skruva loss fästbygeln från den främre tvärbalken.

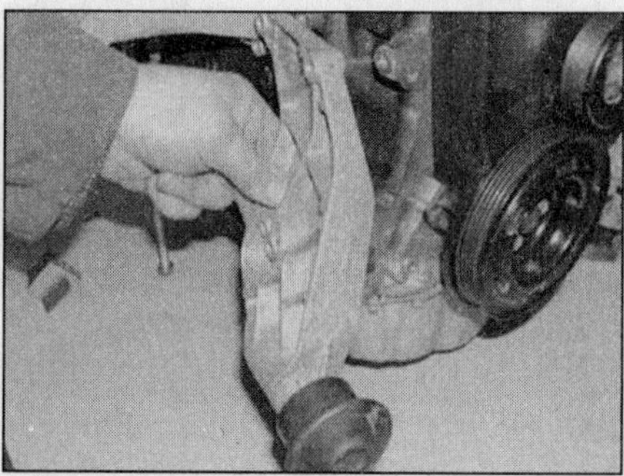
14.6 Det främre momentaxelstoppet tas bort från motorn

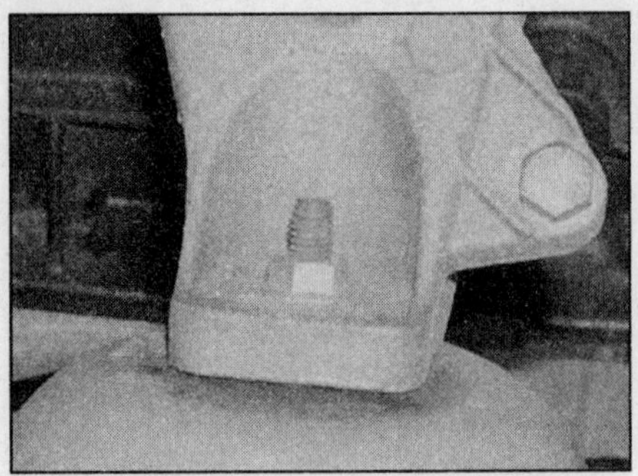
14.15a Ta bort den övre fästmuttern

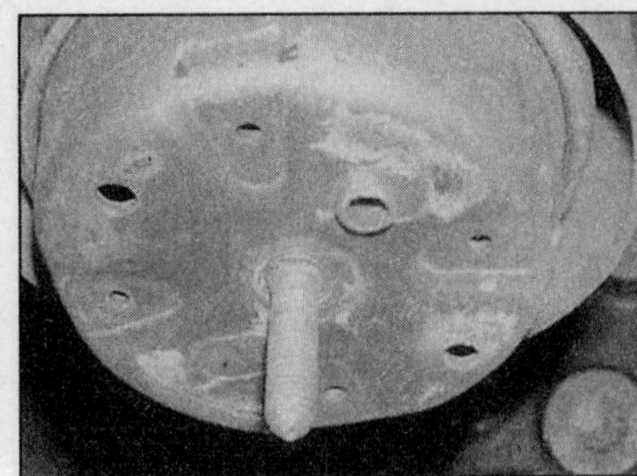
14.15b Vänster motorfäste

14.16 Motorfästbygel

8 Montera det nya momentarmen och fästbygeln i omvänd ordningsföljd mot demonteringen.

Främre kardanfäste (modeller med luftkonditionering)

9 Dra åt handbromsen. Lyft upp framvagnen och ställ den på pallbockar (se Lyftning och stödpunkter). Ta bort den undre skyddskåpan, om det är tillämpligt. Stöd motorn/växellådan med en garagedomkraft och en träkloss.

10 Skruva loss bultarna och ta bort stoppet från fästbygeln på motorns framsida. Flytta fästbygeln över gummit. Bänd sedan loss gummit från korsröret och ta bort fästbygeln.

11 Om det behövs kan stopplattan skruvas loss från motorns framsida och sidostöden tas bort.

12 Montera det nya gummit och fästbygeln i omvänd ordningsföljd.

Höger eller vänster motorfäste

13 Dra åt handbromsen. Lyft sedan upp framvagnen och ställ den på pallbockar (se *Lyftning och stödpunkter*).

14 Stöd motorn med en lyft. Använd alternativt en garagedomkraft och en bit trä under sumpen.

15 Skruva loss fästmuttrarna. Hissa sedan upp motorn och dra bort fästet från motorns fästbygel och kryssrambalk **(se bilder)**. Observera att fästet har en inbyggd hydrofunktion för att ta upp rörelser från motorn och förhindra oljud från motorn eller växellådan.

16 Skruva loss fästbygeln från sidan av motorblocket om det behövs **(se bild)**.

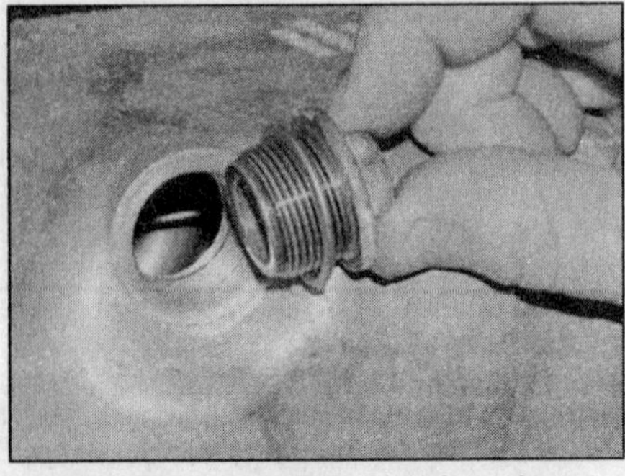
15.3 Sumpens oljeavtappningsplugg

17 Montera det nya fästet i omvänd ordningsföljd mot demonteringen.

15 Sump – demontering och montering

Demontering

1 Dra åt handbromsen. Lyft sedan upp framvagnen och ställ den på pallbockar (se *Lyftning och stödpunkter*).

2 Skruva loss och ta bort den undre skyddskåpan från motorns främre del.

3 Placera en behållare under sumpen. Skruva sedan loss avtappningspluggen och töm ut motoroljan. Rengör pluggen och byt ut brickan om det behövs. Montera pluggen när all olja runnit ut och dra åt den **(se bild)**. Ta bort mätstickan från motorn.

4 Man kommer åt motorns främre del genom att flytta hela den främre panelen (låshållaren) så långt som möjligt från bilens front utan att koppla loss kylarslangarna eller det elektriska kablaget. Gör på följande sätt: Ta först bort stötfångaren enligt beskrivningen i kapitel 11. Skruva sedan loss de tre klämmorna från ljudisoleringen och skruva loss luftkanalen mellan låshållaren och luftrenaren. Lossa kablaget från klämmorna på kylarens vänstra sida. Skruva loss bultarna som håller fast låshållaren/stötfångarstaget vid underredskanalerna, skruva sedan loss de övre bultarna - en på ovansidan/framsidan av varje skärm, och en längs varje strålkastare. Skruva loss de sidomonterade stötfångarstyrningarna som sitter strax under strålkastarna och snäpp loss dem från framskärmarna. Ta hjälp av en medhjälpare och dra bort hela enheten så långt som möjligt från bilens framvagn. VW-mekaniker använder specialverktyg för att hålla enheten. Det går dock att tillverka stödstag av gängad metall som skruvas in i underredets kanaler.

5 Ta bort drivremmen enligt beskrivningen i avsnitt 6. På modeller med luftkonditionering, markera rotationsriktningen på remmen. Skruva sedan loss spännrullen och ta bort drivremmen.

6 Ta bort fläkten med viskokoppling enligt beskrivningen i kapitel 3, avsnitt 5. Den tas bort genom att föra in en insexnyckel bakifrån, medan enheten hålls på plats med en monterad bult som stuckits in bakifrån och som vilar på motorblocket.

7 Skruva loss motorns främre stödfäste från momentstaget (modeller med luftkonditionering) eller den främre tvärbalken (modeller utan luftkonditionering).

8 På modeller med luftkonditionering, skruva loss det längsgående benet och ta sedan bort momentupptagningsfästbygeln från motorn.

9 Ta loss startmotorkablarna från motorns undersida genom att skära loss buntbanden.

10 På turbomotorer, lossa klämman och koppla loss turboaggregatets slang från luftkanalen i låshållaren.

11 Skruva loss bultarna och ta bort insugningsrörets stödfäste

12 Koppla loss det övre vänstra motorfästet.

13 Observera hur motorfästena är placerade på sidorna. Skruva sedan loss och ta bort de undre muttrarna. Ta bort det vänstra fästet.

14 Skruva i förekommande fall loss fästbultarna och ta bort motorns övre skyddskåpor.

15 Fäst en lämplig lyft vid motorn. Hissa sedan upp motorn så högt som möjligt utan att skada eller sträcka kylvätskeslangarna, luftslangarna och kablaget.

16 Stöd den vänstra och högra kryssrambalken med en garagedomkraft och en plankbit. Markera kryssrambalkarnas placering för att garantera korrekt återmontering och hjulinställning. Skruva sedan bort kryssrambalkarnas fästbultar. De två främre bultarna måste skruvas ur först, sedan de bakre bultarna. Sänk ner kryssrambalkarna tillsammans med krängningshämmaren till marken.

17 På modeller med manuell växellåda, skruva loss växellådans vänstra fästmutter tills den är i nivå med änden på bulten (ungefär fyra varv).

18 På modeller med automatväxellåda, lossa den bakre bulten på det vänstra växellådsfästet några varv. Skruva sedan bort den främre bulten.

19 På alla modeller, lossa den bakre bulten på det högra växellådsfästet några varv. Skruva sedan bort den främre bulten.

20 På turbomotorer, skruva loss flänsbultarna och koppla loss

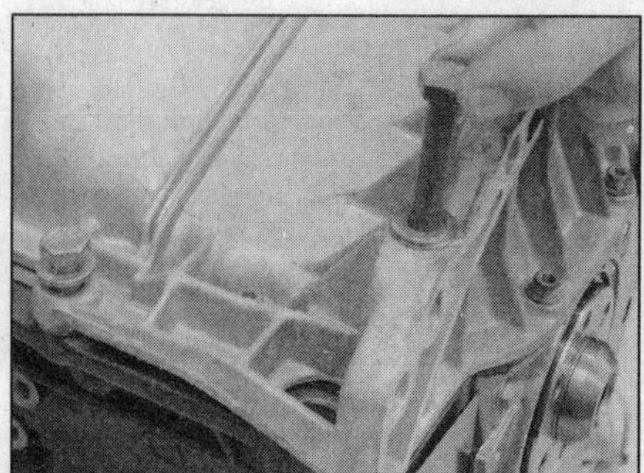

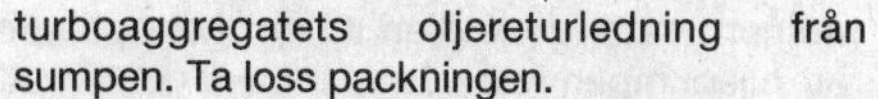

15.21a De bakre sumpbultarna tas bort (svänghjulet demonterat)

15.21b Ställ urtagen i svänghjulet och sumpen i linje så att det går att komma åt de bakre sumpbultarna

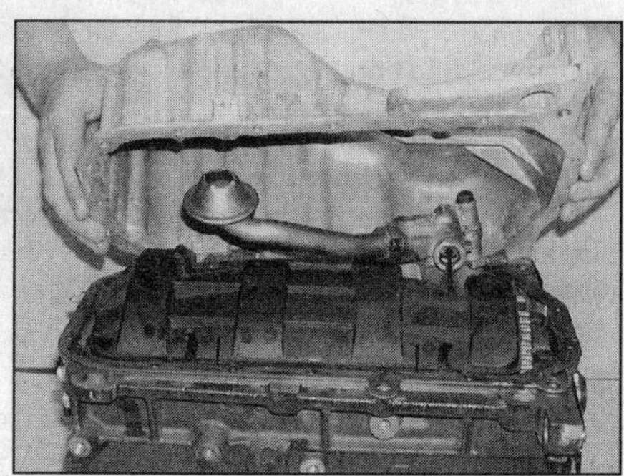

15.22a Ta bort sumpen . . .

turboaggregatets oljereturledning från sumpen. Ta loss packningen.

21 Där en sådan finns, koppla loss anslutningskontakten till givaren för motoroljans nivå/temperatur. Skruva loss och ta bort sumpbultarna. Observera att på modeller med manuell växellåda kommer man åt de två bakre sumpbultarna genom ett hål i svänghjulet. Vrid svänghjulet så mycket som behövs för att komma åt bultarna **(se bilder)**.

22 Ta bort sumpen och packningen. Knacka försiktigt loss den med en hammare om den sitter fast **(se bilder)**.

Montering

23 Rengör sumpens och motorblockets fogytor noga. På AHL-, ANA- och ARM-motorer rekommenderas att en roterande stålborste används för att få bort tätningsmedlet.

Motorkod AHL, ANA och ARM

Varning: Var noga med att inte använda för mycket tätningsmedel för att tätningen ska hålla bättre. Om för mycket tätningsmedel används kan överflödet hamna i sumpen och blockera oljepumpssilen.

24 Applicera en 2 till 3 mm droppe lämpligt silikontätningsmedel på sumpens fogyta. Smörj tätningsmedlet runt insidan av bulthålen. Var extra noga med att hålla tätningsmedlet nära sumpens innerkant vid sumpens bakre del. Sumpen ska omedelbart passas in på sin plats och fästbultarna dras åt för hand. Om motorn är demonterad från bilen, se till att sumpens bakre kant är i nivå med motorblockets bakre kant. Dra stegvis åt sumpbultarna till angivet moment. Se tätningsmedelstillverkarens rekommendationer angående hur lång tid tätningsmedlet behöver för att stelna. Normalt bör man vänta i minst 30 minuter innan man fyller motorn med olja. Se till att batteriet är urkopplat om bilen ska lämnas utan olja i sumpen ett tag, så att ingen försöker starta motorn.

Man kan underlätta justeringen av sumpen genom att skaffa två eller tre M6-pinnbultar och skruva in dem några varv i de motsatta sidorna av motorblockets/vevhusets fogytor. Sumpen kan passas in och monteras över pinnbultarna. Sedan kan de återstående sumpbultarna monteras och dras åt för hand. Ta bort pinnbultarna och montera resten av sumpbultarna.

Motorkod ADP, ADR, ANB, AEB, APT, APU och ARG

25 Lägg lite tätningsmedel på de fogytor där den främre och bakre vevaxelns oljetätningshus kommer i kontakt med motorblocket **(se bild)**.

26 Sätt på en ny packning på sumpen, och passa sedan in sumpen mot motorblocket och sätt i bultarna. Använd inte någon tätningsmassa. Dra åt bultarna till angivet moment i diagonal ordningsföljd.

27 Montera tillbaka stödfästet mellan motorn och växellådan och dra åt bultarna. **Observera:** *Om sumpen monteras med motorn demonterad från bilen och växellådan borttagen, se till att änden av stödfästet sitter jäms med mellanplattan. Om mellanplattan har demonterats, räkna med en tjocklek på plattan på 0,8 mm och montera fästet så att 0,8 mm sticker ut från baksidan av motorblocket* ***(se bild)***.

Alla motorkoder

28 Resten av monteringen sker i omvänd ordningsföljd. Dra åt muttrarna och bultarna till angivet moment i specifikationerna. Avsluta med att fylla motorn med korrekt mängd olja enligt beskrivningen i kapitel 1A.

16 Oljepump och oljeupptagare - demontering, kontroll och montering

Demontering

1 Demontera sumpen enligt beskrivningen i avsnitt 15.

Motorer med dubbla överliggande kamaxlar

2 Oljepumpen drivs av mellanaxeln.

3 Lossa och ta bort skvalpskottsplåten från vevhusets underdel.

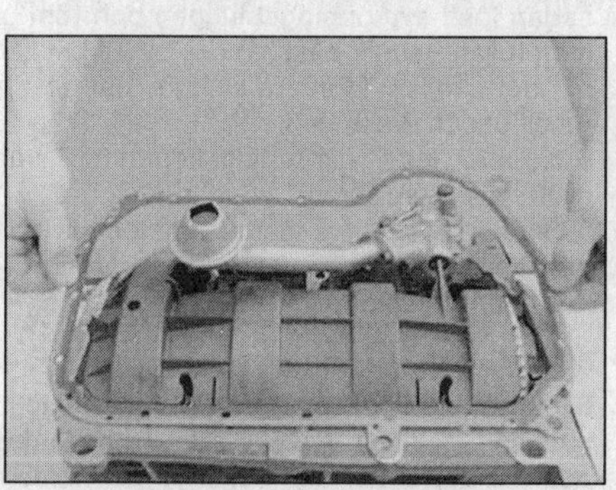

15.22b . . . och packningen

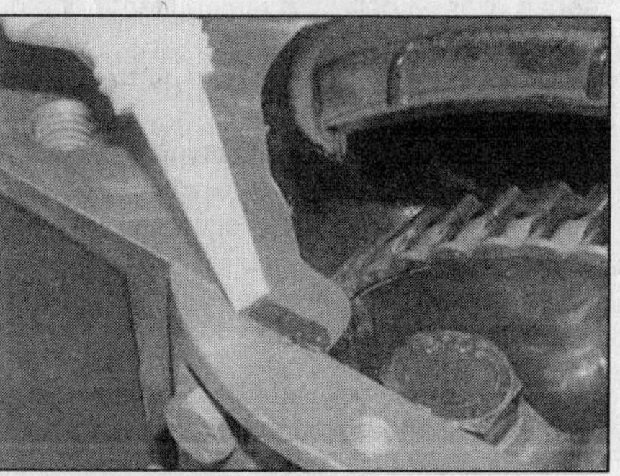

15.25 Applicera tätningsmedel på fogytorna till vevaxeltätningarnas främre och bakre hus

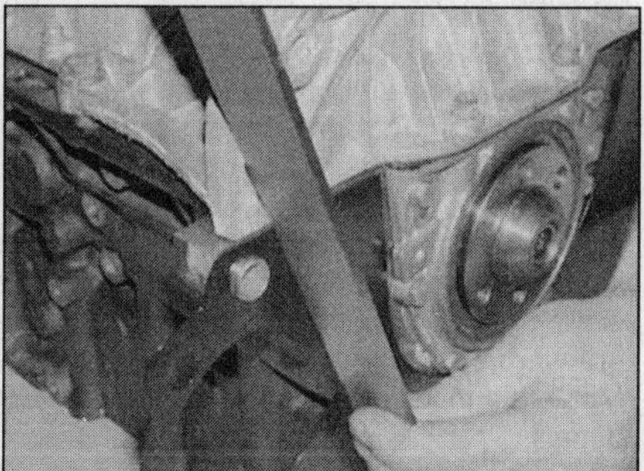

15.27 En stållinjal används för att ställa sumpen i linje med motorns bakre del

4 Använd en insexnyckel. Skruva loss bultarna och ta bort sugröret från oljepumpen.
5 Ta bort O-ringstätningen.
6 Skruva loss oljepumpens stora fästbultar. Ta sedan bort pumpen från motorblocket.
7 Skruva loss de två bultarna och lyft bort kåpan. Observera att det sitter en övertrycksventil i kåpan.

Motorkod ADP

8 Oljepumpen drivs av mellanaxeln.
9 Skruva loss bulten som håller fast oljesugröret vid avgasgrenröret. Ta loss O-ringen.
10 Lossa och ta bort skvalpskottsplåten från vevhusets underdel.
11 Skruva loss oljepumpens två stora fästbultar. Ta sedan bort pumpen från motorblocket.
12 Skruva loss de två bultarna och lyft av kåpan. Observera att det sitter en övertrycksventil i kåpan.

Motorkod AHL, ANA och ARM

13 Oljepumpen drivs med en kedja från vevaxeln framsida.
14 Skruva loss bulten, lossa och ta bort skvalpskottsplåten från vevhusets underdel.
15 Skruva loss och ta bort de två kvarvarande fästbultarna och lossa oljepumpen från styrbultarna i vevhuset. Lossa oljepumpens drev från kedjan och dra bort oljepumpen och sugröret från motorn. Observera att spännaren strävar efter att sträcka kedjan, och att det kan bli nödvändigt att hålla fast den i frikopplat läge med en skruvmejsel innan oljepumpens kuggdrev kan frigöras från kedjan.
16 Skruva loss flänsbultarna och ta bort sugröret från oljepumpen. Ta loss O-ringstätningen. Skruva loss bultarna och ta bort kåpan från oljepumpen.
17 Undersök drivkedjan och titta efter tecken på slitage och skador. Kamremmen måste tas bort (se avsnitt 4) och vevaxelns främre oljetätningshus lossas från motorblocket innan drivkedjan kan demonteras. Skruva loss kedjespännaren när huset är demonterat. Lossa sedan kedjan från drevet på vevaxelns främre del.

Kontroll

18 På motorkod ADP, ADR, ANB, AEB, APU, APT och ARG , rengör komponenterna och undersök dem efter tecken på slitage och skador. Kontrollera dödgången mellan kuggarna med hjälp av ett bladmått och jämför det med vad som anges i specifikationerna. Kontrollera på samma sätt kugghjulens axialspel genom att lägga en stållinjal mot pumpens ändyta. Om de angivna gränserna överskrids ska pumpen bytas ut. Montera annars kåpan och dra åt bultarna **(se bilder)**.
19 På motorkod AHL, ANA och ARM, rengör pumpen noggrant och undersök kuggarna efter tecken på skada eller slitage. Det krävs en lämplig avdragare för att ta bort drevet från vevaxelns främre del. Observera dock att det måste värmas upp till 220° C i 15 minuter vid monteringen. Observera att drevets breda krage är riktad mot motorn. Ta bort drevet från oljepumpen genom att skruva loss fästbulten och dra bort drevet. Observera att det bara kan monteras på ett sätt. Undersök pumpdreven efter tecken på slitage eller skador. Förekommer skador, byt oljepumpen.

16.18a Kontrollera oljepumpdrevets dödgång . . .

16.18b . . . och axialspel

Montering

20 Prima pumpen med olja genom att hälla olja i sugrörets öppning medan drivaxeln roteras.

Motorer med dubbla överliggande kamaxlar

21 Rengör fogytorna. Montera sedan kåpan på oljepumpen och dra åt bultarna till angivet moment.
22 Rengör oljepumpen och blocket. Montera sedan oljepumpen, sätt i fästbultarna och dra åt dem till angivet moment.
23 Montera en ny O-ringstätning på änden av sugslangen. Montera slangen på oljepumpen. Sätt sedan i bultarna och dra åt dem.
24 Montera skvalpskottsplattan på motorblocket.
25 Montera tillbaka sumpen enligt beskrivningen i avsnitt 15.

Motorkod ADP

26 Rengör fogytorna. Montera sedan kåpan på oljepumpen och dra åt bultarna till angivet moment.
27 Rengör oljepumpen och blocket. Montera sedan oljepumpen, sätt i fästbultarna och dra åt dem till angivet moment.
28 Montera skvalpskottsplattan på motorblocket.
29 Montera en ny O-ringstätning på änden av oljesugslangen. Montera slangen på oljepumpen. Sätt sedan i bultarna och dra åt dem.
30 Montera tillbaka sumpen enligt beskrivningen i avsnitt 15.

Motorkod AHL, ANA och ARM

31 Sätt tillbaka oljepumpens kåpa och dra åt bultarna ordentligt.
32 Om drivkedjan, vevaxeldrevet och spännaren har demonterats, vänta med att sätta tillbaka dem tills oljepumpen åter är monterad på motorblocket. Om de inte har demonterats, ge kedjan så mycket spelrum att oljepumpen kan sättas tillbaka genom att pressa spännaren mot sin fjäder med hjälp av en skruvmejsel.
33 Placera oljepumpen på styrbultarna. Montera sedan de tre fästbultarna och dra åt dem till angivet moment. Fäst nu oljepumpsdrevet i kedjan om det är tillämpligt.
34 Där så är tillämpligt, montera drivkedjan, spännaren och vevaxeldrevet i omvänd ordningsföljd mot demonteringen.
35 Montera vevaxelns främre oljetätningshus och kamremmen om det är tillämpligt. Applicera lämpligt tätningsmedel på det främre oljetätningshuset innan det monteras.
36 Montera skvalpskottsplåten med oljepumpens återstående fästbult och dra åt den till angivet moment. Montera sedan sumpen enligt beskrivningen i avsnitt 15.

17 Motoroljetemperaturgivare – demontering och montering

Demontering

1 Från maj 1999 har vissa modeller en motoroljetemperaturgivare monterad på sumpens undersida. Dra åt handbromsen och lyft upp framvagnen och ställ den på pallbockar (se *Lyftning och stödpunkter*).
2 Skruva loss och ta bort den undre skyddskåpan från motorns främre del.
3 Placera en behållare under sumpen. Skruva sedan loss avtappningspluggen och töm ut motoroljan.Rengör pluggen och byt ut brickan om det behövs. Montera pluggen när all olja runnit ut och dra åt den.
4 Koppla loss anslutningskontakten från oljetemperaturgivaren.
5 Skruva loss de två fästbultarna och ta bort givaren från sumpen. Kasta O-ringen. En ny måste användas.

Montering

6 Monteringen sker i omvänd ordningsföljd mot isärtagningen. Använd alltid en ny O-ring och dra åt muttrar och bultar till de moment som anges i specifikationerna. Avsluta med att fylla motorn med korrekt mängd olja enligt beskrivningen i kapitel 1A.

Kapitel 2 Del B: Reparationer med motorn kvar i bilen, dieselmotorer

Innehåll

Svårighetsgrad

Enkelt, passar novisen med lite erfarenhet 	**Ganska enkelt,** passar nybörjaren med viss erfarenhet 	**Ganska svårt,** passar kompetent hemmamekaniker	**Svårt,** passar hemmamekaniker med erfarenhet	**Mycket svårt,** för professionell mekaniker

Specifikationer

Allmänt

Motorkod per motortyp*:	
Elektronisk direkt bränsleinsprutning, 81 kW	AFN
Elektronisk direkt bränsleinsprutning, 81 kW	AVG
Elektronisk direkt bränsleinsprutning, 66 kW	AHU
Elektronisk direkt bränsleinsprutning, 66 kW	AHH
Elektronisk direktinsprutning, pumpinsprutningsventiler, 85 kW	AJM
Elektronisk direktinsprutning, pumpinsprutningsventiler, 85 kW	ATJ
Motortyp per motorkod*:	
AFN	Elektronisk direktinsprutning, med turbo
AHH	Elektronisk direktinsprutning, med turbo
AHU	Elektronisk direktinsprutning, med turbo
AJM	Elektronisk direktinsprutning, pumpinsprutningsventiler, med turbo
ATJ	Elektronisk direktinsprutning, pumpinsprutningsventiler, med turbo
AVG	Elektronisk direktinsprutning, med turbo

***Observera:** *Se "Chassinummer" för information om var motorns kodmärkning sitter.*

Lopp	79,5 mm
Slaglängd	95,5 mm
Kompressionsförhållande:	
Motorkod AFN, AVG, AHU och AHH	19.5 : 1
Motorkod AJM och ATJ	18.0 : 1
Kompressionstryck (slitagegräns)	19,0 bar
Tändföljd	1 - 3 - 4 - 2
Placering för cylinder 1	Kamremsänden

Smörjningssystem

Oljepumpstyp:	
Motorkod AFN, AVG, AHU och AHH	Sumpmonterad, drivs indirekt från mellanaxeln
Motorkod AJM och ATJ	Sumpmonterad, kedjedriven från vevaxelns synkroniseringsände
Normalt oljetryck (oljetemperatur 80°C):	
Vid 2 000 varv per minut	Minst 2,0 bar
Oljepumpdrevets dödgång:	
Motorkod AFN, AVG, AHU och AHH	0,2 mm (slitagegräns)
Oljepumpdrevets axialspel:	
Motorkod AFN, AVG, AHU och AHH	0,15 mm (slitagegräns)

Drivremsspänning

Generator/fläkt/servostyrningspump/kylvätskepump	Automatiskt justerad av spännaren
Luftkonditioneringskompressor	Applicera 25 Nm på spännarhuset

Åtdragningsmoment

	Nm
Luftkonditioneringkompressorns drivremsfästbygel	45
Generatorfästbygel till motorblock	
Motorkod AFN, AVG, AHU och AHH	25
Motorkod AJM och ATJ	45
Generator	25
Drivremsspännare	
Motorkod AFN, AVG, AHU och AHH	45
Motorkod AJM och ATJ	25
Vevstaksöverfallets bultar/muttrar*:	
Steg 1	30
Steg 2	Vinkeldra ytterligare 90°
Klämma till bromsarnas vakuumutsug	20
Kamaxellageröverfall:	
Motorkod AFN, AVG, AHU och AHH	20
Motorkod AJM och ATJ*:	
Steg 1	8
Steg 2	Vinkeldra ytterligare 90°
Ventilkåpa	10
Kamaxeldrevets bult	
Motorkod AFN, AVG, AHU och AHH	45
Drev till nav motorkod AJM och ATJ	25
Nav till kamaxel motorkod AJM och ATJ	100
Kylvätskepumpens remskiva	
Motorkod AFN, AVG, AHU och AHH	25
Bultar för koppling mellan kylfläkten och viskokopplingen	10
Vevaxelns främre oljetätningshus:	
Motorkod AFN, AVG, AHU och AHH:	
M6-bultar	10
M8-bultar	25
Motorkod AJM och ATJ	15
Vevaxelns remskiva/vibrationsdämpare till drev:	
Motorkod AFN, AVG, AHU och AHH	25
Motorkod AJM och ATJ:	
Steg 1	10
Steg 2	Vinkeldra ytterligare 90°
Vevaxelns bakre oljetätningshus:	
Motorkod AFN, AVG, AHU och AHH	10
Motorkod AJM och ATJ	15
Vevaxeldrevets bult:	
Motorkod AFN, AVG, AHU och AHH:	
Steg 1	90
Steg 2	Vinkeldra ytterligare 90°
Motorkod AJM och ATJ:	
Steg 1	120
Steg 2	Vinkeldra ytterligare 90°
Topplocksbultar*:	
Steg 1	40
Steg 2	60
Steg 3	Vinkeldra ytterligare 90°
Steg 4	Vinkeldra ytterligare 90°

Drivplatta (automatväxellåda)*:	
Steg 1	60
Steg 2	Vinkeldra ytterligare 90°
Gummikudde till motorns främre fäste	30
Motorfäste till kryssrambalk	25
Bultar mellan motor och växellåda:	
M10	45
M12	65
Svänghjul (manuell växellåda)*:	
Steg 1	60
Steg 2	Vinkeldra ytterligare 90°
Insprutningspumpens drev till nav (motorkod AHH)*:	
Steg 1	20
Steg 2	Vinkeldra ytterligare 90°
Mellanaxelns flänsbultar	25
Mellanaxeldrevets bult	45
Längsgående ben:	
Till fästbygel	25
Till motorfäste	20
Nedre kamremskåpa	10
Ramlageröverfallens bultar*:	
Steg 1	65
Steg 2	Vinkeldra ytterligare 90°
Oljefilterhus till block	
Motorkod AFN, AVG, AHU och AHH	25
Motorkod AJM och ATJ*:	
Steg 1	10
Steg 2	Vinkeldra ytterligare 90°
Oljemunstycken:	
Motorkod AFN, AVG, AHU och AHH	10
Motorkod AJM och ATJ	25
Oljepumpens kedjespännare (motorkod AJM och ATJ)	15
Oljepumpens kåpa:	
Motorkod AFN, AVG, AHU och AHH	10
Oljepumpens fästbult:	
Motorkod AFN, AVG, AHU och AHH	25
Motorkod AJM och ATJ	15
Oljepumpsdrev:	
Motorkod AJM och ATJ	25
Oljereturrör till motorblock:	
Motorkod AFN, AVG, AHU och AHH	30
Motorkod AJM och ATJ	40
Servostyrningspumpens remskiva	25
Insprutningsspumpens vipparmsaxelbultar*:	
Steg 1	20
Steg 2	Vinkeldra ytterligare 90°
Hastighetsgivare till vevaxel*:	
Steg 1	10
Steg 2	Vinkeldra ytterligare 90°
Sugslang till oljepump:	
Motorkod AFN, AVG, AHU och AHH	10
Motorkod AJM och ATJ	15
Sump:	
Motorkod AFN, AVG, AHU och AHH	20
Motorkod AJM och ATJ	15
Kamremmens mindre undre överföringshjul:	
Motorkod AJM och ATJ	20
Kamremmens mindre övre överföringshjul:	
Motorkod AFN, AVG, AHU, AHH	25
Kamremsspännare:	
Motorkod AFN, AVG, AHU och AHH	20
Motorkod AJM och ATJ	30
Kamremskåpa	10
Momentupptagningens fästbygel och stopp	25
Fläktens viskokoppling	45

**Använd nya muttrar/bultar*

1 Allmän information

Så här använder du detta kapitel

Kapitel 2 är indelat i tre delar, A, B och C. Reparationer som kan utföras med motorn kvar i bilen beskrivs i del A (bensinmotorer) och del B (dieselmotorer). Del C beskriver demonteringen av motorn/växellådan som en enhet samt behandlar motorns isärtagning och renovering.

I del A och B förutsätts att motorn är monterad i bilen med alla hjälpaggregat anslutna. Om motorn har tagits ut ur bilen för renovering kan du bortse från de inledande råd om isärtagningen som föregår varje ingrepp.

Åtkomsten till motorrummet kan förbättras genom att motorhuven demonteras enligt beskrivningen i kapitel 11, samt låshållaren (främre panelen) enligt beskrivningen i avsnitt 4.

Motorbeskrivning

I detta kapitel anges motortyperna med tillverkarens motorkoder, istället för med sin effekt. En lista över de motorer som tas upp, inklusive beteckningar, finns i specifikationerna i början av detta kapitel.

Motorerna är vattenkylda, raka fyrcylindriga motorer med enkel överliggande kamaxel. Motorblocken är i gjutjärn och topplocken av aluminiumbaserad lättmetallegering. Alla är monterade längsgående i främre delen av bilen, med växellådan fäst på motorns bakre del.

I topplocket sitter kamaxeln, som drivs med en kuggad kamrem. I topplocket sitter även insugs- och avgasventilerna, som stängs med dubbla spiralfjädrar och löper i styrningar som är inpressade i topplocket. Kamaxeln aktiverar ventilerna direkt via hydrauliska ventillyftare som sitter monterade i topplocket. För motorkod AJM och ATJ är en enhet med vipparmsaxel och valsvipparmar monterad vid kamaxelns övre lageröverfall. Den använder en ytterligare uppsättning kamlobar för att ställa in trycket för insprutningspumparna – se kapitel 4B. Topplocket innehåller inbyggda smörjkanaler som smörjer ventillyftarna.

Motorerna är av direktinsprutningstyp. Till skillnad från motorer med direkt insprutning, där topplocket innehåller virvelkammare, är kolvkronorna formade till förbränningskammare.

Vevaxeln bärs upp av fem ramlager och axialspelet regleras av tryckbrickor på ömse sidor om det mittersta ramlagret (nr 3).

Motorer med koderna AFN, AVG, AHU och AHH har en kamremsdriven mellanaxel som driver bromsservons vakuumpump och oljepumpen. Motorns kylvätska drivs runt med en pump som drivs av drivremmen. För närmare uppgifter om kylsystemet, se kapitel 3.

Motorer med koderna AJM och ATJ har ingen mellanaxel. I stället är en tandempump, som består av en vakuumpump och en bränslepump, monterad på topplockets baksida, där den drivs av kamaxeln. Kylvätskepumpen drivs av kamremmen.

Smörjmedel pumpas runt under tryck av en pump som drivs av mellanaxeln på motorer med kod AFN, AVG, AHU och AHH, och drivs med en kedja från vevaxeln på motorer med kod AJM och ATJ. Olja dras från sumpen genom en renare, och tvingas sedan genom ett externt, utbytbart filter. Från filtret fördelas oljan till topplocket där den smörjer kamaxelns lager och ventillyftarna liksom till vevhuset där den smörjer ramlager, vevstakslager, kolvtappar och cylinderlopp. Motorerna har oljemunstycken monterade längst ner i varje cylinder som sprutar olja på kolvarnas undersidor för att förbättra kylningen. En oljekylare, som matas med motorkylvätska och sitter på oljefilterhuset, sänker oljans temperatur innan den går tillbaka in i motorn.

Reparationer som kan utföras med motorn kvar i bilen

Följande ingrepp kan utföras utan att motorn demonteras:

a) Drivremmar - demontering och montering.
*b) Kamaxel - demontering och montering.**
c) Kamaxelns oljetätning - byte.
d) Kamaxeldrev - demontering och montering.
e) Kylvätskepump - demontering och montering (se kapitel 3).
f) Vevaxelns oljetätningar - byte.
g) Vevaxeldrev - demontering och montering.
*h) Topplock - demontering och montering.**
i) Motorfästen - kontroll och byte.
j) Mellanaxelns oljetätning - byte.
k) Oljepump och oljeupptagare - demontering och montering.
l) Insprutningspumpens vipparmsaxelenhet
m) Sump - demontering och montering.
n) Kamrem, drev och kåpa - borttagning, kontroll och montering.

**Topplockets isärtagning beskrivs i kapitel 2C, inklusive detaljer kring demontering av kamaxel och hydrauliska ventillyftare.*

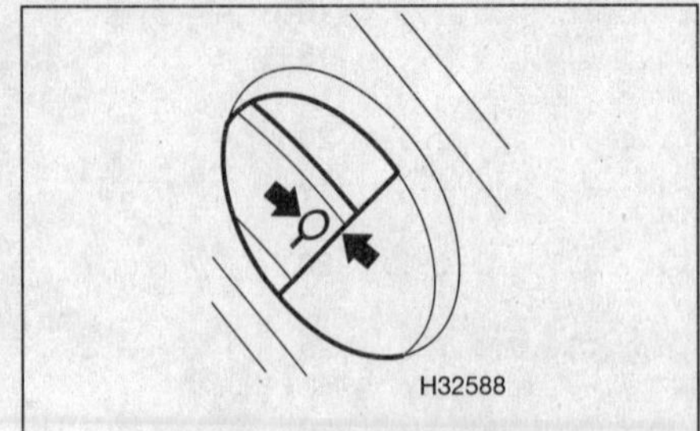

2.5 Vrid vevaxeln tills tändningsinställningsmärket på svänghjulets/drivplattanns kant hamnar mitt för inspektionshålet i svänghjulskåpans gjutgods (vid pilen)

Observera: *Det går att demontera kolvar och vevstakar (sedan topplock och sump demonterats) utan att lyfta ur motorn från bilen. Detta rekommenderas dock inte. Arbete av denna typ är mycket enklare att utföra med motorn på en arbetsbänk, enligt beskrivningen i kapitel 2C.*

2 Motorns ventilinställningsmärken - hitta ÖD på cylinder 1

Allmän information

1 Vevaxeln, kamaxeln, mellanaxeln (där sådan finns) och insprutningspumpens drev (där sådana finns) drivs av kamremmen. Vevaxeln och kamaxeldrevet rör sig synkront för att försäkra korrekt ventilinställning.

2 De motorer som behandlas i det här kapitlet är utformade så att kolven kommer i kontakt med ventilen om vevaxeln vrids när kamremmen är demonterad. Därför är det viktigt att rätt synkronisering mellan kamaxeln och vevaxeln bibehålls när kamremmen är demonterad. Detta uppnås genom att motorn sätts i ett referensläge (även kallat övre dödpunkt eller ÖD) innan kamremmen tas bort, och att skaften sedan hindras från att rotera tills remmen har monterats tillbaka. Om motorn har tagits isär för renovering kan den också sättas till ÖD under hopsättningen, för att axlarna ska stå rätt i förhållande till varandra.

3 Övre dödläge är det högsta läge som en kolv når i cylindern. I en fyrtaktsmotor når varje kolv ÖD två gånger per arbetscykel, en gång i kompressionstakten och en gång i avgastakten. Normalt avses med ÖD cylinder nr 1 i kompressionstakten. Observera att cylindrarna är numrerade ett till fyra med början från motorns kamremsände.

Inställning av ÖD för cylinder 1

Motorkod AFN, AVG, AHU och AHH

4 Demontera ventilkåpan och drivremmarna enligt beskrivningen i avsnitt 6 och 7. Demontera även kamremmens övre yttre kåpa enligt beskrivningen i avsnitt 4. Demontera glödstiften enligt beskrivningen i kapitel 5C, så blir det lättare att vrida runt motorn.

5 Vrid vevaxeln medurs med en nyckel på vevaxelns remskivebult tills tändningsinställningsmärket som finns inslipat i kanten av svänghjulet/drivplattan hamnar mitt för inspektionshålet i svänghjulskåpans gjutgods **och** tändningsinställningshålet i bränsleinsprutningsdrevet hamnar mitt för hålet i stödfästet **(se bild)**. **Observera:** *På motorkod AHH måste en utskärning på den inre delen av drevet passas in mot ett hål på stödfästet.*

6 För att låsa motorn i ÖD-läge måste kamaxeln (inte drevet) och insprutningspumpen låsas i ett referensläge

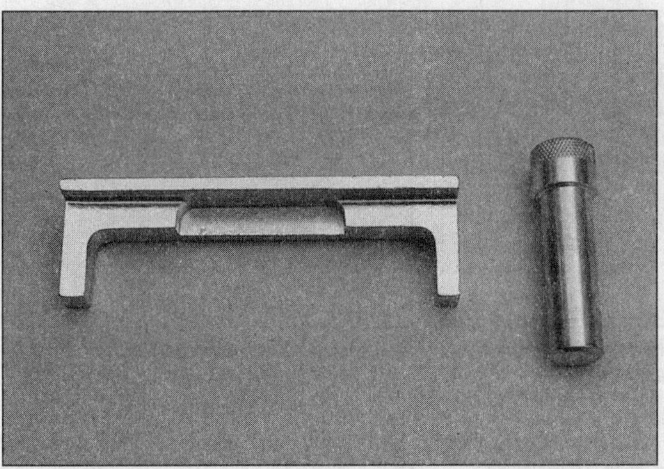

2.6 Motorlåsverktyg

2.7 Sätt låsbalken i skåran på kamaxeln

med speciella låsverktyg. Det går att tillverka provisoriska verktyg, men med tanke på den exakta mätning och maskinbearbetning som krävs, rekommenderar vi att du lånar eller hyr en uppsättning låsverktyg från en VW-verkstad, eller köper dem av en välrenommerad verktygsmakare **(se bild)**.

7 Sätt låsbalken i skåran på kamaxelns ände **(se bild)**.

8 Med låsbalken fortfarande instucken, vrid kamaxeln en aning (genom att vrida vevaxeln medurs, som tidigare), så att låsbalken vippar åt ena sidan och dess ena ände ligger an mot topplocksytan. Mät nu avståndet mellan den andra änden av stången och topplocket med ett bladmått.

9 Vrid kamaxeln en aning tillbaka och dra ut bladmåttet. Tanken är nu att ställa låsbalken helt vågrätt genom att sticka in två bladmått, vardera med en tjocklek på *halva* det uppmätta avståndet, på ömse sidor av kamaxeln mellan var sin ände av låsbalken och topplocket. Detta gör att kamaxeln centreras och ventilinställningen hamnar i sitt grundläge **(se bild)**.

10 Stick in låssprinten genom justeringshålet i bränsleinsprutningspumpens drev (eller utskärning), och in i stödfästet bakom drevet. Detta låser bränsleinsprutningspumpen i ÖD-referensläget **(se bilder)**.

Motorkod AJM och ATJ

Observera: *Det krävs ett speciellt VAG-verktyg (T10050) för att låsa vevaxeldrevet i ÖD-läget.*

11 För att komma åt ÖD-inställningsmärkena på vevaxeldrevet måste du flytta hela frontpanelen (låshållaren) så långt bort från bilens front som möjligt, men utan att koppla loss några kylarslangar eller elkablar (i serviceläge). Gör på följande sätt: Ta först bort stötfångaren enligt beskrivningen i kapitel 11. Skruva sedan loss de tre klämmorna från ljudisoleringen och skruva loss luftkanalen mellan låshållaren och luftrenaren. Skruva loss bultarna som håller fast låshållaren/stötfångarstaget vid underredeskanalerna, skruva loss de sidomonterade stötfångarstagen, som sitter precis under strålkastarna, och lossa dem från framskärmarna. Skruva loss de två bultarna som håller fast låshållaren vid framskärmens ovansida på var sida om fordonet - en på ovansidan/framsidan av varje skärm och en längs varje strålkastare. Bänd upp motorhuvslåsvajerns anslutning framför motorhuvens gångjärn på förarsidan och skilj låsvajerns två halvor. Ta hjälp av en medhjälpare och dra bort hela enheten så långt som möjligt från bilens front. VW-

2.9 Kamaxeln centrerad och låst med hjälp av låsbalk och bladmått

2.10a Insprutningspumpens drev låst med låssprinten (AFN-, AVG- och AHU-motorer)

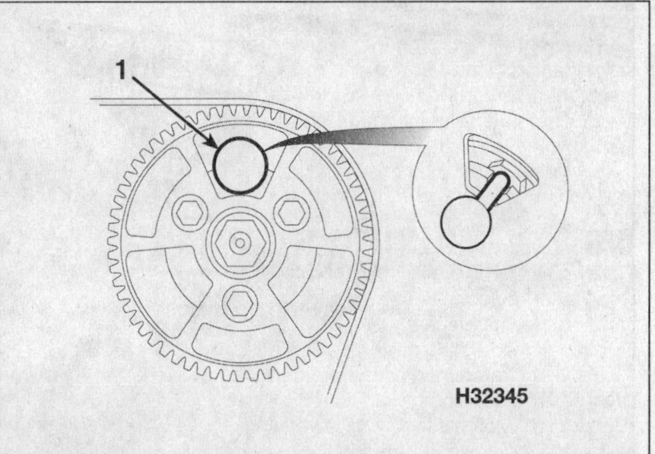

2.10b Verktyg (1) för låsning av insprutningspumpens drev (AHH-motor)

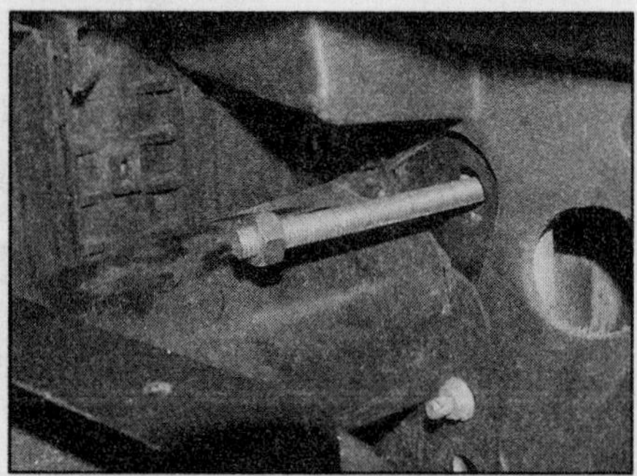
2.11a Använd gängad stång för att stödja låshållaren

2.11b Skruva loss servostyrningens oljekylare

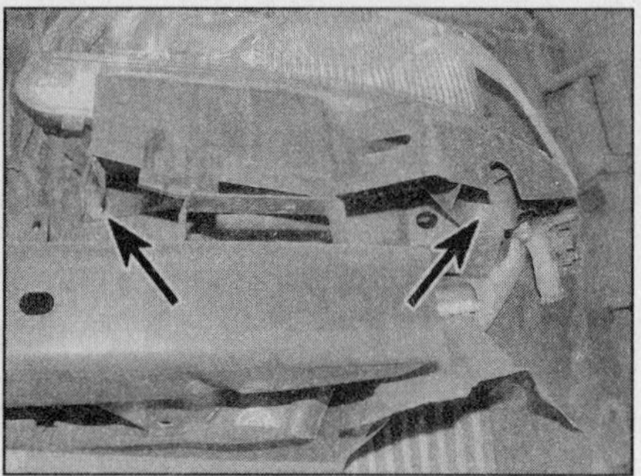
2.11c Stötfångarstyrningarna hålls på plats med två bultar under varje strålkastare (vid pilarna) . . .

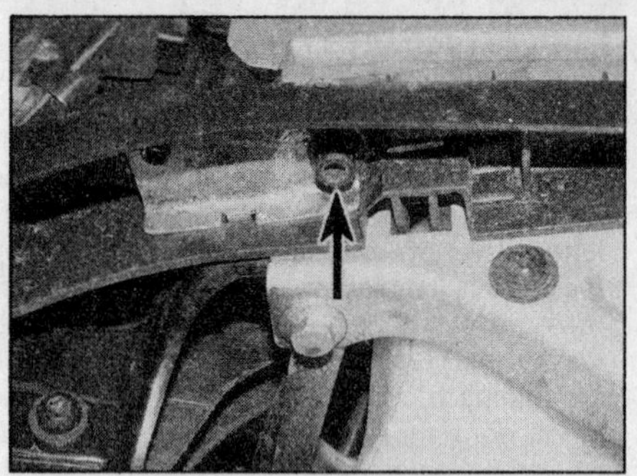
2.11d . . . och under varje skärm (vid pilen) . . .

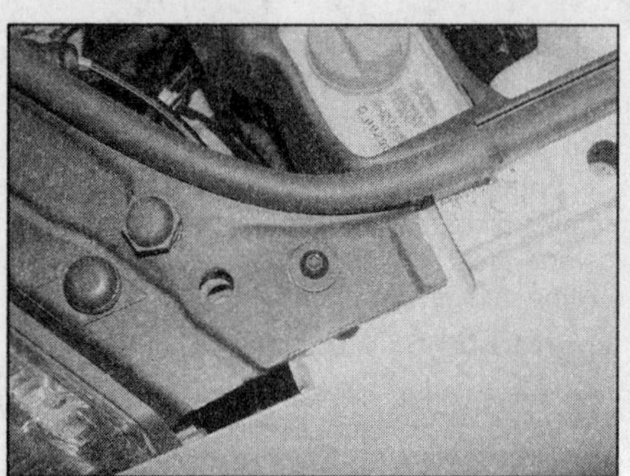
2.11e . . . skruva sedan loss fästbulten på skärmens ovansida . . .

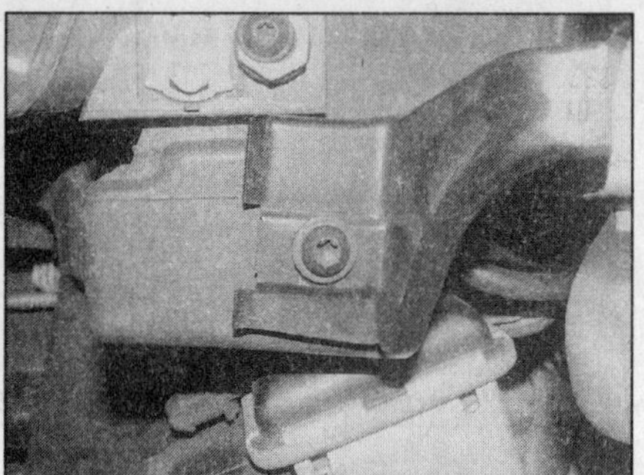
2.11f . . . och den bredvid varje strålkastare

mekaniker använder specialverktyg för att hålla enheten. Det går dock att tillverka stödstag av gängad stång som skruvas in i underredets kanaler **(se bilder)**.

12 Demontera drivremmen/remmarna enligt beskrivningen i avsnitt 6.

13 Lossa fästklämmorna och ta bort den övre kamremskåpan **(se bild)**. Skruva loss de två bultarna som håller fast bränslekylvätskerören vid topplocket och vakuumbehållaren till höger om topplocket. Flytta bort dem från motorns framsida för att få bättre rum. Kylvätskerören behöver inte kopplas loss.

14 Ta bort fläkten med viskokoppling enligt beskrivningen i kapitel 3, avsnitt 5. I korta drag tas den bort på följande sätt: Stick in en insexnyckel bakifrån medan enheten hålls fast med ett saxlikriande verktyg som hakas i två av hålen i remskivan. Om VW-verktyget inte finns tillgängligt kan ett liknande verktyg tillverkas av två bitar metall försedda med bultar att fästa i hålen. Du kan också använda ett remskiveverktyg.

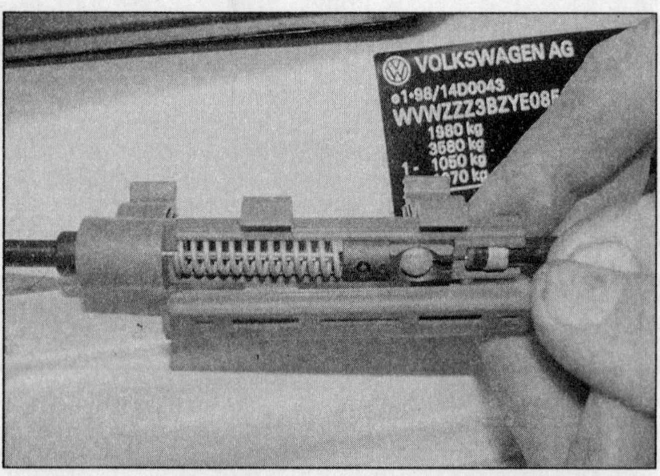

2.11g Skilj motorhuvslåsvajerns främre del

2.13 Kolla loss den övre kamremskåpan

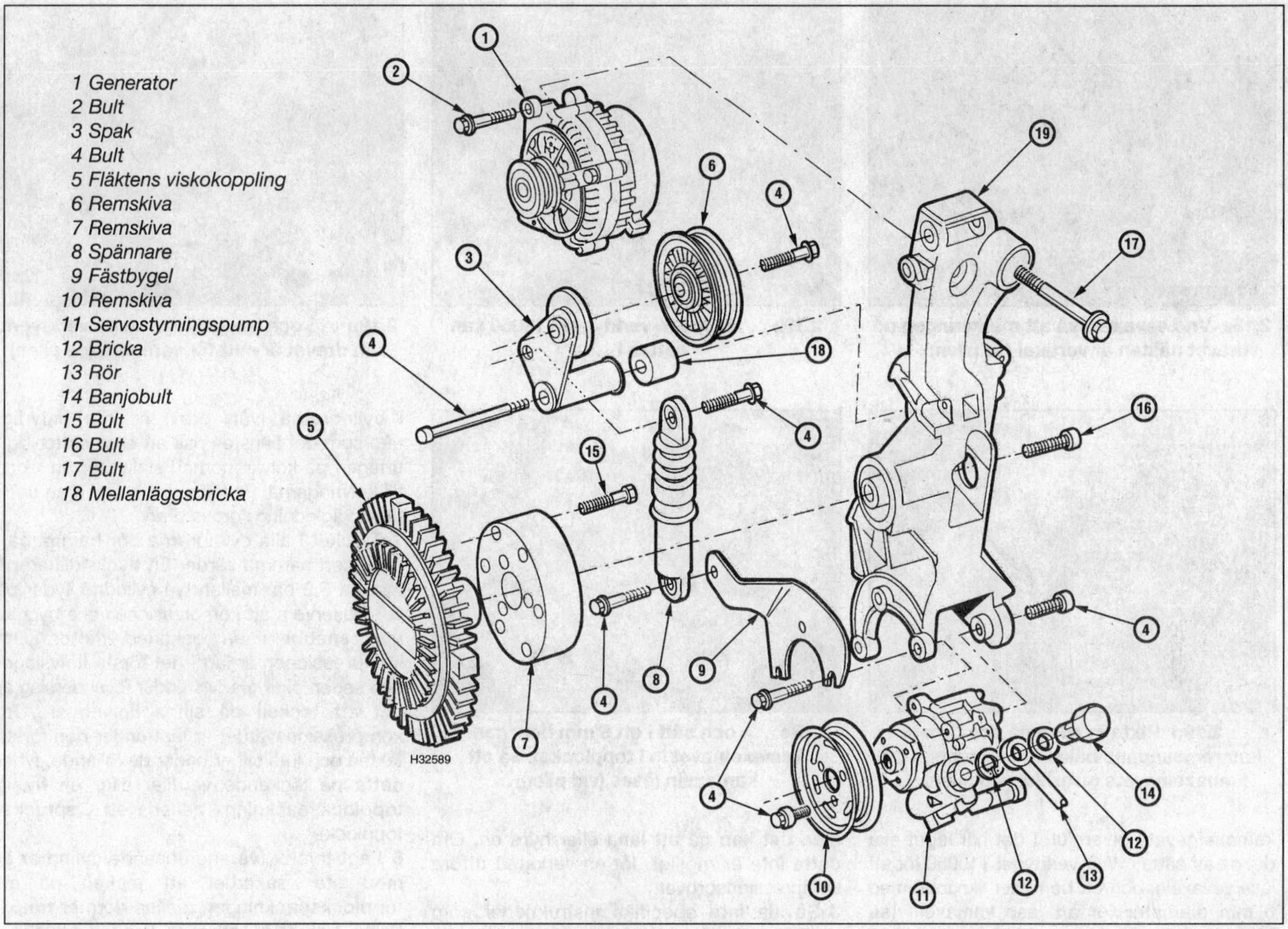

1 Generator
2 Bult
3 Spak
4 Bult
5 Fläktens viskokoppling
6 Remskiva
7 Remskiva
8 Spännare
9 Fästbygel
10 Remskiva
11 Servostyrningspump
12 Bricka
13 Rör
14 Banjobult
15 Bult
16 Bult
17 Bult
18 Mellanläggsbricka

H32589

2.15 Drivremsspännare

15 Skruva loss de två fästbultarna och ta bort drivremsspännaren **(se bild)**.

16 Lossa fästbultarna och ta bort den mittre kamremskåpan **(se bild)**.

17 Ta bort drivremmens remskiva från vevaxeln genom att bända ut mittlocket och skruva loss de fyra fästbultarna **(se bild)**.

18 Skruva loss de två fästbultarna och ta bort den nedre kamremskåpan.

19 Sätt en skiftnyckel eller hylsnyckel på vevaxeldrevets bult och vrid vevaxeln i normal rotationsriktning (medurs) tills drevets markering är som på bilden och pilen (märkt 4Z) på den bakre delen av den övre kamremskåpa hamnar mitt för tappen på

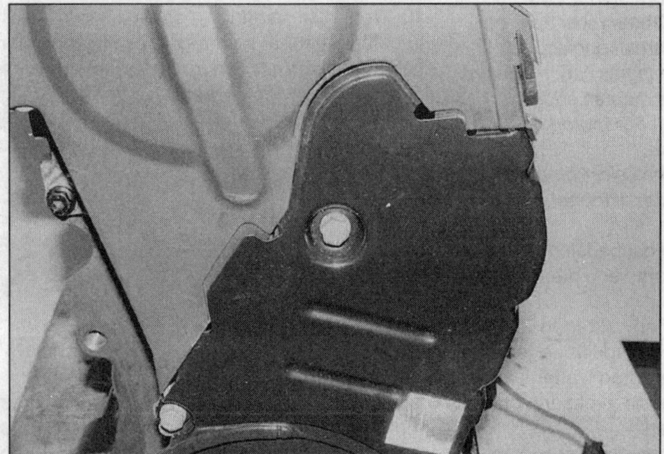
2.16 Skruva loss den mittre kamremskåpans fästbultar

2.17 Bänd ut drivremskivans mittkåpa

2.19a Vrid vevaxeln så att markeringen på drevet nästan är vertikal (se pilen) . . .

2.19b . . . och VW-verktyget T10050 kan sättas i . . .

2.19c . . . och markeringarna på verktyget och drevet är mitt för varandra (se pilen)

2.19d Rikta in pilen på den övre kamremskåpans baksida mot tappen på kamaxelnavets givarhjul (vid pilen). . .

2.19e . . . och sätt i ett 6 mm borr genom kamaxelnavet in i topplocket, så att kamaxeln låses (vid pilen)

kamaxelnavets givarhjul. I det här läget ska det gå att sätta i VAG-verktyget T10050 för att låsa vevaxeln, och ett borr eller liknande med 6 mm diameter för att låsa kamaxeln **(se bilder)**. **Observera:** *Markeringen på vevaxeldrevet och markeringen på VAG-verktyget T10050 måste vara mitt för varandra, samtidigt som skaftet på verktyg T10050 måste fästa i borrhålet i vevaxelns främre oljetätningshus.*

20 Motorn har nu ställts in för ÖD i cylinder 1.

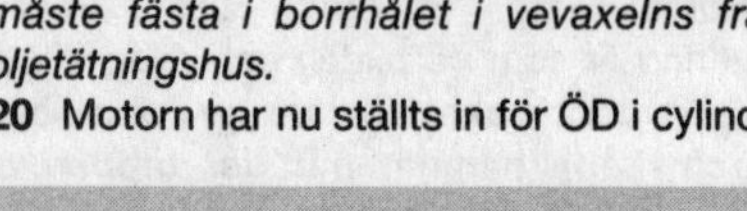

3 Cylinder - kompressionsprov

Kompressionsprov

Observera: *För detta prov måste en kompressionsprovare speciellt avsedd för dieselmotorer användas.*

1 Om motorns prestanda sjunker, eller om den misstånder, kan ett kompressionsprov ge ledtrådar till motorns skick. Om kompressionsprov görs regelbundet kan de förvarna om problem innan några andra symptom uppträder.

2 En kompressionsprovare speciellt avsedd för dieselmotorer måste användas eftersom trycket är högre. Provaren är ansluten till en adapter som är inskruvad i glödstiftshålet. Det är inte troligt att det är ekonomiskt försvarbart att köpa en sådan provare för sporadiskt bruk, men det kan gå att låna eller hyra en. Om detta inte är möjligt, låt en verkstad utföra kompressionsprovet.

3 Såvida inte specifika instruktioner som medföljer provaren anger annat ska följande iakttagas:

a) *Batteriet ska vara väl laddat, luftfiltret måste vara rent och motorn ska hålla normal arbetstemperatur.*

b) *Alla glödstift ska tas bort innan provet påbörjas.*

c) *Stoppelektromagneten och bränslemätarens kablage måste kopplas loss, så att inte motorn startar eller bränsle sprutas in.* **Observera:** *Som ett resultat av att sladdarna kopplats loss, kommer felkoder att lagras i styrmodulens minne. Dessa måste raderas efter kompressionsprovet. För motorkod AJM och ATJ, koppla loss insprutningsventilernas elektromagneter genom att dra isär kontaktdonet på topplockets baksida.*

4 Du behöver inte hålla gaspedalen nedtryckt under provet, eftersom en dieselmotors luftintag inte är strypt.

5 Tillverkarna anger en slitagegräns för kompressionstryck - se specifikationerna. Rådfråga en VW-verkstad eller annan dieselspecialist om du är tveksam om ett avläst tryck är godtagbart.

6 Orsaken till dålig kompression är svårare att fastställa på en dieselmotor än en bensinmotor. Effekten av att tillföra olja i cylindrarna (vått prov) är inte entydig, eftersom det finns en risk att oljan sätter sig i urtagen på kolvkronorna i stället för att ledas till kolvringarna. På följande vis kan man dock få en vägledning i grova drag.

7 Trycket i alla cylindrarna bör hamna på i stort sett samma värde. En tryckskillnad på mer än 5,0 bar mellan två cylindrar tyder på fel. Observera att kompressionen ska byggas upp snabbt i en oskadad motor. Om kompressionen är låg i det första kolvslaget och sedan ökar gradvis under följande slag är det ett tecken på slitna kolvringar. Om kompressionsvärdet är lågt under den första takten och inte stiger under de följande, tyder detta på läckande ventiler eller en trasig topplockspackning (eller ett sprucket topplock).

8 Lågt tryck i två angränsande cylindrar är med stor säkerhet ett tecken på att topplockspackningen mellan dem är trasig. Detta bekräftas om det finns kylvätska i motoroljan.

Tryckförlustprov

9 Ett tryckförlustprov mäter i vilken takt tryckluft som fylls på i cylindern läcker ut. Det är ett alternativ till kompressionsprovning, och är på många sätt bättre, eftersom luften som läcker ut gör det lätt att hitta läckan (hos kolvringar, ventiler eller topplockspackning).

10 Den utrustning som krävs för tryckförlusttest är som regel inte tillgänglig för hemmamekaniker. Om kompressionen verkar misstänkt, så låt en verkstad med lämplig utrustning utföra testet.

4 Kamrem - demontering, kontroll och montering

Demontering

Motorkod AFN, AVG, AHU och AHH

1 Den kuggade kamremmens huvudsakliga funktion är att driva kamaxlarna, men den driver även bränsleinsprutningspumpen och mellanaxeln. Om remmen slirar eller brister med motorn igång rubbas

4.10 Skruva loss bultarna och ta bort drivremskivan/skivorna

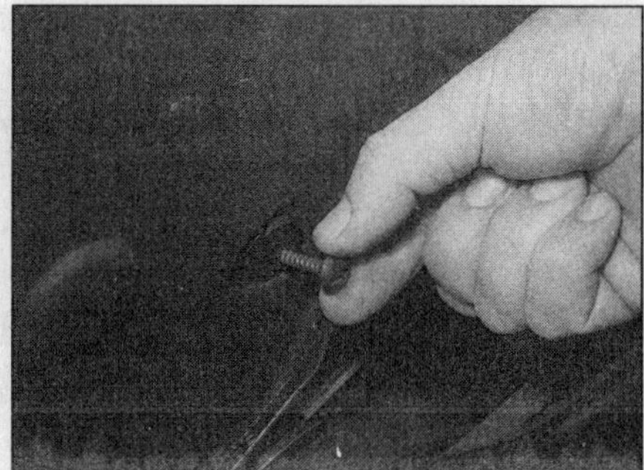
4.11a Lossa skruvarna . . .

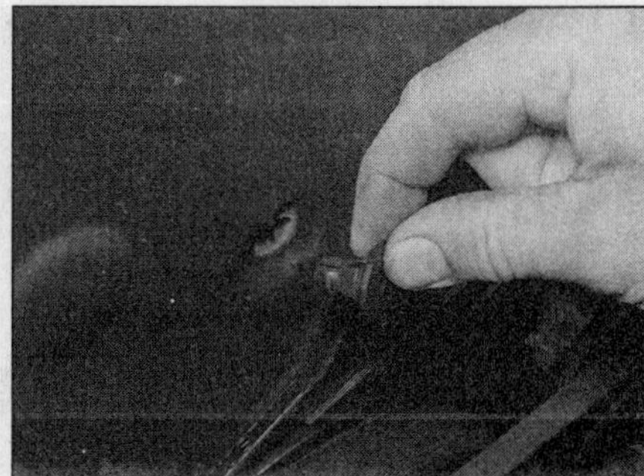
4.11b . . . och ta bort gummipluggarna. . .

ventilsynkroniseringen vilket kan leda till kontakt mellan kolvar och ventiler och därmed åtföljande allvarliga motorskador. Därför är det viktigt att kamremmen är korrekt spänd och att den kontrolleras regelbundet efter tecken på slitage eller åldrande.

2 Observera att demonteringen av kamremskåpans *inre* del beskrivs som en del av demonteringen av topplocket. Se avsnitt 12 senare i detta kapitel.

3 Koppla loss batteriet (se kapitel 5A), bänd sedan ut kåpans hattar, skruva loss fästmuttrarna/bultarna och ta bort motorns övre skyddskåpa.

4 Dra åt handbromsen. Lyft sedan upp framvagnen och ställ den på pallbockar (se *Lyftning och stödpunkter*). Om det är tillämpligt, ta bort stänkskyddet från motorrummets undersida.

5 Man kommer åt kamremmen genom att flytta hela den främre panelen (låshållaren) så långt som möjligt från bilens front utan att koppla loss kylarslangarna eller det elektriska kablaget. Gör på följande sätt: Ta först bort stötfångaren enligt beskrivningen i kapitel 11. Skruva sedan loss de tre klämmorna från ljudisoleringen och skruva loss luftkanalen mellan låshållaren och luftrenaren. Lossa kablaget från klämmorna på kylarens vänstra sida. Skruva loss bultarna som håller fast låshållaren/stötfångarstaget vid underredeskanalerna, skruva sedan loss de övre bultarna - en på ovansidan/framsidan av båda skärmarna, och en längs respektive strålkastare. Skruva loss de sidomonterade stötfångarstyrningarna som sitter strax under strålkastarna och snäpp loss dem från framskärmarna. Ta hjälp av en medhjälpare och dra bort hela enheten så långt som möjligt från bilens front. VW-mekaniker använder specialverktyg för att hålla enheten. Det går dock att tillverka stödstag av gängad metall som skruvas in i underredets kanaler.

6 Demontera drivremmen/remmarna enligt beskrivningen i avsnitt 6. Skruva även loss spännaren från motorns främre del med hjälp av en insexnyckel.

7 Ta bort fläkten med viskokoppling enligt beskrivningen i kapitel 3, avsnitt 5. I korta drag tas den bort på följande sätt: Stick in en insexnyckel bakifrån medan enheten hålls fast med ett saxliknande verktyg som hakas i två av hålen i remskivan. Om VW-verktyget inte finns tillgängligt kan ett liknande verktyg tillverkas av två bitar metall försedda med bultar att fästa i hålen.

8 Skruva loss den lilla kåpan från kamremskåpans högra sida, och flytta sedan laddtrycksstyrningens magnetventil åt sidan, men låt slangarna vara anslutna.

9 Ställ motorn till ÖD för cylinder nr 1 med hjälp av motorinställningsmarkeringarna enligt beskrivningen i avsnitt 2. Detta arbetsmoment innefattar demontering av ventilkåpan och låsning av bränsleinsprutningspumpens drev.

10 Skruva loss fästskruvarna, och ta sedan bort remskivan för den ribbade drivremmen (tillsammans med luftkonditionerings-kompressorns remskiva, om en sådan finns) från vevaxeldrevet **(se bild)**. Avsluta med att kontrollera att motorn fortfarande står i ÖD.

11 Lossa den översta delen av kamremskåpan genom att öppna fjäderklämmorna av metall och i tillämpliga fall ta loss tryckbultsfästena **(se bilder)**. Lyft av kåpan från motorn.

HAYNES TiPS
För att förhindra att drivremskivan vrids när du lossar på fästskruvarna, lägg i högsta växeln (gäller endast modeller med manuell växellåda) och be en medhjälpare att trycka ner bromspedalen hårt. Remskivan kan också hållas fast med ett oljefilteravdragare eller något liknande verktyg.

12 Skruva loss fästskruvarna och lossa klamrarna eller muttrarna, och lyft av den nedre kamremskåpan **(se bild)**.

13 Släpp spänningen på kamremmen genom att lossa spännarens fästmutter något och vrida bort spännaren från remmen, enligt beskrivningen i avsnitt 5.

14 Undersök om det finns märken för rotationsriktning på kamremmen. Om sådana saknas, gör egna med TippEx eller en färgklick - man får inte på något sätt skära i eller skåra remmen.

Varning: Om remmen ser ut att vara i bra skick och därmed kan återanvändas, är det viktigt att den monteras i samma rotationsriktning, annars slits den ut och går sönder mycket snabbare.

15 Dra av remmen från dreven, och se till så att du inte vrider eller böjer remmen för mycket om du tänkt återanvända den.

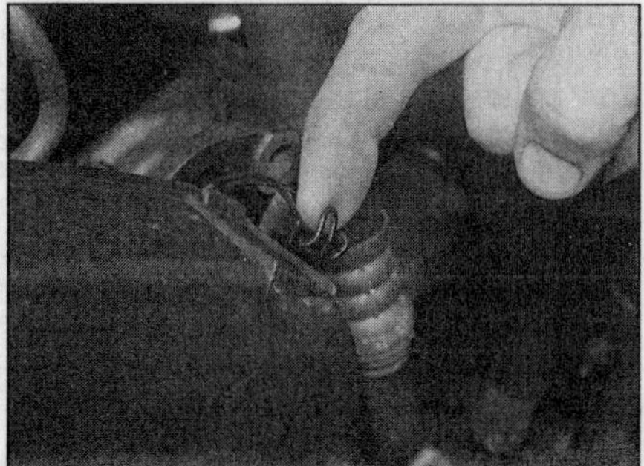
4.11c . . . lossa sedan fjäderklämmorna. . .

4.11d . . . och lyft av kamremskåpan från motorn

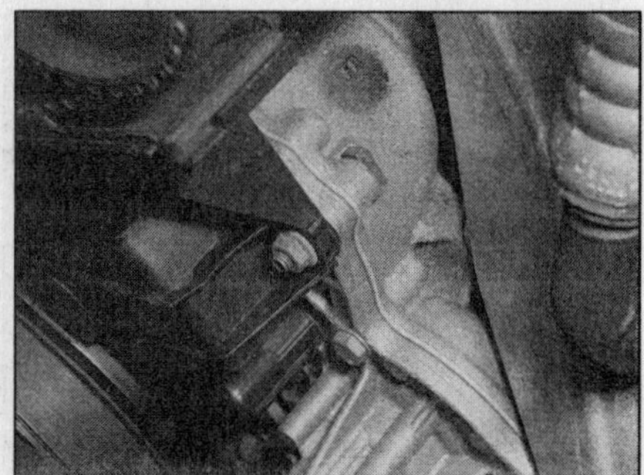
4.12 Nedre kamremskåpans bultar

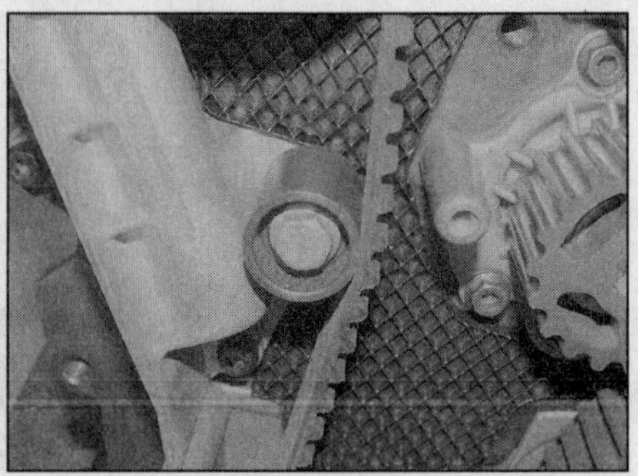

4.21 Skruva loss överföringshjulet

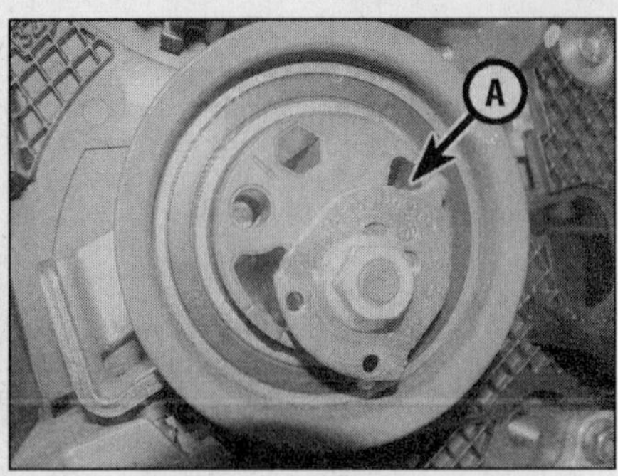

4.22a Vrid spännararmen moturs tills den får kontakt med stoppet (A)

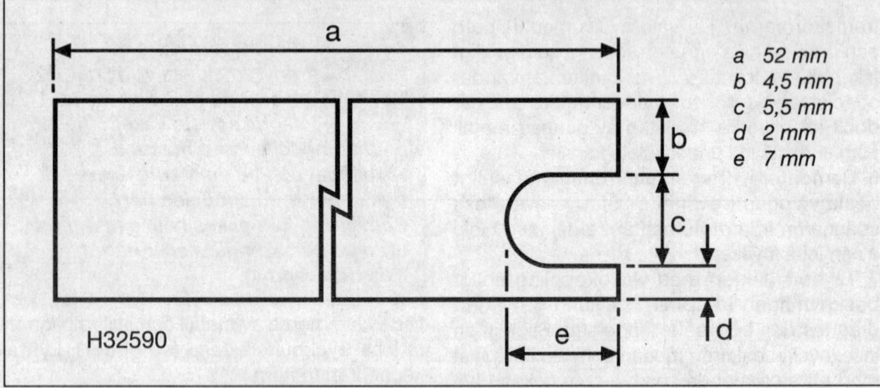

4.22b Hemgjort spännarlåsverktyg

Motorkod AJM och ATJ

Observera: *VAG-tekniker använder specialverktyget T10008 för att låsa kamremsspännaren i avspänt läge. Du kan tillverka ett hemmagjort alternativ – se nedan.*

16 Den kuggade kamremmens huvudsakliga funktion är att driva kamaxlarna, men den driver även kylvätskepumpen. Om remmen slirar eller brister med motorn igång rubbas ventilsynkroniseringen vilket kan leda till att kolvar och ventiler krockar, med allvarliga motorskador som följd. Därför är det viktigt att kamremmen är korrekt spänd och att den kontrolleras regelbundet efter tecken på slitage eller åldrande.

17 Observera att demonteringen av kamremskåpans *inre* del beskrivs som en del av demonteringen av topplocket. Se avsnitt 12 senare i detta kapitel.

18 Koppla loss batteriet (se kapitel 5A), och demontera sedan motorns övre skyddskåpa.

19 Dra åt handbromsen. Lyft sedan upp framvagnen och ställ den på pallbockar (se *Lyftning och stödpunkter*). Om det är tillämpligt, ta bort stänkskyddet från motorrummets undersida.

20 Ställ motorn till ÖD för cylinder nr 1 enligt beskrivningen i avsnitt 2.

21 Skruva loss bulten och demontera överföringshjulet**(se bild)**.

22 Lossa kamremmen enligt beskrivningen i avsnitt 5 genom att lossa något på spännarens fästmutter och vrida spännaren moturs med en låsringstång tills stoppet tar emot (A). Det kan ta en stund innan spännarens tryckkolv komprimeras helt. Lås tryckkolven genom att sätta i en låsplatta (VAG-verktyg nr T10008). Om du inte har detta specialverktyg kan du tillverka ett alternativ enligt bilden här bredvid. Vrid nu spännaren medurs till stoppet (B) **(se bilder)**.

23 Undersök om det finns märken för rotationsriktning på kamremmen. Om sådana saknas, gör egna med TippEx eller en färgklick - man får inte på något sätt skära i eller skåra remmen.

Varning: Om remmen ser ut att vara i bra skick och därmed kan återanvändas, är det viktigt att den monteras i samma rotationsriktning, annars slits den ut och går sönder mycket snabbare.

24 Dra av remmen från dreven, och se till så att du inte vrider eller böjer remmen för mycket om du tänkt återanvända den.

Kontroll

25 Undersök remmen efter tecken på förorening av kylvätska eller smörjmedel. Om så är fallet måste källan till föroreningen hittas innan arbetet återupptas. Kontrollera om kamremmen är sliten eller skadad, särskilt runt framkanten av tänderna. Byt remmen om den inte är i perfekt skick. Kostnaden för en ny rem är försumbar i jämförelse med de motorskador som kan uppstå om remmen skulle gå av under drift. Remmen måste bytas om den har gått 100 000 km, men även om den gått mindre är det en god idé att byta den, oavsett skick, för säkerhets skull.

26 Om kamremmen inte ska monteras omedelbart är det en god idé att sätta en varningslapp på ratten, för att påminna dig själv och andra om att inte starta motorn.

27 På motorkod AHH måste bultarna som håller fast insprutningspumpens drev till navet bytas varje gång de lossats, så se till att skaffa tre nya bultar innan du börjar återmonteringen. Bultarna är av stretchtyp och måste vinkeldras, och det är av denna orsak de inte kan återanvändas om de har skruvats loss. VW anger att pumpdrevet **måste** passas in varje gång kamremmen tas bort. Det går inte att bara montera tillbaka remmen på drevet utan att utföra en inpassning.

Montering

Motorkod AFN, AVG, AHU och AHH

28 Kontrollera att vevaxeln och kamaxeln fortfarande är inställda för ÖD i cylinder 1, enligt beskrivningen i avsnitt 2.

29 Vrid försiktigt vevaxeln moturs 90°, för att eliminera risken att kolven kommer i kontakt med ventilen av misstag. Lossa kamaxeldrevets bult ett halvt varv enligt beskrivningen i avsnitt 5. **Använd inte** synkroniseringens låsstag för att hålla kamaxeln på plats. Den måste tas bort tillfälligt samtidigt som remskivebulten lossas. Lossa drevet från kamaxelkonen genom att försiktigt knacka på det med en dorn i mjuk metall instucken i hålet i den inre

4.22c Sätt i låsverktyget genom urtaget, så att spännaren låses . . .

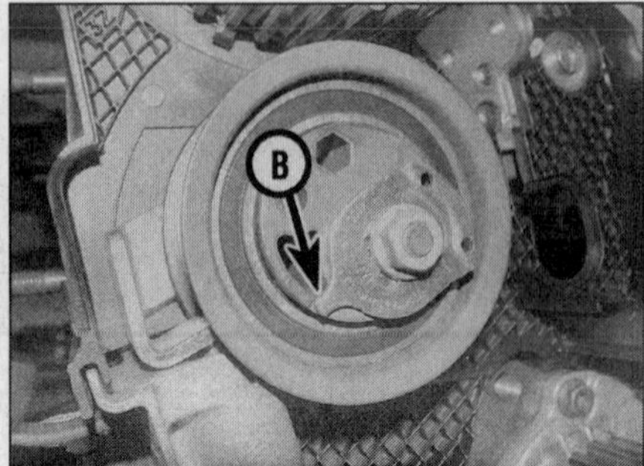

4.22d . . . och vrid spännararmen medurs tills den får kontakt med stoppet (B)

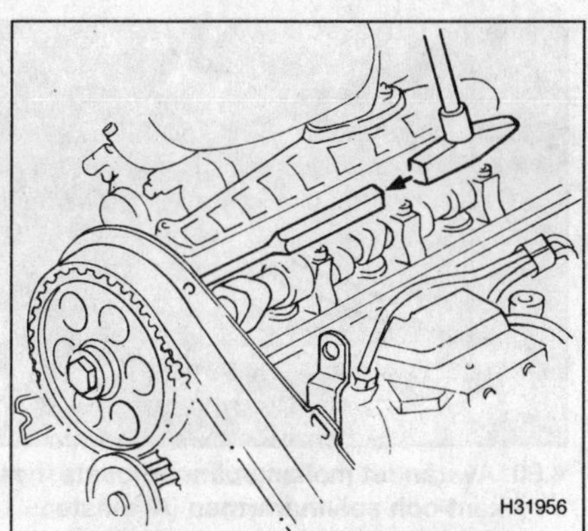

4.29 Lossa kamaxeldrevet från gängtappen med en pinndorn

kamremskåpan **(se bild)**. Vrid tillbaka vevaxeln till ÖD-läge.

30 På motorkod AHH, skruva loss de tre bultarna från insprutningspumpens drev och sätt i de nya. Dra bara åt för hand än så länge **(se bild)**. Sätt det yttre drevet mitt i de avlånga hålen.

Varning: Lossa inte centrumbulten, då kommer insprutningspumpens grundinställning att rubbas, och den måste då återställas av en VW-verkstad eller annan bränsleinsprutningsspecialist.

31 Dra kamremmen löst runt vevaxeldrevet. **Observera:** *Observera rotationsriktningsmarkeringarna på remmen (där sådana finns).*

32 Låt kamremmens tänder greppa i vevaxeldrevet och sätt sedan remmen på plats runt mellanaxelns remskiva, och sedan över insprutningspumpens och kamaxelns drev och runt spännarremskivan. Kontrollera att remmens tänder passar in mot remskivornas kuggar. Den övre delen av remmen måste ligga under den lilla övre valsen. **Observera:** *En smärre justering av kamaxeldrevets läge kan krävas för att uppnå detta.* Undvik att böja remmen bakåt eller att vrida den för mycket när du gör detta **(se bilder)**.

33 Se till att allt spelrum i remmen ligger i den del som går över spännrullen.

34 Vrid spännarremskivan medurs med hjälp av ett passande verktyg i de två hålen i spännarens nav tills inskärningen och den upphöjda kanten på remskivan och navet står mitt emot varandra **(se bild)**. Spännaren är halvautomatisk och ger kamremmen rätt spänning om inskärningen och kanten står mitt emot varandra. **Observera:** *Om spännaren vrids för långt medurs, måste den lossas helt innan den spänns igen.*

35 Dra åt spännarens låsmutter till angivet moment när spännarens markeringar är inpassade mot varandra. Kontrollera spännarens funktion genom att trycka hårt på kamremmen med tummen och se efter att visarna rör sig bort från varandra. När du släpper remmen ska visarna hamna i linje igen.

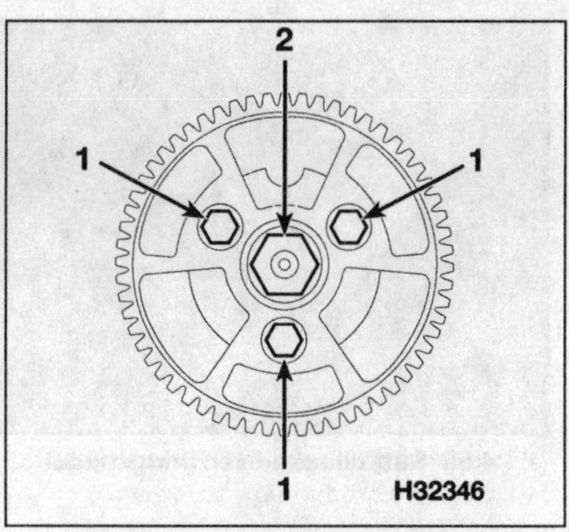

4.30 På en AHH-motor, skruva loss insprutningspumpens navbultar (1). Lossa inte centrumbulten (2)

36 Ta bort låssprinten från bränsleinsprutningspumpens drev (se avsnitt 2).

37 Ta bort kamaxelns låsbalk (se avsnitt 2).

38 På motorkod AHH, dra åt insprutningspumpens nya drevbultar till 20 Nm samtidigt som det yttre drevet hålls på plats med ett lämpligt verktyg. Se till att inte rubba inställningen mellan drevets inre och yttre delar. En sista åtdragning av bultarna görs efter kontroll av insprutningspumpens dynamiska inställning.

39 Kontrollera nu att vevaxeln och insprutningspumpen fortfarande står i ÖD för cylinder nr 1 (se avsnitt 2). På motorkod AHH, om låssprinten inte kan stoppas in, lossa tillfälligt de tre drevbultarna, flytta navet så mycket som behövs, och dra sedan åt bultarna till 20 Nm.

40 Dra åt kamaxeldrevets bult till angivet moment samtidigt som den hålls på plats med specialverktyget, enligt beskrivningen i avsnitt 5.

41 Dra runt vevaxeln två hela varv med en skiftnyckel eller hylsnyckel på vevaxelremskivans centrumbult. Ställ tillbaka motorn i ÖD-läge för cylinder nr 1 enligt beskrivningen i avsnitt 2, och kontrollera att bränsleinsprutningspumpdrevets låssprint och kamaxelns låsbalk fortfarande kan stickas in.

42 Montera tillbaka ventilkåpan med en ny packning enligt beskrivningen i avsnitt 7.

4.32b . . . och under den övre rullen

4.32a Sätt på kamremmen över spännrullen . . .

43 Montera tillbaka kamremmens nedre kåpa och fäst den med klämmorna och skruvarna. Montera även tillbaka den övre kåpan och fäst den med klämmorna och tryckbultarna.

44 Montera tillbaka vevaxelremskivan och dra åt fästskruvarna till angivet moment, med samma metod som vid demonteringen. Observera att hålen i remskivan sitter så att skivan bara kan monteras på ett sätt.

45 Montera tillbaka laddtrycksstyrningens magnetventil och den lilla kåpan på kamremskåpans högra sida, och dra åt bultarna.

46 Montera tillbaka fläkten med viskokoppling enligt beskrivningen i kapitel 3.

47 Montera tillbaka spännaren på framsidan av motorn, och montera sedan tillbaka drivremmarna enligt beskrivningen i avsnitt 6.

48 Montera tillbaka låshållaren i omvänd ordningsföljd mot demonteringen.

49 Montera tillbaka stänkskyddet under motorrummet, och sänk sedan ner bilen. Montera även tillbaka motorns övre skyddskåpa.

50 Återanslut batteriets minusledning (jord) (se kapitel 5A).

51 Avsluta med att kontrollera bränsleinsprutningspumpens synkronisering enligt instruktionerna i kapitel 4B, avsnitt 6.

52 På motorkod AHH, demontera den övre kamremskåpan, och vinkeldra sedan

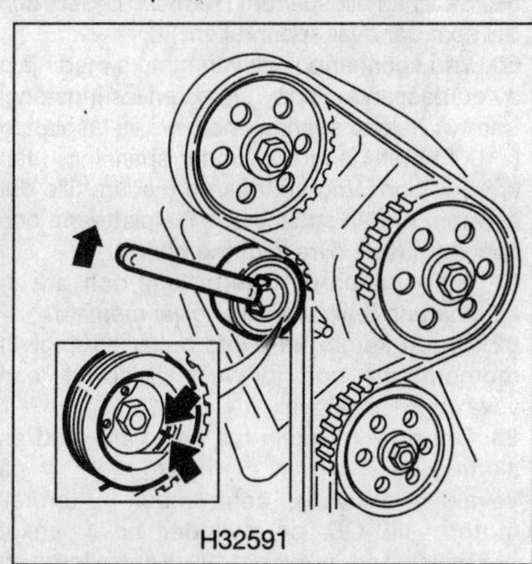

4.34 Inställningsmarkeringar på den automatiska spännarens remskiva och nav

4.55 Vrid kamaxeldrevet så att fästbultarna är i mitten av de avlånga hålen

4.58 Sätt tillbaka överföringshjulet

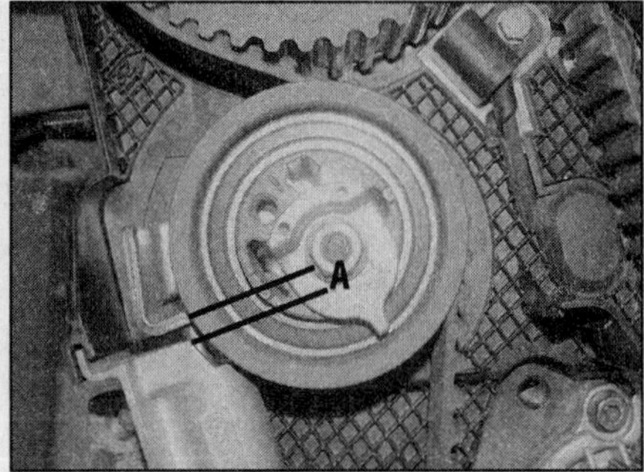

4.60 Avståndet mellan spännarhusets övre kant och spännararmen (A) måste vara 4 mm

insprutningspumpdrevets bultar till angivet värde. Avsluta med att montera tillbaka den övre kamremskåpan.

Motorkod AJM och ATJ

53 Kontrollera att vevaxeln och kamaxeln fortfarande är inställda för ÖD i cylinder 1, enligt beskrivningen i avsnitt 2.

54 Vrid försiktigt vevaxeln moturs 90°, för att eliminera risken att kolven kommer i kontakt med ventilen av misstag. Lossa kamaxeldrevets bultar ett halvt varv enligt beskrivningen i avsnitt 5.

55 Placera kamaxeldrevet så att fästbultarna är i mitten av de avlånga hålen **(se bild)**. Vrid vevaxeln medurs, tillbaka till ÖD-läge.

56 Dra kamremmen löst runt vevaxeldrevet. **Observera:** *Observera rotationsriktningsmarkeringarna på remmen.*

57 Skjut in kamremmens kuggar på vevaxeldrevet och lirka den sedan på plats runt spännrullen, kamaxeldrevet och till sist runt kylvätskepumpsdrevet. Kontrollera att remmens tänder passar in mot remskivornas kuggar. **Observera:** *En smärre justering av kamaxeldrevets läge kan krävas för att uppnå detta.* Undvik att böja remmen bakåt eller att vrida den för mycket när du gör detta.

58 Sätt tillbaka överföringshjulet och dra åt bulten till angivet moment **(se bilder)**.

59 Se till att allt spelrum i remmen ligger i den del som går över spännrullen.

60 Vrid spännarremsskivan moturs med hjälp av ett passande verktyg (t.ex. en låsringstång) i de två hålen i spännarens nav tills låsplattan (T10008) inte längre är under spänning, utan kan tas bort. Vrid spännaren medurs tills det är 4 mm mellan spännarens fästplattearm och spännarhusets övre kant **(se bilder)**.

61 Håll spännaren i detta läge och dra åt spännarens låsmutter till angivet moment.

62 Dra åt kamaxeldrevets bultar till angivet moment, ta bort drevets låssprint och vevaxelns låsverktyg.

63 Dra runt vevaxeln två hela varv med en skiftnyckel eller hylsnyckel på vevaxelremskivans centrumbult. Återställ motorn till ÖD på cylinder nr 1 enligt beskrivningen i avsnitt 2. Kontrollera att kamaxeldrevets låssprint (3359 eller 6 mm stav) fortfarande går att sätta i, och att det är rätt avstånd mellan spännarens fästplattearm och spännarhusets övre kant **(se bild 4.60)**. Upprepa spänningsproceduren om avståndet är felaktigt (punkt 60 och 61). Om det inte går att sätta in kamaxeldrevets låssprint, lossa fästbultarna, vrid **navet** tills sprinten går i och dra åt drevets fästbultar till angivet moment.

64 Montera den nedre kamremskåpan och drivremskivan. Observera att förskjutningen på hålen in remskivan gör att den bara kan monteras på ett sätt - dra åt bultarna till angivet moment.

65 Montera den mittre kamremskåpan och sätt tillbaka bultarna/muttrarna som håller fast bränslekylvätskerören.

66 Montera drivremsspännaren och den övre kamremskåpan,

67 Montera drivremmen enligt beskrivningen i avsnitt 6.

68 Montera tillbaka fläkten med viskokoppling enligt beskrivningen i kapitel 3.

69 Montera tillbaka låshållaren i omvänd ordningsföljd mot demonteringen.

70 Montera tillbaka stänkskyddet under motorrummet, och sänk sedan ner bilen. Montera även tillbaka motorns övre skyddskåpa.

71 Återanslut batteriets minusledning (jord) (se kapitel 5A).

5 Kamremsspännare och drev - demontering och montering

1 Koppla loss batteriet (se kapitel 5A).

2 För att komma åt de komponenter som beskrivs i detta avsnitt demonterar du först drivremmarna enligt beskrivningen i avsnitt 6.

Kamremsspännare

Motorkod AFN, AVG, AHU och AHH

3 Följ beskrivningarna i relevanta punkter i avsnitt 2 och 4 och ställ motorn i ÖD för cylinder nr 1. Demontera sedan den övre delen av den yttre kamremskåpan.

4 Lossa fästmuttern vid spännarremskivans nav och låt vrid enheten moturs, så att spänningen på kamremmen minskar. Skruva loss muttern och ta bort brickan.

5 Dra loss spännaren från pinnbulten.

6 Torka ren spännaren, men använd inga lösningsmedel som kan förorena lagren. Snurra spännarens remskiva på navet med handen. Kärv rörelse eller för stort spel indikerar att spännaren inte kan underhållas, och måste bytas.

7 Skjut spännaren på pinnbulten.

8 Sätt tillbaka spännarens bricka och fästmutter, men dra inte åt muttern helt än.

9 Montera tillbaka och spänn kamremmen enligt beskrivningen i avsnitt 4.

10 Montera tillbaka kamremskåporna enligt beskrivningen i avsnitt 4.

11 Montera tillbaka drivremmarna (del 6) och återanslut batteriet (kapitel 5A).

Motorkod AJM och ATJ

12 Följ beskrivningarna i relevanta punkter i avsnitt 2 och 4 och ställ motorn i ÖD för cylinder nr 1. Demontera sedan den övre delen av den yttre kamremskåpan.

13 Lossa kamremmen genom att lossa något på spännarens fästmutter och vrida spännaren moturs med en låsringstång tills stoppet tar emot (A). Det kan ta en stund innan spännarens tryckkolv komprimeras helt. Lås tryckkolven genom att sätta i en låsplatta (VAG-verktyg nr T10008). Om du inte har detta specialverktyg kan du tillverka ett alternativ enligt bild 4.22b. Vrid nu spännaren medurs till stoppet (B) **(se bilderna 4.22a till 4.22d)**.

14 Skruva loss fästmuttern helt och ta bort spännarremskivan.

15 För att ta bort spännarens tryckkolv och hus, ta bort höger kåpa och spännarhusets fästbultar.

Kamaxelns kuggremskiva

Motorkod AFN, AVG, AHU och AHH

16 Ställ motorn i ÖD-läge för cylinder nr 1 enligt beskrivningen i avsnitt 2 och 4, och demontera sedan den övre delen av den yttre kamremskåpan.

17 Demontera ventilkåpan enligt beskrivningen i avsnitt 7.

18 Lossa fästmuttern vid spännarremskivans nav och låt enheten rotera moturs, så att spänningen på kamremmen minskar. Dra loss kamremmen från kamaxeldrevet. För att

Använd två stålremsor, 6 mm tjocka, 30 mm breda och 600 respektive 200 mm långa, för att göra ett verktyg att hålla kamaxeldrevet med (alla mått är ungefärliga). Skruva ihop de två banden så att de formar en gaffel utan att dra åt bulten, så att det kortare bandet kan vridas runt. Fäst en bult med en mutter och en låsmutter längst ut på verktygets båda armar, som stödpunkter. De fäster i drevets utskärningar, och bör sticka ut ungefär 30 mm.

förhindra risken att kolven av misstag kommer i kontakt med ventilen, vrid vevaxeln 90° moturs så att alla kolvar är halvvägs uppe i cylinderloppet.

19 Kamaxeldrevet måste hållas fast medan dess fästmutter lossas. Om du inte har tillgång till ett VW-specialverktyg kan du tillverka ett verktyg själv **(se Haynes tips)**. **Använd inte** synkroniseringens låsstag för att hålla kamaxeln på plats. Den bör tas bort innan remskivebulten lossas.

20 Håll fast kamaxeldrevet med det egentillverkade verktyget och lossa fästbulten ett halvt varv. Lossa drevet från kamaxelkonen genom att försiktigt knacka på det med en dorn i mjuk metall instucken i hålet i den inre kamremskåpan.

21 Skruva loss bulten och ta bort kamaxeldrevet från kamaxeländen **(se bild)**. Återställ vevaxeln till ÖD.

22 När drevet tagits bort, undersök om kamaxelns oljetätning läcker. Om det behövs, byt den enligt beskrivningen i avsnitt 9.

5.21 Ta bort kamaxeldrevet

23 Torka rent drevets och kamaxelns kontaktytor.

24 Sätt på drevet på kamaxeln och sätt i fästbulten, men dra bara åt den för hand än så länge.

25 Kontrollera att motorn fortfarande står i ÖD på cylinder nr 1 enligt beskrivningen i avsnitt 2 och 4, och montera sedan tillbaka kamremmen och spänn den.

26 Montera tillbaka den övre kamremskåpan och ventilkåpan, och montera sedan tillbaka drivremmen/remmarna (del 6) och återanslut batteriet (kapitel 5A).

Motorkod AJM och ATJ

27 Ställ motorn i ÖD för cylinder nr 1 enligt beskrivningen i avsnitt 2 och 4. Lossa de tre bultarna som håller fast kamaxeldrevet vid navet.

28 Ta bort kamremmen enligt beskrivningen i avsnitt 4. För att förhindra risken att kolven av misstag kommer i kontakt med ventilen, vrid vevaxeln 90° moturs. Skruva loss de tre fästbultar och ta bort kamaxeldrevet.

29 Sätt på drevet på kamaxelnavet och dra åt fästbultarna för hand **(se bild)**.

30 Vrid vevaxeln medurs 90°, tillbaka till ÖD-läge. Montera och spänn kamremmen enligt beskrivningen i avsnitt 4.

Kamaxelnav

Observera: *VAG-tekniker använder specialverktyg T10051 för att hålla emot navet, men du kan själv tillverka ett lämpligt alternativ – se nedan.*

5.29 Dra i det här skedet bara åt kamaxeldrevets bult med fingerkraft

31 Ta bort kamaxeldrevet enligt beskrivningen i punkt 27 och 28.

32 Sätt specialverktyget T10051 i de tre hålen på navets framsida, för att förhindra att navet vrids. Om du inte har tillgång till detta verktyg kan du tillverka ett alternativ enligt beskrivningen i rutan *Haynes tips* som hör till punkt 5.19. Håll i verktyget och skruva loss den mittre av navets fästbultar cirka två varv **(se bild)**.

33 Med navets mittre fästbult på plats, anslut VW-verktyget T10052 (eller liknande trearmad avdragare) vid navet och dra åt avdragaren jämnt tills navet är fritt från kamaxeltappen **(se bild)**.

34 Se till att kamaxeltappen och navets mitt är rena och torra och sätt på navet på tappen. Observera att navtappens inbyggda nyckel måste ligga i linje med hylsan i kamaxeltappen **(se bild)**.

35 Håll navet på plats med verktyg T10051 (eller liknande hemmagjort verktyg) och dra åt mittbulten till angivet moment.

36 Resten av monteringen sker i omvänd ordningsföljd mot demonteringen.

Kamaxelns kuggremskiva

37 Ta bort kamremmen enligt beskrivningen i avsnitt 4. Om kamremmen ska återanvändas måste dess rotationsriktning märkas ut.

38 Vevaxeldrevet måste hållas fast medan

5.32 Håll emot kamaxelnavet och skruva loss den mittre fästbulten ungefär två varv

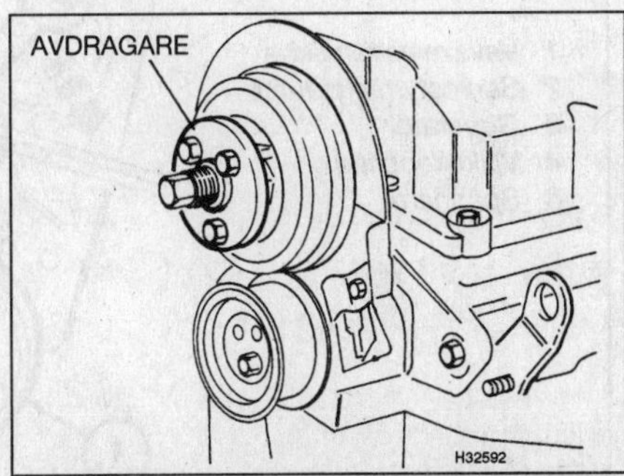

5.33 Ansluta en trearmad avdragare till navet, och dra åt avdragaren jämnt tills navet är fritt från kamaxeltappen

5.34 Den inbyggda nyckeln i navtappen måste passas in mot hylsan i kamaxeltappen (se pilarna)

5.41 Sätt tillbaka vevaxeldrevet med en ny fästbult, och dra åt till angivet moment och vinkelinställning

5.44 Håll fast mellanaxeldrevet med en hylsnyckel medan bulten lossas

dess fästmutter lossas. Finns inte tillgång till VW-specialverktyget för låsning av svänghjulet/drivplattan, låses vevaxeln i läge genom att startmotorn demonteras, enligt beskrivningen i kapitel 5A, så att krondrevet syns. Låt en medhjälpare hålla en bredbladig skruvmejsel mellan krondrevets kuggar och balanshjulskåpan medan drevets fästbult lossas. Dra ut bulten, ta loss brickan (där sådan finns) och lyft av drevet.

39 När drevet tagits bort, undersök om vevaxelns oljetätning läcker. Byt ut den enligt beskrivningen i avsnitt 11 om det behövs.

40 Torka rent drevets och vevaxelns fogytor.

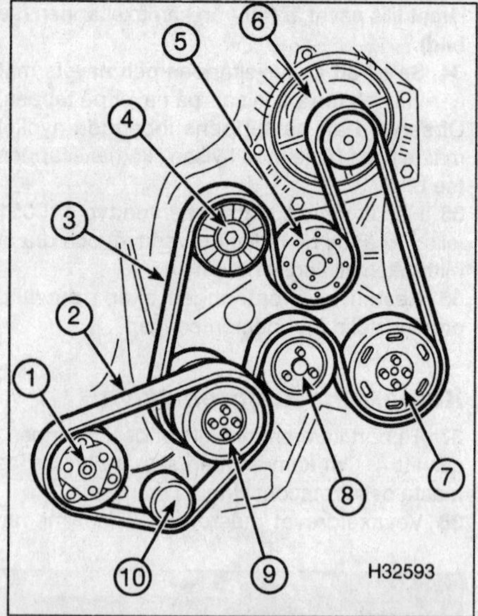

6.1a Drivrem - motorkod AFN, AVG, AHU och AHH

1 Luftkonditioneringskompressor
2 Luftkonditioneringskompressorns drivrem
3 Huvuddrivrem
4 Huvuddrivremmens spännare
5 Fläktens remskiva
6 Generator
7 Servostyrningspump
8 Vattenpump
9 Vevaxelns remskiva
10 Luftkonditioneringskompressorns drivremsspännare

41 Sätt på drevet på vevaxeln, så att tappen på insidan av drevet passa in i urholkningen i änden av vevaxeln. Sätt i den nya fästbulten och dra åt den till angivet moment för steg 1, samtidigt som vevaxeln hålls stilla enligt beskrivningen för demonteringen. Vinkeldra sedan bulten till angiven vinkel **(se bild)**.

42 Resten av monteringen sker i omvänd ordningsföljd mot demonteringen.

Mellanaxeldrev

43 Ta bort kamremmen och de övre och nedre ytterkåporna enligt beskrivningen i avsnitt 4. Om kamremmen ska återanvändas måste dess rotationsriktning märkas ut.

44 Mellanaxeldrevet måste hållas fast medan dess fästmutter lossas. Om du inte har tillgång till ett VW-specialverktyg kan du tillverka ett verktyg själv enligt beskrivningen i underavsnittet om demontering kamaxeldrev. Drevet kan också hållas stilla genom att en metallstyrhylsa eller hylsnyckel sticks in genom ett av hålen i drevet **(se bild)**.

45 Skruva loss fästbulten och dra loss drevet från mellanaxelns ände. Ta ut woodruff-kilen ur kilspåret.

46 När drevet tagits bort, kontrollera om mellanaxelns oljetätning läcker. Om det behövs, byt den enligt beskrivningen i avsnitt 10.

47 Torka rent drevets och axelns fogytor.

48 Sätt i woodruff-kilen i kilspåret med den plana ytan uppåt. Passa in drevet mot axeln så att spåret i drevet greppar kring kilen.

49 Sätt tillbaka och dra åt drevets fästbult till angivet moment. Håll fast drevet på samma sätt som vid demonteringen.

50 Följ beskrivningarna i avsnitt 2 och 4. Kontrollera att motorn fortfarande är i ÖD på cylinder nr 1. Montera sedan kamremmen och spänn den. Montera tillbaka de yttre kamremskåporna, och montera sedan tillbaka drivremmarna (avsnitt 6) och återanslut batteriet (kapitel 5A).

Bränsleinsprutningspumpens kuggremskiva

51 Se kapitel 4B, avsnitt 6.

6 **Drivremmar** - demontering, montering och spänning

Allmän information

1 En huvuddrivrem driver generatorn, fläkten, servostyrningspumpen, och på motorkod AFN, AVG, AHU och AHH, kylvätskepumpen. På modeller med luftkonditionering drivs kompressorn av en separat drivrem. Båda drivremmarna drivs från remskivor som sitter på främre delen av vevaxeln, och båda drivremmarna är av den ribbade typen **(se bilder)**.

2 Huvuddrivremmens spänning justeras automatiskt av en fjäderbelastad överföring. Luftkonditioneringskompressorns drivrem (i

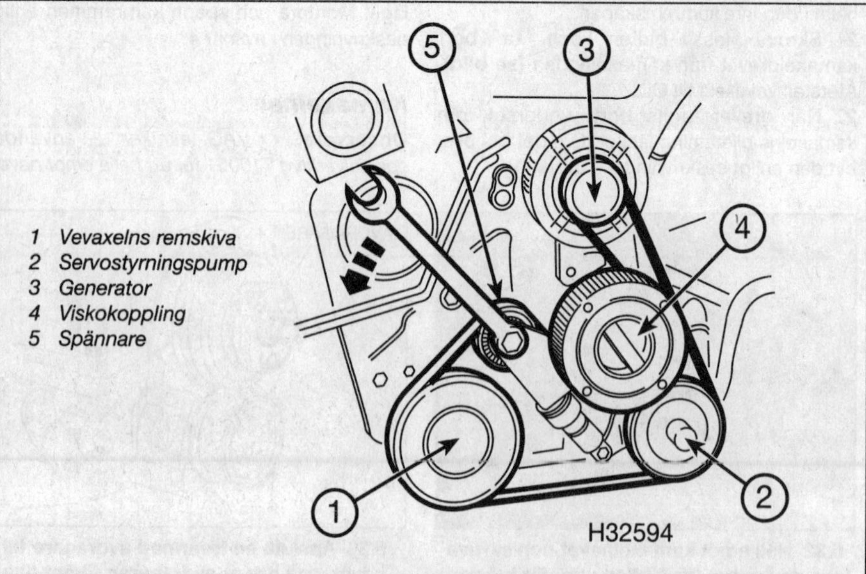

1 Vevaxelns remskiva
2 Servostyrningspump
3 Generator
4 Viskokoppling
5 Spännare

6.1b Drivrem - motorkod AJM och ATJ

förekommande fall) justeras med en momentnyckel på tomgångsöverföringen.

3 Om drivremmarna ska demonteras, dra först åt handbromsen och lyft sedan upp framvagnen och ställ den på pallbockar (se *Lyftning och stödpunkter*). Ta bort den undre skyddskåpan från motorrummets undersida.

Demontering

4 Om en drivrem ska återanvändas måste dess rotationsriktning markeras, så att den kan monteras tillbaka åt samma håll.

5 Man kommer åt drivremmen bäst genom att flytta hela den främre panelen (låshållaren) så långt som möjligt från bilens front utan att koppla loss kylarslangarna eller det elektriska kablaget. Gör på följande sätt: Ta först bort stötfångaren enligt beskrivningen i kapitel 11. Skruva sedan loss de tre klämmorna från ljudisoleringen och skruva loss luftkanalen mellan låshållaren och luftrenaren. Lossa kablaget från klämmorna på kylarens vänstra sida. Skruva loss bultarna som håller fast låshållaren/stötfångarstaget vid underredeskanalerna, skruva sedan loss de övre bultarna - en på ovansidan/framsidan av varje skärm, och en längs varje strålkastare. Skruva loss de sidomonterade stötfångarstyrningarna som sitter strax under strålkastarna och snäpp loss dem från framskärmarna. Ta hjälp av en medhjälpare och dra bort hela enheten så långt som möjligt från bilens framvagn. VW-mekaniker använder specialverktyg för att hålla enheten. Det går dock att tillverka stödstag av gängad metall som skruvas in i underredets kanaler.

6 På modeller med luftkonditionering, lossa kulbulten och spännbultarna. Flytta spännrullen uppåt för att minska spänningen på drivremmen. Dra bort drivremmen från vevaxeln, kompressorn och spännarremskivorna.

7 Om huvuddrivremmen ska demonteras, notera först hur den sitter runt de olika remskivorna så att den kan monteras tillbaka korrekt. Observera särskilt att drivremmens plana yttre kant ligger an mot fläktens remskiva. På motorkod AFN, AVG, AHU och AHH måste den automatiska spännaren lossas med en 15 mm ringnyckel på centrumbulten. Släpp spänningen genom att vrida bulten moturs, och ta sedan loss drivremmen från spännarens, generatorns, fläktens, servostyrningspumpens, vevaxelns och, i förekommande fall, kylvätskepumpens remskivor. **Observera:** *Bulten är vänstergängad, så den lossnar inte av att vridas moturs.* Släpp spännaren när drivremmen tagits bort. På motorkod AJM och ATJ, använd en 19 mm nyckel på den gjutna sexkantiga delen på spännarremskivans fästbygel och tryck spännarremskivan nedåt (moturs).

Montering

8 Sätt på drivremmen på generatorns, fläktens, vevaxelns och, i förekommande fall, kylvätskepumpens remskivor, och se till att alla ribbor sitter ordentligt i spåren på remskivorna. Vrid den automatiska spännaren moturs och sätt på drivremmen på remskivan, och släpp sedan spännaren för att spänna drivremmen.

9 På modeller med luftkonditionering, sätt på drivremmen på kompressorns och vevaxelns remskivor, och se till att alla ribbor sitter ordentligt i spåren på remskivorna. Flytta spännarremskivan nedåt och fäst drivremmen i remskivans spår. Spänn drivremmen genom att dra åt hexagonen på spännarhuset till ett moment på 25 Nm. Håll detta moment, och dra sedan åt justerings- och styrbultarna.

10 Montera låshållaren.

7 Ventilkåpa – demontering och montering

Demontering

Motorkod AFN, AVG, AHU och AHH

1 Bänd ut skyddshattarna, skruva loss fästmuttrarna/bultarna, ta bort motorns övre skyddskåpa och koppla sedan loss vevhusventilationnes slang och regulatorventil från ventilkåpan och ta loss muffen **(se bilder)**.

2 Ta bort hattarna och skruva sedan loss ventilkåpans tre fästmuttrar. Ta bort brickorna och tätningarna och notera i vilken ordning du tagit bort dem **(se bild)**.

3 Lyft bort kåpan från topplocket **(se bild)**

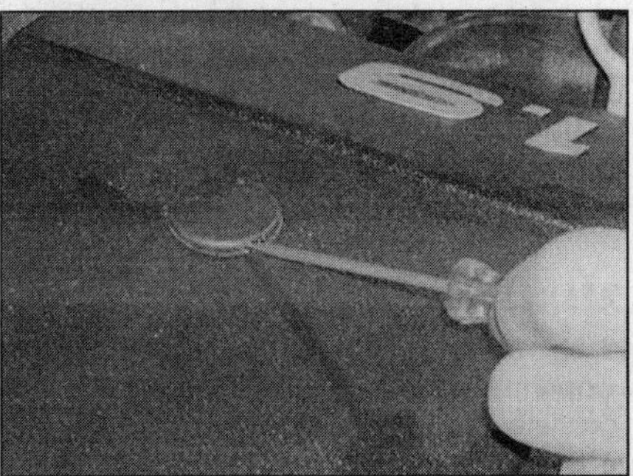

7.1a Bänd loss kåporna . . .

7.1b . . . skruva loss muttrarna . . .

7.1c . . . och ta bort motorns övre skyddskåpa

7.1d Koppla loss slangarna till vevhusventilationens regulatorventil

7.2 Skruva loss ventilkåpans fästmuttrar

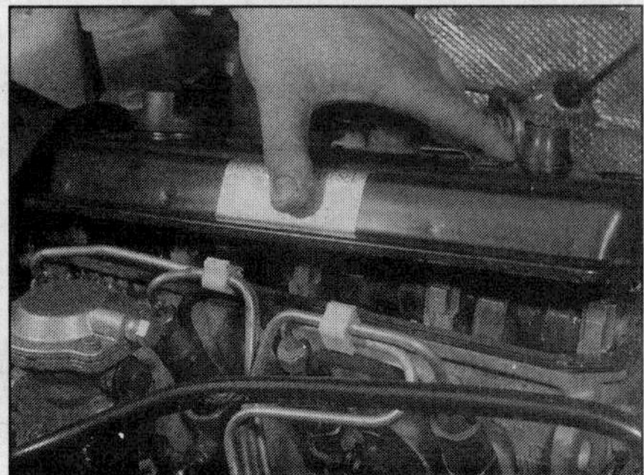

7.3 Ta bort ventilkåpan från topplocket

7.4 Ta bort ventilkåpans packning

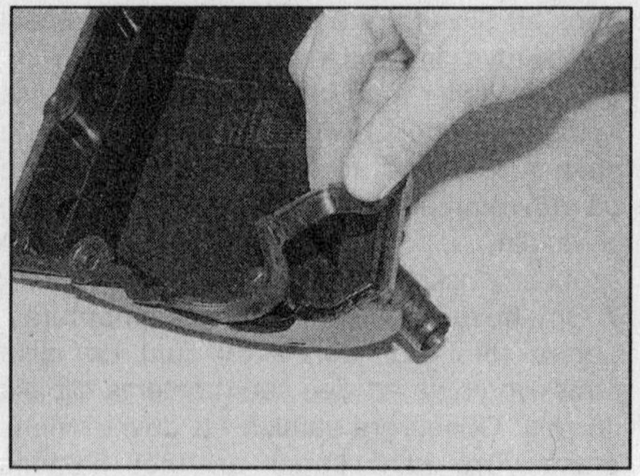

7.8 Ventilkåpans packning sitter i ett spår i kåpan

Försök inte bända loss den om den sitter fast – lossa den i stället genom att knacka försiktigt runt kåpan med en mjuk klubba.

4 Ta loss ventilkåpans packning **(se bild)**. Undersök packningen noga och byt ut den om den visar tecken på skador eller slitage.

5 Rengör fogytorna på topplock och ventilkåpa noga, ta bort alla spår av olja och gammal packning, och var noga med att inte skada ytorna.

Motorkod AJM och ATJ

6 Bänd ut skyddshattarna, skruva loss fästmuttrarna/bultarna och ta bort motorns övre skyddskåpa. Koppla sedan loss ventilationsslangen från ventilkåpan. Ta bort isoleringen som sitter runt ventilkåpan.

7 Skruva loss ventilkåpans fästbultar och lyft bort kåpan. Försök inte bända loss den om den sitter fast – lossa den i stället genom att knacka försiktigt runt kåpan med en mjuk klubba.

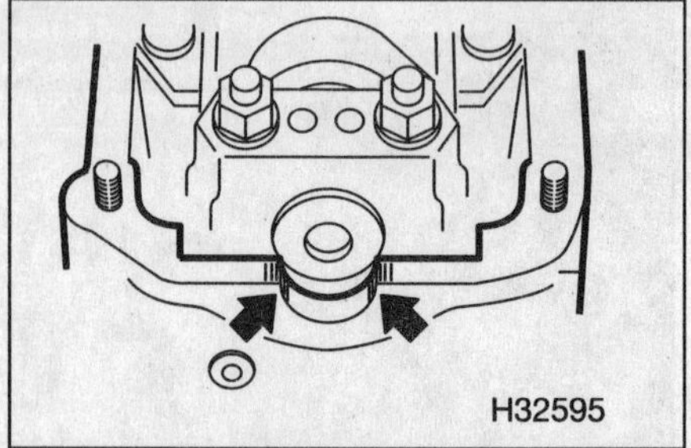

7.10a Applicera tätningsmedel på den bakre halvcirkelformade utskärningen . . .

8 Ta loss ventilkåpans packning **(se bild)**. Undersök packningen noga och byt ut den om den visar tecken på skador eller slitage.

9 Rengör fogytorna på topplock och ventilkåpa noga, ta bort alla spår av olja och gammal packning, och var noga med att inte skada ytorna.

Montering

10 Montera tillbaka ventilkåpan i omvänd ordningsföljd mot demonteringen, och tänk på följande:

a) På motorkod AFN, AVG, AHU och AHH, innan ventilkåpan monteras tillbaka, applicera lämpligt tätningsmedel på de övre kanterna av den halvcirkelformade utskärningen på den bakre delen av topplocket. Applicera lämpligt tätningsmedel på de två punkter på topplockets främre del där kamaxelns lageröverfall kommer i kontakt med topplocket ***(se bilder)****.*

b) På motorkod AFN, AVG, AHU och AHH, se till att packningen sitter korrekt på topplocket, och se till att inte rubba den när ventilkåpan sänks på plats ***(se bild)****. Observera att på tidiga modeller har packningen fyra styrtappar som passar in i hål i topplocket.*

c) På motorkod AJM och ATJ, applicera lämpligt tätningsmedel på de två punkter på topplockets främre och bakre delar där kamaxelns lageröverfall kommer i kontakt med topplocket ***(se bild)****.*

c) Dra åt ventilkåpans fästmuttrar/bultar till angivet moment.

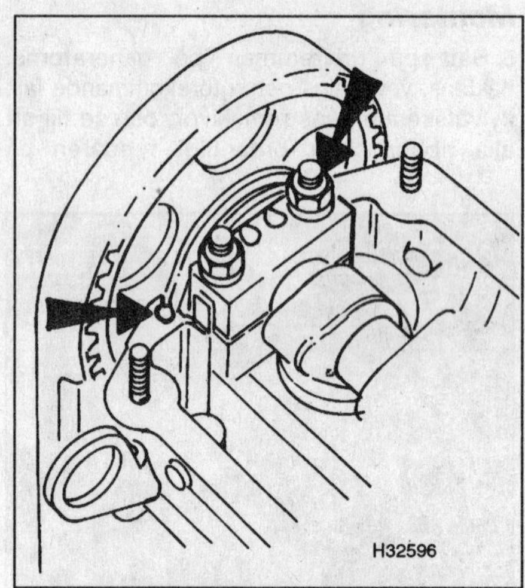

7.10b . . . och den främre lageröverfallsfogen

8 Insprutningspumpens vipparmsaxelenhet – demontering och montering

Demontering

1 Ta bort ventilkåpan enligt beskrivningen i avsnitt 7. Se till att vipparmarna monteras på sina ursprungliga platser genom att numrera armarna 1 till 4 med en fast tuschpenna eller färg, med nr 1 närmast motorns kamremsände. Om armarna inte monteras på sina ursprungliga platser måste du ställa in insprutningsventilspelet enligt beskrivningen i kapitel 4B, avsnitt 7.

2 Börja med de yttre bultarna och lossa vipparmsaxlarnas fästbultar försiktigt och jämnt. Kasta vipparmsaxelns bultar, du måste montera nya **(se bild)**.

Montering

3 Kontrollera noga vipparmsaxeln, vipparmarna och kamaxellageröverfallets yta och leta efter tecken på slitage eller skada.

4 Se till att axelns yta är ren, och sätt vipparmsaxelenheten i kamaxellageröverfallet. Var noga med att sätta vipparmarna på sina

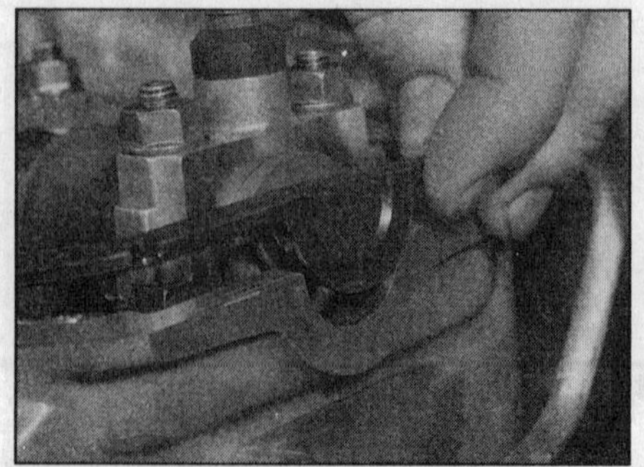

7.10c Se till att ventilkåpans packning sitter korrekt på topplocket

7.10d Applicera tätningsmedel på de främre och bakre punkter där kamaxellageröverfallet är i kontakt med topplocket

8.2 Börja med de yttre bultarna och lossa vipparmsaxlarnas fästbultar försiktigt och jämnt.

9.5 Montera tillbaka kamaxellageröverfallet

ursprungliga platser om du återanvänder de gamla armarna.

5 Sätt i vipparmsaxelns nya fästbultar, börja med de inre bultarna och dra åt bultarna gradvis och jämnt till de åtdragningsmoment som beskrivs i steg 1.

6 Börja återigen med de inre fästbultarna och dra åt bultar till vinkeln för steg 2 enligt specifikationerna i det här kapitlet.

7 Montera ventilkåpan enligt beskrivningen i avsnitt 7.

9 Kamaxelns oljetätning – byte

Motorkod AFN, AVG, AHU och AHH

1 Demontera drivremmarna enligt beskrivningen i avsnitt 6.

2 Se avsnitt 5 och ta bort kamremsspännaren samt kamaxelns och insprutningspumpens drev.

3 Skruva loss den inre kamremskåpan.

4 Demontera ventilkåpan enligt beskrivningen i avsnitt 7.

5 Se relevant avsnitt i kapitel 2C, och gör följande:

a) *Skruva loss muttrarna och ta loss lageröverfallet för kamaxel nr 1, och dra sedan av den gamla kamaxeloljetätningen.*

b) *Smörj ytan på den nya kamaxeloljetätningen med ren motorolja, och trä på den på kamaxeländen.*

c) *Applicera ett tunt lager lämpligt tätningsmedel på lageröverfallets fogyta, och sätt sedan tillbaka det och se till att oljetätningen ligger korrekt mot huvudet och överfallet **(se bild)**. Dra åt fästmuttrarna stegvis till angivet moment.*

6 Montera tillbaka ventilkåpan enligt beskrivningen i avsnitt 7.

7 Montera tillbaka den inre kamremskåpan och dra åt bultarna.

8 Montera tillbaka kamaxeln och insprutningspumpens drev samt kamremsspännaren, enligt beskrivningen i avsnitt 5.

9 Montera tillbaka drivremmarna enligt beskrivningen i avsnitt 6.

Motorkod AJM och ATJ

10 Ta bort kamaxeldrevet och kamaxelnavet enligt beskrivningen i avsnitt 5.

11 Observera var tätningen är monterad i huset, och borra två små hål i den befintliga oljetätningen, diagonalt mitt emot varandra. Skruva in två självgängande skruvar i hålen. Dra sedan i skruvskallarna med tänger för att dra ut oljetätningen. Var ytterst försiktig så att borren inte skadar huset eller kamaxelns tätningsyta.

12 Rengör tätningshuset och kamaxelns tätningsyta genom att torka med en luddfri trasa. Avlägsna metallspån, grader och liknande som kan orsaka läckage hos tätningen.

13 Smörj **inte** läppen och ytterkanten på den nya oljetätningen. Tryck ner den över kamaxeln tills den sitter ovanför sitt hus.

14 Använd en hammare och en hylsa med lämplig diameter och knacka in tätningen rakt i huset. ***Observera:*** *Välj en hylsa som bara ligger an mot tätningens hårda, utvändiga yta och inte mot den inre flänsen, som lätt skadas.*

15 Sätt tillbaka kamaxelns kuggremskiva och dess nav, enligt beskrivningen i avsnitt 5.

16 Resten av monteringen sker i omvänd ordningsföljd mot demonteringen.

10 Mellanaxelns oljetätning – byte

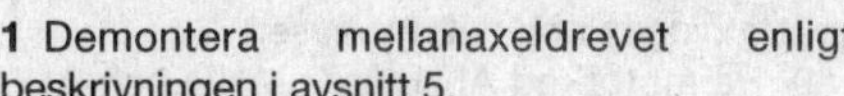

1 Demontera mellanaxeldrevet enligt beskrivningen i avsnitt 5.

2 Demontera mellanaxelns fläns enligt beskrivningen i kapitel 2C och byt axelns och flänsens oljetätningar.

3 Montera tillbaka mellanaxeldrevet enligt beskrivningen i avsnitt 5.

11 Vevaxelns oljetätningar – byte

Främre oljetätning

1 Demontera vevaxeldrevet enligt beskrivningen i avsnitt 5.

2 Observera var tätningen är monterad, och borra två små hål i den befintliga oljetätningen, diagonalt mitt emot varandra. Skruva i två självgängande skruvar i hålen och dra ut oljetätningen med två tänger **(se bild)**. Var noga med att inte borra hål i tätningshuset eller kamaxelns lageryta.

3 Rengör tätningshuset och vevaxelns tätningsyta genom att torka av dem med en luddfri trasa - undvik lösningsmedel som kan komma in i vevhuset och påverka smörjningen. Ta bort filspån eller borrskägg som kan orsaka att tätningen läcker.

4 På motorkod AFN, AVG, AHU och AHH, smörj läppen på den nya oljetätningen med ren motorolja och placera den över huset. **Observera:** *Motorer med koderna AJM och ATJ använder en tätning av ett annat material – denna oljetätning ska **inte** smörjas med olja eller fett.*

5 Använd en hammare och en hylsa med lämplig diameter och knacka in tätningen rakt i huset. **Observera:** *Välj en hylsa som endast ligger an mot tätningens hårda yttre yta, inte på den inre läppen som lätt skadas.*

6 Montera vevaxeldrevet enligt beskrivningen i avsnitt 5.

Främre oljetätningshusets packning

7 Demontera vevaxeldrevet enligt beskrivningen i avsnitt 5.

8 Skruva loss momentupptagningsfästbygeln från motorns framsida.

9 Demontera sumpen enligt beskrivningen i avsnitt 16.

10 Lossa stegvis och skruva ur oljetätningshusets fästbultar.

11 Lyft bort huset från motorblocket tillsammans med oljetätningen. Vrid lite så att det blir lättare att dra tätningen längs axeln.

12 Ta loss den gamla packningen (där sådan finns) från tätningshuset på motorblocket. Rengör husets och blockets ytor.

13 Om det behövs, bänd loss den gamla oljetätningen från huset med en skruvmejsel **(se bild)**.

14 Torka rent tätningshuset och se efter om det finns tecken på skevhet eller sprickor. Lägg huset på en arbetsyta med fogytan nedåt. Om den gamla tätningen har tagits bort, tryck in den nya tätningen med en träkloss så att den nya tätningen går in rakt i huset.

11.2 Ta bort vevaxelns främre oljetätning med självgängande skruvar

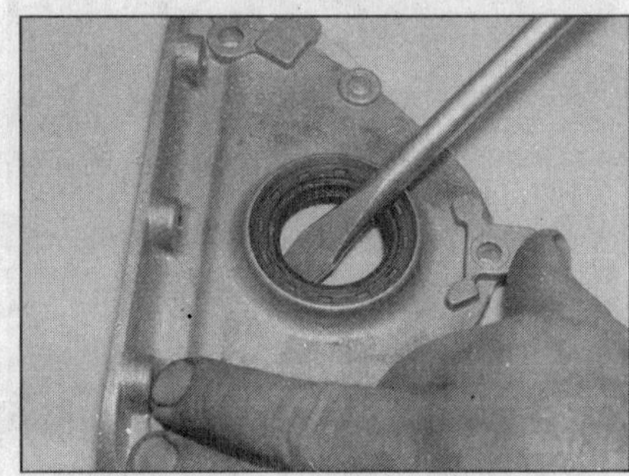

11.13 Bänd loss den gamla oljetätningen från vevaxelns främre oljetätningshus

11.15a Sätt på en ny packning för vevaxelns främre oljetätningshus

11.15b Applicera en droppe tätningsmedel på det främre oljetätningshuset - motorkod AJM och ATJ

11.17 Passa in tätningen och dess hus på vevaxelns ände

15 På motorkod AFN, AVG, AHU och AHH, smörj vevhusets fogyta med universalfett och lägg den nya packningen på plats **(se bild)**. Ingen packning är monterad på motorkod AJM och ATJ. Placera i stället en 2 till 3 mm droppe lämpligt tätningsmedel (finns hos VW-handlare) på oljetätningshusets tätningsyta **(se bild)**.

16 Linda vevaxelns ände med tejp för att skydda oljetätningen när huset monteras tillbaka.

17 På motorkod AFN, AVG, AHU och AHH, smörj den inre läppen på vevaxelns oljetätning med ren motorolja, passa sedan in tätningen och huset på vevaxelns ände. För tätningen längs skaftet med en vridande rörelse tills huset är helt i nivå med vevhuset **(se bild)**. **Observera:** *Motorer med koderna AJM och ATJ använder en tätning av ett annat material – denna oljetätning ska* ***inte*** *smörjas med olja eller fett.*

18 Sätt i bultarna och dra åt dem stegvis till angivet moment.

19 Montera tillbaka sumpen enligt beskrivningen i avsnitt 16.

20 Montera tillbaka momentupptagningsfästbygeln till framsidan av motorn och dra åt bultarna.

21 Montera tillbaka vevaxeldrevet enligt beskrivningen i avsnitt 5.

Bakre oljetätning och hus

Observera: *Oljetätningen sitter ihop med huset och allt måste bytas i ett stycke.*

22 Demontera växellådan enligt beskrivningen i kapitel 7A eller 7B.

23 Demontera svänghjulet (manuell växellåda) eller drivplattan (automatväxellåda) enligt beskrivningen i avsnitt 14 i detta kapitel.

24 Demontera mellanplattan från styrhylsorna på motorblocket.

25 Demontera sumpen enligt beskrivningeni avsnitt 16.

26 Lossa stegvis och skruva ur oljetätningshusets fästbultar.

27 Lyft bort huset från motorblocket tillsammans med oljetätningen. Vrid lite så blir det lättare att dra loss tätningen från axeln.

28 Där sådan finns, ta loss den gamla packningen från motorblocket, och torka sedan rent blocket innan du sätter på den nya oljetätningen och det nya huset.

29 På motorkod AFN, AVG, AHU och AHH, smörj blockets fogyta med universalfett och lägg den nya packningen (där sådan ska monteras) på plats **(se bild)**. På motorkod AJM och ATJ ska ingen packning monteras.

30 En skyddande plastkåpa medföljer vevaxeloljetätningar från VW. Den sätts över vevaxelns ände och förhindrar att oljetätningens inre läpp skadas när tätningen monteras **(se bild)**. Om denna kåpa saknas, kan tejp viras runt vevaxelns ände.

31 På motorkod AFN, AVG, AHU och AHH, smörj den inre läppen på vevaxelns oljetätning med ren motorolja, passa sedan in tätningen och huset på vevaxelns ände. För tätningen försiktigt längs skaftet med en vridande rörelse tills huset är helt i nivå med vevhuset **(se bild)**. **Observera:** *Motorer med koderna AJM och ATJ använder en tätning av ett annat material – denna oljetätning ska* ***inte*** *smörjas ytterligare med olja eller fett.*

32 Sätt i fästbultarna och dra åt dem stegvis till angivet moment.

33 Montera sumpen enligt beskrivningen i avsnitt 16.

34 Montera tillbaka mellanplattan på motorblocket och sätt sedan i och dra åt fästbultarna.

35 Montera tillbaka svänghjulet (manuell växellåda) eller drivplattan (automatväxellåda) enligt beskrivningen i avsnitt 14 i detta kapitel.

36 Montera tillbaka växellådan enligt beskrivningen i kapitel 7A eller 7B.

12 Topplock – demontering och montering

Observera: *Isärtagning och renovering av topplocket behandlas i kapitel 2C.*

Observera: *För att kunna ta bort topplocket på dieselmotorer med pumpinsprutningsventiler (motorkod AJM och ATJ) måste du först koppla loss det gemensamma kontaktdonet till insprutningsventilerna. Detta kan orsaka att en felkod loggas i motorns styrmodul. Koden kan endast raderas av en VW-mekaniker eller annan specialist med lämplig utrustning.*

11.29 Sätta på en ny packning för vevaxelns bakre oljetätningshus

11.30 En skyddande plastkåpa medföljer vevaxeloljetätningar från VW.

11.31 Passa in vevaxelns bakre oljetätningshus över den skyddande plastkåpan

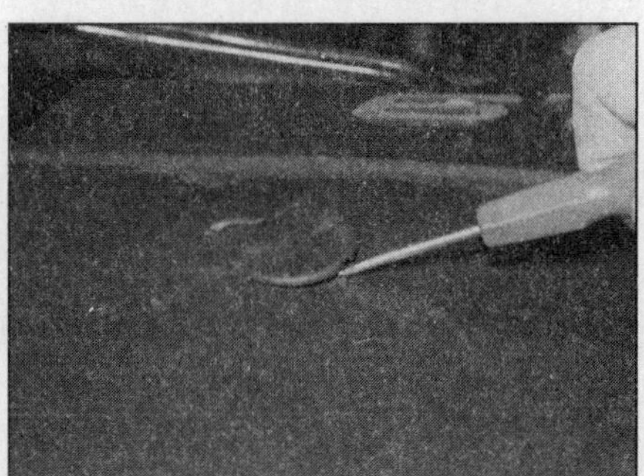
12.8a Bänd ut plastkåporna . . .

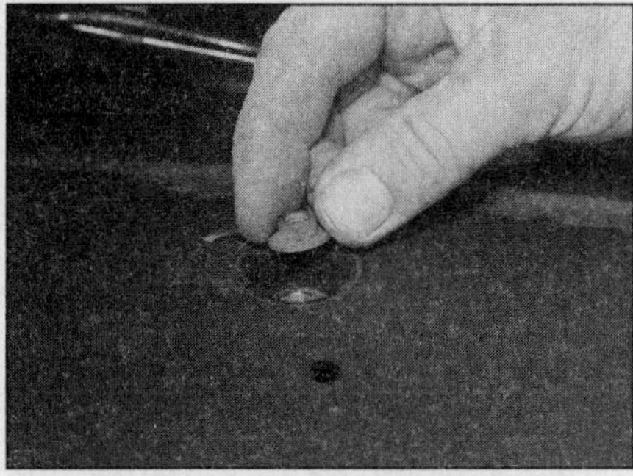
12.8b . . . ta bort muttrarna . . .

12.8c . . . och ta bort den övre kåpan

Demontering

Motorkod AFN, AVG, AHU och AHH

1 Lossa batteriets jordledning (minuspolen) (se kapitel 5A).

2 Tappa ur motoroljan enligt beskrivningen i kapitel 1B.

3 Töm kylsystemet enligt beskrivningen i kapitel 1B.

4 Demontera drivremmarna enligt beskrivningen i avsnitt 6. Denna procedur inbegriper att flytta hela den främre panelen (låshållaren) bort från bilens front så mycket att det går att komma åt att arbeta på motorns framsida.

5 På modeller med luftkonditionering, lossa kulbultarna och spännbultarna och flytta spännrullen uppåt för att minska spänningen på drivremmen. Dra bort drivremmen från vevaxeln, kompressorn och spännarremskivorna. Skruva loss luftkonditioneringskompressorn från dess fästbygel och häng den åt sidan utan att koppla loss kylkretsen.

6 Ta bort fläkten med viskokoppling enligt beskrivningen i kapitel 3, avsnitt 5. I korta drag tas den bort på följande sätt: Stick in en insexnyckel bakifrån medan enheten hålls fast med ett saxliknande verktyg som hakas i två av hålen i remskivan. Om VW-verktyget inte finns tillgängligt kan ett liknande verktyg tillverkas av två bitar metall försedda med bultar att fästa i hålen.

7 Demontera luftrenaren enligt beskrivningen i kapitel 4B.

8 Bänd ut skyddshattarna, skruva loss fästmuttrarna/bultarna och ta bort motorns övre skyddskåpa. Ta sedan bort ventilkåpan enligt beskrivningen i avsnitt 7 **(se bilder)**.

9 Koppla loss slangen från turboaggregatets tryck-/vakuumenhet som sitter på höger sida av motorn.

10 Skruva loss de bultar/muttrar som håller fast turboaggregatet till katalysatorn.Lossa det främre avgasrörets klämma och skjut klämman bakåt, och koppla sedan loss avgasröret och katalysatorn från turboaggregatet. **Observera:** *Se till att inte skada den flexibla fogen i avgasröret.*

11 Lossa klämmorna och ta bort höger luftintagskanal som leder från luftrenaren till turboaggregatet.

12 Om en sådan finns, skruva loss turboaggregatets stödfäste.

13 Skruva loss anslutningsbulten och koppla loss turboaggregatets oljereturrör från motorblocket/oljesumpen.

14 Lossa klämman och koppla loss den övre slangen från topplockets vänstra sida. Koppla även loss den lilla avluftningsslangen från kylvätskeexpansionskärlets ovansida. Flytta slangen åt sidan.

15 Lossa anslutningsmuttrarna och ta bort insprutningsventilerna i ett stycke.

16 Koppla loss kablarna från glödstiften.

17 Lossa klämman och koppla loss kylslangen från topplockets nedre vänstra sida.

18 Ställ motorn i ÖD för cylinder nr 1 enligt beskrivningen i avsnitt 2.

19 Demontera kamremsspännaren och kamaxelns- och insprutningspumpens drev enligt beskrivningen i avsnitt 5.

20 Skruva loss den inre kamremskåpan från motorblocket **(se bilder)**.

21 Demontera luftintagsröret från baksidan av motorn. Gör detta genom att lossa klämmorna och koppla loss de korta slangarna från turboaggregatet och insugningsröret, och sedan koppla loss avgasåterföringsslangarna och kablaget och dra ut röret.

22 Demontera kamremmen enligt beskrivningen i avsnitt 4.

23 Lossa anslutningsmuttern och koppla loss oljetillförselröret från turboaggregatet.

24 Lossa klämman och koppla loss värmeenhetens utmatningsslang från vinkeln på den bakre delen av topplocket **(se bild)**.

25 Om det är tillämpligt, koppla loss kablaget från de tre värmeelementen på vinkeln på baksidan av topplocket.

26 Koppla loss returbränsleslangen från insprutningsventilerna.

27 Koppla loss kablaget från den övre kåpans fästbygel på topplockets framsida.

28 Lossa stegvis topplocksbultarna i motsatt ordning mot vid montering **(se bild 11.79a)**, ett halvt varv i taget, tills alla bultar kan skruvas ur för hand. Kasta bultarna, eftersom nya måste användas vid ihopsättningen.

29 Kontrollera att ingenting är anslutet till topplocket och lyft sedan bort topplocket från motorblocket. Ta hjälp om möjligt,

12.20a Skruva loss fästbultarna . .

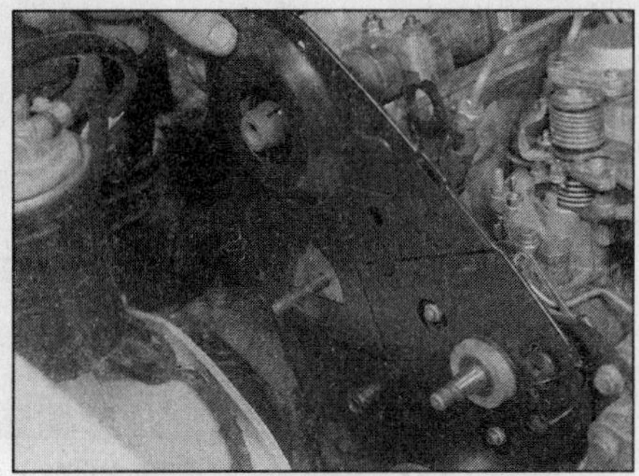
12.20b . . . och lyft av den inre kamremskåpan

12.24 Koppla loss värmeenhetens utloppsslang från topplockets baksida

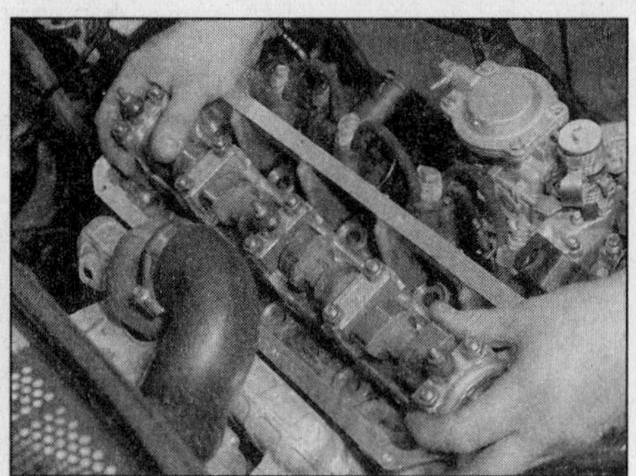
12.29 Lyft bort topplocket från motorblocket

12.37a Skruva loss den bult på motorns framsida som håller fast den inre kamremskåpan vid topplocket (vid pilen) . . .

12.37b . . . och den på höger sida

eftersom enheten är tung, särskilt som den ska lyftas ut tillsammans med grenrören **(se bild)**.

30 Ta bort packningen från motorblockets översida, och notera styrstiften. Om dessa sitter löst, dra ut dem och förvara dem tillsammans med topplocket. Kasta inte packningen än - den behövs för identifiering.

31 Om topplocket ska tas isär för översyn, se kapitel 2C.

Motorkod AJM och ATJ

32 Lossa batteriets jordledning (minuspolen) (se kapitel 5A).

33 Tappa ur motoroljan enligt beskrivningen i kapitel 1B.

34 Töm kylsystemet enligt beskrivningen i kapitel 1B.

35 Bänd loss skyddskåporna, lossa sedan fästmuttrarna/bultarna och ta bort motorns övre skyddskåpa.

36 Ta bort kamremmen enligt beskrivningen i avsnitt 4, och kamaxeldrevet och navet enligt beskrivningen i avsnitt 5.

37 Skruva loss de två bultarna som håller fast den inre kamremskåpan vid topplocket **(se bilder)**.

38 Ta bort kamremsspännarens remskiva enligt beskrivningen i avsnitt 5.

39 Skruva loss fästpinnbulten till kamremsspännarens remskiva med en pinnbultsutdragare eller två ihoplåsta muttrar, **(se bild)**.

40 Skruva loss fästbultarna och ta bort ventilkåpan enligt beskrivningen i avsnitt 7.

41 Ta bort den bult som håller fast kamaxelgivaren vid topplocket. Du behöver inte koppla loss den nu **(se bild)**.

42 Koppla loss laddluftsröret mellan insugningsröret och mellankylaren på motorns baksida och lägg det åt sidan.

43 Skruva loss de två bultarna som håller fast kylvätskekopplingen vid topplockets baksida **(se bild)**. Du behöver inte koppla loss några rör eller anslutningskontakter.

44 Skruva loss de fyra fästbultarna och flytta tandempumpen bort från topplocket utan att koppla loss bränsle- eller vakuumslangarna **(se bild)**.

45 Koppla loss det gemensamma kontaktdonet till pumpinsprutningsventilerna **(se bild)**.

46 Koppla loss och ta bort den slang som ansluter det övre kylvätskeröret vid röret på topplockets baksida **(se bild)**.

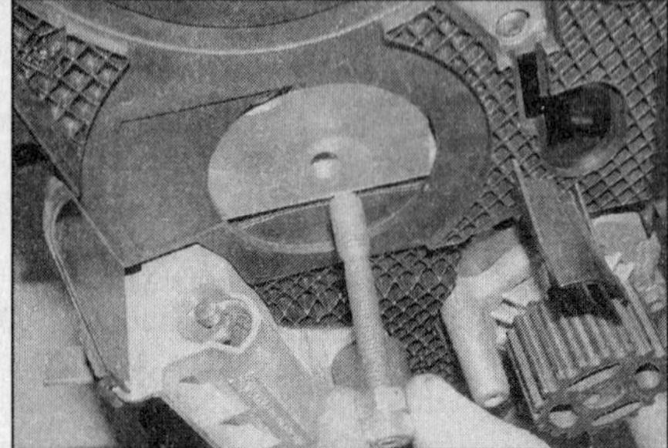
12.39 Skruva med hjälp av en pinnbultsutdragare eller två muttrar som låsts mot varandra loss kamremsspännarens fästpinnbult från topplocket

12.41 Skruva loss bulten och ta bort kamaxelgivaren

12.43 Skruva loss de två bultarna (vid pilarna) och tryck bort kylvätskeutloppet från topplockets baksida

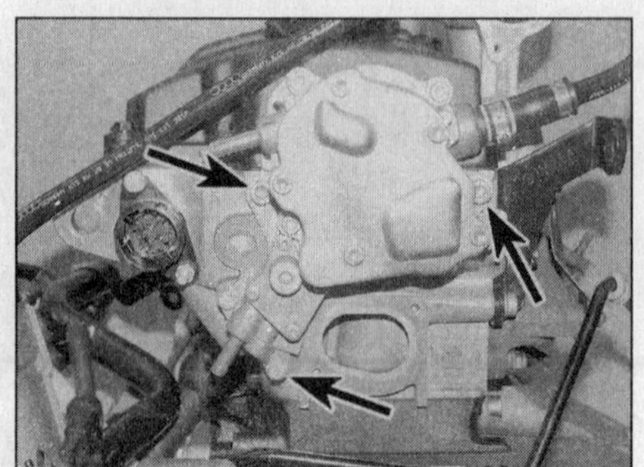
12.44 Skruva loss tandempumpens fyra fästbultar (vid pilarna)

12.45 Koppla loss det gemensamma kontaktdonet till pumpinsprutningsventilerna

12.46 Koppla loss kylvätskeröret från topplockets baksida

12.51 Koppla loss vakuumrören från avgasåterföringsventilen och insugningsrörets spjällställdon

12.57 Ta bort värmeskölden från avgasgrenröret

12.61a Montera de nya avgasgrenrörspackningarna - motorkod AFN, AVG, AHU och AHH

47 Demontera turboaggregatet enligt beskrivningen i kapitel 4B.

48 Skruva loss den bult som håller fast det övre kylvätskeröret av metall vid topplocket.

49 Ta bort bränslefiltret enligt beskrivningen i kapitel 1B.

50 Ta bort den övre bult som håller fast bränslefiltrets fästbygel vid topplocket. Lossa de tre bultarna som håller fast bränslefiltrets fästbygel vid motorblocket, dra bort bygelns överdel från topplocket och koppla loss glödstiftet till cylinder nr 4. Koppla loss resten av glödstiften – se kapitel 5C om det behövs.

51 Koppla loss vakuumrören från avgasåterföringsventilen och manöverdonet till insugningsrörets spjäll **(se bild)**.

52 Skruva loss topplocksbultarna med en XZN-hylsa. Arbeta dig utifrån och in, jämnt och stegvis. Kontrollera att ingenting är anslutet och lyft bort topplocket från motorblocket. Ta hjälp om möjligt, eftersom enheten är tung, särskilt som den ska lyftas ut tillsammans med grenrören.

53 Ta bort packningen från motorblockets översida, och notera styrstiften. Om dessa sitter löst, dra ut dem och förvara dem tillsammans med topplocket. Kasta inte packningen än - den behövs för identifiering.

54 Om topplocket ska tas isär för översyn, se kapitel 2C.

Demontering och montering av grenrör

55 Lägg topplocket på en arbetsbänk och

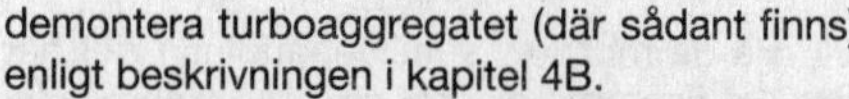

demontera turboaggregatet (där sådant finns) enligt beskrivningen i kapitel 4B.

56 Demontera avgasåterföringsventilen enligt beskrivningen i kapitel 4C.

57 I förekommande fall, skruva loss muttrarna och ta bort en lilla värmeskölden från avgasgrenrörets framsida **(se bild)**.

58 Skruva stegvis loss fästbultarna och ta bort insugningsröret från topplocket. Ta loss packningen och kasta den.

59 Om det behövs, skruva loss oljetillförselröret och fästbygeln från avgasgrenröret.

60 Skruva stegvis loss fästmuttrarna och ta bort avgasgrenröret från topplocket. Ta loss packningarna och kasta dem. Kasta de självlåsande fästmuttrarna och skaffa nya.

61 Se till att insugs- och avgasgrenrörens fogytor är helt rena. Sätt tillbaka avgasgrenröret. Använd nya packningar och muttrar. Se till att packningarna monteras åt rätt håll, annars sitter de i vägen för insugningsrörets packning. Dra åt avgasgrenrörets fästmuttrar till angivet moment (se kapitel 4C) **(se bilder).**

62 Om det behövs, sätt tillbaka oljetillförselröret och fästbygeln på avgasgrenröret och dra åt bulten.

63 Montera en ny insugningsrörpackning på topplocket och lyft insugningsröret på plats. Sätt i fästbultarna och dra åt dem till angivet moment (se kapitel 4B) **(se bilder).**

64 Sätt tillbaka värmeskölden på

12.61b Montera den nya avgasgrenrörspackningen - motorkod AJM och ATJ

avgasgrenrörets pinnbultar. Sätt i och dra åt fästmuttrarna.

65 Sätt tillbaka avgasåterföringsventilen enligt beskrivningen i kapitel 4C.

66 På alla motorer utom de med motorkod AJM och ATJ, montera turboaggregatet på insugnings- och avgasgrenrören enligt beskrivningen i kapitel 4B.

Förberedelser för montering

67 Topplockets och motorblockets fogytor måste vara helt rena innan topplocket sätts tillbaka. Använd en avskrapare av hårdplast eller trä för att ta bort alla packnings- och sotrester, rengör även kolvkronorna. Var mycket försiktig vid rengöringen, eftersom aluminiumlegeringen lätt kan skadas. Se

12.61c Sätt tillbaka avgasgrenröret och dra åt fästmuttrarna till angivet moment

12.63a Montera den nya insugningsrörspackningen på topplocket . . .

12.63b . . . och lyft insugningsröret på plats

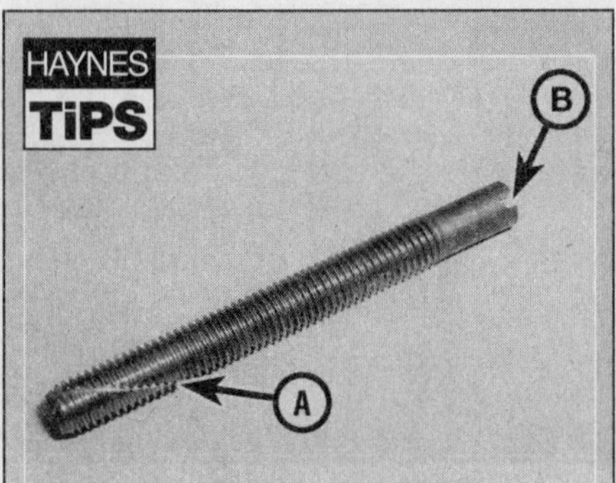

Om ingen gängtapp finns tillgänglig kan du skära en skåra (A) genom gängorna i en av de gamla topplocksbultarna och använda den istället. När du är klar kan du skära av bultskallen. Bulten kan sedan användas som ett styrstift för att underlätta återmonteringen av topplocket. Skär ett mejselspår (B) i bultens ovansida, så att den kan skruvas ut.

också till inte sot kommer in i olje- och vattenledningarna – det är särskilt viktigt för smörjningssystemet, eftersom sot kan blockera oljetillförseln till motorns komponenter. Använd tejp och papper till att försegla vatten- och oljekanaler och bulthål i motorblocket/vevhuset.

68 Kontrollera fogytorna mellan motorblocket/vevhuset och topplocket och leta efter hack, djupa repor eller andra skador. Om skadorna är små kan de åtgärdas försiktigt med slippapper, men observera att det inte är möjligt att maskinslipa topplocket – se kapitel 2C.

69 Om du misstänker att topplockspackningens yta har slagit sig, använd någonting med rak kant för att kontrollera det. Se del C i detta kapitel, om det behövs.

70 Rengör topplocksbultens gängor med en passande gängtapp. Om du inte har tillgång till någon gängtapp kan du tillverka en egen **(se Haynes tips)**.

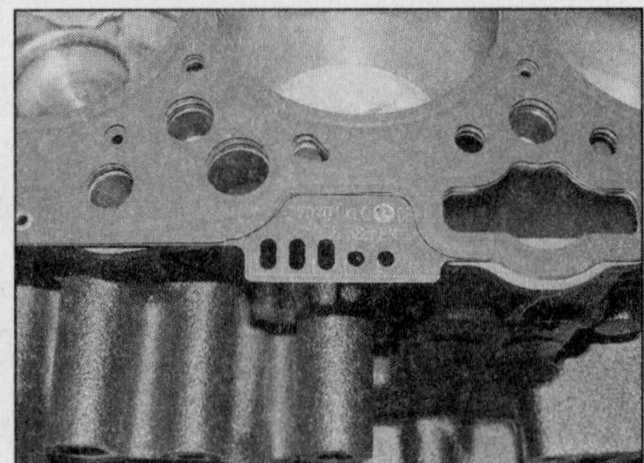

12.72 Topplockspackningarnas tjocklek kan identifieras med skåror eller hål – se kapitel 2C

71 På de motorer som behandlas i det här kapitlet finns det risk för att kolvkronorna slår emot ventilhuvudena om kamaxeln vrids när kamremmen är borttagen och vevaxeln är i ÖD-läge. Av denna orsak måste kamaxeln låsas i ÖD-läge med låsbalken insatt i urtaget i änden av kamaxeln när topplocket återmonteras. Vrid vevaxeln till ÖD på cylinder nr 1 och vrid den sedan moturs 90° så att alla kolvar är halvvägs uppe i cylindrarna.

Montering

72 Leta upp tillverkarens identifieringsmärken på den gamla topplockspackningen. De är i form av skåror eller hål plus ett artikelnummer på packningens kant **(se bild)**. Under förutsättning att inte nya kolvar monterats måste den nya topplockspackningen vara av samma typ som den gamla.

73 Om nya kolvenheter har monterats som en del av en motoröversyn bör du läsa kapitel 2C och mäta kolvutsticket innan du köper en ny topplockspackning. Köp sedan en topplockspackning efter mätresultatet (se kapitel 2C, Specifikationer).

74 Lägg den nya topplockspackningen på motorblocket och fäst den med styrstiften. Se till att markeringen TOP och artikelnumret är vända uppåt.

75 Skär bort huvudena från två av de gamla topplocksbultarna. Skär en skåra, tillräckligt stor för ett skruvmejselblad, i änden på varje bult. Bultarna kan användas som justeringshjälp vid återmontering av topplocket **(se bild)**.

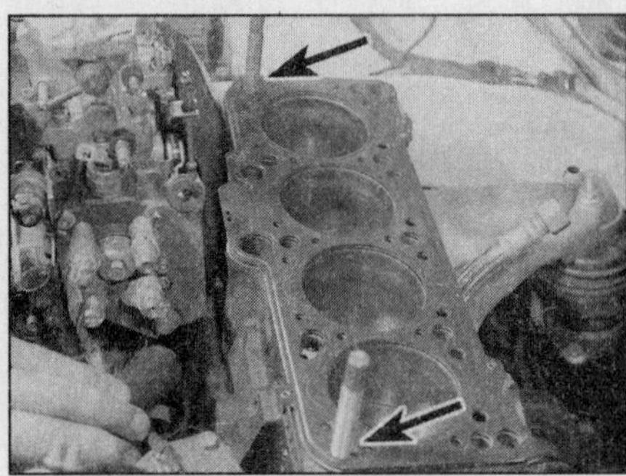

12.75 Två av de gamla topplocksbultarna (pilarna) används som styrstift

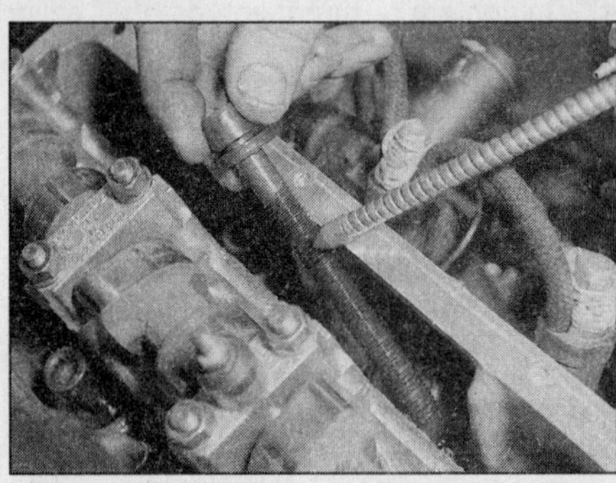

12.78 Smörj topplocksbultarna med olja och placera dem sedan i respektive hål

76 Ta hjälp av någon och placera topplocket och grenrören mitt på motorblocket. Se till att styrstiften passar in i topplockets spår.

77 Skruva loss de hemgjorda styrstiften med en skruvmejsel och ta bort dem.

78 Olja in bultarnas gängor och sätt försiktigt varje bult (med brickor i förekommande fall) i respektive hål (*släpp inte ner dem*) och skruva i dem för hand **(se bild)**.

79 Arbeta stegvis i den ordningsföljd som visas, och dra åt topplocksbultarna till de åtdragningsmoment som beskrivs i steg 1, med en momentnyckel och hylsnyckel **(se bilder)**. Upprepa sedan åtdragningsföljden till angivet moment för steg 2.

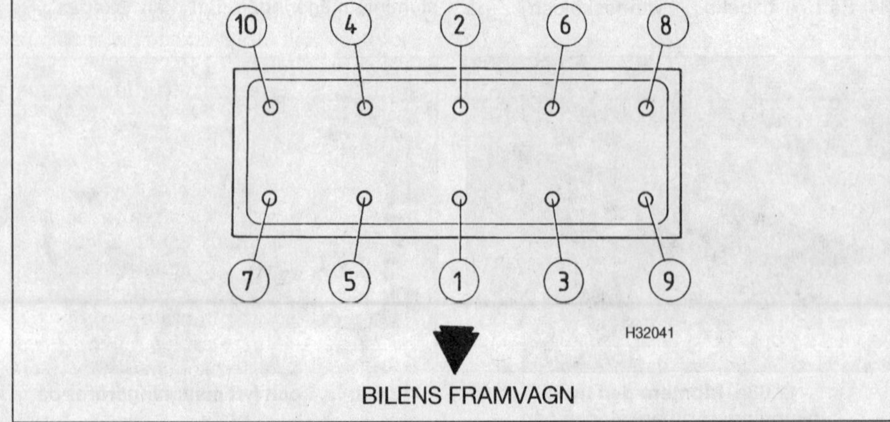

12.79a Topplocksbultarnas åtdragningsordning

12.79b Dra åt topplocksbultarna med en momentnyckel

12.80 Topplocksbultarna vinkeldras

80 När alla bultar har dragits åt till momenten för steg 2, arbeta återigen i given ordningsföljd och vinkeldra bultar till angiven vinkel för steg 3 med en hylsnyckel. Vi rekommenderar att du använder en vinkelmätare för noggrannhetens skull. Om du inte har någon mätare kan du måla inställningsmarkeringar mellan bultskallen och topplocket med vit färg innan du drar åt. Markeringarna kan sedan användas för att kontrollera att bulten har vridits till rätt vinkel vid åtdragningen. Upprepa för momenten för steg 4 **(se bild)**. **Observera:** *Du behöver inte dra åt topplocksbultarna ytterligare efter att motorn har startats.*

81 Vrid vevaxeln 90° medurs (till ÖD), och kontrollera att ÖD-tändningsinställningsmärkena fortfarande är korrekt riktade enligt beskrivningen i avsnitt 2.

82 Resten av monteringen sker i omvänd ordningsföljd mot demonteringen, men avsluta med att göra följande:

a) *Fyll på kylsystemet med rätt mängd ny kylvätska enligt beskrivningen i kapitel 1B.*

b) *Fyll på motorn med rätt typ och mängd av olja enligt beskrivningen i kapitel 1B.*

83 På motorkod AJM och ATJ, låt en VW-handlare eller annan specialist med lämplig utrustning kontrollera och rensa minnet i motorns styrmodul.

13 Hydrauliska ventillyftare – funktionskontroll

Varning: Vänta med att starta motorn minst 30 minuter (eller helst över natten) efter att ha monterat hydrauliska ventillyftare. Detta för att ventillyftarna ska ha tid att sätta sig, så att ventilhuvudena och kolvarna inte slår i varandra.

1 De hydrauliska ventillyftarna är självjusterande, och kräver ingen vidare översyn.

2 Om de hydrauliska ventillyftarna börjar låta mycket kan du kontrollera deras funktion enligt beskrivningen nedan.

3 Kör motorn tills den har kommit upp i normal arbetstemperatur och öka sedan motorvarvtalet till cirka 2500 varv/minut under 2 minuter.

4 Om ventillyftarna låter mycket ibland, främst när bilen körs korta sträckor, men dessa tystnar när motorn ha körts enligt beskrivningen i punkt 3, bör du byta oljekvarhållningsventilen som sitter i oljefilterhuset (se kapitel 2A, avsnitt 12).

5 Om ventillyftarna alltid låter mycket måste den defekta ventillyftaren bytas. Du kan ta reda på vilken som är defekt genom att slå av motorn och sedan demontera ventilkåpan enligt beskrivningen i avsnitt 7.

6 Vrid kamaxeln genom att vrida vevaxeln med en hylsnyckel, tills den första kamloben över cylinder nr 1 pekar uppåt.

7 Med ett verktyg som inte är av metall, tryck ventillyftaren nedåt och kontrollera sedan glappet med ett bladmått. Om detta är mer än 0,2 mm måste ventillyftaren bytas.

8 Demontering och montering av hydraulisk ventillyftare beskrivs som en del av översynen av topplocket – se kapitel 2C för mer information.

14 Svänghjul/drivplatta - demontering, kontroll och montering

Demontering

1 På modeller med manuell växellåda, ta bort växellådan (se kapitel 7A) och kopplingen (se kapitel 6).

2 På modeller med automatväxellåda, demontera denna enligt beskrivningen i kapitel 7B.

3 Svänghjulets/drivplattans bultar är förskjutna, så att endast korrekt montering är möjlig. Håll svänghjulet/drivplattan stilla och skruva bort bultarna. Sätt tillfälligt i en bult i motorblocket och använd en skruvmejsel till att hålla svänghjulet/drivplattan stilla, eller tillverka ett specialverktyg.

4 Lyft av svänghjulet/drivplattan från vevaxeln. Om du demonterar en drivplatta, måste du notera mellanläggets och distansbrickans positioner.

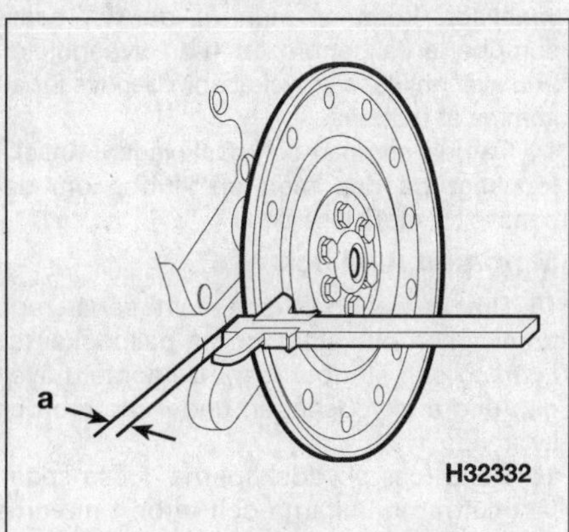

14.6 På modeller med automatväxellåda måste dimension "a" vara 27 mm ± 1 mm på motorer med motorkod AFN, AVG, AHU och AHH, och 21,3 mm till 22,9 mm på motorer med motorkod AJM och ATJ

Kontroll

5 Kontrollera om svänghjulet/drivplattan är sliten eller skadad. Se efter om startkransens kuggar är mycket slitna. Om drivplattan eller dess startkrans är skadad måste hela drivplattan bytas. Svänghjulets startkrans kan däremot bytas åtskilt från svänghjulet, men detta arbete bör överlåtas till en VW-verkstad. Om kopplingens friktionsbeslag är missfärgat eller kraftigt repat, kan det i vissa fall slipas om. Detta arbete bör dock överlåtas till en VW-verkstad. Byt alltid svänghjulets/drivplattans bultar.

Montering

6 Monteringen sker i omvänd ordningsföljd mot demonteringen, och stryk låsvätska på de (nya) bultarnas gängor innan de sätts i och dras åt till angivet moment. Om en ny drivplatta ska monteras måste dess position kontrolleras, och justeras om det behövs. Avståndet mellan motorblockets baksida och momentomvandlarens *fästyta* på drivplattan måste vara 27 mm ± 1 mm på motorer med koderna AFN, AVG, AHU och AHH, och 21,3 mm till 22,9 mm på motorer med koderna AJM och ATJ. Om det behövs, demontera drivplattan och sätt en mellanläggsbricka bakom den för att få rätt mått **(se bild)**. Den upphöjda piggen på det yttre mellanlägget måste vara riktad mot momentomvandlaren.

15 Motorfästen – kontroll och byte

Kontroll

1 Om bättre åtkomlighet behövs, lyft upp framvagnen och ställ den på pallbockar och demontera sedan den undre skyddskåpan.

2 Kontrollera gummifästena för att se om de har spruckit, hårdnat eller släppt från metallen någonstans. Byt fästet vid sådana tecken på skador eller åldrande.

3 Se till att alla fästeshållare är ordentligt åtdragna. Kontrollera helst med en momentnyckel.

4 Använd en stor skruvmejsel eller en kofot och kontrollera om fästet är slitet genom att försiktigt bända mot det för att se om det finns något glapp. Där detta inte är möjligt, låt en medhjälpare vicka på motorn/växellådan framåt/bakåt och i sidled, medan du studerar fästet. Ett visst spel är att vänta även från nya delar medan ett större slitage märks tydligt. Om för stort spel förekommer, kontrollera först att hållarna är ordentligt åtdragna, och byt sedan slitna komponenter enligt beskrivningen nedan.

15.7 Skruva loss bultarna och ta bort stoppklacken från motorns framsidas - AJM-motor.

Byte

Främre momentarm

5 För att komma åt bättre, dra åt handbromsen och lyft sedan upp framvagnen och ställ den på pallbockar (se *Lyftning och stödpunkter*).

6 Demontera motorns underkåpa, om sådan finns. Det är mycket lättare att komma åt om låshållaren placeras i serviceläge (se kapitel 11).

7 Skruva loss bultar och ta bort stoppklacken från motorns framsida **(se bild)**.

8 Dra bort gummidelen från den främre tvärbalken.

9 Montera gummidelen och/eller stoppklacken i omvänd ordningsföljd mot demonteringen.

Höger eller vänster motorfäste

10 Dra åt handbromsen. Lyft sedan upp framvagnen och ställ den på pallbockar (se *Lyftning och stödpunkter*).

11 Ta upp motorns vikt i en lämplig lyftanordning.

12 Skruva loss den övre fästmuttern, och lyft sedan försiktigt motorn och skruva loss fästet från fästbygeln.

13 Montera det nya fästet i omvänd ordningsföljd mot demonteringen.

16 Sump - demontering, kontroll och montering

Demontering

Motorkod AFN, AVG, AHU och AHH

1 Dra åt handbromsen. Lyft sedan upp framvagnen och ställ den på pallbockar (se *Lyftning och stödpunkter*). Demontera även den undre skyddskåpan under motorn och kylaren.

2 Bänd loss skyddskåporna, lossa sedan fästmuttrarna/bultarna och ta bort motorns övre skyddskåpa.

3 Koppla loss och ta bort luftintagsröret som leder till luftrenaren från den främre panelen (låshållaren).

4 På framsidan av motorn, skruva loss den lilla kåpan och magnetventilen från höger sida av kamremskåpan, och flytta dem åt sidan.

5 Ta upp motorns vikt i en lämplig lyftanordning.

6 Ställ en behållare under sumpen, och skruva sedan ur avtappningspluggen (se kapitel 1B) och tappa ur motoroljan. Rengör, sätt tillbaka och dra åt pluggen när all olja har tappats ur. Ta bort mätstickan från motorn.

7 På modeller med luftkonditionering, märk ut rotationsriktningen på luftkonditioneringskompressorns drivrem, så att den kan monteras tillbaka åt samma håll. Lossa kul- och spännbultarna och flytta spännrullen uppåt för att lossa spänningen på drivremmen. Dra bort drivremmen från vevaxeln, kompressorn och spännarremskivorna. Skruva loss kul- och spännbultarna och ta bort spännaren.

8 Skruva loss momentupptagningsstoppklacken från motorns främre del, och skruva sedan loss bultarna från de längsgående benen. Skruva även loss momentupptagningsfästbygeln från motorns främre del.

9 Klipp av buntbanden på undersidan av höger motorfäste och lossa startmotorns kablage.

10 Skruva loss motorfästets muttrar på undersidan av båda motorfästena.

11 Se till att motorn hålls upp ordentligt av lyftanordningen. Stöd vänster och höger främre kryssrambalk med en garagedomkraft och en plankbit. Markera kryssrambalkarnas placering för att garantera korrekt återmontering och hjulinställning. Skruva sedan bort kryssrambalkarnas fästbultar. De två främre bultarna måste skruvas ur först, sedan de bakre bultarna. Sänk ner kryssrambalkarna tillsammans med krängningshämmaren till marken.

12 Skruva loss bultarna och ta bort stödfästet mellan motorn och växellådan .

13 Skruva loss och ta bort sumpbultarna. Observera att på modeller med manuell växellåda kommer man åt de två bakre sumpbultarna genom ett hål i svänghjulet. Vrid svänghjulet så mycket som behövs för att komma åt bultarna.

14 Ta bort sumpen och packningen. Knacka försiktigt på den med en klubba om det behövs för att få loss den.

Motorkod AJM och ATJ

15 Dra åt handbromsen. Lyft sedan upp framvagnen och ställ den på pallbockar (se *Lyftning och stödpunkter*). Demontera även den undre skyddskåpan under motorn och kylaren.

16 Bänd loss skyddskåporna, lossa sedan fästmuttrarna/bultarna och ta bort motorns övre skyddskåpa.

17 För att kunna ta bort sumpen måste du flytta bort hela den främre panelen (låshållarenheten) fram framvagnen så långt som möjligt (till 'serviceläge' - se kapitel 11, avsnitt 10), men utan att koppla loss kylarslangarna eller kablaget. Gör på följande sätt: Ta först bort stötfångaren enligt beskrivningen i kapitel 11. Skruva sedan loss de tre klämmorna från ljudisoleringen och skruva loss luftkanalen mellan låshållaren och luftrenaren. Skruva loss servostyrningens oljekylare från kylarens nederdel. Lossa kablaget från klämmorna på kylarens vänstra sida. Skruva loss de bultar som håller fast låshållaren/stötfångaren till underredet. Skruva sedan loss och ta bort de två bultar som håller fast låshållaren i framskärmens överkant på vardera sida om bilen - en längst upp, längst fram på båda skärmarna och en längs vardera strålkastare. Skruva loss de sidomonterade stötfångarstyrningarna som sitter strax under strålkastarna och snäpp loss dem från framskärmarna. Bänd upp motorhuvslåsvajerns anslutning framför motorhuvens gångjärn på förarsidan och skilj låsvajerns två halvor. Ta hjälp av en medhjälpare och dra bort hela enheten så långt som möjligt från bilens framvagn. VW-mekaniker använder specialverktyg för att hålla enheten. Det går dock att tillverka stödstag av gängad stång som skruvas in i underredets kanaler.

18 Ta upp motorns vikt i en lämplig lyftanordning.

19 Ställ en behållare under sumpen, och skruva sedan ur avtappningspluggen (se kapitel 1B) och tappa ur motoroljan. Rengör, sätt tillbaka och dra åt pluggen när all olja har tappats ur. Ta bort mätstickan från motorn.

20 Ta loss startmotorkablarna från motorns undersida genom att skära loss buntbanden. Där sådan finns, koppla loss anslutningskontakten till givaren för motoroljans nivå/temperatur.

21 Observera hur motorfästena är placerade på sidorna. Skruva sedan loss och ta bort de undre muttrarna.

22 Se till att motorn hålls upp ordentligt av lyftanordningen. Stöd vänster och höger främre kryssrambalk med en garagedomkraft och en plankbit. Markera kryssrambalkarnas placering för att garantera korrekt återmontering och hjulinställning. Skruva sedan bort kryssrambalkarnas fästbultar. De två främre bultarna måste skruvas ur först, sedan de bakre bultarna. Sänk ner kryssrambalkarna tillsammans med krängningshämmaren till marken.

23 Skruva loss och ta bort sumpbultarna. Observera att på modeller med manuell växellåda kommer man åt de två bakre sumpbultarna genom ett hål i svänghjulet. Vrid svänghjulet så mycket som behövs för att komma åt bultarna.

24 Ta bort sumpen. Knacka försiktigt på den med en klubba om det behövs för att få loss den.

Montering

Motorkod AFN, AVG, AHU och AHH

25 Rengör sumpens och blockets fogytor. Applicera lite tätningsmedel på fogytorna där de främre och bakre vevaxeloljetätningshusen kommer i kontakt med motorblocket.

26 Sätt på en ny packning på sumpen, och passa sedan in sumpen mot motorblocket och sätt i bultarna. Dra åt bultarna till angivet moment i diagonal ordningsföljd.

27 Montera tillbaka stödfästet mellan motorn och växellådan och dra åt bultarna. **Observera:** *Om sumpen monteras med motorn demonterad från bilen och växellådan borttagen, se till att änden av stödfästet sitter jäms med mellanplattan.Om mellanplattan har demonterats, räkna med en tjocklek på plattan på 0,8 mm och montera fästet så att 0,8 mm sticker ut från baksidan av motorblocket.*

28 Resten av monteringen sker i omvänd ordningsföljd. Dra åt muttrarna och bultarna till angivet moment i specifikationerna. På modeller med luftkonditionering, montera tillbaka och spänn kompressorns drivrem enligt beskrivningen i avsnitt 6. Avsluta med att fylla motorn med rätt mängd olja enligt beskrivningen i kapitel 1B.

Motorkod AJM och ATJ

29 Rengör sumpens och motorblockets fogytor. Applicera en jämn 2 till 3 mm bred droppe silikontätningsmedel på sumpens fogyta **(se bild)**. Montera sumpen ombedelbart och se till att dess baksida är i nivå med motorblockets baksida. **Observera:** *Om sumpen monteras med motorn demonterad från bilen och växellådan borttagen, se till att änden av stödfästet sitter jäms med mellanplattan. Om mellanplattan har demonterats, räkna med en tjocklek på plattan på 0,8 mm och montera fästet så att 0,8 mm sticker ut från baksidan av motorblocket.* Dra åt bultarna till angivet moment.

30 Resten av monteringen sker i omvänd ordningsföljd. Dra åt muttrarna och bultarna till angivet moment i specifikationerna. På modeller med luftkonditionering, montera tillbaka och spänn kompressorns drivrem enligt beskrivningen i avsnitt 6. Avsluta med att fylla motorn med rätt mängd olja enligt beskrivningen i kapitel 1B.

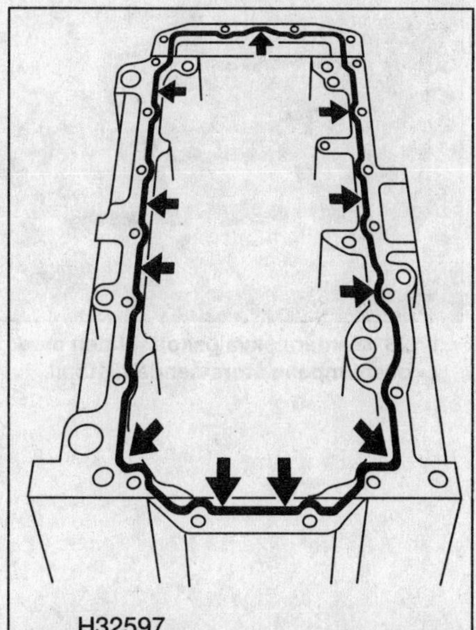

16.29 Applicera en jämn 2 till 3 mm bred droppe silikontätningsmedel på sumpens fogyta - motorkod AJM och ATJ.

17 Oljepump och oljeupptagare - demontering, kontroll och montering

Demontering

Motorkod AFN, AVG, AHU och AHH

1 Demontera sumpen enligt beskrivningeni avsnitt 16.

2 Skruva loss oljepumpens stora fästbultar, och ta sedan loss pumpen från blocket **(se bild)**.

3 Lägg pumpen på en arbetsbänk, skruva loss bultarna och ta bort sugslangen från oljepumpen. Ta loss O-ringen.

4 Skruva loss de två bultarna och lyft av kåpan.

Motorkod AJM och ATJ

5 Demontera sumpen enligt beskrivningeni avsnitt 16.

6 Skruva loss bulten, lossa och ta bort skvalpskottsplåten från vevhusets underdel.

7 Skruva loss Torx-skruven som håller fast drevet vid oljepumpen. Sätt i en skruvmejsel genom ett av hålen i drevet så att den ligger emot oljepumphuset, för att förhindra att drevet vrids när du lossar på Torx-skruven.

8 Skruva loss de återstående två fästbultarna och lossa oljepumpen från styrhylsorna i

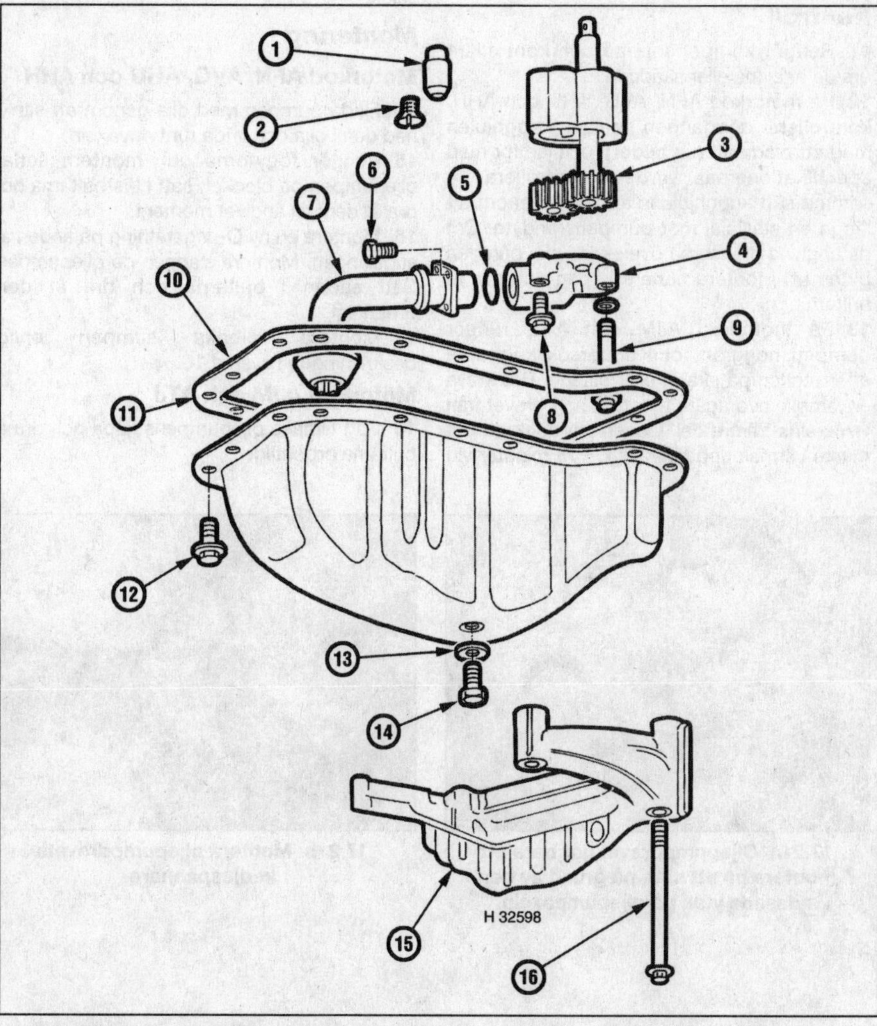

17.2 Oljepumpens och sumpens komponenter - motorkod AFN, AVG, AHU och AHH

1 Munstycke för oljedimma
2 Skruv
3 Oljepumpdrev
4 Kåpa
5 O-ring
6 Bult
7 Oljeupptagarrör
8 Bult
9 Oljepumpens fästbult
10 Packning
11 Sump
12 Sumpens fästbult
13 Tätningsbricka
14 Sumpens avtappningsplugg
15 Motorns/växellådans stödfäste
16 Stödfästets bultar

vevhuset. Lossa oljepumpens drev från kedjan och dra bort den från motorn. Observera att spännaren strävar efter att sträcka kedjan, och att det kan bli nödvändigt att hålla fast den i spänt läge med en skruvmejsel innan oljepumpens kuggdrev kan frigöras från kedjan.

9 Skruva loss flänsbultarna och ta bort sugröret från oljepumpen. Ta loss O-ringstätningen. Skruva loss bultarna och ta bort kåpan från oljepumpen.

10 Undersök drivkedjan efter tecken på slitage och skador. Kamremmen måste tas bort (se avsnitt 4) och vevaxelns främre oljetätningshus lossas från motorblocket innan drivkedjan kan demonteras. Skruva loss kedjespännaren när huset är demonterat. Lossa sedan kedjan från drevet på vevaxelns främre del.

Kontroll

11 Rengör komponenterna och kontrollera om de är slitna eller skadade.

12 På motorkod AFN, AVG, AHU och AHH, kontrollera dödgången mellan kugghjulen med ett bladmått **(se bilder)**, och jämför med specifikationernas värden. Kontrollera på samma sätt kugghjulens axialspel genom att lägga en stållinjal mot pumpens ändyta. Om de angivna gränserna överskrids ska pumpen bytas ut. Montera annars kåpan och dra åt bultarna.

13 På motorkod AJM och ATJ, rengör pumpen noggrant och undersök kuggarna efter tecken på skada eller slitage. Det krävs en lämplig avdragare för att ta bort drevet från vevaxelns främre del. Observera dock att det måste värmas upp till 220° C i 15 minuter vid monteringen. Observera att drevets breda krage är riktad mot motorn. Undersök pumpdreven efter tecken på slitage eller skador. Byt oljepumpen om den inte är i gott skick.

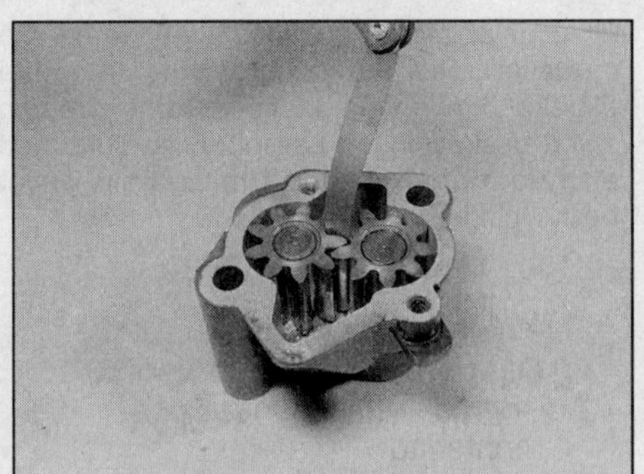

17.11a Kontrollera oljepumpdrevets dödgång . . .

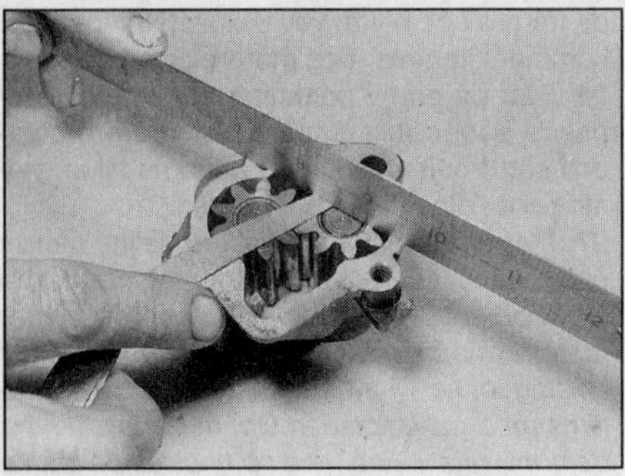

17.11b . . . och axialspel

Montering

Motorkod AFN, AVG, AHU och AHH

14 Flöda pumpen med olja genom att sänka ned den i olja och vrida runt drivaxeln.

15 Rengör fogytorna och montera sedan oljepumpen på blocket, sätt i fästbultarna och dra åt dem till angivet moment.

16 Montera en ny O-ringstätning på änden av sugslangen. Montera slangen på oljepumpen. Sätt sedan i bultarna och dra åt dem ordentligt.

17 Montera tillbaka sumpen enligt beskrivningen i avsnitt 16.

Motorkod AJM och ATJ

18 Sätt tillbaka oljepumpens kåpa och dra åt bultarna ordentligt.

19 Om drivkedjan, vevaxeldrevet och spännaren har demonterats, vänta med att sätta tillbaka dem tills oljepumpen åter är monterad på motorblocket.

20 Placera oljepumpen på styrbultarna. Montera sedan de tre fästbultarna och dra åt dem till angivet moment.

21 Om det är tillämpligt, montera drivkedjan, vevaxeldrevet, spännaren och oljepumpdrevet i omvänd ordningsföljd mot den som användes vid demonteringen. Observera att oljepumpdrevet bara går att montera på ett sätt, på grund av den platta avfasningen på oljepumpaxeln **(se bilder)**.

22 Montera vevaxelns främre oljetätningshus och kamremmen om det är tillämpligt. Applicera lämpligt tätningsmedel på det främre oljetätningshuset innan det monteras.

23 Montera skvalpskottsplåten med oljepumpens återstående fästbult och dra åt den till angivet moment. Montera sedan sumpen enligt beskrivningen i avsnitt 16 **(se bild)**.

17.21a Oljepumpdrevet går bara att montera på ett sätt, på grund av den avfasade ytan på oljepumpaxeln.

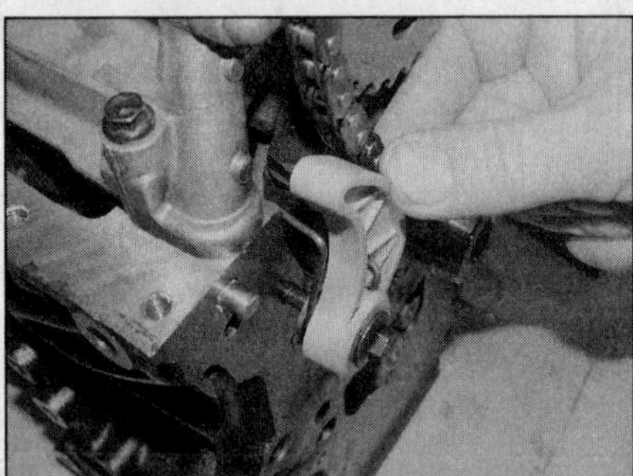

17.21b Montera oljepumpdrevets kedjespännare

17.23 Montera skvalpskottsplåten med oljepumpens återstående fästbult

Kapitel 2 Del C:
Motor - demontering och reparationer

Innehåll

Svårighetsgrad

Enkelt, passar novisen med lite erfarenhet 	**Ganska enkelt,** passar nybörjaren med viss erfarenhet 	**Ganska svårt,** passar kompetent hemmamekaniker 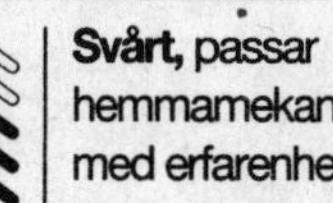	**Svårt,** passar hemmamekaniker med erfarenhet	**Mycket svårt,** för professionell mekaniker

Specifikationer

Motorkod*

Per typ

Bensinmotorer:

1595 cc, enkel överliggande kamaxel, Bosch Motronic M3.2-insprutning	ADP
1595 cc, enkel överliggande kamaxel, Simos-insprutning	AHL
1595 cc, enkel överliggande kamaxel, Simos 2-insprutning	ARM
1595 cc, enkel överliggande kamaxel, Simos 3-insprutning	ANA
1781 cc, dubbla överliggande kamaxlar, Bosch Motronic M3.2-insprutning	ADR
1781 cc, dubbla överliggande kamaxlar, Bosch Motronic ME7.1-insprutning	APT
1781 cc, dubbla överliggande kamaxlar, Bosch Motronic ME7.5-insprutning, med turbo	ANB
1781 cc, dubbla överliggande kamaxlar, Bosch Motronic ME7.5-insprutning, med turbo	APU
1781 cc, dubbla överliggande kamaxlar, Bosch Motronic ME7.1-insprutning	ARG
1781 cc, dubbla överliggande kamaxlar, Bosch Motronic M3.2-insprutning, med turbo	AEB

Dieselmotorer:

Elektronisk direktinsprutning, med turbo	AFN
Elektronisk direktinsprutning, med turbo	AVG
Elektronisk direktinsprutning, med turbo	AHU
Elektronisk direktinsprutning, med turbo	AHH
Elektronisk direktinsprutning, pumpinsprutningsventiler, med turbo	AJM
Elektronisk direktinsprutning, pumpinsprutningsventiler, med turbo	ATJ

***Observera:** *Se "Chassinummer" för information om var motorns kodmärkning sitter.*

Motorkod* (forts.)

Per kod

Bensinmotorer:	
ADP	1595 cc, enkel överliggande kamaxel, Bosch Motronic M3.2-insprutning
ADR	1781 cc, dubbla överliggande kamaxlar, Bosch Motronic M3.2-insprutning
AEB	1781 cc, dubbla överliggande kamaxlar, Bosch Motronic M3.2-insprutning, med turbo
AHL	1595 cc, enkel överliggande kamaxel, Simos-insprutning
ANA	1595 cc, enkel överliggande kamaxel, Simos 3-insprutning
ANB	1781 cc, dubbla överliggande kamaxlar, Bosch Motronic ME7.5-insprutning, med turbo
APT	1781 cc, dubbla överliggande kamaxlar, Bosch Motronic ME7.1-insprutning
APU	1781 cc, dubbla överliggande kamaxlar, Bosch Motronic ME7.5-insprutning, med turbo
ARG	1781 cc, dubbla överliggande kamaxlar, Bosch Motronic ME7.1-insprutning
ARM	1595 cc, enkel överliggande kamaxel, Simos 2-insprutning
Dieselmotorer:	
AFN	elektronisk direktinsprutning, med turbo
AHH	elektronisk direktinsprutning, med turbo
AHU	elektronisk direktinsprutning, med turbo
AJM	elektronisk direktinsprutning, pumpinsprutningsventiler, med turbo
ATJ	elektronisk direktinsprutning, pumpinsprutningsventiler, med turbo
AVG	elektronisk direktinsprutning, med turbo

***Observera:** *Se "Chassinummer" för information om var motorns kodmärkning sitter.*

Topplock

Topplockspackningens yta, max avvikelse	0,1 mm	
Minsta tillåtna topplockshöjd:		
Bensinmotorer:		
Enkel överliggande kamaxel	132,6 mm	
Dubbla överliggande kamaxlar	139,25 mm	
Dieselmotorer	Topplocksplaning inte möjlig	
Topplockspackning, urval (dieselmotorer):		
Kolvutstick 0,91 till 1,00 mm	1 hål/inskärning*	
Kolvutskjutning 1,01 till 1,10 mm	2 hål/inskärningar*	
Kolvutstick 1,11 till 1,20 mm	3 hål/inskärningar*	
Minimidimensioner från ventilskaft (centrum) till topplockets yta:	**Insugsventil**	**Avgasventil**
Bensinmotorer:		
Enkel överliggande kamaxel	33,8 mm	34,1 mm
Dubbla överliggande kamaxlar	34,0 mm (yttre) 33,7 mm (mittersta)	34,4 mm
Dieselmotorer:		
Motorkod AFN, AVG, AHU och AHH	35,8 mm	36,1 mm
Motorkod AJM och ATJ	43,4 mm	43,2 mm

** Ej enkla och dubbla ovala hål*

Ventiler

Ventilskaftsdiameter:	**Insug**	**Avgas**
Bensinmotorer:		
Enkel överliggande kamaxel	6,918 till 6,922 mm	6,918 till 6,922 mm
Dubbla överliggande kamaxlar	5,90 mm	5,90 mm
Dieselmotorer:		
Motorkod AJM och ATJ	6,980 mm	6,956 mm
Motorkod AFN, AVG, AHU och AHH	6,963 mm	6,943 mm
Maximal ventilhuvudsavböjning (skaftets ände i jämnhöjd med styrningens överkant):		
Bensinmotorer:		
Enkel överliggande kamaxel	1,0 mm	1,3 mm
Dubbla överliggande kamaxlar	0,80 mm	0,80 mm
Dieselmotorer	1,3 mm	1,3 mm

Mellanaxel

Max axialspel	0,25 mm

Kamaxel

Maximalt axialspel:
- Bensinmotorer:
  - Enkel överliggande kamaxel .... 0,15 mm
  - Dubbla överliggande kamaxlar .... 0,20 mm
- Dieselmotorer .... 0,15 mm

Max avvikelse, alla motorer .... 0,01 mm

Maximalt spelrum:
- Bensinmotorer .... 0,10 mm
- Dieselmotorer .... 0,11 mm

Kolvar och kolvringar

Kolvens diameter:
- Bensinmotorer:
  - Motorkod ADP, ADR, AEB, ANB, APT, APU och ARG:
    - Standard .... 80,965 mm
    - 1:a överstorlek .... 81,475 mm
    - Maximal avvikelse .... 0,04 mm
  - Motorkod AHL, ANA och ARM:
    - Standard .... 80,965 mm
    - Maximal avvikelse .... 0,04 mm
- Dieselmotorer:
  - Standard .... 79,470 mm
  - 1:a överstorlek .... 79,720 mm
  - 2:a överstorlek .... 79,970 mm
  - Maximal avvikelse .... 0,04 mm

Ringens spel i spåret:
- Bensinmotorer:
  - 1:a kompressionsringen .... 0,06 till 0,09 mm
  - 2:a kompressionsringen .... 0,06 till 0,09 mm
  - Oljekontrollring .... 0,03 till 0,06 mm
  - Slitagegräns:
    - Kompressionsringar .... 0,20 mm
    - Oljekontrollring .... 0,15 mm
- Dieselmotorer:
  - 1:a kompressionsringen .... 0,06 till 0,09 mm
  - 2:a kompressionsringen .... 0,05 till 0,08 mm
  - Oljekontrollring .... 0,03 till 0,06 mm
  - Slitagegräns:
    - Kompressionsringar .... 0,25 mm
    - Oljekontrollring .... 0,15 mm

Spelrum för kolvringens ändgap (ring 15 mm från botten av lopp):
- Bensinmotorer:
  - Ny:
    - Kompressionsringar .... 0,20 till 0,40 mm
    - Oljeavskraparring .... 0,25 till 0,50 mm
  - Slitagegräns .... 0,8 mm
- Dieselmotorer:
  - Ny:
    - Kompressionsringar .... 0,20 till 0,40 mm
    - Oljeavskraparring .... 0,25 till 0,50 mm
  - Slitagegräns .... 1,0 mm

Motorblock

Loppets diameter:
- Bensinmotorer:
  - Motorkod ADP, ADR, AEB, ANB, APU, APT och ARG:
    - Standard .... 81,01 mm
    - Överstorlek .... 81,51 mm
    - Maximalt loppslitage .... 0,08 mm
  - Motorkod AHL, ANA och ARM:
    - Standard .... 81,01 mm
    - Maximalt loppslitage .... 0,08 mm
- Dieselmotorer:
  - Standard .... 79,51 mm
  - 1:a överstorlek .... 79,76 mm
  - 2:a överstorlek .... 80,01 mm
  - Maximalt loppslitage .... 0,10 mm

Vevstakar

Spelrum på vevlagersidan (maximalt):
- Bensinmotorer .... 0,40 mm
- Dieselmotorer .... 0,37 mm

Vevaxel

Djup för nållager .... 1,5 mm

Axialspel:
- Ny:
  - Bensinmotorer .... 0,07 till 0,23 mm
  - Dieselmotorer .... 0,07 till 0,17 mm
- Slitagegräns:
  - Bensinmotorer .... 0,30 mm
  - Dieselmotorer .... 0,37 mm

Ramlagerspel:
- Ny:
  - Bensinmotorer:
    - Motorkod ADP, ADR, AEB, ANB, APU, APT och ARG .... 0,02 till 0,06 mm
    - Motorkod AHL, ANA och ARM .... 0,01 till 0,04 mm
  - Dieselmotorer .... 0,03 till 0,08 mm
- Slitagegräns:
  - Bensinmotor .... 0,15 mm
  - Dieselmotorer .... 0,17 mm

Ramlagertapparnas diameter:
- Bensinmotorer:
  - Motorkod AHL och ARM:
    - Standardstorlek .... 54,00 mm –0,017–0,037
    - 1:a understorlek .... 53,75 mm –0,017–0,037
    - 2:a understorlek .... 53,50 mm –0,017–0,037
    - 3:e understorlek .... 53,25 mm –0,017–0,037
  - Motorkod ADP, ADR, AEB, ANB, APU, APT och ARG:
    - Standardstorlek .... 54,00 mm –0,022–0,042
    - 1:a understorlek .... 53,75 mm –0,022–0,042
    - 2:a understorlek .... 53,50 mm –0,022–0,042
    - 3:e understorlek .... 53,25 mm –0,022–0,042
  - Motorkod ANA:
    - Standardstorlek .... 48,00 mm –0,017–0,037
    - 1:a understorlek .... 47,75 mm –0,017–0,037
    - 2:a understorlek .... 47,50 mm –0,017–0,037
    - 3:e understorlek .... 47,25 mm –0,017–0,037
- Dieselmotorer:
  - Standardstorlek .... 54,00 mm –0,022–0,042
  - 1:a understorlek .... 53,75 mm –0,022–0,042
  - 2:a understorlek .... 53,50 mm –0,022–0,042
  - 3:e understorlek .... 53,25 mm –0,022–0,042

Vevstakslagertapp, diameter:
- Bensinmotor, kod ANA:
  - Standardstorlek .... 42,00 mm –0,022–0,042
  - 1:a understorlek .... 41,75 mm –0,022–0,042
  - 2:a understorlek .... 41,50 mm –0,022–0,042
  - 3:e understorlek .... 41,25 mm –0,022–0,042
- Alla andra bensin- och dieselmotorer (utom motorkod ANA):
  - Standardstorlek .... 47,80 mm –0,022–0,042
  - 1:a understorlek .... 47,55 mm –0,022–0,042
  - 2:a understorlek .... 47,30 mm –0,022–0,042
  - 3:e understorlek .... 47,05 mm –0,022–0,042

Vevstakslagerspel:
- Ny:
  - Bensinmotorer .... 0,01 till 0,05 mm
  - Dieselmotorer .... 0,03 till 0,08 mm
- Slitagegräns:
  - Bensinmotorer .... 0,12 mm
  - Dieselmotorer .... 0,08 mm

Maximal ovalitet för axeltapp (normal) .... 0,03 mm

Åtdragningsmoment

Se kapitel 2A eller 2B.

1 Allmän information

1 I denna del av kapitel 2 beskrivs hur motorn tas ur bilen och allmän översyn av topplock, motorblock och alla andra inre motorkomponenter.
2 Beskrivningen sträcker sig från råd om förberedelser inför en renovering och anskaffning av reservdelar, till detaljerade steg-för-steg-anvisningar för demontering, kontroll, renovering och montering av motorns inre delar.
3 Efter avsnitt 5 bygger alla instruktioner på att motorn har tagits ut ur bilen. Information om reparationer med motorn kvar i bilen, och även demontering och montering av de yttre komponenter som krävs vid en fullständig renovering, finns i relevant avsnitt (kapitel 2A eller 2B) och del 5 i detta kapitel. Hoppa över de isärtagningsbeskrivningar, i avsnitten om reparationer med motorn kvar i bilen, som inte längre är relevanta när motorn har demonterats från bilen.
4 Förutom värden för åtdragningsmoment, som återfinns i de relevanta beskrivningarna av reparationer med motorn kvar i bilen i kapitel 2A eller 2B, finns alla specifikationer som rör motorrenovering i inledningen till denna del av kapitel 2.

2 Motorrenovering - allmän information

1 Det är inte alltid lätt att avgöra när, eller om, en motor ska få en totalöversyn, eftersom ett antal olika faktorer måste övervägas.
2 Ett högt miltal behöver inte nödvändigtvis vara en indikation på att en översyn krävs, och inte heller utesluter ett relativt lågt miltal att en översyn behövs. Förmodligen är servicefrekvensen den viktigaste faktorn. En motor som har fått regelbundna olje- och filterbyten och annat nödvändigt underhåll, bör gå bra i flera tusen mil. En vansköttt motor kan däremot behöva en översyn redan på ett tidigt stadium.
3 Onormalt stor oljeåtgång är ett symptom på att kolvringar, ventiltätningar och/eller ventilstyrningar kräver åtgärder. Kontrollera att oljeåtgången inte beror på oljeläckage innan du drar slutsatsen att ringarna och/eller styrningarna är slitna. Utför ett kompressionsprov enligt beskrivningarna i del A eller B i detta kapitel för att avgöra den troliga orsaken till problemet.
4 Kontrollera oljetrycket med en mätare som sätts in istället för oljetrycksbrytaren, och jämför trycket med det angivna värdet (se kapitel 2A eller 2B). Om trycket är mycket lågt är troligen ram- och vevstakslagren och/eller oljepumpen utslitna.
5 Effektförlust, ojämn gång, knackning eller metalliska motorljud, onormalt högt ljud från ventilregleringen och hög bränsleförbrukning kan också betyda att en översyn krävs, särskilt om alla dessa symptom uppträder samtidigt . Om en grundlig service inte hjälper, kan en större mekanisk genomgång vara den enda lösningen.
6 En motoröversyn innebär att man återställer alla inre delar till specifikationerna för en ny motor. Vid en översyn byts kolvarna och kolvringarna ut. Nya ram- och vevlager brukar monteras. Om det behövs kan vevaxelns bytas ut för att återställa axeltapparna. Även ventilerna måste gås igenom, eftersom de vid det här laget sällan är i perfekt kondition. Medan motorn får en översyn kan man också passa på att göra en översyn av andra delar, t.ex. startmotorn och generatorn. Slutresultatet bör bli en motor som kan gå många problemfria mil. **Observera:** *Kritiska kylsystemskomponenter som slangar, termostat och kylvätskepump, ska bytas vid en motoröversyn. Kylaren ska kontrolleras noggrant så att den inte är tilltäppt eller läcker. Det är även klokt att byta oljepumpen när motorn får en översyn .*
7 Läs igenom hela beskrivningen för att bli bekant med omfattningen och förutsättningarna för arbetet innan motoröversynen påbörjas. Att göra en översyn av en motor är inte svårt om alla instruktioner följs noggrant, om man har de verktyg och den utrustning som krävs och följer alla specifikationer noga. Dock kan det kräva avsevärd tid. Planera för att bilen inte kommer att gå att använda under minst två veckor, särskilt om delarna måste tas till en verkstad för reparation eller renovering. Kontrollera att det finns reservdelar tillgängliga och skaffa nödvändiga specialverktyg och andra hjälpmedel i förväg. Större delen av arbetet kan utföras med vanliga handverktyg, även om ett antal precisionsmätverktyg krävs för att avgöra om delar måste bytas ut. Ofta sköter verkstaden om undersökningen av delarna och kan ge råd om renovering och byte. **Observera:** *Vänta alltid tills motorn har tagits isär helt och tills alla delar (särskilt motorblock och vevaxel) har kontrollerats innan beslut tas om vilken service och vilka reparationer som måste överlåtas till en verkstad. Dessa komponenters skick är den viktigaste faktorn när man beslutar om den ursprungliga motorn ska renoveras eller om en färdigrenoverad motor ska köpas in. Köp därför inte några reservdelar och utför inte några reparationer på andra komponenter innan de har undersökts noga.* Generellt sett är tiden den största utgiften vid en översyn, så det lönar sig inte att betala för att sätta in slitna eller undermåliga delar.
8 Slutligen ska all hantering ske med största försiktighet i en fullständigt ren arbetsmiljö för att den renoverade motorn ska få en så lång och problemfri livslängd som möjligt.

3 Motor, demontering förberedelser och föreskrifter

Om motorn måste demonteras för översyn eller omfattande reparationsarbeten ska flera förebyggande åtgärder vidtas.

Det är mycket viktigt att man har en lämpligt plats att arbeta på. Tillräckligt stort arbetsutrymme och plats att förvara bilen krävs. Om du inte har tillgång till en verkstad eller ett garage så krävs åtminstone ett fast, plant underlag.

Det är bra om det finns några hyllor eller avläggningsytor i närheten av arbetsutrymmet som kan användas för att förvara motorkomponenter och hjälpaggregat allt eftersom de tas bort och plockas isär. Då är det lättare att hålla komponenterna rena och oskadda under översynen. Om komponenterna samlas i grupper tillsammans med sina fästbultar, skruvar etc. sparar man tid och undviker förväxlingar när motorn sätts tillbaka.

Rengör motorkomponenterna och motorn innan demonteringen påbörjas. Då blir det lättare att se och att hålla verktygen rena.

Vid flera av momenten är det viktigt att ha en medhjälpare. Det finns vissa moment där en ensam person inte kan utföra alla åtgärder som krävs för att ta bort motorn från bilen på ett säkert sätt. Säkerheten är av högsta vikt med tanke på de möjliga faror som medföljer den här typen av arbete. En extra person ska alltid vara beredd att hjälpa till i nödsituationer. Om detta är första gången du tar bort en motor kan det också vara till stor nytta med hjälp och råd från en mer erfaren person.

Planera arbetet i förväg. Skaffa (köp, låna eller boka för hyrning) alla verktyg och all utrustning som kommer att behövas, redan innan arbetet påbörjas. Följande hjälpmedel gör att demonteringen och monteringen av motorn kan ske säkert och relativt enkelt: En garagedomkraft - anpassad till en högre vikt än motorns - en komplett uppsättning nycklar och hylsor enligt beskrivningen i slutet av handboken, träblock och en mängd trasor och rengöringsmedel för att torka upp spill av olja, kylvätska och bränsle. Ett antal plastlådor av olika storlekar kan vara bra för att förvara sammanhörande isärtagna delar i. Se till att vara ute i god tid om någon av utrustningen måste hyras, och utför alla arbeten som går att göra utan den utrustningen i förväg. Det sparar både pengar och tid.

Planera för att bilen inte kommer att kunna användas under en längre tid, särskilt om en fullständig motoröversyn ska utföras. Läs igenom hela detta avsnitt och tänk ut en arbetsgång baserat på egen erfarenhet och på vilka verktyg, hur lång tid och hur stort arbetsutrymme som finns tillgängligt. Vissa av renoveringsarbetena måste utföras av en VW-mekaniker eller annan verkstad. Sådana inrättningar är ofta fullbokade, så det är klokt att kontakta dem innan motorn tas bort eller plockas isär för att få en uppfattning om hur mycket tid som krävs för att få arbetet utfört.

Arbeta metodiskt med att koppla ifrån yttre komponenter när motorn tas bort från bilen. Om vajrar, kablar och slangar märks när de tas bort underlättas återmonteringen betydligt.

Var alltid mycket försiktig när motorn lyfts ut ur motorrummet. Slarv kan leda till allvarliga skador. Om hjälp behövs är det bättre att vänta tills en medhjälpare finns tillgänglig än att riskera materiella skador och personskador genom att försöka utföra arbetet ensam. Genom att planera i förväg och ta god tid på sig kan en uppgift av den här typen klaras av framgångsrikt och utan olyckor, även om den är stor.

På alla modeller som beskrivs i den här handboken lyfts motorn ut ur motorrummet med växellådan kvar i bilen. Observera att motorn helst ska lyftas ur med bilen stående på alla fyra hjulen, men åtkomsten till det främre avgasröret och nedre bultarna förbättras om bilen tillfälligt kan ställas på pallbockar.

4 Motor - demontering och montering

Bensinmotorer

Demontering

1 Parkera bilen på ett stabilt, plant underlag. Se till att det finns ordentligt med plats runt bilen.

2 Lossa batteriets jordledning (minuspolen) (se kapitel 5A).

3 Dra åt handbromsen. Lyft sedan upp framvagnen och ställ den på pallbockar (se *Lyftning och stödpunkter*).

4 Ta bort fästklämmor och skruvar, och avlägsna motorrummets undre skyddskåpa.

5 Bänd ut skyddshattarna, skruva loss fästmuttrarna/bultarna och ta bort motorns övre skyddskåpa.

6 Demontera den främre stötfångaren enligt beskrivningen i kapitel 11.

7 Utför följande enligt beskrivningen i kapitel 1A:

*a) Töm kylsystemet. Avtappningspluggen sitter på kylarens främre vänstra sida **(se bild)**, och på vissa motorer sitter ytterligare en plugg på kylvätskepumpens lagerhus. Det kan dock gå fortare att helt enkelt koppla loss den nedre kylarslangen.*

b) Tappa ur motoroljan.

8 Skruva loss de två bultar som håller fast styrservooljans kylrör till framsidan av kylaren, och flytta det åt sidan **(se bild)**. Bind fast yttertemperaturgivaren på dess ursprungliga plats.

9 Bänd upp klämmorna och koppla loss slangarna upptill och nedtill på kylaren, och från termostathuset. På motorer med dubbla överliggande kamaxlar kan det vara enklare att koppla loss den övre slangen från motorn **(se bild)**. På motorkod AHL, ANA och ARM, koppla loss slangarna från motoroljekylaren och töm ur kvarvarande kylvätska.

10 Skruva loss luftkanalen som leder till luftrenaren från låshållaren **(se bilder)**.

11 Koppla loss kablaget från strålkastarna och deras styrenhet **(se bilder)**.

12 Ta bort de främre blinkerenheterna enligt beskrivningen i kapitel 12, avsnitt 7. Dra anslutningens plasthölje från skärmens insida på förarsidan och bänd upp den.

13 Koppla loss huvlåsvajerns främre del och bakre del från varandra **(se bild)**.

14 På modeller med turbo, ta bort anslutningsrören mellan turboaggregatet/ mellankylaren, turboaggregatet/luftrenaren och mellankylaren/gasspjällsstyrenheten. På modeller med sekundär lufttillförsel, ta bort anslutningsrören mellan den sekundära luftpumpen/kombinationsventilen samt den sekundära luftpumpen/luftrenaren.

4.7 Kylarens avtappningsplugg

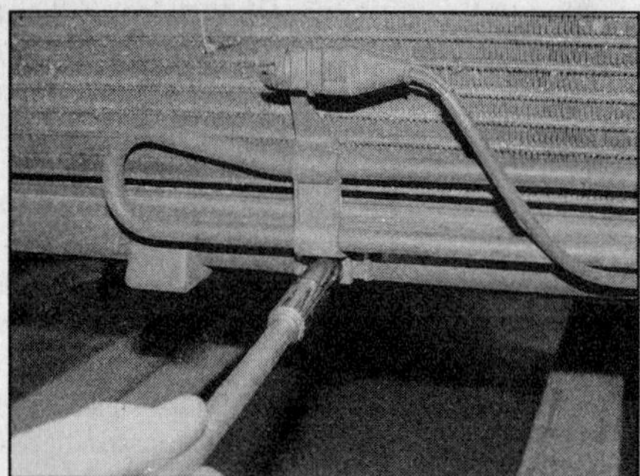

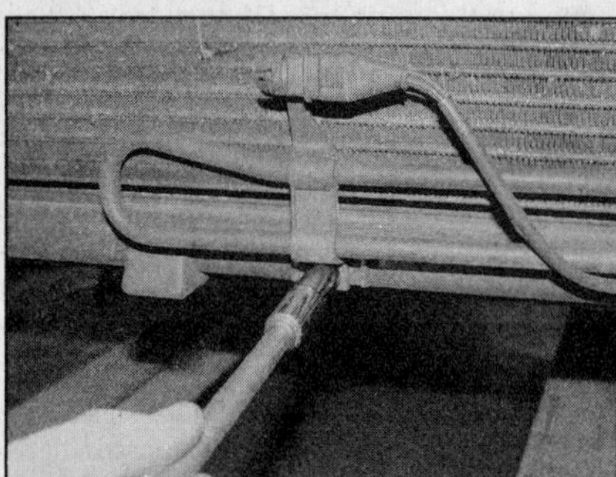

4.8 Skruva loss bultarna och för styrservooljans kylrör åt sidan

4.9 Koppla loss den övre slangen från motorn (ADR-motor)

4.10 Skruva loss luftkanalen från låshållarens ovansida

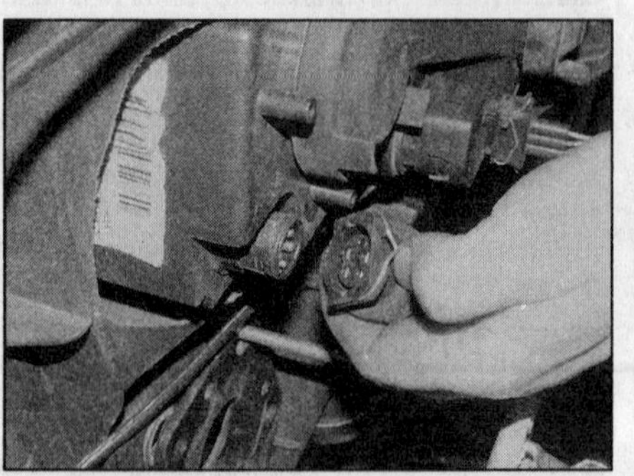

4.11a Koppla loss strålkastarens anslutningskontakt . . .

4.11b . . . och anslutningskontakten till styrmotorn för strålkastarinställningen

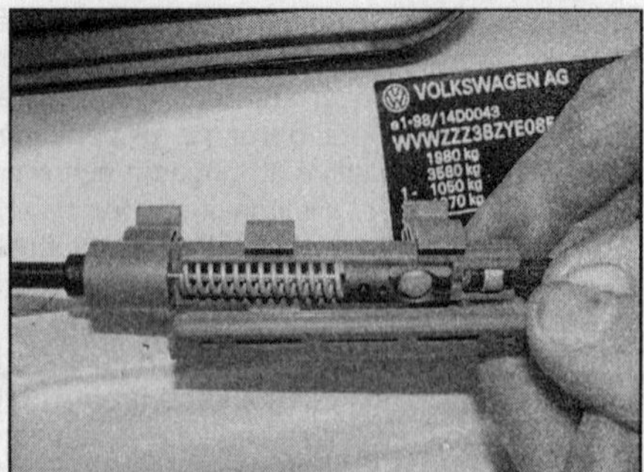

4.13 Koppla loss den främre elen av motorhuvslåsvajern genom att dra nippeln och vajerhöljet från anslutningsdonet

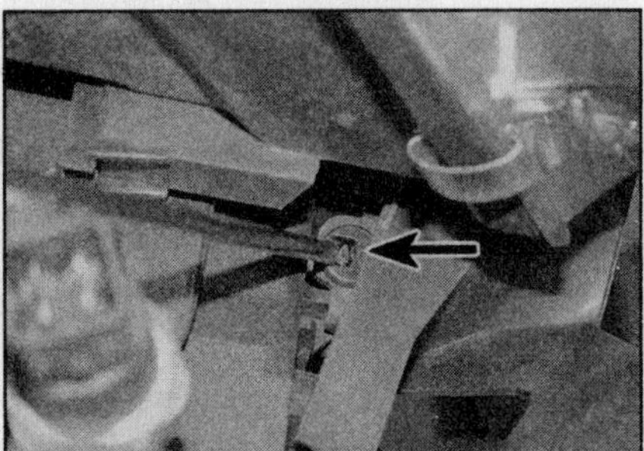
4.17a Tryck tappen mot mitten och dra ut stiftet för att lossa kondensatorn (se pil)

4.17b Skruva loss skruvarna och ta bort gummikåpan

4.19 Ta bort locket från styrservooljans behållare.

15 På modeller med elektrisk kylfläkt, koppla loss kablaget från termostaten nedtill till vänster på kylaren. Flytta kablaget åt sidan.

16 Koppla loss kablaget från signalhornen och flytta kablarna åt sidan.

17 På modeller med luftkonditionering, tryck in tappen i hållarsprintens ände, dra sprinten från fästbygeln på kondensatorns båda sidor och skilj monteringskonsolens båda halvor åt, för att lossa kondensatorn från låshållaren **(se bild)**. Skruva loss fästskruvarna och ta bort gummikåporna på vardera sida av kondensatorn **(se bild)**. Koppla loss tryckbrytarkablaget när kondensatorn har tagits bort. Koppla loss kablaget från lågtrycksbrytaren. Koppla även bort kablaget till magnetkopplingen från botten av låshållaren. Lyft kondensatorn från sitt fäste. Vrid den åt sidan och fäst den så att den hålls undan från motorrummet. Skydda kondensatorn med en bit kartong eller tyg så att den inte skadas när motorn tas bort.

Varning: Koppla inte loss luftkonditioneringens kylmediakrets.

18 På modeller med automatväxellåda, ställ en lämplig behållare under kylaren, och lossa sedan anslutningsmuttrarna och koppla loss växellådsoljerören nedtill på kylaren. Plugga igen rören och öppningarna i kylaren för att förhindra att damm och smuts tränger in. Skruva även loss vätskerörets fästbygel från motorn.

19 Ta bort locket från styrservooljans behållare **(se bild)**.

20 Koppla loss de fem anslutningskontakterna som blir synliga när kåpan till styrservooljebehållaren tas bort **(se bild)**.

21 Koppla loss kablaget till stöldskyddslarmet vid skarvdonen ovanpå låshållarens vänstra sida.

22 Skruva loss låshållarens fästbultar – en längst fram uppe på vardera skärmen och en vid sidan om vardera strålkastaren. Skruva loss de sidomonterade stötfångarstyrningarnas tre bultar som sitter strax under strålkastarna, och snäpp loss dem från framskärmarna. Skruva loss bultarna som fäster låshållaren/ stötfångaren i underredets kanaler. Dra tillsammans med en medhjälpare bort hela låshållaren från bilens front och ställ den på ett säkert sätt **(se bilder)**.

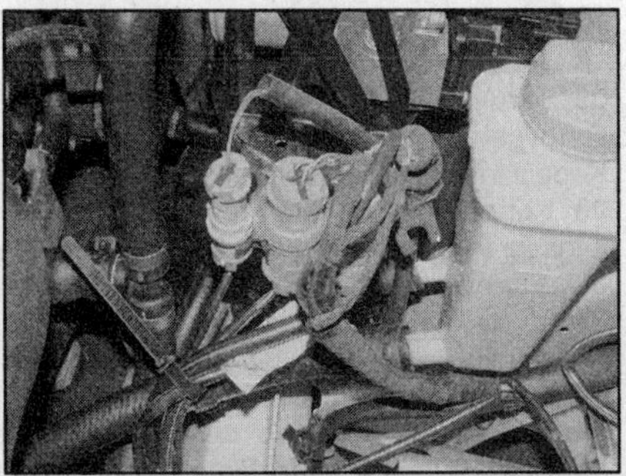
4.20 Koppla loss anslutningskontakten bredvid styrservooljans behållare

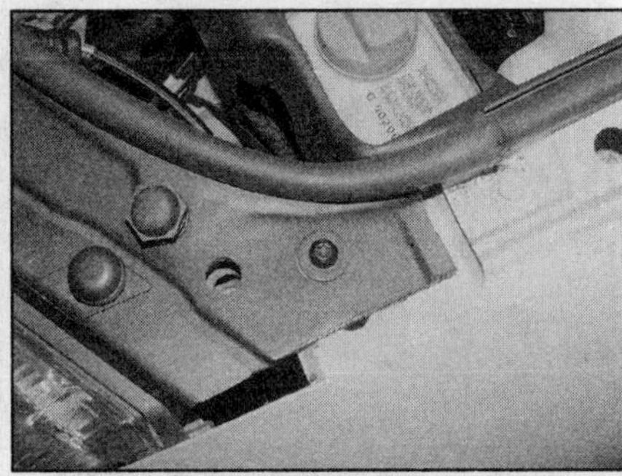
4.22a Ta bort bulten på skärmens ovansida . . .

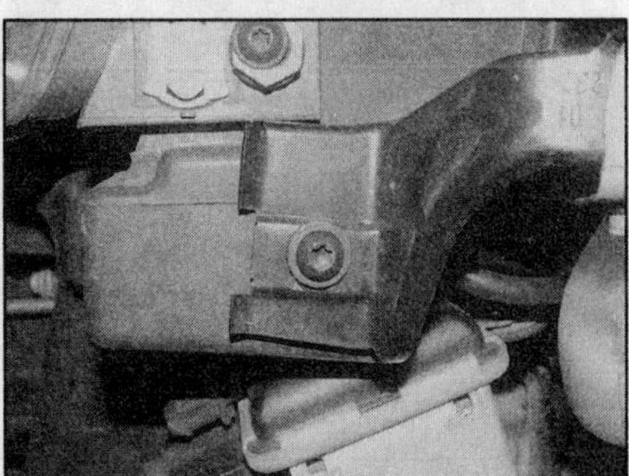
4.22b . . . och bredvid båda strålkastarna

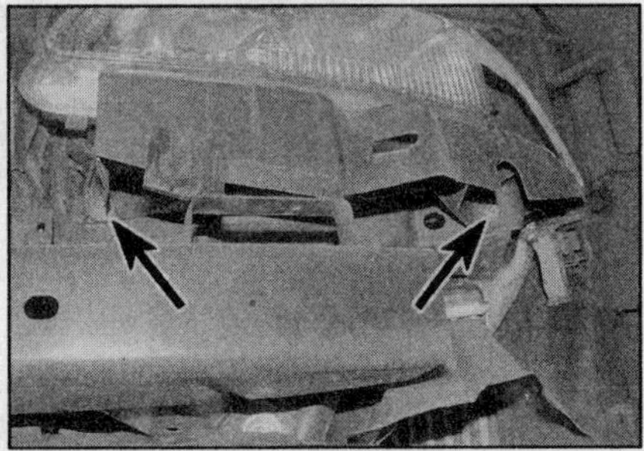
4.22c Stötfångarstyrningarna hålls på plats med två bultar under vardera strålkastare (vid pilarna) . . .

4.22d . . . och en under vardera skärmen

4.22e Ta bort stötfångarens bultar

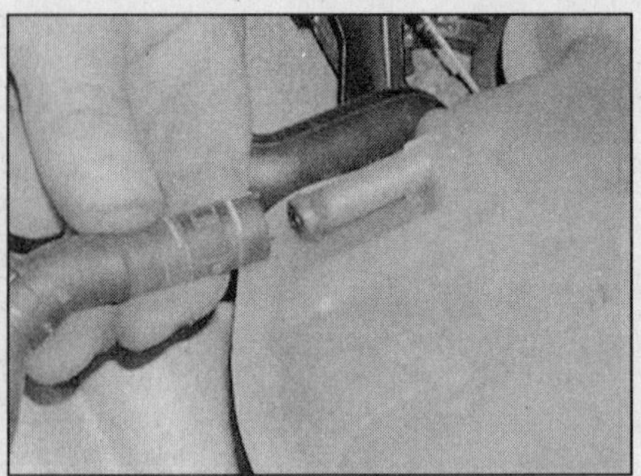

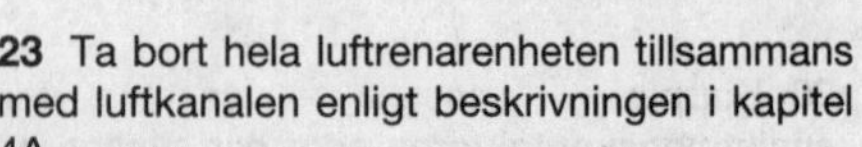

4.26a Koppla loss slangarna från kylvätskans expansionskärl . . .

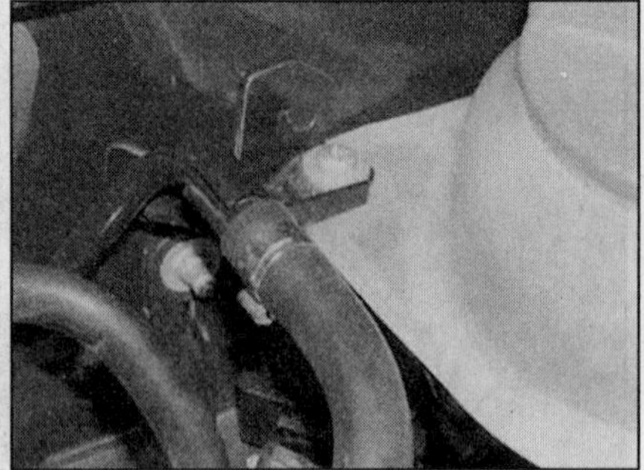

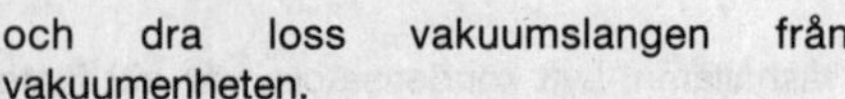

4.26b . . . och ta sedan bort fästskruvarna . . .

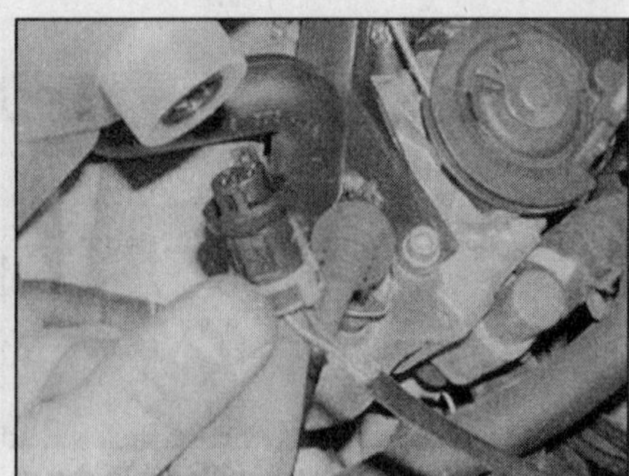

4.26c . . . och koppla loss brytaren för larm om låg kylvätskenivå

23 Ta bort hela luftrenarenheten tillsammans med luftkanalen enligt beskrivningen i kapitel 4A.

24 Koppla loss huvudtändkabeln samt kablaget och lägg det på motorn. Om det är tillämpligt, koppla även loss lambdasondens kablage.

25 Tryckutjämna bränslesystemet enligt instruktionerna i kapitel 4A. Koppla sedan loss bränsletillförsel- och returledningarna vid bränslefördelarskenan.

26 Lossa klämmorna och koppla loss de små slangarna från kylvätskans expansionskärl på till vänster i motorutrymmet. Koppla loss kablaget från brytaren för larm om låg kylvätskenivå. Skruva sedan loss expansionskärlet och ta bort det **(se bilder)**.

27 På modeller med farthållare, koppla loss aktiveringsstaget vid gasspjällsstyrningen, och dra loss vakuumslangen från vakuumenheten.

28 Koppla loss gasvajern, om en sådan finns, från gasspjällshus och stödfäste och lägg den åt sidan.

29 Koppla loss vakuumslangarna från kolfiltrets avluftningsventil och bromsservoenheten **(se bilder)**.

30 På modeller med automatväxellåda, koppla loss kablaget från kickdown-brytaren.

31 På vänsterstyrda modeller, demontera motorstyrmodulen från vänster sida av torpedväggen (se kapitel 4A). Det görs genom att kåpan först skruvas loss från elektroniklådan, och sedan lossas hållarna och kablaget kopplas loss. På alla modeller, lossa motorns kabelhärva om det behövs och skruva loss jordkabelskruven, och lägg sedan kablarna på motorn.

32 Demontera insugningsröret och vevhusventilationens slangar från gasspjällshuset och motorns ventilkåpa **(se bild)**.

33 Lossa klämmorna och koppla loss värmeslangarna från det nedre kylvätskeröret och utloppskröken på baksidan av topplocket.

34 Koppla loss kablaget från hastighetsmätarens givare på vänster sida av växellådan.

35 På modeller med manuell växellåda, koppla loss kablaget från backljusbrytaren på vänster sida av växellådan.

36 Demontera drivremmarna enligt beskrivningen i kapitel 2A.

37 Skruva loss luftkonditioneringskompressorn från motorn enligt beskrivningen i kapitel 3. Bind upp kompressorn på ena sidan, så att den är ur vägen för motorrummet.

Varning: Koppla inte loss luftkonditioneringens kylmediakrets.

38 Skruva loss servostyrningspumpen från fästbygeln och bind den åt sidan **(se bilder)**. Koppla inte loss hydraulrören från pumpen.

39 Koppla loss det främre avgasröret från avgasgrenröret enligt beskrivningen i kapitel 4C. Var noga med att inte böja den flexibla delen av det främre avgasröret mer än nödvändigt.

40 Skruva loss värmeskölden från höger motorfäste och lyft upp den. Skruva loss muttrarna ovanpå motorfästena på vänster och höger sida. Skruva även loss skruven och ta loss jordkabeln från höger motorfäste.

4.29a Koppla loss vakuumslangen från kolfiltrets avluftningsventil . . .

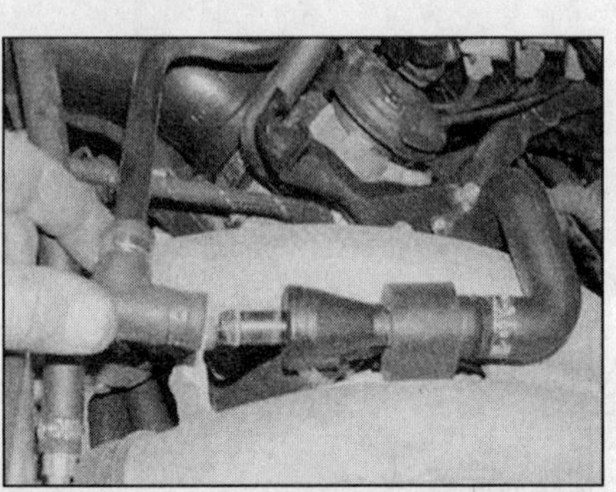

4.29b . . . och bromsvakuumslangen

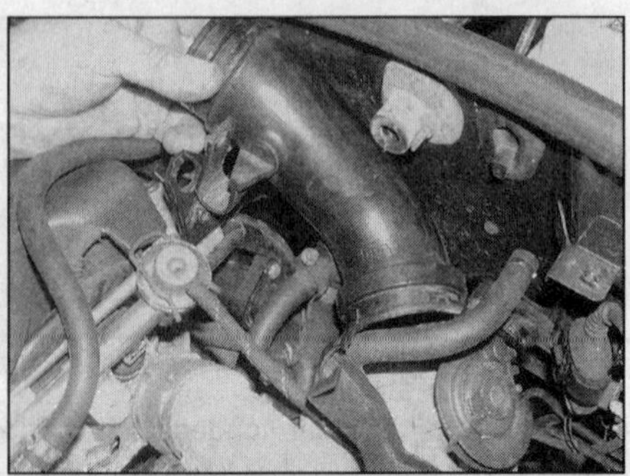

4.32 Demontera insugningsröret från gasspjällshuset

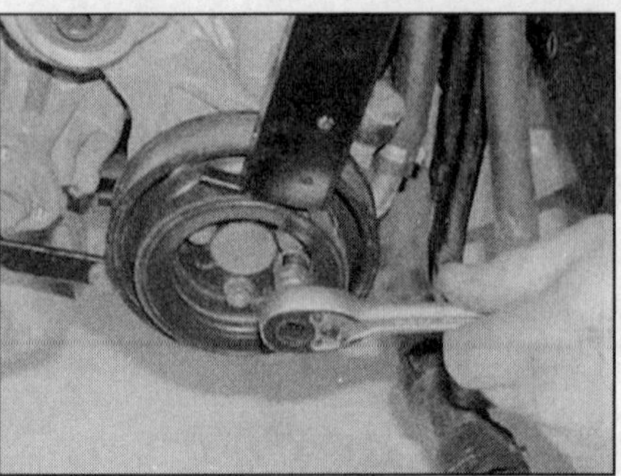

4.38a Skruva loss bultarna . . .

4.38b . . . och ta bort remskivorna från servostyrningspumpen . . .

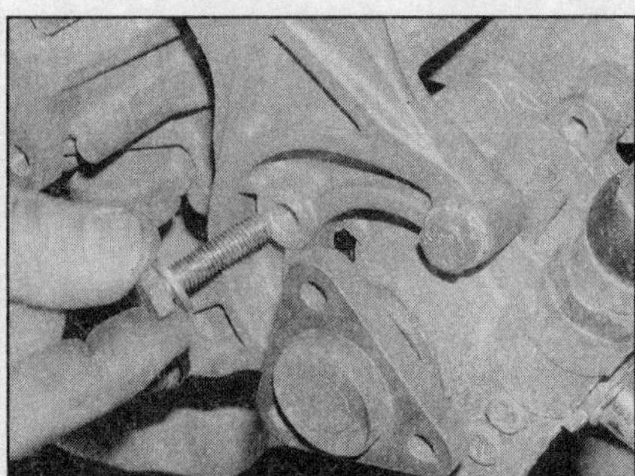

4.38c . . . skruva sedan loss bultarna . . .

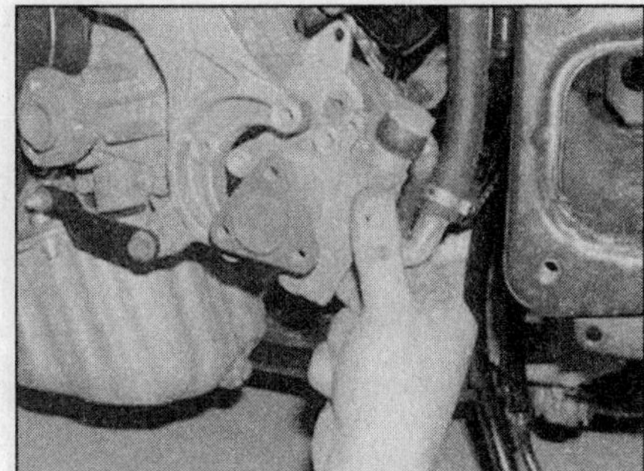

4.38d . . . och flytta servostyrningspumpen från fästet, och bind den åt sidan

4.47 Ta ur motorn ur motorrummet

41 Ta bort startmotorn från växellådan enligt beskrivningen i kapitel 5A.

42 På modeller med automatväxellåda, skruva loss och ta bort de tre momentomvandlarmuttrarna som går att komma åt genom startmotoröppningen. Motorn måste vridas för att alla muttrar ska gå att komma åt. För att förhindra att drivplattan vrids runt när muttrarna lossas, håll antingen fast vevaxelns remskivebult eller stick in en skruvmejsel i kuggarna på startkransen.

43 Markera motorfästenas lägen på kryssrambalken så att de kan monteras tillbaka korrekt, och lossa sedan de nedre muttrarna flera varv.

44 Fäst en lämplig lyft vid motorn. Lyft sedan motorn och växellådan något. Kontrollera att motorn stöds ordentligt.

45 Skruva loss bultarna som håller fast växellådan vid motorns bakre del, och sänk sedan ner motorn till sin ursprungliga plats. Lämna en av bultarna löst fastsatt på det här stadiet.

46 Stöd växellådans främre del med en garagedomkraft och en träkloss. Alternativt kan en stödbalk till växellådan placeras över motorrummets bakre del.

47 Skruva loss den sista bulten, och kontrollera sedan att alla kablar och slangar har kopplats loss, och lyft ut motorn ur motorrummet **(se bild)**. På modeller med automatväxellåda, se till att momentomvandlaren sitter kvar i växellådan när motorn tas bort. Hindra den från att ramla ut genom att montera en metallstång över svänghjulskåpan och fästa med två bultar.

48 Ta loss styrstiften från motorblockets baksida om de sitter löst. Ta bort mellanplattan från motorns bakre del, om det behövs.

49 På modeller med manuell växellåda, demontera kopplingen enligt beskrivningen i kapitel 6.

Montering

50 Monteringen sker i omvänd ordningsföljd mot demonteringen, men på modeller med manuell växellåda ska först spårningarna på den ingående axeln smörjas med lite fett med hög smältpunkt. Smörj urtrampningslagrets fogyta något, men smörj **inte** urtrampningslagrets styrning. På modeller med automatväxellåda, kontrollera att momentomvandlaren är helt på plats på den ingående axeln genom att kontrollera att avståndet mellan svänghjulskåpans fästfläns och momentomvandlaren är 23,0 mm. Om måttet endast är 13,0 mm är inte momentomvandlaren helt på plats. Se till att motor- och växellådsfästena inte belastas. Dra sedan åt alla muttrar och bultar till angivet moment. Montera och justera (om det är tillämpligt) alla motorrelaterade komponenter och system enligt beskrivningarna i respektive kapitel. Se till att motorn har fyllts med olja och att kylsystemet har fyllts enligt beskrivningen i kapitel 1A innan motorn startas.

Dieselmotorer

Demontering

51 Parkera bilen på ett stabilt, plant underlag. Se till att det finns ordentligt med plats runt bilen.

52 Lossa batteriets jordledning (minuspolen) (se kapitel 5A).

53 Dra åt handbromsen. Lyft sedan upp framvagnen och ställ den på pallbockar (se *Lyftning och stödpunkter*).

54 Ta bort motorrummets undre skyddskåpa när skruvarna har skruvats loss.

55 Bänd ut skyddshattarna, skruva loss fästmuttrarna/bultarna och ta bort motorns övre skyddskåpa.

56 Demontera den främre stötfångaren enligt beskrivningen i kapitel 11.

57 Utför följande enligt beskrivningen i kapitel 1B:

a) Töm kylsystemet. Det sitter en avtappningsplugg på kylarens främre vänstra sida, och all kvarvarande kylvätska kan tappas ut från motorn genom att termostatkåpan skruvas loss och O-ringen och termostaten tas bort.

b) Om motorn ska tas isär, töm ut motoroljan.

58 Bänd upp fästklämman och koppla loss den nedre slangen från kylaren.

59 På modeller med elektrisk kylfläkt, koppla loss kablaget från termostatbrytaren nedtill till vänster på kylaren.

60 På modeller med automatväxellåda, ställ en lämplig behållare under motorrummet och koppla sedan loss automatväxellådans vätskerör från låshållaren. Plugga igen rören.

61 Lossa klämman och koppla loss luftintagskanalen från mellankylaren längst ner till vänster på låshållaren.

62 Lossa klämman och koppla loss turboaggregatets luftslang längst ner till höger på låshållaren.

63 Skruva loss bultarna och ta bort kanalen mellan luftröret och luftrenaren från låshållaren.

64 Demontera luftrenaren enligt beskrivningen i kapitel 4B.

65 Koppla loss kablaget från strålkastarna och deras styrenhet.

66 Ta bort de främre blinkerenheterna enligt beskrivningen i kapitel 12, avsnitt 7.

67 Lossa klämman och koppla loss den övre slangen från kylaren.

68 Ta bort luftröret och -slangen från motorns vänstra sida. Detta görs genom att fästbulten skruvas loss och klämmorna lossas.

69 Koppla loss huvlåsvajern från låshållaren vid anslutningen längst upp på den inre skärmen på förarsidan.

70 Ta bort locket från styrservooljans behållare.

71 Lyft på plastkåpan i motorrummets vänstra, främre hörn och koppla loss de fem kabelanslutningarna **(se bild 4.20)**.

72 Koppla loss kablaget till stöldskyddslarmet vid skarvdonen ovanpå låshållarens vänstra sida.

73 Koppla loss kablaget från de två signalhornen och lossa kablaget från fästet.

74 På modeller med luftkonditionering, tryck in tappen i hållarsprintens ände, dra sprinten från fästbygeln på kondensatorns båda sidor och skilj monteringskonsolens båda halvor åt, för att lossa kondensatorn från låshållaren **(se bild 4.17a)**. Skruva loss fästskruvarna och ta bort gummikåporna på kondensatorns båda sidor **(se bild 4.17b)**. Koppla loss tryckbrytarkablaget när kondensatorn tagits bort. Koppla loss kablaget från lågtrycksbrytaren. Koppla även bort kablaget till magnetkopplingen från botten av

4.76 Ta bort laddtryckskanalen från motorrummets bakre del

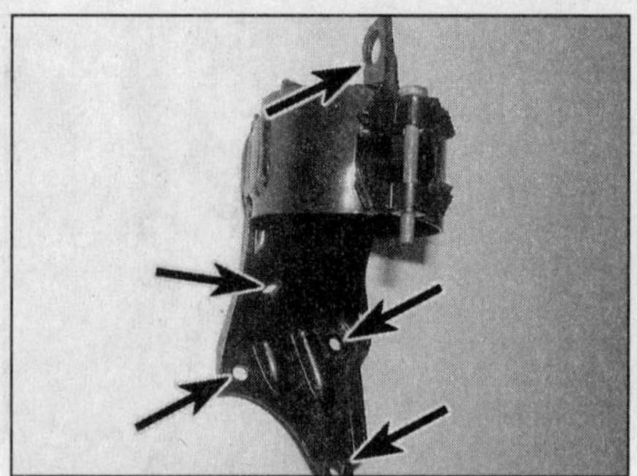

4.80 Skruva loss de fem fästbultarna och ta bort bränslefilterfästet från motorblocket/topplocket (se pil)

4.81 Koppla loss kamaxelgivaren och varvtalsgivaren på torpedväggen (AJM- och ATJ-motorer)

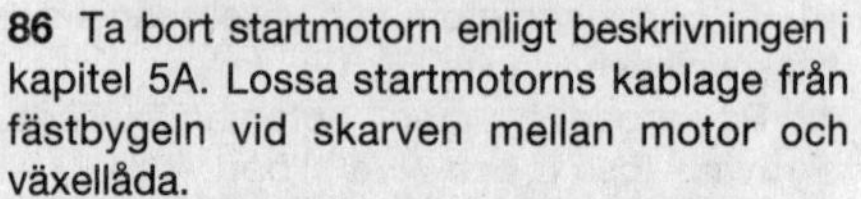

låshållaren. Lyft kondensatorn från sitt fäste. Vrid den åt sidan och fäst den så att den hålls undan från motorrummet. Skydda kondensatorn med en bit kartong eller tyg så att den inte skadas när motorn tas bort.

Varning: Koppla inte loss luftkonditioneringens kylmediakrets.

75 Skruva loss låshållarens fästbultar – en längst fram uppe på vardera skärmen och en intill vardera strålkastaren. Skruva loss de tre bultarna till de sidomonterade stötfångarstyrningarna som sitter strax under strålkastarna och snäpp loss dem från framskärmarna. Skruva loss bultarna som fäster låshållaren/stötfångaren i underredets kanaler. Dra tillsammans med en medhjälpare bort hela låshållaren från bilens front och ställ den på ett säkert sätt **(se bilder 4.22a till 4.22e)**.

76 Lossa klämmorna och ta bort den bakre luftintagskanalen från baksidan av motorn. Koppla loss kablaget från givarna efter behov **(se bild)**. Skruva loss fästmuttern.

77 Koppla loss slangar och kablage från laddtrycksventilen, utom på motorkod AJM och ATJ. Om det behövs, skruva loss bultarna och ta bort ventilen från motorns framsida.

78 Lossa klämmorna och koppla loss slangarna från kylvätskans expansionskärl. Skruva sedan loss kärlet och koppla loss kablaget från brytaren för larm om låg kylvätskenivå **(se bilder 4.26a till 4.26c)**.

79 Koppla loss bränsletillförsel- och returledningarna från filterkåpan på vänster sida av motorn.

80 För motorkod AJM och ATJ, se kapitel 1B och ta bort bränslefilterelementet. Skruva loss de fem fästbultarna och ta bort bränslefilterfästet från motorblocket/topplocket **(se bild)**.

81 Koppla loss kontaktdonen för kamaxelgivaren (motorkod AJM och ATJ) eller nållyftsgivaren (alla andra motorer) samt varvtalsgivaren på utjämningskammaren **(se bild)**.

82 På motorkod AJM och ATJ är värmeslangarna anslutna till motorn med snabbkopplingar på kylvätskefördelningen på topplockets baksida till vänster. Bänd upp klämman och dra isär kopplingarna. På andra motorer har slangklämmorna vanlig utformning.

83 Koppla loss bromsservons vakuumslang från utjämningskammarens anslutning.

84 Demontera drivremmarna enligt beskrivningen i kapitel 2B. Demontera även fläkten enligt beskrivningen i kapitel 3.

85 Skruva loss luftkonditioneringskompressorn från motorn enligt beskrivningen i kapitel 3. Bind upp kompressorn på ena sidan, så att den är ur vägen för motorrummet.

Varning: Koppla inte loss luftkonditioneringens kylmediakrets.

86 Ta bort startmotorn enligt beskrivningen i kapitel 5A. Lossa startmotorns kablage från fästbygeln vid skarven mellan motor och växellåda.

87 Koppla loss anslutningskontakterna från de tre glödstiften, där sådana finns, samt temperaturgivaren för kylvätska som sitter på kylvätskefördelningen på topplockets baksida **(se bilder)**.

88 Koppla loss anslutningskontakterna på följande komponenter:

a) Laddtrycksgivare.
b) Bränsletemperaturgivare (endast motorkod AJM och ATJ) – sitter till vänster om topplocket på bränslereturledningen.
c) Generator (kapitel 5A).
d) Pumpinsprutningsventilernas kontaktdon (motorkod AJM och ATJ) – sitter på baksidan av topplocket **(se bild)**.
e) Oljetrycksbrytare – sitter på oljefilterhusets framsida.
f) Glödstift – se kapitel 5C.
g) Givare för oljetemperatur/-nivå (i förekommande fall) – sitter i botten av oljesumpen.
h) Nållyftsgivare (utom AJM och ATJ)
i) Kontaktdon insprutningspump (utom motorkod AJM och ATJ)

89 Lossa motorns kablage från alla fästbyglar/-klämmor och för det försiktigt åt ena sidan. Notera var kablaget satt för att underlätta återmontering.

4.87a Koppla loss värmesystemets glödstift . . .

4.87b . . . och temperaturgivaren för kylvätska (se pil)

4.88 Skruva loss kåpan och koppla ifrån pumpinsprutningsventilens kontaktdon (AJM- och ATJ-motorer)

4.90 Skruva loss fästbultarna och ta bort styrmagnetventilen för laddtryck och den klotformade vakuumbehållaren (där sådan finns) från monteringskonsolen

4.91a Koppla loss bränslekylslangarna . . .

4.91b . . . och bränslekylvätskans avstängningsventil

90 Arbeta på motorns högra sida. Skruva loss fästbultarna och ta bort styrmagnetventilen för laddtryck och den klotformade vakuumbehållaren (om en sådan finns) från monteringskonsolen. Vakuumslangarna behöver inte kopplas loss. Lägg komponenterna åt sidan **(se bild)**.

91 På motorkod AJM och ATJ, koppla ifrån bränslekylningens matar- och returslangar från kylvätskepumpen och kylaren framför hjulhuset på högra sidan. Koppla loss kylvätskeslangen från termostathuset genom att bända upp kopplingsklämman och dra slangen från huset. Lossa fästklämman och koppla loss bränslekylslangen mellan avstängningsventilen och motorn. Lossa slangarna från fästklämmorna. Nu ska det gå att flytta kylvätskeslangarna åt sidan som en enhet, bort från motorn **(se bilder)**.

92 Ta bort de tre bultarna och servostyrningspumpens remskiva. Skruva loss servostyrningspumpen från fästbygeln och bind den åt sidan. Koppla inte loss hydraulrören från pumpen **(se bilder 4.38a till 4.38d)**.

93 Skruva loss muttrarna som håller fast turboaggregatet till katalysatorn. Lossa avgassystemets främre klämma och skjut den bakåt för att koppla loss avgasrören. Koppla loss det främre avgasröret och katalysatorn från turboaggregatet. Var noga med att inte böja den flexibla delen av det främre avgasröret mer än nödvändigt. På motorkod AJM och ATJ tyckte vi att det var lättare att ta bort turboaggregatet helt och hållet enligt beskrivningen i kapitel 4B.

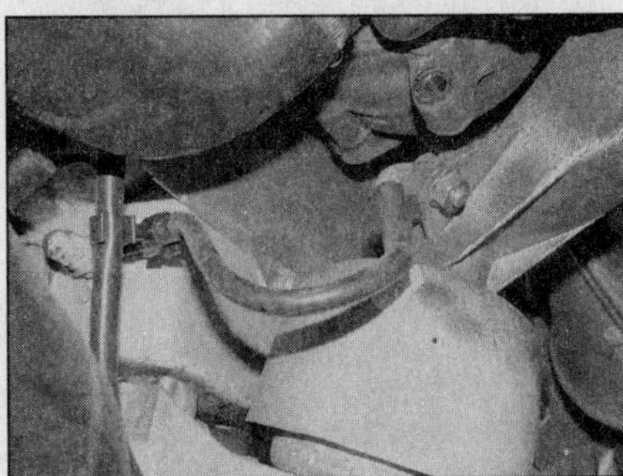

4.94 Skruva loss motorns jordledning

94 Skruva loss jordkabel från det högra motorfästet **(se bild)**.

95 Skruva om tillämpligt loss turboaggregatets stödfäste från höger motorfäste.

96 På modeller med automatväxellåda, skruva loss och ta bort de tre momentomvandlarmuttrarna som går att komma åt genom startmotoröppningen. Motorn måste vridas för att alla muttrar ska gå att komma åt. För att förhindra att drivplattan vrids runt när muttrarna lossas, håll antingen fast vevaxelns remskivebult eller stick in en skruvmejsel i kuggarna på startkransen.

97 På modeller med automatväxellåda, skruva loss hydraulvätskerörets fästbygel från motorns vänstra sida.

98 Ta bort muttrarna på ovansidan av respektive motorfäste. Skruva sedan loss de nedre muttrarna flera varv.

99 Fäst motorn i en lämplig lyft. Det sitter lyftöglor på topplocket, diagonalt mitt emot varandra.

100 Skruva loss de tre bultarna som håller fast växellådan vid motorn. Lämna en av bultarna löst fastsatt på det här stadiet.

101 Stöd växellådans främre del med en garagedomkraft och en träkloss. Alternativt kan en stödbalk till växellådan placeras över motorrummets bakre del.

102 Skruva loss den sista bulten. Kontrollera sedan att alla kablar och slangar har kopplats loss, och lyft ut motorn ur motorrummet. På modeller med automatväxellåda, se till att momentomvandlaren sitter kvar i växellådan när motorn tas bort. Hindra den från att ramla ut genom att montera en metallstång över svänghjulskåpan och fästa med två bultar.

103 Ta loss styrstiften från motorblockets baksida om de sitter löst. Ta bort mellanplattan från motorns bakre del, om det behövs.

104 På modeller med manuell växellåda, demontera kopplingen enligt beskrivning i kapitel 6.

Montering

105 Monteringen sker i omvänd ordningsföljd mot demonteringen, men på modeller med manuell växellåda ska först spårningarna på den ingående axeln smörjas med lite fett med hög smältpunkt. Smörj urtrampningslagrets fogyta något, men smörj **inte** urtrampningslagrets styrning.På modeller med automatväxellåda, kontrollera att momentomvandlaren är helt på plats på den ingående axeln genom att kontrollera att avståndet mellan svänghjulskåpans fästfläns och momentomvandlaren är 23,0 mm. Om måttet endast är 13,0 mm är inte momentomvandlaren helt på plats. Se till att motor- och växellådsfästena inte belastas. Dra sedan åt alla muttrar och bultar till angivet moment. Montera och justera (om det är tillämpligt) alla motorrelaterade komponenter och system enligt beskrivningarna i respektive kapitel. Se till att motorn har fyllts med olja och att kylsystemet har fyllts enligt beskrivningen i kapitel 1B innan motorn startas.

5 Motorrenovering – preliminär information

Det är mycket enklare att ta isär och arbeta med motorn om den är fastsatt i ett motorställ.Sådana ställ går oftast att hyra i verktygsbutiker. Innan motorn monteras i ett ställ ska svänghjulet tas bort, så att ställets bultar kan skruvas in i änden av motorblocket/vevhuset. **Observera:** *Mät inte cylinderloppen när motorn sitter fast i ett sådant här ställ.*

Om inget ställ finns tillgängligt går det att ta isär motorn på en stabil arbetsbänk eller på golvet. Var mycket noga med att inte luta eller tappa motorn vid arbete utan ett motorställ.

Om en renoverad motor ska införskaffas måste alla hjälpaggregat först demonteras, så att de kan flyttas över till utbytesmotorn (precis som när den befintliga motorn genomgår renovering). Detta inkluderar följande komponenter:

Bensinmotorer

a) Generator (inklusive fästbyglar) och startmotor (kapitel 5A).
b) Tändsystem och högspänningsdelar, inklusive alla givare, fördelare, tändkablar och tändstift (kapitel 1A och 5B).
c) Bränsleinsprutningssystemets komponenter (kapitel 4A).
d) Alla elektriska brytare, manöverdon och givare, samt motorns kabelhärva (kapitel 4A och 5B).
e) Insugnings- och avgasgrenrör (kapitel 4A och 4C).
f) Mätsticka för motorolja och rör.
g) Motorfästen (kapitel 2A).
h) Svänghjul/drivplatta (kapitel 2A).
i) Kopplingens komponenter (kapitel 6).

Dieselmotorer

a) Generator (inklusive fästbyglar) och startmotor (kapitel 5A).
b) Glödstift/förvärmningssystemets komponenter (kapitel 5C).
c) Samtliga bränslesystemets komponenter, inklusive insprutningspump (om en sådan finns), alla givare och aktiverare (kapitel 4C).
d) Vakuumpumpen (kapitel 9) eller tandempumpen på pumpinsprutningsmotorer (kapitel 4B)
e) Alla elektriska brytare, manövreringsorgan och givare, samt motorns kabelhärva (kapitel 4B, kapitel 5C).
f) Insugnings- och avgasgrenrör, samt turboaggregat (kapitel 4B och 4C).
g) Mätsticka för motorolja med rör.
h) Motorfästen (kapitel 2B).
i) Svänghjul/drivplatta (kapitel 2B).
j) Kopplingens komponenter (kapitel 6).

Alla motorer

Observera: *Var noga med att notera detaljer som kan vara till hjälp eller av vikt vid återmonteringen när de externa komponenterna demonteras från motorn. Notera hur packningar, tätningar, mellanläggsbrickor, sprintar, brickor, bultar och andra små komponenter sitter monterade.*

Om du skaffar en kort motor (motorblock/vevhus, vevaxel, kolvar och dragstänger monterade) måste topplocket, sumpen, oljepumpen, kamremmen (med spännare och kåpor), drivremmen (med spännare), kylvätskepumpen, termostathuset, kylvätskans utloppskrökar, oljefilterhuset och, i förekommande fall, oljekylaren också demonteras.

Planeras en fullständig renovering kan motorn tas isär i den ordning som anges nedan:

a) Insugnings- och avgasgrenrör (se relevant del av kapitel 4).
b) Kamrem, drev och spännare (se kapitel 2A eller 2B).
c) Topplock (se kapitel 2A eller 2B).
d) Svänghjul/drivplatta (se kapitel 2A eller 2B).
e) Sump (se kapitel 2A eller 2B).
f) Oljepump (se kapitel 2A eller 2B).
g) Kolvar/vevstakar (se avsnitt 7).
h) Vevaxel (se avsnitt 8).

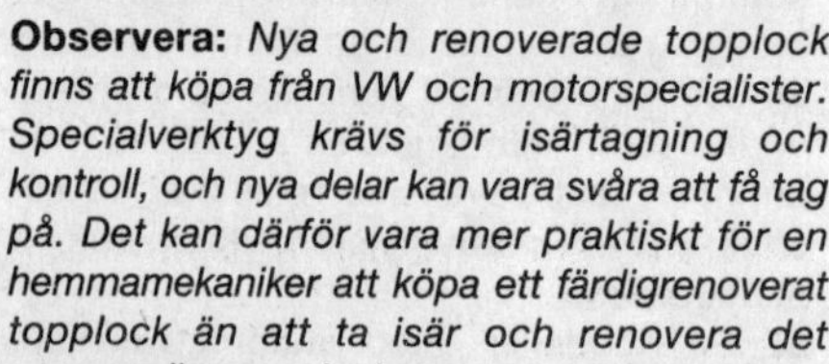

6 Topplock – isärtagning, rengöring, kontroll och montering

Observera: *Nya och renoverade topplock finns att köpa från VW och motorspecialister. Specialverktyg krävs för isärtagning och kontroll, och nya delar kan vara svåra att få tag på. Det kan därför vara mer praktiskt för en hemmamekaniker att köpa ett färdigrenoverat topplock än att ta isär och renovera det ursprungliga topplocket.*

Isärtagning

1 Demontera topplocket från motorblocket enligt beskrivningen i del A eller B i detta kapitel. Demontera även kamaxeldrevet enligt beskrivningen i del A eller B i detta kapitel.

2 På dieselmodeller, demontera insprutningsventilerna och glödstiften (se kapitel 4B och 5C).

3 Om tillämpligt, demontera kylvätskans bakre utloppskrök tillsammans med dess packning/O-ring.

4 Det är viktigt att grupper av delar hålls samman när de demonterats. Kan de återanvändas måste de monteras tillbaka i samma grupper.Slumpmässig återmontering leder till ökat slitage med haveri som följd.Att förvara grupper av delar i plastpåsar eller lådor hjälper till att hålla ordning på dem - märk dem efter monteringsplats, t.ex. avgas 1, insug 2 etc **(se bild)**. Observera att cylinder nr 1 är den som sitter närmast motorns kamremsände.

5 Kontrollera att tillverkarens styrmarkeringar syns på kamaxellageröverfallen. Går det inte att hitta dem kan markeringar göras med en ritsspets eller körnare.

6 Kamaxellageröverfallen måste nu demonteras enligt följande.

Motorer med dubbla överliggande kamaxlar:

7 På den främre delen av insugskamaxeln, skruva loss Hall-givaren och skruva sedan bort bulten från kamaxeln och ta bort den koniska packningen och Hall-givarens platta.

8 Nu måste den automatiska kamaxeljusteraren låsas innan den demonteras. VW-mekaniker använder specialverktyg 3366 för detta. Alternativt går det att tillverka ett liknande verktyg med en gängad stång, muttrar och en liten metallplatta som håller justeraren ihoptryckt.

6.4 Håll delar som hör ihop tillsammans i märkta påsar eller behållare

6.8a Hemmagjort verktyg för låsning av den automatiska justeraren i dess ihoptryckta läge

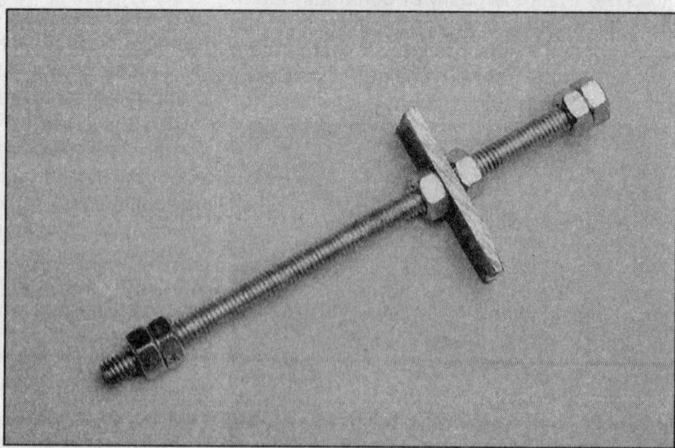

6.8b Hemmagjort verktyg

1 Kamaxelns remskivebult
2 Kamaxelns kuggremskiva
3 Oljetätning
4 Topplock
5 Ventilskaftets oljetätning
6 Ventilfjäder
7 Övre ventilfjädersätet
8 Delade ventilknaster
9 Hydrauliska ventillyftare
10 Insugskamaxel
11 Lageröverfall, insugskamaxeln
12 Främre, gemensamt lageröverfall
13 Avgaskamaxel
14 Lageröverfall, avgaskamaxel
15 Kamaxellagerbult
16 Drivkedja
17 Automatisk kamaxeljusterare
18 Gummitätning
19 Halvrund gummimuff
20 Avgasventil
21 Insugsventil
22 Oljetätning
23 Hall-givarring
24 Konisk packning
25 Fästbult för ring
26 Hall-givare
27 Fästbult för Hall-givare

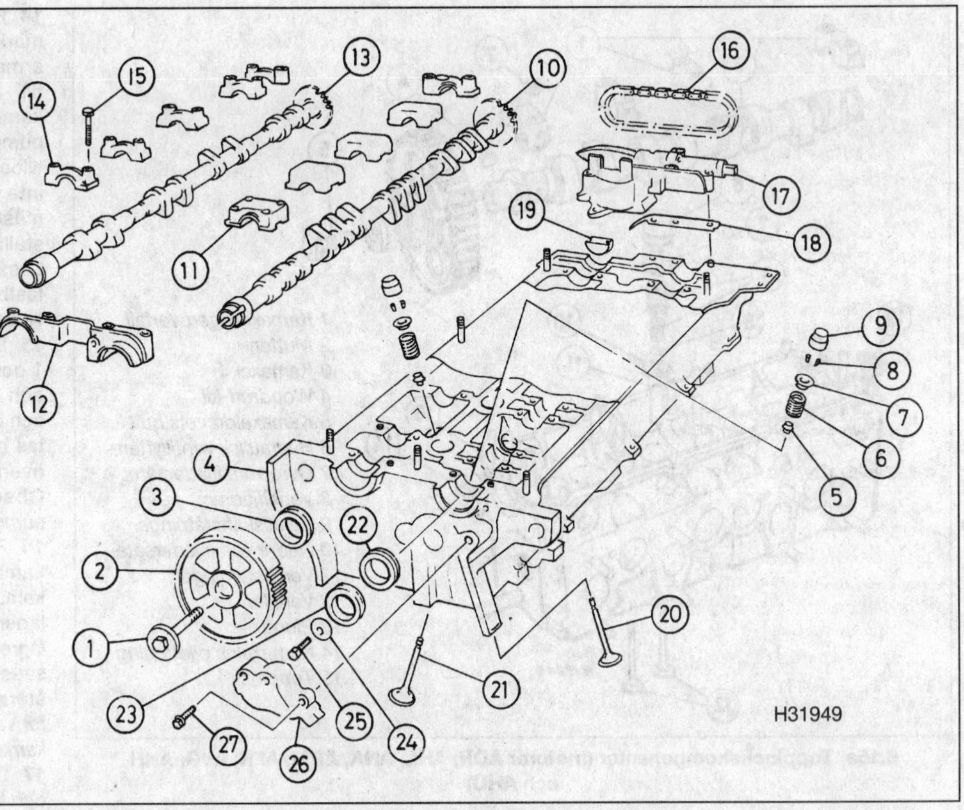

H31949

6.10 Topplockskomponenter (motorer med dubbla överliggande kamaxlar)

Som en säkerhetsåtgärd, håll det hemmagjorda verktyget på plats med ett buntband **(se bilder)**.

9 Rengör kedjan och kamaxeldreven i linje med pilarna ovanpå de bakre kamaxellageröverfallen. Markera sedan drevens och kedjans inbördes förhållande. Observera att avståndet mellan de två markeringarna måste vara 16 rullar på kedjan, men observera även att markeringen på avgaskamaxeln är något förskjuten mot mitten av topplocket.

10 Lossa stegvis bultarna från lageröverfall 3 och 5, sedan 1 och 6 på både insugs- och avgaskamaxlarna **(se bild)**. **Observera:** *Överfallen är numrerade från topplockets baksida. Nummer 6 är det kombinerade överfallet som täcker framkanten på båda kamaxlarna.*

11 Skruva loss den automatiska kamaxeljusterarens fästbultar.

12 Lossa stegvis bultarna från lageröverfall 4 och 2 på både insugs- och avgaskamaxlarna. Lyft sedan båda kamaxlarna från topplocket tillsammans med den automatiska justeraren och kedjan **(se bild)**.

13 Lossa justeraren från kedjan och ta bort kedjan från kamaxeldreven. Ta bort oljetätningarna från båda kamaxlarnas framkant **(se bild)**.

Motorer med enkel överliggande kamaxel

Observera: *Det går att ta bort kamaxeln med topplocket kvar på motorn i bilen. Men det är mycket svårare att komma åt.*

6.12 Lyft kamaxlar och kedja från topplocket

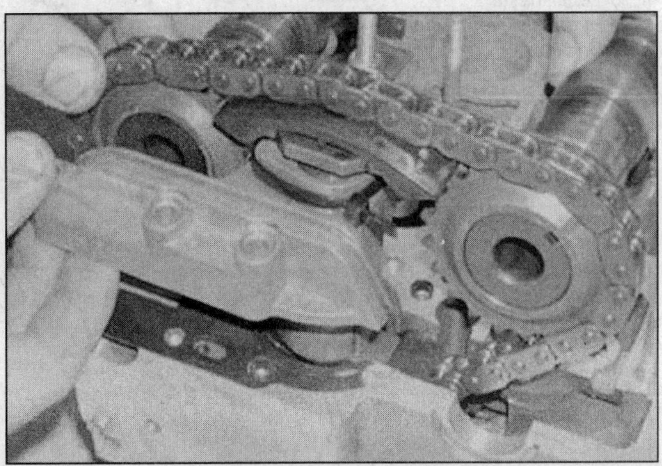

6.13 Ta bort kamaxeljusteraren

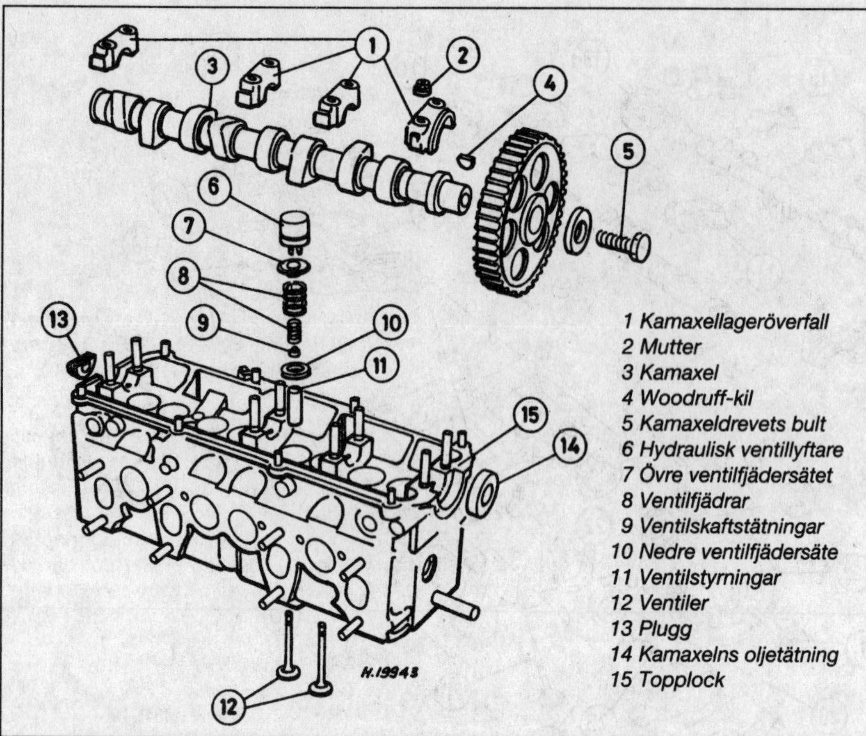

6.15a Topplockskomponenter (motorer ADP, AHL, ANA, ARM, AFN, AVG, AHH och AHU)

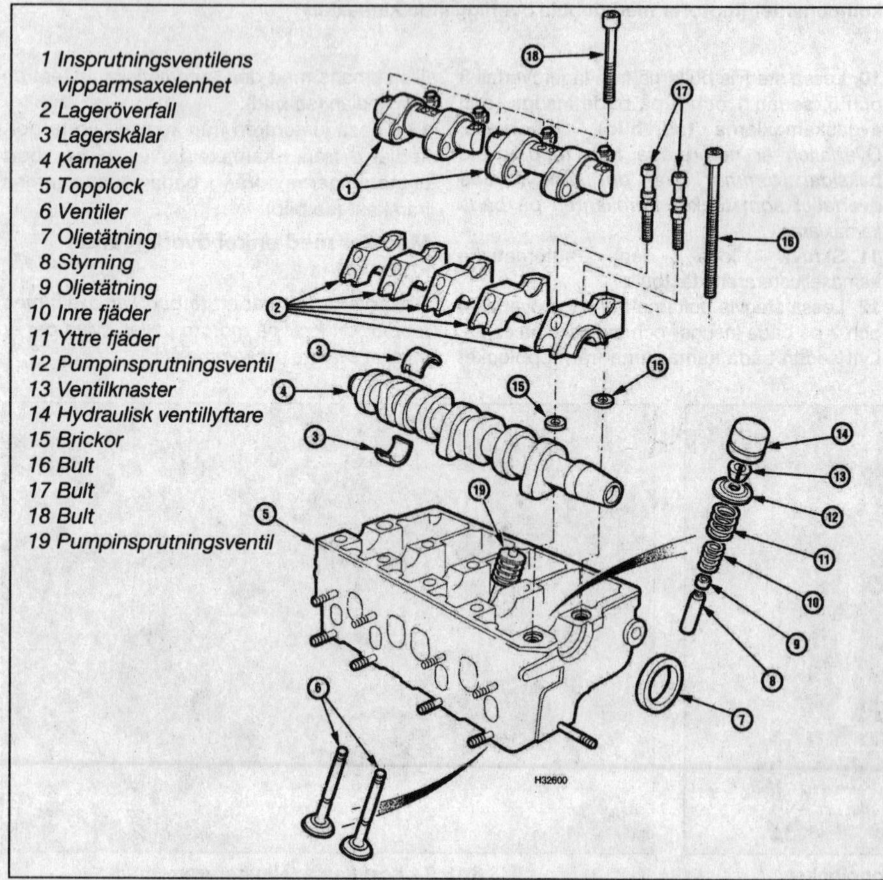

6.15b Topplockskomponenter (AJM och ATJ-motorer)

14 På motorkod AJM och ATJ, använd en markeringspenna eller färg och numrera armarna 1 till 4, med nr 1 närmast motorns kamremssida, för att se till att pumpinsprutningsventilens vipparm monteras tillbaka på sina ursprungsplatser. Om armarna inte sätts tillbaka på sina ursprungsplatser måste insprutningsventilernas grundspel ställas in enligt beskrivningen i kapitel 4B. Lossa försiktigt och jämnt vipparmsaxelns fästbultar. Börja med de yttre bultarna.Kasta vipparmsaxelbultarna. Nya måste monteras.

15 Lossa muttrarna från lageröverfall nummer 5, 1 och 3 först och sedan från lageröverfall 2 och 4 **(se bilder)**. Lossa muttrarna växelvis och diagonalt ett halvt varv i taget tills de kan tas bort. Ta sedan bort lageröverfallen. Lägg överfallen i ordning och notera hur de satt. **Observera:** *Kamaxellageröverfallen är numrerade 1 till 5 från kamremssidan.*

16 På motorkod AJM och ATJ roterar kamaxeln i lagerskålar. När kamaxellageröverfallen har tagits bort, ta loss lagerskålhalvorna från kamaxeln. Numrera lagrens baksida med en filtpenna så att lagren sätts tillbaka på sina ursprungsplatser om de återanvänds. **Observera:** *Det sitter en bricka för varje topplocksbult i topplocket under varje kamaxellageröverfall.*

17 Dra oljetätningen från kamaxelns framsida och kasta den. En ny tätning måste användas vid monteringen **(se bild)**.

18 Lyft försiktigt kamaxeln från topplocket. Håll den rakt och stöd den i båda ändar när den tas bort så att axeltapparna och loberna inte skadas. Ta bort oljetätningen från kamaxelns främre del. På motorkod AJM och ATJ, ta loss de nedre lagerskålhalvorna från topplocket. Numrera lagerskålarna med en filtpenna så att lagren kan sättas tillbaka på sin ursprungsplats om de återanvänds.

Alla motorer

19 Lyft de hydrauliska ventillyftarna från loppen och lagra dem med ventilens kontaktyta nedåt för att undvika att oljan rinner ut **(se bild)**. Ventillyftarna bör förvaras i olja så länge de är demonterade från topplocket. Notera varje ventillyftares position eftersom de måste sättas på samma ventiler vid monteringen. De kommer att slitas fortare om de byter plats, vilket leder till motorhaveri.

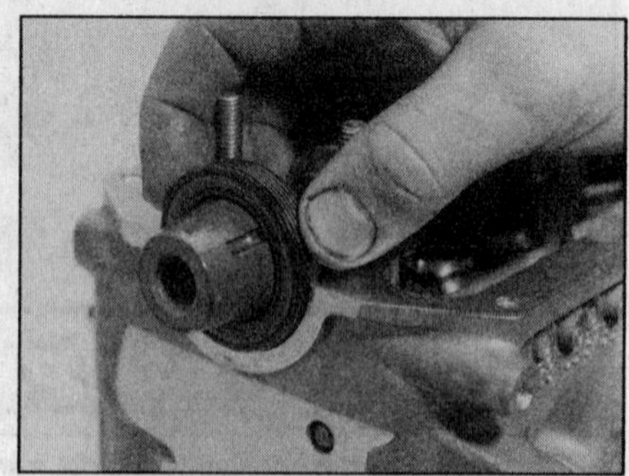

6.17 Ta bort kamaxelns oljetätning

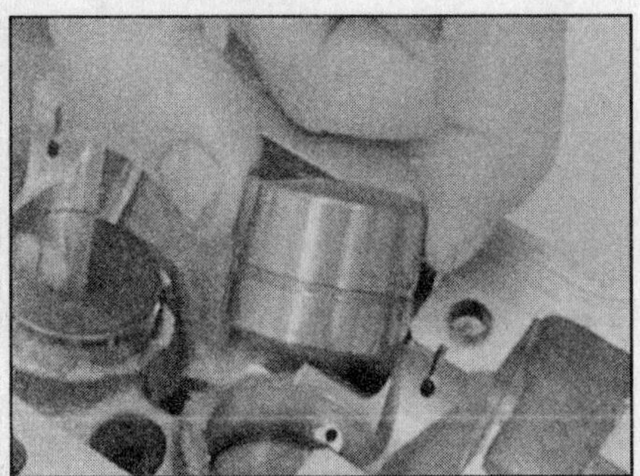

6.19 Lyft de hydrauliska ventillyftarna från loppen

6.20a Tryck ihop ventilfjädrarna med ett ihoptryckningsverktyg

6.20b Hemgjort verktyg för att komma åt hålen till insugsventilerna på motorer med dubbla överliggande kamaxlar

20 Vänd på topplocket och lägg det på sidan.Tryck ihop en ventilfjäder i taget med en ventilfjäderkompressor. Dra ut de delade ventilknastren när det övre ventilfjädersätet har tryckts så långt ner på ventilskaftet att det går att lossa dem. Om fjädersätet fastnar, knacka på kompressorns övre klo med en hammare för att lossa det **(se bild)**. **Observera:** *På motorer med dubbla överliggande kamaxlar har ingångshålen till insugsventilerna en avsevärt mindre diameter än de för avgasventilerna. Därför kan en ventilfjäderkompressor i standardstorlek vara för stor. Om det inte går att få tag i ett verktyg från en VW-verkstad kan man göra ett eget verktyg genom att svetsa ihop en lämplig mutter, bricka och metallstång* ***(se bild)***.

21 Lossa ventilfjäderkompressorn och ta bort det övre fjädersätet och den enkla ventilfjädern (bensinmotor) eller de dubbla ventilfjädrarna (dieselmotorer) **(se bilder)**.

22 Dra ut ventilskaftets oljetätning med en tång eller ett specialverktyg. Ta sedan bort det nedre fjädersätet från ventilstyrningen, på dieselmotorer. Dra ut själva ventilen från topplockspackningssidan på topplocket. Upprepa arbetsmomentet med de kvarvarande ventilerna **(se bilder)**.

Rengöring

23 Ta bort alla spår av olja från topplocket med lämpligt avfettningsmedel. Var extra noggrann med axeltapparna, de hydrauliska ventillyftarnas lopp, ventilstyrningarna och smörjkanalerna. Skrapa bort alla packningsrester från fogytorna. Var noga med att inte repa dem. Om tillämpligt får smärgelduk med lägre grad än 100 inte användas. Vänd på topplocket och använd ett trubbigt blad för att skrapa bort sotavlagringar från förbränningskammare och portar. Tvätta till sist hela topplocksgjutningen med ett lämpligt lösningsmedel för att ta bort kvarvarande avlagringar.

24 Rengör ventilhuvudena och skaften med en fin stålborste. Om ventilen är mycket sotig, skrapa först bort det mesta med ett trubbigt blad och borsta sedan bort resten med stålborsten.

25 Rengör resten av komponenterna noggrant med lösningsmedel och låt dem torka helt. Kasta oljetätningarna, eftersom nya måste användas när topplocket sätts ihop.

Kontroll

Topplock

Observera: *På dieselmotorer kan inte topplocket eller ventilerna renoveras (men det går att slipa in ventilerna). Nya eller utbytesenheter måste anskaffas.*

26 Undersök topplocksgjutningen noga och leta efter eventuella skador eller sprickor som har uppstått. Var särskilt noggrann kring ventilsätena och tändstiftshålen. Om det finns sprickor i detta område går det att återanvända topplocket enligt VW, förutsatt att sprickorna är mindre än 0,5 mm breda. Allvarligare skador betyder att topplockets gjutgods måste bytas ut.

27 Måttligt punktkorroderade och anvulkade ventilsäten kan repareras genom att slipa in ventilerna vid ihopsättningen, enligt beskrivningen senare i detta avsnitt. Svårt slitna eller skadade ventilsäten kan renoveras genom omfräsning, men detta arbete bör man överlämna åt en verkstad.

28 Kontrollera om packningsytorna är skeva med hjälp av en stållinjal eller en uppsättning bladmått. Mät i längsled på både insugs- och

6.21a Demontera det övre fjädersätet . . .

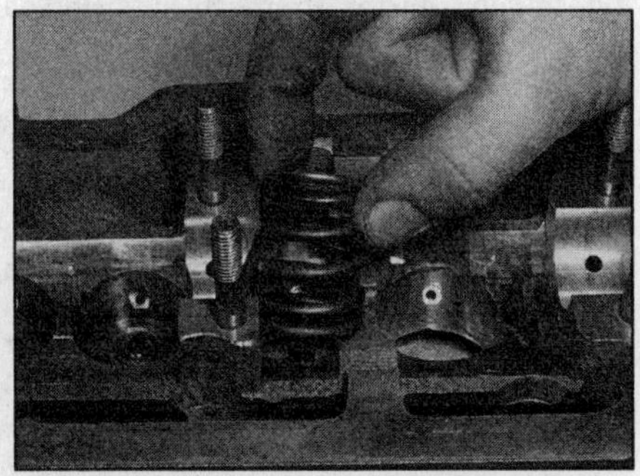

6.21b . . . och ventilfjädern

6.22a Använd ett borttagningsverktyg . . .

6.22b . . . till att demontera ventilskaftens oljetätningar

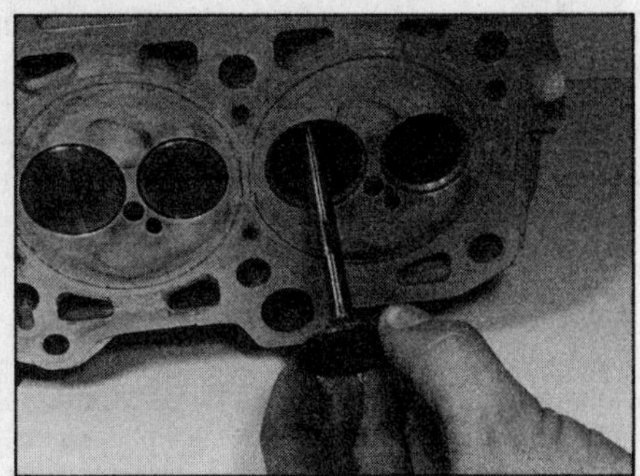

6.22c Demontera ventilerna

6.28 Mät topplockets skevhet

6.33 Kamaxelns axialspel kontrolleras med mätklocka

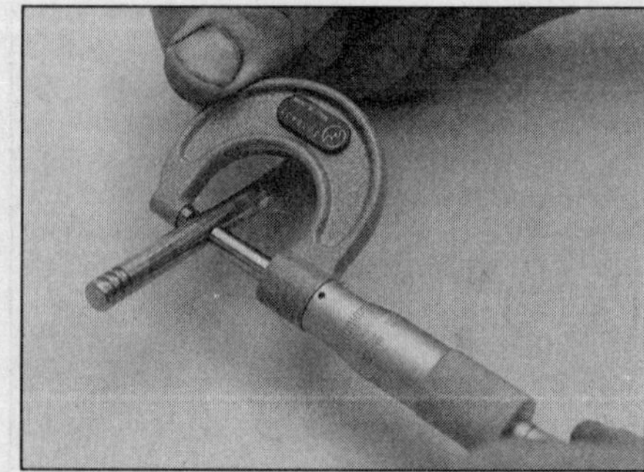
6.45 Mät ventilskaftens diameter med en mikrometer

avgasgrenrörens fogytor. Mät flera gånger tvärs över topplockspackningens yta för att fastställa graden av skevhet överallt **(se bild)**. Jämför de uppmätta värdena med värdena i specifikationerna. På bensinmotorer, om fogytan är skev eller inte överensstämmer med specifikationen kanske det går att få den åtgärdad i en verkstad.

29 Lägsta tillåtna topplockshöjd (mätt mellan topplockspackningens och ventilkåpspackningens yta) finns angivet i specfikationerna.

Kamaxel

30 Se efter om kamlobs- och lagerytorna verkar slitna. Normalt ska dessa ytor vara släta och mattglänsande. Leta efter repor, anfrätning och punktkorrosion, eller efter högblanka områden som tyder på betydande slitage. När kamaxelns härdade ytskikt väl brutits igenom kommer nednötningen att påskyndas. Byt därför alltid delar som verkar slitna. **Observera:** *Om sådana här symptom finns hos kamlobernas toppar bör även motsvarande ventillyftare kontrolleras, eftersom de antagligen också är slitna.*

31 Undersök i förekommande fall fördelardrevet efter tecken på slitage eller skador. Stort spel i drivningen som orsakas av slitna kuggar påverkar tändningsinställningen.

32 Om kamaxelns maskinslipade ytor är missfärgade eller blåaktiga har de förmodligen överhettats vid något tillfälle, antagligen på grund av otillräcklig smörjning. Det kan ha gjort ventilskaftet skevt, så kontrollera skevheten enligt följande: Lägg kamaxeln mellan två V-block och mät den centrala lagertappens kast med en mätklocka. Byt kamaxeln om värdet överskrider det som anges i specifikationerna i början av kapitlet.

33 Sätt tillfälligt tillbaka kamaxeln på topplocket för att mäta kamaxelns axialspel. Montera sedan den första och sista lageröverfallet (och lagerskålen i förekommande fall) och dra åt fästmuttrarna till angivet moment för första steget. Haka fast en mätklocka på topplocket på kamremssidan och sätt mätarsonden i linje med kamaxeln. Skjut kamaxeln så långt som möjligt mot ena topplocksänden. Sätt sedan mätklockans mätsond mot kamaxelns ändyta och nollställ mätaren. Skjut kamaxeln så långt som möjligt mot topplockets andra ände och läs av mätaren. Bekräfta det avlästa värdet genom att skjuta tillbaka kamaxeln till ursprungsläget och kontrollera att mätklockan åter visar noll **(se bild)**. **Observera:** *De hydrauliska ventillyftarna får **inte** vara monterade medan denna mätning utförs.*

34 Kontrollera att det avlästa värdet på kamaxelns axialspel ligger innanför de angivna toleranserna. Slitage utanför dessa gränsvärden är troligtvis inte begränsat till en enstaka komponent, vilket innebär att byte av kamaxel, topplock och lageröverfall måste övervägas.

35 Mät sedan kamaxelns lagerspel. En metod (som är svår att utföra utan en uppsättning mikrometrar och in/utvändiga hakmått) är att mäta ytterdiametern på kamaxelns lagerytor och de innerdiametrar som bildas av lageröverfallen (och lagersätena i förekommande fall) i topplocket. Skillnaden mellan dessa två mått utgör lagerspelet.

36 En annan, exaktare metod är att mäta lagerspelet med hjälp av Plastigauge. Detta består av en tunn, exakt rund plasttråd som kläms fast mellan lageröverfallet (eller lagerskålen i förekommande fall) och lagerytan. När överfallet demonteras kan bredden på den nu utplattade tråden jämföras med ett särskilt måttkort som medföljer satsen. Lagerspelet läses av direkt från måttkortet. Plastigauge kan ibland vara svårt att få tag på, men genom någon större motorspecialist bör man kunna hitta en återförsäljare. Plastigauge används på följande sätt.

37 Se till att topplocket, lageröverfallet (och lagerskålen i förkommande fall) och kamaxellagerytorna är helt rena och torra. Lägg kamaxeln på plats i topplocket.

38 Lägg en bit Plastigauge över var och en av kamaxelns lagerytor.

39 Sätt lageröverfallen (och lagerskålarna i förekommande fall) på plats över kamaxeln och dra stegvis åt fästmuttrarna till angivet moment. **Observera:** *Där åtdragningsmomentet anges i flera steg, ska muttrarna bara dras till första steget. Vrid inte kamaxeln medan lageröverfallen sitter på plats, eftersom det påverkar mätresultatet.*

40 Lossa muttrarna och demontera försiktigt lageröverfallen (och lagerskålarna i förekommande fall) igen. Lyft dem rakt upp från kamaxeln för att inte rubba Plastigaugen. Plastigauen ska ligga kvar på kamaxelns lageryta.

41 Håll det medföljande kortet med mätskalan mot varje lagertapp, och jämför bredden på den ihoptryckta Plastigauge-remsan med graderingarna på kortet. Använd den för att bestämma spelet.

42 Jämför det uppmätta kamaxelspelet med de värden som anges i specifikationerna. Om något av dem ligger utanför de angivna toleranserna bör kamaxeln och topplocket bytas.

43 På motorer med dubbla överliggande kamaxlar måste lagerspelen mätas på båda kamaxlarna.

44 Avsluta med att demontera lageröverfallen och kamaxeln och torka bort alla spår av Plastigauge.

Ventiler och tillhörande komponenter

Observera: *För samtliga motorer gäller att ventilhuvudena inte kan skäras om, men att de kan slipas in.*

45 Undersök varje ventil noga och leta efter tecken på slitage. Undersök ventilskaften efter slitagekanter, repor eller variationer i diametern. Mät diametern på flera punkter längs ventilen med en mikrometer **(se bild)**.

46 Ventilhuvudena får inte vara spruckna, ha kraftig punktkorrosion eller vara förkolnade. Smärre punktkorrosion kan åtgärdas med inslipning vid ihopsättningen, vilket beskrivs längre fram i detta avsnitt.

47 Kontrollera att ventilskaftets ändyta inte har kraftig punktkorrosion eller några hack. Sådant kan orsakas av defekta hydrauliska ventillyftare.

48 Stick in varje ventil i respektive styrning i topplocket och montera en mätklocka mot ventilhuvudets kant. Sätt ventilens ändyta jäms med ovankanten av ventilstyrningen och

6.48 Mät maxutslaget på ventilen i dess styrning med en mätklocka

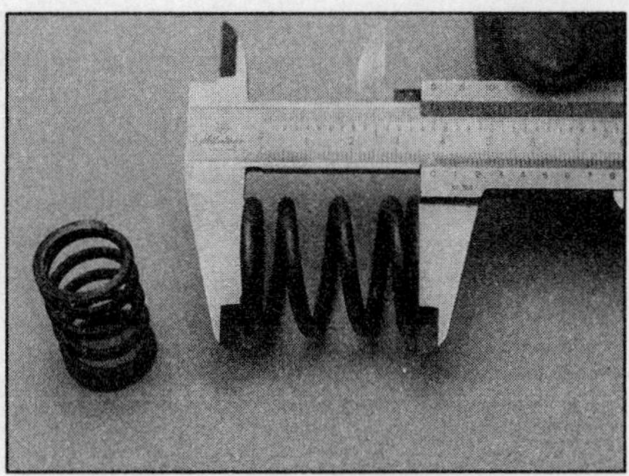

6.50 Mät den obelastade längden på varje ventilfjäder

6.51 Kontrollera att ventilfjädrarna är raka

mät ventilens maximala avböjning från sida till sida i styrningen **(se bild)**.

49 Om måttet överstiger det värde som anges i specifikationerna måste både ventilen och ventilstyrningen bytas ut tillsammans. **Observera:** *Ventilstyrningarna är presspassade i topplocket och demontering av dem kräver tillgång till en hydraulisk press. Det är därför bäst att överlåta detta arbete till en verkstad.*

50 Använd skjutmått och mät den fria längden på varje ventilfjäder. I och med att tillverkaren inte har angett något mått, är det enda sättet att kontrollera fjäderlängden att jämföra med en ny fjäder. Observera att ventilfjädrarna oftast byts ut vid en större motoröversyn **(se bild)**.

51 Ställ varje fjäder upprätt på en plan yta mot en vinkelhake **(se bild)**. Inspektera om fjädern är rak och byt ut den om den verkar skev.

Hopsättning

52 För att få en gastät passning mellan ventiler och säten måste ventilerna slipas in. För att utföra detta krävs fin/grov ventilslippasta och ett slipverktyg. Detta kan antingen vara en käpp med sugkopp, eller ett automatiskt verktyg som drivs av ett roterande elverktyg.

53 Smörj en liten mängd *fin* slippasta på ventilhuvudets tätningsyta. Vänd på topplocket så att förbränningskamrarna riktas uppåt och sätt i ventilen i korrekt styrning. Fäst slipverktyget på ventilhuvudet och slipa in ventilen i sätet med en roterande framåt-bakåtrörelse. Lyft ventilen då och då och vrid den för att fördela om slippastan **(se bild)**.

54 Fortsätt arbetet tills fogen mellan ventilen och sätet är försedd med en obruten mattgrå ring som är lika bred runt om, på båda ytorna. Upprepa arbetet på resten av ventilerna.

55 Om ventilerna och sätena är så illa medfarna att grov slippasta måste användas, måste man tänka på att det finns ett maximalt utsprång för ventilskaftets ände från ventilstyrningen. Se specifikationerna i början av det här kapitlet för minsta måttet från ventilskaftets ände till topplockets överyta. Om detta mått har hamnat utanför denna gräns på grund av för stor inslipning, kanske de hydrauliska ventillyftarna inte fungerar som de ska.

56 Under förutsättning att reparation är möjlig, följ beskrivningen ovan, men börja med den grovkorniga pastan tills en matt yta uppstår på både ventilytan och sätet. Tvätta bort den grova slippastan med lösningsmedel och upprepa proceduren med den finare slippastan för att få rätt yta.

57 När alla ventiler är inslipade, ta bort alla spår av slippasta från topplock och ventiler med lösningsmedel och låt dem torka helt.

58 Vänd topplocket på sidan. På dieselmotorer, montera det första undre fjädersätet, med den konvexa sidan mot topplocket **(se bild)**.

59 Arbeta med en ventil i taget, smörj ventilskaftet med ren motorolja och sätt i ventilen i styrningen.Montera en av skyddshylsorna av plast som följer med de nya ventilskaftens oljetätningar över skaftets ändyta. Detta skyddar oljetätningen under monteringen **(se bilder)**.

60 Doppa en ny ventiloljetätning i ren motorolja och trä den försiktigt över ventilen och mot ventilstyrningens ovankant. Se till att inte skada skafttätningen när den träs över ventilens ändyta. Använd en lämplig hylsa

6.53 Slipa in ventilerna med en roterande rörelse

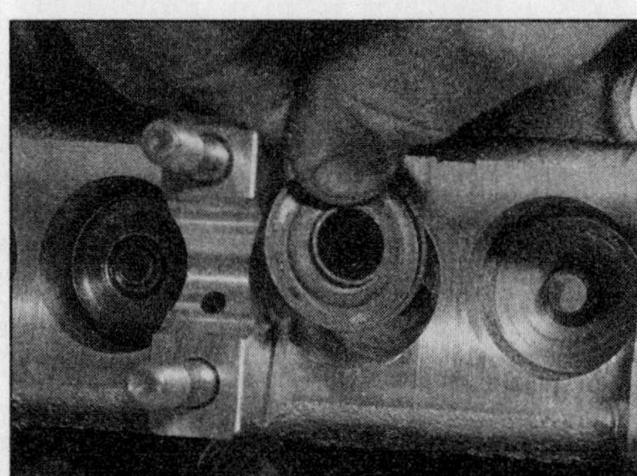

6.58 Montera det undre fjädersätet med den konvexa ytan mot topplocket (dieselmotorer)

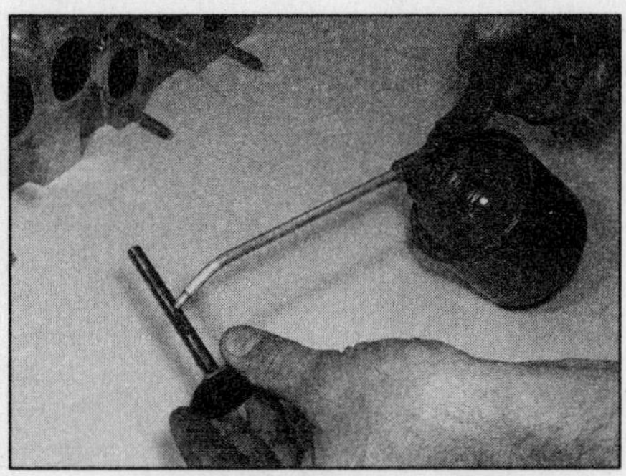

6.59a Smörj ventilskaftet med ren motorolja innan det monteras

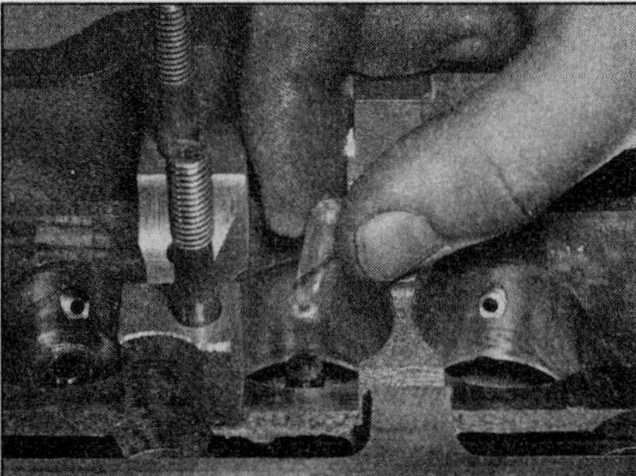

6.59b Sätt på en skyddande plasthylsa över ventilskaftet innan skafttätningen monteras

6.60a Montera en ny ventilskaftstätning över ventilen

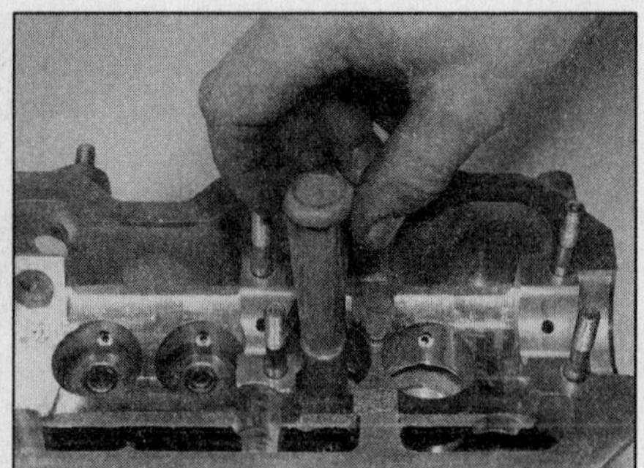

6.60b Använd ett särskilt monteringsverktyg eller en lång hylsa för att montera ventilskaftets oljetätningar

6.61 Sätt på ventilfjädrarna

eller ett specialverktyg för att pressa den på plats **(se bilder)**. Ta bort skyddshylsan.

61 Sätt ventilfjädern/fjädrarna över ventilskaftet **(se bild)**. På dieselmotorer, se till att fjädrarna sitter korrekt på det nedre sätet.

62 Sätt det övre sätet på fjädrarnas överdel, och tryck sedan ihop fjädrarna med en ventilfjäderkompressor tills det övre sätet tryckts förbi knasterspåren i ventilskaftet.Sätt tillbaka det delade knastret, och håll de två halvorna i spåret med lite fett **(se bilder)**. Lossa fjäderkompressorn stegvis och kontrollera att knastret sitter kvar korrekt medan fjädern expanderar.Om det sitter korrekt ska det övre fjädersätet tvinga ihop knasterhalvorna och hålla fast dem ordentligt i spåret i ventilskaftets ände.

63 Upprepa detta för resten av ventilerna. Slå till änden av varje ventilskaft med en klubba så att komponenterna sätter sig ordentligt efter monteringen. Använd en bit trä för att skydda skaftet från skador. Kontrollera innan du fortsätter att knastren hålls stadigt på plats på ventilskaften av det övre fjädersätet.

64 Smörj de hydrauliska ventillyftarnas sidor med lite ren motorolja, och sätt dem på plats i loppen i topplocket. Tryck ner dem tills de kommer i kontakt med ventilerna, och smörj sedan kamlobernas kontaktytor **(se bild)**.

Motorer med dubbla överliggande kamaxlar

65 Sätt på gummi/metallpackningen för den automatiska kamaxeljusteraren, tillsammans med den halvrunda tätningen på den främre delen av topplocket. Om packningen inte redan är täckt med tätningsmedel, applicerar du lite på det angivna området **(se bild)**.

66 Smörj kamaxlarna och topplockets lagertappar med ren motorolja.

67 Sätt på kedjan på kamaxeldrevet, och se till att avståndet mellan markeringarna på dreven är 16 rullar **(se bild)**. Placera justeraren mellan kedjevalsarna, och sänk sedan försiktigt kamaxlarna på plats på topplocket. Stöd axlarnas ändar när de monteras, så att inte loberna och axeltapparna skadas. Alternativt kan kamaxlarna monteras tillsammans med kedjan i topplocket, och sedan kamaxlarnas drevändar lyftas något för att få in justeraren.

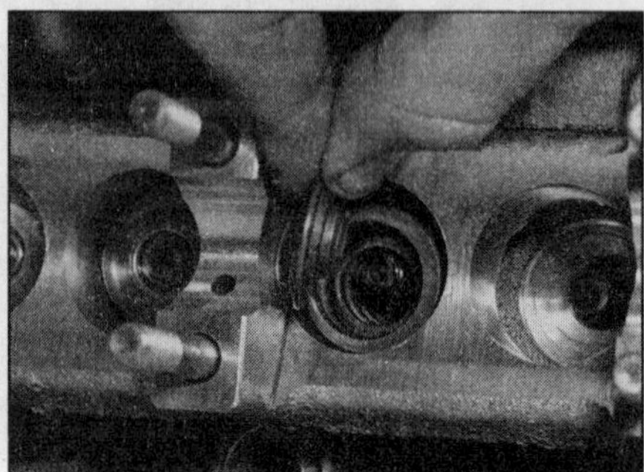

6.62a Montera det övre sätet över ventilfjädern

6.62b Använd fett för att hålla de två knasterhalvorna i spåret

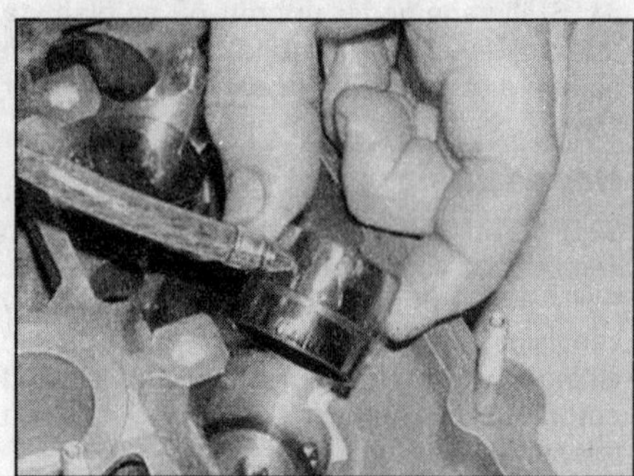

6.64 Montera ventillyftarna i loppen i topplocket

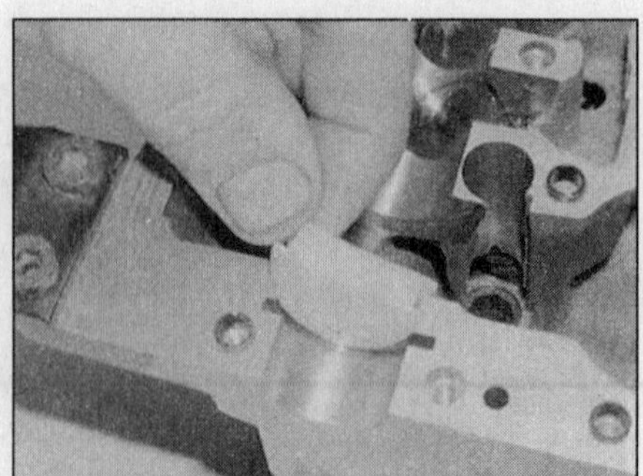

6.65a Montera den halvrunda tätningen

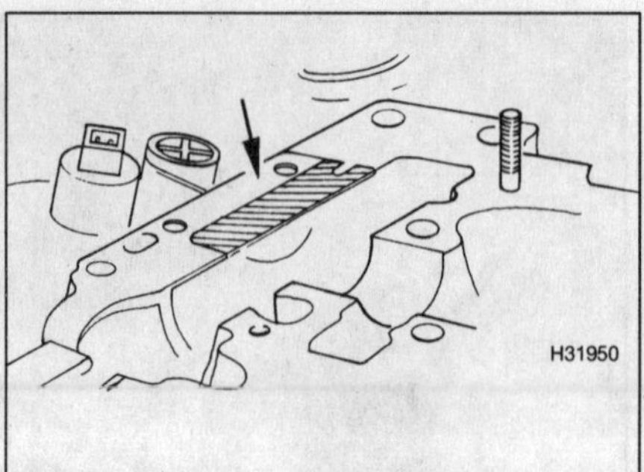

6.65b Applicera tätningsmedel på området som visas

6.67 Passa in kedjan mot kuggarna - notera markeringarna som anger avståndet för 16 rullar

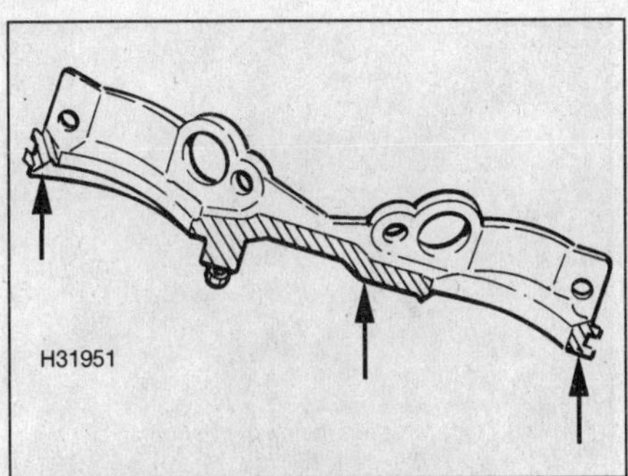

6.73 Applicera ett tunt lager tätningsmedel på det främre lageröverfallets fogyta som visas

6.77a Smörj kamaxellagren med ren motorolja

6.77b på motorkod AJM och ATJ, montera kamaxelns nedre lagerskålhalvor i topplocket på sina ursprungsplatser

68 Oljetätningarna kan monteras nu eller senare. Doppa de nya oljetätningarna i motorolja, och sätt dem sedan på framsidan av varje kamaxel. Se till att tätningarnas slutna ändar är vända utåt från kamaxlarna, och se till att inte skada tätningens kanter. Placera tätningarna mot sätena i topplocket.

69 Sätt i den automatiska kamaxeljusterarens fästbultar och dra åt till angivet moment.

70 Olja in de övre ytorna på kamaxellagertapparna och montera sedan lageröverfall 2 och 4 på båda kamaxlarna. Se till att de sitter korrekt och på rätt platser, och dra sedan åt fästbultarna stegvis till angivet moment. **Observera:** *Överfallen är numrerade från motorns baksida.*

71 Sätt på lageröverfall nr 1 på varje kamaxel och dra åt fästbultarna stegvis till angivet moment.

72 Ta bort låsverktyget från den automatiska kamaxeljusteraren.

73 Applicera ett tunt lager tätningsmedel på det kombinerade främre lageröverfallets fogyta, och sätt sedan på överfallet och se till att oljetätningarna passar mot sätena **(se bild)**. Dra åt fästbultarna stegvis till angivet moment.

74 Sätt lageröverfall 3 och 5 på plats och dra åt fästbultarna stegvis till angivet moment.

75 Montera tillbaka Hall-givarens platta och den koniska brickan på insugningsskamaxelns framsida och dra åt bulten till angivet moment.

76 Montera tillbaka Hall-givaren och dra åt fästbulten.

Motorer med enkel överliggande kamaxel

77 Smörj kamaxeln och topplockets lagertappar med ren motorolja **(se bilder)**. **Observera:** *På motorkod AJM och ATJ, montera kamaxellagerskålens nedre halvor på sina ursprungliga platser i topplocket. Se till att styrtapparna går in på rätt sätt i motsvarande utskärningar i topplocket. Smörj därefter lagerytorna.*

78 Sänk försiktigt ner kamaxeln på plats i topplocket och kontrollera att kamloberna för cylinder 1 pekar uppåt. Stötta axelns båda ändar för att undvika skador på lober och axeltappar **(se bild)**.

79 Doppa den nya oljetätningen i motorolja och placera den sedan på framsidan av kamaxeln. **Observera:** *VW har stegvis infört oljetätningar med teflon och de känns igen på att de inte har någon ringformig fjäder. Den sortens tätningar får inte smörjas eller fettas.* Se till att tätningens slutna ände är vänd utåt från kamaxeln, och se till så att du inte skadar tätningens kant. Placera tätningen mot sätet i topplocket.

80 Lageröverfallen har sina respektive cylindernummer präglade och har en utskjutande tapp på ena sidan.Om överfallen är rätt monterade ska det gå att se numren från topplockets avgassida, och tapparna ska vara vända mot topplockets insugningssida.Olja in de övre ytorna på kamaxellagrets axeltappar och anslut sedan lageröverfall 2 och 4.Se till att de sitter korrekt och på rätt platser, och dra sedan åt fästbultarna stegvis till angivet moment **(se bilder)**. **Observera:** *På motorkod AJM och ATJ, för in de övre lagerskålarna i kamaxellageröverfallen på sina ursprungliga platser. Se till att styrtapparna går in på rätt*

6.78 Sänk kamaxeln på plats på topplocket

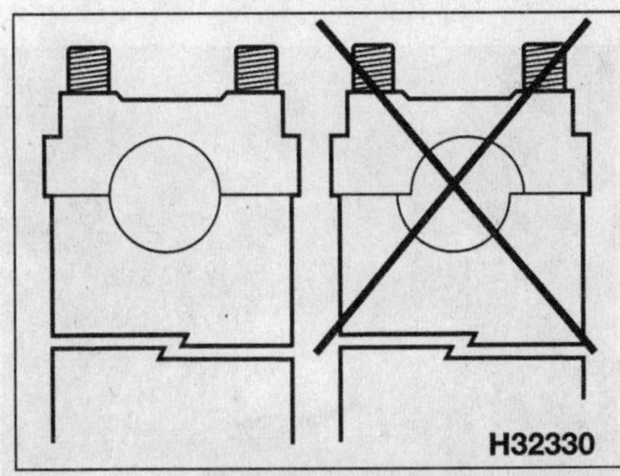

6.80a Kamaxellageröverfallen är borrade excentriskt (motorer AFN, AVG, AHU och AHH)

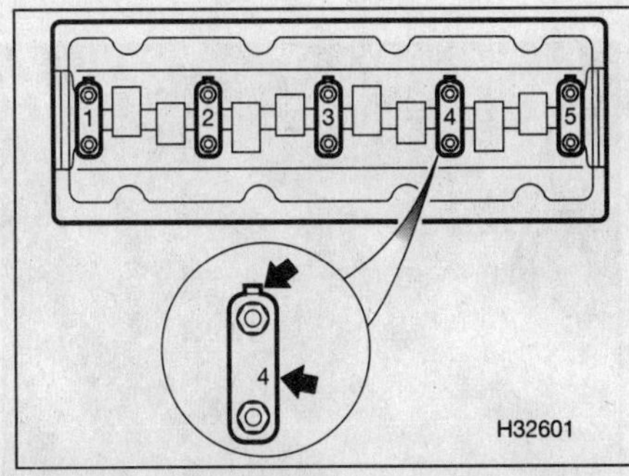

6.80b Lageröverfallen monteras enligt bilden (motorer AFN, AVG, AHU och AHH)

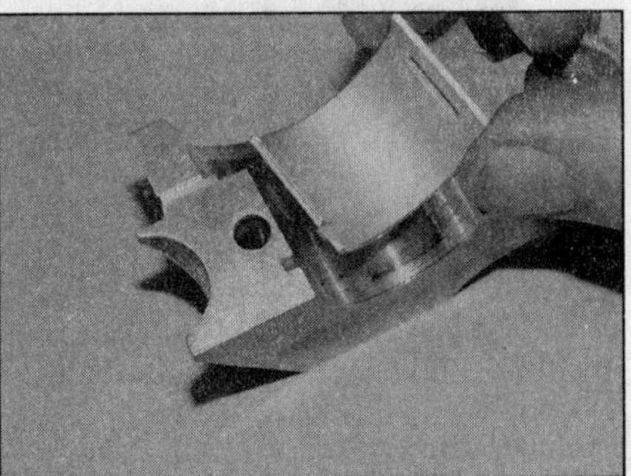

6.80c På motorkod AJM och ATJ, sätt i de övre lagerskålarna i kamaxellageröverfallen på sin ursprungliga plats

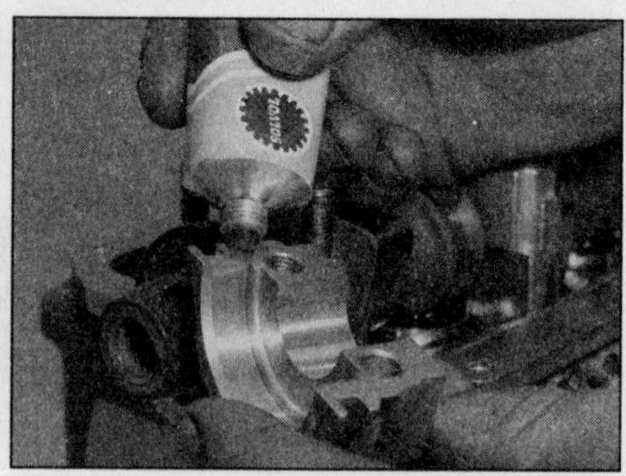
6.81a Smörj fogytorna på överfall nr 1 med tätningsmedel på motorer AFN, AVG, AHU och AHH . . .

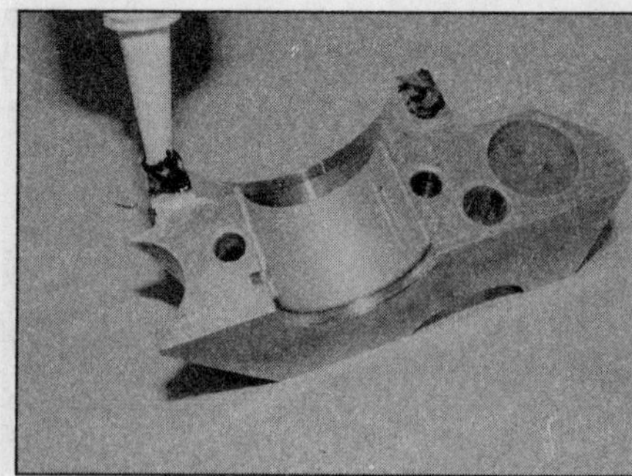
6.81b . . . och på AJM och ATJ-motorer

6.83 Montera kylvätskekröken med en ny O-ring eller packning

sätt i motsvarande utskärningar i lageröverfallen. Om kamaxeln monteras tillbaka med topplocket borttaget från motorn, sätt brickorna till topplocksbultarna i sina hål i topplocket.

81 Smörj fogytorna på överfall 1 med tätningsmedel. Sätt sedan på överfall 1, 3 och 5 på kamaxeln och dra stegvis åt muttrarna till angivet moment **(se bilder)**.

Alla motorer

82 Montera i förekommande fall tillbaka kylvätskegivaren och oljetrycksbrytaren på topplocket.

83 Montera i förekommande fall tillbaka kylvätskans utloppskrök med en ny packning/O-ring **(se bild)**.

7.4 Märk vevlageröverfallen och vevstakarna med respektive kolvnummer (se pilar)

84 På dieselmodeller, montera tillbaka insprutningsventilerna och glödstiften (se kapitel 4B och 5C).

85 Montera tillbaka topplocket enligt beskrivningen i del A eller B i detta kapitel. Montera även tillbaka kamaxeldrevet enligt beskrivningen i del A eller B i detta kapitel.

7 Kolvar/vevstakar – demontering och kontroll

Demontering

1 Demontera topplock, svänghjul, sump och skvalpskottsplåt, oljepump och oljeupptagaren enligt beskrivningen i del A eller B i detta kapitel (efter tillämplighet).

2 Undersök cylinderloppens överdelar och leta efter slitagekanter där kolvarna når övre dödpunkt. Kanterna måste tas bort, annars kan kolvarna skadas när de trycks ut ur loppen. Använd en avskrapare eller upprymmare för att ta bort kanterna.

3 Mät spelet mellan vevlagret och vevtappen på varje vevstake med ett bladmått och anteckna värdena.

4 Vrid vevaxeln tills kolv nr 1 är i nedre dödläge. Då är även kolv nr 4 i nedre dödläge. Om de inte redan identifierats, märk vevstaksöverfallen och vevstakarna med respektive kolvnummer med en körnare eller ritsnål **(se bild)**. Notera lageröverfallens läge i förhållande till vevstaken. Det kan vara svårt att se tillverkarens markeringar. Ritsa därför in inställningspilar på dem båda så att ihopsättningen kan göras korrekt.

5 Skruva loss lageröverfallens bultar/muttrar, ett halvt varv i taget, tills de kan tas bort och överfallet dras ut **(se bilder)**. Ta loss den nedre lagerskålen och tejpa fast den på överfallet. Om lagerskålarna ska användas igen måste de monteras på sina ursprungliga vevstakar.

6 Där lageröverfallen är fästa med muttrar, vira in bultarnas gängade ändar med isoleringstejp för att hindra dem från att repa vevtappar och lopp när kolvarna tas bort **(se bild)**.

7 Driv ut kolven ur loppets övre del med en träplugg eller ett hammarskaft. När kolven och staken kommer ut ur loppet, ta loss den övre lagerskålen och tejpa fast den på vevstaken. I motorer med kolvavkylningsmunstycken i botten på cylindrarna, se till att vevstaken inte skadar munstycket när det tas bort.

8 Ta bort kolv och vevstake nr 4 på samma sätt, och vrid sedan vevaxeln ett halvt varv och ta bort kolv och vevstake nr 2 och 3. Kom ihåg att hålla ihop komponenterna i cylindergrupper när de är demonterade.

9 Efter tillämplighet, skruva loss fästskruvarna och ta loss kolvens

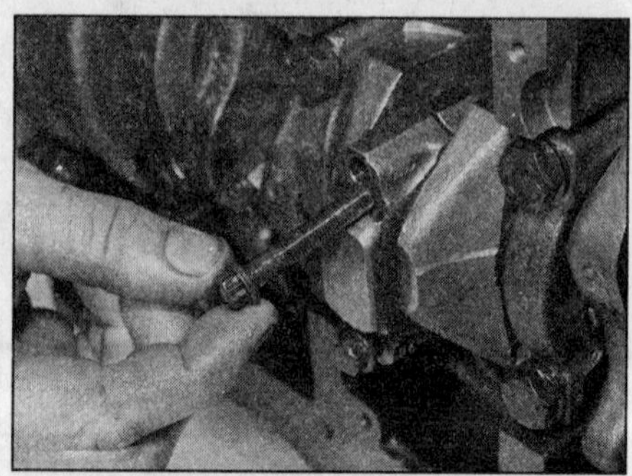
7.5a Skruva loss vevlageröverfallets bultar . . .

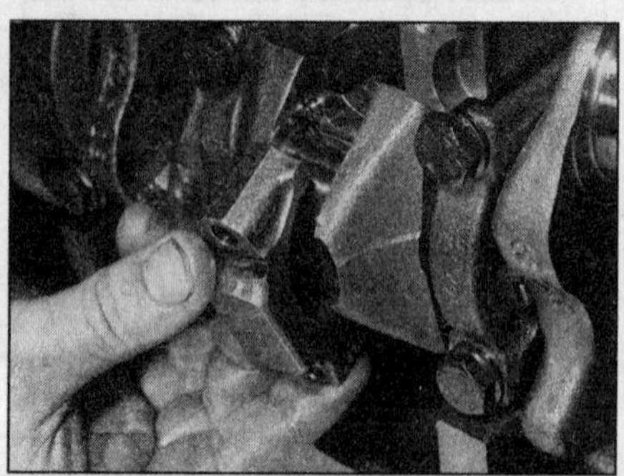
7.5b . . . och ta bort överfallet

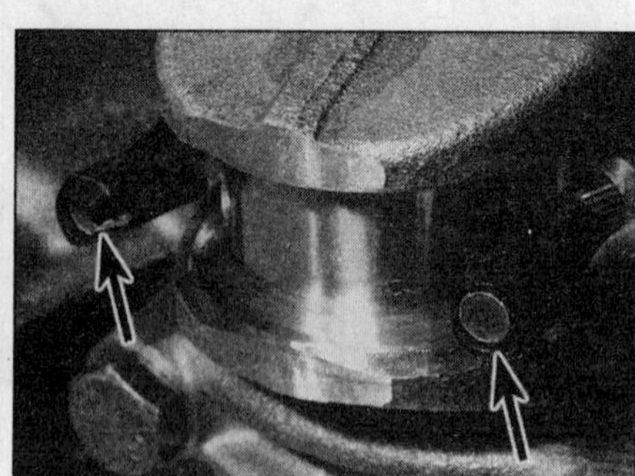
7.6 Vira tejp runt pinnbultarnas gängor

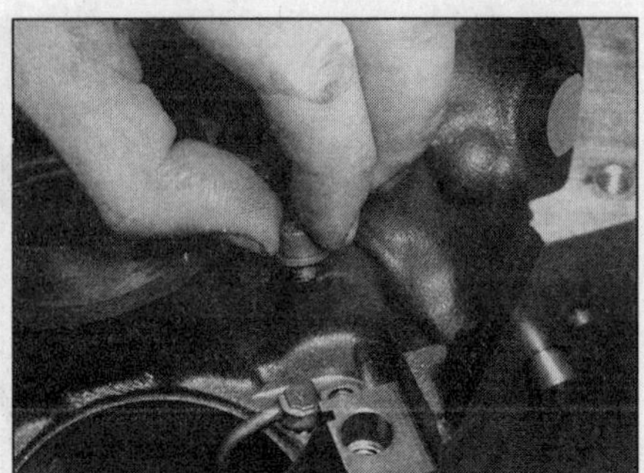
7.9a Skruva loss fästskruvarna från kolvens kylmunstycke . . .

7.9b . . . och ta bort munstyckena från hålen

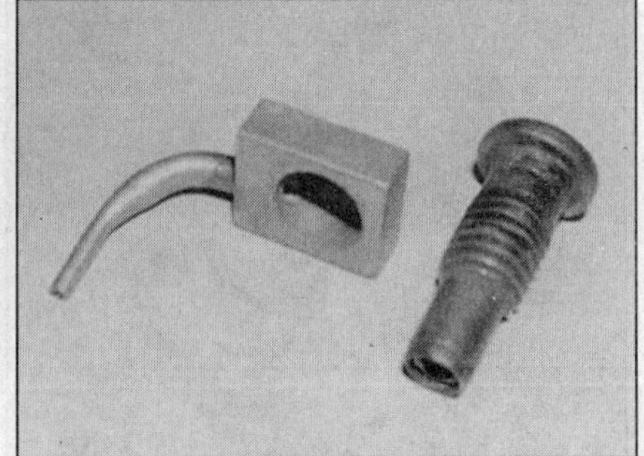
7.9c Kolvkylmunstycke och hållare

kylmunstycken från cylinderns nedre del **(se bilder)**.

Kontroll

10 Stick in en smal, platt skruvmejsel i losstagningsspåret och bänd ut kolvbultens låsringar på varje kolv. Tryck ut kolvtappen och skilj kolven från vevstaken **(se bilder)**. Kasta låsringarna, eftersom nya måste användas vid återmonteringen. Om kolvtappen är svår att ta loss, värm kolven till 60° C med varmt vatten, så expanderar den och delarna kan tas isär.

11 Innan kolvarna kan inspekteras måste de befintliga kolvringarna avlägsnas med en kolvringsavdragare/påsättare, eller ett gammalt bladmått om ett specialredskap inte finns tillgängligt. Ta alltid av de övre kolvringarna först, och bänd ut dem så att de går fria från kolvkronan. Kolvringarna är sköra och går av om de böjs för mycket. Detta ger då vassa kanter, så skydda ögon och händer. Kasta ringarna när de tagits bort, eftersom nya måste användas när motorn sätts ihop igen **(se bild)**.

12 Skrapa ut soten ur ringspåren med en bit gammal kolvring, se till att inte göra repor eller hack i spåren eller spårens kanter.

13 Skrapa försiktigt bort allt sot från kolvarnas överdel **(se bild)**.En vanlig stålborste (eller finkornig smärgelduk) kan användas när de flesta avlagringar har skrapats bort.Se till att inte skrapa bort metall från kolven. Den är relativt mjuk.**Observera:** *Se till att märka alla kolvar under rengöringen så att du vet var de hör hemma.*

7.10a Stick in en liten skruvmejsel i spåret och bänd loss kolvtappens låsringar

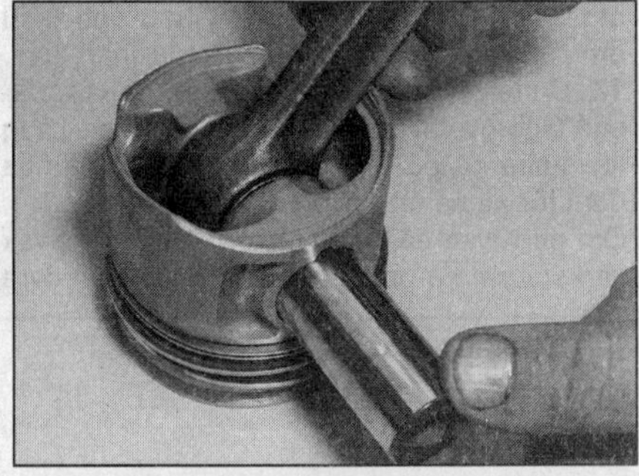
7.10b Tryck ut kolvtappen och skilj kolven från vevstaken

14 När avlagringarna är borta, rengör kolvar och vevstakar med fotogen eller lämpligt lösningsmedel och torka dem noga. Se till att oljereturhålen i ringspåren är fria.

15 Undersök kolvarna och leta efter tecken på kraftigt slitage eller skador. Visst slitage är att vänta i form av vertikala mönster på kolvens tryckytor och lite glapp för den övre kompressionsringen i dess spår. Större slitage måste undersökas noga för att utvärdera om kolven är användbar och varför slitaget har uppstått.

16 Repor på kolvmanteln kan indikera överhettning, genom otillräcklig kylning eller smörjning. Brännmärken på manteln tyder på att förbiblåsning har uppstått, kanske på grund av slitet lopp eller slitna kolvringar. Brända områden på kolvkronan är vanligen ett tecken på förtändning, spikning eller detonation. I extrema fall kan kolvkronan smälta vid körning under sådana förhållanden. Korrosionsgropar på kolvkronan indikerar att kylvätska läckt ut i förbränningskammaren. Felen som orsakar dessa symptom måste

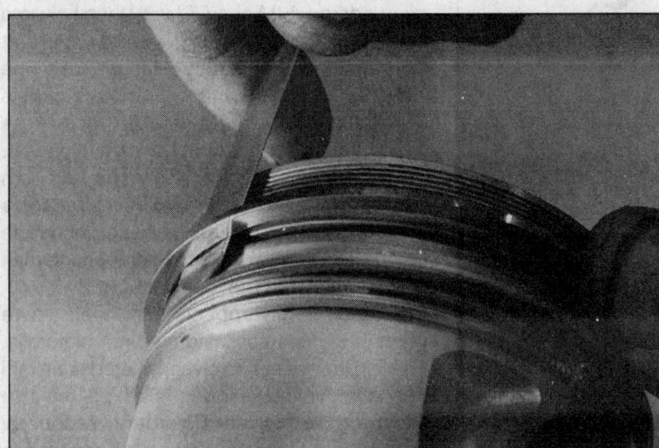
7.11 Kolvringarna kan tas bort med ett gammalt bladmått

7.13 Kolvkronan på en dieselmotor

7.18 Mät diametern på alla fyra kolvar med en mikrometer

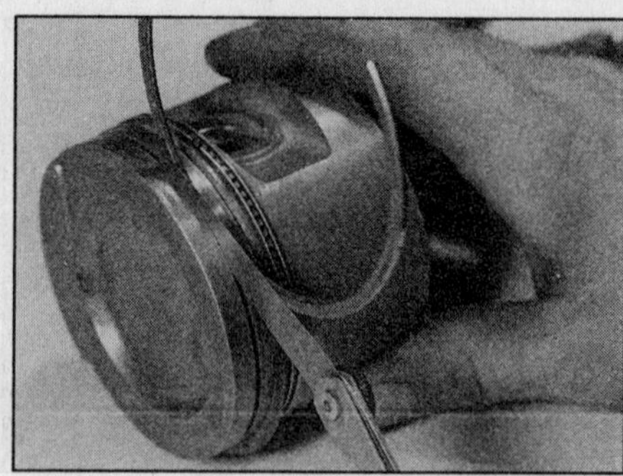
7.19 Mät mellanrummet mellan ringen och spåret med ett bladmått

7.21a Kolvkronan är märkt med en pil som ska peka mot motorns kamremsände

åtgärdas innan motorn sätts ihop och tas i drift, annars uppstår samma skada snart igen.

17 Undersök kolvar, vevstakar, kolvtappar och lageröverfall och leta efter sprickor. Lägg vevstakarna på en plan yta och titta längs dem för att se att de inte är böjda eller vridna. Om du tvivlar på deras skick, låt en mekanisk verkstad mäta upp dem. Undersök den övre vevstaksändens bussningslager i vevstaken och leta efter tecken på slitage eller sprickbildning.

18 Mät alla fyra kolvarnas diameter på en punkt 10 mm ovanför mantelns nederkant med en mikrometer, i rät vinkel mot kolvtappens axel **(se bild)**. Jämför de uppmätta värdena med värdena i specifikationerna. Om kolvdiametern ligger utanför tillåtna värden för den givna storleken måste kolven bytas. **Observera:** *Om motorblocket har borrats om vid en tidigare renovering kan kolvar med överstorlek redan finnas monterade.* Anteckna alla mått och använd dem till att kontrollera kolvspelet när cylinderloppen mäts enligt beskrivningen längre fram i detta kapitel.

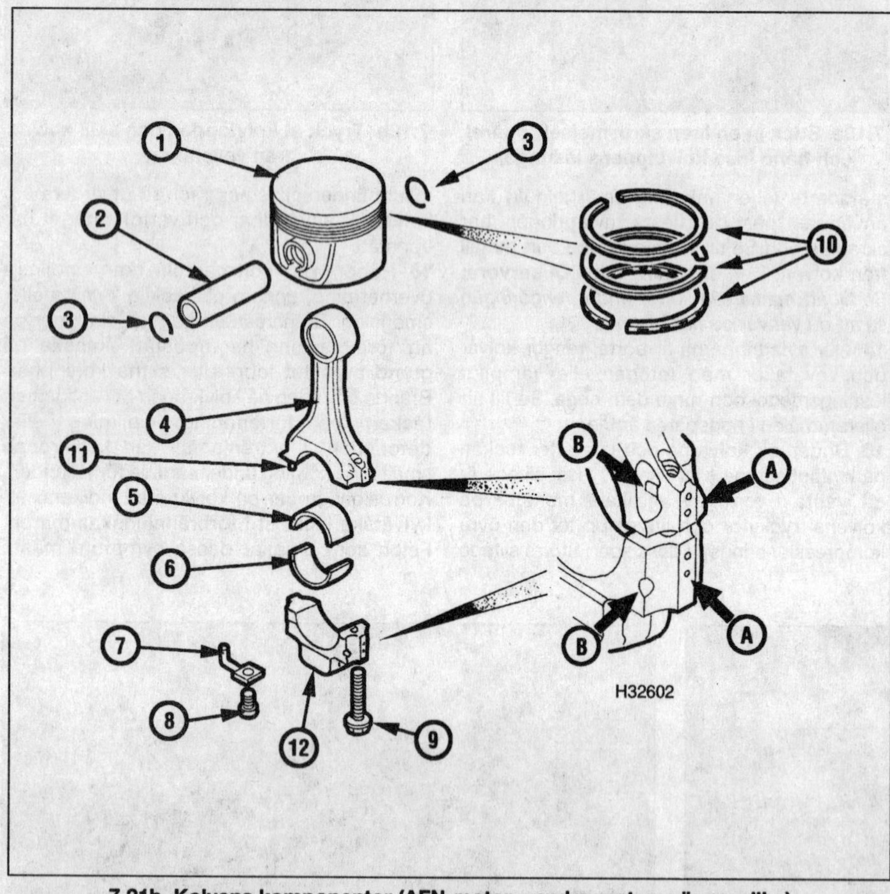

7.21b Kolvens komponenter (AFN-motor – andra motorer är snarlika)

1 Kolv
2 Kolvtapp
3 Låsring
4 Vevstake
5 Vevstakslagerskål
6 Vevstakslagerskål
7 Oljemunstycke för kolvkylning (i förekommande fall)
8 Fästskruv för oljemunstycke
9 Vevstakslageröverfallets bultar
10 Kolvringar
11 Styrstift
12 Vevstaksöverfall
A Identifikationsmärken för vevstake/lageröverfall
B Orienteringsmärken för vevstake/lageröverfall

19 Placera en ny kolvring i det aktuella spåret och mät spelet mellan ringen och spåret med ett bladmått **(se bild)**. Observera att ringarna har olika bredd, så se till att använda rätt ring till spåret. Jämför måtten med dem som anges. Om spelen ligger utanför de tolererade värdena måste kolven bytas ut. Bekräfta detta genom att kontrollera bredden på kolvringen med en mikrometer.

20 Undersök den övre vevstaksändens lager och kolvtapp och leta efter tecken på slitage och skador. Om skador föreligger måste kolvtappen bytas och en ny bussning sättas på vevstaken. Detta arbete måste överlåtas till en motorrenoveringsspecialist eller verkstad.

21 Kolvens placering i förhållande till vevstaken måste vara korrekt när de sätts ihop. Kolvkronan är märkt med en pil (som kan vara dold under sotavlagringar). Pilen måste peka mot motorns kamremsände när kolven installeras. Om pilarna inte är synliga på motorkod AJM och ATJ, sätt ihop kolvarna med vevstakarna så att förbränningsurholkningen längst upp på kolven är på motorblockets kylvätskepumpsida. Vevstaken och dess överfall har frästa urtag/tappar nära fogytorna. Dessa ska vara vända åt samma håll som pilen på kolvkronan (det vill säga mot motorns kamremsände) när de är korrekt monterade **(se bild)**. Sätt ihop de båda komponenterna i enlighet med ovanstående krav.

22 Smörj kolvtappen och den övre vevstaksändens bussning med ren motorolja. Tryck in kolvtappen i kolven, så att den hakar i den övre vevstaksänden. Sätt på två nya låsringar på kolven i vardera änden av kolvtappen. Upprepa detta med resterande kolvar.

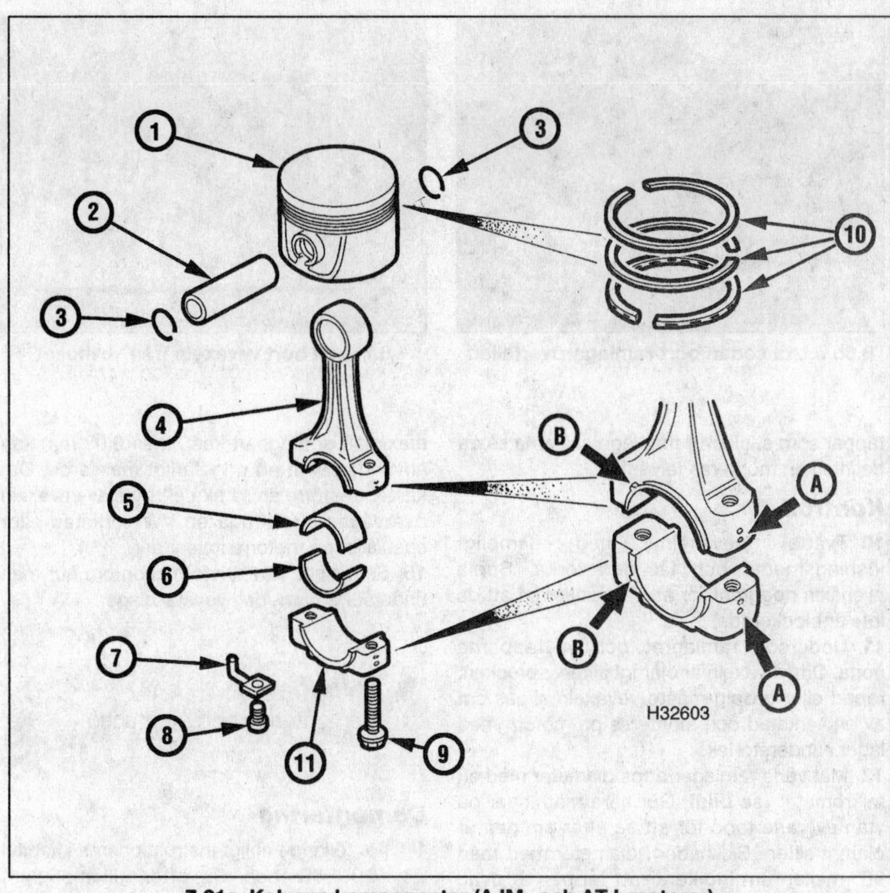

7.21c Kolvens komponenter (AJM- och ATJ-motorer)

1 Kolv
2 Kolvtapp
3 Låsringar
4 Vevstake
5 Lagerskål
6 Lagerskål
7 Oljemunstycke för kolvkylning
8 Fästskruv för oljemunstycke
9 Vevstakslageröverfallets bultar
10 Kolvringar
11 Lageröverfall
A Identifikationsmärken för vevstake/lageröverfall
B Orienteringsmärken för vevstake/lageröverfall

8 Vevaxel - demontering och kontroll

Demontering

Observera: *Om inget arbete ska göras på kolvarna och vevstakarna behöver inte topplocket och kolvarna demonteras. Det räcker med att trycka upp kolvarna så långt i loppet att vevstakarna går fria från vevtapparna. Ett motorställ rekommenderas starkt.*

1 Se kapitel 2A eller 2B, efter vad som är tillämpligt, och utför följande:

a) Demontera kamremmen och vevaxeldrevet.

8.1 Ta bort skvalpskottsplåten

b) Demontera kopplingens komponenter och svänghjulet eller drivplattan (efter tillämplighet).

*c) Demontera sumpen, skvalpskottsplåten **(se bild)**, oljepumpen och oljeupptagaren.*

d) Demontera vevaxelns främre och bakre oljetätningar och hus.

2 Demontera kolvarna och vevstakarna eller koppla loss dem från vevaxeln enligt beskrivningen i avsnitt 7 (se anmärkningen ovan).

3 Med motorblocket upp och ner på bänken, kontrollera vevaxelns axialspel enligt följande. **Observera:** *Detta kan endast utföras medan vevaxeln fortfarande är monterad i motorblocket/vevhuset, men kan röras fritt.* Placera en mätklocka så att sonden är i linje med vevaxelns längdriktning och i kontakt med en fast punkt på vevaxelns ände. Skjut vevaxeln längs dess axel så långt det går, och nollställ sedan mätaren. Skjut sedan vevaxeln så långt det går åt andra hållet och avläs axialspelet på mätaren **(se bild)**. Jämför resultatet med de angivna värdena i specifikationerna för att fastställa om nya tryckbrickor behövs.

4 Om ingen mätklocka finns tillgänglig kan ett bladmått användas. Tryck först vevaxeln hela vägen mot motorns svänghjulsände, använd sedan bladmått för att mäta spelet mellan vevtappen för cylinder nr 3 och ramlagrets tryckbricka **(se bild)**. Jämför resultaten med de angivna värdena i specifikationerna.

5 Notera tillverkarens identifikationsmärken på ramlageröverfallen. Numret anger överfallets position i vevhuset, räknat från

8.3 Mät vevaxelns axialspel med en mätklocka

8.4 Mät vevaxelns axialspel med bladmått om ingen mätklocka finns att tillgå

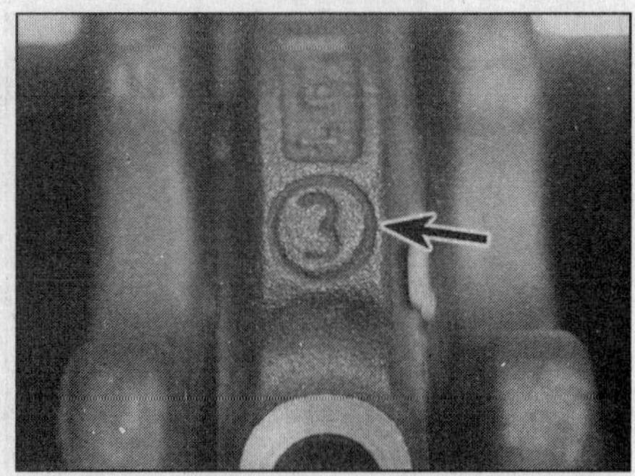

8.5 Tillverkarens identifikationsmärken på ramlageröverfallen (pilar)

8.6a Lossa ramlageröverfallets bultar . . .

8.6b . . . ta sedan bort ramlageröverfallen

8.7 Lyft bort vevaxeln från vevhuset

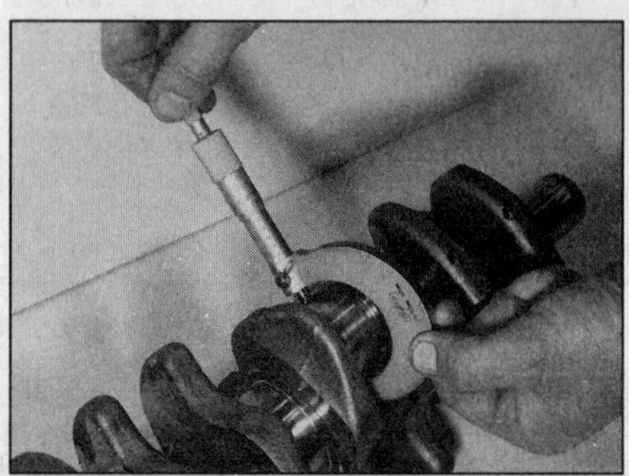
8.12 Mät varje ramlageraxeltapps diameter med en mikrometer

motorns kamremsände **(se bild)**.

6 Lossa ramlageröverfallens bultar ett halvt varv i taget, tills de kan tas bort **(se bilder)**. Lossa överfallen från vevhuset genom att knacka lätt på dem med en mjuk klubba. Ta loss de nedre ramlagerskålarna och tejpa fast dem på överfallen. Märk dem som identifieringshjälp, men gör inga repor eller märken i dem.

7 Lyft försiktigt ut vevaxeln, och var noga med att inte rubba de övre ramlagerskålarna **(se bild)**.

8 Ta loss de övre ramlagerskålarna från vevhuset, och tejpa fast dem på respektive lageröverfall. Ta bort de två tryckbrickornas lager från ömse sidor av lagersadel nr 3.

9 När lagerskålarna har demonterats, observera de urtag som är frästa på överfallen och vevhuset. Dessa ger styrning för de tappar som sticker ut från lagerskålarna så att de inte kan monteras felvänt.

Kontroll

10 Tvätta vevaxeln med lämpligt lösningsmedel och låt den torka. Spola oljehålen noggrant för att vara säker på att de inte är blockerade.

11 Undersök ramlagret och vevtapparna noga. Om vevaxeln är ojämnt sliten, sprucken, repad eller gropig måste vevaxeln slipas om av en verkstad och monteras på motorn med lager i understorlek.

12 Mät varje ramlagertapps diameter med en mikrometer **(se bild)**. Gör flera mätningar på ytan av varje tapp för att se efter om den är ojämnt sliten. Skillnader i diameter mätt med 90° mellanrum indikerar att tappen är oval. Diameterskillnader i längsled indikerar en konisk lagertapp. Även här gäller att om slitage upptäcks måste vevaxeln slipas om på verkstad, och lager i understorlek krävs.

13 Kontrollera oljetätningstapparna på båda ändarna av vevaxeln. Om de är mycket repiga eller skadade kan de få nya tätningar att läcka när motorn sätts ihop. Det kan vara möjligt att reparera axeltappen. Be en motorverkstad eller din VW-verkstad om råd.

14 Mät vevaxelns kast genom att sätta en mätklocka på det mittersta ramlagret och vrida axeln i V-block. Mätarens maximala avläsning anger kastet. Skydda lagertapparnas och oljetätningarnas fogytor vid mätningen. Tillverkaren anger inte maximalt godtagbart kast, men 0,03 mm kan användas som ett ungefärligt maxvärde. Om kastet är större än så ska ett byte av vevaxeln övervägas - rådfråga en VW-verkstad eller specialist på motorrenoveringar.

15 Se avsnitt 11 för information om hur man undersöker ram- och vevstakslager.

9 Mellanaxel - demontering och montering

Demontering

1 Utför följande enligt instruktionerna i kapitel 2A, 2B, 5B och 9, efter tillämplighet. Observera att om motorn redan är uttagen behöver inte vissa av de preliminära åtgärderna vidtas:

a) Demontera kamremmen.
b) Demontera mellanaxeldrevet.
c) Demontera fördelaren (motorkod ADP).
d) Demontera bromsvakuumpumpen på dieselmotorer (motorkod AFN, AVG, AHU och AHH).

2 På bensinmotorer med dubbla överliggande kamaxlar, skruva loss klämman och lagret och ta bort oljepumpens drev från baksidan av motorblocket. Lyft ut drevet med en magnet. Notera hur drevet är monterat, eftersom det finns risk att det sätts tillbaka upp och ner, vilket orsakar skada **(se bilder)**.

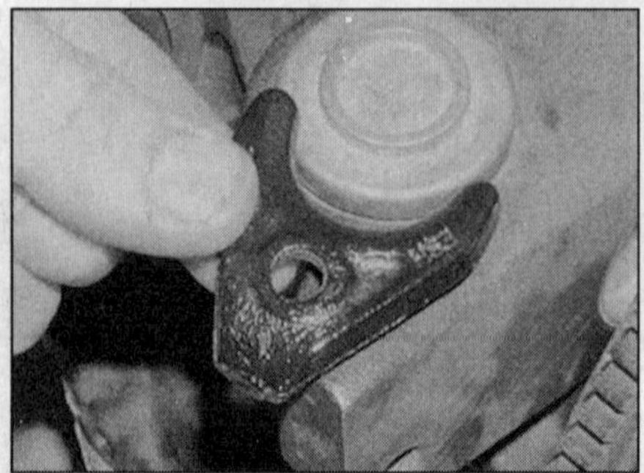
9.2a Ta bort klämman . . .

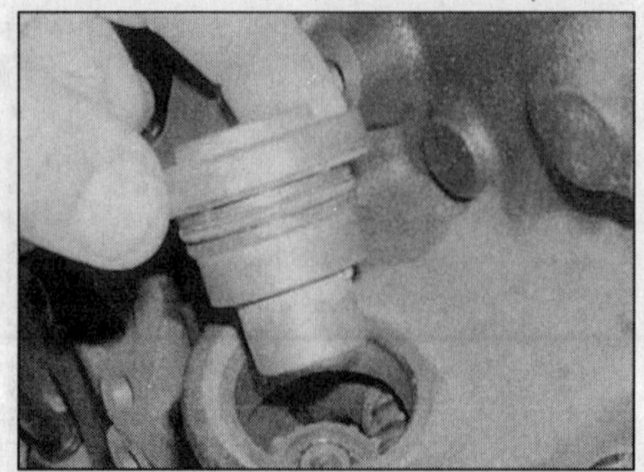
9.2b . . . och lyft ut lagret . . .

9.2c . . . och drevet

9.3 Kontrollera mellanaxelns axialspel med en mätklocka

9.4a Skruva loss fästbultarna (pilar) . . .

9.4b . . . och ta loss mellanaxelflänsen

3 Innan axeln demonteras måste axialspelet kontrolleras. Montera en mätklocka på motorblocket med sonden i linje med mellanaxelns längsled. Skjut in axeln så långt det går i motorblocket, nollställ mätklockan och dra sedan ut axeln så långt det går. Notera det maximala axialspelet och jämför det med det angivna värdet i specifikationerna. Byt axeln om axialspelet överskrider detta värde **(se bild)**.

4 Lossa fästbultarna och dra ut mellanaxelflänsen.Ta loss O-ringstätningen och tryck sedan ut oljetätningen **(se bilder)**.

5 Dra ut mellanaxeln från motorblocket och undersök drevet på axelns ände. Om kuggarna visar tecken på betydande slitage eller är skadade på något annat sätt måste axeln bytas ut.

6 Om oljetätningen har läckt, kontrollera ifall axelns anliggningsyta är repad eller skadad.

Montering

7 Smörj mellanaxelns lagerytor och drev rikligt med olja, och för sedan in axeln i motorblocket och passa in axeltappen i den främre änden med stödlagret.

8 Pressa in en ny axeloljetätning i huset i mellanaxelns fläns och sätt på en ny O-ring på flänsens inre tätningsyta.

9 Smörj tätningens inre läpp med ren motorolja och trä på flänsen och tätningen på mellanaxelns ände. Se till att O-ringen sitter korrekt, och skruva sedan i flänsbultarna och dra åt dem till angivet moment. Kontrollera att mellanaxeln kan rotera fritt.

9.4c Tryck ut oljetätningen . . .

9.4d . . . och ta loss O-ringstätningen

10 På bensinmotorer med dubbla överliggande kamaxlar , sätt i oljepumpens drev i öppningen på baksidan av motorblocket och passa in det mot oljepumpens räfflade axel. Se till att drevet sitter rättvänt, så att det helt hakar i drevet på änden av mellanaxeln. Sätt tillbaka lagret tillsammans med oljetätningen och fäst dem med klämman och bulten ordentligt åtdragna.

11 Utför följande enligt beskrivningen i kapitel 2A, 2B, 5B och 9, efter tillämplighet:

a) Montera tillbaka bromsvakuumpumpen på dieselmotorer.

b) Montera tillbaka drevet på mellanaxeln och dra åt centrumbulten till angivet moment.

c) Montera tillbaka kamremmen.

d) Montera tillbaka fördelaren på motorkod ADP.

10 Motorblock/vevhus - rengöring och kontroll

Rengöring

1 Demontera alla externa komponenter, efter tillämplighet, som lyftöglor, fästbyglar, kylvätskepump och hus, fläktöverföring, oljekylare och husfäste för oljefilter **(se bilder)**, bränsleinsprutningspumpens fästbygel och elektriska brytare/givare från blocket. Vid en fullständig rengöring ska hylspluggarna helst tas bort. Borra ett litet hål i pluggarna. Sätt sedan en självgängande skruv i hålet. Ta ut pluggarna genom att dra ut skruven med en tång, eller genom att använda en glidhammare.

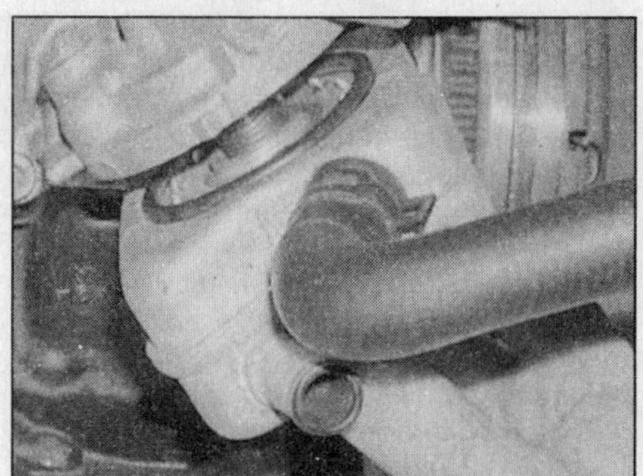
10.1a Demontera oljekylaren . . .

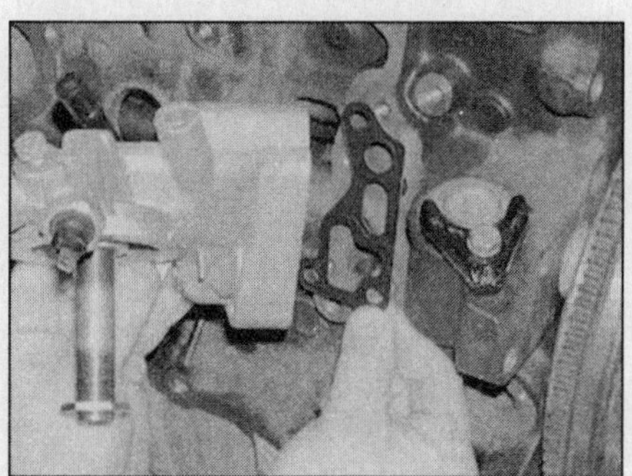
10.1b . . . och oljefiltrets hus och packning

10.1c Ta bort kylvätskepumpen hus

10.6 Rengör motorblocksgängorna genom att skruva i en gängtapp med lämplig storlek i hålen

2 Skrapa bort alla packnings- och tätningsrester från motorblocket/vevhuset. Var noga med att inte skada tätningsytorna.

3 Ta bort alla pluggar från oljeledningarna (i förekommande fall). Pluggarna sitter oftast mycket hårt - de kan behöva borras ut och hålen gängas om. Använd nya pluggar när motorn monteras ihop.

4 Om gjutgodset är mycket smutsigt bör det ångtvättas. Rengör därefter alla oljehål och oljeledningar en gång till. Spola alla inre passager med varmt vatten tills vattnet som rinner ut är rent. Torka noga och applicera ett tunt lager olja på alla fogytor och cylinderlopp för att skydda mot rost. Använd om möjligt tryckluft för att skynda på torkningen och blåsa rent i alla oljehål och kanaler.

Varning: Bär skyddsglasögon vid arbete med tryckluft.

5 Om gjutgodset inte är mycket smutsigt räcker det att tvätta det med hett tvålvatten och en styv borste. Var noggrann vid rengöringen. Oavsett vilken rengöringsmetod som används ska alla oljehål och gallerier rengöras mycket noga och alla komponenter torkas ordentligt. Skydda cylinderloppen mot rost enligt beskrivningen ovan.

6 Alla gängade hål måste vara rena för att momentvärdena ska bli korrekta vid ihopsättningen. Rengör gängorna genom att köra in en gängtapp med rätt storlek i varje hål för att ta bort rost, korrosion, gängtätningsmassa eller slam, och för att återställa skadade gängor **(se bild)**. Använd om möjligt tryckluft för att få bort restprodukter ur hålen. **Observera:** *Var extra noga med att tömma ut all rengöringsvätska från de blinda gängade hålen eftersom gjutgodset kan spräckas av trycket om en bult skruvas in i ett hål med vätska.*

7 Applicera lämpligt tätningsmedel på de nya oljeledningspluggarna och sätt in dem i hålen i motorblocket. Dra åt dem ordentligt.

8 Om motorn inte ska monteras ihop på en gång ska den täckas över med en stor plastpåse så att den hålls ren. Skydda alla fogytor och cylinderloppen enligt beskrivningen ovan för att förhindra rost.

Kontroll

9 Kontrollera gjutgodset och leta efter sprickor och korrosion. Leta efter skadade gängor i hålen. Om inre vattenläckor har förekommit kan det vara klokt att låta en motorrenoveringsspecialist kontrollera motorblocket/vevhuset med professionell utrustning. Om defekter upptäcks, låt byta ut eller om möjligt reparera komponenterna.

10 Kontrollera cylinderloppen och leta efter repor. Finns det skador, måste även kolvarna kontrolleras (se avsnitt 7 i detta kapitel). Om skadorna inte har hunnit bli omfattande kan det vara möjligt att renovera motorblocket genom att borra om det. Fråga en verkstad om råd.

11 För att det ska gå att göra en korrekt uppskattning av slitaget i cylinderloppen måste deras diameter mätas på flera punkter enligt följande. Placera en loppmätare i lopp nr 1 och mät på tre ställen i linje med vevaxelns axel. En mätning ska göras längst upp i loppet, cirka 10 nedanför dess övre kant, en halvvägs ner i loppet och en cirka 10 mm ovanför loppets botten. **Observera:** *Ställ motorblocket rakt på en arbetsbänk under mätningen. Om motorn är monterad i ett ställ kan de uppmätta värdena bli felaktiga.*

12 Vrid loppmätaren 90° så att den står i rät vinkel mot vevaxeln och upprepa mätningarna enligt punkt 11 **(se bild)**. Anteckna alla sex måtten och jämför dem med uppgifterna i specifikationerna. Om skillnaden i diameter mellan två cylindrar överstiger slitagegränsen, eller om en cylinder överstiger den max tillåtna loppdiametern, då måste *alla fyra* cylindrarna borras om och kolvar i överstorlek måste monteras (om sådana finns).

13 Beräkna spelrummet mellan kolv och lopp med hjälp av de tidigare uppmätta kolvdiametrarna (se avsnitt 7). Tillverkaren tillhandahåller inga uppgifter om detta, så rådfråga en VW-verkstad eller en motorrenoveringsspecialist.

14 Placera motorblocket på en jämn arbetsyta med vevhuset nedåt. Använd en stållinjal och en uppsättning bladmått för att mäta skevheten på topplockets fogyta åt båda hållen. Tillverkaren anger inte maxvärde, men 0,05 mm kan användas som ett ungefärligt värde. Om måttet överstiger detta värde, kan det varar möjligt att reparera skadan med maskinslipning. Rådfråga en märkesverkstad.

15 Innan motorn kan monteras ihop måste cylinderloppen honas. Det arbetet kräver användning av ett brynverktyg för att skapa strukturen av ett fint kryssmönster på loppets inre yta. Strukturen gör att kolvringarna sätter sig som de ska, så att tätningen mellan kolven och cylindern blir bra. Det finns två typer av honingsverktyg för hemmamekanikern. Båda drivs av roterande elverktyg, som t.ex. en borrmaskin. Flaskborsthonverktyget är en styv, cylindrisk borste med slipstensbeläggning av borsten. Det vanligare honingsverktyget har stenar fästa vid fjäderbelastade ben. För den oerfarne hemmamekanikern är det lättare att få bra resultat med ett flaskborsthonverktyg. **Observera:** *Om du inte vill hona cylinderloppen själv finns det verkstäder som kan göra arbetet till en överkomlig kostnad.*

16 Utför honingen enligt följande: Du behöver ett av de honingsverktyg som beskrevs ovan, en borrmaskin, en uppsättning rena trasor, lite honingsolja samt skyddsglasögon.

17 Montera honingsverktyget i borrchucken. Smörj cylinderloppen med honingsolja och placera honingsverktyget i det första loppet. Tryck ihop stenarna så att verktyget passar i loppet. Starta borren och för den sedan upp och ner i loppet i sådan takt att ett fint kryssmönster bildas på ytan. Mönstrets linjer ska helst korsa varandra med en vinkel på 50 till 60° **(se bild)**. Vissa kolvringstillverkare kan dock ange en annan vinkel. Kontrollera därför dokumentationen som följer med de nya ringarna.

Varning: Använd skyddsglasögon för att skydda ögonen mot partiklar som flyger från honingsverktyget.

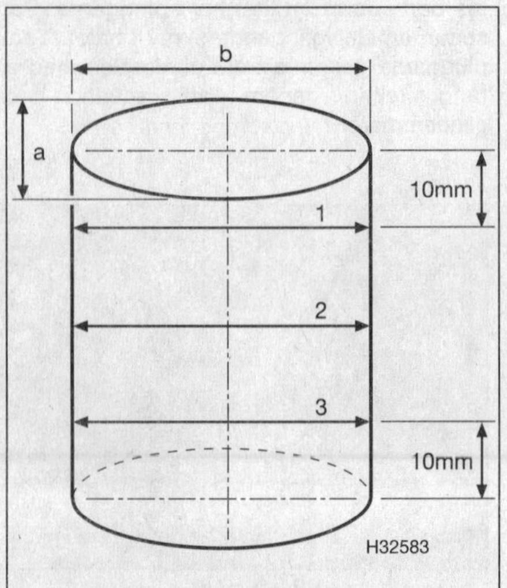

10.12 Punkter för mätning av lopp

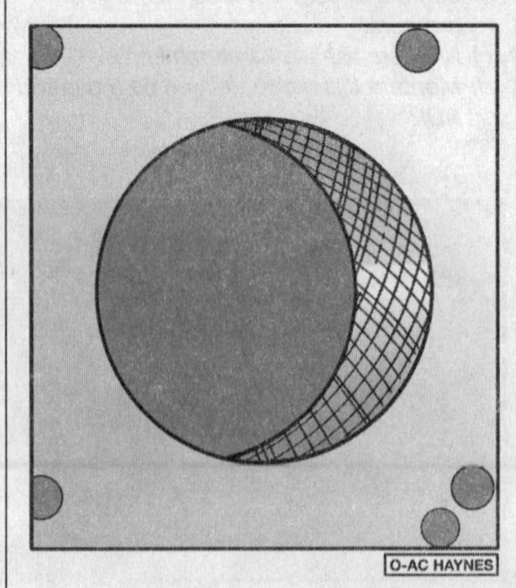

10.17 Slipmönster för cylinderlopp

18 Använd mycket olja under honingen. Ta inte bort mer material än vad som är nödvändigt för att skapa den önskade ytan. Honingsverktyget får inte dras upp ur loppet medan det fortfarande roterar. Fortsätt röra verktyget uppåt/nedåt tills det slutar rotera. Dra sedan upp verktyget medan chucken vrids för hand, i den normala rotationsriktningen.

19 Torka ut oljan och järnfilspånen med en trasa och fortsätt med nästa lopp. När alla fyra loppen har honats ska hela motorblocket rengöras noga med varmt såpvatten för att ta bort alla spår av honingsolja och avlagringar. Motorblocket är rent när en ren trasa som fuktats i ny motorolja inte blir grå när den dras längs loppet.

20 Applicera ett tunt lager motorolja på fogytorna och cylinderloppen för att skydda dem mot rost.

21 Montera alla komponenter som togs bort i punkt 1.

11 Ram- och vevlager – kontroll och urval

Kontroll

1 Även om ram- och vevlagren ska bytas vid motoröversynen, bör de gamla lagren behållas och undersökas noga, eftersom de kan ge värdefull information om motorns skick **(se bild)**.

2 Lagerhaverier kan uppstå på grund av dålig smörjning, smuts eller andra främmande partiklar, överbelastning av motorn eller korrosion. Oavsett vilken orsaken till lagerhaveriet är måste felet korrigeras innan motorn monteras ihop, för att förhindra att problemet uppstår igen.

3 När lagerskålarna ska undersökas ska de först tas bort från motorblocket/vevhuset, ramlageröverfallen, vevstakarna och vevstakslageröverfallen. Lägg ut dem på en ren yta i samma ordning som de sitter placerade på motorn. Därigenom kan man se vilken vevaxeltapp som har orsakat lagerproblemen. *Vidrör inte* någon av lagerskålens invändiga lagerytor med fingrarna när du kontrollerar den. Den känsliga ytan kan repas.

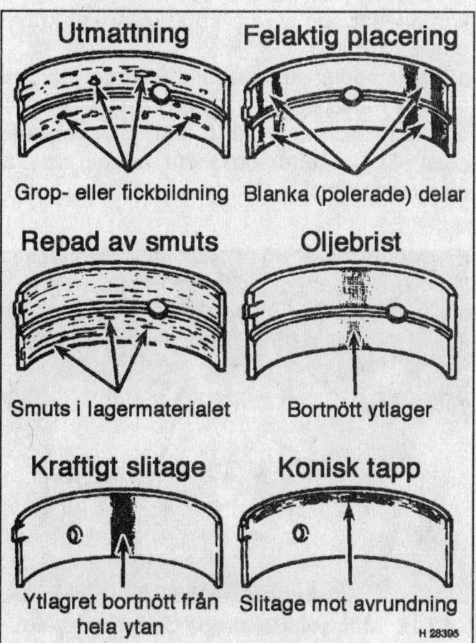

11.1 Typiska lagerbrott

4 Smuts och andra främmande partiklar kan komma in i motorn på flera olika sätt. Smuts kan t.ex. finnas kvar i motorn från ihopsättningen, eller komma in genom filter eller vevhusventilationssystemet. Det kan hamna i oljan, och därmed tränga in i lagren. Metallspån från slipning och normalt slitage förekommer ofta. Slipmedel finns ibland kvar i motorn efter en renovering, speciellt om delarna inte har rengjorts noga på rätt sätt. Sådana främmande föremål bäddas ofta så småningom in i det mjuka lagermaterialet och är lätta att upptäcka. Stora partiklar bäddas inte in i lagret, men repar lagret och axeltappen. Det bästa sättet att förebygga den här orsaken till lagerhaveri är att rengöra alla delar noggrant och att hålla allting skinande rent vid återmonteringen av motorn. Att byta motorolja och filter ofta rekommederas också.

5 Dålig smörjning kan ha flera orsaker. Överhettning (som tunnar ut oljan), överbelastning (som tränger undan olja från lagerytan) och oljeläckage (p.g.a. för stora lagerspel, sliten oljepump eller höga motorvarv) kan orsaka problemet. Även igensatta oljekanaler, som vanligen beror på felinpassade oljehål i en lagerskål, stryper oljetillförseln till ett lager och förstör det. Om ett lagerhaveri beror på oljebrist, slits eller pressas lagermaterialet bort från lagrets stålstödplatta. Temperaturen kan stiga så mycket att stålplattan blir blå av överhettning.

6 Körsättet kan påverka lagrens livslängd betydligt. Full gas från låga varv (segdragning) belastar lagren mycket hårt och tenderar att pressa ut oljefilmen. Dessa belastningar kan få lagren att vika sig, vilket leder till fina sprickor i lagerytorna (utmattningsfel). Till sist kommer lagermaterialet att gå i bitar och slitas bort från stålplattan.

7 Att enbart köra korta bilturer leder till korrosion på lagren, eftersom motorn aldrig hinner bli tillräckligt varm för att driva bort kondenserat vatten och korrosiva gaser. Dessa restprodukter samlas istället i motoroljan och bildar syra och slam. När oljan sedan leds till motorlagren angriper syran lagermaterialet.

8 Felaktig montering av lagren vid ihopmonteringen av motorn leder också till lagerhaveri. Hårt sittande lager ger otillräckligt lagerspel, vilket resulterar i att oljan inte kommer fram. Smuts eller främmande partiklar som fastnat bakom en lagerskål kan resultera i högre punkter på lagret, vilket i sin tur leder till haveri.

9 *Vidrör inte* en lagerskåls invändiga lagerytor med fingrarna under ihopsättningen. Det fins risk att den känsliga ytan repas eller att det kommer smutspartiklar på den.

10 Som nämndes i början av detta avsnitt ska lagerskålarna alltid bytas ut vid en motoröversyn. Allt annat är dålig ekonomi.

Urval – ram- och vevlager

11 Ram- och vevlager för motorerna som beskrivs i detta kapitel finns att köpa i standardstorlekar och i ett utbud av understorlekar för att passa efterslipade vevaxlar. Ytterligare information finns i specifikationerna.

12 Spelet måste kontrolleras när vevaxeln monteras med nya lager (se avsnitt 13).

12 Motorrenovering – ihopsättningsordning

1 Innan återmonteringen påbörjas, se till att alla nya delar och nödvändiga verktyg finns tillgängliga. Läs igenom hela monteringsordningen för att bli bekant med de arbeten som ska utföras och för att kontrollera att alla nödvändiga delar och verktyg för återmontering av motorn finns till hands. Förutom alla normala verktyg och annat material behövs gänglåsmassa. Packningsmassa på tub krävs för fogar som saknar packningar. Det rekommenderas att tillverkarens egna produkter används eftersom de har den rätta sammansättningen. Produktnamnen finns i de avsnitt där de behöver användas.

2 Motorn bör helst sättas ihop i följande ordning för att spara tid och undvika problem:

a) *Vevaxel (se avsnitt 13).*
b) *Kolv/vevstake (se avsnitt 14 och 15).*
c) *Oljepump (se kapitel 2A eller 2B).*
d) *Sump (se kapitel 2A eller 2B).*
e) *Svänghjul/drivplatta (se kapitel 2A eller 2B).*
f) *Topplock (se kapitel 2A eller 2B).*
g) *Kamremsspännare, drev och kamrem (se kapitel 2A eller 2B).*
h) *Insugnings- och avgasgrenrör (se relevant del av kapitel 4).*
i) *Motorns externa komponenter och hjälpaggregat (se listan i avsnitt 5 i detta kapitel).*

3 På det här stadiet ska alla motorkomponenter vara helt rena och torra, med alla fel reparerade. Komponenterna ska läggas ut på en fullständigt ren arbetsyta (eller i separata behållare).

13 Vevaxel återmontering och kontroll av spel

1 Montering av vevaxeln är det första steget av ihopsättning av motorn efter renovering. I detta skede förutsätts att vevaxel, motorblock/vevhus och lager är rengjorda,

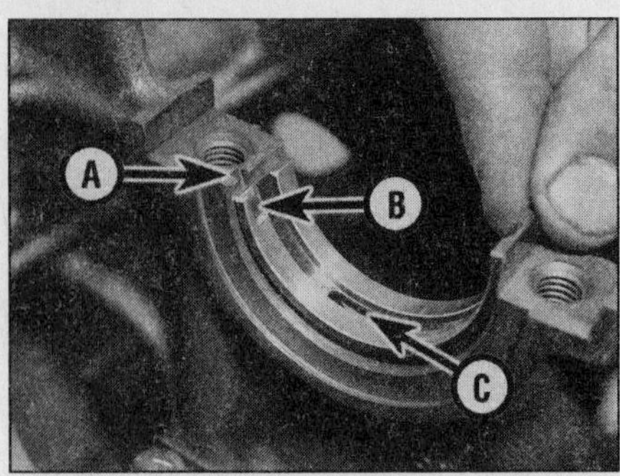

13.3 Korrekt monterade lagerskålar

A Försänkning i lagersadel
B Tapp på lagerskålen
C Oljehål

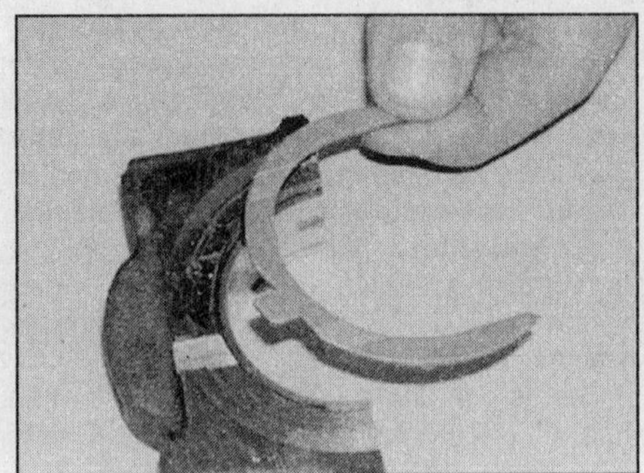

13.4a Lageröverfallets tryckbricka

13.4b Lagersadelns tryckbricka

kontrollerade och renoverade eller bytta. Om oljemunstyckena har tagits bort måste de nu sättas tillbaka och deras fästbultar dras åt till angivet moment.

2 Ställ motorblocket på en ren, jämn arbetsyta med vevhuset vänt uppåt. Torka rent innerytorna på ramlageröverfallen och vevhuset med en ren trasa. De måste vara absolut rena.

3 Rengör de nya lagerskålarnas bakre ytor med en ren trasa och lägg dem på lagersadlarna i vevhuset. Se till att styrtapparna på skålarna greppar i urtagen i sadlarna, och att oljehålen är korrekt inriktade **(se bild)**.Lagerskålarna får inte hamras eller på annat sätt tvingas på plats. Det är ytterst viktigt att lagerytorna hålls fria från skador och föroreningar.

4 Montera tryckbrickorna på lagersadel och/eller lageröverfall nr 3. På bensinmotorer med enkel överliggande kamaxel sitter tryckbrickorna på båda sidor om den mellersta lagersadeln. På bensinmotorer med dubbla överliggande kamaxlar sitter de på båda sidor om det mellersta ramlageröverfallet och på dieselmotorerer sitter de på båda sidor om den mellersta lagersadeln och det mellersta ramlageröverfallet. Håll dem på plats med lite fett. Se till att de placeras på rätt sätt i försänkningarna, med oljespåren utåt **(se bilder)**.

5 Rengör de nymonterade lagerskålarna och vevaxeltapparna en sista gång med en ren trasa. Kontrollera att oljehålen i vevaxeln är fria från smuts, eftersom smuts som lämnas här kommer att bäddas in i de nya lagren när motorn startas.

6 Lägg försiktigt vevaxeln på plats i vevhuset och var noga med att inte rubba lagerskålarna.

Spelrumskontroll

7 När vevaxel och lager monterats tillbaka, måste det finnas ett spel mellan dem så att smörjolja kan cirkulera. Detta spel går inte att kontrollera med bladmått, så istället används Plastigauge. Detta är en tunn remsa mjukplast som kläms mellan lagerskålarna och vevaxeltapparna när lageröverfallen dras åt. Ändringen i plastremsans bredd visar spelet.

8 Skär till några bitar Plastigauge som är något kortare än vevaxeltappens längd. Lägg en bit på varje axeltapp längs med axeln **(se bild)**.

9 Torka av de bakre ytorna på de nya nedre ramlagerskålarna, passa in dem i överfallen och se till att styrtapparna greppar på rätt sätt **(se bild)**.

10 Torka av de främre ytorna på lagerskålarna och täck dem lätt med lite silikonbaserat släppmedel, om det finns till hands - detta förhindrar att Plastigauge fastnar på skålen. Montera överfallen på sina respektive platser på lagersadlarna med hjälp av tillverkarens markeringar. Kontrollera att de är vända åt rätt håll. Överfallen ska vara monterade så att urtagen för lagerskålarnas styrtappar är på samma sida som de i lagersadeln.

11 Börja med det mittersta lageröverfallet och dra åt bultarna ett halv varv i taget till korrekt moment för det första steget. Låt inte vevaxeln rotera när Plastigauge är på plats. Skruva stegvis loss lageröverfallen och ta bort dem, och var noga med att inte rubba Plastigauge.

12 Bredden på den ihopklämda Plastigauge-remsan mäts sedan med den medföljande skalan **(se bild)**. Använd rätt skala, måtten anges både i meter- och tumsystemet. Detta mått indikerar lagerspelet. Jämför det med det angivna värdet i specifikationerna. Om spelet ligger utanför tillåtet värde kan det bero på att smuts eller restprodukter sitter fast under lagren. Rengör dem igen och kontrollera spelet igen. Om resultatet fortfarande inte är godtagbart, kontrollera axeltapparnas diameter och lagerstorleken igen. Om Plastigauge-remsan är tjockare i ena änden kan axeltapparna vara koniska, vilket kräver omslipning.

13 När spelet är tillfredsställande ska alla spår av Plastigauge avlägsnas från axeltapps- och lagerytorna. Använd en mjuk skrapa av plast eller trä, eftersom metallverktyg riskerar att skada ytorna.

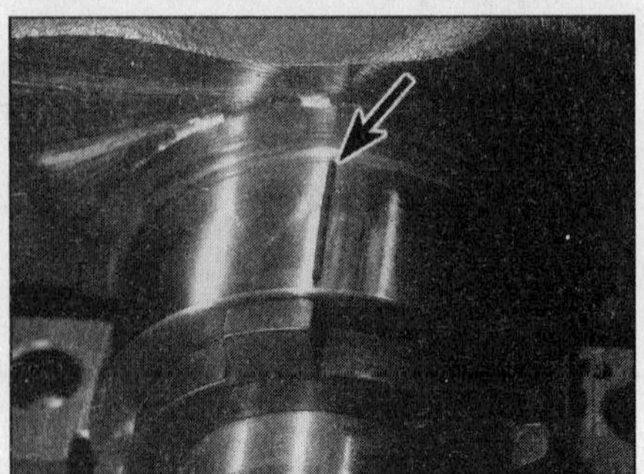

13.8 Lägg en bit Plastigauge på varje axeltapp, i linje med vevaxelns axel

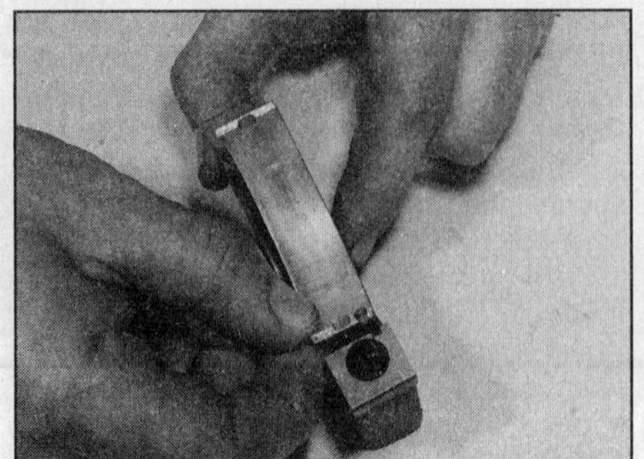

13.9 Montera de nya nedre halva ramlagerskålarna på ramlageröverfallen

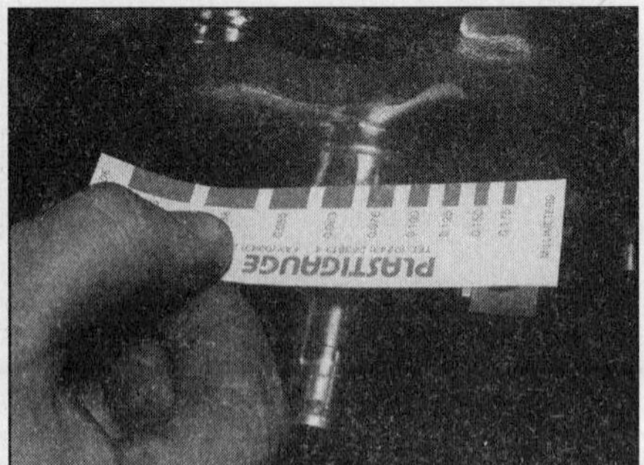

13.12 Mät tjockleken på den ihoptryckta Plastigauge-biten med hjälp av den medföljande skalan

13.15 Smörj de övre lagerskålarna . . .

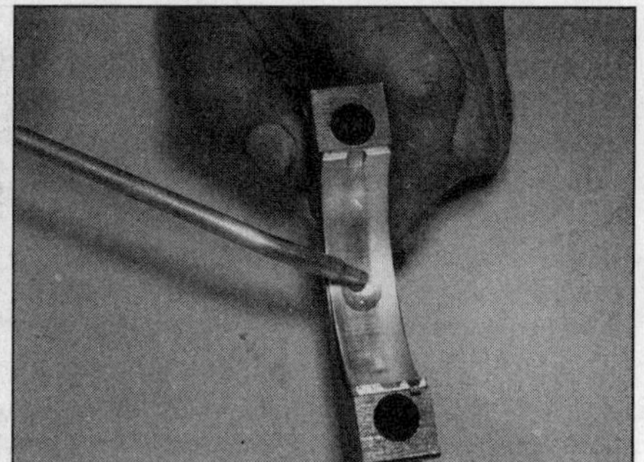
13.17a . . . och nedre lagerskålarna med ren motorolja . . .

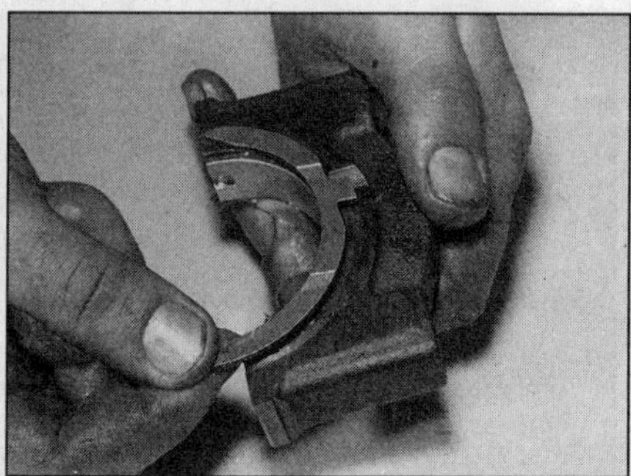
13.17b . . . och montera sedan tryckbrickorna på ömse sidor om lageröverfallet . . .

Vevaxel - slutlig återmontering

14 Lyft ut vevaxeln ur vevhuset. Torka av lagerytorna i vevhuset och lageröverfallen. Där det sitter tryckbrickor på lagersadeln i vevhuset (se punkt 4), kontrollera att de fortfarande sitter där de ska.

15 Täck lagerskålarna i vevhuset generöst med ren motorolja av angiven grad **(se bild)**.

16 Sänk ner vevaxeln på sin plats så att cylindervevtapp nr 1 är i nedre dödpunkt, färdig för montering av kolv nr 1.

17 Smörj de nedre lagerskålarna i ramlageröverfallen med ren motorolja, och montera sedan tryckbrickorna på ömse sidor om lageröverfall nr 3 (om tillämpligt, se punkt 4). Observera att de tappar som sticker ut från brickorna ska greppa in i urtagen på sidan av överfallet **(se bilder)**. Se till att styrtapparna på lagerskålarna fortfarande greppar i respektive urtag i överfallen.

18 Montera ramlageröverfallen i rätt ordning och vända åt rätt håll - överfall nr 1 ska sitta vid motorns kamremsände och lagerskålarnas styrurtag i sadlarna och överfallen ska ligga bredvid varandra **(se bilder)**. Sätt i lageröverfallens bultar och dra åt dem för hand.

19 Arbeta från det mittersta lageröverfallet utåt, och dra åt fästbultarna till angivna moment och vinklar i angivna steg **(se bilder)**.

20 Kontrollera att vevaxeln kan rotera fritt genom att vrida den för hand. Om motstånd märks, kontrollera lagerspelen igen enligt beskrivningen ovan.

21 Kontrollera vevaxelns axialspel enligt beskrivningen i början av avsnitt 8. Om vevaxelns tryckytor har kontrollerats och nya tryckbrickor har monterats, ska axialspelet ligga inom angivna värden.

22 Montera kolvarna och vevstakarna eller sätt ihop dem med till vevaxeln enligt beskrivningen i avsnitt 15.

23 Utför följande enligt beskrivningen i kapitel 2A eller 2B, efter tillämplighet:

a) *Montera tillbaka vevaxelns främre och bakre oljetätningshus, med nya oljetätningar.*

b) *Montera tillbaka oljepumpen och oljeupptagarslangen, skvalpskottsplåten och sumpen.*

c) *Montera tillbaka svänghjulet och kopplingen eller drivplattan (efter tillämplighet).*

d) *Montera tillbaka vevaxeldrevet och kamremmen.*

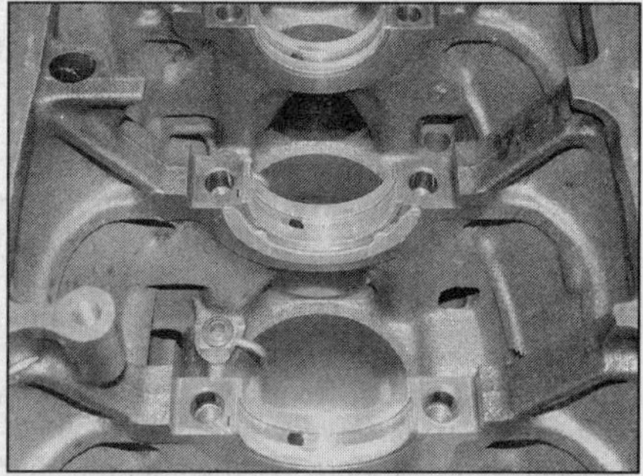
13.17c . . . och/eller lagersadeln (se text)

13.18a Montera ramlageröverfall nr 3

13.18b Montera ramlageröverfall nr 1

13.18c Ramlageröverfall nr 1 (AJM-motor)

13.19a Dra åt ramlageröverfallets bultar till angivet moment . . .

13.19b . . . och vinkel

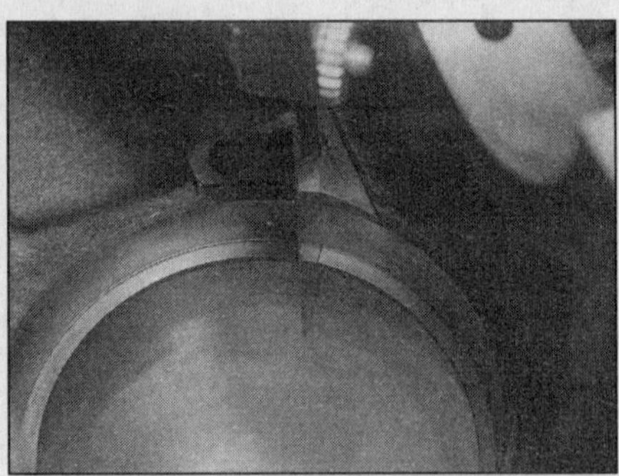

14.5 Kontrollera kolvringens ändgap med ett bladmått

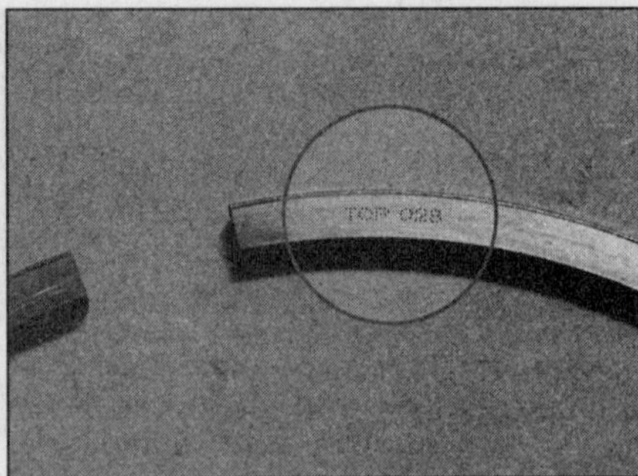

14.7 TOP-markering på kolvringen

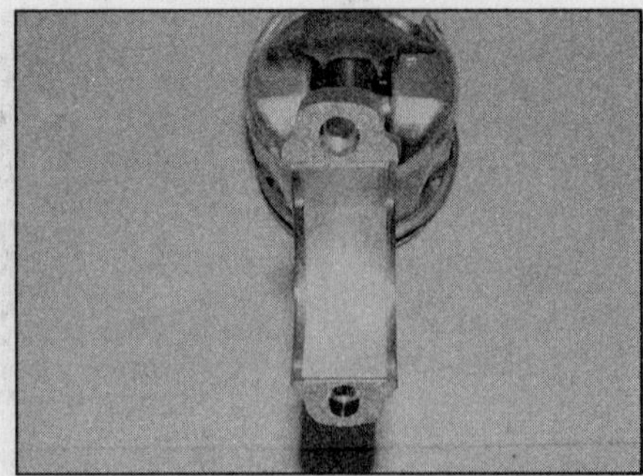

15.5 På motorkod AJM och ATJ, se till att skålarna monteras rakt

14 Kolvar och kolvringar – ihopsättning

1 Här antas att kolvarna har satts ihop korrekt med respektive vevstakar och att spelrummet mellan kolvringarna och spåren har kontrollerats. Om inte, se slutet av avsnitt 7.

2 Innan ringarna kan monteras på kolvarna måste ändgapen kontrolleras med ringarna insatta i cylinderloppen.

3 Lägg ut kolvarna och de nya ringsatserna på en ren arbetsyta så att komponenterna hålls samman i grupper både under och efter kontrollen av ändgapet. Lägg vevhuset på sidan på arbetsytan, så att båda ändar av loppen är åtkomliga.

4 Ta den övre ringen för kolv nr 1 och sätt i den längst upp i loppet. Tryck med hjälp av kolv nr 1 ner ringen till nära loppets underkant, vid den lägsta punkten på kolvens slag. Se till att ringen sitter helt rakt i loppet.

5 Använd en uppsättning bladmått för att mäta kolvringens ändgap. Rätt blad kan nätt och jämnt passera genom mellanrummet med minsta möjliga motstånd **(se bild)**. Jämför detta mått med det angivna värdet i specifikationerna. Kontrollera att du har rätt kolvring innan du avgör att avståndet inte är korrekt. Upprepa med resterande kolvringar.

6 Om nya ringar monteras är det inte troligt att ändgapen kommer att vara för små. Om ett mått är för litet måste detta korrigeras, i annat fall finns risken att kolvringsändarna kommer i kontakt när motorn går, vilket kan leda till allvarliga motorskador. Avståndet kan ökas genom att man filar kolvringsändarna med en fil som är fastsatt i ett skruvstäd. Placera kolvringen över filen så att båda ändarna är i kontakt med filens båda sidor. För ringen utmed filen och avlägsna små mängder material i taget. Var mycket försiktig eftersom kolvringarna är sköra och bildar vassa kanter om de bryts. Kom ihåg att hålla ihop ringar och kolvar cylindervis, i rätt ordning.

7 När alla kolvringars ändgap har kontrollerats ska de monteras på kolvarna. Börja med den nedersta ringen (oljeskrapringen) och arbeta uppåt. Observera att oljeskrapringen kan bestå av två sidoskenor som är separerade med en expanderring eller av en oljeskrapring i en enda del med en invändig expanderfjäder. Lägg även märke till att de två kompressionsringarna har olika tvärsnitt och därför måste monteras i rätt spår vända åt rätt håll med hjälp av en kolvringspåsättare. Båda kompressionsringarna kan ha instansade märken på ena sidan för att ange övre sida. Se till att dessa märken är vända uppåt när ringarna monteras **(se bild)**.

8 Fördela ändgapen jämnt runt kolven med 120° mellanrum. **Observera:** *Om kolvringstillverkaren anger specifika monteringsinstruktioner ska dessa följas.*

15 Kolvar/vevstakar – montering och kontroll av vevstakslagrets spel

Kontroll av vevlagrets spelrum

Observera: *I detta skede förutsätts att vevaxeln har monterats i vevhuset enligt beskrivningen i avsnitt 13.*

1 Precis som med ramlagren måste det finnas ett spelrum mellan vevlagrets vevtapp och dess lagerskålar så att oljan kan cirkulera. Det finns två sätt att kontrollera spelets storlek, som beskrivs i följande punkter.

2 Ställ motorblocket på en ren, jämn arbetsyta med vevhuset vänt uppåt. Placera vevaxeln så att vevtapp nr 1 befinner sig vid ND.

3 Den första metoden är minst exakt, och går ut på att montera vevstaksöverfallet på vevstakarna bort från vevaxeln, men med lagerskålarna på plats. **Observera:** *Det är mycket viktigt att lageröverfallen sätts tillbaka på rätt sätt. Se informationen i avsnitt 7.* Den inre diametern som utgörs av den sammansatta svänghjulsänden av vevstaken mäts med ett skjutmått. Motsvarande vevtapps diameter dras sedan från detta mått, och resultatet blir lagerspelet.

4 Den andra metoden för kontroll av spelet är att använda Plastigauge på samma sätt som vid kontroll av ramlagerspelet (se avsnitt 13), och är mycket mer exakt än föregående metod. Rengör alla vevtappar med en trasa. Börja med att ställa vevtapp nr 1 i ND och placera en bit Plastigauge på axeltappen.

5 Montera den övre vevstakslagerkåpan på vevstaken, och se till att styrtappen passar in korrekt i urtaget. Montera tillfälligt tillbaka kolven/vevstaken på vevaxeln. Montera sedan tillbaka vevstaksöverfallen, och följ tillverkarens markeringar så att de monteras rätt sätt. **Observera:** *På motorkod AJM och ATJ styrs inte lagerskålarna och överfallen på plats av tappar och spår. Se till att lagerskålarna monteras rakt* ***(se bild)****. Den övre lagerskålen är mer motståndskraftig mot förslitning än den nedre. Den känns igen på den svarta linjen på lagerytan vid lagerskarven.*

6 Dra åt lageröverfallets muttrar/bultar till momentet för steg 1. Var noga med att inte rubba Plastigauge-massan eller vrida på vevstaken under åtdragningen.

7 Ta isär den sammansatta enheten utan att vrida på vevstaken. Använd den tryckta skalan på kuvertet med Plastigauge till att fastställa vevstakslagerspelet och jämför med de angivna värdena i specifikationerna.

8 Om spelrummet avviker från det värde som anges i specifikationerna, kan det bero på att lagerskålarna har fel storlek (eller är mycket slitna, om de gamla skålarna återanvänds). Kontrollera att inte smuts eller olja fastnat mellan skålarna och överfallet eller vevstaken när spelet mättes. Kontrollera vevtappens diameter igen. Observera att om Plastigauge-massan var bredare i ena änden, kan vevtappen vara konisk. När problemet har hittats, montera nya lagerskålar eller slipa om vevtapparna till en listad understorlek, efter tillämplighet.

9 Avsluta med att försiktigt skrapa bort alla spår av Plastigauge från vevaxeln och lagerskålarna. Använd en skrapa av plast eller trä, som är mjuk nog att inte repa lagerytorna.

Kolvar och vevstakar - slutlig montering

10 Observera att följande arbetsbeskrivning förutsätter att vevaxelns ramlageröverfall är på plats (se avsnitt 13).

11 Se till att lagerskålarna är korrekt monterade, enligt beskrivningen i början av detta avsnitt. Om nya lagerskålar används, kontrollera att alla spår av skyddsfett

15.12a Smörj kolvarna . . .

15.12b . . . och vevstakslagrets övre lagerskålar med ren motorolja

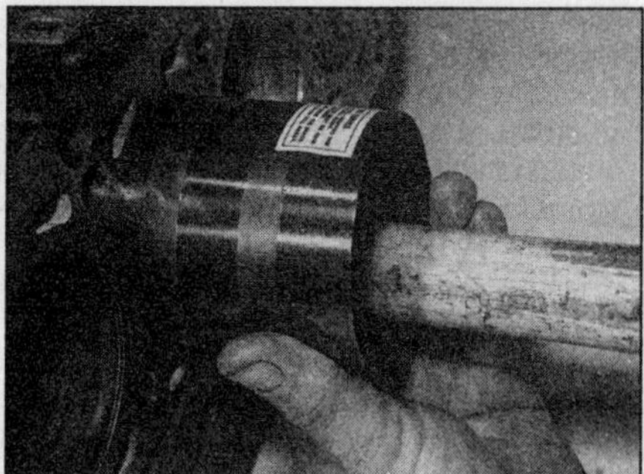
15.16 Knacka ner kolven i loppet med ett hammarskaft

avlägsnats med fotogen. Torka rent skålarna och vevstakarna med en luddfri trasa.

12 Smörj cylinderloppen, kolvarna, kolvringarna och de övre lagerskålarna med ren motorolja **(se bilder)**. Lägg ut varje kolv/vevstake i korrekt ordningsföljd på en arbetsyta. Om lageröverfallen är fästa med muttrar, vira in bultarnas gängade ändar med isoleringstejp för att förhindra att de repar vevtapparna och loppen när kolvarna monteras.

13 Börja med kolv/vevstake nr 1. Se till att kolvringarna fortfarande är utspridda enligt beskrivningen i avsnitt 14. Fäst dem sedan på plats med en kolvringskompressor.

14 Sätt i kolven/vevstaken i överdelen av cylinder nr 1. Sänk ner vevstaksänden först och se till att den inte kommer åt cylinderloppets väggar. Om det finns oljemunstycken längst ner i loppen ska du vara extra försiktig, så att du inte bryter av dem när du ansluter vevstakarna till vevtapparna.

15 Se till att kolven sitter rättvänd i cylindern. Kolvkronan, vevstakarna och vevstaksöverfallen har markeringar som ska peka framåt mot motorns kamremsände när kolven sitter i loppet - se avsnitt 7 för mer information.

16 Använd en träkloss eller ett hammarhandtag på kolvkronan och knacka in enheten i cylindern tills kolvkronan är helt i nivå med cylinderns överdel **(se bild)**.

17 Se till att lagerkåpan fortfarande sitter korrekt. Smörj vevtappen och båda lagerskålarna rikligt med ren motorolja. Knacka ner kolven/vevstaken i loppet, ner på vevstakstappen, och var noga med att inte repa cylinderloppet. Ta bort isoleringstejpen från bultarnas gängade del, om så behövs, och olja in gängorna och undersidan av bultskallarna. Montera vevstakslageröverfallet, och dra först bara åt de nya fästmuttrarna/bultarna med fingrarna **(se bild)**. Observera att lageröverfallets riktning i förhållande till vevstaken måste vara korrekt när de två sätts ihop. Vevstaken och motsvarande överfall har båda urfrästa urtag/tappar. Dessa urtag/tappar måste vara vända åt samma håll som pilen på kolvkronan (det vill säga mot motorns kamremsände) när de är monterade. Se bilderna i avsnitt 7 för mer information.

18 På dieselmotorer har kolvkronorna en speciell form för att förbättra motorns förbränningsegenskaper. På grund av detta skiljer sig kolv nr 1 och 2 från kolv nr 3 och 4. När de är korrekt monterade måste de större insugsventilskamrarna på kolv nr 1 och 2 vara riktade mot motorns svänghjuls-/drivplatteände, och de större insugsventilskamrarna på de övriga kolvarna måste vara riktade mot motorns kamremsände. På nya kolvar anges typen med nummermarkeringar på kronorna - 1/2 betecknar kolv 1 eller 2, och 3/4 anger kolv 3 eller 4 **(se bild)**.

19 Dra åt fästbultarna/muttrarna till angivet moment för steg 1 **(se bild)**.

20 Vinkeldra fästbultarna/muttrarna till angiven vinkel för steg 2 **(se bild)**.

21 Montera de kvarvarande kolvarna/vevstakarna på samma sätt.

22 Vrid vevaxeln för hand. Kontrollera att den vrids obehindrat. Viss styvhet är normalt om nya delar har monterats, men den ska inte kärva eller sitta hårt på några ställen.

Dieselmotorer

23 Om nya kolvar eller ett nytt motorblock har monterats, måste utsticket för kolvkronorna från topplockets fogyta vid ÖD mätas för att avgöra vilken typ av topplockspackning som ska monteras.

24 Vänd på motorblocket (så att vevhuset är

15.17 Montera vevstakslageröverfallet

A *Styrstift (endast dieselmotorer AFN, AVG, AHU och AHH)*
B *Styrhål (endast dieselmotorer AFN, AVG, AHU och AHH)*

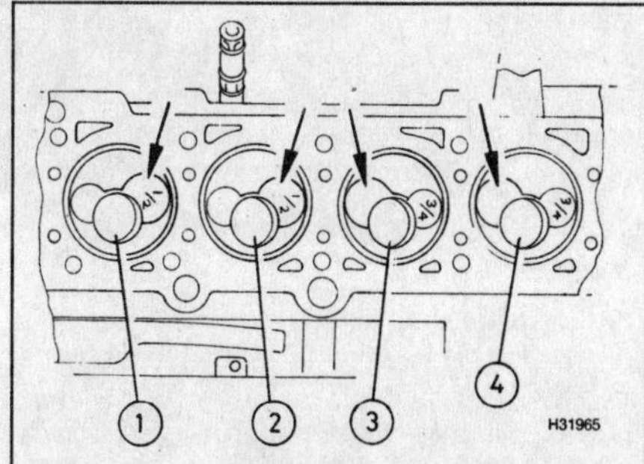

15.18 Kolvorientering och kodning på dieselmotorer

15.19 Dra åt vevstakslageröverfallets bultar/muttrar till angivet moment för steg 1 . . .

15.20 . . . och vinkeldra dem sedan till angiven vinkel för steg 2

vänt nedåt) och ställ det i ett ställ eller på träblock. Montera en mätklocka på motorblocket, och nollställ den på topplockets fogyta. Ställ sedan mätsonden på kronan till kolv nr 1 och vrid sakta vevaxeln för hand tills kolven når ÖD. Mät och notera det maximala kolvutsticket vid ÖD **(se bild)**.

25 Upprepa mätningen för återstående kolvar och notera värdena.

26 Om måtten skiljer sig åt mellan kolvarna, använd det högsta värdet för att bestämma vilken topplockspackning som ska användas. Se specifikationerna för närmare information.

27 Observera att om originalkolvarna har monterats tillbaka, måste en ny topplockspackning av samma typ som originalet sättas dit.

Alla motorer

28 Montera tillbaka oljepumpen och oljeupptagaren, sumpen och baffelplåten, svänghjulet och topplocket enligt beskrivningen i del A eller B i detta kapitel (efter tillämplighet).

16 Motor – första start efter renovering

1 Montera resten av motorkomponenterna i den ordning som anges i avsnitt 12 i detta kapitel. Montera tillbaka motorn i bilen enligt beskrivningen i avsnitt 4 i detta kapitel. Kontrollera motoroljenivån och kylvätskenivån igen, samt att alla komponenter har återanslutits. Se till att det inte finns några verktyg eller trasor kvar i motorrummet.

Bensinmodeller

2 Ta bort tändstiften enligt beskrivningen i kapitel 1A.

3 Motorn måste kunna dras runt av startmotorn utan att den startar. Koppla ifrån bränslepumpen genom att ta bort säkringen

15.24 Mät kolvutsticket med en mätklocka

till den (nr 28) från säkringscentralen enligt tillämplig del av kapitel 4. Sätt också tändningssystemet ur funktion genom att koppla loss kablaget från tändningsmodulen.

Varning: Det är viktigt att bränslesystemet avaktiveras så att inte katalysatorn skadas.

4 Dra runt motorn med startmotorn tills oljetryckets varningslampa slocknar. Om lampan inte har slocknat efter flera sekunders runddraging ska motoroljenivån och oljefiltret kontrolleras. Om dessa ser ut som de ska, kontrollera oljetryckskontaktens kablage och fortsätt inte förrän oljan garanterat pumpas runt motorn med tillräckligt tryck.

5 Montera tändstiften och bränslepumpens säkring samt återanslut tändningsmodulens kablage.

Dieselmodeller

6 På motorkod AFN, AVG, AHU och AHH, koppla loss kabeln från bränsleavstängningsventilen vid bränsleinsprutningspumpen. På motorkod ATJ och AJM, koppla loss anslutningskontakten till insprutningsventilernas kablage på topplockets baksida. Se vidare i kapitel 4B.

7 Dra runt motorn med startmotorn tills oljetryckets varningslampa slocknar.

8 Om lampan inte slocknar efter flera sekunder, kontrollera att motoroljenivån är korrekt och att oljefiltret sitter ordentligt. Om dessa ser ut som de ska, kontrollera oljetryckskontaktens kablage och fortsätt inte förrän oljan garanterat pumpas runt motorn med tillräckligt tryck.

9 Återanslut kabeln till bränsleavstängningsventilen eller insprutningsventilernas anslutningskontakt, efter tillämplighet.

Alla modeller

10 Starta motorn. Tänk på att det kan ta lite längre än vanligt för motorn att starta eftersom bränslesystemets komponenter har rubbats.

11 Låt motorn gå på tomgång och undersök om det förekommer läckage av bränsle, vatten eller olja. Var inte orolig om det förekommer ovanliga dofter och tillfälliga rökpuffar medan delarna värms upp och bränner bort oljeavlagringar.

12 Förutsatt att allt är som det ska, låt motorn gå på tomgång tills varmt vatten börjar cirkulera genom den övre slangen.

13 På diselmotorer med kod AFN, AVG, AHU och AHH, kontrollera bränsleinsprutningspumpens synkronisering och motorns tomgångsvarvtal enligt beskrivningen i kapitel 4B.

14 Kontrollera oljans och kylvätskans nivå efter några minuter, och fyll på om det behövs.

15 Det finns ingen anledning att dra åt topplocksbultarna igen när motorn har körts efter ihopsättningen.

16 Om nya kolvar, ringar eller vevaxellager har monterats måste motorn behandlas som om den var ny och köras in under minst 1000 km. Kör *inte* motorn på full gas, och låt den inte arbeta vid låga varvtal på någon växel. Vi rekommenderar att oljan och oljefiltret byts efter denna period.

Kapitel 3
Kyl-, värme- och ventilationssystem

Innehåll

Svårighetsgrad

Enkelt, passar novisen med lite erfarenhet 

Ganska enkelt, passar nybörjaren med viss erfarenhet 

Ganska svårt, passar kompetent hemmamekaniker 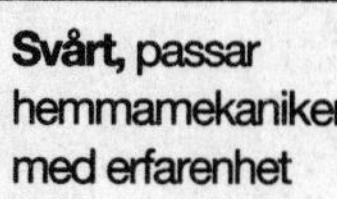

Svårt, passar hemmamekaniker med erfarenhet

Mycket svårt, för professionell mekaniker

Specifikationer

Motorkod*

Per typ

Bensinmotorer:	
1595 cc, enkel överliggande kamaxel, Bosch Motronic M3.2-insprutning	ADP
1595 cc, enkel överliggande kamaxel, Simos-insprutning	AHL
1595 cc, enkel överliggande kamaxel, Simos 2-insprutning	ARM
1595 cc, enkel överliggande kamaxel, Simos 3-insprutning	ANA
1781 cc, dubbla överliggande kamaxlar, Bosch Motronic M3.2-insprutning	ADR
1781 cc, dubbla överliggande kamaxlar, Bosch Motronic ME7.1-insprutning	APT
1781 cc, dubbla överliggande kamaxlar, Bosch Motronic ME7.5-insprutning, med turbo	ANB
1781 cc, dubbla överliggande kamaxlar, Bosch Motronic ME7.5-insprutning, med turbo	APU
1781 cc, dubbla överliggande kamaxlar, Bosch Motronic ME7.1-insprutning	ARG
1781 cc, dubbla överliggande kamaxlar, Bosch Motronic M3.2-insprutning, med turbo	AEB
Dieselmotorer:	
Elektronisk direktinsprutning, med turbo	AFN
Elektronisk direktinsprutning, med turbo	AVG
Elektronisk direktinsprutning, med turbo	AHU
Elektronisk direktinsprutning, med turbo	AHH
Elektronisk direktinsprutning, pumpinsprutningsventiler, med turbo	AJM
Elektronisk direktinsprutning, pumpinsprutningsventiler, med turbo	ATJ

***Observera:** *Se "Chassinummer" för information om var motorns kodmärkning sitter.*

Motorkod* (forts.)

Per kod

Bensinmotorer:	
ADP	1595 cc, enkel överliggande kamaxel, Bosch Motronic M3.2-insprutning
ADR	1781 cc, dubbla överliggande kamaxlar, Bosch Motronic M3.2-insprutning
AEB	1781 cc, dubbla överliggande kamaxlar, Bosch Motronic M3.2-insprutning, med turbo
AHL	1595 cc, enkel överliggande kamaxel, Simos-insprutning
ANA	1595 cc, enkel överliggande kamaxel, Simos 3-insprutning
ANB	1781 cc, dubbla överliggande kamaxlar, Bosch Motronic ME7.5-insprutning, med turbo
APT	1781 cc, dubbla överliggande kamaxlar, Bosch Motronic ME7.1-insprutning
APU	1781 cc, dubbla överliggande kamaxlar, Bosch Motronic ME7.5-insprutning, med turbo
ARG	1781 cc, dubbla överliggande kamaxlar, Bosch Motronic ME7.1-insprutning
ARM	1595 cc, enkel överliggande kamaxel, Simos 2-insprutning
Dieselmotorer:	
AFN	Elektronisk direktinsprutning, med turbo
AHH	Elektronisk direktinsprutning, med turbo
AHU	Elektronisk direktinsprutning, med turbo
AJM	Elektronisk direktinsprutning, pumpinsprutningsventiler, med turbo
ATJ	Elektronisk direktinsprutning, pumpinsprutningsventiler, med turbo
AVG	Elektronisk direktinsprutning, med turbo

***Observera:** *Se "Chassinummer" för information om var motorns kodmärkning sitter.*

Allmänt

Maximalt systemtryck	1,4 till 1,6 bar

Termostat

Öppningstemperatur	85° C (ungefär)
Minsta ventillyft	7 mm

Åtdragningsmoment

	Nm
Generatorns/servostyrningspumpens fästbygel:	
Fästbygel till motorblock	30
Ben till motorblock	25
Ben till fästbygel	4
Kylvätskepump:	
Motorkod AJM, ATJ, AHL, ANA och ARM:	
Pump till motorblock	15
Alla andra motorkoder	
Pinnbultar/bultar mellan hus och block:	
Bensinmotorer	30
Dieselmotorer	25
Bultar mellan pump och hus	10
Kylvätskepumpens avtappningsplugg	30
Kylvätskepumpens remskivehalvor	25
Kylfläktsbrytare	25
Bränslekylpumpens bult	7
Termostathusets bultar:	
Motorkod AJM och ATJ	15
Alla andra motorkoder	10
Kylfläktens viskokoppling/drivremskiveaxelns bult	45
Bult för kylfläktens viskokoppling till drivremsskivan	10

1 Allmän information och föreskrifter

Allmän information

1 Kylsystemet är trycksatt, och består av en kylvätskepump, en kylare av aluminium, en eller flera kylfläktar, en termostat, ett värmepaket och tillhörande slangar och brytare. Kylvätskepumpen drivs antingen av drivremmen eller av kamremmen, beroende på modell. Alla modeller har en primär kylfläkt med viskokoppling som drivs av drivremmen, och en extra kylfläkt som är eldriven. Systemet fungerar enligt följande.

2 När motorn är kall, pumpas kylvätskan i motorn runt i passagerna i motorblocket och topplocket, och genom en oljekylare (om en sådan finns). När cylinderloppen, förbränningsytorna och ventilsätena har kylts, passerar kylvätskan igenom värmepaketet och returneras sedan via motorblocket till kylvätskepumpen. Termostaten är till att börja med stängd, för att förhindra att kall kylvätska från kylaren kommer in i motorn.

3 När kylvätskan i motorn når en bestämd temperatur, öppnas termostaten. Den kalla kylvätskan från kylaren kan då komma in i motorn via den undre slangen, och den heta kylvätskan från motorn rinner igenom den övre slangen till kylaren. När kylvätskan cirkulerar genom kylaren kyls den ner av den luft som strömmar in i motorn när bilen rör sig framåt. Om det behövs, förstärks luftflödet av en eller flera kylfläktar. När kylvätskan kyls av rinner den till botten av kylaren, och processen börjar om.

4 Den primära kylfläktens funktion styrs av en viskokoppling. Kopplingen drivs av drivremmen och överför kraften till fläkten via en temperaturkänslig hydraulisk koppling. Vid lägre temperaturer kan fläktbladet snurra fritt på kopplingen. Vid en bestämd temperatur (ungefär 75° C) öppnas en ventil i kopplingen så att kopplingen låses, och kraften överförs till fläkten. Om temperaturen faller igen, stängs ventilen och fläkten kan snurra fritt igen.

5 Den eldrivna extra kylfläkten styrs av en termostatbrytare. När kylvätskan når en angiven temperatur slås fläkten igång. Brytaren bryter sedan strömmen till fläkten när kylvätskans temperatur har gått ner tillräckligt.

6 På modeller med automatväxellåda finns en kylenhet för växellådsoljan inbyggd i kylaren. Växellådan är ansluten till kylaren med två rör, och vätskan cirkuleras runt kylenheten för att hålla temperaturen stabil vid hög belastning.

7 På dieselmotorer utrustade med pumpinsprutningsventiler (motorkod AJM och ATJ) har bränslereturkretsen en kylare. På grund av de höga temperaturerna som skapas av de höga förbrännings- och insprutningstrycken måste det bränsle som återförs till tanken kylas så att tanken eller dess kringkomponenter inte skadas. Bränslekylsystemet består av en kylare inbyggd längst upp i bränslefilterenheten, ett separat kylelement, en avstängningsventil för kylkretsen, en pump och en temperaturgivare. Bränslekylsystemet är skilt från motorkylsystemet. Kylvätskepumpen arbetar vid bränsletemperaturer över 70 °C och styrs av motorns elektroniska styrmodul.

Föreskrifter

Varning: Försök inte ta bort expansionskärlets påfyllningslock eller på annat sätt göra ingrepp i kylsystemet medan motorn är varm. Risken för allvarliga brännskador är mycket stor. Om expansionskärlets påfyllningslock måste tas bort innan motorn och kylaren har svalnat helt (även om detta inte rekommenderas), måste övertrycket i kylsystemet först släppas ut. Täck locket med ett tjockt lager tyg för att undvika brännskador. Skruva sedan långsamt bort locket tills ett pysande ljud hörs. När pysandet upphört, vilket tyder på att trycket minskat, fortsätt att skruva loss locket tills det kan tas loss helt. Hörs ytterligare pysljud, vänta tills det försvinner innan locket tas av helt. Stå alltid så långt ifrån öppningen som möjligt, och skydda händerna.

Varning: Låt inte frostskyddsmedel komma i kontakt med huden eller lackerade ytor på bilen. Spola omedelbart bort eventuellt spill med stora mängder vatten. Lämna aldrig frostskyddsvätska i en öppen behållare eller i en pöl på garageuppfarten eller garagegolvet. Barn och husdjur dras till den söta lukten, men frostskyddsvätska är mycket farligt att förtära.

Varning: Om motorn är varm kan den elektriska fläkten starta även om motorn inte är igång. Var noga med att hålla undan händer, hår och löst sittande kläder från fläkten vid arbete i motorrummet.

Varning: Se även föreskrifterna för arbete på modeller med luftkonditionering i avsnitt 10.

2 Kylsystemets slangar – demontering och byte

Observera: *Se varningarna i avsnitt 1 i detta kapitel innan du fortsätter. För att undvika brännskador ska slangarna kopplas loss först när motorn har svalnat.*

1 Om kontrollerna som beskrivs i berörda delar av kapitel 1 avslöjar någon trasig slang, måste den bytas på följande sätt.

2 Töm kylsystemet enligt tillämpliga anvisningar i kapitel 1. Om det inte är dags att byta kylvätska kan den återanvändas förutsatt att den samlas upp i en ren behållare.

3 En slang kopplas bort på följande sätt: Lossa fästklämmorna och flytta dem längs med slangen, bort från det aktuella insuget/utsläppet. Lirka försiktigt loss slangen. Slangarna är ganska lätta att ta bort när de är nya. På äldre bilar kan de sitta fast.

4 För att koppla loss kylarens in- och utloppsslangar, och värmeslangarna som sitter på vissa modeller, tryck in slangen mot dess anslutning, dra ut fjäderklämman och dra loss slangen från anslutningen. Observera att in- och utloppsanslutningarna på kylaren är ömtåliga. Ta inte i för hårt för att dra loss slangarna. Om en slang sitter hårt fast, pröva med att vrida slangändarna innan du försöker dra loss dem.

5 Om en slang är svår att få bort kan det hjälpa att vrida dess ändar för att lossa den innan den tas bort. Bänd försiktigt bort slangänden med ett trubbigt verktyg (som en platt skruvmejsel). Använd inte för mycket kraft och var försiktig så att inte rörändarna eller slangarna skadas. Observera att inloppsanslutningen på kylaren är ömtålig. Ta inte i för hårt för att dra loss slangarna. Om inget annat hjälper, skär upp slangen på längden med en vass kniv. Även om detta kan verka dyrt om slangen är i gott skick i övrigt, så är det bättre än att tvingas köpa en ny kylare. Se dock först till att du har tillgång till en ny slang.

6 När en slang ska sättas fast skjuts klämmorna först in på slangen, varefter slangen lirkas på plats. På vissa slanganslutningar finns det inställningsmärken. Om sådana markeringar finns, se till att de kommer i linje.

Om slangen är stel kan den smörjas med lite tvållösning, eller mjukas upp genom att den sänks ner i varmt vatten. Använd inte olja eller smörjfett, det kan angripa gummit.

7 Se till att slangen löper rätt. Dra sedan klämmorna bakåt längs slangen tills de är förbi den utbuktande änden på inloppet/utloppet innan klämman dras åt. Innan en inlopps- eller utloppsslang ansluts till kylaren ska anslutningens O-ring bytas oberoende av skick. Anslutningarna är skjutinpassade på kylaranslutningarna.

8 Fyll på kylsystemet igen enligt beskrivningen i relevant del av kapitel 1.

9 Leta noga efter läckor så snart någon del av kylsystemet har rubbats.

3 Kylare - demontering, kontroll och montering

Demontering

1 Koppla loss batteriets minusledare (se kapitel 5A). Demontera sedan främre stötfångaren enligt beskrivningen i kapitel 11. För att det ska gå lättare att komma åt ställer man låshållarenheten i läge "service", enligt beskrivningen i kapitel 11, avsnitt 10.

2 Töm kylsystemet enligt tillämpliga anvisningar i kapitel 1.

3 I förekommande fall, koppla loss kontaktdonet från kylfläktsbrytaren som är inskruvad i kylaren.

4 Koppla loss kylarens övre och nedre slangar (se avsnitt 2), och notera hur de sitter monterade **(se bilder)**.

5 På modeller med automatväxellåda, torka

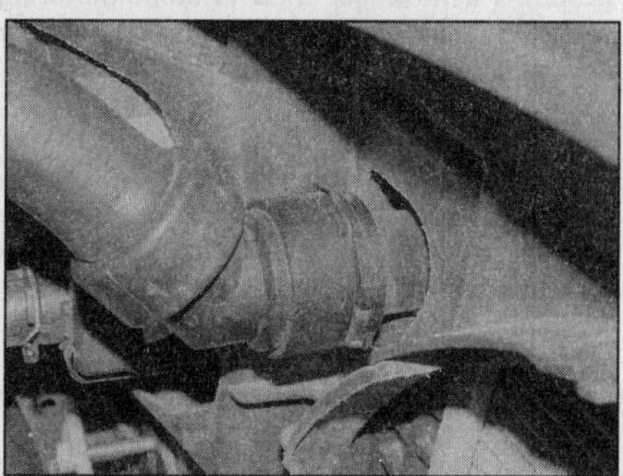

3.4a Bänd ut fästklämman och dra bort den övre slangen . . .

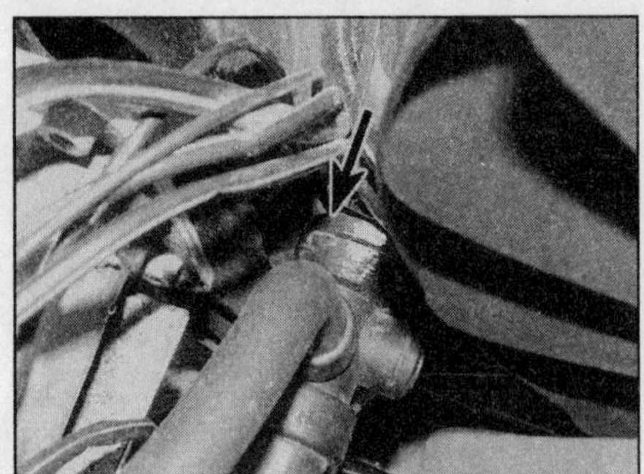
3.4b . . . och den undre slangen från kylarens utlopp (se pil)

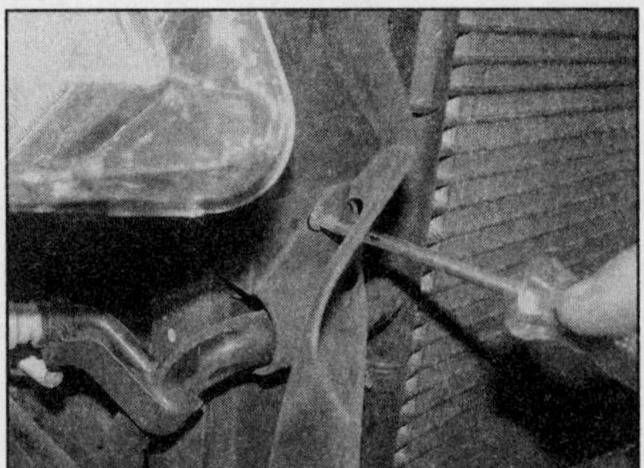
3.8 Skruva loss fästskruvarna och ta bort plastkåporna från båda sidor av kylaren

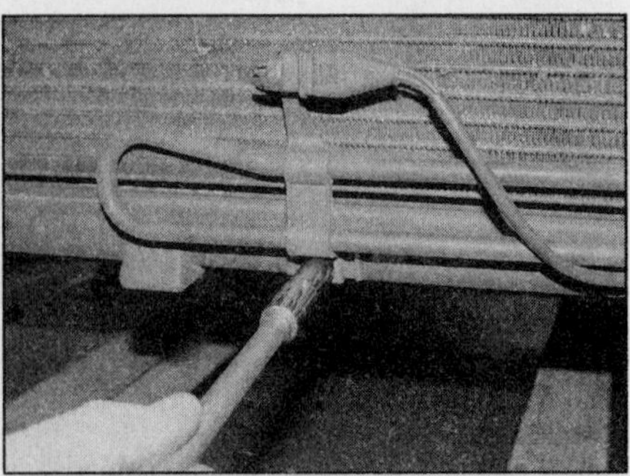
3.9 Skruva loss bultarna som håller fast styrservooljans kylenhet på kylarens framsida

rent runt röranslutningarna på kylaren. Skruva loss fästbultarna och dra försiktigt ut båda rören från kylaren. Plugga igen öppningarna på rören och kylaren för att minimera spill och förhindra att smuts kommer in i hydraulsystemet. Kasta bort tätningsringarna från röranslutningarna, eftersom nya måste användas vid återmonteringen.

6 På modeller med luftkonditionering, skruva loss muttrarna och bultarna som håller fast kondensatorn vid kylaren, och alla muttrar/bultar som håller fast kylvätskeslangarnas klämmor. På vissa modeller är kondensatorn fäst med plastsprintar - tryck ner tappen i sprintens ände och dra ut den. Lossa kondensatorn från kylaren och palla upp den så att rören inte böjs. **Koppla inte** loss kylmedierören (se avsnitt 10).

7 På modeller med luftkonditionering, koppla loss kablaget från tryckbrytaren på höger sida av kylaren.

8 Skruva loss fästskruvarna och ta bort plastkåporna från båda sidor av kylaren. Om det behövs, skruva även loss fästskruvarna som håller fast insugningskanalen vid kylarens överdel **(se bild)**.

9 Skruva loss bultarna som håller fast styrservooljans kylenhet på kylarens framsida, och flytta den åt sidan **(se bild)**. Bind fast kylenheten vid karossen så att inte rören riskerar att böjas.

10 Dra loss kylarens övre fästsprintar, och vrid sedan kylaren mot framsidan av motorrummet och lyft bort den från dess nedre fästen. På modeller med luftkonditionering måste du vara försiktig så att du inte skadar kondensatorn när kylaren tas bort.

Kontroll

11 Om kylaren monterats loss på grund av misstänkt stopp, ska den spolas ur baklänges enligt beskrivningen i avsnitt 32 i relevant del av kapitel 1. Rensa bort smuts från kylflänsarna med tryckluft (använd i så fall skyddsglasögon) eller en mjuk borste. Var försiktig! Flänsarna är vassa och kan lätt skadas.

12 Om det behövs, kan en kylarspecialist utföra ett flödestest på kylaren för att ta reda på om den är igentäppt.

13 En läckande kylare måste lämnas till en specialist för permanent lagning. Försök inte att svetsa eller löda ihop en läckande kylare, eftersom plastdelarna lätt kan skadas.

14 Om kylaren ska skickas till reparation eller om den ska bytas ut, demontera alla slangar och brytare (där sådana finns).

15 Undersök kylarens fästgummin och byt dem om det behövs.

Montering

16 Montera i omvänd ordningsföljd mot demonteringen. Tänk på följande.

a) Se till att kylaren är korrekt placerad mot fästgummina och att de övre fäststiften är korrekt monterade.

b) På modeller med automatväxellåda, sätt på nya tätningsringar på rörändarna och smörj dem med ny växellådsolja för att underlätta monteringen. Sätt båda rören helt på plats, och skruva sedan i fästbultarna och dra åt dem ordentligt.

c) Se till att alla kylvätskeslangar sitter korrekt och att de hålls fast ordentligt av slangklämmorna.

d) Fyll kylsystemet enligt beskrivningen i relevant del av kapitel 1.

e) På modeller med automatväxellåda, avsluta med att kontrollera växellådeoljans nivå och fylla på mer, om det behövs, enligt beskrivningen i relevant del av kapitel 1.

4 Termostat - demontering, kontroll och montering

1 Termostaten sitter på vänster sida om motorblocket. På motorkod AHL, ANA, ARM, AJM och ATJ där kylvätskepumpen drivs av kamremmen, sitter termostaten på ett hus på framsidan av motorblocket, till vänster om kylvätskepumpen. På alla övriga modeller sitter den längst ner på kylvätskepumpens hus, och är lättast att komma åt från undersidan av bilen, när den undre skyddskåpan väl demonterats.

Demontering

Motorkod AHL, ANA och ARM

2 Koppla loss batteriets minusledare (se kapitel 5A). Skruva i förekommande fall loss fästbultarna och ta bort motorns övre skyddskåpa.

3 Ställ låshållaren i serviceläget enligt beskrivningen i kapitel 11.

4 Töm kylsystemet enligt beskrivningen i kapitel 1A.

5 Demontera drivremmen enligt beskrivningen i kapitel 2A.

6 Koppla loss kylarens övre slang enligt beskrivningen i avsnitt 3.

7 Dra ut motoroljestickan ur röret på motorblocket.

8 Demontera generatorn enligt beskrivningen i kapitel 5A.

9 Lossa den nedre kylarslangen från anslutningen på termostathuset.

10 Skruva loss fästbultarna och ta bort termostathusets kåpa. Lyft bort termostaten från huset och ta loss tätningsringen. En ny tätningsring måste användas vid återmonteringen **(se bild)**.

Motorkod AJM och ATJ

11 Ta bort mätstickan, bänd loss skyddshattarna, lossa sedan fästmuttrarna/bultarna och ta bort motorkåpan. Sätt tillbaka oljestickan.

12 Töm kylsystemet enligt beskrivningen i kapitel 1B.

13 Koppla loss kylvätskeslangen från termostatens anslutningsfläns.

14 Skruva loss bultarna som håller fast

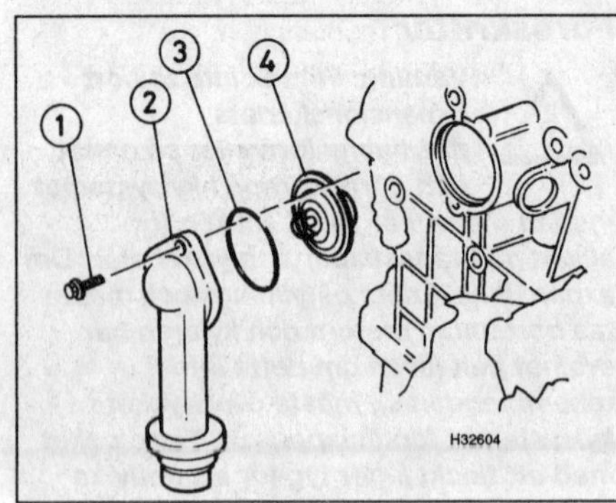

4.10 Termostat och hus (motorkod AHL, ANA och ARM)

1 Bult
2 Hus
3 Tätningsring
4 Termostat

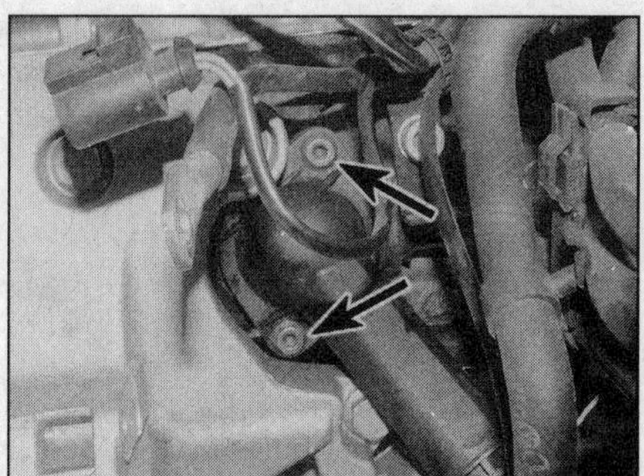

4.14 Termostatflänsen hålls fast av två insexskruvar (se pil)

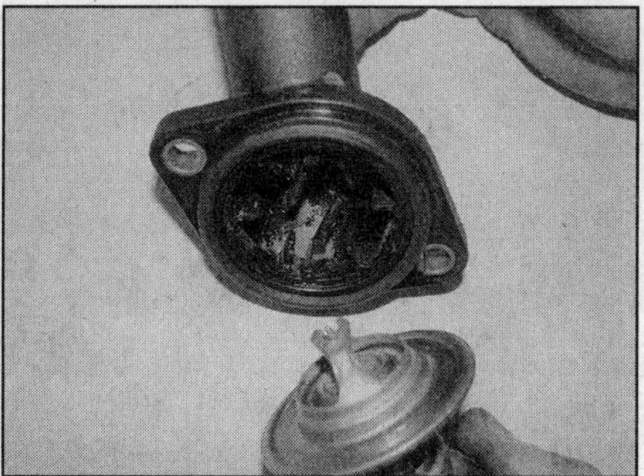

4.15 Termostatkanten passar med flänsens insida (motorkod AJM och ATJ)

4.19a Skruva loss fästbultarna och ta loss termostathuskåpan . . . . .

4.19b . . . och tätningsringen från motorn

anslutningsflänsen i motorblocket och ta bort flänsen tillsammans med O-ringen **(se bild)**.

15 Vrid termostaten 90° moturs och ta bort termostaten. Notera åt vilket håll den satt **(se bild)**.

Alla övriga motorer

16 Koppla loss batteriets minusledare (se kapitel 5A). Skruva i förekommande fall loss fästbultarna och ta bort motorns övre skyddskåpa.

17 Töm kylsystemet enligt beskrivningen i kapitel 1A eller 1B, efter tillämplighet.

18 Om det behövs för att komma åt bättre, lossa fästklämman och koppla loss kylvätskeslangen från termostatkåpan.

19 Skruva loss fästbultarna och ta bort termostathuskåpan och tätningsringen från motorn **(se bilder)**. Kasta tätningsringen. Använd en ny vid monteringen.

20 Ta bort termostaten och notera hur den sitter monterad **(se bild)**.

Kontroll

21 Termostaten kan snabbtestas genom att den hängs upp i ett snöre i en behållare fylld med vatten. Hetta upp vattnet - termostaten måste ha öppnats helt när vattnet börjar koka. Om inte, måste den bytas.

22 Om en termometer finns att tillgå kan man bestämma termostatens exakta öppningstemperatur. Jämför resultatet med värdena i specifikationerna. Öppningstemperaturen ska även finnas angiven på termostaten.

23 En termostat som inte stängs när vattnet svalnar måste också bytas.

Montering

24 Montera i omvänd ordningsföljd mot demonteringen. Tänk på följande:

a) Använd en ny tätningsring till termostathuskåpan.

b) På motorkod AHL, ANA, ARM, AJM och ATJ, se till att termostathusets krökta stag ställs vertikalt.

c) Dra åt husets fästbultar till angivet moment.

d) Fyll på kylsystemet enligt beskrivningen i kapitel 1A eller 1B (efter tillämplighet)

e) Avsluta med att återansluta batteriet.

5 Kylfläktar – kontroll, demontering och montering

Extra elektrisk kylfläkt

Kontroll

1 Strömmen till kylfläktarna går via tändningslåset, en säkring och ett par seriekopplade motstånd. Kretsen sluts av kylfläktens termostatbrytare, som sitter på kylarens vänstra sida.

2 Om en fläkt inte verkar fungera, kör motorn tills normal arbetstemperatur uppnås, och låt sedan motorn gå på tomgång. Fläkten ska starta inom ett par minuter (innan temperaturmätaren står på rött, eller innan varningslampan för kylvätsketemperatur tänds).

3 Om inte, slå av tändningen och koppla loss kontaktdonet från kylfläktsbrytaren. Kortslut de två kontakterna i kontaktdonet (se *Kopplingsschema* i slutet av kapitel 12 – de flesta modeller har tvåstegsbrytare) med en bit kabel, och slå på tändningen. Om fläkten nu går, är det antagligen brytaren som är defekt och måste bytas.

4 Om fläkten fortfarande inte går igång, kontrollera att det finns batterispänning i matarkabeln till brytaren. Om inte är det fel på matningen (möjligen på grund av ett fel i fläktmotorn eller en trasig säkring). Om matningen är intakt, kontrollera att det finns kontakt mellan brytarens jordanslutning och en bra jordpunkt på karossen. Om inte är jordanslutningen defekt och måste göras om.

5 Om brytaren och kablaget är i gott skick sitter felet i själva motorn. Motorn kan undersökas genom att den kopplas bort från kablaget och ansluts direkt till en källa på 12 volt.

Demontering

6 Demontera kylaren (se avsnitt 3).

7 Skruva loss fästbultarna och ta bort fläktskyddet från baksidan av kylaren **(se bilder)**.

4.20 Ta bort termostaten från huset

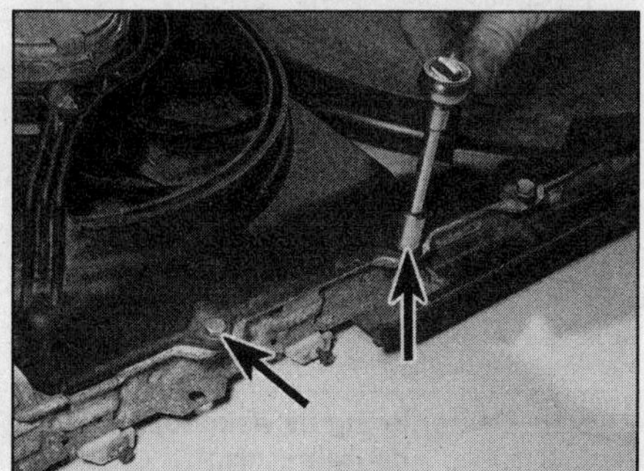

5.7a Skruva loss fästbultarna (pilar) . . .

5.7b . . . och ta bort fläktskyddet från baksidan av kylaren

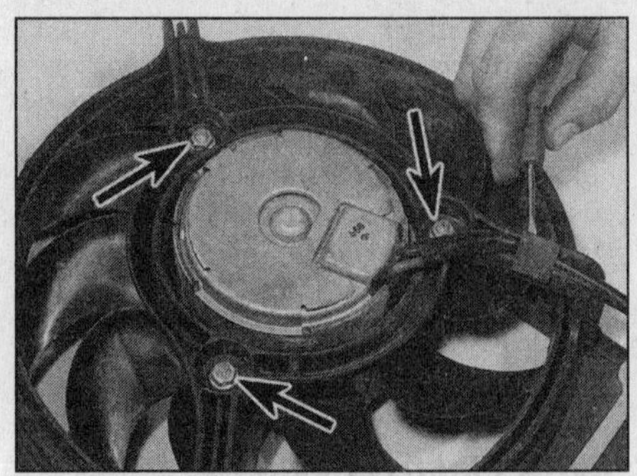

5.8a Lossa motorns kablage från baksidan av skyddet. Skruva sedan loss fästmuttrarna (pilar) och skilj motorn från skyddet

8 Lossa motorns kablage från baksidan av skyddet och skruva sedan loss fästmuttrarna och ta loss motorn från skyddet. På vissa modeller måste man ta loss fläktbladet från motorn för att få tillräckligt spelrum. Böj låsbrickans flik bakåt och skruva loss fästmuttern (muttern kan vara vänstergängad på vissa modeller) för att lossa fläkten **(se bilder)**. Om motorn är defekt måste hela paketet bytas ut, eftersom det inte finns några separata reservdelar.

Montering

9 Montera tillbaka motorn på skyddet och dra åt fästmuttrarna ordentligt. Se till att motorkablarna är korrekt dragna och att de sitter säkert fast i sina fästklämmor. Om det behövs, sätt fläktbladet på motoraxeln och sätt tillbaka låsbrickan och fästmuttern. Dra åt muttern och säkra den genom att böja upp en av låsbrickans flikar.

10 Montera tillbaka skyddet på kylaren och dra åt fästbultarna ordentligt.

11 Montera kylaren enligt beskrivningen i avsnitt 3.

Kylfläkt med viskokoppling

Kontroll

12 Viskokopplingens funktion är inte lätt att kontrollera på egen hand. Den enda kontroll som kan utföras är en visuell undersökning efter tecken på läckage och andra skador. När kopplingen är kall ska fläkten snurra fritt på kopplingen, och när den är varm (temperaturen över ungefär 75 °C) ska den låsas, så att fläkten snurrar. Om det finns minsta tvekan om kopplingens funktion, bör den bytas ut.

5.15 Skruva loss fästbultarna och skilj fläktbladen från kopplingen

5.8b Om det behövs, böj tillbaka låsbrickans flik och skruva loss fästmuttern (observera: muttern kan vara vänstergängad) . . .

5.8c . . . och skilj motorn från fläktbladen

Demontering

13 Ställ låshållaren i serviceläget enligt beskrivningen i kapitel 11, avsnitt 10.

14 Demontera drivremmen enligt beskrivningen i kapitel 2A eller 2B, efter tillämplighet.

15 Skruva loss fästbultarna och ta loss fläktbladen från kopplingen, och notera hur de är monterade **(se bild)**.

16 Håll emot drivremsskivan med en 5x60 mm bult i de små hålen runt remskivans kant. Stick in en 8 mm insexnyckel genom drivremsskivans fästbygel och haka i den i bakänden av remskiveaxelns bult. Skruva loss bulten och ta bort drivremsskivan och viskokopplingen från motorn **(se bild)**.

17 Om det behövs, kan viskokopplingen skiljas från drivremsskivan genom att fästbultarna skruvas loss.

Montering

18 Montera tillbaka viskokopplingen på drivremsskivan (om den har demonterats) och dra åt fästbultarna till angivet moment.

19 För drivremskivan och kopplingen på plats. Sätt sedan i axelbulten och dra åt den till angivet moment med en lämplig 8 mm insex-bit insatt genom remskivehusets baksida. Håll emot drivremskivan med 5x60 mm bulten, som vid demonteringen.

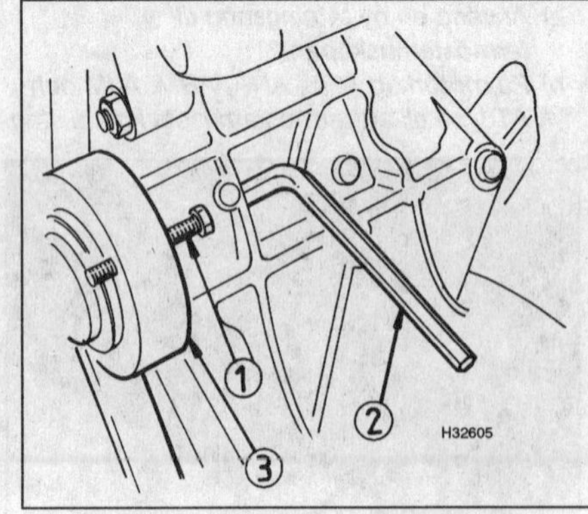

5.16 Demontering av viskokopplingens drivremsskiva

1 5 x 60 mm bult
2 8 mm insexnyckel
3 Drivremsskiva

20 Montera tillbaka fläktbladet och se till att det sitter rättvänt.

21 Montera tillbaka drivremmen enligt beskrivningen i kapitel 2A eller 2B, efter tillämplighet.

22 Montera tillbaka låshållaren enligt beskrivningen i kapitel 11.

6 Kylsystemets elektriska brytare och givare – kontroll, demontering och montering

Fläktens termostatbrytare

Kontroll

1 Hur brytaren testas beskrivs i avsnitt 5, som en del av testproceduren för den elektriska kylfläkten.

Demontering

Observera: *Motorn och kylaren måste svalna av helt innan brytaren demonteras.*

2 Brytaren sitter på vänster sida av kylaren, precis ovanför den nedre slanganslutningen, och på de flesta modeller går den att nå ovanifrån. Om så inte är fallet, dra åt handbromsen ordentligt och lyft upp framvagnen och ställ den på pallbockar. Skruva loss fästskruvarna och hållarna och ta bort den undre skyddskåpan för att komma åt brytaren underifrån.

3 Koppla loss batteriets minusledare (se kapitel 5A).

4 Tappa av kylsystemet till just under brytarens nivå (enligt beskrivningen i relevant del av kapitel 1). Alternativt, ha en passande plugg redo att stoppa igen hålet i kylaren med när brytaren demonterats. Om denna metod används, var noga med att inte skada kylaren och att inte använda något som låter främmande föremål komma in i kylaren.

5 Koppla loss anslutningskontakten från brytaren.

6 Skruva försiktigt loss brytaren från kylaren och ta loss tätningsbrickan (om det finns

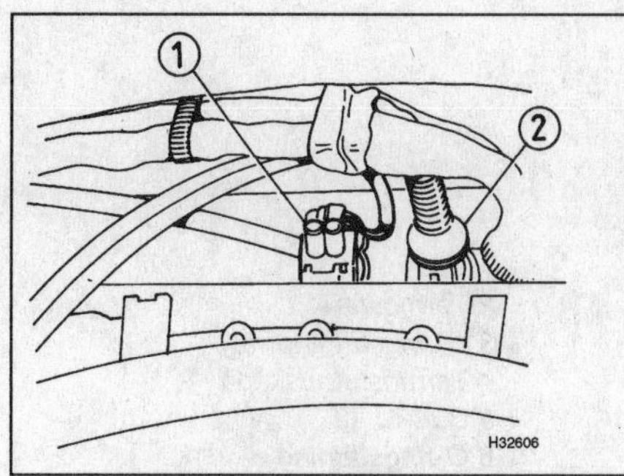

6.10a Kylsystemets givare (1,8-litersmodell)

1 Givare för kylvätsketemperaturmätare/varningslampa
2 Bränsleinsprutningssystemets temperaturgivare för kylvätskan

6.10b Temperaturgivare för kylvätska (se pil) (motorkod AJM)

någon sådan). Om systemet inte har tappats av, sätt i en plugg i hålet så att inte mer kylvätska rinner ut.

Montering

7 Om brytaren ursprungligen satt monterad med en tätningsring ska en ny tätningsring användas vid återmonteringen. Om det inte fanns någon tätningsring, rengör brytarens gängor noga och stryk in dem med nytt tätningsmedel.

8 Monteringen sker i omvänd ordningsföljd mot demonteringen. Dra åt brytaren till angivet moment och fyll på kylsystemet enligt beskrivningen i relevant del av kapitel 1 (eller *Veckokontroller*).

9 Avsluta med att starta motorn och köra den tills den når normal arbetstemperatur. Låt motorn fortsätta gå, och kontrollera att kylfläkten startar och stoppar korrekt.

Temperaturmätare/givare för varningslampa

Kontroll

10 På alla modeller sitter givaren för kylvätsketemperaturmätaren/varningslampan i kylvätskans utloppsanslutning på vänster sida/baktill på topplocket **(se bilder)**. Om det finns två givare, är temperaturmätarens givare den yttre (den inre givaren är till motorstyrningssystemet).

11 Temperaturmätaren förses med en utjämnad spänning från instrumentbrädans matning (via tändningslåset och en säkring). Mätarens jord kontrolleras av givaren. Givaren innehåller en termistor - en elektronisk komponent vars elektriska motstånd sjunker med en i förväg bestämd takt när temperaturen stiger. När kylvätskan är kall är givarens resistans hög, strömmen genom mätaren är låg och mätarens visare pekar mot den blå (kalla) delen av skalan. När kylvätskans temperatur stiger och givarens resistans sjunker ökar strömmen, och visaren rör sig mot den övre delen av skalan. Om givaren är defekt måste den bytas.

12 Temperaturvarningslampan matas med spänning från instrumentbrädan. Givaren bryter lampans jord. Givaren är i stort sett en brytare som slås till vid en bestämd temperatur för att jorda lampan och sluta kretsen.

13 Givarna för både mätaren och varningslampan sitter tillsammans i en enda fyrstiftsenhet.

14 Blir det fel på mätaren, kontrollera då först de andra instrumenten. Om de inte fungerar, kontrollera strömmatningen till instrumentpanelen. Om värdena ändras hela tiden kan det föreligga ett fel i spänningsstabilisatorn, som då måste bytas ut (stabilisatorn ingår som en del av instrumentbrädans kretskort - se kapitel 12). Om enbart temperaturmätaren är defekt, kontrollera den enligt följande.

15 Om visaren stannar i skalans kalla ände när motorn är varm, koppla loss givarens anslutningskontakt och jorda den aktuella kabeln till topplocket. Om visaren rör sig när tändningen slås på är givaren defekt och måste bytas. Om visaren fortfarande inte rör sig, ta bort instrumentbrädan (kapitel 12), kontrollera att det finns kontinuitet mellan givaren och mätaren, och att mätaren får ström. Om det finns kontinuitet och felet kvarstår är mätaren defekt och ska bytas ut.

16 Om visaren stannar på den varma delen av skalan när motorn är kall, koppla loss givarkabeln. Om visaren återgår till den kalla delen av skalan när tändningen slås på är givaren defekt och måste bytas. Om visaren fortfarande inte rör sig, kontrollera resten av kretsen enligt beskrivningen ovan.

17 Samma grundläggande principer gäller test av varningslampan. Lampan ska tändas när relevant givarkabel jordas.

Demontering

18 Tappa antingen ur kylsystemet till strax under givarens nivå (enligt beskrivningen i kapitel 1A eller 1B),) eller var beredd att täppa igen givaröppningen med en lämplig plugg när givaren tas bort. Om en plugg används, var noga med att inte skada givaröppningen och använd inte en plugg som lämnar kvar främmande partiklar i kylsystemet.

19 På dieselmotorer, bänd loss skyddshattarna och skruva sedan loss fästmuttrarna och ta bort den övre skyddskåpan från motorn för att komma åt givaren.

20 På alla motorer, koppla loss kontaktdonet från givaren och se efter om givaren är av typen som trycks fast eller skruvas fast.

21 På givare som skruvas fast, skruva loss givaren från motorn och ta loss tätningsbrickan.

22 På givare som trycks fast, tryck ner givarenheten och dra ut dess fästklämma. Dra ut givaren från motorn och ta loss tätningsringen.

Montering

23 På givare som skruvas fast, sätt på en ny tätningsbricka, sätt tillbaka givaren och dra åt den ordentligt.

24 På givare som trycks fast, sätta på en ny tätningsring, tryck in givaren helt i öppningen och fäst den med fästklämman.

25 Återanslut kontaktdonet och fyll på kylsystemet enligt beskrivningen i relevant del av kapitel 1 eller fyll på enligt beskrivningen i *Veckokontroller.* På dieselmotorer, montera tillbaka den övre skyddskåpan på motorn.

Motorstyrningssystemets temperaturgivare

26 På alla modeller sitter motorstyrningssystemets givare för temperaturmätaren/varningslampan i kylvätskans utloppsanslutning på vänster sida/baktill på topplocket. Om det finns två givare, är temperaturmätarens givare den yttre (den inre givaren är till bränslemätaren/varningslampan).

27 Givaren är en termistor (se punkt 11) i en tvåstiftsenhet. Bränsleinsprutningens/motorstyrningens styrmodul förser givaren med en bestämd spänning, och sedan, genom att mäta strömmen i givarkretsen, beräknar den motorns temperatur. Denna information används sedan, tillsammans med andra mätvärden, till att styra insprutningen, tomgångsvarvtalet, etc. Den används även till att bestämma glödstiftens förvärmnings- och eftervärmningstider.

28 Om givarkretsen inte ger korrekt information kommer styrmodulens backup att slå ut givarsignalen. I sådana fall använder styrmodulen en förutbestämd inställning som gör att bränsleinsprutningen/motorstyrningssystemet kan fungera, även om det är med minskad effekt. När detta inträffar tänds varningslampan på instrumentbrädan och en VW-verkstad bör kontaktas. Själva givaren kan bara testas med speciell utrustning på en VW-verkstad. *Försök inte* testa kretsen med annan utrustning, eftersom det då är hög risk för att styrmodulen skadas.

Demontering och montering

29 Se informationen i punkt 18 till 25.

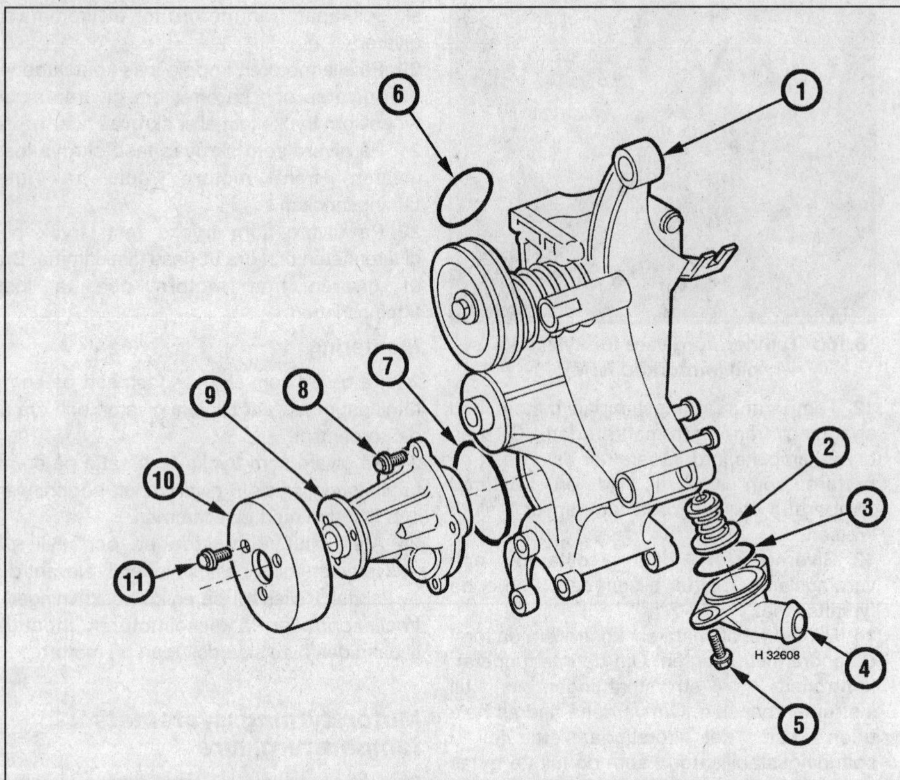

7.21 Kylvätskepumpens fästkomponenter – dieselmodeller (utom motorkod AJM och ATJ)

7 Kylvätskepump – demontering och montering

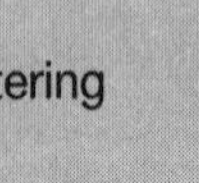

Dieselmotor

Motorkod AJM och ATJ

1 Koppla loss batteriets minusledare (se kapitel 5A), och töm sedan kylsystemet enligt beskrivningen i kapitel 1B.

2 Ställ låshållaren i serviceläget enligt beskrivningen i kapitel 11.

3 Demontera drivremmen enligt beskrivningen i kapitel 2A.

4 Demontera kylfläkten med viskokoppling enligt beskrivningen i avsnitt 5.

5 Demontera kamremmen enligt beskrivningen i kapitel 2B.

6 Skruva loss kylvätskepumpens fästbultar.

7 Dra försiktigt bort pumpen från motorblocket och ta loss tätningsringen **(se bilder 7.34a och 7.34b)**.

8 Se till att pumpens och husets fogytor är rena och fria från alla spår av korrosion.

9 Skaffa en ny tätningsring och smörj den med outspädd kylvätsketillsats av angiven typ (se *Rekommenderade smörjmedel och vätskor*). Sätt tätningsringen på plats i huset på motorblocket **(se bild 7.36)**.

10 Sätt dit kylvätskepumpen på motorblocket, och se till att stiftinfattningen i pumpens fläns är riktad nedåt **(se bild 7.37)**.

11 Sätt i fästbultarna och dra åt dem jämnt och stegvis till angivet moment.

12 Montera tillbaka kamremmen enligt beskrivningen i kapitel 2B.

13 Montera tillbaka kylfläkten med viskokoppling.

14 Montera tillbaka låshållaren och dra åt fästbultarna till angivet moment (se kapitel 11).

15 Fyll slutligen på kylsystemet enligt beskrivningen i kapitel 1B. Återanslut sedan batteriet.

Ej motorkod AJM och ATJ

16 Koppla loss batteriets minusledare (se kapitel 5A), och töm sedan kylsystemet enligt beskrivningen i kapitel 1B.

17 Ställ låshållaren i serviceläget enligt beskrivningen i kapitel 11.

18 Demontera drivremmen enligt beskrivningen i kapitel 2B. Notera att på bilar som har en sådan, behöver luftkonditioneringskompressorns drivrem inte demonteras.

19 Demontera kylfläkten med viskokoppling enligt beskrivningen i avsnitt 5.

20 Håll emot kylvätskepumpens remskiva med ett remskiveverktyg, och skruva sedan loss remskivan från pumpnavet och ta loss den.

21 Skruva loss kylvätskepumpens fästbultar. Dra försiktigt bort pumpen från motorblocket och ta loss tätningsringen **(se bild)**.

22 Se till att pumpens och husets fogytor är rena och torra, och sätt sedan på en ny tätningsring på pumpen.

23 Sätt i pumpens fästbultar och dra åt dem jämnt och stegvis till angivet moment.

24 Montera tillbaka drivremmen enligt beskrivningen i kapitel 2B.

25 Montera kylfläkten med viskokoppling enligt beskrivningen i avsnitt 5.

26 Montera tillbaka låshållaren enligt beskrivningen i kapitel 11.

27 Fyll slutligen på kylsystemet enligt beskrivningen i kapitel 1B. Återanslut sedan batteriet.

Bensinmotor

Motorkod AHL, ANA och ARM

28 Koppla loss batteriets minusledare (se kapitel 5A), och töm sedan kylsystemet enligt beskrivningen i kapitel 1A.

29 Ställ låshållaren i serviceläget enligt beskrivningen i kapitel 11.

30 Demontera drivremmen enligt beskrivningen i kapitel 2A.

31 Demontera kylfläkten med viskokoppling enligt beskrivningen i avsnitt 5.

32 Demontera kamremmen enligt beskrivningen i kapitel 2A. **Observera:** *Den nedre kamremskåpan behöver inte demonteras – kamremmen kan sitta kvar på vevaxeldrevet.*

33 Skruva loss skruvarna och ta bort den bakre delen av den inre kamremskåpan.

34 Skruva loss kylvätskepumpens fästbultar.

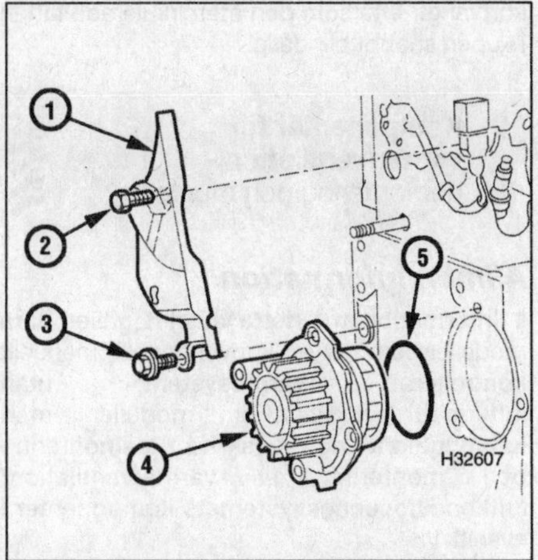

7.34a Kylvätskepumpens fästkomponenter (motorkod AHL, ANA och ARM)

1 *Kamremskåpa*
2 *Bult*
3 *Bult*
4 *Kylvätskepump*
5 *Tätning*

Dra försiktigt bort pumpen från motorblocket och ta loss tätningsringen **(se bilder)**.

35 Se till att pumpens och husets fogytor är rena och fria från alla spår av korrosion.

36 Skaffa en ny tätningsring och smörj den med outspädd kylvätsketillsats av angiven typ (se *Rekommenderade smörjmedel och vätskor*). Sätt tätningsringen på plats i huset på motorblocket **(se bild)**.

37 Sätt dit kylvätskepumpen på motorblocket, och se till att stiftinfattningen i pumpens fläns är riktad nedåt **(se bild)**.

38 Sätt i fästbultarna och dra åt dem jämnt och stegvis till angivet moment.

39 Montera den bakre kamremskåpan och montera sedan kamremmen enligt beskrivningen i kapitel 2A.

40 Montera tillbaka kylfläkten med viskokoppling.

41 Montera tillbaka låshållaren och dra åt fästbultarna till angivet moment (se kapitel 11).

42 Fyll slutligen på kylsystemet enligt beskrivningen i kapitel 1A. Återanslut sedan batteriet.

7.34b Ta bort bultarna och dra bort kylvätskepumpen från motorblocket

Ej motorkod AHL, ANA och ARM

43 Koppla loss batteriets minusledare (se kapitel 5A), och töm sedan kylsystemet enligt beskrivningen i kapitel 1A.

44 Ställ låshållaren i serviceläget enligt beskrivningen i kapitel 11.

45 Demontera drivremmen enligt beskrivningen i kapitel 2A. Notera att på bilar som har en sådan, behöver luftkonditioneringskompressorns drivrem inte demonteras.

46 Demontera kylfläkten med viskokoppling enligt beskrivningen i avsnitt 5.

47 Håll emot servostyrningspumpens remskiva genom att sticka in en skruvmejsel i hålet i remskivan och kila fast den mot pumpens fästbygel. Skruva loss den yttre delen av kylvätskepumpens remskiva och ta bort kilremmen.

48 Lossa fästklämmorna och koppla loss kylvätskeslangarna från baksidan av kylvätskepumphuset och termostathuset.

49 Demontera generatorn enligt beskrivningen i kapitel 5A.

50 Demontera servostyrningspumpen från dess fästbygel, enligt beskrivningen i kapitel 10. Observera att man inte behöver koppla loss hydraulrören/slangarna från pumpen. Bind upp pumpen bort från fästbygeln med buntband eller ståltråd.

51 Skruva loss muttrarna/bultarna (efter tillämplighet) och ta bort generatorns och/eller servostyrningspumpens fästen från motorn

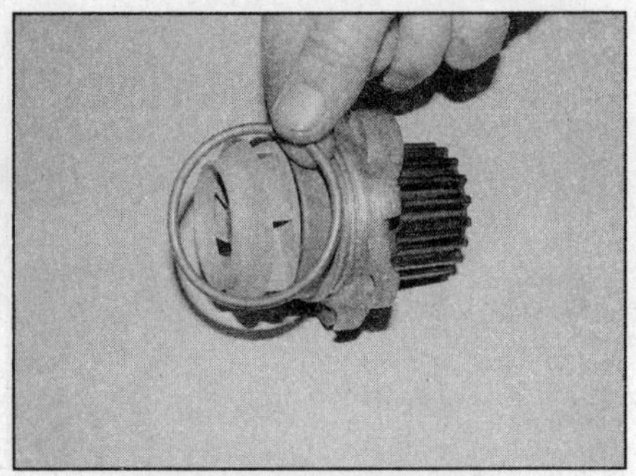

7.36 Montera en ny O-ring i kylvätskepumpen

7.37 Montera kylvätskepumpen med flänspluggen nedåt

för att få det utrymme som krävs för att kunna demontera kylvätskepumphuset.

52 Skruva loss pinnbultarna/fästbultarna (efter tillämplighet) som håller fast kylvätskepumpen/termostathuset vid blocket och ta bort huset från motorn. **Observera:** *På vissa motorer måste man skruva loss de bultar som håller fast kamremskåpan till huset (se kapitel 2A).* Ta loss tätningsringen som sitter mellan huset och blocket och kasta den. En ny måste användas vid återmonteringen **(se bilder)**.

53 Lägg alltsammans på en arbetsbänk, skruva loss fästbultarna och ta bort pumpen

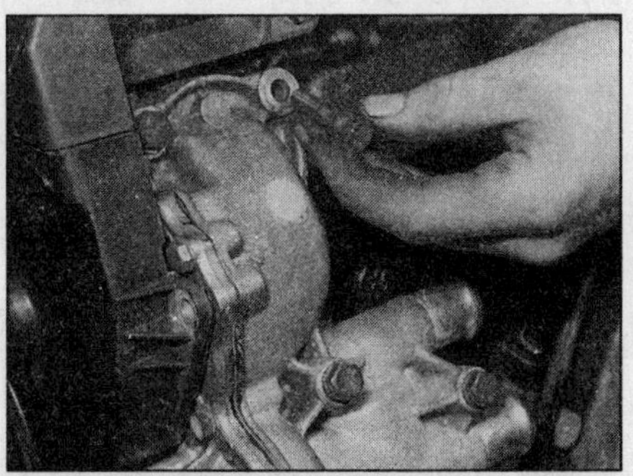

7.52a Skruva loss pinnbultarna/fästbultarna . . .

7.52b . . . och ta bort kylvätskepumpen/termostathuset från motorn

7.52c Ta loss tätningsringen som sitter mellan huset och blocket och kasta den

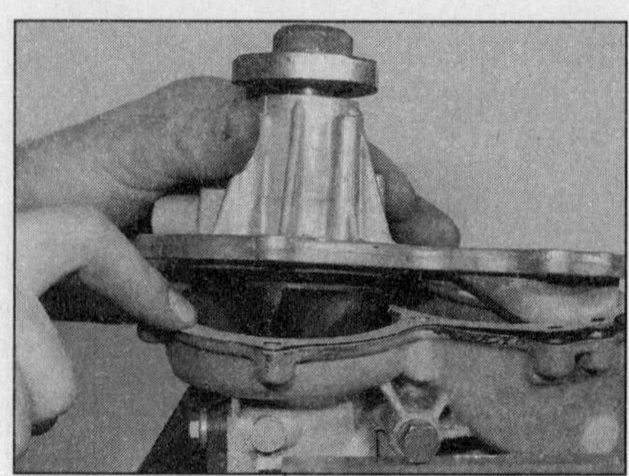

7.53 Skruva loss fästbultarna och ta loss pumpen från huset

från huset **(se bild)**. Kasta packningen, eftersom en ny måste användas vid återmonteringen. Observera att det inte går att renovera pumpen. Om den är defekt måste den bytas. Notera hur hammarhuvudbulten sitter monterad i kylvätskepumphuset.

54 Se till att pumpens och husets fogytor är rena och torra, och sätt på en ny packning på huset.

55 Sätt kylvätskepumpen på huset och dra åt dess fästbultar jämnt till angivet moment. Se till att hammarhuvudbulten mellan pumpen och huset (som även håller remkåpan på plats) sitter på plats innan pumpen/huset skruvas fast på motorn.

56 Sätt en ny tätningsring i spåret i huset och montera tillbaka huset på motorblocket. Sätt tillbaka pinnbultarna/fästbultarna (efter tillämplighet) och dra åt dem till angivet moment.

57 Anslut kylvätskeslangarna till huset och dra åt deras fästklämmor ordentligt.

58 Montera tillbaka generatorns/servostyrningspumpens fästbyglar och dra åt fästmuttrarna/bultarna till angivet moment.

59 Sätt ihop de två halvorna av kylvätskepumpens remskiva och trä över kilremmen. Montera tillbaka remskivan och remmen på kylvätskepumpen och sätt i remskivans fästbultar. Dra åt bultarna till angivet moment, samtidigt som remskivan vrids för hand för att förhindra att kilremmen kläms fast.

60 Montera tillbaka servostyrningspumpen på fästbygeln (se kapitel 10)

61 Montera tillbaka generatorn (se kapitel 5A).

62 Montera tillbaka drivremmen enligt beskrivningen i kapitel 2A.

63 Montera kylfläkten med viskokoppling enligt beskrivningen i avsnitt 5.

64 Montera tillbaka låshållaren enligt beskrivningen i kapitel 11.

65 Fyll slutligen på kylsystemet enligt beskrivningen i kapitel 1A. Återanslut sedan batteriet.

8 Värme- och ventilationssystem - allmän information

1 Värme/ventilationssystemet består av en steglöst justerbar fläkt (sitter bakom instrumentbrädan), luftutsläpp i mitten och på sidorna av instrumentbrädan, samt luftkanaler till de främre fotbrunnarna.

2 Värmestyrenheten sitter i instrumentbrädan och styr spjäll som riktar och blandar luften som strömmar igenom de olika delarna av värme/ventilationssystemet. Spjällen är placerade i luftfördelningshuset som fungerar som central fördelningsenhet och leder luften till de olika kanalerna och munstyckena.

3 Kalluften kommer in i systemet genom grillen i motorrummets bakkant. Om det behövs förstärks luftflödet av kompressorn och flödar sedan genom de olika lufttrummorna i enlighet med kontrollernas inställningar. Gammal luft pressas ut genom trummor placerade baktill i bilen. Om varm luft behövs, leds den kalla luften över värmepaketet, som värms upp av motorns kylvätska.

4 Tillförseln av utomhusluft till kupén kan stängas av för att förhindra att dålig lukt kommer in. Detta kan göras antingen genom att stänga av fläkten, eller genom att ställa om cirkulationsreglaget (beroende på modell). Denna funktion bör endast användas kortvarigt, eftersom den återcirkulerade luften i kupén snabbt blir dålig.

9 Komponenter för värme/ventilation - demontering och montering

Allmän information

1 Informationen i detta avsnitt gäller bara modeller som har ett konventionellt, manuellt kontrollerat värmesystem, utan luftkonditionering. För modeller med luftkonditionering beskrivs demontering och montering av värme/ventilation/luftkonditioneringssystemets komponenter i avsnitt 11.

Reglage för värme/ventilation

Demontering

2 Koppla loss batteriets minusledare (se kapitel 5A). Ta bort ljudanläggningen enligt beskrivningen i kapitel 12.

3 Dra försiktigt loss knopparna från värmereglagen **(se bild)**.

4 Bänd försiktigt loss styrenhetens sarg med en liten platt skruvmejsel. Vira in skruvmejselns blad i tejp för att förhindra skador på klädselpanelen och instrumentbrädan.

5 Skruva loss de fyra skruvarna från de fyra hörnen till värmereglageenhetens öppning. Observera hur fjädermuttrarna sitter monterade **(se bild)**.

6 Skruva loss de två skruvarna i förvaringsutrymmet under ljudanläggningens plats och lyft bort mittkonsolens reglagepanel. Koppla loss de olika anslutningskontakterna när panelen har tagits bort. På senare modeller behöver man inte ta bort reglagepanelen eftersom värmereglageenheten går att ta loss framifrån. Observera hur fjäderklämmorna sitter monterade.

7 Notera hur varje kontrollvajer sitter monterad (vajrarnas ändfästen är färgkodade) och koppla sedan loss dem från kontrollpanelen **(se bilder)**. De yttre kablarna sitter antingen fast med klämmor, och kan lossas genom att man försiktigt bänder tillbaka panelens fasthållningsflikar underifrån med en skruvmejsel, eller med en självgängande skruv.

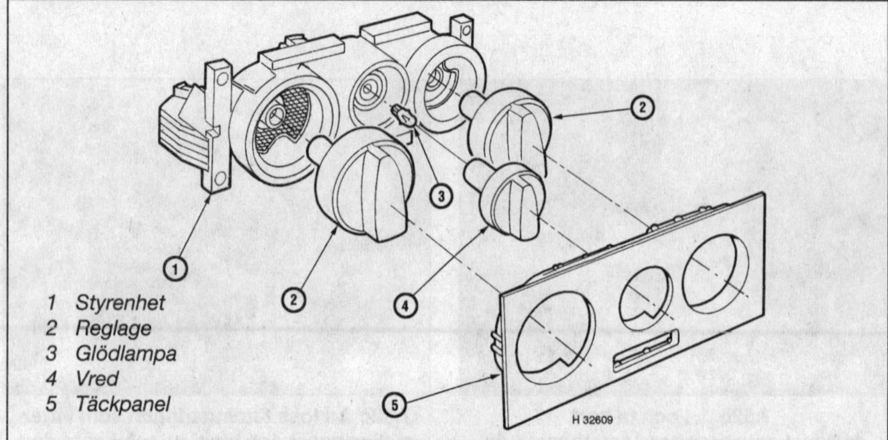

9.3 Värmereglage

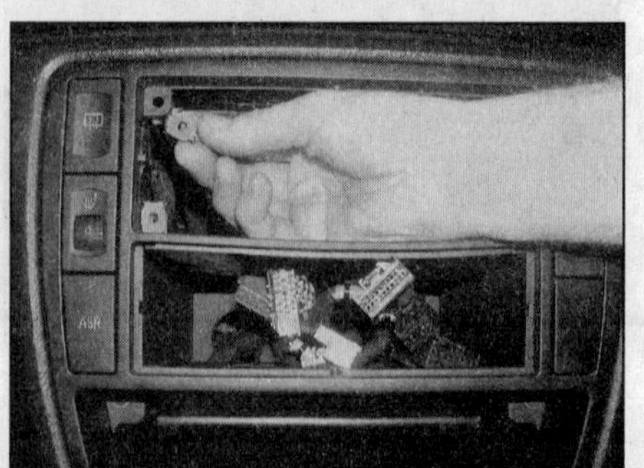

9.5 Notera var fjädermuttrarna sitter

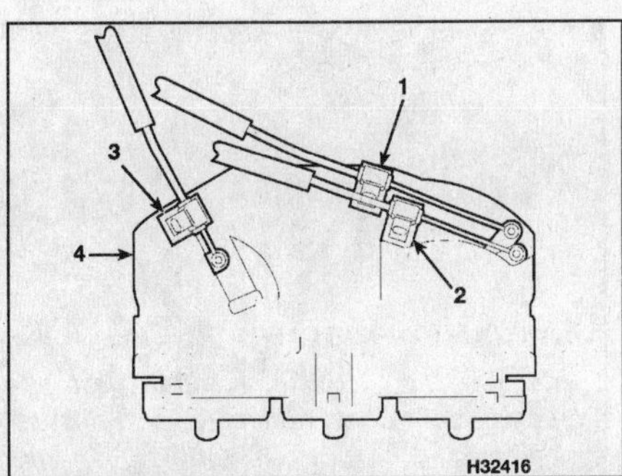

9.7a Vajeranslutningar vid kontrollpanelen

1 *Huvudspjäll*
Högerstyrda bilar: Gul
Vänsterstyrda bilar: Svart
2 *Spjäll för fotbrunn/defroster*
Högerstyrda biler: Grön
Vänsterstyrda bilar: Vit
3 *Temperaturspjäll*
Högerstyrda bilar: Orange
Vänsterstyrda bilar: Röd
4 *Reglage*
5 *Inre vajer*

8 Ta bort kontrollpanelen när alla kablar och vajrar är losskopplade.

Montering

9 Monteringen sker i omvänd ordningsföljd mot demonteringen. Se till att styrvajrarna (där sådana finns) sitter ordentligt fast på sina ursprungliga platser. Kontrollera reglagens funktion innan mittkonsolen monteras tillbaka.

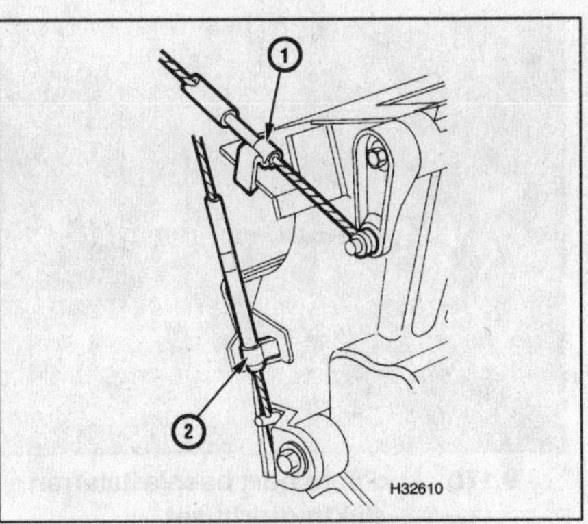

9.7b Vajeranslutningar vid värmeenheten

1 *Temperaturspjäll*
Högerstyrda bilar: Orange
Vänsterstyrda bilar: Röd
2 *Huvudspjäll*
Högerstyrda bilar: Gul
Vänsterstyrda bilar: Svart

Fläktmotor

10 Koppla loss batteriets minusledare (se kapitel 5A).

11 Demontera handskfacket från instrumentbrädan enligt instruktionerna i kapitel 11.

12 Ta bort seriemotståndet/termosäkringen enligt beskrivningen i nästa avsnitt.

9.13 Koppla loss motorns kontaktdon från sidan av motorhuset

13 Koppla loss motorns kontaktdon från sidan av motorhuset **(se bild)**.

14 Fatta tag i motorns fästplatta och dra den nedåt tills den lossnar från huset. Skruva loss fästskruvarna och skilj motorn från fästplattan **(se bilder)**.

Fläktmotormotstånd/termosäkring

Demontering

15 Demontera handskfacket enligt beskrivningen i kapitel 11. Motståndet/säkringen sitter på undersidan av fläktmotorhuset.

16 Koppla loss kontaktdonet från motståndets/säkringens basplatta **(se bild)**.

9.14a Fatta tag i motorns fästplatta . . .

9.14b . . . och dra den nedåt för att lossa den från huset

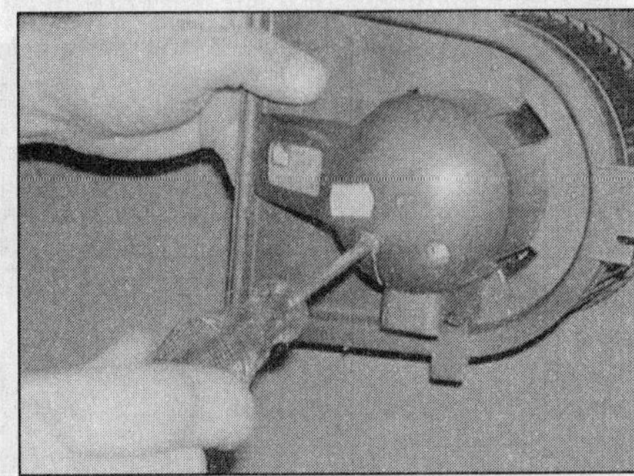

9.14c Skruva loss fästskruvarna . . .

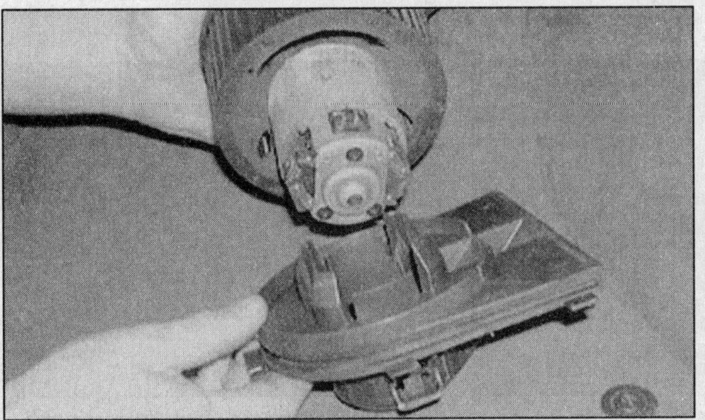

9.14d . . . och skilj motorn från fästplattan

9.16 Koppla loss kontaktdonet från baksidan av motståndets/säkringens basplatta

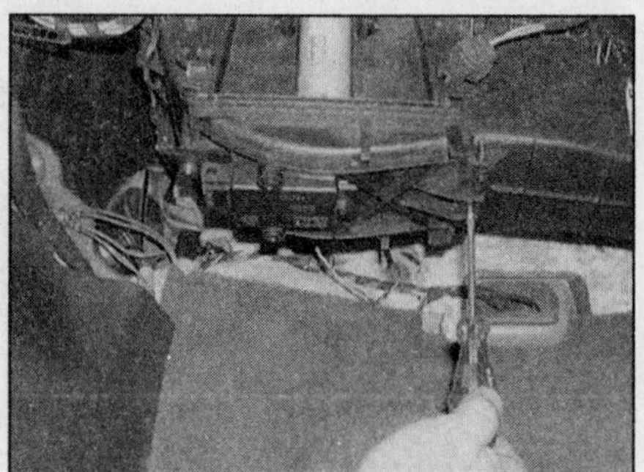
9.17a Skruva loss fästskruvarna . . . . .

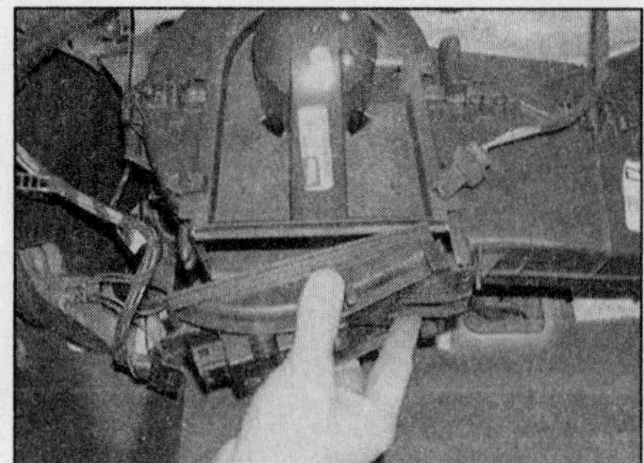
9.17b . . . och ta bort basplattan från fläktmotorhuset

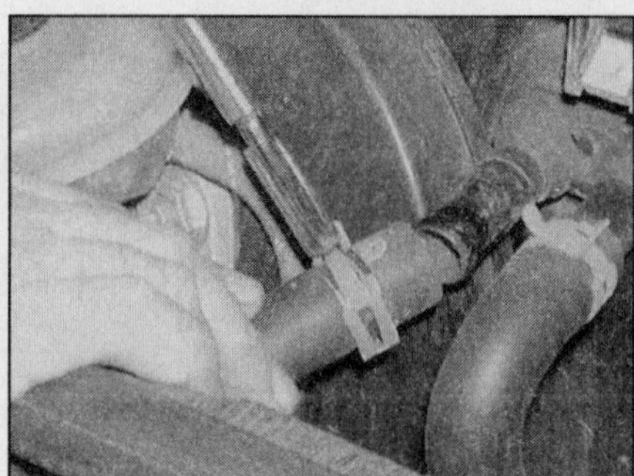
9.23a Lossa klamrarna . . .

17 Skruva loss fästskruvarna och ta bort basplattan från fläktmotorhuset **(se bilder)**.

18 Motståndet/säkringen finns inte som separata enheter och om de är trasiga måste de bytas komplett med basplatta.

Montering

19 Montera i omvänd ordningsföljd mot demonteringen.

Värmeenhet

Demontering

20 Se till att motorn har svalnat helt innan arbetet påbörjas.

21 Öppna motorhuven och leta rätt på värmepaketets slangar i motorrummets bakre del. Följ slangarna bakåt till den punkt där de är anslutna till torpedväggens röranslutningar.

22 Placera en behållare under slangarna för att fånga upp den kylvätska som kommer att läcka ut när de kopplas loss.

23 Kläm ihop båda värmeslangarna, och lossa sedan slangklämmorna och koppla loss slangarna från anslutningarna på torpedväggen **(se bilder)**. Låt kylvätskan från värmekretsen samlas upp i dräneringsbehållaren.

24 Tillsätt försiktigt tryckluft (om det finns tillgängligt) vid *lågt tryck* till den vänstra torpedväggsanslutningen och blås ut den kvarvarande kylvätskan från värmepaketet.

Varning: Använd alltid skyddsglasögon vid arbete med tryckluft.

25 Finns ingen tillgång till tryckluft, tänk på att en större volym kylvätska kommer att finnas kvar i värmekretsen och att den kan läcka ut när värmeenheten tas bort inifrån bilen.

26 Bänd loss gummigenomföringen från öppningen i torpedväggen, och dra sedan loss den från anslutningarna och ta bort den från motorrummet **(se bild)**.

27 Ta bort hela instrumentbrädan och tvärbalken enligt beskrivningen i kapitel 11.

28 Skruva loss bultarna och ta bort instrumentbrädans vänstra och högra stödfäste från golvplattan **(se bilder)**.

29 Lossa de bakre passagerarluftkanalerna från framsidan av fotbrunnens luftmunstycke Skruva loss fästskruvarna och koppla loss fotbrunnens ventilationskanal från basen av värmeenheten **(se bilder)**.

30 Koppla loss värmeenhetens kablage vid skarvdonen. Märk anslutningarna för att undvika förvirring vid återmonteringen. Lossa

9.23b . . . och koppla loss värmeslangarna från anslutningarna på torpedväggen

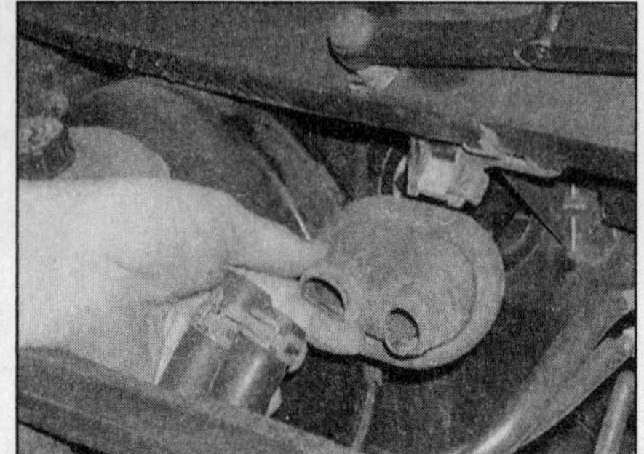
9.26 Bänd loss gummigenomföringen från öppningen i torpedväggen, och dra sedan loss den från anslutningarna

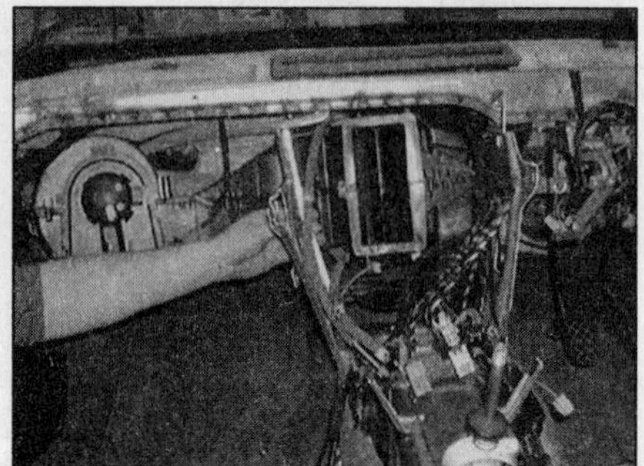
9.28a Skruva loss bultarna och ta loss instrumentbrädans vänstra . . .

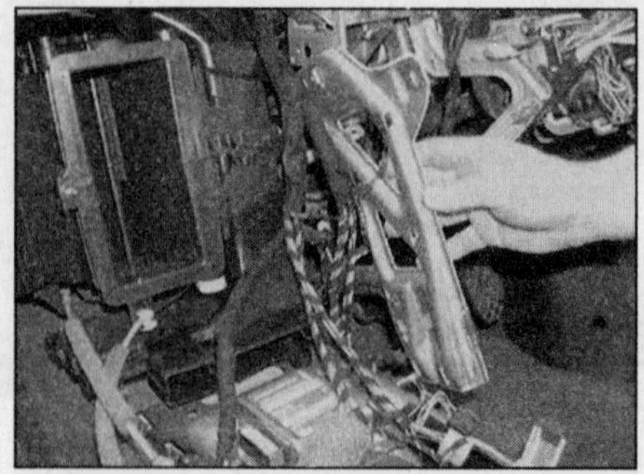
9.28b . . . och högra stödfäste från golvplattan

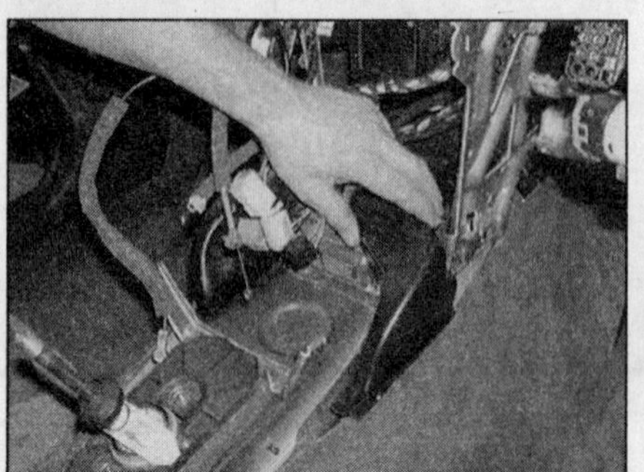
9.29a Lossa de bakre passagerarluftkanalerna från framsidan av fotbrunnens luftmunstycke

9.29b Skruva loss fästskruvarna och koppla loss fotbrunnens ventilationskanal från nederdelen av värmeenheten

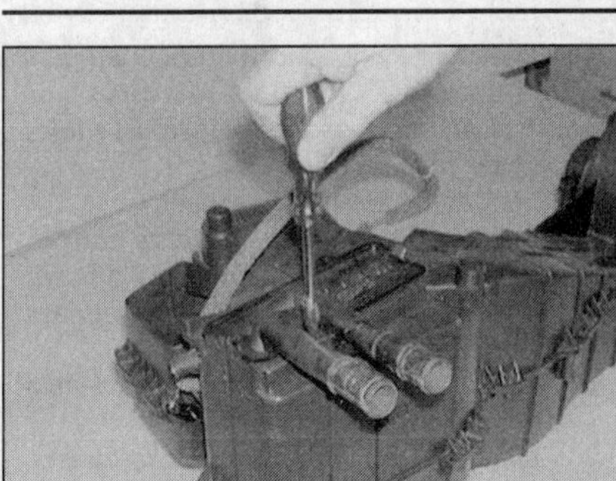

9.35a Lägg huset på en arbetsbänk, skruva loss skruven . . .

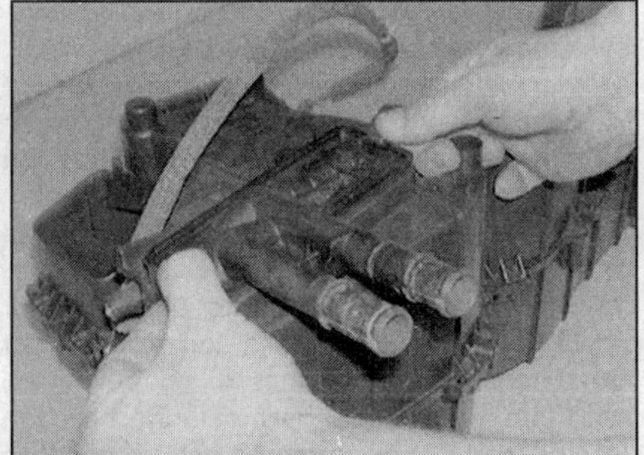

9.35b . . . tryck ner låshakarna . . .

9.35c . . . och dra ut värmepaketet från ovansidan av värmeenheten

kablaget från fästklämmorna på sidan av värmeenheten.

31 Skruva loss fästskruvarna och lyft bort värmeenheten från torpedväggen, mot passagerarsidan. Värmeenhetens packning kan ha fastnat vid torpedväggen. Vicka i så fall försiktigt på huset tills packningen lossnar.

32 Ta bort enheten från bilen, och håll den upprätt för att inte spilla ut någon kylvätska som kan finnas kvar.

Montering

33 Montering sker i omvänd ordningsföljd, men observera följande.

a) Använd en ny huspackning om den gamla är skadad.

b) Se till att luftkanalerna, krökarna och damasken sitter ordentligt fast vid huset och att alla kablar/vajrar är rätt dragna innan du fäster huset på plats.

c) Se till att kylvätskeslangarna är ordentligt återanslutna till värmepaketet. Matningsslangen från topplocket måste vara ansluten på vänster anslutning och returslangen till kylvätskepumpen på höger anslutning.

d) Se till att gummigenomföringen sitter ordentligt på anslutningarna på torpedväggen.

e) Avsluta med att fylla på och lufta kylsystemet enligt beskrivningen i relevant del av kapitel 1.

Värmeväxlare

Demontering

34 Demontera värmeenheten enligt beskrivningen tidigare i detta avsnitt.

35 Lägg huset på en arbetsbänk, skruva loss skruven, tryck ner låshakarna och dra ut värmepaketet från ovansidan av värmeenheten **(se bilder)**. Akta händerna när detta görs - paketets flänsar är vassa.

Montering

36 Montera i omvänd ordningsföljd mot demonteringen. Nya värmepaket levereras med självhäftande skumgummiremsor. Dessa ska fästas vid kanterna av kärnan och den övre flänsen innan paketet sätts in i värmeenheten.

Spjällmotor för ventilation/återcirkulering

Demontering

37 Koppla loss batteriets minusledare (se kapitel 5A).

38 Demontera handskfacket enligt beskrivningen i kapitel 11.

39 Spjällmotorn sitter på höger sida om fläktmotorhuset.

40 Koppla loss kontaktdonet från sidan av motorn.

41 Skruva loss fästskruven och dra försiktigt ut motorn från huset, och lirka ut styrspaken genom öppningen i huset.

Montering

42 Montera i omvänd ordningsföljd mot demonteringen. Om positionen för motorns styrspak gör återmonteringen svår, återanslut batteriet tillfälligt och slå till återcirkuleringsbrytaren tills styrspaken står horisontellt relativt motorhuset.

10 Luftkonditioneringssystem – allmän information och föreskrifter

Allmän information

1 Vissa modeller är utrustade med luftkonditioneringssystem. Det kombinerar ett konventionellt luftuppvärmningssystem med ett system för luftkylning och avfuktning. Detta ger större kontroll över temperaturen och luftfuktigheten i bilen, vilket ger ökad komfort och snabb avimning av fönstren.

2 Kyldelen av systemet fungerar på samma sätt som i ett vanligt kylskåp. Kylmedia i gasform, i ett slutet rörnätverk, sugs in i en remdriven kompressor och tvingas igenom en kondensator som sitter framför kylaren. När gasen kommer in i kondensatorn, övergår gasen till flytande form och värme avges, som absorberas av luft som strömmar in i främre delen av motorrummet genom kondensatorn. Vätskan passerar genom en expansionsventil till en förångare, där den omvandlas från vätska under högt tryck till gas under lågt tryck. Denna fasförändring åtföljs av ett temperaturfall som kyler ner förångaren. Luft som strömmar igenom förångaren kyls ner innan den leds in i luftfördelaren. Kylmediet återvänder sedan till kompressorn, och processen börjar om.

3 Den kylda luften strömmar till luftfördelaren, där den blandas med varmluft från värmepaketet till önskad temperatur i passagerarutrymmet. När luftkonditioneringssystemet används i automatläge, reglerar en serie luftventiler som styrs av servomotorer automatiskt kupétemperaturen genom att blanda varm och kall luft.

4 Värmedelen av systemet fungerar precis som i modeller utan luftkonditionering (se avsnitt 9).

5 Systemet kontrolleras av en elektronisk styrenhet som styr den elektriska kylfläkten, kompressorn och varningslampan på instrumentbrädan. Eventuella problem med systemet måste överlåtas till en VAG-verkstad. Systemet har en inbyggd självdiagnosfunktion, men det krävs speciell utrustning för att tolka informationen.

Föreskrifter

6 Vid arbete på en bil med luftkonditionering måste särskilda säkerhetsåtgärder följas när man arbetar med någon del av systemet eller tillhörande komponenter. Om kylmedierören måste kopplas loss av någon anledning, måste detta överlåtas till en VW-verkstad eller luftkonditioneringsspecialist. Likaledes får systemet bara tömmas och fyllas av en VAG-verkstad eller luftkonditioneringsspecialist.

Varning: Luftkonditioneringssystemet innehåller ett flytande kylmedium som står under tryck. Om systemet töms okontrollerat utan specialutrustning, kommer kylmediet att koka så snart det kommer ut i normalt atmosfärtryck, vilket kan orsaka allvarliga köldskador om mediet kommer i kontakt med huden. Dessutom kan vissa kylmedier vid kontakt med öppen låga (inklusive en tänd cigarrett) oxidera och bilda en mycket giftig gas. Det är därför mycket farligt att koppla loss någon del av luftkonditioneringssystemet utan specialkunskap och specialutrustning.

7 Okontrollerat utsläpp av kylmediet kan även vara skadligt för miljön, eftersom vissa kylmedier innehåller freoner.

8 Använd inte luftkonditioneringssystemet när kylmedienivån är låg, eftersom detta kan skada kompressorn.

11 Luftkonditioneringssystemets komponenter – demontering och montering

Varning: Försök inte tömma kylmediekretsen själv (se föreskrifterna i avsnitt 10). Låt en kvalificerad kyltekniker tömma luftkonditioneringssystemet. Avsluta med att låta teknikern sätta på nya O-ringar på röranslutningarna och tömma och fylla på systemet.

Kompressor

Demontering

1 Koppla loss batteriets minusledare (se kapitel 5A).

2 Ställ låshållaren i serviceläget (se kapitel 11).

3 Låt en kvalificerad kyltekniker tömma luftkonditioneringssystemet.

4 Demontera drivremmen enligt beskrivningen i relevant del av kapitel 2.

5 Skruva loss fästbultarna och koppla loss kylmedieledningarna från kompressorn. Ta bort O-ringstätningarna och kasta dem. Nya måste användas vid återmonteringen. Plugga igen öppna rör och hål för att hindra fukt från att tränga in.

6 Koppla loss kablaget för kopplingen, och i förekommande fall axelhastighetsgivaren, vid skarvdonen på baksidan av kompressorn.

7 Skruva loss de tre (Nippondenso-kompressor) eller fyra (Zexel-kompressor) fästbultarna från framsidan av kompressorn, och ta sedan bort kompressorn från dess fästbygel.

Montering

8 Montering sker i omvänd ordningsföljd. Se till att alla fästen dras åt till rätt åtdragningsmoment, om tillämpligt. Avsluta med att låta kylteknikern sätta på nya O-ringar på röranslutningarna och sedan tömma och fylla på kylkretsen.

Förångare/värmepaketshus

Varning: Innan förångaren/ värmepaketshuset demonteras måste luftkonditioneringsstyrsystemets komponenter sättas i referensläge. Detta arbete bör överlåtas till en VAG-verkstad, eftersom det kräver speciell testutrustning.

Demontering

9 Se till att motorn har svalnat helt innan arbetet påbörjas.

10 Låt en kvalificerad tekniker tömma luftkonditioneringssystemet, och låt sedan en VW-verkstad sätta luftkonditioneringsstyr-systemets komponenter i referensläge.

11 Koppla loss batteriets minusledare (se kapitel 5A).

12 Öppna motorhuven och leta rätt på värmepaketets slangar i motorrummets bakre del. Följ slangarna bakåt till den punkt där de är anslutna till torpedväggens röranslutningar.

13 Placera en behållare under slangarna för att fånga upp den kylvätska som kommer att läcka ut när de kopplas loss.

14 Kläm ihop båda värmeslangarna, och lossa sedan slangklämmorna och koppla loss slangarna från anslutningarna på torpedväggen. Låt kylvätskan från värmekretsen samlas upp i dräneringsbehållaren.

15 Tillsätt försiktigt tryckluft (om det finns tillgängligt) vid *lågt tryck* till den vänstra torpedväggsanslutningen och blås ut den kvarvarande kylvätskan från värmepaketet.

Varning: Använd alltid skyddsglasögon vid arbete med tryckluft.

16 Finns ingen tillgång till tryckluft, tänk på att en större volym kylvätska kommer att finnas kvar i värmekretsen och att den kan läcka ut när huset tas bort inifrån bilen.

17 Bänd loss gummigenomföringen från öppningen i torpedväggen, och dra sedan loss den från anslutningarna och ta bort den från motorrummet.

18 Leta rätt på luftkonditioneringens aluminiumkylrör och följ dem bakåt till torpedväggen i motorrummet. Skruva loss centrumbulten och koppla loss rören vid anslutningen. Ta bort O-ringstätningarna och kasta dem. Nya måste användas vid återmonteringen. Plugga igen de öppna rören för att hindra att fukt tränger in.

19 Lossa gummigenomföringen från öppningen i torpedväggen och dra loss den från kylrörens anslutningar.

20 Ta bort hela instrumentbrädan, tvärbalken och mittenfästbygeln enligt beskrivningen i kapitel 11.

21 Lossa de bakre passagerarluftkanalerna från framsidan av fotbrunnens luftmunstycke Skruva loss fästskruvarna och koppla loss fotbrunnens luftkanal från nederdelen av förångaren/värmepaketshuset.

22 Koppla loss förångarens/ värmepakethusets kablage vid skarvdonen. Märk anslutningarna för att undvika förvirring vid återmonteringen. Lossa kablaget från fästklämmorna på sidan av huset.

23 Lyft bort förångaren/värmepaketshuset från torpedväggen, mot bilens passagerarsida. Husets packning kan ha fastnat vid torpedväggen. Vicka i så fall försiktigt på huset tills packningen lossnar.

24 Ta bort huset från bilen, och håll det upprätt för att undvika att spilla ut kvarvarande kylvätska.

Montering

25 Montering sker i omvänd ordningsföljd, men observera följande.

a) Använd en ny huspackning om den gamla är skadad.

b) Se till att kondensdräneringsröret sitter korrekt på baksidan av förångaren/värmepaketshuset.

c) Se till att luftkanalerna, krökarna och damasken sitter ordentligt fast vid huset och att alla kablar/vajrar är rätt dragna innan du fäster huset på plats.

d) Se till att kylvätskeslangarna är ordentligt återanslutna till värmepaketet. Matningsslangen från topplocket måste vara ansluten på vänster anslutning och returslangen till kylvätskepumpen på höger anslutning (med hålet till luftmunstycket).

e) Se till att gummigenomföringarna sitter ordentligt i öppningarna på torpedväggen.

f) Fyll på och lufta kylsystemet enligt beskrivningen i relevant del av kapitel 1.

g) Avsluta med att låta kylteknikern sätta på nya O-ringar på röranslutningarna och sedan tömma och fylla på kylkretsen.

Fläktmotor

Demontering

26 Koppla loss batteriets minusledare (se kapitel 5A).

27 Demontera handskfacket från instrumentbrädan enligt instruktionerna i kapitel 11.

28 Koppla loss kontaktdonet från baksidan av fläktmotorn under instrumentbrädan i fotbrunnen på passagerarsidan.

29 Skruva loss skruvarna, och vrid sedan fläktmotorn något och ta loss den från värmepaketet/förångarhuset. Motorn kan nu kopplas loss från basplattan genom att kontaktdonen kopplas ifrån och fästhakarna lossas. Observera att på bilar med en passagerarkrockkudde måste krockkudden med stödfäste (närmast dörren) tas bort för att komma åt fläktmotorns översta fästskruv **(se bild)**.

Demontering

30 Montera i omvänd ordningsföljd mot demonteringen.

Fläktmotorns styrenhet

Demontering

31 Koppla loss batteriets minusledare (se kapitel 5A).

11.29 Koppla loss anslutningskontakten, skruva loss skruvarna, vrid motorn något och dra ut den ur huset

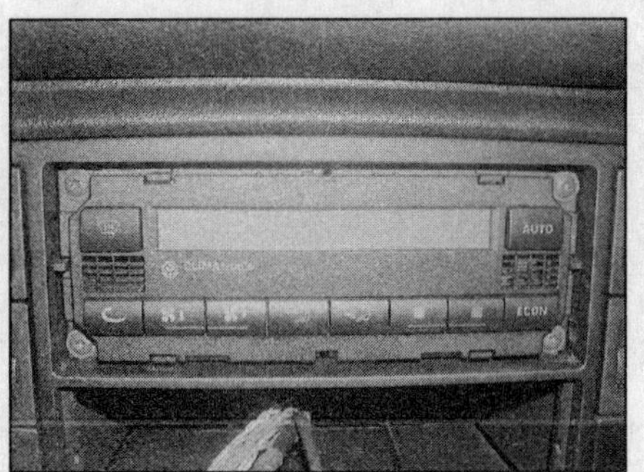

11.45 Skruva loss de fyra fästskruvarna, en i varje hörn av värmereglagepanelens öppning

32 Demontera fläktmotorn enligt beskrivningen i punkt 27 till 29.

33 Styrenheten sitter bredvid fläktmotorn. Skruva loss de tre fästskruvarna och dra styrenheten utåt och något bort från fläkten.

34 Koppla loss styrenhetens kontaktdon.

Montering

35 Montera i omvänd ordningsföljd mot demonteringen.

Kontrollpanel

Manuell luftkonditionering

36 Lossa täckpanelen runt värmeenhetens vridreglage med en liten platt skruvmejsel som hävarm.

37 Skruva loss de fyra skruvarna, en i varje hörn av värmereglagepanelens öppning.

38 Ta bort ljudanläggningen enligt beskrivningen i kapitel 12.

39 Kontrollpanelens täckpanel är fäst med två fästskruvar och fyra fjäderklämmor. Den tas bort genom man för in fingrarna i ljudanläggningens öppning och trycka täckpanelen framåt.

40 Dra kontrollpanelen med kablarna ansluta ut ur instrumentbrädan.

41 Notera var de sitter och koppla loss reglagevajrarna och kontaktdon..

42 Montera i omvänd ordningsföljd mot demonteringen.

Automatisk luftkonditionering

Observera: *Efter att ha återmonterat/bytt kontrollpanelen måste man använda särskild VW-testutrustning för att upprätta enhetens grundinställning.*

43 Koppla loss batteriets minusledare (se kapitel 5A).

44 Bänd försiktigt loss kontroll-/displaypanelens yttre täckpanel med en liten platt skruvmejsel.

45 Skruva loss de fyra fästskruvarna, en i varje hörn av värmereglagepanelens öppning **(se bild)**.

46 Dra ut kontrollpanelen från instrumentbrädan och koppla loss kontaktdonen.

47 Kontrollpanelen behöver inte demonteras ytterligare.

48 Monteringen sker i omvänd ordning mot demonteringen, men enheten måste återställas med särskild VW-testutrustning.

Spjällmotor för ventilation/återcirkulering

Manuell luftkonditionering

49 Demontera handskfacket på passagerarsidan enligt beskrivningen i kapitel 11.

50 Leta upp de två Torx-skruvarna med en spegel och skruva loss dem. Lossa spaken för friskluft/återcirkulering, dra loss kontaktdonet och dra motorn neråt och iväg från värmeenhetens passagerarsida.

51 Montera i omvänd ordningsföljd mot demonteringen.

Automatisk luftkonditionering

Observera: *Efter att ha återmonterat/bytt spjällmotorerna måste man använda särskild VW-testutrustning för att upprätta enheternas grundinställning.*

52 Ta bort instrumentbrädan och tvärbalken enligt beskrivningen i kapitel 11.

53 Koppla loss fotbrunnens luftfördelningsmunstycke från nederdelen av förångaren/värmepaketshuset.

54 Spjällmotorerna sitter på sidan om förångaren/värmepaketshuset och känns igen enligt följande:

a) Fotbrunn/defrosterspjäll - gult kontaktdon.

b) Temperaturspjäll - lila kontaktdon.

c) Mittspjäll - grönt kontaktdon.

55 Koppla loss kontaktdonet, och koppla sedan loss styrspaken från motoraxeln.

56 Skruva loss fästskruvarna och ta loss motorn från huset. Observera att fotbrunns-/avfrostningsventilen hålls fast av en fästbygel.

57 Montera i omvänd ordningsföljd mot demonteringen. Avsluta med att låta luftkonditioneringsstyrsystemet initieras av en VW-verkstad med speciell testutrustning.

Temperaturgivare

58 Det sitter temperaturgivare monterade i de individuella luftkanaler som leder till fotbrunnarnas luftutsläpp och de övre luftutsläppen. Dessa kan tas bort genom att kablaget kopplas loss, och att givaren sedan vrids och tas bort från kanalen.

Solljusgivare

Demontering

59 Bänd försiktigt loss givaren från defrostern i mitten på instrumentbrädan. Koppla loss kablaget och bind fast skarvdonet så att det inte faller in bakom instrumentbrädan.

Montering

60 Montera i omvänd ordningsföljd mot demonteringen.

12 Bränslekylsystemets komponenter – demontering och montering

1 PÅ motorkod AJM och ATJ blir returbränslets temperatur mycket hög på grund av hög förbränningstemperatur och att matnings- och returledningarna går i topplockets gjutgods. Därför måste returbränslet kylas innan det återförs till bränsletanken av plast. Det här uppnås genom att kyla bränslefilterhuset med en särskild kylkrets, som innehåller en kylare, kylvätskepump, avstängningsventil och en bränsletemperaturgivare. Kylkretsen får kylvätska från motorns kylsysytem, men avstängningsventilen som styrs av motorns elektroniska styrmodul gör att motorns kylsystem inte kan värma upp bränslekylkretsen. När bränsletemperaturen når 70 °C aktiverar styrmodulen bränslets kylvätskepump och kylvätska flödar genom bränslefilterhuset till kylaren som sitter framför höger innerskärm **(se bild)**.

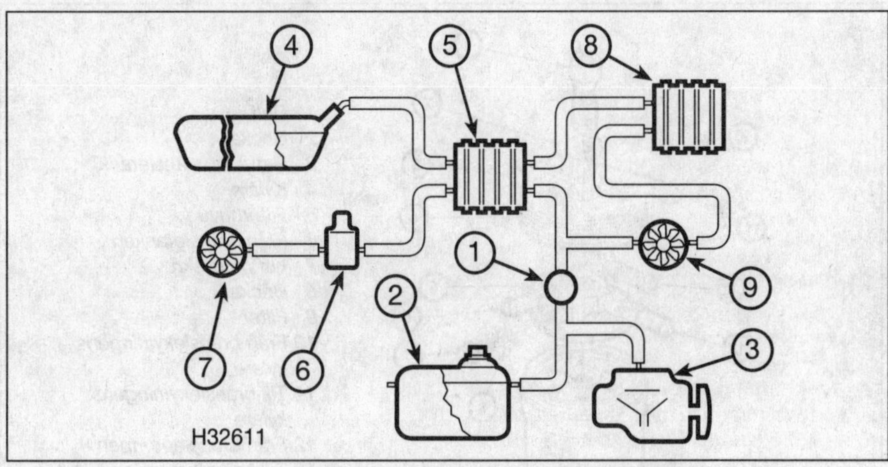

12.1 Bränslets kylkrets (AJM- och ATJ-motorer)

1 *Kylvätskans avstängningsventil*
2 *Expansionskärl*
3 *Motorns kylkrets*
4 *Bränsletank*
5 *Bränslekylare*
6 *Bränsletemperaturgivare*
7 *Bränslepump*
8 *Bränslekylkretsens kylare*
9 *Bränslekylpump*

12.5 Skruva loss de fyra muttrarna och för ut kylaren från fästbygeln

12.9 Sätt klämmor på kylvätskans matnings- och returslangar

12.10 Lossa fästklämmorna och koppla loss slangarna till kylvätskepumpen

Kylare

Demontering

2 Ställ låshållaren i serviceläget enligt beskrivningen i kapitel 11, avsnitt 10. Kylaren till bränslekylsystemet sitter bakom stötfångarstaget höger fram.

3 Sätt en klämma på tillförselslangen till bränslets kylvätskepump och på returslangen från kylaren, eller töm kylsystemet enligt beskrivningen i kapitel 1B.

4 Ställ en behållare under bilen för att samla upp spillt bränsle. Lossa fästklämma och koppla loss den övre slangen från kylaren. Lossa klämma som håller fast den nedre slangen på kylaren.

5 Skruva loss de fyra fästmuttrarna och för kylaren från fästbygeln. Koppla loss den nedre slangen när kylaren har tagits bort **(se bild)**.

6 Om så behövs kan fästbygeln tas bort genom att dra ut den från muffen.

Montering

7 Montera i omvänd ordningsföljd mot demonteringen. Efterfyll kylsystemet via expansionskärlet.

Kylvätskepump

Demontering

8 Ställ låshållaren i serviceläget enligt beskrivningen i kapitel 11, avsnitt 10. Kylvätskepumpen till bränslekylsystemet sitter bakom stötfångarstaget höger fram.

9 Sätt en klämma på tillförselslangen till bränslets kylvätskepump och på returslangen från kylaren **(se bild)**, eller töm kylsystemet enligt beskrivningen i kapitel 1B.

10 Ställ en behållare under bilen för att samla upp spillt bränsle. Lossa fästklämman och koppla loss den övre slangen från pumpen. Lossa klämma som håller fast den nedre slangen på pumpen **(se bild)**.

11 Koppla loss anslutningskontakten från pumpen.

12 Skruva loss fästbulten och ta bort pumpen. Koppla loss den nedre slangen när pumpen tas bort.

Montering

13 Montera i omvänd ordningsföljd mot demonteringen. Efterfyll kylsystemet via expansionskärlet.

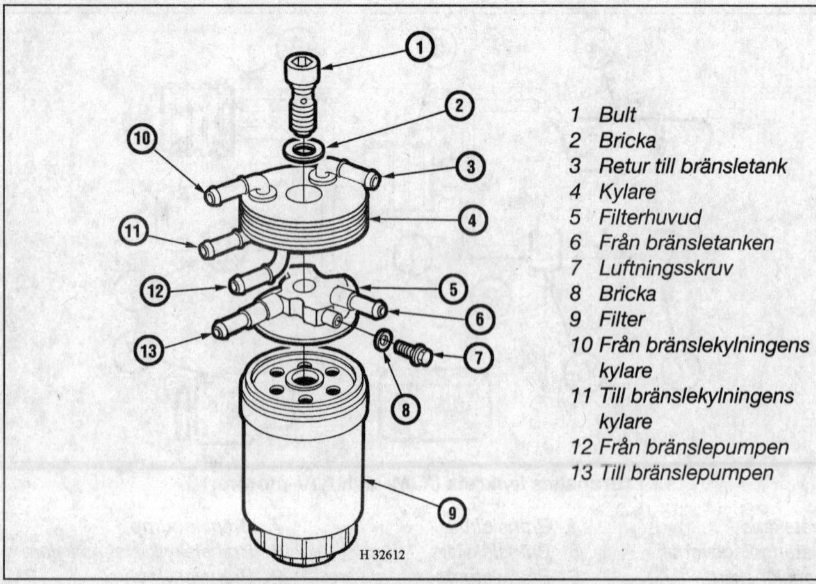

12.15 Bränslekylare (AJM- och ATJ-motorer)

Bränslekylare

Demontering

14 Bränslekylaren är inbyggd i bränslefiltret. Bänd ut kåporna, skruva loss fästmuttrarna/ skruvarna och ta bort motorns övre skyddskåpa.

15 Sätt en klämma på kylvätskeslangarna och på bränslereturslangarna som går till och från bränslefiltret **(se bild)**, eller räkna med att spilla bränsle/kylvätska. Notera hur de sitter och lossa fästklämmorna och koppla loss slangarna.

Varning: Se till att inget bränsle kommer i kontakt med kylvätskeslangarna. Torka omedelbart upp bränslespill.

16 Skruva loss mittbulten och skilj den övre kylardelen av filterhuset från resten av filterenheten **(se bild 12.15)**.

Montering

17 Monteringen sker i omvänd ordningsföljd mot demonteringen. Efterfyll kylsystemet via expansionskärlet.

Avstängningsventil

Demontering

18 Kylvätskans avstängningsventil sitter i kylvätskeslangen mellan bränslekylaren och expansionskärlet. Bänd ut skyddshattarna, skruva loss fästmuttrarna/skruvarna och ta bort motorns övre skyddskåpa.

19 Sätt klämmor på slangarna på vardera sidan om ventilen, lossa fästklämmorna och koppla loss slangarna **(se bild)**.

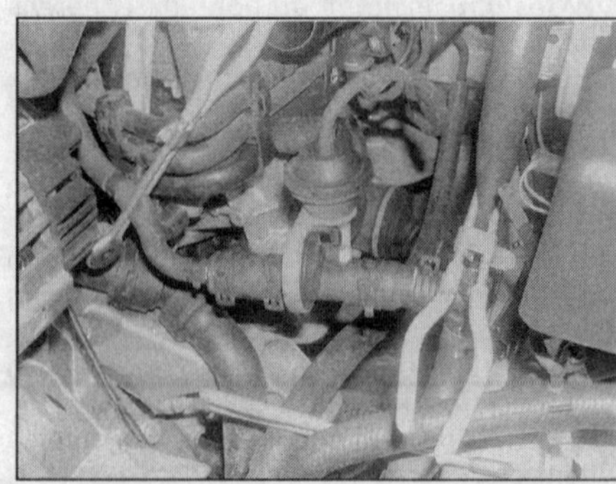
12.19 Sätt klämmor på slangarna på vardera sidan om ventilen, lossa fästklämmorna och koppla loss slangarna

20 Koppla loss vakuumröret och ta bort ventilen. Det är inte tillrådligt att plocka isär ventilen.

Montering

21 Montera i omvänd ordningsföljd mot demonteringen. Efterfyll kylsystemet via expansionskärlet.

Bränsletemperaturgivare

Demontering

22 Bränsletemperaturgivaren sitter i slangen från bränslepumpen till kylaren. Bänd ut skyddshattarna, skruva loss fästmuttrarna/ skruvarna och ta bort motorns övre skyddskåpa. Ta bort röret mellan mellankylaren och insugningsröret på topplockets baksida.

23 Sätt en klämma på slangen på vardera sida om givaren.

24 Koppla loss kontaktdonet, lossa fästklämma och ta bort givaren **(se bild)**.

25 Givaren kan testas med en multimeter. Anslut multimeterns ledningar till givarens stifts och ställ in multimetern på motståndsmätning (ohm). När temperaturen ökar, minskar resistansen i givaren. Vid 30 °C ska resistansen vara 1500 till 2000 ohm och vid 80 °C ska resistansen vara 275 till 375 ohm. Om givarens resistans inte ligger inom dessa värden eller om den inte ändrar sig måste givaren bytas.

Montering

26 Montera i omvänd ordningsföljd mot demonteringen. Efterfyll kylsystemet via expansionskärlet.

12.24 Lossa fästklämman och ta bort temperaturgivaren

Kapitel 4 Del A: Bränslesystem - bensininsprutning

Innehåll

Svårighetsgrad

Enkelt, passar novisen med lite erfarenhet 	**Ganska enkelt,** passar nybörjaren med viss erfarenhet 	**Ganska svårt,** passar kompetent hemmamekaniker	**Svårt,** passar hemmamekaniker med erfarenhet	**Mycket svårt,** för professionell mekaniker

Specifikationer

Allmänt

Motorkod efter typ*:

1595 cc, enkel överliggande kamaxel, Bosch Motronic M3.2-insprutning	ADP
1595 cc, enkel överliggande kamaxel, Simos-insprutning	AHL
1595 cc, enkel överliggande kamaxel, Simos 2-insprutning	ARM
1595 cc, enkel överliggande kamaxel, Simos 3-insprutning	ANA
1781 cc, dubbla överliggande kamaxlar, Bosch Motronic M3.2-insprutning	ADR
1781 cc, dubbla överliggande kamaxlar, Bosch Motronic ME7.1-insprutning	APT
1781 cc, dubbla överliggande kamaxlar, Bosch Motronic ME7.5-insprutning, med turbo	ANB
1781 cc, dubbla överliggande kamaxlar, Bosch Motronic ME7.5-insprutning, med turbo	APU
1781 cc, dubbla överliggande kamaxlar, Bosch Motronic ME7.1-insprutning	ARG
1781 cc, dubbla överliggande kamaxlar, Bosch Motronic M3.2-insprutning, med turbo	AEB

Motorkod efter typ*:

ADP	1595 cc, enkel överliggande kamaxel, Bosch Motronic M3.2-insprutning
ADR	1781 cc, dubbla överliggande kamaxlar, Bosch Motronic M3.2-insprutning
AEB	1781 cc, dubbla överliggande kamaxlar, Bosch Motronic M3.2-insprutning, med turbo
AHL	1595 cc, enkel överliggande kamaxel, Simos-insprutning
ANA	1595 cc, enkel överliggande kamaxel, Simos 3-insprutning
ANB	1781 cc, dubbla överliggande kamaxlar, Bosch Motronic ME7.5-insprutning, med turbo
APT	1781 cc, dubbla överliggande kamaxlar, Bosch Motronic ME7.1-insprutning
APU	1781 cc, dubbla överliggande kamaxlar, Bosch Motronic ME7.5-insprutning, med turbo
ARG	1781 cc, dubbla överliggande kamaxlar, Bosch Motronic ME7.1-insprutning
ARM	1595 cc, enkel överliggande kamaxel, Simos 2-insprutning

***Observera:** *Se "Chassinummer" i slutet av den här handboken för information om kodmärkningens placering på motorn.*

Rekommenderat bränsle

Lägsta oktantal:	
För bästa prestanda	95 oktan
Något minskad effekt	91 oktan

Bränslesystemdata

Bränslepumpstyp	Elektrisk, nedsänkt i bränsletanken
Bränslepumpsmatning (batterispänning 12 V)	260 cm³/15 sek
Reglerat bränsletryck vid tomgångskörning:	
Vakuumslang monterad	3,5 bar (c:a)
Vakuumslang bortkopplad	4,0 bar (c:a)
Minsta hålltryck (efter 10 minuter)	2,0 bar
Motorns tomgångsvarvtal (ej justerbart, elektronisk styrning):	
Motorkod ANB och APU	750 till 850 varv/minut
Motorkod ADP, AHL, ADR, AEB, ANA och ARM	760 till 960 varv/minut
Motorkod APT och ARG	800 till 920 varv/minut
CO-innehåll vid tomgång (icke justerbart, elektroniskt styrt)	0,1 till 1,1 %
Insprutningsventilens elektriska motstånd (vid rumstemperatur):	
Motorkod ADR, AEB och ADP	12 till 15 ohm
Motorkod AHL, ARM, ANA	14 till 17 ohm
Motorkod ANB, APT, APU och ARG	12 till 17 ohm
Motorvarvtalsgivarens motstånd:	
Motorkod ADP, ADR, ANB, AEB, APT, APU och ARG	480 till 1000 ohm
Motorkod AHL, ANA och ARM	730 till 1000 ohm

Åtdragningsmoment

	Nm
Lufttemperaturgivare	10
Katalysator till turboaggregat	30
Kylvätskerör till insugningsrör	10
Kylvätskereturrör till turboaggregat	30
Kylvätskematningsrör till turboaggregat	25
Varvtalsgivare	10
Bränslefördelarskenan till insugningsrör	10
Bränsletankens påfyllningsrör	25
Bränsletankens fästbultar	25
Insugningsrör:	
1,6-litersmodeller	20
1,8-litersmodeller	10
Insugningsrörets stödfästen	20
Oljereturrör till turboaggregat	10
Oljetillförselrör till turboaggregat	25
Lambdasond	50
Turboaggregatets fästbygel:	
Till turboaggregat	40
Till motorblock	45
Turboaggregat till avgasgrenrör	35

1 Allmän information och föreskrifter

Allmän information

Boschs och Simos flerpunktsinsprutningssystem för bensin som beskrivs i det här kapitlet är kompletta motorstyrningssystem som styr både bränsleinsprutning och tändning **(se bilder)**. Det här kapitlet behandlar endast bränslesystemets komponenter. Se kapitel 5B för information om tändningssystemet.

Bränsleinsprutningssystemet består av en bränsletank, en elektrisk bränslepump, ett bränslefilter, matnings- och returledningar för bränsle, ett gasspjällshus, en luftmängdmätare, en bränslefördelarskena och fyra elektroniska insprutningsventiler, en bränsletrycksregulator och en elektronisk styrmodul (ECU), samt tillhörande givare, manöverdon och kablar. Komponenternas layout varierar beroende på system - se relevant avsnitt för mer information.

Motorkod AEB, ANB och APU är utrustade med ett turboaggregat. Motorkod ANA, APT, ARG och ADR har ett variabelt insugningsrör där insugningskanalens längd varierar för att förbättra motorns vridmoment eller prestanda beroende på motorvarvtal och inlopp etc. Insugsvägen påverkas av en vakuumstyrt spjäll som kan stå i två olika lägen. Vid lågt motorvarvtal/högt vridmoment tvingar spjället insugsluften att passera genom en lång insugskanal. På så vis ökas vridmomentet och bilen blir lättare att köra vid låga hastigheter. Vid högt motorvarvtal/hög effekt tvingar spjället insugsluften att passera genom en kort insugskanal. På så vis ökas uteffekten och motorn svarar snabbare på gaspådrag. Vakuummatningen till ventilen styrs av motorns styrmodul.

Vissa modeller är utrustade med ett elektroniskt styrt gasspjäll. En givare på gaspedalen skickar information till motorns styrmodul om gaspedalens läge och hur snabbt man trycker ner och släpper upp pedalen. Utifrån denna information bestäms det optimala läget för gasspjället i gasspjällshuset. På dessa modeller finns ingen gasvajer.

Luftmängdmätaren sitter på luftrenarens utgång till gasspjällshuset. Bränsle matas under tryck till en bränslefördelarskena, och skickas sedan vidare till fyra elektroniska insprutningsventiler. Insprutningstidens längd kontrolleras av styrmodulen, som slår av och på insprutningsventilerna efter behov.

Bränslepumpen matar in en konstant mängd bränsle genom ett filter. Bränslet kommer till en bränslefördelarskena, och

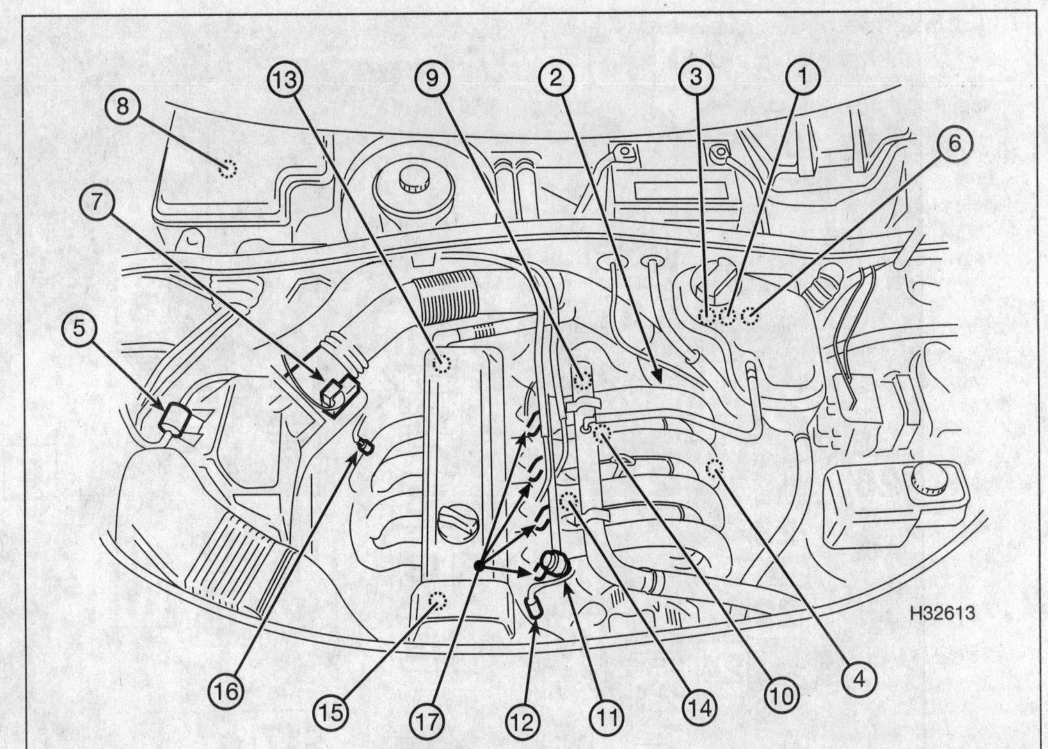

1.1a Simos-komponenter - motorkod AHL och ARM

1 Varvtalsgivarens kontaktdon
2 Gasspjällshus
3 Lambdasondens kontaktdon
4 Insugsluftens temperaturgivare
5 Kolfilterventil
6 Knackningsgivarens kontaktdon
7 Luftmängdmätare
8 Elektronisk styrmodul
9 Tändspolar och effektsteg
10 Varvtalsgivare
11 Bränsletrycksregulator
12 Hall-givarens kablage
13 Temperaturgivare för kylvätska
14 Knackningsgivare
15 Hall-givare
16 Lambdasond
17 Insprutningsventiler

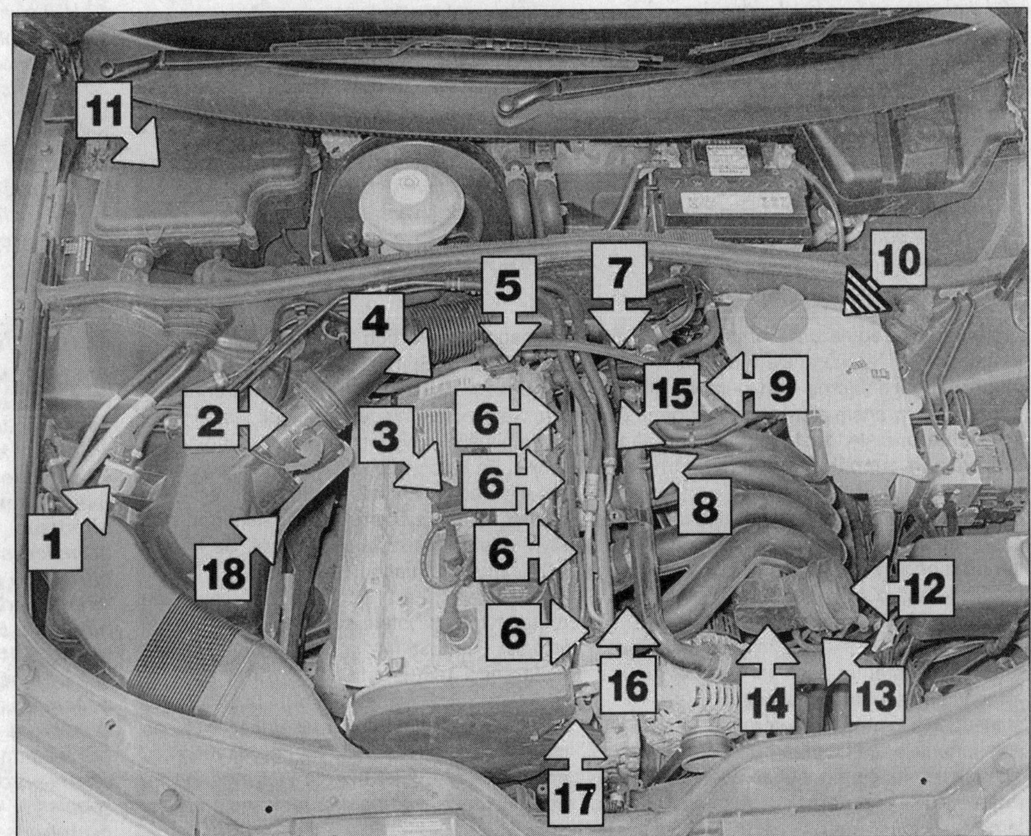

1.1b Motronic-komponenter - motorkod ADR, APT och ARG

1 Kolfilterelektromagnet
2 Luftmängdmätare
3 Tändspolar och tändkablar
4 Temperaturgivare för kylvätskan
5 Kamaxeljusteringsventil
6 Insprutningsventiler
7 Bränsletrycksregulator
8 Knackningsgivare 2
9 Gasspjällets potentiometer
10 Kontaktdon för lambdasond före katalysatorn, lambdasond efter katalysatorn, varvtalsgivare och knackningsgivare
11 Elektronisk styrmodul, Motronic
12 Insugningsrörets omkastningsvakuumenhet
13 Insugningsrörets omkastningsventil
14 Insugsluftens temperaturgivare
15 Varvtalsgivare
16 Knackningsgivare 1
17 Hall-givare
18 Lambdasond

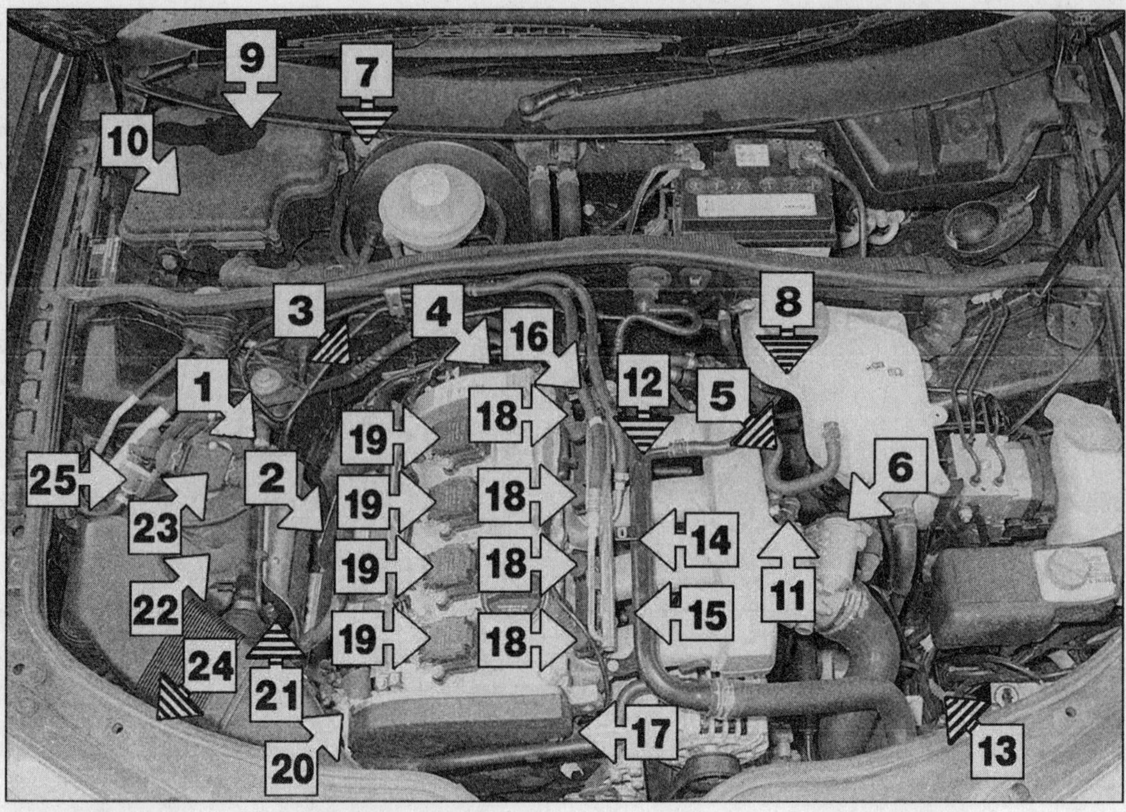

1.1c Motronic-komponenter - motorkod AEB, ANB och APU

1 Luftrenare
2 Lambdasond före katalysator
3 Lambdasond efter katalysator (endast utsläppsnivå D4)
4 Temperaturgivare för kylvätskan
5 Luftventil och sekundär luftinsprutningsventil (endast ANB och APU)
6 Gasspjällets styrning
7 Kopplingspedalsbrytare, bromsljusbrytare och gaspedalens lägesgivare i förarens fotbrunn
8 Kontaktdon för lambdasond efter katalysatorn, varvtalsgivare och knackningsgivare
9 Pumprelä för sekundärt luftinsprutningssystem (endast ANB och APU)
10 Elektronisk styrmodul, Motronic
11 Insugsluftens temperaturgivare
12 Varvtalsgivare
13 Laddtrycksgivare
14 Knackningsgivare 2
15 Knackningsgivare 1
16 Bränsletrycksgivare
17 Hall-givare
18 Insprutningsventiler
19 Tändspolar
20 Magnetstyrventil för laddtryck
21 Jordanslutning
22 Luftflödesmätare
23 Spolens effektsteg
24 Pump för sekundär luftinsprutning (endast ANB och APU)
25 Kolfilterelektromagnet

bränsletrycksregulatorn upprätthåller ett konstant bränsletryck till insprutningsventilerna och pumpar tillbaka överflödigt bränsle via returledningen. Det konstanta bränsleflödet hjälper till att sänka bränslets temperatur och förhindrar förångning.

Styrmodulen styr start och uppvärmning, samt reglering av tomgångshastigheten och lambdasonden. Tomgångshastigheten kontrolleras dels genom en elektronisk lägesmodul för gasspjället, på sidan av gasspjällshuset, och dels genom tändningssystemet. Det går inte att justera tomgångshastigheten manuellt.

Insugsluft matas till motorn via luftrenaren, som innehåller ett utbytbart pappersfilter.

Avgasernas syreinnnehåll övervakas hela tiden av motorns styrmodul via lambdasonden(-erna), som sitter på avgasgrenröret och (i vissa fall) efter katalysatorn. Styrmodulen använder sedan lambdasondens information till att justera luft/bränsleblandningen. Manuell justering av CO-innehållet i avgaserna vid tomgång är inte möjlig. En katalysator sitter monterad som en del av avgassystemet på alla modeller. Bilen har ett kontrollsystem för bränsleångor, och styrmodulen kontrollerar kolfiltret. Se kapitel 4C för mer information.

Observera att feldiagnos av de motorstyrningssystem som beskrivs i det här kapitlet endast är möjlig med särskild elektronisk testutrustning. Om det uppstår problem med systemet bör bilen därför undersökas av en VW-mekaniker eller en motorspecialist. När felet väl har identifierats, anger arbetsbeskrivningarna i följande avsnitt hur tillämpliga komponenter byts ut efter behov.

Föreskrifter

Varning: Många av procedurerna i detta kapitel kräver att bränsleslangar och anslutningar kopplas loss, vilket kan resultera i bränslespill. Läs föreskrifterna i Säkerheten främst! i början av denna handbok innan något arbete med bränslesystemet utförs, och följ dem till punkt och pricka. Slå alltid av tändningen innan arbete med bränslesystemet påbörjas. Bensin är en mycket farlig och flyktig vätska och vikten av att vidta säkerhetsåtgärder kan inte nog poängteras.

Observera: *Övertrycket kommer att vara kvar i bränsleledningarna långt efter det att bilen senast kördes. Innan någon bränsleledning kopplas loss måste bränslesystemet tryckutjämnas enligt beskrivningen i avsnitt 9.*

2.1a Lossa luftfilterkåpans fästklämmor . . .

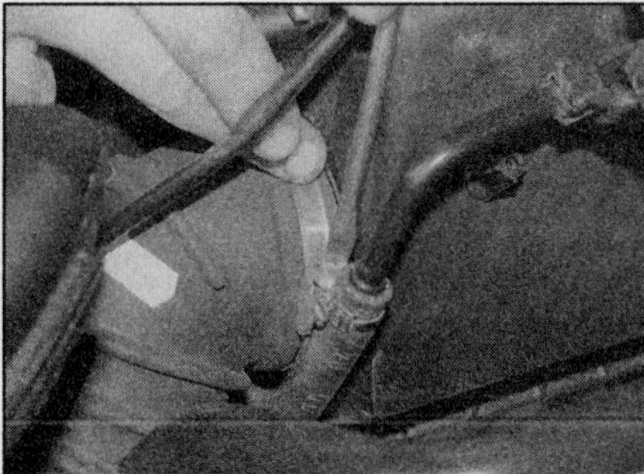

2.1b . . . och koppla loss luftkanalerna

2.1c Demontera värmeskölden, om sådan finns

2 Luftrenare och insugningskanaler – demontering och montering

Demontering

1 Demontera luftrenarkåpan och luftkanalerna, och bänd sedan upp fästklämmorna och lyft bort den övre kåpan från luftrenarhuset **(se bild)**. Observera att luftflödesmätaren sitter fäst vid den övre kåpan. På modeller med turbo, ta bort värmeskölden från luftrenarhustes sida, där sådan finns.

2 Ta bort luftfiltret (se kapitel 1A för mer information)).

3 Koppla loss vevhusventilationens slangar, där sådana finns.

4 Koppla loss kablaget från luftflödesmätaren och ta bort den övre kåpan från motorrummet. Om det behövs, ta bort luftflödesmätaren från den övre kåpan enligt beskrivningen i avsnitt 4 eller 5. På modeller med turbo, koppla loss tändningens effektsteg ovanpå luftrenarkåpan samt luftflödesmätaren som sitter på luftrenarkåpans undersida.

5 Skruva loss fästbulten och ta bort luftrenarhuset från motorrummet **(se bild)**. Om det behövs, ta bort gummifästena från huset. Kontrollera fästenas skick, och byt ut dem om det behövs.

6 På modeller utan turbo, demontera luftkanalen mellan luftrenaren och gasspjällshuset genom att lossa klämmorna **(se bilder)**.

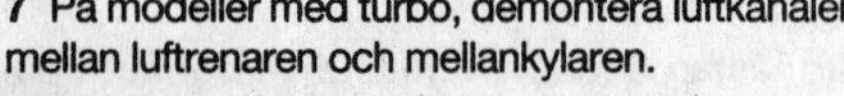

7 På modeller med turbo, demontera luftkanalen mellan luftrenaren och mellankylaren.

Montering

8 Monteringen sker i omvänd ordningsföljd mot demonteringen.

3 Gasvajer – demontering, montering och justering

Observera: *På vissa modeller finns ett elektronisk gasspjällssystem, där gasvajern har ersatts av en gaspedalslägesgivare och en gasspjällsmotor som är inbyggd i gasspjällstyrhuset. Gasspjällets läge bestäms av motorstyrmodulen.*

Demontering

1 Koppla loss gasvajern från segmentet på gasspjällshuset genom att vrida segmentet för att öppna gasspjället, och lossa sedan vajerns ändfäste **(se bild)**.

2 Notera placeringen av justeringsklammern på ringen vid vajerhöljets ände, och dra sedan ut kabeln från gummimuffen på fästet **(se bild)**. Ta bort muffen från fästet.

3 Lossa gasvajern från fästena i motorrummet.

4 Inuti bilen, demontera instrumentbrädans nedre klädselpanel/förvaringsfack under ratten.

5 Sträck in handen under instrumentbrädan och koppla loss den inre vajern ovanpå gaspedalen.

6 På modeller med automatväxellåda, koppla loss kickdown-brytarens kablage från vajerhöljet på motorrummets bakre panel i motorrummet.

7 Dra loss vajerns fästklämma på

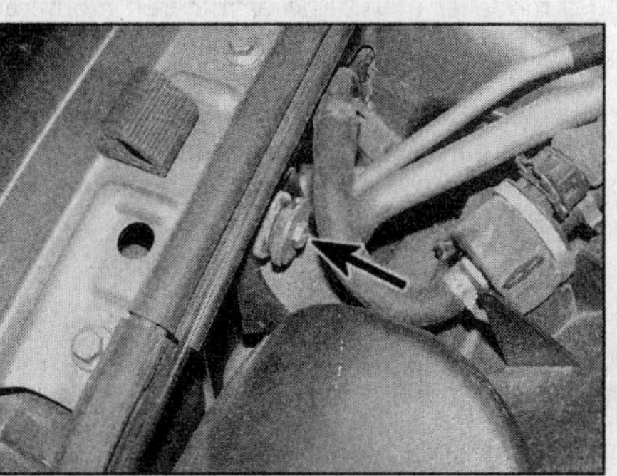

2.5 Skruva loss bulten (se pil) och ta bort luftrenarhuset från motorrummet

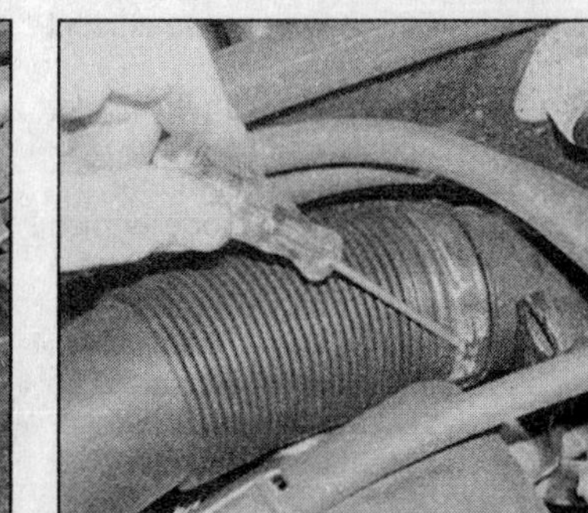

2.6a Lossa klämmorna . . .

2.6b . . . och ta bort luftkanalen mellan luftrenaren och gasspjällshuset

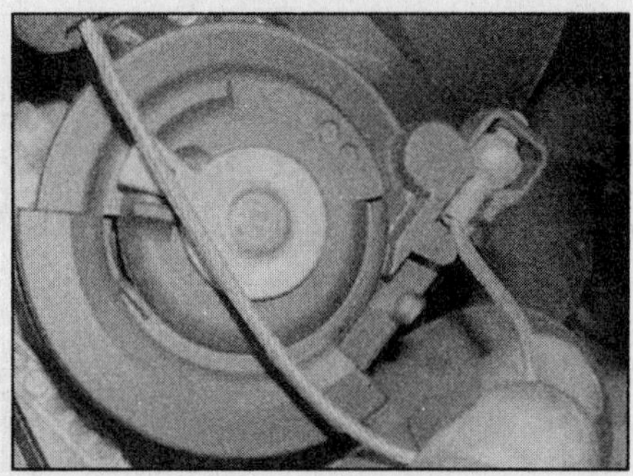

3.1 Koppla loss gasvajern från segmentet

3.2 Ta bort gasvajerns hölje från fästet

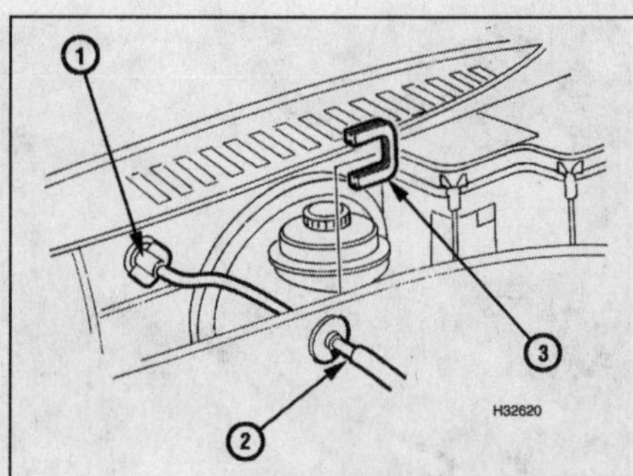

3.7a Gasvajerns hållare (1), klämma (3) och muff (2) på modeller med manuell växellåda

motorrummets bakre panel **(se bilder)**. **Observera:** *På modeller med manuell växellåda sitter klämman bakom panelen.*

8 På torpedväggen under vindrutan, vrid vajerns hållare moturs ett kvarts varv (90°) så att dess triangulära klämma passas in mot hålet, och dra sedan ut gasvajern i motorrummet och ta bort den från bilen.

Montering

9 Monteringen sker i omvänd ordningsföljd mot demonteringen, men justera vajern som följer. Se till att vajerhöljet sitter fast ordentligt i torpedväggen.

Justering

10 Justera metallklämmans läge på vajerhöljet på gasspjällshuset så att gasspjället öppnas helt, ända till ändstoppet, när gaspedalen trycks i botten **(se bild)**. När pedalen är helt uppsläppt får det vara ett spel på cirka 1 mm i den inre vajern.

11 På modeller med automatväxellåda, kontrollera att man kan höra kickdown-brytaren klicka när vajern når ändläget. En ytterligare kontroll kan göras på modeller med automatväxellåda med en ohmmätare. Koppla loss kablaget från kickdown-brytaren på gasvajern på den bakre panelen i motorrummet, och anslut en ohmmätare till de två anslutningarna. När gaspedalen är uppsläppt ska ohmmätaren visa oändligt motstånd, vilket indikerar att brytarens kontakter är separerade. Låt en medhjälpare långsamt trycka ner gaspedalen. När pedalen

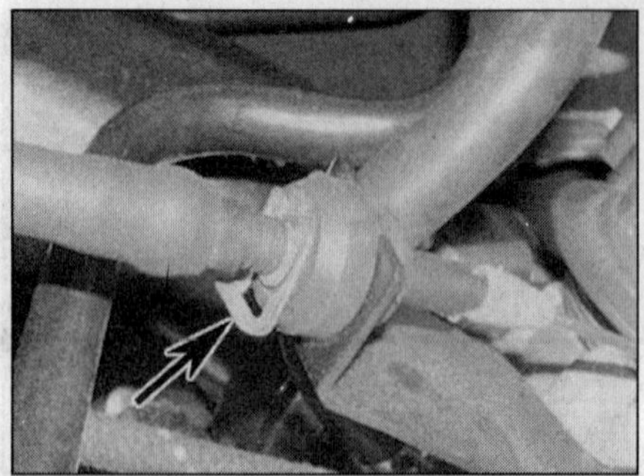

3.10 Gasvajerns justeringsklämma (arrowed)

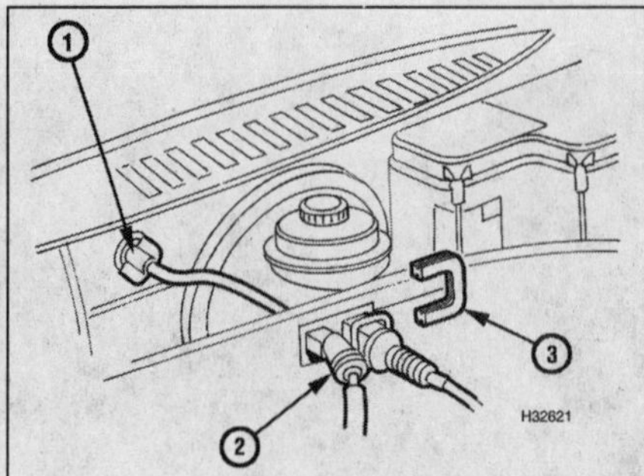

3.7b Gasvajerns hållare (1), klämma (3) och muff (2) på modeller med automatväxellåda

är nästan ända nere måste värdet vara noll motstånd, vilket indikerar att brytarens interna kontakter har slutits vid kickdown-punkten.

4 Motorstyrningssystemets komponenter, Bosch Motronic – demontering och montering

Observera: *Läs säkerhetsföreskrifterna i avsnitt 1 innan du börjar arbeta med någon del av bränslesystemet. Tändningen måste vara avstängd under hela arbetet.*

Luftmängdmätare

Demontering

1 Luftmängdmätaren sitter på eller under luftrenarens övre kåpa beroende på modell. På modeller utan turbo är mätaren monterad ovanpå, medan turbomodeller har mätaren monterad på kåpans undersida. Bänd först upp fästklämmorna, koppla loss luftkanalerna och lyft den övre kåpan från luftrenarhuset.

2 På modeller med turbo, skruva loss skruvarna och ta bort värmeskölden.

3 Koppla loss kablaget från luftflödesmätaren.

4 Skruva loss fästskruvarna och ta bort luftflödesmätaren. Ta loss packningen.

Montering

5 Monteringen sker i omvänd ordningsföljd mot demonteringen. Sätt på en ny packning eller O-ring efter tillämplighet.

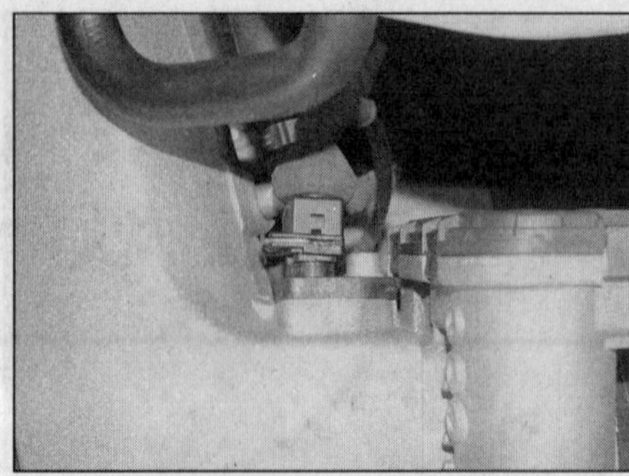

4.6 Insugningsrörets lufttemperaturgivare sitter monterad nära gasspjällshuset

Gasspjällets potentiometer

Observera: *Potentiometern är integrerad i gasspjällshuset och kan inte bytas separat.*

Lufttemperaturgivare

Demontering

6 Där sådan finns sitter givaren på insugningsröret nära gasspjällshuset **(se bild)**.

7 Koppla loss kablagekontakten från givaren.

8 Skruva loss bulten och ta bort givaren från grenröret. Givaren kan testas med en multimeter. Anslut multimeterns ledningar till givarens stifts och ställ in multimetern på motståndsmätning (ohm). När temperaturen ökar, minskar resistansen i givaren. Vid 30 °C ska resistansen vara 1500 till 2000 ohm och vid 80 °C ska resistansen vara 275 till 375 ohm. Om givarens resistans inte ligger inom dessa värden eller om den inte ändrar sig måste givaren bytas.

Montering

9 Monteringen sker i omvänd ordningsföljd mot demonteringen, och se till att använda rätt åtdragningsmoment.

Gasspjällets justerare

Observera: *Gasspjällets lägesgivare är inbyggt i gasspjällshuset och finns inte som en separat del.*

Hastighetsgivare

Demontering och montering

10 Där sådan finns är hastighetsgivaren monterad i växellådans baksida. Se kapitel 7A efter tillämplighet för anvisningar om demontering och montering. Fel på givaren måste kontrolleras av en VW-verkstad och bytas ut om så behövs.

Temperaturgivare för kylvätska

Demontering

11 Temperaturgivaren för kylvätska sitter på baksidan av topplocket på alla motorer.

12 Tappa ur ungefär en fjärdedel av kylvätskan från motorn enligt beskrivningen i kapitel 1A.

13 Koppla loss kablaget från givaren.

14 Skruva loss givaren eller dra loss fästklämman och ta bort givaren. Ta loss tätningsbricka/O-ringen. Givaren kan testas med en multimeter. Anslut multimeterns ledningar till givarens stifts och ställ in multimetern på motståndsmätning (ohm). När temperaturen ökar, minskar resistansen i givaren.Vid 30 °C ska resistansen vara 1500 till 2000 ohm och vid 80 °C ska resistansen vara 275 till 375 ohm.Om givarens resistans inte ligger inom dessa värden eller om den inte ändrar sig måste givaren bytas. **Observera:** *Vi har inga data för den givare som sitter på motorkod ADP.*

Montering

15 Monteringen sker i omvänd ordningsföljd mot demonteringen, men använd en ny bricka/O-ring. Dra åt givaren ordentligt, efter tillämplighet. Fyll på kylsystemet enligt instruktionerna i kapitel 1A.

Varvtalsgivare

Demontering

16 Varvtalsgivaren är placerad på den bakre, vänstra sidan av motorblocket, i närheten av fogytan mellan blocket och balanshjulskåpan, precis bakom oljefiltret. Tappa ur motoroljan och ta bort oljefiltret och kylaren enligt beskrivningen i kapitel 1A, om det behövs för att öka åtkomligheten.

17 Koppla loss kablagekontakten från givaren.

18 Skruva loss fästbulten och dra loss givaren från motorblocket.

Montering

19 Montera i omvänd ordningsföljd mot demonteringen. Dra åt fästbulten till angivet moment.

Gasspjällshus

Observera: *För att det nya gasspjällshuset ska fungera ordentligt måste det ställas in i förhållande till motorstyrningen med ett kontrollverktyg hos VW.*

20 På modeller med gasvajer, koppla loss gasvajern från gasspjällets spak enligt beskrivningen i avsnitt 3.

21 Lossa klämmorna och koppla loss insugningsluftkanalerna från gasspjällshuset **(se bild)**.

22 Koppla loss kablagekontakten från gasspjällets hus.

23 Notera hur vakuum- och kylvätskerören sitter (där sådana finns) och koppla loss dem från gasspjällshuset. Lossa kablaget från styrklämman om det behövs.

24 Skruva loss fästbultarna och lyft bort gasspjällshuset från insugningsröret. Ta loss och kasta packningen.

25 Gasspjällshuset kan inte demonteras ytterligare. Inga delar kan köpas separat. Om en del av gasspjällshuset är defekt måste hela enheten bytas.

4.21 Skruva loss fästklämman och koppla loss luftintagsslangen från gasspjällshuset

Montering

26 Montera i omvänd ordningsföljd mot demonteringen. Tänk på följande:

a) *Använd en ny packning mellan gasspjällshuset och insugningsröret.*

b) *Se till att alla vakuumslangar, kylvätskeslang (i förekommande fall) och elektriska kontaktdon sätts tillbaka ordentligt.*

c) *Efter tillämplighet, justera gasvajern enligt beskrivningen i avsnitt 3.*

Insprutningsventiler och bränslefördelarskena

Demontering

27 Lossa batteriets jordledning (minuspolen) (se kapitel 5A). Skruva loss fästbultarna och ta bort motorns övre skyddskåpa.

28 Koppla loss vakuumslangen från bränsletrycksregulatorn på bränslefördelarskenan **(se bild)**.

29 Ta tillfälligt bort bränsletankens påfyllningslock och sätt dit det igen för att jämna ut eventuellt övertryck/undertryck.

30 Vira en trasa runt bränsletillförselledningens anslutning över bränslefördelarskenan **(se bild)**, och ställ även en lämplig behållare under anslutningen för att fånga upp spillt bränsle. Skruva loss anslutningsmuttern medan anslutningsbulten hålls fast med en annan skiftnyckel. Låt bränslet rinna ner i behållaren. Ta bort trasan.

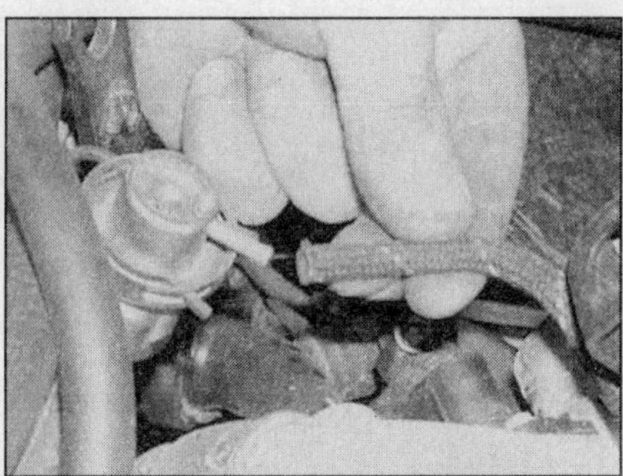

4.28 Koppla loss vakuumslangen från bränsletrycksregulatorn

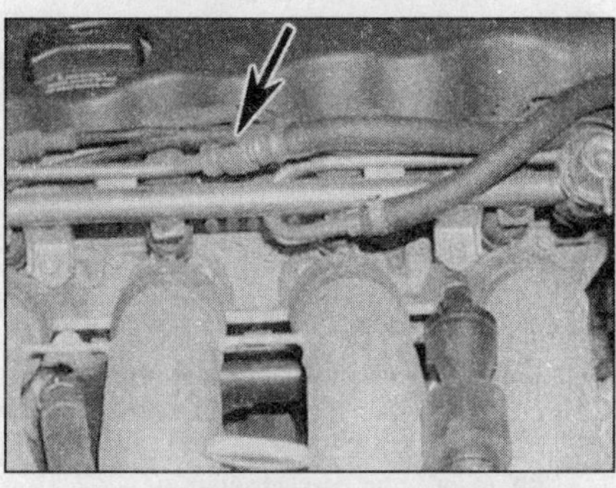

4.30 Bränsletillförselledningens anslutning (se pil)

31 Skruva loss returanslutningen och koppla loss returbränsleledningen.

32 Koppla loss kablaget från bränsleinsprutarna. Märk kablaget för att underlätta korrekt återmontering senare.

33 På motorer med dubbla överliggande kamaxlar, koppla loss kablaget från Hall-givaren.

34 Skruva loss fästbultarna och lyft sedan försiktigt bort bränslefördelarskenan tillsammans med insprutningsventilerna från insugningsröret **(se bilder)**.

4.34a Skruva loss fästbultarna, . . .

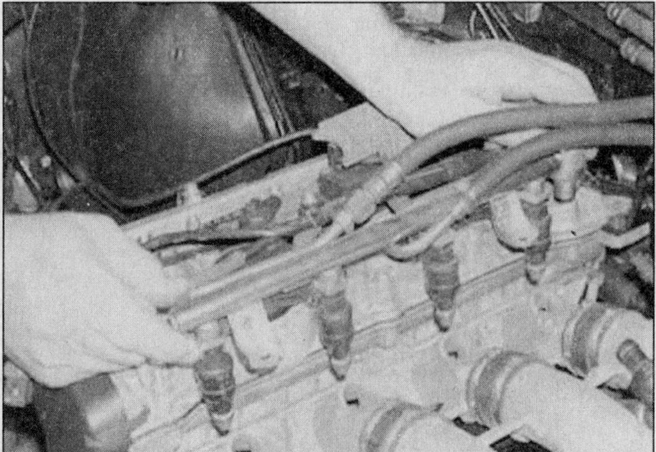

4.34b . . . och ta loss bränslefördelarskenan och insprutningsventilerna från insugningsröret

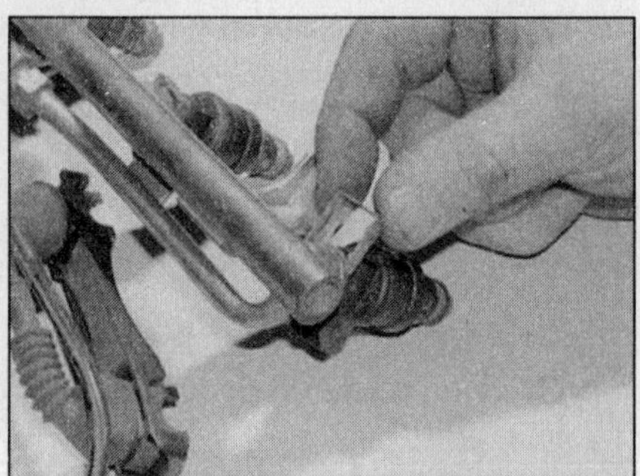
4.35a Dra loss klämman . . .

4.35b . . . och ta loss insprutningsventilerna från bränslefördelarskenan

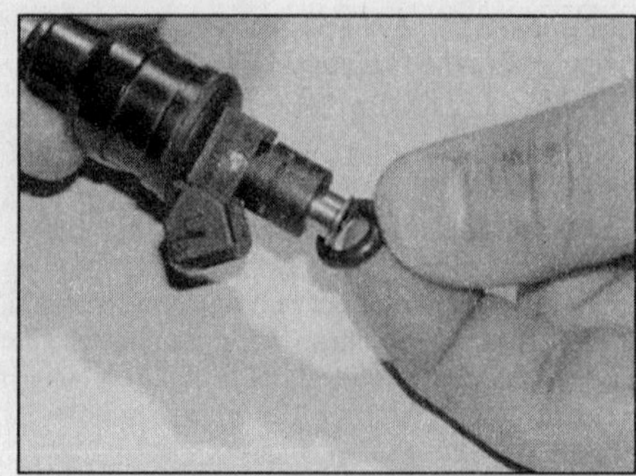
4.35c Ta loss O-ringarna från insprutningsventilerna

35 Lägg alltsammans på en arbetsbänk, dra ut klämmorna och lossa insprutningsventilerna från bränslefördelarskenan. Ta loss O-ringstätningarna **(se bilder)**.

Montering

36 Sätt tillbaka insprutningsventilerna och bränslefördelarskenan genom att följa borttagningsanvisningarna baklänges. Tänk på följande:

a) Byt insprutningsventilernas O-ringstätningar och smörj dem med lite ren motorolja innan de sätts på. När den främre O-ringen sätts på, ta inte bort plastkåpan från insprutningsventilen, utan lämna den på plats och lyft O-ringen över den.

b) Se till att insprutningsventilernas fästklämmor sitter ordentligt.

c) Kontrollera att bränsletillförsel- och returledningarna är korrekt anslutna. Kontrollera tätningsbrickorna och byt ut dem om det behövs.

d) Kontrollera att alla vakuumanslutningar och elektriska anslutningar återställs korrekt och säkert.

e) Återanslut batteriet enligt beskrivningen i kapitel 5A.

f) Avsluta med att starta motorn och leta efter bränsleläckage.

Bränsletrycksregulator

Demontering

37 Skruva loss fästbultarna och ta bort motorns övre skyddskåpa. Tryckutjämna bränslesystemet enligt beskrivningen i avsnitt 9.

38 Koppla loss vakuumslangen från tryckregulatorn **(se bild)**.

39 Placera en trasa under regulatorn för att fånga upp eventuellt bränslespill.

40 Dra ut fjäderklämman. Lyft sedan upp regulatorn från bränslefördelarskenan. Ta loss O-ringstätningarna.

Montering

41 Montera bränsletrycksregulatorn i omvänd ordningsföljd, men byt ut O-ringstätningarna och se till att regulatorns fästklämma sitter ordentligt.

Hall-givare

Observera: *Detta underavsnitt beskriver inte demontering av Hall-givaren på motorkod ADP, som sitter i fördelaren.*

Demontering

42 Demontera den yttre kamremskåpan enligt beskrivningen i kapitel 2A, avsnitt 4.

43 Lossa klämman och koppla loss kablagets multikontakt från Hall-givaren **(se bild)**.

44 Skruva loss fästbultarna och ta loss Hall-givaren från framsidan av topplocket. Ta loss packningen.

Montering

45 Monteringen sker i omvänd ordningsföljd mot demonteringen, men byt packningen och dra åt fästbultarna ordentligt.

Lambdasond(-er)

Demontering

46 På motorer utan turbo sitter lambdasonden på avgasgrenröret på höger sida om motorn **(se bild)**. På motorer med turbo finns det två lambdasonder. En sitter framtill och en baktill längst upp på katalysatorn som är ihopsatt med turboaggregatet på höger sida om motorn.

47 Lambdasondens anslutningskontakt sitter placerad på vänstra sidan av torpedväggen, under kylarens expansionskärl. Skruva loss kärlets fästskruvar, koppla loss kablaget för låg kylvätskenivå och flytta kärlet åt sidan. **Koppla inte** bort någon av kylvätskeslangarna från kärlet. Koppla loss lambdakablaget och lossa kablarna från plastfästena.

48 Skruva loss och ta bort givaren. Var försiktig så att inte givarsonden skadas när den tas bort. **Observera:** *Eftersom kablagets ledning fortfarande är ansluten till givaren kan en särskild hylsa med skåra användas för att ta bort givaren.*

Montering

49 Lägg lite antikärvningsfett på givarens gängor, men undvik att förorena sondspetsen. **Observera:** *Nya lambdasonder är ibland försedda med fästmassa på gängorna.*

50 Montera tillbaka givaren och dra åt den till angivet moment.

51 Återanslut kablaget och fäst med plastklämmorna.

Elektronisk styrenhet (ECU)

Varning: Vänta alltid i minst 30 sekunder efter att tändningen stängts av innan kablaget kopplas bort från ECU:n. När kablaget

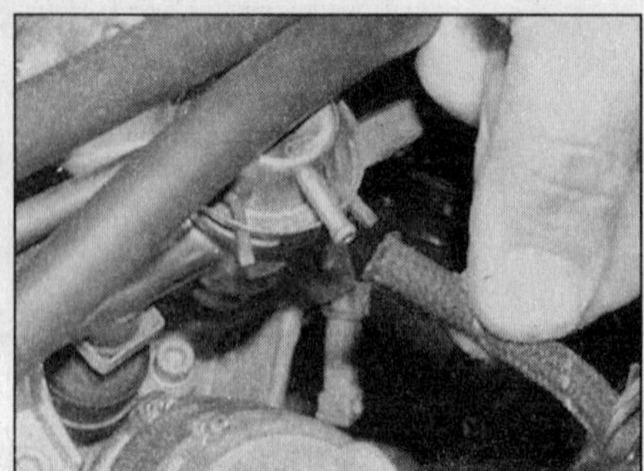
4.38 Koppla loss vakuumslangen från tryckregulatorn

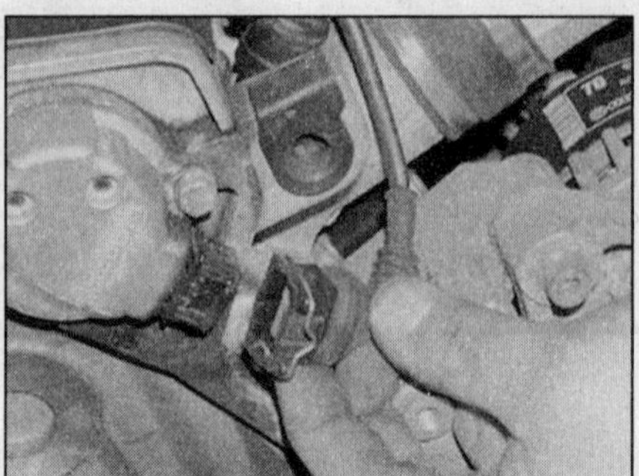
4.43 Koppla loss kontaktdonet från Hall-givaren

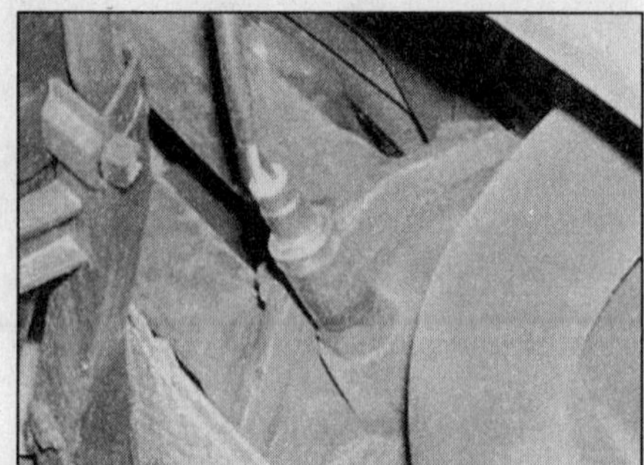
4.46 Lambdasond – motorkod ADR

4.54a Lossa skruvarna . . .

4.54b . . . och lyft av styrmodulens kåpa

kopplas loss kan alla inlärda värden raderas, även om mycket av felminnets innehåll behålls. Efter att ha återanslutit kablaget måste bilen köras flera kilometer så att den elektroniska styrmodulen kan lära in grundinställningarna. Om motorn fortfarande inte går som den ska kan grundinställningarna göras om med ett särskilt testinstrument av en VW-verkstad eller en specialutrustad verkstad. Observera även att om den elektroniska styrmodulen byts ut, måste den nya enhetens identifikation överföras till motorlåsningssystemets styrenhet av en VW-verkstad eller en specialutrustad verkstad.

Demontering

52 Styrmodulen sitter på torpedväggen i motorrummets bakre del. På högerstyrda modeller sitter den på höger sida, och på vänsterstyrda modeller sitter den till vänster.

53 Lossa batteriets jordledning (minuspolen) (se kapitel 5A).

54 Skruva loss skruvarna och lyft av kåpan **(se bilder)**. **Observera:** *På tidiga vänsterstyrda modeller finns ett hål i torpedplåten för att det ska gå att komma åt den bakre fästbulten. På senare modeller måste dock torpedplåten lossas för att det ska gå att komma åt bulten.*

55 Lossa fjäderhållaren med en skruvmejsel och lyft upp styrmodulen **(se bilder)**.

56 Bänd upp klämman och lossa kontaktdonet från styrmodulen.

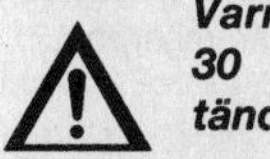

Varning: Vänta i minst 30 sekunder efter det att tändningen stängts av innan den elektroniska styrenhetens kontaktdon kopplas loss.

57 Ta bort styrmodulen från torpedväggen.

Montering

58 Monteringen sker i omvänd ordningsföljd mot demonteringen, och tryck ner klämman tills den snäpper på plats **(se bild)**. Återanslut batteriet enligt beskrivningen i kapitel 5A.

5 Motorstyrningssystemets komponenter, Simos - demontering och montering

Observera: *Läs säkerhetsföreskrifterna i avsnitt 1 innan du börjar arbeta med någon del av bränslesystemet. Tändningen måste vara avstängd under hela arbetet.*

Luftmängdmätare

Demontering

1 Lossa batteriets jordledning (minuspolen) (se kapitel 5A). Skruva också loss fästbultarna och ta bort motorns övre skyddskåpa om det behövs.

2 Lossa klämmorna och koppla loss luftkanalerna från luftflödesmätaren, på baksidan av luftrenarhuset, enligt beskrivningen i avsnitt 2.

3 Koppla loss kablagekontakten från luftflödesmätaren.

4 Ta bort fästskruvarna och ta ut mätaren ur luftrenarhuset. Ta loss O-ringstätningen.

Varning: Hantera luftflödesmätaren försiktigt, eftersom dess inre komponenter lätt skadas.

Montering

5 Montera i omvänd ordningsföljd mot demonteringen. Byt O-ringstätningen om den verkar skadad.

Gasspjällets potentiometer

6 Gasspjällets potentiometer sitter ihop med gasspjällshuset. Se informationen i relevant underavsnitt.

Lufttemperaturgivare

Demontering

7 Givaren sitter baktill till vänster på insugningsröret. **Observera:** *Från och med januari 1998 är insugsluftens temperaturgivare inbyggd i luftflödesmätaren och finns inte som en separat del.*

8 Koppla loss kablaget från givaren.

9 Skruva loss givaren från insugningsröret och ta loss O-ringstätningen.

10 Givaren kan testas med en multimeter. Koppla multimeterns ledningar till givarens anslutningar (motorkod ANA: anslutningarna 1 och 4 på givaren kontaktdon på sidan om luftflödesmätaren) och ställ in mätaren för att mäta resistans (ohm). När temperaturen ökar, minskar resistansen i givaren. Vid 30 °C ska resistansen vara 1500 till 2000 ohm och vid 80 °C ska resistansen vara 275 till 375 ohm. Om givarens resistans inte ligger inom dessa värden eller om den inte ändrar sig måste givaren bytas.

Montering

11 Monteringen sker i omvänd ordningsföljd mot demonteringen, och använd en ny O-ringstätning och dra åt givaren ordentligt.

Hastighetsgivare

12 Hastighetsgivaren sitter monterad på växellådan. Se kapitel 7A.

Temperaturgivare för kylvätska

Demontering

13 Temperaturgivaren för kylvätskan sitter i kylvätskans utloppskrök på baksidan av topplocket. Skruva loss fästbultarna och ta bort motorns övre skyddskåpa om det behövs.

14 Koppla loss kablaget från givaren.

15 Tappa ur ungefär en fjärdedel av kylvätskan ur motorn enligt instruktionerna i kapitel 1A.

4.55a Lossa fjäderhållaren . . .

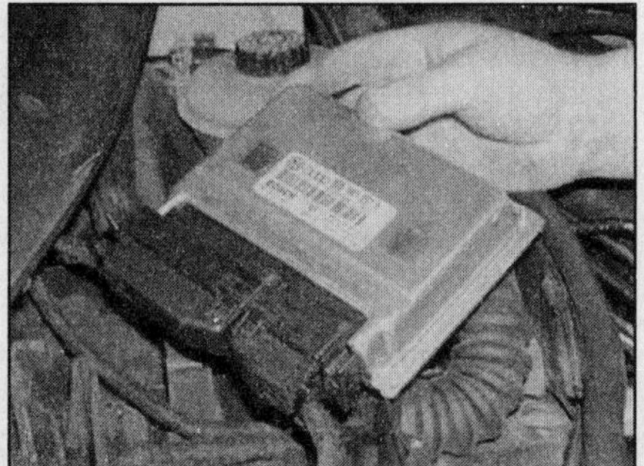
4.55b . . . för att lossa styrmodulen

4.58 Tryck ner styrmodulens fästklämma

16 Dra loss fästklämman och lyft bort givaren från kylvätskekröken. Var beredd på att kylvätska kommer att läcka ut. Ta loss O-ringen. Givaren kan testas med en multimeter. Anslut multimeterns ledningar till givarens stifts och ställ in multimetern på motståndsmätning (ohm). När temperaturen ökar, minskar resistansen i givaren. Vid 30 °C ska resistansen vara 1500 till 2000 ohm och vid 80 °C ska resistansen vara 275 till 375 ohm. Om givarens resistans inte ligger inom dessa värden eller om den inte ändrar sig måste givaren bytas.

Montering

17 Montera tillbaka givaren i omvänd ordningsföljd mot demonteringen, och använd en ny O-ring. Fyll på kylsystemet enligt instruktionerna i kapitel 1A.

Varvtalsgivare

Demontering

18 Varvtalsgivaren är placerad på den bakre, vänstra sidan av motorblocket, i närheten av fogytan mellan blocket och balanshjulskåpan, precis bakom oljefiltret. Tappa ur motoroljan och ta bort oljefiltret och kylaren enligt beskrivningen i kapitel 1A, om det behövs för att öka åtkomligheten.

19 Koppla loss kablagekontakten från givaren.

20 Skruva loss fästbulten och dra loss givaren från motorblocket.

Montering

21 Montera i omvänd ordningsföljd mot demonteringen.

Gasspjällshus

Observera: *För att det nya gasspjällshuset ska fungera ordentligt måste det ställas in i förhållande till motorstyrningen med ett kontrollverktyg hos VW.*

Demontering

22 Koppla loss gasvajern (där sådan finns) från gasspjällsarmen enligt beskrivningen i avsnitt 3.

23 Lossa klämmorna och koppla loss insugningsluftkanalen från gasspjällshuset.

24 Koppla loss kablagekontakten från gasspjällets lägesventilmodul.

25 Koppla loss vakuumslangen från porten på gasspjällshuset, och lossa sedan kabelhärvan från styrklämman.

26 Tappa ur ungefär en fjärdedel av kylvätskan ur motorn enligt instruktionerna i kapitel 1A. Lossa klämmorna och koppla loss kylvätskeslangarna från portarna på gasspjällshuset, och notera hur de är dragna.

27 Koppla loss vakuumslangen för kolfiltrets avgasreningssystem från porten på gasspjällshuset.

28 Skruva loss bultarna, och lyft sedan bort gasspjällshuset från insugningsröret. Ta loss och kasta packningen.

Montering

29 Montera i omvänd ordningsföljd mot demonteringen. Tänk på följande:

a) Använd en ny packning mellan gasspjällshuset och insugningsröret.
b) Se till att alla vakuumslangar och elektriska kontaktdon monterats tillbaka ordentligt.
c) Se kapitel 1A och fyll på kylsystemet.
d) Kontrollera gasvajern och justera vid behov.

Insprutningsventiler och bränslefördelarskena

Observera: *På motorkod ANA, för att nya insprutningsventiler ska fungera ordentligt måste de befintliga inlärda insprutarvärdena som finns lagrade i motorns styrmodul raderas med ett särskilt kontrollverktyg på en VW-verkstad. Om man inte gör det kan det medföra att motorn inte går som den ska och förorsaka sämre verkningsgrad.*

Demontering

30 Lossa batteriets jordledning (minuspolen) (se kapitel 5A). Skruva loss fästbultarna och ta bort motorns övre skyddskåpa om det behövs.

31 Koppla loss vakuumslangen från bränsletrycksregulatorn på bränslefördelarskenan.

32 Ta tillfälligt bort bränsletankens påfyllningslock och sätt dit det igen för att släppa ut eventuellt övertryck.

33 Vira en trasa runt bränsletillförselledningens anslutning över bränslefördelarskenan, och ställ även en lämplig behållare under anslutningen för att fånga upp spillt bränsle. Skruva loss anslutningsmuttern medan anslutningsbulten hålls fast med en annan skiftnyckel. Låt bränslet rinna ner i behållaren. Ta bort trasan.

34 Skruva loss returanslutningen och koppla loss returbränsleledningen.

35 Koppla loss kablaget från bränsleinsprutarna. Märk kablaget för att underlätta korrekt återmontering senare.

36 Skruva loss fästbultarna, och lyft sedan försiktigt bort bränslefördelarskenan tillsammans med insprutningsventilerna från insugningsröret.

37 Lägg alltsammans på en arbetsbänk, dra ut klämmorna och lossa insprutningsventilerna från bränslefördelarskenan. Ta loss O-ringstätningarna.

Montering

38 Sätt tillbaka insprutningsventilerna och bränslefördelarskenan genom att följa borttagningsanvisningarna baklänges. Tänk på följande:

a) Byt insprutningsventilernas O-ringstätningar om de verkar vara slitna eller skadade.
b) Se till att insprutningsventilernas fästklämmor sitter ordentligt.
c) Kontrollera att bränsletillförsel- och returslangarna är korrekt anslutna. Kontrollera tätningsbrickorna och byt ut dem om det behövs.
d) Kontrollera att alla vakuumanslutningar och elektriska anslutningar återställs korrekt och säkert.
e) Ateranslut batteriet enligt beskrivningen i kapitel 5A.
f) Avsluta med att starta motorn och leta efter bränsleläckage.

Bränsletrycksregulator

Demontering

39 Skruva loss fästbultarna och ta bort motorns övre skyddskåpa om det behövs. Tryckutjämna sedan bränslesystemet enligt beskrivningen i avsnitt 9.

40 Koppla loss vakuumslangen från tryckregulatorn.

41 Placera en trasa under regulatorn för att fånga upp eventuellt bränslespill.

42 Dra ut fjäderklämman. Lyft sedan upp regulatorn från bränslefördelarskenan. Ta loss O-ringstätningarna.

Montering

43 Montera bränsletrycksregulatorn i omvänd ordningsföljd, men byt ut O-ringstätningarna och se till att regulatorns fästklämma sitter ordentligt.

Hall-givare

Demontering

44 Ta bort kamaxeldrevet enligt beskrivningen i kapitel 2A.

45 Notera Hall-givarens plats och, om det behövs, märk den i förhållande till topplocket. Koppla loss kablaget från givaren.

46 Skruva loss den bakre kamremskåpan från topplocket.

47 Skruva loss resten av bultarna och ta bort Hall-givaren från topplocket.

Montering

48 Monteringen sker i omvänd ordningsföljd mot demonteringen. Se till att givarens basplatta är centrerad innan fästbultarna dras åt.

Lambdasond

Observera: *På motorkod ANA, för att en ny lambdasond ska fungera ordentligt måste de befintliga inlärda värdena som finns lagrade i motorns styrmodul raderas med ett särskilt kontrollverktyg på en VW-verkstad. Om man inte gör det kan det göra att motorn inte går som den ska och förorsaka sämre verkningsgrad.*

Demontering

49 Lambdasonden(-erna) sitter på avgasgrenröret på höger sida av motorn. Motorkod ANA har två lambdasonder, en på framsidan och en på baksidan av katalysatorn.

50 Lambdasondens anslutningskontakt sitter placerad på vänstra sidan av torpedväggen, under kylarens expansionskärl.

51 Skruva loss kärlets fästskruvar, koppla loss kablaget för låg kylvätskenivå och flytta kärlet åt sidan. **Koppla inte** bort någon av kylvätskeslangarna från kärlet.Koppla loss lambdakablaget och lossa kablarna från plastfästena.

52 Skruva loss och ta bort givaren. Var försiktig så att inte givarsonden skadas när

den tas bort. **Observera:** *Eftersom kablagets ledning fortfarande är ansluten till givaren kan en särskild hylsa med skåra användas för att ta bort givaren.*

Montering

53 Lägg lite antikärvningsfett på givarens gängor, men undvik att förorena sondspetsen. **Observera:** *Nya lambdasonder är ibland försedda med fästmassa på gängorna.*

54 Montera tillbaka givaren och dra åt den till angivet moment.

55 Återanslut kablaget och fäst med plastklämmorna.

Elektronisk styrenhet (ECU)

Varning: Vänta alltid i minst 30 sekunder efter det att tändningen stängts av innan kablaget kopplas bort från ECU:n. När kablaget kopplas loss raderas alla inlärda värden, även om mycket av felminnets innehåll behålls. När kablaget har återanslutits kan grundinställningarna återställas med hjälp av ett särskilt kontrollinstrument av en VW-verkstad eller en specialutrustad verkstad. Observera även att om den elektroniska styrmodulen byts ut måste den nya enhetens identifikation överföras till motorlåsningssystemets styrenhet av en VW-verkstad eller en specialutrustad verkstad.

Demontering

56 Styrmodulen sitter på torpedväggen i motorrummets bakre del. På högerstyrda modeller sitter den på höger sida, och på vänsterstyrda modeller sitter den på vänster sida.

57 Lossa batteriets jordledning (minuspolen) (se kapitel 5A).

58 Skruva loss skruvarna och lyft av kåpan. **Observera:** *På tidiga vänsterstyrda modeller finns ett hål i torpedplåten för att det ska gå att komma åt den bakre fästbulten. På senare modeller måste dock torpedplåten lossas för att det ska gå att komma åt bulten.*

59 Lossa fjäderhållaren och lyft upp styrmodulen.

60 Bänd upp klämman och lossa kontaktdonet från styrmodulen.

Varning: Vänta i minst 30 sekunder efter det att tändningen har stängts av innan den elektroniska styrenhetens kontaktdon kopplas loss.

61 Ta bort styrmodulen från torpedväggen.

Montering

62 Montera i omvänd ordningsföljd mot demonteringen. Återanslut batteriet enligt beskrivningen i kapitel 5A.

6 Bränslefilter – byte

Observera: *Innan arbete utförs på bränslesystemets komponenter, observera föreskrifterna i avsnitt 1.*

1 Bränslefiltret sitter under bilens bakre del, framför bränsletanken **(se bild)**. För att komma åt filtret, klossa framhjulen och lyft sedan upp bakvagnen och ställ den på pallbockar.

2 Tryckutjämna bränslesystemet enligt beskrivningen i avsnitt 9.

3 Om sådana finns tillgängliga, sätt på slangklämmor på filtrets inmatnings- och utloppsslangar. Dessa är inte absolut nödvändiga, men även med systemet tryckutjämnat kommer en viss mängd bensin att finnas kvar i rören (och det gamla filtret), och denna kommer att rinna ut när rören kopplas loss. Även med slangklämmor påsatta kommer det gamla filtret att innehålla en viss mängd bränsle, så ha några trasor till hands att suga upp utspillt bränsle med.

4 Lossa slangklämmorna och ta loss slangarna från filtret. Om klämmor som kläms ihop används, kasta dem och använd sådana som skruvas ihop vid återmonteringen. Om bränsleslangarna visar tecken på åldrande eller sprickor, särskilt vid ändarna eller där de går in i metallskoningen, måste de bytas.

5 Innan filtret demonteras, notera eventuella flödesriktningsmarkeringar på filterhuset, och jämför med det nya filtret. Pilen ska peka i bränslets flödesriktning (mot fronten av bilen).

6 Det kan vara möjligt att dra loss filtret från fästet i detta läge, men om det sitter hårt, skruva då loss fästet från underredet och ta loss filtret på en arbetsbänk.

7 Sätt det nya filtret på plats, med flödesriktningspilen rättvänd. Med filtret i fästet, sätt i och dra åt fästbultarna.

8 Återanslut bränsleslangarna, med nya klämmor om det behövs. Se till att smuts inte kommer in i slangarna eller filteranslutningarna. Ta bort slangklämmorna.

9 Starta motorn, och tänk på att det kan ta lite längre tid än normalt eftersom trycket i systemet måste byggas upp och filtret fyllas med bränsle. Låt motorn gå i flera minuter och leta samtidigt efter läckor. Stäng sedan av den.

Varning: Gör dig av med filtret på ett säkert sätt. Det är mycket lättantändligt och kan explodera om man kastar det i eld.

7 Bränslepump och bränslemätarens givare – demontering och montering

Observera: *Innan arbete utförs på bränslesystemets komponenter, observera föreskrifterna i avsnitt 1. Ett speciellt VW-verktyg krävs för att skruva loss den inre delen av skvalpskottshuset.*

Demontering

1 Bränslepumpen och bränslemätarens givare sitter ihop och är monterade i bränsletanken. Man kommer åt dem via en lucka i golvet i bagageutrymmet. Om enheten demonteras exponeras tankens innehåll för luft. Var extremt försiktig för att undvika brand. Utrymmet inne i och utanför bilen måste vara väl ventilerat så att inte bränsleångor ackumuleras. Ta om möjligt bort bränsletanken när den är nästan tom. Alternativt, sifonera ut bränslet från tanken och häll det i en lämplig behållare.

2 Tryckutjämna bränslesystemet enligt beskrivningen i avsnitt 9.

3 Se till att bilen står på plant underlag, och koppla sedan ur batteriets jordkabel (minuspol) (se kapitel 5A).

4 Ta bort klädselpanelen från bagageutrymmet enligt instruktionerna i kapitel 11, avsnitt 32.

5 Skruva loss åtkomstluckans skruvar och lyft bort luckan från golvplåten **(se bild)**.

6 Koppla loss kontaktdonet från pumpen/givaren **(se bild)**.

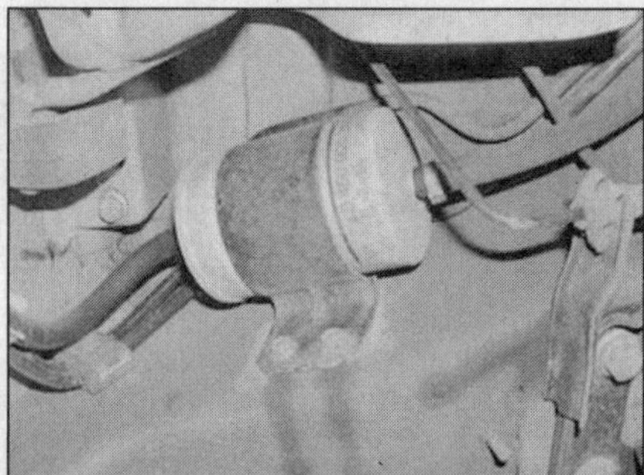

6.1 Bränslefiltret sitter under bakvagnen

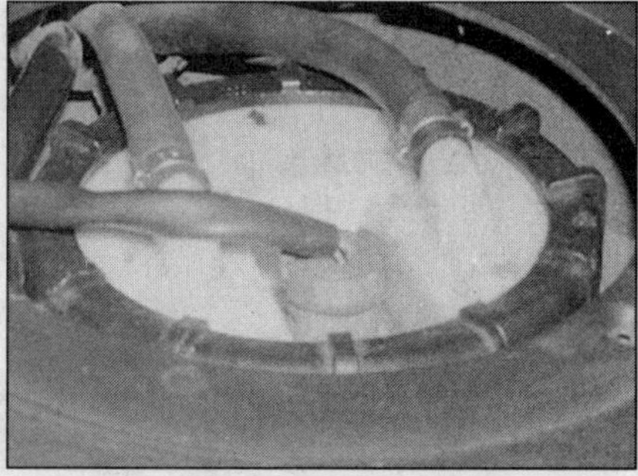

7.5 Ta bort täckluckan för att komma åt bränsletankens övre lock

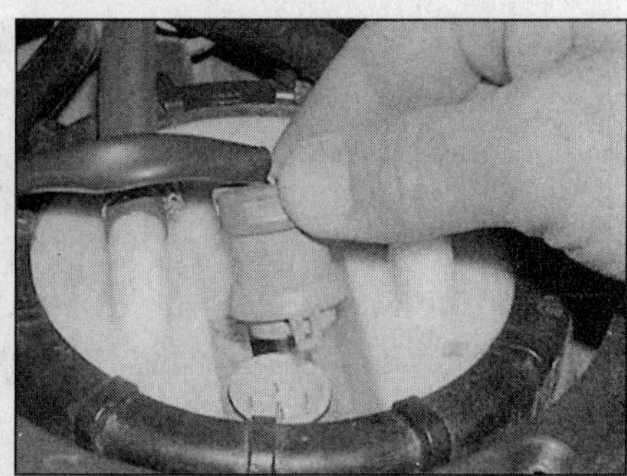

7.6 Koppla loss anslutningskontakten

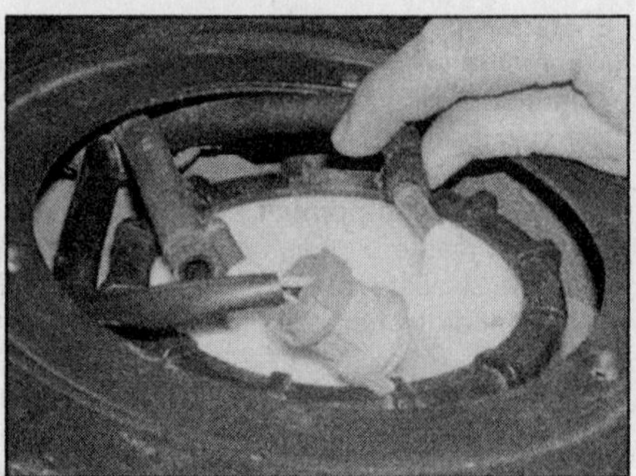

7.7 Koppla loss bränsletillförsel- och returslangarna

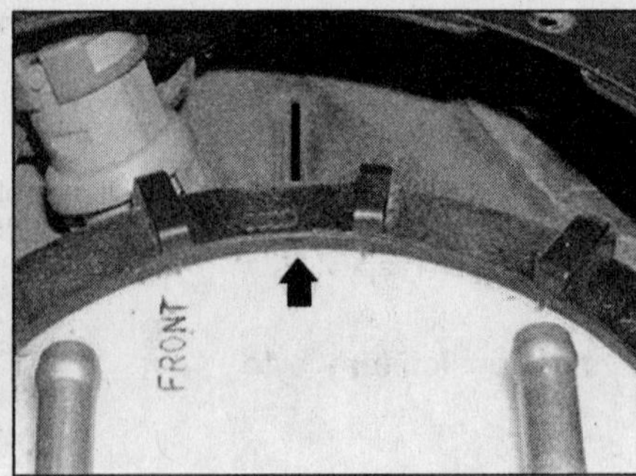

7.8a Notera inställningsskruvarna

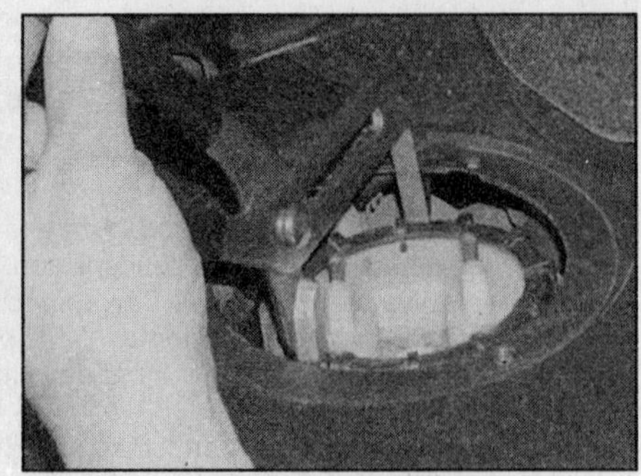

7.8b Lossa plastringen med en stor kylvätskepumptång

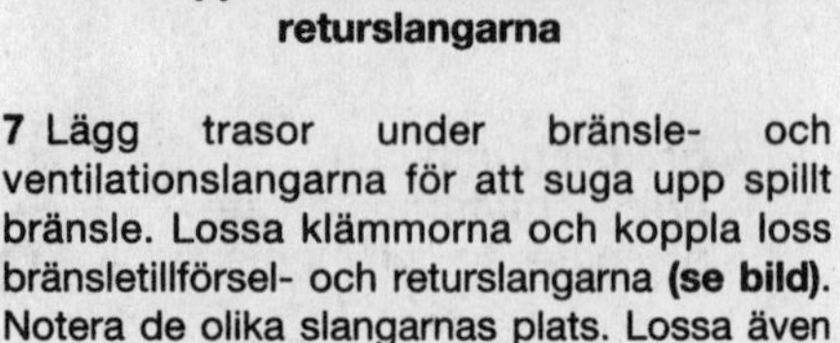

7 Lägg trasor under bränsle- och ventilationslangarna för att suga upp spillt bränsle. Lossa klämmorna och koppla loss bränsletillförsel- och returslangarna **(se bild)**. Notera de olika slangarnas plats. Lossa även rören från klämmorna på fästringen.

8 Notera pilarnas och fästringens plats, och skruva sedan loss plastringen som håller fast pumpen/givaren i tanken. VW-mekaniker använder ett specialverktyg för att skruva loss ringen. Man kan dock att använda två skruvmejslar som hakas fast i urtagen och korsas över varandra. Eller använd en stor kylvätskepumptång **(se bilder)**.

9 Ta bort flänsen och tätningen från bränsletankens öppning.

10 Koppla loss kablaget till bränslemätarens givare och lossa det från flänsens insida **(se bild)**.

11 Kläm ihop ringen och dra loss bränslereturröret från flänsens nederdel **(se bild)**.

12 Vrid skvalpskottshusets inre del moturs ungefär 15°, och lyft sedan ut bränslepumpen tillsammans med skvalpskottshusets inre del **(se bild)**. VW-mekaniker använder ett specialverktyg som hakar i urtagen längst upp på bränslepumpen, och det rekommenderas att detta verktyg införskaffas, om så är möjligt. Det kan gå att använda något annat verktyg, men plasten är mycket böjlig och kan lätt gå sönder. Om bränslepumpen ska bytas, töm ur allt bränsle från den gamla pumpen. Flänsen kan tas bort från bränslepumpen, om det behövs, genom att klämman lossas och mellanmatningsröret kopplas loss, men notera hur röret sitter monterat så att det kan monteras tillbaka rätt.

13 Demontera bränslemätarens givare genom att sträcka in handen i bränsletanken och trycka ner fasthållningsfliken på sidan av skvalpskottshuset. Lyft försiktigt ut givaren **(se bilder)**.

14 Undersök flottören på givarens svängarm och leta efter hål och bränsle som läckt in. Byt den om den verkar skadad. Undersök gummitätningen i bränsletanksöppningen och byt ut den om det behövs. Undersök givarenhetens svängarm och spåret. Torka bort eventuell smuts och skräp som kan ha samlats och leta efter sprickor i spåret.

Montering

15 Sätt i bränslemätarens givare i skvalpskottshuset och tryck in den tills den fäster i fästklämman.

16 Om flänsen har tagits bort från

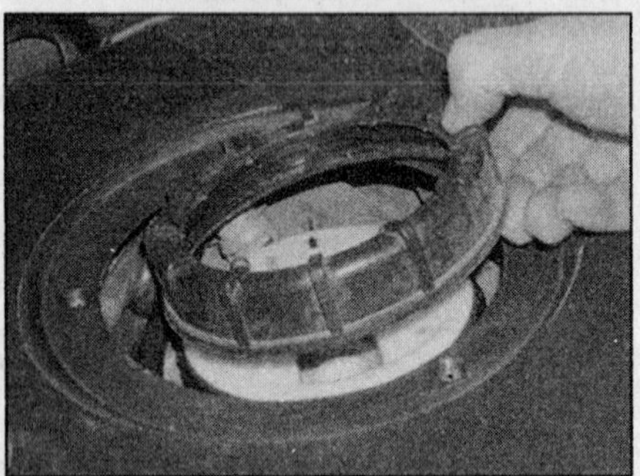

7.8c Ta bort plastringen

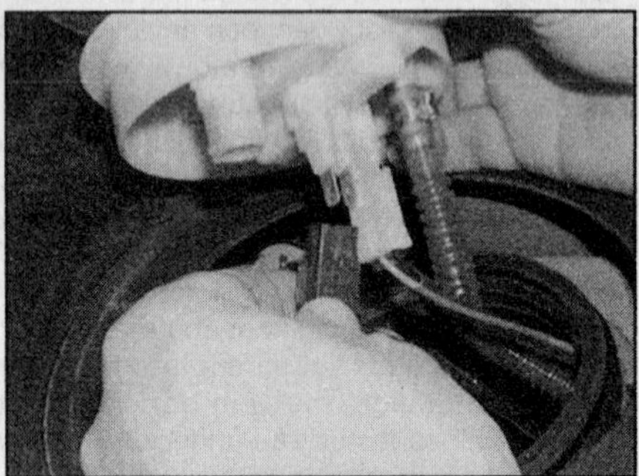

7.10 Koppla loss kablaget till bränslemätarens givare från flänsens undersida

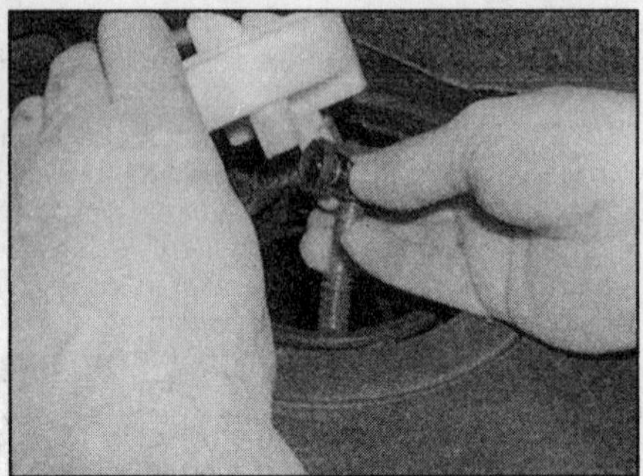

7.11 Koppla loss bränslereturröret från flänsens undersida

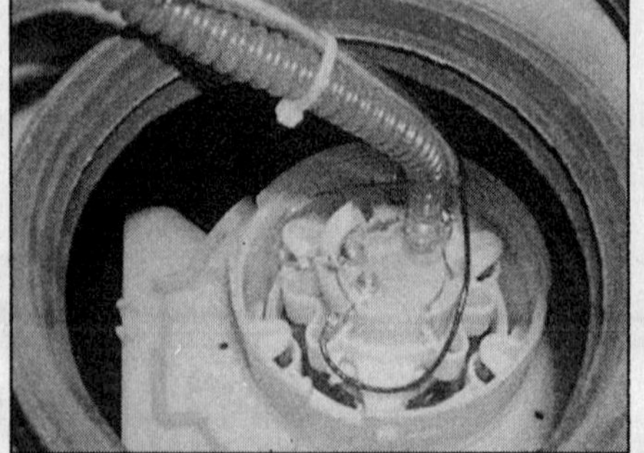

7.12 Skvalpskottshusets inre del sedd genom bränsletankens ovansida

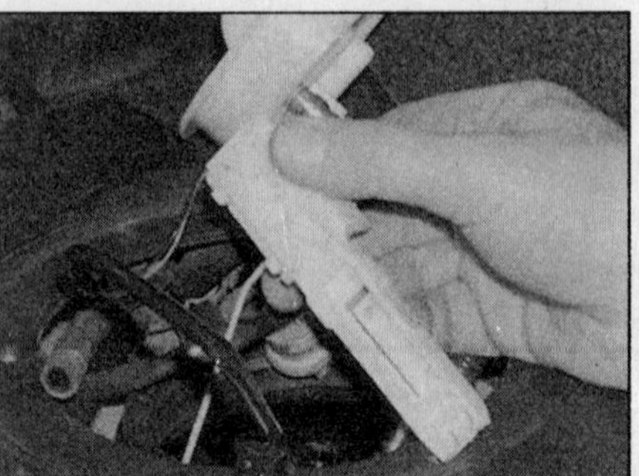

7.13a Ta bort bränslemätarens givare från bränsletanken

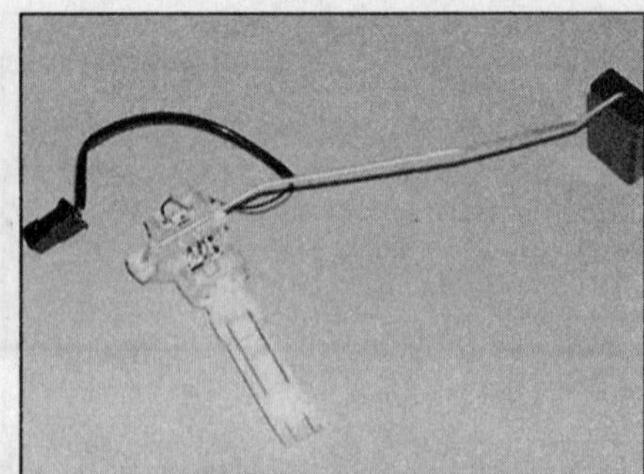

7.13b Bränslemätarens givare borttagen från bränsletanken

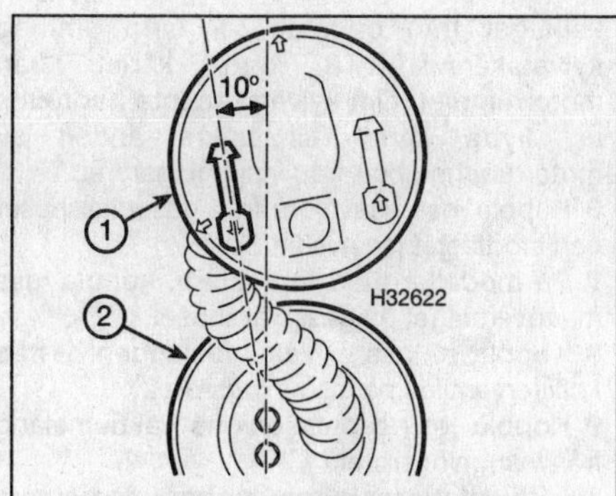

7.16 Sätt röret på flänsen

1 Fläns
2 Skvalpskottshusets inre del

bränslepumpen, återanslut mellanmatningsröret och dra åt klämman. Sätt röret på plats **(se bild)**.

17 Sätt i bränslepumpen och det inre skvalpskottshuset i det yttre skvalpskottshuset så att urtaget i den övre kanten är inpassad mot det första märket på huset. Tryck ner bränslepumpen/huset med en skiftnyckel och vrid det medurs tills det är inpassat mot det andra märket på huset.

18 Återanslut bränslereturröret till flänsens nederdel.

19 Anslut kablaget för bränslemätarens givare till flänsens insida, och återanslut det till flänsens nederdel. Kablaget måste vara virat ett varv runt bränslereturröret.

20 Smörj den nya gummitätningen med rent bränsle, och sätt den sedan på flänsen och sätt tillbaka flänsen i tanköppningen.

21 Montera tillbaka fästringen, och skruva sedan på och dra åt plastringen. För att säkerställa att inställningspilarna sitter mittemot varandra när ringen är åtdragen vrider man flänsen lite moturs samtidigt som man drar åt ringen.

22 Återanslut bränsletillförsel- och returslangarna och spänn klämmorna.

23 Återanslut kontaktdonet till pumpen/givaren.

24 Sätt tillbaka åtkomstluckan och dra åt skruvarna.

25 Sätt tillbaka mattan på bagageutrymmets golv.

26 Återanslut batteriets minusledning (jord) (se kapitel 5A).

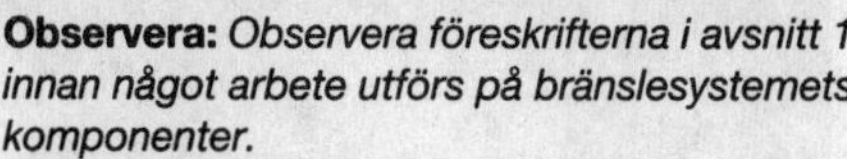

8 Bränsletank - demontering och montering

Observera: *Observera föreskrifterna i avsnitt 1 innan något arbete utförs på bränslesystemets komponenter.*

Demontering

1 Innan tanken kan tas bort måste den tömmas på bränsle så långt det är möjligt. Eftersom det inte finns någon avtappningsplugg bör tanken tas bort när den

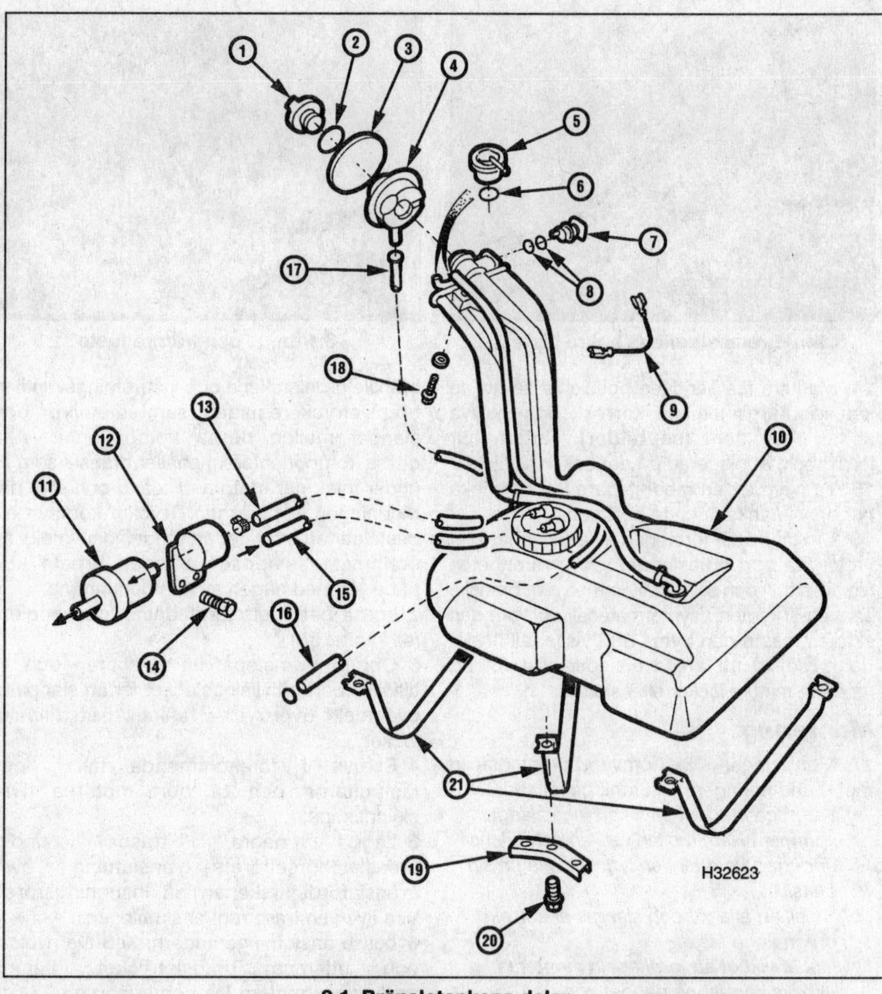

8.1 Bränsletankens delar

1 Påfyllningslock
2 Packning
3 Fasthållningsring
4 Gummikåpa
5 Tyngdkraftsventil
6 O-ringstätning
7 Luftningsventil
8 O-ringstätningar
9 Jordledning
10 Bränsletank
11 Bränslefilter
12 Fästbygel
13 Bränslematning till bränslefördelarskena
14 Bult
15 Bränsleretur från bränslefördelarskena
16 Ventilrör till kolfilter
17 Spillslang
18 Bult
19 Fästbygel
20 Bult
21 Bränsletankens fästband

är nästan tom. Alternativt, sifonera eller handpumpa ut bränslet ur tanken till en lämplig säker behållare **(se bild)**.

2 Lossa batteriets jordledning (minuspolen) (se kapitel 5A).

3 Ta bort klädselpanelen från bagageutrymmet enligt instruktionerna i kapitel 11, avsnitt 32.

4 Skruva loss åtkomstluckans skruvar och lyft bort luckan från golvplåten.

5 Koppla loss kontaktdonet från pumpen/givaren. **Koppla inte** loss bränsletillförsel- och returslangarna.

6 Öppna bränsletankens påfyllningslock och torka rent området runt påfyllningsröret. Bänd försiktigt ut klämringen från påfyllningsrörets gummikopp med en skruvmejsel.

7 Tryck gummikoppen genom hålet i karossen.

8 Klossa framhjulen. Lyft sedan upp bakvagnen och ställ den på pallbockar (se *Lyftning och stödpunkter*). Demontera höger bakhjul.

9 Demontera högra bakre innerskärmen.

10 Skruva loss bulten som håller fast påfyllningsröret och skyddsplåten vid karossen. Observera att bulten även fäster jordkabeln.

11 Om en sådan finns, demontera underredets bakre stänkskydd framför bakaxeln.

12 Identifiera matnings- och returslangarnas platser på tankens framsida, och slangen till kolfiltret på underredet. Lossa klämmorna och koppla loss slangarna. Var beredd på visst bränslespill genom att placera en behållare under tanken.

13 Stöd bränsletanken på en garagedomkraft med en träkloss emellan.

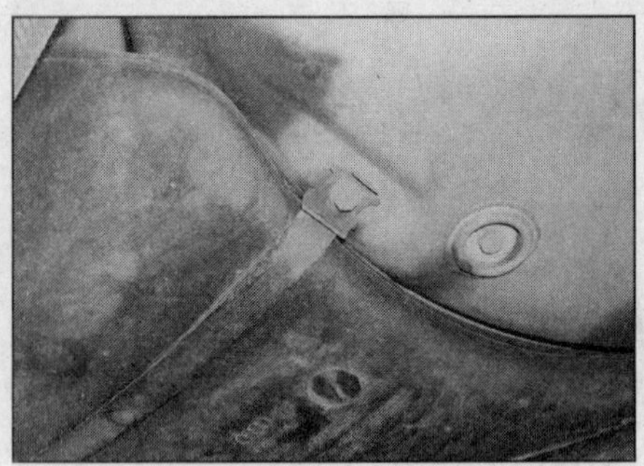

8.14a Bränsletankens bakre fäste . . .

8.14b . . . och främre fäste

14 Markera fästbandens positioner så att de kan monteras tillbaka korrekt, och skruva sedan loss dem **(se bilder)**. Notera hur jordkabeln är placerad på det bakersta fästet.

15 Ta hjälp av en medhjälpare för att sänka ner bensintanken och ta bort den.

16 Om tanken är förorenad av avlagringar eller vatten, ta bort bränslepumpen/ givarenheten (se avsnitt 7) och skölj tanken med rent bränsle. Tanken är gjuten i syntetmaterial, och om den skadas måste den bytas ut. I vissa fall är det dock möjligt att anlita en specialist för att reparera mindre läckor eller skador.

Montering

17 Monteringen sker i omvänd ordningsföljd mot demonteringen, och tänk på följande:

a) *Var noga med att se till att inga slangar kommer i kläm mellan tanken och bilens underrede när tanken lyfts tillbaka på sin plats.*

b) *Se till att alla rör och slangar är korrekt dragna och fästa.*

c) *Det är viktigt att jordkabeln monteras tillbaka korrekt på bandet och påfyllningsröret. Anslut en ohmmätare mellan metallringen på påfyllningsröret och en bit metall på karossen. Kontrollera att resistansen är noll.*

d) *Dra åt bultarna till tankens fästband.*

e) *Avsluta med att fylla på tanken med bränsle och gör en noggrann kontroll avseende läckage innan bilen tas ut i trafiken.*

f) *Återanslut batteriet enligt beskrivningen i kapitel 5A.*

9 Bränsleinsprutningssystem – tryckutjämning

Observera: *Observera föreskrifterna i avsnitt 1 innan något arbete utförs på bränslesystemets komponenter.*

Varning: Följande procedur utjämnar bara trycket i bränslesystemet. Kom ihåg att det fortfarande finns bränsle kvar i systemets komponenter och vidta nödvändiga säkerhetsåtgärder innan någon del kopplas loss.

1 Det bränslesystem som avses i detta avsnitt består av bränslepump och givare monterade på tanken, bränslefilter, bränslefördelarskena och insprutningsventiler, bränsletrycksregulator samt metallrör och slangar mellan dessa komponenter. Alla dessa komponenter innehåller bränsle som är under tryck när motorn är igång och/eller när tändningen är påslagen. Trycket kommer att bestå ett tag efter det att tändningen vridits av och måste släppas ut innan arbete kan påbörjas med någon av komponenterna.

2 Lossa batteriets jordledning (minuspolen) (se kapitel 5A).

3 Öppna bränslepåfyllningsklaffen och ta tillfälligt bort påfyllningslocket för att släppa ut eventuellt övertryck i tanken. Sätt tillbaka locket.

4 Skruva i förekommande fall loss fästbultarna och ta bort motorns övre skyddskåpa.

5 Lägg några trasor under bränsletillförselrörets anslutning över bränslefördelarskenan på insugningsröret. Vira även en trasa runt anslutningen.

6 Lossa anslutningsmuttern med två nycklar och utjämna bränsletrycket. Lämna anslutningsmuttern lös och trasorna på plats medan du arbetar med bränslesystemet.

7 Avsluta med att dra åt anslutningsmuttern med de två nycklarna.

10 Insugningsrör – demontering och montering

Observera: *Observera föreskrifterna i avsnitt 1 innan något arbete utförs på bränslesystemets komponenter.*

Demontering

1 Lossa batteriets jordledning (minuspolen) (se kapitel 5A).

2 Skruva i förekommande fall loss fästbultarna och ta bort motorns övre skyddskåpa/-kåpor.

3 Töm kylsystemet enligt beskrivningen i kapitel 1A. Alternativt på modeller utan turbo, sätt på slangklämmor på de två slangarna som leder till gasspjällshuset.

4 Om kylvätskan har tappats ur, lossa klämmorna och koppla loss de två kylvätskeslangarna från kylvätskans expansionskärl på vänster sida av motorn.

5 Skruva loss skruvarna och lyft bort expansionskärlet, och koppla sedan loss kablaget från brytaren för larm om låg kylvätskenivå. Ta bort kärlet från motorrummet. Om kylvätskan inte har tömts ur, flytta kärlet till bakre änden av motorrummet, bort från insugningsröret.

6 Koppla loss gasvajern från gasspjällshuset och stödfästet (se avsnitt 3).

7 På modeller med farthållare, koppla loss manöverstaget på gasspjällshuset.

8 Koppla loss vakuumslangen från kolfilterventilen på insugningsröret.

9 Koppla loss bromsservons vakuumslang från insugningsröret.

10 På modeller utan turbo, demontera luftintagskanalen mellan luftrenaren och gasspjällshuset, och, om det behövs, koppla även loss vevhusventilationens slang. Ta bort kanalen från motorrummet.

11 På modeller med turbo, lossa klämman och koppla loss insugningskanalen från gasspjällshuset på vänster sida av motorn.

12 Koppla loss kablaget och bränsletrycksregulatorns slang från gasspjällshuset. Lossa klämmorna och koppla loss kylvätskeslangarna från gasspjällshuset, om det inte redan har gjorts. Demontera gasspjällshuset från insugningsröret enligt beskrivningen i avsnitt 4 eller 5.

13 På motorkod AHL (fram till januari 1998), ANB, APU och AEB, koppla loss kablaget från lufttemperaturgivaren.

14 På motorkod APT, ARG och ADR, koppla loss kablaget från lufttemperaturgivare och insugningsrörets omkastningsventil.

15 På motorkod AHL (från januari 1998), ANA och ARM, koppla loss kablaget från insugningsrörets omkastningsventil.

16 Skruva loss bränslefördelarskenans fästbultar, och ta sedan försiktigt bort bränslefördelarskenan och insprutningsventilerna från insugningsröret och flytta dem till baksidan av motorrummet på en ren trasa. I förekommande fall, koppla loss kablaget från Hall-givaren på motorns framsida.

17 På motorkod ADP, skruva loss det övre kylvätskeröret ovanpå insugningsröret, och lossa sedan klämmorna och koppla loss slangarna från rörets båda ändar. Ta bort röret från motorn.

18 På motorkod AEB, ANB och APU, koppla loss slangarna från det övre kylvätskeröret, och skruva sedan loss röret från

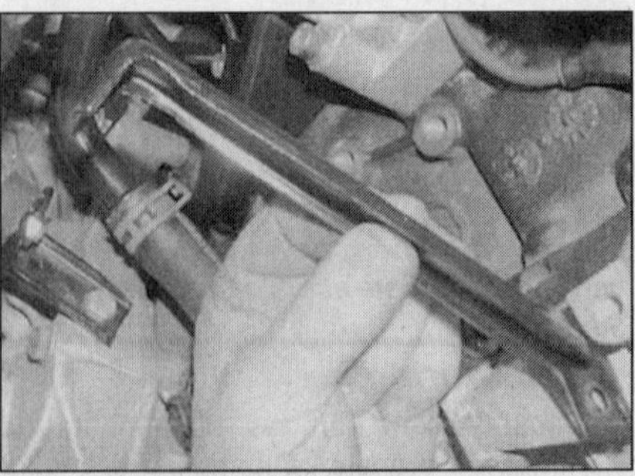

10.19 Ta bort stödfästet från insugningsröret

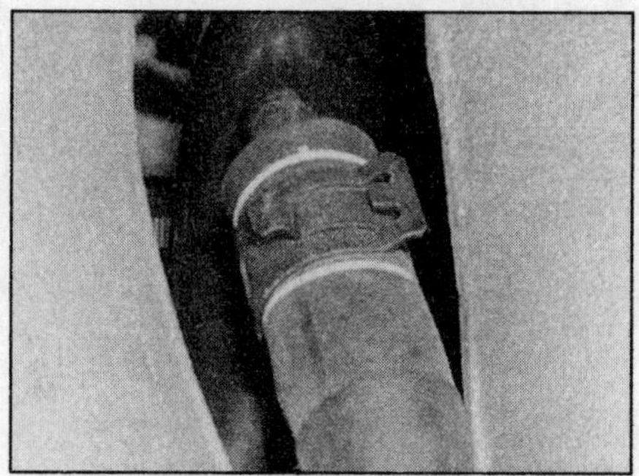
10.20 På 1,8-litersmotorer sitter kylvätskeslangen mellan insugningsrörets delrör

10.21a Skruva loss muttrarna och bultarna . . .

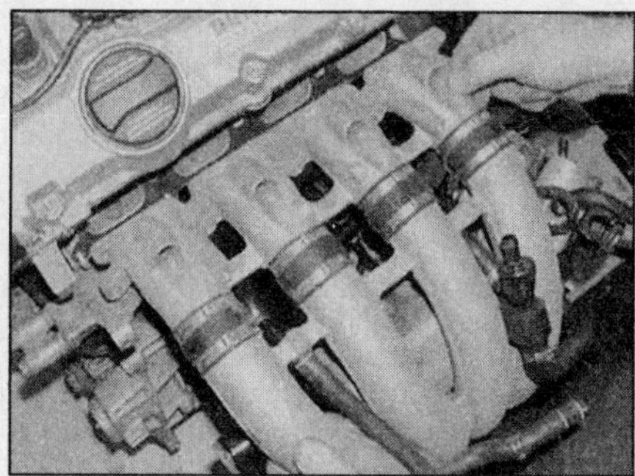
10.21b . . . och ta loss insugningsröret från topplocket . . .

insugningsröret och flänsen på baksidan av topplocket.

19 Skruva loss bultarna/muttrarna som håller fast stödfästena vid insugningsröret. Skruva även loss muttrarna från fästgummina **(se bild)**.

20 Dra ut mätstickan för motorolja från röret. På alla 1,8-litersmotorer, notera kylvätskeslangens plats mellan de mittersta rören på insugningsröret **(se bild)**.

21 Skruva loss muttrarna och bultarna som håller fast insugningsröret vid topplocket. Ta loss insugningsröret och ta loss packningen **(se bilder)**.

22 På motorkod ADR och ANA är insugningsröret monterat med gummibussningar mellan röret och flänsen. Om det behövs, lossa fästklämmorna och lirka insugningsröret från bussningarna. Bussningarna måste bytas om de spricker eller skadas.

23 Vakuumstyrelementet och/eller styrelektromagneten för det variabla insugningsröret kan tas bort med insugningsröret på plats (genom att koppla loss vakuumslangarna och anslutningskontakten samt skruva loss fästskruvarna). Men för att ta bort omkastningscylindern måste insugningsröret tas bort **(se bild)**.

Montering

24 Monteringen sker i omvänd ordningsföljd mot demonteringen, och tänk på följande:

a) Rengör insugningsrörets och topplockets fogytor och sätt på en ny packning.

b) Dra åt muttern och bultarna till angivet moment.

c) Kontrollera och, om det behövs, justera gasvajern enligt beskrivningen i avsnitt 3.

d) Fyll på kylsystemet enligt beskrivningen i kapitel 1A.

e) Återanslut batteriet enligt beskrivningen i kapitel 5A.

10.21c . . . och ta bort packningen

11 Bränsleinsprutningssystem – kontroll och justering

1 Om något fel uppstår i bränsleinsprutningssystemet, kontrollera först att alla systemets kontaktdon är ordentligt anslutna och fria från korrosion. Kontrollera sedan att felet inte beror på dåligt underhåll. Det vill säga, kontrollera att luftrenarfiltret är rent, att tändstiften är i gott skick och har rätt elektrodavstånd, att bränslefiltret är i gott skick, att cylindrarnas kompressionstryck är korrekta, att tändningsinställningen är korrekt samt att motorns ventilationsslangar inte är igentäppta eller skadade. Se kapitel 1A, 2A och 5B för detaljer.

2 Om dessa kontroller inte avslöjar orsaken till problemet bör bilen lämnas till en VW-återförsäljare för kontroll. Ett diagnosuttag, som sitter under en panel mittkonsolen under handbromsspaken, är kopplat till motorstyrningssystemets kablage. I det uttaget kan man koppla in särskilt elektronisk kontrollutrustning. Testutrustningen kan avfråga styrenheten elektroniskt och komma åt dess interna fellogg. På det sättet går det att identifiera fel snabbt och enkelt även om de uppträder oregelbundet. Att kontrollera alla systemkomponenter för sig i ett försök att hitta ett fel genom uteslutningsmetoden är ett tidsödande företag med stora risker att misslyckas (särskilt om felet uppträder

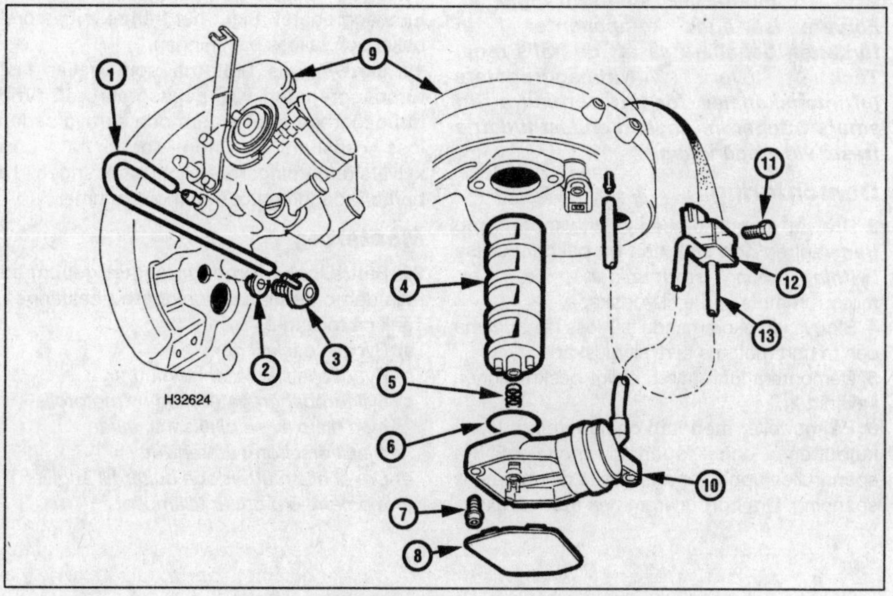

10.23 Komponenter till variabelt insugningsrör

1 Vakuumslang
2 Gummimuff
3 Backventil
4 Omkastningscylinder
5 Fjäder
6 Tätning
7 Bult
8 Kåpa
9 Insugningsrör
10 Vakuumstyrelement
11 Bult
12 Omkastningsventil
13 Vakuumslang

sporadiskt). Dessutom löper styrmodulens inre delar risk att skadas.

3 Erfarna hemmamekaniker utrustade med en precisionsvarvräknare och en noggrant kalibrerad avgasanalyserare kan kontrollera avgasernas CO-halt och tomgångens varvtal. Om dessa ligger utanför specifikationerna måste bilen tas till en VW-verkstad för kontroll. Varken luft/bränsleblandningen (CO-innehållet i avgaserna) eller tomgången kan justeras för hand, och därför kan felaktiga testresultat indikera ett fel i bränsleinsprutningssystemet.

12 Turboaggregat - allmän information, demontering och montering

Allmän information

1 Turboaggregatet sitter monterat direkt på avgasgrenröret. Aggregatet smörjs via ett oljetillförselrör från motoroljefiltrets fäste. Oljan leds tillbaka till sumpen via ett returrör som är anslutet till sidan av sumpen. Turboaggregatet har en inbyggd övertrycksventil och ett vakuumaktiverat membran som används till att reglera insugningsrörets laddtryck.

2 Turboaggregatets inre komponenter snurrar mycket fort och är mycket känsliga för föroreningar. Även små smutspartiklar kan orsaka stor skada, särskilt om de slår emot de känsliga turbinbladen.

Varning: Rengör området runt alla oljeröranslutningar noga innan de kopplas loss, för att hindra att smuts tränger in. Förvara isärtagna komponenter i en försluten behållare så att de hålls rena. Täck över turboaggregatets luftintagskanaler för att förhindra att smuts tränger in. Använd endast luddfria trasor vid rengöringen.

Demontering

3 Dra åt handbromsen. Lyft sedan upp framvagnen och ställ den på pallbockar (se *Lyftning och stödpunkter*). Ta bort motorrummets undre skyddskåpa.

4 Skruva i förekommande fall loss fästbultarna och ta bort motorns övre skyddskåpa.

5 Demontera luftrenaren enligt beskrivningen i avsnitt 2.

6 På modeller med luftkonditionering, lossa kulbulten och spännbultarna. Flytta spännrullen uppåt för att minska drivremmens spänning. Dra bort drivremmen från vevaxeln, kompressorn och spännarremskivorna. Skruva loss kompressorn och bind upp den åt sidan enligt beskrivningen i kapitel 3. **Koppla inte** loss kylledningarna från kompressorn.

7 Skruva loss turboaggregatets stödfäste.

8 Skruva loss oljereturröret antingen från turboaggregatet eller sumpen, och ta loss packningen.

9 Lossa klämmorna och koppla loss lufttillförsel- och matningsslangarna från turboaggregatet.

10 Sätt på slangklämmor på kylvätskans matnings- och returslangar på turboaggregatet. Eller töm kylsystemet enligt beskrivningen i kapitel 1A.

11 Skruva loss anslutningsbulten och koppla loss kylvätskematningsröret. Ta loss packningarna.

12 Koppla loss vakuumslangen från tryckregleringsventilens kapsel.

13 Skruva loss bulten som håller fast kylvätskans matningsrör vid tryckregleringsventilens fästbygel.

14 Skruva loss vevhusventilationens rör från ventilkåpan och värmeskölden.

15 Skruva loss de två bultar som håller fast oljetillförselröret vid värmeskölden. Ta sedan bort värmeskölden.

16 Lossa klämman och koppla loss kylvätskans returrör från metallröret på turboaggregatet. Lämna metallröret på plats på turboaggregatet.

17 Skruva loss anslutningsmuttern och koppla loss oljetillförselröret. Gör detta med två skiftnycklar, varav den ena håller adaptern stilla i turboaggregatet.

18 Skruva loss muttrarna och ta loss det främre avgasröret/katalysatorn från turboaggregatet. Skjut det främre avgasröret bakåt och ta loss packningen.

19 Skruva loss bultarna som håller fast turboaggregatet vid avgasgrenröret. Vrid turboaggregatet åt sidan, och skruva sedan loss anslutningsbulten och ta bort kylvätskematningsröret och packningen. Ta bort turboaggregatet från motorrummet.

Montering

20 Sätt tillbaka turboaggregatet genom att följa demonteringsanvisningarna baklänges. Tänk på följande:

a) Byt alla packningar.

b) Byt ut alla självlåsande muttrar.

c) Fyll turboaggregatet med ny motorolja med hjälp av en oljekanna, innan oljetillförselröret återansluts.

d) Dra åt alla muttrar och bultar till angivet moment, om det är tillämpligt.

e) Låt motorn gå på tomgång i ungefär en minut när den startas första gången efter återmonteringen. Då hinner oljan cirkulera runt turbinaxelns lager.

f) Fyll på och lufta kylsystemet enligt beskrivningen i kapitel 1A.

13 Mellankylare - demontering och montering

Demontering

1 Dra åt handbromsen. Lyft sedan upp framvagnen och ställ den på pallbockar (se *Lyftning och stödpunkter*). Ta bort motorrummets undre kåpa.

2 Mellankylaren sitter på vänster sida av motorrummet, och man kommer åt den genom att flytta hela frontpanelen (låshållaren) så långt bort från bilens front som möjligt, men utan att koppla loss några kylarslangar eller elkablar. Gör så här: Ta först bort stötfångaren enligt beskrivningen i kapitel 11. Skruva sedan loss de tre klämmorna från ljudisoleringen och skruva loss luftkanalen mellan låshållaren och luftrenaren. Lossa kablaget från klämmorna på kylarens vänstra sida. Skruva loss bultarna som håller fast låshållaren vid underredeskanalerna, skruva sedan loss de övre bultarna - en på ovansidan/framsidan av varje skärm, och en intill varje strålkastare. Skruva loss de tre bultarna till de sidomonterade stötfångarstyrningarna som sitter strax under strålkastarna, och snäpp loss dem från framskärmarna. Ta hjälp av en medhjälpare och dra bort hela enheten så långt som möjligt från bilens framvagn. VW-mekaniker använder specialverktyg för att hålla enheten. Det går dock att tillverka stödstag av gängad stång som skruvas in i underredets kanaler.

3 Lossa klämman och koppla loss den övre slangen från mellankylaren.

4 Demontera luftkanalen från framsidan av mellankylaren. Ta loss gummigenomföringarna.

5 Lossa klämman och koppla loss den nedre slangen från mellankylaren.

6 Dra ut mellankylarens nederdel från fästmuffen, och haka sedan loss den från de övre fästmuffarna. Dra bort den nedåt från bilens undersida. Ta bort muffarna från fästbygeln om det behövs.

Montering

7 Montera i omvänd ordningsföljd mot demonteringen.

Kapitel 4 Del B: Bränslesystem – diesel

Innehåll

Svårighetsgrad

Enkelt, passar novisen med lite erfarenhet 	**Ganska enkelt,** passar nybörjaren med viss erfarenhet 	**Ganska svårt,** passar kompetent hemmamekaniker	**Svårt,** passar hemmamekaniker med erfarenhet	**Mycket svårt,** för professionell mekaniker

Specifikationer

Allmänt

Motorkod efter typ*:	
Elektronisk direktinsprutning, med turbo	AFN
Elektronisk direktinsprutning, med turbo	AVG
Elektronisk direktinsprutning, med turbo	AHU
Elektronisk direktinsprutning, med turbo	AHH
Elektronisk direktinsprutning, pumpinsprutningsventiler, med turbo	AJM
Elektronisk direktinsprutning, pumpinsprutningsventiler, med turbo	ATJ
Motortyp efter kod*:	
AFN	Elektronisk direktinsprutning, med turbo
AHH	Elektronisk direktinsprutning, med turbo
AHU	Elektronisk direktinsprutning, med turbo
AJM	Elektronisk direktinsprutning, pumpinsprutningsventiler, med turbo
ATJ	Elektronisk direktinsprutning, pumpinsprutningsventiler, med turbo
AVG	Elektronisk direktinsprutning, med turbo
Högsta motorvarvtal	Ej justerbart (styrs av elektronisk styrmodul)
Motorns tomgångsvarvtal:	
Motorkod AFN, AHH, AHU och AVG	780 till 903 varv/minut
Motorkod AJM och ATJ	820 till 900 varv/minut

***Observera:** Se "Chassinummer" för information om var motorns kodmärkning sitter.*

Insprutningsventiler

Insprutningstryck:	
Motorkod AFN, AVG och AHU	lägst 170 bar
Motorkod AHH	lägst 200 bar
Motorkod AJM och ATJ	180 till 2050 bar

Tandempump

Bränsletryck vid 1500 varv/minut	3,5 bar

Turboaggregat

Typ	Garrett
Högsta laddtryck	
Motorkod AHU, AJM och ATJ	1,7 till 2,2 bar
Motorkod AHH	1,7 till 2,1 bar
Motorkod AFN och AVG	1,8 till 2,2 bar

Atdragningsmoment

	Nm
Gaspedalens lägesgivare	10
Kamaxelgivare	10
Avgasåterföringssystemets rör till avgasgrenrör	25
Avgasåterföringsventil till insugningsrör:	
Motorkod AFN, AVG, AHU och AHH	25
Motorkod AJM och ATJ	10
Bränsleavstängningsventil	40
Bränslepåfyllningsrör	10
Bränslerörsanslutningar till insprutningspump och insprutningsventiler	25
Bultar för bränsletankens fästband	25
Värmesköld till avgasgrenrör	25
Insprutningspumpens fästbultar*	25
Insprutningspumpens drev:	
Motorkod AFN, AVG och AHU	55
Motorkod AHH*:	
Steg 1	20
Steg 2	Vinkeldra ytterligare 90°
Insprutningsventilens klämbult:	
Motorkod AFN, AVG, AHU och AHH	20
Motorkod AJM och ATJ*:	
Steg 1	12
Steg 2	Vinkeldra ytterligare 270°
Insprutningsventilernas röranslutningar	25
Låsmuttern till insprutningsventilens vipparmsjusteringsskruv	30
Insugningsrörets flänshus	10
Insugningsrör till topplock*	25
Oljetillförselrörets hållare till avgasgrenrör:	
Motorkod AFN, AVG och AHH	25
Oljetillförselrör till turboaggregat	25
Bultarna på insprutningspumpens vipparmsaxel*:	
Steg 1	20
Steg 2	Vinkeldra ytterligare 90°
Tandempumpens bultar:	
Övre	20
Nedre	10
Turboaggregatets oljereturrör till motorblocket	
Motorkod AFN, AVG, AHH och AHU	30
Motorkod AJM och ATJ	40
Turboaggregat till katalysator	25
Turboaggregat till avgasgrenrör*:	
Motorkod AFN, AVG, AJM och ATJ	25
Motorkod AHH och AHU	35

** Använd nya fästen*

1 Allmän information och föreskrifter

Allmän information

De olika motorerna som behandlas i den här handboken har två skilda bränsleinsprutningssystem. Båda systemen är direktinsprutningssystem, men bränslet förs till insprutningsventilerna på olika sätt. Båda systemen består av bränsletank, bränslefilter med inbyggd vattenavskiljare i motorrummet, ledningar för bränsletillförsel och bränsleretur, samt fyra insprutningsventiler. På motorer med koderna AFN, AVG, AHU och AHH trycksätts bränslet med en insprutningspump. Insprutningen styrs av motorns elektroniska styrmodul och av en magnetventil på insprutningspumpen. Pumpen drivs med vevaxelns halva hastighet via kamremmen. Bränslet förs från bränsletanken och genom filtret av insprutningspumpen, som under högt tryck fördelar bränslet till insprutningsventilerna via skilda matningsrör. På motorer med koderna AJM och ATJ pumpar den kamaxeldrivna tandempumpen bränslet med lågt tryck till insprutningsventilerna (som kallas pumpinsprutningsventiler). En vipparm, som sitter ovanför kamaxellageröverfallet, trycker samman insprutningsventilerna en gång per förbränningscykel. Det sker med hjälp av en extra uppsättning kamlober. Utformningen höjer insprutningstrycken avsevärt. Förinsprutningen och huvudinsprutningens exakta synkronisering styrs av motorns elektroniska styrmodul och av en elektromagnet på varje insprutningsventil. Systemets utformning förbättrar motorns vridmoment och ger högre effekt, ökad förbränning och lägre avgasutsläpp. Alla motorer har ett turboaggregat.

Bränslesystemet med direktinsprutning styrs elektroniskt av ett dieselmotorstyrningssystem som består av en elektronisk styrenhet (ECU) med tillhörande givare, manöverdon och kablage.

På motorer med koderna AFN, AVG, AHU och AHH styrs insprutningens synkronisering på mekanisk väg genom pumpens placering på monteringskonsolen. Dynamisk synkronisering och insprutningens varaktighet styrs av styrmodulen och är beroende av motorvarvtal, gasspjällets läge och öppningsgrad, insugningsluftflödet, insugningssluftens temperatur, kylvätskans temperatur, bränslets temperatur, omgivande tryck och grenrörets undertryck. Sådan information hämtas från givare på och omkring motorn. Kontroll över insprutningens synkronisering i en sluten krets sker via en nållyftsgivare i insprutningsventilen. Observera att nållyftsgivaren sitter monterad på insprutningsventil nr 3.

Insprutningsventilerna är av tvåstegstyp. Det förbättrar motorns förbränningsegenskaper, vilket ger tystare drift och mindre avgasutsläpp.

På alla motorer kontrollerar den elektroniska styrmodulen också styrsystemet för avgasåterföringen, turboaggregatets styrsystem för laddtryck och glödstiftens styrsystem.

Observera att det bara går att ställa en feldiagnos på dieselmotorhanteringssystemet med hjälp av särskild elektronisk testutrustning. Om det uppstår problem med systemet bör bilen därför undersökas av en VW-mekaniker eller en specialutrustad verkstad. När felet har identifierats kan komponenter bytas efter behov enligt de anvisningar som beskrivs i följande avsnitt.

Föreskrifter

Många av de arbetsmoment som beskrivs i det här kapitlet innebär att man kopplar loss bränsleledningarna, vilket kan medföra bränslespill. Innan arbetet påbörjas, läs varningarna nedan och informationen i avsnittet *Säkerheten främst!* i början av denna handbok.

Varning: Undvik direkt hudkontakt med dieselolja vid arbete i bränslesystemet. Bär skyddskläder och handskar vid hantering av bränslesystemets komponenter. Se till att att arbetsmiljön har god ventilation så att inte gaser från dieselolja ackumuleras.

Insprutningsventiler arbetar under extremt högt tryck. Bränslestrålen ur munstycket kan tränga igenom huden, vilket kan medföra livsfara. Vid arbete med trycksatta insprutningsventiler måste stor försiktighet iakttas, så att ingen del av kroppen utsätts för bränslestrålen. Vi rekommenderar att en specialist på dieselbränslesystem utför alla trycktest av bränslesystemets komponenter.

Dieselbränsle bör under inga omständigheter komma i kontakt med kylvätskeslangarna – torka bort utspilld dieselvätska omedelbart. Slangar som har blivit förorenade av bränsle under en längre tid bör bytas. Dieselbränslesystem är särskilt känsliga för föroreningar av smuts, luft och vatten. Var särskilt noga med renligheten när du arbetar med någon del av bränslesystemet, så att inte smuts tränger in. Rengör noggrant området runt bränsleanslutningarna innan du kopplar loss dem. Förvara isärtagna komponenter i förseglade behållare för att förhindra förorening och kondensbildning. Använd endast luddfria trasor och rent bränsle vid komponentrengöring.

2.5a Skruva loss fästbulten och ta bort luftrenarehuset

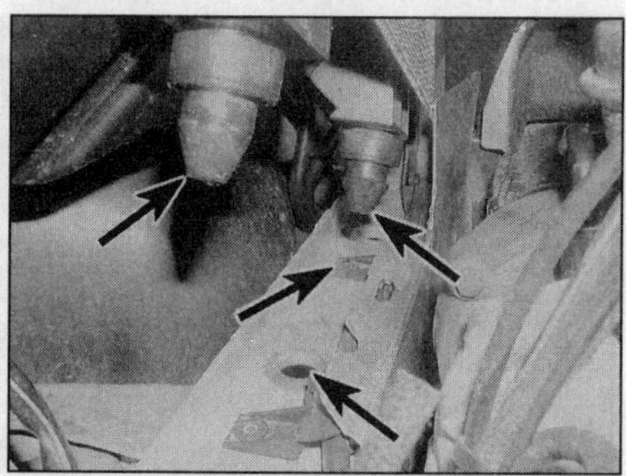

2.5b Luftrenarhusets fot har två styrstift som går i motsvarande hål i huset (se pil)

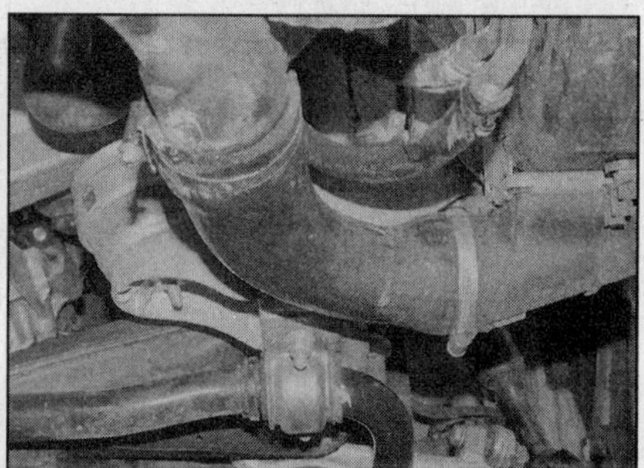

2.7 Lossa klämmorna och koppla loss den U-formade slangen från mellankylaren och luftröret på vänster sida av motorrummet

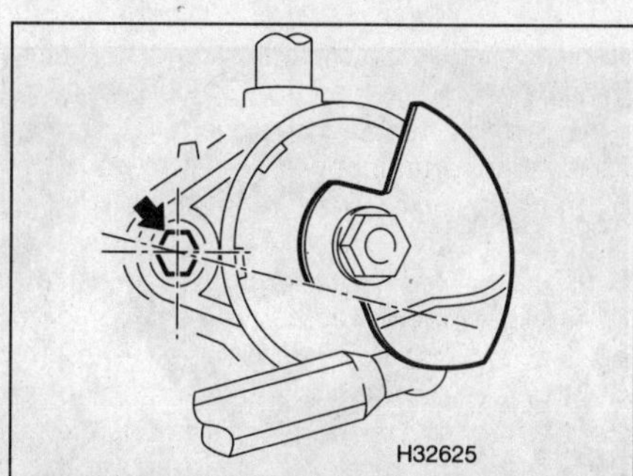

3.8 Nockens förlängda kant måste passa in mot mitten av fästbultens hål

2 Luftrenare och insugningskanaler – demontering och montering

Demontering

1 Koppla loss kablarna från luftflödesmätaren på luftrenarens kåpa. Koppla även loss den lilla slangen.

2 Lossa kablarna och slangarna från klämman på luftrenarens kåpa.

3 Lossa klämman och koppla loss luftintagskanalen från luftrenarens kåpa.

4 Lossa fjäderklämmorna och ta bort luftrenarens kåpa. Ta sedan bort filtret (se kapitel 1B för mer information). Hantera luftflödesmätaren försiktigt eftersom den är mycket ömtålig.

5 Skruva loss fästbultarna och ta bort luftrenaren till höger i motorrummet **(se bilder)**.

6 För att demontera den återstående kanalen, lägg först i handbromsen och lyft sedan upp framvagnen och ställ den på pallbockar (se *Lyftning och stödpunkter*). Demontera stänkskyddet under kylaren.

7 Lossa klämmorna och koppla loss den U-formade slangen från mellankylaren och luftröret till vänster i motorrummet **(se bild)**.

8 Lossa klämman och koppla loss luftrenarslangen till höger om luftröret. Skruva sedan loss luftröret.

9 Lossa klämmorna och ta bort de bakre luftkanalerna från mellankylaren och insugningsröret. Om tillämpligt, koppla loss kablarna och slangarna och skruva sedan loss fästbultarna och ta bort kanalerna.

Montering

10 Montera i omvänd ordningsföljd mot demonteringen.

3 Gaspedalens lägesgivare – demontering, montering och inställning

Modeller äldre än maj 1999

Demontering

1 För att komma åt pedalkomponenterna, demontera klädselpanelerna från instrumentbrädan vid rattstångens undersida enligt beskrivningen i kapitel 11.

2 Koppla loss kablarna från gaspedalens lägesgivare överst på gaspedalens fästbygel.

3 Skruva loss bultarna och ta bort gaspedalens lägesgivare och fästet från golvet.

4 Koppla loss pedalens manöverstång. Lossa sedan pedalen från monteringskonsolen.

5 Notera nockens placering på lägesgivarspindeln. Skruva sedan loss muttern, ta bort brickan och koppla loss nocken.

6 Skruva loss skruvarna och ta bort lägesgivaren från fästbygeln.

Montering och justering

7 Montera lägesgivaren på fästbygeln. Sätt sedan i skruvarna och dra åt dem till angivet moment.

8 Montera manöverstången och nocken på spindeln och skruva dit brickan och muttern. Se till att nocken monteras åt rätt håll. Nockens kant måste sitta i linje med fästbultens mitt **(se bild)**.

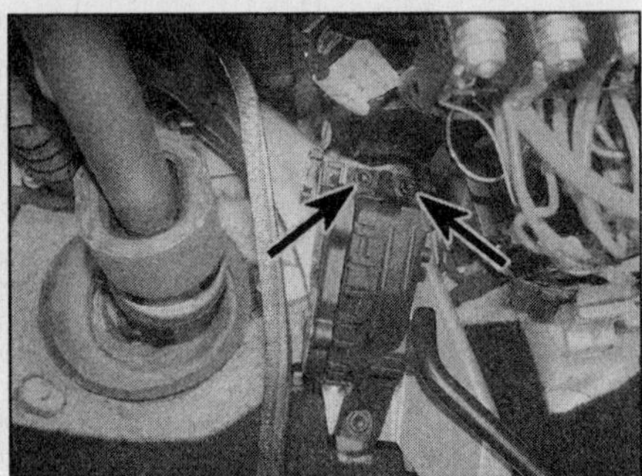

3.18 Skruva loss de tre insexskruvarna (se pil) och ta bort gaspedalens lägesgivare

9 Sätt fast pedalen på fästbygeln. Justera sedan givaren enligt nedan.

10 Placera pedalstoppet så att bokstäverna HS syns på stoppets utsida. Detta gäller vid justering av både manuella och automatiska växellådor.

11 Tryck ner pedalen tills den nuddar stoppet. Justera sedan manöverstångens längd så att kickdown-punkten precis nås. Man får testa ett par gånger genom att ansluta stagets ögla till pedalen, och sedan lossa den igen och justera lite till. Man kan känna kickdown-punkten när givarens nock når så långt den kan.

12 På modeller med manuell växellåda, lämna pedalstoppet i nuvarande läge, med bokstäverna HS synliga. På modeller med automatväxellåda ska stoppet dock vridas 180° så att bokstäverna AG (Automatic Gearbox) syns.

13 Med manöverstången ansluten till pedalen, sätt tillbaka pedalfästet vid golvet och dra åt fästbultarna.

14 Återanslut lägesgivarens kablar.

15 Sätt tillbaka klädselpanelen under rattstången.

Modeller från och med maj 1999

Demontering

16 För att komma åt pedalenheten, ta bort klädselpanelerna från rattstångens undersida enligt instruktionerna i kapitel 11.

17 Koppla loss kablarna från gaspedalens lägesgivare.

18 Skruva loss de tre insexbultarna och ta bort givaren från fästbygeln **(se bild)**.

19 Ytterligare isärtagning av givaren rekommenderas inte – inga reservdelar finns tillgängliga. Om givaren är defekt måste den ersättas med en ny.

Montering

20 Sätt i givaren i fästbygeln och se till att de två styrsprintarna fäster ordentligt i fästbygelns hål.

21 Sätt i och dra åt de tre insexbultarna till angivet moment. Återanslut anslutningskontakten och sätt tillbaka klädselpanelen.

4 Bränslemätargivare – demontering och montering

Observera: *Observera föreskrifterna i avsnitt 1 innan något arbete utförs på bränslesystemets komponenter.*

Demontering

1 Bränslemätargivaren sitter i bränsletanken. Man kommer åt den via en lucka i bagageutrymmets golv. Om enheten demonteras kommer tankens innehåll i kontakt med luft. Var mycket försiktig för att undvika brand. Arbetsmiljön inne i och utanför bilen måste vara väl ventilerad så att inte bränsleångor ackumuleras. Ta om möjligt bort bränsletanken när den är nästan tom. Alternativt, sifonera ut bränslet ur tanken och häll det i en lämplig behållare.

2 Se till att bilen är parkerad på en plan yta. Koppla sedan ifrån batteriets minuskabel (jord) (se kapitel 5A).

3 Ta bort klädselpanelen från bagageutrymmet enligt instruktionerna i kapitel 11, avsnitt 32.

4 Skruva loss åtkomstluckans skruvar och lyft bort luckan från golvplåten **(se bild)**.

5 Koppla loss kontaktdonet från tankluckan **(se bild)**.

6 Lägg trasor under bränsletillförsel- och returslangarna för att fånga upp spillt bränsle. Lossa klämmorna och koppla loss bränsletillförsel- och returslangarna. Notera var varje slang sitter **(se bild)**.

7 Notera var pilarna sitter och skruva sedan loss plastringen som fäster tanklocket vid tanken. VW-mekaniker använder ett specialverktyg för att skruva loss ringen. Man kan dock att använda två skruvmejslar som hakas fast i urtagen och korsas över varandra. Man kan också använda en stor kylvätskepumptång **(se bild)**.

8 Lyft försiktigt tanklocket och tätningen från bränsletanken. Koppla loss givarenhetens anslutningskontakt från lockets undersida **(se bild)**.

9 Tryck ner fästklämman på sidan om givarenheten inuti tanken, och ta ut givarenheten ur tanken. Undersök om flottören på givarenhetens svängarm är

4.4 Ta bort de tre skruvarna och lyft bort täckkåpan

4.5 Koppla loss kontaktdonet från givaren

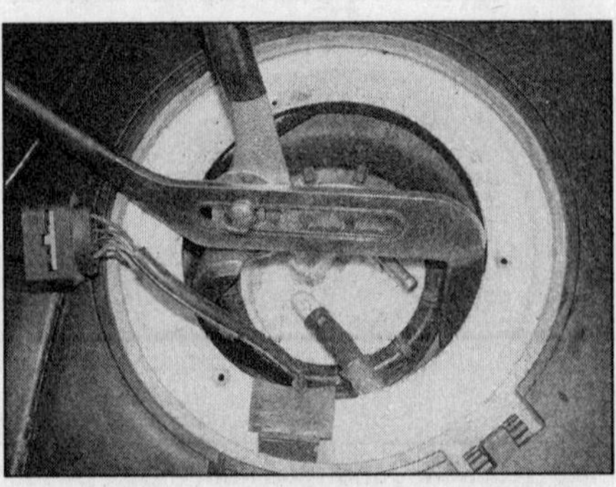

4.6 Pilarna som är ingjutna i plasten vid röret visar om anslutningen är för matnings- eller returslangen (bränslereturslangen visas frånkopplad)

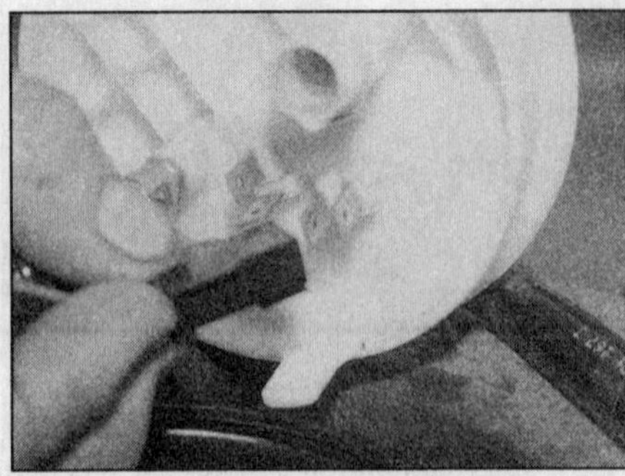

4.7 Skruva loss plastfästringen med en griptång och ta bort den

4.8 Koppla loss givarens anslutningskontakt

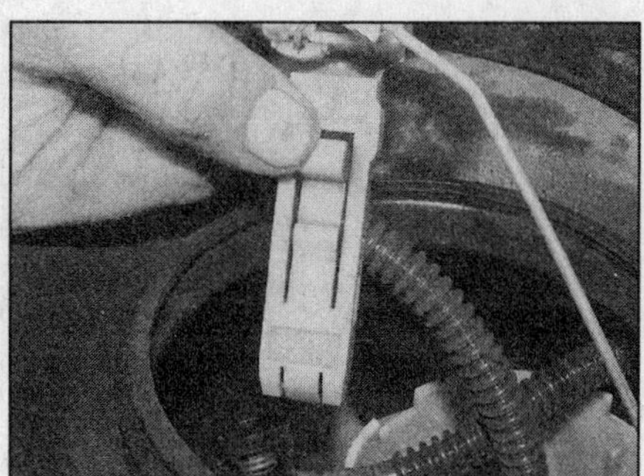
4.9a Tryck ner fästklämman . . .

4.9b . . . och dra upp givarenheten bort från tanken

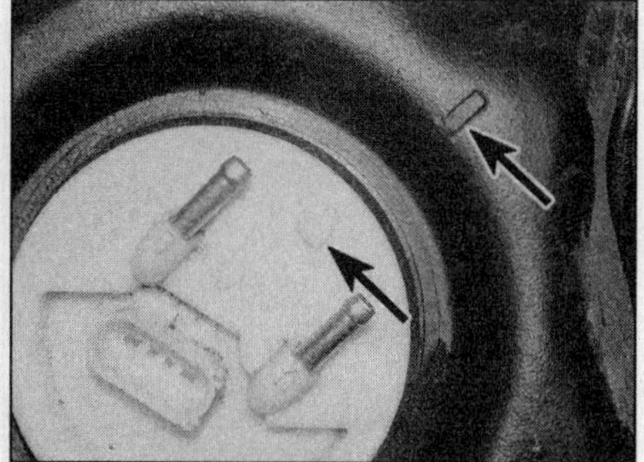
4.11a Sätt dit en ny tätning på tankens öppning

punkterad eller bränslefylld. Byt givarenhet om den är defekt. Undersök gummitätningen i bränsletanksöppningen och byt ut den om det behövs. Undersök givarenhetens svängarm och spåret. Torka av smuts och avlagringar och kontrollera att det inte finns sprickor i spåret **(se bilder)**.

Montering

10 Sätt i bränslemätargivaren i spåret på sidan av avkännarenheten i tanken. Återanslut givarenhetens anslutningskontakt till lockets undersida.

11 Placera den nya tätningen i tankurtaget, och sätt tillbaka locket i bränsletanken parallellt med pilarna **(se bilder)**. Notera att tätningen måste vara torr när den sätts på plats.

12 Skruva på och dra åt plastringen. För att säkerställa att inställningspilarna sitter mitt emot varandra när ringen är åtdragen vrider man flänsen lite moturs samtidigt som man drar åt ringen.

13 Återanslut bränsletillförsel- och returslangarna och spänn klämmorna.

14 Återanslut kontaktdonet till luckan.

15 Sätt tillbaka åtkomstluckan och dra åt skruvarna.

16 Sätt tillbaka mattan på bagageutrymmets golv.

17 Återanslut batteriets minusledning (jord) (se kapitel 5A).

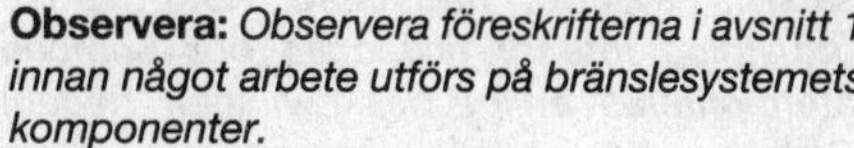

5 Bränsletank – demontering och montering

Observera: *Observera föreskrifterna i avsnitt 1 innan något arbete utförs på bränslesystemets komponenter.*

Demontering

1 Innan tanken kan tas bort måste den tömmas på så mycket bränsle som möjligt. Eftersom det inte finns någon avtappningsplugg bör tanken tas bort när den är nästan tom. Alternativt, sifonera eller handpumpa ut bränslet ur tanken till en lämplig säker behållare.

2 Lossa batteriets jordledning (minuspolen) (se kapitel 5A).

3 Ta bort klädselpanelen från bagageutrymmet enligt instruktionerna i kapitel 11, avsnitt 32.

4 Skruva loss åtkomstluckans skruvar och lyft bort luckan från golvplåten **(se bild)**.

5 Koppla loss givarens kontaktdon. Koppla **inte** ifrån ledningarna för bränsletillförsel och retur **(se bild 4.5)**.

6 Öppna bränsletankens påfyllningslock och torka rent området runt påfyllningsröret. Bänd försiktigt ut gummikåpan runt påfyllningsröret med en skruvmejsel.

7 Dra gummikåpan genom hålet i karossen.

8 Klossa framhjulen. Lyft sedan upp bakvagnen och ställ den på pallbockar (se *Lyftning och stödpunkter*). Demontera höger bakhjul.

4.11b Passa in givarens markeringar innan fästringen sätts tillbaka (se pil)

9 Demontera högra bakre innerskärmen.

10 Skruva loss bulten som håller fast påfyllningsröret och skyddsplåten vid karossen. Notera att bulten också håller fast jordkabeln **(se bild)**.

11 I förekommande fall, ta bort det bakre underredsstänkskyddet som sitter framför bakaxeln (fyra muttrar och en stjärnskruv).

12 Identifiera matnings- och returslangarnas platser på tankens framsida. Lossa klämmorna och koppla loss slangarna. Förbered för bränslespill genom att placera en lämplig behållare under tanken **(se bild)**.

13 Stöd bränsletanken på en garagedomkraft med en träkloss emellan.

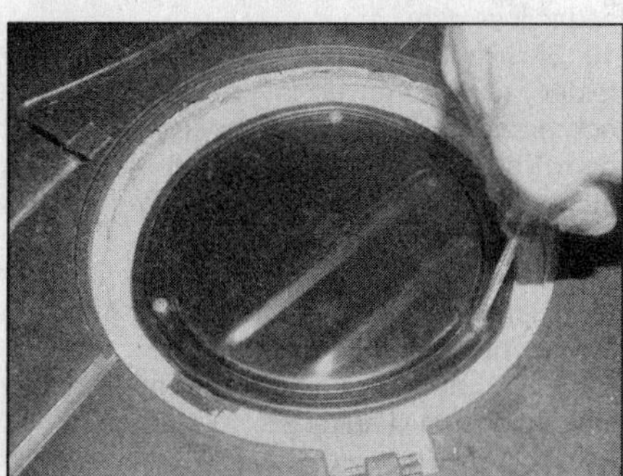
5.4 Skruva loss skruvarna och ta bort bränsletankens åtkomstlucka

5.10 Påfyllningsröret är fäst på karossen med en bult

5.12 Identifiera bränslets retur- och matningslangar innan de kopplas bort

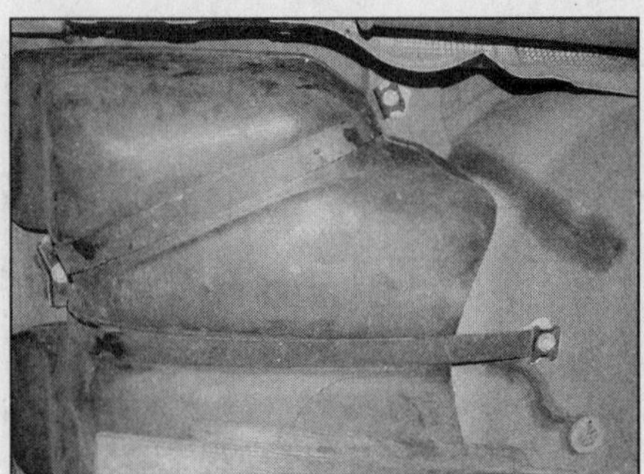

5.14 Markera fästbandens positioner så att de kan monteras tillbaka korrekt, och skruva sedan loss dem

6.8 Bränslereturens anslutningsbult har en backventil

6.10 Lossa bränslerörens anslutningsmuttrar

14 Markera fästbandens positioner så att de kan monteras tillbaka korrekt, och skruva sedan loss dem **(se bild)**.

15 Ta hjälp av en medhjälpare för att sänka ner bensintanken och ta bort den.

16 Om tanken är förorenad av fällningar eller vatten, demontera givaren (se avsnitt 4) och skölj ur tanken med rent bränsle. Tanken är gjuten i syntetmaterial, och om den skadas måste den bytas ut. I vissa fall är det dock möjligt att anlita en specialist för att reparera mindre läckor eller skador.

Montering

17 Monteringen sker i omvänd ordningsföljd mot demonteringen. Tänk på följande:

a) *Var noga med att se till att inga slangar kommer i kläm mellan tanken och bilens underrede när tanken lyfts tillbaka på sin plats.*

b) *Se till att alla rör och slangar är korrekt dragna och fästa.*

c) *Innan bultarna till bränsletankens fästband dras åt helt, skjut tanken åt höger så långt det går.*

d) *Det är viktigt att jordkabeln monteras tillbaka korrekt på bandet och påfyllningsröret. Anslut en ohmmätare mellan metallringen på påfyllningsröret och en bit metall på karossen. Kontrollera att resistansen är noll.*

e) *Avsluta med att fylla på tanken med bränsle och gör en noggrann kontroll avseende läckage innan bilen tas ut i trafiken.*

f) *Återanslut batteriet enligt beskrivningen i kapitel 5A.*

6 Bränsleinsprutningspump – demontering, montering och justering

Observera: *Endast motorkod AFN, AVG, AHH och AHU.*

Observera: *Observera föreskrifterna i avsnitt 1 innan något arbete utförs på bränslesystemets komponenter. För att kontrollera och ställa in insprutningssynkroniseringen måste man komma åt självdiagnostiseringsfunktionerna i den elektroniska styrmodulen. Till det krävs särskilt avsedd utrustning. Om sådan utrustning inte är tillgänglig bör pumpen återmonteras enligt beskrivningen nedan. Därefter bör bilens insprutningssystem undersökas och eventuellt ställas in av VW-mekaniker eller specialist.*

Demontering

1 Lossa batteriets jordledning (minuspolen) (se kapitel 5A) och för undan den från polen.

2 Man kommer åt kamremmen genom att flytta hela den främre panelen (låshållaren) så långt som möjligt från bilens framvagn utan att koppla loss kylarslangarna eller det elektriska kablaget. Gör på följande sätt: Ta först bort stötfångaren enligt beskrivningen i kapitel 11. Skruva sedan loss de tre klämmorna från ljudisoleringen och skruva loss luftkanalen mellan låshållaren och luftrenaren. Lossa kablaget från klämmorna på kylarens vänstra sida. Stötfångarstyrningarna hålls fast av två bultar under varje strålkastare och en under varje framskärm. Skruva loss bultarna och ta bort styrningarna från framskärmarna. Skruva loss bultarna som håller fast låshållaren/stötfångarstaget vid underredskanalerna. Skruva sedan loss de övre bultarna - en på ovansidan/framsidan av varje skärm, och en intill varje strålkastare. Bänd loss motorhuvslåsvajerns kontaktdon från innerskärmens fläns, precis framför motorhuven på förarsidan. Öppna kontaktdonet och ta bort den främre delen av låsvajern. Ta hjälp av en medhjälpare och dra bort hela enheten så långt som möjligt från bilens framvagn. VW-mekaniker använder specialverktyg för att hålla enheten. Det går dock att tillverka stödstag av gängad metall som skruvas in i underredets kanaler. Se kapitel 11 om det behövs.

Sätt en liten bit slang över banjobulten (pilen) så att borrhålen täcks, och trä sedan tillbaka bulten i porten på insprutningspumpen

3 Bänd ut skyddshattarna, skruva loss fästmuttrarna/bultarna och ta bort motorns övre plastskyddskåpa.

4 Ta bort drivremen enligt beskrivningen i kapitel 2B, avsnitt 6.

5 Ta bort den övre yttre kamremskåpan.

6 Demontera ventilkåpan enligt beskrivningen i kapitel 2B.

7 Ställ motorn i ÖD nummer 1 enligt beskrivningen i kapitel 2B. Den här metoden kräver en kamaxellåsbalk.

8 Skruva loss anslutningsbultarna och koppla loss bränsle- och returslangarna från insprutningspumpen. Observera att anslutningsbulten till backventilen är fäst vid returledningen **(se bild)**. Ta loss tätningsbrickorna.

9 Notera och identifiera kabelanslutningarna på bränsleinsprutningspumpen, och koppla sedan loss dem.

10 Skruva loss anslutningsmuttrarna som fäster bränslerören vid insprutningsventilerna och bränsleinsprutningspumpen, och ta bort dem i ett stycke **(se bild)**. Håll adaptrarna stilla med ytterligare en skiftnyckel. Var försiktig så att inte rören böjs.

11 Täck för de öppna rören och portarna för att hindra damm och smuts från att tränga in **(se Haynes tips)**.

12 Ta bort kamaxeldrevet enligt instruktionerna i kapitel 2B.

Motorkod AFN, AVG och AHU

13 Lossa fästmuttern/bulten till insprutningspumpens drev genom att haka

6.13 Insprutningspumpens drev hålls på plats med ett hemgjort verktyg

6.15a Använd en tvåarmad avdragare . . .

6.15b . . . till att ta bort insprutningspumpens drev . . .

fast ett lämpligt verktyg i hålen i drevets fasta del **(se bild)**.

14 Skruva loss insprutningspumpens drevmutter ungefär ett varv.

15 Lossa drevet från insprutningspumpens axel med en lämplig avdragare. Slå **inte** hårt på avdragaren för att försöka lossa drevet, eftersom insprutningspumpen då kan skadas. Skruva loss muttern och ta bort drevet. Ta bort woodruff-kilen från urtaget på axeln **(se bilder)**.

Motorkod AHH

16 Markera insprutningspumpens drev och navets förhållande till varandra. Håll sedan fast drevets fasta del med ett hemtillverkat verktyg enligt beskrivningen i punkt 13. Skruva loss de tre bultarna och dra bort drevet från navet. Observera att bultarna är av stretch-typ och därför inte kan återanvändas **(se bild)**.

Varning: Insprutningspumpens drevnavmutter bör inte lossas under några förhållanden. Då kan insprutningssynkroniseringen ställas om, vilket bara kan åtgärdas av en VW-mekaniker eller en specialist.

Alla motorkoder

17 Markera insprutningspumpens placering i förhållande till fästbygeln, för att underlätta vid monteringen. Skruva loss de främre bultarna som håller fast insprutningspumpen vid fästbygeln. På motorer med koderna AFN, AVG och AHU kommer man åt de två inre bultarna från framsidan av den inre kamremskåpan. Den sista bulten kommmer man åt från fästbygelns insprutningspumpssida. På motorer med motorkod AHH kommer man åt alla de tre främre fästbultarna från den inre kamremskåpans framsida.

18 Skruva loss den bakre fästbulten och ta loss insprutningspumpen från fästbygeln **(se bild)**.

Montering och justering

19 Placera insprutningspumpen i fästbygeln med de markeringar som gjordes tidigare korrekt placerade i förhållande till varandra. Skruva tillbaka den bakre fästbulten. Dra åt bulten och den koniska muttern till angivet moment för att centrera pumpen.

Motorkod AFN, AVG och AHU

20 Om det behövs, placera insprutningspumpen mitt i fästbygelns hål genom att vrida pumpen. Skruva sedan tillbaka de främre fästbultarna. Om den gamla pumpen sätts tillbaka, placera den så att passmärkena kommer i linje och dra åt fästbultarna ordentligt.

21 Sätt i woodruff-kilen i urtaget på axeln, och sätt sedan tillbaka drevet och muttern. Håll drevet på plats med verktyget som användes vid demonteringen, och dra åt muttern till angivet moment.

Motorkod AHH

22 Sätt i de tre nya främre fästbultarna och dra åt dem till angivet moment.

23 Skruva tillbaka drevet i navet. Använd nya fästbultar och se till att markeringarna som tidigare gjordes hamnar korrekt i förhållande till varandra. Dra åt bultarna till det angivna åtdragningsmomentet för steg 1 och vinkeldra till steg 2. Håll fast drevets fasta del på samma sätt som vid demonteringen.

Alla motorkoder

24 Placera ÖD-styrhålen i linje och sätt i sprinten för att låsa drevet i ÖD-läge.

25 Montera kamaxeldrevet enligt beskrivningen i kapitel 2B.

26 Montera tillbaka kamremmen och spännaren enligt beskrivningen i kapitel 2B.

27 Återanslut anslutningskontakten och bränslerören till insprutningspumpen.

28 Montera tillbaka bränsletillförsel- och returslangarna tillsammans med nya tätningsbrickor och dra åt anslutningsbultarna till angivet moment. Se till att anslutningsbulten med backventil sitter på returledningen.

29 Montera tillbaka ventilkåpan enligt beskrivningen i kapitel 2B, och montera sedan tillbaka den övre yttre kamremskåpan.

30 Återanslut batteriets minusledning (jord) (se kapitel 5A).

31 Montera drivremmen enligt beskrivningen i kapitel 2B, avsnitt 6.

32 Sätt tillbaka låshålllaren i dess vanliga läge (omvänd ordningsföljd mot anvisningarna i punkt 2).

33 Nu måste insprutningspumpen luftas med en manuell vakuumpump. VW:s vakuumpump har en behållare på slangen för bränslet som sugs upp från pumpen. Koppla pumpen till insprutningspumpens returanslutning och använd vakuumpumpen tills bränslet som rinner ner i behållaren inte har några

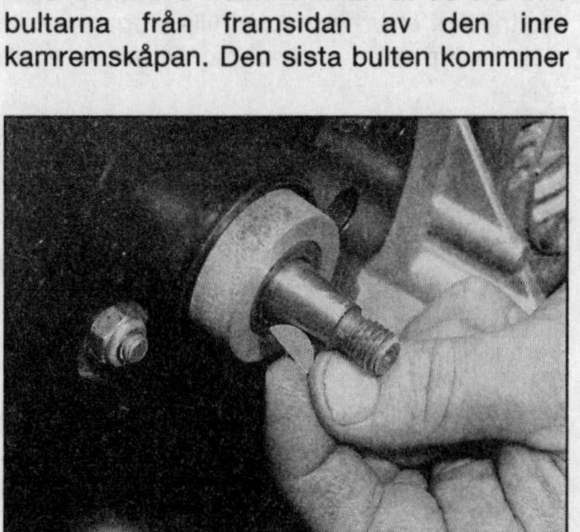

6.15c . . . och ta loss woodruff-kilen

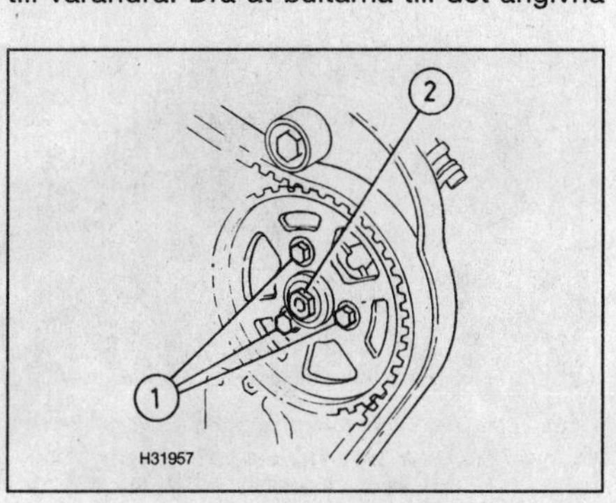

6.16 Drevets fästbultar (1) och navmutter (2) – motorkod AHH

6.18 Skruva loss insprutningspumpens bakre fästbult

luftbubblor. Låt inte bränsle komma in i vakuumpumpen.

34 Montera tillbaka returslangen. Starta sedan motorn och leta efter bränsleläckage.

35 Tillverkaren rekommenderar ingen statisk pumpinställningsmetod. Insprutningens synkronisering kan bara kontrolleras och ställas in dynamiskt av en VW-mekaniker, som har specialutrustning för det.

36 Efter justering av insprutningspumpens synkronisering, lossa alltid bränslerörets anslutningsmuttrar och dra åt dem igen för att undvika att röret är för spänt. Det kan leda till att röret går av när det utsätts för vibrationer.

37 Montera tillbaka plastkåpan ovanpå motorn.

7 Insprutningsventiler – allmän information, demontering och montering

Observera: *Innan arbete utförs på bränslesystemets komponenter, observera föreskrifterna i avsnitt 1.*

Varning: Var mycket försiktig vid arbete på insprutningsventilerna. Utsätt aldrig händerna eller någon annan kroppsdel för insprutningsventilens strålar. Bränslestrålen ur munstycket har mycket högt tryck och kan tränga igenom huden, vilket kan medföra livsfara . Allt arbete som innefattar testning av insprutningsventilerna under tryck bör utföras av en VW-tekniker eller bränsleinsprutningsspecialist.

Allmän information

1 Insprutningsventilerna slits ut efter lång användning och man kan räkna med att de behöver renoveras eller bytas efter ungefär 160 000 km. Noggrann kontroll, översyn och kalibrering av insprutningsventilerna måste överlåtas till en specialist. En felaktig insprutningsventil som orsakar tändningsknackning eller rök kan lokaliseras utan demontering enligt följande.

2 Kör motorn på snabbtomgång. Lossa alla insprutningsventilanslutningar i tur och ordning. Lägg en trasa runt anslutningen för att suga upp bränslespill och var noga med att inte utsätta huden för bränslestrålar. När anslutningen till den defekta insprutningsventilen lossas kommer knackningarna eller röken att upphöra.

Observera: *Det här testet kan inte utföras på motorer med pumpinsprutningsventiler (motorkod AJM och ATJ).*

Klipp av fingertopparna på ett par gamla gummihandskar och fäst dem över bränsleportarna med gummiband

Demontering

Motorkod AFN, AVG, AHU och AHH

Observera: *Akta så att inte smuts kommer in i insprutningsventilerna eller bränslerören. Tappa inte insprutningsventilerna, och låt inte nålarna skadas i spetsarna. Insprutningsventilerna är precisionstillverkade och får inte hanteras vårdslöst.*

3 Täck generatorn med en ren trasa eller plastpåse för att inte riskera att spilla bränsle på den.

4 Rengör noggrant runt insprutningsventilerna och röranslutningsmuttrarna, och koppla loss returrören från insprutningsventilerna.

5 Torka rent röranslutningarna och lossa sedan anslutningsmutterarna som håller fast respektive insprutningsventilrör vid varje insprutningsventil samt de anslutningsmuttrar som håller fast rören vid insprutningspumpens baksida (rören tas bort som en sammanhängande enhet). När du lossar pumpens anslutningsmuttrar, håll fast adaptern med en lämplig fast nyckel så att den inte skruvas loss från pumpen. Med anslutningsmuttrarna lossade, ta bort insprutningsventilernas rör från motorn. Täck insprutningsventilernas och rörens anslutningar för att förhindra att smuts tränger in i systemet **(se Haynes tips)**.

7.7a Skruva loss bulten . . .

6 Koppla loss nållyftsgivarens kablar från insprutningsventil nr 3.

7 Skruva loss insprutningsventilernas klämfästmuttrar eller bultar (i förekommande fall). Ta bort brickorna samt klämmorna och mellanläggsbrickorna **(se bilder)**.

8 Ta bort insprutningsventilerna från topplocket **(se bild)**. Om de sitter hårt, lossa dem genom att vrida dem med en skiftnyckel. Om de är svåra att få loss använder sig VW-mekaniker av en glidhammare som skruvas på röranslutningens gängor. Notera att den andra insprutningsventilen bakifrån sitter högre än de andra (cylinder nr 3), och har en nållyftsgivare, som skickar signaler till motorsystemets elektroniska styrenhet.

9 Haka loss värmesköldens brickor från insprutningsventilernas fördjupningar i topplocket. Använd en skruvmejsel. Nya brickor måste användas vid återmonteringen.

Motorkod AJM och ATJ

Observera: *Akta så att inte smuts kommer in i insprutningsventilerna eller bränslerören. Tappa inte insprutningsventilerna, och låt inte nålarna skadas i spetsarna. Insprutningsventilerna är precisionstillverkade och får inte hanteras vårdslöst.*

10 Demontera den övre kamremskåpan och ventilkåpan enligt beskrivningen i kapitel 2B.

11 Vrid vevaxelns remskiva med en skiftnyckel eller hylsnyckel tills vipparmen på den pump som ska demonteras är i sitt

7.7b . . . och ta bort klämman . . .

7.7c . . . och mellanläggsbrickan

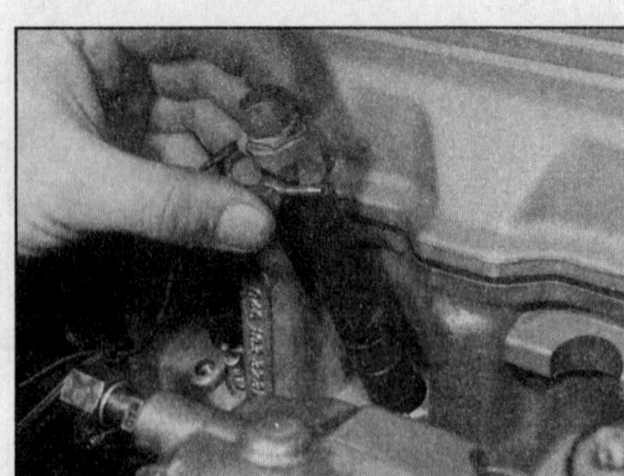

7.8 Ta bort insprutningsventilen från topplocket

högsta läge. Det innebär att insprutningsventilens tryckkolvsfjäder har minsta möjliga sträckning.

12 Lossa justeringsskruvens låsmutter på vipparmens ände ovanför insprutningsventilen, och skruva loss justeringsskruven tills vipparmen ligger an mot insprutningsventilens tryckkolvssprint **(se bild)**.

13 Skruva loss vipparmsaxelns fästskruvar stegvis. Börja med fästskruvarna på insidan och avsluta med de yttre fästskruvarna. Lyft av vipparmsaxeln. Kontrollera justerinsskruvarnas fogytor och byt ut de skruvar som är slitna eller skadade.

14 Skruva loss klämblockets fästbult och ta bort blocket på sidan om insprutningsventilen **(se bild)**.

15 Bänd försiktigt loss kontaktdonet från insprutningsventilen med en liten skruvmejsel.

16 VW-mekaniker drar bort insprutningsventilen från topplocket med en liten glidhammare (verktyg nr T10055). Denna glidhammare passar i insprutningsventilens sida. Om man inte har ett sådant verktyg kan man tillverka ett med ett kort vinkeljärn, ett stycke gängad stång, en cylindrisk vikt och två låsmuttrar. Svetsa/löd ihop stången med vinkeljärnet, trä vikten över stången och lås de två muttrarna i änden på stången för att göra ett stopp för vikten **(se bild)**. *Sätt* glidhammaren/verktyget i spåret på sidan av insprutningsventilen och dra ut insprutningsventilen med några lätta slag. Ta loss låsringen, värmeskölden och O-ringarna och kasta dem. Nya måste användas vid monteringen **(se bild)**.

17 Om det behövs kan man ta bort insprutningsventilernas kablage från topplocket genom att skruva loss de två fästmuttrarna/bultarna på topplockets baksida. För att förhindra att kontaktdonen förorenar topplocket när enheten tas bort, sätt i kontaktdonen i kablageskenans lagringsspår. Skjut försiktigt enheten bakåt och bort från gjutgodset **(se bilder)**.

Montering

Motorkod AFN, AVG, AHU och AHH

18 Sätt insprutningsventilerna på plats, med nya värmesköldsbrickor. Se till att insprutningsventilen med nållyftsgivaren sitter i cylinder nr 3 **(se bilder)**.

19 Sätt tillbaka fästkragarna och fästklamrarna, fäst dem med brickorna och muttrarna eller bultarna (efter tillämplighet) och dra åt dem till angivet moment.

7.12 Skruva loss justeringsskruven tills vipparmen ligger mot insprutningsventilens tryckkolv

7.14 Ta bort klämblockets fästbult

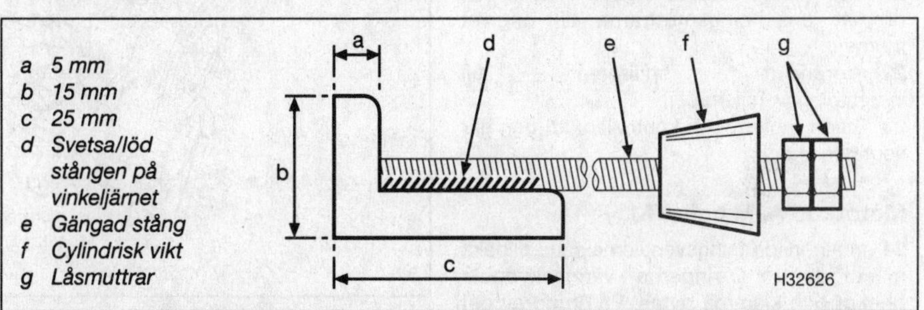

7.16a Demonteringsverktyg för pumpinsprutningsventil

7.16b *Sätt* glidhammaren/verktyget i spåret på sidan av insprutningsventilen och dra ut den

7.17a Skruva loss de två muttrarna på huvudets baksida och dra ut insprutningsventilen

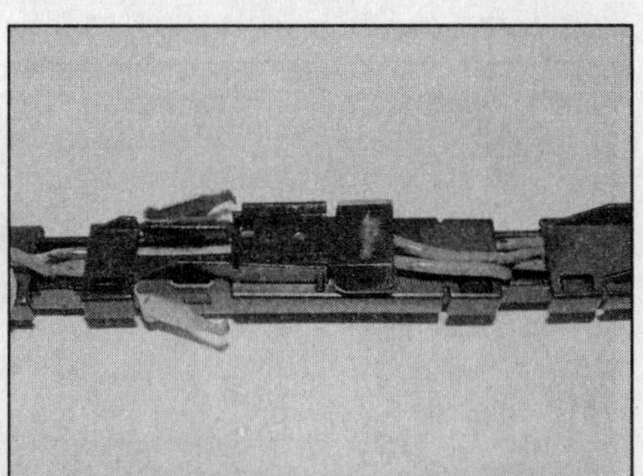

7.17b Insprutningsventilernas kontaktdon sitter i kablaget/skenan så att de inte skadas när enheten tas bort ur/sätts i topplocket

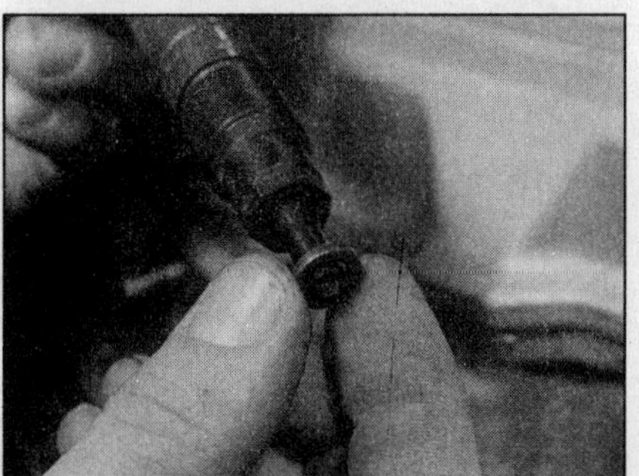

7.18a Sätt på en ny värmesköldsbricka på insprutningsventilen innan den monteras tillbaka

7.18b Den insprutningsventil som känner av nållyften är den andra bakifrån

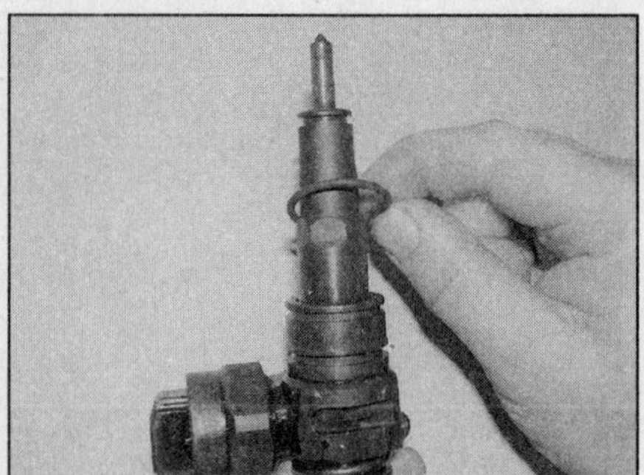

7.24 Man måste var mycket försiktig när man sätter dit insprutningsventilernas O-ringar så att de inte vrids

20 Återanslut kablaget för nållyftsgivaren på insprutningsventil nr 3.

21 Sätt tillbaka insprutningsventilrören och dra åt anslutningsmuttrarna till angivet moment.

22 Återanslut spillrören till insprutningsventilerna.

23 Starta motorn och kontrollera att den går som den ska.

Motorkod AJM och ATJ

24 Innan insprutningsventilerna sätts tillbaka måste de tre O-ringarna, värmeskyddets brickor och klämma bytas. På grund av det höga insprutningstrycket är det viktigt att O-ringarna monteras utan att de vrids. VW rekommenderar att man använder tre specialhylsor för att kunna sätta dit O-ringarna rakt. En god försiktighetsåtgärd kan vara att låta en VW-verkstad eller en välutrustad insprutningsspecialist byta O-ringarna istället för att riskera att det uppstår läckor senare **(se bild)**.

25 Efter att ha bytt O-ringarna, montera värmeskölden och fäst den på plats med låsringen **(se bild)**.

26 Smörj O-ringarna med ren motorolja och och tryck insprutningsventilen jämnt nedåt i topplocket tills det tar stopp.

27 Sätt klämblocket längs insprutningsventilen, men dra bara åt de nya fästbultarna för hand i detta skede.

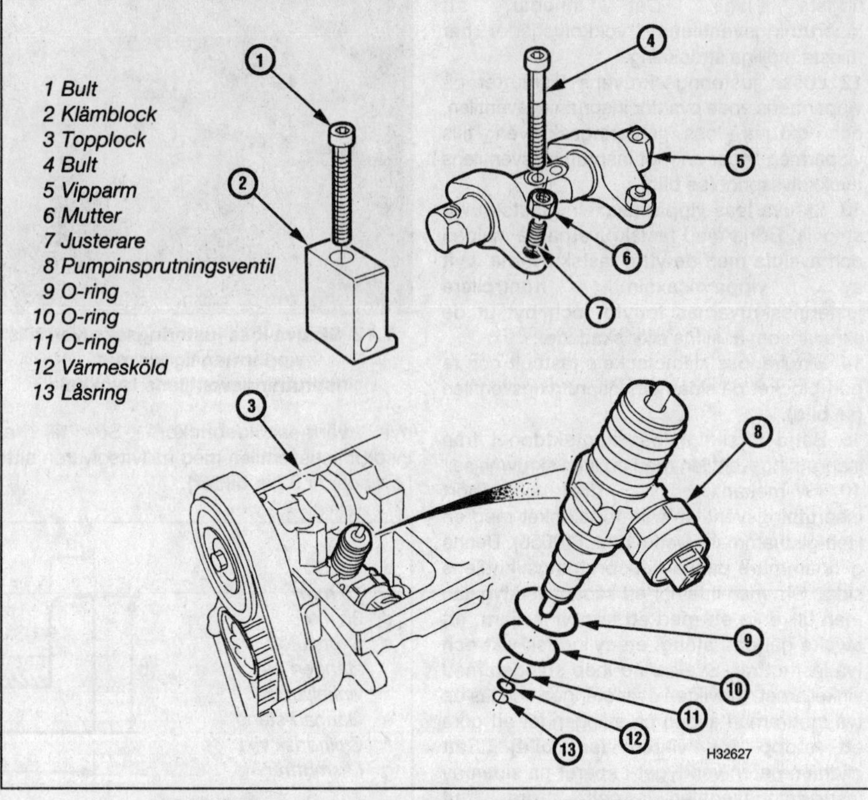

7.25 Pumpinsprutningsventil – motorkod AJM och ATJ

28 Det är viktigt att insprutningsventilerna monteras i rät vinkel mot klämblocket. För att göra detta, mät avståndet från den bakre ytan av topplocket till insprutningsventilens rundade del **(se bilder)**. Måtten (a) är följande:

Cylinder 1 = 332,2 ± 0,08 mm
Cylinder 2 = 244,2 ± 0,08 mm
Cylinder 3 = 152,8 ± 0,08 mm
Cylinder 4 = 64,8 ± 0,08 mm

29 När insprutningsventilerna står rakt, dra åt klämbulten till angivet moment för steg ett, och vinkeldra sedan till steg två. **Observera:** *Om en insprutningsventilen har bytts ut är det viktigt att justeringsskruven, låsmuttern på motsvarande vipparm och kulstiftet byts samtidigt. Kulstiften dras helt enkelt ut ur insprutningsventilens fjäderkåpa. Det sitter en O-ring i varje fjäderkåpa för att hindra att stiften faller ur.*

30 Smörj lite fett (VW nr G000 100) på fogytan på varje vipparms justeringsskruv och sätt tillbaka vipparmsaxelenheten på kamaxellageröverfallet. Dra åt fästbultarna enligt följande. Börja inifrån och ut och fingerdra bultarna. Börja återigen inifrån och ut och dra bultarna till angivet moment för steg 1. Vinkeldra slutligen bultarna inifrån och ut till angiven vilnkel för steg 2.

31 Följande behöver endast göras om en insprutningsventil har tagits bort och satts tillbaka/bytts ut. Sätt en indikatorklocka på topplockets övre yta och sätt mätsonden mot

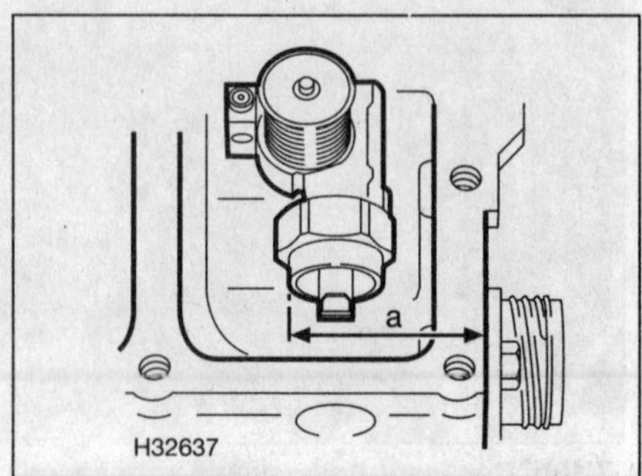

7.28a Mät avstånd (a) från baksidan av topplocket till insprutningsventilens rundade del (se text)

7.28b Sätt en stållinjal mot insprutningsventilens rundade del . . .

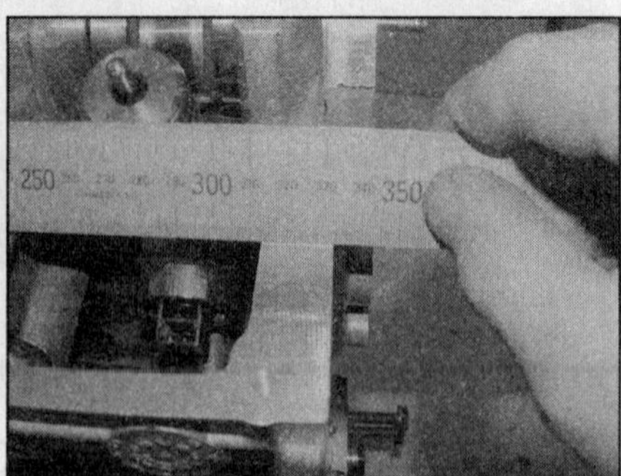

7.28c . . . och mät avståndet från ventilen till topplockets bakkant

7.31 Sätt en indikatorklocka på topplockets övre yta och sätt mätsonden mot skallen på justeringsskruven

skallen på justeringsskruven **(se bild)**. Vrid vevaxeln tills vipparmens vals är högst upp på sin kamlob och justeringsskruven är som lägst. När detta läge har uppnåtts, ta bort indikatorklockan, skruva in justeringsskruven tills ett ordentligt motstånd känns och insprutningsventilens fjäder inte kan tryckas ihop mer. Vrid justeringsskruven **moturs** 225° och dra åt låsmuttern till angivet moment. Upprepa detta arbetsmoment för alla insprutningsventiler som har monterats.

32 Återanslut anslutningskontakten til insprutningsventilen.

33 Montera ventilkåpan och övre kamremskåpan enligt beskrivningen i kapitel 2B.

34 Starta motorn och kontrollera att den går som den ska.

8 Dieselmotorstyrningssystem, komponenter – demontering och montering

Observera: *Läs föreskrifterna i avsnitt 1 innan något arbete utförs på bränslesystemet.*

Temperaturgivare för kylvätska

Demontering

1 Temperaturgivaren för kylvätskan sitter på baksidan av topplocket **(se bild)**. Bänd ut skyddshattarna, skruva loss fästmuttrarna/-bultarna och ta bort motorkåpan.

2 Töm ut cirka en fjärdedel av kylvätskan ur motorn enligt instruktionerna i kapitel 1B.

3 Koppla loss kablaget, dra ut fästklämman och ta bort givaren. Givaren kan testas med en multimeter. Anslut multimeterns ledningar till givarens stift och ställ in multimetern på motståndsmätning (ohm). När temperaturen ökar, minskar resistansen i givaren. Vid 30 °C ska resistansen vara 1500 till 2000 ohm och vid 80 °C ska resistansen vara 275 till 375 ohm. Om givarens resistans inte ligger inom dessa värden eller om den inte ändrar sig måste givaren bytas.

Montering

4 Montera i omvänd ordningsföljd mot demonteringen. Fyll på kylsystemet enligt beskrivningen i kapitel1B.

8.1 Koppla loss anslutningskontakten (se pil), dra ut fästklämman och ta bort temperaturgivaren för kylvätska

Varvtalsgivare

Demontering

5 Varvtalsgivaren sitter baktill till vänster på motorblocket, intill fogytan mellan blocket och växellådans balanshjulskåpa **(se bild)**. Bänd ut skyddshattarna, skruva loss fästmuttrarna/-bultarna och ta bort motorkåpan.

6 Följ kablaget bakåt från givaren till skarvdonet, och koppla loss det.

7 Skruva loss fästskruven och ta bort givaren från motorblocket. Givaren kan testas med en multimeter. Anslut multimeterns ledning till stift 1 (vid givarens raka sida) och 2 (mittenstiftet) på givaren ställ in multimetern på motståndsmätning (ohm). Om givaren fungerar ska resistansen ligga mellan 1000 och 1500 ohm (motorkod AFN, AVG, AHU och AHH) eller 450 och 500 ohm (motorkod AJM och ATJ). Om givarens resistans ligger utanför detta område, byt givaren.

Montering

8 Monteringen sker i omvänd ordningsföljd mot demonteringen.

Bränsleavstängningsventil

Observera: *Endast motorkod AFN, AVG, AHH och AHU.*

9 Avstängningsventilen för bränsle sitter ovanpå fördelarhuvudet på bränsleinsprutningspumpen. Bänd ut skyddshattarna, skruva loss fästmuttrarna/-bultarna och ta bort motorkåpan. Rengör området runt ventilen för att förhindra att damm och smuts tränger in i bränslesystemet.

10 Ta bort ventilen genom att skruva loss muttern och koppla loss kablaget.

11 Skruva loss ventilen och ta bort O-ringen, fjädern och kolven.

12 Monteringen sker i omvänd ordningsföljd mot demonteringen. Alla komponenter ska rengöras innan ventilen sätts tillbaka och dras åt till angivet moment.

Startinsprutningsventil

Observera: *Endast motorkod AFN, AVG, AHH och AHU.*

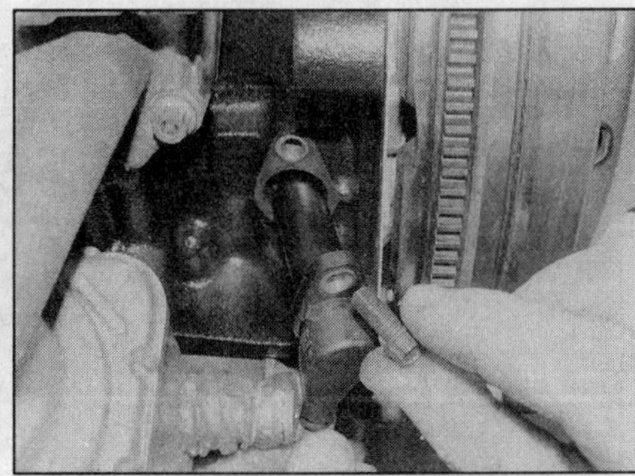

8.5 Varvtalsgivare (visas med motorn demonterad)

13 Startinsprutningsventilen sitter precis under fördelarhuvudet på bränsleinsprutningspumpen. Bänd ut skyddshattarna, skruva loss fästmuttrarna/-bultarna och ta bort motorkåpan. Rengör området runt ventilen för att förhindra att damm och smuts tränger in i bränslesystemet.

14 Skruva loss skruven och ta bort ventilen från insprutningspumpen. Var beredd på visst bränslespill.

15 Ta loss den yttre O-ringen, filtret och den inre O-ringen.

16 Koppla loss kablaget vid skarvdonet.

17 Monteringen sker i omvänd ordningsföljd mot demonteringen, och rengör alla komponenter innan skruven sätts tillbaka och dras åt ordentligt.

Laddtrycksventil

Demontering

18 Laddtrycksventilen sitter bakom och något till vänster om höger strålkastare **(se bild)**. Koppla först loss lufttrumman av plast från insugningsröret och det mellanliggande röret som leder till luftrenaren.

19 Koppla loss kablaget från ventilen.

20 Koppla loss vakuumslangarna och notera hur de sitter monterade, så att de kan monteras tillbaka korrekt.

21 Skruva loss fästmuttrarna och ta bort ventilen.

Montering

22 Montera i omvänd ordningsföljd mot demonteringen.

8.18 Koppla loss laddtrycksventilens vakuumrör och skruva loss fästmuttrarna

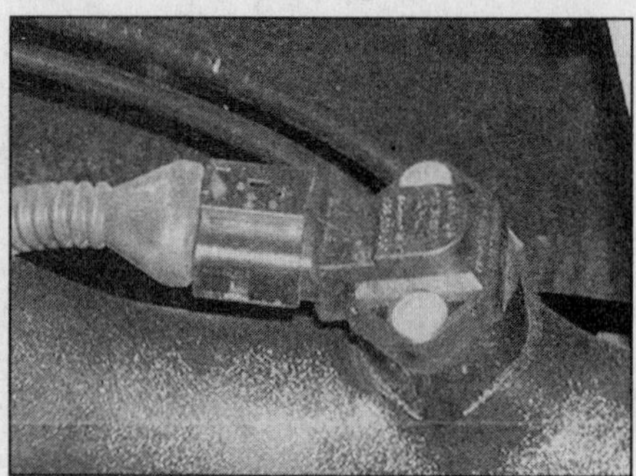

8.23 Luftintagets laddtrycks/temperaturgivare

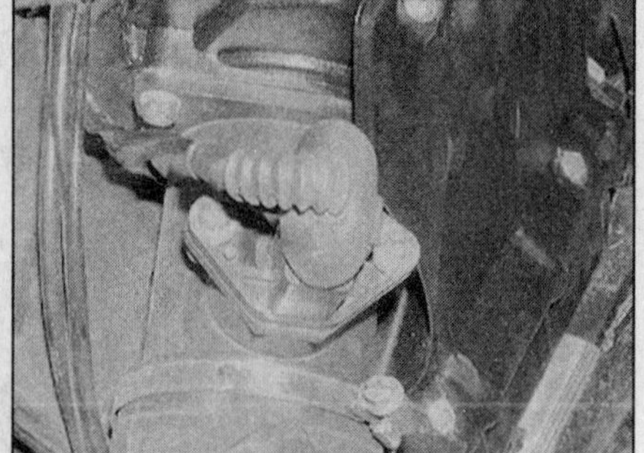

8.26 Luftflödesmätare

8.32 Motorns styrmodul är placerad på torpedväggen i motorrummets bakre del. På högerstyrda modeller sitter den på höger sida, och på vänsterstyrda modeller sitter den till vänster.

Luftintagets laddtrycks/temperaturgivare

Observera: *På motorkod AFN och AHU fram till september 1997 är laddtrycksgivaren en del av motorstyrmodulen och finns inte som en separat del.*

Demontering

23 På modeller från och med oktober 1997 sitter luftintagets laddtrycks/temperaturgivare på luftkanalen som leder från mellankylaren till insugningsröret, till vänster i motorrummets bakre del **(se bild)**. Koppla först loss kablaget.

24 Skruva loss skruvarna och ta bort givaren från luftkanalen.

Montering

25 Montera i omvänd ordningsföljd mot demonteringen.

Luftmassmätare

Demontering

26 Luftflödesmätaren sitter i luftrenarens övre kåpa **(se bild)**.

27 Koppla loss luftkanalen av plast från insugningskanalen och mellankanalen som leder till luftrenaren.

28 Lossa klämman och koppla loss luftintagsslangen från luftflödesmätaren.

29 Bänd upp fästklämmorna och lyft den övre kåpan från luftrenarhuset tillsammans med luftflödesmätaren. Koppla loss kablaget från mätaren och ta bort den.

30 Luftflödesmätaren och skyddet kan skruvas loss från den övre kåpan, och den mellanliggande luftkanalen kan tas bort. Hantera luftflödesmätaren försiktigt eftersom den är mycket ömtålig. Ta loss tätningskragen.

Montering

31 Montera i omvänd ordningsföljd mot demonteringen.

Elektronisk styrenhet (ECU)

Varning: Vänta alltid i minst 30 sekunder efter det att tändningen har stängts av innan kablaget kopplas bort från ECU:n. När kablaget kopplas loss kan alla inlärda värden raderas, även om mycket av felminnets innehåll behålls. När kablaget har återanslutits kan grundinställningarna återställas med hjälp av ett särskilt kontrollinstrument av en VW-verkstad eller en specialutrustad verkstad. Observera även att om den elektroniska styrmodulen byts ut måste den nya enhetens identifikation överföras till motorlåsningssystemets styrenhet av en VW-verkstad eller en specialutrustad verkstad.

Demontering

32 Styrmodulen sitter på torpedväggen baktill i motorrummet **(se bild)**. På högerstyrda modeller sitter den på höger sida, och på vänsterstyrda modeller sitter den till vänster.

33 Lossa batteriets jordledning (minuspolen) (se kapitel 5A).

34 Skruva loss skruvarna och lyft av kåpan. **Observera:** *På tidiga vänsterstyrda modeller finns ett hål i torpedplåten för att det ska gå att komma åt den bakre fästbulten. På senare modeller måste dock torpedplåten lossas för att det ska gå att komma åt bulten.*

35 Lossa fjäderhållaren ovanpå styrmodulen med en skruvmejsel.Lyft bort styrmodulen från monteringslådan för att komma åt kontaktdonet **(se bild)**. **Observera:** *På vissa modeller kan det krävas att hela relähållaren demonteras tillsammans med säkringsdosan.*

36 Bänd upp klämman och lossa kontaktdonet från styrmodulen.

Varning: Vänta i minst 30 sekunder efter det att tändningen stängts av innan den elektroniska styrenhetens kontaktdon kopplas loss.

37 Ta bort styrmodulen från torpedväggen. Om det behövs kan monteringslådan tas bort genom att fästmuttrarna skruvas loss och stiftet lossas från styrhålet.

Montering

38 Montera i omvänd ordningsföljd mot demonteringen. När kåpan sätts tillbaka, tryck ner den ordentligt för hand, och dra sedan stegvis åt fästskruvarna. Återanslut batteriet enligt beskrivningen i kapitel 5A.

Systemrelä och glödstiftssäkringsdosa

Demontering

39 Systemrelät sitter under styrmodulens kåpa. Lossa först batteriets jordledning (minuspolen) (se kapitel 5A).

40 Skruva loss skruvarna och lyft av kåpan.

41 Ta bort relät genom att dra det rakt ut från säkringsdosan. För att ta bort säkringadosan, ta bort styrmodulen (utan att koppla ifrån den) och dra säkringsdosan uppåt.

Montering

42 Montera i omvänd ordningsföljd mot demonteringen.

Kopplings- och bromspedalbrytare

Demontering och montering

43 Kopplings- och bromspedalbrytarna skickar signaler till styrmodulen som automatiskt justerar insprutningspumpens synkronisering. Se kapitel 6 och 9 för information om hur de demonteras och monteras.

Bränsletemperaturgivare

Motorkod AFN, AVG, AHU och AHH

44 Bränsletemperaturgivaren sitter längst upp i insprutningspumpen, under kåpan. Skruva loss skruvarna och lyft av den övre kåpan från insprutningspumpen. Ta loss packningen.

45 Skruva loss skruvarna och ta bort bränsletemperaturgivaren.

46 Montera i omvänd ordningsföljd mot demonteringen.

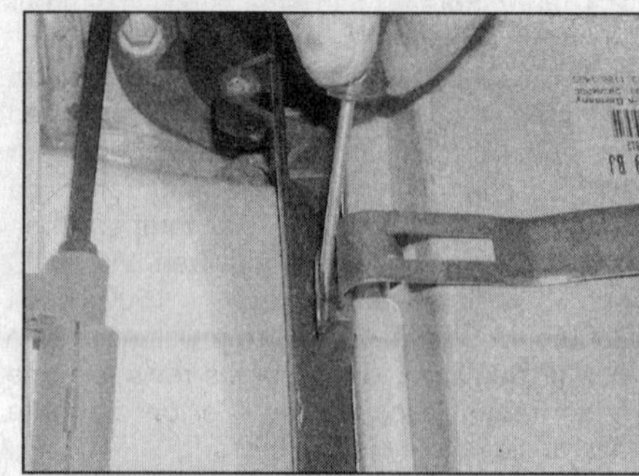

8.35 Lossa fjäderhållaren ovanpå styrmodulen med en skruvmejsel

8.47 Bränsletemperaturgivaren sitter i bränslereturledningen bredvid oljefilterhuset

Motorkod AJM och ATJ

47 Bränsletemperaturgivaren sitter i bränslereturröret bredvid bränslefilterenheten på vänster sida om motorrummet **(se bild)**. Sätt en klämma på bränslereturslangen på vardera sida om givaren.

48 Lossa fästklämmorna och koppla loss slangarna från givaren. Var beredd på bränslespill.

49 Koppla loss anslutningskontakten från givaren. Givaren kan testas med en multimeter. Anslut multimeterns ledningar till givarens stift och ställ in multimetern på motståndsmätning (ohm). När temperaturen ökar, minskar resistansen i givaren. Vid 30 °C ska resistansen vara 1500 till 2000 ohm och vid 80 °C ska resistansen vara 275 till 375 ohm. Om givarens resistans inte ligger inom dessa värden eller om den inte ändrar sig måste den bytas.

50 Montera i omvänd ordningsföljd mot demonteringen.

Höjdmätare

51 Höjdmätaren är inbyggd i motorns styrmodul. Den finns inte som en separat del. Om mätaren är defekt måste styrmodulen bytas.

Kamaxelgivare

Observera: *Endast motorkod AJM och ATJ*

Demontering

52 Ta bort den övre kamremskåpan enligt beskrivningen i kapitel 2B.

53 Skruva loss fästbulten och ta bort givaren från topplocket.

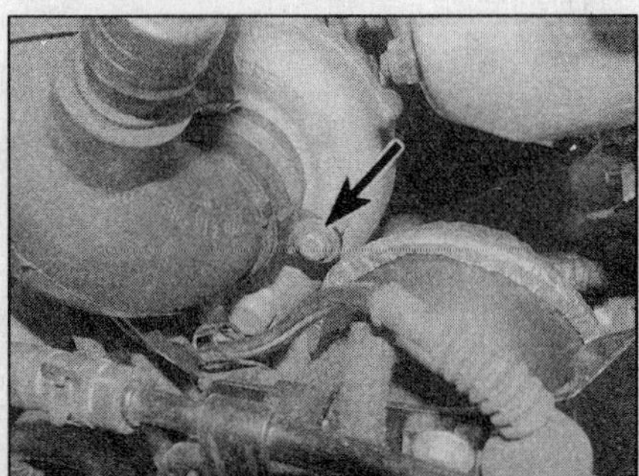

9.10 På vissa modeller är luftröret till turboaggregatet fäst med både skruvar och klämmor (se pil – en dold)

8.56 Kamaxelgivaren har ett styrstift som måste monteras i hålet på topplocket

54 Följ kablaget från givaren till kontaktdonet på torpedväggen och koppla loss det.

55 Bänd ut genomföringen på den bakre kamremskåpan och för ut givaren genom hålet.

Montering

56 Monteringen görs i omvänd ordningsföljd mot demonteringen. Notera att givaren har ett styrstift som måste sitta i hålet i topplocket **(se bild)**. Dra åt givarens bult till angivet moment.

9 Turboaggregat - allmän information, demontering och montering

Allmän information

1 Samtliga dieselmotorer är utrustade med ett turboaggregat, som sitter direkt på avgasgrenröret. Aggregatet smörjs via ett oljetillförselrör från motoroljefiltrets fäste. Oljan leds tillbaka till sumpen via ett returrör som är anslutet till sidan av motorblocket. Turboaggregatet har en inbyggd övertrycksventil och ett vakuumaktiverat membran som används till att reglera laddtrycket i insugningsröret.

2 Turboaggregatets inre komponenter roterar mycket fort och är mycket känsliga för föroreningar. Även små smutspartiklar kan orsaka stor skada, särskilt om de slår emot de känsliga turbinbladen.

Varning: Rengör området runt alla oljerörsanslutningar noga innan de kopplas loss, för att hindra att smuts tränger in. Förvara isärtagna komponenter i en försluten behållare så att de hålls rena. Täck över turboaggregatets luftintagskanaler för att förhindra att smuts tränger in. Använd endast luddfria trasor vid rengöringen.

9.11 Turboaggregatets oljetillförselrör och anslutningsmutter

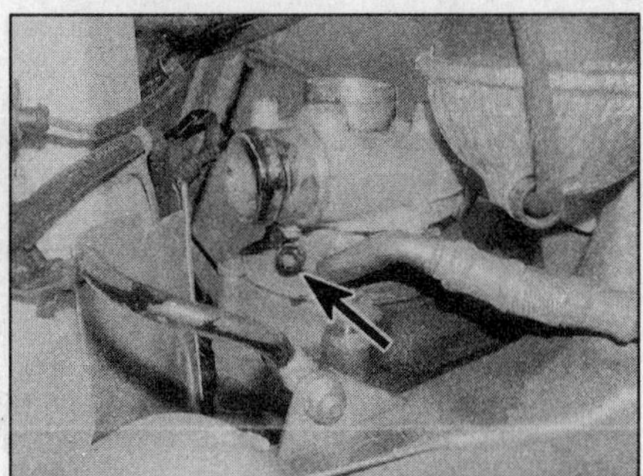

9.7 Skruva loss anslutningsmuttern och koppla loss turboaggregatets oljereturrör (se pil) – motorkod AJM och ATJ

Demontering

3 Dra åt handbromsen. Lyft sedan upp framvagnen och ställ den på pallbockar (se *Lyftning och stödpunkter*). Ta bort motorrummets undre skyddskåpa. Ställ låshållaren i serviceläget enligt beskrivningen i kapitel 11, avsnitt 10.

4 Bänd ut skyddshattarna, lossa sedan fästmuttrarna/bultarna och ta bort motorns övre skyddskåpa i förekommande fall.

5 På modeller med luftkonditionering, lossa kulbultarna och spännbultarna och flytta spännrullen uppåt för att minska drivremmens spänning. Dra bort drivremmen från vevaxeln, kompressorn och spännarremskivorna. Skruva loss kompressorn och bind upp den åt sidan enligt beskrivningen i kapitel 3. **Koppla inte** loss kylledningarna från kompressorn.

6 Lossa klämmorna och koppla loss höger luftintagsslang. Skruva loss bultarna/ muttrarna och ta bort avgasgrenrörets stödfäste.

7 Skruva loss anslutningsbulten och koppla loss oljereturröret från höger sida av motorblocket. På motorkod AJM och ATJ, koppla loss oljereturröret endast från turboaggregatet **(se bild)**. Plugga igen eller täck över röret och öppningen för att förhindra intrång av damm och smuts.

8 Skruva loss fästbultarna mellan turboaggregatet och avgasgrenröret, men låt de två främre bultarna sitta kvar för att hålla enheten.

9 Demontera luftrenaren enligt beskrivningen i avsnitt 2.

10 Lossa klämmorna och koppla loss den främre luftintagsslangen från turboaggregatet. Observera att på vissa motorer är tillförselröret fäst på turboaggregat med två bultar och med klämmor **(se bild)**.

11 Skruva loss anslutningsmuttern och koppla loss oljetillförselröret från turboaggregatet **(se bild)**. Lossa oljetillförselrörets stödfäste från infästningspunkten.

12 Notera hur vakuumslangen är monterad. Koppla sedan loss den från övertrycksventilens styrenhet **(se bild)**.

13 Skruva loss muttrarna som håller fast turboaggregatet vid katalysatorn **(se bild)**.

14 Skruva loss de två sista fästbultarna, och ta loss turboaggregatet från avgasgrenröret och katalysatorn. Ta loss packningen.

Montering

15 Sätt tillbaka turboaggregatet genom att följa demonteringsanvisningarna baklänges. Tänk på följande:

a) Byt packningen.
b) Byt ut alla självlåsande muttrar.
c) Fyll turboaggregatet med ny olja från en oljekanna innan oljetillförselröret återansluts.
d) Dra åt alla muttrar och bultar till angivet moment, om det är tillämpligt.
e) Låt motorn gå på tomgång i ungefär en minut när den startas första gången efter återmonteringen. Då hinner oljan cirkulera runt turbinaxelns lager.

10 Mellankylare - demontering och montering

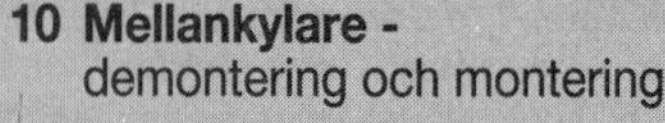

Demontering

1 Dra åt handbromsen. Lyft sedan upp framvagnen och ställ den på pallbockar (se *Lyftning och stödpunkter*). Ta bort motorrummets undre kåpa.

2 Mellankylaren sitter på vänster sida av motorrummet, och man kommer åt den genom att flytta hela frontpanelen (låshållaren) så långt bort från bilens front som möjligt, men utan att koppla loss några kylarslangar eller elkablar. Gör så här: Ta först bort stötfångaren enligt beskrivningen i kapitel 11. Skruva sedan loss de tre klämmorna från ljudisoleringen och skruva loss luftkanalen mellan låshållaren och luftrenaren. Lossa kablaget från klämmorna på kylarens vänstra sida. Ta bort de tre bultarna från de sidmonterade stötfångarstyrningarna som sitter strax under strålkastarna, och snäpp loss dem från framskärmarna. Skruva loss bultarna som håller fast låshållaren/stötfångarstaget vid underredeskanalerna. Skruva sedan loss de övre bultarna - en på ovansidan/framsidan av varje skärm, och en intill varje strålkastare. Ta hjälp av en medhjälpare och dra bort hela enheten så långt som möjligt från bilens front. VW-mekaniker använder specialverktyg för att hålla enheten. Det går dock att tillverka stödstag av gängad stång som skruvas in i underredets kanaler.

3 Lossa klämman och koppla loss den övre slangen från mellankylaren.

4 Demontera luftkanalen från framsidan av mellankylaren. Ta loss gummigenomföringarna.

9.12 Vakuumröret på styrenheten till turboaggregatets övertrycksventil

9.13 Fästmuttrar mellan turboaggregatet och katalysatorn

5 Lossa klämman och ta bort den nedre slangen från mellankylaren **(se bild)**.

6 Dra ut mellankylarens nederdel från fästmuffen, och haka sedan loss den från de övre fästmuffarna. Dra ut den nedåt från bilens undersida **(se bild)**. Ta bort muffarna från fästbygeln om det behövs.

Montering

7 Montera i omvänd ordningsföljd mot demonteringen.

11 Insugningsrör – demontering och montering

Motorkod AHU

Demontering

1 Demontera turboaggregatet enligt beskrivningen i avsnitt 9.

2 Lossa klämman och koppla loss luftkanalen från insugningsröret.

3 Koppla loss vakuumslangen från avgasåterföringens styrventil.

4 Skruva loss de två bultar som håller fast avgasåterföringens styrventil vid insugningsröret.

5 Skruva loss muttrarna och ta bort den lilla värmeskölden från framsidan av avgasgrenröret.

6 Skruva loss fästmuttrarna och ta bort insugningsröret från topplocket. Ta loss packningarna från insugningsröret och avgasåterföringens styrventil.

Montering

7 Montering sker i omvänd ordningsföljd. Använd nya packningar till grenröret och avgasåterföringsventilen.

Motorkod AFN, AVG och AHH

Demontering

8 Bänd ut skyddshattarna, lossa sedan fästmuttrarna/bultarna och ta bort motorns övre skyddskåpa. Skruva loss avgasåterföringsventilen och röret från insugnings- och avgasgrenrören och flytta hela enheten åt sidan. Man behöver inte koppla loss vakuumslangen från avgasåterföringsventilen.

9 Lossa klämman och koppla loss luftkanalen från insugningsröret.

10 Skruva loss oljetillförselrörets fästbygel från avgasgrenröret.

11 Skruva loss fästmuttrarna och ta bort insugningsröret från topplocket. Ta loss packningarna från insugningsröret och avgasåterföringens styrventil.

Montering

12 Monteringen sker i omvänd ordningsföljd mot demonteringen, och använd nya packningar till insugningsröret och avgasåterföringsventilen.

Motorkod AJM och ATJ

Demontering

13 Bänd loss skyddskåporna, lossa sedan fästmuttrarna/bultarna och ta bort motorns övre skyddskåpa.

14 Skruva loss bultarna som håller fast avgasåterföringens rör vid insugningsrörets spjällenhet.

10.5 Lossa klämman och koppla loss den nedre slangen från mellankylaren

10.6 Fästbygel och muff till mellankylaren

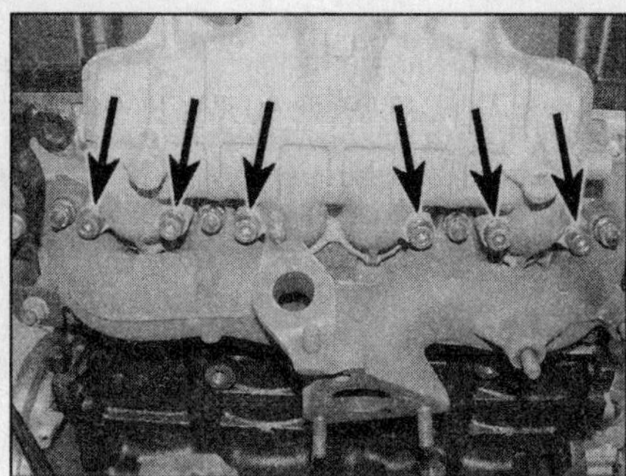

11.17 Skruva loss insugningsrörets fästbultar (se pil)

15 Skruva loss fästskruvarna och skilj insugningsrörets spjällenhet från insugningsröret (se avsnitt 13). Ta loss O-ringen.

16 Skruva loss avgasåterföringsröret från avgasgrenröret. På modeller med automatväxellåda, lossa även de tre fästbultarna och för avgasåterföringskylaren bort från insugningsröret.

17 Ta bort värmeskölden från grenrören. Skruva sedan loss fästmuttrarna/-bultarna och ta bort insugningsröret från topplocket. Ta loss packningarna från insugningsröret **(se bild)**.

Montering

18 Monteringen sker i omvänd ordningsföljd mot demonteringen. Använd nya packningar till insugningsröret, avgasåterföringsröret och insugsrörets spjällenhet.

12 Tandembränslepump – demontering och montering

Observera: *Endast motorkod AJM och ATJ har en tandembränslepump.*

Demontering

Observera: *Om man kopplar loss pumpinsprutningsventilernas gemensamma kontaktdon kan en felkod lagras i motorns styrmodul. Koden kan endast raderas av en VW-mekaniker eller annan specialist med lämplig utrustning.*

1 Bänd ut skyddhattarna, skruva sedan loss fästmuttrarna/bultarna och ta bort motorns övre skyddskåpa.

12.6 Se till att tandempumpens kugghjul går i ordentligt i kamaxelns spår

12.2 Koppla loss insprutningsventilernas kontaktdon

2 Koppla loss laddningsluftröret på topplockets baksida och lägg det åt sidan. Koppla loss pumpinsprutningsventilernas gemensamma kontaktdon **(se bild)**.

3 Lossa fästklämman (i förekommande fall) och koppla loss bromsservons rör från tandempumpen **(se bild)**.

4 Koppla loss bränsletillförselslangen (vitmarkerad) från tandempumpen **(se bild 12.3)**. Var beredd på bränslespill.

5 Skruva loss de fyra fästbultarna och flytta tandempumpen bort från topplocket **(se bild 12.3)**. När pumpen lyfts upp kopplar man loss bränslereturslangen (blå markering). Var beredd på bränslespill. Det finns inte några delar som kan lagas inuti tandempumpen. Om pumpen är defekt måste den bytas.

Montering

6 Återanslut returbränsleslangen till pumpen och montera pumpen på topplocket med hjälp av nya gummitätningar. Se till att pumpens drev hakar i spåret i kamaxeln ordentligt **(se bild)**.

7 Skruva i pumpens fästbultar och dra åt dem till angivet moment.

8 Återanslut bränsletillförselslangen och bromsservoslangen till pumpen.

9 Återanslut det gemensamma kontaktdonet för pumpinsprutningsventiler.

10 Montera laddluftröret.

11 Koppla loss bränslefiltrets returslang (blå markering), och anslut slangen till vakuumpumpen. Kör vakuumpumpen tills det kommer bränsle från returslangen. Detta flödar tandempumpen. Var försiktig så att det inte sugs in något bränsle i vakuumpumpen.

13.6 Skruva loss de tre fästbultarna och demontera insugningsrörets flänshus.

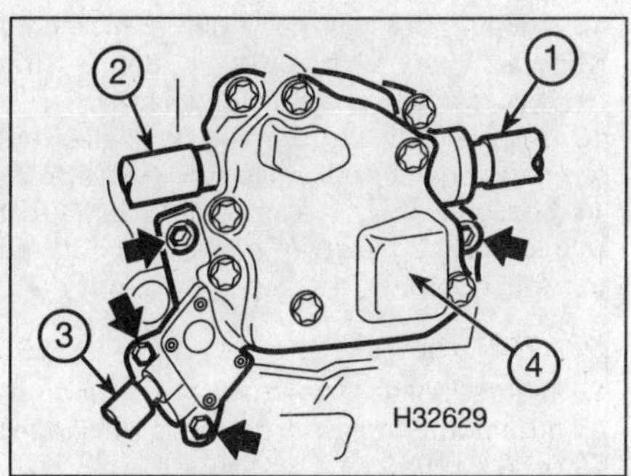

12.3 Tandembränslepumpens fästbultar (se pil)

1 Bromsservoslang
2 Bränsletillförselslang
3 Bränslereturslang
4 Tandempump

Återsanlut returslangen till bränslefiltret.

12 Montera motorns övre skyddskåpa.

13 Låt en VW-mekaniker eller annan specialist med lämplig utrustning undersöka och radera felminnet i motorns styrmodul.

13 Insugningsrörets omkastningsspjäll och ventil – demontering och montering

Observera: *Endast motorkod AJM och ATJ*

Omkastningsspjällets hus och vakuumstyrenhet

Demontering

1 Dieselmotorer har ett mycket högt kompressionsförhållande. När motorn stängs av fortsätter kolvarna att komprimera en stor mängd luft under några varv vilket gör att motorn skakar till. Insugningsrörets omkastningsspjäll sitter på insugningflänshuset som är fastbultat på insugningsröret. När tändningslåset ställs i avstängt läge aktiveras spjället av en ventil som styrs av motorstyrningen. Då stryps lufuttillförseln till cylindrarna. På så vis komprimerar cylindarna en mycket liten mängd luft, vilket gör att motorn stannar vibrationsfritt. Spjället måste öppnas igen cirka 3 sekunder efter det att tändningslåset har ställts i avstängt läge. EGR-ventilen (avgasåterföring) sitter också i spjällhuset.

2 Bänd i förekommande fall ut skyddshattarna, lossa sedan fästmuttrarna/bultarna och ta bort motorns övre skyddskåpa.

3 Lossa fästklämmorna och ta bort huvudinsugningsröret från insugningsrörets flänshus.

4 Skruva loss de två fästbultarna och koppla loss avgasåterföringsröret från insugnings-flänsens undersida. Ta loss packningen.

5 Koppla loss manöverdonets vakuumrör. Koppla loss avgasåterföringsventilens vakuumrör.

6 Skruva loss de tre fästbultarna och demontera insugningsrörets flänshus. Kasta O-ringstätningen, en ny måste sättas i **(se bild)**.

13.10 Koppla loss vakuumrören och skruva loss fästskruven till insugningsrörspjällets styrventil (pil)

7 Det går att ta bort vakuummanöverdonet från insugningsflänshuset genom att skruva loss fästbygelns två fästbultar och koppla loss manöverarmen från spjällspindeln. I skrivande stund fanns dock insugningsrörets fläns endast som en komplett enhet med vakuummanöverdon och avgasåterföringsventil. Kontakta din VW-verkstad.

Montering

8 Monteringen sker i omvänd ordningsföljd mot demonteringen. Dra åt bultarna till insugningsrörets flänshus till angivet moment.

Omkastningsventil

Demontering

9 Omkastningsventilen styr vakuumtillförseln till omkastningsspjället. Den elektriska matningen till ventilen styrs av motorns styrmodul. När startnyckeln står i avstängt läge skickar motorns styrmodul signal till ventilen som öppnas så att vakuumet kan stänga spjället. Cirka tre sekunder senare slås spänningen till ventilen av. Vakuumet till manöverdonet släpper och spjället öppnas.

10 Ventilen sitter på höger sida i motorrummet, ovanpå luftfilterhuset. Observera vakuumrörens positioner och koppla loss dem från ventilen **(se bild)**.

11 Koppla loss anslutningskontakten från ventilen.

12 Skruva loss fästskruven och ta bort ventilen.

Montering

13 Monteringen sker i omvänd ordningsföljd mot demonteringen.

Kapitel 4 Del C:
Avgasreningssystem och avgassystem

Innehåll

Svårighetsgrad

Enkelt, passar novisen med lite erfarenhet 	**Ganska enkelt,** passar nybörjaren med viss erfarenhet 	**Ganska svårt,** passar kompetent hemmamekaniker	**Svårt,** passar hemmamekaniker med erfarenhet 	**Mycket svårt,** för professionell mekaniker

Specifikationer

Motorkod*

Per typ

Bensinmotorer:

1595 cc, enkel överliggande kamaxel, Bosch Motronic M3.2-insprutning	ADP
1595 cc, enkel överliggande kamaxel, Simos-insprutning	AHL
1595 cc, enkel överliggande kamaxel, Simos 2-insprutning	ARM
1595 cc, enkel överliggande kamaxel, Simos 3-insprutning	ANA
1781 cc, dubbla överliggande kamaxlar, Bosch Motronic M3.2-insprutning	ADR
1781 cc, dubbla överliggande kamaxlar, Bosch Motronic ME7.1-insprutning	APT
1781 cc, dubbla överliggande kamaxlar, Bosch Motronic ME7.5-insprutning, med turbo	ANB
1781 cc, dubbla överliggande kamaxlar, Bosch Motronic ME7.5-insprutning, med turbo	APU
1781 cc, dubbla överliggande kamaxlar, Bosch Motronic ME7.1-insprutning	ARG
1781 cc, dubbla överliggande kamaxlar, Bosch Motronic M3.2-insprutning, med turbo	AEB

Dieselmotorer:

Elektronisk direktinsprutning, med turbo	AFN
Elektronisk direktinsprutning, med turbo	AVG
Elektronisk direktinsprutning, med turbo	AHU
Elektronisk direktinsprutning, med turbo	AHH
Elektronisk direktinsprutning, pumpinsprutningsventiler, med turbo	AJM
Elektronisk direktinsprutning, pumpinsprutningsventiler, med turbo	ATJ

Per kod

Bensinmotorer:

ADP	1595 cc, enkel överliggande kamaxel, Bosch Motronic M3.2-insprutning
ADR	1781 cc, dubbla överliggande kamaxlar, Bosch Motronic M3.2-insprutning
AEB	1781 cc, dubbla överliggande kamaxlar, Bosch Motronic M3.2-insprutning, med turbo
AHL	1595 cc, enkel överliggande kamaxel, Simos-insprutning
ANA	1595 cc, enkel överliggande kamaxel, Simos 3-insprutning
ANB	1781 cc, dubbla överliggande kamaxlar, Bosch Motronic ME7.5-insprutning, med turbo
APT	1781 cc, dubbla överliggande kamaxlar, Bosch Motronic ME7.1-insprutning
APU	1781 cc, dubbla överliggande kamaxlar, Bosch Motronic ME7.5-insprutning, med turbo
ARG	1781 cc, dubbla överliggande kamaxlar, Bosch Motronic ME7.1-insprutning
ARM	1595 cc, enkel överliggande kamaxel, Simos 2-insprutning

Dieselmotorer:

AFN	Elektronisk direktinsprutning, med turbo
AHH	Elektronisk direktinsprutning, med turbo
AHU	Elektronisk direktinsprutning, med turbo
AJM	Elektronisk direktinsprutning, pumpinsprutningsventiler, med turbo
ATJ	Elektronisk direktinsprutning, pumpinsprutningsventiler, med turbo
AVG	Elektronisk direktinsprutning, med turbo

***Observera:** *Se "Chassinummer" för information om var motorns kodmärkning sitter.*

Atdragningsmoment

	Nm
Katalysator till främre avgasrör:	
Bensinmotorer med enkel överliggande kamaxel	40
Bensinmotorer med dubbla överliggande kamaxlar	25
Dieselmotorer	25
Katalysator till turboaggregat:	
Motorkod AEB, ANB, APU	30
Avgasåterföringsventil till insugningsrör:	
Motorkod ANA, AFN, AVG, AHU och AHH	25
Motorkod AJM och ATJ	10
Avgassystemets klämbultar	40
Avgasgrenrör*	25
Avgassystemets fästbyglar till underredet	25
Främre avgasrör till grenrör:	
Motorkod ADP, ADR, APT, ARG, AHL, ANA	30
Främre avgasrör till fästbygel på växellåda:	
Motorkod AEB, ANB, APU	25
Halvböjligt rör till avgasåterföringsventil och avgasgrenrör	25

* *Använd nya hållare*

1 Allmän information

Avgasreningssystem

Alla bensinmotormodeller kan köras på blyfri bensin och styrs av motorstyrningssystem som är inställda att ge den bästa kompromissen mellan körbarhet, bränsleförbrukning och avgasutsläpp. Dessutom finns ett antal andra system som minimerar andra skadliga utsläpp. Ett vevhusventilationssystem finns monterat, som minskar utsläppen av föroreningar från motorns smörjningssystem, och en katalysator som minskar föroreningarna i avgaserna. Det monterade avdunstningsregleringssystemet minskar bränsletankens utsläpp av kolväteavgaser. På vissa modeller finns det också ett sekundärt insprutningssystem som minskar katalysatorns uppvärmningstid.

Alla dieselmotormodeller har ett vevhusventilationssystem, och dessutom en katalysator och ett avgasåterföringssystem för att minska avgasutsläppen.

Vevhusventilation

Motorn är förseglad och gaser och oljedimma sugs ut från vevhuset, går genom en oljeavskiljare och förs sedan in i insugningsröret så att de förbränns av motorn under normal drift. Detta för att minska mängden oförbrända kolväten från vevhuset som släpps ut i atmosfären.

Avgaserna trycks ut ur vevhuset med hjälp av det högre trycket där inne. Alla dieselmotorer har en tryckreglerventil på ventilkåpan som styr gasflödet från vevhuset.

Avgasreningssystem – bensinmodeller

För att minimera mängden föroreningar som släpps ut i atmosfären har alla bensinmodellers avgassystem en trevägskatalysator. Bränslesystemet är ett stängt system, där en lambdasond i avgassystemet oupphörligen informerar motorstyrningssystemet så att det kan anpassa luft/bränsleblandningen för optimal förbränning. Vissa modeller har också en sekundär lambdasond efter katalysatorn. Sonden informerar motorstyrningssystemet om syreinnehållet i avgaserna som passerat katalysatorn.

Lambdasonden har ett inbyggt värmeelement som styrs av den elektroniska styrmodulen via lambdasondens relä så att sondens spets snabbt når optimal arbetstemperatur. Sondens spets känner av syrehalten i avgaserna och skickar en spänningssignal, som varierar med mängden syre i avgaserna, till styrmodulen. Om insugets luft-/bränsleblandning är för hög blir avgaserna syrefattiga, så att givaren skickar en signal med låg spänning. Spänningen ökar allt eftersom blandningen blir svagare och mängden syre i avgaserna ökar. Högsta omvandlingseffekt av alla viktigare föroreningar uppnås om insugets luft-/bränsleblandning hålls på kemiskt rätt nivå för fullständig bensinförbränning, med 14,7 delar (efter vikt) luft mot 1 del bränsle (stökiometriskt förhållande). Vid det här förhållandet ändras givarens utgångsspänning i stora steg. ECU:n använder signalförändringen som referenspunkt och justerar luft-/bränsleblandningen genom att ändra insprutningsventilens pulslängd. Ytterligare information om demontering och montering av lambdasonden finns i kapitel 4A.

För att fungera effektivt måste katalysatorn värmas upp till en temperatur av minst 300 °C. En del modeller har ett sekundärt insprutningssystem så att avgaserna värmer upp katalysatorn snabbare. Under det första uppvärmningssteget sprutas frisk luft in bakom avgasventilerna. Då blandas avgaserna med syre, vilket orsakar en "efterförbränning" som förkortar katalysatorns uppvärmningstid. Den sekundära insprutningspumpens och insugsventilens aktivitet styrs av motorns elektroniska styrmodul, ECU.

Avgasreningssystem – dieselmodeller

En oxideringskatalysator finns monterad i avgassystemet på alla dieselmodeller. Katalysatorn tar bort en stor del av de kolväten, den koloxid och de partiklar som finns i avgaserna.

På alla dieselmodeller finns också ett system för avgasåterföring. Det minskar mängden kolväten som bildas vid förbränningen genom att under vissa drifttillstånd föra tillbaka en del av avgaserna in i insugningsröret via en kolvventil. Systemet styrs av dieselmotorns elektroniska styrenhet, ECU.

Avdunstningsreglering – bensinmodeller

För att minimera utsläppen av oförbrända kolväten i atmosfären finns även ett system för avdunstningsreglering på alla bensinmodeller. Bränsletankens påfyllningslock är förseglat och ett kolfilter under den högra skärmen samlar bensinångorna från bränslet i tanken. Kolfiltret lagrar ångorna tills de sugs ut (vilket styrs av motorstyrningssystemet, ECU) via en eller flera rensventiler till insuget, där de sedan förbränns av motorn under den normala förbränningen.

För att motorn ska fungera bra när det är kallt och/eller vid tomgång, samt för att skydda katalysatorn från skador vid en alltför mättad blandning, öppnar inte motorns elektroniska styrsystem rensstyrventilerna förrän motorn är uppvärmd och under belastning. Magnetventilen stängs då av och på så att ångorna kan dras in i insugskanalen.

Avgassystem

På bensinmodeller med motorkod ADP, ADR

och ARG består avgassystemet av avgasgrenrör (med lambdasond), främre avgasrör, katalysator, mellanrör och ljuddämpare, samt bakre avgasrör och ljuddämpare. På bensinmodeller med motorkod AHL och ARM består avgassystemet av avgasgrenrör (med lambdasond), främre avgasrör och inbyggd katalysator, mellanrör och ljuddämpare, samt bakre avgasrör och ljuddämpare. På bensinmodeller med motorkod AEB, ANB och APU består avgassystemet av avgasgrenrör, turboaggregat, katalysator med två lambdasonder, främre avgasrör, mellanrör och ljuddämpare, samt bakre avgasrör och ljuddämpare. På bensinmodeller med motorkod ANA består avgassystemet av avgasgrenrör, främre avgasrör, katalysator (med två lambdasonder), mellanrör och ljuddämpare samt bakre avgasrör och ljuddämpare.

På alla dieselmodeller består avgassystemet av avgasgrenrör, turboaggregat, främre avgasrör och inbyggd katalysator, ett kort förbindelserör, mellanrör och ljuddämpare, samt bakre avgasrör och ljuddämpare. Systemet sitter upphängt i gummibussningar och/eller gummifästringar.

Avgassystemets mittersta och bakre delar tillverkas visserligen som en enda enhet, men de går ändå att skaffa separat.

2 Avdunstningsregleringssystem - information och byte av komponenter

Information

1 Avdunstningsregleringssystemet består av rensventil, filter med aktivt kol och en mängd anslutande vakuumslangar.

2 Rensventilen sitter längst fram till höger i motorrummet, i vakuumledningen mellan kolfiltret och insugningsröret. Kolfiltret sitter i höger framhjulshuset bakom innerskärmen, framför A-stolpen.

Byte av komponenter

Rensventil

3 Se till att tändningen är avstängd, och koppla sedan loss kabelhärvan från rensventilen vid skarvdonet.

4 Lossa klämmorna och koppla loss vakuumslangarna. Notera åt vilket håll ventilen är monterad.

5 Montera i omvänd ordningsföljd mot demonteringen.

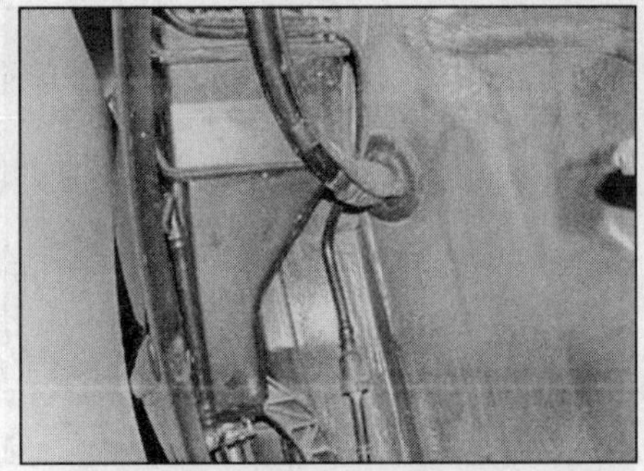

2.9 Kolfiltret sitter bakom det främre högra innerskärmen

Kolfilter

6 Dra åt handbromsen. Lyft sedan upp framvagnen och ställ den på pallbockar (se *Lyftning och stödpunkter*). Demontera höger framhjul.

7 För att komma åt kolfiltret, demontera baksidan av högra främre innerskärmen enligt instruktionerna i kapitel 11.

8 Koppla loss vakuum- och ventilationsslangarna, och notera till vilka portar de ansluts.

9 Skruva loss fästskruvarna och ta bort kolfiltret **(se bild)**.

10 Montera i omvänd ordningsföljd mot demonteringen.

3 Vevhusventilationssystem - allmän information

1 Styrsystemet för vevhusets ventilation består av slangar mellan vevhuset och luftrenaren eller insugningsröret. På alla dieselmotorer finns en tryckregleringsventil. På vissa bensinmotorer finns en oljeavskiljare.

2 Systemet behöver ingen annan översyn än regelbunden kontroll av att slangar, ventiler och oljeavskiljare inte är blockerade samt i övrigt är i gott skick.

4 Avgasåterföringinssystem - information och byte av komponenter

Information

1 Avgasåterföringssystemet består av avgasåterföringsventil, modulatorventil, matningsrör och en uppsättning anslutande vakuumslangar.

2 På motorer med koderna AFN, AVG, AHU och AHH, sitter avgasåterföringsventilen på en flänsfog vid insugningsröret. Ventilen är också ansluten via ett rör till en flänsfog vid avgasgrenröret.

3 På motorer med koderna AJM och ATJ ingår avgasåterföringsventilen i insugningsrörets flänshus, som också innehåller insugningsrörets omkastningsspjäll .

Byte av avgasåterföringsventilen

4 Koppla loss vakuumslangen från porten på avgasåterföringsventilen **(se bild)**.

Motorkod AFN, AVG, AHU och AHH

5 Skruva loss muttrarna och bultarna och koppla loss det halvstyva anslutningsröret från avgasåterföringsventilens fläns och från avgasgrenröret. Röret är anslutet till avgasgrenröret med två muttrar, och till avgasåterföringsventilen med bultar **(se bilder)**. Ta loss packningarna.

6 Skruva loss bultarna som håller fast avgasåterföringsventilen vid insugningsrörets fläns och lyft bort avgasåterföringsventilen. Ta loss packningen.

Motorkod AJM och ATJ

7 Skruva loss bultarna som håller fast avgasåterföringssystemets halvstyva rör vid

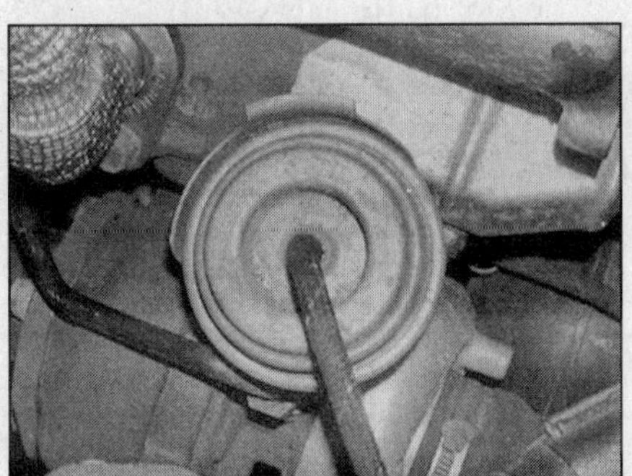

4.4 Avgasåterföringsventilens vakuumslang

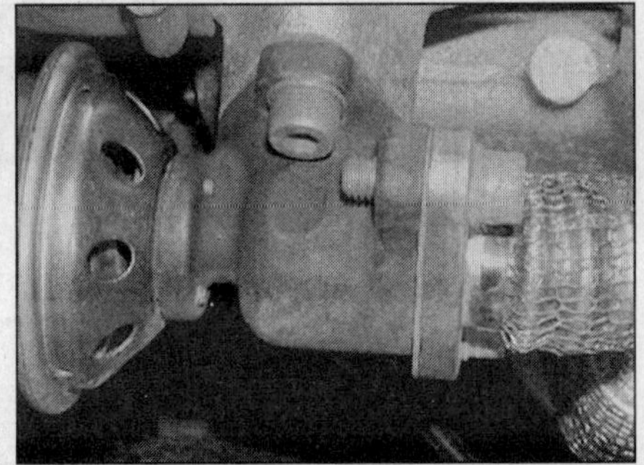

4.5a Avgasåterföringsventil

4.5b Avgasgrenrörets fästmuttrar

4.7 Skruva loss bultarna som håller fast avgasåterföringssystemets rör vid undersidan av insugningsrörets fläns. Ta bort packningen

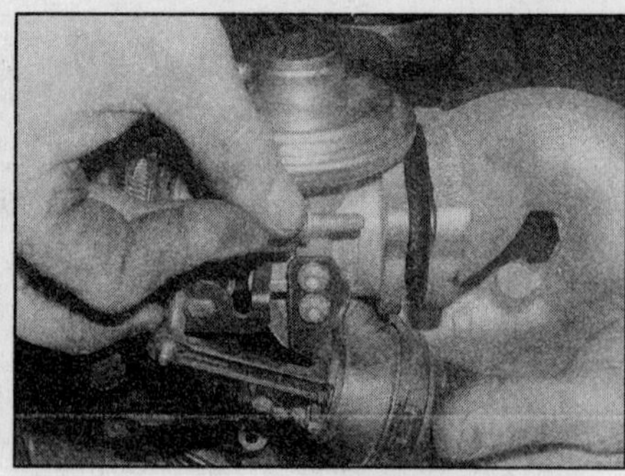

4.10 Skruva loss de tre fästbultarna och ta bort insugningsrörets flänshus och avgasåterföringsventilen

undersidan av insugningsrörets flänshus. Ta loss packningen **(se bild)**.

8 Koppla loss vakuumröret till manöverdonet för insugningsrörets omkastningspjäll.

9 Lossa fästklämmorna och ta bort huvudinsugningsröret från insugningsrörets flänshus.

10 Skruva loss de tre fästbultarna och ta bort hela insugningsrörets flänshus med avgasåterföringsventilen **(se bild)**. Avgasåterföringsventilen sitter i ett stycke med insugningsrörets flänshus och är inte tillgänglig som en enskild del.

Alla motorer

11 Monteringen sker i omvänd ordningsföljd mot demonteringen. Använd nya flänsfogpackningar och självlåsande muttrar.

Byte av avgasåterföringssystemets styrventil

12 Avgasåterföringssystemets styrventil sitter på anslutningsröret mellan mellankylarenoch insugningsrör till vänster om motorn. Ventilen styr vakuumtillförseln till avgasåterföringsventilen. Avgasåterförings-systemets styrventil styrs i sin tur av motorstyrningssystemet, ECU.

13 Notera hur vakuumrören sitter och koppla loss dem från styrventilen **(se bilder)**.

14 Koppla loss anslutningskontakten från styrventilen.

15 Skruva loss de två fästbultarna och ta bort styrventilen **(se bild)**.

16 Montera i omvänd ordningsföljd mot demonteringen.

1 Luftrör mellan mellankylaren och insugningsröret
2 Avgasåterföringssystemets styrventil
3 Ventilrör på luftrenare
4 Avgasåterföringsventil
5 Ventilrör för styrning av turboaggregatets tryck (motorkod AFN och AVG)
6 Vakuumförbindelse för luftkonditioneringssystem
7 Vakuumförbindelse för bromsservo
8 Vakuumförbindelse för styrning av turboaggregatets tryck (motorkod AFN och AVG)
9 Vakuumpump

H32630

4.13a Avgasåterföringens vakuumsystem – motorkod AFN, AVG, AHU och AHH

1 Vakuumbehållare
2 Manöverdon för insugningsrörets omkastningsspjäll
3 Mellankylare
4 Manöverdon för övertrycksventil
5 Magnetstyrventil för laddtryck
6 Turboaggregat
7 Avgasåterföringsventil
8 Styrventil för insugningsrörets omkastningsspjäll
9 Insugningsrör
10 Avgasåterföringinssystemets styrventil
11 Backventil
12 Luftrenare
13 Topplock
14 Tandempump
15 Backventil
16 Bromsservo
17 Bränslekylkretsens avstängningsventil

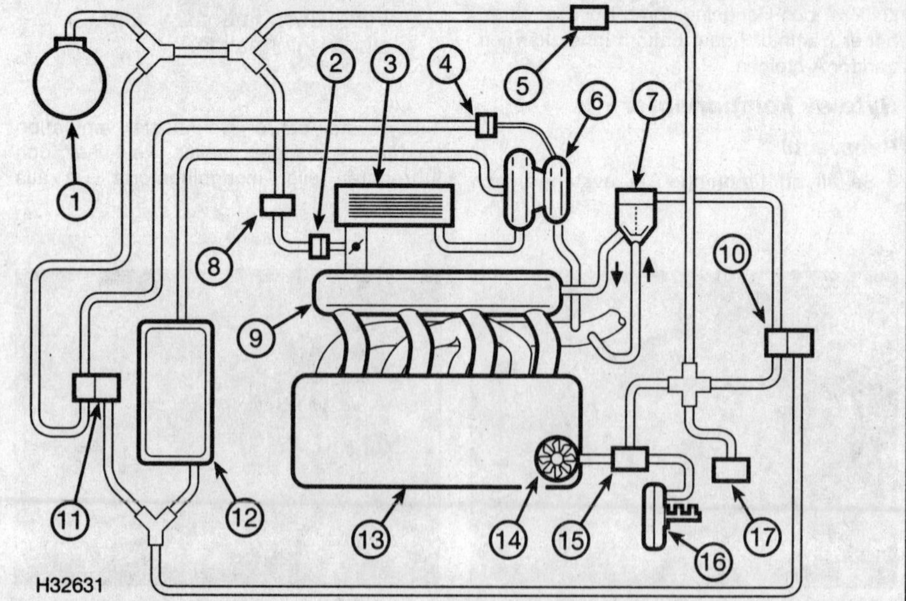

4.13b Turboaggregatets luftsystem/avgasåterföringssystem – motorkod AJM och ATJ

4.15 Skruva loss de två fästbultarna och ta bort avgasåterföringssystemets styrventil

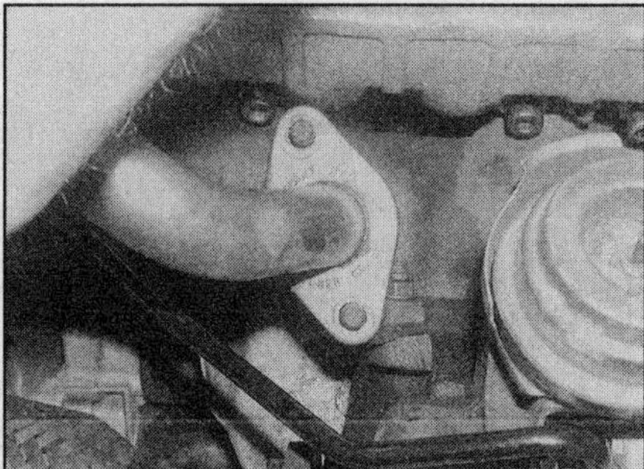
5.15 Skruva loss de två bultarna och ta bort avgasåterföringssystemets rör från avgasgrenröret

5 Avgasgrenrör – demontering och montering

Bensinmotormodeller

Demontering

1 Dra åt handbromsen. Lyft sedan upp framvagnen och ställ den på pallbockar (se *Lyftning och stödpunkter*). Demontera stänkskyddet under motorrummet.

2 Ta bort luftrenaren och luftkanaler enligt beskrivningen i kapitel 4A. Skruva också loss fästbultarna och ta bort motorns övre skyddskåpa om det behövs.

3 På alla motorer utom de med motorkod AEB, ANB, APU och ANA, ta bort lambdasonden från avgasgrenröret enligt beskrivningen i kapitel 4A.

4 På motorer med turbo, lossa bultarna till turboaggregatets stödfäste. Skruva även loss oljetillförselröret från värmeskölden.

5 Skruva loss värmeskölden över avgasgrenröret, om det behövs.

6 På alla motorer utom de med turbo, skruvar man loss muttrarna och kopplar loss det främre avgasröret från avgasgrenröret. Ta loss packningen och tryck det främre avgasröret bakåt, bort från grenröret.

7 På motorer med turbo, skruva loss de tre bultar som håller fast turboaggregatet vid avgasgrenröret och sänk ner turboaggregatet. Ta sedan loss packningen. Plugga igen öppningen i turboaggregatet med en trasa för att förhindra att främmande föremål kommer in.

8 Skruva stegvis bort muttrarna och brickorna. Dra sedan bort avgasgrenröret från pinnbultarna på topplocket. Ta loss packningen.

Montering

9 Rengör grenrörets och topplockets fogytor noga.

10 Monteringen sker i omvänd ordningsföljd mot demonteringen. Använd nya packningar och självlåsande muttrar, och dra åt muttrarna till angivet moment. På motorer med turbo, montera avgasgrenröret följt av turboaggregatet på grenröret. Montera slutligen turboaggregatet på motorblocket. Se kapitel 4A för information om dra åtdragningsmoment.

Dieselmotormodeller

Demontering

11 Demontera turboaggregatet enligt beskrivningen i kapitel 4B.

12 Skruva loss värmeskölden.

13 Demontera insugningsröret enligt beskrivningen i kapitel 4B.

14 Skruva loss bulten som håller fast oljetillförselröret vid avgasgrenröret.

15 Skruva loss avgasåterföringssystemets återcirkuleringsrör **(se bild)**. Ta loss packningarna. **Observera:** *På modeller med automatväxellåda, skruva loss bultarna som håller fast avgasåterföringssystemets rör vid insugningsrörets flänshus och avgasgrenröret. Skruva loss bultarna som håller fast avgasåterföringssystemets kylare vid insugningsröret och lägg kylaren åt sidan.*

16 Skruva stegvis bort muttrarna och brickorna. Dra sedan bort avgasgrenröret från pinnbultarna på topplocket. Ta loss packningarna.

Montering

17 Rengör grenrörets och topplockets fogytor noga.

18 Monteringen sker i omvänd ordningsföljd mot demonteringen. Använd nya packningar och självlåsande muttrar, och dra åt muttrarna till angivet moment.

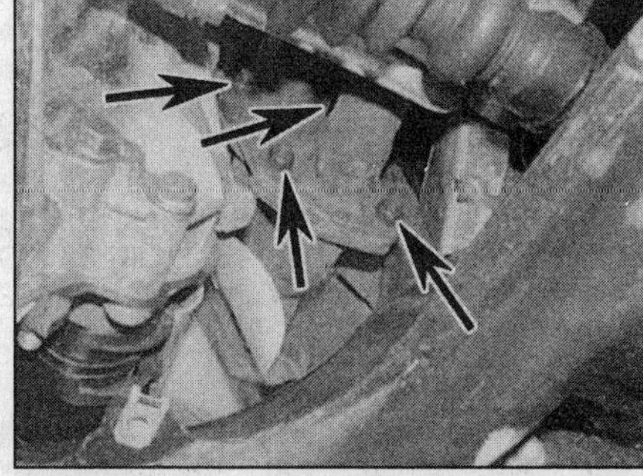
6.5a Skruva loss bultarna som fäster det främre avgasröret vid grenröret . . .

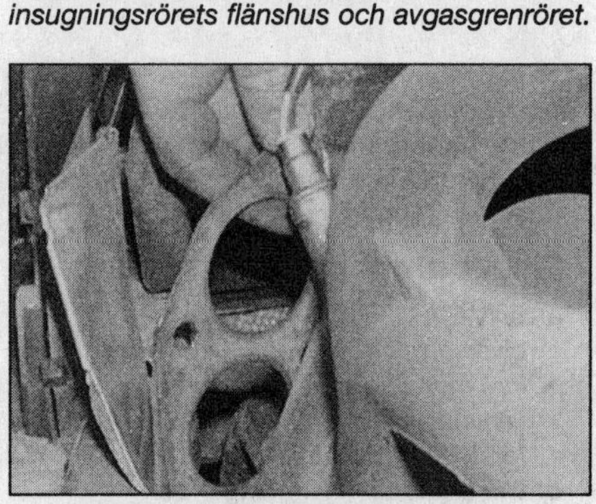
6.5b . . . och ta bort packningen

6 Avgassystem – byte av komponenter

Varning: Låt avgassystemet svalna ordentligt innan arbetet påbörjas. Observera att särskilt katalysatorn arbetar vid mycket höga temperaturer. Använd skyddshandskar om det finns risk för att systemet fortfarande är varmt.

Demontering

1 Varje del i avgassystemet kan demonteras separat, men eftersom systemet sitter ovanför bakaxeln kan inte hela systemet demonteras i ett stycke.

2 För att ta bort en del av systemet, dra först åt handbromsen. Lyft sedan upp framvagnen och ställ den på pallbockar (se *Lyftning och stödpunkter*). Alternativt kan bilen ställas över en smörjgrop eller på en ramp.

Främre avgasrör (motorer med enkel överliggande kamaxel)

Observera: *Hantera den böjliga, flätade delen av det främre avgasröret försiktigt, och böj den inte mer än nödvändigt.*

3 Under bilen, skruva loss golvtvärbalken från underredet.

4 Ta bort luftrenaren enligt beskrivningen i kapitel 4A eller 4B.

5 Skruva loss muttrarna och koppla loss det främre avgasröret från avgasgrenröret. Ta loss packningen **(se bilder)**.

6 Stöd mellandelen (eller katalysatorn/det korta röret) på en garagedomkraft. Skruva sedan loss flänsbultarna och ta bort det främre avgasröret. Ta loss packningen.

Katalysator (motorer med enkel överliggande kamaxel)

7 Momentet ingår i beskrivningen av demontering av det främra avgasröret i punkterna 3 till 6.

Katalysator (motorer med dubbla överliggande kamaxlar utan turbo)

8 Under bilen, stöd det främre avgasröret och mellandelen på pallbockar eller garagedomkrafter. Skruva loss flänsbultarna och skilj katalysatorn från det främre avgasröret. Ta loss packningen.

6.9 Mellandelens klämma – ADR-motor

6.23a Bakre avgasrörets och ljuddämparens främre fäste

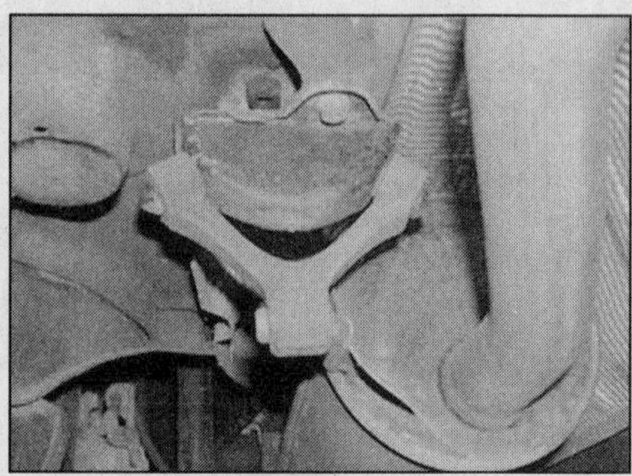
6.23b Bakre avgasrörets och ljuddämparens bakre fäste

9 Notera hur klämman sitter monterad (bultarna ska sitta på vänster sida om klämman, och bultarnas nedre ändar ska inte ligga under mellanrörets nedersta del), och skruva sedan loss klämbultarna och skilj katalysatorn från mellandelen **(se bild)**.

Katalysator (motorer med dubbla överliggande kamaxlar och turbo)

10 Demontera lambdasonden enligt beskrivningen i kapitel 4A, avsnitt 4.

11 Skruva loss bultarna som håller fast katalysatorn vid det främre avgasröret. Ta loss packningen.

12 Skruva loss avgassystemets fästbygel från växellådan och sänk ner det främre avgasröret.

13 Skruva loss flänsmuttrarna och ta loss katalysatorn från turboaggregatet. Ta loss packningen. Ta bort katalysatorn från bilens undersida.

Kort rör (dieselmotorer)

14 Skruva loss flänsbultarna och skilj det korta röret från katalysatorn.

15 Skruva loss klämbultarna och skilj det korta röret från mellandelen. Ta bort det korta röret från bilens undersida.

Mellanrör och ljuddämpare

16 Arbeta under bilen och stöd det främre avgasröret på pallbockar eller en garagedomkraft.

17 Om ett mellanrör/bakre avgasrör är monterat måste man skära igenom mellanröret för att ta bort det från det bakre avgasröret och från ljuddämparen. På röret finns ett märke som visar var man ska skära. Märket sitter ungefär 160 till 180 mm före den bakre ljuddämparen. Använd en bågfil och fila igenom röret i rät vinkel.

18 Om det finns ett servicerör, skruva loss dess klämbultar och ta bort mellanröret från det bakre avgasröret.

19 Notera var klämman är monterad, som fäster mellanröret vid katalysatorn eller det korta röret. (Bultarna bör sitta på klämmans vänstersida, och deras nedre ändar bör inte sticka ut under rörets nedersta del.) Skruva sedan loss klämbultarna och ta bort katalysatorn.

20 Koppla loss gummifästet och ta bort mellanröret och ljuddämparen från bilens undersida.

Bakre avgasrör och ljuddämpare

21 Om det finns ett mellanrör/bakre avgasrör måste man skära igenom mellanröret för att ta bort det från det bakre avgasröret och från ljuddämparen. Röret har en inskärning som markerar var det ska kapas. Använd en bågfil och fila igenom röret i rät vinkel.

22 Om det finns ett servicerör, skruva loss klämbultarna och ta bort det bakre avgasröret från mellanröret. Notera att klämman ska monteras med bultarna mot baksidan av bilen, och att bultarnas ändar inte får sticka ut under rörets nedersta del.

23 Koppla loss gummifästena och dra bort det bakre avgasröret och ljuddämparen från bilens undersida **(se bilder)**.

Montering

24 Delarna monteras i omvänd ordningsföljd mot demonteringen. Observera följande punkter.

a) Se till att alla spår av korrosion har tagits bort från flänsarna eller rörändarna, och att alla packningar bytts.

b) Undersök gummifästena och leta efter tecken på skada eller åldrande, och byt dem om det behövs.

c) Kontrollera innan avgassystemets fästen dras åt att alla gummifästen är korrekt placerade och att det finns tillräckligt med mellanrum mellan avgassystemet och underredet.

7 Katalysator – allmän information och föreskrifter

1 Katalysatorn är en driftsäker och enkel enhet som inte kräver underhåll. Det finns dock några saker man tänka på för att katalysatorn ska fungera tillfredsställande under hela sin livslängd.

Bensinmodeller

a) ANVÄND INTE bensin med bly (eller blyersättning) – blyet bildar hinnor på de inre metalldelarna så att deras verkningsgrad försämras. Så småningom förstörs katalysatorn.

b) Underhåll alltid tändnings- och bränslesystemen regelbundet enligt tillverkarens underhållsschema.

c) Om motorn börjar feltända bör bilen (i möjligaste mån) inte köras alls förrän felet är åtgärdat.

d) Rulla INTE igång bilen – det dränker katalysatorn i oförbränd bensin så att den överhettas när motorn startar.

e) Slå INTE av tändningen vid höga varvtal.

f) Katalysatorn i en välskött bil bör hålla mellan 80 000 och 150 000 km – om katalysatorn inte längre verkar effektivt måste den bytas.

Bensin- och dieselmodeller

a) Använd INTE bränsle eller motorolja med tillsatser – de kan innehålla ämnen som skadar katalysatorn.

b) Kom ihåg att katalysatorn har mycket hög arbetstemperatur. Parkera därför INTE bilen på torrt gräs eller bland torra löv efter en lång körsträcka.

c) Kom ihåg att katalysatorn är ömtålig – slå inte med verktyg på den vid servicearbete.

8 Sekundärt luftinsprutningssystem – information och byte av komponenter

Information

1 Motorer med koderna ANB och ANA (till utsläppsstandard D4) har ett system som förkortar katalysatorns uppvärmningstid. För att fungera korrekt måste katalysatorn hålla en temperatur som är lägst 300 °C. Temperaturnivån uppnås genom att avgaser passerar genom katalysatorn. För att förkorta katalysatorns uppvärmningstid sprutar en sekundär insprutningspump in luft bakom avgasventilerna i topplocket. Den syrerika blandningen ger upphov till en "efterförbränning" avgassystemet. Efterförbränningen höjer avgasernas temperatur och därmed höjs också katalysatorns temperatur. Systemet är bara aktivt under kallstarter (upp till 33 °C kylvätsketemperatur), och arbetar i ungefär 2 minuter.

Byte av komponenter

2 I skrivande stund finns ingen information om demontering och montering av komponenterna i det sekundära luftinsprutningssystemet.

Kapitel 5 Del A:
Start- och laddningssystem

Innehåll

Svårighetsgrad

Enkelt, passar novisen med lite erfarenhet 	**Ganska enkelt,** passar nybörjaren med viss erfarenhet 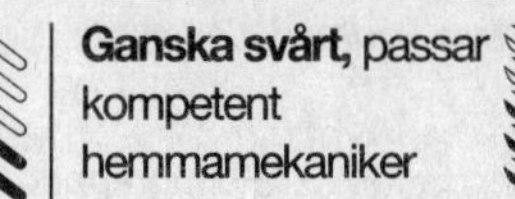	**Ganska svårt,** passar kompetent hemmamekaniker	**Svårt,** passar hemmamekaniker med erfarenhet	**Mycket svårt,** för professionell mekaniker

Specifikationer

Allmänt

Systemtyp . . . . 12 volt, negativ jord

Motorkod*

Per typ

Bensinmotorer:

1595 cc, enkel överliggande kamaxel, Bosch Motronic M3.2-insprutning	ADP
1595 cc, enkel överliggande kamaxel, Simos-insprutning	AHL
1595 cc, enkel överliggande kamaxel, Simos 2-insprutning	ARM
1595 cc, enkel överliggande kamaxel, Simos 3-insprutning	ANA
1781 cc, dubbla överliggande kamaxlar, Bosch Motronic M3.2-insprutning	ADR
1781 cc, dubbla överliggande kamaxlar, Bosch Motronic ME7.1-insprutning	APT
1781 cc, dubbla överliggande kamaxlar, Bosch Motronic ME7.5-insprutning, med turbo	ANB
1781 cc, dubbla överliggande kamaxlar, Bosch Motronic ME7.5-insprutning, med turbo	APU
1781 cc, dubbla överliggande kamaxlar, Bosch Motronic ME7.1-insprutning	ARG
1781 cc, dubbla överliggande kamaxlar, Bosch Motronic M3.2-insprutning, med turbo	AEB

Dieselmotorer:

Elektronisk direktinsprutning, med turbo	AFN
Elektronisk direktinsprutning, med turbo	AVG
Elektronisk direktinsprutning, med turbo	AHU
Elektronisk direktinsprutning, med turbo	AHH
Elektronisk direktinsprutning, pumpinsprutningsventiler, med turbo	AJM
Elektronisk direktinsprutning, pumpinsprutningsventiler, med turbo	ATJ

***Observera:** *Se "Chassinummer" för information om var motorns kodmärkning sitter.*

Motorkod* (forts.)

Per kod

Bensinmotorer:	
ADP	1595 cc, enkel överliggande kamaxel, Bosch Motronic M3.2-insprutning
ADR	1781 cc, dubbla överliggande kamaxlar, Bosch Motronic M3.2-insprutning
AEB	1781 cc, dubbla överliggande kamaxlar, Bosch Motronic M3.2-insprutning, med turbo
AHL	1595 cc, enkel överliggande kamaxel, Simos-insprutning
ANA	1595 cc, enkel överliggande kamaxel, Simos 3-insprutning
ANB	1781 cc, dubbla överliggande kamaxlar, Bosch Motronic ME7.5-insprutning, med turbo
APT	1781 cc, dubbla överliggande kamaxlar, Bosch Motronic ME7.1-insprutning
APU	1781 cc, dubbla överliggande kamaxlar, Bosch Motronic ME7.5-insprutning, med turbo
ARG	1781 cc, dubbla överliggande kamaxlar, Bosch Motronic ME7.1-insprutning
ARM	1595 cc, enkel överliggande kamaxel, Simos 2-insprutning
Dieselmotorer:	
AFN	Elektronisk direktinsprutning, med turbo
AHH	Elektronisk direktinsprutning, med turbo
AHU	Elektronisk direktinsprutning, med turbo
AJM	Elektronisk direktinsprutning, pumpinsprutningsventiler, med turbo
ATJ	Elektronisk direktinsprutning, pumpinsprutningsventiler, med turbo
AVG	Elektronisk direktinsprutning, med turbo

***Observera:** *Se "Chassinummer" för information om var motorns kodmärkning sitter.*

Startmotor

Typ	Föringreppad

Batteri

Kapacitet	44 till 80 Ah (beroende på modell och marknad)

Generator

Typ	Bosch eller Valeo
Kapacitet	70, 90 eller 120 amp
Minsta borstlängd	5,0 mm

Åtdragningsmoment

	Nm
Generatoranslutningar:	
anslutning B+	15
anslutning D+	3
Generatorns fästbultar:	
Dieselmotor	25
Bensinmotor, nedre	45
Bensinmotor, övre	25
Batteriklämmans bult	15
Oljenivå/temperaturgivarens bultar	10
Startmotor	
Fästbygel till motorblock (bensinmotorer)	22
Till växellådan	65

1 Allmän information och föreskrifter

Allmän information

Motorns elsystem består i huvudsak av laddnings- och startsystemet. På grund av dessa systems motorrelaterade funktioner behandlas de inte i samband med karossens elektriska enheter, exempelvis belysning, instrument etc. De behandlas i kapitel 12. För information om tändningssystemet på modeller med bensinmotor, se del B i detta kapitel. Se del C för information om förvärmningssystemet på dieselmodeller.

Systemet är ett 12 volts elsystem med negativ jordning.

Batteriet kan vara av typen lågunderhåll eller "underhållsfritt" (livstidsförseglat) och laddas av generatorn, som drivs med en rem från vevaxelns remskiva.

Startmotorn är föringreppad med en inbyggd solenoid. Vid start för solenoiden drevet mot svänghjulets/drivplattans startkrans innan startmotorn ges ström. När motorn har startats förhindrar en envägskoppling motorarmaturen att drivas av motorn, tills drevet kopplas ur från svänghjulet.

Två primärjordflätor är monterade. En sitter mellan batteriets minuspol och karossen, och den andra sitter mellan motorn och karossen **(se bilder)**.

Ytterligare information om de olika systemen ges i relevanta avsnitt i detta kapitel. Även om vissa reparationer beskrivs här, är det normala tillvägagångssättet att

1.5a Batteriets minuspol till jordfläta . . .

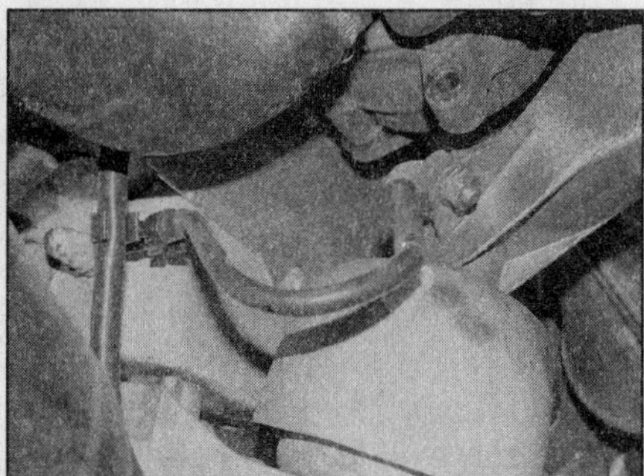

1.5b . . . och jordfläta mellan motorn och karossen

byta ut defekta komponenter. De bilägare vilkas intresse sträcker sig längre än bara till byte av delar, bör skaffa en kopia av *Bilens elektriska och elektroniska system* från Haynes.

Föreskrifter

Varning: Det är nödvändigt att iaktta extra försiktighet vid arbete med elsystemet för att undvika skador på halvledarenheter (dioder och transistorer) och personskador. Förutom föreskrifterna i avsnittet "Säkerheten främst!", bör följande iakttas vid arbete med systemet:

Ta alltid av ringar, klockor och liknande före arbete med elsystemet. En urladdning kan inträffa, även med batteriet urkopplat, om en komponents strömstift jordas genom ett metallföremål. Detta kan ge stötar och allvarliga brännskador.

Kasta inte om batteripolerna. Då kan komponenter som generatorn, elektroniska styrenheter eller andra komponenter med halvledarkretsar skadas så att de inte går att reparera.

Koppla aldrig loss batteripolerna, generatorn, elektriska kablar eller några testinstrument när motorn är igång.

Låt aldrig motorn dra runt generatorn när den inte är ansluten.

Testa aldrig om generatorn fungerar genom att "gnistra" med spänningskabeln mot jord.

Kontrollera alltid att batteriets negativa anslutning är bortkopplad vid arbete i det elektriska systemet.

Om motorn startas med startkablar och ett laddningsbatteri, anslut batterierna ***plus till plus*** och ***minus till minus*** (se *Starthjälp* i början av handboken). Detta gäller även vid inkoppling av batteriladdare.

Innan man utför några svetsarbeten på bilen ***kopplar man ifrån batteriet, generatorns och elektroniska styrenheter*** för att inte skada komponenterna under svetsningen.

Varning: Standardljudanläggningen är försedd med en inbyggd stöldsäkerhetskod. Om strömmen till anläggningen bryts aktiveras stöldskyddet. Även om strömmen omedelbart återställs kommer enheten inte att fungera förrän korrekt kod angetts. Om du inte känner till ljudanläggningens stöldskyddskod ska du därför inte lossa batteriets minuspol eller ta ut ljudanläggningen ur bilen.

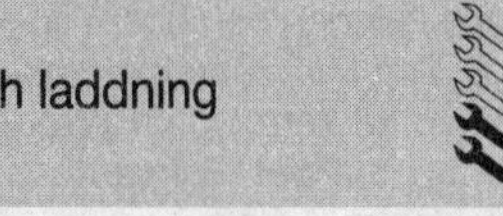

2 Batteri - kontroll och laddning

Standardbatterier och lågunderhållsbatterier – kontroll

1 Om bilen inte körs någon längre sträcka under året är det mödan värt att kontrollera batterielektrolytens densitet var tredje månad för att avgöra batteriets laddningsstatus. Använd en hydrometer till kontrollen och jämför resultatet med tabellen nedan: Observera att densitetskontrollen förutsätter att elektrolyttemperaturen är 15 °C. För varje intervall på 10 °C under 15 °C subtraherar man mätvärdet med 0,007. För varje intervall på 10 °C över 15 °C adderar man mätvärdet med 0,007.

	Över 25°C	Under 25°C
Fullt laddat	*1,210 till 1,230*	*1,270 till 1,290*
70 % laddat	*1,170 till 1,190*	*1,230 till 1,250*
Urladdat	*1,050 till 1,070*	*1,110 till 1,130*

2 Om batteriet misstänks vara defekt, kontrollera först elektrolytens densitet i varje cell. En variation som överstiger 0,040 mellan celler är tecken på förlust av elektrolyt eller nedbrytning av plattor.

3 Om densiteterna har en avvikelse på 0,040 eller mer måste batteriet bytas. Om variationen mellan cellerna är tillfredsställande men batteriet är urladdat ska det laddas upp enligt beskrivningen längre fram i detta avsnitt.

Underhållsfritt batteri - kontroll

4 Om det monterade batteriet är livstidsförseglat och underhållsfritt kan elektrolyten inte testas eller fyllas på. Batteriets skick kan därför bara kontrolleras med en batteriindikator eller en voltmeter.

5 Vissa modeller innehåller ett underhållsfritt batteri med en inbyggd indikator för laddningstillstånd. Indikatorn är placerad ovanpå batterihöljet och anger batteriets skick genom att ändra färg. Om indikatorn visar grönt är batteriet i gott skick. Om indikatorns färg mörknar och slutligen blir svart måste batteriet laddas upp enligt beskrivningen längre fram i det här avsnittet. Om indikatorn är ofärgad eller gul är elektrolytnivån för låg och batteriet måste bytas ut. Försök **inte** ladda eller hjälpstarta ett batteri då indikatorn är ofärgad eller gul.

6 Om batteriet testas med hjälp av en voltmeter ska denna anslutas över batteriet och spänningen noteras. För att kontrollen ska ge korrekt utslag får batteriet inte ha laddats på något sätt under de senaste sex timmarna. Om så inte är fallet, tänd strålkastarna under 30 sekunder och vänta sedan 5 minuter innan batteriet kontrolleras. Alla andra kretsar ska vara frånslagna, så kontrollera att dörrar och baklucka verkligen är stängda när kontrollen görs.

7 Om den uppmätta spänningen understiger 12,2 volt är batteriet urladdat, medan en spänning mellan 12,2 och 12,4 volt indikerar delvis urladdning.

8 Om batteriet ska laddas, ta ut det ur bilen och ladda det enligt beskrivningen längre fram i detta avsnitt.

Standard- och lågunderhållsbatteri - laddning

Observera: *Följande är endast avsett som riktlinjer. Följ alltid tillverkarens rekommendationer (finns ofta på en tryckt etikett på batteriet) vid laddning av ett batteri.*

9 Ladda batteriet vid 10 % av batteriets effekt (t.ex. en laddning på 4,5 A för ett 45 Ah-batteri) och fortsätt ladda batteriet i samma takt tills ingen ökning av elektrolytens densitet noteras över en fyratimmarsperiod.

10 Alternativt kan en droppladdare som laddar med 1,5 ampäre användas över natten.

11 Speciella snabbladdare som påstås kunna ladda batteriet på 1-2 timmar är inte att rekommendera, eftersom de kan orsaka allvarliga skador på batteriplattorna genom överhettning.

12 Observera att elektrolytens temperatur aldrig får överskrida 38°C när batteriet laddas.

Underhållsfritt batteri - laddning

Observera: *Följande är endast avsett som riktlinjer. Följ alltid tillverkarens rekommendationer (finns ofta på en tryckt etikett på batteriet) vid laddning av ett batteri.*

13 Denna batterityp tar avsevärt längre tid att ladda fullt än standardtypen. Hur lång tid det tar beror på hur urladdat batteriet är, men det kan ta ända upp till tre dagar.

14 En laddare av konstantspänningstyp krävs. Den ska ställas till mellan 13,9 och 14,9 volt med en laddström underskridande 25 A. Med denna metod bör batteriet vara användbart inom 3 timmar med en spänning på 12,5 V, men detta gäller ett delvis urladdat batteri. Full laddning kan, som nämndes ovan, ta avsevärt längre tid.

15 Om batteriet ska laddas från att ha varit helt urladdat (mindre än 12,2 volt), bör du överlåta laddningen åt en bilverkstad, eftersom laddströmmen är högre och batteriet måste övervakas konstant under laddningen.

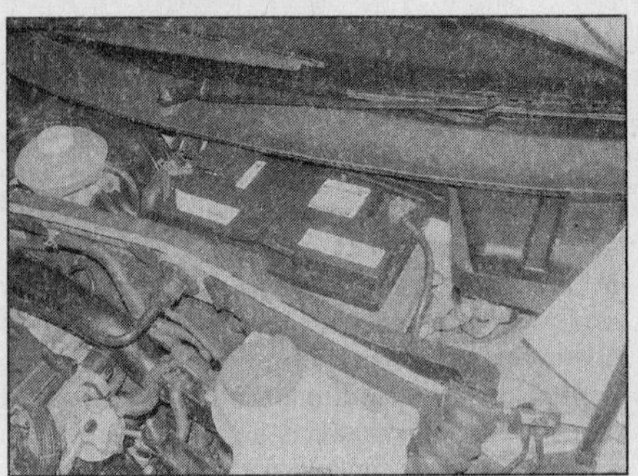
3.1 Batteriet sitter i den bakre delen av motorrummet

3.2a Lossa klämmuttern . . .

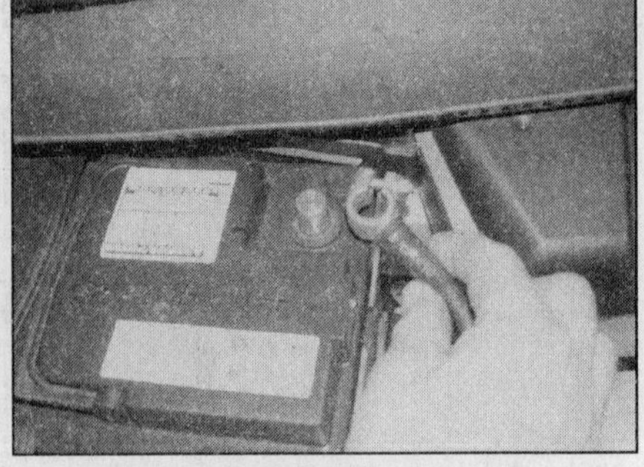
3.2b . . . och koppla loss batteriets minusledare från anslutningen

3 Batteri – losskoppling, demontering och montering

Observera: *Om fordonet har en säkerhetskodad radio, kontrollera att du har en kopia av kodnumret innan batterikabeln kopplas ur. Se föreskriften i avsnitt 1.*

Losskoppling och demontering

1 Batteriet är sitter i motorrummets bakre del, på torpedväggen **(se bild)**.

2 Lossa klämmuttern och koppla loss batteriets minusledare (–) från anslutningen **(se bilder)**.

3 Lyft plastklaffen i förekommande fall. Lossa sedan klämmuttern och koppla loss batteriets plusledning (+) från anslutningen.

4 Skruva loss fästklämmans bult från batteriets nedre del och ta bort klämman **(se bild)**.

5 Koppla i förekommande fall loss ventilationsröret från batteriet. Observera att på vissa modeller innehåller ventilen en baktändningsspärr.

6 Demontera torkararmarna enligt beskrivningen i kapitel 12.

7 Bänd försiktigt upp vindrutans torpedplåt ur spåret vid vindrutans bas.

8 Lyft ur batteriet från motorrummet **(se bild)**

Montering

9 Rengör batterifästet och applicera lite fett på klämbultens gängor.

10 Placera batteriet på sin plats och montera klämman. Dra åt bulten till angivet moment.

11 I förekommande fall, montera ventilationsröret.

12 Återanslut batteriets plusledning (+) till anslutningen och dra åt klämmuttern.

13 Återanslut batteriets minusledning (-) till anslutningen och dra åt klämmuttern.

14 Smörj in batteripolerna med vaselin för att förhindra korrosion. Korroderade anslutningar är en av de vanligaste orsakerna till fel i elektriska system.

15 Sätt tillbaka vindrutans torpedplåt och torkarbladen.

16 Aktivera radion genom att trycka in säkerhetskoden.

4 Generator/laddningssystem – kontroll i bil

Observera: *Se avsnitt 1 i detta kapitel innan arbetet startas.*

1 Om varningslampan för laddning inte tänds när tändningen slås på, kontrollera först att generatorns kabelanslutningar sitter ordentligt. Är detta fallet, kontrollera att varningsglödlampan är hel och att lamphållaren sitter ordentligt på plats i instrumentpanelen. Tänds ändå inte lampan, kontrollera att det inte är något ledningsbrott på varningslampans kabel från generatorn till lamphållaren. Kontrollera drivremmens skick. Om allt är som det ska är det generatorn det är fel på. Den måste då bytas eller tas till en bilelektriker för kontroll och reparation.

2 Detsamma gäller om varningslampan för laddningen lyser upp vid tändning men sedan slocknar långsamt när motorn startas, det kan innebära förestående generatorproblem. Kontrollera allt som räknas upp i föregående punkt och fråga en bilelektriker om inga påtagliga fel hittas.

3 Om laddningslampan lyser när motorn är igång, stäng av motorn och kontrollera att drivremmens spänning är korrekt (se kapitel 1A eller 1B) och att generatorns anslutningar sitter ordentligt. Om allt hittills är bra, kontrollera generatorns borstar och släpringar enligt beskrivningen i avsnitt 6. Kvarstår felet bör generatorn bytas ut eller tas till en bilelektriker för kontroll och reparation.

4 Om generatorns effekt verkar felaktig men laddningslampan fungerar felfritt kan den reglerade spänningen kontrolleras enligt följande:

5 Anslut en voltmeter mellan batteripolerna och starta motorn.

6 Öka motorvarvtalet tills voltmätarutslaget är stabilt. Den bör visa cirka 12 till 13 volt och inte mer än 14 volt.

7 Slå på så många elektriska tillbehör som möjligt (t.ex. strålkastare, uppvärmd bakruta och värmefläkt), och kontrollera att generatorn bibehåller den reglerade spänningen på cirka 13 till 14 volt.

8 Om den reglerade spänningen inte är som angetts, kan felet bero på slitna borstar, svaga borstfjädrar, defekt spänningsregulator, defekt diod, brott i faslindningen eller slitna eller skadade släpringar. Borstarna och släpringarna kan kontrolleras (se avsnitt 6), men om felet kvarstår bör generatorn bytas ut eller tas till en bilelektriker.

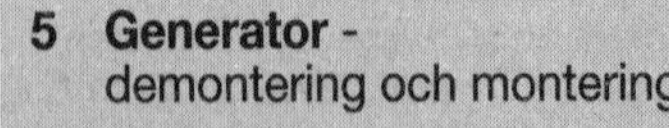

5 Generator - demontering och montering

Demontering

1 Koppla loss batteriets minusledare och dra bort den från polen – se föreskrifterna i avsnitt 1. I förekommande fall, bänd ut kåporna, skruva loss fästmuttrarna/bultarna och ta bort motorns övre skyddskåpa.

3.4 Skruva loss batteriets klämbult (pil)

3.8 Ta bort batteriet från motorrummet

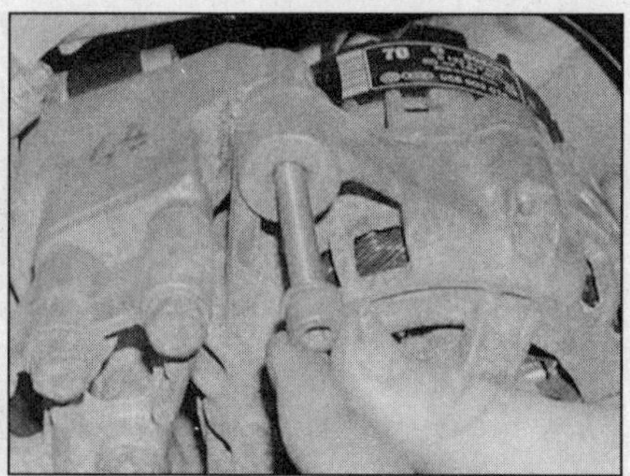

5.6 Skruva loss generatorns övre fästbult

5.7a Generatorns nedre fästbult

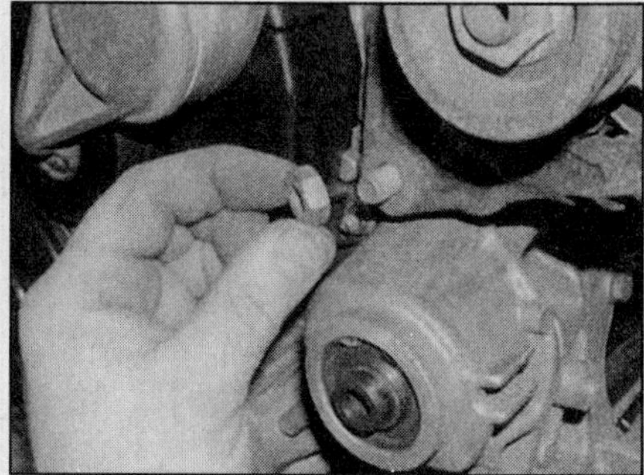

5.7b Generators nedre fästmutter

2 På bensinmotorkod AHL, ANA och ARM, tryck motoroljestickans slang upp från dess styrning.

3 På bensinmotorer med turbo, lossa klämman och koppla loss mellankylarens luftkanal från gasspjällshuset.

4 Demontera drivremmen enligt beskrivningen i kapitel 2A eller 2B, efter tillämplighet.

5 Demontera fläkten med viskokoppling enligt beskrivningen i kapitel 3. I korthet tas fläkten bort genom att man för in en insexnyckel samtidigt som man håller fast enheten med en bult som man har monterat tillfälligt på baksidan och som tar stöd mot motorblocket. Man kan även använda ett remskiveverktyg runt remskivan.

Bensinmotorer

6 Skruva loss generatorns övre fästbult **(se bild)**.

7 Skruva loss muttern från generatorns nedre fästbult. Sväng sedan generatorn åt sidan och dra bort den nedre fästbulten från framsidan **(se bilder)**.

8 Lossa försiktigt plastklammern från generatorns kablar **(se bilder)**.

9 Skruva loss muttrarna och koppla loss huvudkabeln och kabeln till laddningens varningslampa från generatorns baksida. **Observera:** *På vissa modeller är trycker man på anslutningen D+.*

10 På motorkod AHL, ANA och ARM, ta bort kontaktdonet från den vänstra strålkastarens baksida och ta bort kåpan från hydraulvätskebehållaren.

11 Tryck kylvätskeröret åt sidan och dra bort generatorn från bilen.

Dieselmotorer

12 Skruva loss muttrarna och koppla loss huvudkabeln och kabeln till laddningens varningslampa från generatorns baksida **(se bild)**. **Observera:** *På vissa modeller är trycker man på anslutningen D+.*

13 Lossa försiktigt plastklammern från generatorns kablar.

14 Stöd generatorn och skruva sedan loss fästbultarna **(se bild)**.

15 Tryck kylvätskeröret åt sidan och dra bort generatorn från bilen.

Montering

16 Montera i omvänd ordningsföljd mot demonteringen. Se kapitel 2A eller 2B, vad som är tillämpligt, efter information om återmontering av drivremmen. Dra åt generatorns fästbultar och kabelanslutningar till angivet moment.

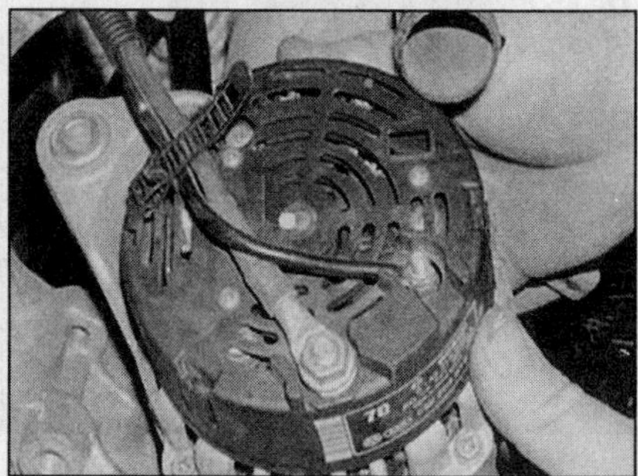

5.8 Generatoranslutningar

6 Generator - borsthållare/regulator, byte

1 Demontera generatorn enligt beskrivningen i avsnitt 5.

2 Placera generatorn på en ren arbetsyta med remskivans ovansida nedåt.

Bosch generator

3 Skruva loss skruvarna, bänd upp

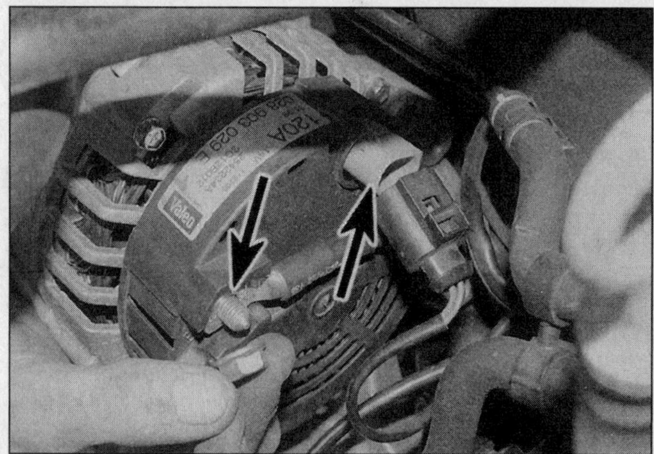

5.12 Generatoranslutningar (pil)

5.14 Skruva loss fästbultarna och ta bort generatorn

6.3a På Bosch-generatorn, skruva loss fästskruvarna (pilar) . . .

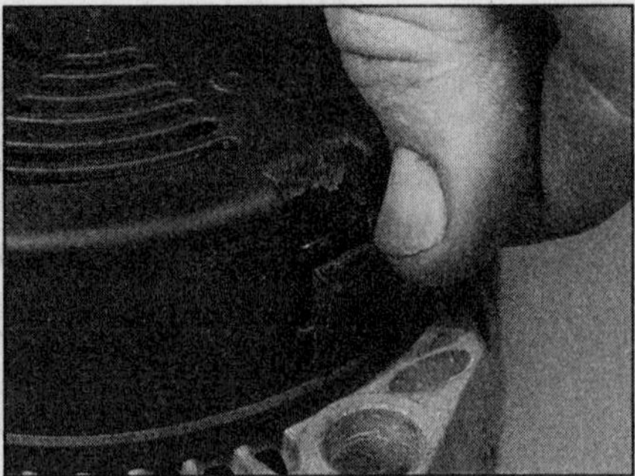
6.3b . . . och bänd sedan upp klämmorna . . .

6.3c . . . och lyft bort plaskåpan från generatorns baksida

6.4a Lossa skruvarna . . .

6.4b . . . och ta bort spänningsregulatorn/borsthållaren (Bosch)

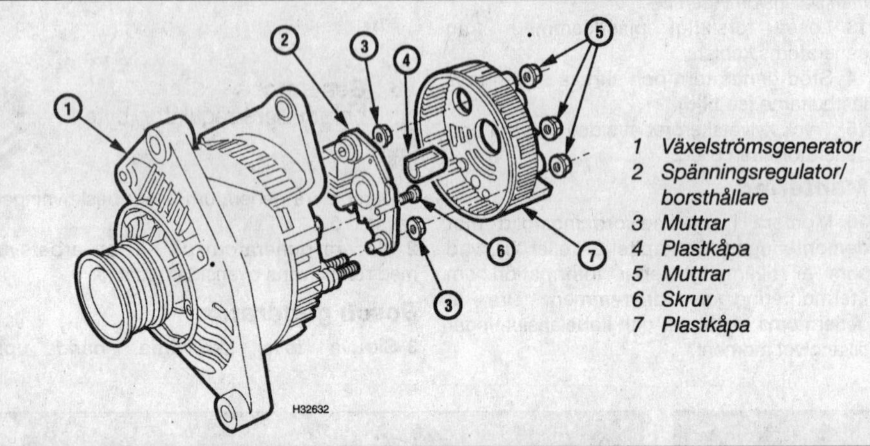

6.5 Spänningsregulatorns/borsthållarens komponenter (Valeo)

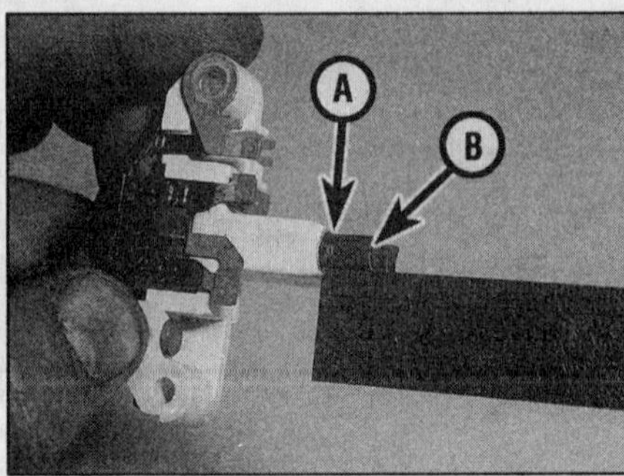

6.8 Mät generatorborstlängden från tillverkarmärkningen (A) till den grundaste delen av borstens böjda ände

6.9 Kontrollera släpringarnas ytor (pilar) i generatorskaftets ände

klämmorna och lyft bort plastkåpan från generatorns baksida **(se bilder)**.

4 Skruva loss de två skruvarna och ta försiktigt bort spänningsregulatorn/ borsthållaren från generatorn **(se bilder)**.

Valeo generator

5 Skruva loss de tre muttrarna och ta bort plastkåpan från generatorns baksida **(se bild)**.

6 Skruva loss de två muttrarna och skruven och ta försiktigt bort spänningsregulatorn/ borsthållaren från generatorn.

7 Tryck bort plastkåpan från spänningsregulatorn/borsthållaren.

Alla typer

8 Mät borstkontakternas fria längd. Mät om möjligt från tillverkarens emblem (A) på sidan av borstkontakten till den ytligaste delen av borstens krökta ände (B) **(se bild)**. Jämför måtten med värdena i specifikationerna och byt ut modulen om borstarna har slitits ner till minimigränsen.

9 Rengör och kontrollera släpringarnas ytor i generatorskaftets ände **(se bild)**. Om de är mycket slitna eller skadade måste generatorn bytas ut.

10 Sätt ihop generatorn i omvänd ordningsföljd mot isärtagningen. När det är klart se avsnitt 5 och sätt tillbaka generatorn.

7 Startsystem – kontroll

Observera: *Se avsnitt 1 i detta kapitel innan arbetet startas.*

1 Om startmotorn inte fungerar när tändningsnyckeln har vridits till rätt position kan de bero på följande:

a) Batteriet är defekt.

b) De elektriska anslutningarna mellan tändningslåset, solenoiden, batteriet och startmotorn överför inte den ström som behövs från batteriet via startmotorn till jord.

c) Solenoiden är defekt.

d) Startmotorn har ett mekaniskt eller elektriskt fel.

2 Koppla på strålkastarna för att kontrollera batteriet. Om de försvagas efter ett par sekunder är batteriet urladdat. Ladda (se avsnitt 2) eller byt batteri. Om strålkastarna lyser skarpt, vrid om tändningslåset och kontrollera lamporna. Blir de matta innebär det att strömmen når startmotorn och att felet måste ligga hos den. Om strålkastarna lyser klart (och inget klick hörs från solenoiden) indikerar detta ett fel i kretsen eller solenoiden - se följande punkter. Om startmotorn går runt långsamt men batteriet är i gott skick innebär det antingen att startmotorn är defekt eller också att det är hög resistans någonstans i strömkretsen.

3 Om det misstänks vara ett fel i strömkretsen, koppla bort batterikablarna (inklusive jordningen till karossen), kablaget till startmotorn/solenoiden och motorns/växellådans jordfläta. Rengör anslutningarna noggrant och återanslut ledningarna och kablaget. Kontrollera sedan med en voltmeter eller en testlampa att det finns full batterispänning vid batteriets förbindelse från pluspolen till solenoiden, samt att jordningen är felfri. Smörj in batteripolerna med vaselin för att undvika korrosion - korroderade anslutningar är en av de vanligaste orsakerna till elektriska systemfel.

4 Om batteriet och alla anslutningar är i gott skick, kontrollera strömkretsen genom att koppla loss kabeln från solenoidens flatstift. Anslut en voltmeter eller en testlampa mellan kabeln och en felfri jordkontakt (exempelvis batteriets minuspol) och kontrollera att kabeln fungerar när tändningslåset vrids om till startläge. Om den är det så fungerar kretsen. Om inte, kan kretsen kontrolleras enligt beskrivningen i kapitel 12.

5 Solenoidkontakterna kan kontrolleras genom att en voltmeter eller en testlampa ansluts mellan batteriets positiva anslutning på startmotorns sida av solenoiden och jord. När tändningslåset har vridits till startläge ska mätaren ge utslag eller testlampan tändas, efter tillämplighet. Ger inte mätaren utslag eller tänds inte lampan är solenoiden defekt och måste bytas ut.

6 Är strömkretsen och solenoiden felfria måste felet ligga hos startmotorn. Demontera startmotorn (se avsnitt 8) och kontrollera borstarna. Om felet inte ligger hos borstarna måste motorns lindning vara defekt. I det fallet kan det vara möjligt att låta en specialist renovera motorn, men kontrollera först pris och tillgång på reservdelar. Det kan mycket väl vara billigare att köpa en ny eller begagnad startmotor.

8 Startmotor - demontering och montering

Demontering

1 Lossa batteriets jordledning (minuspolen) (se avsnitt 3).

2 Dra åt handbromsen. Lyft sedan upp framvagnen och ställ den på pallbockar (se *Lyftning och stödpunkter*). Ta bort stänkskyddet från motorrummets undersida.

3 På modeller med luftkonditionering, flytta hela den främre panelen (låshållarenheten) till läget för underhåll enligt beskrivningen i kapitel 11. **Observera:** *Också på modeller utan luftkonditionering kan det underlätta om låshållaren flyttas bort från framvagnen för att underlätta åtkomst till startmotorn.*

4 På modeller med luftkonditionering, lossa styrbultarna och spännbultarna. Flytta spännrullen uppåt för att minska spänningen på drivremmen. Dra drivremmen från vevaxelns, kompressorns och spännarens remskivor. Skruva sedan loss luftkonditioneringskompressorn från motorn enligt beskrivningen i kapitel 3. Bind upp kompressorn på ena sidan, så den är ur vägen för motorrummet.

> **Varning:** ***Koppla inte loss luftkonditioneringens kylmediakrets.***

5 På dieselmotorkod AFN, AVG, AJM och ATJ, skruva loss turboaggregatets stödfäste till höger om motorn. Skruva också loss muttrarna och demontera kabelhållaren från startmotorn **(se bild)**.

6 Skruva loss muttern och koppla loss huvudkabeln från anslutningen ovanpå startmotorn **(se bilder)**.

7 Koppla loss signalledningen från solenoidens anslutning **(se bild)**.

8 På bensinmotorer, skruva loss bulten som håller fast fästbygeln på motorblocket.

9 Skruva loss muttern och ta bort vajerstödet från startmotorns fästbygel.

10 Skruva loss de två återstående bultar som håller fast startmotorn på växellådan **(se bild)**.

11 Lyft startmotorn och dra bort den framåt från balanshjulskåpans öppning.

Montering

12 Montera startmotorn i omvänd ordningsföljd mot demonteringen. Dra åt fästbultarna till angivet moment.

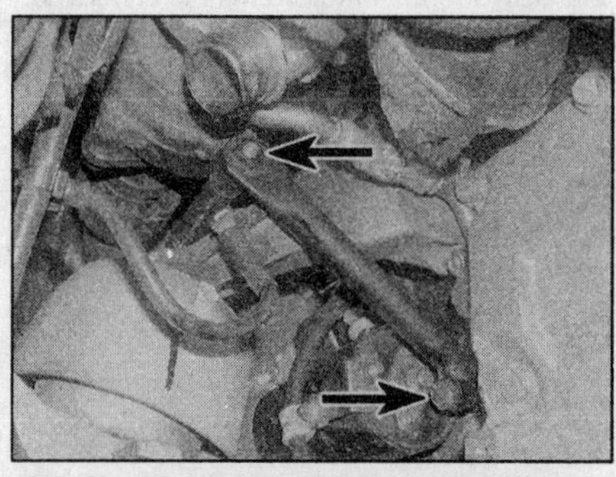

8.5 Skruva loss fästbultarna (pilar) och ta bort turboaggregatets stödfäste

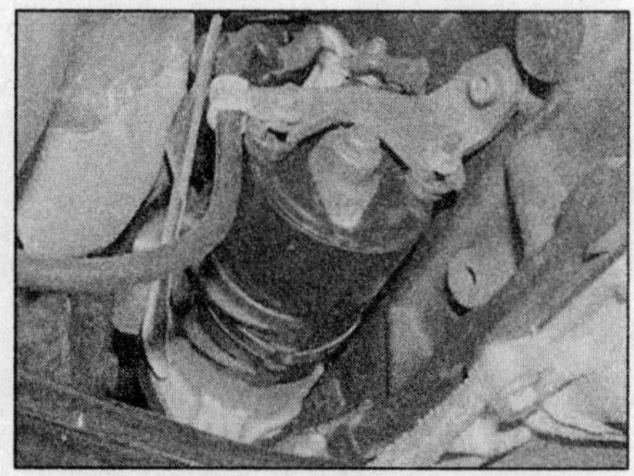

8.6a Startmotor (motorkod ADR)

8.6b Koppla loss huvudkabeln från startmotorn (motorkod AJM)

8.7 Startmotorsolenoidens pol

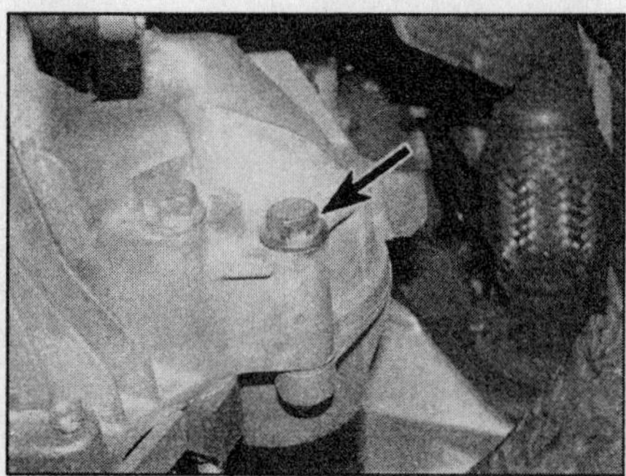

8.10 Skruva loss startmotorns fästbult (pil)

9 Startmotor – kontroll och renovering

Om startmotorn anses vara defekt bör den tas bort från bilen och lämnas till en bilelektriker för översyn. I de flesta fall kan nya startmotorborstar monteras till en överkomlig kostnad. Kontrollera dock kostnaden för reparationen först, eftersom det kan vara mer ekonomiskt att köpa en ny eller begagnad motor.

10 Brytaren till varningslampa för oljetryck – demontering och montering

Demontering

1 Brytaren till varningslampan för oljetryck är inskruvad i oljefilterhuset, som sitter till vänster om motorblocket. Skruva loss fästbultarna/muttrarna och ta bort motorns övre skyddskåpa.

2 Koppla loss brytarens anslutningskontakt.

3 Skruva loss brytaren från huset och ta bort tätningsbrickan (i förekommande fall) **(se bild)**. Var beredd på vätskespill. Plugga igen brytarurtaget om brytaren ska vara demonterad under en längre tidsperiod.

Montering

4 Undersöka om tätningsbrickan är sliten eller skadad. Byt ut den om det behövs.

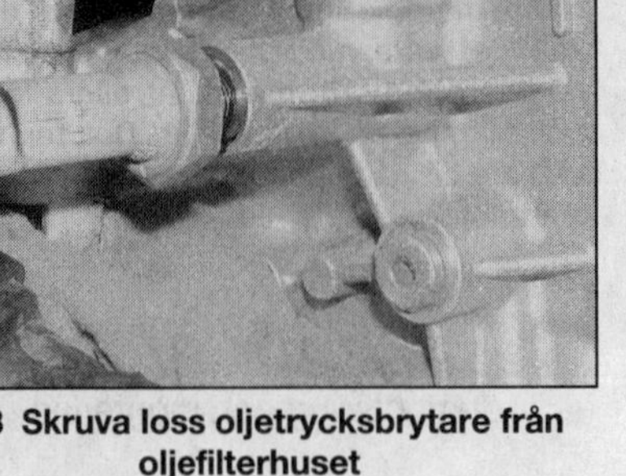

10.3 Skruva loss oljetrycksbrytare från oljefilterhuset

5 Sätt tillbaka brytaren och brickan och dra åt dem ordentligt. Återanslut anslutningskontakten.

6 Montera motorns övre skyddskåpa och kontrollera motoroljenivån. Fyll på med motorolja om det behövs.

11 Oljenivå/temperaturgivare – demontering och montering

Demontering

1 I förekommande fall sitter oljenivå/temperaturgivaren i oljesumpens botten. Dra åt handbromsen och lyft upp framvagnen och ställ den på pallbockar (se *Lyftning och stödpunkter*). Ta bort stänkskyddet från motorrummets undersida.

2 Placera en behållare nedanför sumpen. Skruva sedan loss avtappningspluggen (se aktuellt avsnitt av kapitel 1) och tappa ur motoroljan. Rengör, sätt tillbaka och dra åt pluggen när all olja har tappats ur.

3 Koppla loss oljenivå/temperaturgivarens anslutningskontakt.

4 Skruva loss fästbultarna och sänk ner givaren från sumpen. Kasta O-ringstätningen, en ny måste sättas i **(se bild)**.

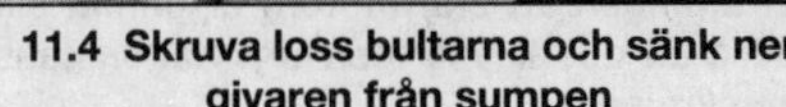

11.4 Skruva loss bultarna och sänk ner givaren från sumpen

Montering

5 Rengör sumpens och givarens fogytor. Smörj in den nya O-ringstätningen med ren motorolja, och sätt på den på givaren.

6 Montera på givaren på sumpen, sätt i fästbultarna och dra åt dem till angivet moment.

7 Återanslut givarens anslutningskontakt

8 Sätt tillbaka motorstänkskyddet och sänk ner bilen.

9 Fyll på motorn med nya olja enligt beskrivningen i aktuellt avsnitt i kapitel 1. Starta motorn och leta efter läckor.

Kapitel 5 Del B:
Tändningssystem – bensinmotorer

Innehåll

Svårighetsgrad

Enkelt, passar novisen med lite erfarenhet

Ganska enkelt, passar nybörjaren med viss erfarenhet

Ganska svårt, passar kompetent hemmamekaniker

Svårt, passar hemmamekaniker med erfarenhet

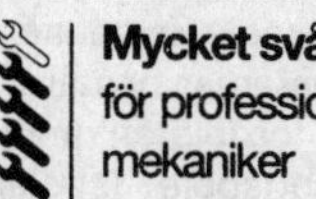

Mycket svårt, för professionell mekaniker

Specifikationer

Allmänt

Tändningstyp*:	
1595 cc, enkel överliggande kamaxel, motorkod ADP	Bosch Motronic M3.2-insprutning
1595 cc, enkel överliggande kamaxel, motorkod AHL	Simosinsprutning
1595 cc, enkel överliggande kamaxel, motorkod ARM	Simos 2-insprutning
1595 cc, enkel överliggande kamaxel, motorkod ANA	Simos 3-insprutning
1781 cc, dubbla överliggande kamaxlar, motorkod ADR	Bosch Motronic M3.2-insprutning
1781 cc, dubbla överliggande kamaxlar, motorkod APT	Bosch Motronic ME7.1-insprutning
1781 cc, dubbla överliggande kamaxlar, med turbo, motorkod ANB	Bosch Motronic ME7.5-insprutning
1781 cc, dubbla överliggande kamaxlar, med turbo, motorkod APU	Bosch Motronic ME7.5-insprutning
1781 cc, dubbla överliggande kamaxlar, motorkod ARG	Bosch Motronic ME7.1-insprutning
1781 cc, dubbla överliggande kamaxlar, med turbo, motorkod AEB	Bosch Motronic M3.2-insprutning
Tändningstyp efter motorkod*:	
ADP, 1595 cc, enkel överliggande kamaxel	Bosch Motronic M3.2-insprutning
ADR, 1781 cc, dubbla överliggande kamaxlar	Bosch Motronic M3.2-insprutning
AEB, 1781 cc, dubbla överliggande kamaxlar, med turbo	Bosch Motronic M3.2-insprutning
AHL, 1595 cc, enkel överliggande kamaxel	Simosinsprutning
ANA, 1595 cc, enkel överliggande kamaxel	Simos 3-insprutning
ANB, 1781 cc, dubbla överliggande kamaxlar, med turbo	Bosch Motronic ME7.5-insprutning
APT, 1781 cc, dubbla överliggande kamaxlar	Bosch Motronic ME7.1-insprutning
APU, 1781 cc, dubbla överliggande kamaxlar, med turbo	Bosch Motronic ME7.5-insprutning
ARG, 1781 cc, dubbla överliggande kamaxlar	Bosch Motronic ME7.1-insprutning
ARM, 1595 cc, enkel överliggande kamaxel	Simos 2-insprutning

***Observera:** Se "Chassinummer" i slutet av den här handboken för information om kodmärkningens placering på motorn.*

Tändspole

Primärlindningens resistans:	
Motorkod ADP	0.5 till 1.5 ohm
Sekundärt motstånd:	
Motorkod ADP	5000 till 9000 ohm
Motorkod AHL, ARM och ANA	4000 till 6000 ohm

Observera: *Tändspolarna med dubbla gnistor på andra motorer kan inte kontrolleras med konventionell utrustning utan kräver tillgång till en diodtestare.*

Rotorarm

Motstånd (motorkod ADP)	600 till 1400 ohm

Tändningsinställning

Motorkod ADP	0° ± 3°
Övriga motorkoder	Kontrolleras av motorstyrningssystemet

Tändkablar

Tändkabelns motstånd (motorkod ANA)	400 till 800 ohm
Tändkabelns avstörningsmotstånd (motorkod ADP)	600 till 1400 ohm
Tändkabelkontaktens motstånd (motorkod ADP, ADR, APT, ARG)	400 till 600 ohm

Åtdragningsmoment

	Nm
Knackningsgivarens fästbult	20

1 Allmän information

Boschs och Simos flerpunktsinsprutningssystem för bensin som beskrivs i det här kapitlet är helomfattande motorstyrningsystem som styr både bränsleinsprutning och tändning. Detta kapitel behandlar endast tändningssystemets komponenter. Se kapitel 4A för information om bränslesystemets komponenter.

Tändningssystemet består av tändstiften, tändkablarna, fördelaren (motorkod ADP), elektronisk tändspole (spolar), och den elektroniska styrenheten tillsammans med tillhörande givare, manöverdon och kablage. Komponenternas placering varierar från system till system, men den grundläggande funktionen är densamma för alla modeller.

Den elektroniska styrenheten skickar en spänning till tändspolens ingång. Spänningen gör att spolens primärlindning magnetiseras. Matningsspänningen avbryts då och då av den elektroniska styrmodulen vilket resulterar i att det primära magnetiska fältet kollapsar. Detta inducerar sedan en mycket högre spänning, högspänning, i den sekundära spolen. Spänningen skickas via tändkablarna till tändstiftet i cylindern när den är i sin tändningstakt. Elektroderna i tändstiftet formar ett tillräckligt litet avstånd för att högspänningen ska kunna föras över som en gnista, och den resulterande gnistan tänder bränsle-/luftblandningen i cylindern. Tidsinställningen för dessa händelser är kritisk och regleras enbart av den elektroniska styrenheten.

Den elektroniska styrenheten beräknar och kontrollerar tändningsinställningen i första hand med hjälp av uppgifter om motorvarvtal, vevaxelns läge, gasspjällets läge och insugningsluftens temperatur som styrenheten får från olika givare monterade på och runt motorn. Andra faktorer som påverkar tändningsinställningen är kylvätskans temperatur och motorns knackning. Även dessa följs via givare monterade på motorn. I alla motorer regleras spolens vilovinkel av en Hallgivare i fördelaren (motorkod ADP), bakom kamaxeldrevet på motorer med koderna AHL, ANA och ARM och vid insugskamaxelns ände på motorer med dubbla överliggande kamaxlar.

En knackningsgivare sitter monterad på motorblocket för att upptäcka eventuell förtändning (eller "spikning") i motorn innan den blir hörbar. Om förtändning inträffar sänker den elektroniska styrmodulen stegvis tändningsinställningen för den cylinder som förtänder, tills förtändningen upphör. Sedan ökar den elektroniska styrmodulen stegvis cylinderns tändningsinställning tills den återställs till normaltillstånd eller tills förtändning inträffar igen. Bilar med Motronic har två knackningsgivare.

På alla motorer utom de som är utrustade med Simos motorstyrningssystem uppnås tomgångsstyrning dels med hjälp av ett elektroniskt lägesreglage för gasspjället, vilket sitter monterat på sidan av gasspjällshuset, dels med hjälp av tändningssystemet, som kan finjustera tomgångsvarvtalet genom att justera tändningsinställningen. På Simos-system justerar den elektroniska styrenheten tomgångsvarvtalet via tändningsinställningen och insprutningsperioderna. Manuell justering av motorns tomgångsvarvtal är varken nödvändig eller möjlig.

Observera att en omfattande feldiagnos av alla motorstyrningssystem som beskrivs i det här kapitlet endast är möjlig med särskild elektronisk testutrustning. Om det uppstår systemproblem som inte kan identifieras genom att följa instruktionerna i avsnitt 2 bör bilen undersökas av en VW-verkstad. När felet har identifierats kan komponenter bytas efter behov enligt de anvisningar som beskrivs i följande avsnitt.

2 Tändningssystem – kontroll

Varning: Var mycket försiktig vid arbete med systemet då tändningen är påslagen. Från bilens tändningssystem kan man få stora elektriska stötar. Personer med pacemaker bör inte vistas i närheten av tändningskretsar, delar och testutrustning. Vrid alltid av tändningen innan anslutning eller frånkoppling av komponenter, och vid kontroll av motstånd med en multimeter.

Allmänt

1 De flesta fel i tändningssystemet beror på lösa eller smutsiga anslutningar, eller på att högspänning oavsiktligt går till jord. Det orsakas oftare av smuts, fukt eller skadad isolering än av en defekt systemkomponent. Kontrollera alltid hela kablaget noga innan en elektrisk komponent döms ut och arbeta metodiskt för att eliminera alla andra möjligheter innan en komponent anses vara felaktig.

2 Man bör absolut inte kontrollera tändningens funktion genom att hålla tändkabelns strömförande del en bit från motorn.

Motorn startar inte

3 Om motorn inte drar runt, eller drar runt mycket sakta, kontrollera batteriet och startmotorn. Anslut en voltmeter till batteripolerna (voltmeterns plussond till batteriets pluspol) och avaktivera tändningen genom att koppla ifrån kablarna från spolen. Läs av mätaren medan motorn dras runt på startmotorn i högst tio sekunder. Om det avlästa värdet understiger ungefär 10,0 volt ska först batteriet, startmotorn och laddningssystemet kontrolleras (se kapitel 5A).

4 Om motorn drar runt i normal hastighet utan att starta, på modeller med fördelarlock, kontrollera tändkablarna genom att ansluta en tändningsinställningslampa (följ tillverkarens anvisningar) och dra runt motorn på startmotorn. Om lampan blinkar fungerar kretsen, men då bör tändstiften kontrolleras. Om lampan inte blinkar, kontrollera tändkablarna och sedan fördelarlocket, kolborsten och rotorarmen. Om det uppstår en gnista, kontrollera bränslesystemets funktion. Se kapitel 4A för ytterligare information.

5 På modeller utan fördelarlock, kontrollera tändkablarna och tändspolen enligt beskrivningen i avsnitt 3 i detta kapitel.

6 Om det fortfarande inte uppstår någon gnista måste problemet finnas i motorstyrningssystemet. Bilen bör undersökas av en VW-mekaniker.

Motorn feltänder

7 Oregelbunden feltändning kan bero på en lös anslutning eller ett intermittent fel i primärkretsen.

8 Vrid av tändningen och kontrollera noggrant att alla anslutningar i systemet är rena och sitter ordentligt. Kontrollera lågspänningskretsen enligt beskrivningen ovan.

9 Kontrollera att högspänningskretsen, fördelarlocket (i förekommande fall) och tändkablarna är rena och torra. Kontrollera själva ledningarna och tändstiften (genom att byta ut dem om det behövs). Kontrollera sedan fördelarlocket, kolborsten och rotorarmen efter tillämplighet.

10 Regelbunden feltändning beror nästan alltid på ett fel i tändkablarna, tändstiften eller, i förekommande fall, fördelarlocket.

11 Om någon ledning saknar högspänning beror felet på den ledningen eller på fördelarlocket, i förekommande fall. Om högspänning finns i alla ledningar ligger felet hos tändstiften.

Ovriga problem

12 Om det uppstår systemproblem som inte kan identifieras genom att följa instruktionerna i föregående punkter bör bilen undersökas av en VW-verkstad.

3 Tändspole - demontering, kontroll och montering

Demontering

1 På motorer med koden ADP sitter tändspolen till höger om torpedväggen, i den bakre delen av motorrummet. På motorer med koderna ADR, APT och ARG sitter tändspolen på ventilkåpan, över tändstiften 3 och 4. Tändkablarna 3 och 4 utgör ett stycke med tändspolen. Tändkablarna 1 och 2 sitter som vanligt. På motorer med koderna AHL, ANA och ARM sitter tändspolen på torpedväggens mitt i den bakre delen av motorrummet. På motorer med turbo sitter de fyra tändspolarna ovanför tändstiften.

2 På motorer med enkel överliggande kamaxel, koppla loss lågspänningsledningarna från spolen på torpedväggen. Koppla ifrån högspänningsledningarna. Lägg på minnet hur ledningarna är anslutna. Skruva loss spolen från torpedväggen.

3 På motorer med dubbla överliggande kamaxlar utan turbo, skruva loss fästbultarna och ta bort motorns övre skyddskåpa (i förekommande fall). Koppla sedan loss kablarna från tändspolen genom att först lyfta låsklämman. Skruva loss muttern och koppla loss jordkabeln. Dra försiktigt bort tändkablarna från tändstift nr 1 och 2. Dra inte i själva tändkablarna, utan i deras ändbeslag. Skruva loss fästbultarna. Dra sedan upp spolenheten och lossa samtidigt tändkablarna från tändstift nr 3 och 4 **(se bilder)**. Ta loss packningen.

4 På motorer utan turbo, skruva loss fästbultarna och ta bort motorns övre skyddskåpa, i förekommande fall. Koppla sedan loss kablarna från tändspolen genom att först lyfta låsklämman. Skruva loss bulten och koppla ifrån jordkabeln från ventilkåpan. Flytta kablaget åt sidan **(se bild)**. Skruva loss fästbultarna och lyft försiktigt tändspolarna från ventilkåpan samtidigt som högspänningsförlängningarna kopplas loss från tändstiften. Ta loss packningarna från spolarna. Om det behövs kan högspänningsförlängningarna tas bort från spolarnas underdelar.

Kontroll

5 På motorer med kod ADP, koppla loss lågspänningskabeln och högspänningskabeln. Anslut sedan en ohmmätare mellan de två lågspänningspolerna (pol 1 och 15). Kontrollera att den primära resistansen stämmer med specifikationerna. På motor med kod ADP, kontrollera att sekundärmotståndet mellan polerna 4 (högspänning) och 15 stämmer överens med motståndet i specifikationerna **(se bild)**. På motorer med koderna AHL, ANA och ARM kan man kontrollera spolens sekundärmotstånd genom att mäta motståndet mellan högspänningsanslutningen på cylindrarna 1 och 4, samt 2 och 3.

6 På motorer med dubbla överliggande kamaxlar utan turbo kan man inte kontrollera spolen. Däremot kan man kontrollera strömmatningen genom att koppla ifrån anslutningskontakten och ansluta en voltmeter mellan mittpolen och jord. När tändningen vrids på bör batterispänningen kunna avläsas på voltmetern.

7 Det bästa sättet att testa en spole på motorer med turbo är att ersätta spolen med en som man vet fungerar korrekt. Koppla alternativt bort kablaget från varje insprutningsventil, en i taget, för att avgöra vilken cylinder som inte tänder. När den misständande cylindern har hittats kan tändstiftet tas bort för kontroll. Om tändstiftet är felfritt och om motorn är i allmänt gott skick betyder det att spolen är defekt och måste bytas ut. Observera att spolarna kan flyttas mellan olika cylindrar.

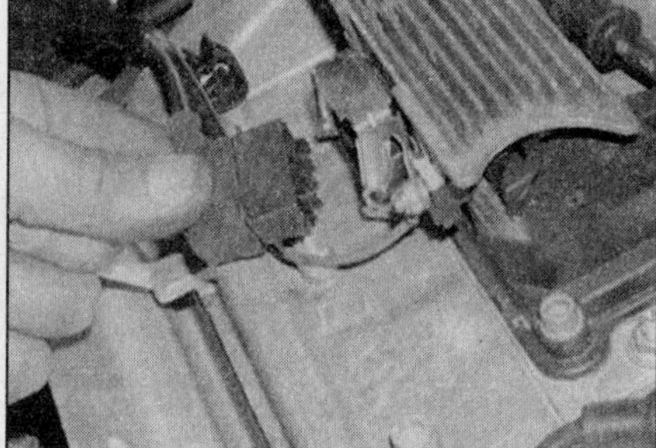

3.3a Koppla loss kablaget . . .

3.3b . . . och sedan jordkabeln . . .

3.3c . . . och skruva loss tändspolen från ventilkåpan

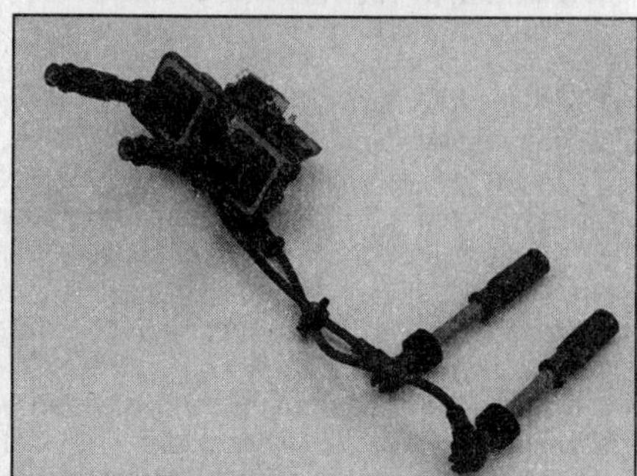

3.3d Tändspole och tändkablar

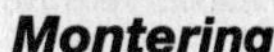

Montering

8 Monteringen sker i omvänd ordningsföljd mot demonteringen. På motorer med dubbla överliggande kamaxlar, tryck ner låsklämmorna för att fästa kablarna ordentligt.

4 Fördelare - demontering, kontroll och montering

Observera: *Det här avsnittet gäller endast motorkod ADP.*

Demontering

1 Fördelaren sitter till vänster bakom motorn och drivs av oljepumpsaxelns övre del. Den drivs i sin tur av mellanaxeln.

3.4 Notera spolens jordanslutning (pil)

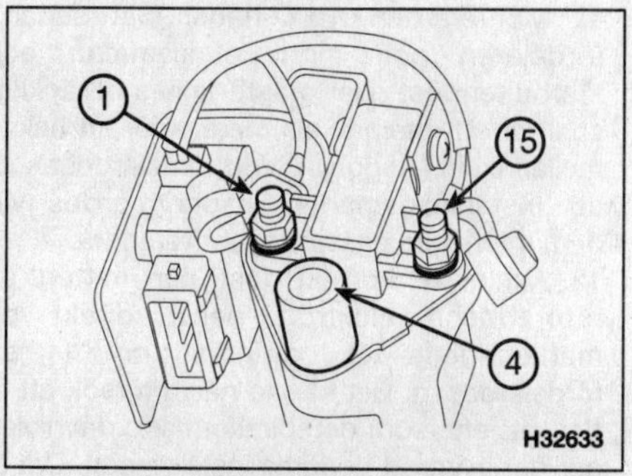

3.5 Tändspolens lågspänningspoler (1 och 15) samt högspänningspolen (4)

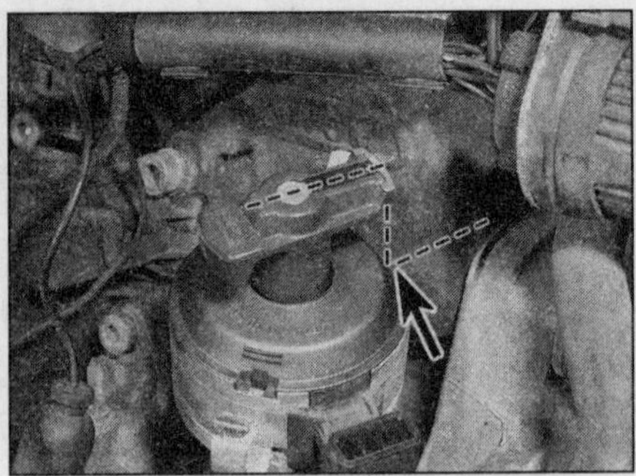
4.5 Mitten av rotorarmens elektrod i linje med markeringen för cylinder nr 1

4.7 Skruva loss bulten, ta bort klämmen och dra bort fördelaren

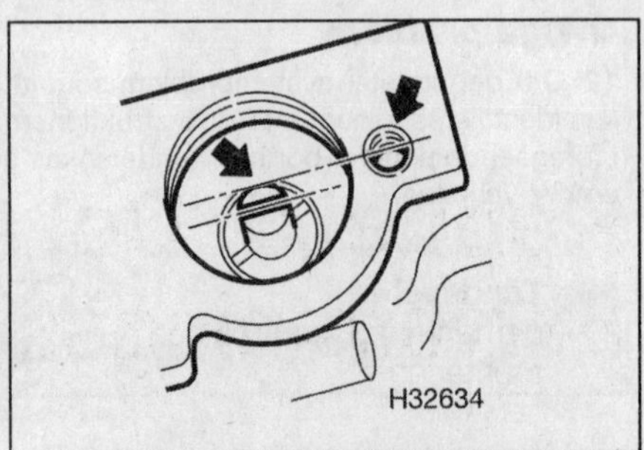

4.11 Oljepumpens medbringare måste sitta i linje med det gängade hålet i fördelarens klämbult

2 Ställ in motorn på ÖD på cylinder nr 1 enligt beskrivningen i kapitel 2A, avsnitt 2.

3 Koppla loss tändkabeln från tändspolen på torpedväggen. Lägg tändkablarnas position på minnet och koppla sedan ifrån dem från tändstiften.

4 Koppla loss Hall-givarkabeln från fördelardosans kontaktdon.

5 Bänd loss fästklämmorna och lyft sedan av fördelarlocket. Kontrollera att rotorarmselektrodens mitt är placerad i rät linje med markeringen för cylinder nr 1 på fördelardosan **(se bild)**.

6 Markera fördelardosans förhållande till motorblocket genom att märka båda delarna.

7 Skruva loss bulten och ta bort klämman. Ta sedan bort fördelaren från motorblocket. Ta loss O-ringstätningen **(se bild)**. *Observera:När fördelaren är borttagen vrids rotorarmen moturs.*

Kontroll

8 Ta loss O-ringstätningen från fördelarens botten och undersök tätningen. Byt ut den om det behövs.

9 Undersök om fördelarens drivhjulskuggar är slitna eller skadade. Eventuellt spel påverkar tändningsinställningen. Byt ut fördelaren om drivhjulets kuggar verkar slitna eller hackiga.

Montering

10 Kontrollera att motorn fortfarande är inställd på ÖD på cylinder nr 1.

11 Kontrollera att oljepumpsaxelns medbringare sitter i linje med det gängade hålet i fästbulten **(se bild)**. Om inte, vrid den med en skruvmejsel.

12 Montera den nya O-ringen. Sätt sedan i fördelaren och montera klämman och fästbulten löst. Det måste finnas tillräckligt spel för att rotera axeln medurs för att haka i mellanaxelns kugghjul. Vrid fördelardosan så att inställningsmärkena som gjordes vid demonteringen passas in mot varandra.

13 Axeln är korrekt fäst när mitten av rotorarmens elektrod pekar direkt på markeringen för cylinder nr 1 på fördelardosan. Det kan ta några försök att få det rätt eftersom de spiralformade drivhjulen gör det svårt att bedöma inställningen. Dra åt fördelarens klämbult.

14 Montera fördelarlocket och fäst med klämmorna.

15 Återanslut Hall-givarens kabel.

16 Återanslut tändstiftens tändkablar och huvudtändkabeln till tändspolen.

17 Nu måste tändningsinställningen kontrolleras och, om nödvändigt, justeras - se avsnitt 5.

5 Tändningsinställning – kontroll och justering

På motorer med kod ADP är en fördelare monterad. På en sådan motor är det möjligt att göra en grundläggande justering av tändningsinställningen. Det är dock bäst att överlåta arbetet till en VW-verkstad med specialistutrustning, eftersom systemets eventuella felkoder då samtidigt kan kontrolleras. På alla andra motorkoder styrs tändningsinställningen av motorstyrningssystemet och kan inte justeras manuellt. Bilens tändningsinställning måste då justeras av en VW-verkstad.

6 Tändningssystemets givare – demontering och montering

1 Flera av motorstyrningssystemets givare skickar signaler till både bränsleinsprutnings- och tändningssystemet. De som är specifika för tändningssystemet behandlas i detta avsnitt.

2 De givare som är vanliga för båda systemen behandlas i kapitel 4A. Bland dessa finns luftflödesmätare, gasspjällspotentiometer, insugningsrörets lufttemperaturgivare, gasspjällets lägesgivare, hastighetsgivare, temperaturgivare för kylvätskan, varvtalsgivare samt Hall-givare.

Knackningsgivare

Demontering

3 Till vänster på motorblockets baksida sitter en knackgivare. I vissa motorer är två givare monterade bredvid varandra.

4 Koppla loss kablaget från givaren vid kontaktdonet.

5 Skruva loss fästbulten och ta bort givaren **(se bild)**.

Montering

6 Montering sker i omvänd ordningsföljd. Observera dock att sensorns funktion påverkas om fästbulten inte är åtdragen till exakt rätt moment.

Hall-givare (motorkod ADP)

7 Den här givaren är en del av fördelaren. Den kan demonteras och bytas ut separat. Det kan dock behövas specialverktyg för att ta isär fördelaren. Därför rekommenderas att detta moment överlåts till en bilelektriker.

7 Rotorarm – demontering och montering

Observera: *Det här avsnittet gäller endast motorkod ADP.*

1 Bänd loss fästklämmorna. Lyft sedan bort fördelarlocket.

2 Dra bort rotorarmen från fördelaraxelns ände. Ta bort dammkåpan om det behövs.

3 Undersök fördelarlockets kontakter och rengör dem om det behövs.

4 Montera den nya rotorarmen i omvänd ordningsföljd mot demonteringen. Se till att rotorarmens inställningstapp fäster i fördelaraxelns urtag innan fördelarlocket monteras.

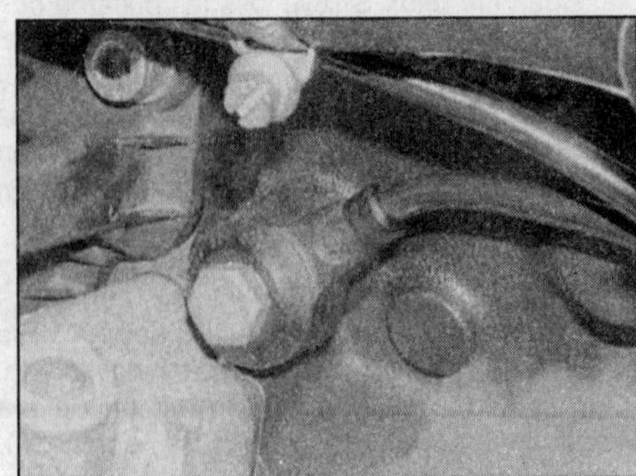
6.5 Skruva loss knackningsgivarens fästbult

Kapitel 5 Del C: Förvärmningssystem – dieselmodeller

Innehåll

Svårighetsgrad

Enkelt, passar novisen med lite erfarenhet 	**Ganska enkelt,** passar nybörjaren med viss erfarenhet 	**Ganska svårt,** passar kompetent hemmamekaniker	**Svårt,** passar hemmamekaniker med erfarenhet 	**Mycket svårt,** för professionell mekaniker

Specifikationer

Motorkod*

AFN	Elektronisk direktinsprutning, med turbo
AHH	Elektronisk direktinsprutning, med turbo
AHU	Elektronisk direktinsprutning, med turbo
AJM	Elektronisk direktinsprutning, pumpinsprutningsventiler, med turbo
ATJ	Elektronisk direktinsprutning, pumpinsprutningsventiler, med turbo
AVG	Elektronisk direktinsprutning, med turbo

***Observera:** *Se "Chassinummer" för information om var motorns kodmärkning sitter.*

Glödstift

Strömförbrukning	8 ampere per glödstift

Åtdragningsmoment

	Nm
Glödstift till topplock	15

1 Allmän information

För att underlätta kallstart är dieselmodeller utrustade med förvärmningssystem, vilket består av fyra glödstift, en glödstiftsstyrenhet (inbyggd i den elektroniska styrenheten), en varningslampa på instrumentbrädan samt tillhörande kablage.

Glödstiften är elektriska värmeelement i miniatyr, som är inneslutna i en metallkåpa med en sond i den ena änden och en elanslutning i den andra. Varje förbränningskammare har ett glödstift inskruvat vilket är placerat direkt i linje med den insprutande bränslestrålen. När glödstiften sätts under spänning värms bränslet som passerar över stiften upp så att optimal förbränningstemperatur uppnås snabbare.

Förvärmningsperiodens längd styrs av glödstiftsstyrenheten som följer motorns temperatur via temperaturgivaren för kylvätskan och som anpassar förvärmningsperioden efter villkoren.

En varningslampa på instrumentbrädan upplyser föraren om att förvärmning äger rum. Lampan slocknar när förvärmningen är tillräcklig för att motorn ska kunna starta, men glödstiften fortsätter aktiveras ett tag efter att motorn startat. Görs inget försök att starta motorn stängs strömförsörjning till glödstiften av för att förhindra att batteriet laddas ur och glödstiften blir utbrända. Observera att om ett fel uppstår i motorstyrningssystemet medan bilen rör sig börjar glödstiftens varningslampa att blinka och systemet slås sedan om till felsäkert läge. Om det inträffar måste bilen felsökas av en VW-mekaniker.

2 Glödstift – test, demontering och montering

Kontroll

1 Fungerar inte systemet kan man kontrollera det genom att byta ut misstänkta komponenter mot sådana man vet fungerar. Några preliminära kontroller kan dock utföras enligt beskrivningen i följande punkter.

2 Anslut en voltmeter eller en 12-volts kontrollampa mellan glödstiftets matarkabel och en jordad punkt på motorn.

Varning: Se till att den strömförande anslutningen hålls undan från motorn och karossen.

3 Låt medhjälparen aktivera förvärmningssystemet genom att vrida på tändningen. Kontrollera att batterispänningen överförs glödstiftets elektriska anslutning. Observera att spänningen sjunker till noll när förvärmningsperioden slutar.

4 Om glödstiftet inte spänningsmatas kan matningskabeln vara defekt.

5 Hitta ett defekt glödstift genom att ta bort matningskabeln från glödstiftspolen och anslut en amperemätare mellan kabeln och polen. Simulera kallstart genom att koppla ifrån temperaturgivaren för kylvätska på topplockets baksida och vrida på tändningsnyckeln. Mät den stadiga strömförbrukningen (ignorera den inledande strömtoppen som är ungefär 50 % högre). Jämför resultatet med specifikationerna

– hög strömförbrukning (eller ingen strömförbrukning) indikerar att glödstiftet är defekt.

6 Som slutlig kontroll, ta bort glödstiften och undersök dem visuellt, enligt beskrivningen i nästa underavsnitt.

Demontering

Utom motorkod AJM och ATJ

7 Lossa batteriets jordledning (minuspolen) (se kapitel 5A). Bänd ut skyddshattarna, skruva loss fästmuttrarna/bultarna och ta bort motorns övre skyddskåpa.

8 Dra försiktigt ut kontaktdonet från det aktuella glödstiftet.

9 Skruva loss glödstiftet **(se bild)**.

10 Se efter om glödstiftens skaft är skadade. Ett kraftigt bränt eller förkolnat skaft kan tyda på att insprutningsventilen är defekt. Se kapitel 4B för mer information.

Motorkod AJM och ATJ

12 Lossa batteriets jordledning (minuspolen) (se kapitel 5A). Bänd ut skyddshattarna, skruva loss fästmuttrarna/skruvarna och ta bort motorns övre skyddskåpa. Ta bort isoleringsmaterialet.

13 Skruva loss 13 mm bulten och flytta bränslefilterhuvudet (med slangarna anslutna) åt sidan (se kapitel 1B).

14 Skruva loss klämskruven och dra bort bränslefiltret från fästbygeln (se kapitel 1B).

15 Skruva loss de fem muttrarna/bultarna som fäster filterhållaren vid motorn **(se bild)**.

16 Dra undan kylvätskeröret från glödstift nr 4.

17 Dra försiktigt bort kontaktdonen från glödstiftets övre del.

18 Skruva loss glödstiftet från topplocket med en djup 10 mm hylsnyckel**(se bild)**.

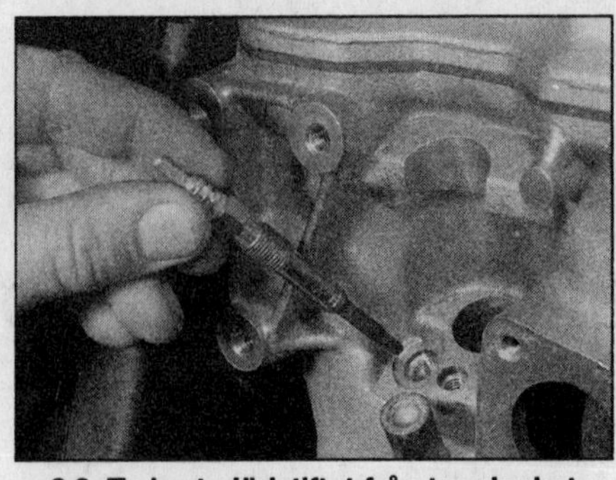

2.9 Ta bort glödstiftet från topplocket

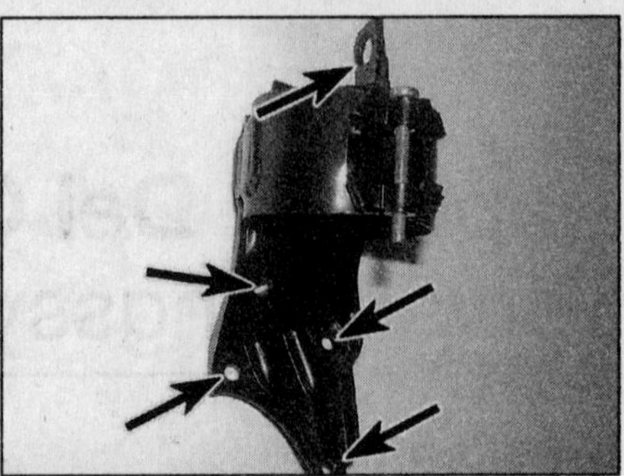

2.15 Bränslefiltrets fästbygel ansluts till motorblocket/huvudet i fem punkter (pil)

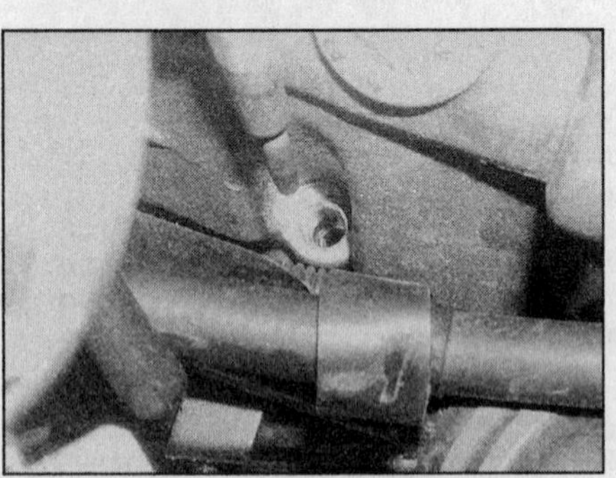

2.18 Åtkomst till glödstift nr 4 är begränsad

2.19 Dra åt glödstiftet till angivet moment

Montering

19 Montering sker i omvänd ordning mot demonteringen, med följande punkter i åtanke:

*a) Dra åt glödstiften till angivet moment **(se bild)**.*

b) Vid återmontering av glödstift nr 4 i AJM- och ATJ-motorer, lossa metallkylvätskerörets fästmutter på framsidan av motorn för att underlätta montering av bränslefilterhållaren på motorn. Fyll filtret med bränsle före montering av filterhuvudet.

Kapitel 6
Koppling

Innehåll

Svårighetsgrad

Enkelt, passar novisen med lite erfarenhet 

Ganska enkelt, passar nybörjaren med viss erfarenhet 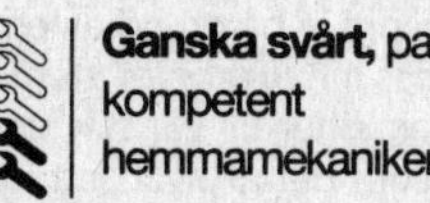

Ganska svårt, passar kompetent hemmamekaniker

Svårt, passar hemmamekaniker med erfarenhet 

Mycket svårt, för professionell mekaniker 

Specifikationer

Allmänt

Typ	Enkel torrlamell, tallriksfjäder med fjäderbelastad nav
Funktion	Hydraulisk med slav- och huvudcylinder
Lamelldiameter	210 mm, 228 mm eller 240 mm (beroende på modell)

Motorkod*

Bensinmotorer:	
ADP	1595 cc, enkel överliggande kamaxel, Bosch Motronic M3.2-insprutning
ADR	1781 cc, dubbla överliggande kamaxlar, Bosch Motronic M3.2-insprutning
AEB	1781 cc, dubbla överliggande kamaxlar, Bosch Motronic M3.2-insprutning, med turbo
AHL	1595 cc, enkel överliggande kamaxel, Simosinsprutning
ANA	1595 cc, enkel överliggande kamaxel, Simos 3-insprutning
ANB	1781 cc, dubbla överliggande kamaxlar, Bosch Motronic ME7.5-insprutning, med turbo
APT	1781 cc, dubbla överliggande kamaxlar, Bosch Motronic ME7.1-insprutning
APU	1781 cc, dubbla överliggande kamaxlar, Bosch Motronic ME7.5-insprutning, med turbo
ARG	1781 cc, dubbla överliggande kamaxlar, Bosch Motronic ME7.1-insprutning
ARM	1595 cc, enkel överliggande kamaxel, Simos 2-insprutning
Dieselmotorer:	
AFN	Elektronisk direktinsprutning, med turbo
AHH	Elektronisk direktinsprutning, med turbo
AHU	Elektronisk direktinsprutning, med turbo
AJM	Elektronisk direktinsprutning, pumpinsprutningsventiler, med turbo
ATJ	Elektronisk direktinsprutning, pumpinsprutningsventiler, med turbo
AVG	Elektronisk direktinsprutning, med turbo

***Observera:** Se "Chassinummer" för information om var motorns kodmärkning sitter.*

Åtdragningsmoment

	Nm
Kopplingens huvudcylinder, fästbultar	20
Kopplingspedalens fästbultar (från motorrummets insida):	
Lång Torx-bult (håller också fast bromshuvudcylinder och servo)	25
Kort bult	25
Kopplingspedalens arm, fästbult	25
Urkopplingsspakens bladfjäderfästbult*	25
Kopplingens slavcylinderfästbult*	25
Hydraulrörsförbindning	15
Bult mellan tryckplatta och svänghjul	25

** Använd nya fästen*

1 Allmän information

Kopplingen är av enkel torrlamellstyp med en tallriksfjäderstryckplatta och den är hydraulisk.

Kopplingskåpan (tryckplattan) sitter fastskruvad vid svänghjulets baksida. Lamellen är placerad mellan tryckplattan och svänghjulets friktionsyta. Lamellens nav är spårat och kan glida fritt i spåren i växellådans ingående axel. Friktionsbelägget är fastnitat vid sidorna av lamellen och navet innehåller dämpningsfjädrar för att ta upp stötarna från växellådan och garantera en mjuk drift. I alla motorer, utom de med motorkod AHL, ANA och ARM, är svänghjulet i två delar istället för i ett stycke. Friktionsytans rörelse begränsas i förhållande till huvudsvänghjulet som är fastbultat bakom vevaxeln. Detta gör att stötar från kopplingen absorberas och ger en mjukare utväxling.

När kopplingspedalen trycks ner för slavcylinderns tryckstång urkopplingsarmen framåt och urkopplingslagret tvingas mot tallriksfjäderns fingrar. När mitten av fjädern trycks in rör sig fjäderns yttre del utåt och lösgör tryckplattan från lamellen. Drivkraft upphör då att överföras till växellådan.

När kopplingspedalen släpps upp tvingar tallriksfjädern tryckplattan mot belägget på lamellen. Samtidigt trycks lamellen lätt framåt längs den ingående axelns räfflor mot svänghjulet. Lamellen är nu fast inklämd mellan tryckplattan och svänghjulet. Då överförs drivningen.

En fjäder sitter monterad på kopplingspedalen för att utjämna kraften när pedalen trycks ner över hela pedalvägen.

När beläggen sliter på lamellen flyttas tryckplattans viloläge närmare svänghjulet vilket resulterar i att viloläget för tallriksfjäderns fingrar höjs. Hydraulsystemet behöver inte justeras eftersom hydraulvätskan i kretsen automatiskt kompenserar för slitaget varje gång kopplingspedalen används.

2 Hydraulsystem – luftning

Varning: Hydraulvätskan är giftig. Tvätta därför noggrant bort vätskan omedelbart om den kommer på huden. Uppsök omedelbart läkare om vätska sväljs ner eller stänker i ögonen. Vissa typer av hydraulvätska är brandfarlig och kan antändas vid kontakt med varma komponenter. Hydraulvätskan tar även effektivt bort färg. Spill på lackade ytor kaross eller detaljer, bör tvättas bort omedelbart med stora mängder kallt vatten. Den är även hygroskopisk (den kan absorbera fukt från luften) vilket gör den obrukbar. Gammal vätska kan vara förorenad och bör inte återanvändas.

1 Ett hydraulsystem kan inte fungera som det ska förrän all luft har avlägsnats från komponenterna och kretsen. Detta görs genom att systemet luftas.

2 Tillsätt endast ren, oanvänd hydraulvätska av rekommenderad typ under luftningen. Återanvänd aldrig vätska som redan har tömts ur systemet. Se till att det finns tillräckligt med vätska i beredskap innan luftningen påbörjas.

3 Om systemets befintliga vätska är av fel sort måste hydraulkretsen spolas ur fullständigt med korrekt vätska.

4 Om hydraulvätska har runnit ur systemet eller om luft har trängt in på grund av en läcka måste felet åtgärdas innan arbetet återupptas.

5 Luftningsskruven sitter till vänster uppe på växellådan. Eftersom det är svårt att komma åt den måste framvagnen lyftas upp och ställas på pallbockar så att skruven kan nås från undersidan.

6 Kontrollera att alla rör och slangar sitter ordentligt, att alla anslutningar sluter tätt och att luftningsskruven är stängd. Avlägsna all smuts från områdena kring luftningsskruvarna.

7 Skruva loss huvudcylinderns vätskebehållarkåpa (kopplingen har samma vätskebehållare som bromssystemet) och fyll på huvudcylinderbehållaren till den övre (MAX) nivåmarkeringen. Montera locket löst. Kom ihåg att hålla vätskenivån över den nedre (MIN) markeringen under hela arbetet, annars är det risk för att ytterligare luft tränger in i systemet.

8 Det finns ett antal enmans gör-det-själv-luftningssatser att köpa i motortillbehörsbutiker. Vi rekommenderar att en sådan sats används, om möjligt, eftersom de underlättar luftningen avsevärt och minskar risken för att luft och vätska dras tillbaka in i systemet. Om det inte går att få tag på en sådan sats återstår bara den vanliga tvåmansmetoden som beskrivs i detalj nedan.

9 Om en luftningssats ska användas, förbered bilen enligt beskrivningen ovan och följ sedan luftningssatstillverkarens instruktioner, eftersom metoden kan variera något mellan olika luftningssatser. I allmänhet är metoden den som beskrivs i relevant underavsnitt.

Luftning - grundmetod (för två personer)

10 Skaffa en ren glasburk, en lagom lång plast- eller gummislang som sluter tätt över luftningsskruven **(se bild)**, och en ringnyckel som passar skruven. En medhjälpare behövs också.

11 Ta bort dammkåpan från luftningsskruven. Montera nyckeln och slangen på skruven. Placera slangens andra ände i glasburken och häll i så mycket vätska att slangänden täcks.

12 Se till att oljenivån överstiger linjen för miniminivå på behållaren under hela arbetets gång.

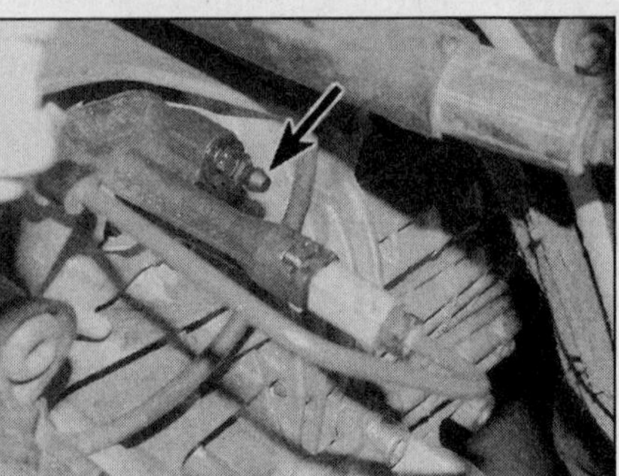

2.10 Använd en bit slang av plast eller gummi som sluter tätt om änden på kopplingsslavcylinderns luftningsskruv (pil)

13 Låt medhjälparen trampa kopplingspedalen i botten ett flertal gånger, så att trycket byggs upp. Pedalen ska sedan hållas kvar i botten.

14 Skruva loss luftningsskruven (ungefär ett varv) medan pedaltrycket upprätthålls och låt den trycksatta vätskan och luften flöda ner i burken. Medhjälparen måste hålla pedalen nedtryckt och inte släppa förrän du säger till. Dra år luftningsskruven igen när flödet upphör. Låt medhjälparen släppa upp pedalen långsamt och kontrollera behållarens vätskenivå igen.

15 Upprepa stegen som beskrivs i punkt 13 och 14 tills vätskan som rinner ut från luftningsskruven är fri från bubblor. Om huvudcylindern har tappats på vätska och fyllts på igen, vänta cirka fem sekunder mellan omgångarna så att kanalerna i huvudcylindern hinner fyllas.

16 När inga fler luftbubblor syns ska luftningsskruven dras åt ordentligt. Ta sedan bort slangen och nyckeln och montera dammkåpan. Dra inte åt luftningsskruven för hårt.

Luftning - med hjälp av en luftningssats med backventil

17 Dessa luftningssatser består av en bit slang försedd med en envägsventil för att förhindra att luft och vätska dras tillbaka in i systemet. Vissa satser levereras även med en genomskinlig behållare som kan placeras så att luftbubblorna lättare ses flöda från slangänden.

18 Luftningssatsen ansluts till luftningsskruven, som sedan kan öppnas. Återvänd till förarsätet, tryck ner kopplingspedalen mjukt och stadigt och släpp sedan långsamt upp den igen. Detta upprepas tills vätskan som rinner ut är fri från luftbubblor.

19 Observera att dessa luftningssatser underlättar arbetet så mycket att man lätt glömmer behållarens vätskenivå. Se till att nivån hela tiden ligger över den nedre markeringen.

Luftning - med hjälp av en tryckluftssats

20 Dessa luftningssatser ska ofta användas tillsammans med tryckluften i reservhjulet.

Observera dock att trycket i reservhjulet antagligen behöver minskas till under den normala nivån. Se instruktionerna som följer med luftningssatsen.

21 Om man ansluter en trycksatt, vätskefylld behållare till vätskebehållaren kan man lufta systemet genom att öppna luftningsskruven och låta vätska rinna ut tills inga luftbubblor finns i den.

22 Den här metoden har fördelen att den stora vätskebehållaren fungerar som ett extra hinder mot att luft dras in i systemet under luftningen.

Alla metoder

23 När luftningen är slutförd och pedalmotståndet känns rätt, dra åt luftningsskruven ordentligt och tvätta av utspilld vätska. Montera dammkåpan på luftningsskruven.

24 Kontrollera hydraulvätskenivån i huvudcylinderbehållaren och fyll på om det behövs (se *Veckokontroller*).

25 Kassera all hydraulvätska som har tappats ur systemet. Den lämpar sig inte för återanvändning.

26 Kontrollera kopplingspedalens funktion. Om den inte fungerar korrekt finns det fortfarande luft i systemet. Då måste ytterligare luftning utföras. Om fullständig luftning inte uppnåtts efter ett rimligt antal luftningsförsök kan detta bero på slitna tätningar i huvudcylindern/slavcylindern.

3 Kopplingspedal – demontering och montering

Högerstyrda modeller

Demontering

1 Demontera förvaringsutrymmet/panelen under rattstången. Lossa kåpan. Skruva sedan loss fästskruvarna och dra bort förvaringsutrymmet från klämmorna i instrumentbrädan. Detta gör det möjligt att komma åt pedalens fästbygel.

2 Koppla ifrån kablarna och skruva loss brytaren ovanför kopplingspedalen. Räkna antalet varv för att underlätta senare montering.

3 Använd en skruvmejsel. Ta loss klämman och lossa tryckstången till kopplingens huvudcylinder från pedalen.

4 Skruva loss styrbulten från pivåaxelns vänstra ände, dra tillbaka spaken, tryck centrumbussningen mot passagerarsidan, sänk ned kopplingspedalen från fästbygeln och lossa den samtidigt från mittfjädern. Notera hur bussningen, lagren, mellanläggsbrickorna och kåporna är placerade för att garantera korrekt återmontering.

5 Om det behövs kan enskilda lager bytas **(se bild)**.

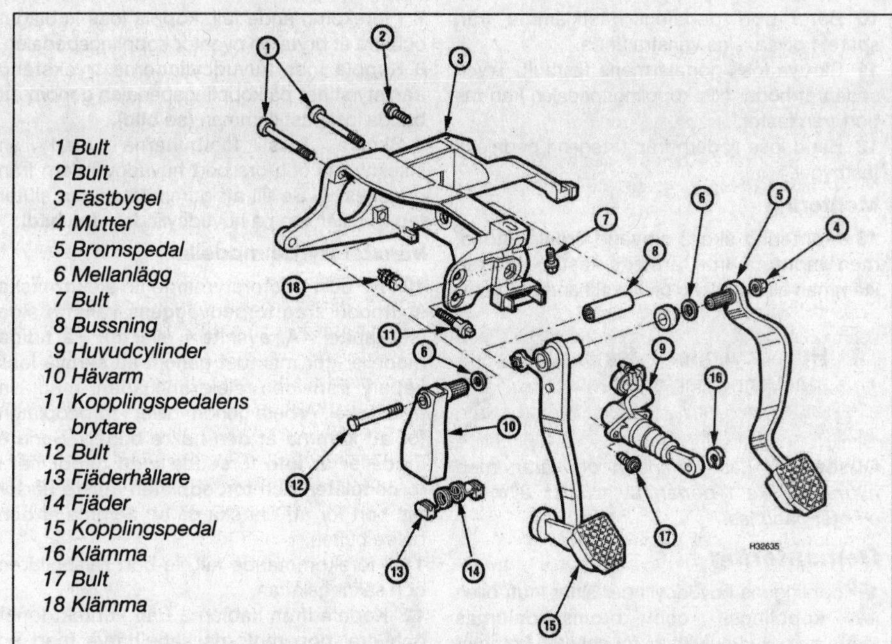

3.5 Kopplingspedalens komponenter på högerstyrda modeller

Montering

6 Montering sker i omvänd ordningsföljd, men smörj först lagren och bussningen. Se kapitel 9 och se till att bromspedalen återmonteras korrekt.

Vänsterstyrda modeller

Demontering

7 Demontera förvaringsutrymmet/panelen under rattstången. Lossa kåpan. Skruva sedan loss fästskruvarna och dra bort förvaringsutrymmet från klämmorna i instrumentbrädan. Detta gör det möjligt att komma åt pedalens fästbygel.

8 I förekommande fall, koppla loss kablaget och skruva ut brytaren ovanför kopplingspedalen.

9 Använd en skruvmejsel. Ta loss fästklämman till kopplingshuvudcylinderns tryckstångssprint från pedalen genom att vrida den uppåt och sedan dra bort den från pedalen. Dra upp pedalen för att koppla loss den från tryckstången **(se bild)**.

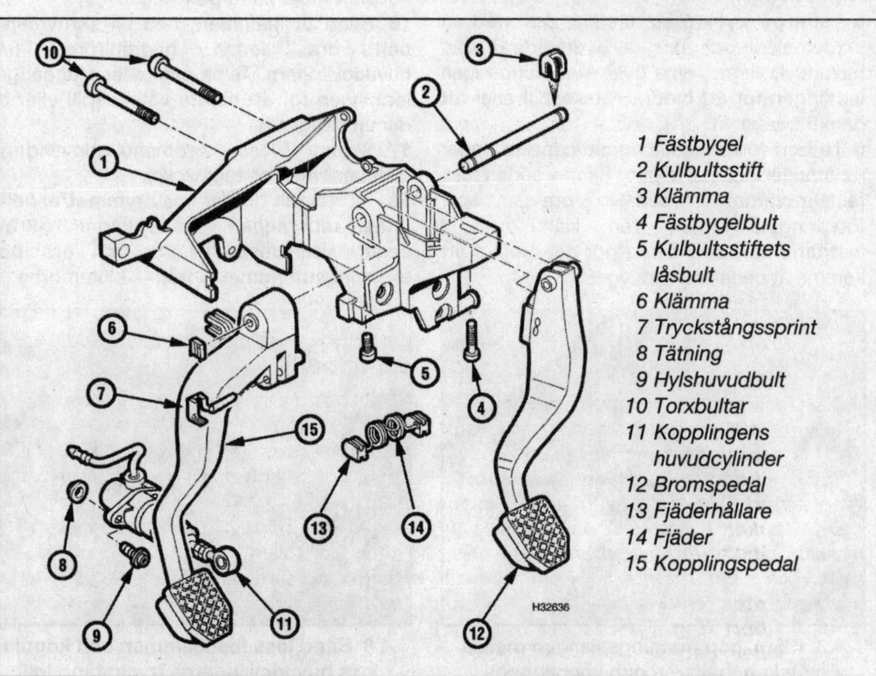

3.9 Kopplingspedalens komponenter på vänsterstyrda modeller

10 Bänd bort pedalens fästklämma från spåret i pivåaxelns vänstra ände.

11 Skruva loss pedalarmens fästbult. Tryck sedan åt höger tills kopplingspedalen kan tas bort från fästet.

12 Bänd loss fjädern från urtagen i pedalens fästbygel.

Montering

13 Montering sker i omvänd ordningsföljd, men montera inte armens fästbult förrän klämman till pedalens pivåaxel har monterats.

4 Huvudcylinder – demontering, renovering och montering

Observera: *Läs varningen om faran med hydraulvätska i början av avsnitt 2 innan arbetet påbörjas.*

Demontering

1 Kopplingens huvudcylinder sitter inuti bilen på kopplings- och bromspedalernas fästbyglar. Hydraulvätska för enheten kommer från bromshuvudcylinderbehållaren.

Högerstyrda modeller

2 Placera tygtrasor på mattan inuti bilen för att skydda den från bromsvätskespill, innan arbetet fortsätts.

3 Arbeta i motorrummet. Kläm ihop hydraulvätskeslangen som leder från bromsvätskebehållaren till kopplingens huvudcylinder med hjälp av en bromsslangklämma **(se bild)**.

4 Dra hydraulvätskans matningsslang från kopplingens huvudcylinder på torpedväggen. Ta bort matningsslangens muff från torpedväggen.

5 Lätta på tryckrörets fästklämma med en skruvmejsel och dra ut hydraulröret från huvudcylindern. Tejpa över eller plugga igen ledningen för att hindra vätskespill eller att damm tränger in.

6 Ta bort förvaringsutrymmet/panelen under rattstången. Lossa kåpan. Skruva sedan loss fästskruvarna och dra bort förvaringsutrymmet från klämmorna i instrumentbrädan. Detta gör det möjligt att komma åt pedalens fästbygel.

7 I förekommande fall, koppla loss kablaget och dra ut brytaren ovanför kopplingspedalen.

8 Koppla loss huvudcylinderns tryckstång från styrstiftet på kopplingspedalen genom att bända loss fästklämman **(se bild)**.

9 Skruva loss fästbultarna med en insexnyckel och dra bort huvudcylindern från pedalfästet. Se till att gummitätningen sluter tätt mot flänsen på huvudcylindern **(se bild)**.

Vänsterstyrda modeller

10 Ta bort motorstyrningens elektroniska styrmodul från torpedväggens vänstra sida (se kapitel 4A, avsnitt 4 eller 5). På tidiga modeller gör man det genom att skruva loss kåpan från den elektroniklådan med en hylsnyckel. Arbeta genom hålet i torpedplåten för att komma åt den bakre bulten. Senare modeller är inte försedda med något hål i torpedplåten och torpedplåten måste därför tas bort för att det ska gå att komma åt den bakre bulten.

11 I förekommande fall, ta bort relähållaren och säkringslådan.

12 Koppla ifrån kablarna från kontaktdonet och dra ihop motorns kabelhärva med en gummimuff genom öppningen i elektroniklådan. Skruva loss fästmuttrarna på elektroniklådans baksida, lossa sedan lådan från sprinten på framsidan och dra bort lådan från torpedväggen.

13 Placera tygtrasor på mattan inuti bilen för att skydda den från bromsvätskespill, innan arbetet fortsätts.

14 Arbeta i motorrummet. Kläm ihop hydraulvätskeslangen som leder från bromsvätskebehållaren till kopplingens huvudcylinder med hjälp av en bromsslangklämma.

15 Dra bort slangen från kopplingens huvudcylinder på torpedväggen.

16 Bänd ut klämman med en skruvmejsel och dra sedan hydrauIröret från huvudcylindern. Tejpa över eller plugga igen ledningen för att hindra vätskespill eller att damm tränger in.

17 Skruva loss bromshuvudcylinderns fästbultar med en torxnyckel.

18 Ta bort förvaringsutrymmet/panelen under rattstången. Lossa kåpan. Skruva sedan loss fästskruvarna och dra bort förvaringsutrymmet från klämmorna i instrumentbrädan. Detta gör det möjligt att komma åt pedalens fästbygel.

19 Använd en skruvmejsel. Ta loss fästklämman till kopplingshuvudcylinderns tryckstångsstift från pedalen genom att vrida den uppåt och sedan dra bort den från pedalen. Dra upp pedalen för att koppla loss den från tryckstången.

20 Skruva loss kopplingshuvudcylinderns fästbultar med en insexnyckel. Skruva också loss den övre bulten i pedalfästbygeln. Dra sedan ut fästbygeln och huvudcylindern ett stycke och ta bort huvudcylindern. Kontrollera att gummitätningen sitter kvar på flänsen på huvudcylindern.

Renovering

21 Renoveringssatser kan inte köpas från VW, men kan finnas hos motorspecialister.

22 Vid renovering av huvudcylindern, rengör först de utvändiga ytorna.

23 Bänd loss gummidamasken och demontera tryckstången. Om det behövs, lossa låsmuttern, skruva loss gaffeln och låsmuttern och ta bort tryckstången från gummidamasken. Notera avståndet mellan mitten av tryckstångens ögla och fästflänsen för att återmonteringen ska bli korrekt.

24 Dra ut låsringen från cylindermynningen och dra bort brickan, kolven och fjädern. Notera att fjäderns minsta ände sitter närmast kolven.

25 Rengör komponenterna och kontrollera om de är slitna eller skadade. Om kolven och loppet är mycket slitna eller vid uppenbar korrosion måste hela cylindern bytas ut. Om kolven och loppet är i gott skick, ta bort tätningarna från kolven och byt ut dem.

26 Doppa den nya tätningen i hydraulvätska och trä på den på kolven. Använd fingrarna för att föra den på plats. Se till att tätningsläpparna är vända mot kolvens fjäderände.

27 Sätt i fjädern i cylindern, doppa sedan kolven i hydraulvätska och sätt i den försiktigt.

28 Montera brickan och sätt låsringen i spåret.

29 Applicera lite fett på tryckstångens ände. Sätt tillbaka tryckstången och damasken.

30 Skruva på låsmuttern och gaffeln, justera avståndet på fästflänsen mellan öglans mitt

4.3 Kläm ihop matningsslangen mellan vätskebehållaren och kopplingens huvudcylinder med en bromsslangklämma

4.8 Bänd loss fästklämman och koppla loss huvudcylinderns tryckstång (pil)

4.9 Skruva loss huvudcylinderns skruvar med en insexnyckel

och torpedväggens framsida. Avståndet ska vara 139,0 ± 0,5 mm på RHD-modeller och 165,0 ± 0,5 mm på LHD-modeller.

Montering

31 Montering sker i omvänd ordning mot demonteringen. Dra åt huvudcylinderns fästbultar och hydraulslangens anslutning till korrekt vridmoment. Applicera lite fett på gaffelbultens ögla innan den monteras. Lufta kopplingens hydraulsystem enligt beskrivningen i avsnitt 2. Innan man återmonterar elektroniklådan på LHD-modeller kontrollerar man att torpedväggens packning inte behöver bytas. Avsluta med att kontrollera inställningen på kopplingspedalens brytare enligt följande. När pedalen är uppsläppt får avståndet mellan brytarens tryckkolv och brytarens huvuddel inte överstiga 0,5 mm. Dessutom får avståndet mellan pedalens fästbygel och brytarens fästflikar inte överstiga 0,5 mm. Justera brytaren genom att vrida den så mycket som behövs **(se bild 8.7)**.

5 Slavcylinder – demontering, renovering och montering

Observera: *Läs varningen om faran med hydraulvätska i början av avsnitt 2 innan arbetet påbörjas.*

Observera: *En ny fästbult för slavcylindern behövs.*

Demontering

1 Slavcylindern sitter ovanpå växellådan. Det går att komma åt den från motorrummet, men det är betydligt enklare att hissa upp framvagnen så det går att komma åt den underifrån.

2 Dra åt handbromsen. Lyft sedan upp framvagnen och ställ den på pallbockar (se *Lyftning och stödpunkter*). Demontera motorns undre skyddskåpa.

3 Kläm ihop gummidelen på hydraulröret mellan huvudcylindern och slavcylindern med en bromsslangklämma för att förhindra hydraulvätskespill.

4 Bänd ut fjäderklämman med en skruvmejsel och koppla loss hydraulröret från slavcylindern. Plugga igen eller sätt en bit tejp över slavcylinderledningens öppning **(se bild)**.

5 Skruva loss fästbulten och dra bort slavcylindern. Ta loss slangens fästbygel när cylindern tas bort.

Renovering

6 Renoveringssatser kan inte köpas från VW, men kan finnas hos motorspecialister.

7 Vid renovering av slavcylindern, rengör först de utvändiga ytorna.

8 Bänd loss gummidamasken och demontera tryckstången.

9 Dra bort fjäderklämman från cylinderns mynning och dra bort kolven och fjädern.

10 Rengör komponenterna och kontrollera om de är slitna eller skadade. Om kolven och loppet är mycket slitna eller vid uppenbar korrosion måste hela cylindern bytas ut. Om kolven och loppet är i gott skick, ta bort tätningen från kolven och byt ut den.

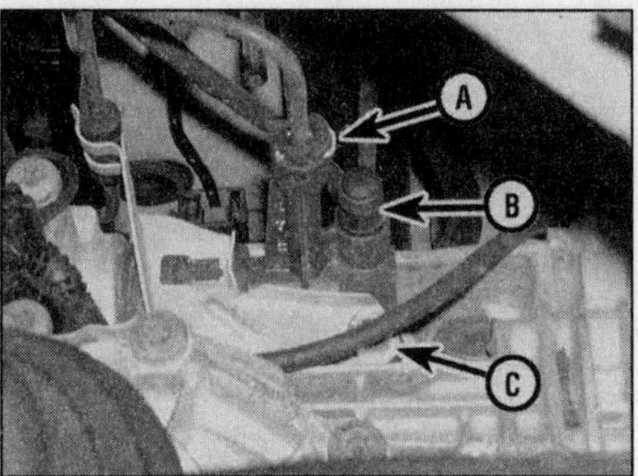

5.4 Kopplingens slavcylinder
A Hydraulrörets fästklämma
B Luftningsventil
C Fästbult

11 Doppa den nya tätningen i hydraulvätska och trä på den på kolven. Använd fingrarna för att föra den på plats. Se till att tätningsläppen är vänd mot kolvens fjäderände.

12 Sätt i fjädern i cylindern, doppa sedan kolven i hydraulvätska och sätt i den försiktigt.

13 Tryck ner kolven med en skruvmejsel och tryck in en ny fjäderklämma i cylindermynningen. Se till att klämmans ben fäster i cylindern.

14 Montera tryckstången och gummidamasken.

Montering

15 Montering sker i omvänd ordning mot demonteringen. Stryk på lite litiumbaset fett på utanpå gummidamasken innan slavcylindern sätts tillbaka i växellådan **(se bild)**. Dra åt den nya fästbulten och anslutningen till angivet moment och lufta systemet enligt beskrivningen i avsnitt 2. Den tryckstångsände som sitter närmast kopplingsarmen bör smörjas med lite molybdendisulfidfett. Man måste noggrant se till att tryckstången fäster ordentligt i spakens urtag. Slavcylindern måste tryckas in i växellådans hus innan fästbulten kan monteras. På grund av begränsad åtkomlighet samt det faktum att slavcylindern måste tryckas mot den inre returfjädern med betydande kraft bör återmonteringen göras stegvis. Stoppa först in cylindern helt (utan slangfästbygeln) och se till att bulthålen är korrekt inriktade. Montera sedan slangfästbygeln så att de främre tapparna fäster i urtagen i cylindern. Håll fast cylindern i det här läget, sätt dit fästbulten och dra åt till angivet moment. Placera slutligen hydraulröret på fästbygeln.

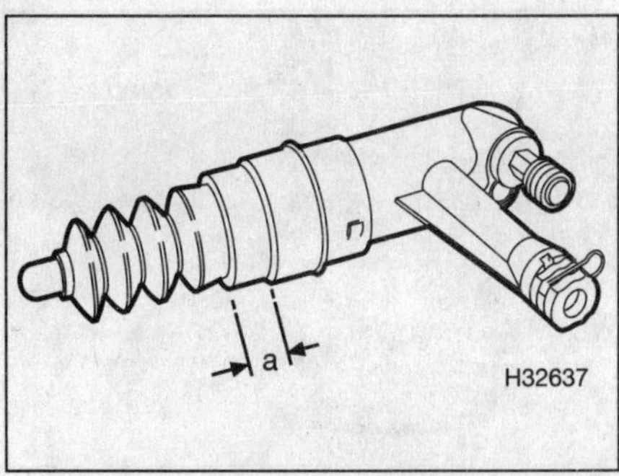

5.15 Stryk på ett tunt lager litiumfett på slavcylinderns yta innan den placeras i växellådan

6 Kopplingslamell och tryckplatta – demontering, kontroll och montering

Varning: Dammet från kopplingsslitage som avlagrats på kopplingskomponenterna kan innehålla hälsovådlig asbest. BLÅS INTE bort dammet med tryckluft och ANDAS INTE in det. ANVÄND INTE bensin eller bensinbaserade lösningsmedel för att tvätta bort dammet. Rengöringsmedel för bromssystem eller T-sprit bör användas för att spola ner dammet i en lämplig behållare. När kopplingens komponenter har torkats rena med rena trasor måste trasorna och rengöringsmedlet kastas i en sluten behållare.

Demontering

1 Du kommer åt kopplingen genom att ta bort växellådan enligt beskrivningen i kapitel 7A.

2 Markera kopplingstryckplattans och svänghjulets relation till varandra.

3 Håll i svänghjulets fasta del och skruva loss kopplingstryckplattans bultar stegvis och i diagonal ordningsföljd. Använd en insexnyckel **(se bilder)**. Med bultarna

6.3a Lossa tryckplattans bultar stegvis i diagonal turordning . . .

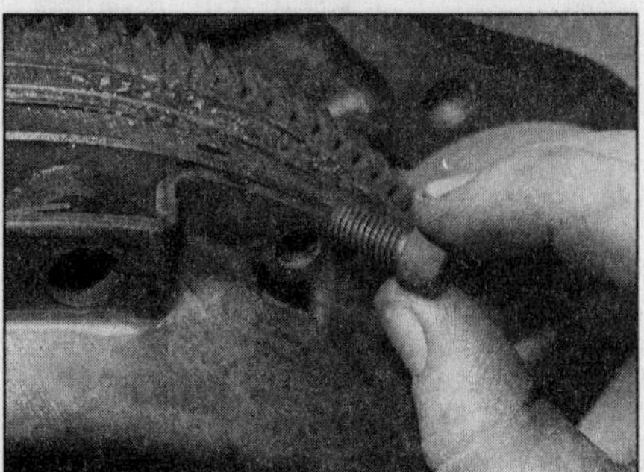

6.3b . . . och ta bort dem

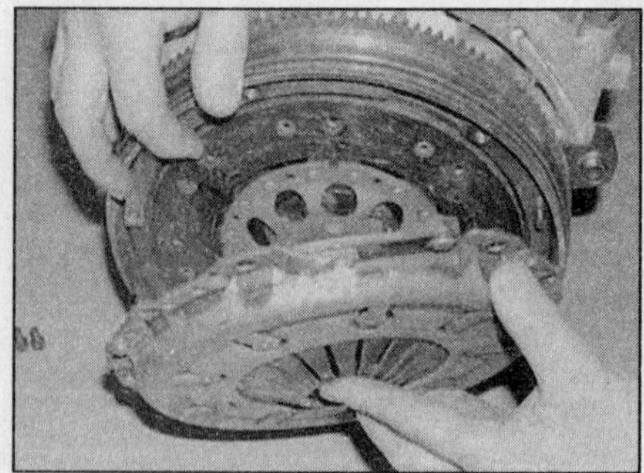
6.4 Ta bort tryckplattan och lamellen från svänghjulet

6.6 Undersök tallriksfjäderns fingrar efter slitage eller repor

6.8 Undersök lamellens belägg efter slitage och sprickor

utskruvade två eller tre varv, kontrollera att tryckplattan inte ligger an mot styrstiften. Om det behövs, använd en skruvmejsel för att lossa tryckplattan.

4 Ta bort alla bultarna, lyft därefter kopplingstryckplattan och lamellen från svänghjulet **(se bild)**.

Kontroll

Observera: *Eftersom det krävs mycket arbete för att demontera och montera kopplingskomponenter är det en bra idé att byta ut både kopplingslamellen, tryckplattan och urkopplingslager samtidigt, även om bara en av dem behöver bytas. Om motorn och/eller växellådan tas bort av någon annan anledning kan man passa på att byta kopplingskomponenterna.*

5 Rengör tryckplattan, lamellen och svänghjulet. Andas inte in dammet. Det kan innehålla asbest som är hälsovådligt.

6 Undersök om tallriksfjäderns fingrar är slitna eller skadade **(se bild)**. Om fingrarna är nedslitna till mer än hälften av tjockleken måste tryckplattsenheten bytas ut mot en ny.

7 Undersök om tryckplattan är repig, missfärgad eller har sprickbildningar. Mindre repor är acceptabla, men är de större måste tryckplattsenheten bytas ut mot en ny.

8 Undersök om lamellskivan är sliten, har sprickor eller olje- eller fettbeläggningar **(se bild)**. Beläggen slits mer om de är nedslitna till, eller nära, nitarna. Kontrollera om lamellens nav och räfflor är slitna genom att testa att sätta på den på växellådans ingående axel. Byt lamellen om det behövs.

9 Undersök om svänghjulets friktionsyta har repor, sprickbildningar och missfärgning (som orsakats av överhettning). Är svänghjulet mycket skadat kan det vara möjligt att det går att reparera på en verkstad, i annat fall bör det bytas.

10 Se till att alla delar är rena och fria från olja eller fett innan de återmonteras. Applicera lite litiumbaserat fett i lamellnavets spår. **Använd inte** kopparbaserat fett. Observera att nya tryckplattor och kopplingskåpor kan vara bestrukna med skyddsfett. Fettet får bara torkas bort från lamellbeläggets kontaktyta. Torkas fettet bort från övriga ytor förkortas kopplingens livslängd.

Montering

11 Börja ihopsättningen med att sätta på lamellen på svänghjulet, med den upphöjda, torsionsfjädersidan av navet utåt. Om möjligt bör centraliseringsverktyget (se punkt 14) användas i det här steget för att hålla fast skivan på svänghjulet **(se bild)**.

12 Sätt på kopplingstryckplattan på lamellen och montera den på styrhylsorna **(se bild)**. Vid återmontering av originaltryckplattan, se till att märkena ligger i linje.

13 Skruva i bultarna för hand för att hålla tryckplattan på plats.

14 Lamellen måste nu vara centrerad, för att se till att växellådans ingående axel är inriktad mot styrtappens lager i vevaxeln. Använd ett ändamålsenligt verktyg, eller möjligen en trädorn som är utformad för att passa inuti lamellen och svänghjulets styrtappslager. Sätt in verktyget via lamellen i styrtappslagret och säkra centreringen.

15 Dra åt tryckplattans bultar stegvis och i diagonal ordningsföljd till angivet moment. Ta därefter bort centreringsvertyget **(se bild)**.

16 Kontrollera att urkopplingslagret i balanshjulskåpan har en jämn funktion och byt det om det behövs enligt beskrivningen i avsnitt 7.

17 Montera växellådan enligt beskrivningen i avsnitt 7A.

7 Urkopplingslager och arm – demontering, kontroll och montering

Demontering

1 Demontera växellådan enligt beskrivningen i kapitel 7A.

2 På 012/01W-växellådor, använd en skruvmejsel för att bända loss urkopplingsarmen från kultappen i balanshjulskåpan. Om detta är svårt, tryck bort fjäderklämman från urkopplingsarmens kulbultsände genom att trycka den genom hålet. Då lossnar armens kulbultsände från kultappen. Dra bort armen med

6.11 Placera lamellen på svänghjulet

6.12 Sätt kopplingstryckplattan över lamellen

6.15 Dra åt kopplingstryckplattans bultar gradvis och jämnt

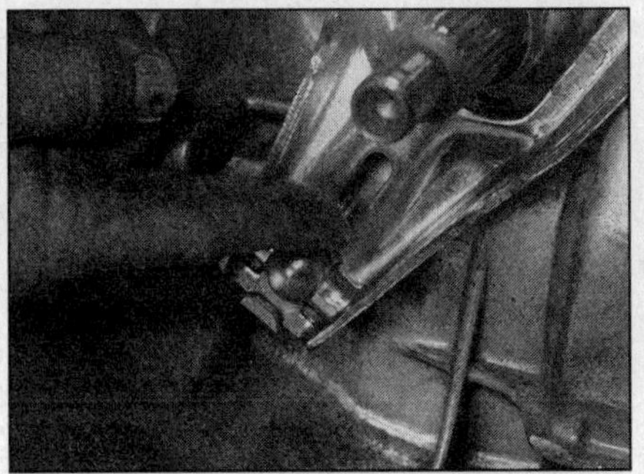
7.2a Tryck in fjäderklämman för att lossa armen från styrbulten - 012-växellåda

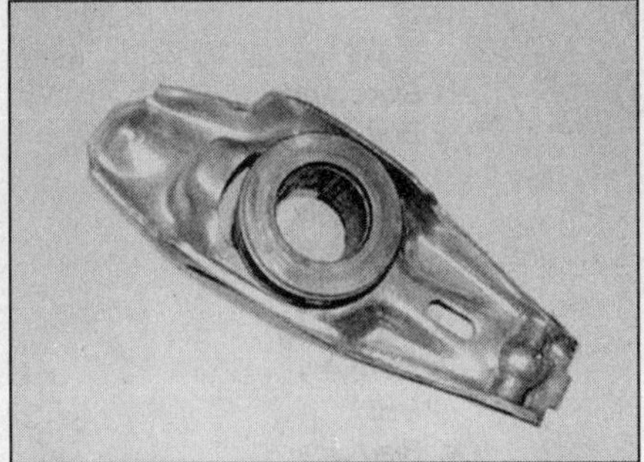
7.2b Urkopplingsarm och lager borttagna från 012-växellådan

7.3a Tryck ner plastflikarna . . .

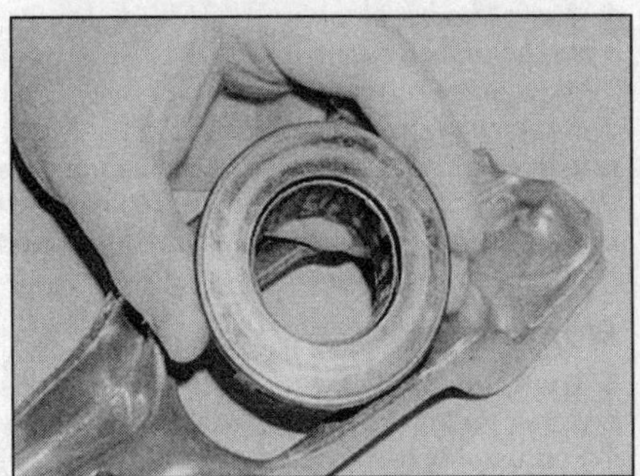
7.3b . . . och ta bort lagret från armen

7.6 Smörj kultappen med lite litiumfett

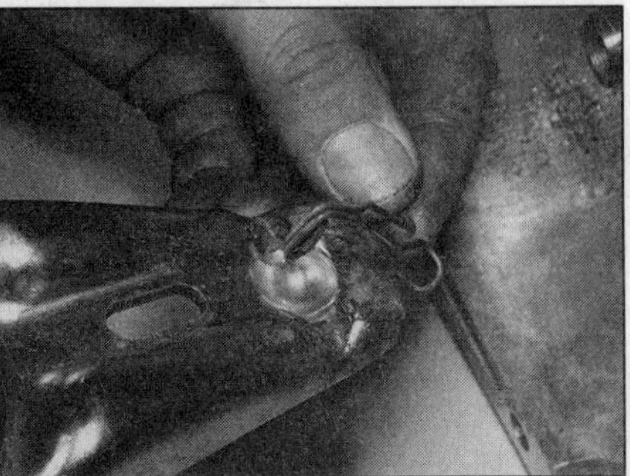
7.7a Sätt fjädern vid urkopplingsarmens ände . . .

urkopplingslagret från styrhylsan **(se bilder)**. På 01E/0A1-växellådor, skruva loss bulten och ta bort bladfjädern. Dra bort hela urkopplingsarmen med urkopplingslagret och mittstycket **(se bild 7.7d)**.

3 Tryck ner plastflikarna med en skruvmejsel och skilj lagret från armen **(se bilder)**.

4 På 012/01W-växellådor, ta bort plastkulbulten från kultappen. Urkopplingsarmen är placerad på plastkulbulten.

Kontroll

5 Snurra urkopplingslagret för hand och kontrollera att det roterar jämnt. Minsta tecken på att det kärvar eller går ojämnt innebär att lagret måste bytas ut. Torka rent lagret med en torr trasa om det ska användas igen. Lagret bör inte under några omständigheter rengöras i lösningsmedel. Då försvinner lagrets smörjningsfett.

Montering

6 På 012/01W-växellådor inleds monteringen med att man smörjer kultappen och plaststyrbulten med lite litiumbaserat fett **(se bild)**. För alla växellådor gäller att den yta av urkopplingslagret som ligger an mot tallriksfjäderns fingrar och urkopplingsarmen ska smörjas med lite fett. Smörj också lite fett på styrhylsan.

7 På 012/01W-växellådor, montera fjädern på urkopplingsarmen och se till att plaststyrbulten är korrekt placerad på kultappen. Tryck på lagret och armen på kultappen tills fjädern håller armen på plats **(se bilder)**. På 01E/0A1-växellådor, limma fast plastringen på lagerbanan och sätt ihop urkopplingslagrets fästtappar med urkopplingsarmen. Justera urkopplingsarmen på mittstycket, sätt i bladfjädern och dra åt fästbulten till angivet moment **(se bild)**.

7.7b . . . tryck in fjädern i hålet (pil) . . .

7.7c . . . och tryck sedan på urkopplingsarmen på kultappen tills fjäderklämman håller armen på plats

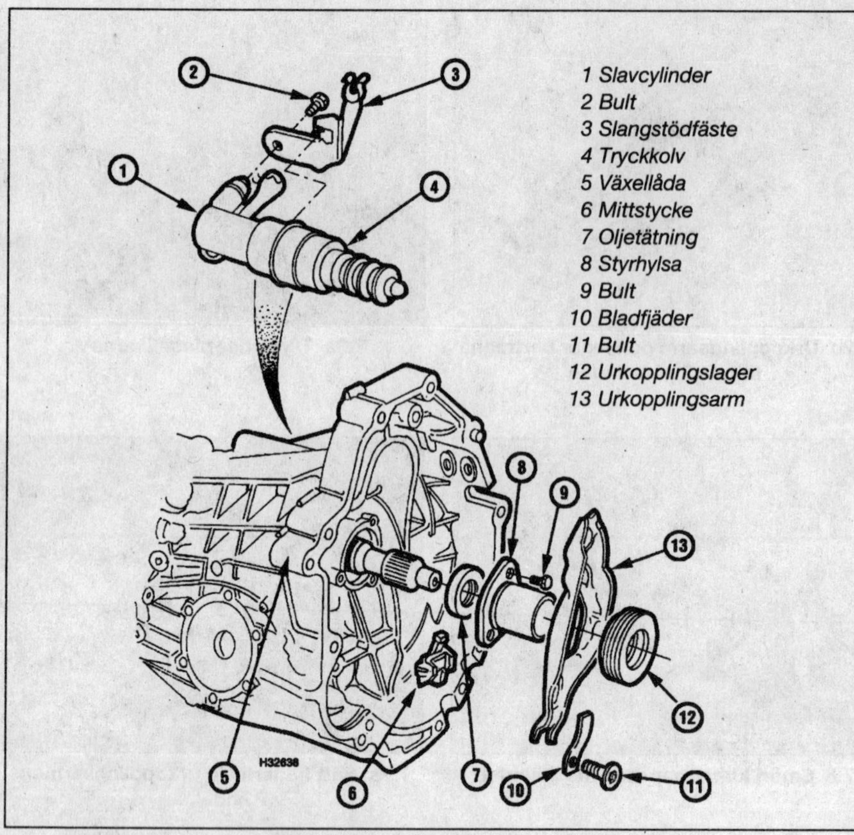

7.7d Urkopplingmekanism - 01E-växellåda

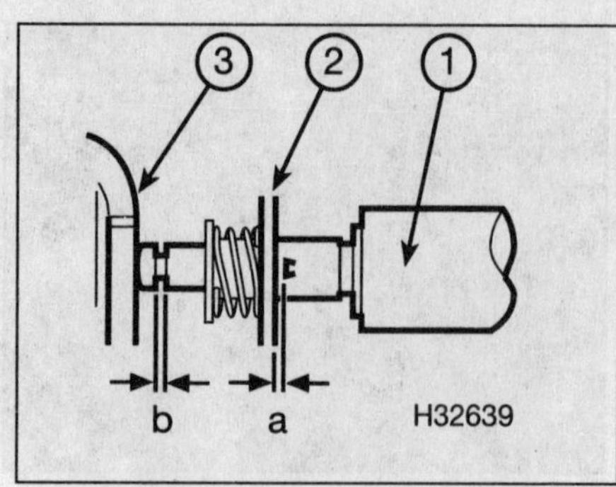

8.7 Kopplingspedalens brytarjustering

1 Brytare
2 Fästbygel
3 Kopplingspedal
a och b = max 0,5 mm

8 Kopplingspedalens brytare – demontering, montering och justering

Demontering

1 Ta bort förvaringsutrymmet/panelen under rattstången. Lossa kåpan. Skruva sedan loss fästskruvarna och dra bort förvaringsutrymmet från klämmorna i instrumentbrädan. Detta gör det möjligt att komma åt pedalens fästbygel.

2 Tack vare kopplingsbrytarens gängutformning kan brytaren delvis tryckas på plats och sedan finjusteras genom att skruvas. Följaktligen finns två demonteringsmetoder. Med den första metoden kopplar man ifrån kontaktdonet från brytaren och skruvar loss den från fästet eller klämman. Med den andra metoden kopplar man ifrån kontaktdonet från brytaren och drar ut den från fästet eller klämman. Den senare metoden går snabbare, men riskerar att brytarens gängor skadas så att brytaren måste bytas.

Montering

3 Tryck in brytaren i fästklämman tills brytaren nuddar kopplingspedalen.

4 Följ justeringsanvisningarna i punkt 7.

5 Återanslut anslutningskontakten. Återstoden av monteringen sker i omvänd ordningsföljd mot demonteringen.

Justering

6 Ta bort förvaringsutrymmet/panelen under rattstången och koppla ifrån brytarens anslutningskontakt.

7 När pedalen är uppsläppt får avståndet mellan brytarens tryckkolv och brytarens huvuddel inte överstiga 0,5 mm. Dessutom får avståndet mellan pedalens fästbygel och brytarens fästflikar inte överstiga 0,5 mm. Justera brytaren genom att vrida den så mycket som behövs **(se bild)**.

8 Återanslut anslutningskontakten och montera tillbaka förvaringsutrymmet/panelen.

Kapitel 7 Del A:
Manuell växellåda

Innehåll

Svårighetsgrad

Enkelt, passar novisen med lite erfarenhet 	**Ganska enkelt,** passar nybörjaren med viss erfarenhet 	**Ganska svårt,** passar kompetent hemmamekaniker	**Svårt,** passar hemmamekaniker med erfarenhet 	**Mycket svårt,** för professionell mekaniker

Specifikationer

Allmänt

Typ	Växellåda som sitter monterad på motorns bakre del, med drivflänsar till framhjulen. Fem eller sex växlar och back, alla växlar synkroniserade, inbyggd slutväxel
Smörjmedelskapacitet	Se kapitel 1A eller 1B

Åtdragningsmoment	**Nm**
Varvtalsgivare	10
Bultar mellan motor och växellåda:	
M10	45
M12	65
Drivfläns:	
M10	80
M8	45
Drivaxel skyddsplåt	25
Utväxlingens justeringsbult	23
Styrhylsans bult*:	
Aluminiumhölje	35
Magnesiumhölje	25
Flerfunktionsbrytare*:	
Aluminiumhölje	25
Magnesiumhölje	15
Oljeavtappningsplugg (växellåda 01E/0A1)	40
Oljepåfyllningsplugg:	
Växellåda 01E/0A1	40
Växellåda 012/01W	25
Växelspakens bult	25

** På magnesiumhöljen finns koden MgAl9Zn1 alldeles framför den vänstra drivaxeln, samt på höljets botten, bakom den vänstra drivaxeln.*

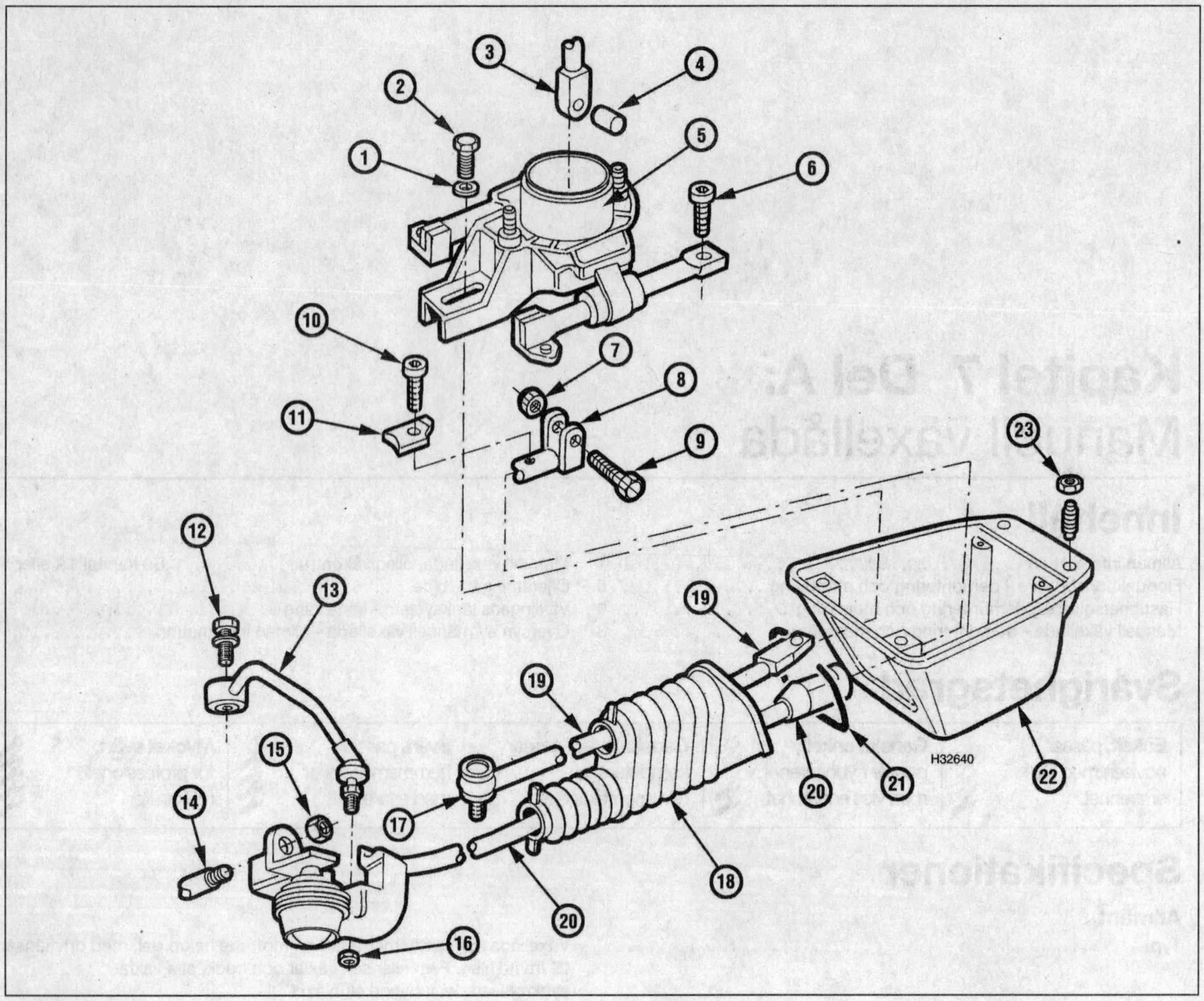

1.1a 01E växelväljardelar

1 Bricka
2 Bult
3 Växelspak
4 Mellanläggsbricka
5 Bakre hus med tryckstång
6 Bult
*7 Mutter**
8 Väljargaffel
9 Bult
10 Bult
11 Klämma
12 Bult
13 Vevstake
14 Växelstång
*15 Mutter**
16 Mutter
17 Spolare
18 Damasker
19 Främre tryckstång
20 Väljarstag
21 Spännring
22 Växelspakens hus
23 Mutter
**Byt alltid*

1 Allmän information

De bilar som ingår i denna handbok kan ha två olika typer av växellådor: 012/01W har fem växlar, och 01E/0A1 har fem eller sex växlar. Båda modellerna kan ha aluminium- eller magnesiumhölje. Även om växellådan 01E/0A1 endast monteras med en 1.9-liters dieselmotor, 85 kW (115 hk), så kan växellådan 012/01W monteras med alla de motortyper som denna handbok omfattar.

Växellådans identifikationsmarkeringar är präglade i höljet på flänsfästet framför vänster drivaxel.

På de raka motorerna sitter växellådorna fast med bultar på baksidan av motorerna. På framhjulsdrivna modeller överförs kraften till en differentialenhet placerad på växellådans framsida, genom drivaxlarna till framhjulen. Alla växlar, inklusive backen, är synkroniserade.

Växling sker med hjälp av en golvmonterad spak. Ett stag binder samman spakens nedre del med en vevstake, som kommer från växellådans bakre del **(se bilder)**.

2 Växlingens länksystem – inställning

Växellåda 01E/0A1

1 Inuti bilen, skruva loss växelspakens knopp,lossa sedan damsken och ta bort den.
2 Skruva loss fästmuttrarna och demontera växelspakens kåpa.
3 Mät avståndet mellan den bakre tryckstången och huset som visas **(se bild 2.9b)**. Om avståndet inte är

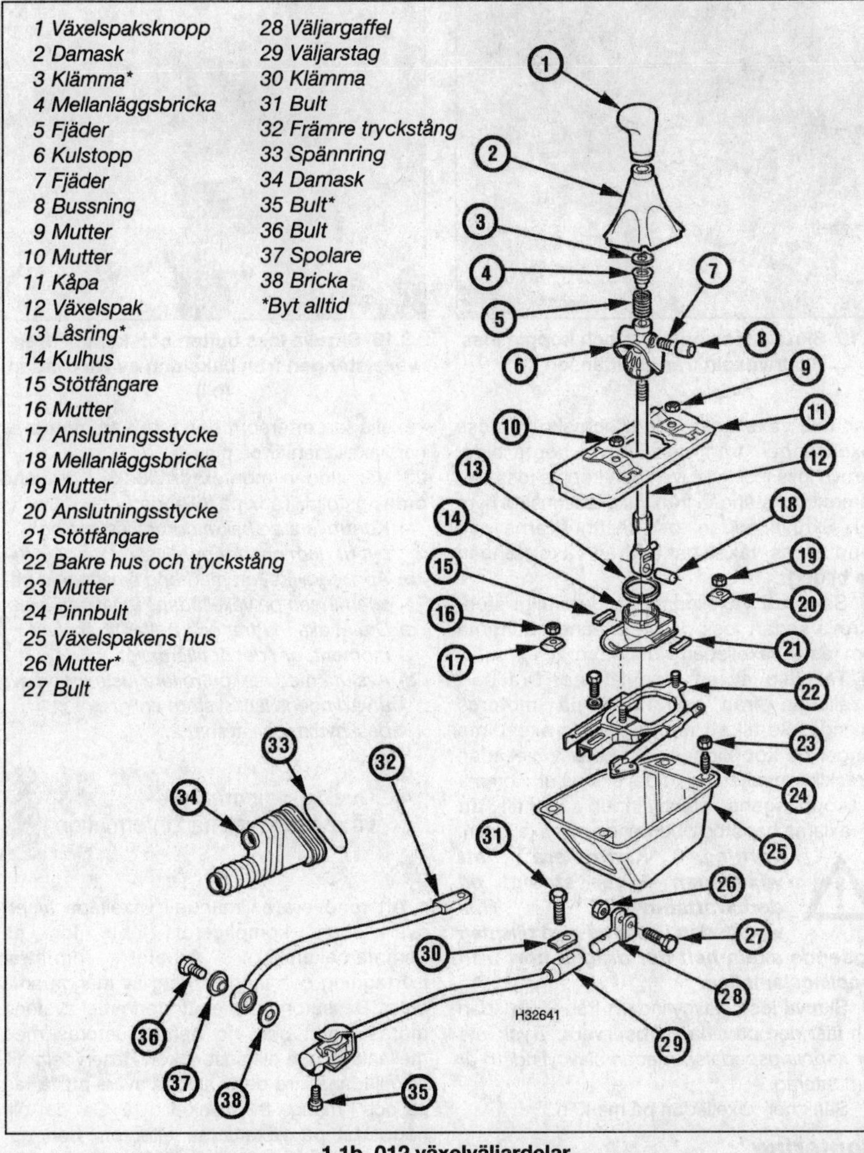

1.1b 012 växelväljardelar

43 mm, lossa tryckstångens bult, placera tryckstången i rätt läge och dra åt bulten.

4 Arbeta genom hålet där växelspaken ska sitta och lossa väljarstagets bult. Ta inte bort bulten.

5 Sätt in en 14 mm insexnyckel mellan stoppets vänstra tapp och den sluttande klacken längs med kulstoppet. Nyckeln måste ha kontakt med hela klacken **(se bild)**. För växelspaken något bakåt och dra åt väljarstagets bult.

6 Kontrollera att växelspaksmekansimen fungerar som den ska. Sätt sedan tillbaka växelspakens kåpa, damask och knopp.

Växellåda 012/01W

7 Arbeta inuti bilen och skruva loss växelspakens knopp, lossa sedan damasken och ta bort den.

8 Ta bort ljudisoleringen från den nedre delen av växelspakens hus.

9 Mät avståndet mellan växelspaksmekanismen och huset som visas **(se bilder)**. Om avståndet inte är korrekt, lossa tryckstångens bult, placera tryckstången i rätt läge och dra åt bulten.

10 Arbeta genom öppningen där växelspaken ska sitta och lossa den klämbult som fäster växelstången till växelspakens inställningsgaffel. Ta inte bort bulten.

11 Kontrollera att kulhuset är horisontellt. Lossa annars de båda muttrarna, justera husets läge och dra åt muttrarna igen.

12 Låt en medhjälpare hålla växelspaken i vertikalt läge så att avståndet mellan ändarna på kulstoppet är lika stort på båda sidor, när spaken är förd något bakåt. Växelspaken är nu i friläge vid 3:an/4:an.

13 Se till att växellådans växelväljarstång är i friläge och dra sedan åt justeringsbulten.

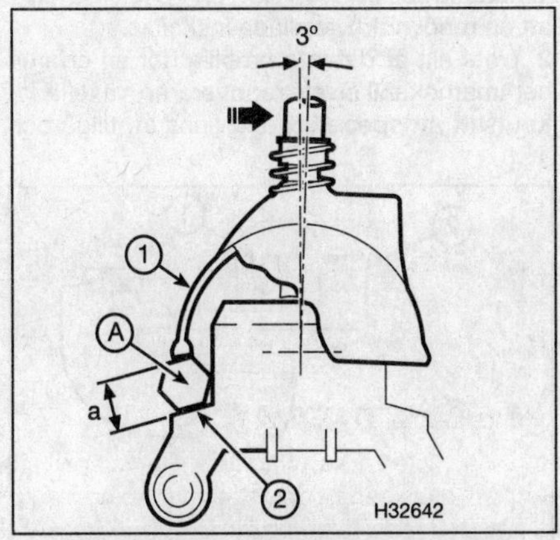

2.5 Sätt i insexsnyckeln (A) mellan kulstoppets vänstra tapp (1) och den sluttande klacken (2)

A = 14 mm

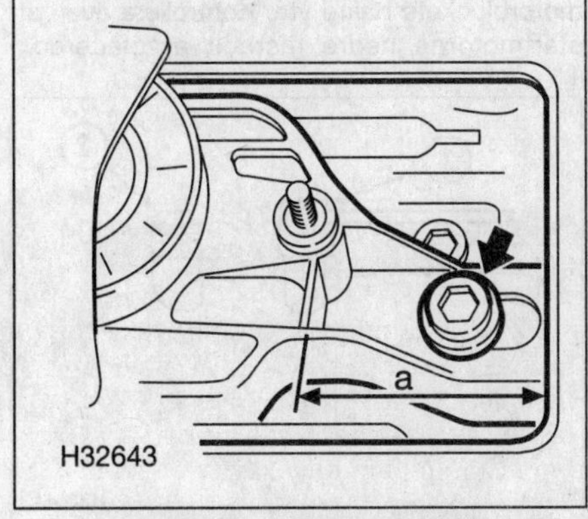

2.9a Mät avståndet mellan växelspaksmekanismen och hus (a)

På växellådor av typen 012, där växelspaken inte trycks ned vid backning, är dimensionen 41 mm

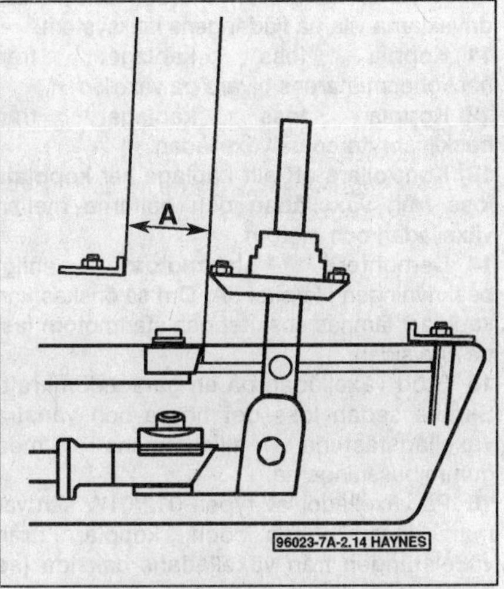

2.9b På växellådor av typen 012 där växelspaken måste tryckas ned vid backning, är dimensionen (A) 37 mm

På växellådor av typen 01E är dimensionen 43 mm

14 Kontrollera att växelspaksmekanismen fungerar som den ska. Sätt sedan tillbaka ljudisolering, damask och knopp.

3 Manuell växellåda - demontering och montering

Demontering

1 Parkera bilen på fast, jämn mark. Se till att det finns ordentligt med plats runt bilen. Dra åt handbromsen och lossa bakhjulen.

2 Dra åt handbromsen. Lyft sedan upp framvagnen och ställ den på pallbockar (se *Lyftning och stödpunkter*). Ta bort stänkskyddet från motorrummets undersida.

3 Lossa batteriets jordledning (minuspolen) (se kapitel 5A). Ta bort fästmuttrarna/bultarna och motorkåpan.

4 Ta bort luftrenaren enligt beskrivningen i kapitel 4A eller 4B.

5 På modeller med turbo, skruva loss skruvarna och lyft bort kylarens expansionskärl från sin plats och för det åt sidan utan att koppla loss kylvätskeslangarna. Koppla loss lambdasondens kablage från torpedväggen (bensinmodeller).

6 Se kapitel 4C och ta bort det främre avgasröret och katalysatorn. Var noga med att inte böja den flexibla delen av det främre avgasröret.

7 Skruva bort de bultar mellan växellådan och motorn som det går att komma åt ovanifrån (det vill säga i motorrummet).

8 Skruva loss stänkskyddets fästbygel under motorrummets främre del.

9 Skruva med hjälp av en insexnyckel loss värmesköldarna från den inre änden av höger och vänster drivaxel (i förekommande fall).

10 Se kapitel 8 och koppla loss drivaxlarna från växellådsflänsarna **(se bild)**. Låt drivaxlarna vila på fjädringens länksystem.

11 Koppla loss kablaget från hastighetsmätarens givare på växellådan.

12 Koppla loss kablaget från backljusbrytaren på växellådan.

13 Kontrollera att allt kablage har kopplats loss från växellådan och bultarna mellan växellådan och motorn.

14 Demontera startmotorn enligt beskrivningen i kapitel 5A. Om så önskas kan kablaget lämnas anslutet och startmotorn fäst på ena sidan.

15 Stöd växellådan på en garagedomkraft. Skruva sedan loss det högra och vänstra växellådsfästena tillsammans med gummibussningarna.

16 På växellådor av typen 012/01W skruvar man loss bulten och kopplar ifrån växelstången från växellådans baksida **(se bild)**. Observera att fästbulten sitter ihop med en fördjupning i växellådans väljararm. Sänk ned växellådan något och skruva loss insexskruven. Koppla loss den främre tryckstången från växellådshuset.

17 På växellådor av typen 01E/0A sänker

3.10 Skruva loss bultarna och koppla loss drivaxeln från drivflänsen

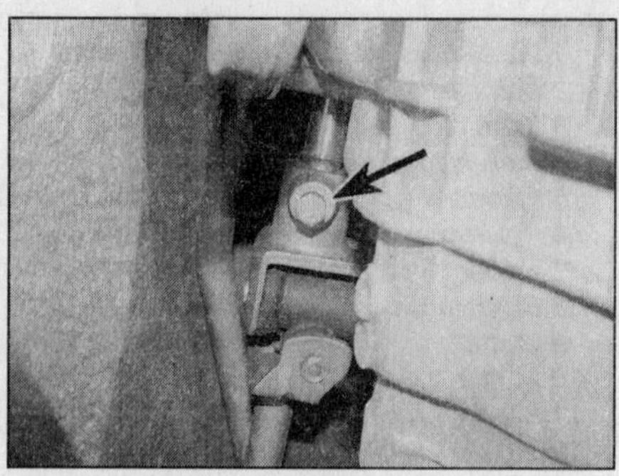

3.16 Skruva loss bulten och koppla ifrån växelstången från baksidan av växellådan (pil)

man ned växellådan något och skruvar loss växelstången från växellådans högra sida. Skruva loss insexskruven och koppla loss den främre tryckstången från växellådshusets övre del. Skruva sedan loss fästmuttrarna och koppla loss växelspaken från växelstången **(se bilder)**.

18 Se till att växellådan har ordentligt stöd. Skruva sedan loss de återstående bultarna som fäster växellådan vid motorn.

19 Ta hjälp av en medhjälpare. Dra bort växellådan från styrstiften på motorns baksida. Se till att den ingående axeln inte hänger på kopplingen. Sänk ner växellådan tillräckligt mycket för att det ska gå att komma åt kopplingens slavcylinder. Se till att drivaxlarna har stöd oberoende av växellådan.

Varning: Kontrollera att växellådan ligger stadigt på domkraftshuvudet. Håll växellådan i samma nivå tills den ingående axeln helt har dragits bort från kopplingslamellen.

20 Skruva loss slavcylindern från växellådan och fäst den på sidan. **Observera:** *Tryck inte ner kopplingspedalen medan slavcylindern är demonterad.*

21 Sänk ner växellådan på marken.

Montering

22 Se till att styrstiften är korrekt placerade i motorblockets bakre yta. Kontrollera även att startmotorns nedre fästbult är placerad i växellådan eftersom den inte kan monteras när växellådan är på plats.

23 Växellådan monteras tillbaka i omvänd ordningsföljd. Tänk på följande:

a) *Kontrollera de bakre gummifästena och byt ut dem om det behövs.*

b) *Applicera lite fett med hög smältpunkt på spårningen på växellådans ingående axel.*

c) *Dra åt alla muttrar och bultar till angivet moment, om det är tillämpligt.*

d) *Avsluta med att kontrollera justeringen av utväxlingens länksystem enligt beskrivningen i avsnitt 2.*

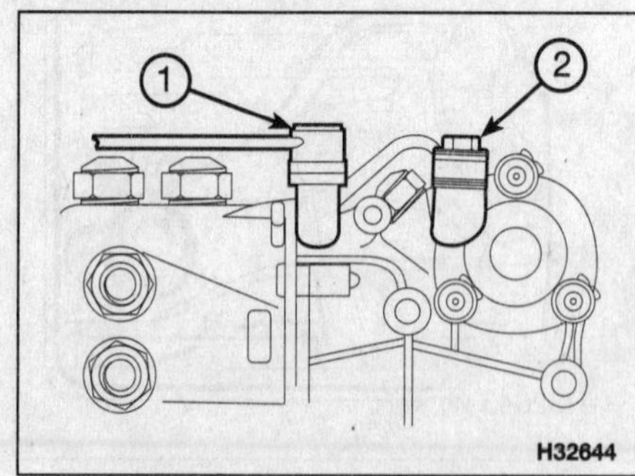

3.17a Skruva loss växelstången från växellådans högra sida (2). Skruva också loss insexskruven och koppla loss den främre tryckstången från växellådshusets övre del (1) . . .

4 Översyn av manuell växellåda - allmän information

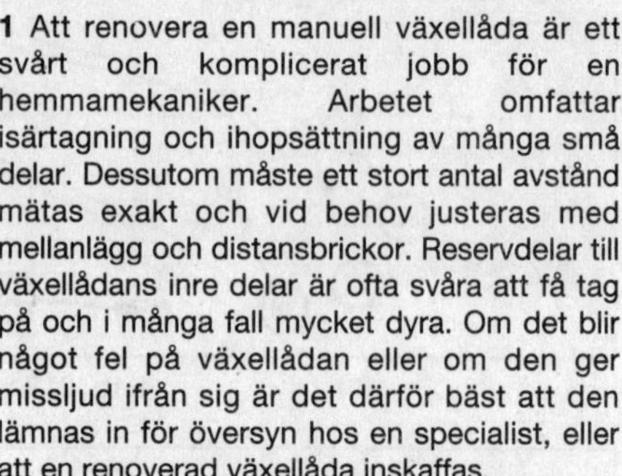

1 Att renovera en manuell växellåda är ett svårt och komplicerat jobb för en hemmamekaniker. Arbetet omfattar isärtagning och ihopsättning av många små delar. Dessutom måste ett stort antal avstånd mätas exakt och vid behov justeras med mellanlägg och distansbrickor. Reservdelar till växellådans inre delar är ofta svåra att få tag på och i många fall mycket dyra. Om det blir något fel på växellådan eller om den ger missljud ifrån sig är det därför bäst att den lämnas in för översyn hos en specialist, eller att en renoverad växellåda inskaffas.

2 Trots allt är det inte omöjligt för en erfaren hemmamekaniker att renovera en växellåda, förutsatt att specialverktyg finns att tillgå och

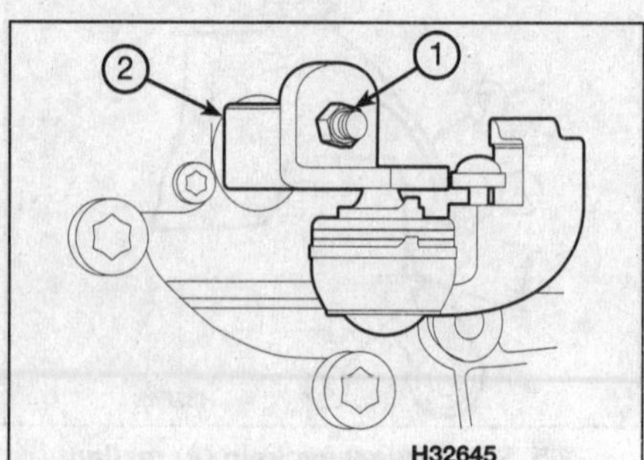

3.17b . . . skruva sedan loss fästmuttern (1) och dra växelspaken från växelstången (2)

att arbetet utförs på ett metodiskt sätt så att ingenting glöms bort.

3 Inre och yttre låsringstänger, lageravdragare, en hammare, en uppsättning pinndorn, en indikatorklocka och eventuellt en hydraulpress är några av de verktyg som behövs vid en renovering. Dessutom krävs en stor, stadig arbetsbänk och ett skruvstäd.

4 Anteckna noga hur alla komponenter är placerade medan växellådan tas isär, det underlättar en korrekt återmontering.

5 Innan växellådan tas isär är det till stor hjälp om felet är lokaliserat. Vissa problem kan höra nära samman med vissa delar av växellådan, vilket kan underlätta undersökningen och bytet av komponenter. Se avsnittet *Felsökning* i denna handbok för mer information.

5 Flerfunktionsbrytare – demontering och montering

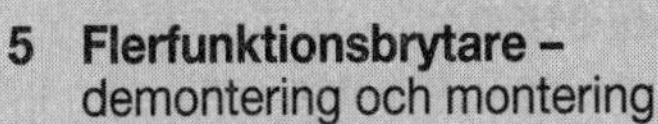

Demontering

1 Flerfunktionsbrytaren är endast placerad ovanpå växellådan 012/01W **(se bild)**.

2 Dra åt handbromsen. Lyft sedan upp framvagnen och ställ den på pallbockar (se *Lyftning och stödpunkter*).

3 Koppla loss kontaktdonet. Skruva sedan loss bultarna som fäster brytarledningen vid växellådans ovansida.

4 Notera hur brytaren är placerad. Skruva sedan loss bulten och ta bort brytarens fästplatta.

5 Dra bort flerfunktionsbrytaren från växellådan. Ta loss O-ringstätningen.

Montering

6 Börja med att rengöra brytarens plats i växellådan när brytaren ska monteras. Montera en ny O-ringstätning. Montera sedan brytaren på sin plats.

7 Montera fästplattan och dra åt bulten.

8 Fäst ledningen på växellådans överdel och dra åt bultarna.

9 Återanslut kablaget och sänk ner bilen.

5.1 Flerfunktionsbrytare

6 Hastighetsgivare – demontering och återmontering

Demontering

1 Alla växellådor är utrustade med en elektronisk hastighetsgivare på sin vänstra sida, strax ovanför drivaxelns drivfläns **(se bild)**. Den här enheten mäter rotationshastigheten på växellådans slutväxel och omvandlar informationen till en elektronisk signal som sedan skickas till hastighetsmätarens modul i instrumentpanelen. På vissa modeller används signalen även av motorstyrningssystemets ECU.

6.1 Hastighetsgivaren är placerad på växellådans vänstra sida

2 Dra åt handbromsen. Lyft sedan upp framvagnen och ställ den på pallbockar (se *Lyftning och stödpunkter*).

3 Ta bort vänster framhjul och kåpan ovanför vänster drivaxel.

4 Koppla loss anslutningskontakten från givaren.

5 Tryck ner hållaren, vrid sedan hastighetsmätarens drev och dra bort det från växellådan. Var noga med att inte skada drevet eftersom dess elektroniska komponenter är ömtåliga. Ta loss tätningen **(se bild)**.

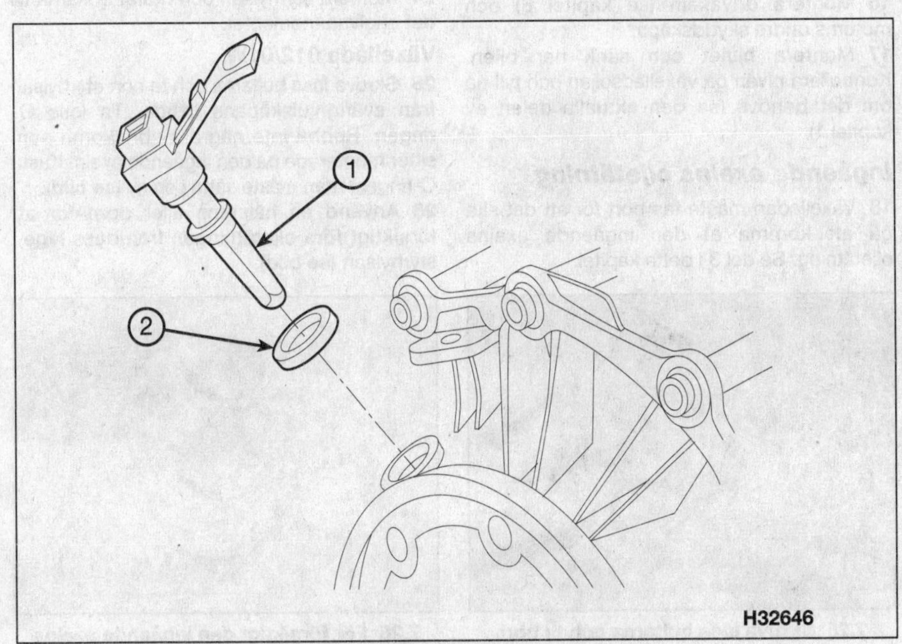

6.5 Hastighetsgivare (1) och tätning (2)

Montering

6 Montering sker i omvänd ordningsföljd, men byt tätningen.

7 Oljetätningar – byte

Drivaxelflänsens oljetätningar

1 Dra åt handbromsen. Lyft sedan upp framvagnen och ställ den på pallbockar (se *Lyftning och stödpunkter*). Demontera relevant hjul. Skruva loss fästmuttrarna/ bultarna och motorns undre skyddskåpa.

2 Se kapitel 8 och skruva loss värmeskölden. Skruva sedan loss bultarna och ta bort relevant drivaxeln från växellådans drivfläns. Fäst drivaxeln på avstånd från växellådan och vira in den inre drivknuten i en plastpåse för att hindra att damm och smuts tränger in. Vrid styrningen så mycket som behövs för att det ska gå att ta bort drivaxeln från flänsen.

3 Placera en lämplig behållare under växellådan för att samla upp oljespill.

Växellådor av typen 012/01W

4 Drivflänsen hålls på plats med en låsring som måste tas loss innan det går att ta bort flänsen. Gör på följande sätt: Placera ett lämpligt mellanstycke (som t.ex. ett stämjärn) mellan flänsen och slutväxelns kåpa eller växellådans hölje (vad som är tillämpligt). Skruva sedan en bult genom flänsen, på mellanstycket. Medan bulten dras åt tvingas flänsen utåt och låsringen lossas från fogen

7.4 Skruva en bult genom drivaxelns fläns och in i ett mellanstycke som sitter mot växellådans hölje

7.5 Notera vilket djup tätningen sitter på och bänd sedan loss den med hjälp av en platt skruvmejsel

7.7 Använd en passande rörformig dorn (t.ex. en hylsnyckel) och knacka tätningen i läge

(se bild). Om flänsen sitter hårt, vrid den 180° och upprepa borttagningsproceduren.

5 När flänsen är ute, notera det korrekta monterade djupet för drivaxelns oljetätning i huset och bänd sedan loss den med en stor flat skruvmejsel **(se bild)**.

6 Torka bort all smuts kring oljetätningens öppning och applicera sedan lite fett på den nya oljetätningens läppar.

7 Se till att tätningen är placerad på rätt sätt, det vill säga med sin tätningsläpp inåt, och knacka den i läge med en lämplig rörformig dorn (t.ex. en hylsa) som bara träffar tätningens yttre kant **(se bild)**. Om flänsens yta är bra, se till att tätningen passas in i sitt hus på samma djup som tidigare. Det bör vara 5,5 mm under växellådans yttre kant. Om flänsens yta är sliten ska oljetätningen monteras på 6,5 mm djup.

8 Rengör oljetätningen och applicera lite flerfunktionsfett på dess läppar.

9 Det rekommenderas att låsringen på drivflänsens inre ände byts ut varje gång flänsen demonteras. Gör på följande sätt. Placera flänsen i ett skruvstäd med mjuka käftar. Bänd sedan bord den gamla låsringen och montera den nya **(se bild)**. Smörj låsringen något.

10 Stick in drivflänsen genom oljetätningen och fäst den i differentialdrevet. Använd en lämplig dorn. Driv in flänsen helt i drevet tills låsringen fäster.

Växellådor av typen 01E/0A1

11 Drivflänsen hålls på plats av en M8 eller M10 bult. Skruva loss bulten och dra ut flänsen. Om det behövs kan man hålla emot flänsen genom att sätta i två bultar i dess ytterkant och använda en hävarm.

12 När flänsen är ute, notera det korrekta monterade djupet för drivaxelns oljetätning i huset och bänd sedan loss den med en stor flat skruvmejsel.

13 Torka bort all smuts kring oljetätningens öppning och applicera sedan lite fett på den nya oljetätningens läppar.

14 Se till att tätningen är placerad på rätt sätt, det vill säga med sin tätningsläpp inåt, och knacka den i läge med en lämplig rörformig dorn (t.ex. en hylsa) som bara träffar tätningens yttre kant. Om flänsens yta är bra, se till att tätningen passas in i sitt hus på samma djup som tidigare. Det bör vara 5.5 mm under växellådans yttre kant. Om flänsens yta är sliten ska oljetätningen monteras på 6,5 mm djup.

15 Rengör oljetätningen och applicera lite flerfunktionsfett på dess läppar. Montera drivflänsen och dra åt fästbulten till angivet moment.

Alla typer av växellådor

16 Montera drivaxeln (se kapitel 8) och motorns undre skyddskåpa.

17 Montera hjulet och sänk ner bilen. Kontrollera nivån på växellådsoljan och fyll på om det behövs (se den aktuella delen av kapitel 1).

Ingående axelns oljetätning

18 Växellådan måste tas bort för att det ska gå att komma åt den ingående axelns oljetätning. Se del 3 i detta kapitel.

19 Ta bort urkopplingslagret och spaken enligt beskrivningen i kapitel 6.

Växellåda 01E/0A1

20 Skruva loss bultarna och ta bort styrhylsan från svänghjulskåpans insida. Ta loss packningen. Rubba inte några av brickorna som sitter monterade på den ingående axeln.

21 Observera det korrekta monterade djupet för oljetätningen i växellådans hus. Använd sedan en skruvmejsel för att bända loss det. Var försiktig så att den ingående axeln inte skadas **(se bild 7.7d i kapitel 6)**.

22 Torka rent oljetätningen och den ingående axeln.

23 Smörj på lite flerfunktionsfett på den nya oljetätningens läppar. Sätt sedan tätningen över den ingående axeln med den slutna läppen vänd inåt. Knacka oljetätningen rakt in på sin plats med en lämplig rörformig dorn som endast trycker på tätningens hårda ytterkant. Se till att tätningen passas in i sitt hus på samma djup som tidigare. Det bör vara 3,5 mm under styrhylsans fästyta.

24 Montera styrhylsan och dra åt bultarna till det angivna momentet.

Växellåda 012/01W

25 Skruva loss bultarna och ta bort styrhylsan från svänghjulskåpans insida. Ta loss O-ringen. Rubba inte några av brickorna som sitter monterade på den ingående axeln. Kasta O-ringen, man måste sätta i en ny **(se bild)**.

26 Använd en hålstans eller dorn för att försiktigt föra oljetätningen från dess läge i styrhylsan **(se bild)**.

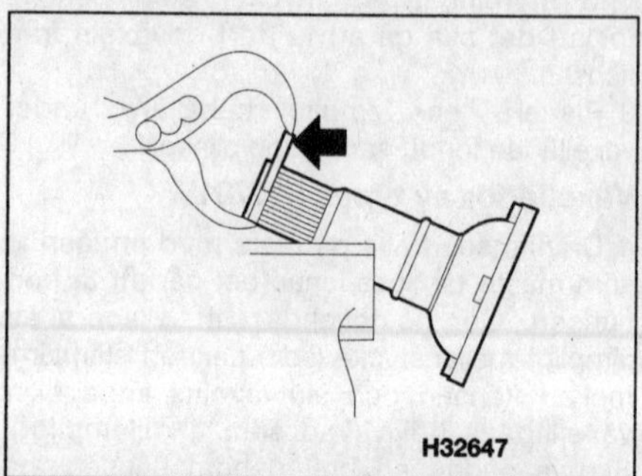

7.9 Montera en ny låsring i spåret till växellådans drivfläns

7.25 Skruva loss bultarna och ta bort styrhylsan från svänghjulskåpans insida

7.26 För försiktigt den ingående axelns oljetätning från styrningsslangen

27 Torka rent oljetätningen.

28 Smörj på lite flerfunktionsfett på den nya oljetätningens läppar. Sätt sedan tätningen i styrhylsan med den slutande läppen vänd mot växellådssidan **(se bild)**. Knacka oljetätningen rakt in på sin plats med en lämplig rörformig dorn som endast trycker på tätningens hårda ytterkant, till dess att den möter stoppet.

29 Använd en ny O-ring och nya bultar. Montera styrhylsan på växellådan och dra åt bultarna till det angivna momentet**(se bild)**.

Alla typer av växellådor

30 Ta bort urtrampningslagret och spaken enligt beskrivningen i kapitel 6.

31 Montera växellådan enligt beskrivningen i avsnitt 3 i detta kapitel.

Växelstångens oljetätning

32 Dra åt handbromsen. Lyft sedan upp framvagnen och ställ den på pallbockar (se *Lyftning och stödpunkter*). Ta, om det är tillämpligt, bort motorns undre skyddskåpa.

Växellåda 012/01W

33 Skruva loss låsbulten och låt växelspakens koppling glida av växelstången.

34 Använd en lite skruvmejsel och bänd försiktigt loss oljetätningen från växellådans hus. Var noga med att inte skada ytan på växelstången eller huset.

35 Torka rent oljetätningen och växelstången Applicera sedan en lite mängd fett på de nya oljetätningsläpparna och placera den slutande läppen över stångens ände. Kontrollera att tätningens slutna sida är riktad utåt. Vira lite tejp runt änden av spaken för att hindra att oljetätningen skadas.

7.28 Hitta tätningen i styrhylsan med den tätande läppen vänd mot växellådan

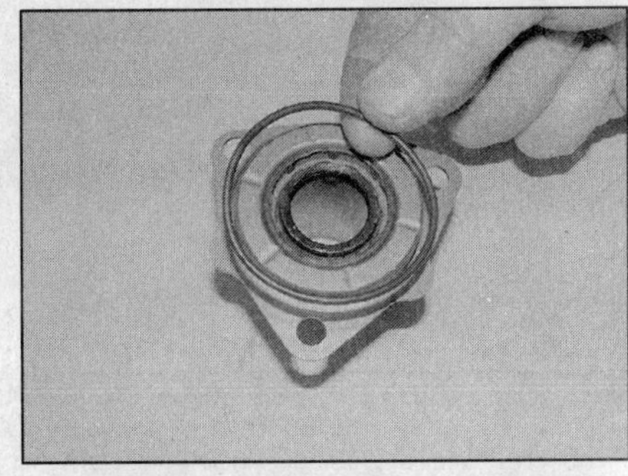

7.29 Montera en ny O-ring i styrhylsan

36 Knacka oljetätningen rakt in på sin plats med en lämplig rörformig dorn som endast trycker på tätningens hårda ytterkant. Tätningen ska sitta 1,0 mm nedanför växellådans yta.

37 Montera växelspakens koppling och dra åt låsbulten.

Växellåda 01E/0A1

38 Skruva loss fästmuttern och dra växelspaken från växelstången. **Observera:** *När växellådan är monterad är åtkomligheten till växelspaken begränsad. Det kan vara lättare att komma åt den om man sänker ner växellådan lite – se avsnitt 3.*

39 Använd en lite skruvmejsel och bänd försiktigt loss oljetätningen från huset. Var noga med att inte skada ytan på växelstången eller huset.

40 Torka rent oljetätningen och växelstången. Applicera sedan en lite mängd fett på de nya oljetätningsläpparna och placera den slutande läppen över stångens ände. Kontrollera att tätningens slutna sida är riktad utåt.

41 Knacka oljetätningen rakt in på sin plats, med en lämplig rörformig dorn som endast trycker på tätningens hårda ytterkant, till dess att den möter stoppet.

42 Montera växelspaken mot stången och dra åt muttern till det angivna momentet.

Alla typer av växellådor

43 Montera motorns undre skyddskåpa.

44 Sänk ner bilen.

Kapitel 7 Del B:
Automatväxellåda

Innehåll

Svårighetsgrad

Enkelt, passar novisen med lite erfarenhet 	**Ganska enkelt,** passar nybörjaren med viss erfarenhet 	**Ganska svårt,** passar kompetent hemmamekaniker	**Svårt,** passar hemmamekaniker med erfarenhet 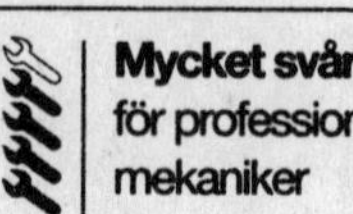	**Mycket svårt,** för professionell mekaniker 

Specifikationer

Allmänt

Typ	Elektro-hydrauliskt reglerad planetväxellåda med fyra eller fem framåtväxlar och en back. Drivkraft överförs via en hydrodynamisk momentomvandlare
Beteckning:	
Fyra växlar	01N
Fem växlar	01V
Automatväxellådans vätskevolym	Se kapitel 1A eller 1B

Åtdragningsmoment

	Nm
Automatväxellådans växelvajer, fästbult	23
Oljerörets fästbygel	10
Oljerörsanslutning	25
Oljerör till växellåda	20
Momentomvandlare till drivplatta	85
Bultar mellan balanshjulskåpa och motor:	
M10	45
M12	65
Växellådans fäste	
Centrumbult	40
Till kaross	23
Till växellådan	40

1 Allmän information

Automatväxellådan är en fyr- eller femväxlad enhet och består av en hydrodynamisk momentomvandlare med en planetväxellåda.

Växlingen utförs med en golvmonterad växelväljare med sju lägen. De olika lägena är P (parkeringsläge), R (back), N (friläge), D (framåt), 3 (3:e växeln), 2 (2:a växeln), 1 (1:a växeln). Växellådan har en kickdown-funktion som ger högre acceleration när gaspedalen trycks ner till golvet.

Växellådans funktion styrs av motorstyrningens elektroniska styrenhet och därför kan inga inställningar göras manuellt. Fullständig feldiagnos kan därför endast utföras med särskild elektronisk testutrustning.

På grund av växellådans och styrsystemets komplexa sammansättning bör större reparationer och renoveringsarbeten överlåtas till en VW-verkstad med rätt utrustning för feldiagnostisering och reparationer. Informationen i detta kapitel beskriver därför bara hur transmissionen demonteras och monteras som en komplett enhet. Demontering, montering och justering av gasvajern beskrivs också.

2 Automatväxellåda - demontering och montering

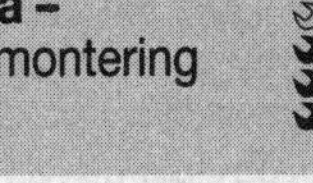

Demontering

1 Parkera bilen på fast, jämn mark. Se till att det finns ordentligt med plats runt bilen. Dra åt handbromsen och klossa bakhjulen.

2 Dra åt handbromsen. Lyft sedan upp framvagnen och ställ den på pallbockar (se *Lyftning och stödpunkter*). Demontera båda framhjulen.

3 Ta bort motorns undre skyddskåpa och ta bort ljudisoleringen.

4 Lossa batteriets jordledning (minuspolen) (se kapitel 5A) och för undan den från polen.

5 Om det behövs, skruva loss muttrarna/bultarna och ta bort motorns övre kåpa.

6 Ta bort avgassystemets främre avgasrör enligt beskrivningen i kapitel 4C. Var noga med att inte böja kopplingen. Skruva också bort det främre avgasrörets fästbygel från växellådan, om det behövs.

7 Koppla loss kablaget från hastighetsgivaren som sitter framför vänster drivfläns.

8 Märk kabelanslutningarna på växellådans baksida. Koppla sedan loss dem. Koppla loss kabelfästena och för kablaget åt sidan.

9 Arbeta med växelväljaren i läge P. Koppla försiktigt loss den inre vajern från växellådans spak. Skruva sedan loss fästbygeln **(se bild)**. Flytta vajern åt sidan.

10 Använd en insexnyckel. Skruva loss värmeskoldarna över den högra drivaxelns inre ände.

11 Se kapitel 8 och koppla loss drivaxlarna från växellådans flänsar. Fäst upp drivaxlarna så de är ur vägen för växellådan.

12 Skruva loss höger växellådsfäste tillsammans med gummibussningen och skyddet.

13 Placera en lämplig behållare under växellådan för att samla upp hydraulvätskespill.

14 Koppla loss hydraulrören från växellådan och ta loss tätningsringarna. På bensinmodeller utan luftkonditionering, skruva loss bultarna och dra bort ledningarna. På alla andra modeller, skruva loss anslutningsmuttrarna under kylarens vänstra sida samt de muttrar som sitter placerade under växellådans främre del. Ta bort ledningarna helt. Plugga igen öppningarna i växellådans hus för att förhindra att damm eller smuts tränger in.

15 Ta bort startmotorn enligt beskrivningen i kapitel 5A.

16 Vrid motorn så att en av muttrarna mellan momentomvandlaren och drivplattan hamnar i startmotorns öppning **(se bild)**. Skruva loss muttern medan motorn hindras från att vridas med en bredbladig skruvmejsel fäst i drivplattans krondrev. Lossa de två återstående muttrarna. De kommer fram om motorn vrids ett tredjedels varv mellan dem.

17 Skruva loss de bultar mellan växellådan och motorn som man kommer åt från bilens undersida.

18 Stöd motorn med en lyft eller stötta som anbringas mot framskärmens invändiga kanaler. Om det behövs, ta bort motorhuven enligt beskrivningen i kapitel 11 så det går att placera lyften över motorn. På grund av automatväxellådans vikt ska motorn stödjas i både de främre och bakre lyftöglorna. Beroende på motortyp, demontera tillfälligt de komponenter som sitter i vägen för att kunna fästa motorlyften.

19 Stöd växellådan med en garagedomkraft eller ett ställ. Skruva loss vänster växellådsfäste tillsammans med gummibussningen och skyddet.

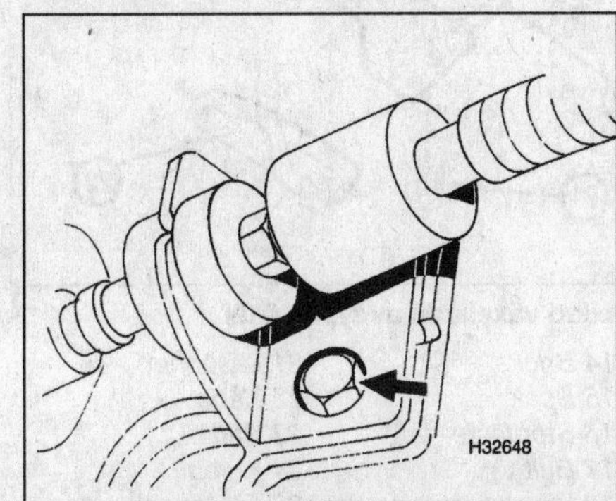

2.9 Skruva loss bulten (pil) och lossa växelvajerns stödfäste

20 På växellådor med fem växlar, märk ut kryssrambalkens placering under motorrummet. Lossa sedan endast kryssrambalkens främre bultar. Ta bort kryssrambalkens återstående bultar. Sänk sedan ner kryssrambalkens bakre del. **Observera:** *Det är viktigt att kryssrambalken återmonteras på sin rätta plats. Annars påverkas bilens köregenskaper och kraftigt slitage uppstår.*

21 Skruva bort de bultar mellan växellådan och motorn som det går att komma åt över motorn.

22 Ta hjälp av en medhjälpare. Dra bort växellådan från styrstiften på motorns baksida. Se till att momentomvandlaren inte tappar kontakten med växellådans ingående axel. Använd en spak för att lossa momentomvandlaren från drivplattan om det behövs.

23 När styrstiften är fria från fästhålen, sänk ner växellådan med hjälp av domkraften. Fäst en låsbalk över svänghjulskåpans framsida för att hålla momentomvandlaren på plats.

Varning: Kontrollera att växellådan ligger stadigt på domkraftshuvudet. Hindra momentomvandlaren från att falla ut när växellådan är demonterad.

24 Ta bort mellanplattan från styrstiften om det behövs.

Montering

25 Växellådan monteras tillbaka i omvänd ordningsföljd. Tänk på följande:

a) När momentomvandlaren återmonteras, se till att drevstiften i mitten av momentomvandlarens nav fäster med urtagen i det inre hjulet till automatväxellådans oljepump.

b) Dra åt svänghjulskåpans bultar och muttrarna för momentomvandlaren till drivplattan till angivet moment. Byt alltid ut självlåsande muttrar och bultar.

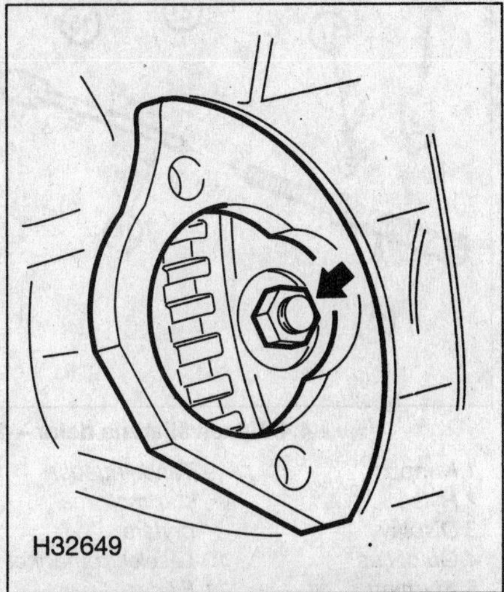

2.16 Det går att komma åt muttrarna mellan momentomvandlaren och drivplattan via startmotoröppningen.

c) Byt ut O-ringstätningarna på oljeröret och påfyllningsslangen som sitter fäst på växellådans hölje.

d) Dra åt växellådans fästbultar till korrekt åtdragningsmoment.

e) Kontrollera slutväxelns oljenivå och växeloljans nivå enligt beskrivningen i kapitel 1A eller 1B.

f) Avsluta med att kontrollera växelväljarens vajerinställning enligt beskrivningen i avsnitt 4.

g) Om växellådan inte fungerar som den borde efter monteringen, låt en VW-handlare eller en specialist på automatväxellådor göra om grundinställningen i motorns styrmodul.

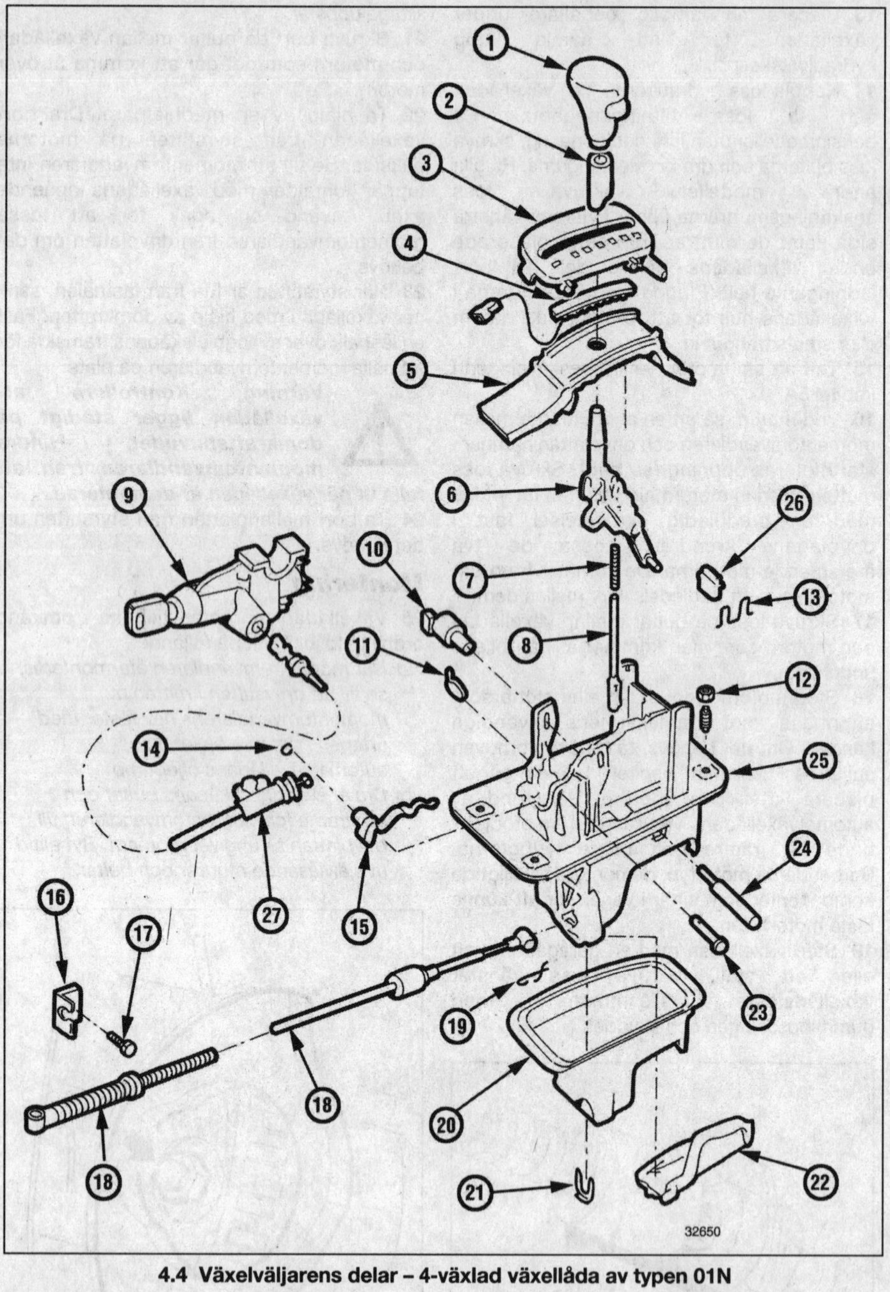

4.4 Växelväljarens delar – 4-växlad växellåda av typen 01N

1 Knopp
2 Hylsa
3 Display
4 Guideljus
5 Styrning
6 Växelväljarspak
7 Fjäder
8 Vevstake
9 Tändningens/ startmotorns brytare
10 Låselektromagnet
11 Fjäder
12 Mutter
13 Fjäderklämma
14 Bricka
15 Spak
16 Stödfäste
17 Bult
18 Växelväljarvajer
19 Klämma
20 Gummihus
21 Låsenhet
22 Kåpa
23 Stift
24 Kulbult
25 Fästbygel
26 Kopplingselement
27 Låsvajer

3 Automatväxellåda, renovering – allmän information

När ett fel uppstår måste man först fastställa om det är av elektriskt, mekaniskt eller hydrauliskt slag, innan man kan börja fundera på reparation. För att ställa diagnos måste man i detalj känna till hur växellådan fungerar och är uppbyggd och dessutom ha tillgång till speciell testutrustning, vilket får anses ligga utom ramarna för denna handbok. Det är därför av största vikt att fel på automatväxellådan får bedömas av en VW-verkstad.

Observera att en krånglande växellåda inte får demonteras innan den har blivit undersökt på verkstad, eftersom feldiagnosen ska utföras med växellådan *på plats*.

4 Växelvajer – demontering, montering och justering

Demontering

1 Flytta växelväljaren till läge P

2 Dra åt handbromsen. Lyft sedan upp framvagnen och ställ den på pallbockar (se *Lyftning och stödpunkter*).

3 Arbeta under bilen. Skruva loss skruvarna och sänk ner värmeskölden från växlingens fästbygel och ner på avgassystemet. Skjut värmeskölden bakåt.

Fyrväxlad växellåda

4 Lossa kåpan från botten av växelväljarens fästbygel genom att trycka hållaren framåt **(se bild)**.

5 Koppla loss den inre vajern genom att trycka på klämman så att vajern lossnar från växelväljaren. Dra bort den yttre vajern från fästet. Dra sedan ut låselementet och ta bort kåpan och vajern från växelväljarens nedre del. Var noga med att inte böja vajern mer än nödvändigt.

Femväxlad växellåda

6 Skruva loss fästmuttrarna och ta bort kåpan från växelväljarhusets undersida **(se bild)**.

7 Koppla loss den inre vajern genom att klämma ihop klämman så vajern lossnar från växelväljaren.

8 Dra ner låsplattan som håller fast vajerhöljet i huset och ta bort vajern.

Alla typer av växellådor

9 Arbeta vid vajerns växellådsände. Använd en skruvmejsel för att bända upp änden av den inre vajern från växelväljarspaken.

10 Skruva loss bulten (bultarna) och koppla loss fästbygeln och vajern från sidan av växellådan.

11 Lossa låsmuttrarna (i förekommande fall) och ta loss vajern från fästbygeln. Dra bort vajern från bilens undersida.

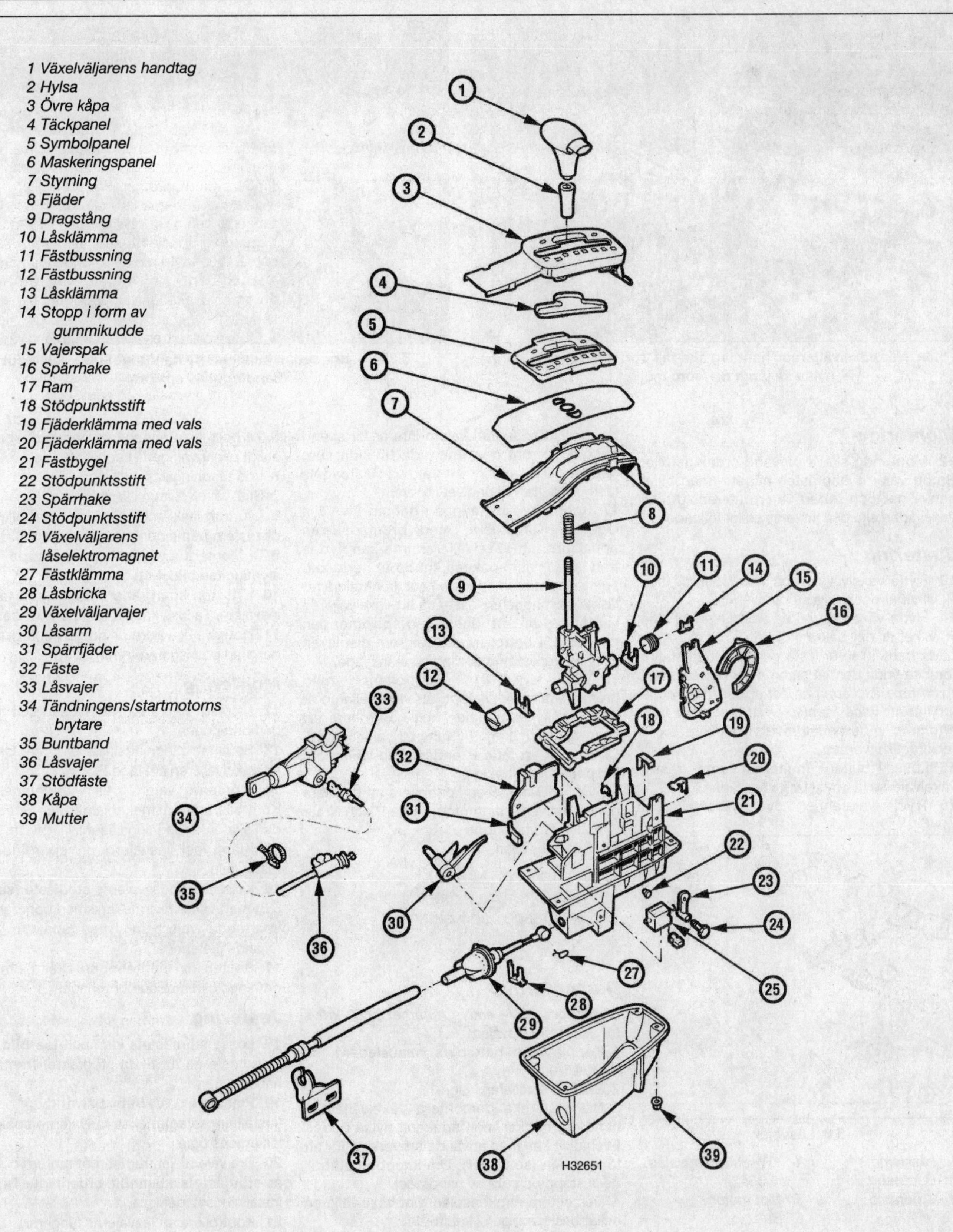

4.6 Växelväljarens delar – 5-växlad växellåda av typen 01V

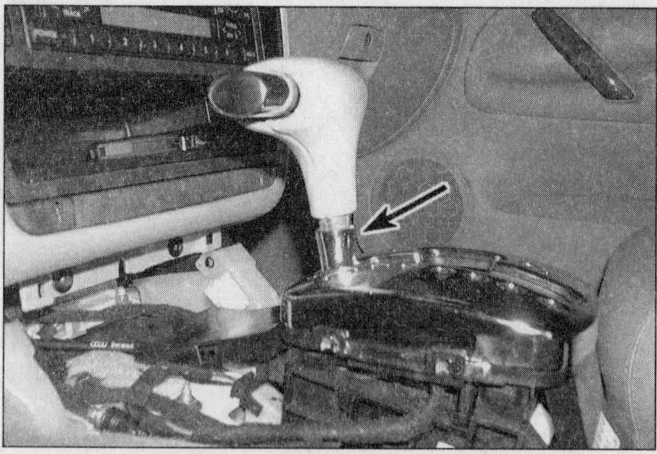

5.3a När växelväljarens handtag ska tas bort skjuter man denna hylsa så långt ner som möjligt . . .

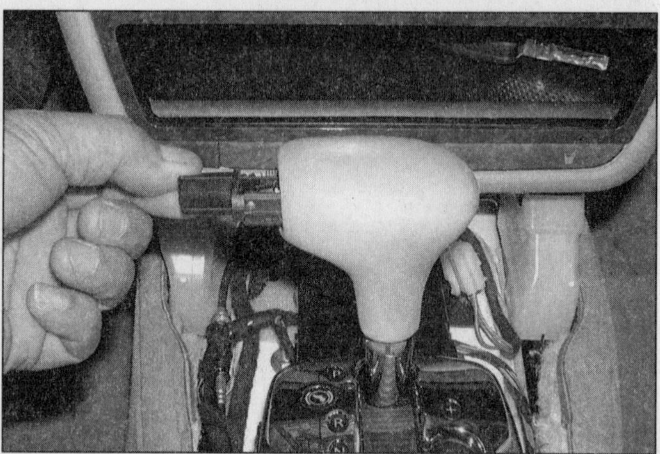

5.3b . . . dra sedan knappen på handtaget utåt och skjut handtaget av spaken

Montering

12 Montering sker i omvänd ordningsföljd. Smörj vajerns ändfästen något. Innan bilen sänks ner och ***innan*** vajern återansluts till växellådan ska den justeras enligt följande.

Justering

13 Flytta växelväljaren på växellådan till läge P, vilket är det bakre stoppet.

14 Flytta växelväljaren på växellådan till läge P, vilket är det bakre stoppet. Kontrollera att båda framhjulen är låsta genom att samtidigt försöka vrida dem åt samma håll. **Observera:** *Även om växellådan är låst är det fortfarande möjligt att vrida framhjulen åt* ***motsatta*** *håll, eftersom differentialdreven kan röra sig i relation till varandra.*

15 Lossa bulten (bultarna) som fäster växelvajerns fästbygel vid växellådan.

16 Tryck vajeränden över växelväljaren. Kontrollera sedan att vajern inte är för spänd genom att röra den från sida till sida flera gånger. Dra sedan åt vajerns fästbygels fästbult (bultar) till angivet moment.

17 Kontrollera justeringen genom att välja läge P. Kontrollera, med bromspedalen uppsläppt, att växelväljaren inte kan flyttas från läge P när spakens knapp är nertryckt. Tryck nu ner bromspedalen och kontrollera att låselektromagneten lossar så att växelväljaren kan flyttas till alla lägen med spakknappen nedtryckt. Kontrollera att det som displayen visar överensstämmer med spakens läge.

18 Välj läge N. Kontrollera, med bromspedalen uppsläppt, att växelväljaren är låst. Tryck ner pedalen och kontrollera att växelväljaren kan flyttas till alla lägen. Observera att läge R endast kan väljas om knappen är nedtryckt.

19 På RHD-modeller, kontrollera att det bara går att aktivera startmotorn i läge P och N när knappen är uppsläppt.

20 Sänk ner bilen.

H32652

5.8 Låsvajer

1 Låsklämma
2 Buntband
3 Stödfäste
4 VW-inställningsstag (3352)
5 Mot motorn
6 Bult

5 Låsvajer – demontering, montering och justering

Demontering

Observera: *VW-verktyg nummer 3352 krävs för att justera låsvajern.*

1 Koppla loss batteriets minusledare (se kapitel 5A).

2 Ställ växelväljaren i läge 1.

3 När man ska demontera växelväljarens handtag, trycker man spakens hylsa nedåt. Eventuellt kan man använda ett verktyg för att få loss den **(se bilder)**. Dra knoppen utåt till dess stopp och dra av handtaget.

4 Demontera mittkonsolen runt växelväljaren enligt beskrivningen i kapitel 11.

5 Ta bort rattstångens kombinationsbrytare enligt beskrivningen i kapitel 12.

6 Vrid tändningslåset till läge On.

7 Ställ växelväljaren i läge P.

8 Lyft upp låsklämman (1) på vajerhöljet och dra vajern från tändningslåset **(se bild)**.

9 Demontera växelväljarens kåpa och styrning **(se bild 4.6)**.

10 Lyft upp spärrfjädern något och ta loss låsvajern. Ta loss kabeln från buntbandet

11 Notera hur vajern är dragen och dra bort den från passagerarutrymmet.

Montering

12 Montera vajern på samma sätt som innan demonteringen.

13 Se till att tändningslåset är i läge On och att växelväljaren är i läge P.

14 Montera vajern till tändningslåset. Kontrollera att låsmekanismen fungerar som den ska. Vrid tändningslåset till läge Off.

15 Kläm fast låsvajern på spärrfjädern i fästbygeln.

16 Koppla ihop låsvajerns stödfäste **(se bild 5.8)** med växelväljarmekanismen och den inre spärrande vajeröglan med spaken. Utför följande justeringar.

17 Resten av monteringen sker i omvänd ordningsföljd mot demonteringen.

Justering

18 Lossa stödfästets klämbult **(se bild 5.8)**. Det måste gå att flytta stödfästet framåt för hand.

19 Placera VW-specialverktyg 352 (inställningsstag) mellan låsvajerns spak och låsarmens ögla.

20 Dra vajerhöljet framåt mot motorn och dra åt stödfästets klämbult ordentligt. Ta bort inställningsstaget.

21 Kontrollera att låsvajerns fungerar.

Kapitel 8
Drivaxlar

Innehåll

Svårighetsgrad

Enkelt, passar novisen med lite erfarenhet 	**Ganska enkelt,** passar nybörjaren med viss erfarenhet 	**Ganska svårt,** passar kompetent hemmamekaniker	**Svårt,** passar hemmamekaniker med erfarenhet	**Mycket svårt,** för professionell mekaniker

Specifikationer

Smörjning

Typ	G 000 603-fett*
Mängd per drivknut:	
Yttre drivknut:	
drivknut med 88 mm diameter	90 g
drivknut med 98 mm diameter	120 g
Inre drivknut:	
drivknut med 100 mm diameter	90 g
drivknut med 108 mm diameter	120 g

**Kontakta en VW-verkstad för mer information*

Åtdragningsmoment

	Nm
Flänsbultar mellan drivaxel och växellåda:	
M8-bultar	40
M10-bultar	80
Navbult*:	
M14-bult:	
Steg 1	115
Steg 2	Vinkeldra ytterligare 180°
M16-bult:	
Steg 1	190
Steg 2	Vinkeldra ytterligare 180°
Övre fjädringsarm, klämbultmutter*	40

** Använd nya hållare*

1 Allmän information

1 Drivkraften överförs från differentialen till framhjulen via två drivaxlar av stål (solida eller ihåliga beroende på modell). Båda drivaxlarna är räfflade i ytterändarna för att passa in i hjulnaven och är fästa vid naven med en stor bult. Vardera drivaxelns inre ände är fastbultad på en drivfläns på växellådan.

2 Drivknutar sitter i båda ändar på drivaxlarna för att ge mjuk och effektiv kraftöverföring i alla möjliga hjulvinklar när hjulen rör sig upp och ner med fjädringen och i sidled vid styrning. På modeller med bensinmotor och manuell växellåda är både den inre och yttre drivknuten av kulhållartyp. På alla diesel- och bensinmodeller med automatväxellåda är den yttre drivknuten av kulhållartyp, medan den inre drivknuten är av trebenstyp.

3 Damasker av gummi eller plast sitter på båda drivknutarna, fästa med stålklämmor. Dessa innehåller det fett som packats in i leden och skyddar även leden från smuts och skräp.

2 Drivaxlar - demontering och montering

Demontering

1 Demontera navkapseln och lossa sedan

2.8 Ta bort drivaxeln från hjulhuset

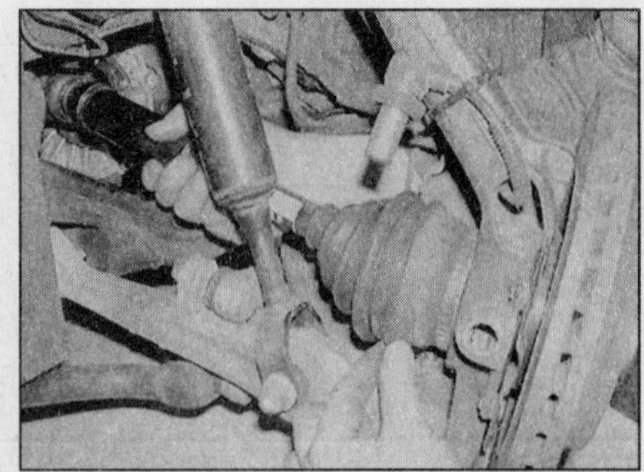

2.12a Sätt drivaxeln på plats och passa in spåren med dem på navet . . .

2.12b . . . och sätt på den nya navbulten

navbulten något med bilen stående på hjulen. Lossa även hjulbultarna.

2 Klossa bakhjulen och dra åt handbromsen ordentligt. Hissa upp framvagnen och stöd den på pallbockar. Demontera relevant framhjul. Med hjulet demonterat, skruva tillbaka minst en hjulbult för att se till att bromsskivan ligger kvar i rätt position i navet.

3 Skruva loss fästskruvarna och hållarna och ta bort den undre kåpan under motorn/växellådan för att komma åt drivaxlarna. Om det behövs, skruva även loss värmeskölden från växellådshuset för att komma åt den inre drivknuten bättre.

4 Demontera ABS-hjulgivaren från navet enligt beskrivningen i kapitel 9. Lossa givarens kablage från fästbygeln på bromsoket.

5 Skruva loss klämbulten och skilj de främre och bakre övre fjädringsarmarnas kulleder från överdelen av hjulspindeln (se kapitel 10, avsnitt 5 för mer information). Kasta muttern, eftersom en ny måste användas vid återmonteringen.

Varning: Skruva inte loss styrstaget från hjulspindeln.

6 Skruva loss navbulten. Om bulten inte lossades medan bilen stod med alla fyra hjulen på marken, montera minst två hjulbultar på framnavet och dra åt dem ordentligt, låt sedan en medhjälpare trycka ner bromspedalen för att hindra framnavet från att rotera och skruva sedan loss navbulten. I annat fall kan ett verktyg tillverkas av två stållängder (en lång, en kort) och en bult med mutter. Bulten och muttern utgör svängtappen på ett gaffelverktyg.

7 Skruva loss bultarna som håller fast den inre drivaxelleden vid växellådans drivfläns och ta loss stödplattorna (i förekommande fall) under bultarna. Stöd drivaxeln genom att hänga upp den med ståltråd eller snöre. Låt den inte hänga fritt, eftersom detta kan skada drivknuten.

8 Sväng hjulspindeln mot baksidan av hjulhuset för att lossa drivaxelns inre drivknut från växellådans fläns. Flytta drivknuten åt sidan. Lossa sedan den yttre drivknutens spårning från navet och ta bort drivaxeln under bilen **(se bild)**. På drivaxlar med synliga inre drivknutar tar man bort packningen från drivaxelns inre drivknuts yta och kastar den. Använd en ny vid monteringen. **Observera:** *Låt inte bilen stå på hjulen med ena eller båda drivaxlarna demonterade, eftersom detta kan skada hjullagren. Om bilen måste flyttas, sätt tillfälligt tillbaka drivaxlarnas yttre ändar i naven och dra åt drivaxelbultarna. Stöd drivaxlarnas inre ändar för att undvika skador.*

Montering

9 Innan drivaxeln monteras, undersök dess oljetätning i växellådan och leta efter tecken på skador eller åldrande. På manuella växellådor, byt den om det behövs enligt beskrivningen i kapitel 7A.

10 Rengör noggrant drivaxelns yttre drivknut och navräfflor samt fogytorna mellan den inre drivknuten och växellådans fläns. Kontrollera att alla damaskklämmor är ordentligt fästa.

11 På en drivaxel där den inre drivknuten ligger fritt (kulhållartyp), montera en ny packning på den inre drivknutens framsida genom att ta bort skyddsfolien och fästa den ordentligt på knuten.

12 Sätt drivaxeln på plats så att spåren på drivaxeln hakar i spåren på navet och tryck den yttre drivknuten på plats. Montera den nya navbulten, men dra bara åt den för hand än så länge **(se bilder)**.

13 Passa in drivaxelns inre drivknut mot växellådans fläns och sätt sedan tillbaka fästbultarna och i förekommande fall (på drivknutar av kulhållartyp) stödplattorna. Dra åt alla bultar för hand och dra sedan åt dem i diagonal ordningsföljd till angivet moment **(se bilder)**. Om det behövs, montera tillbaka värmeskölden på växellådshuset och dra åt dess fästbultar ordentligt.

14 Montera tillbaka de främre och bakre övre fjädringsarmarna på ovansidan av navet, sätt i klämbulten och sätt sedan tillbaka den nya fästmuttern och dra åt den till angivet moment.

15 Montera ABS-hjulgivaren på navet enligt beskrivningen i kapitel 9. Sätt tillbaka ABS-kablaget på bromsokets fästbygel.

16 Montera skyddskåpan och hjulet. Sänk sedan ner bilen och dra åt hjulbultarna till angivet moment (se kapitel 1A eller 1B).

17 Med bilen stående på hjulen, momentdra navbulten till det angivna steg 1. Vinkeldra

2.13a Passa in drivaxelns inre drivknut mot växellådans drivfläns . . .

2.13b . . . och sätt sedan tillbaka fästbultarna och stödplattorna . . .

2.13c . . . och dra sedan åt drivaxelns bultar till angivet moment

2.17a Med bilen stående på hjulen, dra åt navbulten till angivet moment för steg 1 . . .

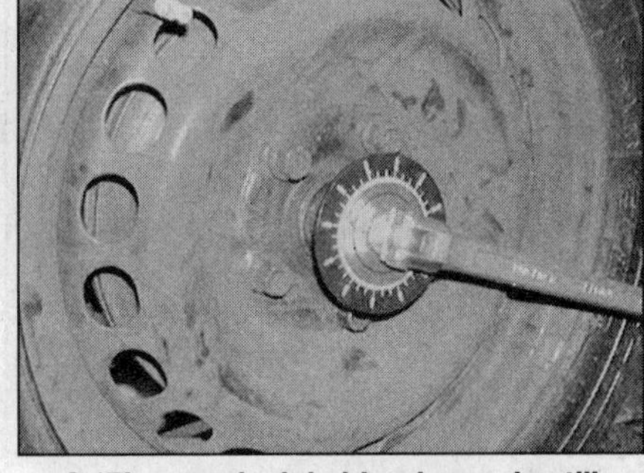

2.17b . . . och vinkeldra den sedan till vinkeln för steg 2

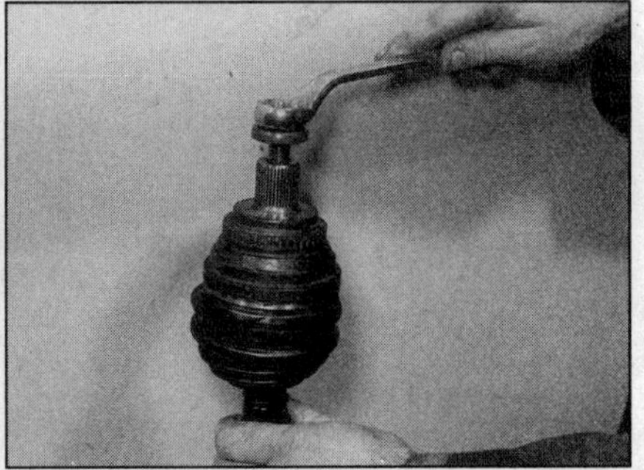

3.4 Dra loss den yttre drivknuten från drivaxeln med hjälp av navbulten

den sedan till angiven vinkel för steg 2 med hjälp av vinkelmätare för bästa resultat **(se bilder)**. Om man inte har tillgång till en vinkelmätare kan man använda vit färg för att göra placeringsmarkeringar mellan bultskallen och nav/hjul innan man drar åt. Markeringarna kan sedan användas för att kontrollera att bulten har vridits genom korrekt vinkel.

18 Montera navkapseln.

3 Drivaxlar - översyn

1 Ta bort drivaxeln från bilen enligt beskrivningen i avsnitt 2. Gå vidare enligt beskrivningen under den aktuella underrubriken.

Yttre drivknut

Observera: *En M16 bult eller ett gängstag kan vara bra att använda vid denna åtgärd (se punkt 4).*

2 Sätt fast drivaxeln i ett skruvstäd som har mjuka käftar och lossa damaskens fästklämmor. Om det behövs kan fästklämmorna klippas loss.

3 Vik tillbaka gummidamasken så att den yttre drivknuten blir synlig. Sleva ut överskottsfettet och kasta det.

4 Nu måste man ta bort den yttre drivknuten från drivaxeln. Detta görs lättast med hjälp av en lång M16 bult eller ett gängat stag, skruva in bulten/staget i navbultens gängor till den får kontakt med drivaxelns ände. Vrid sedan bulten/staget för att få av drivknuten **(se bild)**. **Observera:** *Om originalnavbulten är gängad längs hela sin längd kan bulten användas.* Om ingen bult/stång finns tillgänglig kan en hammare och en lämplig dorn av mjuk metall användas till att slå bort den inre leden på den yttre drivknuten för att få bort den från änden på axeln, men var försiktig så att inte drivknuten skadas. På modeller med ihåliga drivaxlar måste man först flytta den inre låsringen (med en låsringstång) från dess spår på drivknutens inre yta, så att den kupade brickan och plastmellanläggsbrickan kan skjutas längs drivaxeln, bort från drivknuten.

5 När drivknutsenheten har tagits bort demonterar man låsringen i drivaxelns spår och kastar den. En ny låsring måste användas vid ihopsättningen.

6 Skjut bort mellanläggsbrickan och den kupade brickan från drivaxeln samt notera deras positioner. Tag bort gummidamasken.

7 Tag bort drivknuten från drivaxeln, rengör drivknuten med fotogen eller annat lämpligt lösningsmedel och torka den sedan ordentligt. Kontrollera att knuten ser bra ut.

8 Rör den inre räfflade drivdelen från sida till sida så att varje kula blir synlig i tur och ordning högst upp i sitt spår. Undersök kulorna och leta efter sprickor, flata delar eller gropar.

9 Undersök kulspåren på den inre och yttre delen. Om spåren har breddats kommer kulorna inte längre att sitta åt ordentligt. Kontrollera samtidigt kulhållarfönstren och leta efter sprickor mellan fönstren.

10 Om drivknuten är gammal eller skadad måste man byta ut den eller hela drivaxeln (när drivknuten inte finns att tillgå separat). Kontakta en VW-handlare för mer information om delars tillgänglighet. Om drivknuten är i gott skick räcker det att man skaffar en renoveringssats. En äkta VW-sats innehåller en ny damask, låsring, fjäderbricka och mellanläggsbricka, fästklämmor och korrekt typ av fett i rätt mängd.

11 Tejpa över spårningarna i drivaxelns ände. Skjut sedan på den nya damasken på axeln **(se bild)**. Ta bort tejpen.

12 Montera den kupade brickan och kontrollera att dess konvexa yta är vänd inåt. För sedan på mellanläggsbrickan med dess plattare yta vänd mot den kupade brickan **(se bilder)**.

13 Montera den nya låsringen och kontrollera att den sitter på rätt plats i drivaxelns spår **(se bild)**.

3.11 Tejpa över drivaxelns räfflor och skjut sedan den nya damasken längs axeln

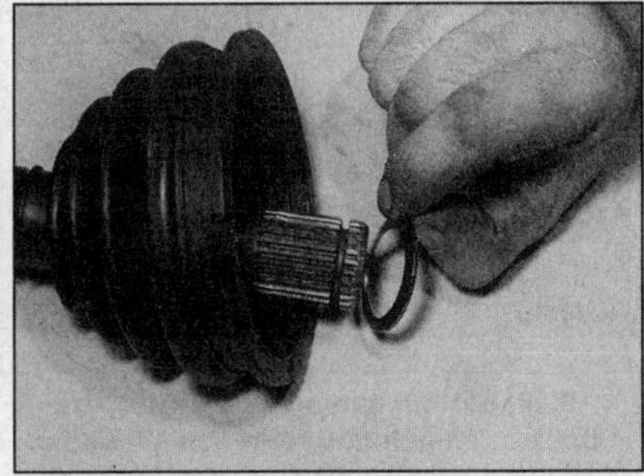

3.12a Sätt på den kupade brickan med den konvexa sidan inåt . . .

3.12b . . . och sätt sedan på distansbrickan med den flata sidan mot den kupade brickan

3.13 Sätt på den nya låsringen på drivaxelns spår

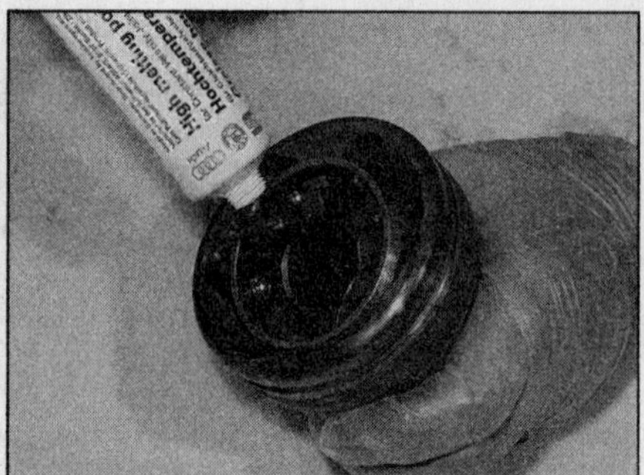

3.14 Arbeta in fettet noga i kulspåren på den yttre drivknuten

3.15a Sätt på den yttre drivknuten på räfflorna på drivaxeln . . .

3.15b . . . och knacka den på plats över låsringen

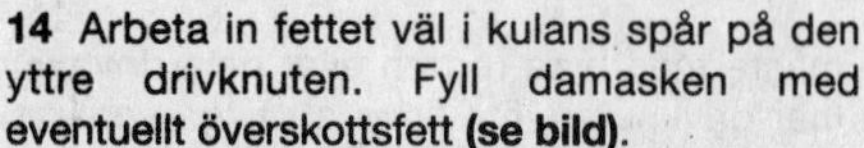

14 Arbeta in fettet väl i kulans spår på den yttre drivknuten. Fyll damasken med eventuellt överskottsfett **(se bild)**.

15 Leta reda på den yttre drivknuten i drivaxelns spårning och låt den glida nedåt till den inre delen ligger an mot låsringen. Slå till den drivknutens yttre del ordentligt med en hammare och lättmetallsdorn så att den inre delen tvingas över låsringen och helt på drivaxeln **(se bilder)**. Dra i drivknuten för att försäkra att den är ordentligt säkrad av låsringen.

16 Leta reda på damaskens yttre läpp i spårningen på drivknutens yttre del. Lyft sedan damaskens inre läpp för att jämna ut lufttrycket inuti **(se bild)**.

17 Montera både den inre och den yttre fästklämman på damasken. Fäst var och en på plats genom att trycka ihop dess upphöjda del. Om man inte har tillgång till ett specialverktyg så kan man försiktigt trycka ihop varje klämma med hjälp av ett par sidoavbitare. Det är viktigt att vara försiktig så att man inte skär igenom klämman **(se bilder)**.

18 Kontrollera att drivknuten kan röra sig fritt i alla riktningar och montera sedan tillbaka drivaxeln på bilen enligt beskrivning i avsnitt 2.

Inre drivknut

Kulhållartyp

Observera: *Den inre drivknuten sitter mycket hårt på drivaxeln, och därför behövs en hydraulisk press och passande adaptrar vid demontering och montering. Om denna utrustning inte finns att tillgå måste en VW-handlare, eller annan lämplig bilverkstad, utföra bytet av damasken.*

19 Sätt fast drivaxeln i ett skruvstäd som har mjuka käftar. Använd sedan en hammare och körnare för att försiktigt knacka av damsakens styrbricka från den inre drivknutens yttre del **(se bild)**.

20 Ta bort låsringen från drivaxelns inre ände.

21 Ta bort den inre drivknuten från drivaxeln genom att hålla fast knutens yttre del ordentligt och trycka drivaxeln bort från den inre delen. Notera åt vilket håll knutens yttre del är placerad.

22 Lossa damaskens inre fästklämma och ta bort damasken från drivaxeln.

23 Rengör och undersök den inre drivknuten enligt beskrivning i punkt 7 till 9.

24 Om drivknuten är sliten eller skadad måste knuten bytas ut. Om delarna inte finns att tillgå separat måste hela drivaxeln bytas. Kontakta en VW-handlare för mer information om delars tillgänglighet. Om knuten är i gott skick räcker det att skaffa en renoveringssats. En äkta VW-sats innehåller en ny damask, låsring, fjäderbricka och mellanläggsbricka, fästklämmor och korrekt typ av fett i rätt mängd.

25 Tejpa över räfflorna på drivaxelns ände och skjut sedan på en ny damask på axeln. Ta bort tejpen och sätt på styrbrickan på drivaxeldamasken.

26 Kläm fast drivaxeln ordentligt och tryck sedan på den inre drivknuten på axeln. Se till att den sitter åt rätt håll. Fäst drivknuten med den nya låsringen och se till att den sitter rätt i drivaxelspåret.

27 Arbeta in fettet ordentligt i knutens kulspår och fyll sedan damasken med eventuellt överskottsfett.

28 Torka rent fogytorna mellan damaskens styrbricka och drivknuten. Applicera ett lager tätningsmedel (VW rekommenderar tätningsmedlet D-3 - finns hos VW-återförsäljare) på distansbrickan, och rikta sedan in hålen på styrbrickan med hålen på drivknutens yttre del och slå fast brickan på drivknuten.

29 Se till att den yttre läppen hakar i styrbrickan ordentligt och lyft sedan damaskens inre läpp för att jämna ut lufttrycket på insidan.

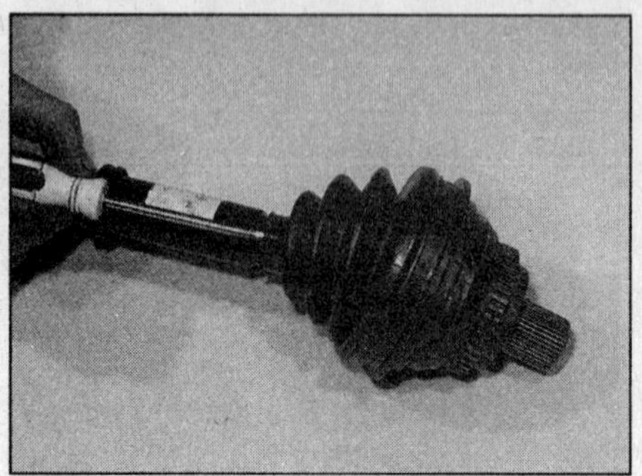

3.16 Sätt på damasken på den yttre drivknuten och drivaxeln och lyft sedan dess inre läpp för att släppa ut lufttrycket på insidan av damasken

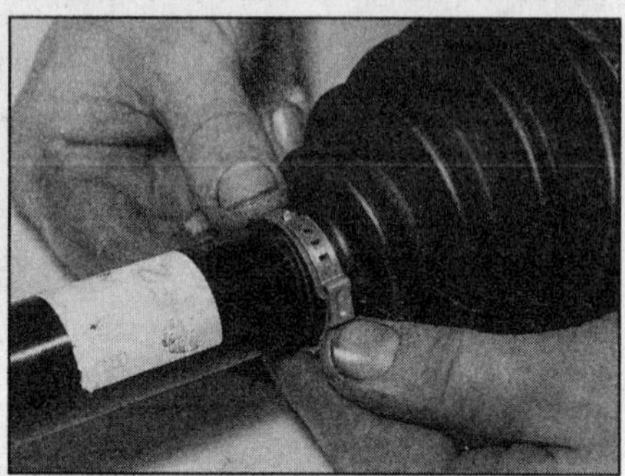

3.17a Sätt på de inre och yttre fästklämmorna . . .

3.17b . . . och fäst dem genom att försiktigt trycka ihop den upphöjda delen . . .

3.17c . . . men var noga med att inte skära igenom klämman

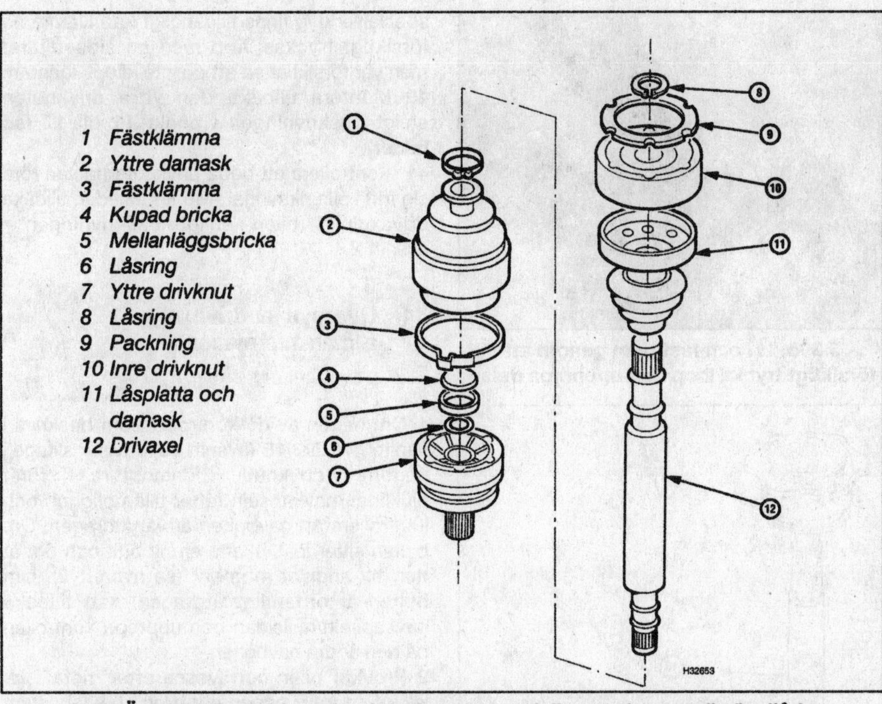

3.19 Översikt över drivaxeln - bensinmotormodeller med manuell växellåda

30 Sätt på både de inre och yttre fästklämmorna på damasken och fäst dem på sina platser genom att trycka ihop den upphöjda delen. Om inget specialverktyg finns tillgängligt kan klamrarna försiktigt tryckas ihop med en sidavbitare, men var försiktigt så att de inte klipps igenom.

31 Kontrollera att drivknuten kan röra sig fritt i alla riktningar och montera sedan tillbaka drivaxeln i bilen enligt beskrivningen i avsnitt 2.

Tripod-typ

Observera:*Kontrollera med en VW-handlare att delarna finns tillgängliga innan arbetet går vidare. I skrivande stund fanns endast inre damasker för drivaxlar som var 32 mm i diameter.*

32 Ta bort den yttre drivknuten enligt beskrivningen ovan i punkt 2 till 6.

33 Lossa fästklämmorna och ta sedan bort den inre damasken från drivaxeln. Skär om nödvändigt itu damasken för att få loss den från axeln.

34 Rengör drivknuten noga med fotogen eller lämpligt lösningsmedel och torka den noggrant. Kontrollera trebensdrivknutens lager och den yttre delen efter tecken på slitage, punktkorrosion eller skavning på lagerytorna. Kontrollera att lagervalsarna roterar mjukt och lätt runt trebensdrivknuten, utan tecken på ojämnheter **(se bild)**.

35 Om trebensdrivknuten eller den yttre delen visar tecken på slitage eller skador måste hela drivaxeln bytas, eftersom det inte går att köpa en separat drivknut. Om knuten är i tillfredsställande skick, skaffa en renoveringssats bestående av en ny damask, fästklämmor och rätt typ fett av rätt mängd. Även om det inte är helt nödvändigt rekommenderas det att också den yttre drivknutens damask byts ut, oavsett skick.

36 Fyll den inre drivknuten med det bifogade fettet vid ihopsättningen. Arbeta in fettet i lagerspåren och valsarna medan drivknuten vrids runt **(se bild)**.

37 Rengör axeln med smärgelduk för att ta bort rost eller vassa kanter som kan skada damasken. Tejpa över räfflorna i änden av drivaxeln och smörj in drivaxelkanterna för att förhindra skador på den inre damasken vid monteringen.

38 Trä på den inre damasken på drivaxeln och trä den försiktigt över drivaxelkanten utan att skada den **(se bilder)**. Sätt den yttre läppen i spåret på drivknutens yttre del och sätt den inre läppen på rätt plats på drivaxeln.

39 Lyft damaskens inre läpp för att släppa ut lufttrycket på insidan och sätt sedan på både den inre och den yttre fästklämman. Fäst klämmorna genom att klämma ihop deras upphöjda delar **(se bilder)**. Om inget

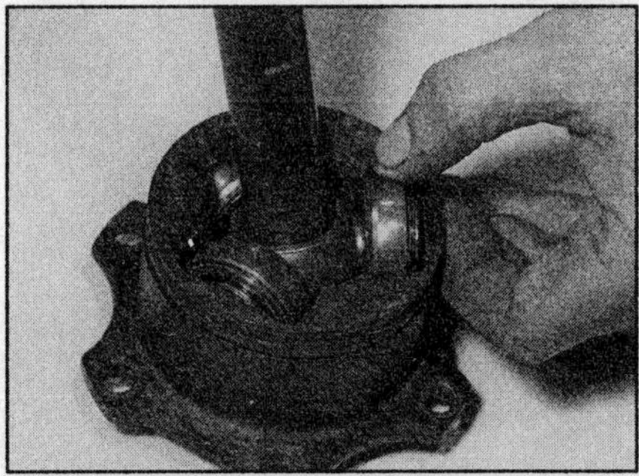

3.34 Undersök de inre drivknutsvalsarna och lagren och leta efter tecken på slitage

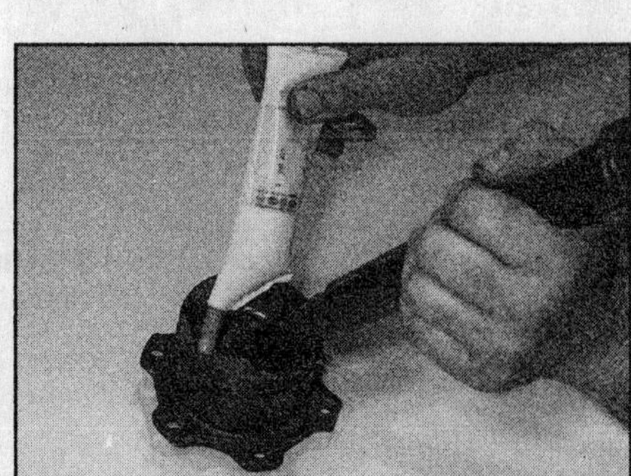

3.36 Arbeta in fettet noga i lagerspåren och valsarna

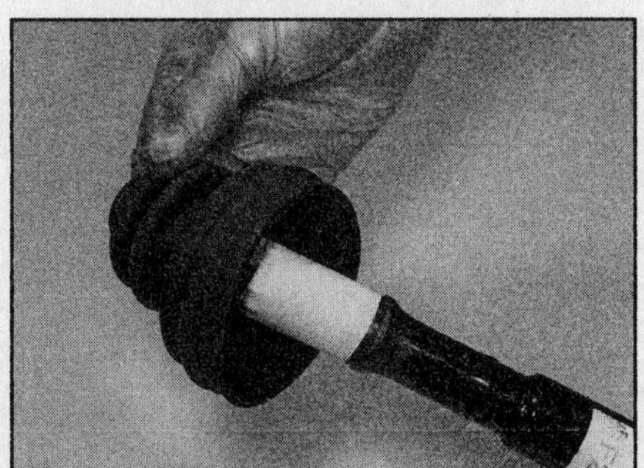

3.38a Tejpa över drivaxelns räfflor och skjut sedan den inre damasken på plats . . .

3.38b . . . och bänd den försiktigt på plats över kanten på drivaxeln

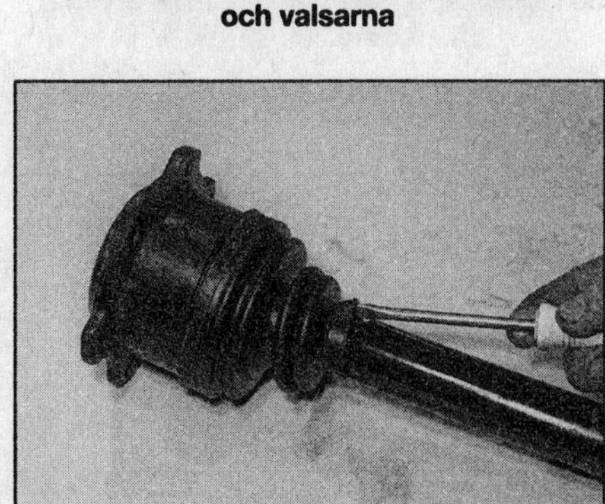

3.39a Sätt damasken på plats och lyft dess inre läpp för att släppa ut lufttrycket på insidan

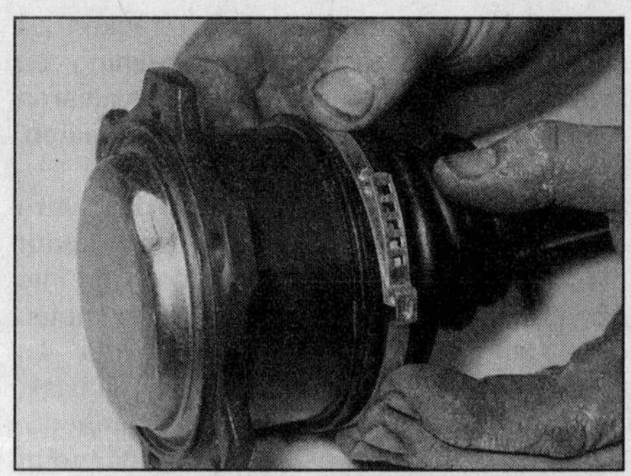

3.39b Sätt på fästklämmorna på damasken . . .

3.39c . . . och fäst dem genom att försiktigt trycka ihop den upphöjda delen

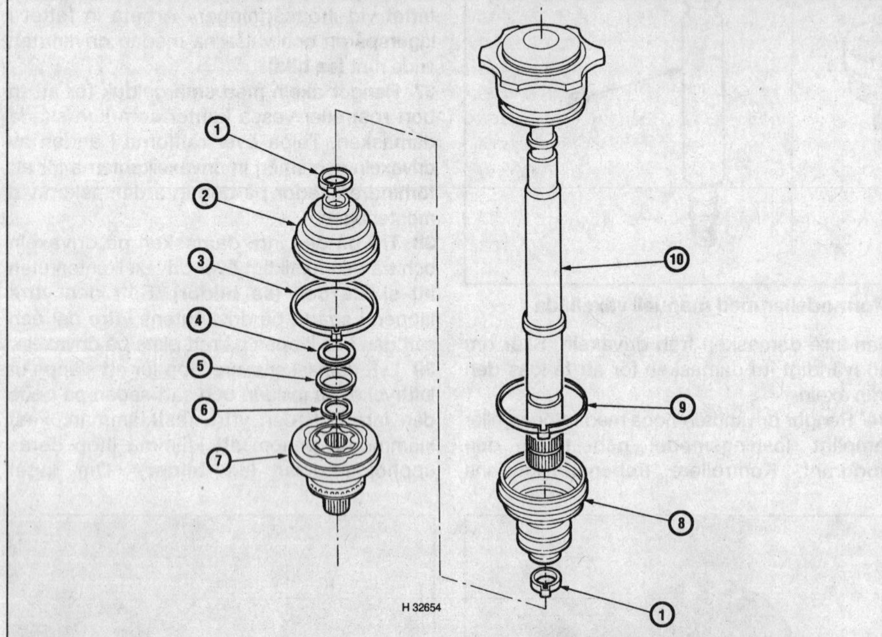

3.40 Översikt över drivaxeln – dieselmotormodeller med automatväxellåda, bensinmotormodeller

1 Fästklämma
2 Yttre damask
3 Fästklämma
4 Kupad bricka
5 Mellanläggsbricka
6 Låsring
7 Yttre drivknut
8 Inre damask
9 Fästklämma
10 Drivaxel

specialverktyg finns tillgängligt kan klamrarna försiktigt tryckas ihop med en sidavbitare, men var försiktigt så att de inte klipps igenom.

40 Montera tillbaka den yttre drivknuten enligt beskrivningen i punkt 11 till 17 **(se bilder)**.

41 Kontrollera att båda drivknutarna kan röra sig fritt i alla riktningar. Montera sedan tillbaka drivaxeln i bilen enligt beskrivningen i avsnitt 2.

4 Översyn av drivaxel – allmän information

1 Om någon av de kontroller som beskrivs i kapitel 1A eller 1B (avsnitt 18) påvisar slitage i någon drivknut, demontera först hjulsidan/navkapseln (efter tillämplighet) och kontrollera att navbulten är väl åtdragen. Om bulten sitter löst, skaffa en ny bult och dra åt den till angivet moment (se avsnitt 2). Om bulten är ordentligt åtdragen, sätt tillbaka navkapseln/hjulsidan och upprepa kontrollen på den andra navbulten.

2 Provkör bilen och lyssna efter metalliska klick från framvagnen när bilen körs långsamt i en cirkel med fullt rattutslag. Om ett klickande ljud hörs är det ett tecken på slitage i den yttre drivknuten. Det betyder att drivknuten måste bytas ut.

3 Om vibrationer som ökar med hastigheten känns i bilen vid acceleration, kan det vara de inre drivknutarna som är slitna.

4 För att kontrollera eventuellt slitage på drivknutarna, ta bort drivaxlarna och ta sedan isär dem enligt beskrivningen i avsnitt 3. Om slitage eller fritt spel påträffas måste den berörda drivknuten bytas ut. Fråga en VW-återförsäljare om tillgången på drivaxelkomponenter.

Kapitel 9
Bromssystem

Innehåll

Svårighetsgrad

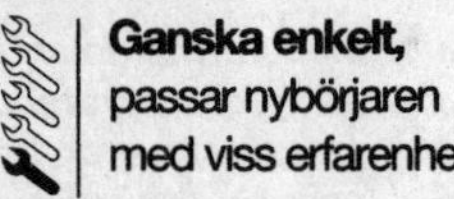

Enkelt, passar novisen med lite erfarenhet	**Ganska enkelt,** passar nybörjaren med viss erfarenhet	**Ganska svårt,** passar kompetent hemmamekaniker	**Svårt,** passar hemmamekaniker med erfarenhet	**Mycket svårt,** för professionell mekaniker

Specifikationer

Motorkod*

Dieselmotorer:	
AFN	Elektronisk direktinsprutning, med turbo
AHH	Elektronisk direktinsprutning, med turbo
AHU	Elektronisk direktinsprutning, med turbo
AJM	Elektronisk direktinsprutning, pumpinsprutningsventiler, med turbo
ATJ	Elektronisk direktinsprutning, pumpinsprutningsventiler, med turbo
AVG	Elektronisk direktinsprutning, med turbo

***Observera:** *Se "Chassinummer" för information om var motorns kodmärkning sitter.*

Främre bromsar

Typ	Skivbroms, glidande bromsok med enkel kolv	
	Lucas bromsok	**ATE/Teves bromsok**
Skivdiameter	280 mm	282.5 mm
Skivtjocklek:		
Solida skivor:		
Ny	15 mm	13 mm
Minimum	13 mm	11 mm
Ventilerade skivor:		
Ny	22 mm	25 mm
Minimum	20 mm	23 mm
Maximalt kast (alla typer)	0,05 mm	
Bromsklossens slitagegräns (alla typer – inklusive stödplatta)	7 mm	

Bakre bromsar

Skivdiameter	245 mm
Skivtjocklek:	
Ny	10 mm
Minsta tjocklek	8 mm
Maximalt kast	0,05 mm
Bromsklossens slitagegräns (inklusive stödplatta)	7 mm

Servo

Mått på fogytan mellan tryckstångens kulled och servoenheten:

LHD-modeller	158,5 ± 0,5 mm
RHD-modeller	174,0 ± 0,5 mm

Åtdragningsmoment

	Nm
ABS-enhetens muttrar	10
Bult mellan bromspedalens axel och aktiveringsspaken*	25
Främre bromsok (ATE/Teves):	
Styrsprintar	25
Fästbygelbultar	125
Kablagets/bromsslangens fästbygelbult	10
Främre bromsok (Lucas):	
Styrpinnbultar*	30
Fästbygelbultar	125
Kablagets/bromsslangens fästbygelbult	10
Handbromsspakens fästmuttrar	25
Hydraulrörens anslutningsmuttrar	15
Huvudcylinderns fästmuttrar	50
Bakre bromsok:	
Styrpinnbultar*	30
Fästbygelbult	95
Hjulbult	120
Tandem vakuum/bränslepumpsbultar:	
Övre	20
Nedre	10
Bultar mellan vakuumservon och torpedväggen/pedalfästbygeln (T45)	25

** Använd nya hållare*

1 Allmän information

1 Bromssystemet är servostyrt och har tvåkretshydraulik. Hydraulsystemet är konstruerat så att varje krets reglerar ett framhjul och ett bakhjul från en tandemhuvudcylinder. Under normala förhållanden arbetar de båda kretsarna tillsammans. Om det uppstår ett avbrott i hydrauliken i en krets har man fortfarande tillgång till full bromskraft på två diagonalt placerade hjul.

2 Alla modeller har skivbromsar på både fram- och bakhjul som standard. ABS (låsningsfria bromsar) finns också som standard på alla modeller (se beskrivningen i avsnitt 18 för mer information).

3 De främre och bakre skivbromsarna drivs av flytande bromsok, vilka ser till att alla bromsklossar utsätts för lika högt tryck. Handbromsmekanismen är inbyggd i de bakre bromsoken.

4 På alla modeller ger handbromsen en självständig mekanisk (snarare än hydraulisk) bromsverkan bak.

5 Eftersom dieselmotorer inte har något gasspjäll är det vakuum som uppstår i insugningsröret för litet för att bromssystemet alltid ska fungera ordentligt. För att komma till rätta med detta, finns en vakuumpump monterad på modeller med dieselmotorer för att ge tillräckligt vakuum för att driva servoenheten. På motorkod AFN, AVG, AHU och AHH, sitter pumpen på motorblockets sida och drivs av mellanaxeln. På motorkoderna AJM och ATJ sitter pumpen placerad på baksidan av topplocket och drivs av kamaxeln.

6 EPS finns som tillval på alla modeller. EPS (elektroniskt stabiliseringsprogram) innefattar systemen ABS, EDL (elektronisk differentiallås) och TCS (antispinnsystem). Det stabiliserar bilen vid överstyrning eller understyrning genom att bromsa, eller genom att ge mindre kraft till aktuellt hjul, för att öka förarens kontroll över bilen. ESP-systemet använder givare vilka ger upplysningar om bilens hastighet runt en vertikal axel, bilens rörelse, bromstrycket och framhjulens vinklar.

Observera: *Arbeta noggrant och metodiskt när någon del av systemet servas. Iakttag alltid fullständig renlighet när någon del av hydraulsystemet ses över. Byt alltid ut delar (på båda sidor där så är möjligt) om deras skick kan ifrågasättas. Använd enbart äkta VW-delar, eller åtminstone delar som är av erkänt god kvalitet. Observera de varningar som finns i "Säkerhetens främst!" och relevanta punkter i detta kapitel som rör asbestdamm och hydraulvätska.*

2 Hydraulsystem – luftning

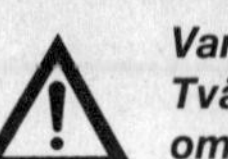

Varning: Bromsvätskan är giftig. Tvätta noggrant bort vätskan omedelbart vid hudkontakt och sök omedelbar läkarhjälp om vätska sväljs eller hamnar i ögonen. Vissa typer av bromsvätska är brandfarliga och kan antändas när de kommer i kontakt med varma delar. När man utför service på ett hydraulsystem, är det säkrast att anta att vätskan är brandfarlig och att vidta samma åtgärder som om det vore bensin man har att göra med. Bromsvätska är även ett effektivt färgborttagningsmedel och angriper plast. Vid spill ska vätskan sköljas bort omedelbart med stora mängder rent vatten. Den är också hygroskopisk (den absorberar fukt från luften) – gammal vätska kan vara smutsig och därför inte lämplig att använda. Vid påfyllning eller byte ska alltid rekommenderad typ användas och den måste komma från en förseglad nyligen öppnad förpackning.

Allmänt

1 Ett hydraulsystem kan inte fungera som det ska förrän all luft har avlägsnats från komponenterna och kretsen. Detta görs genom att systemet luftas.

2 Tillsätt endast ren, oanvänd bromsvätska av rekommenderad typ under luftningen. återanvänd *aldrig* vätska som redan har tömts ut från systemet. Se till att ha tillräckligt med ny olja till hands innan arbetet påbörjas.

3 Om det är risk för att olämplig vätska redan finns i systemet ska bromskomponenterna och kretsen spolas helt med ren vätska av korrekt typ, och alla tätningar i de olika komponenterna ska bytas ut.

4 Om bromsvätska har läckt ur systemet eller om luft har trängt in på grund av en läcka måste läckaget åtgärdas innan arbetet fortsätter.

5 Parkera bilen på plant underlag. Klossa hjulen ordentligt och lossa handbromsen.

6 Kontrollera att alla rör och slangar sitter säkert, att anslutningarna är täta och att luftningsskruvarna är stängda. Tvätta bort all smuts runt luftningsskruvarna.

7 Skruva loss huvudcylinderbehållarens lock och fyll på behållaren till maxmarkeringen. Montera locket löst. Kom ihåg att hålla vätskenivån över minmarkeringen under hela arbetet, annars är det risk för att ytterligare luft tränger in i systemet.

8 Det finns ett antal enmans gör-det-själv-luftningssatser att köpa i motortillbehörsbutiker. Vi rekommenderar att en sådan sats används närhelst möjligt eftersom de i hög grad förenklar arbetet och dessutom minskar risken för att avtappad olja och luft sugs tillbaka in i systemet. Om det inte går att få tag på en sådan sats återstår bara den vanliga tvåmansmetoden som beskrivs i detalj nedan.

9 Om en luftningssats ska användas, förbered bilen enligt beskrivningen ovan och följ sedan luftningssatstillverkarens instruktioner, eftersom metoden kan variera något mellan olika luftningssatser. I allmänhet är metoden den som beskrivs i relevant underavsnitt.

10 Oavsett vilken metod som används måste ordningen för luftning (se punkt 11 och 12) följas för att systemet garanterat ska tömmas på all luft.

Luftning - ordningsföljd

11 Om systemet endast kopplats ur delvis och åtgärder vidtagits för att minimera oljespill, ska bara den aktuella delen av systemet behöva luftas (det vill säga primär- eller sekundärkretsen).

12 Om hela systemet ska luftas ska det göras i följande ordningsföljd:

a) Höger bakbroms.
b) Vänster bakbroms.
c) Höger frambroms.
d) Vänster frambroms.

Luftning - grundmetod (för två personer)

13 Skaffa en ren glasburk, en lagom lång plast- eller gummislang som sluter tätt över luftningsskruven och en ringnyckel som passar skruven. En medhjälpare behövs också.

14 Ta bort dammkåpan från den första skruven i ordningsföljden. Montera nyckeln och slangen på skruven. Placera slangens andra ände i glasburken och häll i så mycket vätska att slangänden täcks.

15 Se till att huvudcylinderbehållarens vätskenivå hålls över minmarkeringen under hela arbetet.

16 Låt en medhjälparen trampa bromsen i botten ett flertal gånger, så att trycket byggs upp, och sedan hålla kvar bromsen i botten.

17 Skruva loss luftningsskruven (ungefär ett varv) medan pedaltrycket upprätthålls och låt den trycksatta vätskan och luften flöda ner i burken.

18 Medhjälparen måste hålla trycket på pedalen, ända ner till golvet om så behövs, och inte släppa förrän du säger till. Dra år luftningsskruven igen när flödet upphör. Låt medhjälparen släppa upp pedalen långsamt och kontrollera behållarens vätskenivå igen.

19 Upprepa stegen i punkt 16 till 18 tills oljan som kommer ut från luftningsskruven är fri från luftbubblor. Om huvudcylindern har tömts och fyllts på igen och luft töms ut från den första skruven i ordningen ska en paus på ungefär fem sekunder göras mellan varje cykel så att huvudcylinderns passager hinner fyllas på igen.

20 När inga fler luftbubblor syns ska luftningsskruven dras åt ordentligt. Ta sedan bort slangen och nyckeln och montera dammkåpan. Dra inte åt luftningsskruven för hårt.

21 Upprepa proceduren på de kvarvarande skruvarna i ordningsföljden tills all luft har tömts ur systemet och bromspedalen känns fast igen. Avsluta med att sänka ner bilen (om det behövs).

Luftning - med hjälp av en luftningssats med backventil

22 Dessa luftningssatser består av en bit slang försedd med en envägsventil för att förhindra att luft och vätska dras tillbaka in i systemet. Vissa satser levereras även med en genomskinlig behållare som kan placeras så att luftbubblorna lättare ses flöda från slangänden.

23 Anslut luftningssatsen till luftningsskruven och öppna skruven **(se bild)**. Återvänd till förarsätet, tryck ner bromspedalen mjukt och stadigt och släpp sedan långsamt upp den igen. Detta upprepas tills vätskan som rinner ut är fri från luftbubblor.

24 Observera att dessa luftningssatser underlättar arbetet så mycket att man lätt glömmer att hålla koll på huvudcylinderbehållarens vätskenivå. Kontroller att denna nivå ständigt håller sig ovanför miniminivån. I annat fall kommer luft in i systemet.

Luftning - med hjälp av en tryckluftssats

25 Dessa luftningssatser ska ofta användas tillsammans med tryckluften i reservhjulet. Observera dock att trycket i reservhjulet antagligen behöver minskas till under den normala nivån. Se instruktionerna som följer med luftningssatsen.

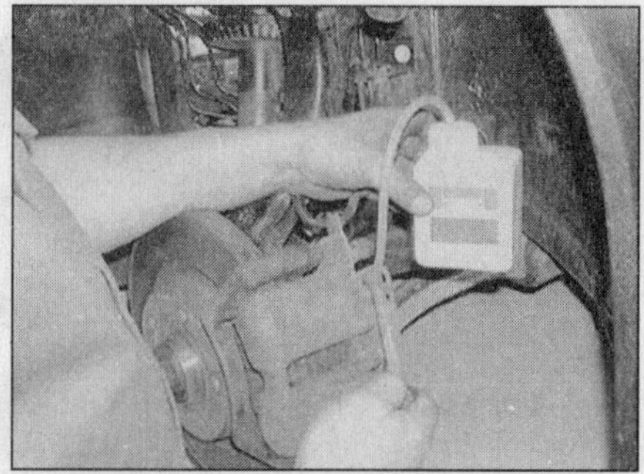

2.23 Anslut luftningssatsens slang till bromsokets luftningsnippel. Öppna sedan luftningsnippeln med en skiftnyckel

26 Genom att ansluta en trycksatt, vätskefylld behållare till huvudcylinderbehållaren kan luftningen utföras genom att man helt enkelt öppnar skruvarna i tur och ordning (i den angivna ordningsföljden) och låter vätskan flöda ut tills den inte längre innehåller några luftbubblor.

27 Den här metoden har fördelen att den stora vätskebehållaren fungerar som ett extra hinder mot att luft dras in i systemet under luftningen.

28 Trycksatt luftning är speciellt effektiv för luftning av svåra system, eller vid rutinbyte av all olja.

Alla metoder

29 Skölj bort allt vätskespill, dra åt luftningsskruvarna ordentligt och sätt tillbaka dammkåporna när luftningen är avslutad och pedalen känns fast igen.

30 Kontrollera bromsvätskenivån i huvudcylinderbehållaren och fyll på om det behövs (se *Veckokontroller*).

31 Kassera all bromsvätska som har tappats ur systemet. Den lämpar sig inte för återanvändning.

32 Kontrollera bromspedalkänslan. Om den känns svampig finns det luft kvar i systemet och ytterligare luftning behövs. Om systemet inte är helt luftat efter ett rimligt antal upprepningar av luftningen kan det bero på slitna huvudcylindertätningar. **Observera:** *Om det är svårt att lufta bromskretsen kan det bero på att det finns kvar luft i ABS-enheten. Om detta inträffar måste bilen tas till en VW-verkstad så att systemet kan avluftas med speciell elektronisk testutrustning.*

33 Eftersom kopplingens hydraulsystem använder samma vätskebehållare, rekommenderar vi att kopplingen luftas samtidigt (se kapitel 6, avsnitt 2).

3 Hydraulrör och slangar – byte

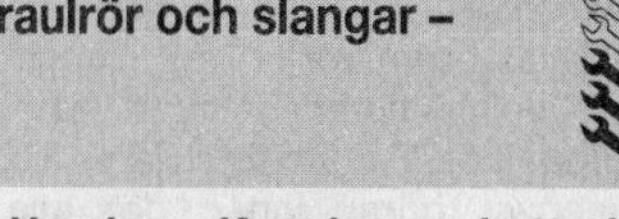

Varning: Koppla ur batteriet innan någon hydraulisk anslutning i bromssystemet kopplas loss, och koppla inte in batteriet igen förrän efter det att hydraulsystemet har återanslutits och vätskebehållaren fyllts på. Underlåtelse att göra detta kan leda till att luft kommer in i hydraulenheten. Om så inträffar måste hydraulenheten luftas med särskild testutrustning från VW (se avsnitt 2).

Observera: *Se varningen i början av avsnitt 2 angående farorna med hydraulvätska, innan arbetet påbörjas.*

1 Om något rör eller någon slang ska bytas ut kan vätskeförlusten minimeras genom att huvudcylinderbehållarens lock skruvas loss och sedan skruvas på igen över en bit

3.2 Skruva loss bromsrörets anslutning och ta loss fjäderklämman

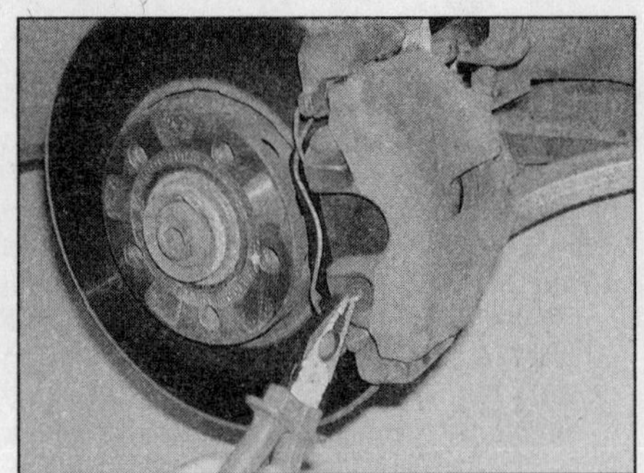
4.2 Ta loss bromsklossens fasthållningsfjäder och ta bort den från bromsoket

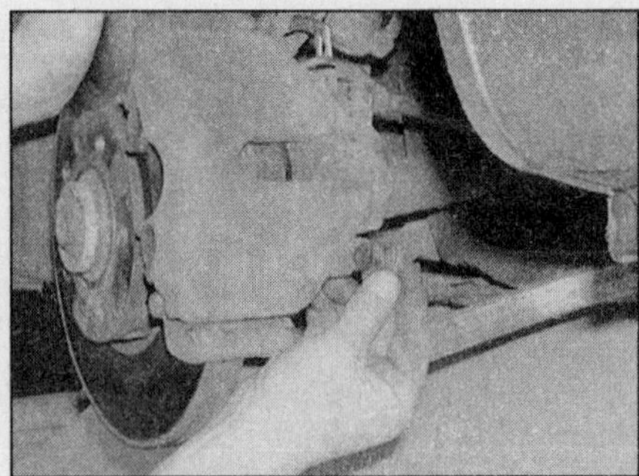
4.3 Ta bort skyddslocken från styrbussningarna för att komma åt bromsokets styrsprint

plastfolie så att en lufttät tätning bildas. Alternativt kan slangar tätas med lämpliga bromsslangklämmor. Bromsrörsanslutningar i metall kan pluggas igen eller täckas över direkt när de kopplas loss. Var då noga med att inte låta smuts tränga in i systemet. Placera trasor under alla anslutningar som ska kopplas loss för att fånga upp vätskespill.

2 Om en slang ska kopplas loss ska bromsrörsanslutningens mutter skruvas loss och fjäderklämman som fäster slangen i fästbygeln tas bort **(se bilder)**.

3 Använd helst en bromsrörsnyckel av lämplig storlek när anslutningsmuttrarna skruvas loss. Sådana finns att köpa i de flesta större motortillbehörsbutiker. Finns ingen sådan nyckel tillgänglig måste en tättsittande öppen nyckel användas, även om det innebär att hårt sittande eller korroderade muttrar kan runddras om nyckeln slinter. Skulle det hända är ofta en självlåsande tång det enda sättet att skruva loss en envis anslutning, men i så fall måste röret och de skadade muttrarna bytas ut vid ihopsättningen. Rengör alltid anslutningen och området runt den innan den kopplas loss. Om en komponent med mer än en anslutning kopplas loss ska noggranna anteckningar göras om anslutningarna innan de rubbas.

4 Nya bromsrör i rätt längd och med anslutningsmuttrar och trattändar på plats kan köpas hos VW-återförsäljare. Allt som sedan behöver göras innan det nya röret kan monteras är att böja det till rätt form med det gamla röret som mall. Alternativt kan de flesta motortillbehörsbutiker tillhandahålla bromsrör, men det kräver extremt noggranna mätningar av originalet för att ersättningsröret ska få rätt längd. Det bästa är oftast att ta med sig originalröret till butiken som mall.

5 Dra inte åt anslutningsmuttrarna för hårt vid monteringen. Det krävs ingen överdriven kraft för att åstadkomma en bra fog.

6 Se till att rören och slangarna är korrekt dragna, utan veck, och att de sitter ordentligt fästa i sina klämmor eller fästbyglar. Ta bort plastfolien från behållaren efter monteringen och lufta hydraulsystemet enligt beskrivningen i avsnitt 2. Skölja bort allt vätskespill och leta noga efter vätskeläckage.

4 Främre bromsklossar – byte

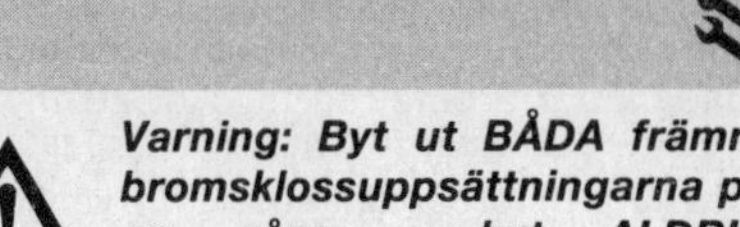

Varning: Byt ut BÅDA främre bromsklossuppsättningarna på en gång - byt ALDRIG bromsklossar bara på ena hjulet eftersom det kan ge ojämn bromsverkan. Observera även att dammet från bromsklossarnas slitage kan innehålla hälsovådlig asbest. Blås aldrig bort det med tryckluft och andas inte in det. En godkänd ansiktsmask bör bäras vid arbete med bromsarna. ANVÄND INTE bensin eller bensinbaserade lösningsmedel för att rengöra bromskomponenter. Använd endast bromsrengöringsmedel eller T-sprit.

1 Dra åt handbromsen. Lyft sedan upp framvagnen och ställ den på pallbockar. Demontera framhjulen. Medan hjulen är demonterade bör minst en hjulbult monteras på varje nav så att bromsskivorna behåller sina korrekta positioner på naven.

ATE/Teves bromsok

2 Ta försiktigt loss bromsklossens fästfjäder och ta bort den från bromsoket **(se bild)**.

3 Ta bort skyddslocken från styrbussningarna för att komma åt bromsokets styrsprintar **(se bild)**.

4 Skruva loss bromsokets styrsprintar och lyft sedan bort oket från fästbygeln **(se bild)**. Bind fast bromsoket på fjäderbenet med hjälp av en passande bit kabel. Låt inte bromsoket hänga utan stöd från bromsslangarna.

5 Lossa den inre bromsklossen från bromsokets kolv och ta bort den yttre bromsklossen från fästbygeln **(se bilder)**.

6 Mät först tjockleken på bromsklossarnas belägg **(se bild)**. Om någon bromskloss är sliten ner till den angivna minimitjockleken, eller mindre, på någon punkt måste alla fyra bromsklossarna bytas ut. Dessutom ska klossarna bytas ut om de är förorenade med

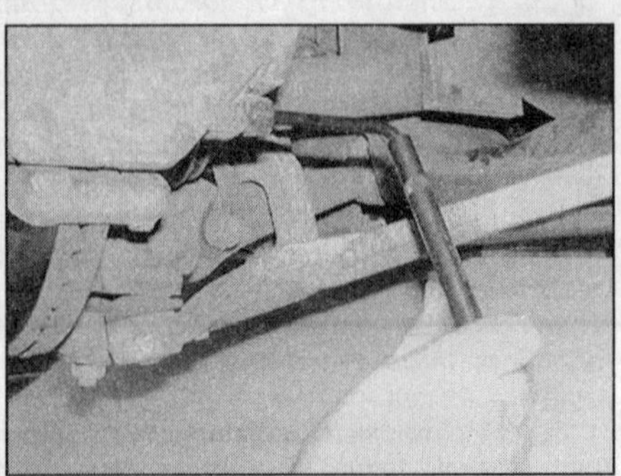
4.4a Lossa . . .

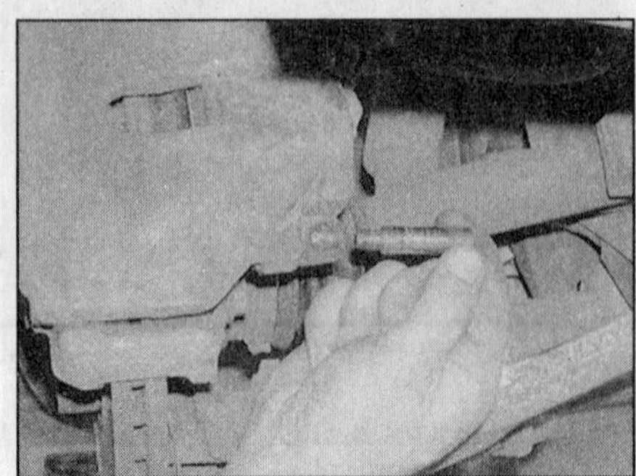
4.4b . . . och ta bort bromsokets styrsprintar. . .

4.4c . . . och lyft sedan bort bromsoket från fästbygeln

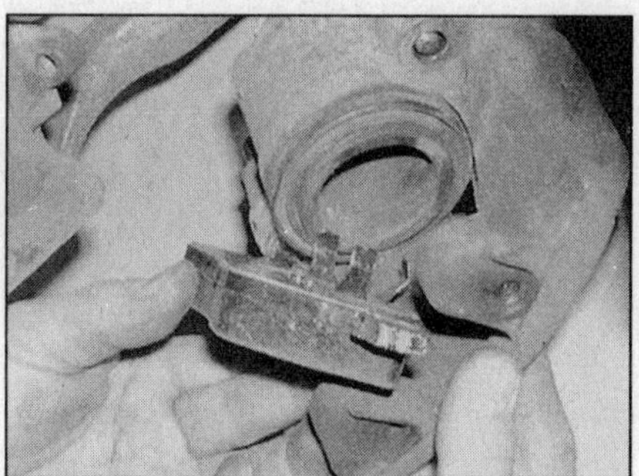
4.5a Lossa den inre bromsklossen från bromsokets kolv. . .

4.5b . . . och ta bort den yttre bromsklossen från fästbygeln

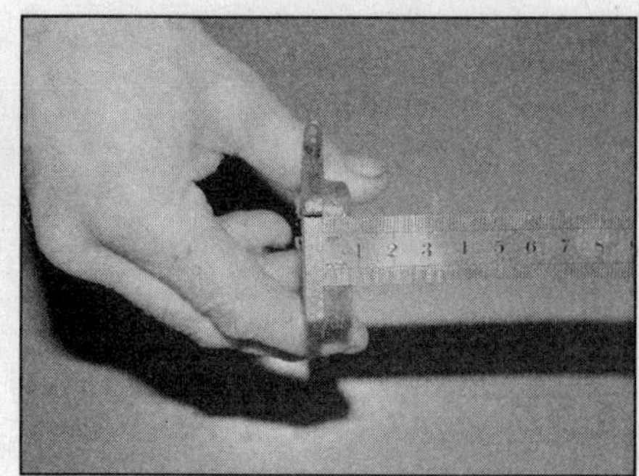
4.6 Mät först tjockleken på bromsklossarnas belägg

olja eller fett. Det finns inget bra sätt att avfetta bromsklossbelägg när de en gång förorenats. Om någon av bromsklossarna är ojämnt sliten eller förorenad av olja eller fett, ska orsaken spåras och åtgärdas innan ihopsättningen.

7 Om bromsklossarna fortfarande fungerar ska de rengöras noga med en ren, fin stålborste eller liknande. Var noga med sidorna och baksidan av metallstödplattan. Rengör spåren i beläggen och ta bort större partiklar som bäddats in om det behövs. Rengör noga bromsklossarnas säten i bromsokets fästbygel.

8 Innan bromsklossarna monteras, kontrollera att styrstiften glider obehindrat i bromsokshusens bussningar och att de sitter åt någorlunda hårt. Borsta bort dammet och smutsen från bromsoket och kolven, men andas **inte** in det eftersom det är hälsovådligt. Undersök dammtätningen runt kolven och leta efter tecken på skador, och undersök kolven efter tecken på vätskeläckage, korrosion eller skador. Om någon av dessa komponenter behöver tillsyn, se avsnitt 8.

9 Om nya bromsklossar ska monteras måste bromsokskolven tryckas tillbaka in i cylindern för att de ska få plats. Använd ett kolvutdragningsverktyg, en G-klämma eller lämpliga trästycken som hävarmar. Kläm ihop den böjliga bromsslangen som leder till bromsoket och anslut sedan en luftningssats till bromsokets luftningsnippel. Öppna luftningsnippeln när kolven dras tillbaka. Eventuell överflödig bromsvätska samlas då upp i luftningskärlet **(se bild)**.

Varning: ABS-enheten innehåller hydrauliska komponenter som är mycket känsliga för orenheter i bromsvätskan. Även de minsta partiklar kan få systemet att sluta fungera. Den bromsklossindragningsmetod som beskrivs här förhindrar att föroreningar i bromsvätskan som runnit ut ur bromsoket rinner tillbaka in i ABS-enheten.

10 Fäst den inre bromsklossen i bromsoket och montera den yttre bromsklossen i fästbygeln. Se till att belägget ligger mot bromsskivan. Observera att det finns en pil stämplad i den yttre bromsklossens nedre yttre kant. Pilen ska vara riktad i bromsskivans normala rotationsriktning. Om nya bromsklossar ska monteras, ta bort den självhäftande folien (i förekommande fall) från den yttre bromsklossen och tvätta bort eventuella klisterrester.

11 Sätt bromsoket på plats och sätt sedan tillbaka okets styrsprintar och dra åt dem till angivet moment **(se bild)**.

12 Sätt tillbaka ändkåporna på bromsokets styrbussningar och kläm fast slitagegivarens kablage på den nedre kåpan.

13 Montera bromsklossens fästfjäder och se till att fjäderändarna är korrekt placerade i hålen på bromsokshuset. Tryck fast fjäderns inre kant så att dess ändar kommer i ordentlig kontakt med bromsklossens yta.

14 Tryck ner bromspedalen upprepade gånger tills bromsklossarna pressas fast mot bromsskivorna och normalt (icke-assisterat) pedaltryck återställs.

15 Upprepa ovanstående procedur på det återstående främre bromsoket.

16 Montera hjulen. Sänk sedan ner bilen till marken och dra åt hjulbultarna till angivet moment.

17 Kontrollera bromsoljenivån (och fyll på, om det behövs) enligt beskrivningen i *Veckokontroller*.

Varning: Nya bromsklossar ger inte full bromseffekt förrän de har körts in. Var beredd på detta och undvik hårda inbromsningar i möjligaste mån i ungefär 160 km efter att bromsklossarna bytts ut.

Bromsok, Lucas

Observera: *Bromsokens styrsprintsbultar måste bytas ut varje gång de skruvas loss.*

18 Skruva loss bromsokets övre och nedre styrsprintsbultar samtidigt som styrsprintarna hålls emot med en fast nyckel **(se bild)**. Observera att nya bultar måste användas vid återmonteringen.

19 Lyft bort bromsoket från fästbygeln och bind upp bromsoket vid fjäderbenet med en

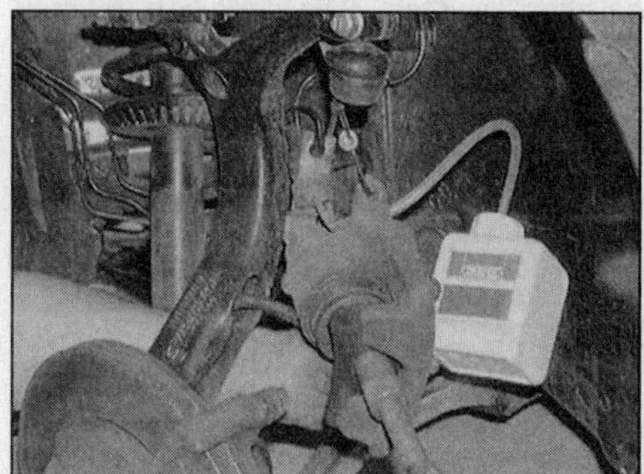
4.9 Kolven trycks tillbaka in i bromsoket med ett utdragningsverktyg

Observera klämman på bromsslangen och luftningssatsen på bromsokets luftningsnippel

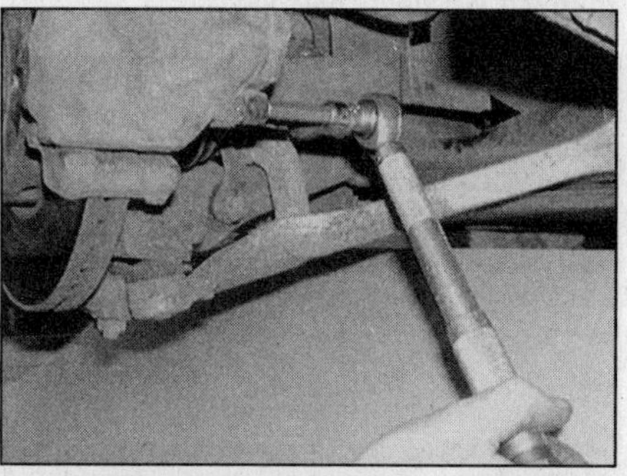
4.11 Sätt tillbaka bromsokets styrsprintar och dra åt dem till angivet moment

4.18 Skruva loss bromsokets styrsprintsbultar samtidigt som styrsprintarna hålls emot med en fast nyckel

4.19a Lyft bort bromsoket från fästbygeln

4.19b Bind fast bromsoket på fjäderbenet med hjälp av en passande bit kabel. Låt inte bromsoket hänga utan stöd från bromsslangarna.

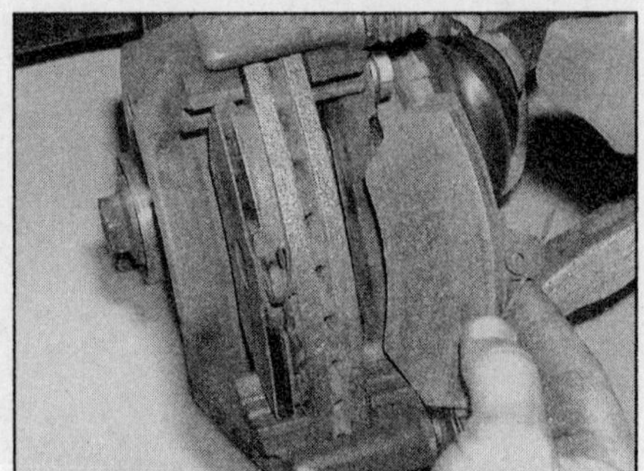

4.20a Demontera de inre . . .

bit ståltråd. Låt inte bromsoket hänga utan stöd från bromsslangarna**(se bilder)**.

20 Ta bort de inre och yttre bromsklossarna från bromsokets fästbygel. Se till att den cirkelformade värmeskölden sitter kvar på kolvens ände **(se bilder)**.

21 Mät först tjockleken på bromsklossarnas belägg **(se bild 4.6)**. Om någon bromskloss är sliten ner till den angivna minimitjockleken, eller mindre, på någon punkt måste alla fyra bromsklossarna bytas ut. Dessutom ska klossarna bytas ut om de är förorenade med olja eller fett. Det finns inget bra sätt att avfetta bromsklossbelägg när de en gång förorenats. Om någon av bromsklossarna är ojämnt sliten eller förorenad av olja eller fett, ska orsaken spåras och åtgärdas innan ihopsättningen.

22 Om bromsklossarna fortfarande fungerar ska de rengöras noga med en ren, fin stålborste eller liknande. Var noga med sidorna och baksidan av metallstödplattan. Rengör spåren i beläggen och ta bort större partiklar som bäddats in om det behövs. Rengör noga bromsklossarnas säten i bromsokets fästbygel.

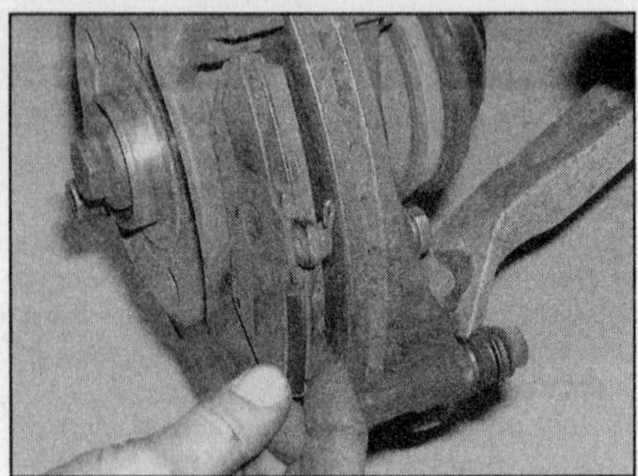

4.20b . . . och yttre bromsklossarna från bromsokets fästbygel

23 Innan bromsklossarna monteras, kontrollera att styrsprintarna glider lätt i bromsokshusets bussningar.

24 Torka bort damm och smuts från bromsoket och kolven, men **andas inte in** dammet, eftersom det är hälsovådligt. Undersök dammtätningen runt kolven och leta efter tecken på skador, och undersök kolven efter tecken på vätskeläckage, korrosion eller skador. Om någon av dessa komponenter behöver tillsyn, se avsnitt 8.

25 Om nya bromsklossar ska monteras måste okets kolv tryckas in i cylindern för att ge plats åt dem. Se informationen under punkt 9.

26 Fäst den inre bromsklossen i bromsoket och montera den yttre bromsklossen i fästbygeln. Se till att belägget ligger mot bromsskivan. Om nya bromsklossar ska monteras, ta bort den självhäftande folien (i förekommande fall) från den yttre bromsklossen och tvätta bort eventuella klisterrester.

27 Montera bromsoket över bromsklossarna, och se till att fjärilsklämmorna på bromsklossarnas yttre kant ligger an mot bromsokshusets inneryta utan att klämmas fast i okets inspektionsöppning. **Observera:** *Nya styrsprintsbultar för bromsoket måste användas vid återmonteringen.*

28 Sätt i bromsokets nya styrsprintsbultar och dra åt dem till angivet moment, och håll emot styrsprinten med en fast nyckel **(se bilder)**.

29 Tryck ner bromspedalen upprepade gånger tills bromsklossarna pressas fast mot bromsskivorna och normalt (icke-assisterat) pedaltryck återställs.

30 Upprepa ovanstående procedur på det återstående främre bromsoket.

31 Montera hjulen. Sänk sedan ner bilen till marken och dra åt hjulbultarna till angivet moment.

32 Kontrollera bromsoljenivån (och fyll på, om det behövs) enligt beskrivningen i *Veckokontroller*.

Varning: Nya bromsklossar ger inte full bromseffekt förrän de har körts in. Var beredd på detta och undvik hårda inbromsningar i möjligaste mån i ungefär 160 km efter att bromsklossarna bytts ut.

5 Bakre bromsklossar – byte

Varning: Byt ut BÅDA bakre bromsklossuppsättningarna på en gång - byt ALDRIG bromsklossar bara på ena hjulet eftersom det kan ge ojämn bromsverkan. Observera även att dammet från bromsklossarnas slitage kan innehålla hälsovådlig asbest. Blås aldrig bort det med

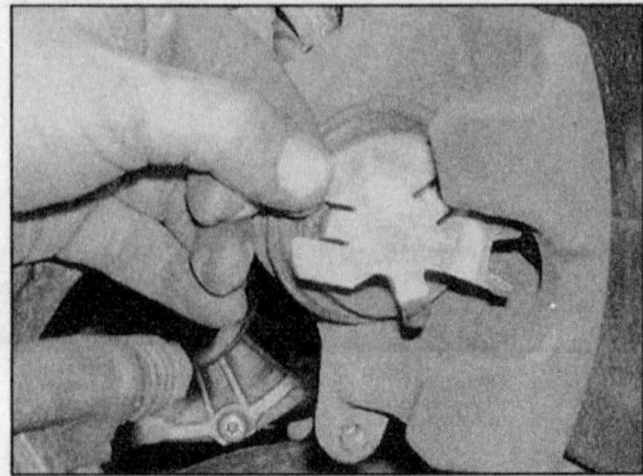

4.20c Se till att den cirkelformade värmeskölden sitter kvar på kolvens ände

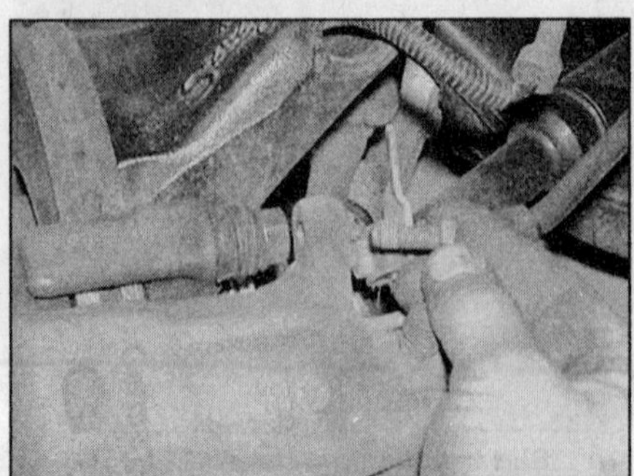

4.28a Sätt i bromsokets nya styrsprintsbultar . . .

4.28b . . . och dra åt dem till angivet moment

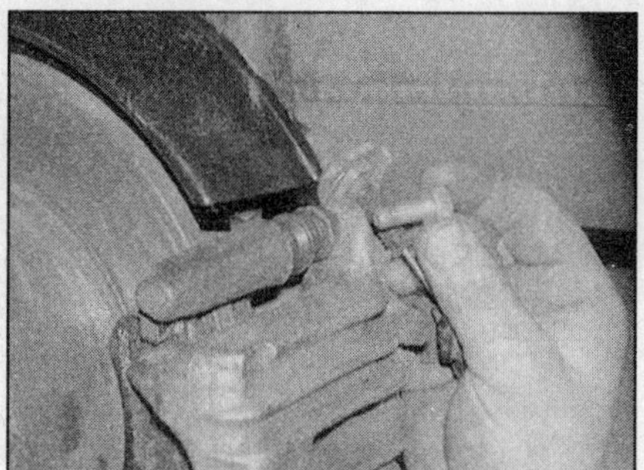

5.3 Skruva loss bromsokets styrsprintsbultar

5.4 Lyft bort bromsoket från bromsklossarna

5.5a Ta loss den yttre . . .

tryckluft och andas inte in det. En godkänd ansiktsmask bör bäras vid arbete med bromsarna. ANVÄND INTE bensin eller bensinbaserade lösningsmedel för att rengöra bromskomponenter. Använd endast bromsrengöringsmedel eller T-sprit.

Observera: *Bromsokens styrsprintsbultar måste bytas ut varje gång de skruvas loss.*

1 Klossa framhjulen. Lyft sedan upp bakvagnen och ställ den på pallbockar. Demontera bakhjulen. Medan hjulen är demonterade bör minst en hjulbult monteras på varje nav så att bromsskivorna behåller sina korrekta positioner på naven.

2 Lossa handbromsspaken enligt beskrivningen i avsnitt 16. Justera sedan handbromsvajern med justeraren för att få så mycket fritt spel i vajrarna som möjligt. Se till att båda bromsokens handbromsarmar ligger mot stoppen.

3 Skruva loss bromsokets styrsprintsbultar. Håll emot styrsprintarna med en fast nyckel för att förhindra att de vrids **(se bild)**. Kasta styrsprintsbultarna. Vid återmonteringen måste nya bultar användas.

4 Lyft bort bromsoket från bromsklossarna och bind upp det vid fjäderbenet med en bit ståltråd. Låt inte oket hänga i bromsslangen utan stöd **(se bild)**.

5 Ta bort de två bromsklossarna från bromsokets fästbygel **(se bilder)**.

6 Mät först tjockleken på bromsklossarna (exklusive stödplattan). Om någon kloss är sliten ner till den angivna minimitjockleken eller mindre på någon punkt måste **alla fyra** bromsklossarna bytas ut. Dessutom ska klossarna bytas ut om de är förorenade med olja eller fett. Det finns inget bra sätt att avfetta bromsklossbelägg när de en gång förorenats. Om någon av bromsklossarna är ojämnt sliten eller förorenad av olja eller fett, ska orsaken spåras och åtgärdas innan ihopsättningen.

7 Om bromsklossarna fortfarande fungerar ska de rengöras noga med en ren, fin stålborste eller liknande. Var noga med sidorna och baksidan av metallstödplattan. Rengör spåren i beläggen (om det är tillämpligt) och plocka ut alla större inbäddade partiklar av smuts. Rengör bromsklossplatserna i bromsokshuset/fästbygeln noga.

8 Innan bromsklossarna monteras, kontrollera att styrsprintarna kan glida i bromsoksfästbygeln och att styrsprintarnas gummidamasker är oskadda. Borsta bort dammet och smutsen från bromsoket och kolven, men andas **inte** in det eftersom det är hälsovådligt. Undersök dammtätningen runt kolven och leta efter tecken på skador, och undersök kolven efter tecken på vätskeläckage, korrosion eller skador. Om någon av dessa komponenter måste åtgärdas, se avsnitt 9.

9 Om nya bromsklossar ska monteras måste kolven tryckas in helt i bromsoket genom att den vrids medurs, samtidigt som man trycker in kolven, med hjälp av ett utdragningsverktyg, eller en låsringstång **(se bild)**. Överflödig bromsvätska måste föras ut genom bromsokets luftningsnippel. Se informationen i avsnitt 4, punkt 9.

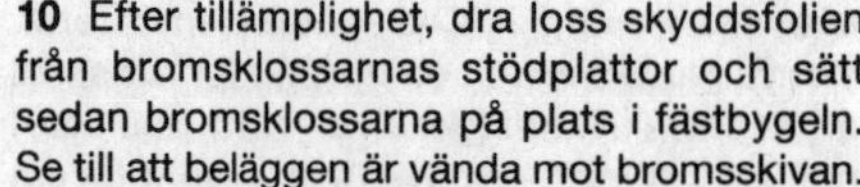

10 Efter tillämplighet, dra loss skyddsfolien från bromsklossarnas stödplattor och sätt sedan bromsklossarna på plats i fästbygeln. Se till att beläggen är vända mot bromsskivan.

11 Skjut tillbaka bromsoket på plats över bromsklossarna, och se till att klossarnas skakdämpningsfjädrar sitter korrekt mot bromsokshusets inneryta och inte kläms fast i inspektionsöppningen **(se bild)**.

12 Tryck bromsoket på plats, och sätt sedan i de nya styrsprintsbultarna och dra åt dem till angivet moment medan styrsprintarna hålls på plats med en fast nyckel.

13 Upprepa ovanstående procedur på det återstående bakre bromsoket.

14 Tryck ner bromspedalen några gånger för att tvinga bromsklossarna till ordentlig kontakt med skivorna. När pedalen känns normal, kontrollera att skivorna kan rotera fritt. Justera handbromsen enligt beskrivningen i avsnitt 14.

15 Montera hjulen. Sänk sedan ner bilen till marken och dra åt hjulbultarna till angivet moment.

16 Kontrollera bromsvätskenivån (och fyll på om det behövs) enligt beskrivningen i *Veckokontroller*.

Varning: Nya bromsklossar ger inte full bromseffekt förrän de har körts in. Var beredd på detta och undvik hårda inbromsningar i möjligaste mån i ungefär 160 km efter att bromsklossarna bytts ut.

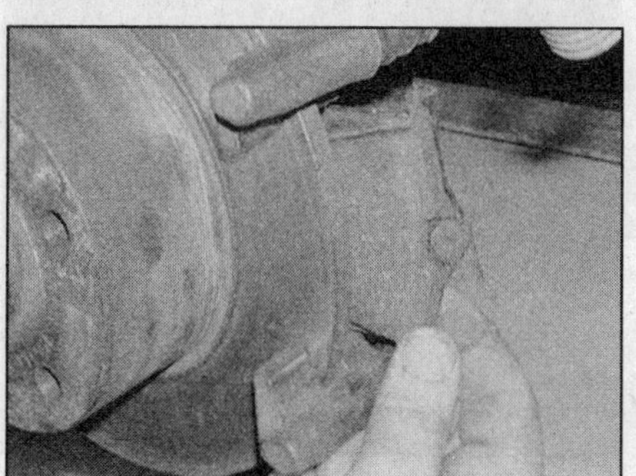

5.5b . . . och inre bromsklossen från bromsokets fästbygel

5.9 Använd ett tryckverktyg för att trycka och vrida kolven tillbaka in i bromsoket

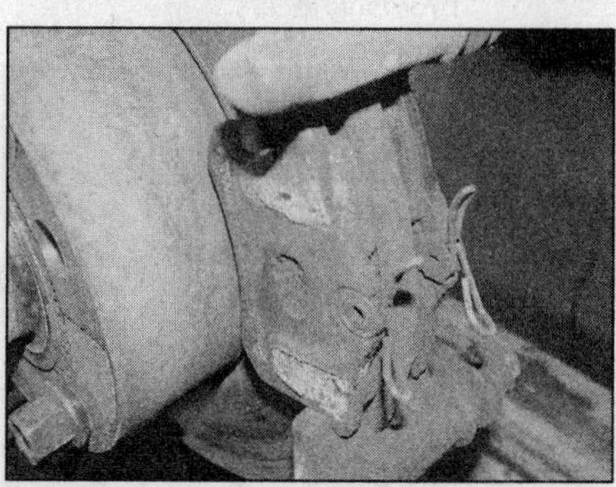

5.11 Se till att dämpningsfjädrarna är korrekt placerade. Fyll inte igen kontrollöppningen när bromsoket har satts tillbaka

6 Främre bromsskiva - kontroll, demontering och montering

Observera: *Se anmärkningen i början av avsnitt 4 angående farorna med asbestdamm innan arbetet påbörjas.*

Kontroll

Observera: *Om någon av skivorna behöver bytas ut ska BÅDA skivorna bytas ut samtidigt, så att bromsarna verkar jämnt på båda sidor. Nya bromsklossar ska också monteras.*

1 Dra åt handbromsen, lyft upp framvagnen och ställ den på pallbockar. Demontera relevant framhjul. Med hjulet demonterat, skruva tillbaka minst en hjulbult för att se till att bromsskivan ligger kvar i rätt position i navet. Om det behövs kan man placera mellanläggsbrickor på hjulbultarna för att klämma skivan ordentligt på plats.

2 Vrid långsamt bromsskivan så att den kan kontrolleras fullständigt på båda sidor. Ta bort bromsklossarna om åtkomligheten till de inre ytorna måste förbättras. Lätta repor är normalt i området som är i kontakt med bromsklossarna, men om kraftiga repor eller sprickor förekommer måste skivan bytas ut.

3 Det är normalt med en kant av rost och bromsdamm runt skivan. Denna kan skrapas bort om det behövs. Men om en kant uppstått på grund av överdrivet slitage på den bromsklossvepta ytan måste skivans tjocklek mätas med en mikrometer. Mät på flera punkter runt skivan, och på insidan och utsidan av området som är i kontakt med bromsklossen. Om skivan har slitits ner någonstans till den angivna minimitjockleken eller under måste den bytas ut.

4 Om skivan misstänks ha slagit sig kan skevheten kontrolleras. Fäst skivan ordentligt vid navet genom att sätta tillbaka minst två av hjulbultarna. Sätt på vanliga brickor på hjulbultarna för att se till att skivan sitter ordentligt på navet.

5 Använd antingen en mätklocka monterad på någon passande fast punkt, med långsamt roterande skiva, eller använd bladmått (på flera punkter runt skivan) och mät spelet mellan skivan och en fast punkt, t.ex. bromsokets fästbygel **(se bild)**. Om de uppmätta värdena är lika höga eller högre än det angivna maxvärdet är skivan kraftigt skev och måste bytas ut. Kontrollera emellertid först att hjullagret är i gott skick (kapitel 10).

6 Undersök skivan och leta efter sprickor, särskilt runt hjulbultshålen, och andra tecken på slitage eller skador. Byt ut den om det behövs.

Demontering

7 Skruva loss de två bultar som håller fast bromsokets fästbygel vid benet. . Dra av hela bromsoket från navet och bort från skivan, och bind fast det vid den främre spiralfjädern med en bit ståltråd eller snöre för att undvika påfrestningar på hydraulbromsslangen. Bromsokets kan skruvas loss och tas bort separat om så behövs (se avsnitt 8).

8 Markera skivans läge i förhållande till navet med krita eller färg, och skruva sedan loss alla hjulbultar som håller fast skivan och lyft av den **(se bild)**. Om skivan sitter hårt, knacka försiktigt på den bakre ytan med en plasthammare eller liknande för att lossa den från navet.

Montering

9 Montera i omvänd ordningsföljd mot demonteringen. Tänk på följande:

a) *Se till att skivans och navets fogytor är rena och flata.*

b) *Vid monteringen, rikta (om det är tillämpligt) in de märken som gjordes vid demonteringen.*

c) *Om en ny skiva har monterats, använd ett lämpligt lösningsmedel för att torka bort eventuellt skyddslager från skivan innan bromsoket återmonteras. Observera att nya bromsklossar alltid ska monteras om skivan byts ut.*

d) *Rengör bromsoksfästets fästbultar före monteringen. Skjut bromsoket på plats och se till att bromsklossarna hamnar på varsin sida om skivan, och dra sedan åt bromsokets fästbultar till angivet moment.*

e) *Montera tillbaka hjulet, sänk ner bilen och dra åt hjulbultarna till angivet moment. Tryck ner bromspedalen flera gånger för att tvinga bromsklossarna i kontakt med skivan innan bilen körs.*

7 Bakre bromsskiva - kontroll, demontering och montering

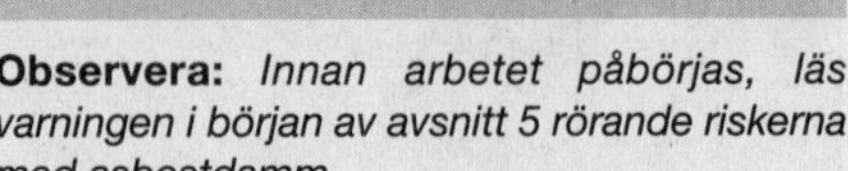

Observera: *Innan arbetet påbörjas, läs varningen i början av avsnitt 5 rörande riskerna med asbestdamm.*

Kontroll

Observera: *Om någon av skivorna behöver bytas ut ska BÅDA skivorna bytas ut samtidigt, så att bromsarna verkar jämnt på båda sidor. Nya bromsklossar ska också monteras.*

1 Klossa framhjulen ordentligt och lägg i första växeln (eller P). Lyft sedan upp bakvagnen och ställ den på pallbockar (se *Lyftning och stödpunkter*). Demontera relevant bakhjul.

2 Undersök skivan enligt beskrivningen i avsnitt 6.

Demontering

3 Skruva loss de två bultar som håller bromsokets fästbygel på plats. För sedan hela bromsoksenheten av skivan. Bind upp bromsoket vid bakfjädringens spiralfjäder med ståltråd eller snöre, för att undvika att hydraulbromsslangen belastas. Bromsokets fästbygel kan skruvas loss och tas bort separat om så behövs (se avsnitt 9).

4 Markera skivans läge i förhållande till navet med krita eller färg och ta sedan bort skivan **(se bild)**. Om skivan sitter hårt, knacka försiktigt på den bakre ytan med en plasthammare eller liknande för att lossa den från navet.

Montering

5 Montera i omvänd ordningsföljd mot demonteringen. Tänk på följande:

a) *Se till att skivans och navets fogytor är rena och flata.*

b) *Vid monteringen, rikta (om det är tillämpligt) in de märken som gjordes vid demonteringen.*

c) *Om en ny skiva har monterats, använd ett lämpligt lösningsmedel för att torka bort eventuellt skyddslager från skivan innan bromsoket återmonteras. Observera att nya bromsklossar alltid ska monteras om skivan byts ut.*

6.5 Skivtjockleken mäts med en mätklocka

6.8 Markera först skivans läge mot navet och ta sedan bort de främre bromsskivorna

7.4 Markera skivans placering i förhållande till navet innan de bakre skivorna tas bort

d) Rengör bromsoksfästets fästbultar före monteringen. Skjut bromsoket på plats och se till att bromsklossarna hamnar på varsin sida om skivan. Dra sedan åt bromsokets fästbultar till angivet moment.

e) Montera tillbaka hjulet, sänk ner bilen och dra åt hjulbultarna till angivet moment. Tryck ner bromspedalen flera gånger för att tvinga bromsklossarna i kontakt med skivan innan bilen körs.

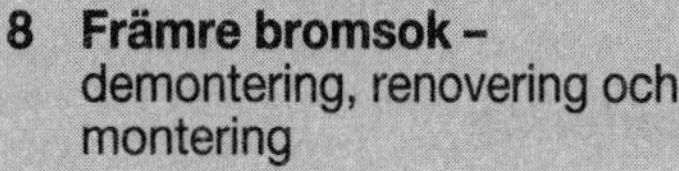

8 Främre bromsok – demontering, renovering och montering

Observera: *Se anmärkningen i början av avsnitt 2 angående farorna med hydraulvätska, och varningen i början av avsnitt 4 angående farorna med asbestdamm, innan arbetet påbörjas.*

Observera: *Styrsprintsbultarna på Lucas-bromsoken måste bytas ut när de har skruvats loss.*

Demontering

1 Dra åt handbromsen. Lyft sedan upp framvagnen och ställ den på pallbockar. Demontera framhjulen. När hjulen demonterats, skruva tillbaka minst en hjulbult i navet för att se till att bromsskivan ligger kvar i rätt position i navet.

2 Minimera vätskeförlusten genom att först ta bort huvudcylinderbehållarens lock och sedan skruva på den igen över en bit plastfolie så att

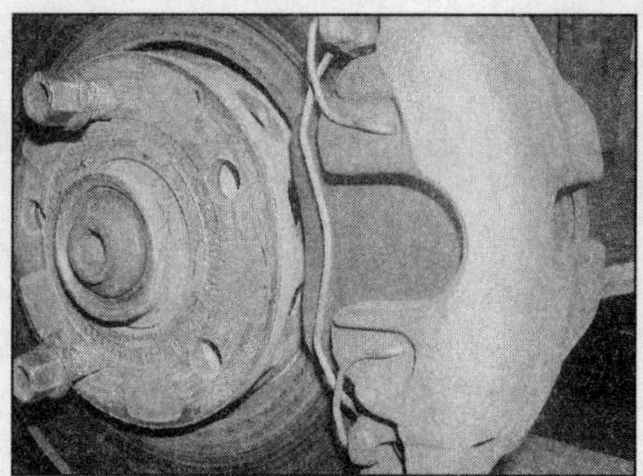

8.5 Lyft försiktigt upp bromsklossens fästfjäder

en lufttät tätning bildas. Alternativt kan en bromsslangklämma, en G-klämma eller liknande användas för att klämma ihop slangen.

3 Koppla loss kontaktdonet från bromsklossens slitagegivare, i förekommande fall. Koppla loss skarvdonet från bromsokets fästbygel.

4 Rengör området runt bromsokets bromsrör och skruva sedan loss anslutningsmuttern. Skruva loss fästbygeln från bromsoket och flytta röret åt sidan. Plugga igen/täck öppningarna på röret och bromsokets anslutning för att minimera oljespill och förhindra att smuts tränger in i hydraulsystemet. Tvätta omedelbart bort allt oljespill med kallt vatten.

5 På modeller med ATE/Teves-bromsok, bänd försiktigt loss bromsklossens fästfjäder med en flat skruvmejsel och ta bort den från bromsoket **(se bild)**. Ta bort locken från styrbussningarna och skruva sedan loss bromsokets styrsprintar.

6 På modeller med Lucas-bromsok, håll emot styrsprintarna med en fast nyckel och skruva sedan loss båda styrsprintsbultarna.

7 Lyft bort bromsoket och lossa det från kablaget till bromsklossarnas slitagegivare (om det är tillämpligt). Ta bort den inre bromsklossen från kolven och den yttre bromsklossen från bromsokets fästbygel. Skruva loss och ta bort bromsokets fästbygel.

Renovering

8 Lägg bromsoket på arbetsbänken och torka bort allt damm och smuts. *Men undvik att andas in dammet eftersom det är hälsovådligt.*

HAYNES TiPS

Om kolven inte kan dras ut för hand kan den tvingas ut med hjälp av tryckluft som kopplas till bromsslangens anslutningshål. Det tryck man får från en fotpump bör räcka för att få bort kolven. Även ett lågt tryck får kolven att skjutas ut med ordentlig fart. Placera en bit mjukt trä i bromsoket för att förhindra att kolvens ände skadas. Undvik att klämma fingrarna mellan kolven och bromsoket.

9 Dra ut den delvis utskjutna kolven från bromsokshuset och ta bort dammtätningen.

10 Bänd loss kolvens hydraultätning med ett mjukt, flatbladigt verktyg, t.ex. en plastspatel, och var mycket försiktig så att inte bromsokets lopp skadas.

11 Rengör alla komponenter noggrant. Använd endast T-sprit, isopropylalkohol eller ren hydraulvätska som rengöringsmedel. Använd aldrig mineralbaserade lösningsmedel som bensin eller fotogen, eftersom de kommer att angripa hydraulsystemets gummikomponenter. Torka delarna omedelbart med tryckluft eller med en ren luddfri trasa. Använd tryckluft för att blåsa rent vätskepassagerna.

12 Kontrollera alla komponenter och byt ut de som är slitna eller skadade. Kontrollera särskilt cylinderloppet och kolven. Dessa ska bytas ut om de är repiga, slitna eller korroderade (observera att detta innebär att hela enheten måste bytas ut). Kontrollera att styrsprintarna och bussningarna i bromsoksenheten är i gott skick. Båda sprintarna ska vara oskadda och (när de är rengjorda) sitta någorlunda hårt i bussningarna. Om det råder minsta tvivel om skicket på någon komponent ska den bytas ut.

13 Om enheten lämpar sig för ytterligare användning ska en passande reparationssats införskaffas. Komponenterna kan köpas i olika kombinationer hos VW-återförsäljare. Alla gummitätningarna ska naturligtvis bytas ut. De ska aldrig återanvändas.

14 Vid ihopsättningen måste alla delar vara rena och torra **(se bild)**.

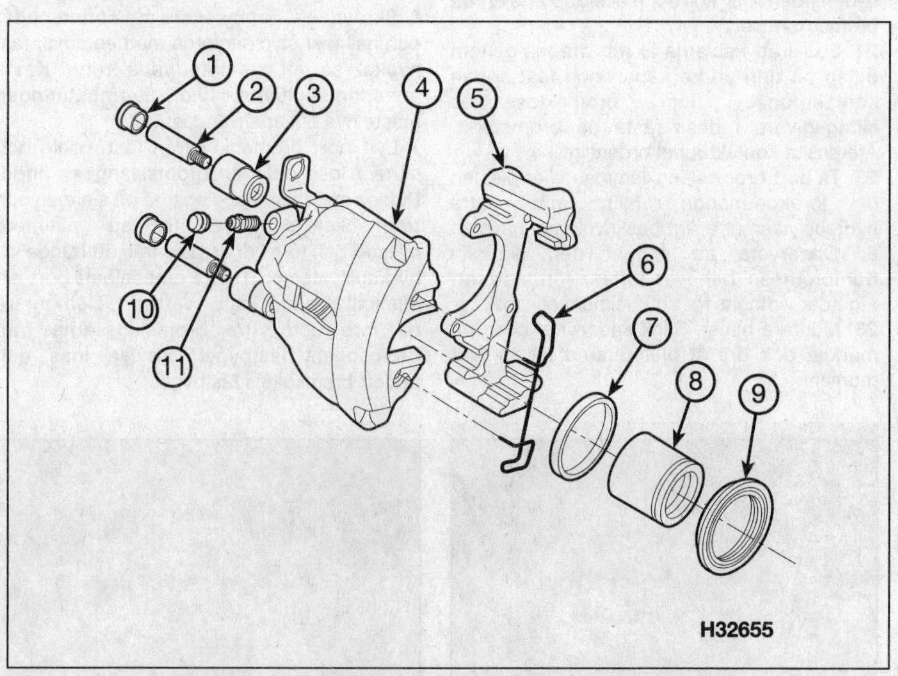

8.14a Sprängskiss av främre Teves/ATE-bromsok

1 Dammkåpa
2 Styrsprintar
3 Styrhylsor
4 Bromsok
5 Bromsokets fästbygel
6 Bromsklossen fästfjäder
7 Kolvtätning
8 Kolv
9 Dammtätning
10 Dammkåpa
11 Luftningsskruv

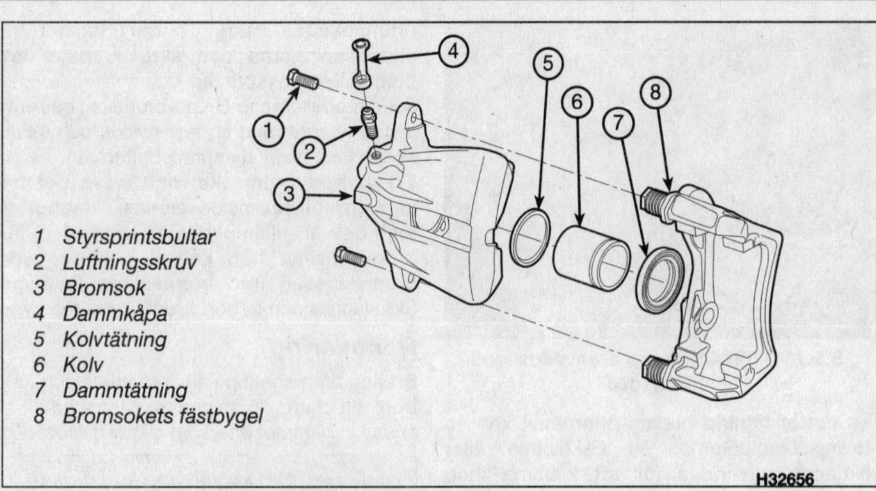

8.14b Sprängskiss av främre Lucas-bromsok

15 Dränk in kolven och den nya oljetätningen i ren hydraulvätska. Smörj ren olja på cylinderloppets yta.

16 Montera den nya kolvtätningen. Lirka in den i cylinderloppets spår för hand (använd inga verktyg).

17 Montera den nya dammtätningen på kolvens baksida och placera tätningens yttre läpp i bromsokshusets spår. För försiktigt kolven rakt in i cylinderloppet med en vridande rörelse. Tryck in kolven helt på sin plats och placera dammtätningens inre läpp i kolvspåret.

18 Om styrbussningarna ska bytas ut, tryck bort de gamla bussningarna från bromsoket och tryck dit de nya. Se till att de placeras på rätt sätt.

19 Innan monteringen, fyll bromsoket med ny bromsvätska genom att lossa avluftningsskruven och pumpa runt vätskan i bromsoket tills vätskan som rinner ut från anslutningshålet är fri från luftbubblor.

Montering

20 Fäst bromsokets fästbygel på hjulspindeln med bultar. Använd rengjorda bultar och dra åt dem till angivet moment **(se bilder)**. Montera tillbaka bromsklossarna till kolven och bromsokets fästbygel enligt beskrivningen i avsnitt 4. Sätt bromsoket på plats över bromsklossarna.

21 Sätt i bromsokets styrsprintar/styrsprintsbultar (efter tillämplighet), och dra åt dem till angivet moment. Sätt tillbaka ändlocken på styrbussningarna. **Observera:** *På modeller med Lucas-bromsok måste nya styrsprintsbultar användas.*

22 Återanslut bromsröret till bromsoket och montera tillbaka fästbygeln på bromsoket. Dra åt fästbygelns fästbult och bromsrörets anslutningsmutter till angivna moment.

23 Montera tillbaka bromsklossens fästfjäder (i förekommande fall) och se till att fjäderändarna är korrekt placerade i hålen på bromsokshuset.

24 Se till att kablarna är rätt dragna genom öglan på den undre kåpan och fäst sedan kontaktdonet för bromsklossarnas slitagegivare i dess fäste på bromsoket. Återanslut kontaktdonet ordentligt.

25 Ta bort bromsslangklämman eller plasten (i förekommande fall) och lufta hydraulsystemet enligt beskrivningen i avsnitt 2. Observera att endast den aktuella frambromsen behöver luftas, förutsatt att åtgärder vidtagits för att minimera oljespill.

26 Montera hjulet. Sänk sedan ner bilen på marken och dra åt hjulbultarna till angivet moment.

9 Bakre bromsok – demontering, renovering och montering

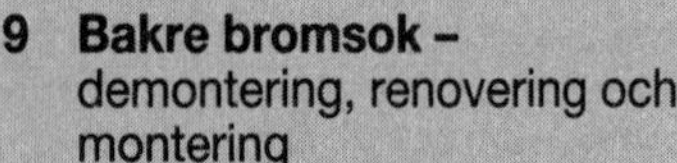

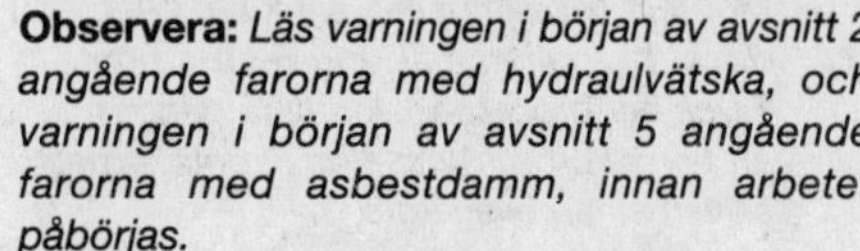

Observera: *Läs varningen i början av avsnitt 2 angående farorna med hydraulvätska, och varningen i början av avsnitt 5 angående farorna med asbestdamm, innan arbetet påbörjas.*

Observera: *Nya styrsprintsbultar måste användas vid återmonteringen.*

Demontering

1 Klossa framhjulen. Lyft sedan upp bakvagnen och ställ den på pallbockar. Ta bort relevant bakhjul. Med hjulet demonterat, sätt tillbaka minst en hjulbult på navet så att bromsskivan sitter kvar på rätt plats.

2 Se avsnitt 16. Lossa handbromsspaken och dra bak handbromsvajerjusteraren för att få största möjliga spel i vajrarna.

3 Lossa handbromsvajern från bromsokets arm och ta sedan bort fästklämman och lossa vajerhöljet från bromsokshuset.

4 Minimera vätskeförlusten genom att först ta bort huvudcylinderbehållarens lock och sedan skruva på den igen över en bit plastfolie så att en lufttät tätning bildas. Alternativt kan en bromsslangklämma, en G-klämma eller liknande användas för att klämma ihop slangen.

5 Rengör området runt bromsokets bromsslang och lossa sedan anslutningen.

6 Skruva loss bromsokets styrsprintsbultar och håll fast styrsprintarna med en smal, fast nyckel så att de inte vrids runt. Kasta styrsprintsbultarna. Vid återmonteringen måste nya bultar användas.

7 Lyft bort bromsoket från fästbygeln och skruva loss det från bromsslangens ände. Plugga igen/täck öppningarna på slangen och bromsoksanslutningen för att minimera oljespill och förhindra smuts från att tränga in i hydraulsystemet. Tvätta omedelbart bort allt oljespill med kallt vatten. Demontera de inre och yttre bromsklossarna från bromsokets fästbygel. Skruva loss och ta bort bromsokets fästbygel.

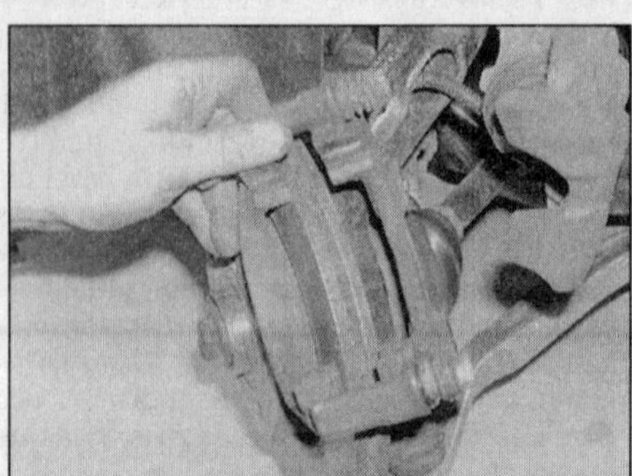

8.20a Montera tillbaka bromsokets fästbygel på hjulspindeln . . .

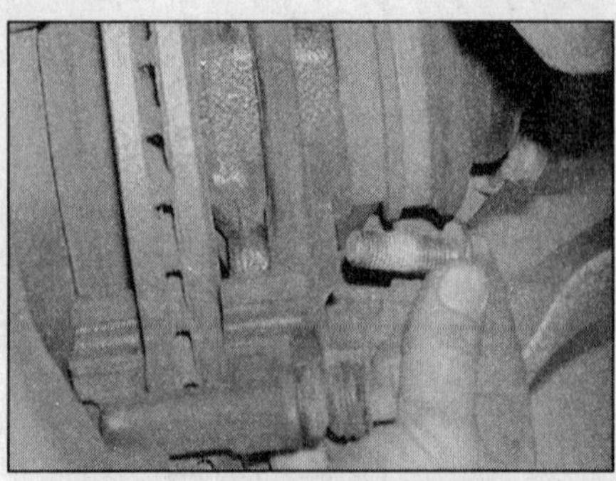

8.20b . . . använd rengjorda bultar . . .

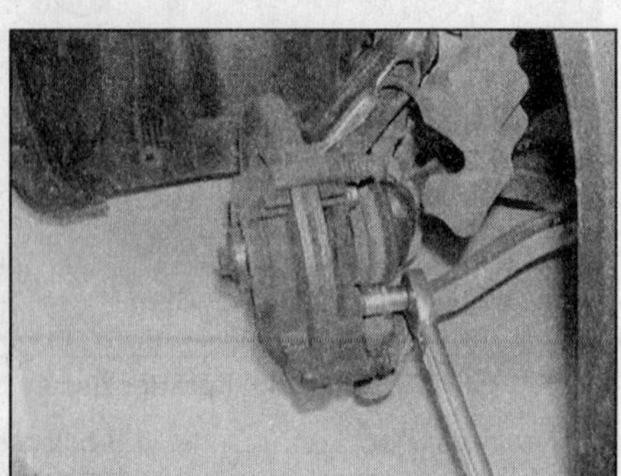

8.20c . . . och dra åt dem till angivet moment

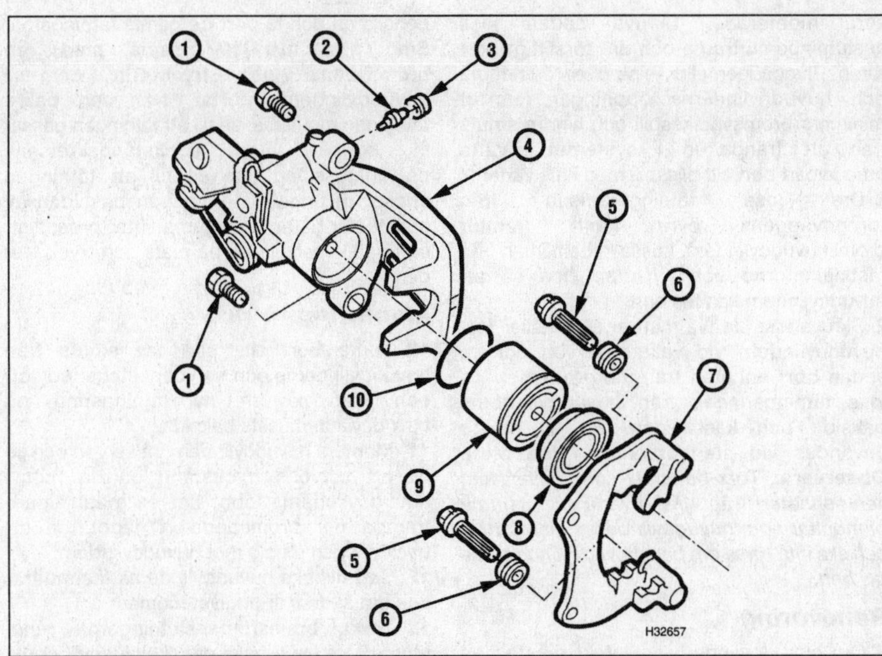

9.13 Sprängskiss av bakre bromsok

1 Självlåsande bult
2 Luftningsskruv
3 Dammkåpa
4 Bromsok
5 Styrsprint
6 Dammhylsa
7 Bromsokets fästbygel
8 Dammtätning
9 Kolv
10 Kolvtätning

Renovering

Observera: *Det går inte att renovera bromsokets handbromsmekanism. Om mekanismen är defekt eller om vätska läcker från handbromsspakens tätning måste hela bromsoket bytas ut.*

8 Lägg bromsoket på arbetsbänken och torka bort allt damm och smuts. Men undvik att andas in dammet eftersom det är hälsovådligt.

9 Ta bort kolven från bromsoksloppet genom att vrida den moturs. Detta kan endast göras med en låsringstång som hakar i bromsokskolvens spår. När kolven kan vridas fritt men inte kommer ut längre, hålls kolven på plats enbart med tätningen och kan dras ut för hand.

10 Ta bort dammtätningen från kolven och

9.18 Fäst det bakre bromsokets fästbygel med nya bultar (pil)

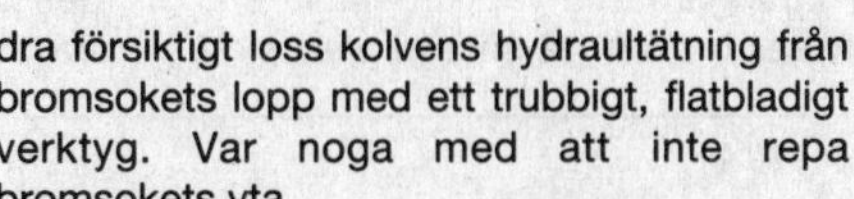

dra försiktigt loss kolvens hydraultätning från bromsokets lopp med ett trubbigt, flatbladigt verktyg. Var noga med att inte repa bromsokets yta.

11 Dra ut styrsprintarna från bromsokets fästbygel och ta bort styrhylsdamaskerna.

12 Undersök alla bromsokets komponenter (enligt beskrivningen för det främre bromsoket i avsnitt 8) och byt dem om det behövs. Notera att handbromsmekanismen **inte** får tas isär.

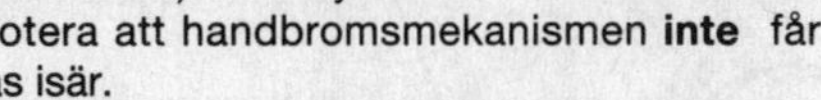

13 Vid ihopsättningen måste alla delar vara rena och torra **(se bild)**.

14 Dränk in kolven och den nya oljetätningen i ren hydraulvätska. Smörj ren olja på cylinderloppets yta. Sätt på den nya kolvtätningen (oljetätningen). Använd fingrarna (inga verktyg) för att få in tätningen i cylinderloppets spår.

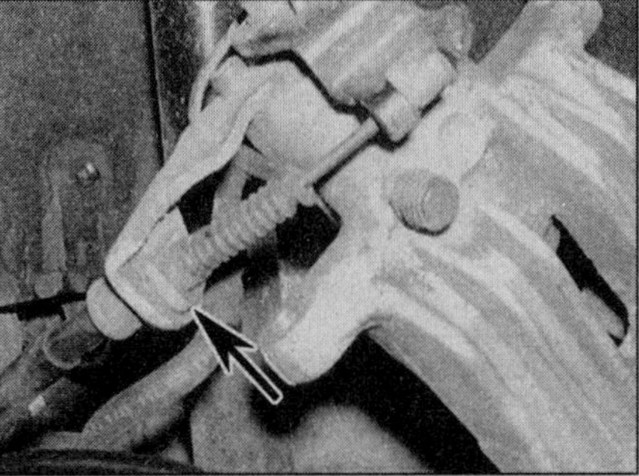

9.22 Återanslut handbromsvajern på det bakre bromsoket och fäst den med fästklämman (pil)

15 Montera den nya dammtätningen på kolvens baksida och placera tätningens yttre läpp i bromsokshusets spår. För försiktigt kolven rakt in i cylinderloppet med en vridande rörelse. Vrid och tryck på kolven medurs med den metod som användes vid isärtagningen tills den är helt inskjuten i bromsoksloppet. Placera sedan dammtätningens inre läpp i kolvspåret.

16 Applicera fettet som följde med renoveringssatsen eller kopparbaserat bromsfett alternativt antikärvningsmassa på styrsprintarna. Montera de nya damaskerna på styrsprintarna och montera sprintarna i bromsokets fästbygel. Se till att damaskerna placeras korrekt i spåren på både sprintarna och bromsoksfästbygeln.

17 Innan monteringen, fyll bromsoket med ny bromsvätska genom att lossa avluftningsskruven och pumpa runt vätskan i bromsoket tills vätskan som rinner ut från anslutningshålet är fri från luftbubblor.

Montering

18 Fäst bromsokets fästbygel med bultar på den bakre hjulspindeln. Använd rengjorda bultar och dra åt dem till angivet moment **(se bild)**. Montera tillbaka bromsklossarna på bromsokets fästbygel enligt beskrivningen i avsnitt 5.

19 Skruva fast bromsoket helt på bromsslangen. Sätt sedan oket på plats över bromsklossarna och sätt i de nya styrsprintsbultarna och dra åt dem till angivet moment.

20 Ta bort bromsslangklämman eller plasten (i förekommande fall) och dra åt bromsslangens anslutning ordentligt.

21 Lufta hydraulsystemet enligt beskrivningen i avsnitt 2. Endast relevant bakbroms ska behöva avluftas under förutsättning att åtgärder vidtagits för att minimera oljespill.

22 Återanslut handbromsvajern på bromsoket **(se bild)**, fäst den med fästklämman och justera vajern enligt beskrivningen i avsnitt 14.

23 Montera hjulet. Sänk sedan ner bilen på marken och dra åt hjulbultarna till angivet moment.

10 Huvudcylinder – demontering, renovering och montering

Observera: *Se varningen i början av avsnitt 2 angående farorna med hydraulvätska innan arbetet påbörjas.*

Demontering

1 Lyft upp framvagnen och ställ den på pallbockar. Demontera vänster framhjul.

2 Anslut ett stycke slang till vänster främre bromsoks luftningsskruv och stoppa in den andra änden av slangen i en lämplig behållare, enligt beskrivningen i avsnitt 2. Öppna luftningsskruven och trampa sedan ner

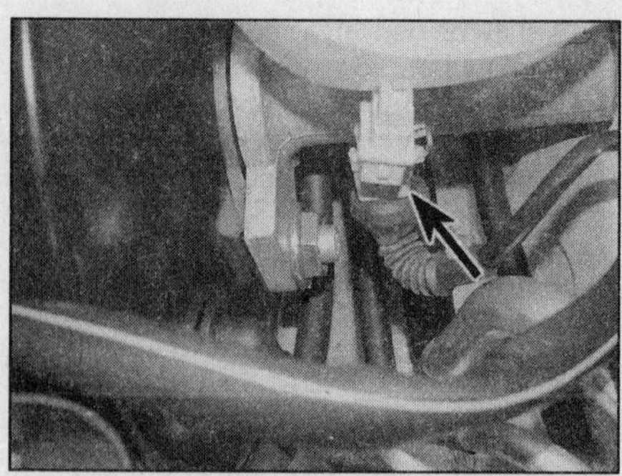

10.4 Koppla loss anslutningskontakten från bromsoljenivåns givarenhet (pil).

bromspedalen flera gånger till dess att vätskenivån i huvudcylindern är lägre än den i huvudcylinderns matningsslang. Stäng luftningsskruven.

3 Täck utrymmet under huvudcylindern med trasor för att suga upp eventuellt oljespill. Koppla loss kopplingshuvudcylinderns matningsslang från sidan av bromshuvudcylindern och plugga igen öppningen för att minimera oljespillet.

4 Koppla loss anslutningskontakten från givaren för bromsoljenivå **(se bild)**.

5 Torka rent området runt bromsrörsanslutningarna på sidan av huvudcylindern. Placera absorberande trasor under röranslutningarna för att fånga upp överflödig olja. Notera hur anslutningarna ska sitta monterade. Skruva sedan loss anslutningsmuttrarna och dra försiktigt bort rören. Plugga igen eller tejpa över rörändarna och huvudcylinderns öppningar för att minimera bromsvätskespill och hindra smuts från att tränga in i systemet. Tvätta omedelbart bort allt oljespill med kallt vatten.

6 Dra loss tätningsremsan från torpedväggens övre kant, framför bromshuvudcylindern. Lossa kabelhärvan från fästklämmorna och lyft upp den så att huvudcylindern kan tas bort.

7 Skruva loss de två muttrar som håller fast huvudcylindern vid vakuumservon och ta sedan bort enheten från motorrummet. Ta loss tätningsringen från huvudcylinderns baksida och kasta den. En ny måste användas vid återmonteringen **(se bild)**.

Observera: *Torx-bultarna som håller fast servoenheten är inskruvade i samma pinnbultar som huvudcylinderns fästmuttrar och ska inte röras om bara huvudcylindern ska tas bort.*

Renovering

8 Om huvudcylindern är defekt måste den bytas ut. Det går inte att köpa renoveringssatser på VW-verkstäder, så cylindern måste behandlas som en förseglad enhet.

9 De enda komponenter som kan bytas ut är tätningarna till vätskebehållaren. Om dessa visar tecken på slitage eller skador, dra av behållaren och ta bort de gamla tätningarna. Smörj de nya tätningarna med ren bromsvätska och tryck in dem i huvudcylinderns portar. När den bakre tätningen monteras, se till att tätningen passar in korrekt med tryckstångskretsens påfyllningsslang och se till att tätningen sticker ut ungefär 1 mm från baksidan av huset. När båda tätningarna sitter ordentligt, sätt vätskebehållaren på plats och tryck fast den.

Montering

10 Torka bort alla spår av smuts från huvudcylinderns och servoenhetens fogytor, och sätt på en ny tätningsring på huvudcylinderhusets baksida.

11 Montera huvudcylindern på servon och se till att servons tryckstång går in mitt i huvudcylinderns lopp. Låt en medhjälpare trampa ner bromspedalen något, så att tryckstången rör sig mot huvudcylindern.

12 Sätt tillbaka huvudcylinderns fästmuttrar och dra åt dem till angivet moment.

13 Torka bromsrörsanslutningarna rena. Montera sedan tillbaka dem i huvudcylinderns portar och dra åt dem till angivet moment.

14 Återanslut kopplingens huvudcylinders slang till vätskebehållaren och dra åt fästklämman ordentligt.

15 Återanslut vätskenivågivarens kontaktdon.

16 Sätt kabelhärvan på plats och fäst tätningsremsan på torpedväggens övre kant.

17 Fyll ny vätska i huvudcylinderbehållaren och lufta bromsen och (om det behövs) även kopplingens hydraulsystem enligt beskrivningen i avsnitt 2 respektive kapitel 6.

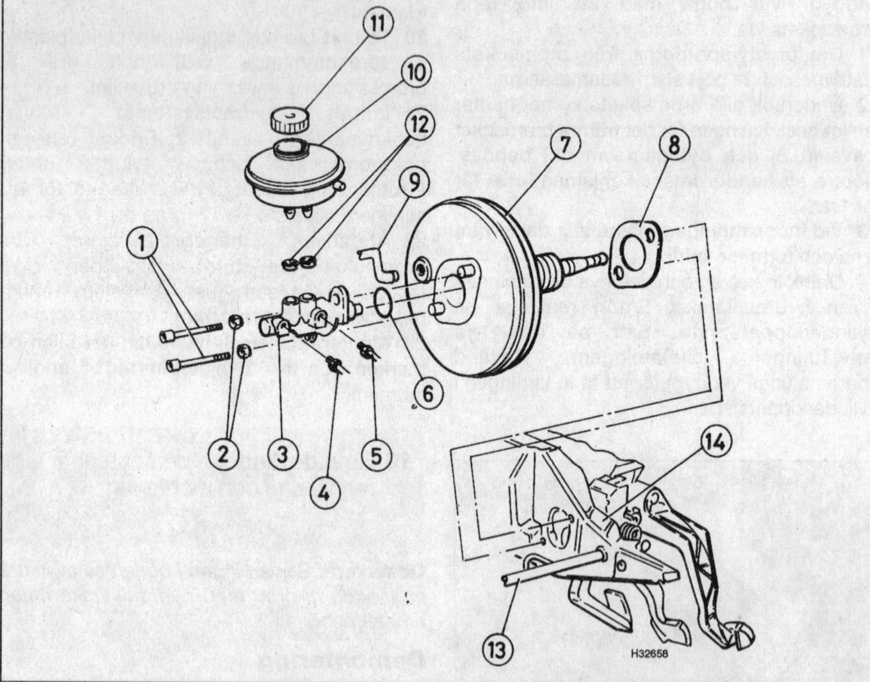

10.7a Sprängskiss av huvudcylinder/bromsvakuumservo

1 T45 Torx-bult
2 Självlåsande mutter
3 Huvudcylinder
4 Bromsrör
5 Bromsrör
6 Tätning
7 Servo
8 Packning
9 Vakuumslang
10 Vätskebehållare
11 Kåpa
12 Tätningspluggar
13 Vätskematningsslang
14 Motorrummets torpedvägg

11 Bromspedal – demontering och montering

Demontering

1 Ta bort klädselpanelen under instrumentbrädan på förarsidan.

2 Lossa bromsljusbrytaren från dess fästbygel och placera den på ena sidan (se avsnitt 17).

3 På högerstyrda modeller skruvar man loss

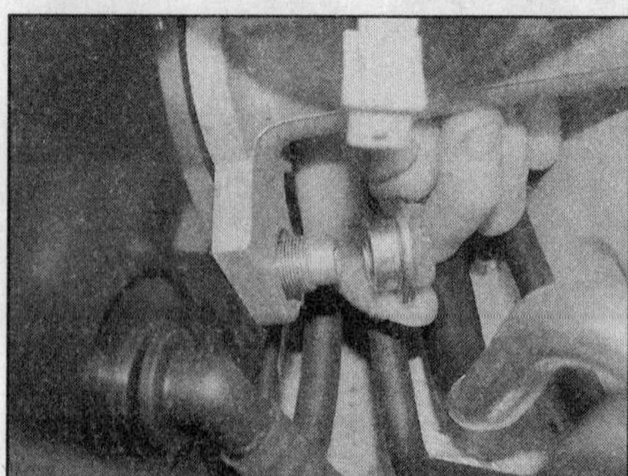

10.7b Skruva loss huvudcylinderns fästmuttrar

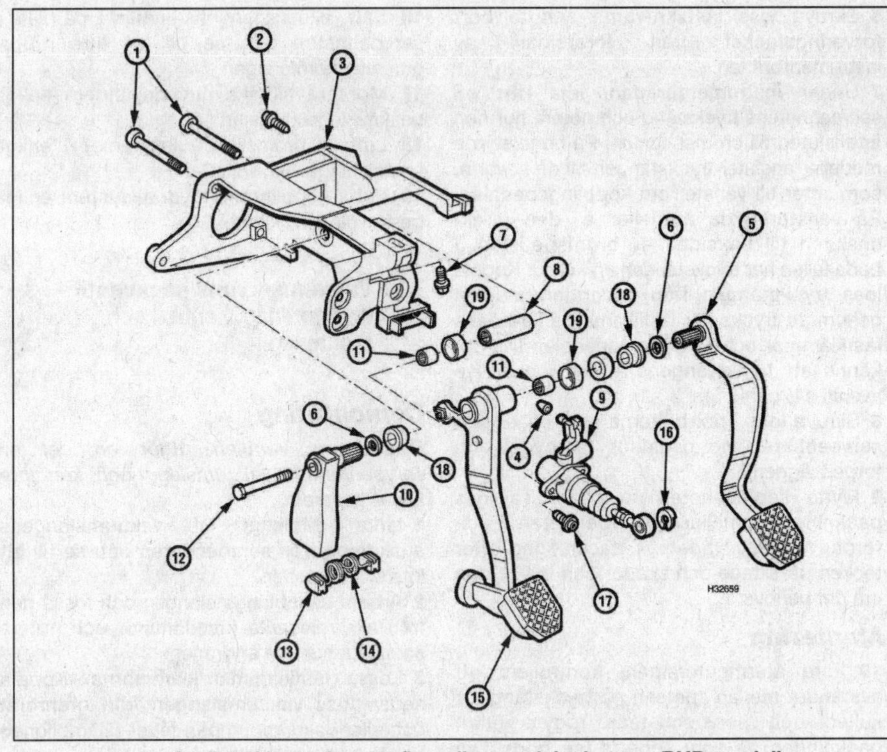

11.5a Sprängskiss av broms-/kopplingspedalenheten – RHD-modeller

1 Torx-skruv
2 Bult
3 Fästbygel
4 Tätning
5 Bromspedal
6 Bricka
7 Bult
8 Hylsa
9 Kopplingens huvudcylinder
10 Hävarm
11 Bussning
12 Bult
13 Fäste
14 Fjäder
15 Kopplingspedal
16 Låsring
17 Bult
18 Bussning
19 Kåpa

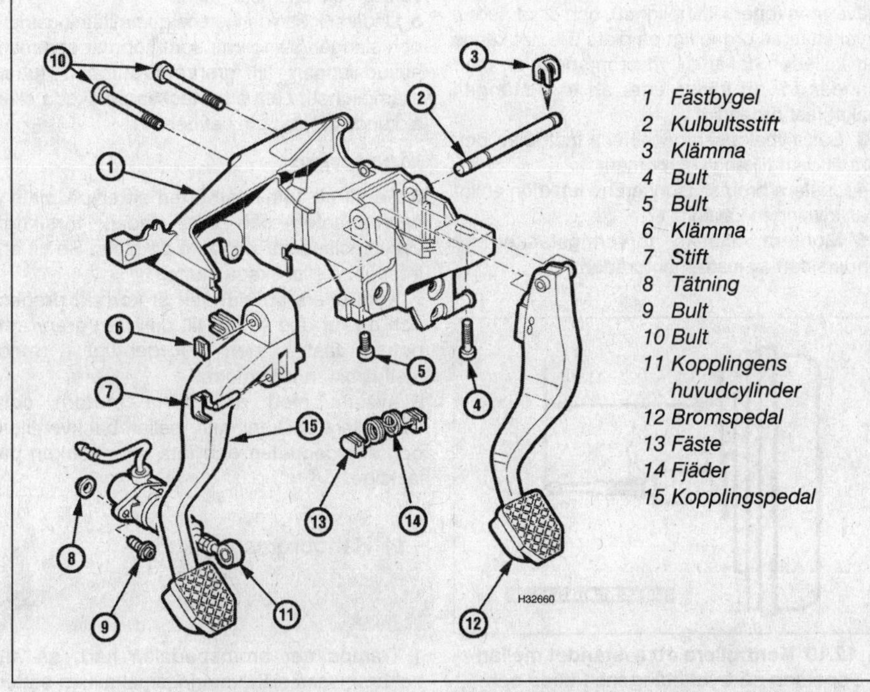

1 Fästbygel
2 Kulbultsstift
3 Klämma
4 Bult
5 Bult
6 Klämma
7 Stift
8 Tätning
9 Bult
10 Bult
11 Kopplingens huvudcylinder
12 Bromspedal
13 Fäste
14 Fjäder
15 Kopplingspedal

11.5b Sprängskiss av broms-/kopplingspedalenheten – LHD-modeller

bromspedalens pivåbult och trycker pedalen åt höger och tar bort den.

4 På vänsterstyrda modeller drar man bort fästklämman från högra änden av pedalens pivåbult, lossa pivåbultens fästbult och dra pivåbulten åt vänster.

5 På högerstyrda modeller är bromspedalens pivåbult ansluten till en fjärrmanövreringsarm till vänster om kopplingspedalen, vilken har verkan på bromsservons tryckstång. På vänsterstyrda modeller har bromspedalen verkan direkt på servons tryckstång. På båda modellerna måste man skilja servons tryckstång från pedalen/fjärrarmen. Tryckstångens ände har formen av en kula och hakar i en fästklämma på baksidan av armen/pedalen. Det finns ett specialverktyg från VW för att lossa klämman, men ett improviserat alternativ kan användas på det sätt som visas . Observera att plasttapparna är väldigt stela och att det inte är möjligt att lossa dem för hand. Använd istället verktyget för att lossa spärrtapparna och dra pedalen/armen från servons tryckstång **(se bilder)**.

6 Undersök alla komponenter och leta efter tecken på slitage eller skada. Byt dem om det behövs.

Montering

7 Applicera lite universalfett på pedalens pivåbultslopp och tryckstångens kula.

11.5c Änden på servons tryckstång har formen av en kula och hakar i på baksidan av armen/pedalen

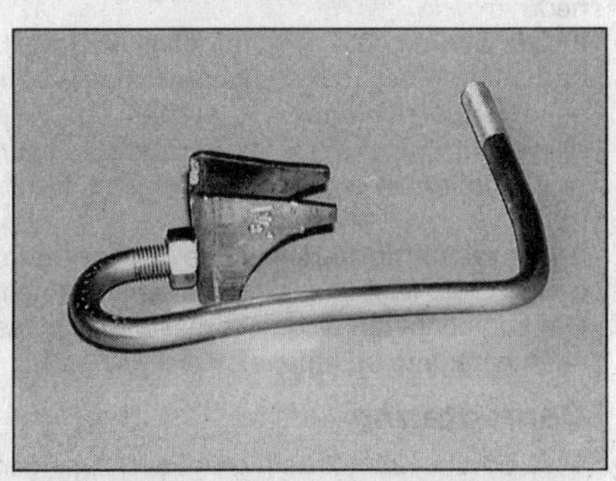

11.5d Ett improviserat specialverktyg av en modifierad avgasklämma används för att lossa bromspedalen/armen från servons tryckstång

11.8 Observera huvudspårningen på bromsens aktiveringsspaken – högerstyrda modeller

8 Resten av återmonteringen sker i omvänd ordningsföljd mot demonteringen. Tänk på följande:

a) På RHD-modeller hakar fjärrarmen bara i bromspedalens pivåbult i ett läge, på grund av en större huvudspårning **(se bild)**.

b) Dra åt alla fästen till angivna moment, där sådana angetts.

c) Montera tillbaka och justera bromsljusbrytaren enligt beskrivningen i avsnitt 17.

d) Montera tillbaka farthållarsystemets vakuumventiler.

12 Vakuumservo – kontroll, demontering och montering

Kontroll

1 Testa servoenhetens funktion genom att trycka ner fotbromsen flera gånger för att släppa ut vakuumet. Starta sedan motorn medan pedalen hålls fast nedtryckt. När motorn startar ska pedalen ge efter märkbart medan vakuumet byggs upp. Låt motorn gå i minst två minuter och stäng sedan av den. Om bromspedalen nu trycks ner ska den kännas normal men vid ytterligare nedtryckningar ska den kännas fastare. Pedalvägen ska bli allt kortare för varje nedtryckning.

2 Om servon inte arbetar som beskrivet, undersök först servoenhetens backventil enligt beskrivningen i avsnitt 13. På dieselmotormodeller, kontrollera även vakuumpumpen enligt beskrivningen i avsnitt 20.

3 Om servon fortfarande inte fungerar som den ska kan felet finnas i själva servoenheten. Om servoenheten är defekt måste den bytas ut, den går inte att reparera.

Demontering

4 Ta bort huvudcylindern enligt beskrivningen i avsnitt 10.

5 Lirka försiktigt ut vakuumslanganslutningen från servoenheten. Var noga med att inte skada muffen.

6 Skruva loss fästskruvarna och ta bort förvaringsfacket från förarsidan av instrumentbrädan.

7 Under instrumentbrädan, leta rätt på servoenhetens tryckstång och notera hur den är ansluten till bromspedalen. På högerstyrda modeller ansluter tryckstången till en hävarm, som sitter till vänster om kopplingspedalen. På vänsterstyrda modeller är den direkt ansluten till baksidan av bromspedalen. I båda fallen har tryckstången en kulled. Koppla loss tryckstången från hävarmen/pedalen genom att trycka ner låsflikarna på kulledens fästklämmor och lyfta bromspedalen tills det känns att tryckstångens kulled lossar (se avsnitt 11, punkt 5).

8 Skruva loss Torx-bultarna som håller fast servoenheten vid pedalens fästbygel och torpedväggen.

9 Flytta servoenheten åt sidan. Ta loss packningen mellan servoenheten och torpedväggen. Undersök packningen efter tecken på slitage och skador och byt ut den om det behövs.

Montering

10 Före återmonteringen, kontrollera att avståndet mellan spetsen på tryckstångens kulled och servoenhetens fogyta (utan packningen) är som angetts **(se bild)**. Om justering krävs, lossa låsmuttern och vrid tryckstången. När avståndet är korrekt, håll fast tryckstången och dra åt låsmuttern ordentligt.

11 Se till att servoenhetens och torpedväggens fogytor är rena. Sätt sedan på packningen på servoenhetens baksida och sätt enheten på plats.

12 Inuti bilen, se till att tryckstången sitter korrekt på baksidan av pedalen eller på hävarmen (efter tillämplighet), och skjut sedan tryckstången ordentligt på plats tills det känns att kulleden hakar i. Lyft bromspedalen med handen för att känna efter att tryckstången hakat fast ordentligt.

13 Sätt tillbaka servoenhetens fästbultar och dra åt dem till angivet moment.

14 Justera bromsljusbrytarens funktion enligt beskrivningen i avsnitt 17.

15 Montera tillbaka förvaringsfacket på undersidan av instrumentbrädan.

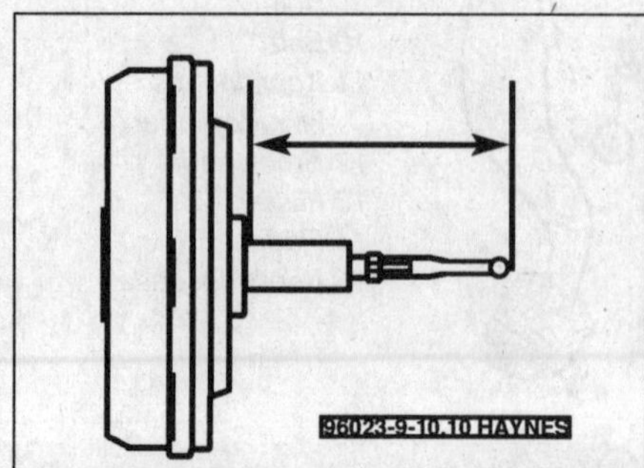

12.10 Kontrollera att avståndet mellan spetsen på tryckstångens kulled och servoenhetens fogyta är som angetts

16 Sätt vakuumslangens ändfäste på plats i servoenheten och se till att inte rubba gummigenomföringen.

17 Montera tillbaka huvudcylindern enligt beskrivningen i avsnitt 10.

18 Lufta bromshydraulsystemet enligt beskrivningen i avsnitt 2.

19 Lufta kopplingens hydraulsystem enligt beskrivningen i kapitel 6.

13 Vakuumservons backventil – demontering, kontroll och montering

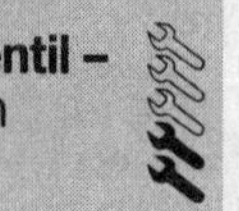

Demontering

Observera: *Ventilen utgör en del av servoenhetens vakuumslang och kan inte köpas separat.*

1 Lirka försiktigt ut vakuumslangens anslutning från servoenheten och se till att inte skada muffen.

2 Arbeta bakåt längs slangen och lossa den från alla relevanta fästklämmor och notera samtidigt hur den är dragen.

3 Lossa fästklämman/klämmorna. Koppla sedan loss vakuumslangen från grenröret och/eller vakuumpumpen (efter tillämplighet) och ta bort den från bilen.

Kontroll

4 Undersök vakuumslangen och leta efter tecken på skador och byt den om det behövs. Ventilen kan testas genom att luft blåses genom den i båda riktningarna. Luften ska endast kunna komma igenom ventilen i ena riktningen - när man blåser från den sida av ventilen som är vänd mot servoenheten. Byt ventilen om så inte är fallet.

5 Undersök servoenhetens gummitätningsmuff och slangen/slangarna som kopplar samman huvudslangen till grenröret/pumpen (efter tillämplighet). Leta efter tecken på skada eller åldrande och byt om det behövs.

Montering

6 Se till att tätningsmuffen sitter på plats i servoenheten och sätt sedan försiktigt vakuumslangens ändfäste på plats. Se till att inte rubba eller skada muffen.

7 Kontrollera att slangen är korrekt dragen och anslut den sedan till pumpen/grenröret och fäst den ordentligt med fästklämman/klämmorna.

8 Avsluta med att starta motorn och kontrollera anslutningen mellan backventilen och servoenheten och leta efter tecken på läckage.

14 Handbroms – justering

1 Trampa ner bromspedalen hårt, så att bakbromsens självjusteringsmekanism sätter sig på plats.

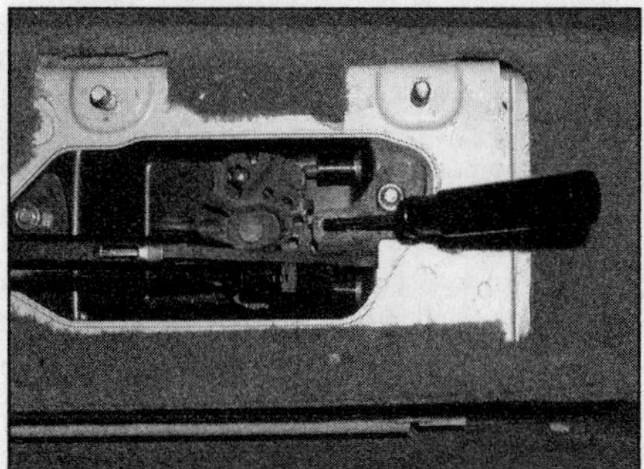
14.4 Stick in en skruvmejsel genom hålet i handbromsspakens fästbygel och lås handbromsvajerns kompensatorremskiva på plats, för att förhindra att den vrids

2 Klossa framhjulen. Lyft sedan upp bakvagnen och ställ den på pallbockar. Släpp handbromsen helt.

3 Ta bort askkoppen från den bakre delen av mittkonsolen enligt beskrivningen i kapitel 11, avsnitt 27.

4 Stick in en skruvmejsel genom hålet i handbromsspakens fästbygel och lås handbromsvajerns kompensatorremskiva på plats, för att förhindra att den vrids **(se bild)**.

5 Leta rätt på handbromsens justeringskragar på undersidan av bilen, som sitter ovanför avgasröret. De går att komma åt genom att demontera avgassystemets mittersta värmeskoldar **(se bilder)**.

6 Arbeta på den första justeringskragen och ta bort låsringen. Vrid sedan kragen medurs

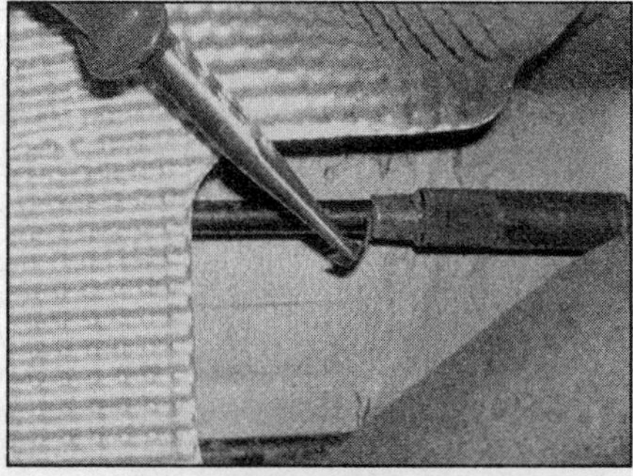
14.6a Ta bort låsringen . . .

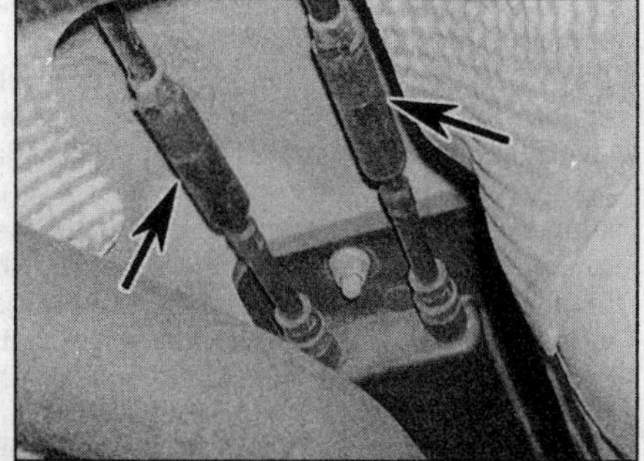
14.6b . . . och vrid kragen moturs tills den når ändstoppet, samtidigt som handbromsvajerns bakre del hålls fast med en fast nyckel

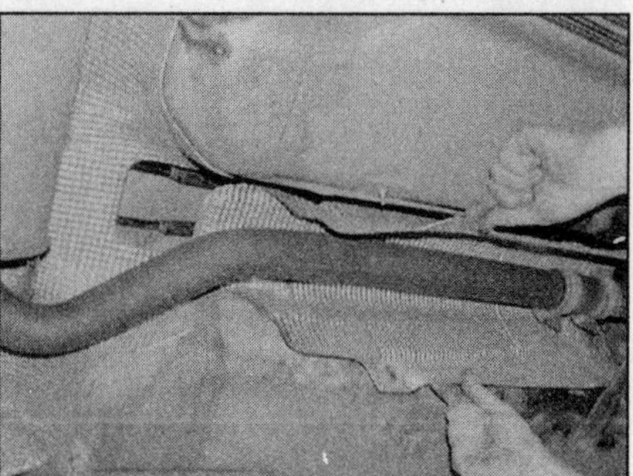
14.5a Demontera avgassystemets värmesköldar . . .

tills den når stoppet. Håll samtidigt emot den bakre delen av handbromsvajern med en fast nyckel på insexmuttern **(se bilder)**.

7 Ta tag i handbromsvajern på båda sidorna av justeringskragen och tryck ihop dem ordentligt.

8 Vrid justeringskragen moturs, tills låsringens spår precis syns, och sätt sedan i låsringen i spåret.

9 Upprepa stegen i punkt 6 till 8 på den andra justeringskragen.

10 Dra isär justeringskragens två delar på varje vajer tills spelet i båda handbromsvajrarna tagits upp. Se till att bromsokets handbromsarmar ligger kvar mot stoppen när detta görs.

11 Inuti bilen, ta bort skruvmejseln för att frigöra handbromsvajerns kompensatorremskiva, och dra sedan åt och släpp handbromsspaken ordentligt minst tre gånger.

12 Återvänd till undersidan av bilen och vrid justeringskragarna på båda handbromsvajrarna tills ett mellanrum på ungefär 1 mm (men inte större än 1,5 mm) kan ses mellan bromsokets handbromsarmar och deras ändstopp **(se bild)**.

13 Kontrollera på båda handbromsvajrarna att justeringskragarna inte har vridits så långt att de färgade O-ringarna av gummi inuti kragarna syns. Om så är fallet, kan handbromsvajrarna ha sträckts utanför justeringsgränserna, eller också kan de bakre bromsklossarna vara mycket slitna.

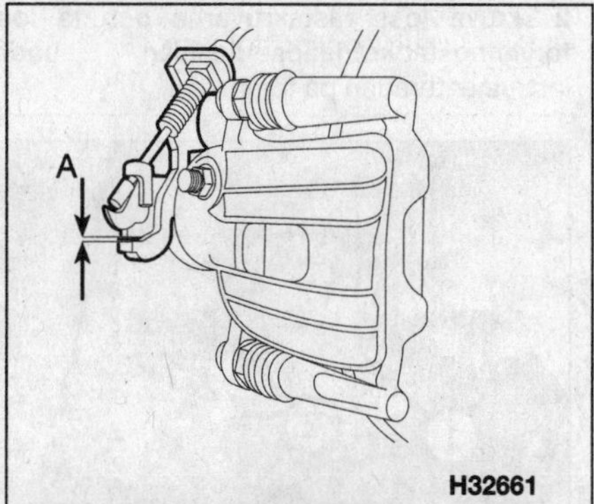

14.12 Vrid justeringskragen till ett mellanrum på mellan 1,0 och 1,5 mm (A) kan ses mellan bromsokets handbromsarm och ändstoppet

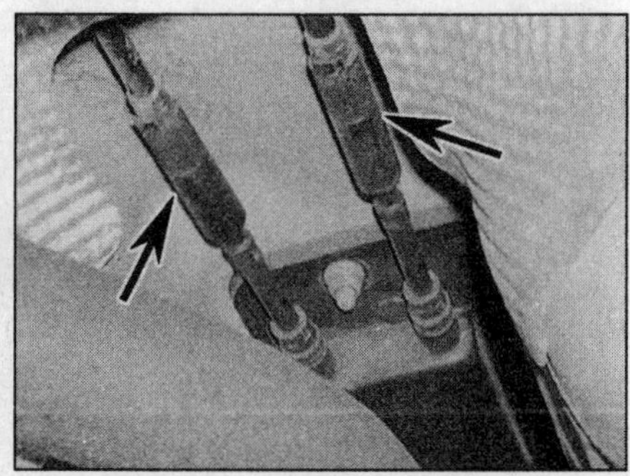
14.5b . . . för att komma åt handbromsvajerns justeringskragar (pil)

14 Kontrollera handbromsens funktion och upprepa justeringsproceduren vid behov.

15 Sänk ner bilen när handbromsen är korrekt justerad (båda bromsarna låser hjulen ordentligt med handbromsen ilagd, och hjulen kan snurra fritt när handbromsen är lossad).

15 Handbromsspak – demontering och montering

Demontering

1 Ta bort mittkonsolens bakre del enligt beskrivningen i kapitel 11, avsnitt 27.

2 Skruva loss de två muttrar som håller fast handbromsspaken till golvplattan**(se bild)**.

3 Lossa handbromsvajern från spakens nederdel, och ta sedan loss handbromsspaken från fästena och ta bort den från bilen.

Montering

4 Monteringen sker i omvänd ordningsföljd mot demonteringen, men justera handbromsen enligt beskrivningen i avsnitt 14 innan mittkonsolens bakre del monteras tillbaka.

16 Handbromsvajrar – demontering och montering

Demontering

1 Handbromsvajern består av två delar, en höger- och en vänstersektion, som är

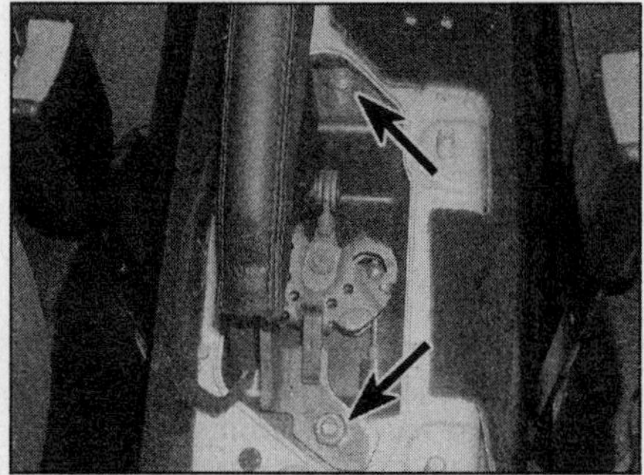
15.2 Skruva loss de två muttrar som håller fast handbromsspaken till golvplattan (pil).

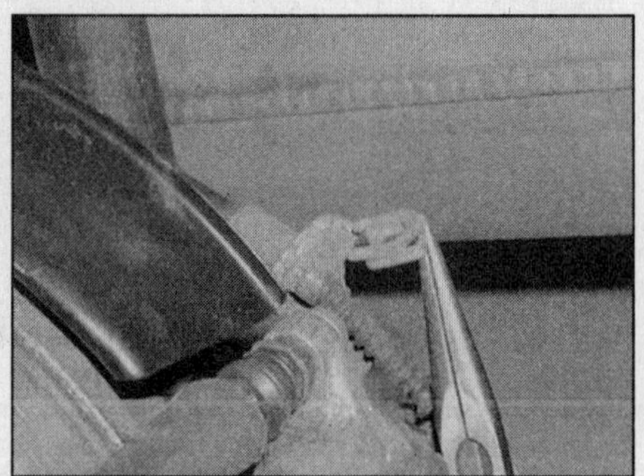

16.4a Ta bort metallklämman och koppla loss handbromsvajerns hölje från fästtappen

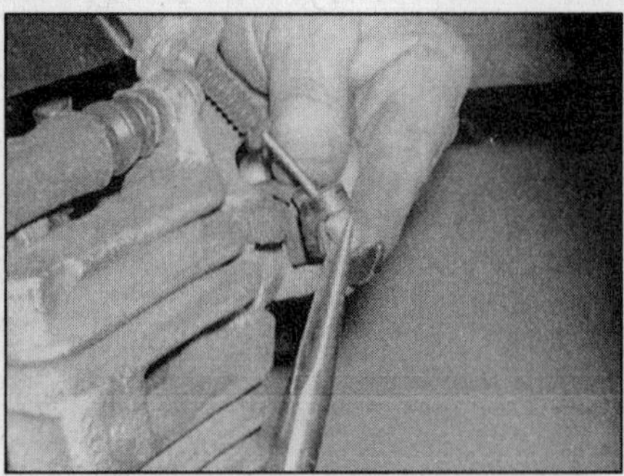

16.4b Lossa vajern från armen och ta bort den från bromsoket

kopplade till spaken med en kompensatorplatta. Varje del kan demonteras separat enligt följande. Klossa framhjulen och lyft sedan upp bakvagnen och ställ den på pallbockar. Släpp handbromsen helt.

2 Skruva loss muttrarna och ta bort avgassystemets värmesköldar för att komma åt den främre delen av handbromsvajern.

3 Ta bort låsringen från den första handbromsvajerns justeringskrage enligt beskrivningen i avsnitt 14 och vrid kragen moturs så långt det går. Ta tag i handbromsvajerns främre och bakre delar på var sida om justeringskragen och tryck ihop dem ordentligt.

4 Ta bort metallklämman på det första bakre bromsoket och koppla loss handbromsvajerhöljet från fästtappen. Lossa vajern från armen och ta bort den från bromsoket **(se bilder)**. Upprepa detta på det andra bromsoket.

5 Arbeta bakåt längs varje handbromsvajer, notera hur de är dragna och lossa dem från alla fästklämmor och fästen, inklusive dem på den bakre fjädringsarmen.

6 Skruva loss muttrarna och ta bort värmeskölden från avgassystemets bakre ljuddämpare för att komma åt handbromsvajerns klammerplåt. Lossa fjäderklämmorna och ta loss vajrarna från golvplåten.

7 Bänd försiktigt loss handbromsvajerns muffar från undersidan av handbromsspakens hus.

16.8 Haka loss handbromsvajrarna från baksidan av handbromsspaken genom att sticka in en skruvmejsel genom hålet i handbromsspakens fästbygel

8 Inuti bilen, haka loss handbromsvajrarna från kompensatorremskivan på baksidan av handbromsspaken genom att sticka in en skruvmejsel genom hålet i handbromsspakens fästbygel **(se bilder)**.

9 Ta bort handbromsvajrarna från undersidan av bilen.

Montering

10 Monteringen sker i omvänd ordning mot demonteringen. Se till att vajern är rätt dragen och hålls fast av alla relevanta klämmor och fästen. Se i synnerhet till att kabelskyddshylsorna sitter korrekt på undersidan av handbromsspakens hus. Avsluta med att justera handbromsens funktion enligt beskrivningen i avsnitt 14.

17 Bromsljusbrytare – demontering, montering och justering

Demontering

1 Bromsljusbrytaren sitter på pedalfästbygeln bakom instrumentbrädan. På modeller med farthållare finns det två brytare på bromspedalen. Bromsljusbrytaren är den övre av de två. Den nedre farthållarbrytaren kan identifieras med hjälp av de vakuumslangar som leder till den.

2 Skruva loss fästskruvarna och ta loss förvaringsfacket/klädselpanelen under instrumentbrädan på förarsidan.

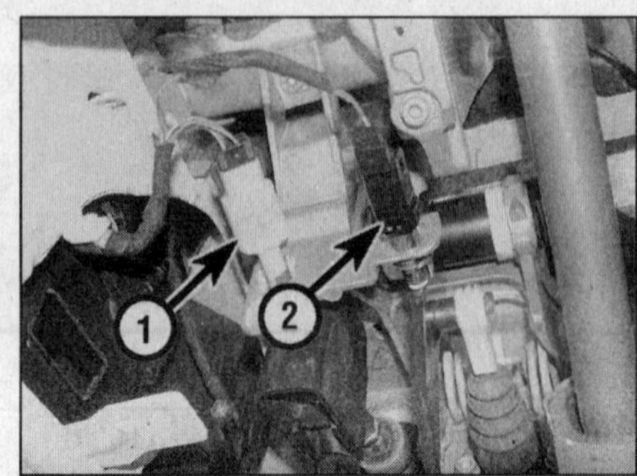

17.3 Bromsljusbrytare (1) och kopplingspedalgivare (2)

3 Koppla loss batteriets minusledare (se kapitel 5A) och koppla sedan loss kontaktdonet från baksidan av brytarhuset **(se bild)**.

4 Trampa ner bromspedalen och skruva sedan loss och ta bort den nedre låsmuttern från brytaren.

5 Ta bort brytaren från fästbygeln. Om brytarens fästklämma och bricka sitter löst, ta bort dem och förvara dem med brytaren.

Montering och justering

6 Se till att klämman är ordentligt fäst mot pedalens fästbygel.

7 På vissa modeller, där man inte tidigare justerat bromsljusbrytaren, kan inte en övre låsmutter monteras. För att justeringen ska kunna utföras måste en M12x1,5-mutter träs på brytarens skaft innan brytaren sätts tillbaka på sin fästbygel.

8 Montera fjäderbrickan på brytaren. Tryck sedan ner bromspedalen och haka i brytaren med dess fästklämma samt tryck den helt på plats.

9 Montera den nedre låsmuttern på brytaren. Låt sedan bromspedalen långsamt svänga tillbaka till viloläget så att pedalen precis ligger emot brytarens tryckkolv.

10 Justera brytarens läge i fästbygeln genom att vrida de övre och nedre låsmuttrarna så att tryckkolven skjuter ut från brytarens framsida mellan 0,1 och 0,5 mm. Dra åt den nedre låsmuttern när detta mått uppnåtts.

11 Återanslut kontaktdonet och kontrollera att bromsljusen fungerar. Om bromsljusbrytaren inte fungerar tillfredsställande måste den bytas.

12 Återmontera förvaringsfacket/klädselpanelen mot instrumentbrädan. Avsluta med att återansluta batteriets minusledare.

18 Låsningsfria bromsar (ABS) – allmän information

Observera: *På modeller med friktionskontroll har ABS-enheten dubbla funktioner och kontrollerar både ABS-systemet, det elektroniska differentiallåset (EDL) och systemet för halkskyddsreglering (ASR).*

1 ABS finns som standard på alla modeller i serien. Systemet består av en hydraulisk enhet, en styrmodul och fyra hjulgivare. Hydraulenheten innehåller åtta hydrauliska magnetventiler (två för varje broms – en för inlopp och en för utlopp) och den elektriska returpumpen. Syftet med systemet är att hindra hjulen från att låsa sig vid kraftiga inbromsningar. Detta uppnås genom att bromsen på relevant hjul släpps upp för att sedan åter läggas an. För bakhjulen gäller att båda bromsarna släpps och läggs an samtidigt.

2 Magnetventilerna styrs av ECU:n, som själv får signaler från de fyra hjulgivarna (främre givare sitter placerade på naven och de bakre givarna sitter på bakaxeln). De övervakar den hastighet med vilken varje hjul snurrar. Genom att jämföra dessa signaler kan styrmodulen avgöra hur fort bilen går. Med utgångspunkt från denna hastighet kan styrmodulen avgöra om ett hjul bromsas onormalt i förhållande till bilens hastighet och på så sätt förutsäga när ett hjul är på väg att låsa sig. Under normala förhållanden fungerar systemet på samma sätt som ett bromssystem utan ABS.

3 Om motorns styrmodul känner att ett hjul kommer att låsas stänger den de relevanta utloppsmagnetventilerna i hydraulenheten. Detta innebär i sin tur att den bromsen på det hjul som precis ska låsa sig att isoleras från huvudcylindern och det gör att det hydrauliska trycket stoppas.

4 Om hjulens rotationshastighet sjunker onormalt snabbt, så öppnar ECU:n insugningsmagnetventilerna på den relevanta bromsen. Den styr då den elektriska returpumpen som pumpar bromsvätskan tillbaka in i huvudcylindern, vilket lossar bromsen. När hjulets rotationshastighet normaliserats stannar pumpen. Magnetventilerna slås på igen, vilket gör att den hydrauliska huvudcylinderns tryck återvänder till bromsoket, som i sin tur åter verkar på bromsen. Den här cykeln kan upprepas flera gånger i sekunden.

5 Magnetventilernas och returpumpens aktiviteter skapar pulser i hydraulkretsen. När ABS-systemet arbetar kan dessa pulser kännas genom bromspedalen.

6 På modeller med antispinnsystem utför också ABS-systemet funktionerna "elektroniskt differentiallås" (EDL) och "antispinnsystem"/"anti-halkreglering" (ASR). Om styrmodulen under acceleration känner att ett hjul spinner, används den hydrauliska enheten till att mjukt lägga an bromsen på det hjulet tills det fäster igen. När hjulet fäster igen släpps bromsen.

7 ABS-systemet är helt beroende av elektriska signaler. För att förhindra att systemet reagerar på felaktiga signaler finns en inbyggd skyddskrets som övervakar alla signaler till styrmodulen. Om en felaktig signal eller låg batterispänning upptäcks stängs ABS-systemet automatiskt av och varningslampan på instrumentbrädan tänds för att informera föraren om att ABS-system inte längre fungerar. Normal bromsning fungerar dock fortfarande.

8 Alla modeller har Bosch ABS 5.3, i vilken ECU och hydraulenheten är kombinerade.

9 Om det uppstår fel i ABS-systemet måste bilen tas till en VW-handlare för en feldiagnos och reparation.

19 Låsningsfria bromsar (ABS) komponenter – demontering och montering

Hydraulenhet

Observera: *VW hävdar att hydraulenhetens funktion ska kontrolleras med hjälp av en särskild testutrustning efter återmontering. Därför rekommenderar vi att demontering och montering av enheten överlåts till en VW-verkstad. Om enheten ändå demonteras/monteras av en hemmamekaniker måste bromssystemet kontrolleras på en VW-verkstad vid första möjliga tillfälle.*

Demontering

1 Koppla loss batteriets minusledare (se kapitel 5A). Demontera motorns övre skyddskåpa, om det behövs.

2 Om det behövs, skruva loss fästskruven och ta bort reläkåpan av plast från hydraulenheten.

3 Lossa låsbalken och koppla loss huvudkontaktdonet från hydraulenheten.

4 Om det behövs, skruva loss fästmuttern och koppla loss jordledningen från regulatorn.

5 Lyft upp framvagnen och ställ den på pallbockar, och demontera sedan vänster framhjul.

6 Anslut ett stycke slang till vänster främre bromsoks luftningsskruv och stoppa in den andra änden av slangen i en lämplig behållare, enligt beskrivningen i avsnitt 2. Öppna luftningsskruven och trampa sedan ner bromspedalen en gång och håll kvar den nedtryckt med en lämplig vikt, eller kila fast den med t.ex. en träbit. Stäng luftningsskruven när bromsvätskan har runnit ut i behållaren. **Observera:** *Bromspedalen måste hållas nedtryckt tills bromsrören har återanslutits till hydraulenheten, sist i denna procedur.*

7 Rengör området runt alla röranslutningar och markera bromsvätskerörens placering för att underlätta korrekt återmontering. Skruva loss anslutningsmuttrarna och koppla loss rören från regulatorn. Var beredd på oljespill och plugga igen röröppningarna och hydraulenhetens anslutningar för att förhindra att smuts kommer in i systemet samt ytterligare oljespill.

8 Skruva loss hydraulenhetens fästmuttrar och ta bort enheten från motorrummet. Om det behövs kan fästbygeln skruvas loss och tas bort från bilen. Byt ut regulatorfästena om de visar tecken på slitage eller skador. **Observera:** *Håll hydraulenheten upprätt för att minimera risken för oljespill och för att förhindra luftspärrar inne i enheten.*

Montering

Observera: *Nya hydraulenheter är redan fyllda med bromsvätska, och luftade, vid leverans. Det är mycket viktigt att pluggarna i anslutningshålen inte tas bort förrän bromsrören har återanslutits, eftersom vätskeförlust gör att luft kommer in i enheten.*

9 Sätt hydraulenheten på plats i fästbygeln och dra åt fästmuttrarna till angivet moment.

10 Ta bort pluggarna och återanslut hydraulrören till rätt anslutningar på hydraulenheten, och dra åt anslutningsmuttrarna till angivet moment.

11 Återanslut kontaktdonet ordentligt till hydraulenheten och sätt tillbaka kåpan (om det behövs).

12 Fyll bromsvätskebehållaren med ny olja (se *Veckokontroller*) och återanslut batteriet.

13 Ta bort vikten/kilen från bromspedalen och lufta sedan hela bromshydraulsystemet enligt beskrivningen i avsnitt 2. Kontrollera bromssystemets funktion noga innan du använder bilen i trafik. Låt en VW-verkstad kontrollera ABS-systemets funktion så snart som möjligt.

Främre hjulsensor

Demontering

14 Dra åt handbromsen, lyft upp bilen och ställ den på pallbockar. Demontera hjulet för att komma åt lättare.

15 Följ kabeln bakåt från givaren, ta loss den från alla relevanta klamrar och notera hur den är dragen, och koppla loss kontaktdonet.

16 Dra försiktigt ut givaren från hjulspindeln och ta bort den från bilen. Med givaren borttagen, dra ut gummitätningen och klammerhylsan från hjulspindeln **(se bilder)**.

Montering

17 Se till att givarens, klämringens och hjulspindelns kontaktytor är rena och torra, och smörj sedan klammerhylsans och hjulgivarens ytor med lite kopparbaserat fett.

18 Tryck in klammerhylsan helt i hjulspindeln och sätt sedan i hjulgivaren tillsammans med gummitätningen. Se till att givarens kabel sitter korrekt och tryck sedan givaren ordentligt på plats helt in i hjulspindeln.

19 Kontrollera att givaren sitter säkert. Arbeta sedan längs givarkablaget och se till att det är korrekt draget. Fäst det på plats med alla

19.16a Ta bort hjulhastighetsgivaren . . .

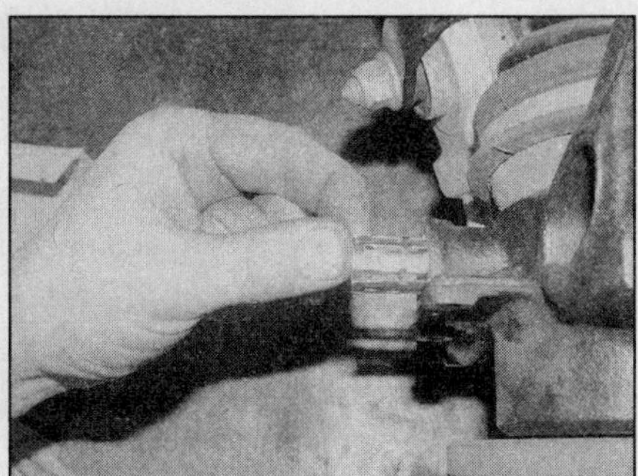

19.16b . . . och hylsan från hjulspindeln

relevanta klämmor och fästen. Ateranslut kontaktdonet.

20 Montera hjulet (om det tagits bort) och sänk sedan ner bilen. Dra åt bultarna till angivet moment (där det behövs).

Bakre hjulsensor

Demontering

21 Ta bort baksätets sittdyna och sidopanel (se kapitel 11) och leta rätt på bakhjulsgivarens ABS-kontaktdon. Koppla loss relevant skarvdon och lossa kablaget från fästklämmorna.

22 Klossa framhjulen. Lyft sedan upp bakvagnen och ställ den på pallbockar. Demontera relevant hjul för att komma åt lättare.

23 På undersidan av bilen, följ kablaget bakåt från givaren och lossa det från alla relevanta klämmor. Skruva loss fästbultarna och ta bort kablagets skyddskåpa från bakaxeln (i förekommande fall). Lossa sedan kabelgenomföringen från karossen och dra igenom kabeln så att den kan tas bort tillsammans med givaren.

24 Lossa hastighetsgivarens fästklämma, och bänd försiktigt loss givaren från axelenheten **(se bild)**.

Montering

25 Se till att givarens och axelns kontaktytor är rena och torra. Smörj sedan hjulgivarens ytor med lite kopparbaserat fett.

26 Se till att givarens kabel sitter korrekt och tryck sedan in givaren ordentligt på plats helt in i axeln. Montera fästklämman.

27 Kontrollera att givaren sitter säkert. Arbeta sedan längs givarkablaget och se till att det är korrekt draget. Fäst det på plats med alla relevanta klämmor och fästen. Montera tillbaka kablagets skyddskåpa på axeln (i förekommande fall), dra åt fästskruvarna ordentligt och mata sedan upp kontaktdonet genom karossen och sätt kabelgenomföringen på rätt plats.

28 Montera tillbaka hjulet, sänk ner bilen och dra åt hjulbultarna till angivet moment.

29 Återanslut givarens kablage och montera sedan sittdynan och klädselpanelen.

20 Vakuumpump (dieselmodeller) – demontering och montering

Demontering

Motorkod AFN, AVG, AHU och AHH

1 Bänd loss kåporna och skruva sedan loss fästmuttrarna/bultarna och ta bort den övre kåpan från motorn. Vakuumpumpen sitter baktill till vänster på motorblocket.

2 Lossa fästklämman och koppla loss vakuumslangen från pumpens överdel.

3 Skruva loss fästbulten och ta bort pumpens fästklämma från motorblocket.

4 Ta loss vakuumpumpen från motorblocket och ta loss tätningsringen. Kasta tätningsringen, eftersom en ny måste användas vid återmonteringen. Enligt VW finns det inga ersättningsdelar att tillgå. Om pumpen är defekt måste den bytas.

Motorkod AJM och ATJ

Observera: *Om man kopplar loss pumpinsprutningsventilernas gemensamma kontaktdon lagras en felkod i motorns styrmodul. Koden kan endast raderas av en VW-mekaniker eller annan specialist med lämplig utrustning.*

5 Bänd loss skyddshattarna, skruva sedan loss fästmuttrarna/bultarna och ta bort motorns övre skyddskåpa.

6 Koppla loss laddningsluftröret på topplockets baksida och lägg det åt sidan. Koppla loss det gemensamma kontaktdonet för pumpinsprutningsventilerna.

7 Lossa fästklämman (i förekommande fall) och koppla loss bromsservons rör från tandempumpen **(se bild 12.3 i kapitel 4B)**.

8 Koppla loss bränsletillförselslangen (vit markering) från tandempumpen. Var beredd på bränslespill.

9 Skruva loss de fyra fästbultarna och flytta tandempumpen bort från topplocket **(se bild 12.3 i kapitel 4B)**. När pumpen lyfts upp kopplar man loss bränslereturslangen (blå markering). Var beredd på bränslespill. Det finns inte några delar som kan lagas inuti tandempumpen. Om pumpen är defekt måste den bytas.

Montering

Motorkod AFN, AVG, AHU och AHH

10 Sätt på den nya tätningen på vakuumpumpen och olja in den lätt för att underlätta monteringen.

11 Sätt vakuumpumpen på plats och se till att spåret i drivhjulet är i linje med klacken på drivaxeln **(se bild)**.

12 Sätt tillbaka fästklämman och dra åt dess fästbult ordentligt.

13 Återanslut vakuumslangen till pumpen och fäst den med fästklämman.

14 Sätt tillbaka den övre kåpan på motorn och dra åt dess fästmuttrar/bultar ordentligt.

Motorkod AJM och ATJ

15 Återanslut bränslereturslangen till pumpen och montera pumpen på topplocket med hjälp av nya gummitätningar. Se till att pumpens drev hakar i spåret i kamaxeln ordentligt **(se bilder)**.

16 Skruva i pumpens fästbultar och dra åt dem till angivet moment.

17 Återanslut bränsletillförselslangen och bromsservoslangen till pumpen.

18 Återanslut det gemensamma kontaktdonet för pumpinsprutningsventilerna.

19 Montera laddluftröret.

20 Koppla loss bränslefiltrets returslang (blå markering) och anslut slangen till vakuumpumpen. Kör vakuumpumpen till dess att det kommer bränsle från returslangen. Detta flödar tandempumpen. Var försiktig så att det inte sugs in något bränsle i vakuumpumpen. Återanslut returslangen till bränslefiltret.

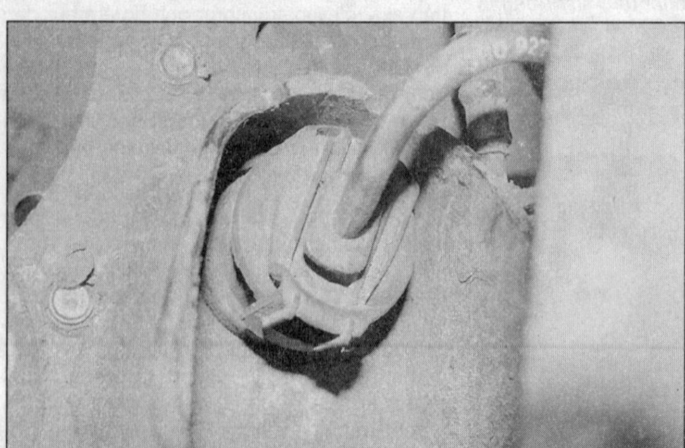

19.24 Lossa hastighetsgivarens fästklämma och bänd försiktigt loss givaren från axelenheten

20.11 Vid återmonteringen, se till att spåret i vakuumpumpens drivhjul (pil) är rätt inpassat mot klacken på drivaxeln

20.15a Montera nya gummitätningar . . .

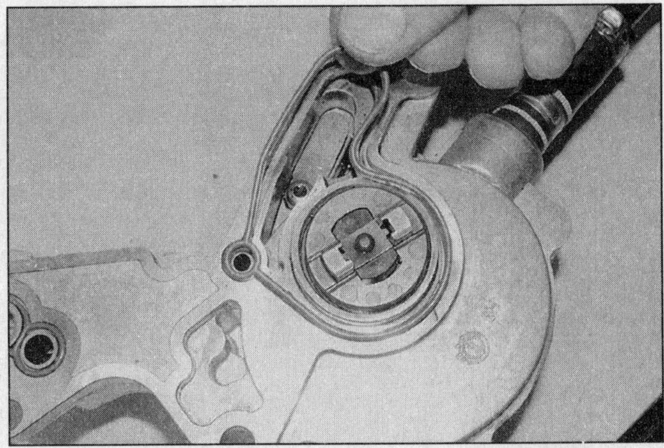

20.15b . . . och se till att pumpens hjul är i linje med spåret i kamaxeln

21 Montera motorns övre skyddskåpa.

22 Låt en VW-mekaniker eller annan specialist med lämplig utrustning undersöka och radera felminnet i motorns styrmodul.

21 ESP-systemets komponenter – demontering och montering

1 ESP-systemet består av ABS-, TCS- och EDL-systemen. ESP-, TCS- och EDL-systemen är helt beroende av ABS-systemets delar för att mäta och minska hjulens hastighet. Förutom hjulhastighetsgivarna och bromstrycksgivarna får ESP:n information som rör rattvinkeln, acceleration i sidled och bilens rotationshastighet (girning). Att testa de olika delarna i systemet bör överlåtas till en VW-verkstad eller annan specialist.

Lateral accelerationsgivare/ kursstabilitetsgivare

Varning: Var mycket försiktig med givaren. Kraftiga skakningar/ stötar kan förstöra givarna.

2 Givarna för lateral acceleration och för kursstabilitet sitter inbyggda i ett hus, placerat under baksätet. Ta bort baksätet enligt beskrivningen i kapitel 11.

3 Koppla loss anslutningskontakten, skruva loss de båda fästskruvarna och ta bort huset. Vidare isärtagning är inte möjlig.

4 Montera i omvänd ordningsföljd mot demonteringen. Se till att huset är korrekt placerat innan fästbultarna dras åt ordentligt.

Styrmodul

5 Den elektroniska kontrollenheten (ECU) är placerad under mattan bakom handskfacket. Skjut passagerarsätet helt bakåt och ta bort handskfacket enligt beskrivningen i kapitel 11.

6 Ta bort a-stolpens panel från passagerarsidans fotbrunn (se kapitel 11)

7 Vik bak mattan under instrumentbrädan så att styrmodulen blir synlig.

8 Ta bort de båda fästmuttrarna och lossa låsmekanismen så att anslutningskontakten kopplas loss när ECU:n tas bort.

ESP-hydraulpump och bromstrycksgivare

9 Bromstrycksgivaren är inbyggd med ESP-hydraulpumpen. Om den ena är trasig måste båda bytas. Pumpen sitter i den nedre delen av ABS-hydraulenhetens fästbygel. När pumpen ska tas bort demonterar man först ABS-hydraulenheten och fästbygeln enligt beskrivning i avsnitt 19. Märk alla röranslutningar för att underlätta återmonteringen. Skilj hydraulpumpen från fästbygeln.

10 Då återmontering sker i motsatt ordning mot demonteringen är det nödvändigt att en skicklig felsökare initierar/anpassar enheten. Kontakta en VW-handlare eller specialist.

Rattvinkelgivare

11 Rattvinkelgivaren sitter inbyggd i krockkuddens kontaktenhet, mellan ratten och stångens brytare. När givaren ska tas bort, se kapitel 12, avsnitt 5, och ta bort rattstångens brytare. Rattvinkelgivaren kan sedan kopplas loss från kombinationsbrytaren. Efter en återinstallation måste emellertid specialutrustning användas för att utföra en “nolljämförelse”. Vi rekommenderar därför att demontering och montering av vinkelgivaren utförs av en VW-verkstad eller specialist.

Kapitel 10
Fjädring och styrning

Innehåll

Svårighetsgrad

Enkelt, passar novisen med lite erfarenhet 
Ganska enkelt, passar nybörjaren med viss erfarenhet 
Ganska svårt, passar kompetent hemmamekaniker 
Svårt, passar hemmamekaniker med erfarenhet 
Mycket svårt, för professionell mekaniker

Specifikationer

Motorkod*

Bensinmotorer:	
1595 cc, enkel överliggande kamaxel, Bosch Motronic M3.2-insprutning	ADP
1595 cc, enkel överliggande kamaxel, Simos-insprutning	AHL
1595 cc, enkel överliggande kamaxel, Simos 2-insprutning	ARM
1595 cc, enkel överliggande kamaxel, Simos 3-insprutning	ANA
1781 cc, dubbla överliggande kamaxlar, Bosch Motronic M3.2-insprutning	ADR
1781 cc, dubbla överliggande kamaxlar, Bosch Motronic ME7.1-insprutning	APT
1781 cc, dubbla överliggande kamaxlar, Bosch Motronic ME7.5-insprutning, med turbo	ANB
1781 cc, dubbla överliggande kamaxlar, Bosch Motronic ME7.5-insprutning, med turbo	APU
1781 cc, dubbla överliggande kamaxlar, Bosch Motronic ME7.1-insprutning	ARG
1781 cc, dubbla överliggande kamaxlar, Bosch Motronic M3.2-insprutning, med turbo	AEB
Dieselmotorer:	
Elektronisk direktinsprutning, med turbo	AFN
Elektronisk direktinsprutning, med turbo	AVG
Elektronisk direktinsprutning, med turbo	AHU
Elektronisk direktinsprutning, med turbo	AHH
Elektronisk direktinsprutning, pumpinsprutningsventiler, med turbo	AJM
Elektronisk direktinsprutning, pumpinsprutningsventiler, med turbo	ATJ

***Observera:** Se "Chassinummer" för information om var motorns kodmärkning sitter.*

Hjul

Typ	Pressat stål eller aluminiumlegering (beroende på modell)
Storlek:	
Normala hjul	6J x 15, 7J x 15, 7J x 16 (beroende på modell)
Reservhjul (utrymmesbesparande)	4B x 15
Däcktryck	Se *Veckokontroller*

Hjulinställning och styrningsvinklar

Framvagnsinställning:	
Toe-inställning (per hjul)	+10' ± 2'
Cambervinkel:	
Standardinställning*:	
Standardfjädring (kod 1BA)	–25' ± 25'
Sportfjädring (kod 1BE)	–40' ± 25'
Förstärkt fjädring (kod 1BB)	–15' ± 25'
Förstärkt fjädring (kod 1SB)	–30' ± 25'
Maximal skillnad mellan sidor	± 30'
Bakhjulsinställning	
Toe-inställning*:	
Standardfjädring (kod 1BA)	+20' +15' -10'
Sportfjädring (kod 1BE)	+28' +15' -10'
Förstärkt drev (kod 1BP)	+20' +15' -10'
Förstärkt fjädring (kod 1BB)	+11' +15' - 10'
Förstärkt fjädring (kod 1SB)	+17' +15' - 10'
Cambervinkel:	
Standardinställning	-1° 30' ± 20'
Maximal skillnad mellan sidor	30'

**Koden för fjädringstypen är instansad på chassinummerplåten*

Åtdragningsmoment

	Nm
Framfjädring	
Krängningshämmare:	
Länkarm (tidigare modeller med kulleder):	
Mutter mellan nedre anslutning och krängningshämmare*	100
Mutter mellan övre anslutning och fjädringsarm *:	
Steg 1	40
Steg 2	Vinkeldra ytterligare 90°
Länkarm (senare modeller med gummibussningar):	
Mutter mellan nedre anslutning och krängningshämmare*:	
Steg 1	40
Steg 2	Vinkeldra ytterligare 90°
Mutter mellan övre anslutning och fjädringsarm *:	
Steg 1	40
Steg 2	Vinkeldra ytterligare 90°
Fästklammermuttrar*	25
Navbult*:	
M14-bult:	
Steg 1	115
Steg 2	Vinkeldra ytterligare 180°
M16-bult:	
Steg 1	190
Steg 2	Vinkeldra ytterligare 180°
Nedre fjädringsarmar:	
Mutter mellan den främre länkarmen och hjulspindelns kulledsmutter*	100
Mutter mellan den främre länkarmen och kryssrambalken *:	
Steg 1	90
Steg 2	Vinkeldra ytterligare 90°
Mutter mellan den bakre länkarmen och hjulspindelns kulledsmutter*	100
Mutter mellan den bakre länkarmen och kryssrambalken *:	
Steg 1	90
Steg 2	Vinkeldra ytterligare 90°
Kryssrambalk:	
Främre fästbygelbultar*	60
Huvudfästbultar *:	
Steg 1	110
Steg 2	Vinkeldra ytterligare 90°
Bakre fästbygelbultar*:	
Undersidan av vanlig bultskalle	25
Undersidan av räfflad bultskalle	75
Undersidan av räfflad bultskalle och bricka	30
Fjäderben:	
Nedre fästmutter till fjädringsarm *	90
Vevstaksmutter*	50
Övre fästmuttrar *	20

Framfjädring (fortsatt)	Nm
Övre fjädringsarmar:	
Bultar mellan fästbygel och kaross	75
Mutter mellan övre arm och fästbygel*:	
Steg 1	50
Steg 2	Vinkeldra ytterligare 90°
Klämbult mellan hjulspindel och övre arm*	40
Mutter mellan övre arm och fästbygel*:	
Steg 1	50
Steg 2	Vinkeldra ytterligare 90°
Bakfjädring	
Axelns pivåbult och mutter *:	
Steg 1	120
Steg 2	Vinkeldra ytterligare 90°
Pivåbultar till axelns infästning*:	
Steg 1	110
Steg 2	Vinkeldra ytterligare 90°
Nav/lagerbultar	60
Fjäderben:	
Nedre fästbultsmutter *:	
Steg 1	50
Steg 2	Vinkeldra ytterligare 90°
Stötdämparkolvens mutter*	25
Övre fästbultar	45
Styrning	
Servostyrningspumpens fästbultar	20
Rattstång:	
Fästbultar	23
Klämbult och mutter till universalkoppling*	40
Styrväxel:	
Hydraulrörsanslutningens bultar:	
Matarrör	40
Returrör	50
Hydraulrörets fästbygelbult	20
Centreringshålets plugg	18
Fästbultar	65
Mutter mellan styrningsdämpare och styrstag	10
Husbult mellan styrningsdämpare och styrväxel	35
Rattens fästbult:	
Sexkantig bult*	75
Hylsbult av typ multi-point (kan användas 5 gånger)	60
Styrstag:	
Justeringslåsmutter	40
Klämbult/mutter mellan kulled och hjulspindel*	45
Toe-inställningsbult	7
Styrstag till styrväxel	100
Hjul	
Hjulbultar	120

** Använd nya hållare*

1 Allmän information

1 Framfjädringen är helt självständig eftersom den använder fyra tvärarmar (två övre och två undre) och en fast upprättgående arm (eller hjulspindel) av olika längd med dubbel Y-konfigurering. Fjäderben med spiralfjädrar över teleskopiska stötdämpare är anslutna mellan den främre nedre tvärarmen och övre tvärarmens fästbygel. Hjulspindeln innehåller hjullagren, bromsoken och naven/skivorna. De sitter fästa vid de övre och nedre tvärarmarna med kulleder. Alla modeller har en främre krängningshämmare. Krängningshämmaren är fäst med gummibussningar på kryssrambalken och är ansluten till den främre, nedre tvärarmen via en länkarm. Kryssrambalken ger fäste åt alla nedre fjädringskomponenter samt motorns och växellådans fästen.

2 Bakfjädringen består av en torsionsstavsaxel med hjälparmar som sitter fast i karossen med gummibussningar. Axeln är fäst på bakfjädringens teleskopiska stötdämpares nedre delar, vilka sitter bakom de separata spiralfjädrarna. En bakre krängningshämmare sitter inbyggd i den bakre axeln för att minska stötar i karossen.

3 Fjädringens identifikationskod finns stämplad på bilens identifikationsplatta (chassinummer) och på reservhjulets identifikationsmärke, eller i bagageutrymmets golv.

4 Rattstången har en flexibel koppling i sin nedre del. Den är fäst i styrväxelns kugghjul med en klämbult.

5 Styrväxeln är monterad på bilens kaross och har två styrstag med kulleder längst ut som är ihopmonterade med styrarmar som löper rakt bakåt från hjulspindlarna. Styrstagsändarna är gängade för att möjliggöra justering. Det hydrauliska styrsystemet drivs av en remdriven pump, som i sin tur drivs av vevaxelns remskiva.

2.9 Skruva loss muttern och ta bort klämbult

2.11 Tryck navet ur lagret . . .

2.12 . . . och lagret ur spindeln

2 Främre navlager – byte

Observera: *Navlagret är förseglat, förinställt och försmort, med dubbla valsar, och konstruerat för att hålla hela bilens livstid utan att behöva service. Dra aldrig åt navbulten för hårt för att försöka justera lagret.*

Observera: *För att ta isär och bygga ihop enheten krävs en hydraulisk press. Om ett sådant verktyg inte finns att tillgå kan ett stort skruvstäd och distanser (t.ex. stora hylsor) användas istället. Lagrets inre banor har presspassats på navet. Om den inre lagerbanan fortfarande sitter på navet när den pressas ut ur hjulspindeln så behövs en knivseggs-lageravdragare för att ta bort den.*

1 Parkera bilen på plant underlag och slå av tändningen. Dra åt handbromsen ordentligt och lägg i första växeln.

2 Ta bort navkapseln. Lossa sedan drivaxelbulten några varv enligt beskrivningen i kapitel 8, avsnitt 2.

3 Lyft upp framvagnen och ställ den på pallbockar. Demontera relevant framhjul.

4 På bilar utrustade med strålkastare med bågljuslampor, lossa klämman och koppla loss bilens nivågivares vevstake från den främre nedre tvärarmen. Se kapitel 12 för ytterligare information. Se kapitel 12 för detaljer.

5 Utför följande enligt instruktionerna i kapitel 9:

a) *Skruva loss bromsoket tillsammans med fästbygeln från hjulspindeln och låt det hänga från spiralfjädern.*

b) *Demontera bromsskivan.*

c) *Ta bort ABS-systemets hjulhastighetsgivare från hjulspindelns nederdel. Lossa ABS:ens hjulgivares kablage från dess fästklämmor i hjulhuset. Dra gummigenomföringen från det inre hjulhuset för att få fram givarens kontaktdon. Koppla loss ledningen och dra den igenom hjulspindeln, bort från bilen.*

6 Skruva loss skruvarna och ta loss bromsskivans sköld från hjulspindeln.

7 Skruva loss fästmuttrarna. Ta sedan loss den främre och bakre nedre tvärarmen från hjulspindeln nederdel med hjälp av en kulledsdelare (se avsnitt 5). Undvik att skada gummidamaskerna.

8 Skruva loss styrstagets kulled från hjulspindeln enligt beskrivningen i avsnitt 19.

9 Skruva loss fästmuttern och ta loss klämbulten från hjulspindelns överdel (se avsnitt 5). Ta loss den främre och bakre övre tvärarmens kulleder från överdelen av hjulspindeln. Försök dock inte lossa kulledsstiften genom att tvinga isär springorna med en skruvmejsel eller liknande **(se bild)**. Var noga med att inte skada kulledens gummidamasker.

10 Greppa hjulspindeln och dra långsamt bort den från drivaxeln. Använd en navavdragare om navet sitter hårt på drivaxeln.

11 Stöd hjulspindelns nederdel ordentligt på klossar eller i ett skruvstäd. Tryck ut navflänsen ur lagret med ett rörformigt mellanlägg som bara ligger an mot navflänsens inre kant **(se bild)**. Om lagrets inre bana sitter kvar på navet, ta bort den med en lageravdragare (se anmärkningen ovan).

12 Stöd hjulspindelns utsida ordentligt. Använd sedan ett rörformat mellanlägg som endast vilar på den inre banan och tryck ut hela lagerenheten från fjäderbenet**(se bild)**.

13 Rengör navet och hjulspindeln noga. Torka bort alla spår av smuts och fett, och putsa bort alla gjutgrader eller kanter som kan vara till hinder vid återmonteringen. Leta efter sprickor och andra tecken på slitage eller skador och byt ut dem om det behövs.

14 Stöd insidan av hjulspindelns nederdel ordentligt. Placera sedan lagret i loppet. Se till att den större diametern på lagrets inre bana är riktad utåt (mot navflänsen). Tryck sedan in lagret med ett rörformat mellanlägg som endast vilar på den yttre banan. Se till att lagret går rakt in i navflänsens och att det trycks helt på plats **(se bild)**.

15 Stöd navflänsens utsida ordentligt och placera navlagrets inre bana över navflänsens ände. Använd ett rörformigt mellanlägg som endast ligger an mot den inre banan. Tryck lagret över navet tills det ligger mot klacken **(se bild)**.

2.14a Montera lagret i spindeln med den inre banans största diameter vänd utåt . . .

2.14b . . . tills det kommer i kontakt med spindelns inre ansats

2.15 Tryck ner navet i lagret till det ligger mot ansatsen

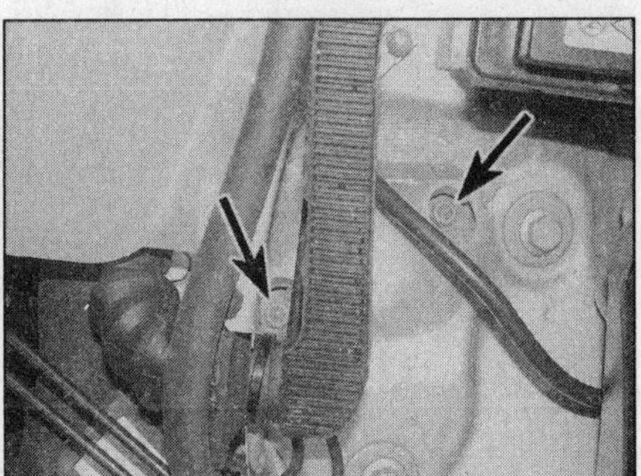
3.4 Bänd ut muffarna och benets övre fästmuttrar (pilar)

3.7 Ta bort fästbulten och skilj benet från länkarmen

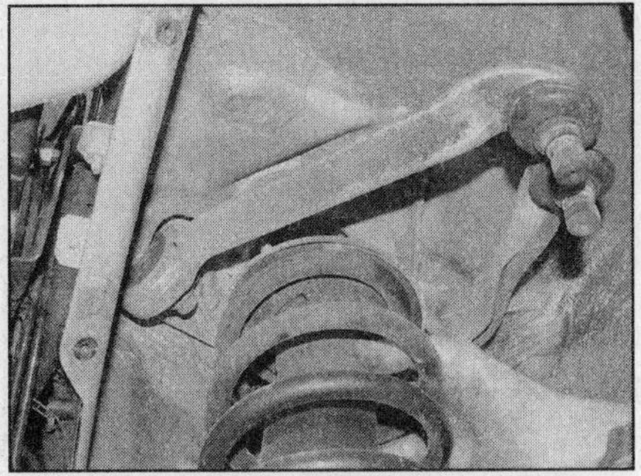
3.8 Lossa fjäderbenets övre pinnbultar från fästbygeln och dra bort fjäderbenet från hjulhuset

16 Kontrollera att navflänsen kan vridas fritt, utan att kärva eller fastna.

17 Passa in hjulspindeln i hjulhuset. För sedan drivaxeln genom navets centrum. Montera den nya drivaxelbulten, men dra bara åt den för hand i det här stadiet.

18 Återanslut de nedre tvärarmarna till hjulspindelns nederdel enligt beskrivningen i avsnitt 5. Montera nya självlåsande muttrar och dra åt dem till angivet moment.

19 Återanslut de övre tvärarmarna till överdelen av hjulspindeln enligt beskrivningen i avsnitt 5. Montera klämbulten tillsammans med en ny självlåsande mutter och dra åt till angivet moment. Tryck ner båda tvärarmarna medan muttern dras åt så att kullederna sitter ordentligt i hjulspindeln.

20 Återanslut styrstagets kulled till navet enligt beskrivningen i avsnitt 19. Montera en ny fästmutter och dra åt den och justeringsbulten till angivna moment.

21 Montera bromsskivans sköld och dra åt fästskruvarna ordentligt.

22 Se lämpliga avsnitt av kapitel 9 och utför följande:

a) Montera ABS-systemets hjulhastighetsgivare på hjulspindeln och fäst kablaget med klämmor i hjulhuset.

b) Montera bromsskivan.

c) Montera bromsoket.

23 På bilar utrustade med strålkastare med bågljuslampor, fäst klämman för att koppla in bilens nivågivares vevstake med den främre nedre tvärarmen. Se kapitel 12 för detaljer.

24 Montera hjulet och dra åt bultarna till angivet moment. Sänk sedan ner bilen.

25 Dra åt drivaxelbulten till angivet moment, enligt beskrivningen i kapitel 8 avsnitt 2. Montera sedan navkapseln.

26 Det är viktigt att avsluta med att kontrollera att framhjulsinställningen är korrekt. Om den behöver justeras ska den lämnas till en VW-verkstad eller till en däckspecialist.

3 Främre fjäderben – demontering och montering

Demontering

1 Ta bort navkapseln. Lossa sedan hjulbultarna ett halvt varv med bilen stående på hjulen.

2 Klossa bakhjulen och dra åt handbromsen ordentligt. Lyft upp framvagnen och stöd den ordentligt på pallbockar. Demontera relevant framhjul.

3 På bilar utrustade med strålkastare med bågljuslampor, lossa klämman och koppla loss bilens nivågivares vevstake från den främre nedre tvärarmen. Se kapitel 12 för detaljer.

4 Man kommer åt fjäderbenets övre fästmuttrar genom två hål i ventilen i motorrummets bakre del som är igenpluggade med gummimuffar. Stöd hjulspindelns undersida med en garagedomkraft eller en pallbock. Bänd sedan ut muffarna och skruva loss fjäderbenets övre fästmuttrar med en hylsnyckel med långt förlängningsskaft **(se bild)**.

5 Lossa ABS-systemets hjulhastighetsgivare från fästklämmorna och placera den ur vägen för fjäderbenet (se kapitel 9, avsnitt 19).

6 Arbeta i hjulhuset. Skruva loss fästmuttern och ta loss klämbulten från hjulspindelns översida (se avsnitt 5). Ta loss den främre och bakre övre tvärarmens kulleder från överdelen av hjulspindeln. Försök dock inte lossa kulledsstiften genom att tvinga isär springorna med en skruvmejsel eller liknande. Var noga med att inte skada kulledens gummidamasker.

7 Skruva loss muttern och ta bort fjäderbenets nedre fästbult från tvärarmen **(se bild)**.

8 Lossa fjäderbenets övre pinnbultar från fästbygeln och dra bort fjäderbenet från hjulhuset **(se bild)**.

Montering

9 Passa in fjäderbenet i hjulhuset och fäst de övre pinnbultarna i fästbygeln. Se till att inställningshålet i fjäderbenets nedre spiralfjädersäte är riktade inåt, mot bilen.

10 Skruva fast fjäderbenets nedre fäste vid den nedre tvärarmen. Montera en ny fästmutter men dra bara åt den för hand på det här stadiet.

11 Återanslut de övre tvärarmarna till överdelen av hjulspindeln enligt beskrivningen i avsnitt 5. Montera klämbulten tillsammans med en ny självlåsande mutter och dra åt till angivet moment. Tryck ner båda tvärarmarna medan muttern dras åt så att kullederna sitter ordentligt i hjulspindeln.

12 Montera nya muttrar på fjäderbenets övre pinnbultar och dra åt dem till angivet moment. Montera gummimuffarna i åtkomsthålen i ventilen.

13 Montera ABS-systemets hjulhastighetsgivare i fästklämmorna.

14 På bilar utrustade med strålkastare med bågljuslampor, fäst klämman för att koppla in bilens nivågivares vevstake med den främre nedre tvärarmen. Se kapitel 12 för detaljer.

15 Montera hjulet och dra åt bultarna till angivet moment. Sänk sedan ner bilen.

16 Låt bilen stå på marken. Dra åt fjäderbenets nedre fästbultsmutter till angivet moment.

4 Främre fjäderben – renovering

Varning: Innan det främre fjäderbenet kan demonteras måste ett passande verktyg för komprimering av spiralfjädern anskaffas. Justerbara fjäderspännare finns att köpa och rekommenderas för detta arbete. Om försök görs för att ta isär fjäderbenet utan ett sådant verktyg är det hög risk för material- eller personskador.

1 Tvätta bort all synlig smuts när fjäderbenet är borttaget från bilen. Om det behövs kan fjäderbenet fästas upprätt i ett skruvstäd för att stå stadigt. Klä skruvstädskäftarna med trä eller aluminium för att hindra att fjäderbenets nedre fästen skadas.

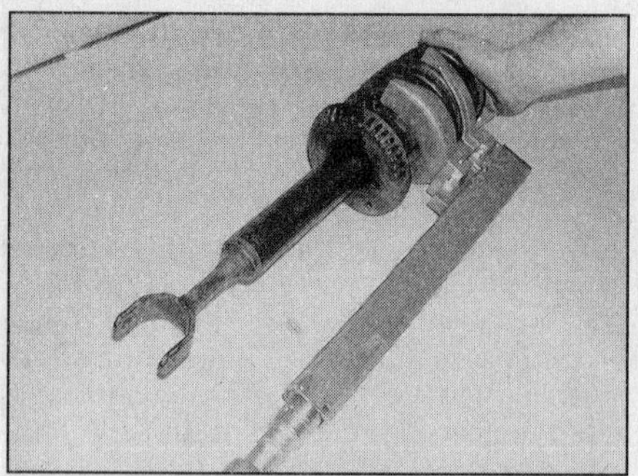
4.2 Tryck ihop spiralfjädern jämnt och stegvis tills fjädersätena avlastas

4.3 Lossa stötdämparkolvens mutter samtidigt som kolven hålls fast med en lämplig insexnyckel

4.4a Ta bort muttern . . .

2 Montera fjäderspännaren och tryck ihop spiralfjädern jämnt och stegvis tills fjädersätena avlastas **(se bild)**.

3 Lossa stötdämparkolvens mutter samtidigt som kolven hålls fast med en lämplig insexnyckel **(se bild)**. Detta kan göras på flera sätt: genom att använda en skiftnyckel med vinklat huvud, genom att vrida hylsan med en hanfot-tillsats, eller genom att använda en hylsnyckel med ett tillräckligt stort hål för att insexnyckeln kan gå igenom och med sexkantig överdel. Hylsan kan sedan vridas runt med hjälp av en nyckel.

4 Ta bort muttern. Lyft sedan bort fästplattan följt av brickan, det övre fjädersätet och det övre fjäderfästet **(se bilder)**.

5 Ta bort dammdamasken, stoppklacken av gummi samt skyddskåpan från stötdämparkolven. Lyft sedan bort spiralfjädern (tillsammans med kompressorerna) **(se bilder)**.

6 Ta bort det nedre fjäderfästet **(se bild)**. Lossa sedan det nedre fjädersätet från stötdämparhuset om det behövs, genom att knacka försiktigt på det med en mjuk klubba.

7 Undersök stötdämparen efter tecken på oljeläckage. Kontrollera kolvstång efter tecken på punktkorrosion längs med hela dess längd. Kontrollera att stötdämparhuset inte är skadat eller visar tecken på svår korrosion. Kontrollera stötdämparens funktion genom att hålla den upprätt och först röra kolven ett fullt slag, och sedan flera korta slag på 50 till 100 mm. I båda fallen ska motståndet vara störningsfritt och kontinuerligt. Om resistansen är hoppig eller ojämn, eller om det finns synliga tecken på att stötdämparen är sliten eller skadad, måste den bytas ut. **Observera:** *Stötdämpare måste bytas ut parvis för att bilens köregenskaper ska behållas.*

8 Undersök övriga komponenter efter tecken på skador eller åldrande och byt dem om de behövs.

9 Montera det nedre fjädersätet på stötdämparhuset så att inställningshålet hamnar 90° i förhållande till fjäderbenets nedre fästbultsaxeln.

10 Montera det nedre fjäderfästet. Se till att det fäster korrekt med urtaget i det nedre fjädersätet.

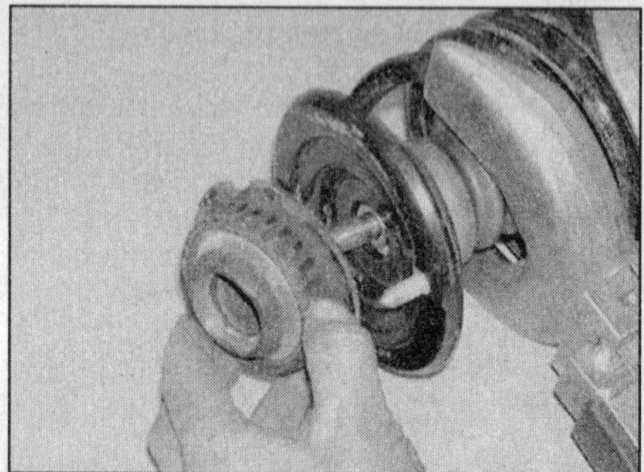
4.4b . . . lyft sedan bort fästplattan . . .

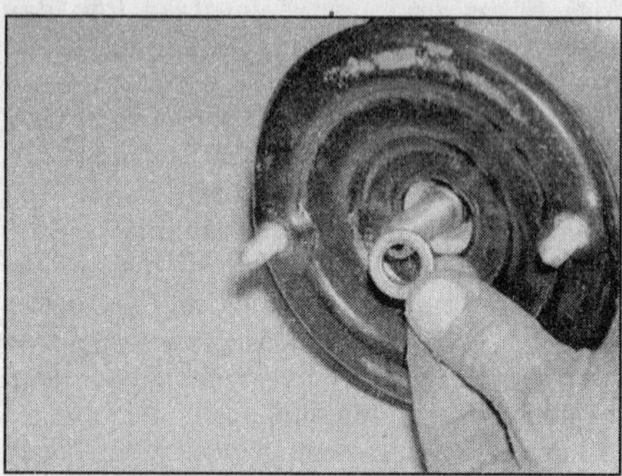
4.4c . . . följt av brickan . . .

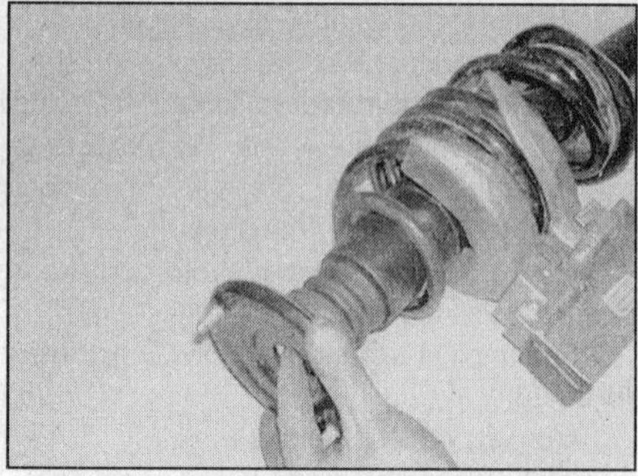
4.4d . . . det övre fjädersätet och övre fjäderfästet

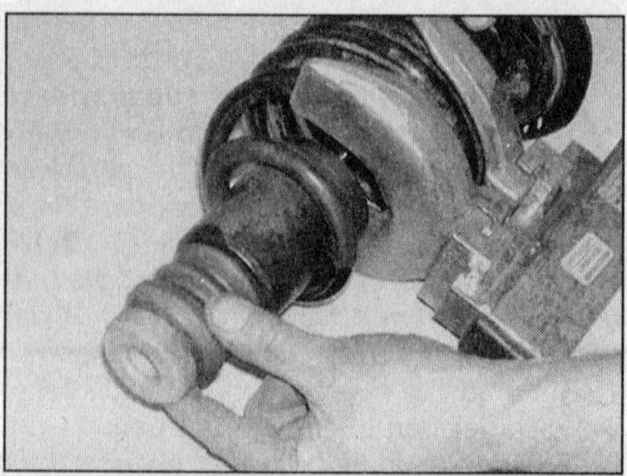
4.5a Ta bort dammdamasken, gummistoppklacken och skyddskåpan från stötdämparkolven . . .

4.5b . . . lyft sedan bort spiralfjädern (tillsammans med kompressorerna)

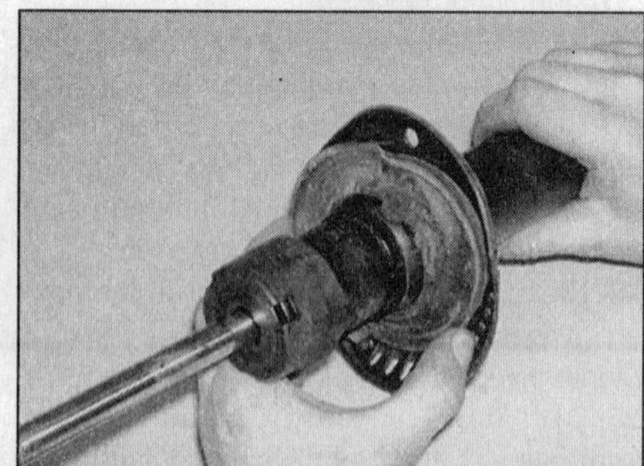
4.6 Ta bort det nedre fjäderfästet

4.12 Se till att spiralfjäderns ände vilar mot stoppet (pil) på fjäderfästet

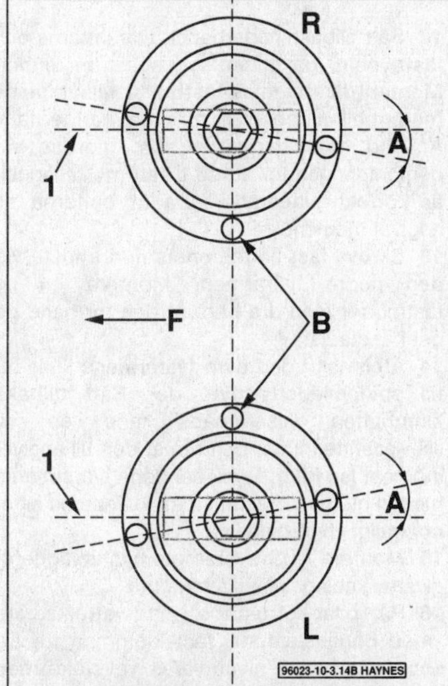

4.13b Observera skillnaden i vinkelförskjutning mellan höger och vänster ben

A Vinkel = 11° ± 2°
B Nedre fjädersätets inställningshål
F Körriktning
L Vänster fjäderben
R Höger fjäderben
1 Benets nedre fästbultsaxel

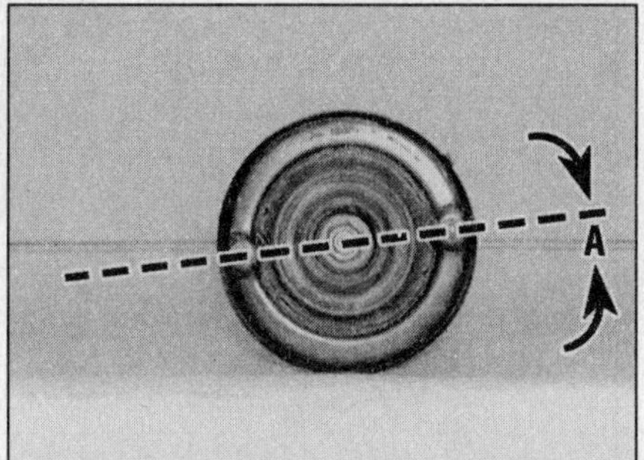

4.13a Montera det övre fjädersätet så att inställningshålet är placerat med vinkel (A) 11° i förhållande till benets nedre fästbults längsgående axel (visas med en bit svetsstång)

11 För skyddskåpan, stoppklacken av gummi och dammdamasken över änden av kolvstången och tryck dem ordentligt på plats. Se till att dammdamaskens nedre ände är korrekt fäst med fjäderbenets nederdel.

12 Montera den komprimerade spiralfjädern på fjäderbenets nederdel. Se till att spiralens ände vilar mot motsvarande stopp på fjäderfästet **(se bild)**.

13 Montera det övre fjäderfästet och fjädersätet, brickan samt det övre fästet på fjäderbenets överdel så att fjädersätets inställningshål är 11° i förhållande till fjäderbenets nedre fästbults längsgående axeln. Om hopsättningen har utförts korrekt ska spiralfjäderns övre ände vara placerad mot stoppet på det övre fjädersätets undersida **(se bilder)**.

4.13c Spiralfjäderns övre ände ska placeras mot stoppet (pil) på det övre fjädersätets undersida

14 Montera en ny kolvstångsmutter. Håll sedan fast stötdämparens kolvstång med samma metod som användes vid demonteringen och dra åt muttern till angivet moment.

15 Se till att alla komponenter är korrekt placerade samt att båda fjäderändarna har kontakt med stoppen. Lossa sedan stegvis fjäderspännaren och ta bort den från fjäderbenet.

16 Montera tillbaka fjäderbenet enligt beskrivningen i avsnitt 3.

5 Framfjädring tvärarmar – demontering, översyn och montering

Övre armar

Demontering

1 Klossa bakhjulen och dra åt handbromsen ordentligt. Lyft upp framvagnen och stöd den på pallbockar. Demontera relevant framhjul. Medan hjulet är demonterat bör minst en hjulbult monteras så att bromsskivan behåller sin korrekta position på navet.

2 På bilar utrustade med strålkastare med bågljuslampor, lossa klämman och koppla loss bilens nivågivares vevstake från den främre nedre tvärarmen. Se kapitel 12 för detaljer.

3 Lossa försiktigt kablaget till ABS-systemets hjulhastighetsgivare från fästklämmorna.

4 Skruva loss fästmuttern och ta loss klämbulten från hjulspindelns överdel. Ta loss den främre och bakre övre tvärarmens kulleder från överdelen av hjulspindeln, försök dock inte lossa kulledsstiften genom att tvinga isär springorna med en skruvmejsel eller liknande **(se bilder)**. Var noga med att inte skada kulledens gummidamasker.

5 Skruva loss muttern och ta bort fjäderbenets nedre fästbult från tvärarmen främre del (se avsnitt 4).

6 Den övre tvärarmens fästbygels monteringskonsols bultar sitter i ventilluckan,

5.4a Skruva loss fästmuttern . . .

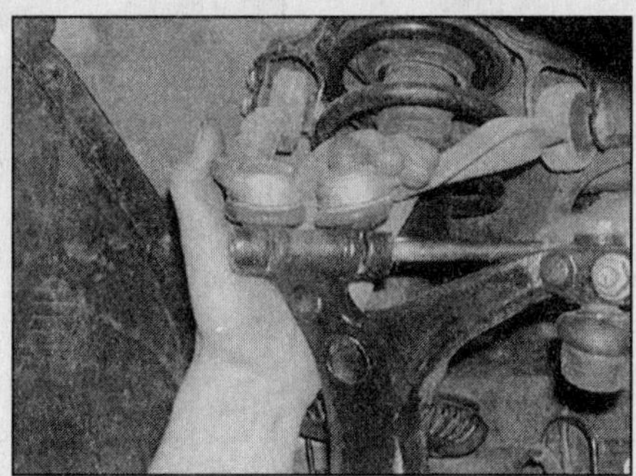

5.4b . . . och ta loss klämbulten från hjulspindelns överdel

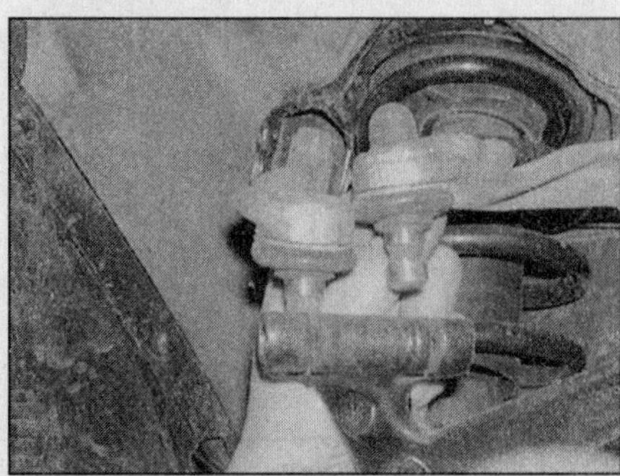

5.4c Ta loss kullederna från hjulspindelns överdel

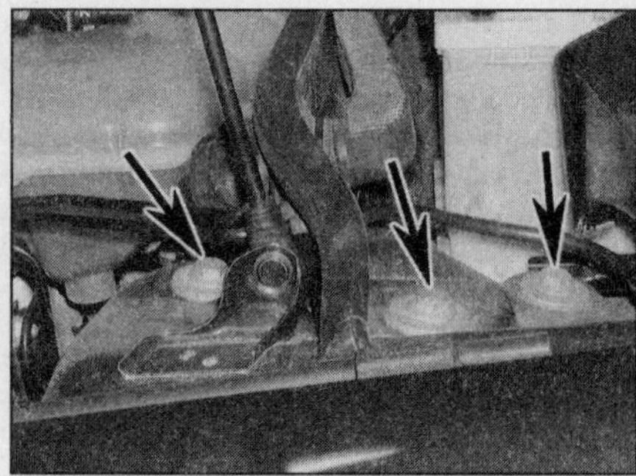
5.6 Den övre tvärarmens fästbygelbultar (pilar) är placerade i ventilen på baksidan av motorrummet

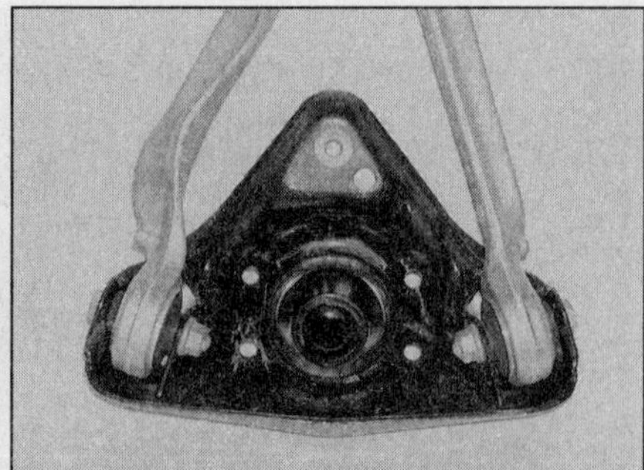
5.7 Övre tvärarmens pivåbultar/muttrar (med stötdämparen borttagen för bättre sikt)

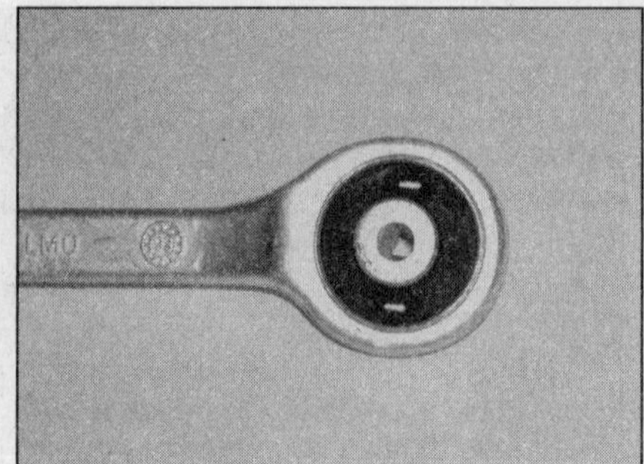
5.9 Se till att bussningen är korrekt placerad så att håligheterna är i linje med armens centrumaxel

på baksidan av motorrummets bakre del **(se bild)**. Skruva loss de tre bultarna och ta bort fästbygeln, fjäderbenet och de båda övre tvärarmarna som en enhet. Det kan finnas plastbrickor på bultarnas undersida. De levereras sammansatta från fabriken och behöver inte återmonteras när de tagits bort.
Observera: *Notera eventuella mellanläggs placering under huvudena på den övre tvärarmens fästbygels bultar. De måste återmonteras i samma lägen för att framfjädringens inställning ska behållas.*

7 Placera fjäderbenets nedre del i ett skruvstäd. Skruva sedan loss, och ta bort, muttern och bulten som håller fast den relevanta tvärarmen i monteringskonsolen **(se bild)**.

Renovering

8 Rengör armen och området runt dess fäste noggrant. Ta bort alla spår av smuts samt gängornas fästmassa och underredsbehandling om det behövs. Sök sedan noggrant efter sprickor, skevhet eller andra tecken slitage eller skada. Kontrollera den inre pivåbussningen och kulleden extra noga. Spindelleden utgör en del av länkarmen och kan inte bytas separat. Om armen eller spindelleden har skadats måste hela enheten bytas ut.

9 Vid byte av den nedre pivåbussningen behövs en hydraulisk press och flera distanser. Därför är det bäst att låta en VW-handlare eller verkstad, som har tillgång till rätt utrustning, utför åtgärden. Om sådan utrustning finns tillgänglig, tryck ut den gamla bussningen och montera den nya. Använd en mellanläggsbricka som endast stöder mot bussningens ytterkant. Se till att bussningen är placerad så att hålen sitter mitt emot armens centrala axel **(se bild)**.

Montering

10 Passa in tvärarmen på monteringskonsolen. Sätt i en ny fästbult och skruva in en ny fästmutter.

11 Passa in armen så att det vertikala avståndet mellan fästbygelns främre kant och armen är 47 mm **(se bild)**. Håll armen i det här läget och dra åt fästmuttern till angivna åtdragningsmoment för steg 1 och 2. Detta garanterar att gummibussningen inte utsätts för onödiga påfrestningar när bilen sänks ner.

12 Sätt tillbaka fjäderbenet, tvärarmarna och fästbygeln på hjulhuset som en enhet. Montera fästbygelns fästbultar tillsammans med mellanläggen (i förekommande fall). Använd anteckningarna som gjordes vid demonteringen för att se till att mellanläggen är korrekt placerade. Dra åt bultarna till angivet moment.

13 Skruva fast fjäderbenets nedre fäste vid den nedre tvärarmen. Montera en ny fästmutter men dra bara åt den för hand på det här stadiet.

14 Återanslut den övre tvärarmens kulleder till spindelledens övre del. Sätt tillbaka klämbulten tillsammans med en ny självlåsande mutter och dra åt den till angivet moment **(se bild)**. Tryck ner båda tvärarmarna medan muttern dras åt så att kullederna sitter ordentligt i hjulspindeln.

15 Montera ABS-systemets hjulhastighets-givares kablage i fästklämmorna.

16 På bilar utrustade med strålkastare med bågljuslampor, fäst klämman för att koppla in bilens nivågivares vevstake med den främre nedre tvärarmen. Se kapitel 12 för detaljer.

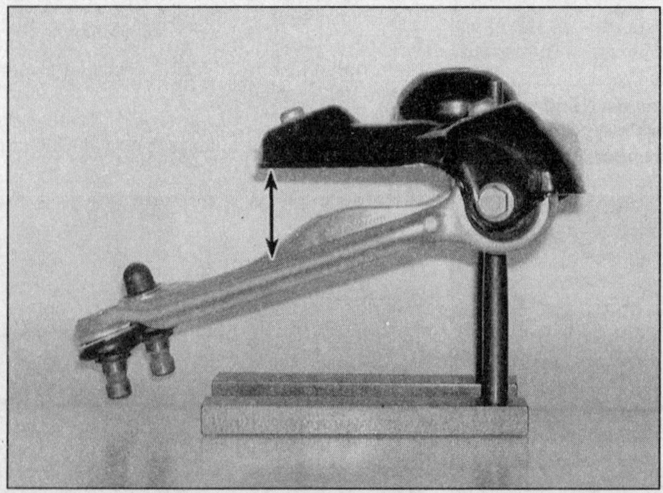
5.11 Placera tvärarmen så att det vertikala avståndet Amellan fästbygelns framkant och armen är 47 mm

5.14 Dra åt den nya klämbultsmuttern till angivet moment

5.21a Ta hjälp av en kulledsdelare . . .

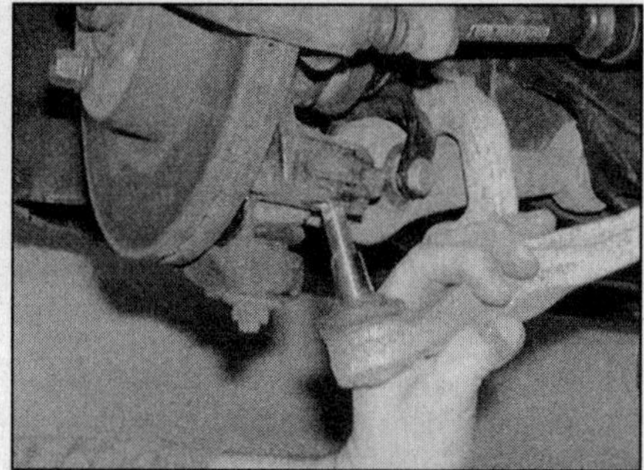
5.21b . . . ta loss den bakre nedre tvärarmen från hjulspindelns nederdel

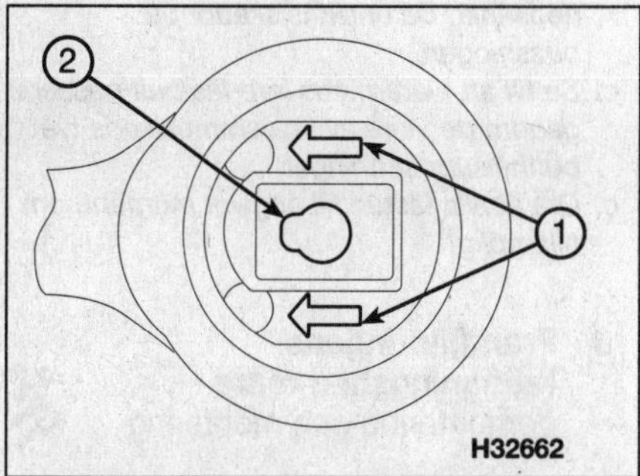

5.25 Se till att pilarna på hydro-fästet (1) eller spåret i mitten (2) pekar mot kulleden

17 Montera hjulet och dra åt bultarna till angivet moment. Sänk sedan ner bilen.

18 Låt bilen stå på marken. Dra åt fjäderbenets nedre fästbultsmutter till angivet moment.

19 Avsluta med att kontrollera att framhjulsinställningen är korrekt. Om den behöver justeras ska den lämnas till en VW-verkstad eller till en däckspecialist.

Bakre länkarm

Demontering

20 Klossa bakhjulen och dra åt handbromsen ordentligt. Lyft upp framvagnen och stöd den på pallbockar. Demontera relevant framhjul. Medan hjulet är demonterat bör minst en hjulbult monteras så att bromsskivan behåller sin korrekta position på navet.

21 Skruva loss fästmuttern. Ta sedan loss tvärarmen från hjulspindelns nederdel med hjälp av en kulledsdelare – undvik att skada gummidamasken **(se bilder)**.

22 Skruva loss muttern från bulten på tvärarmens inre ände. Kryssrambalkens hörn måste sänkas något för att bulten ska kunna tas bort. Gör detta genom att skruva loss stödplattans två bultar. Skruva sedan loss kryssrambalkens fästbult. Observera att bulten är inskruvad genom den inre av de två bulthålsuppsättningarna i kryssrambalken.

23 Sänk ned kryssrambalken något, dra bort tvärarmens inre fästbult och ta sedan bort armen från bilen.

Renovering

24 Rengör armen och området runt dess fäste noggrant. Ta bort alla spår av smuts samt gängornas fästmassa och underredsbehandling om det behövs. Sök sedan noggrant efter sprickor, skevhet eller andra tecken slitage eller skada. Kontrollera den inre pivåbussningen och kulleden extra noga. Observera att den inre bussningen har en hydraulisk funktion. Vätskeläckage visar att bussningen har skadats och måste bytas. Spindelleden utgör en del av länkarmen och kan inte bytas separat. Om armen eller spindelleden har skadats måste hela enheten bytas ut.

25 Vid byte av den nedre pivåbussningen behövs en hydraulisk press och flera distanser. Därför är det bäst att låta en VW-handlare eller verkstad, som har tillgång till rätt utrustning, utför åtgärden. Om sådan utrustning finns tillgänglig, tryck ut den gamla bussningen och montera den nya. Använd en mellanläggsbricka som stöder endast mot bussningens ytterkant. Kontrollera att bussningen är rätt placerad, så att pilarna eller spåren i mitten pekar mot kulleden **(se bild)**.

Montering

26 Monteringen sker i omvänd ordningsföljd mot demonteringen. Tänk på följande:

a) *Använd en ny tvärarm och nya fästmuttrar och bultar till kryssrambalken.*

b) *Vänta med att dra åt tvärarmens inre fästbult tills bilen står på marken.*

c) *Se till att tvärarmens inre fästbult passerar genom den inre av kryssrambalkens två bulthålsuppsättningar.*

d) *Dra åt alla fästen till angivet moment, om tillämpligt.*

Främre länkarm

Demontering

27 Klossa bakhjulen och dra åt handbromsen ordentligt. Lyft upp framvagnen och stöd den på pallbockar. Demontera relevant framhjul. Medan hjulet är demonterat bör minst en hjulbult monteras så att bromsskivan behåller sin korrekta position på navet.

28 På bilar utrustade med strålkastare med bågljuslampor, lossa klämman och koppla loss bilens nivågivares vevstake från den främre nedre tvärarmen. se kapitel 12 för detaljer.

29 Skruva loss fästmuttern. Ta sedan loss den nedre tvärarmen fram från hjulspindelns nederdel med hjälp av en kulledsdelare (undvik att skada gummidamasken).

30 Skruva loss muttern och ta bort fjäderbenets nedre fästbult från den främre tvärarmen.

31 Ta bort fästmuttern och koppla loss krängningshämmarens länkarm från tvärarmen enligt beskrivning i avsnitt 6.

32 Skruva loss muttern och dra bort tvärarmens inre fästbult. Ta sedan bort armen från bilen. Observera att bulten är inskruvad genom den inre av de två bulthålsuppsättningarna i kryssrambalken.

Renovering

33 Rengör armen och området runt dess fäste noggrant. Ta bort alla spår av smuts samt gängornas fästmassa och underredsbehandling om det behövs. Sök sedan noggrant efter sprickor, skevhet eller andra tecken slitage eller skada. Kontrollera de inre pivåbussningarna, och fjäderbenets pivåbussning, samt kulleden extra noga. Spindelleden utgör en del av länkarmen och kan inte bytas separat. Om armen eller spindelleden har skadats måste hela enheten bytas ut.

34 Vid byte av den nedre pivåbussningen och fjäderbenets pivåbussning, behövs en hydraulisk press och flera distanser. Därför är det bäst att låta en VW-handlare eller verkstad, som har tillgång till rätt utrustning, utför åtgärden. Om sådan utrustning finns tillgänglig, tryck ut den gamla bussningen och montera den nya. Använd en mellanläggsbricka som stöder endast mot bussningens ytterkant. Se till att bussningen är korrekt placerad **(se bild)**.

Montering

35 Monteringen sker i omvänd ordningsföljd mot demonteringen. Tänk på följande:

a) *Använd en ny tvärarm och nya fästmuttrar och bultar till fjäderbenet.*

b) *Vänta med att dra åt tvärarmens inre fästmutter och fästmuttern till krängningshämmarens länkarm till rätt åtdragningsmoment tills bilen är*

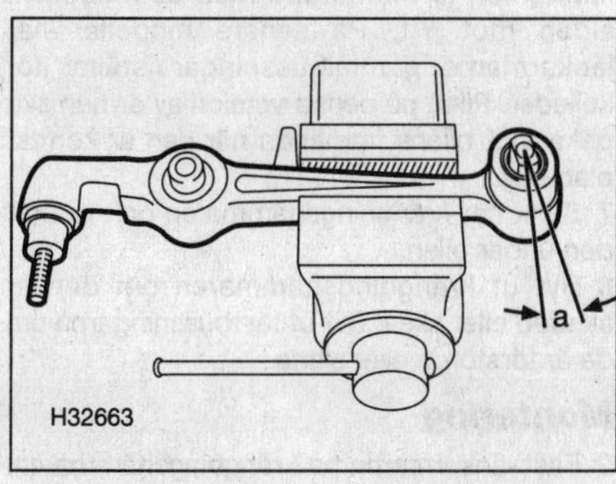

5.34 Placera fästet så att dimensionen (a) är 6° ± 3°

nedsänkt. Då undviks skador på bussningen.

c) Se till att tvärarmens inre fästbult passerar genom den inre av kryssrambalkens två bulthålsuppsättningar.

d) Dra åt alla fästen till angivet moment, om tillämpligt

6 Framfjädringens krängningshämmare – demontering och montering

Demontering

1 Krängningshämmaren måste bytas/monterad med bilen stående på hjulen. Därför underlättas följande moment betydligt om bilen parkeras över en smörjgrop. Kör alternativt upp bilen på ramper för att öka avståndet mellan bilens framvagn och underlaget.

2 Ta bort hållarna och fästklämmorna och ta bort skyddskåpan från motorns/växellådans undersida för att komma åt krängningshämmarens fästklamrar.

3 Skruva loss de muttrar och bultar som fäster båda krängningshämmarens fästklamrar i kryssrambalken. Ta bort klämmorna och kasta bort muttrarna. Använd nya muttrar vid återmonteringen **(se bild)**.

4 Skruva loss fästmuttrarna och koppla loss länkarmarna från båda sidorna av de nedre tvärarmarna. Observera att länkarmen är fäst med separata muttrar och bultar på senare modeller med gummibussningar, till skillnad från de tidigare modellerna med kulleder **(se bild)**. På båda modellerna ska man kasta bort muttrarna eftersom nya måste användas vid monteringen.

5 Skruva loss de muttrar som håller fast krängningshämmarens ändar mot länkarmarna och kasta bort dem. Använd nya muttrar vid monteringen. På senare modeller är länkarmarna fästa med separata muttrar och bultar (se anmärkningen i föregående punkt). Om det är tillämpligt, ta bort brickan och den bakre bussningen från krängningshämmarens ändar. Notera hur de ska sitta placerade.

6 När de är demonterade, notera att bussningarna mellan länkarmen och den länkarmen är monterade med den konkava sidan mot Y:t. På senare modeller har länkarmarna gummibussningar istället för kulleder. Pilen på denna version av armen ska peka mot bilens framända när den är korrekt placerad.

7 Sänk ner krängningshämmaren och ta bort den under bilen.

8 Byt ut krängningshämmaren om den är skadad eller skev. Byt ut fästbussningarna om de är förstörda eller slitna.

Montering

9 Fäst länkarmarna på krängningshämmaren. Montera sedan bultarna (om tillämpligt) och montera de nya fästmuttrarna. Dra endast åt dem för hand i det här stadiet. Se till att länkarmens konkava sida är riktad mot bilens framände. På senare modeller ska pilen på sidan av länkarmen peka mot bilens framände.

10 Lirka krängningshämmaren på plats. Anslut sedan länkarmsändarna till de länkarmarna. För in fästbultarna eller kulledernas pinnbultar (vad som är tillämpligt) genom fästöglorna i länkarmarna.

11 Skruva på länkarmens nya fästmuttrar. Dra endast åt dem löst på det här stadiet.

12 Montera fästklamrarna på krängningshämmarens fästbussningar. Se till att båda klämmorna är korrekt placerade på bussningarna. Montera sedan fästbultarna med nya muttrar. Dra endast åt fästmuttrarna för hand på det här stadiet.

13 Gunga bilen från sida till sida så att krängningshämmaren kommer rätt. Dra åt krängningshämmarens fyra länkarmsmuttrar till angivet moment. Dra även åt muttrarna till krängningshämmarens fästklammerbultar till angivet moment.

14 Montera skyddskåpan och dra åt fästena ordentligt.

7 Framfjädringens kryssrambalk – demontering och montering

Demontering

1 Klossa bakhjulen och dra åt handbromsen ordentligt. Lyft upp framvagnen och stöd den på pallbockar.

2 Ta bort båda framhjulen. Medan hjulet är demonterat bör minst en hjulbult monteras så att bromsskivorna behåller sin korrekta position på navet.

3 Ta bort hållarna och fästklämmorna och ta bort skyddskåpan från bilens/växellådans undersida.

4 Se kapitel 2A eller 2B. Fäst ett lyftfäste på motorns baksida och lyft motorn/växellådan med en lyftbalk eller en motorlyft.

5 På bilar utrustade med strålkastare med bågljuslampor, lossa klämman och koppla loss bilens nivågivares vevstake från den främre nedre tvärarmen. Se kapitel 12 för detaljer.

6.3 Skruva loss de muttrar som fäster båda krängningshämmarens klämmor i kryssrambalken

6 Lossa försiktigt kablaget till ABS-systemets hjulhastighetsgivare från fästklämmorna.

7 Skruva loss krängningshämmarens länkarmar från de båda nedre fjädringsarmarna enligt beskrivningen i avsnitt 6.

8 Skruva loss de båda bakre, nedre tvärarmarnas inre ändar från kryssrambalken enligt beskrivningen i avsnitt 5. Observera att detta omfattar att Lossa kryssrambalkens bakre hörn från bilens undersida och sänka ner kryssrambalken lite så att tvärarmens bultar kan dras bort.

9 Skruva loss de båda fjäderbenens nedre ändar från de främre nedre tvärarmarna enligt beskrivningen i avsnitt 3.

10 Skruva loss de båda främre nedre tvärarmarnas inre ändar från kryssrambalken enligt beskrivningen i avsnitt 5.

11 Bind upp hjulspindeln, fjäderbenet och tvärarmarna på insidan av hjulhuset med hjälp av ståltråd så att fjädringens bussningar och kulleder inte belastas.

12 Se till att motorn och växellådan har säkert stöd från lyftutrustningen. Skruva sedan loss det högra och vänstra växellådsfästet från kryssrambalken.

13 Skruva loss kryssrambalkens två fästbultar på baksidan av krängningshämmarens klämfästbyglar.

14 Lossa kryssrambalkens fyra fästbultar framför krängningshämmarens klämfästbyglar så mycket att kryssrambalken kan tas loss från sina fästen. Skruva inte ur bultarna helt.

15 Sänk försiktigt ner kryssrambalken och dra bort den under bilen.

Renovering

16 Byte av kryssrambalkens fästa bussningar kräver tillgång till en hydraulisk press samt ett antal specialutformade demonterings/monteringsverktyg. Tillverkning av alternativa verktyg rekommenderas inte på grund av risken att skada kryssrambalksbussningarnas fästen. Därför är det bäst att överlåta arbetet med byte av bussningar till en VW-verkstad.

Montering

Observera: *Kryssrambalkens alla fästmuttrar och bultar måste bytas ut.*

17 Passa in kryssrambalken på

6.4 Skruva loss fästmuttrarna och koppla loss krängningshämmarens länkarmar från den nedre tvärarmen

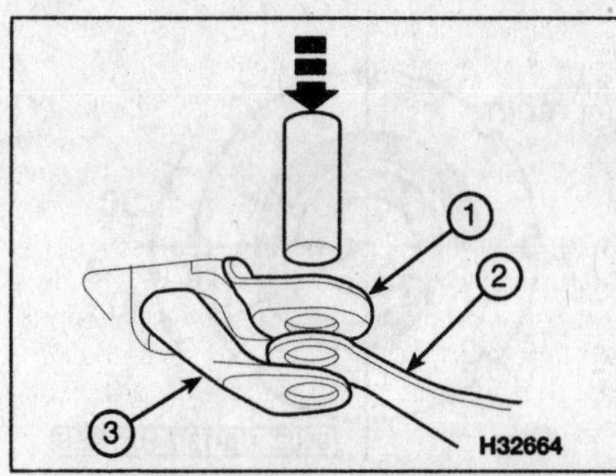

7.21 För en styrbult av trä (pil) genom inställningshålen i kryssrambalkens främre hörn

1 Fästbygel (övre)
2 Kryssrambalk
3 Fästbygel (nedre)

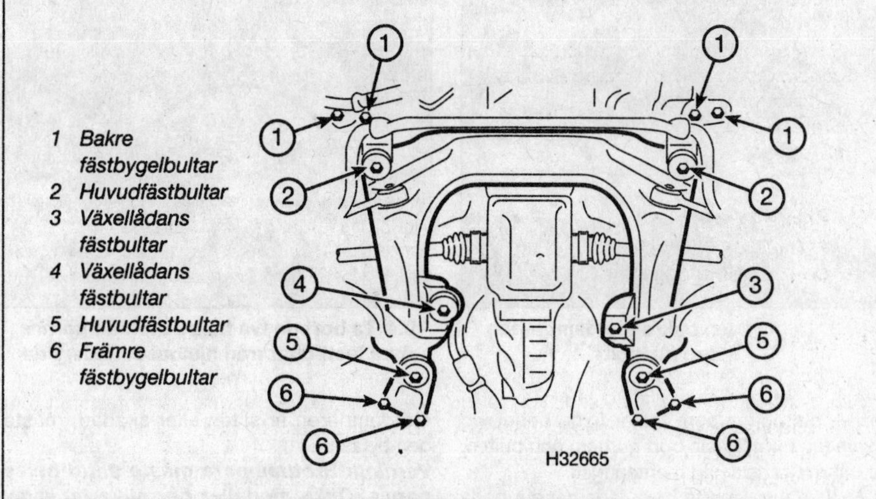

7.24 Kryssrambalkens fästbultar, detaljer

motorrummets undersida och fäst de främre fästena med respektive fästbyglar. Montera kryssrambalkens nya främre fästbultar, men dra inte åt dem helt på det här stadiet.

18 Återanslut växellådans fästen vid kryssrambalken.

19 Återanslut fjäderbenets nedre ände vid den främre tvärarmen enligt beskrivningen i avsnitt 3. Återanslut sedan de främre och bakre nedre tvärarmarna till kryssrambalken enligt beskrivningen i avsnitt 5. Dra inte åt fästmuttrarna och bultarna helt på det här stadiet.

20 Montera tryckstången till de bågljuslampsförsedda strålkastarnas chassihöjdgivare på den främre nedre tvärarmen enligt beskrivningen i kapitel 12 (om det är tillämpligt).

21 Skaffa två träpluggar med ungefär 15 mm diameter och 150 mm längd. Arbeta genom hjulhusen. För pluggarna genom inställningshålen i kryssrambalkens främre hörn. Justera kryssrambalken tills de båda pluggarna passerar genom alla tre inställningshålen på båda sidorna **(se bild)**.

22 Montera fästbyglarna i kryssrambalkens bakre hörn. Montera de nya fästbygelbultarna och dra åt dem löst. När fästbyglarna är på plats, montera kryssrambalkens nya bakre fästbultar och dra åt dem löst.

23 Ta bort motorlyften/stödstaget (vad som är tillämpligt). Dra sedan åt kryssrambalkens och fjädringens fästbultar i den ordning som anges i följande punkter.

24 Dra åt kryssrambalkens fyra huvudfästbultar till angivna moment för steg ett och två **(se bild)**.

25 Dra åt kryssrambalkens fyra främre fästbygelbultar till angivet moment.

26 Dra åt kryssrambalkens fyra bakre fästbygelbultar till angivet moment.

27 Dra åt växellådans fästbultar till angivet moment enligt beskrivningen i kapitel 7A eller 7B, vad som är tillämpligt.

28 Dra åt de främre och bakre nedre tvärarmarnas inre fästbultar till angivet moment, enligt beskrivningen in avsnitt 5.

29 Montera krängningshämmarens länkarm enligt beskrivningen i avsnitt 6. Använd nya fästmuttrar och dra åt dem till angivet moment.

30 Dra åt fästmuttern mellan fjäderbenet och den nedre tvärarmen till angivet moment (se avsnitt 4).

31 Montera kablaget till ABS-systemets hjulhastighetsgivare i fästklämmorna (se kapitel 9, avsnitt 19).

32 Montera tillbaka den undre kåpan ordentligt. Montera sedan hjulen och sänk ner bilen. Dra åt hjulbultarna till angivet moment.

33 Avsluta med att låta kontrollera framhjulsinställningen och styrvinklarna och om nödvändigt låta justera dem så snart som möjligt.

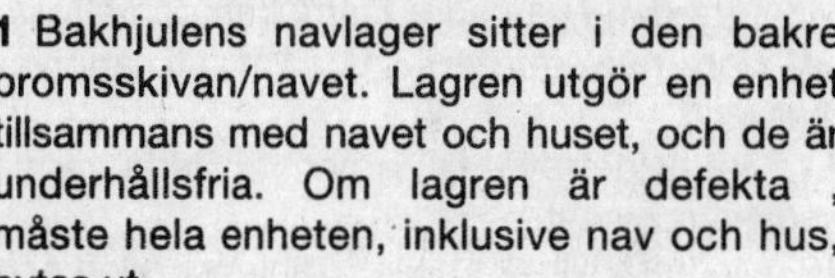

8 Bakre nav, lager och hus – byte

1 Bakhjulens navlager sitter i den bakre bromsskivan/navet. Lagren utgör en enhet tillsammans med navet och huset, och de är underhållsfria. Om lagren är defekta , måste hela enheten, inklusive nav och hus, bytas ut.

2 Ta bort den bakre bromsskivan enligt beskrivningen i kapitel 9. Dra ABS:ens hjulgivare och hållare från lagerhusenhetens inre del **(se bild)**.

3 Skruva loss de fem insexbultar som håller fast enheten lager/nav på axeln och ta bort enheten **(se bild)**.

4 Rengör fogytorna mellan axeln och lagerhuset.

5 Resten av monteringen sker i omvänd ordningsföljd mot demonteringen.

8.2 Lossa fästklämman och dra hjulgivaren från spindelenhetens baksida

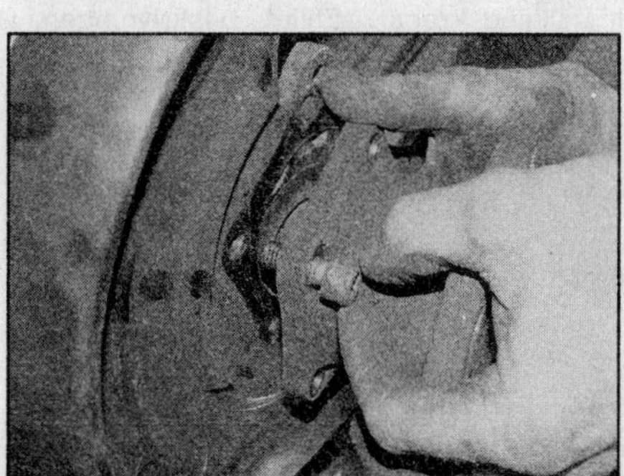

8.3 Skruva loss de fem fästbultarna och ta bort nav/lager/hus

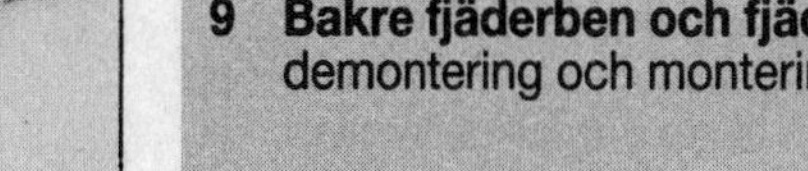

9 Bakre fjäderben och fjäder – demontering och montering

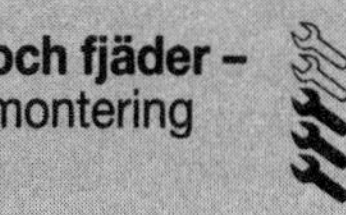

Demontering

1 Klossa framhjulen, lyft upp bakvagnen och ställ den på pallbockar. Demontera relevant bakhjul.

2 Placera en garagedomkraft under bakaxeln och hissa upp den tills den stöder axelns vikt.

3 Skruva loss muttern. Dra sedan bort den

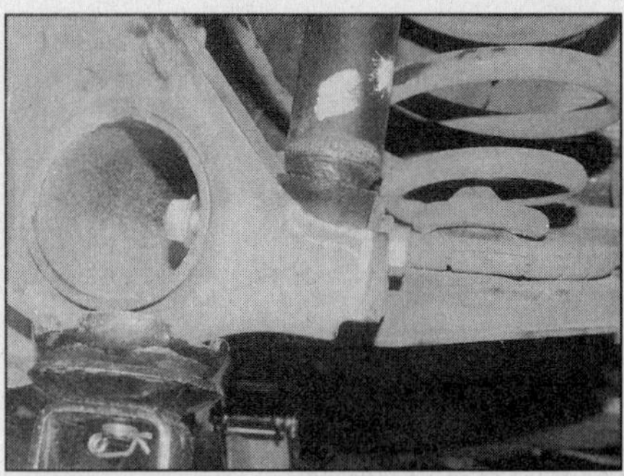

9.3 Ta bort den bakre stötdämparens nedre fästbult

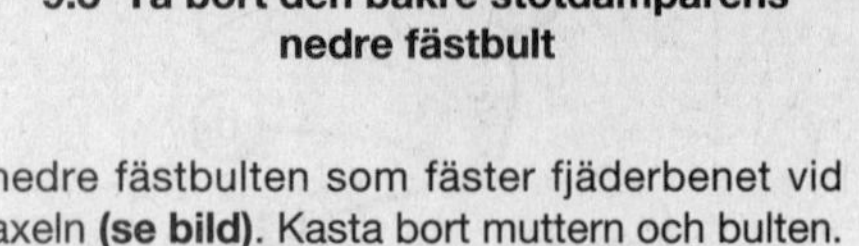

9.4 Ta bort de två bakre stötdämparnas övre fästbultar från hjulhuset undersida

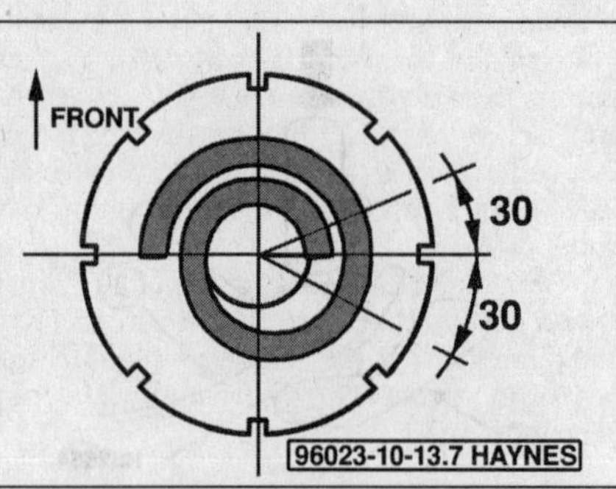

9.8 Se till att spiralfjädrarnas ändar placerats på samma sätt i fjädersätena som när de monterades

nedre fästbulten som fäster fjäderbenet vid axeln **(se bild)**. Kasta bort muttern och bulten. Använd nya delar vid monteringen.

4 Skruva loss och ta bort fjäderbenets båda övre fästbultar från hjulhusets undersida **(se bild)**.

5 Sänk försiktigt ned garagedomkraften till all spänning i fjädern är borta. Ta loss fjädern och fjäderbenet.

6 Ta loss det övre och nedre fjäderfästena.

Montering

7 Montera de övre och nedre fjäderfästena.

8 Lirka fjädern på plats. Fjädern måste riktas in som visas **(se bild)**.

9 Passa in fjäderbenet och dra åt den övre fästbulten för hand.

10 Höj upp axeln och leta reda på fjäderbenets nedre fäste på axelns fästbyglar. Montera den nya nedre fästbulten och skruva på den nya muttern. Dra åt till angivet moment.

11 Dra åt det övre fjäderbenets fästbultar till angivet moment.

12 Montera tillbaka hjulet, sänk ner bilen och dra åt hjulbultarna till angivet moment.

10 Bakre fjäderben – renovering

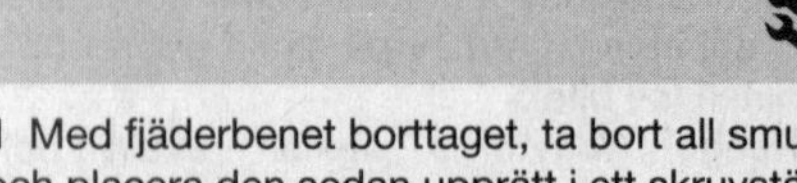

1 Med fjäderbenet borttaget, ta bort all smuts och placera den sedan upprätt i ett skruvstäd.

2 Lossa muttern till dämparens stag samtidigt som dämparen stag hålls fast med en lämplig skiftnyckel **(se bild)**.

3 Ta bort muttern och lyft sedan av det övre fästet, gummikudden (stoppet) och skyddsslangen **(se bild)**.

4 Undersök stötdämparen efter tecken på oljeläckage. Undersök kolven efter tecken på punktkorrosion efter hela dess längd och kontrollera stötdämparhuset efter tecken på skador. Kontrollera stötdämparens funktion genom att hålla den upprätt och först röra kolven ett fullt slag, och sedan flera korta slag på 50 till 100 mm. I båda fallen ska motståndet vara störningsfritt och kontinuerligt. Om resistansen är hoppig eller ojämn, eller om det finns synliga tecken på att stötdämparen är sliten eller skadad, måste den bytas ut.

Varning: Stötdämpare måste alltid bytas parvis. Olika modeller har olika typer av stötdämpare – se till att du har den typ som är avsedd för just din bil.

5 Undersök övriga komponenter efter tecken på skador eller åldrande och byt dem om det behövs.

6 För skyddsslangen över dämparens stag och sätt sedan tillbaka stoppets gummikudde och därefter det övre fästet.

7 Dra ut kolvstången helt och skruva dit den nya muttern. Håll emot dämparstaget så det inte roterar och dra åt muttern till angivet moment.

8 Montera tillbaka fjäderbenet enligt beskrivningen i avsnitt 9.

11 Bakaxel – demontering och montering

Demontering

1 Klossa framhjulen och lägg i ettans växel (eller P). Lossa sedan bakhjulets bultar. Lyft upp bakvagnen och ställ den på pallbockar (se *Lyftning och stödpunkter*). Demontera bakhjulen.

2 Ta bort skruvarna som fäster värmeskölden över avgassystemets mellanrör. För värmeskölden åt sidan så att det går att komma åt handbromsvajerns inställningskragar. Enligt beskrivningen i kapitel 9, koppla loss handbromsvajrarna från varje bakbroms. Koppla sedan loss kablarna från de klämmor som fäster dem på axeln.

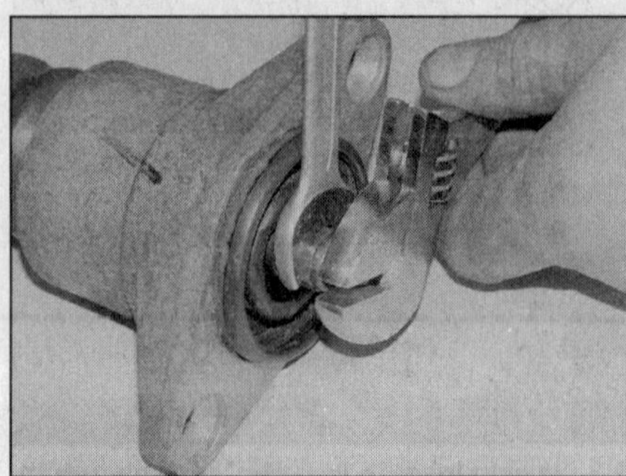

10.2 Lossa muttern samtidigt som dämparstaget hålles fast med en nyckel

3 Använd klämmor för att fästa de bakre bromsrörens gummidel så att vätskeförlusten minimeras. Skruva sedan loss anslutningarna och koppla loss bromsarnas hydraulrör från varje broms. Plugga igen den öppna anslutningarna för att hindra att smuts tränger in.

4 På modeller med strålkastare med bågljuslampor, koppla loss bilens nivågivares tryckstång från axelns balk. Se kapitel 12 för mer information.

5 Placera domkrafter under axelns båda sidor för att stödja dess vikt. Demontera den bakre underkåpan, om sådan finns.

6 Skruva loss fjäderbenens nedre fästbultar på varje sida. Koppla sedan loss fjäderbenen och fjädrarna från axeln enligt beskrivningen i avsnitt 9 i detta kapitel.

7 Koppla loss ABS-systemets hjulgivare från axelns bakre del enligt beskrivningen i kapitel 9, avsnitt 19. Lossa kablaget från klämmorna och ta loss det från axeln. Placera det sedan ur vägen för arbetsutrymmet.

8 Kontrollera att alla tillhörande detaljer är ur vägen för axeln. Täck över bromsenheterna för att se till att de inte skadas eller blir smutsiga medan axeln tas bort. Se till att axeln stöds ordentligt. Ta om möjligt hjälp av en medhjälpare för att stödja axelenheten när den lossas och sänks ner från bilen.

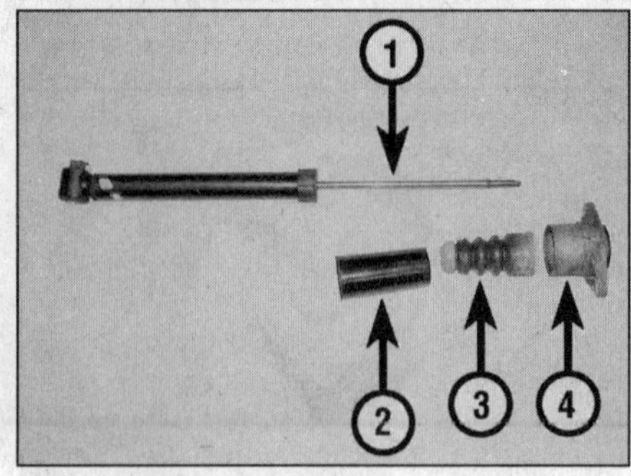

10.3 Bakre stötdämpardelar

1 Dämpare
2 Skyddslock
3 Stopp, gummikudde
4 Övre fäste

9 Använd en filtpenna eller liknande för att markera runt vänster sidas axelbussningshus, och lossa de tre fästbultarna.
10 Skruva loss pivåmuttrarna från sidorna. Dra sedan bort bultarna och sänk ner axeln från pivån/fästet. Sänk ner och ta bort axeln under bilen.
11 Om fästet/pivåbussningarna är slitna måste de bytas ut. I skrivandets stund finns inte gummibussningen att tillgå separat. Fråga hos din VW-mekaniker eller en kvalificerad verkstad.

Montering

12 Monteringen sker i omvänd ordningsföljd mot demonteringen. När axeln lyfts upp till sin plats, fäst bara fästbultarna och muttrarna löst tills axeln är helt på plats. Dra därefter åt dem helt till angivet moment. Pivåmuttrarna ska inte dras åt förrän bilen står på marken.
13 Se till att allt dras korrekt och fästs ordentligt när bromshydraulrören, handbromsvajrarna och ABS-kablaget återmonteras. Lufta hydraulsystemet, justera handbromsen och montera ABS-systemets hjulgivare enligt beskrivningen i kapitel 9, avsnitt 19.
14 På modeller utrustade med strålkastare med bågljuslampor, återanslut tryckstången till givaren för chassits höjd över marken till axelbalken enligt beskrivningen i kapitel 12.
15 Avsluta med att låta kontrollera bakhjulsinställningen. Bakaxelns totala toe-ut-inställning kan inte justeras eftersom axeln är en fast enhet. Men toe-ut-inställningen för de olika hjulen kan justeras genom att fästbultarna lossas och fästbyglarna till axelns pivåbultar flyttas. Detta bör dock endast göras om korrekt utrustning för kontroll av hjulinställningen finns tillgänglig. Därför rekommenderar vi att detta moment överlåts till en VW-verkstad eller till en däckspecialist med tillgång till rätt utrustning.

12 Ratt – demontering och montering

Varning: Se föreskrifterna i kapitel 12 innan något arbete utförs på krockkuddesystemets komponenter.

Demontering

1 Demontera krockkudden enligt beskrivningen i kapitel 12.
2 Ställ framhjulen rakt fram och aktivera rattlåset.
3 Skruva loss rattens fästmutter/bult och märk sedan ratten och rattstångens axel i förhållande till varandra **(se bild)**. På de bilar som har flerspårningsmutter kan denna användas 5 gånger. Vi föreslår att muttern markeras med en körnare varje gång den lossas. Insexbultar ska alltid bytas.
4 Lyft bort ratten från räfflorna på stången och se till att inte skada kontaktenhetens

12.3 Ratt och rattstångs inställningsmarkeringar

kablage. Koppla loss anslutningskontakterna när ratten tas bort. **Vrid inte** kontaktenheten medan ratten tas bort.

Montering

5 Montera i omvänd ordningsföljd mot demonteringen. Tänk på följande:
a) *Använd märkena som gjordes vid demonteringen för att se till att inställningen mellan ratten och rattstången blir korrekt.*
b) *Montera en ny rattfästbult/mutter om det behövs och dra åt till angivet moment.*
c) *Avsluta med att montera krockkudden enligt beskrivningen i kapitel 12.*

13 Rattstång – demontering, kontroll och montering

Varning: Se föreskrifterna i kapitel 12 angående hantering av krockkuddesystemets komponenter innan arbetet fortsätts.

Demontering

1 Koppla loss batteriets minusledare. **Observera:** *Se till att det finns en kopia av radions/bandspelarens säkerhetskod batteriet kopplas ut, om bilen har en kodskyddad radio. Fråga VW-återförsäljaren om tveksamhet föreligger.*
2 Ta bort förarens krockkudde från ratten enligt beskrivningen i kapitel 12.
3 Demontera ratten från rattstången enligt beskrivningen i avsnitt 12.
4 Skruva loss fästskruvarna och ta bort den övre och nedre kåpan från rattstången. Den övre kåpan är fäst med två stjärnskruvar från rattstångens undersida, och den nedre kåpan är fäst med två stjärnskruvar och en sexkantig bult. Om det behövs, se kapitel 12, avsnitt 5. Observera att man måste skruva loss de båda skruvarna och ta bort rattstångens justeringsarm.
5 Skruva loss bulten högst upp på stångens reglagecentral. Koppla loss anslutningskontakterna och dra brytaren över rattstångens ände, tillsammans med spolens kontaktdon och släpring.
6 Ta loss buntbanden och lossa kabelhärvan från rattstången.
7 Koppla loss och ta bort den nedre panelen på instrumentbrädan/förvaringsutrymmet och isoleringspanelerna på förarsidan.
8 Koppla loss tändningslåset/rattstångens låskontaktdon (se av-snitt 14).
9 På modeller med automatväxellåda kopplar man loss växelspakens låsvajer från tändningslåset enligt följande. Flytta växelspaken till läge Park. Stick in startnyckeln och vrid den moturs till det första läget (On). Lyft upp låsbalken i bakdelen av tändningslåsets hus något. Dra sedan bort låsvajern från husets baksida.
10 Ta bort den återstående klädselpanelen på förarsidan under instrumentbrädan, så mycket som behövs för att komma åt foten av rattstången.
11 Fäst den nedre delen av rattstången vid den övre delen med en bit ståltråd. Detta görs för att se till att rattstångens två delar inte separeras när rattstången lossas från styrväxeln **(se bild)**.

Varning: Låt inte rattstångens övre och nedre delar skiljas åt medan rattstången är bortkopplad från styrväxeln eftersom det kan leda till att inre komponenter lossnar och hamnar fel.

12 Skruva loss muttern från klämbulten som håller fast universalkopplingen mot styrväxeln vid foten av rattstången. Vrid bulten medurs halva varv och dra bort den från knuten **(se bild)**.

13.11 Fäst den nedre delen av rattstången vid den övre delen med en bit ståltråd (pilar).

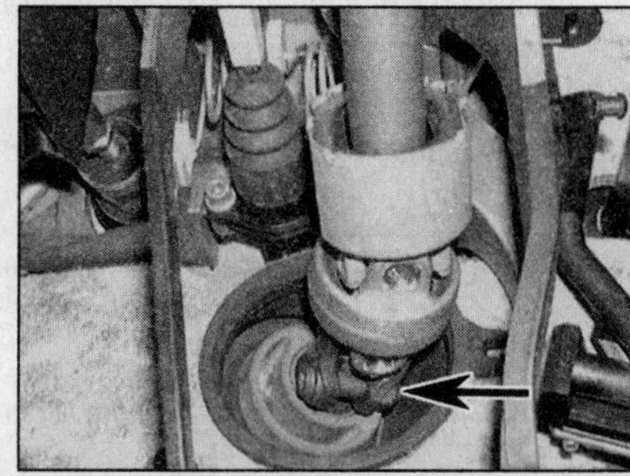

13.12 Skruva loss muttern från klämbulten (pilar) som fäster universalkopplingen i rattstångens nederdel vid styrväxeln

13.14 Ta bort rattstångens fyra fästbultar (pilar)

13 Dra av rattstångens universalkoppling från styrväxelns drev och för den åt sidan.
14 Ta bort rattstångens fyra fästbultar och dra bort stången från bilen**(se bilder)**.
15 Kontrollera om de olika komponenterna har slitits kraftigt. Om rattstången har blivit skadad på något sätt måste den bytas ut som en enhet.
16 Ta bort tändningslåset/rattlåset enligt beskrivningen i avsnitt 14, om det behövs.

Montering

17 Monteringen sker i omvänd ordningsföljd mot demonteringen. Tänk på följande:
18 Se till att skyddskåpan av plast fortfarande sitter kvar på pivåbulten som sticker ut ur rattstångens vänstra sida. Om kåpan har försvunnit, täck bultänden med tjock självhäftande tejp för att hindra skav på kabelhärvan.
19 I förekommande fall, montera tändningslås/rattstångslås enligt beskrivningen i avsnitt 14.
20 Montera rattstångens fyra övre fästbultar, men dra inte åt dem än.
21 Sätt i klämbulten som fäster universalkopplingen mot styrväxeln vid foten av rattstången, fäst den genom att vrida den ett halvt varv moturs. Montera muttern och dra åt den till angivet moment.
22 Dra sedan åt rattstångens fyra övre fästbultar till angivet moment.
23 Ta bort ståltråden som användes till att hålla ihop rattstångens övre och nedre del.
24 På modeller med automatväxellåda, montera växelväljarens låsvajer genom att flytta växelspaken till läge Park och vrid startnyckeln till läge On. För in änden av låsvajern i baksidan av tändningslåsets hus och tryck in den på sin plats tills låsbalken fäster. Kontrollera vajerns funktion enligt följande:

1) Det ska bara vara möjligt att flytta växelväljaren från läge Park till andra lägen med startnyckeln i läge On.

2) Det ska bara vara möjligt att flytta startnyckeln från tändningslåset med växelväljaren i läge Park och nyckeln i läge Off.

14.3 Koppla loss kontaktdonet från sidan av nyckelns givarring

25 Montera den nedre instrumentbrädespanelen/förvaringsutrymmet samt isoleringspanelerna på förarsidan.
26 Montera kombinationsbrytarna enligt beskrivningen i kapitel 12.
27 Montera ratten enligt beskrivningen i avsnitt 12.
28 Montera förarsidans krockkudde enligt beskrivningen i kapitel 12.
29 Se till att ingen sitter i bilen som en säkerhetsåtgärd mot att krockkudden utlöses oavsiktligt. Återanslut sedan batteriets minusledning.
30 Avsluta med att kontrollera att styrningen och rattstångens reglage fungerar tillfredsställande.

14 Tändningslås/rattstångslås – demontering och montering

Låscylinder

Demontering

Observera: *För att låscylindern ska kunna tas bort måste bilens reservstartnyckel användas. Nyckeln är utrustad med ett tunt "handtag" i plast. Standardnyckelns "handtag" med en inbyggd motorlåsningssändare och/eller låsbelysningslampa är för klumpig för att användas vid demonteringen.*

14.5 Stick in en bit svetsstång med 2 mm diameter som är fasad i änden (pilar) i åtkomsthålet tills den är i kontakt med fästtången

1 Demontera ratten enligt beskrivning i avsnitt 12.
2 Ta bort rattstångens kombinationsbrytare enligt beskrivningen i kapitel 12.
3 Koppla försiktigt loss kontaktdonet från sidan av nyckelns givarring **(se bild)**.
4 Stick in reservnyckeln (se anmärkningen i början av det här underavsnittet) i tändningslåset och vrid den till läge On. I det här läget visas ett litet hål genom vilket man kan komma åt låscylinderns fästtång.
5 Stick in en tunn skruvmejsel eller en bit svetsstång med 1.2 mm diameter (fasad i änden) i åtkomsthålet tills den är i kontakt med fästtången **(se bild)**.
6 Håll skruvmejseln/stången på plats. Ta sedan tag i nyckeln och dra bort låscylindern från huset **(se bild)**.

Montering

7 Sätt i nyckeln i den nya låscylindern och vrid den till läge On.
8 Skjut in den nya låscylindern på plats tills fästtången fäster med ett klick.
9 Dra lätt i nyckeln för att se till att cylindern hålls på plats.
10 Återanslut kablaget till givarringen. Kontrollera att skarvdonet är helt intryckt på sin plats.
11 Montera rattstångens kombinationsbrytare enligt beskrivningen i kapitel 12.
12 Montera ratten enligt beskrivningen i avsnitt 12.

Tändningslås

Demontering

Observera: *Låscylindern behöver inte demonteras för att arbetet ska kunna slutföras.*
13 Demontera ratten enligt beskrivning i avsnitt 12.
14 Ta bort rattstångens kombinationsbrytare enligt beskrivningen i kapitel 12.
15 Koppla loss flervägskontaktdonet från tändningslåsets baksida **(se bild)**.
16 Ta försiktigt bort fästmassan från de två bulthålen på låscylinderhusets vänstra sida så att tändningslåsets fästskruvar blir synliga.
17 Skruva loss tändningslåsets fästskruvar

14.6 Dra bort låscylindern från huset

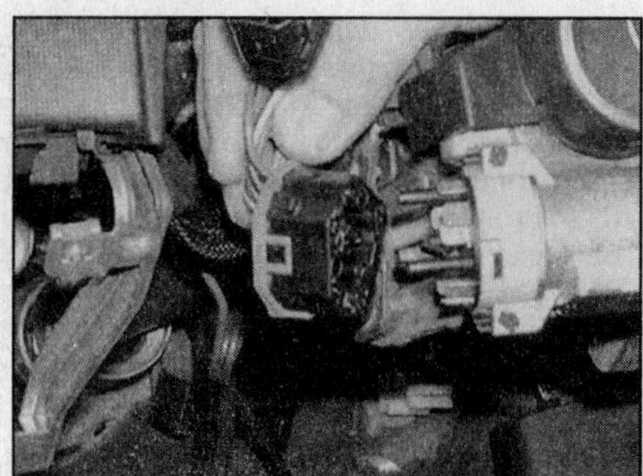
14.15 Koppla loss flervägskontaktdonet från tändningslåsets baksida

14.17a Skruva loss tändningslåsets fästskruvar . . .

14.17b . . . och dra bort låset från låscylinderhuset

och dra bort tändningslåset från låscylinderhuset **(se bilder)**.

Montering

18 Se till att tändningslåset är korrekt placerat (vridet så långt moturs som går). Montera det sedan på låscylinderhusets baksida. Se till att tändningslåset är korrekt fäst med låsenheten. För sedan in det på sin plats.

19 Rengör fästskruvarnas gängor. Lägg sedan en droppe fästmassa på skruvarna. Montera skruvarna i låsenheten och dra åt dem ordentligt. Lägg en droppe fästmassa på skruvskallarna när de har dragits åt.

20 Montera kontaktdonen på tändningslåsets baksida.

21 Montera rattstångens kombinationsbrytare enligt beskrivningen i kapitel 12.

22 Montera ratten enligt beskrivningen i avsnitt 12.

15 Styrväxel – demontering, renovering och montering

Högerstyrda modeller

Demontering

1 Demontera batteriet enligt beskrivningen i kapitel 5A.

2 Skruva loss fästbultarna och ta bort batterilådan.

3 Ta bort luftrenarens hus och dess tillhörande kanaler enligt beskrivningen i relevant del av kapitel 4.

4 Ta bort klädselpanelerna under instrumentbrädan på förarsidan, så att det går att komma åt rattstångens nederdel. Vrid på ratten så att rattlåset kopplas in.

5 Fäst den nedre delen av rattstången vid den övre delen med en bit ståltråd. Detta är för att se till att rattstångens två delar inte skiljs åt när rattstången tas bort från styrväxeln **(se bild 13.11)**.

Varning: Vrid inte ratten och låt inte rattstångens övre och nedre delar skiljas åt medan rattstången är bortkopplad från styrväxeln eftersom det kan leda till att rattstångens inre komponenter lossnar och hamnar fel.

6 Skruva loss muttern från klämbulten som håller fast universalkopplingen vid foten av rattstången mot styrväxeln. Vrid bulten ett halvt varv medurs och dra ut den från kopplingen.

7 Dra bort rattstångens universalkoppling från styrväxelns kugghjul och lägg den åt sidan. Koppla loss kugghjulets plastkåpa från torpedväggen och dra in den i bilen.

8 Dra åt handbromsen ordentligt. Lyft sedan upp framvagnen och ställ den på pallbockar. Demontera båda framhjulen. Fäst skivorna vid naven med minst en hjulbult var medan hjulen är demonterade.

9 Ta bort höger hjulspindelsenhet enligt beskrivningen i avsnitt 2, punkt 1 till 10. Ta bort den vänstra kulledens klämbult och fästbult, och skilj kulleden från hjulspindeln. Var noga med att inte skada styrstagets damask under arbetet.

10 Skruva loss nederdelen av det högra fjäderbenet från fjädringens länkarm enligt beskrivningen i avsnitt 3. Lossa inte fjäderbenets övre fästmuttrar.

11 Skruva loss de tre bultarna och ta bort den övre tvärarmens fästbygel, fjäderbenet samt de båda övre tvärarmarna som en enhet från det högra hjulhuset. Observera att det går att komma åt bultarna från utjämningskammaren i motorrummets bakre del. Det kan finnas plastbrickor på bultarnas undersida. De levereras sammansatta från fabriken och behöver inte återmonteras när de tagits bort. **Observera:** *Notera eventuella mellanläggs placering under huvudena på den övre tvärarmens fästbygels bultar. De måste återmonteras i samma lägen för att framfjädringens inställning ska behållas.*

12 Skruva loss plastmuttern. Bänd sedan ut klämmorna och ta bort den del av innerskärmen som täcker den punkt där styrstagsänden går in i motorrummet.

13 Använd bromsslangklämmor och kläm ihop matar- och returslangarna nära servostyrningens oljebehållare. Detta minimerar oljespill under följande operationer.

14 Märk anslutningarna så att de placeras rätt vid ihopsättningen. Skruva sedan loss matnings- och returrörets anslutningsbultar från styrväxeln. Vätska kan läcka ut, så placera en lämplig behållare under rören medan anslutningsbultarna skruvas ur. Koppla loss båda rören och ta loss tätningsringarna. Kasta ringarna – nya måste användas vid återmonteringen. Plugga igen rörens och styrväxelns öppningar för att förhindra att vätska läcker ut och att smuts kommer in i hydraulsystemet.

15 Lossa styrservorören från fästklämmorna på undersidan av styrväxelns hus och lägg dem åt sidan så de är ur vägen för styrväxelns sida.

16 Skruva loss och ta bort värmeskölden från styrväxelns framsida.

17 På modeller med luftkonditionering, koppla loss kontaktdonet från tryckbrytaren på styrväxelns hus.

18 Skruva loss bultarna som fäster styrväxeln på plats. Det finns totalt tre bultar: en på var sida av kugghjulshuset på höger sida av styrväxeln (en går att komma åt från husets ovansida och en från husets undersida). Den tredje är placerad i vänstra änden av styrväxeln och går att komma åt ovanifrån via utjämningskammaren.

19 Notera hur allt kablage och alla slangar är dragna runt styrväxeln så att de dras korrekt vid återmonteringen.

20 Ta hjälp av en medhjälpare. Lossa styrväxelns drev från torpedväggen. Lirka sedan ut styrväxeln från sin plats via den högra hjulhusöppningen. Var noga med att inte skada något kablage, några slangar eller gummidamasken när styrväxeln tas bort.

21 När styrväxeln är demonterad, kontrollera drevhusets damask efter tecken på skador

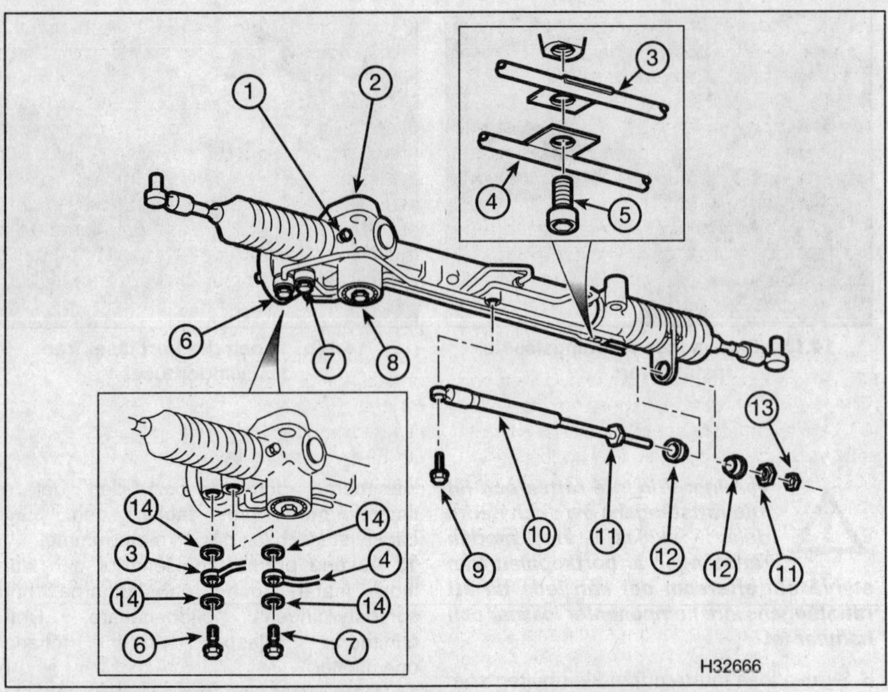

15.21 Styrväxel och tillhörande komponenter - högerstyrda modeller

1 Inspektionshål och bult
2 Styrväxel
3 Matarrör
4 Returrör
5 Bult
6 Banjobult
7 Banjobult
8 Justeringsskruv
19 Bult
10 Dämpare
11 Bussning
12 Bussning
13 Mutter
14 Tätningsbricka

eller åldrande och byt ut den om det behövs **(se bild)**.

Renovering

22 Undersök styrväxeln efter tecken på slitage eller skador. Kontrollera att kuggstången rör sig fritt hela vägen, utan tecken på kärvhet eller för stort spel mellan styrväxeldrevet och kuggstången. Undersök styrväxelns alla vätskeanslutningar och leta efter tecken på läckage. Kontrollera att alla anslutningsbultar är ordentligt åtdragna.

23 Det är visserligen möjligt att renovera styrväxelns delar själv, men detta arbete bör ändå överlåtas åt en VW-verkstad. De enda delar som enkelt kan bytas av en hemmamekaniker är styrväxelns gummidamasker och styrstagets kulleder. Byte av styrstagets kulled och styrväxelns gummidamasker behandlas på andra ställen i detta kapitel.

Montering

24 Innan styrväxeln kan monteras måste den centreras enligt följande. Ta bort hylshuvudbulten från det gängade inspektionshålet på sidan av drevhuset. Flytta höger parallellstag för hand tills inställningshålet - inborrat i ytan på kuggstången - syns genom inspektionshålet. Skaffa en bult med samma gängning som på den som togs bort från inspektionshålet. Fila sedan änden av bulten till en konisk spets. Gänga bulten i inspektionshålet och vrid den till den spetsiga änden fäster i det borrade inställningshålet i kuggstången. Kontrollera att kuggstången inte kan röra sig genom att försöka flytta på höger styrstagsände. Styrväxeln är nu låst i mittpositionen **(se bild)**.

25 Ta hjälp av en medhjälpare. Lirka försiktigt in styrväxeln på sin plats. Se till att kablaget/slangarna är korrekt dragna runt styrväxeln.

26 Montera styrväxelns två fästbultar som går att komma åt ovanifrån, men dra bara åt dem för hand på det här stadiet.

27 Montera styrväxelns kvarvarande fästbult underifrån och dra åt den till angivet moment. Avsluta med att dra åt de två övre fästbultarna till respektive angivet moment **(se bild)**.

28 Placera hydraulrören i sina fästklämmor på styrväxelns undersida. Återanslut sedan matar- och returrören till styrväxeln. Placera nya tätningsringar på sidorna av varje ändfäste. Skruva sedan in anslutningsbultarna. Se till att rören är korrekt dragna. Dra sedan åt de båda anslutningsbultarna till respektive angivet moment. Dra åt bulten (bultarna) till hydraulrörets fästklämma ordentligt. Ta bort klämmorna från oljebehållarens slangar.

29 Arbeta inuti bilen i förarsidans fotbrunn. Tryck damasken över styrväxelns kugghjul och in på sin plats på torpedväggen.

30 Återanslut universalkopplingen vid rattstångens nederdel till styrväxelns kugghjul. Stick in klämbulten och fäst den genom att vrida den ett halvt varv moturs. Montera muttern och dra åt den för hand.

31 Ta bort ståltråden som användes till att hålla ihop rattstångens övre och nedre del.

32 Ta bort den hemgjorda låsbulten från inspektionshålet på sidan av styrväxeln. Montera sedan den ursprungliga hylshuvudbulten för att täppa igen inspektionshålet och dra åt till angivet moment.

33 Dra nu åt universalkopplingens klämbult i rattstångens nederdel till angivet moment.

34 Montera klädselpanelerna på undersidan av instrumentbrädan på förarsidan.

35 Montera plastkåpan på insidan av

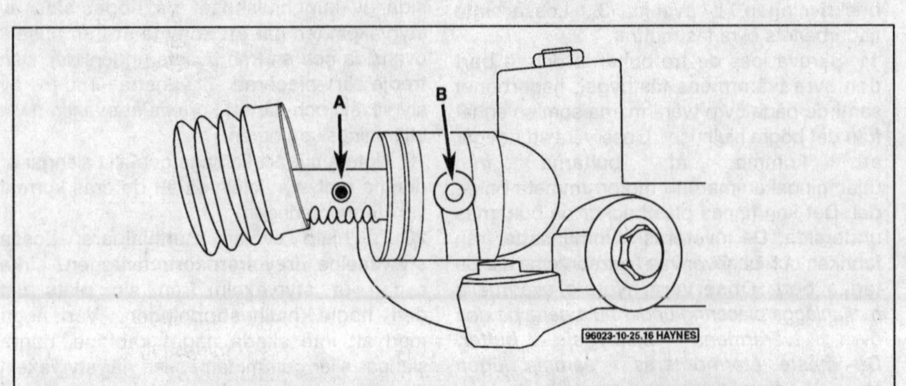

15.24 Kuggstångens centreringsdetaljer – placera hålet i stången (A) mitt emot inspektionshålet (B) och gänga den specialtillverkade bulten i hålet

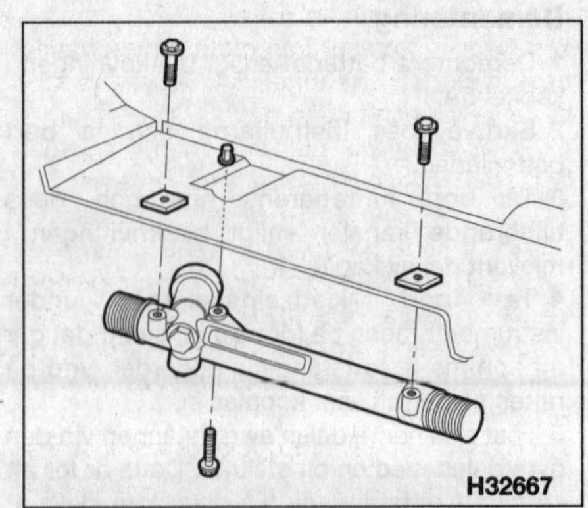

15.27 Styrväxelns fästbultsdetaljer - högerstyrda modeller

hjulhuset, över styrstagsänden. Fäst den sedan med tryckklämmorna och plastmuttern (muttrarna). Återanslut vänster kulleds styrstag och dra åt bultarna till angivet moment.

36 Montera den övre fjädringsarmens fästbygel på insidan av hjulhuset. Se till att mellanläggen (i förekommande fall) återmonteras på sina ursprungliga platser enligt anteckningarna som gjordes vid demonteringen. Sätt i de tre fästbultarna och dra åt dem till angivet moment.

37 Montera nederdelen av det högra fjäderbenet på fjädringens länkarm enligt beskrivningen i avsnitt 3. Dra åt fästmuttern och bulten till angivet moment.

38 Sätt tillbaka höger hjulspindelsenhet enligt beskrivningen i avsnitt 2, punkt 17 till 23. Var noga med att inte skada styrstagets damasker.

39 Montera värmeskölden på styrväxelns framsida.

40 På modeller med luftkonditionering, återanslut kablaget till tryckbrytaren på styrväxelns hydraulrör.

41 Montera tillbaka hjulen. Sänk sedan ner bilen och dra åt hjulbultarna till angivet moment.

42 Dra åt drivaxelbulten till angivet moment, enligt beskrivningen i kapitel 8 avsnitt . Montera sedan navkapseln.

43 Montera batterilådan och dra åt fästbultarna ordentligt. Montera sedan batteriet enligt beskrivningen i kapitel 5A. Montera kåpan över utjämningskammaren.

44 Montera luftrenaren och dess tillhörande kanaler enligt beskrivningen i relevant del av kapitel 4.

45 Fyll på styrservoolja enligt beskrivningen i *Veckokontroller*. Lufta sedan hydraulsystemet enligt beskrivningen i avsnitt 17.

46 Avsluta med att låta kontrollera framhjulsinställningen hos en VW-verkstad.

Vänsterstyrda modeller

Demontering

47 Dra åt handbromsen och klossa bakhjulen. Lossa sedan framhjulens bultar. Lyft upp framvagnen och ställ den på pallbockar (se *Lyftning och stödpunkter*). Demontera båda framhjulen.

48 Ta bort batteriet från motorrummet enligt beskrivningen i kapitel 5A. Lossa sedan batterilådan och ta bort den.

49 Vrid ratten till mittpositionen. Ta sedan bort startnyckeln för att aktivera rattlåset.

⚠ ***Varning: Se till att rattstången och hjulen hålls kvar i ställningen rakt framåt genom hela operationen. Annars kan krockkuddens kontaktenhet hamna fel vilket leder till att krockkuddesystemet slutar fungera.***

50 Arbeta inuti bilen. Koppla loss och ta bort instrumentbrädans nedre klädselpanel/förvaringsutrymme och isoleringspaneler på förarsidan. Lossa och ta bort rattstångens/torpedväggens nedre kåpa.

51 Ta bort klädselpanelerna under instrumentbrädan på förarsidan, så att det går att komma åt rattstångens nederdel.

52 Fäst den nedre delen av rattstången vid den övre delen med en bit ståltråd. Detta är för att se till att rattstångens två delar inte skiljs åt när rattstången tas bort från styrväxeln **(se bild 13.11)**.

⚠ ***Varning: Låt inte rattstångens övre och nedre delar skiljas åt medan rattstången är bortkopplad från styrväxeln eftersom det kan leda till att inre komponenter lossnar och hamnar fel.***

53 Skruva loss muttern från klämbulten som håller fast universalkopplingen mot styrväxeln vid foten av rattstången. Vrid bulten medurs ett halvt varv och dra bort den från kopplingen.

54 Dra av rattstångens universalkoppling från styrväxelns drev och för den åt sidan. Koppla loss kugghjulets kåpa från torpedväggen och dra in den i bilen.

55 Sifonera upp oljan från servostyrningens oljebehållare. Om ett lämpligt verktyg för att sifonera upp oljan inte finns tillgängligt kan oljan tappas ut i en behållare när hydraulledningarna är bortkopplade från styrväxeln.

56 Fäst slangklämmor på oljerören som leder till och från styrväxeln för att minska oljeläckage. Var försiktig så slangarna inte klämskadas.

57 Skruva loss plastmuttern. Bänd sedan ut klämmorna och ta bort den del av innerskärmen som täcker den punkt där styrstagsänden går in i motorrummet.

58 Skruva loss anslutningarna och koppla loss oljematar- och returledningarna från styrväxeln. Rengör anslutningarna innan de kopplas loss. Tappa ur all kvarvarande olja i systemet i en behållare för att kasseras. Fäst upp ledningarna ur vägen för arbetsområdet. Täta ändarna för att hindra ytterligare oljeläckage och att smuts tränger in.

59 Se avsnitt 19. Skruva loss styrstagsändens kulleder från hjulspindeln.

60 Skruva loss styrväxelns fästbultar från karossen – två bultar från ovansidan av utjämningskammaren och en från undersidan.

61 Kontrollera att alla anslutningar går fria från styrväxeln. Lossa sedan plastkragen från kugghjulshuset och dra bort styrväxeln från bilen via det vänstra hjulhuset.

62 Om styrväxeln är oacceptabelt skadad eller sliten kan den behöva bytas ut. Det är dock möjligt att låta renovera styrväxeln. Fråga en VW-verkstad eller en specialistmekaniker om råd **(se bild)**.

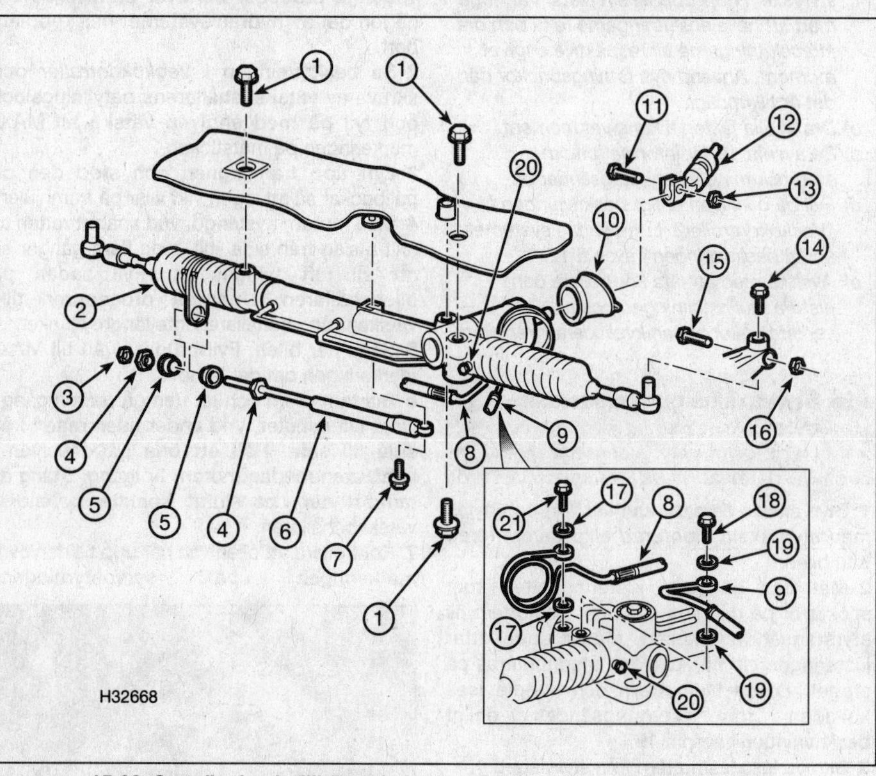

15.62 Styrväxel och tillhörande komponenter - vänsterstyrda modeller

1 Bult
2 Styrväxel
3 Mutter
4 Bussning
5 Bussning
6 Dämpare
7 Bult
8 Matarrör
9 Returrör
10 Damask
11 Excentrisk klämbult
12 Rattstång
13 Mutter
14 Bult
15 Bult
16 Mutter
17 Tätningsring
18 Banjobult
19 Tätningsring
20 Inspektionshål och bult
21 Banjobult

Montering

63 Innan styrväxeln kan monteras måste den centreras enligt följande. Ta bort hylshuvudbulten från det gängade inspektionshålet på sidan av drevhuset. Flytta höger parallellstag för hand tills inställningshålet - inborrat i ytan på kuggstången - syns genom inspektionshålet. Skaffa en bult med samma gängning som på den som togs bort från inspektionshålet. Fila sedan änden av bulten till en konisk spets. Gänga bulten i inspektionshålet och vrid den till den spetsiga änden fäster i det borrade inställningshålet i kuggstången. Kontrollera att kuggstången inte kan röra sig genom att försöka flytta på höger styrstagsände. Styrväxeln är nu låst i mittpositionen **(se bild 15.24)**.

64 Lirka in styrväxeln på plats i motorrummet. Sätt i de tre fästbultarna. Dra sedan åt dem till respektive angivet moment i den ordningsföljd som visas **(se bild)**. Avsluta med att ta bort låsbulten från inställningshålet. Montera sedan originalpluggen för att täta styrväxeln.

65 Resten av återmonteringen sker i omvänd ordningsföljd. Notera följande:

a) *Oljeledningarna måste vara anslutna när styrväxeln höjs upp till sin plats. Var noga med att hålla anslutningarna rena och dra åt anslutningarna till respektive angivet moment. Använd nya tätningsbrickor där det är tillämpligt.*
b) *Dra åt alla fästen till angivet moment.*
c) *Se avsnitt 19 för information om återanslutning av styrstagsändarna.*
d) *Fyll på oljenivån enligt beskrivningen i "Veckokontroller". Lufta sedan systemet enligt beskrivningen i avsnitt 17.*
e) *Avsluta med att låta kontrollera och justera hjulinställningen hos en VW-verkstad eller annan kvalificerad verkstad.*

16 Styrväxelns gummidamask – byte

1 Styrväxelns damask kan tas bort och bytas med styrväxeln *monterad* eller demonterad från bilen.

2 Mät den gängade justeringsbiten som sticker ut på den inre sidan av låsmuttern till styrstagsändens kulled. Måttet underlättar justeringen vid när kulleden återmonteras på staget. Lossa låsmuttern och koppla loss kulleden från styrstagsänden enligt beskrivningen i avsnitt 19.

3 Skruva loss låsmuttern från styrstaget.

4 Lossa fästklämmorna och dra bort damaskerna från styrväxel och styrstag.

5 Monteringen sker i omvänd ordningsföljd mot demonteringen. Smörj damaskens inre lopp med smörjmedel innan monteringen för att underlätta ihopsättningen. Byt ut kulledens låsmuttrar. Använd nya klämmor för att hålla fast damasken. Se till att damaskens ände

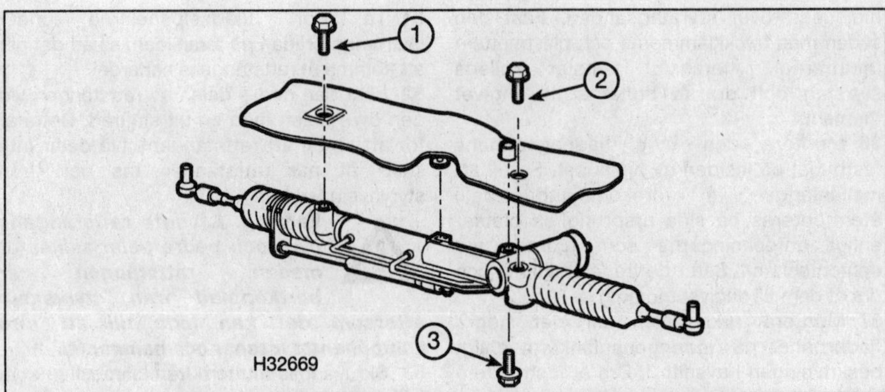

15.64 Åtdragningsföljd för styrväxelns fästbult - vänsterstyrda modeller

placeras korrekt i fogen i styrstaget utan att vridas.

6 Avsluta med att låta kontrollera, och om nödvändigt justera, framhjulsinställningen (se avsnitt 22).

17 Servostyrningssystem – luftning

1 Denna procedur behöver bara följas om någon del av hydraulsystemet har kopplats bort.

2 Se beskrivningen i *Veckokontroller* och skruva av vätskebehållarens påfyllningslock och fyll på med angiven vätska till MAX-markeringen på mätstickan.

3 Lyft upp framvagnen och stöd den på pallbockar så att ingen vikt vilar på framhjulen.

4 Med motorn avstängd, vrid snabbt ratten till fullt utslag från sida -till -sida flera gånger så att all luft tvingas ut. Fyll sedan på oljebehållaren. Upprepa proceduren tills vätskenivån i behållaren inte längre sjunker.

5 Sänk ner bilen. Fyll på oljenivån till MAX-markeringen om det behövs.

6 Starta motorn och låt den gå på tomgång i cirka två minuter. Vrid under tiden ratten från sida till sida. Håll ett öga på oljenivån i behållaren medan motorn är igång. Stäng av motorn när det slutat komma bubblor i vätskebehållaren.

7 Kontrollera att oljenivån når upp till den övre markeringen på servostyrningens

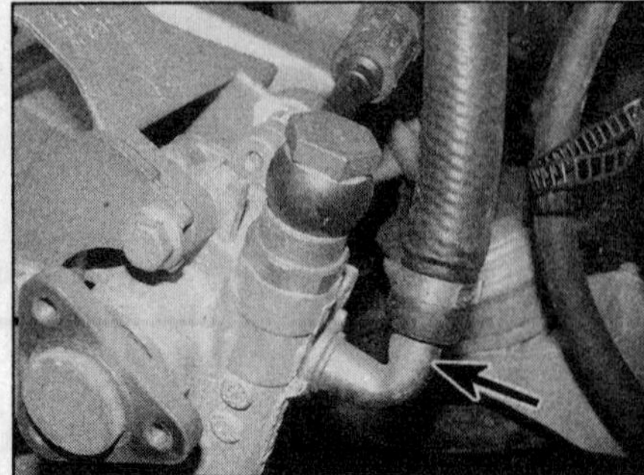

18.8 Koppla loss servostyrningspumpens vätskematningsrör (pilar)

oljebehållare. Fyll på om det behövs. Montera sedan behållarens lock ordentligt.

8 Om onormala ljud hörs från oljeledningarna när ratten vrids är det ett tecken på att det fortfarande finns luft i systemet. Luften bör försvinna vid normal körning efter ungefär 10 till 20 km. Om ljuden fortsätter kan det vara nödvändigt att upprepa luftningen.

18 Servostyrningspump – demontering och montering

Demontering

1 Dra åt handbromsen ordentligt. Hissa upp framvagnen och stöd den på pallbockar.

2 Ta bort fästskruvarna och hållarna och ta bort den undre kåpan från motorn/växellådans undersida.

3 Flytta låsets tvärbalk motorrummets främre del till serviceläget. Se kapitel 11 för mer information.

4 Se relevant del av kapitel 2 och ta bort den ribbade drivremmen.

5 På bensindrivna modeller (med undantag för motorkod AHL, ANA och ARM) tar man bort remskivan från kylvätskepumpen.

6 Använd bromsslangklämmor och kläm ihop matar- och returslangarna nära servostyrningens oljebehållare. Detta minimerar oljespill under följande operationer.

7 Rengör området runt servostyrningspumpens oljerörsanslutningar och slanganslutningar.

8 Skruva loss anslutningsbulten och koppla loss vätskematningsröret från pumpen. Vätska kan läcka ut, så placera en lämplig behållare under röret medan anslutningsbulten skruvas ur **(se bild)**. Koppla loss röret och ta loss tätningsringarna. Kasta ringarna – nya måste användas vid återmonteringen. Plugga igen rörets och styrningspumpens öppning för att minimera oljeläckage och hindra att smuts kommer in i hydraulsystemet.

9 Lossa klämman och koppla loss oljematarslangen från servostyrningspumpens baksida. Plugga igen slangänden och täck pumpens oljeport för att hindra förorening.

18.11 Skruva loss pumpens fästbultar

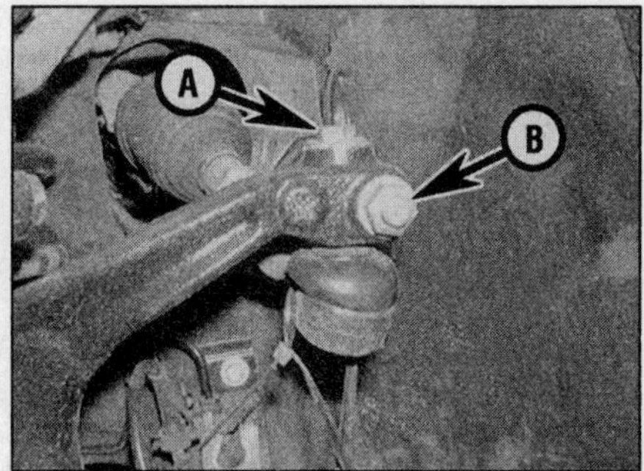

19.2 Styrstagets kulleds justeringsbult (A) och fästmutter och bult (B)

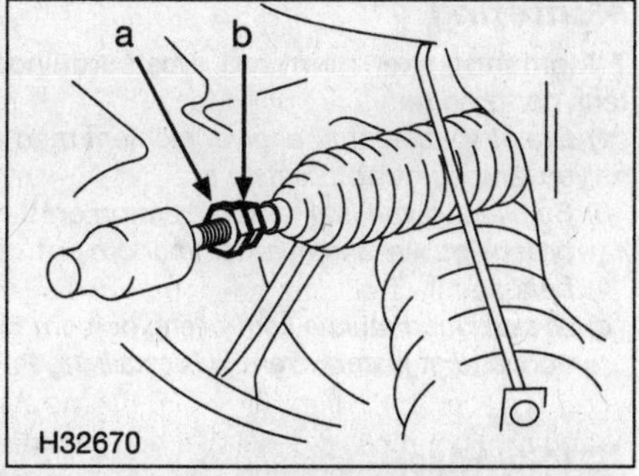

19.8 Styrstagets flata justeringsytor (b) och låsmutter (a)

10 Använd ett remskiveverktyg för att hindra remskivan från att snurra. Skruva loss fästbultarna och ta bort servostyrningspumpens remskiva.

11 Skruva loss pumpens fästbultar och dra bort pumpen från fästbygeln **(se bild)**.

12 Om det är något fel på servostyrningspumpen måste den bytas. Pumpen är förseglad och kan inte renoveras.

Montering

13 Om en ny pump ska monteras måste den först fyllas med olja så den är tillräckligt smord när den tas i användning. Om detta inte görs kan oljud uppstå vid användning och pumpen kan slitas ut i förtid. Fyll pumpen genom att hälla hydraulvätska av rätt grad (se *Smörjmedel och vätskor*) i oljematarporten på pumpen samtidigt som pumpens remskiva roteras. När olja tränger ut från oljemataranslutningen är pumpen fylld och färdig att använda.

14 Lirka in pumpen på sin plats. Montera sedan fästbultarna och dra åt dem till angivet moment. Sätt tillbaka pumpens remskiva.

15 Montera nya tätningsringar på sidorna av hydraulmatarrörets ändfästen. Återanslut sedan röret till pumpen och skruva in anslutningsbulten. Se till att röret är korrekt draget. Dra sedan åt anslutningsbulten till angivet moment.

16 Återanslut matarslangen till pumpen och fäst den med fästklämman. Ta bort slangklämmorna som användes för att minimera oljespillet.

17 Sätt tillbaka remskivan på kylvätskepumpen i förekommande fall.

18 Montera och spänn drivremmen (drivremmarna) enligt beskrivningen i relevant del av kapitel 2.

19 Sätt tillbaka låsets tvärbalk i motorrummets främre del, enligt beskrivningen i kapitel 11.

20 Montera motorrummets skyddskåpa. Se till att den är ordentligt fäst med alla fästskruvar och hållare.

21 Avsluta med att fylla på hydraulsystemet enligt beskrivningen i *Veckokontroller*. Lufta sedan systemet enligt beskrivningen i avsnitt 17.

19 Styrstagets kulled - demontering och montering

Demontering

1 Dra åt handbromsen. Lyft sedan upp framvagnen och ställ den på pallbockar. Demontera relevant framhjul. Säkra bromsskivan vid navet med en hjulbult medan hjulet är demonterat.

2 Lossa och dra bort justeringsbulten, följt av klämmuttern och -bulten. Tryck sedan ner styrstaget för att lossa det från hjulspindelns baksida **(se bild)**.

3 För att få större utrymme, skruva loss plastmuttrarna och ta loss tryckklämmorna. Koppla sedan loss styrstagskåporna av plast från hjulhuset.

4 Om kulleden ska återanvändas, markera dess läge i förhållande till styrstagets justeringsmutter med en stållinjal och ritsspets eller liknande.

5 Håll fast styrstagets flata justeringsytor och skruva loss kulledens låsmutter ett kvarts varv. Flytta inte låsmuttern från den här platsen eftersom den fungerar som ett praktiskt referensmärke vid återmonteringen.

6 Räkna det **exakta** antal varv som krävs för att skruva loss kulledsenheten från styrstagsänden, och utför åtgärden.

7 Rengör spindelleden och gängorna noga. Byt ut spindelleden om den rör sig ostadigt eller för stelt, om den är kraftigt sliten eller om den är skadad på något sätt. Kontrollera noga pinnbultens fasning och gängor. Om spindelledsdamasken är skadad måste hela spindelledsenheten bytas ut. Det går inte att skaffa en ny damask separat.

Montering

8 Skruva på kulleden på styrstaget med lika många varv som noterades vid demonteringen. Då bör kulledens låsmutter hamna inom ett kvarts varv från styrstaget, med inställningsmärkena som gjordes vid demonteringen (om tillämpligt) i linje med varandra. Håll emot styrstagets flata justeringsytor och dra åt låsmuttern till angivet moment **(se bild)**.

9 Placera kulledens tapp i hjulspindelns baksida. Montera sedan klämbulten tillsammans med en ny mutter, följt av justeringsbulten. Dra åt till angivet moment.

10 Montera hjulet. Sänk sedan ner bilen på marken och dra åt hjulbultarna till angivet moment.

11 Kontrollera och, om det behövs, justera framhjulsinställningen enligt beskrivningen i avsnitt 22.

20 Styrstag – demontering och montering

Demontering

1 Dra åt handbromsen. Lyft sedan upp framvagnen och ställ den på pallbockar. Demontera relevant framhjul. Säkra bromsskivan vid navet med en hjulbult medan hjulet är demonterat.

2 Lossa och dra bort justeringsbulten, följt av klämmuttern och -bulten. Tryck sedan ner styrstagets kulled för att lossa det från hjulspindelns baksida (se föregående avsnitt).

3 Skruva loss plastmuttrarna och ta loss tryckklämmorna. Koppla sedan loss styrstagskåporna av plast från hjulhuset.

4 Lossa fästklämmorna och skjut gummidamaskerna mot styrstagets yttre ände. Detta gör att den stora inbyggda sexkantiga muttern på styrstagets insida blir synlig.

5 Håll styrstagets sexkantiga mutter med en stor fast nyckel. Skruva loss styrstaget från styrväxelns ände.

6 Om kulleden ska återanvändas, markera dess läge i förhållande till styrstagets justeringsmutter med en stållinjal och ritsspets eller liknande. Ta bort kulleden från styrstaget enligt beskrivningen i avsnitt 19. **Observera:** *Om båda styrstagen ska tas bort och L- och R-markeringarna på styrstagets kulleder inte längre är synliga ska stagen märkas för att undvika misstag vid återmonteringen.*

Montering

7 Montering sker i omvänd arbetsordning, tänk på följande:

a) *Dra åt styrstaget till angivet moment med en lämplig hanfottillsats.*

b) *Se till att gummidamasken återmonteras ordentligt. Använd nya klämmor om det behövs.*

c) *Avsluta med att låta kontrollera, och om nödvändigt justera, framhjulsinställningen.*

21 Styrväxel - justering

1 Låt bilen stå still med avstängd motor. Vrid ratten från sida till sida. Om det finns spel i styrväxeln som resulterar i oljud eller skrammel kan styrväxeln justeras enligt följande.

2 Dra åt handbromsen och klossa bakhjulen. Lyft upp framvagnen och ställ den på pallbockar (se *Lyftning och stödpunkter*).

3 Låt en medhjälpare vrida ratten fram och tillbaka med ett halvt varv i varje riktning. Dra åt den självlåsande justeringsskruven ungefär en åttondels varv i taget tills skramlet eller spelet upphör **(se bild)**.

4 Sänk ner bilen och kontrollera den med ett landsvägsprov. Om ratten inte centreras automatiskt efter kurvtagning, lossa justeringsskruven en gnutta i taget tills den gör det.

5 Om det fortfarande förekommer märkbart spel i styrningen när korrekt självcentreringspunkt uppnåtts ska justeringsmuttern dras åt något för att ta upp spelet.

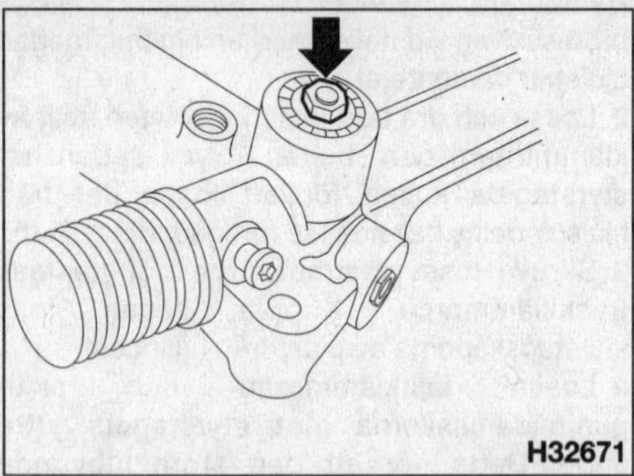

21.3 Styrväxelns justeringsskruv (pilar) - vänsterstyrd modell visas

6 Om justeringsproceduren ovan inte ger acceptabel styrningsinställning är styrväxeln antagligen oacceptabelt sliten och måste demonteras och renoveras.

22 Framvagnsinställning och hjulvinkel - allmän information

Definitioner

1 En bils styrnings- och fjädringsinställning definieras i fyra grundinställningar - alla vinklar ges i grader. Styraxeln anges som en tänkt linje som dras genom fjäderbenets axel, eventuellt utdragen till marken.

2 **Cambervinkel** är vinkeln mellan varje hjul och en vertikal linje som dras genom hjulets mitt och däckets kontaktyta när bilen ses rakt framifrån eller bakifrån. Positiv cambervinkel är när hjulen lutar utåt från den vertikala linjen i överdelen. Negativ cambervinkel är när de lutar inåt. Framhjulens individuella cambervinklar kan inte justeras, men den totala cambervinkeln mellan båda framhjulen kan balanseras ut genom att flytta fjädringens kryssrambalk. Bakhjulens cambervinkel anges också, men den kan inte justeras.

3 **Caster** är vinkeln mellan styraxeln och en vertikal linje som dras genom hjulets mitt och däckets kontaktyta mot marken, sett från sidan. Positiv castervinkel är när styraxeln lutar så att den kommer i kontakt med marken framför den vertikala linjen. Negativ castervinkel är när den kommer i kontakt med marken bakom den vertikala linjen. Castervinkeln kan inte justeras.

4 **Toe** är skillnaden, sett ovanifrån, mellan linjer som dragits genom hjulens mitt och bilens mittlinje. Toe-in är när hjulen pekar inåt, mot varandra i framändarna, medan toe-ut är när de spretar bort från varandra i framändarna.

5 Framhjulens toe-inställning justeras genom att man skruvar styrstagets justerare in eller ut ur kullederna för att justera kulledsenhetens effektiva längd. Bakhjulens totala toe-inställning kan inte justeras, men de enskilda toe-vinklarna kan balanseras genom att bakaxeln flyttas.

Kontroller och justering

6 På grund av den specialutrustning som krävs för att kontrollera hjulinställning och styrvinklar, och den erfarenhet som krävs för att använda utrustningen korrekt, bör kontroll och justering av dessa inställningar lämnas till en VW-verkstad eller liknande expert. Observera att de flesta däckverkstäder nu för tiden har sofistikerad kontrollutrustning. Följande är en guide, om ägaren skulle bestämma sig för att utföra en kontroll själv.

Framhjulens toe-inställning

7 Om toe-inställningen ska kontrolleras måste först en hjulinställningsmätare införskaffas. Det finns två typer av mätare och de kan köpas i motortillbehörsbutiker. Den ena typen mäter avståndet mellan hjulens främre och bakre inre kanter, med bilen stillastående. Den andra typen, kallad hasplåt, mäter den faktiska positionen för däckens kontaktyta i relation till vägbanan med bilen i rörelse. Detta sker genom att bilens framdäck rullas eller körs över en plåt som sedan rör sig något efter däckets hasning och visar rörelsen på en skala. Båda typerna har sina fördelar och nackdelar, men om de används noggrant och korrekt kan de ge tillförlitliga resultat.

8 För att värdena ska bli korrekta är det viktigt att bilen är olastad, förutom en full bensintank, reservhjul och verktygsuppsättning, samt att däcken har rätt däcktryck (se *Veckokontroller*). Gunga bilen flera gånger så att alla fjädringskomponenter sätter sig. Se till att framhjulen står riktade rakt fram innan mätningarna görs.

9 Om justering krävs, dra åt handbromsen och ställ framvagnen på pallbockar.

10 Rengör först justerarens gängor. Om de är korroderade ska genomträngande vätska appliceras innan justeringen inleds.

11 Håll fast justeraren och lossa kulleden och styrstagets låsmuttrar. Ändra på styrstagets längd genom att vrida på justeraren så mycket som behövs. om styrstagets längd kortas så minskas toe-out/ökas toe-in.

12 När inställningen är korrekt, håll fast styrstagets justerare och dra åt båda låsmuttrarna till angivet moment.

13 Om rattens ekrar inte längre är horisontella när hjulen står riktade rakt fram efter justeringen, demontera ratten och rikta in den (se avsnitt 12).

14 Kontrollera att toe-inställningen har justerats korrekt genom att sänka ner bilen och kontrollera toe-inställningen. Justera igen om det behövs.

Kapitel 11
Kaross och detaljer

Innehåll

Svårighetsgrad

Enkelt, passar novisen med lite erfarenhet 

Ganska enkelt, passar nybörjaren med viss erfarenhet 

Ganska svårt, passar kompetent hemmamekaniker

Svårt, passar hemmamekaniker med erfarenhet 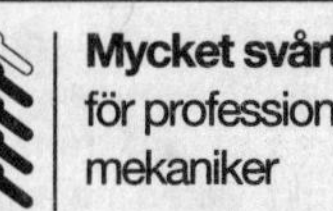

Mycket svårt, för professionell mekaniker

Specifikationer

Åtdragningsmoment	**Nm**
Motorhuvens gångjärnsbultar	23
Motorhuvslåsets bultar	10
Bakluckans fästmuttrar (Sedan-modeller)	21
Dörrens gångjärn:	
Nedre gångjärnsbultarna*:	
Steg ett	20
Steg två	Vinkeldra ytterligare 90°
Övre gångjärnens låsskruv	23
Dörrlåsens skruvar	10
Sidobackspeglarnas bultar	12
Bultar mellan främre stötfångarfäste och kaross	45
Bultar mellan främre stötfångare och fäströr	23
Låshållare/främre tvärpanel, fästbultar	10
Bakre stötfångare till kaross	23
Bakre mittsäkerhetsbältets haspel (kombi)	55
Säkerhetsbältenas ankarbultar	50
Fästbult till säkerhetsbältets främre plasttapp	60
Säkerhetsbältets haspelbult	50
Bult mellan säkerhetsbälte och höjdjusterare	23
Bakluckans (kombi) fästmuttrar	21
Bultar mellan fönstrets komponenthållare och dörren	30
Fönstermotor till fönsterhiss	7

** Använd nya hållare*

1 Allmän information

Bilen finns i två karosstyper – fyrdörrars Sedan och femdörrars Kombi. Karossen är helt av stål och är försedd med särskilda zoner fram och bak som ska ge efter vid en krock samt ett centralt säkerhetspassagerarutrymme.

Under tillverkningen behandlas underredet med underredsbehandling och några av de mer utsatta karosspanelerna galvaniseras för ytterligare rostskydd. Stötfångarna och innerskärmarna är gjutna i plast för att ge hållbarhet och styrka.

2 Underhåll – kaross och underrede

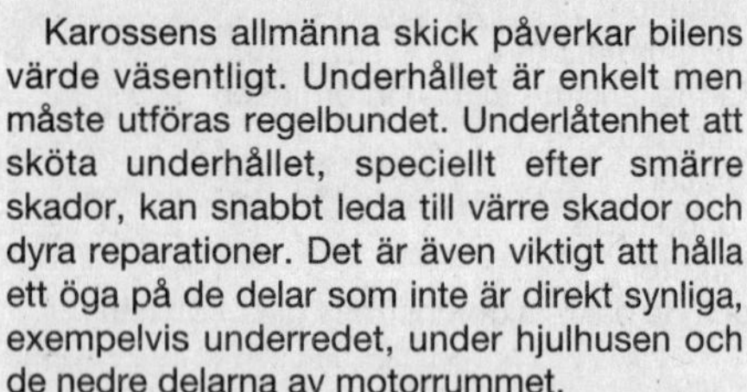

Karossens allmänna skick påverkar bilens värde väsentligt. Underhållet är enkelt men måste utföras regelbundet. Underlåtenhet att sköta underhållet, speciellt efter smärre skador, kan snabbt leda till värre skador och dyra reparationer. Det är även viktigt att hålla ett öga på de delar som inte är direkt synliga, exempelvis underredet, under hjulhusen och de nedre delarna av motorrummet.

Tvättning utgör grundläggande underhåll av karossen - helst med stora mängder vatten från en slang. Detta tar bort all lös smuts som har fastnat på bilen. Det är viktigt att spola bort smutsen på ett sätt som förhindrar att lacken skadas. Hjulhusen och underredet behöver också spolas rena från lera som håller kvar fukt vilken i sin tur kan leda till rostskador. Paradoxalt nog är det bäst att tvätta av underredet och hjulhuset när det regnar, eftersom leran då är blöt och mjuk. Vid körning i mycket våt väderlek spolas vanligen underredet av automatiskt vilket ger ett tillfälle för kontroll.

Med undantag för bilar med vaxade underreden är det bra att periodvis rengöra hela undersidan av bilen, inklusive motorrummet, med ångtvätt så att en grundlig kontroll kan utföras för att se vilka åtgärder och mindre reparationer som behöver utföras. Ångtvättar finns att få tag på hos bensinstationer och verkstäder och behövs när man ska ta bort de ansamlingar av oljeblandad smuts som ibland lägger sig tjockt i vissa utrymmen. Om det inte finns tillgång till ångtvätt finns det utmärkta fettlösningsmedel som penslas på. Sedan kan smutsen helt enkelt spolas bort. Observera att ingen av ovanstående metoder ska användas på bilar med vaxade underreden, eftersom de tar bort vaxet. Bilar med vaxade underreden ska kontrolleras årligen, helst på senhösten. Underredet ska då tvättas av så att skador i vaxbestrykningen kan hittas och åtgärdas. Helst ska ett helt nytt lager vax läggas på. Det är även värt att överväga att spruta in vaxbaserat skydd i dörrpaneler, trösklar, balkar och liknande som ett extra rostskydd där tillverkaren inte redan åtgärdat den saken.

Torka av lacken med sämskskinn efter tvätten så att den får en fin yta. Ett lager med genomskinligt skyddsvax ger förbättrat skydd mot kemiska föroreningar i luften. Om lacken mattats eller oxiderats kan ett kombinerat rengörings-/polermedel återställa glansen. Detta kräver lite arbete, men sådan mattning orsakas vanligen av slarv med regelbundenheten i tvättningen. Metallic-lacker kräver extra försiktighet och speciella slipmedelsfria rengörings-/polermedel krävs för att inte skada ytan. Kontrollera alltid att dräneringshål och rör i dörrar och ventilation är öppna så att vatten kan rinna ut. Kromade ytor ska behandlas på samma sätt som lackerade. Glasytor ska hållas fria från smutshinnor med hjälp av glastvättmedel. Vax eller andra medel för polering av lack eller krom ska inte användas på glas.

3 Underhåll – klädsel och mattor

Mattorna ska borstas eller dammsugas med jämna mellanrum så att de hålls rena. Om de är svårt nedsmutsade kan de tas ut ur bilen och skrubbas. Se i så fall till att de är helt torra innan de läggs tillbaka i bilen. Säten och klädselpaneler kan torkas rena med fuktig trasa. Om de smutsas ner (vilket ofta kan vara mer synligt i ljusa inredningar) kan lite flytande tvättmedel och en mjuk nagelborste användas till att skrubba ut smutsen ur materialet. Glöm inte takets insida, håll det rent på samma sätt som klädseln. När flytande rengöringsmedel används inne i en bil får de tvättade ytorna inte överfuktas. För mycket fukt kan tränga in i sömmar och stoppning och framkalla fläckar, störande lukter och till och med röta. Om insidan av bilen blir mycket blöt är det mödan värt att torka ur den ordentligt, speciellt mattorna. *Lämna inte olje- eller eldrivna värmare i bilen för detta ändamål.*

4 Mindre karosskador – reparationer

Reparationer av mindre repor i lacken

Om en repa är mycket ytlig och inte har trängt ner till karossmetallen är reparationen mycket enkel att utföra. Gnugga det skadade området helt lätt med lackrenoveringsmedel eller en mycket finkornig slippasta så att lös lack tas bort från repan och det omgivande området befrias från vax. Skölj med rent vatten.

Applicera förbättringslack på repan med en fin målarpensel. Fortsätt att lägga på tunna lager färg tills färgytan i repan är i nivå med den omgivande lacken. Låt den nya lacken härda i minst två veckor och jämna sedan ut den mot omgivande lack genom att gnugga hela området kring repan med lackrenoveringsmedel eller en mycket finkornig slippasta. Avsluta med en vaxpolering.

Om repan gått ner till karossmetallen och denna börjat rosta krävs en annan teknik. Ta bort lös rost från botten av repan med ett vasst föremål och lägg sedan på rostskyddsfärg så att framtida rostbildning förhindras. Använd sedan en spackel av gummi eller nylon och fyll upp repan med spackelmassa. Vid behov kan spacklet tunnas ut med thinner så att det blir mycket tunt vilket är idealiskt för smala repor. Innan spacklet härdar, linda ett stycke mjuk bomullstrasa runt en fingertopp. Doppa fingret i cellulosaförtunning och stryk snabbt över fyllningen i repan. Det gör att ytan blir något urholkad. Lacka sedan över repan enligt tidigare anvisningar.

Reparation av bucklor i karossen

När en djup buckla uppstått i bilens kaross blir den första uppgiften att räta ut den så att karossen i det närmaste återfår ursprungsformen. Det finns ingen anledning att försöka återställa formen helt eftersom metallen i det skadade området sträckt sig vid skadans uppkomst och aldrig helt kommer att återta sin gamla form. Det är bättre att försöka ta bucklans nivå upp till ca 3 mm under den omgivande karossens nivå. I de fall bucklan är mycket grund är det inte värt besväret att räta ut den. Om undersidan av bucklan är åtkomlig kan den knackas ut med en träklubba eller plasthammare. När detta görs ska mothåll användas på plåtens utsida så att inte större delar knackas ut.

Skulle bucklan finnas i en del av karossen som har dubbel plåt eller om den av någon annan anledning är oåtkomlig från insidan krävs en annan teknik. Borra ett flertal hål genom metallen i bucklan - speciellt i de djupare delarna. Skruva sedan in långa plåtskruvar precis så långt att de får ett fast grepp i metallen. Dra sedan ut bucklan genom att dra i skruvskallarna med en tång.

Nästa steg är att ta bort lacken från det skadade området och ca 3 cm av den omgivande oskadade plåten. Detta görs enklast med stålborste eller slipskiva monterad på borrmaskin, men kan även göras för hand med slippapper. Fullborda underarbetet genom att repa den nakna plåten med en skruvmejsel eller filspets, eller genom att borra små hål i det område som ska spacklas. Detta gör att spacklet fäster bättre.

Se avsnittet om spackling och sprutning för att avsluta reparationen.

Reparation av rosthål och revor i karossen

Ta bort lacken från det drabbade området och ca 30 mm av den omgivande oskadade plåten med en sliptrissa eller stålborste monterad i en borrmaskin. Om detta inte finns tillgängligt kan ett antal ark slippapper göra jobbet lika effektivt. När lacken är borttagen kan rostskadans omfattning uppskattas mer exakt och därmed kan man avgöra om hela panelen (om möjligt) ska bytas ut eller om rostskadan ska repareras. Nya plåtdelar är inte så dyra som de flesta tror och det går ofta snabbare och ger bättre resultat med plåtbyte än att försöka reparera större rostskador.

Ta bort alla täckpaneler från det drabbade området, utom den som styr den ursprungliga formen, exempelvis lyktsarger. Ta sedan bort lös eller rostig metall med plåtsax eller bågfil. Knacka kanterna något inåt så att det bildas en grop för spacklingsmassan.

Borsta av det drabbade området med en stålborste så att rostdamm tas bort från ytan av kvarvarande metall. Måla det drabbade området med rostskyddsfärg. Behandla också det drabbade områdets baksida, om det är åtkomligt.

Före spacklingen måste hålet blockeras på något sätt. Detta kan göras med nät av plast eller aluminium eller med aluminiumtejp.

Nät av plast eller aluminium eller glasfiberväv är antagligen det bästa materialet för ett stort hål. Skär ut en bit som är ungefär lika stor som det hål som ska fyllas, placera det i hålet så att kanterna är under nivån för den omgivande plåten. Ett antal klickar spackelmassa runt hålet fäster materialet.

Aluminiumtejp bör användas till små eller mycket smala hål. Dra av en bit tejp från rullen och klipp till den storlek och form som behövs. Dra bort eventuellt skyddspapper och fäst tejpen över hålet. Tejpen kan överlappas om en bit inte räcker. Tryck ner tejpkanterna med ett skruvmejselhandtag eller liknande så att tejpen fäster ordentligt på metallen.

Karossreparationer - spackling och sprutning

Se tidigare anvisningar beträffande reparation av bucklor, repor, rosthål och andra hål innan beskrivningarna i det här avsnittet följs.

Många typer av spackelmassa förekommer. Generellt sett är de som består av grundmassa och härdare bäst vid denna typ av reparationer. Vissa av dem kan användas direkt från förpackningen. En bred och följsam spackel av nylon eller gummi är ett ovärderligt verktyg för att skapa en väl formad spackling med fin yta.

Blanda lite massa och härdare på en skiva av exempelvis kartong eller masonit. Följ tillverkarens instruktioner och mät härdaren noga, i annat fall härdar spacklingen för snabbt eller för långsamt. Använd applikatorn och bred ut massan på den preparerade ytan. Dra applikatorn över massans yta för att forma den och göra den jämn. Så snart massan antagit en någorlunda korrekt form bör arbetet avbrytas. Om man håller på för länge blir massan kletig och börjar fastna på spackeln. Fortsätt lägga på tunna lager med ca 20 minuters mellanrum till dess att massan är något högre än den omgivande plåten.

När massan härdat kan överskottet tas bort med hyvel eller fil. Börja med nr 40 och avsluta med nr 400 våt- och torrpapper. Linda alltid papperet runt en slipkloss, i annat fall blir inte den slipade ytan plan. Vid slutpoleringen med torr- och våtpapper ska detta då och då sköljas med vatten. Detta skapar en mycket slät yta på massan i slutskedet.

I det här stadiet bör bucklan vara omgiven av en ring med ren plåt som i sin tur omges av en lätt ruggad kant av den oskadade lacken. Skölj av reparationsområdet med rent vatten till dess att allt slipdamm försvunnit.

Spruta ett tunt lager grundfärg på hela reparationsområdet. Då avslöjas mindre ytfel i spacklingen. Laga dessa med ny spackelmassa eller filler och slipa av ytan igen. Massa kan tunnas ut med thinner så att den blir mer lämpad för riktigt små gropar. Upprepa denna sprutning och reparation till dess att du är nöjd med spackelytan och den ruggade lacken. Rengör reparationsytan med rent vatten och låt den torka helt.

Reparationsytan är nu klar för lackering. Färgsprutning måste utföras i ett varmt, torrt, drag- och dammfritt utrymme. Detta kan åstadkommas inomhus om det finns tillgång till ett större arbetsområde, men om arbetet måste äga rum utomhus är valet av dag av stor betydelse. Om arbetet utförs inomhus kan golvet spolas av med vatten eftersom detta binder damm som annars skulle finnas i luften. Om ytan som ska åtgärdas endast omfattar en panel ska de omgivande panelerna maskeras av. Då syns inte mindre nyansskillnader i lacken lika tydligt. Även paneler och detaljer (kromlister, handtag med mera) ska maskas av. Använd riktig maskeringstejp och flera lager tidningspapper till detta.

Före sprutning, skaka burken ordentligt och spruta på en provbit, exempelvis konservburk, tills tekniken behärskas. Täck reparationsytan med tjockt med grundfärg. Tjockleken ska byggas upp med flera tunna färglager, inte ett enda tjockt lager. Polera sedan grundfärgsytan med nr 400 våt- och torrpapper, till dess att den är slät. Medan detta utförs ska ytan hållas våt och pappret ska periodvis sköljas i vatten. Låt torka innan mer färg läggs på.

Spruta på färglagret och bygg upp tjockleken med flera tunna lager färg. Börja spruta i ena kanten och arbeta med sidledes rörelser till dess att hela reparationsytan och ca 5 cm av den omgivande lackeringen täckts. Ta bort maskeringen 10 - 15 minuter efter att det sista färglagret sprutats på.

Låt den nya lacken härda i minst två veckor innan den nya lackens kanter jämnas ut mot den gamla med en lackrenoverare eller mycket fin slippasta. Avsluta med en vaxpolering.

Plastdetaljer

Biltillverkarna gör allt fler karossdelar av plast (t.ex. stötfångare, spoilers och i vissa fall även större karosspaneler). Allvarligare fel på sådana komponenter kan endast åtgärdas genom att reparationsarbetet överlåts till en specialist, eller genom att hela komponenten byts ut. Gör-det-själv reparationer av sådana skador är inte rimliga på grund av kostnaden för den specialutrustning och de speciella material som krävs. Principen för dessa reparationer är dock att en skåra tas upp längs med skadan med en roterande rasp i en borrmaskin. Den skadade delen svetsas sedan ihop med en varmluftspistol och en plaststav i skåran. Plastöverskott tas bort och ytan slipas ner. Det är viktigt att rätt typ av plastlod används - plasttypen i karossdelar kan variera, exempelvis PCB, ABS eller PPP.

Mindre allvarliga skador (skrapningar, små sprickor) kan lagas av hemmamekaniker med en tvåkomponents epoxymassa. Den blandas i lika delar och används på liknande sätt som spackelmassa på plåt. Epoxyn härdar i regel inom 30 minuter och kan sedan slipas och målas.

Om ägaren har bytt en komponent på egen hand eller reparerat med epoxymassa, återstår svårigheten att hitta en färg som lämpar sig för den aktuella plasten. En gång i tiden kunde inte någon universalfärg användas på grund av det breda utbudet av plaster i karossdelar. Generellt sett fastnar inte standardfärger på plast och gummi, men det finns färger och kompletta färgsatser för plast- och gummilackering att köpa hos vissa återförsäljare. Dessa består i princip av förprimer, grundfärg och färglager. Kompletta instruktioner finns i satserna men grundmetoden är att först lägga på förprimern på aktuell del och låta den torka i 30 minuter innan grundfärgen läggs på. Sedan ska grundfärgen läggas på och lämnas att torka i ungefär en timme innan det färgade ytlacket läggs på. Resultatet blir en korrekt färgad del där lacken kan röra sig med materialet, något de flesta standardfärger inte klarar.

5 Större karosskador – reparation

Om helt nya paneler måste svetsas fast på grund av större skador eller bristande underhåll, bör arbetet överlåtas till professionella mekaniker. Om det är frågan om en allvarlig krockskada krävs uppriktningsriggar för att utföra sådana arbeten med framgång. En felbalanserad kaross är för det första farlig, eftersom bilen inte reagerar på rätt sätt, och för det andra så kan det leda till att styrningen, fjädringen och ibland kraftöverföringen belastas ojämnt med ökat slitage eller helt trasiga komponenter som följd. Särskilt däcken är utsatta.

6 Dörrskrammel – felsökning och åtgärder

1 Kontrollera först att dörren inte är lös vid gångjärnen och att regeln håller dörren ordentligt på plats. Kontrollera även att dörren sitter korrekt i karossöppningen. Om dörren är feljusterad, justera den enligt beskrivningen i avsnitt 23.

2 Om regeln håller dörren korrekt men ändå skramlar är låsmekanismen sliten och ska bytas ut.

3 Annat skrammel från dörren kan orsakas av slitage i fönstret hissmekanism, den inre låsmekanismen, lösa glasstyrningar eller löst kablage.

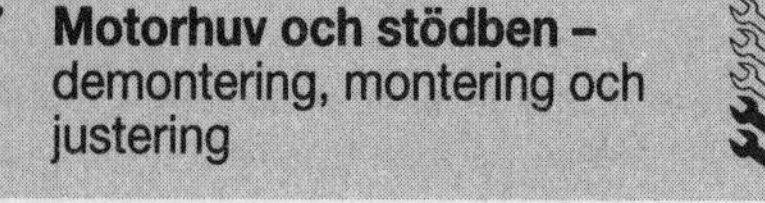

7 Motorhuv och stödben – demontering, montering och justering

Motorhuv

Demontering

1 Öppna motorhuven helt. Placera sedan några kartongbitar eller trasor under gångjärnshörnen för att skydda karossen.

2 Bänd loss genomföringarna från motorhuvens undersida och lösgör vindrutespolarslangarna från anslutningsstycket. Koppla loss de uppvärmda spolarmunstyckena och lösgör slangen från fästklämmorna **(se bild)**.

3 Håll motorhuven öppen med två kraftiga träbitar, en i varje hörn. Alternativt, ta hjälp av en medhjälpare för att hålla upp motorhuven.

4 Koppla loss stödbenet från motorhuven enligt beskrivningen senare i detta avsnitt.

5 Markera gångjärnens placering med en blyertspenna. Lossa sedan de fyra fästbultarna som fäster gångjärnen vid motorhuven (två på varje sida).

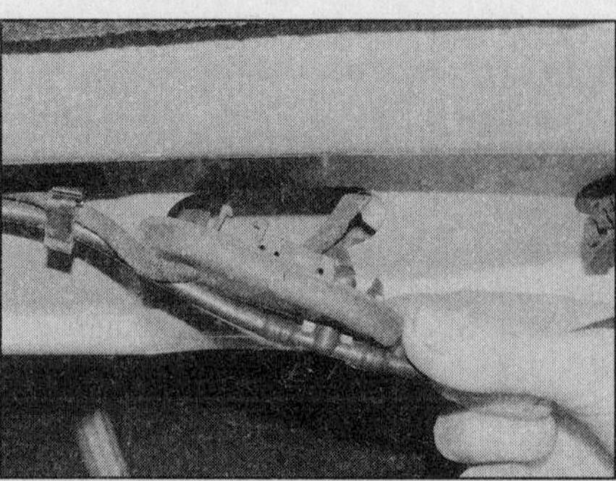

7.2 Koppla loss spolarslangarna och anslutningskontakten

6 Stöd motorhuven medan fästbultarna skruvas loss. Ta sedan bort motorhuven från bilen.

Montering och justering

7 Montera i omvänd ordningsföljd mot demonteringen. Se till att gångjärnen justeras som innan demonteringen. Stäng motorhuven försiktigt i början. Om motorhuven är felaktigt inriktad kan dess kanter orsaka skador på karossen. Justera gångjärnen till ursprungspositionen om det behövs. Kontrollera sedan att motorhuven är i nivå med den omgivande karossen. Justera motorhuvens framkant om det behövs genom att skruva in eller ut gummistoppen.

8 Kontrollera att motorhuvslåset fungerar tillfredsställande. Var extra noga med att kontrollera att säkerhetshaken håller fast motorhuven efter att man dragit i motorhuvens låsvajer.

Stödben

Demontering

9 Håll motorhuven öppen med två kraftiga träbitar, en i varje hörn. Alternativt, ta hjälp av en medhjälpare för att hålla upp motorhuven.

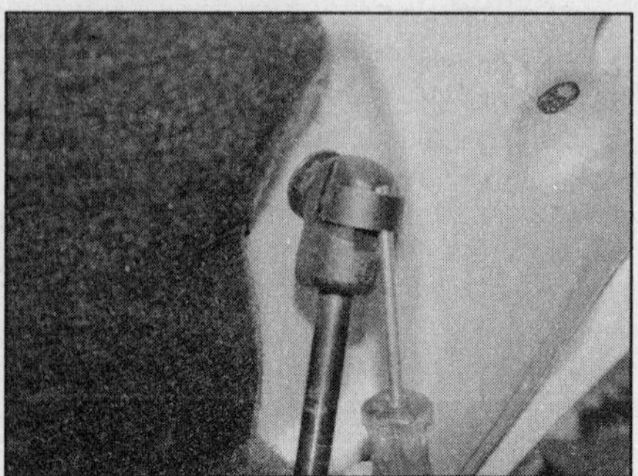

7.10 Bänd loss låsringen

10 Lossa låsringarna från stödbenets övre och nedre fästen. Använd lämplig skruvmejsel **(se bild)**.

11 Dra bort kulbultsstiftet från det övre fästet. Dra sedan bort stödbenets nederdel från den nedre fästbygelns tapp.

Montering

12 Montering sker i omvänd ordningsföljd. Observera att den tjockare änden av benet måste vara riktad mot motorhuven.

8 Motorhuvslås och låsvajer – demontering och montering

Demontering

1 Öppna motorhuven och leta reda på dess låsmekanism under tvärbalken i motorrummets främre del. Skruva loss de tre fästbultarna och flytta låsmekanismen bort från tvärbalken **(se bilder)**. Bänd upp säkerhetshakens fästklämma, bänd isär de två armarna och lossa säkerhetshaken. Använd en liten skruvmejsel och bänd loss mikrokontaktens fästklämma. Ta bort

8.1a Skruva loss de tre säkerhetsbultarna och flytta bort låsmekanismen från tvärbalken (pil)

8.1b Bänd upp säkerhetshakens fästklämma, bänd isär de två armarna och lossa säkerhetshaken

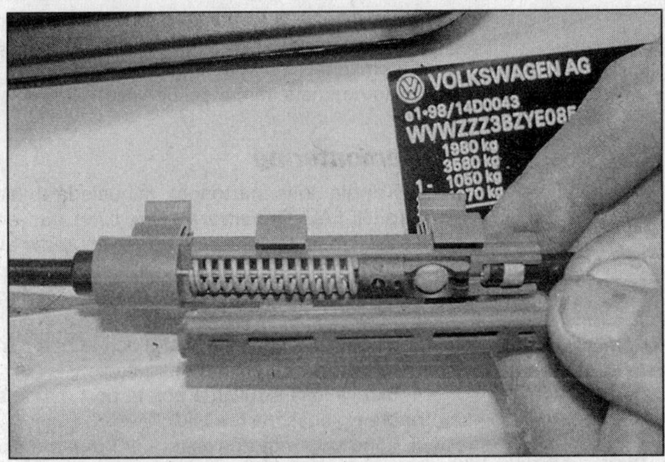

8.3 Lossa den inre vajernippeln från anslutningsstycket

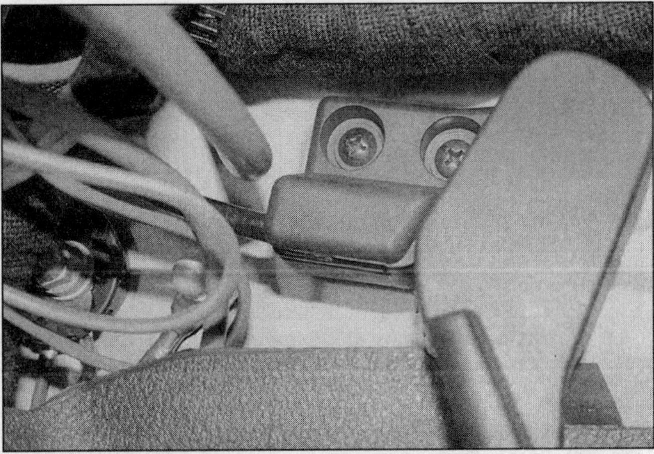

8.5 Skruva loss skruvarna och ta bort motorhuvens handtag

kontakten från låsmekanismen. Observera att kontaktens styrsprintar finns i två hål i fästplattan.

2 För ut de två muffarna och lösgör låsvajern från låsmekanismens arm med en liten tång. Dra bort vajern från låsmekanismen.

3 Lossa låsvajern från alla fästklämmor i motorrummet. Bänd loss vajeranslutningen från den högra innerskärmen med en skruvmejsel och öppna anslutningen. Lyft den inre vajerns hylsa och skilj låsvajerns två halvor åt **(se bild)**.

4 Vid arbete i förarens fotbrunn, ta bort panelen på instrumentbrädans högersida. Ta bort panelen/brickan under rattstången genom att skruva loss de två skruvarna till höger på instrumentbrädan. En skruv sitter bredvid rattstången och den andra sitter nära mittkonsolen.

5 Skruva loss fästskruvarna och koppla loss handtagsmekanismen och dess fästbygel från karossen **(se bild)**.

6 Fäst en kraftig lina av lämplig längd i änden av låsvajern i låsmekanismens ände. Dra sedan försiktigt in vajern i motorrummet.

7 Ta loss linan från vajern och lämna linans ändar synliga i motorrummet och fotbrunnen.

Montering

8 Montera i omvänd ordningsföljd. Fäst den inre änden av vajern vid linan i motorrummet. Dra försiktigt igenom vajern till låshandtaget. Knyt sedan loss linan.

9 För att undvika veck, skarpa krökar och skav, kontrollera att vajern är korrekt dragen när den placeras i motorrummet. Kontrollera att vajern och låset fungerar tillfredsställande innan motorhuven stängs. Se till att motorhuven låser ordentligt när den stängs samt att säkerhetshaken fungerar korrekt när motorhuvslåsvajern aktiveras.

9 Stötfångare – demontering och montering

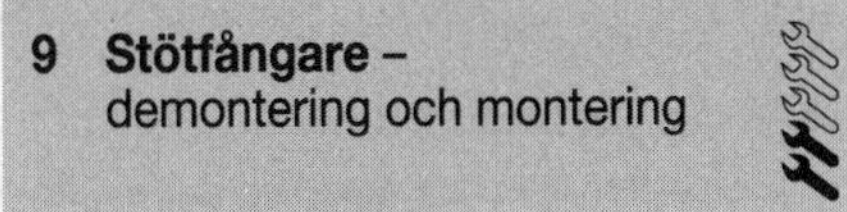

Främre stötfångare

Observera: *Bilen ska under inga som helst omständigheter köras utan att den främre stötfångaren och dess fästbyglar är korrekt fästa. I så fall sitter nämligen den främre tvärbalken som stöder motorn inte längre fast ordentligt.*

Demontering

1 Öppna motorhuven.

2 Arbeta med ett hjulhus i taget. Skruva loss skruvarna för att lossa stötfångarens

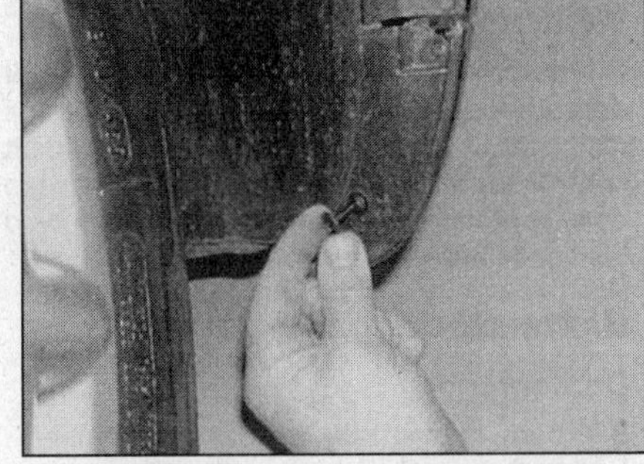

9.2 Skruva loss skruvarna för att lösgöra stötfångarens styrkanter från innerskärmen

bakkanter från innerskärmen **(se bild)**. Det finns fyra horisontella och en vertikal skruv på varje sida.

3 Bänd isär de två armarna i motorhuvens säkerhetslås **(se bild 8.1b)**

4 Ta bort de främre blinkerenheterna genom att lossa deras hållarfjädrar/klämmor. När enheterna är borttagna, vrid de två lamphållarna moturs och ta bort dem från blinkerenheterna.

5 Skruva loss stötfångarens tre fästbultar underifrån. Skruva loss stötfångarens sju fästbultar på ovansidan **(se bilder)**.

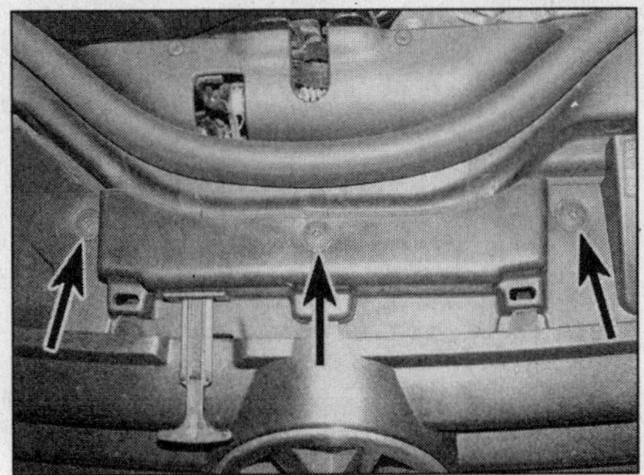

9.5a Ta bort de tre bultarna framför motorhuvens hake . . .

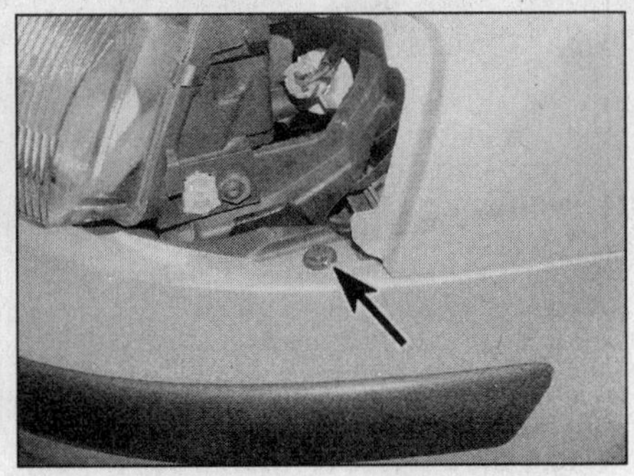

9.5b . . . en på var sida om blinkerurtaget . . .

9.5c . . . och en på var sida om strålkastaren

9.9 Skruva loss den bakre stötfångarens fyra horisontella fästskruvar

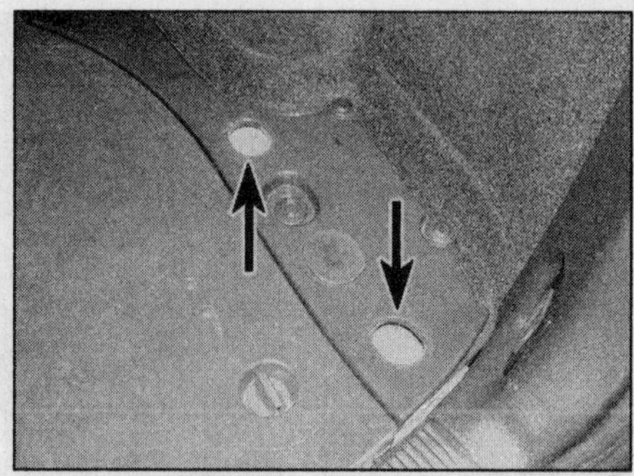
9.11 Bänd ut muffarna och skruva loss det bakre stötfångarstagets fästbultar (pilar)

6 Ta försiktigt bort stötfångaren genom att dra ut den från styrningarna under strålkastarna. Om det behövs kan man ta bort stötfångarstaget genom att skruva loss fästbultarna till chassit.

Montering

7 Montera i omvänd ordningsföljd mot demonteringen. Dra åt stötfångarens fästbultar till angivet moment. Avsluta med att kontrollera att strålkastarspolarna, dimljusen och omgivningsluftens temperaturgivare (vad som är tillämpligt) fungerar tillfredsställande.

Bakre stötfångare

Demontering

8 Arbeta med ett av de bakre hjulhusen i taget. Skruva loss dem fem skruvarna i hjulhuset för att lösgöra stötfångarens kanter från hjulhuset. **Observera:** *Två skruvar sitter bakom stänkskyddet.*

9 Skruva loss de sex vertikala bultarna under stötfångaren och de fyra horisontella skruvarna på stötfångarens översida **(se bild)**.

10 Ta försiktigt bort stötfångaren genom att dra den rakt ut från bilens bakvagn. Om stötfångaren sitter fast, lossa kanterna en i taget genom att gripa tag i den nedre delen av stötfångaren precis bakom hjulhuset och vrida den uppåt och bort från flygeln så den lossnar från fästbygeln.

11 Vid arbete i bagageutrymmet, vik undan mattan för att komma åt, bänd ut muffarna och skruva loss de två fästbultarna som finns på varje sida **(se bild)**. Sedan kan stötfångaren dras bort.

12 Om det behövs kan täckremsan på stötfångarens överkant tas bort genom att fästflikarna lossas.

Montering

13 Montera i omvänd ordningsföljd. Montera alla fästbultar och skruvar löst innan de dras åt helt. Dra åt fästbultarna till angivet moment.

10 Låshållare/främre tvärbalk - allmän information, demontering och montering

Allmän information

1 Låshållaren/främre tvärbalken är den del av karossen som sitter över motorrummets främre del. Ett antal större komponenter, inklusive motorhuvens låsmekanism, främre stötfångaren, kylaren, automatväxellådans oljekylare och de främre strålkastarna sitter monterade på låshållaren. Karossen på VW Passat är konstruerad så att låshållaren och dess tillhörande komponenter kan tas bort utan att behöva tas isär i någon större utsträckning. Dessutom kan låshållaren flyttas framåt flera centimeter till ett "serviceläge" utan att slangarna och kabelnäten till de olika komponenterna som sitter monterade på den behöver kopplas loss. I serviceläget förbättras åtkomligheten till komponenterna i motorrummets främre del betydligt.

Demontering

2 Koppla loss batteriets minusledare (se kapitel 5A). **Observera:** *Om bilen har en kodskyddad radio, se till att ha en kopia av radions/bandspelarens säkerhetskod innan batteriet kopplas ur. Fråga VW-återförsäljaren om tveksamhet föreligger.*

3 Se beskrivningen i avsnitt 9 och ta bort den främre stötfångaren och dess stag.

4 Skruva loss skruvarna och ta bort motorns undre skyddskåpa **(se bild)**.

5 Bänd upp motorhuvslåsvajern framme vid förarsidans motorhuvsgångjärn enligt beskrivningen i avsnitt 8. Skilj låsvajerns båda halvor åt.

6 Ta bort fästskruven (skruvarna) och koppla loss luftintagsgrillen och kanalen från låshållaren **(se bild)**.

7 Koppla ifrån anslutningskontakterna till strålkastarna och strålkastarnas reglagemotorer. I motorrummets vänstra hörn, lyft upp plastkåpan och koppla loss de fem kontaktdonen **(se bild)**. Lösgör kontaktdonen från fästklämmorna.

8 Koppla ifrån kablarna från temperaturgivaren/termokontakten som sitter i kylarens nedre bakre nhörn vid det nedre röret. Koppla också ifrån kompressorkopplingens (till höger om kylaren) anslutningskontakter samt signalhornet.

9 Tappa ur kylvätskan enligt beskrivningen i relevant del av kapitel 1. Koppla sedan loss kylvätskeslangarna från kylaren enligt beskrivningen i kapitel 3, avsnitt 3.

10 På modeller med luftkonditionering måste kondensatorn skruvas loss från låshållaren och fästas vid en lämplig punkt i motorrummets främre del med hjälp av buntband eller ståltråd. För att lossa kondensatorn från låshållaren, tryck in tappen i hållarsprintens ände, dra sprinten från fästbygeln på kondensatorns båda sidor och skilj monteringskonsolens båda halvor åt **(se**

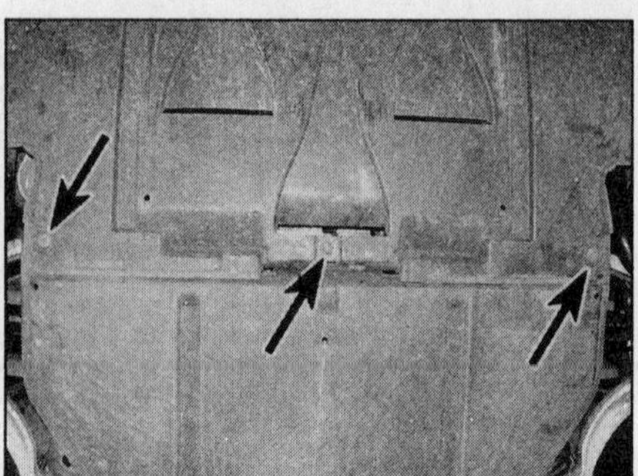
10.4 Den främre delen av motorns underplatta hålls fast vid den bakre delen med tre skruvar (pilar)

10.6 Skruva loss skruvarna och koppla loss luftintagskanalen från låshållaren

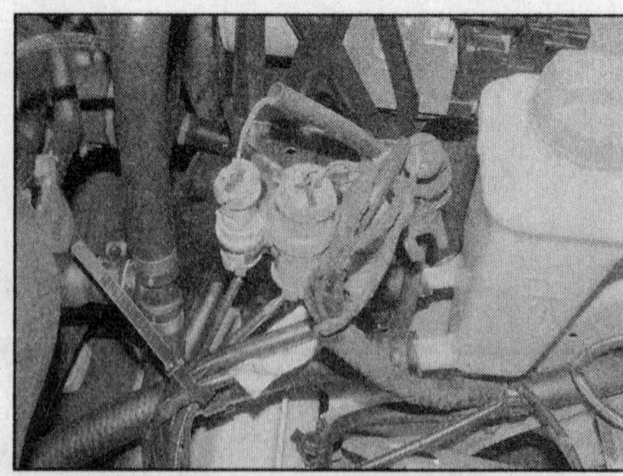
10.7 Koppla loss anslutningskontakterna och lossa kablarna från fästklämmorna

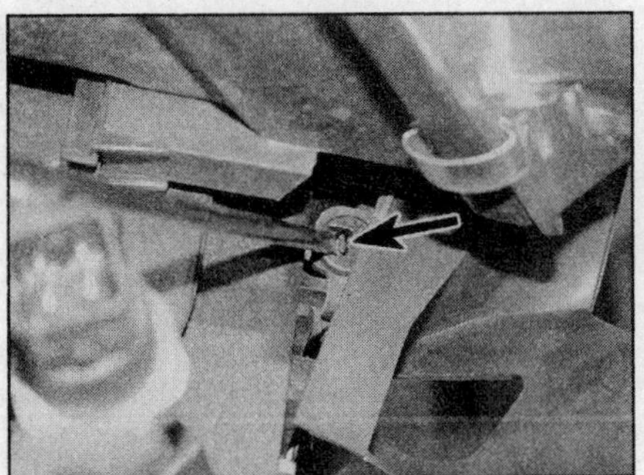
10.10a Tryck ner tappen och dra bort kondensatorns hållarsprint från monteringskonsolen (pil)

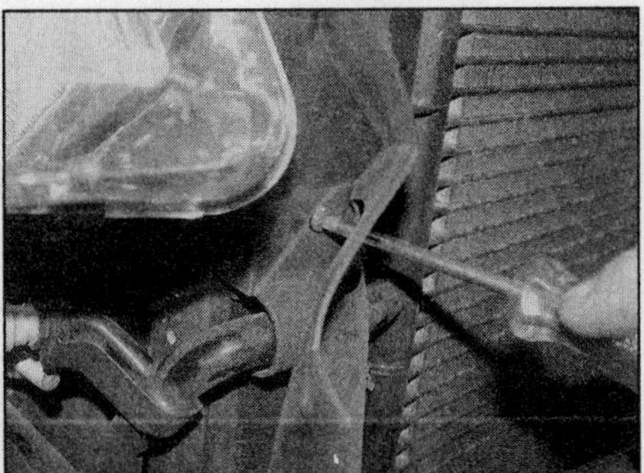
10.10b Skruva loss skruvarna och ta bort gummikåpan

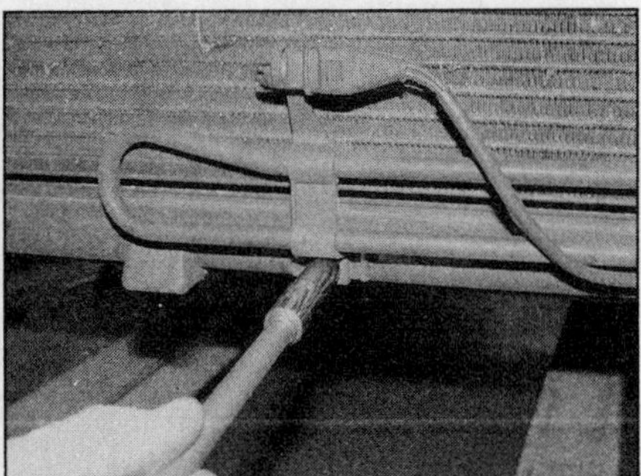
10.11 Skruva loss servostyrningens oljekylare från låshållaren

bild). Skruva loss fästskruvarna och ta bort gummikåporna på kondensatorns båda sidor **(se bild)**. Koppla loss tryckbrytarkablaget när kondensatorn tagits bort.

Varning: Låt inte kondensatorn hänga i kylmediarören eftersom belastningen kan få dem att gå sönder.

Varning: Koppla inte loss kylmediarören från kondensatorn (se föreskrifterna i kapitel 3 angående farorna med luftkonditioneringssystemets kylmedia).

11 Skruva loss servostyrningens oljekylare från låshållaren och fäst den vid en lämplig punkt på motorrummets undersida med hjälp av buntband eller ståltråd **(se bild)**. På modeller med automatväxellåda, upprepa momentet med automatväxellådans oljekylare.

12 På modeller med turbo, lossa fästklämmorna och koppla ifrån mellankylarens luftrör från kanalerna under låshållaren.

13 Lossa ändarna på låshållarens gummitätningslist från varje framskärm. Det är inte nödvändigt att ta bort listen helt från låshållaren.

14 Skruva loss de två bultar som fäster låshållaren vid överdelen av framflygeln på varje sida av bilen **(se bild)**. Skruva loss bultarna längs varje strålkastare **(se bild)**.

15 Skruva loss de sidomonterade stötfångarstyrningarna som finns under varje strålkastare. Ta bort stötfångarstyrningarna från framskärmarna **(se bilder)**.

16 Låt en medhjälpare stödja låshållaren under det här avslutande momentet. Skruva loss bultarna till den främre stötfångaren (tre på höger sida, tre på vänster sida). Dra sedan bort låshållaren/tvärpanelen från bilens framvagn **(se bild)**.

Montering

17 Montera i omvänd ordningsföljd. Avsluta med att kontrollera att de främre strålkastarna samt motorhuvslåset och säkerhetshaken fungerar. Fyll på och lufta kylsystemet enligt beskrivningen i kapitel 1A eller 1B. Låt kontrollera strålkastarinställningen.

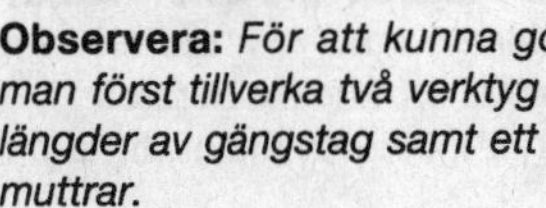

Flytta låshållaren till serviceläget

Observera: *För att kunna göra detta måste man först tillverka två verktyg av två 300 mm-längder av gängstag samt ett antal sexkantiga muttrar.*

18 Koppla loss batteriets minusledare (se kapitel 5A). **Observera**: *Om bilen har en kodskyddad radio, se till att ha en kopia av radions/bandspelarens säkerhetskod innan batteriet kopplas ur. Fråga VW-återförsäljaren om tveksamhet föreligger.*

19 Ta bort den främre stötfångaren enligt beskrivningen i avsnitt 9.

20 Bänd upp motorhuvslåsvajern framme vid förarsidans motorhuvsgångjärn enligt

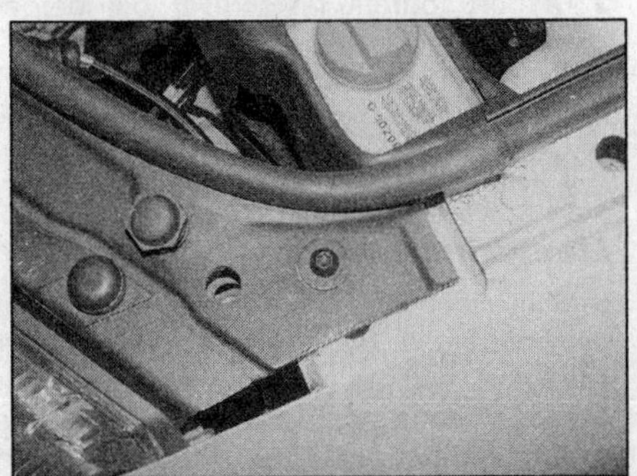
10.14a Låshållaren hålls fast med en bult högst upp på varje skärm . . .

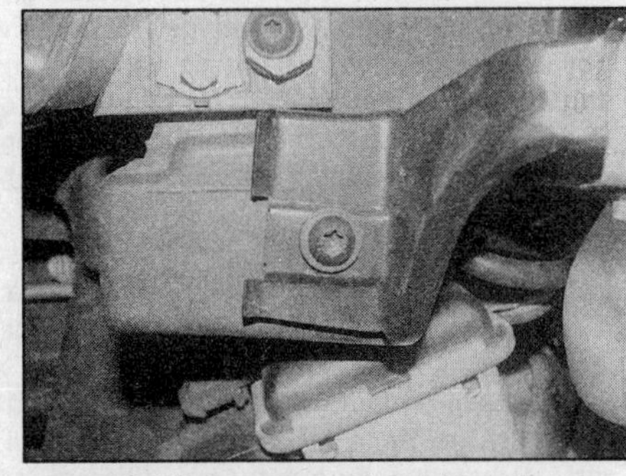
10.14b . . . och en bredvid varje strålkastare

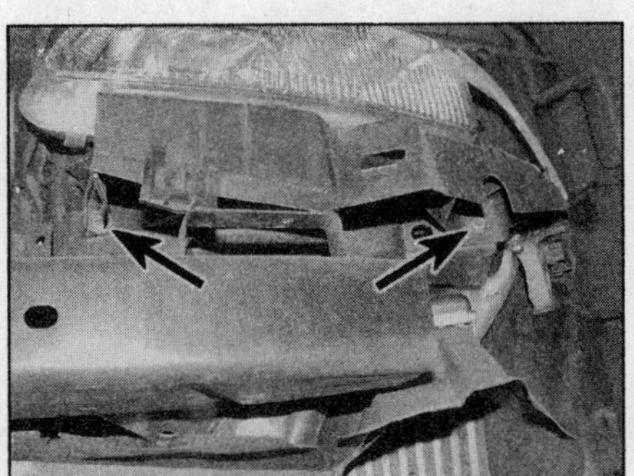
10.15a stötfångarskenorna hålls fast av två bultar under varje strålkastare (pilar) . . .

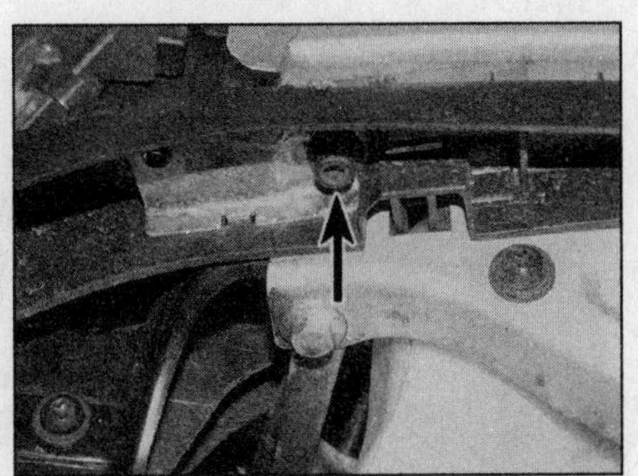
10.15b . . . och en under varje skärm (pil)

10.16 Skruva loss stötfångarstagets tre fästbultar på varje sida (pilar – en dold under staget)

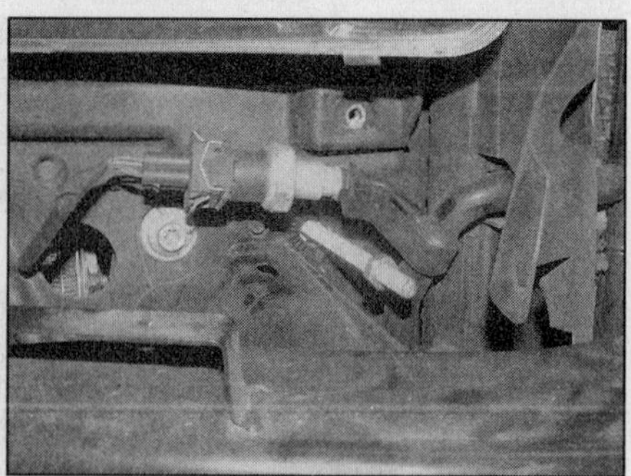
10.23 Skruva in det hemgjorda serviceverktyget i stötfångarstagsbultens hål

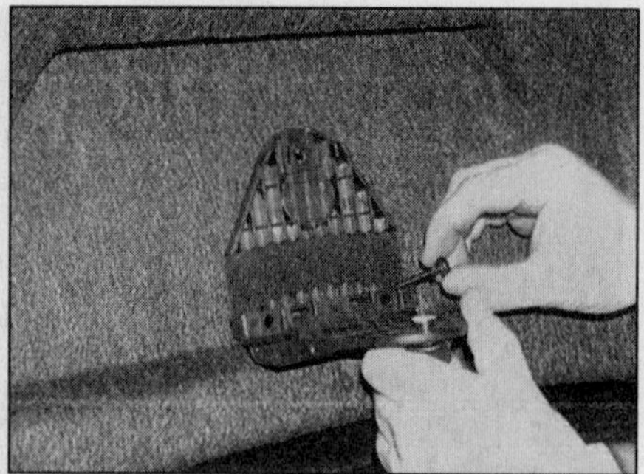
12.2 Ta bort varningstriangelns hållare från bakluckan

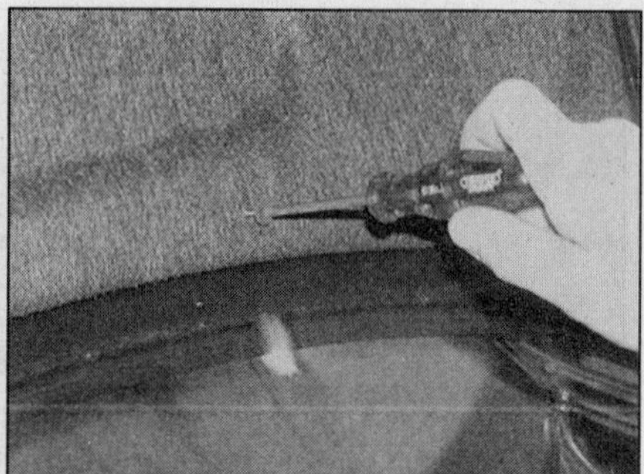
12.3a Skruva loss de plasttäckta skruvarna . . .

beskrivningen i avsnitt 8. Skilj låsvajerns båda halvor åt.

21 Skruva loss snabbultarna och lossa den främre delen av motorhusets ljudisoleringspanel från undersidan av låshållaren. Det är inte nödvändigt att ta bort panelen helt.

22 Ta bort fästskruven (skruvarna) och koppla loss luftintagsgrillen/kanalen från låshållaren. Skruva loss de sidomonterade stötfångarstyrningarna som finns under varje strålkastare. Ta bort stötfångarstyrningarna från framskärmarna **(se bilderna 10.14a och 10.14b)**.

23 Skruva loss den översta högra bulten från stötfångarens högra fäströr. Skruva in ett av de hemgjorda serviceverktygen i hålet där bulten satt och skruva på en av de sexkantiga muttrarna på änden av verktyget. Skruva in det andra verktyget i hålet till vänster om stötfångarens vänstra fäströr **(se bild)**.

24 Ta bort de resterande bultar som håller fast låshållaren, enligt beskrivningen i punkt 13 till 15.

25 Dra försiktigt låshållaren bort från motorns främre del. Justera de sexkantiga bultarna med det hemgjorda serviceverktyget så att låshållaren sitter fast ordentligt.

26 Låshållaren kan återmonteras i omvänd ordningsföljd. Se till att alla fästen dras åt till rätt åtdragningsmoment, om tillämpligt. Avsluta med att låta kontrollera strålkastarinställningen.

11 Främre innerskärmar – demontering och montering

Demontering

1 Klossa bakhjulen och dra åt handbromsen. Lossa sedan relevanta framhjulsbultar. Lyft upp framvagnen och ställ den på pallbockar (se *Lyftning och stödpunkter*). Demontera relevant hjul.

2 Fodret är fäst med plastexpandernitar och skruvar. Nitarna kan vara av en typ som måste bändas ut, eller också kan de vara försedda med ett mittstift som måste tryckas genom niten innan niten kan bändas loss.

3 Ta bort fodrets fästskruvar om det är tillämpligt.

4 Sänk ner fodret från sin plats och lirka bort det under framflygeln. Ta loss expandernitarna om det behövs.

Montering

5 Montera i omvänd ordningsföljd mot demonteringen. Byt ut alla fästen som gick sönder vid demonteringen. När expandernitarna monteras ska niten monteras med mittstiftet utdraget. Tryck sedan in stiftet i niten tills det är i nivå med nitens överdel.

12 Baklucka – demontering och montering

Demontering

1 Öppna bakluckan. Ta sedan bort varningstriangeln från hållaren.

2 Skruva loss fästskruvarna och lossa varningstriangelns hållare från bakluckan **(se bild)**.

3 Skruva loss de velourtäckta skruvarna. Lossa sedan klädselpanelen från bakluckan **(se bilder)**.

4 Lossa kontaktdonen från låsbrytaren och bakljusarmaturen. Lossa sedan muffen och dra bort kabelhärvan från bakluckan. Ta loss kablaget från styrningskanalen på sidan av gångjärnet.

5 Bänd loss fjäderklämmorna från de övre och nedre kullederna med hjälp av en liten skruvmejsel. Lossa sedan stödbenet från bakluckans gångjärn **(se bilder)**.

6 Markera förhållandet mellan bakluckan och gångjärnen genom att rita runt gångjärnens ytterkanter med en märkpenna.

7 Placera trasor eller kartongbitar över bakskärmarna för att förhindra skador vid demonteringen.

8 Låt en medhjälpare stödja bakluckan. Skruva sedan loss och ta bort fästbultarna mellan gångjärnen och bakluckan **(se bild)** och lyft bort bakluckan.

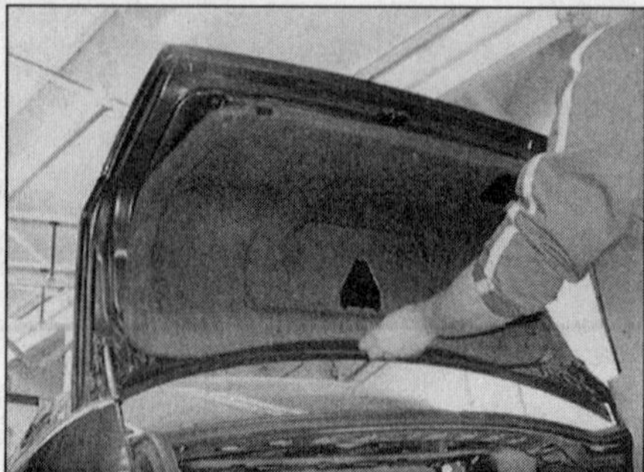
12.3b . . . och ta bort klädselpanelen från bakluckan

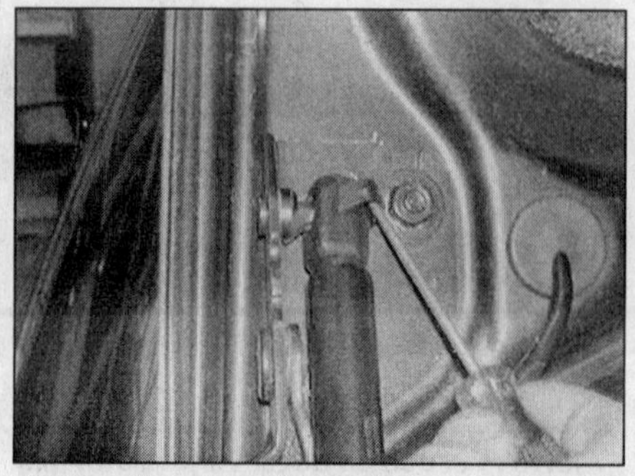
12.5a Bänd loss fjäderklämmorna från de övre kullederna . . .

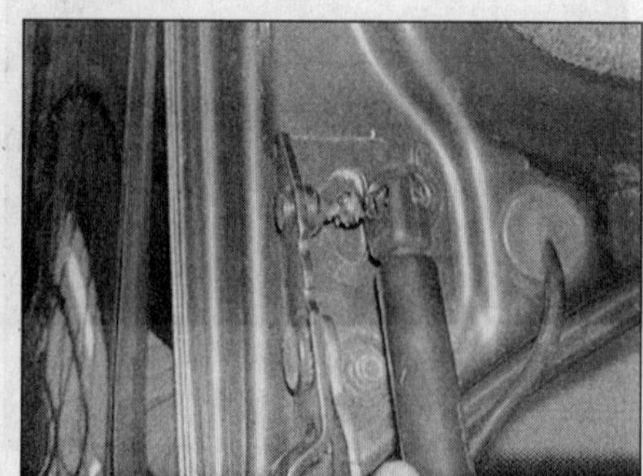
12.5b . . . och lossa fjäderbenet från bakluckans gångjärn

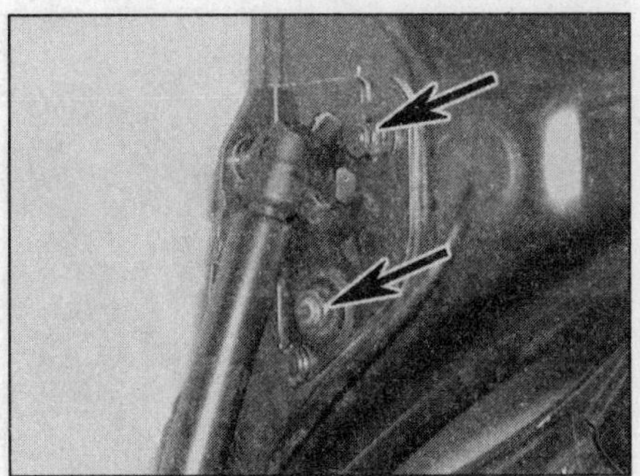

12.8 Skruva loss fästbultarna mellan gångjärnet och bakluckan (pilar)

Montering

9 Montera i omvänd ordningsföljd mot demonteringen. Kontrollera att luckan är korrekt monterad. Skruva loss gångjärnsbultarna för att justera luckans hängning om det behövs. Skruva åt bultarna vid avslutad justering. Mellan bakluckans ytterkant och den omgivande karossen bör det finnas ett jämnt avstånd på 3 mm. Bakluckans höjd kan justeras genom att bultarna lossas och gummistoppen på bakluckans bakre nedre hörn flyttas.

13 Bakluckans lås och låscylinder – demontering och montering

1 Om det är tillämpligt, lossa och ta bort klädselpanelen från bakluckans insida enligt beskrivningen i avsnitt 12.

Lås

Demontering

2 Koppla loss manöverstången från låset **(se bild)**.

3 Markera låsets placering med en märkpenna. Skruva sedan loss fästmuttrarna och dra bort låset från bakluckan. Koppla loss kontaktdonet från låset när låset är bortdraget.

Montering

4 Montera i omvänd ordningsföljd mot demonteringen.

Låscylinder

Demontering

5 Koppla loss manöverstången från låsenheten och koppla loss anslutningskontakterna **(se bild)**.

6 Skruva loss fästmuttrarna, bänd loss fästklämman och ta bort låscylinderenheten från bakluckan **(se bild 16.7)**.

7 Ta bort låscylindern genom att sätta i nyckeln och trycka in centrallåsmotorns manöverarm i motorn **(se bild 16.8)**.

8 Vrid nyckeln 90° medurs och dra bort låscylindern från låsenheten.

Montering

9 Sätt i låscylindern med nyckeln i låset. Vrid nyckeln 90° moturs. Då bör låscylindern klicka

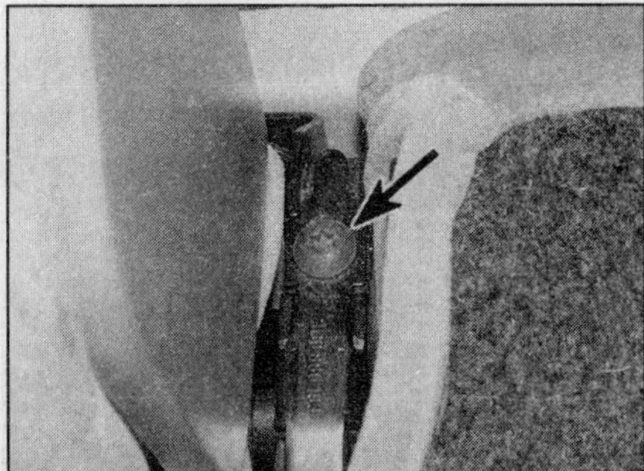

13.2 Koppla loss manöverstången från låset (pil)

på plats. Dra ut centrallåsmotorns manöverarm helt.

10 Resten av monteringen sker i omvänd ordningsföljd mot demonteringen.

14 Baklucka, kombimodeller – demontering och montering

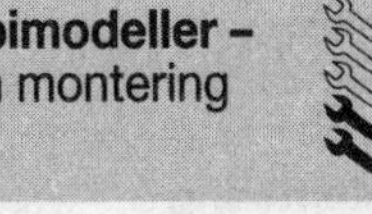

Demontering

1 Öppna bakluckan och skruva sedan loss klädselpanelens fyra nedre fästskruvar. Två sitter under luckor i handtagsfördjupningarna och två sitter på klädselns ytterkanter **(se bild)**.

2 Bänd försiktigt loss klädselpanelens nedre del från bakluckan. Bänd bara så mycket att fjäderklämmorna ger efter. Lossa på samma sätt den övre delen av klädselpanelen från öppningen till bakluckans bakruta.

3 Koppla loss kablaget från bakluckans komponenter (låsbrytare, torkarmotor, nummerplåtsbelysning och bakrutedefroster) vid kontaktdonen. Notera hur kablarna är dragna och var de är fästa.

4 Markera förhållandet mellan bakluckan och gångjärnen med en filtspetspenna.

5 Låt en medhjälpare stödja bakluckan. Ta sedan loss bakluckans stödben enligt beskrivningen i avsnitt 15.

6 Skruva bort fästbultarna mellan bakluckan och gångjärnen och lyft bort bakluckan från bilen.

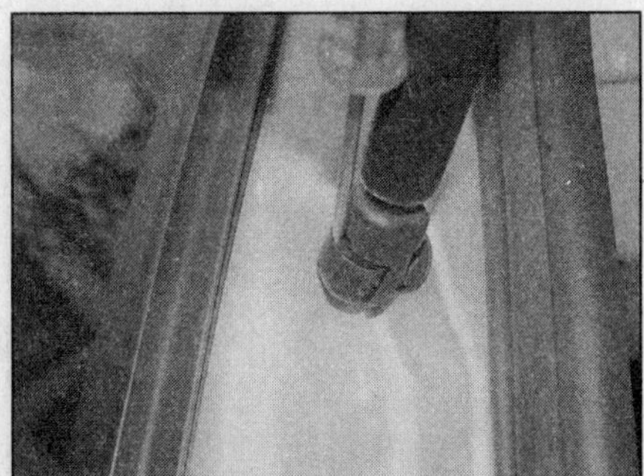

15.2a Bänd ut fjäderbenens låsring med en skruvmejsel . . .

13.5 Koppla loss manöverstången från låsenheten och koppla ifrån anslutningskontakterna

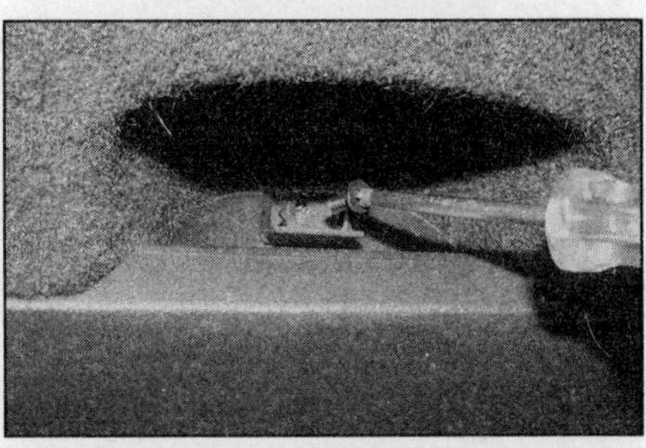

14.1 Två av klädselpanelens skruvar sitter under klaffar i handtagsurholkningarna

Montering

7 Monteringen sker i omvänd ordningsföljd mot demonteringen. Kontrollera att bakluckan är korrekt justerad innan gångjärnsbultarna dras åt helt.

8 Bakluckans inpassning och stängning kan justeras genom att gummistoppen i bakluckans övre och nedre hörn flyttas.

15 Bakluckans stödben – demontering och montering

Demontering

1 Öppna bakluckan och håll upp den med ett stöd (eller ta hjälp av en medhjälpare).

2 Koppla loss stödbenet vid den övre och nedre kulleden genom att lyfta fjäderklämmorna och bända loss leden **(se bilder)**.

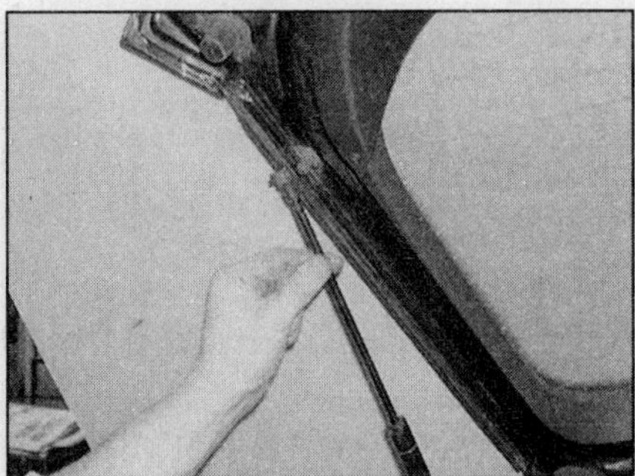

15.2b . . . och ta bort fjäderbenets kulled från pinnbulten

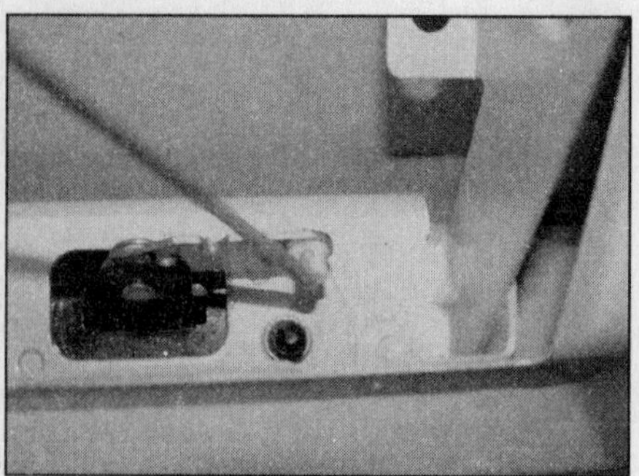
16.2 Koppla loss manöverstången från låset

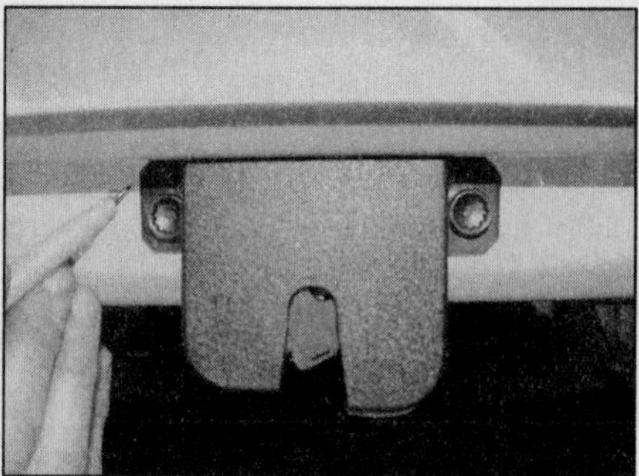
16.3 Märk ut låsets placering i förhållande till bakluckan och skruva loss XZN-skruvarna

16.5 Koppla loss låsets manöverstång

3 Om ett stödben inte fungerar korrekt måste det bytas ut. Försök inte ta isär eller reparera stödbenet. Observera att stödbenen är fyllda med trycksatt gas och därför inte bör punkteras eller brännas.

Montering

4 Montera i omvänd ordningsföljd mot demonteringen. Stödbenets tunnare kolvstångsände måste vara fäst vid karossen. Se till att stödbenet är ordentligt fäst i kullederna.

16 Baklucka lås och låscylinder, kombimodeller – demontering och montering

1 Demontera bakluckans nedre klädselpanel enligt beskrivningen i avsnitt 14.

Lås

Demontering

2 Koppla loss manöverstången från låset vid arbete i bakluckan **(se bild)**.

3 Markera låsets placering med en märkpenna, skruva sedan loss XZN-bulten och ta bort låsenheten från bakluckan **(se bild)**.

Montering

4 Montera i omvänd ordningsföljd mot demonteringen.

Låscylinder

Demontering

5 Koppla loss manöverstången från låsenheten **(se bild)**.

6 Koppla loss kontaktdonet, skruva loss fästmuttrarna och ta bort lås/cylinder-enheten **(se bild)**.

7 Bänd upp fästklämman med en skruvmejsel och ta bort lås/cylinderenheten från bakluckan **(se bild)**.

8 Ta bort låscylindern genom att sätta i nyckeln och trycka in centrallåsmotorns manöverarm i motorn **(se bild)**.

9 Vrid nyckeln 90° medurs och dra bort låscylindern från låsenheten.

Montering

10 Sätt i låscylindern med nyckeln i låset. Observera att tapparna på cylinderns båda sidor måste sitta i linje med spåren i huset **(se bild)**. Vrid nyckeln 90° moturs. Då bör låscylinderna klicka på plats. Dra ut centrallåsmotorns manöverarm helt.

11 Resten av monteringen sker i omvänd ordningsföljd mot demonteringen.

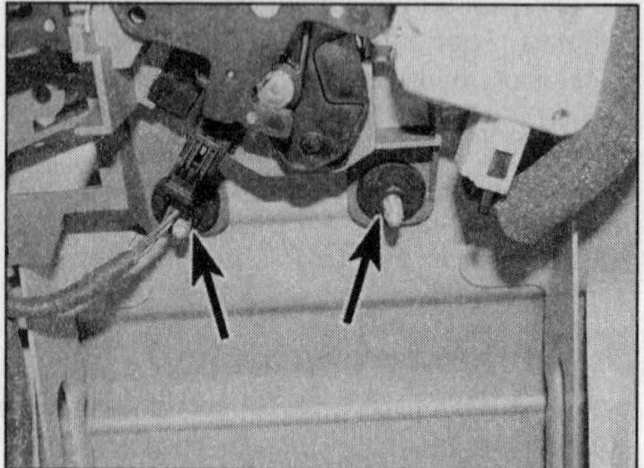
16.6 Koppla ifrån anslutningskontakten och skruva loss fästmuttrarna (pilar)

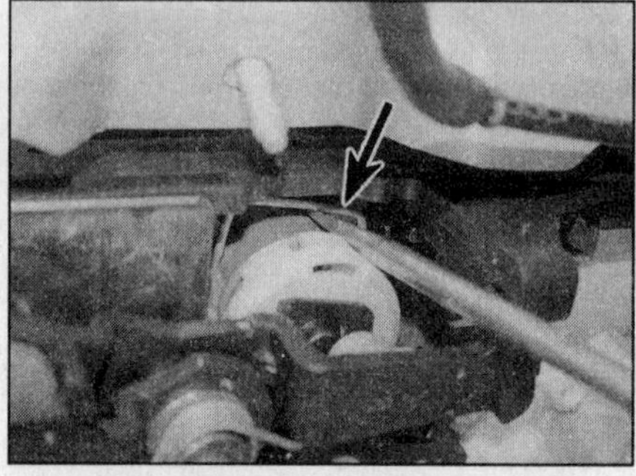
16.7 Bänd loss fästklämman (pil)

17 Dörrklädsel – demontering och montering

Förardörren

Demontering

1 Öppna dörren och skjut in en tunn skruvmejsel mellan dörrklädseln och brytar-/handtagspanelen. Tryck in skruvmejseln och lossa handtagets täckpanel **(se bild)**.

2 Bänd brytar-/handtagspanelen försiktig upp och bort från dörrklädseln.

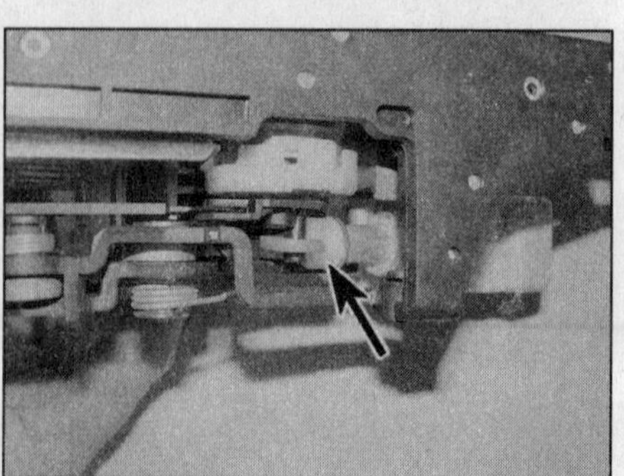
16.8 Tryck in manöverarmen i motorn (pil)

16.10 Tapparna på cylindersidan måste passas in med urtagen i cylinderhuset

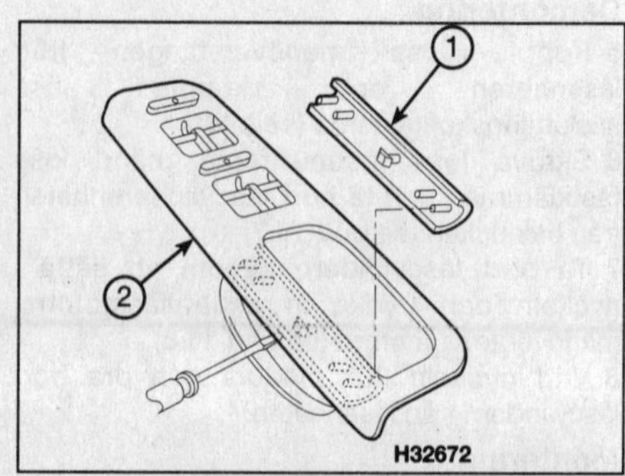

17.1 Ta bort handtags-/brytarpanelen (2) från handtagets täckpanel (1)

17.3 Koppla ifrån brytarpanelens anslutningskontakt

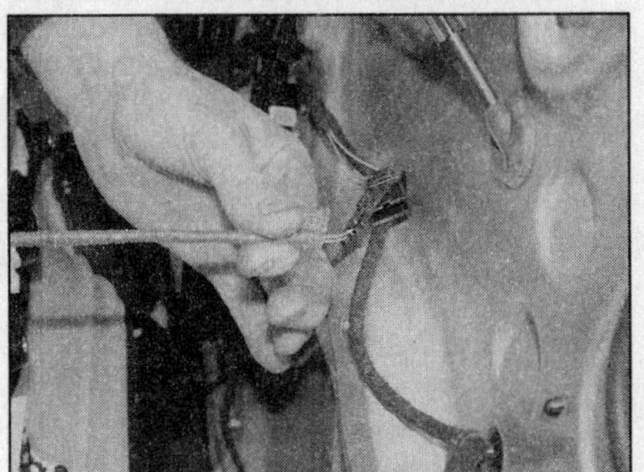

17.7 Koppla ifrån de olika anslutningskontakterna när panelen har tagits bort

3 Koppla ifrån brytarpanelens anslutningskontakt **(se bild)**.

4 Skruva loss de tre skruvar som blir synliga när handtaget tagits bort. Skruva också loss de två Torx-skruvarna längs dörrklädselns nederkant **(se bild)**.

5 Bänd försiktigt loss panelen från dörrarmen med en skruvmejsel och lossa fästklämmorna. Lyft klädselpanelen i rät vinkel för att lossa täckpanelen från låsknappen och tätningsremsan mellan panelen och fönstret.

6 Haka loss vajern från baksidan av det invändiga handtaget.

7 Koppla loss kablaget från spegeln/centrallåsbrytarna/instegsbelysningen (i förekommande fall). Lossa kablaget från fästklämmorna på dörrklädselns baksida

17.4 Skruva loss klädselpanelens tre skruvar (pilar) när brytarpanelen tagits bort

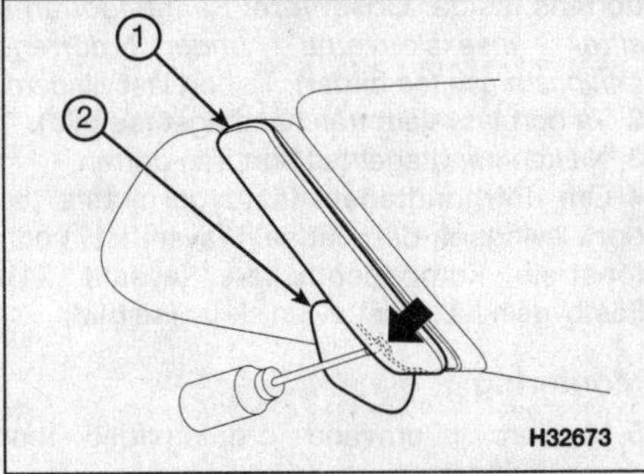

17.11 Skydda dörrklädseln med en kartongbit eller liknande (2), och bänd sedan loss mittpanelen (1) från handtaget

(se bild).

8 Lyft bort klädselpanelen från dörren.

Montering

9 Montera i omvänd ordningsföljd mot demonteringen. För dörrens låsknopp genom hålet i klädselpanelens övre kant. Se till att kablaget och skarvdonen är ordentligt fästa och korrekt dragna, ur vägen för fönsterhissens och regelns/låsets komponenter.

Passagerardörrar

Demontering

10 Sätt i en tunnbladig skruvmejsel i skåran på dörrhandtagets framsida, och bänd ut handtagets täckpanel i mitten **(se bild)**.

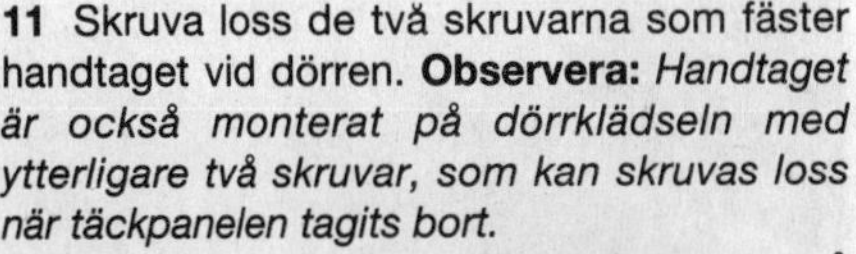

11 Skruva loss de två skruvarna som fäster handtaget vid dörren. **Observera:** *Handtaget är också monterat på dörrklädseln med ytterligare två skruvar, som kan skruvas loss när täckpanelen tagits bort.*

12 Skruva loss fästskruven på klädselpanelens nedre kant på bakdörrarna. På den främre passagerardörren hålls klädselpanelen fast av två skruvar. Bänd försiktigt loss klädselpanelen från ramen längs de främre, nedre och bakre kanterna.

13 Lyft ut dörrklädseln från fönsterurtaget. Snäpp loss handtagets vajer från styrningen och haka loss den från spaken. Koppla loss kontaktdonen.

Montering

14 Om det behövs, dra bort fönsterurtagets tätning från dörrklädseln och sätt tätningen i fönsterurtaget istället.

15 Kontrollera dörrklädselns klämmor och byt ut de som är trasiga.

16 Montera i omvänd ordningsföljd mot demonteringen.

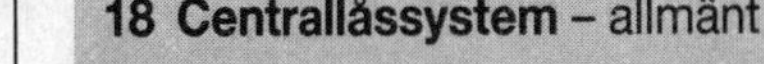

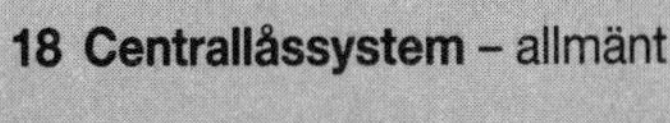

18 Centrallåssystem – allmänt

Se informationen i kapitel 12.

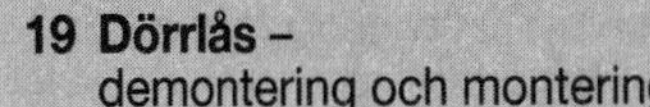

19 Dörrlås – demontering och montering

Demontering

1 Ta bort dörrklädseln enligt beskrivningen i avsnitt 17.

2 Ta bort fönstrets komponenthållare från dörren enligt beskrivningen i avsnitt 21.

3 Ta loss den inbrottssäkra panelen från låsmekanismen (i förekommande fall).

4 Lossa försiktigt låsknappen från låsmekanismen **(se bild)**.

5 Lirka bort plastklämmorna och ta bort låsenheten och basplattan från dörren **(se bild)**.

6 Dra ut det invändiga handtagets

19.4 Ta försiktigt bort låsknappsstaget från dörrlåset

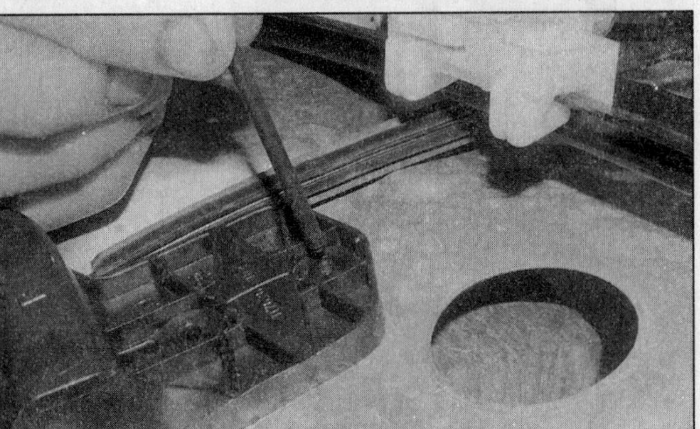

19.5 Ta ut plastklämmorna

19.6a Lossa vajerhöljet från styrningen . . .

19.6b . . . och lösgör den inre vajern från dörrlåset

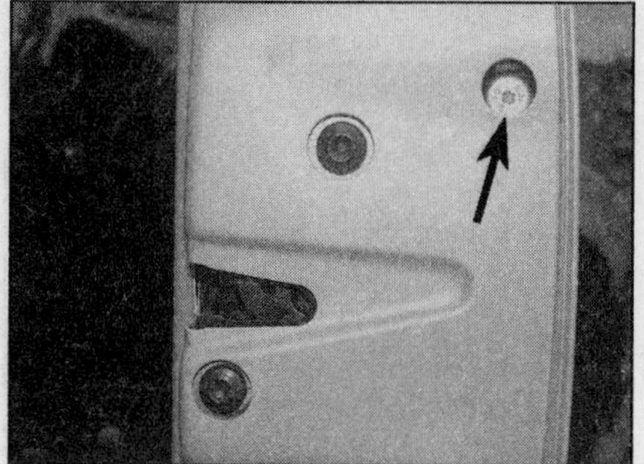
20.1a Lossa låscylinderns bult (pil)

manövervajer från styrningen och haka loss vajrarna från låsenheten. Koppla ifrån brytarkablaget **(se bilder)**.

Montering

7 Monteringen sker i omvänd ordningsföljd mot demonteringen.

20 Dörrhandtag och låscylinder - demontering och montering

Utvändiga handtag

Demontering

1 Dra ut och håll det utvändiga handtaget ute. Bänd ut kåpan och skruva loss låsets insexskruv i dörrens bakkant. När insexskruven vrids lossar låscylindern från dörrens utsida. **Observera:** *På framdörrarna sitter insexskruvarna under dörrens tätningsremsa* **(se bilder)**. Ta bort låscylindern.

2 Ta bort låsvajern från handtaget **(se bild)**.

3 Nu kan handtaget tas bort från dörren.

4 Om dörrhandtagets fästbygel måste tas bort, avlägsna dörrklädseln (avsnitt 17) och fönstrets komponenthållare (avsnitt 21). Fästbygeln hålls fast av en skruv **(se bild)**.

Montering

5 Montera i omvänd ordningsföljd mot demonteringen.

Låscylindrar

Demontering

6 Ta bort kåpan från insexskruven närmast det utvändiga handtaget på dörrens baksida. På framdörrarna sitter skruven under dörrens tätningsremsa **(se bilderna 20.1a och 20.1b)**.

7 Dra det utvändiga handtaget till "öppen" position och håll det där. Skruva loss skruven så långt som möjligt. Då lossnar låscylindern.

8 Dra bort låscylinderhuset från dörren **(se bild)**.

Invändiga handtag

9 Ta bort dörrklädselpanelen enligt beskrivningen i avsnitt 17.

10 Skruva loss stjärnskruven, ta bort fönsterhissarnas elektriska brytare (utom på förarsidan) och ta bort handtaget från dörrklädseln **(se bild)**.

11 Monteringen sker i omvänd ordningsföljd mot demonteringen.

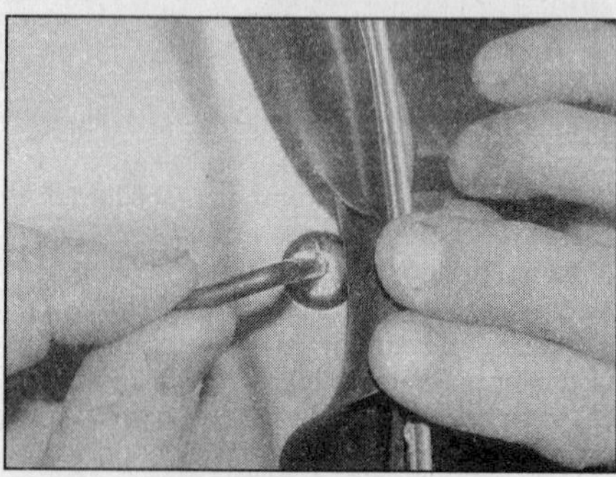
20.1b På bakdörrarna är cylinderbulten dold under tätningslisten

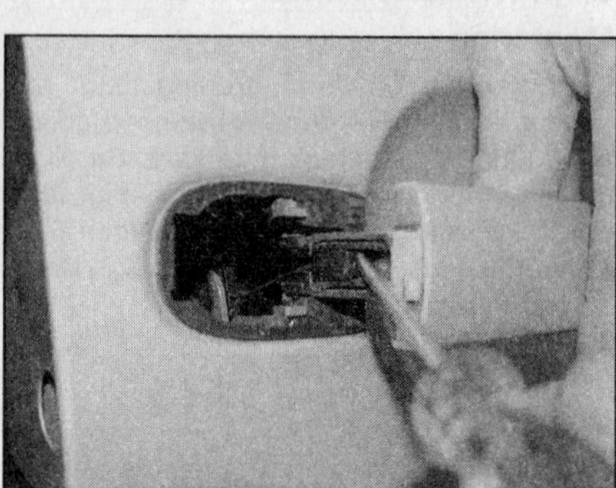
20.2 Lossa låsvajern från ytterhandtaget

21 Dörrfönster och fönsterhiss - demontering och montering

Framdörr

Demontering

1 Ta bort dörrklädseln enligt beskrivningen i avsnitt 17.

2 Återanslut tillfälligt fönsterbrytaren och flytta fönstret tills fästbultarna blir åtkomliga. Markera förhållandet mellan bultarna och glaset genom att rita med en märkpenna runt

20.4 Ytterhandtagets fästbygel hålls fast av en skruv (pil)

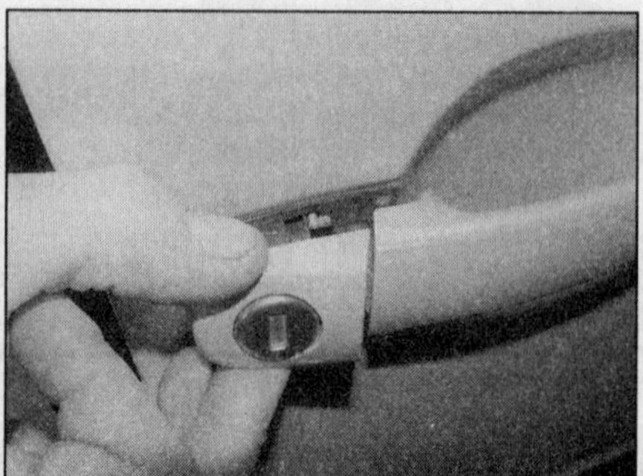
20.8 Vrid insexskruven moturs så långt det går, och ta bort låscylindern

20.10 Det invändiga handtaget hålls fast av en bult

de två bultarna. Markeringen underlättar återmonteringen **(se bild)**.

3 Lossa bultarna och ta bort fönsterglaset från klämmorna.

4 Bänd loss den invändiga tätningsremsan och lyft bort fönsterglaset från dörren. Börja med det bakre hörnet.

Montering

5 Montera i omvänd ordningsföljd mot demonteringen.

Bakdörr

6 Ta bort dörrklädseln enligt beskrivningen i avsnitt 17. Lossa sedan klämmorna och ta bort fönsterglaset enligt beskrivningen i föregående avsnitt.

Komponenthållare/fönsterhiss

Demontering

7 Ta bort dörrklädseln enligt beskrivningen i avsnitt 17

8 Återanslut tillfälligt fönsterbrytaren och flytta fönstret tills fästbultarna blir åtkomliga. Markera förhållandet mellan bultarna och glaset genom att rita med en märkpenna runt de två fästbultarna. Lossa klämbultarna och flytta fönstret till sitt översta läge **(se bild 21.2)**. Tejpa fast fönstret tillfälligt vid dörramen.

9 Bänd ut plaskåpan på dörrens baksida. Håll ut det utvändiga dörrhandtaget och skruva loss låscylinderns fästskruv så långt som möjligt. Ta bort låscylindern **(se bilderna 20.1a eller 20.1b)**. På framdörrarna sitter låscylindern under dörrens tätningsremsa.

10 Koppla loss de olika komponenthållarnas kontaktdon och lossa kablarna från fästklämmorna **(se bilder)**.

11 Skruva loss de två XZN-bultarna som håller fast dörrlåset vid dörrens baksida, och ta bort manövervajern från det utvändiga handtaget **(se bild 20.2)**.

12 Skruva loss de 10 fästbultarna (1 sitter på dörrens främre kant, 1 på den bakre kanten, 4 på den övre kanten och 4 på den nedre kanten) och ta bort fönsterkomponenthållaren från dörren **(se bilder)**.

13 När hållaren är borttagen, koppla loss de elektriska kontaktdonen och ta bort kablarna från fästklämmorna. Placera fönsterkomponenthållaren uppåtvänd på en ren yta.

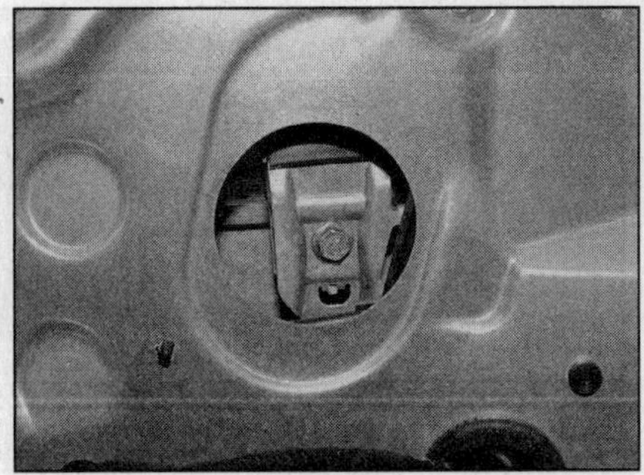

21.2 Skruva loss klämbulten för att lossa dörrens fönster

21.10 Dra ut låskomponenten och lossa fönstervevmotorns anslutningskontakt

14 Regulatorn hålls fast i hållaren med nitar, men i skrivande stund finns inte regulatorn som enskild del. Om den är defekt måste hela enheten bytas.

Montering

15 Montera fönsterregulatorn och fönsterkomponenthållaren på dörren genom att utföra demonteringsanvisningarna i omvänd ordning.

22 Elektriska fönsterhissar – allmän information och motorbyte

Fönsterbrytare

1 Se kapitel 12, avsnitt 6.

Fönstermotorer

Demontering

2 Demontera fönsterkomponenthållaren enligt beskrivningen i avsnitt 21.

3 Vänd på hållaren och ta bort motorns tre fästskruvar **(se bild)**. Lyft försiktigt bort motorn från hållaren.

Montering

4 Passa in motorn i hållaren längs regulatormekanismen och skruva i fästskruvarna. Dra åt fästskruvarna jämnt och stegvis i diagonal ordningsföljd så att motorn dras rakt ner på fönsterhissen. Dra sedan åt dem till angivet moment.

5 Montera fönsterhållaren enligt beskrivningen i avsnitt 21.

6 Innan återmontering av klädselpanelen, koppla in fönsterbrytaren och kontrollera fönstrets funktion. **Observera:** *På modeller där fönstren är utrustade med ett säkerhetssystem som automatiskt öppnas om någonting hamnar i kläm måste motorn initieras på följande sätt. Vrid på tändningen och slå sedan av den igen. Stäng fönstret helt och håll brytaren i stängningsläget i fyra sekunder. Öppna sedan fönstret och kontrollera att det kan öppnas helt.*

7 Montera den invändiga klädselpanelen enligt beskrivningen i avsnitt 17, när fönstrets funktion kontrollerats.

23 Dörrar – montering och demontering

Demontering

1 Ta bort klädselpanelen enligt beskrivningen i avsnitt 17.

2 Ta bort klädselpanelen från den nedre vindrutestolpen. Koppla loss dörrens kablage vid flervägskontakdonet, dra bort damaskerna mellan stolpen och dörren från stolpen och för dörrkablarna igenom öppningen.

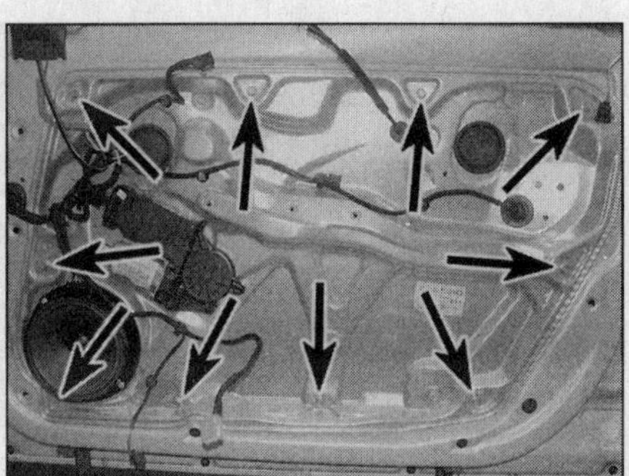

21.12a Det främre fönstrets komponenthållare hålls fast av 10 bultar (pilar)

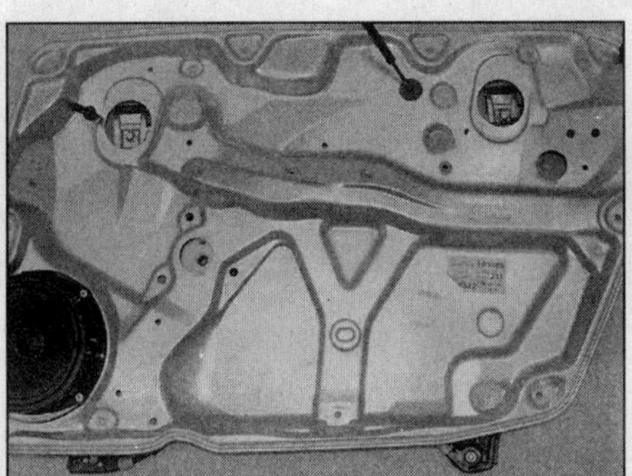

21.12b Fönsterkomponenthållaren

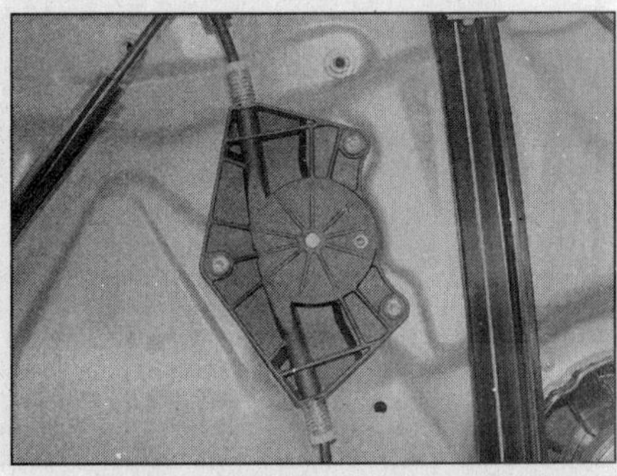

22.3 Skruva loss de tre fästbultarna för att lossa fönstrets vevmotor

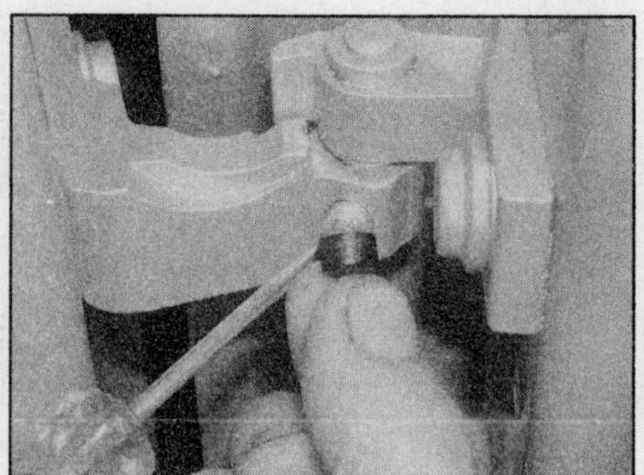

23.3 Bänd loss plastkåpan och skruva loss låsskruven

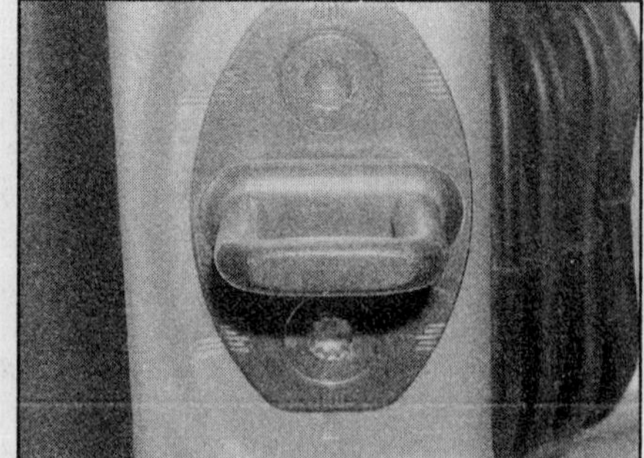

23.10 Lossa skruvarna för att justera låskolvens position

25.4a På sedanmodeller slutar takluckans bakre tömningsrör bakom den bakre stötfångarens kantledare . . .

3 Bänd ut kåpan och ta bort låsskruven på det övre gångjärn som är fäst vid vindrutestolpen **(se bild)**.

4 Låt en medhjälpare hålla dörren, eller stöd den med klossar. Kontrollera att dörren har ordentligt stöd om klossar används (dörren är tung och svårhanterlig). Täck klossarna med trasor för att hindra att dörrens undersida skadas.

5 Markera förhållandet mellan det nedre gångjärnet och dörren med en märkpenna.

6 Skruva loss bultarna som fäster det nedre gångjärnet vid dörren.

7 Ta bort dörren genom att lyfta den uppåt för att skilja den från det övre gångjärnet. Flytta bort dörren helt från bilen.

8 Rengör bultgängorna med en stålborste och muttergängorna med en gängtapp. Behandla dem med gänglåsvätska när dörren monteras.

Montering

9 Montering sker i omvänd ordningsföljd mot demonteringen. Placera dörren rätt i förhållande till det nedre gångjärnet. Ta hjälp av märkningen som gjordes vid demonteringen. Observera att gångjärnen har förlängda fästhål för att dörren ska kunna justeras.

10 Avsluta med att stänga dörren. Kontrollera att den stängs ordentligt och hänger rakt. Kontrollera hur djupt låsblecket går in i låset. Om hängningen behöver justeras, lossa fästbultarna och justera låsblecket **(se bild)**.

24 Vindrutans, bakrutans och de bakre sidofönstrens glas – allmän information

Vindrutan, bakrutans glas och de bakre sidofönstrens glas sitter fast i karossen. För att ta bort dem krävs specialverktyg. Därför bör det här arbetet utföras av en VW-verkstad eller en glasmästare.

25 Taklucka – allmän information

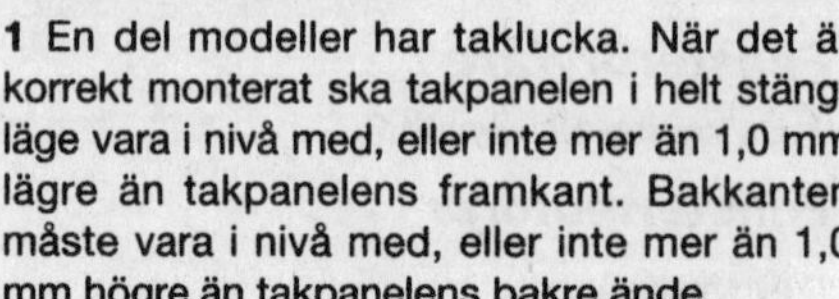

1 En del modeller har taklucka. När det är korrekt monterat ska takpanelen i helt stängt läge vara i nivå med, eller inte mer än 1,0 mm lägre än takpanelens framkant. Bakkanten måste vara i nivå med, eller inte mer än 1,0 mm högre än takpanelens bakre ände.

2 Demontering och montering eller anpassning av takpanelen bör överlåtas till en VW-verkstad, eftersom specialverktyg krävs.

3 Takluckans motor kan tas bort och monteras enligt anvisningarna i avsnitt 12. Om motorn inte fungerar när takpanelen är i öppet läge kan man stänga den manuellt. Se kapitel 12.

4 Om takluckans dräneringsslangar är igensatta kan de rensas genom att man sticker in en lämplig kabel (en gammal hastighetsmätarkabel passar bra). De främre dräneringsrören slutar precis nedanför A-stolparna, mellan dörrarnas övre och nedre gångjärn. De bakre dräneringsrören på sedanmodeller slutar bakom den bakre stötfångarens kanter, men man kan också komma åt dem genom att ta bort lastutrymmets sidoklädselpaneler och bända ut slanggenomföringen **(se bilder)**. På kombimodeller slutar de bakre dräneringsrören i de bakre hjulhusen. Demontera de bakre innerskärmarna för att komma åt dem.

26 Sidobackspegelns komponenter – demontering och montering

Spegelhus

Byte

1 Justera spegelglaset vertikalt, annars kan spegeln skadas när man ta bort kåpan.

2 Ta bort gummigenomföringen och för in en tunnbladig skruvmejsel genom hålet på spegelhållarens undersida till klämman. Tryck skruvmejselns handtag framåt och lossa kåpan **(se bild)**.

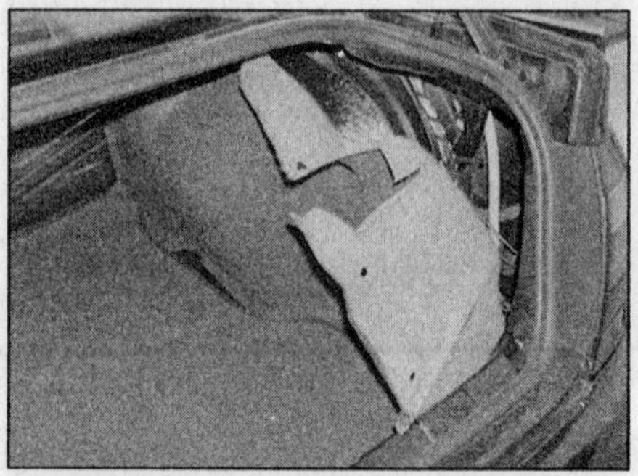

25.4b . . . men man kan också komma åt dem genom att ta bort klädselpanelen på bagageutrymmets sidor . . .

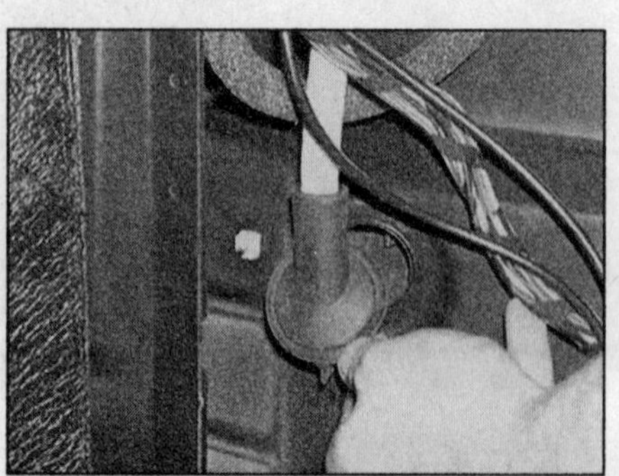

25.4c . . . och bända ut slanggenomföringen

26.2 Dra ut genomföringen, sätt i en liten skruvmejsel och tryck den framåt för att lossa spegelhuset

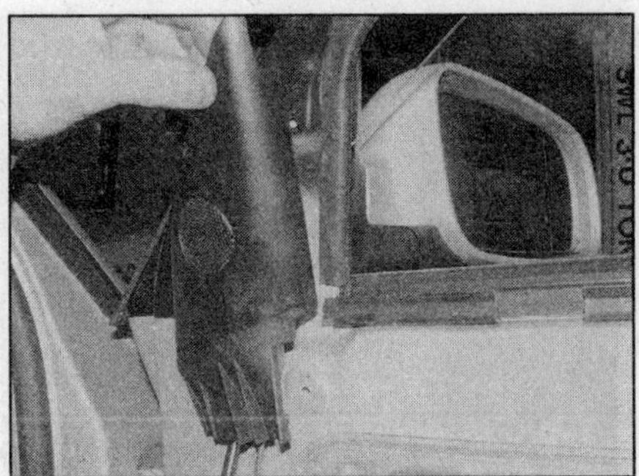
26.9 Dra försiktigt i panelens överdel

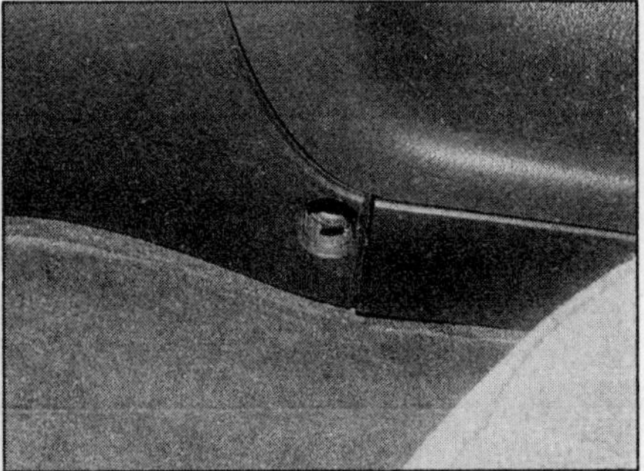
27.1 Bänd ut kåpan och lossa fästskruvarna

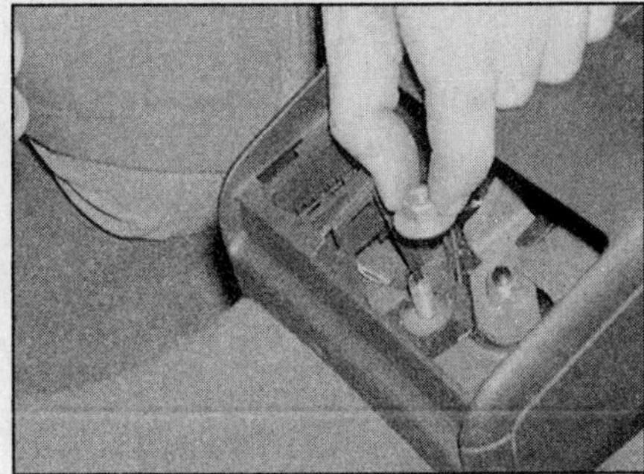
27.2 Ta bort askkoppen och lossa fästmuttern på mittkonsolens bakre del - för modeller utan armstöd i mitten

3 Lyft bort kåpan från spegeln.
4 Montera den nya spegelkåpan genom att montera den i omvänd ordning mot demonteringen.

Spegel

Byte

Varning: Använd handskar och skyddsglasögon under arbetet, särskilt om spegelglaset är trasigt.

5 Demontera spegelkåpan enligt beskrivningarna i föregående punkt.
6 Koppla loss värmeenhetens anslutningskontakt och bänd försiktigt loss spegelglaset från fästklämman.
7 Återmontera spegelglaset genom att trycka på dess mitt så att det fäster i klämmorna. Avsluta med att kontrollera spegelns justeringsmekanism med inställningsknoppen/knapparna.

Hela enheten

Demontering

8 Ta bort dörklädselpanelen enligt beskrivningen i avsnitt 17.
9 På bilens insida, ta tag i den övre delen av den trekantiga täckpanelen **(se bild)**.
10 Dra bort täckpanelen från de två fästklämmorna.
11 Koppla loss spegelns kablar vid kontaktdonet.
12 Skruva loss fästbulten och ta bort spegeln från dörren. För kabelhärvans skarvdon genom dörröppningen och ta loss gummitätningen.
13 Demontera spegelreglaget genom att först ta bort spegelglaset enligt beskrivningen tidigare i det här avsnittet. Skruva loss fästskruvarna och ta bort mekanismen från spegeln.

Montering

14 Återmontering av spegeln sker i omvänd ordning mot demonteringen. Avsluta med att kontrollera att spegelns reglage fungerar.

27 Mittkonsol – demontering och montering

Bakre del

Demontering

1 Bänd loss plastpluggarna från konsolens nedre kanter och ta bort fästbultarna som sitter under **(se bild)**.
2 På modeller som inte har armstöd i mitten, dra bort gummimattan och skruva loss fästmuttern. Ta bort askkoppen framme i konsolen och skruva sedan loss fästmuttern i askkoppsurholkningens botten **(se bild)**.
3 På modeller med armstöd i mitten, vik upp armstödet, dra ut gummimattan och skruva loss fästmuttern. Fäll ut den bakre dryckeshållaren och skruva loss de två fästmuttrarna **(se bild)**.
4 När konsolen är delvis borta, ta bort tanklocksbrytaren och 16-stiftsdiagnosuttaget. Ta sedan bort konsolen genom att lyfta upp dess bakre del och föra den över handbromsspaken **(se bild)**.

Montering

5 Monteringen sker i omvänd ordningsföljd mot demonteringen. Se till att askfatets/cigarrettändarens kablage återansluts och att diagnosuttaget återmonteras korrekt.

Främre delen

Demontering

6 Ta bort mittkonsolens bakre del enligt beskrivningen i föregående avsnitt.
7 På modeller med manuell växellåda, skruva loss växelspakknoppen och bänd försiktigt bort växelspakens kåpan från konsolen.
8 Lyft kåpans bakände och koppla loss cigarettändarens kablar. Ta bort konsolen.

Montering

9 Montera i omvänd ordningsföljd mot demonteringen. Se till att tapparna vid konsolens framkant fäster vid instrumentbrädans stödram, och att alla kablar är korrekt dragna **(se bild)**.

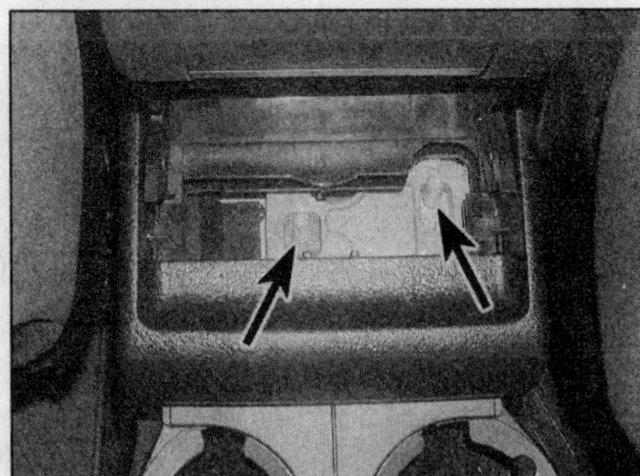
27.3 Ta bort askkoppen, öppna dryckeshållaren och skruva loss fästmuttrarna – för modeller utan armstöd i mitten

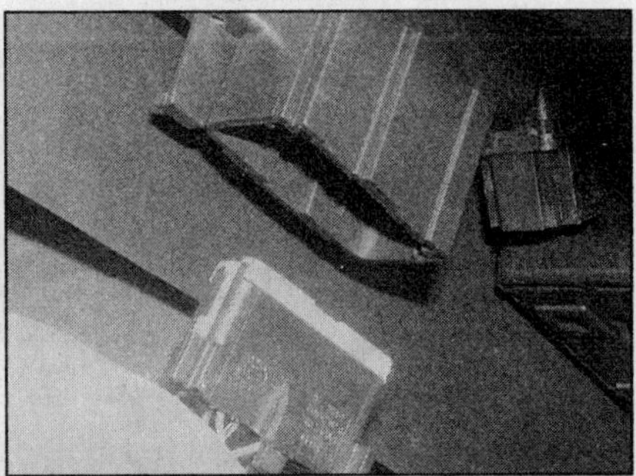
27.4 När mittkonsolen är borttagen, koppla loss tanklockets öppningsbrytare och ta bort diagnosuttaget

27.9 Se till att tapparna (pilar) på mittkonsolens framkant fäster ordentligt i hålen

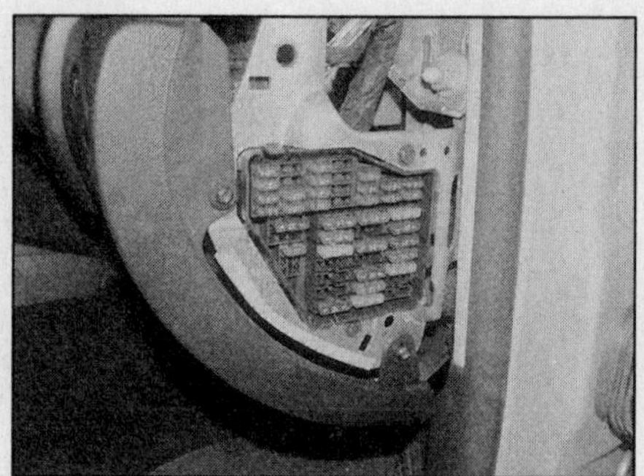
28.7 Bänd loss panelen på den del av instrumentbrädan som är närmast förarsidan

28.8a Skruva loss klädselpanelskruven till höger om rattstången . . .

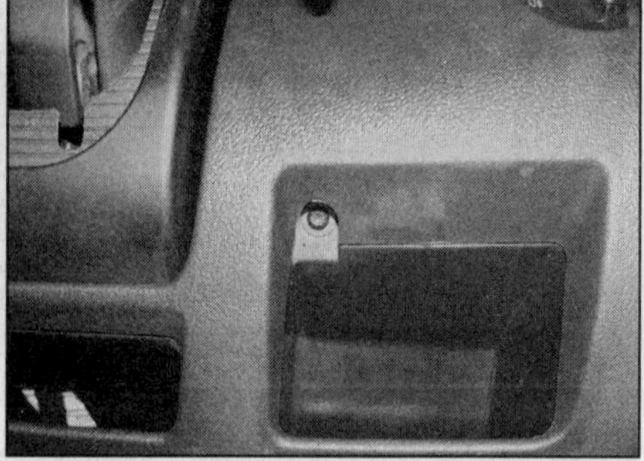
28.8b . . . och till vänster om rattstången

28 Instrumentbräda, tillhörande paneler och tvärbalk – demontering och montering

Instrumentbräda

Demontering

1 Koppla loss batteriets minusledare (se kapitel 5A). **Observera:** *Om bilen har en kodskyddad radio, se till att ha en kopia av ljudanläggningens säkerhetskod innan batteriet kopplas ur. Fråga VW-återförsäljaren om tveksamhet föreligger.*

2 Demontera mittkonsolens främre och bakre del enligt beskrivningen i avsnitt 27.

3 Demontera brytarpanelen och värmereglagepanelen enligt beskrivningen i kapitel 3, avsnitt 9.

4 Ta bort ratten enligt beskrivningen i kapitel 10.

5 Ta bort rattstångsreglagen enligt beskrivningen i kapitel 12.

6 Bänd ut kåporna och ta bort de två skruvar som håller fast A-stolpepanelen på förarsidan under instrumentbrädan. Ta bort panelen. Upprepa arbetsmomentet på passagerarsidan.

7 Ta bort klädselpanelen från förarsidans instrumentpanel **(se bild)**.

8 Skruva loss de fyra bultarna i instrumentbrädans ände och de två bultarna undertill som håller fast instrumentbrädans nedre klädselpanel **(se bilder)**.

9 Koppla loss kablaget från ljusbrytaren och strålkastarreglaget när panelen tagits bort.

10 Ta bort de fyra fästskruvarna och koppla loss rattstångens omgivande klädselpanel **(se bild)**.

11 Skruva loss de två fästskruvarna och ta bort instrumentbrädesinfattningen. Ta bort de elektriska kontaktdonen när panelen tagit bort **(se bilder)**.

12 Skruva loss de två Torx-skruvarna under instrumentbrädan på var sida om rattstången.

13 Ta bort ljudanläggningen enligt beskrivningen i kapitel 12.

14 Skruva loss de två skruvarna i förvaringsutrymmets hörn under ljudanläggningsurholkningen. Skruva också loss de två skruvarna under mittpanelen. Ta bort de två översta fästmuttrarna från panelöppningen och dra bort instrumentbrädans mittpanel **(se bilder)**.

15 Skruva loss de tre bultarna i överkanten av mittpanelens urholkning **(se bild)**.

16 Skruva loss Torx-bultarna under handskfackets lock på passagerarsidan.

17 Öppna handskfackets lock på

28.10 Skruva loss rattstångens fyra sargskruvar (pilar)

28.11a Instrumentbrädesinfattningen är fäst med två skruvar

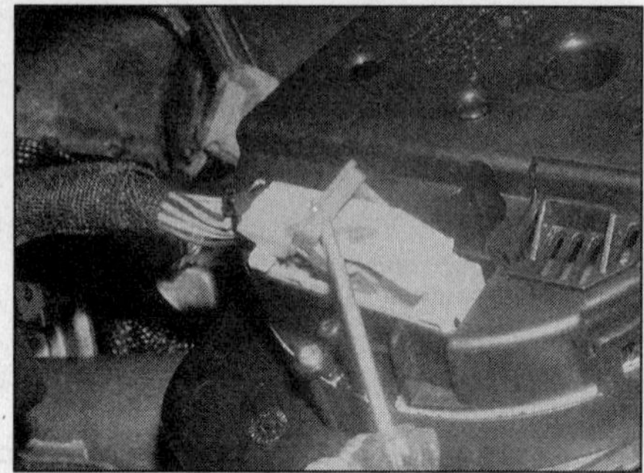
28.11b Lås upp instrumentpanelens kontaktdon med en liten skruvmejsel

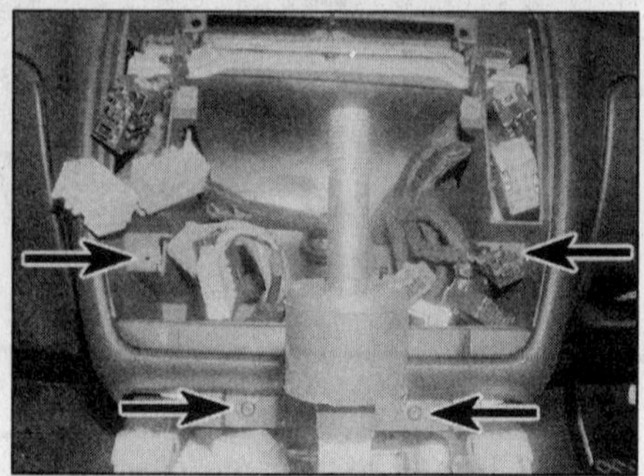
28.14a Ta bort mittpanelens fyra skruvar (pilar) . . .

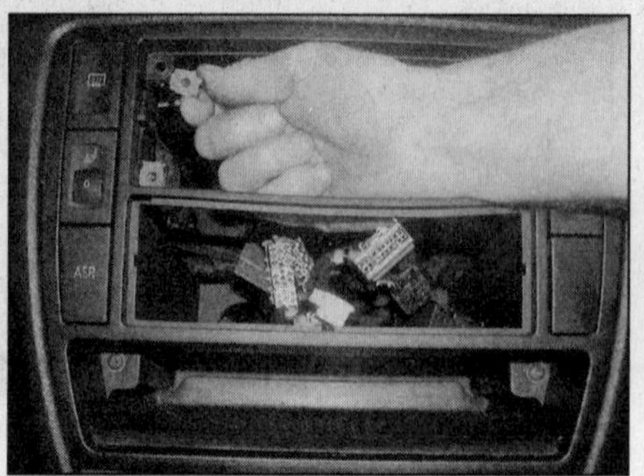
28.14b . . . och fästmuttrarna

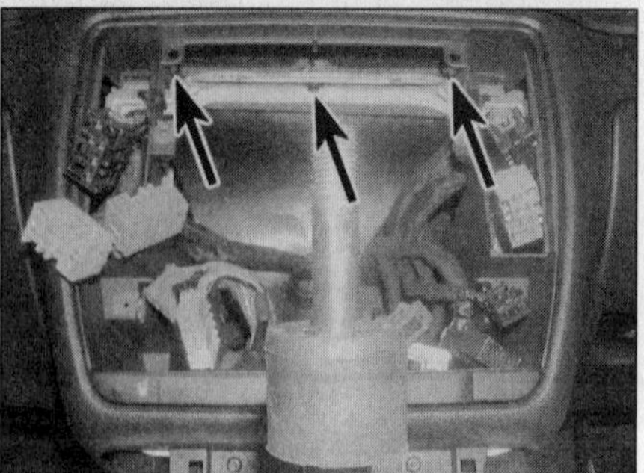
28.15 Skruva loss de tre skruvarna på den övre kanten av mittpanelsurholkningen (pilar)

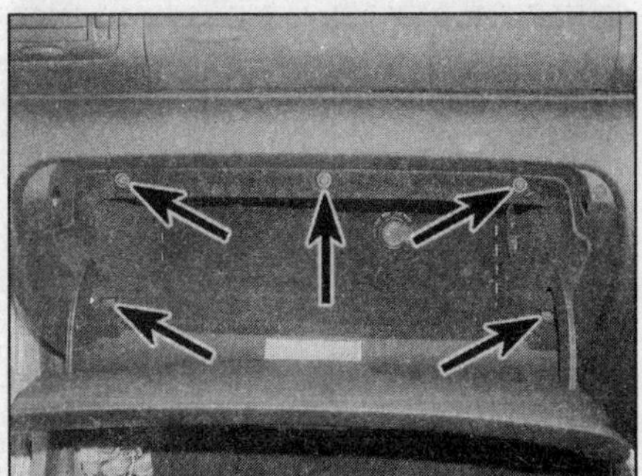
28.17 Skruva loss handskfackets fem skruvar (pilar)

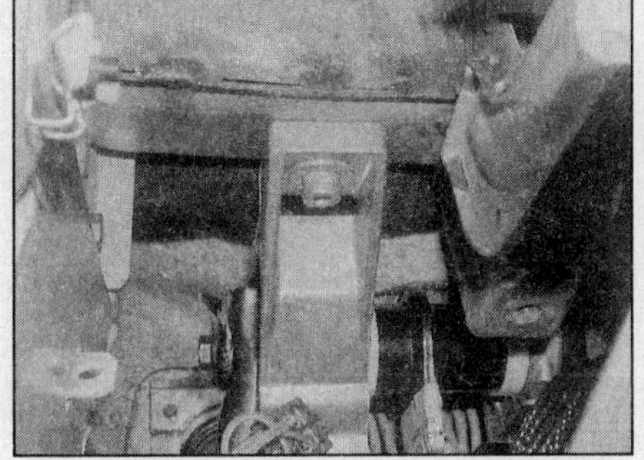
28.24 Ta bort insexbulten som håller fast pedalens stödfäste vid tvärbalken

28.25 Stöd rattstången med pallbockar när de fyra fästskruvarna tagits bort.

passagerarsidan och skruva loss de fem fästbultarna **(se bild)**.

18 Börja högst upp på glaset och bänd försiktigt ut passagerarsidans handskfacksbelysning, och koppla ifrån anslutningskontakten. Dra ut handskfacket från instrumentbrädan.

19 Ta bort klädselpanelen från instrumentbrädan på passagerarsidan, och skruva loss de fyra Torx-skruvarna.

20 Bänd loss solljusgivaren som sitter på luftmunstycket på instrumentbrädans mitt. Koppla ifrån anslutningskontakten. Tryck tillbaks kablarna och kontakten ner i hålet i instrumentbrädan.

21 Kontrollera att alla kablar har kopplats från sina fästklämmor och dra försiktigt bort instrumentbrädan. Koppla ifrån luftmunstyckets temperaturgivare på passagerarsidan när dess anslutningskontakt blir åtkomlig.

Montering

22 Monteringen sker i omvänd ordningsföljd mot demonteringen. Se till att värmereglagevajern och alla kabelhärvor är korrekt dragna och fastsatta.

Instrumentbrädans tvärbalk

Demontering

23 Demontera instrumentbrädan enligt beskrivningen ovan.

24 Skruva loss Allen-bulten som håller fast broms/kopplingspedalens stödfäste vid tvärbalken **(se bild)**.

25 Markera förhållandet mellan rattstången och tvärbalken, skruva loss de fyra fästbultarna och sänk ner rattstången från tvärbalken. Håll upp stången med pallbockar. Låt den inte hänga utan stöd. Då kan styrningens universalknut skadas **(se bild)**.

26 Lossa kablagets fästklämmor från tvärbalken över rattstången.

27 Skruva loss de två bultarna under tvärbalken på förarsidan och ta bort säkringslådan. Man behöver inte koppla ifrån kabelanslutningarna **(se bild)**.

28 Skruva loss de två fästmuttrarna i förarsidans fotbrunn och sänk ner reläplattan från tvärbalken. Man behöver inte koppla ifrån kabelanslutningarna. Lossa kablagets fästklämmor från det här området av tvärbalken.

29 Skruva loss de två bultar som fäster tvärbalken vid bilkarossen på förarsidan. Skruva också loss bulten på passagerarsidan **(se bild)**.

30 Koppla ifrån krockkuddens brandgula kontaktdon på passagerarsidan. Skruva loss de fyra fästbultarna och ta bort krockkudden.

31 På passagerarsidan, skruva loss de två bultarna som fäster värmeenheten vid tvärbalken, och de två bultarna som håller fast värmeenhetens fästbygel. Lossa alla kablar från fästklämmorna.

32 Skruva loss alla skruvar i motorrummet och ta bort ECU-kåpan från utjämningskammaren. Bänd loss fästklämman och ta bort ECU-kåpan. Koppla inte loss ECU-enhetens anslutningskontakter.

33 Arbeta igenom hålet som uppstår när ECU-kåpan tagits bort, och skruva loss de två stjärnskruvar som fäster kontaktdonsplattan vid tvärbalken. Plattan sitter fast på fästbygeln med två stift.

34 Lossa kablarna från fästklämmorna på tvärbalkens framsida när det tagits bort. Luftmunstycket i mitten sitter fast med bultar i tvärbalken. Fästbultarna kan man bara komma åt när tvärbalken är delvis demonterad **(se bild)**.

35 Kontrollera att alla kontaktdon/ fästklämmor är frånkopplade, och ta bort tvärbalken.

36 Om det behövs kan man ta bort fästbygeln i mitten genom att försiktigt dra mittluftkanalen från värmeenheten och ta bort bygelns fästbultar:

a) *2 nederbultar på varje sida.*
b) *2 bultar uppe vid passagerarsidan.*
c) *2 bultar uppe vid förarsidan (notera plastkåpan på gängorna som skyddar kablarna).*
d) *2 bultar på förarsidan, som går in i värmeenheten (en vertikal och en horisontell).*
e) *1 bult på förarsidan, som går in i värmeenhetens översida.*

37 Lossa kablarna från fästklämmorna och ta bort fästbygeln från bilen.

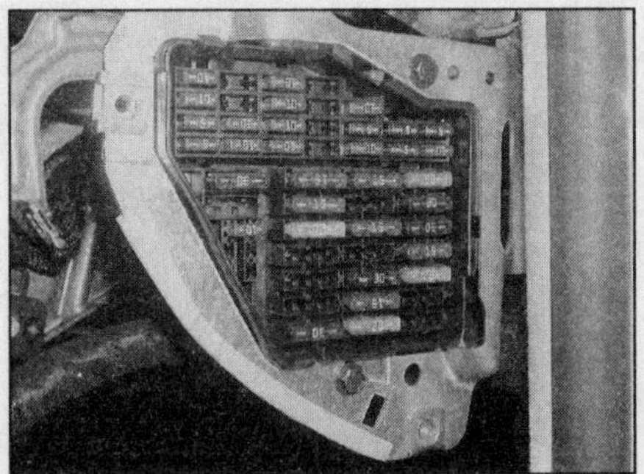
28.27 Säkringslådan hålls fast med två skruvar

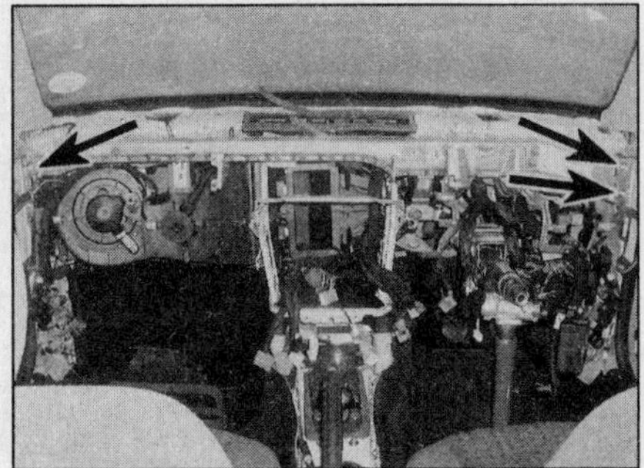
28.29 Tvärbalken hålls fast med en mutter på passagerarsidan och två på förarsidan (pilar)

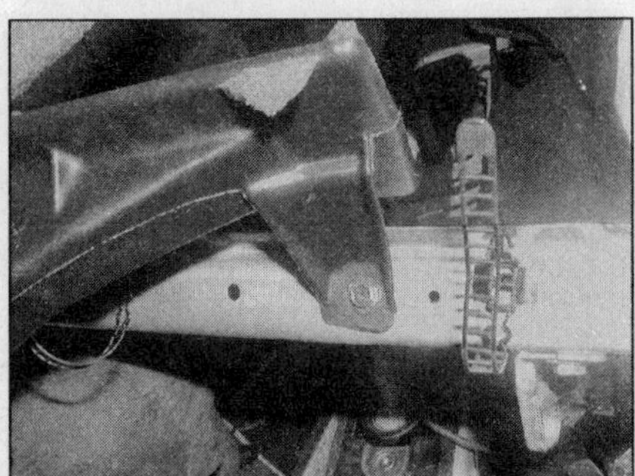
28.34 Vindrutans mittluftmunstycke kan skruvas loss när tvärbalken tagits bort

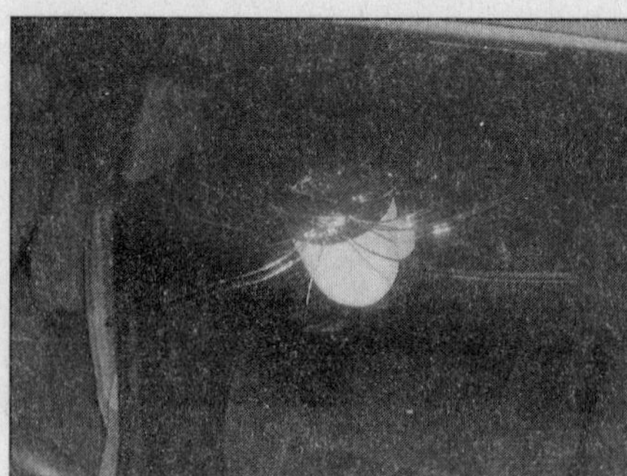

30.2 Var försiktigt – vindrutan kan lätt spricka

Montering

38 Montering sker i omvänd ordning mot demontering. Var noga med följande:

a) *Se till att dra alla kablar korrekt och att fäst dem ordentligt.*

b) *Dra åt alla fästen ordentligt.*

29 Handskfack - demontering och montering

Demontering

1 Skruva loss de två skruvarna under handskfackets lock.

2 Öppna handskfackets lock och skruva loss de fem fästskruvarna på sidan **(se bild 28.17)**.

3 Bänd ut handskfacksbelysningens övre del och koppla från anslutningskontakten.

4 Dra ut handskfacket från instrumentbrädan.

Montering

5 Monteringen sker i omvänd ordningsföljd mot demonteringen.

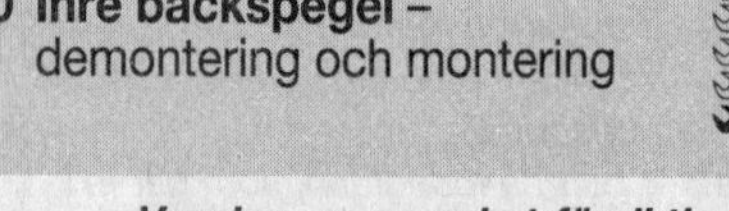

30 Inre backspegel – demontering och montering

Varning: var mycket försiktig vid demontering och montering av den invändiga backspegeln, vindrutan kan lätt spricka.

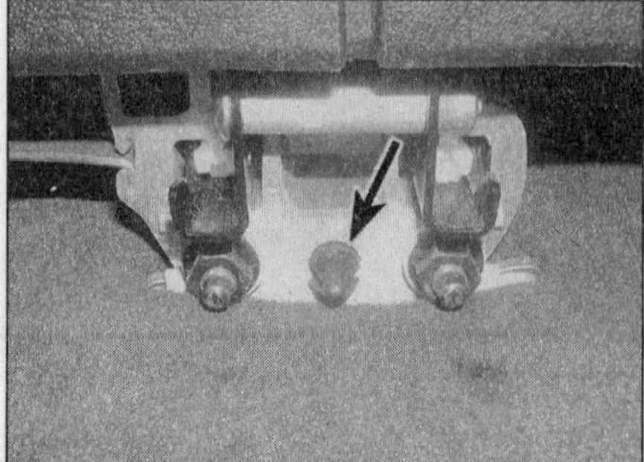

31.6 Tryck samman fästklämmorna och flytta sätet bakåt

1 Vrid spegeln 90° moturs och ta bort den från fästplattan.

2 Montera backspegeln genom att placera stödarmen i 90° vinkel mot vertikallinjen, och vrida backspegeln medurs tills låsfjädern fäster **(se bild)**.

3 Om spegelns fästplatta släpper, tvätta bort det gamla limmet och applicera nytt lim för glas mot metall enligt limtillverkarens instruktioner. Sätt fast fästplattan. Se till att plattan är korrekt placerad så att spegelns fästarm är vertikal när spegeln sitter monterad i fästplattan.

31 Säten – demontering och montering

Framsäte

Varning: båda framsätena har sidokrockkuddar. Innan demontering av krockkuddarnas anslutningskontakter är det viktig att se till att vara elektriskt urladdad genom att nudda bilens lås eller kaross.

Demontering

1 Flytta fram sätet så lång det går.

2 Koppla loss batteriets minusledare (se kapitel 5A).

3 Bänd ut kåpan på sätets insida, skruva loss skruven och bänd upp den bakre delen av den inre sätesskenans skydd. Dra det bakåt från skenan.

4 Bänd ut kåpan på sätets utsida, skruva loss skruven och bänd upp den bakre delen av den yttre sätesskenans skydd. Dra det bakåt från skenan.

5 Skruva loss de två fästbultarna på sätets framsida.

6 Tryck samman fästklämmans tappar på sätets framsida och skjut sätet bakåt tills det lossnar från skenorna **(se bild)**.

7 Koppla loss krockkuddens kablar från sätets undersida (se varningen ovan). Koppla loss anslutningskontakterna till stolsvärme- och motorsystemen, och ta bort sätet från bilen.

Observera: *Även efter det att sätet tagits bort ska sidokrockkudden vara kopplad till jord. Det kan göras med en VW-adapter (VAS 5094) som ansluts till kontakterna på sätet och krockkuddesenheten* **(se bild)**. *Om man inte har tillgång till en VW-adapter kan man dra en kabel från det övre högra änduttaget eller från kontakten under sätet (närmast inställningshandtaget) till en jordad del av chassit. På grund av skaderisk och risk för att komponenterna går sönder rekommenderas ingen ytterligare isärtagning av sätet.*

Montering

8 Montera sätet i omvänd ordning mot demonteringen. **Observera:** *Om krockkuddens varningslampa på instrumentpanelen signalerar ett fel när krockkudden tagits bort, låt en VW-verkstad eller specialist undersöka och nollställa bilens felkodssystem.*

Bakre sätessits:

Demontering

9 Ta tag i sätets nedre framkant och dra sätet uppåt för att lossa fästsprintarna.

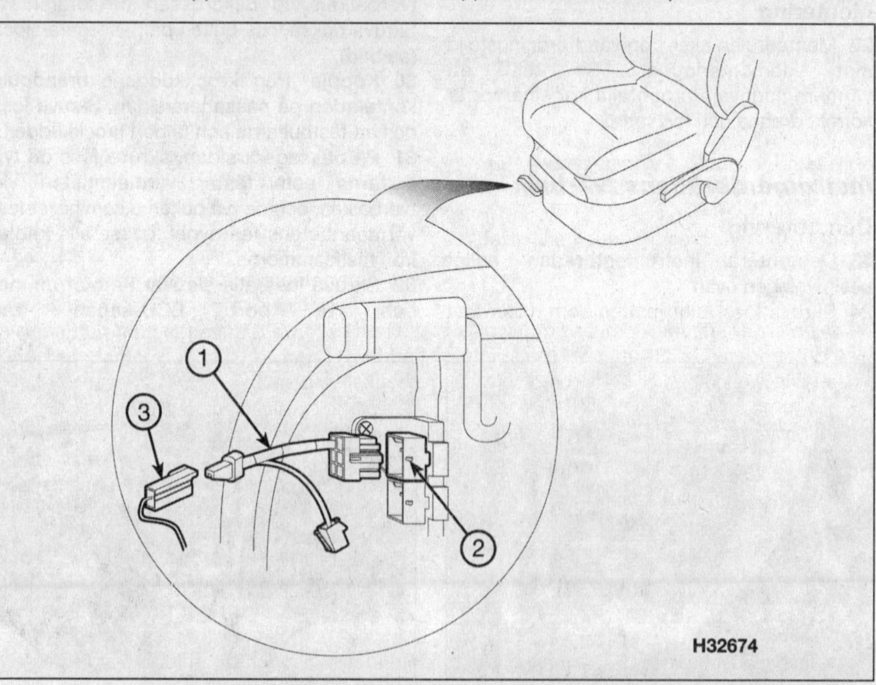

31.7 Sätt i VW-adaptern (1) i kontaktdonet närmast justeringshandtaget (2) och i krockkuddens kontaktdon (3)

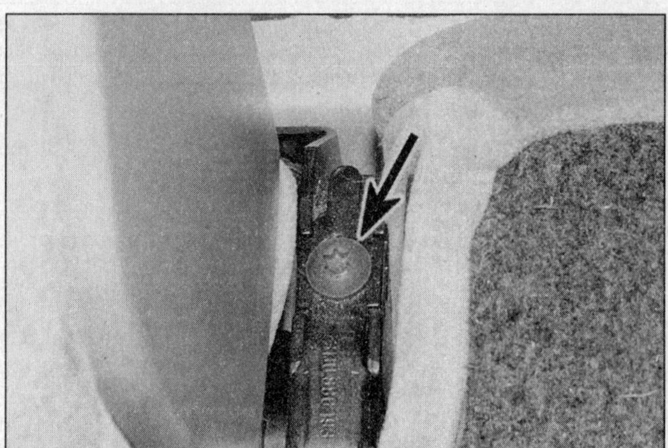

31.12 Ta bort bulten som håller fast klämman över fästbygeln mellan ryggstöden (pil)

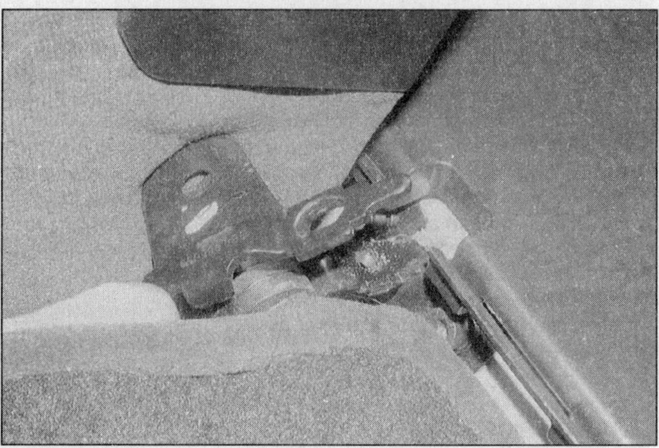

31.16 Skruva loss bulten och ta bort gångjärnets fästplatta

10 Skjut sätet framåt och ta bort det från bilen.

Montering

11 Montera sätet i omvänd ordning mot demonteringen.

Baksätets ryggstöd (en del)

Demontering

12 Ta bort bulten som håller fast klämman över fästbygeln mellan ryggstöden **(se bild)**.

13 Lyft upp ryggstödet från mittfästet och dra bort det från det yttre fästet.

Montering

14 Montera ryggstödet i omvänd ordning mot demonteringen.

Baksätets ryggstöd (delat)

15 Demontera baksätet enligt beskrivningen tidigare i det här avsnittet.

16 Skruva loss fästbulten och ta bort låsplattan vid mittgångjärnet mellan de två säteshalvorna. Lyft ur sätets styrbult från gångjärnet och skjut sätet åt sidan för att lossa styrbultens motsatt ände från hylsan **(se bild)**.

Montering

17 Montera ryggstödet i omvänd ordning mot demonteringen. Se till att säkerhetsbältets ankarfästbygel dras åt till korrekt moment.

32 Inre klädsel – demontering och montering

Klädselpaneler

Demontering

1 De inre klädselpanelerna är antingen fästa med skruvar eller olika typer av fästen, som stift eller klämmor.

2 Kontrollera att inga andra paneler överlappar den som ska tas bort. Oftast måste en viss ordning följas. Ordningsföljden framgår vid en närmare kontroll.

3 Ta bort alla synliga fästen, exempelvis skruvar. Om panelen inte lossnar sitter den fast med klämmor eller hållare. Dessa sitter oftast runt kanten på panelen och lossas genom att de bänds upp. Observera dock att de kan gå sönder ganska lätt, så var beredd med ersättningsklämmor. Det bästa sättet att ta bort sådana klämmor utan rätt verktyg är genom att använda en stor flat skruvmejsel. Observera att i flera fall måste tätningsremsan bändas loss för att en panel ska gå att ta bort.

4 När en panel tas bort får man **aldrig** ta i för hårt, då kan panelen skadas. Kontrollera alltid noga att alla fästen eller andra relevanta komponenter har tagits bort eller lossats innan panelen dras bort.

Montering

5 Montera i omvänd ordningsföljd mot demonteringen. Fäst fästena genom att trycka in dem ordentligt på plats, och se till att alla rubbade komponenter fästs ordentligt för att förhindra att de skallrar.

Mattor

6 Passagerarutrymmets golvmatta är i en del och sitter fast i kanterna med skruvar eller klämmor. Oftast används samma fästen till mattan som till de omkringsittande klädselpanelerna.

7 Det är ganska enkelt att ta bort och montera mattan men det kräver mycket tid eftersom alla intillsittande klädselpanelen måste tas bort först, liksom komponenter som säten, mittkonsol och säkerhetsbältenas nedre förankringar.

Inre takklädsel

8 Den inre takklädseln är fästad vid innertaket och kan bara tas bort när all detaljer som t.ex. handtag, solskydd, soltak, vindruta samt bakre sidofönster och tillhörande klädselpaneler har tagits bort. Tätningslisterna vid dörrarna, bakluckan och takluckan måste också bändas loss innan den inre takklädseln kan tas bort.

9 Observera att det krävs betydande skicklighet och erfarenhet för att takklädseln ska kunna tas bort utan att skadas. Därför bör detta arbete överlåtas till en expert.

33 Säkerhetsbältets sträckarmekanism – allmän information

Alla modellers säkerhetsbälten har en sträckarmekanism som ingår i krockkuddens styrsystem. Systemet är utformat för att omedelbart fånga upp spelrum i säkerhetsbältet vid plötsliga frontalkrockar och på så sätt minska risken för skador för passagerarna. Varje framsäte är utrustat med en egen sträckare som sitter bakom B-stolparnas nedre klädselpaneler.

Bältessträckaren utlöses vid en frontalkrock där kraften överstiger ett angivet värde. Mindre kraftiga krockar eller krockar mot bilens bakre del utlöser inte systemet.

När systemet utlöses drar den explosiva gasen i sträckarens mekanism tillbaka och låser säkehetsbältet med en vajer som verkar på haspeln. Detta förhindrar att säkerhetsbältet rör sig, och håller passageraren säkert på plats i sätet. När bältessträckaren har utlösts är säkerhetsbältet permanent låst och enheten måste bytas ut tillsammans med krockgivarna.

Det finns risk för skador om systemet utlöses oavsiktligt vid arbete på bilen. Därför rekommenderar vi starkt att allt arbete som innebär ingrepp i bältessträckarens system överlåts till en VW-återförsäljare. Observera följande varningar innan något arbete utförs på de främre säkerhetsbältena.

Varning:
Utsätt inte sträckarmekanismen för högre temperatur än 100 °C.

Koppla alltid loss batteriets minusledning innan något arbete utförs på säkerhetsbältena (se varningarna i kapitel 12 angående krockkuddesystemet).

Om sträckarmekanismen tappas måste den bytas ut, även om den inte har fått några synliga skador.

Låt inga lösningsmedel komma i kontakt med sträckarmekanismen.

Försök inte öppna sträckarmekanismen, eftersom den innehåller explosiv gas.

Sträckare måste laddas ur innan de kastas, men detta arbete ska överlåtas till en VW-återförsäljare.

34 Säkerhetsbälten - allmän information

Observera: *Se varningarna i avsnitt 33 innan några åtgärder utförs på de främre säkerhetsbältena.*

1 Kontrollera bältena med jämna mellanrum så att de inte är fransiga eller trasiga. Byt ut bältet om det behövs.

2 Om bältena är smutsiga, torka av dem med en trasa fuktad med lite flytande tvättmedel.

3 Kontrollera förankringsbultarnas åtdragning. Om de vid något tillfälle tas bort, se till att brickorna, Hylsorna och förankringsplattan sätts tillbaka i den ursprungliga ordningen.

4 Genom att ta bort panelen från B-stolpen på aktuell sida kan man komma åt det främre säkerhetsbältets höjdjusterare och haspel.

5 Baksätets bältesförankringar kan kontrolleras om baksätets sits tas bort. De bakre säkerhetsbältenas hasplar går att komma åt om baksätets ryggstöd, bagagehyllan och bagageutrymmets sidopanel tas bort.

6 Åtdragningsmomentet för säkerhetsbältenas ankarbultar och andra fästen ges i specifikationerna i början av det här kapitlet.

7 Justera aldrig säkerhetsbältena och flytta aldrig fästena i karossen på något sätt.

35 Solskydd - demontering och montering

Demontering

1 Fäll ut solskyddet och dra bort den från fästklämman. Bänd loss plastkåpan så att fästskruven syns. Skruva loss skruven och ta bort fästklämman **(se bild)**.

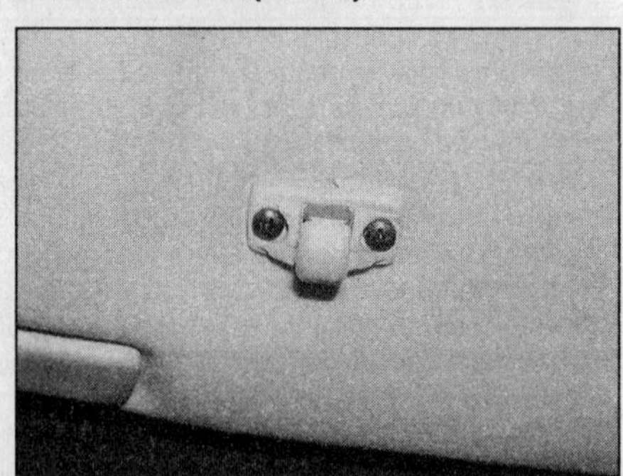

35.1 Bänd loss plastkåpan och skruva loss fästklämmans skruv

2 Ta bort solskyddet/gångjärnet genom att bända ut plastkåpan och skruva loss fästskruven.

Montering

3 Montera i omvänd ordningsföljd mot demonteringen.

36 Handtag - demontering och montering

Demontering

1 Håll ner handtaget och bänd ut plastkåporna. Skruva loss fästskurvarna och ta bort handtagen **(se bild)**.

Montering

2 Monteringen sker i omvänd ordningsföljd mot demonteringen.

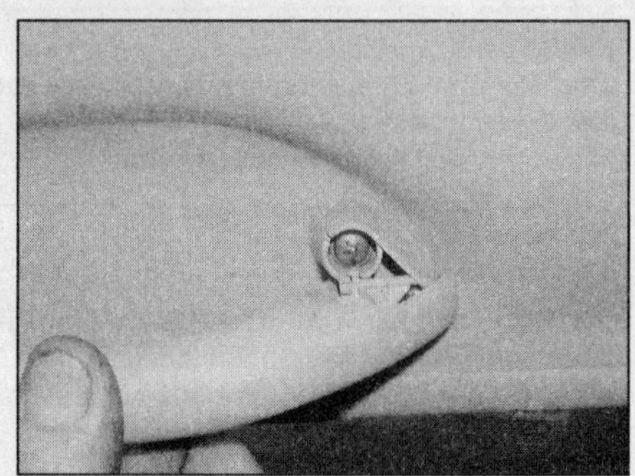

36.1 Håll nere handtaget, bänd ut plastkåpan och skruva loss fästskruven

Kapitel 12
Karossens elsystem

Innehåll

Svårighetsgrad

Enkelt, passar novisen med lite erfarenhet 	**Ganska enkelt,** passar nybörjaren med viss erfarenhet 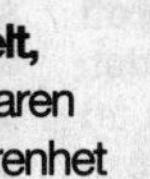	**Ganska svårt,** passar kompetent hemmamekaniker	**Svårt,** passar hemmamekaniker med erfarenhet	**Mycket svårt,** för professionell mekaniker

Specifikationer

Systemtyp	12 volt, negativ jord
Glödlampor	**Effekt (watt)**
Bromsljus (separat)	21
Broms- och bakljus	21/5
Dimljus (bakre)	21
Strålkastare (halogen):	
Enkel glödlampa	60/55 (H4-typ)
Dubbla glödlampor:	
Helljus	55 (H7-typ)
Halvljus	55 (H7-typ)
Dimljus (främre)	55 (H1-typ)
Blinker	21
Registreringsskyltsbelysning	5
Backljus	21
Parkeringsljus	4
Bakljus (separat)	5
Åtdragningsmoment	**Nm**
Skruvar mellan förarens luftkudde och ratten	4
Skruvar mellan passagerarens krockkudde och instrumentbrädan	4
Muttrar till bakfönstrets torkararm	15
Muttrar till bakrutetorkarens fästbygel	8
Vindrutetorkararmens muttrar	16
Bultar till vindrutetorkarens länksystem	8

1 Allmän information och föreskrifter

Varning: Innan något arbete utförs på elsystemet, läs igenom föreskrifterna i Säkerheten främst! i början av denna handbok och i kapitel 5A.

1 Elsystemet är av typen 12 V negativ jord. Strömmen till lamporna och alla och elektriska tillbehör kommer från ett bly/syrabatteri som laddas av generatorn.

2 Detta kapitel tar upp reparations- och servicearbeten för de elkomponenter som inte är associerade med motorn. Information om batteriet, generatorn och startmotorn finns i kapitel 5A.

3 Innan arbete på komponenter i elsystemet utförs, lossa batteriets jordledning för att undvika kortslutningar och/eller bränder. **Observera:** *Se till att du har en kopia av radions/bandspelarens säkerhetskod innan du kopplar ur batteriet, om bilen har en kodskyddad radio. Fråga VW-återförsäljaren om tveksamhet föreligger.*

2 Felsökning av elsystemet – allmän information

Observera: *Se föreskrifterna i Säkerheten främst! och i kapitel 5A innan arbetet påbörjas. Följande tester relaterar till huvudkretsen och ska inte användas för att testa känsliga elektroniska kretsar (t.ex. system för låsningsfria bromsar), speciellt där en elektronisk styrmodul används.*

Allmänt

1 En elkrets består normalt av en elektrisk komponent och de brytare, reläer, motorer, säkringar, smältinsatser eller kretsbrytare som hör till komponenten, samt de ledare och anslutningar som ansluter komponenten till batteriet och karossen. För att underlätta felsökningen i elkretsarna finns kopplingsscheman i slutet av det här kapitlet.

2 Studera relevant kopplingsschema noga för att bättre förstå den aktuella kretsens olika komponenter, innan ett elfel diagnostiseras. De möjliga felkällorna kan reduceras genom att man undersöker om andra komponenter som är relaterade till kretsen fungerar som de ska. Om flera komponenter eller kretsar felar samtidigt är möjligheten stor att felet beror på en delad säkring eller jordanslutning.

3 Ett elproblem har ofta en enkel orsak, som lösa eller korroderade anslutningar, jordfel, trasiga säkringar, smälta smältinsatser eller ett defekt relä (se avsnitt 3 för detaljer om hur man testar reläer). Se över skicket på alla säkringar, kablar och anslutningar i en felaktig krets innan komponenterna kontrolleras. Använd bokens kopplingsscheman för att se vilken terminalkoppling som behöver kontrolleras för att komma åt den felande länken.

4 De grundläggande verktyg som behövs vid felsökning av elsystemet är en kretstestare eller voltmätare (en 12-volts glödlampa men en uppsättning testkablar kan också användas för vissa kontroller), en självenergiförsörjande testlampa (kontinuitetsmätare), en ohmmätare (för att mäta elektriskt motstånd), ett batteri och en uppsättning testkablar, samt en testkabel, helst med kretsbrytare eller en inbyggd säkring, som kan användas för att koppla förbi misstänkta kablar eller elektriska komponenter. Innan ansträngningar görs för att hitta ett fel med hjälp av testinstrument, använd kopplingsschemat för att bestämma var kopplingarna ska göras.

5 Ibland kan ett periodiskt återkommande kabelfel (vanligen på grund av en felaktig eller smutsig anslutning eller skadad isolering) lokaliseras genom att kablarna vicktestas. Det innebär att man vickar på kabeln för hand för att se om felet uppstår när kabeln rubbas. Det ska därmed vara möjligt att härleda felet till en speciell del av kabeln. Denna testmetod kan användas tillsammans med vilken annan testmetod som helst i de följande underavsnitten.

6 Förutom problem som uppstår på grund av dåliga anslutningar, kan två typer av fel uppstå i en elkrets: kretsavbrott eller kortslutning.

7 Oftast orsakas kretsavbrott av ett brott någonstans i kretsen som hindrar strömflödet. Ett kretsbrott hindrar komponenten från att fungera men kommer inte att utlösa säkringen.

8 Låg resistans eller kortslutningsfel orsakas av ett brott. En felpunkt där strömmen "tar en annan väg" än den avsedda. Detta sker oftast om en positiv kabel vidrör en jordledning eller en jordad del, t.ex. karossen. Sådana fel orsakas vanligtvis av att isoleringen nötts av. En kortslutning får normalt berörd säkring att gå.

9 Säkringar är till för att skydda en krets från överbelastning. En säkring som gått sönder indikerar att det kan föreligga ett problem med den specifika kretsen, och det är viktigt att identifiera och rätta till problemet innan säkringen byts. Byt alltid ut en säkring som gått sönder mot en ny säkring med rätt kapacitet. Om ny säkring med fel kapacitet kan orsaka att kretsen överbelastas vilket kan leda till brand.

Hitta ett kretsbrott

10 Ett av de enklaste sätten att hitta ett kretsavbrott är med en kretstestmätare eller voltmätare. Anslut mätarens ena ledare antingen till batteriets minuspol eller till en känd, god jordpunkt. Anslut den andra ledaren till ett skarvdon i kretsen som ska testas, helst närmast batteriet eller säkringen. Slå på kretsen, men tänk på att vissa kretsar bara är strömförande med tändningslåset i ett visst läge. Om ström ligger på (indikerat antingen genom att testlampan lyser eller genom ett voltmätarutslag, beroende på vad som används), betyder det att delen mellan kontakten och batteriet är felfri. Fortsätt kontrollera resten av kretsen på samma sätt. När en punkt nås där ingen ström finns tillgänglig måste problemet ligga mellan den punkt som nu testas och den föregående med ström. De flesta fel kan härledas till en trasig, korroderad eller lös anslutning.

Hitta en kortslutning

11 Om kretsen belastas under testningen blir resultaten felaktiga och testutrustningen kan skadas, så alla elektriska belastningar måste kopplas bort innan kretsen kan kontrolleras för kortslutningar. En belastning är en komponent som tar ström från kretsen, som glödlampor, motorer, värmeelement, etc.

12 Håll både tändningen och kretsen som testas avslagna, och ta sedan bort relevant säkring från kretsen och anslut en kretstestmätare eller voltmätare till säkringens anslutningar.

13 Slå på kretsen, men tänk på att vissa kretsar bara är strömförande med tändningslåset i ett visst läge. Om spänning ligger på (indikerat antingen genom att testlampan lyser eller ett voltmätarutslag, beroende på vad som används), betyder det att en kortslutning föreligger. Om ingen spänning ligger på, men säkringen fortsätter att gå sönder när strömförbrukarna kopplas på, indikerar detta ett internt fel i någon av de strömförbrukande komponenterna.

Hitta ett jordfel

14 Batteriets minuspol ansluts till jord. Jorden utgörs av motorns/växellådans metall och av karossen. De flesta system är kopplade för att bara ta emot positiv matning så att strömmen kommer tillbaka genom karossmetallen. Det innebär att komponentfästet och karossen utgör en del av kretsen. Lösa eller korroderade fästen kan därför orsaka flera olika elfel, allt ifrån totalt haveri till svårfångade, partiella fel. Vanligast är att lampor lyser svagt (särskilt när en annan krets som delar samma jordpunkt är i funktion) och att motorer (t.ex. torkarmotorerna eller kylarens fläktmotor) går långsamt. En krets kan påverka en annan, till synes orelaterad, krets. Observera att på många bilar används särskilda jordledningar mellan vissa komponenter, som motorn/växellådan och karossen, vanligtvis där det inte finns någon direkt metallkontakt mellan komponenterna på grund av gummiupphängningar etc.

15 Koppla bort batteriet och anslut den ena ledaren på en ohmmätare till en känd, god jordpunkt för att kontrollera om en komponent är korrekt jordad. Koppla den andra ledaren till den kabel eller jordkoppling som ska kontrolleras. Motståndet ska vara noll. Om så inte är fallet ska anslutningen kontrolleras enligt följande.

16 Om en jordanslutning misstänks vara defekt, koppla isär anslutningen och rengör den ner till ren metall både på karossen och kabelanslutningen eller fogytan på komponentens jordanslutning. Se till att ta bort alla spår av rost och smuts, och skrapa sedan bort lacken med en kniv för att få fram en ren metallyta. Dra åt fogfästena ordentligt vid ihopsättningen. Om en kabelanslutning återmonteras ska taggbrickor användas mellan anslutningen och karossen för att garantera en ren och säker anslutning. Skydda sedan anslutningen från framtida korrosion genom att applicera ett lager vaselin eller silikonbaserat fett eller spraya den regelbundet med lämpligt tändningstätningsmedel eller vattenavstötande smörjmedel.

3 Säkringar och reläer – allmän information

Huvudsäkringar

1 Säkringarna finns på en enkel panel till höger om instrumentbrädan i RHD-modeller och längst till vänster i LHD-modeller.

2 Man kommer åt säkringarna genom att öppna luckan **(se bild)**.

3 Varje säkring har ett nummer. Säkringens kapacitet och kretsarna som den skyddar visas på luckans baksida. Där finns en lista med säkringar och kopplingsscheman.

4 På vissa modeller (beroende på specifikation), sitter ytterligare ett antal säkringar i separata hållare bredvid reläerna.

5 För att ta bort en säkring, slå först av den berörda kretsen (eller tändningen), och dra sedan loss säkringen från dess hållare. Metallbygeln i säkringen bör synas. Om säkringen gått sönder är metallbygeln trasig. Det kan man se genom plasthöljet.

6 Byt alltid ut en säkring mot en som har samma kapacitet. Låt aldrig den nya säkringen vara av annan kapacitet än originalsäkringen, eller skilja sig åt på annat sätt. Byt aldrig en säkring mer än en gång utan att spåra orsaken till felet. Säkringens kapacitet är instämplad ovanpå säkringen. Observera också att säkringarna är färgmarkerade för att man enkelt ska känna igen dem.

7 Om en ny säkring går sönder direkt bör man utreda vad det beror på innan man byter säkringen igen. En vanlig orsak är kortslutning till jord, beroende på defekt isolering. Om en säkring skyddar fler än en krets, försök att isolera problemet genom att slå på varje krets i tur och ordning (om möjligt) tills säkringen går sönder igen. Ha alltid ett antal reservsäkringar med relevant kapacitet i bilen. En reservsäkring för varje kapacitet ska sitta längst ner i säkringsdosan.

Smältinsatser

8 På dieselmodeller skyddas glödstiftens elförsörjningskrets av en smältinsats. Insatsen sitter inuti ett skyddshölje av plast längst bak i motorrummet, bredvid värmeenhetens insugsventil. En smält insats indikerar ett allvarligt kabelfel eller att ett glödstift gått sönder. Man bör **inte** byta insatsen utan att först ta reda på orsaken till problemet.

9 Innan man byter ut smältinsatsen kopplar man ur batteriets minuskabel (se kapitel 5A). Lossa kåpan för att komma åt metallinsatsen. Lossa fästskruvarna och dra loss insatsen.

10 Sätt i den nya insatsen (notera informationen i punkt 6 och 7), och dra sedan åt dess fästskruvar ordentligt och sätt tillbaka kåpan.

Reläer

11 Reläerna sitter på en gemensam platta, som man kommer åt genom att ta bort klädselpanelen från undersidan av rattstången **(se bild)**.

12 Reläerna är förseglade, och kan inte repareras om de går sönder. Reläerna är av instickstyp, och kan tas bort genom att de dras rakt ut från anslutningarna. I vissa fall kan det krävas att man bänder loss de två plastklämmorna utåt innan reläet tas bort.

13 Om ett fel uppstår i en krets eller ett system som styrs av ett relä och reläet misstänks vara felaktigt ska systemet eller kretsen aktiveras. Om reläet fungerar ska det höras ett klick när det får ström. Om så inte är fallet ligger felet i systemets komponenter eller kablage. Om reläet inte aktiveras beror det på att det inte får ström, eller att det är fel på reläet. Kontrollera reläets funktion tillsammans med en enhet som fungerar, men var försiktig: en del reläer som ser likadana ut fungerar likadant, medan andra reläer med identiska utseende inte fungerar på samma sätt.

14 Om ett relä ska bytas, se först till att tändningen är av. Reläet kan sedan enkelt tas ut från sockeln och ersättas med ett nytt. **Observera:** *Reläet för blinkers/ varningsblinkers sitter i varningsblinkersens ljusbrytare. Se avsnitt 6 för information om demontering.*

4 Tändningslås/rattlås – demontering och montering

Se informationen i kapitel10.

5 Rattstångens kombinationsbrytare – demontering och montering

Demontering

1 Koppla loss batteriets minusledare (enligt beskrivningen i avsnitt 1 och kapitel 5A).

2 Demontera ratten enligt instruktionerna i kapitel 10.

3 Skruva loss fästskruvarna och ta bort den övre och nedre kåpan från rattstången. Den övre kåpan är fäst med två stjärnskruvar från rattstångens undersida, och den nedre kåpan är fäst med två stjärnskruvar och en sexkantig bult. Observera att man måste skruva bort båda skruvarna och ta bort rattstångens höjdjusteringsarm **(se bild)**.

4 Lossa klämhylsans skruv och ta bort

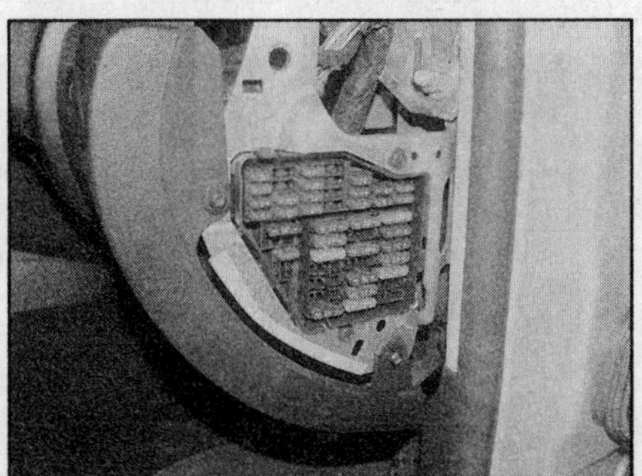

3.2 Lådan för huvudsäkringar finns bakom klädselpanelen vid förarsidans instrumentbräda

3.11 Reläerna sitter bredvid styrstången bakom den nedre klädselpanelen på instrumentbrädan

5.3 Rattstångens övre och nedre fästbultar för kåpan (pilar)

5.4 Lossa stångomställarens klämskruv

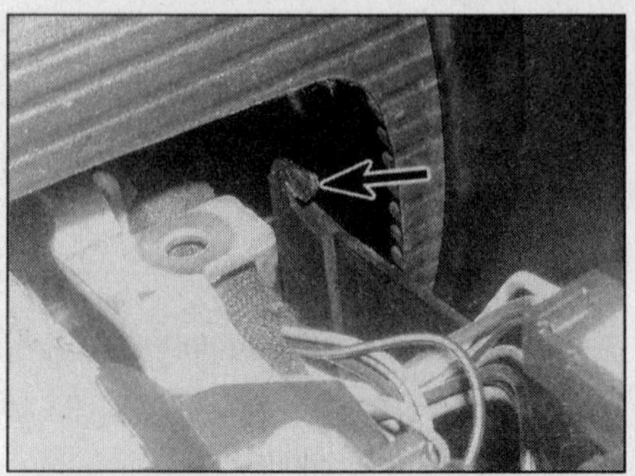

5.6 Se till att tappen fäster ordentligt (pil) vid montering av stångens övre kåpa

kombinationsbrytarenheten från rattstången. Ta bort anslutningskontakterna när brytaren är borttagen **(se bild)**.

5 Lossa fästklämmorna och relevant del av brytarenheten **(se bilder)**. **Observera:** *Vrid inte fjäderkontaketenheten när ratten är borttagen. På modeller med elektronisk stabilisering kan vinkelgivaren tas bort från kombinationsbrytaren. Efter det att den har återmonterats måste man dock använda specialutrustning för att göra en "nolljämförelse". Vi rekommenderar därför att demontering och montering av vinkelgivaren utförs av en VW-verkstad.*

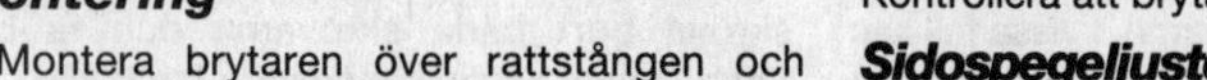

Montering

6 Montera brytaren över rattstången och

6.1 Med ljusbrytaren i läge O, tryck brytarens mittparti inåt, vrid det lätt till höger och ta bort brytaren från panelen

5.5a Använd en liten skruvmejsel . . .

återanslut anslutningskontakterna men dra inte åt klämhylsans skruvar ännu. Montera ratten tillfälligt och placera brytaren med ett glapp på 3 mm till ratten. Dra åt klämhylsans skruv och ta bort ratten. Återstoden av monteringen sker i omvänd ordning mot demonteringen. Observera att den övre stångkåpan fästs med tappar på framkanten **(se bild)**. Se till att kabelanslutningarna sitter ordentligt. Avsluta med att kontrollera funktionen.

6 Brytare – demontering och montering

Ljusbrytare på instrumentbrädan

1 När ljusbrytaren är i läge O, tryck brytarens mitt inåt och vrid den något åt höger. Håll kvar brytaren i det läget och dra ut den från instrumentbrädan **(se bild)**.

2 Koppla loss anslutningskontakten när brytaren är borttagen från instrumentbrädan.

3 Återanslut anslutningskontakten vid montering.

4 Håll brytaren och tryck den vridbara delen inåt och något åt höger.

5 Sätt in brytaren i instrumentbrädan, vrid den vridbara delen till läge O och släpp. Kontrollera att brytaren fungerar.

Sidospegeljusterare

6 Demontera dörrens inre klädselpanel enligt beskrivningen i kapitel 11.

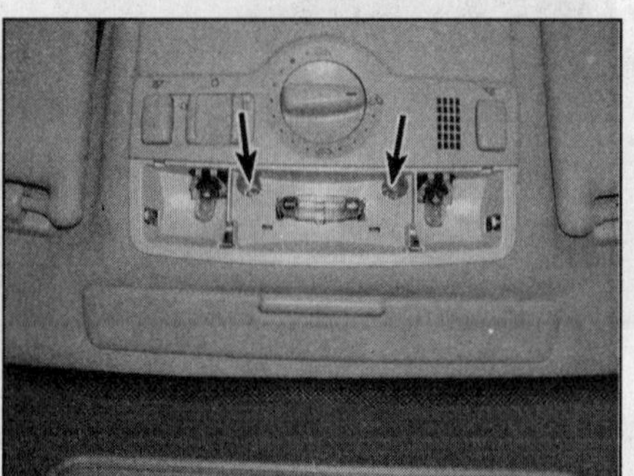

6.10 Skruva loss de två stjärnskruvarna (pil)

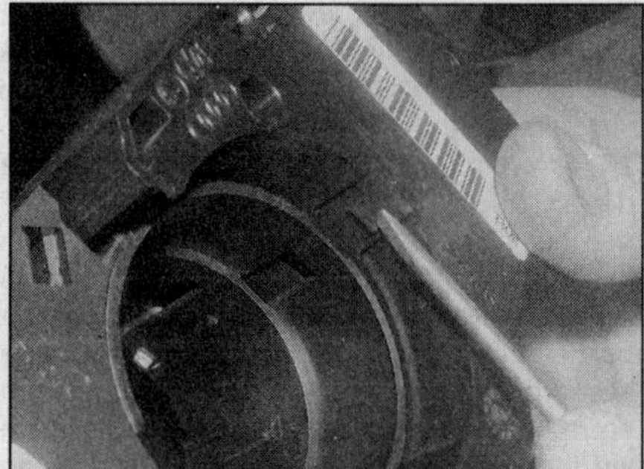

5.5b . . . för att försiktigt åtskilja stångomställarens komponenter

7 Koppla loss kontaktdonet. Tryck ihop fästtapparna på undersidan av brytaren och dra loss den från dörrklädseln.

8 Montera i omvänd ordningsföljd.

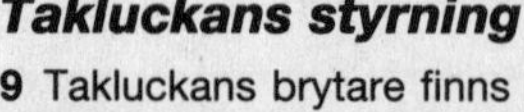

Takluckans styrning

9 Takluckans brytare finns på en gemensam enhet med innerbelysningen och dess brytare. Bänd försiktigt loss panelen från brytarens baksida.

10 Ta bort båda stjärnskruvarna **(se bild)**.

11 Lyft bort brytaren med innerbelysningen och koppla loss anslutningskontakterna när enheten tagits bort.

12 Montera i omvänd ordningsföljd.

Kupébelysningsbrytare

13 Kupélampan styrs av mikrokontakter som finns i dörrlåsen. Kontakterna är inte tillgängliga som separata enheter. Om de går sönder måste dörrlåsenheten bytas (se kapitel 11).

Handbromsens varning sbrytare

14 Demontera mittkonsolens bakre del enligt beskrivningen i kapitel 11.

15 Skruva loss skruven och ta bort brytaren från spaken. På vissa modeller är brytaren fastklämd på handbromsspakens monteringskonsol **(se bild)**.

16 Koppla loss kontaktdonet från brytaren.

17 Montera i omvänd ordningsföljd.

6.15 Koppla loss handbromsens varningsbrytare från spaken

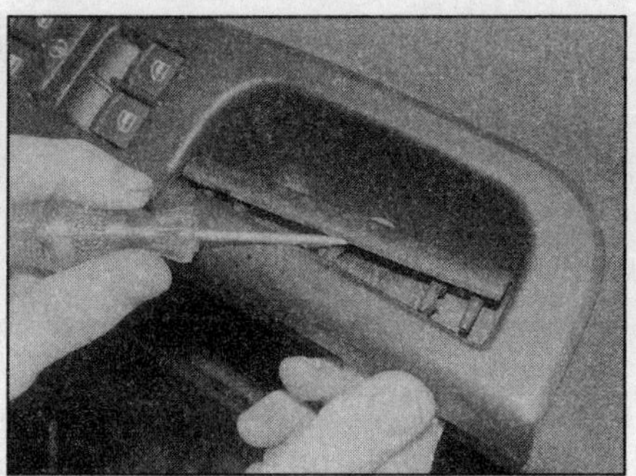

6.18 Lossa handtagets täckpanel försiktigt

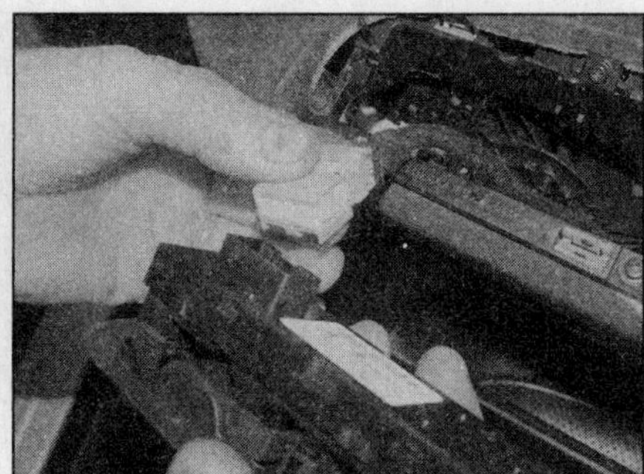

6.20 Koppla ifrån brytarens anslutningskontakt

6.29 Tryck in fästtapparna på var sida om reglaget för strålkastarnas räckvidd/ instrumentbrädans belysning och dra bort det från baksidan av panelen

Fönsterbrytare

Förardörren

Observera: *Fönsterbrytarna på förarsidan kan inte demonteras som separata enheter. Hela dörrpanelen måste bytas*

18 Öppna dörren och skjut in en tunn skruvmejsel mellan dörrklädseln och brytar-/handtagspanelen. Tryck in skruvmejseln och lossa handtaget **(se bild)**.

19 Bänd brytar-/handtagspanelen försiktig upp och bort från dörrklädseln.

20 Koppla ifrån anslutningskontakten **(se bild)**.

21 Skruva loss de tre fästskruvarna och skilj styrenheten från panelen.

Passagerardörren

22 Passagerardörrens fönsterbrytare är monterad längs insidans dörrhandtag. Ta bort insidans dörrhandtag enligt beskrivningen i kapitel 11, avsnitt 20.

23 Ta bort fästskruven och avlägsna brytaren.

Bromsljusbrytare

24 Se kapitel 9.

Rattstångens brytare

25 Se avsnitt 5.

Strålkastarstyrning/instrumentbrädans belysning

26 Ta bort instrumentbrädans panel på förarsidan. Skruva loss de två skruvarna som håller fast den nedre panelen.

27 Skruva loss de två bultarna som håller fast den nedre instrumentpanelen.

28 Koppla loss kablarna från ljusbrytarna och reglaget för strålkastarna/instrumentbrädans belysning när panelen är borttagen.

29 Tryck in fästtapparna på var sida av belysningsreglaget och dra bort det från baksidan av panelen **(se bild)**.

30 Montera i omvänd ordningsföljd.

Bagageutrymmesbelysning

31 Brytaren sitter i bakluckans lås. Ta bort bakluckans lås enligt beskrivningen i kapitel 11, avsnitt 13 eller 16 om det är tillämpligt.

32 Ta bort brytarens skyddskåpa från låset.

33 Lossa brytarens låsenhet och dra bort brytaren från låset **(se bild)**.

34 Montera i omvänd ordningsföljd mot demonteringen.

Uppvärmd bakruta/varningsljus/stolsvärme/elektronisk stabilisering/ASR

35 Bänd försiktigt loss brytaren från panelen med en skruvmejsel **(se bild)**. Var försiktig så att inte omgivande ytor skadas.

36 Koppla loss anslutningskontakten från brytaren.

37 Montera genom att återansluta anslutningskontakten och tryck in brytaren i sitt urtag i instrumentpanelen.

Tankluckans öppningsbrytare

38 Tankluckans öppningsbrytare sitter under handbromsspaken på mittkonsolen. Bänd försiktig loss öppningsbrytaren från konsolen med en tunn skruvmejsel och ta bort anslutningskontakten **(se bild)**

39 Montera brytaren genom att sätta i anslutningskontakten och trycka in brytaren i konsolen.

7 Ytterarmatur och glödlampor – demontering och montering

1 Tänk på följande vid byte av glödlampa:

a) *Koppla loss batteriets minusledare innan du sätter igång (se avsnitt 1 och kapitel 5A).*

b) *Kom ihåg att om lyset nyligen varit tänd kan lampan vara mycket het.*

c) *Kontrollera alltid lampans sockel och kontaktytor. Se till att kontaktytorna mellan lampan och ledaren och lampan och jorden är rena. Avlägsna korrosion och smuts innan en ny lampa sätts i.*

d) *Om lampor med bajonettfattning används, se till att kontakterna har god kontakt med glödlampan.*

e) *Se alltid till att den nya lampan har rätt specifikationer och att den är helt ren*

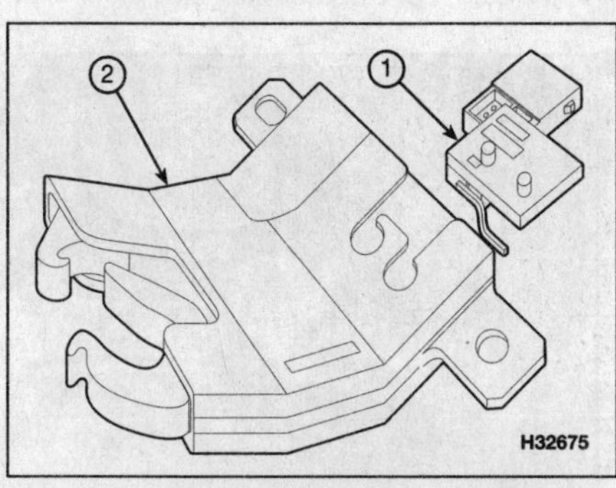

6.33 Tryck ner bagageutrymmets ljusbrytare (1) och lossa den från låsenheten (2)

6.35 Bänd försiktigt loss brytaren från panelen

6.38 Bänd loss tankluckans öppningsbrytare från mittkonsolen

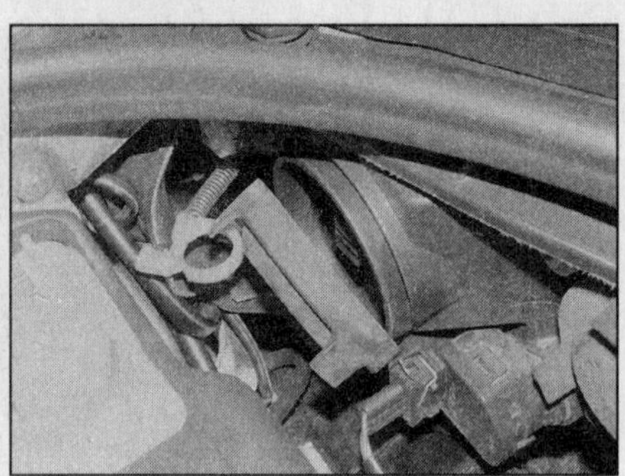

7.3 Ta bort skyddskåpan från strålkastarens baksida

7.4 Dra bort kontaktdonet från glödlampan . . .

7.5 . . . och lossa fästklämman

innan den monteras. Det gäller särskilt strålkastarnas/dimljusets (se nedan) glödlampor.

Strålkastare

Observera: *Det här avsnittet behandlar inte byte av halvljusglödlampor på modeller med bågljusstrålkastare. Se avsnitt 11 för information.*

2 Vid arbete på höger strålkastare, skruva loss luftintagskanalens två fästskruvar från låshållaren, och lyft sedan bort kanalen och flytta den åt sidan.

3 Koppla loss skyddskåpan från den bakre delen av strålkastarenheten **(se bild)**.

4 Koppla loss kontaktdonet från baksidan av relevant glödlampa **(se bild)**. Observera att på modeller med strålkastararmatur av komposittyp sitter halvljusglödlampan i den yttre positionen och helljusglödlampan i den inre positionen. På andra modeller sitter hel- och halvljusglödlamporna ihop i en och samma enhet.

5 Lossa fästklämman i metall och dra loss glödlampan **(se bild)**.

6 Monteringen sker i omvänd ordningsföljd mot demonteringen. Sätt i glödlampan så att lamphållarnas tappar sitter jämnsmed reflektorns spår. Vidrör inte den nya glödlampans glas med fingrarna. Om du råkar vidröra glaset, rengör lampan med denaturerad sprit.

Parkeringsljus

7 Ta bort skyddskåpan från baksidan av strålkastaren **(se bild 7.3)**.

8 Dra lamphållaren från baksidan av lampenheten.

9 Glödlampan har ingen skyddskåpa. Dra lampan från hållaren **(se bild)**.

10 Montera i omvänd ordningsföljd mot demonteringen.

Front dimljus

11 På modeller där dimljusen ingår i strålkastarenheten går lampbytet till enligt instruktionerna för vanliga strålkastarlampor. Observera att dimljusglödlampan sitter längst ner på modeller där strålkastarna sitter på en gemensam enhet. Glödlampan kan tas loss efter det att fjäderklämman i metall lossats och kontaktdonet kopplats loss. Se vid återmonteringen till att utskärningen/ utskärningarna på kanten av glödlampans fläns passar in mot motsvarande styrflik/flikar på lamphållaren **(se bilder)**.

Främre blinkers

12 Vid arbete i motorrummet hakar man loss blinkerenhetens hållarfjäder. På högersidans blinker kan man ta bort luftintagskanalen för att komma åt lättare **(se bild)**. Dra visarenheten framåt.

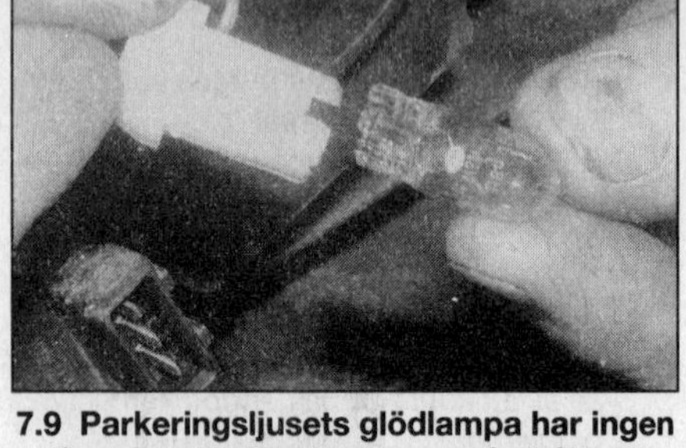

7.9 Parkeringsljusets glödlampa har ingen kåpa. Dra bort glödlampan från hållaren

7.11a Koppla ifrån dimljuslampans anslutningskontakt . . .

7.11b . . . och lossa glödlampans fästklämma

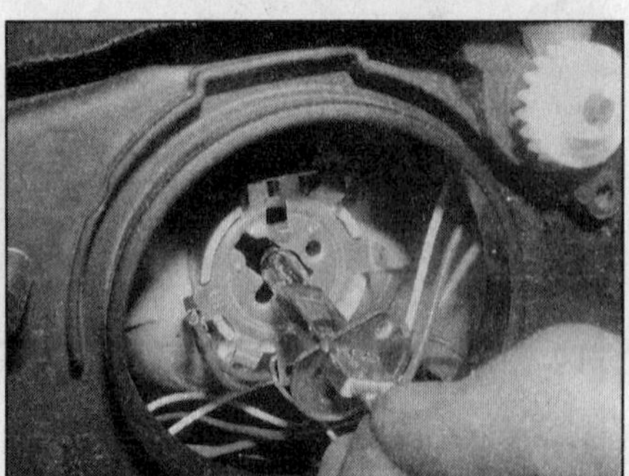

7.11c Se till att urtaget/tappen är i jämnhöjd vid återmontering av glödlampan

7.12 Haka loss blinkerenhetens hållarfjäder

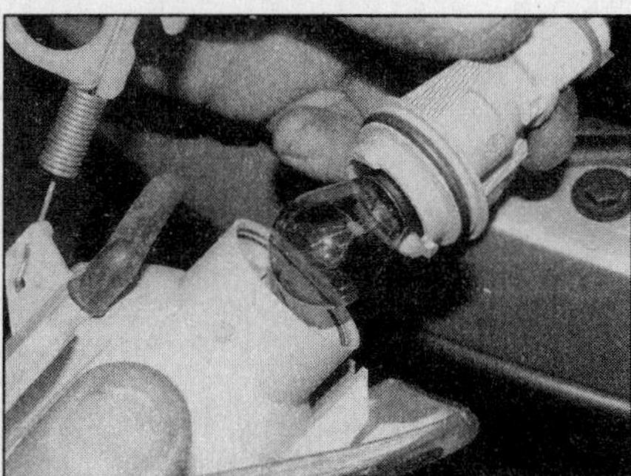
7.13 Vrid lamphållaren moturs och ta bort den från blinkerenheten

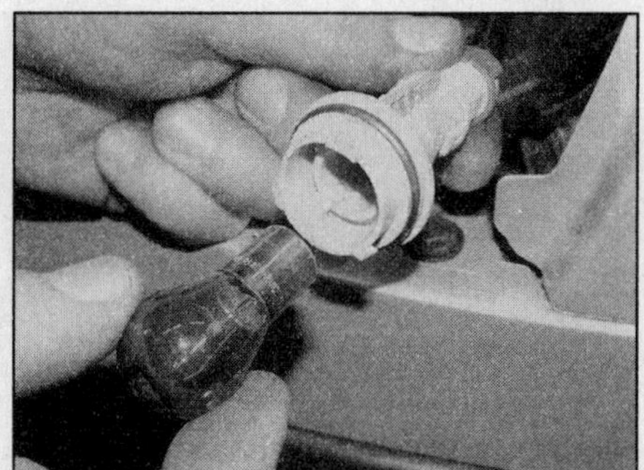
7.14 Ta loss glödlampan från lamphållaren genom att trycka ner och vrida den

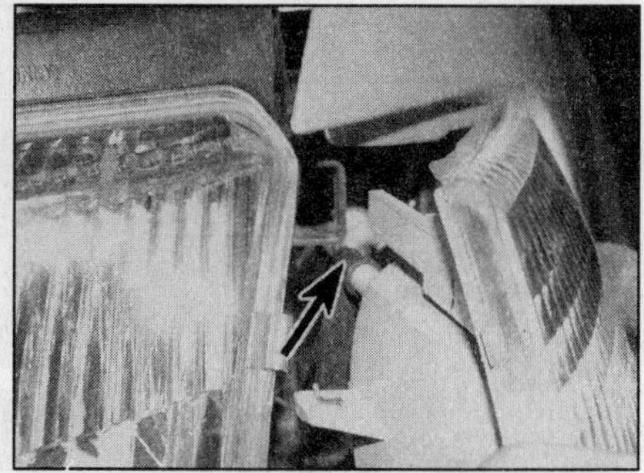
7.15 Passa in styrstiften (pilar) på blinkerarmaturens innerkant med dem på strålkastararmaturens ytterkant

13 Vrid lamphållaren moturs och ta loss den från armaturen **(se bild)**.

14 Ta bort glödlampan från lamphållaren genom att trycka ner och vrida den **(se bild)**.

15 Montera i omvänd ordningsföljd mot demonteringen. Passa in innerkantens styrstift på blinkerarmaturen med dem på strålkastararmaturens ytterkant **(se bild)**.

Blinker

16 Skjut glaset mot bilens front, och dra sedan loss glaset i bakkanten och ta bort det. Dra loss lamphållaren från glaset, och dra sedan loss glödlampan från lamphållaren **(se bild)**.

17 Monteringen sker i omvänd ordningsföljd mot demonteringen.

Bakre kombinationsljus

Sedanmodeller

18 Lossa klämmorna och vik undan den inre klädselpanelen från bagageutrymmets sida, så att baksidan av armaturen syns **(se bild)**.

19 Tryck ner fästklämmorna och dra loss lamphållaren **(se bild)**.

20 Tryck och vrid aktuell glödlampa moturs och ta bort den från lamphållaren **(se bild)**.

21 Demontera armaturen genom att ta loss lamphållaren enligt beskrivningen ovan, och skruva sedan loss fästmuttrarna. Ta bort armaturen **(se bild)**.

22 Montera i omvänd ordningsföljd och kontrollera att tätningen sitter ordentligt. Avsluta med att kontrollera att alla bakljus fungerar som de ska.

Kombimodeller

23 Öppna åtkomstluckan i bagageutrymmets klädselpanel på aktuell sida. Vid arbete på vänster sida av bilen tar man i förekommande fall bort biltelefonens sändare/mottagare och all övrig ljudutrustning som är monterad i tillbehörsställningen bakom klädselpanelen. Skruva loss fästskruvarna och ta bort tillbehörsställningen.

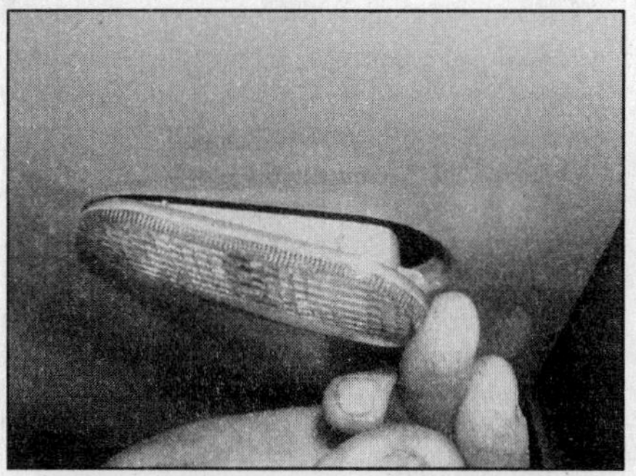
7.16a Tryck försiktigt blinkerlampan framåt och luta ut den bakre delen

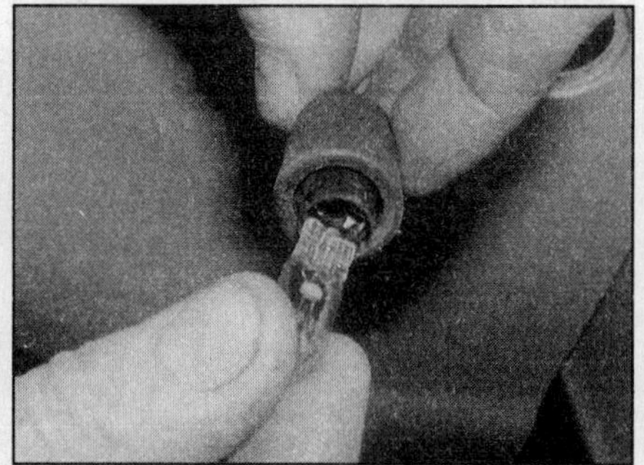
7.16b Den sockellösa glödlampan trycks in i körriktningsvisarens lamphållare

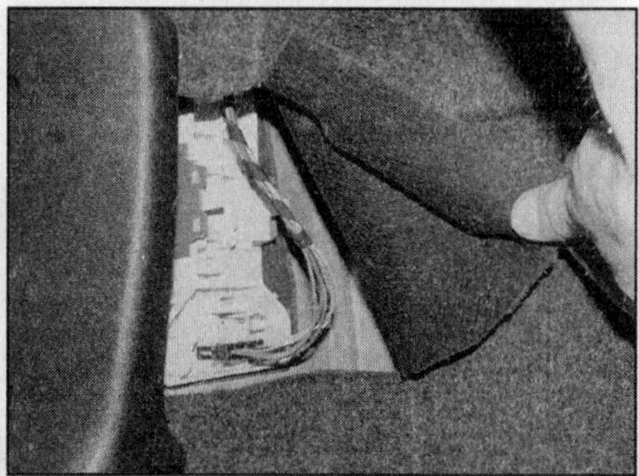
7.18 Vik bort den inre klädselpanelen från lastutrymmets sida

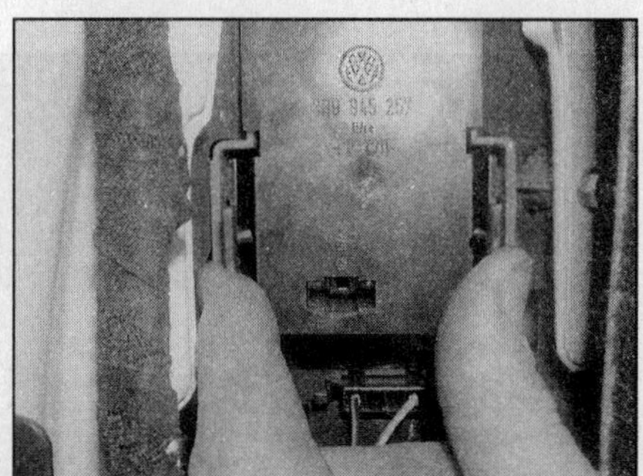
7.19 Tryck ihop fästtapparna och ta bort lamphållaren från bakljuset

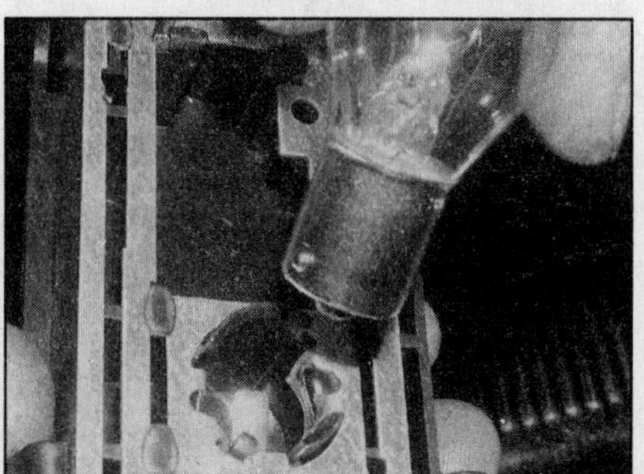
7.20 Glödlamporna monteras med bajonettfattning i hållaren. Tryck och vrid gödlampan moturs för att ta bort den

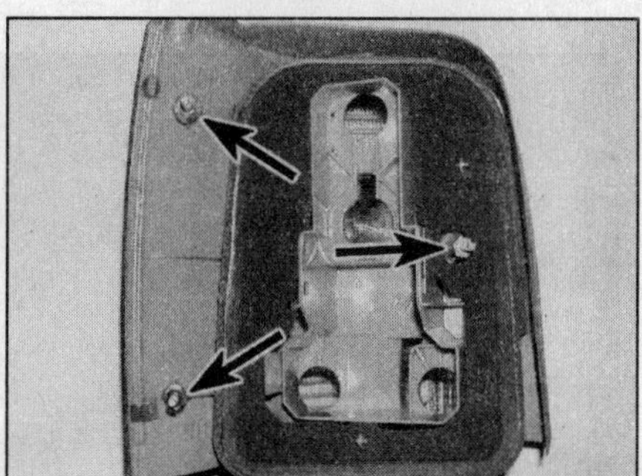
7.21 Skruva loss de tre fästmuttrarna för att demontera bakljuset (pil)

7.28 Skruva loss registreringsskyltsbelysningens fästskruvar . . .

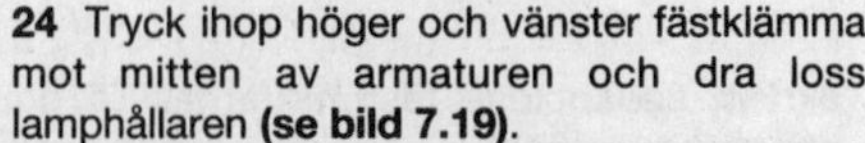

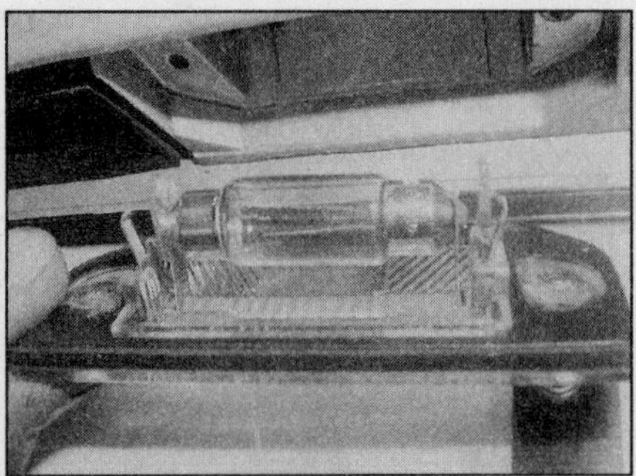

7.29 . . . och bänd loss rörlampan från kontakterna

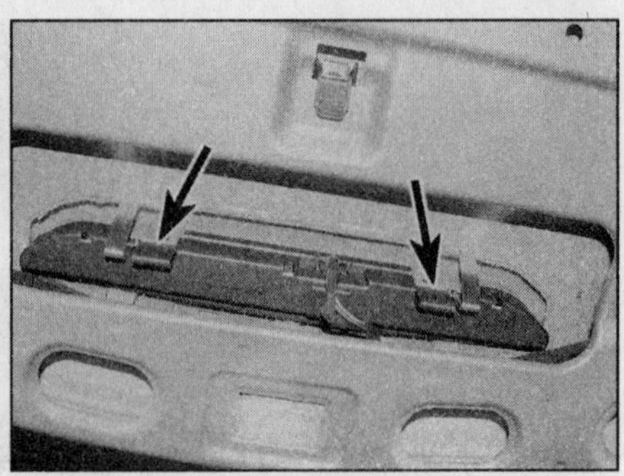

7.31 Tryck ner fästtapparna för att lossa lamphållaren (pil)

24 Tryck ihop höger och vänster fästklämma mot mitten av armaturen och dra loss lamphållaren **(se bild 7.19)**.

25 Tryck ner och vrid glödlampan och ta bort den från lamphållaren **(se bild 7.20)**.

26 Demontera armaturen genom att skruva loss fästmuttrarna och dra loss armaturen från karossen **(se bild 7.21)**.

27 Montera i omvänd ordningsföljd. Avsluta med att kontrollera att bakljusen fungerar som de ska.

Nummerplåtsbelysning

28 Nummerplåtsbelysningen sitter i bakluckan, precis ovanför nummerplåten. Öppna bakluckan för att komma åt fästskruvarna bättre. Skruva loss de två fästskruvarna och ta bort relevant glas och lamphållare från armaturen **(se bild)**

29 Ta bort glödlampan från hållaren **(se bild)**.

30 Montera i omvänd ordningsföljd mot demonteringen, och kontrollera att lampan fungerar som den ska.

Högt bromsljus

Sedanmodeller

31 När man arbetar i bagageutrymmet kopplar man loss anslutningskontakten, trycker ner hållartapparna och tar bort lamphållaren från armaturen **(se bild)**.

32 Dra loss relevant glödlampa från hållaren **(se bild)**.

33 Ta bort armaturen genom att demontera lamphållaren enligt instruktionerna ovan. Demontera sedan metallfjäderklämmorna från armaturen. Ta bort armaturen från bagagehyllan **(se bild 7.38)**.

34 Montera i omvänd ordningsföljd mot demonteringen.

Kombimodeller

35 Ta bort bakluckans klädselpanel enligt beskrivningen i kapitel 11, avsnitt 14.

36 Skruva loss skruvarna och ta loss armaturen från bakluckan **(se bild)**.

37 Koppla loss anslutningskontakten och ta bort glaset från lamphållaren **(se bilder)**.

38 Dra loss relevant glödlampa från hållaren **(se bild)**.

39 Montera i omvänd ordningsföljd mot demonteringen.

8 Innerbelysningens glödlampor - byte

1 Tänk på följande när en glödlampa ska bytas:

a) Kom ihåg att om lyset nyligen varit tänt kan lampan vara mycket het.

b) Kontrollera alltid lampans sockel och kontaktytor. Se till att kontaktytorna mellan lampan och ledaren och lampan och jorden är rena. Avlägsna all korrosion och smuts innan en ny lampa sätts i.

c) Om lampor med bajonettfattning används, se till att kontakterna har god kontakt med glödlampan.

d) Se alltid till att den nya lampan har rätt specifikationer och att den är helt ren innan den monteras.

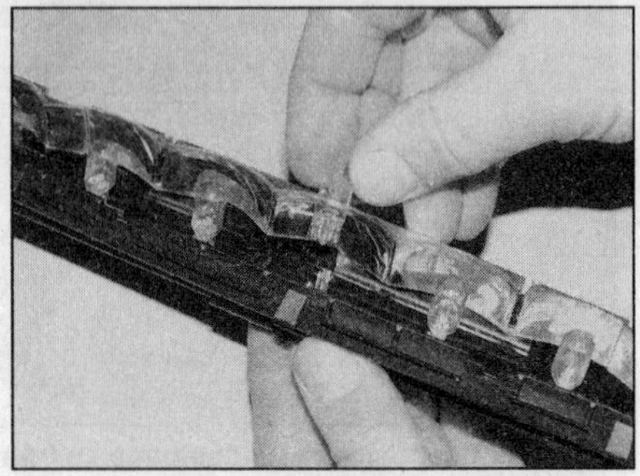

7.32 Dra ut aktuell bromsljuslampa från hållaren

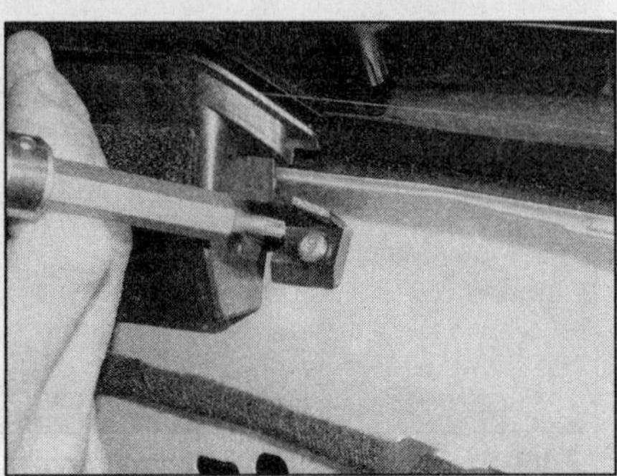

7.36 Skruva loss bromsljusets torx-skruvar

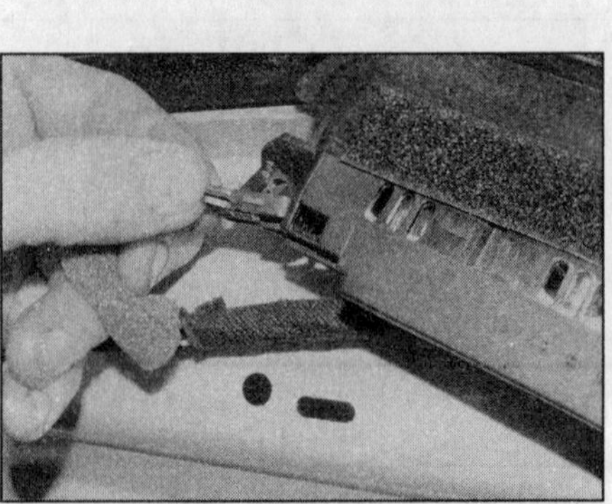

7.37a Koppla loss anslutningskontakten . . .

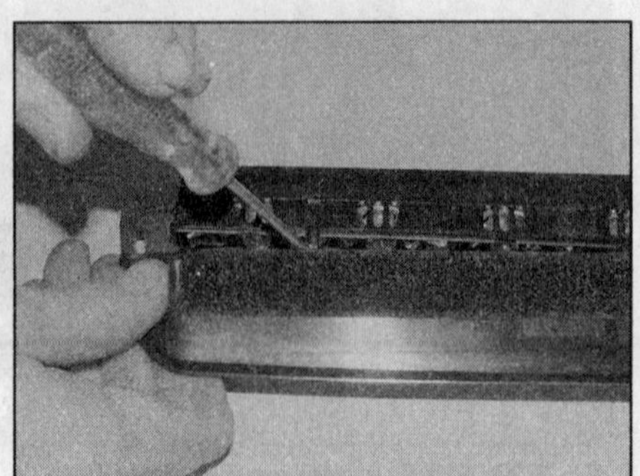

7.37b . . . och lossa glaset från lamphållaren

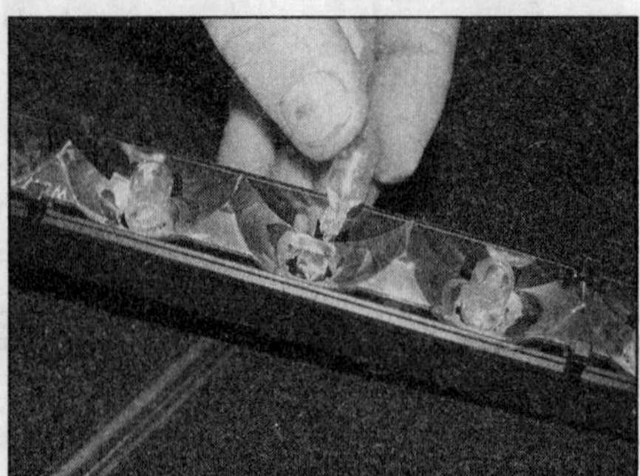

7.38 Dra bort aktuell glödlampa från hållaren

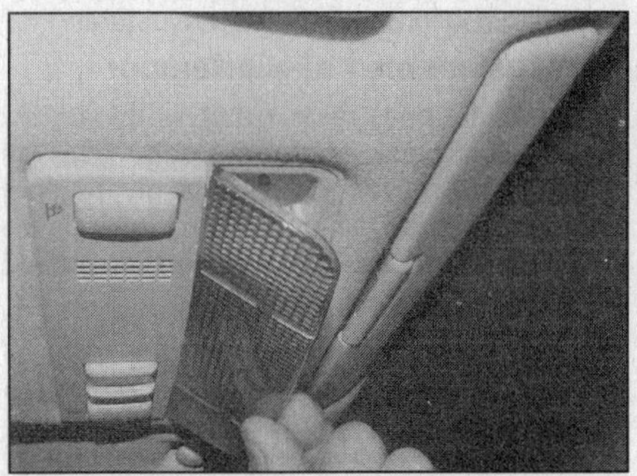
8.2 Bänd försiktigt loss innerbelysningens glas

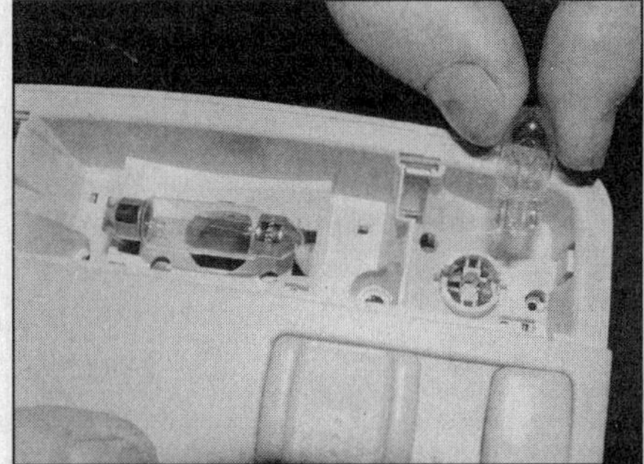
8.3 Kartläsningsbelysningens glödlampa trycks på plats

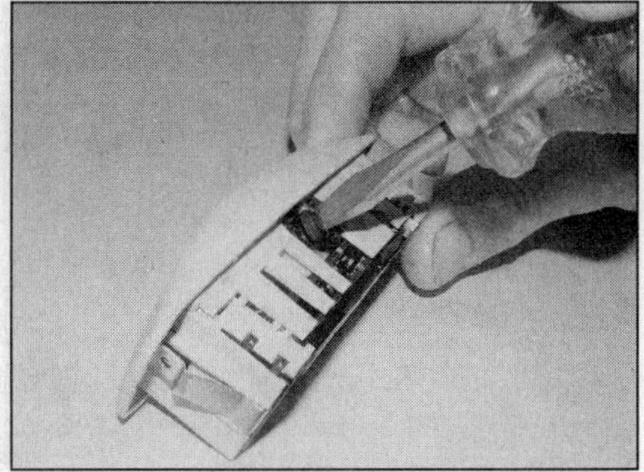
8.5 Vrid och ta bort den kombinerade glödlampan och hållaren på den bakre innerbelysningen

Innerbelysning/läslampor

Främre

2 Ta loss glaset från armaturen **(se bild)**.

3 Ta loss glödlampan från hållaren. Kupélampans rörlampa kan bändas loss från dess fjäderkontakter. Kartläsningsbelysningens glödlampa trycks på plats **(se bild)**.

4 Montera i omvänd ordningsföljd.

Bakre

5 Bänd loss glaset/armaturen, och vrid sedan och dra loss den kombinerade glödlampan och lamphållaren **(se bild)**.

6 Montera i omvänd ordningsföljd.

Bagageutrymmes- och handskfacksbelysning

7 Bänd loss glaset/armaturen och ta loss rörlampan från hållaren. Bänd loss det övre glaset först vid borttagning av handskfackets armatur **(se bild)**.

8 Montera i omvänd ordningsföljd mot demonteringen, och kontrollera att belysningen fungerar som den ska.

Sminkspegelbelysning

9 Bänd loss glaset från den inre takklädseln över solskyddet. Rörlamporna kan tas bort från sina hållare **(se bild)**.

10 Montera i omvänd ordningsföljd.

Instrumentbrädans glödlampor:

Observera: *På instrumentbrädor som är äldre än från maj 1998, kan man bara byta glödlampor i helljusens varningslampor, varningslampan för höga utsläpp och indikatorlampan för varningsblinkers. På instrumentbrädor med blå belysning som är äldre än maj 1998 kan man bara byta indikatorlampan för varningsblinkers. På instrumentbrädor från maj 1998 och framåt är glödlamporna inte utbytbara. Belysningen består av lysdioder. Om de går sönder så måste hela instrumentpanelen bytas.*

11 Demontera instrumentbrädan enligt beskrivningen i avsnitt 10.

12 Ta bort en glödlampa genom att vrida den bajonettfattade lamphållaren ett kvarts varv moturs och försiktigt dra ut den. Beroende på typ, kan glödlampan sitta ihop med hållaren, eller dras loss och bytas separat.

13 Montera i omvänd ordningsföljd.

Cigarrettändarbelysning

14 Öppna askkoppen, tryck ner låsflikarna och dra loss askkoppen från hållaren. Koppla loss anslutningskontakten.

15 Lämna cigarrettändaren i panelen, dra loss lamphållaren från baksidan av tändaren och dra loss glödlampan från hållaren.

16 Montera i omvänd ordningsföljd.

Reglagebelysning

17 Reglagebelysningens glödlampor är vanligen inbyggda i själva brytarna, och kan inte bytas separat. Se avsnitt 6 för anvisningar om hur man tar bort brytare eller byter glödlampor, om det är tillämplig. Byt annars ut brytaren.

Värmereglagepanelens belysning

18 Bara modeller med konventionellt värmesystem (ej luftkonditionerat) och styrning har utbytbara glödlampor.

19 Dra brytarens mittparti från kontrollpanelen.

20 Dra ur glödlampan från hållaren **(se bild 9.3 i kapitel 3)**.

21 Montera i omvänd ordningsföljd. Observera att brytarens mittparti bara passar på ett ställe.

9 Strålkastare - demontering, montering och inställning

Strålkastararmatur

Demontering

1 Koppla loss kablaget från baksidan av strålkastararmaturen **(se bild)**.

2 Demontera den intilliggande blinkern enligt beskrivningen i avsnitt 7.

3 Skruva loss strålkastarnas fästbultar – en sitter på blinkeröppningens yttre nederkant

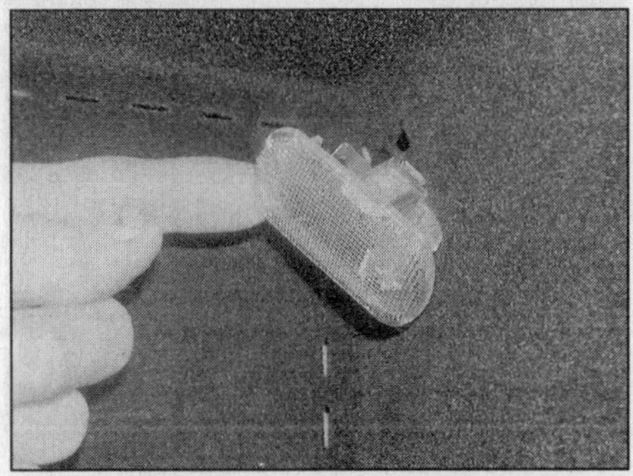
8.7 Bänd loss glasets övre del först vid borttagning av handskfacksbelysningen

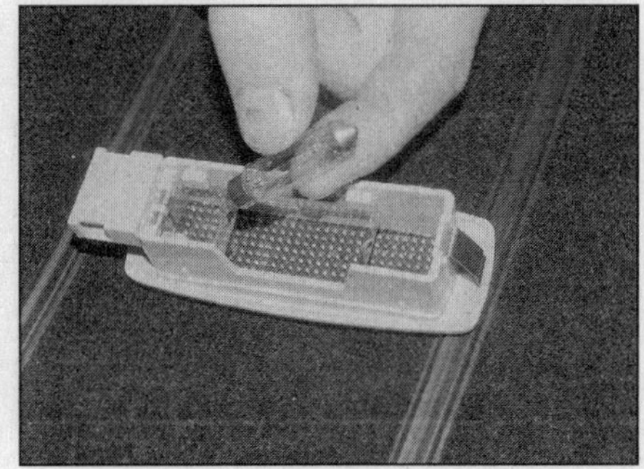
8.9 Bänd loss rörlampan från hållaren

9.1 Koppla loss kablaget från baksidan av strålkastararmaturen

9.3a Strålkastaren hålls fast av en skruv på sidan . . .

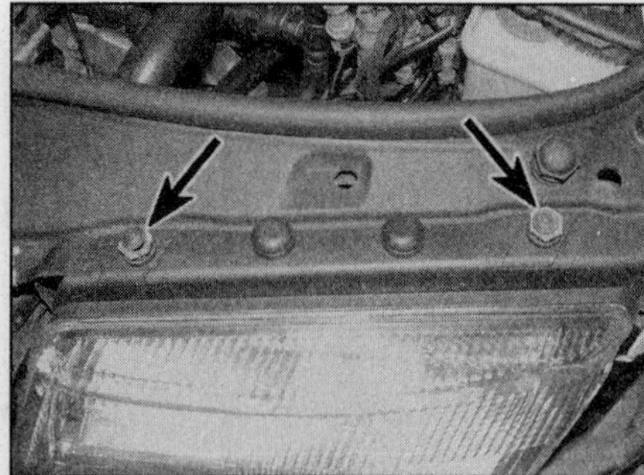

9.3b . . . och två längs den övre kanten (pil)

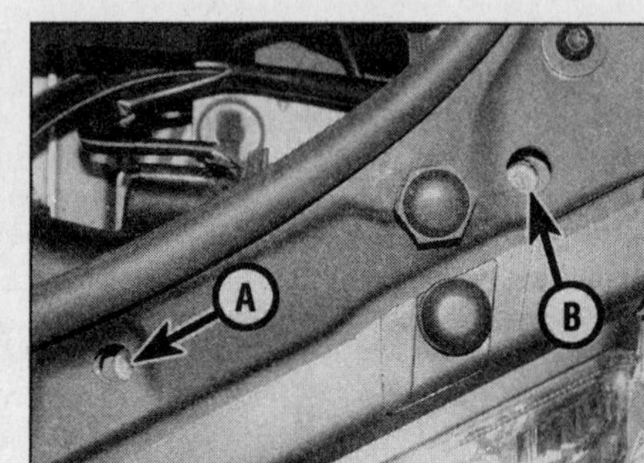

9.9 Luta motorn för strålkastarens räckvidd åt sidan för att lossa kulleden från reflektorn

9.12 Strålkastarens justeringsskruvar
A Vertikal inställning
B Horisontell inställning

och två sitter längs den övre låshållarkanten **(se bilder)**.

4 Skjut strålkastararmaturen åt sidan så att styrstiftet på den nedre inre kanten lossar.

5 Lyft strålkastaren något, luta den sedan framåt och ta bort den från bilens front.

Montering

6 Monteringen sker i omvänd ordningsföljd mot demonteringen. Avsluta med att kontrollera att strålkastarna fungerar som de ska, och kontrollera strålkastarinställningen så snart som möjligt (se nedan). **Observera:** *Om styrsprinten på strålkastarkanten är trasigt kan man reparera det med hjälp av renoveringssats från en VW-återförsäljare, istället för att byta hela strålkastarenheten.*

Motor för strålkastarräckvidd

Demontering

7 Demontera strålkastararmaturen enligt beskrivningen i föregående underavsnitt.

8 Vrid motorn (moturs för vänster strålkastare, medurs för höger strålkastare) tills den lossnar från baksidan av strålkastararmaturen.

9 Luta motorn åt sidan så att kulleden i änden av inställningsaxeln lossar från hylsan i änden av glaset, och ta sedan bort motorn från strålkastararmaturen **(se bild)**.

Montering

10 Montera i omvänd ordningsföljd mot demonteringen. Ibland måste man lyfta reflektorn så att kulleden i änden av inställningsaxeln hamnar rätt i hylsan. Avsluta med att kontrollera att strålkastarna fungerar som de ska, och kontrollera strålkastarinställningen så snart som möjligt.

Strålkastarinställning

Halogenstrålkastare

11 Noggrann justering av strålkastarna är endast möjlig om man har speciell utrustning och bör därför utföras av en VW-mekaniker eller en kvalificerad verkstad.

12 Strålkastarna kan justeras med justeringsskruvarna som man kommer åt via strålkastarnas överdelar **(se bild)**.

13 Vissa modeller är utrustade med ett elmanövrerat strålkastarinställningssystem som styrs via en brytare på instrumentbrädan. På dessa modeller, se till att brytaren är satt i grundläget O innan strålkastarna justeras.

Strålkastare med bågljuslampor

14 Strålkastarnas räckvidd styrs dynamiskt av en elektronisk styrmodul som läser av chassits höjd över marken via givare som sitter monterade på den främre och bakre fjädringen. Strålkastarinställningen kan endast utföras med VW-testutrustning.

10 Instrumentbräda – demontering och montering

Observera: *Kontroll av instumentpanelen ingår i fordonets självdiagnostiseringsfunktion. Om instrumentpanelen är trasig är det klokt att låta en VW-mekaniker kontrollera fordonets felkodsminne, innan man tar bort panelen.*
Observera: *Om instrumentpanelen byts ut måste en VW-mekaniker eller en kvalificerad verkstad ställa in de nya instrumentpanelfunktionerna.*

Demontering

1 Koppla loss batteriets minusledare (enligt beskrivningen i avsnitt 1 och kapitel 5A).

2 Ta bort ratten enligt beskrivningen i kapitel 10.

3 Skruva loss fästskruvarna och ta bort den övre och nedre kåpan från rattstången. Den övre kåpan är fäst med två stjärnskruvar från rattstångens undersida, och den övre kåpan är fäst med två stjärnskruvar och en sexkantig bult. Observera att man måste sänka den rattstångens höjdjusteringsarm och skruva loss de två fästskruvarna för att ta bort handtaget **(se bild)**.

4 Lossa klämhylsans skruv och ta bort kombinationsbrytarenheten från rattstången. Ta bort anslutningskontakterna när brytaren är borttagen **(se bild)**.

5 Bänd ut kåporna och ta bort de två skruvarna som håller fast vindrutestolpens klädselpanel under instrumentbrädan på förarsidan. Ta bort panelen.

6 Ta bort instrumentbrädans panel på förarsidan.

7 Läs kapitel 11 och skruva sedan loss de två bultarna som håller fast den nedre instrumentbrädans klädselpanel.

10.3 Skruva loss fästskruvarna för rattstångens kåpa (pil)

10.4 Lossa klämskruven och koppla ifrån anslutningskontakterna när brytarenheten är borttagen

10.9 Rattstångens omgivande täckpanel hålls fast av fyra skruvar (pil)

10.10a Skruva loss instrumentpanelens skruvar . . .

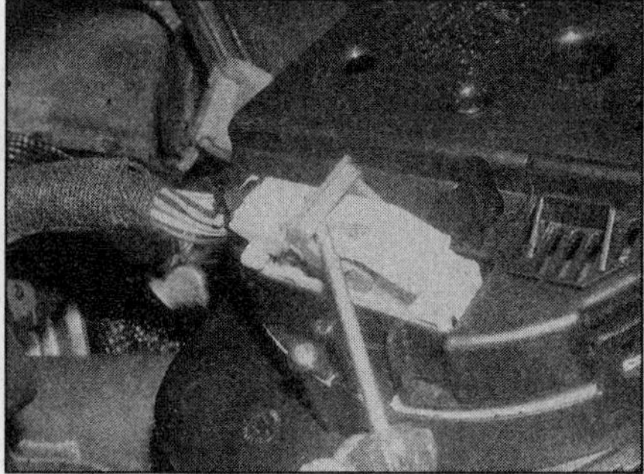
10.10b . . . bänd upp låset och koppla ifrån anslutningskontakterna när panelen är borttagen

8 Koppla loss kablarna från ljusbrytarna och strålkastarnas viddreglage/reglaget för instrumentbrädans belysning när panelen är borttagen.

9 Ta bort de fyra fästskruvarna och koppla loss rattstångens täckpanel **(se bild)**.

10 Skruva loss de två fästskruvarna och ta bort instrumentpanelen. Skilj de elektriska kontaktdonen åt för att fullständigt frigöra panelen **(se bilder)**.

11 Ta bort instrumentuppsättningen från instrumentbrädan.

Montering

12 Monteringen sker i omvänd ordningsföljd mot demonteringen (se anteckningen i början av det här avsnittet).

11 Strålkastare med bågljuslampor – demontering och montering av komponenter

Allmän information

1 Strålkastare med bågljuslampor var tillgängliga som tillbehör på alla modeller som tas upp i den här handboken. Strålkastarna har bågljuslampor, som genererar ljus via en elektrisk urladdning, istället för via upphettning av en metalltråd, som i vanliga halogenglödlampor. Bågen genereras av en kontrollkrets som arbetar med högspänning. Ljusets intensitet medför att strålkastarkäglan måste kunna kontrolleras dynamiskt för att inte blända mötande trafik. En styrmodul övervakar bilens lutning och höjd via givare på den främre och bakre fjädringen, och justerar strålkastarkäglans räckvidd därefter, med hjälp av räckviddsmotorerna i strålkastararmaturerna.

Varning: Båglampornas startkrets arbetar med mycket hög spänning. För att undvika risk för stötar, se till att batteriets minusledare kopplats loss innan något arbete utförs på strålkastarna.

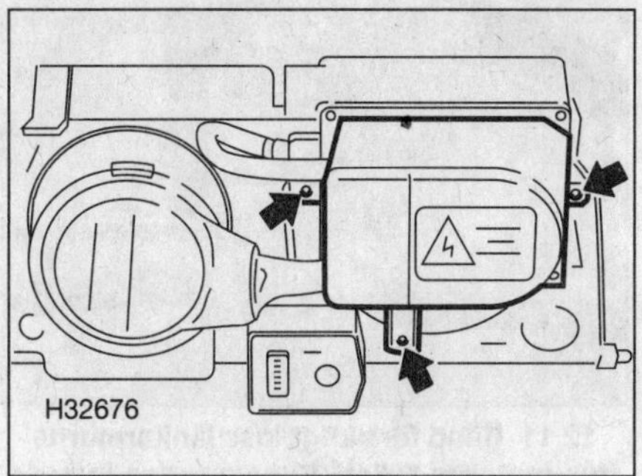

11.3 Skruva loss de tre stjärnskruvarna

Byte av lampor

Helljus och parkeringsljus

2 Demontera strålkastarna enligt anvisningarna i avsnitt 9.

3 Skruva loss de tre stjärnskruvarna och ta bort bågljuslampans enhet och dess hållare. Låt enheten vara ansluten men för den åt sidan **(se bild)**.

4 Koppla ifrån glödlampans ledningar, tryck fästklämmorna över tapparna och ta bort lampan.

5 Montera i omvänd ordningsföljd mot demonteringen. Sätt i glödlampan så att lamphållarens tappar sitter jämnsmed reflektorns spår. Vidrör inte den nya glödlampans glas med fingrarna. Om du råkar vidröra glaset, rengör lampan med denaturerad sprit.

Halvljus

6 Se till att batteriets minusledare är frånkopplad (se kapitel 5A).

7 Ta loss panelen från strålkastarens baksida.

8 Koppla loss kontaktdonet från baksidan av strålkastarenheten genom att vrida det 90° moturs.

9 Vrid fasthållningsringen moturs och ta bort lampan från stålkastarenheten.

10 Sätt i den nya lampan (se till att inte vidröra lampans glas) och se till att urtagen passar in mot motsvarande flikar på baksidan av armaturen.

11 Sätt på fasthållningsringen och se till att urtagen passar in mot motsvarande flikar på baksidan av lampans fläns, och lås sedan fast ringen genom att vrida den medurs.

12 Sätt tillbaka skarvdonet och kåpan, och återanslut sedan batteriet.

Glödlampans styrenhet

Demontering

13 Se till att batteriets minusledare är frånkopplad (se kapitel 5A).

14 Ta loss panelen från styrenhetens baksida.

15 Skruva loss skruven som håller fast styrenhetens behållare.

16 Ta bort gummikåpan från baksidan av bågljuslampan.

17 Vrid kontaktdonen på baksidan av lampan 90° moturs, och koppla loss den.

18 Dra bort spänningsmatarkontakten från styrenheten.

19 Ta bort enheten med gummikåpa, kablage och lampkontakt från strålkastaren. Vidare isärtagning är inte möjlig.

Montering

20 Montera i omvänd ordningsföljd mot demonteringen.

Främre chassihöjdgivare

Demontering

21 Givaren sitter mellan kryssrambalken och främre, vänstra tvärfjädringsarmen.

22 Lossa kontaktdonet från givaren.

23 Tryck ihop flikarna med en tång och lossa länkstagets fästklämma från fjädringsarmen.

24 Skruva loss bultarna och koppla loss givaren från fästbygeln.

Montering

25 Montera i omvänd ordningsföljd mot demonteringen.

Bakre chassihöjdgivare

Demontering

26 Givaren sitter mitt på bakaxeln.

27 Lossa kontaktdonet från givaren.

28 Skruva loss bulten och lossa länkstagets fästklämma från axeln.

29 Skruva loss bultarna och koppla loss givaren från fästbygeln.

Montering

30 Montera i omvänd ordningsföljd mot demonteringen.

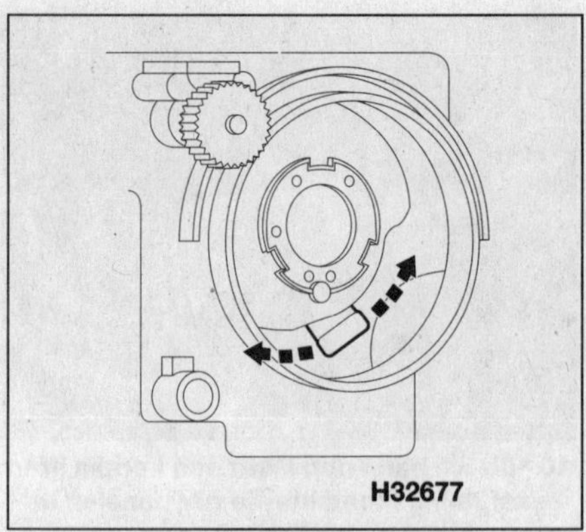

11.34 Flytta spaken upp till höger för högertrafik och ner till vänster för vänstertrafik

Elektronisk styrenhet

Demontering

31 Den elektroniska styrenheten sitter under baksätet på höger sida.

32 Ta bort baksätet enligt beskrivningen i kapitel 11.

33 Öppna skumgummihöljet och ta ut styrmodulen. Koppla loss kontaktdonet och ta bort modulen från bilen.

Ställa in för vänster- eller högertrafik

34 På modeller med bågljusstrålkastare kan armaturens halvljusegenskaper justeras för att passa antingen vänster- eller högertrafik. Ta bort bågljuslampans överfall. Justeringsspaken bredvid glödlampan ska peka nedåt för körning i högertrafik och uppåt för körning i vänstertrafik **(se bild)**.

12 Vindrutetorkarens komponenter – demontering och montering

Torkarblad

1 Se *Veckokontroller*.

Torkararmar

2 Om torkarna inte står i viloläget, slå på tändningen och låt torkarmotorn stanna av sig själv.

3 Innan en arm demonteras, markera dess viloläge på rutan med en bit tejp. Bänd loss kåpan och skruva loss axelmuttern **(se bild)**. Ta bort brickan och lossa armen från axeln genom att vicka den försiktigt från sida till sida.

4 Monteringen sker i omvänd ordningsföljd mot demonteringen. Innan axelmuttrarna dras åt måste torkararmarna sättas i samma läge som markerades före demonteringen.

Torkarmotor

Demontering

5 Koppla loss batteriets minusledare (se kapitel 5A).

6 Demontera torkararmarna enligt beskrivningen i föregående underavsnitt.

7 Lossa fästklämmorna till höger (vänster på vänsterstyrda modeller) och i mitten, samt stjärnskruven som håller fast torpedplåten under vindrutan **(se bilder)**. Bänd försiktigt loss vindrutans torpedplåt upp och ut från spåret vid vindrutans fot.

8 Skruva loss de fem självgängande skruvarna som håller fast styrenhetens huskåpa.

9 Skyddskåpan hålls fast av en mutter inuti huset och en mutter utanför huset. Ta bort muttrarna och ta försiktigt bort huset från gummifästet. Tryck det framåt för att komma åt torkarmotorn och länksystemet **(se bild)**. Man behöver inte koppla ifrån de elektriska kontaktdonen.

10 Skruva loss de tre fästbultarna och lossa torkarmotorenheten. Koppla ifrån kontaktdonet när det är åtkomligt **(se bild)**.

11 För att skilja motorn från länksystemet, bänd försiktigt bort länkarmen från motorns kulled, och skruva sedan bort de tre fästbultarna och ta bort motorn **(se bild)**.

Montering

12 Återmontering sker i omvänd ordning mot

12.3 Skruva loss torkarens axelmutter

12.7a Lossa kåpans fästklämmor . . .

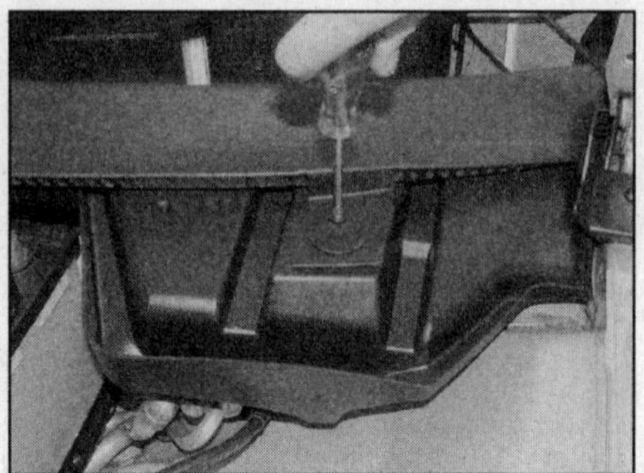

12.7b . . . och fästskruv

12.9 Skyddskåpan hålls fast av en mutter inuti huset och en mutter utanför huset (pil)

12.10 Skruva loss de tre fästbultarna (pil) och för torkarmotorn åt sidan

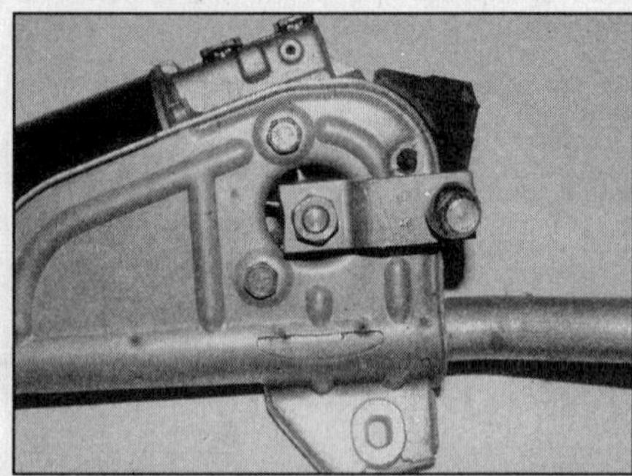

12.11 Bänd försiktigt loss länkarmarna från motorns kulled. Skruva sedan loss de tre fästskruvarna och ta bort motorn

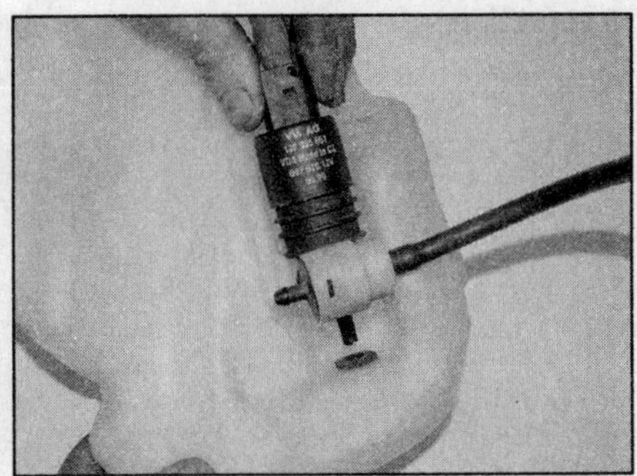

13.2a Torkarmotorn sitter i en genomföring i spolarbehållaren . . .

demontering. Kontrollera att fästbultarna är ordentligt åtdragna. Kontrollera också att torpedplåten är ordentligt fastknäppt.

13 Spolarsystem – allmänt

1 Alla modeller har vindrutespolare. Kombimodeller har även bakrutespolare, och vissa modeller har strålkastarspolare.

2 Spolarvätskebehållaren/behållarna för vindrutespolaren (och i förekommande fall, strålkastarspolarna) sitter i motorrummet på vänster sida. På vissa modeller finns en särskild behållare för strålkastarspolarna. Den sitter vid vindrutans huvudspolarbehållare. Ett anslutningsrör mellan behållarna möjliggör påfyllning av dem via ett gemensamt påfyllningsrör. Vätskepumpen sitter på behållarsidan, liksom nivågivaren **(se bilder)**. Man kommer åt behållarna och pumparna genom att ta bort det främre vänstra innerskärmen och skruva loss de tre fästmuttrarna – två under hjulhuset och en i motorrummet **(se bild)**.

3 Bakluckans spolare använder samma behållare och pump i omvänd riktning.

4 Behållarna måste regelbundet fyllas på med spolarvätska som innehåller frostskyddsvätska, men inte frostskyddsvätska för kylsystemet - se *Veckokontroller*.

5 Matningsslangarna är anslutna med gummikopplingar till de olika anslutningarna,

13.6 Justera spolarmunstyckena genom att trycka dem nedåt eller uppåt i hållaren

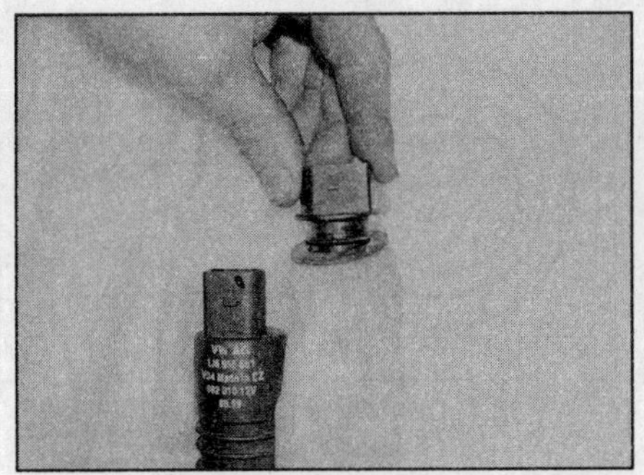

13.2b . . . liksom spolarvätskans nivågivare

och kan om det behövs kopplas loss genom att de helt enkelt dras loss från anslutningen i fråga.

6 Spolarmunstyckena kan justeras genom att man trycker munstycket uppåt eller nedåt i hållaren med fingret **(se bild)**. När de är korrekt justerade, ska munstyckena peka på en punkt en liten bit ovanför mitten av området torkarna sveper över. För att ta bort ett spolarmunstycke, dra bort slangen och koppla från anslutningskontakten. Tryck munstycket framåt och dra det nedåt.

7 Man kommer åt strålkastarens spolarkomponenter genom att ta bort den främre stötfångarkåpan (se kapitel 11). Strålkastarspolarnas munstycken justeras bäst med VW-verktyget, och detta bör därför helst överlåtas åt en VW-verkstad.

14 Bakrutetorkarens motor – demontering och montering

1 Koppla loss batteriets minusledare (se kapitel 5A).

2 Demontera bakluckans klädselpanel enligt beskrivningen i kapitel 11, avsnitt 14.

3 Demontera torkararmen och bladet enligt beskrivningen i avsnitt 12, och skruva sedan loss axelmuttern. Ta bort muttern och brickorna.

4 Koppla loss kontaktdonet från torkarmotorn, och koppla sedan loss spolarmunstyckets slang.

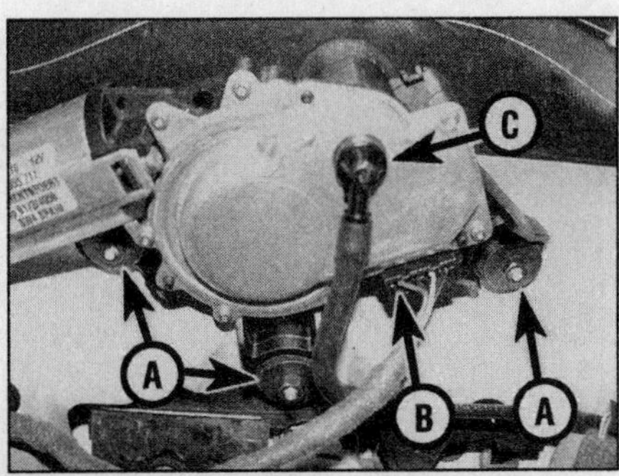

14.5 Bakluckans spolarmotor

A Fästmuttrar
B Anslutningskontakt
C Spolarslang

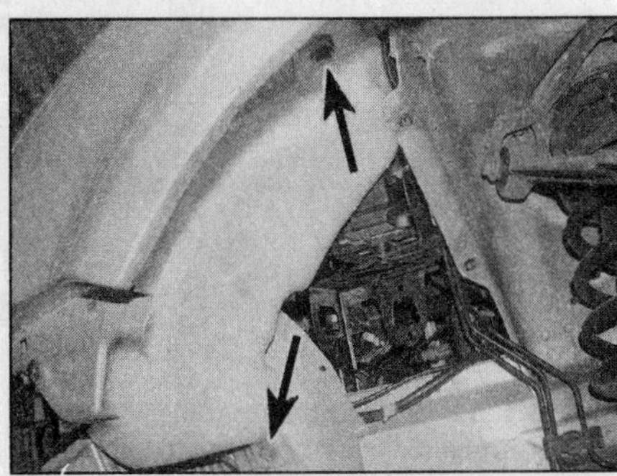

13.2c Spolarbehållaren hålls fast av två bultar bakom hjulhusets foder (pil) och en bult i motorrummet

5 Skruva loss det tre bultarna från torkarmotorns fästplatta och ta bort torkarmotorn, tillsammans med fästplattan, från bakluckan **(se bild)**.

6 Montera i omvänd ordningsföljd. Montera tillbaka torkararmen och bladet så att de står i rätt viloläge.

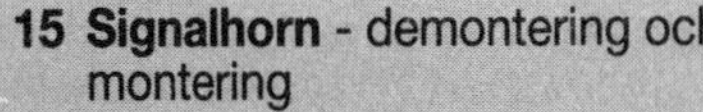

15 Signalhorn - demontering och montering

Demontering

1 Signalhornen sitter längst fram i bilen, på höger sida mellan den främre stötfångaren och innerflygeln. Man kommer åt signalhornen genom att ta bort den främre stötfångaren (se kapitel 11).

2 När stötfångaren är borttagen, skruva loss signalhornets fästbultar och koppla från anslutningskontakterna **(se bild)**.

Montering

3 Montera i omvänd ordningsföljd. Avsluta med att kontrollera funktionen.

16 Takluckans motor – demontering och montering

Stänga takluckan manuellt

1 Om det blir något fel på takluckans motorn när takluckan är öppen, kan den stängas för

15.2 Skruva loss signalhornets fästmutter

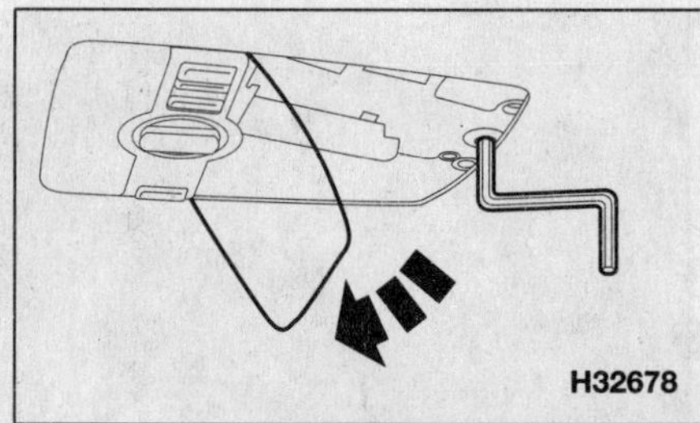

16.1 Snäpp loss plastpanelen bakom innerbelysningens brytare. Lossa sedan takluckans handvev

hand. Gör det genom att dra ner den bakre delen av plastpanelen bakom innerbelysningens brytare. Lossa sedan handveven som sitter på panelens insida. Sätt i veven i urtaget vid motoraxeln. Veven kan sedan användas för att stänga takluckan **(se bild)**.

Motor

Demontering

2 Se till att takluckan är ordentligt stängt – om motorn är trasig, se beskrivningen i punkt 1. Koppla loss batteriets minusledare (enligt beskrivningen i avsnitt 1 och kapitel 5A).

3 Ta bort kåpan som sitter bakom den inre kupébelysningen/kartläsningslampan.

4 Koppla loss kontaktdonet från motorn.

5 Skruva loss och ta bort de två sexkantiga hylsnyckelbultarna och dra ut motorenheten.

6 Takluckans motor är bara tillgänglig som en enhet. Ingen ytterligare isärtagning bör göras.

Montering

7 Monteringen sker i omvänd ordningsföljd mot demonteringen, men tänk på följande:

a) *Precis som vid demonteringen, är det viktigt att takluckan är stängd för att allt ska fungera. Om takluckans motor startades när den var demonterad, eller om en ny motor monteras, måste den ställas in korrekt före monteringen. Det sker genom att kablarna ansluts och brytaren slås om till stängd position. Då startar motorn och ställer in den så att den kan monteras.*

b) *Använd nya fästbultar till motorn, och rengör gängorna till motsvarande fästhål före monteringen.*

c) *Avsluta med att kontrollera att takluckan fungerar som den ska.*

17 Centrallåssystem – allmän information

1 Alla modeller har ett centrallåssystem som automatiskt låser alla dörrar och bakluckan, när någon av framdörrarna låses. Systemet regleras på elektronisk väg med motorer/brytare i dörrarnas låsenheter. Systemet regleras med en elektronisk styrenhet under mattan vid passagerarsätet.

2 Styrenheten är självdiagnostiserande. Om systemet går sönder bör en VW-mekaniker eller en kvalificerad verkstad undersöka styrenheten. När felet har bekräftats, se relevant avsnitt i kapitel 11 för att montera ett nytt dörrlås eller lås till bakluckan.

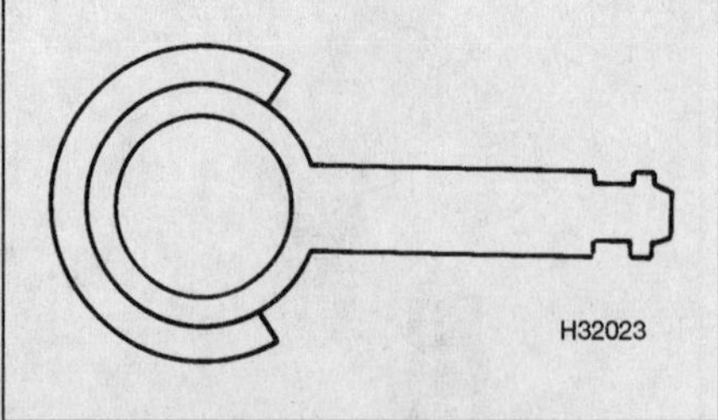

18.1 Demonteringsverktyg för ljudanläggningen

18 Ljudanläggning – demontering och montering

Observera: *Detta avsnitt gäller bara standardutrustning.*

Demontering

1 Till ljudanläggningens fästklämmor krävs särskilda borttagningsverktyg som medföljer bilen, eller som kan skaffas från en bilradiospecialist. Alternativt kan man tillverka borttagningsverktyg själv **(se bild)**.

2 Koppla loss batteriets minusledare enligt beskrivningen i avsnitt 1 och kapitel 5A.

3 Sätt i demonteringsstagen i hålen i ljudanläggningens nedre kant, eller övre och nedre kanter (beroende på modell). **Observera:** *Radion måste tas bort innan CD-spelaren kan tas bort.*

4 Skjut in borttagningsverktygen helt i hålen tills de snäpper på plats **(se bild)**.

5 Dra ut ljudanläggningen från hålet, och koppla sedan loss kontakterna till högtalarna, strömförsörjningen och antennen. Observera att vissa radioapparater även har en säkring på baksidan.

18.4 Skjut in demonteringsverktyget helt tills det klickar på plats

Montering

6 Monteringen sker i omvänd ordningsföljd mot demonteringen. Tryck in radion helt i hålet tills fästklämmorna snäpper fast. Om radion har en säkerhetskod, måste koden anges innan radion slås på.

19 Radioantenn – demontering och montering

Demontering

1 Antennen skruvas bort från foten moturs.

2 Takklädselns bakre del måste sänkas ner för att man ska kunna ta bort antennens fot (se kapitel 11).

3 När takklädseln har sänkts ner, koppla loss antennkabeln vid kontaktdonet. Skruva sedan loss fästmuttern och dra bort antennfoten från taket. Håll antennfoten medan skruven skruvas ur för att förhindra att foten vrids och repar taket **(se bilder)**. Ta loss gummimellanlägget.

Montering

4 Montera i omvänd ordningsföljd mot demonteringen.

20 Högtalare – demontering och montering

1 Ljudanläggningens högtalare sitter i fram-

19.3a När den inre takklädselns baksida har sänkts, koppa ifrån antennens anslutningskontakt . . .

19.3b . . . och skruva loss antennfotens mutter

och bakdörrarnas klädselpanel. Separata högtalare för mellan och diskantregister finns i fram- och bakdörrarnas klädselpanel.

Mellanregisterhögtalare

2 Ta bort en av dörrarnas mellanregisterhögtalare genom att demontera dörrklädseln på aktuell dörr enligt beskrivningen i kapitel 11.
3 Borra ur högtalarens fästnitar, koppla ifrån kontaktdonen och ta bort högtalaren **(se bild)**.
4 Montera i omvänd ordningsföljd.

Diskanthögtalare (högtonshögtalare)

5 Ta bort den aktuella dörrens klädsel enligt beskrivningen i kapitel 11. Diskanthögtalaren är permanent monterad på den trekantiga spegelkåpan.
6 Koppla ifrån högtalarens anslutningskontakt, dra ut den övre delen av den trekantiga kåpan. Skjut den sedan uppåt och ta bort den **(se bild)**.
7 Montera i omvänd ordningsföljd.

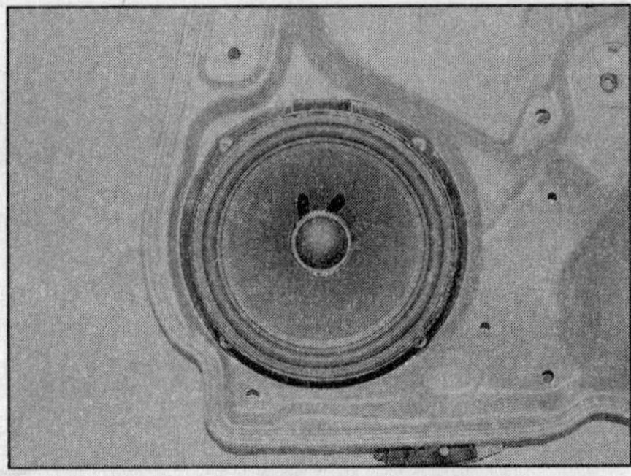

20.3 Borra ur nitarna och ta bort dörrens högtalare

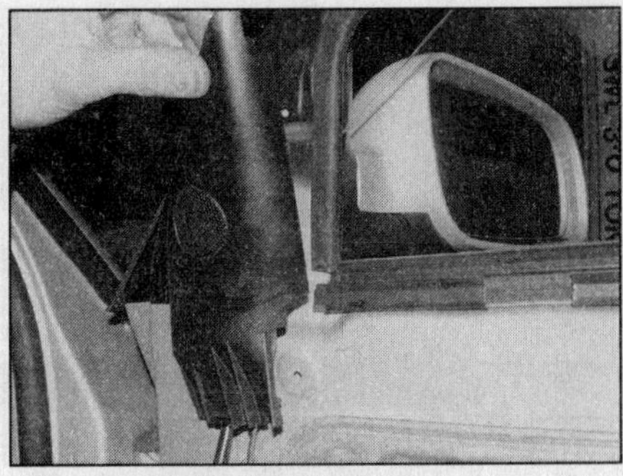

20.6 Dra ut den övre delen av den trekantiga kåpan och skjut sedan försiktigt upp kåpan

21 Krockkuddesystem – allmän information och föreskrifter

Varning: Innan man utför några åtgärder i krockkuddesystemet kopplar man loss batteriets minusledare (se kapitel 5A). När arbetet är klart, se till att ingen befinner sig i bilen när batteriet återansluts.

Observera att krockkudden/-kuddarna inte får utsättas för temperaturer över 90°C. När krockkudden demonteras, förvara den med rätt sida upp för att förhindra att den av misstag blåses upp.

Låt inte lösningsmedel eller rengöringsmedel komma i kontakt med krockkuddarna. De får endast rengöras med en fuktig trasa.

Krockkuddarna och styrenheten är båda känsliga för stötar. Om de tappas eller skadas måste de bytas ut.

Koppla loss anslutningskontakten till krockkuddens styrenhet innan någon svetsning utförs på bilen.

I Passat-serien finns krockkuddar både på förarsidan och passagerarsidan. Förarsidans krockkudde sitter mitt i ratten. Krockkudden på passagerarsidan sitter på instrumentbrädan, ovanför handskfacket. Krockkuddesystemet består av krockkudden/kuddarna (med gasgeneratorer), en stötgivare, styrmodulen samt en varningslampa på instrumentbrädan. Sätesmonterade sidokrockkuddar finns också på vissa modeller, samt bältessträckare. Dessa komponenter ingår i samma styrsystem, men på grund av de komplicerade metoderna för demontering och montering tas de inte upp i denna handbok.

Krockkuddesystemet utlöses vid en rak eller förskjuten frontalkrock som överskrider en viss kraft. Krockkudden blåses upp inom några millisekunder och bildar en luftkudde mellan föraren och ratten respektive passageraren och instrumentbrädan. Detta förebygger kontakt mellan överkroppen och ratten, styrstången och instrumentbrädan, och minskar därmed risken för skador. Krockkudden töms nästan genast genom ventiler i kuddens sida.

Varje gång tändningen slås på utför krockkuddens styrmodul ett självtest. Självtestet tar cirka tre sekunder och under den tiden lyser krockkuddens varningslampa. Efter självtestets slut ska lampan slockna. Om varningslampan inte tänds, om den slocknar efter självtestet, eller om den tänds då bilen körs, är det fel på krockkuddesystemet. Bilen bör då lämnas till en VW-verkstad för undersökning så snart som möjligt.

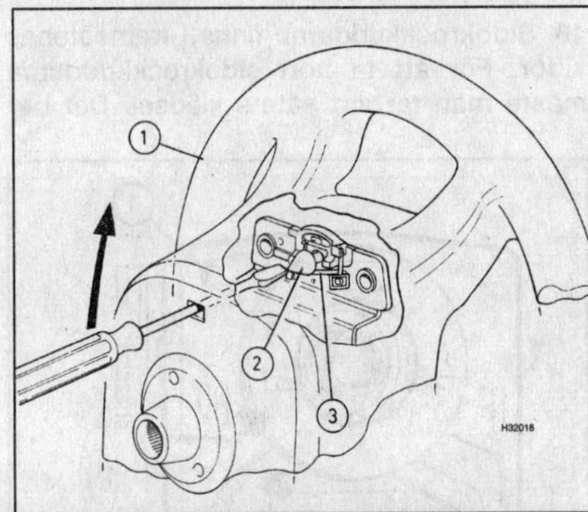

22.3a För in en skruvmejsel ungefär 45 mm och lossa krockkuddens fästklämma – fyrekrad ratt . . .

1 Ratt
2 Fästklämma
3 Låstapp

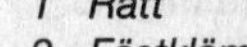

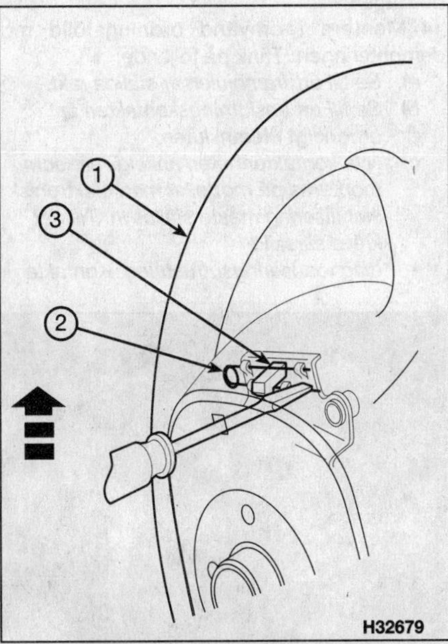

22.3b . . . och treekrad ratt

1 Ratt
2 Fästklämma
3 Låsspärr

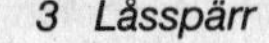

22 Krockkuddesystemets komponenter – demontering och montering

Observera: *Läs varningarna i avsnitt 21 innan följande åtgärder utförs.*
1 Koppla loss batteriets minusledare (se avsnitt 1 och kapitel 5A).

Förarsidans krockkudde

2 Ställ in ratten rakt och vrid den sedan 90° åt höger eller vänster. Lossa rattstångens justeringsspak och dra ut och ner ratten så långt som möjligt.
3 Placera urtaget på rattens baksida och för in en lång, smal skruvmejsel ungefär 45 mm in i urtaget. Rör skruvmejselns handtag uppåt för att lossa krockkuddens fästklämmor **(se bilder)**. Vrid krockkudden 180° och lossa den andra fästklämman på motsatt sida.
4 Ställ ratten rakt fram och lyft försiktigt bort krockkudden från ratten. Koppla loss kontaktdonet från baksidan av enheten **(se bild)**. Observera att krockkudden inte får utsättas för stötar eller tappas, och att den måste förvaras med den stoppade sidan uppåt.
5 Vid återmonteringen, återanslut kontaktdonet/donen och sätt tillbaka krockkudden i ratten, och se till att kabeln inte kläms. Slå på tändningen och återanslut **därefter** batteriets minusledare.

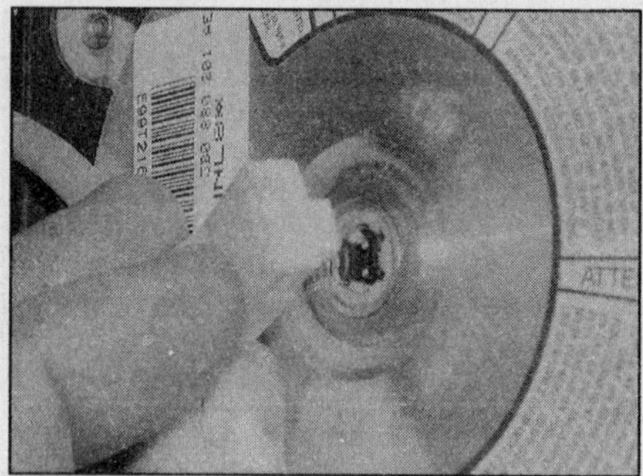

22.4 Koppla ifrån anslutningskontakten från krockkuddens undersida

Passagerarsidans krockkudde

6 Passagerarsidans krockkudde är placerad under en kåpa ovanför handskfacket. Dra försiktigt bort kåpan från instrumentbrädan och fästklämmorna. Skruva loss de tre fästmuttrarna och koppla loss den från gångjärnen.

7 Ta bort de fyra fästbultarna och lyft krockkudden uppåt från dess stödfäste. Koppla ifrån anslutningskontakten när krockkudden är borttagen **(se bild)**. Observera att krockkudden inte får utsättas för stötar eller tappas, och måste förvaras med gångjärnssidan uppåt.

8 Monteringen sker i omvänd ordningsföljd mot demonteringen. Se till att kontaktdonet är ordentligt anslutet **(se bild)**.

9 Se till att ingen befinner sig i bilen. Slå på tändningen och återanslut **därefter** batteriets minusledare.

Krockkuddens kontakt

10 Ställ hjulen rakt fram, och demontera sedan ratten enligt beskrivningen i kapitel 10.

11 Skruva loss fästskruvarna och ta bort den övre och nedre kåpan från rattstången. Den övre kåpan är fäst med två stjärnskruvar från rattstångens undersida, och den övre kåpan är fäst med fyra stjärnskruvar och en sexkantig bult. Observera att man måste sänka rattstångens justeringsspak, skruva loss de två fästskruvarna och ta bort justeringsspaken (se kapitel 11).

12 På modeller utan elektronisk stabilisering, koppla ifrån anslutningskontakten på kontaktenhetens undersida och lossa de tre låsklämmorna. Ta bort kontaktenheten från rattstångens brytare **(se bild)**.

13 På modeller med elektronisk stabilisering sitter rattens vinkelgivare i kontaktenheten. När hjulen är rakt ställda ska en gul prick visas uppe i kontaktenhetens högra hörn, och markeringen ska vara i samma nivå **(se bild)**. Lossa de fyra fästklämmorna och lyft kontaktenheten från stången. Koppla ifrån anslutningskontakten när kontaktenheten är borttagen.

14 Montera i omvänd ordningsföljd mot demonteringen. Tänk på följande:

a) Se till att framhjulen är ställda rakt.

b) Se till att anslutningskontakten är ordentligt återansluten.

c) Nya kontaktenheter/vinkelgivare som monteras på modeller med elektronisk stabilisering måste ställas in. Till det krävs särskild diagnostiseringsutrustning. Kontakta din VW-mekaniker eller en kvalificerad verkstad.

d) Se till att ingen befinner sig i bilen, slå på tändningen och återanslut ***sedan*** *batteriets minusledare.*

Krockkuddens styrenhet

15 Följ instruktionerna i kapitel 11 och ta bort instrumentbrädan och mittkonsolen.

16 Styrenheten sitter under värmeenhetens hus. Lossa låsenheten och koppla ifrån styrenhetens anslutningskontakt.

17 Skruva loss fästmuttrarna och ta bort styrenheten.

18 Montera i omvänd ordningsföljd mot demonteringen.

Sidokrockkuddar

19 Sidokrockkuddarna finns i framsätenas sidor. För att ta bort sidokrockkuddarna måste man ta bort sätets klädsel. Det bör

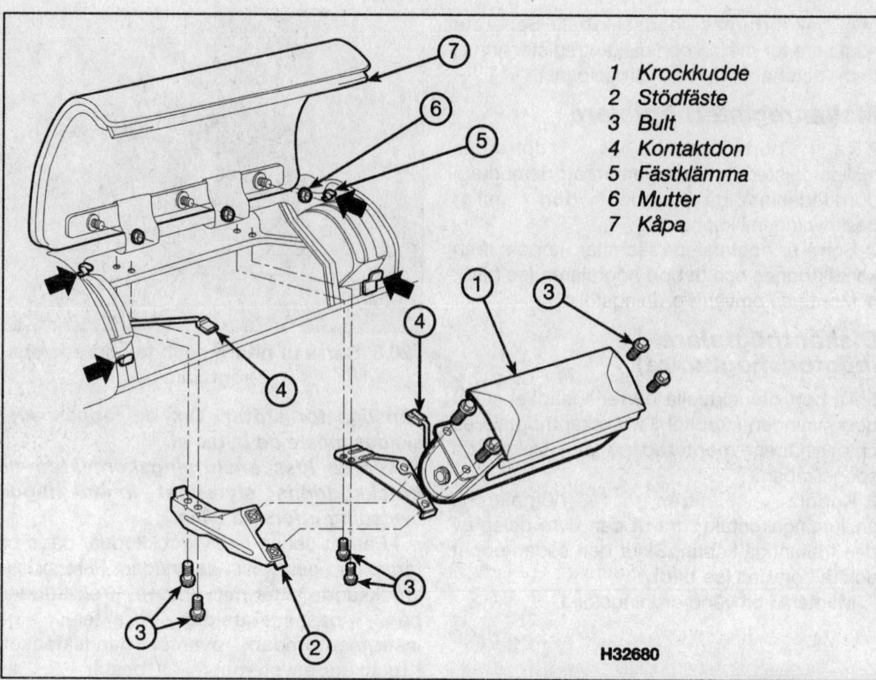

22.7 Krockkuddens komponenter på passagerarsidan

22.8 Passagerarkrockkuddens kontaktdon

22.12 Lossa de tre låsklämmorna och ta bort kontaktenheten från rattstångens omställare

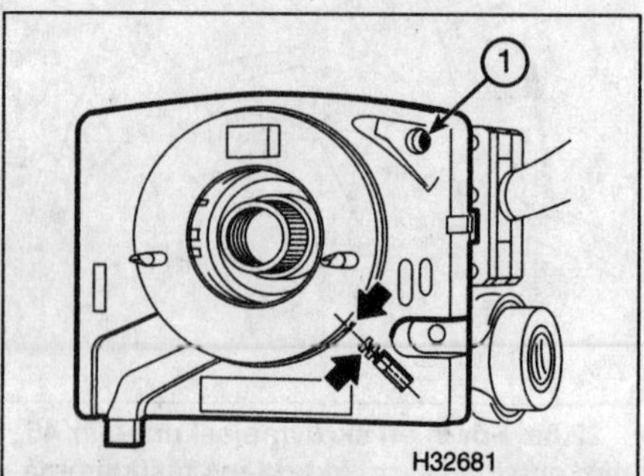

22.13 När hjulen är riktade framåt bör den gula pricken (1) visas, och markeringarna vara i jämnhöjd

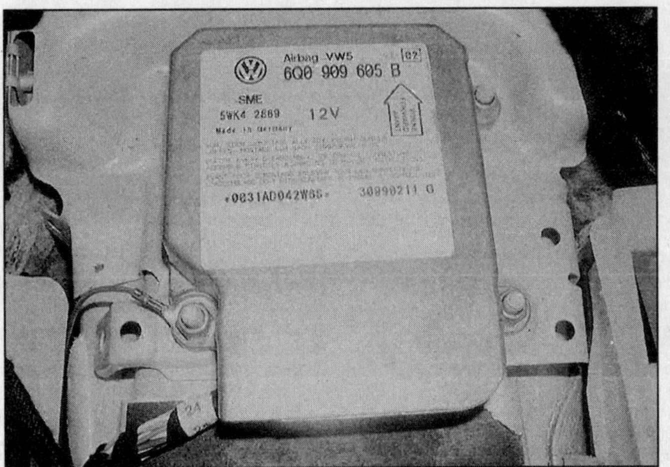

22.16 Krockkudde styrenhet

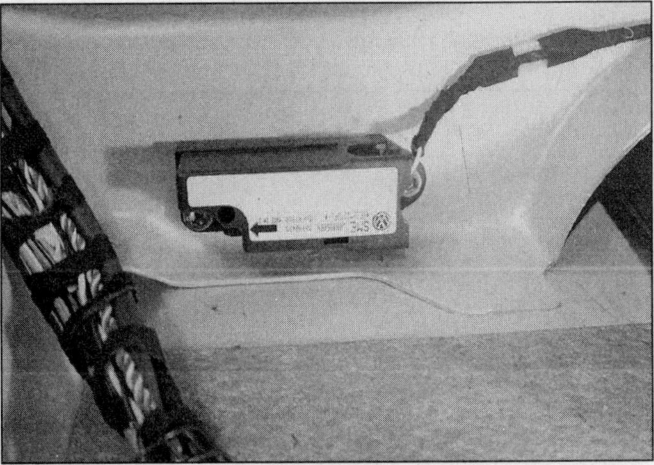
22.22 Sidokrockkuddens krockgivare hålls fast av två insexskruvar

göras av en VW-mekaniker eller en kvalificerad verkstad.

Krockgivare för sidokrockkuddar

20 Givarna sitter under varje framsäte, bakom golvets tvärbalk. Ta bort aktuellt säte enligt anvisningarna i kapitel 11.

21 Bänd försiktigt loss tröskelpanelen på vänster sida, så att mattan kan lyftas.

22 Koppla ifrån givarens anslutningskontakt och skruva loss de två insexbultarna. Ta bort givaren **(se bild)**.

23 Monteringen sker i omvänd ordningsföljd mot demonteringen. Efter monteringen, slå på tändningen, stäng alla dörrar och återanslut **därefter** batteriets minusledare.

23 Stöldskyddssystem – allmän information

Senare modeller är utrustade med stöldskyddslarm och motorlåsningssystem som standard.

Om det blir något fel på systemet måste bilen tas till en VW-verkstad för undersökning. De har tillgång till särskild diagnosutrustning som snabbt kan spåra eventuella fel i systemet.

24 Klimatsystemets elektroniska styrenhet - demontering och montering

Demontering

1 Komfortsystemets elektroniska styrenhet styr centrallås, spegelinställning, elektriska fönsterhissar, uppvärmda yttre speglar, kontrollpanelens belysning, stöldskyddslarmet och innerbelysning. Styrenheten finns bakom golvets tvärbalk under passagerarsidans matta. Ta bort sätet enligt beskrivningen i kapitel 11.

2 Skruva loss fästskruven och ta bort fotbrunnens klädselpanel från A-stolpen.

3 Bänd försiktigt loss tröskelpanelen på vänster sida, så att mattan kan lyftas.

4 Lossa fästklämmorna och öppna styrenhetens skyddslåda.

24.5 Komfortsystemets styrenhet finns i en plastlåda framme under passagerarsätets matta

5 Koppla ifrån anslutningskontakterna och lossa den elektroniska styrmodulen från fästklämmorna **(se bild)**.

Montering

6 Monteringen sker i omvänd ordningsföljd mot demonteringen. Om en ny elektronisk styrmodul monteras måste den ställas in med hjälp av specialutrustning. Kontakta en lokal VW-verkstad.

VW Passat 1997 till 2000 kopplingsscheman

Kopplingsschema 1

Förklaringar till symboler

Glödlampa

Kontakt/brytare

Flerlägeskontakt/-brytare (kopplad)

Säkring/smältsäkring och amperetal — F5 30A

Motstånd

Variabelt motstånd

Intern anslutning

Kontaktdon

Komponentnummer — 2

Pump/motor — M

Jordanslutning och placering — E22

Mätare

Diod

Kabelsplits eller lödd skarv

Solenoidaktiverare

Ljusdiod

Kabelfärg (brun med svart följare) — Br/Sw

Avskärmad kabel

Sträckad kontur anger en del av en större komponent, vilken i detta fall innehåller en elektronisk enhet eller en enhet med fast tillstånd.

6 - ospecificerat kontaktstift 6

T14/9 - 14-stifts kontakt, stift 9

Jordanslutningar

E1 Jordfläta, batteri till kaross
E2 Instrumentpanelens jordanslutning 1
E3 Instrumentpanelens jordanslutning 2
E4 Jordanslutning i bakluckan/ bakre vänstra stolpen
E5 Innerbelysningens kabelhärva jordanslutning 1
E6 Nedre vänstra A-stolpen
E7 Jordanslutning nära ratten
E8 Högra strålkastarens kabelhärva
E9 Bakre vänstra stolpen
E10 Förardörrens kabelhärva
E11 Nedre högra A-stolpen
E12 Passagerardörrens kabelhärva
E13 Bakre högra stolpen
E14 Bakre kabelhärva jordanslutning 2
E15 Bakre kabelhärva jordanslutning 3
E16 På takbågen (endast kombi)
E17 Vänstra strålkastarens kabelhärva
E18 Vänstra bakljusets glödlampshållare
E19 Under mittkonsolen
E20 Nedanför bakre hyllan
E21 I krockkuddens kabelhärva
E22 Jordanslutning bredvid säkrings-/reläpanelen
E23 Jordanslutning på ventilkåpan
E24 Jordanslutning på hydraulenheten
E25 Motorns kabelhärva jordanslutning 1
E26 Motorns kabelhärva jordanslutning 2
E27 Bakre kabelhärva jordanslutning 4
E28 Jordanslutning i motorrummet vänster sida
E29 Jordanslutning i motorrummet höger sida
E30 Vänster på torpedplåten
E31 Instrumentpanelens givare, jord

Överblick över kopplingsscheman

Schema 1 Information om kopplingsscheman
Schema 2 Spolare/torkare, automatisk dag/natt spegel och tvåtons signalhorn
Schema 3 Centrallås och komfortkoppling - förardörren
Schema 4 Centrallås och komfortkoppling - passagerardörren
Schema 5 Centrallås och komfortkoppling - höger och vänster bakdörr
Schema 6 Centrallås och komfortkoppling - central styrmodul
Schema 7 Innerbelysning, instrumentbelysning och cigarettändare
Schema 8 Strålkastare, dimljus och backljus
Schema 9 Bromsljus, körriktningsvisare, bakljus, parkeringsljus och registreringsskyltsbelysning
Schema 10 Radio, värmefläkt och bakrutans avimning
Schema 11 Luftkonditionering och motorkylning
Schema 12 Krockkudde och ABS med EDL
Schema 13 1.6 M3.2 Motronic motor, inklusive start och laddning
Schema 14 1.6 M3.2 Motronic motor fortsättning
Schema 15 1.8 Turbo M3.2 Motronic motor inklusive start och laddning
Schema 16 1.8 Turbo M3.2 Motronic motor fortsättning
Schema 17 1.9 Bosch Direct EDC dieselmotor inklusive start och laddning
Schema 18 1.9 Bosch Direct EDC dieselmotor fortsättning
Schema 19 1.9 Direct Pump Injector dieselmotor inklusive start och laddning
Schema 20 1.9 Direct Pump Injector dieselmotor fortsättning
Schema 21 Instrumentens styrmodul
Schema 22 Instrumentens styrmodul fortsättning

Säkringshållare

			8	12	16	20
		5	9	13	17	21
1	3	6	10	14	18	22
2	4	7	11	15	19	23

24	31	38
25	32	39
26	33	40
27	34	41
28	35	42
29	36	43
30	37	44

H32402

Kopplingsschema 2

Färgkoder

Ws	Vit	**Gr**	Grå
Br	Brun	**Sw**	Svart
Bl	Blå	**Li**	Lila
Ro	Röd	**Gn**	Grön
Ge	Gul		

Komponentförteckning

1 Batteri
2 Tändningslås
3 Belastningsreducering relä
4 Reläplatta
5 Tvåtons sighalhorn relä
6 Säkringshållare
7 Spolare/torkare fördröjningsrelä
8 Bakrutetorkare
9 Spolarpump
10 Vindrutetorkarmotor
11 Vindrutetorkarens fördröjningsregulator
12 Spolare/torkare brytare
13 Strålkastarspolarpump
14 Automatisk innerspegel
15 Signalhornsbrytare
16 Tvåtons signalhorn

* Endast kombi
** Endast sedan

MTS H32403

Spolar-/torkarsystem

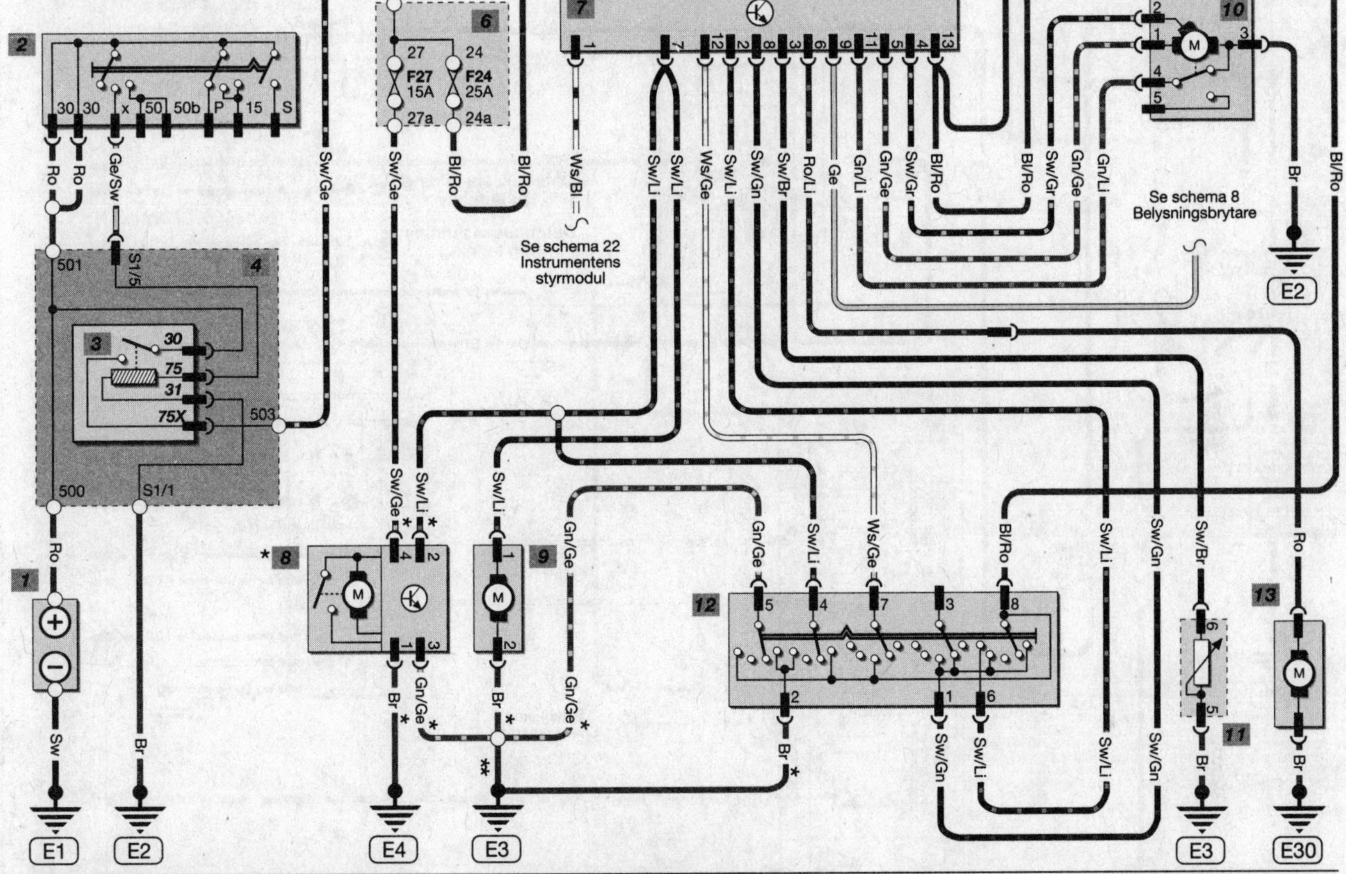

Se schema 22 Instrumentens styrmodul

Se schema 8 Belysningsbrytare

Automatisk dag/natt innerspegel

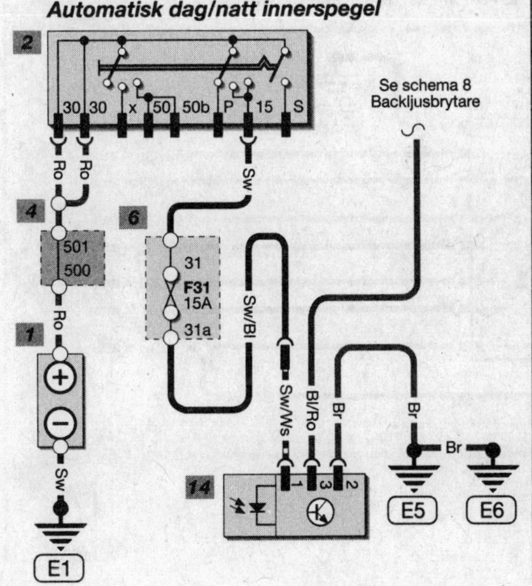

Tvåtons signalhorn

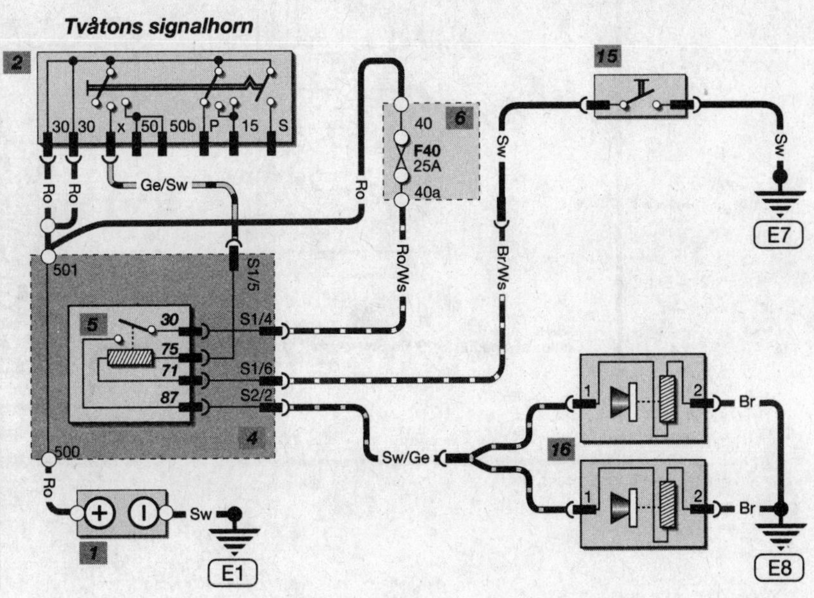

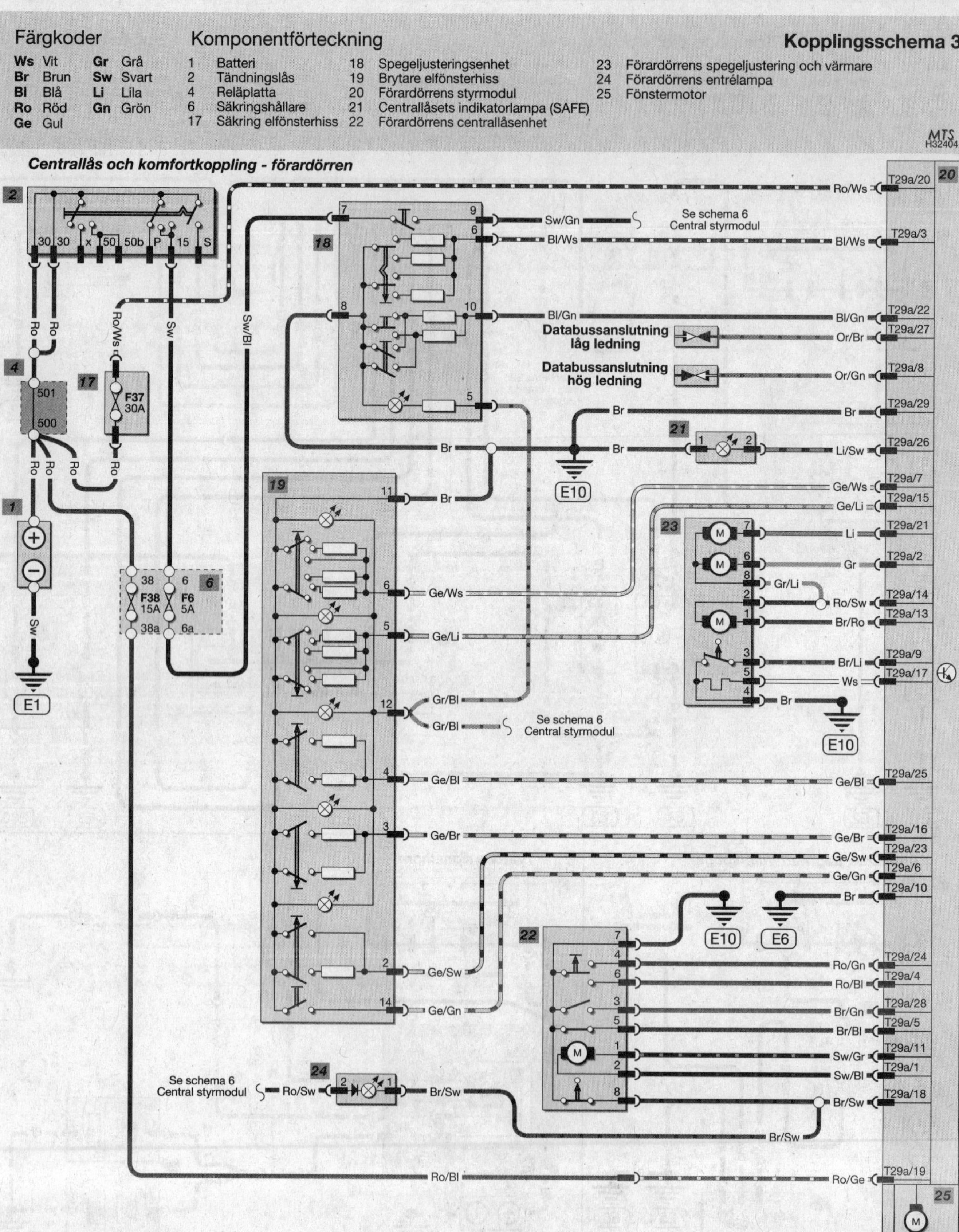

Färgkoder
Ws Vit
Br Brun
Bl Blå
Ro Röd
Ge Gul
Gr Grå
Sw Svart
Li Lila
Gn Grön
Komponentförteckning
1 Batteri
2 Tändningslås
4 Reläplatta
6 Säkringshållare
17 Säkring elfönsterhiss
18 Spegeljusteringsenhet
19 Brytare elfönsterhiss
20 Förardörrens styrmodul
21 Centrallåsets indikatorlampa (SAFE)
22 Förardörrens centrallåsenhet
23 Förardörrens spegeljustering och värmare
24 Förardörrens entrélampa
25 Fönstermotor
Kopplingsschema 3
MTS H32404
Centrallås och komfortkoppling - förardörren
Se schema 6 Central styrmodul
Databussanslutning låg ledning
Databussanslutning hög ledning
F37 30A
F38 15A
F6 5A
E1
E6
E10

Färgkoder

Ws	Vit	**Gr**	Grå
Br	Brun	**Sw**	Svart
Bl	Blå	**Li**	Lila
Ro	Röd	**Gn**	Grön
Ge	Gul		

Komponentförteckning

1 Batteri
4 Reläplatta
6 Säkringshållare
17 Säkring elfönsterhiss
26 Passagerardörrens styrmodul
27 Passagerarsidans spegeljustering och värmare
28 Passagerarsidans centrallåsenhet
29 Passagerardörrens entrélampa
30 Passagerarsidans elfönsterhiss brytare
31 Passagerarsidans fönstermotor

Kopplingsschema 4

MTS H32405

Centrallås och komfortkoppling - passagerardörren

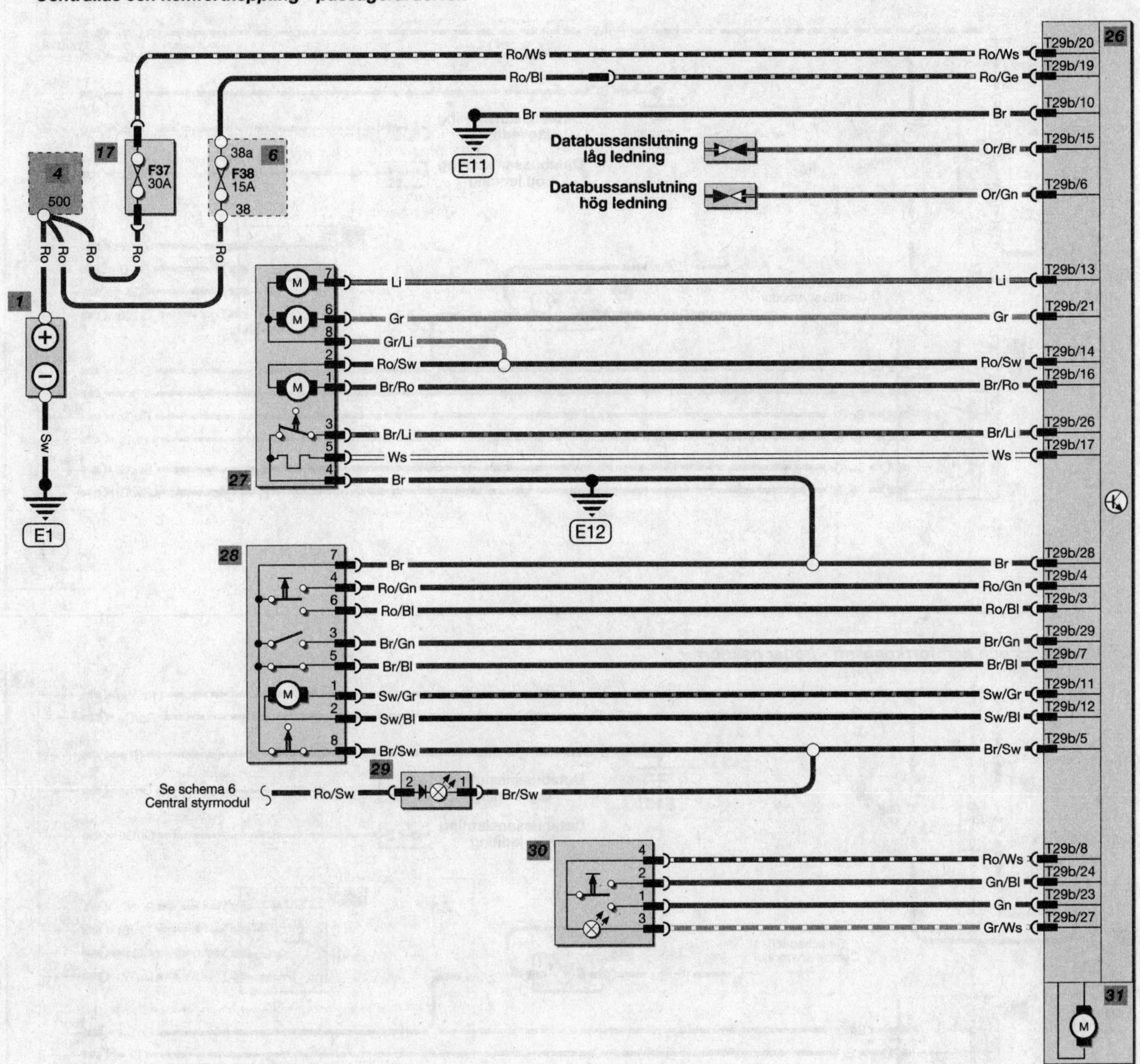

Färgkoder

Ws	Vit	**Gr**	Grå
Br	Brun	**Sw**	Svart
Bl	Blå	**Li**	Lila
Ro	Röd	**Gn**	Grön
Ge	Gul		

Komponentförteckning

1 Batteri
4 Reläplatta
6 Säkringshållare
17 Säkring elfönsterhiss
32 Fönstermotor vänster bak
33 Styrmodul vänster bakdörr
34 Centrallåsenhet vänster bakdörr
35 Entrélampa vänster bakdörr
36 Elfönsterhissens brytare vänster bak
37 Fönstermotor höger bak
38 Styrmodul höger bakdörr
39 Centrallåsenhet höger bakdörr
40 Entrélampa höger bakdörr
41 Elfönsterhissens brytare höger bak

Kopplingsschema 5

* Endast mekaniska fönsterhissasr

MTS H32406

Centrallås och komfortkoppling - vänster bakdörr

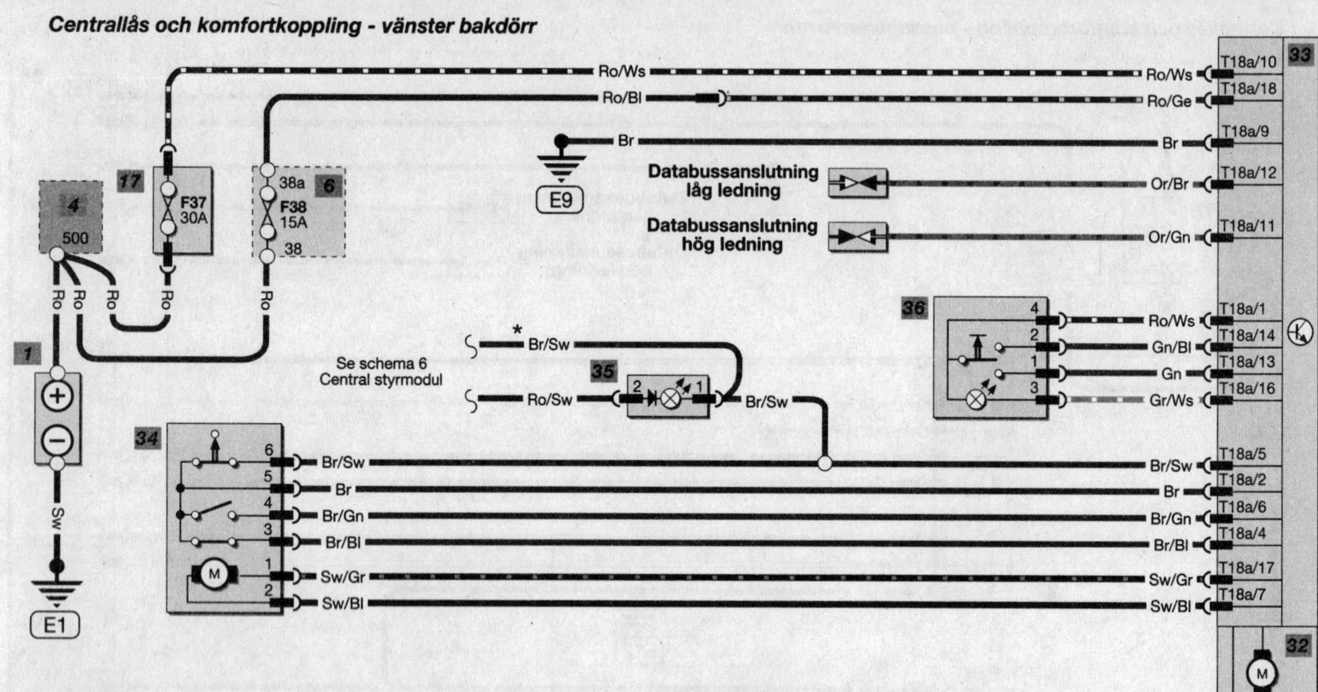

Centrallås och komfortkoppling - höger bakdörr

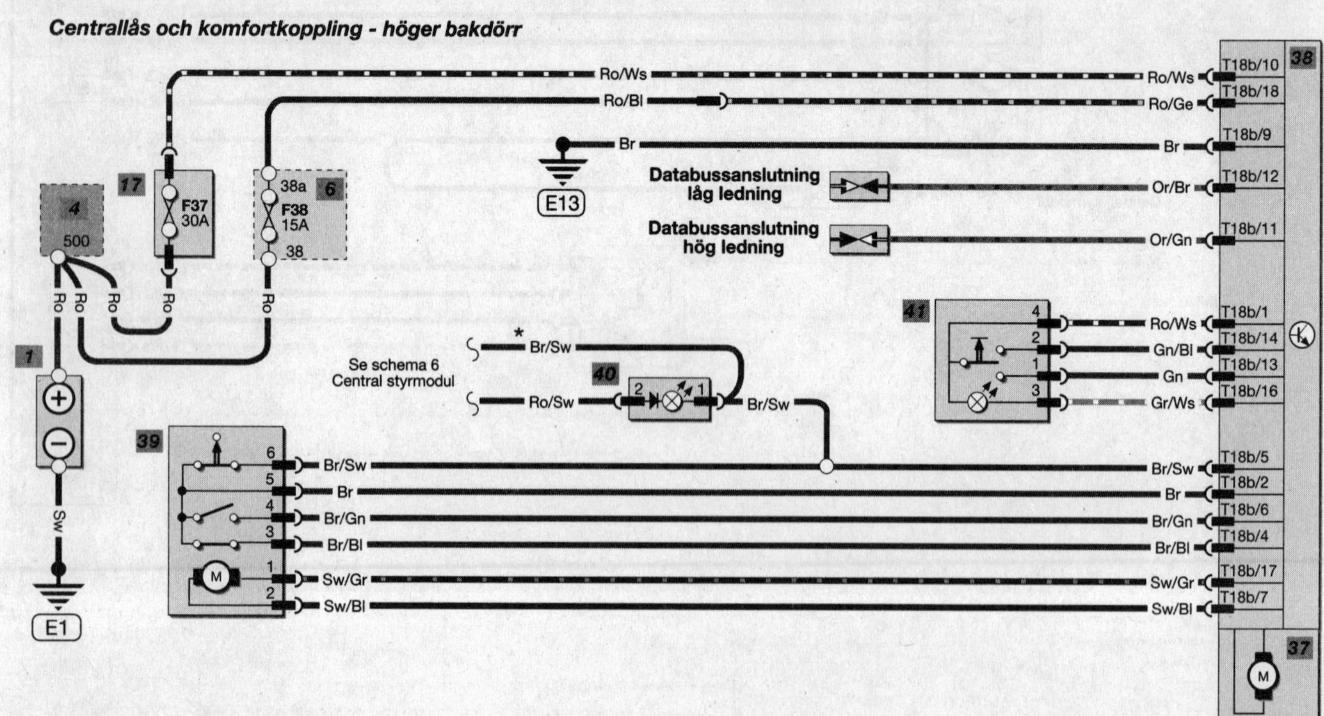

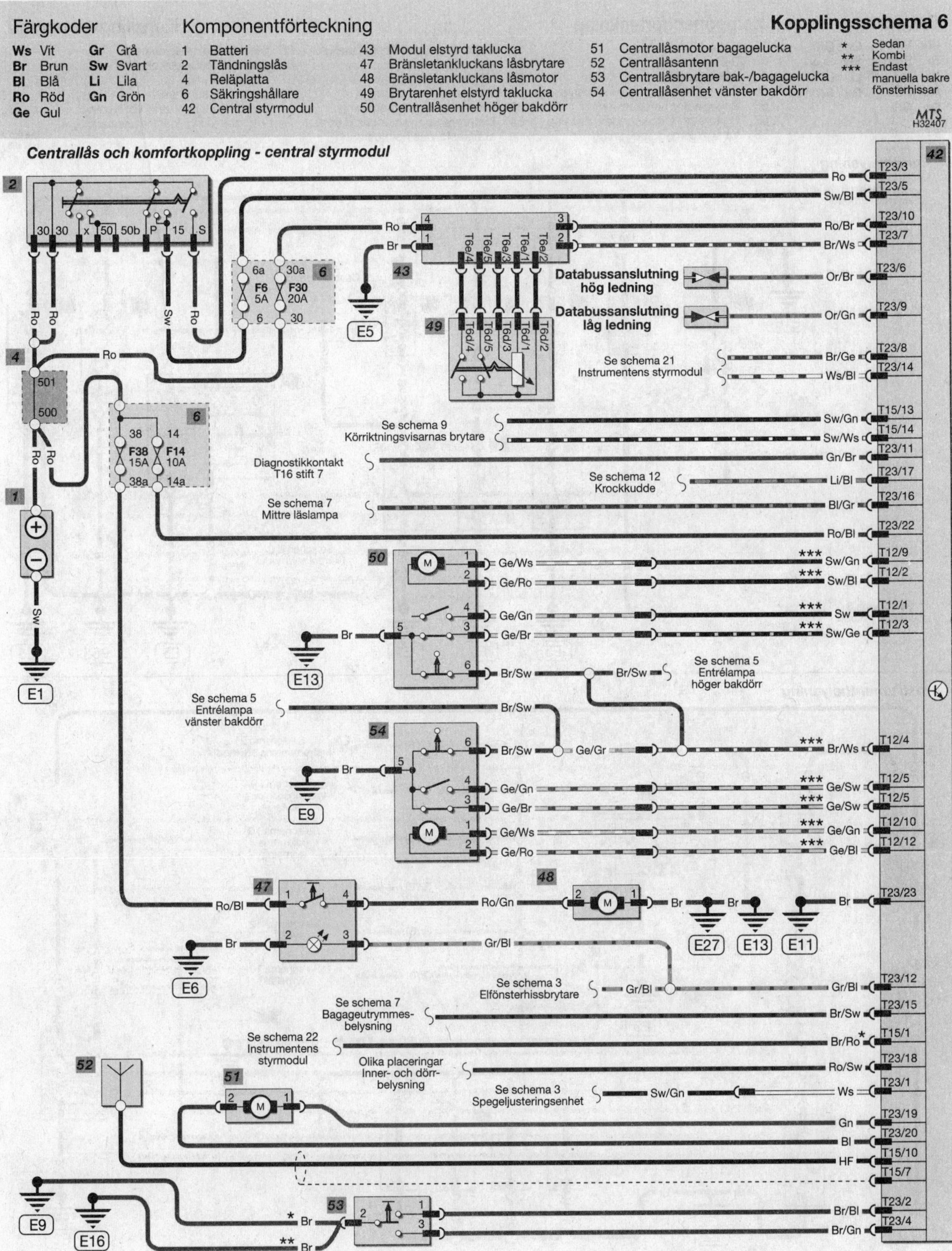

Färgkoder
Ws Vit
Br Brun
Bl Blå
Ro Röd
Ge Gul
Gr Grå
Sw Svart
Li Lila
Gn Grön
Komponentförteckning
1 Batteri
2 Tändningslås
4 Reläplatta
6 Säkringshållare
42 Central styrmodul
43 Modul elstyrd taklucka
47 Bränsletankluckans låsbrytare
48 Bränsletankluckans låsmotor
49 Brytarenhet elstyrd taklucka
50 Centrallåsenhet höger bakdörr
51 Centrallåsmotor bagagelucka
52 Centrallåsantenn
53 Centrallåsbrytare bak-/bagagelucka
54 Centrallåsenhet vänster bakdörr
Kopplingsschema 6
* Sedan
** Kombi
*** Endast manuella bakre fönsterhissar
H32407
Centrallås och komfortkoppling - central styrmodul
Databussanslutning hög ledning
Databussanslutning låg ledning
Se schema 21 Instrumentens styrmodul
Se schema 9 Körriktningsvisarnas brytare
Diagnostikkontakt T16 stift 7
Se schema 12 Krockkudde
Se schema 7 Mittre läslampa
Se schema 5 Entrélampa höger bakdörr
Se schema 5 Entrélampa vänster bakdörr
Se schema 3 Elfönsterhissbrytare
Se schema 7 Bagageutrymmes-belysning
Se schema 22 Instrumentens styrmodul
Olika placeringar Inner- och dörr-belysning
Se schema 3 Spegeljusteringsenhet

Kopplingsschema 7

Färgkoder

Ws	Vit	**Gr**	Grå
Br	Brun	**Sw**	Svart
Bl	Blå	**Li**	Lila
Ro	Röd	**Gn**	Grön
Ge	Gul		

Komponentförteckning

1 Batteri
4 Reläplatta
6 Säkringshållare
55 Brytare bagageutrymmesbelysning
56 Bagageutrymmesbelysning
57 Brytare hö sminkspegelbelysning
58 Vä sminkspegelbelysning
59 Brytare vä sminkspegelsbelysn
60 Mittre läslampa
61 Höger bakre läslampa
62 Vänster bakre läslampa
63 Hö sminkspegelsbelysning
64 Instrumentbelysningens dimmer/ strålkastarnas höjdjustering
65 Handskfacksbelysning
66 Ventilationsbelysning
67 Cigarettändare
68 Belysningsbrytare
- a. brytare instrumentbelysning
- b. belysning ljusströmbrytare

* Sedan
** Kombi

MTS H32408

Innerbelysning

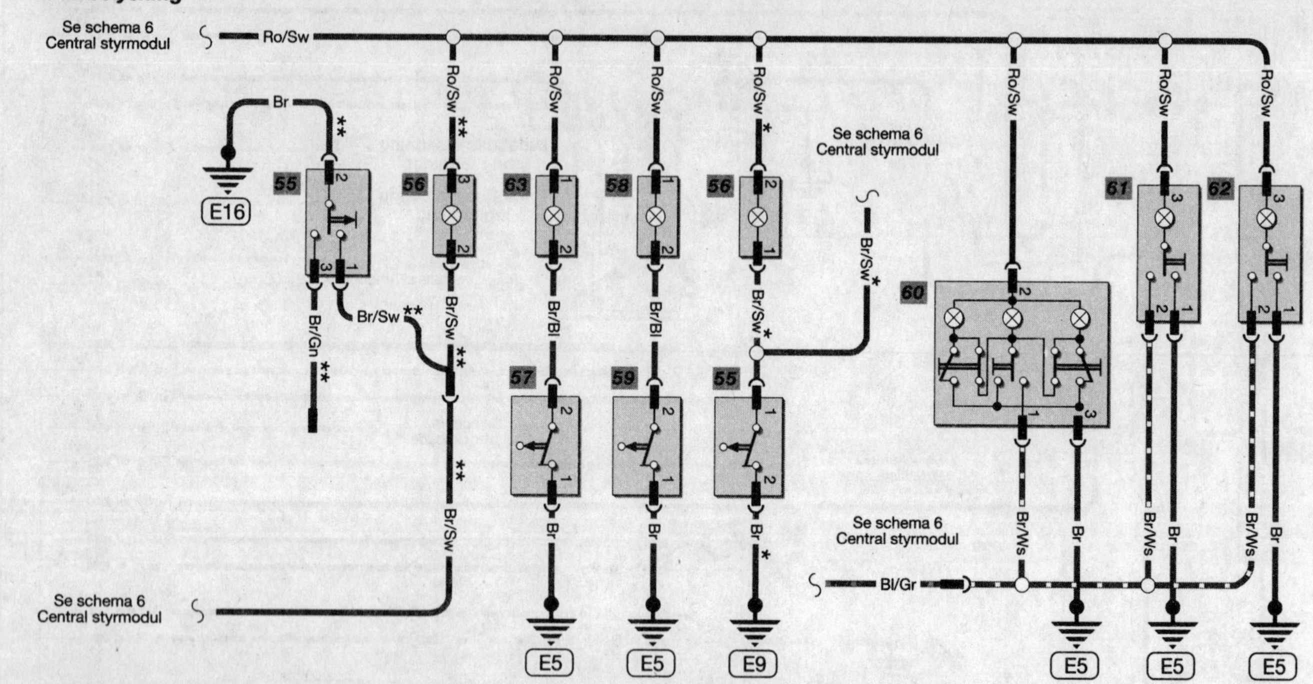

Instrumentbelysning

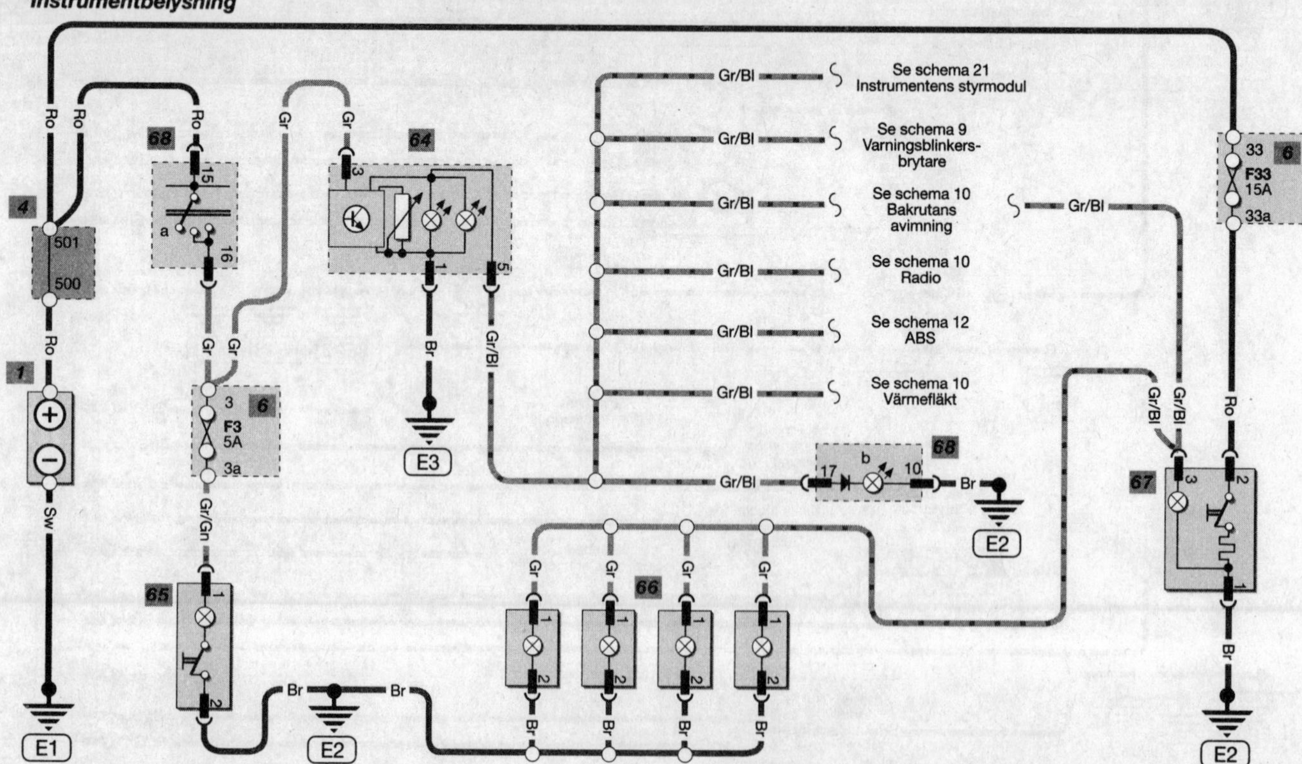

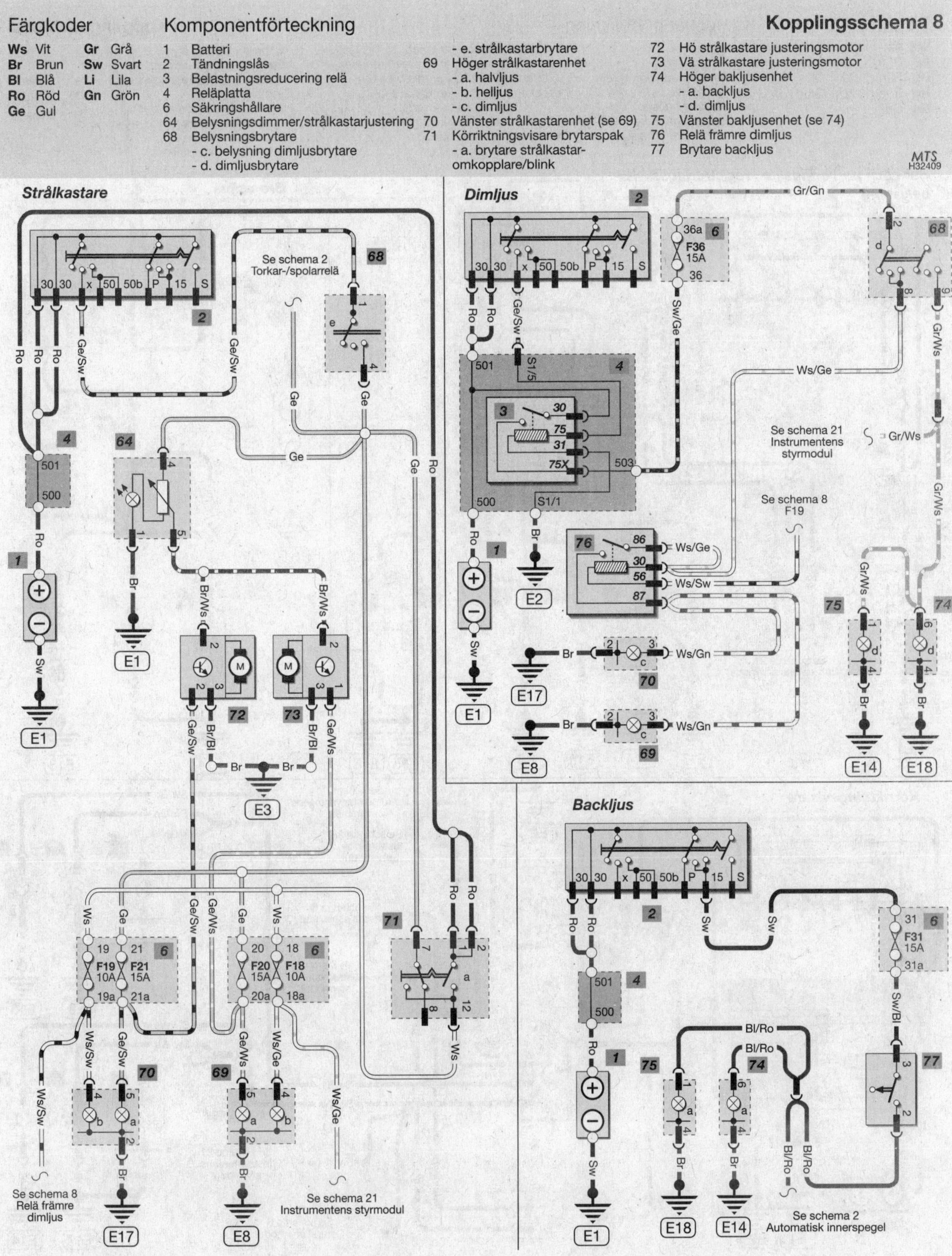
Färgkoder
Ws Vit
Br Brun
Bl Blå
Ro Röd
Ge Gul
Gr Grå
Sw Svart
Li Lila
Gn Grön
Komponentförteckning
1 Batteri
2 Tändningslås
3 Belastningsreducering relä
4 Reläplatta
6 Säkringshållare
64 Belysningsdimmer/strålkastarjustering
68 Belysningsbrytare
- c. belysning dimljusbrytare
- d. dimljusbrytare
- e. strålkastarbrytare
69 Höger strålkastarenhet
- a. halvljus
- b. helljus
- c. dimljus
70 Vänster strålkastarenhet (se 69)
71 Körriktningsvisare brytarspak
- a. brytare strålkastar-omkopplare/blink
72 Hö strålkastare justeringsmotor
73 Vä strålkastare justeringsmotor
74 Höger bakljusenhet
- a. backljus
- d. dimljus
75 Vänster bakljusenhet (se 74)
76 Relä främre dimljus
77 Brytare backljus
Kopplingsschema 8
MTS H32409
Strålkastare
Se schema 2 Torkar-/spolarrelä
Se schema 8 Relä främre dimljus
Se schema 21 Instrumentens styrmodul
Dimljus
Se schema 21 Instrumentens styrmodul
Se schema 8 F19
Backljus
Se schema 2 Automatisk innerspegel
F19 10A
F21 15A
F20 15A
F18 10A
F36 15A
F31 15A
E1
E2
E3
E8
E14
E17
E18

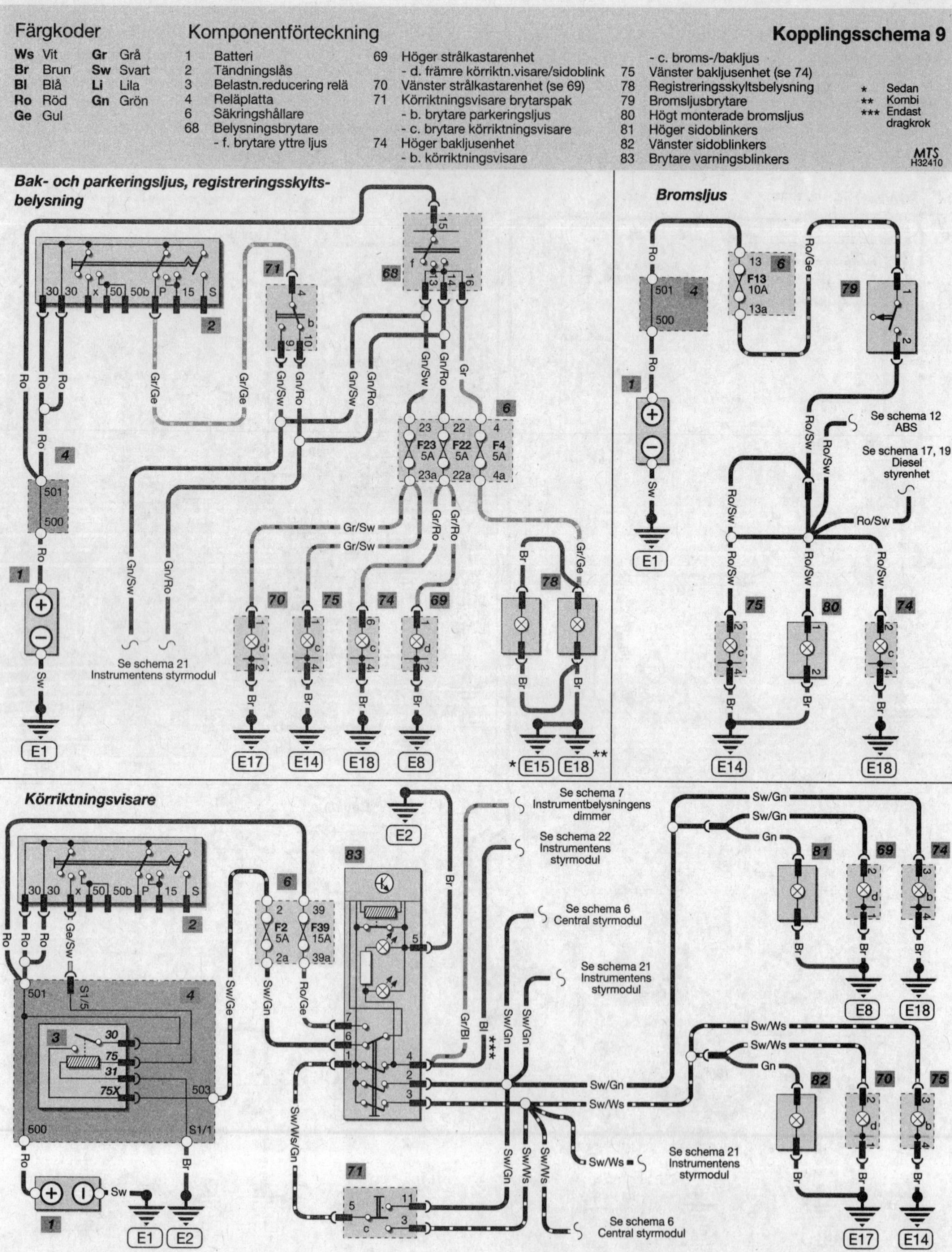
Färgkoder
Ws Vit
Br Brun
Bl Blå
Ro Röd
Ge Gul
Gr Grå
Sw Svart
Li Lila
Gn Grön
Komponentförteckning
1 Batteri
2 Tändningslås
3 Belastn.reducering relä
4 Reläplatta
6 Säkringshållare
68 Belysningsbrytare
- f. brytare yttre ljus
69 Höger strålkastarenhet
- d. främre körriktn.visare/sidoblink
70 Vänster strålkastarenhet (se 69)
71 Körriktningsvisare brytarspak
- b. brytare parkeringsljus
- c. brytare körriktningsvisare
74 Höger bakljusenhet
- b. körriktningsvisare
- c. broms-/bakljus
75 Vänster bakljusenhet (se 74)
78 Registreringsskyltsbelysning
79 Bromsljusbrytare
80 Högt monterade bromsljus
81 Höger sidoblinkers
82 Vänster sidoblinkers
83 Brytare varningsblinkers
Kopplingsschema 9
* Sedan
** Kombi
*** Endast dragkrok
MTS H32410
Bak- och parkeringsljus, registreringsskyltsbelysning
Se schema 21 Instrumentens styrmodul
Bromsljus
Se schema 12 ABS
Se schema 17, 19 Diesel styrenhet
Körriktningsvisare
Se schema 7 Instrumentbelysningens dimmer
Se schema 22 Instrumentens styrmodul
Se schema 6 Central styrmodul
Se schema 21 Instrumentens styrmodul
Se schema 21 Instrumentens styrmodul
Se schema 6 Central styrmodul

Kopplingsschema 10

Färgkoder

Ws	Vit	**Gr**	Grå
Br	Brun	**Sw**	Svart
Bl	Blå	**Li**	Lila
Ro	Röd	**Gn**	Grön
Ge	Gul		

Komponentförteckning

1	Batteri	87	Diskanthögtalare hö fram	95	Uppvärmd bakruta
2	Tändningslås	88	Bashögtalare hö bak	96	Värmefläktsbrytare (*** luftkond.brytare)
3	Belastn.reducering relä	89	Diskanthögtalare hö bak	97	Värmefläktens seriemotstånd med säkring
4	Reläplatta	90	Bashögtalare vä fram	98	Värmefläktsmotor
6	Säkringshållare	91	Diskanthögtalare vä fram	99	Motor till lucka för frisk-/återcirkulerad luft
84	Radio	92	Bashögtalare vä bak	100	Brytare bakrutans avimning
85	CD-spelare	93	Diskanthögtalare vä bak		
86	Bashögtalare hö fram	94	Antenn med förstärkare		

* Sedan
** Kombi
*** Endast A/C

MTS H32411

Radio och CD-spelare

Se schema 7 Brytare instrumentbelysningens dimmer

Datalänkkontakt T16 stift 7

Se schema 21 Instrumentens styrmodul

Värmefläkt, bakrutans avimning

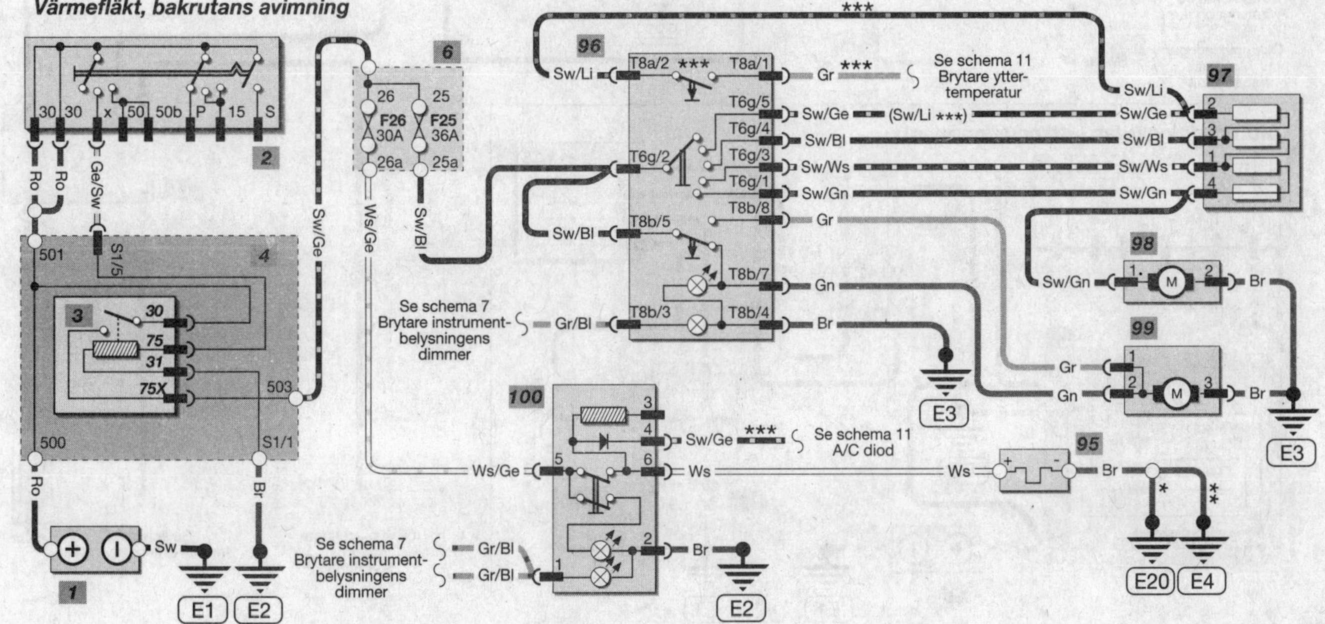

Kopplingsschema 11

Färgkoder

Ws	Vit	**Gr**	Grå
Br	Brun	**Sw**	Svart
Bl	Blå	**Li**	Lila
Ro	Röd	**Gn**	Grön
Ge	Gul		

Komponentförteckning

1 Batteri
2 Tändningslås
3 Belastningsreducering relä
4 Reläplatta
6 Säkringshållare
100 Extra reläpanel
101 Kylarfläktsrelä 1:a hastighet
102 Kylarfläktsrelä 2:a hastighet
103 Kylarfläktens seriemotstånd
104 Kylarfläkt
105 Kylarfläktsrelä
106 Luftkonditionering (A/C) diod
107 Brytare yttertemperatur
108 Kylarfläktens termokontakt
109 Luftkond. tryckbrytare
110 Luftkond. avstängningsmodul
111 Luftkond. koppling
112 Kylarfläktens drivningsrelä

* Endast diesel (ej AHU eller AHH)

MTS H32412

Luftkonditionering

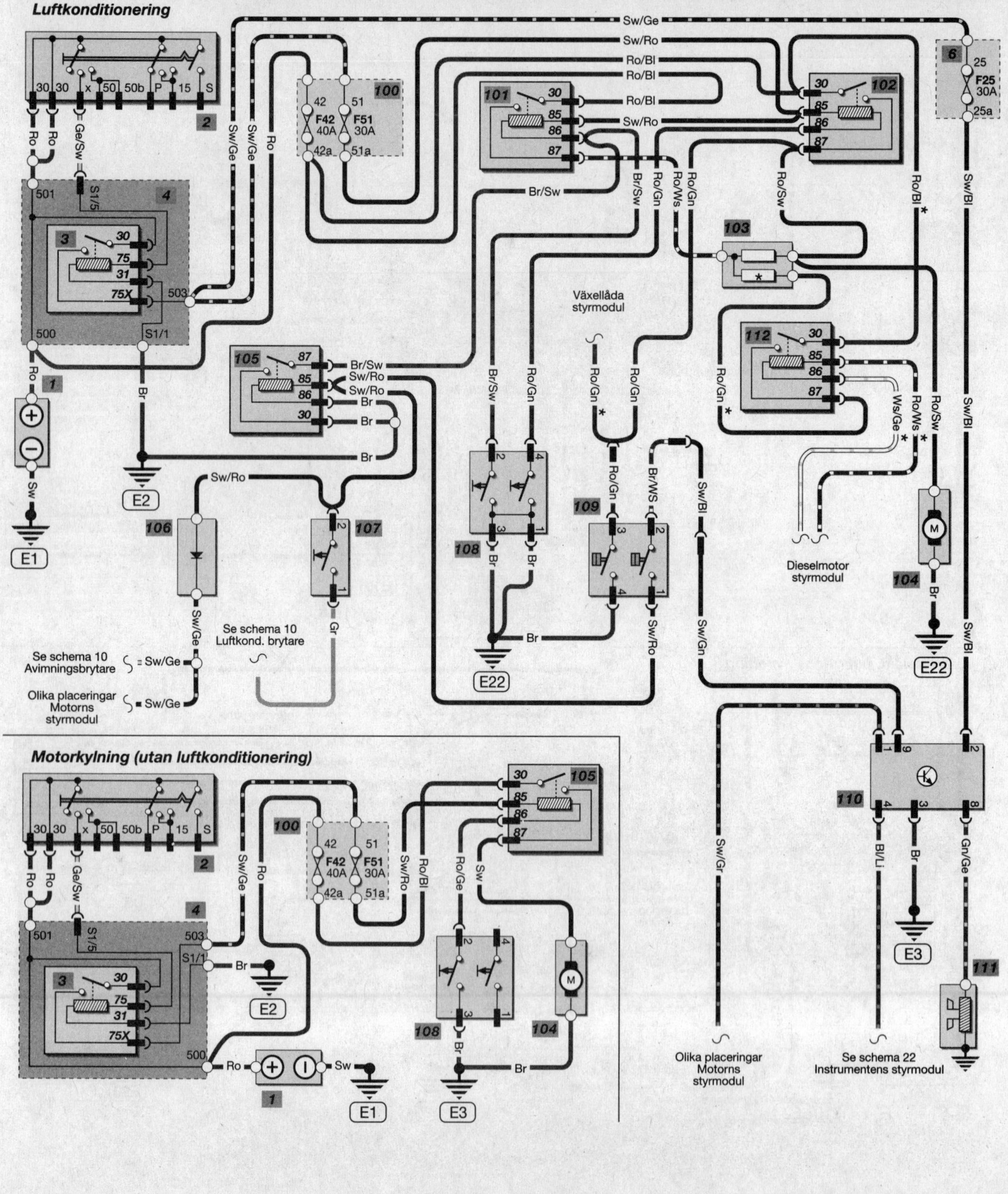

Motorkylning (utan luftkonditionering)

Kopplingsschema 12

Färgkoder

Ws	Vit	**Gr**	Grå
Br	Brun	**Sw**	Svart
Bl	Blå	**Li**	Lila
Ro	Röd	**Gn**	Grön
Ge	Gul		

Komponentförteckning

1 Batteri
2 Tändningslås
4 Reläplatta
6 Säkringshållare
113 Tändenhet pass.sidans krockkudde
114 Styrmodul krockkuddar
115 Vänster krocksensor
116 Tändenhet, vä sidokrockkudde
117 Krockkudde spiralfjäder
118 Tändenhet förarens krockkudde
119 Tändenhet pass sidokrocksgardin
120 Tändenhet förarens sidokrocksgardin
121 Höger krocksensor
122 Tändenhet höger sidokrockkudde
124 Säkring, ABS hydraulpump
125 Brytare antispinnsystem (TCS)
126 ABS styrmodul
- a. TCS omkopplingsventil, vä fram
- b. TCS utloppsventil vä fram
- c. ABS inloppsventil vä fram
- d. ABS utloppsventil vä fram
- e. ABS inloppsventil vä bak
- f. ABS utloppsventil vä bak
- g. TCS omkopplingsventil hö fram
- h. TCS utloppsventil hö fram
- i. ABS inloppsventil hö fram
- j. ABS utloppsventil hö fram

126 ABS styrmodul forts.
- k. ABS inloppsventil hö bak
- l. ABS utloppsventil hö bak
- m. ABS returflödespump
- n. ABS returflödespump relä
- o. ABS solenoidventil relä

127 Hastighetsgivare vänster framhjul
128 Hastighetsgivare vänster bakhjul
129 Hastighetsgivare höger framhjul
130 Hastighetsgivare höger bakhjul

* Endast NAV

MTS H32413

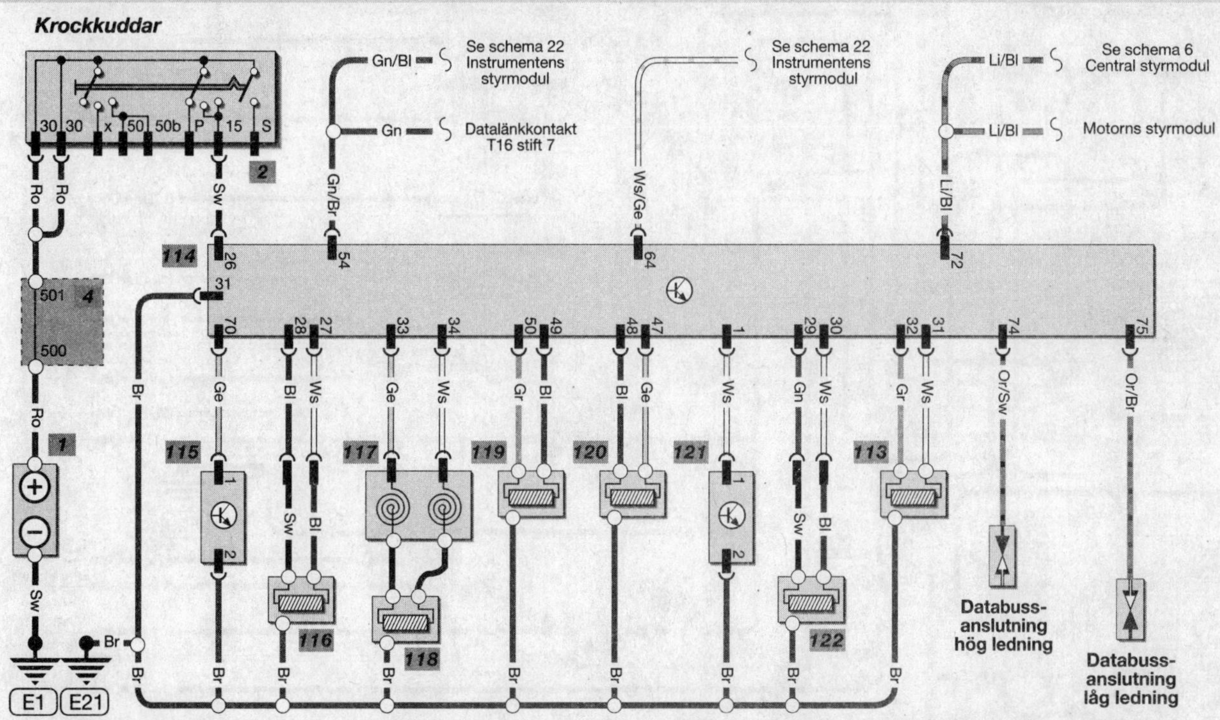

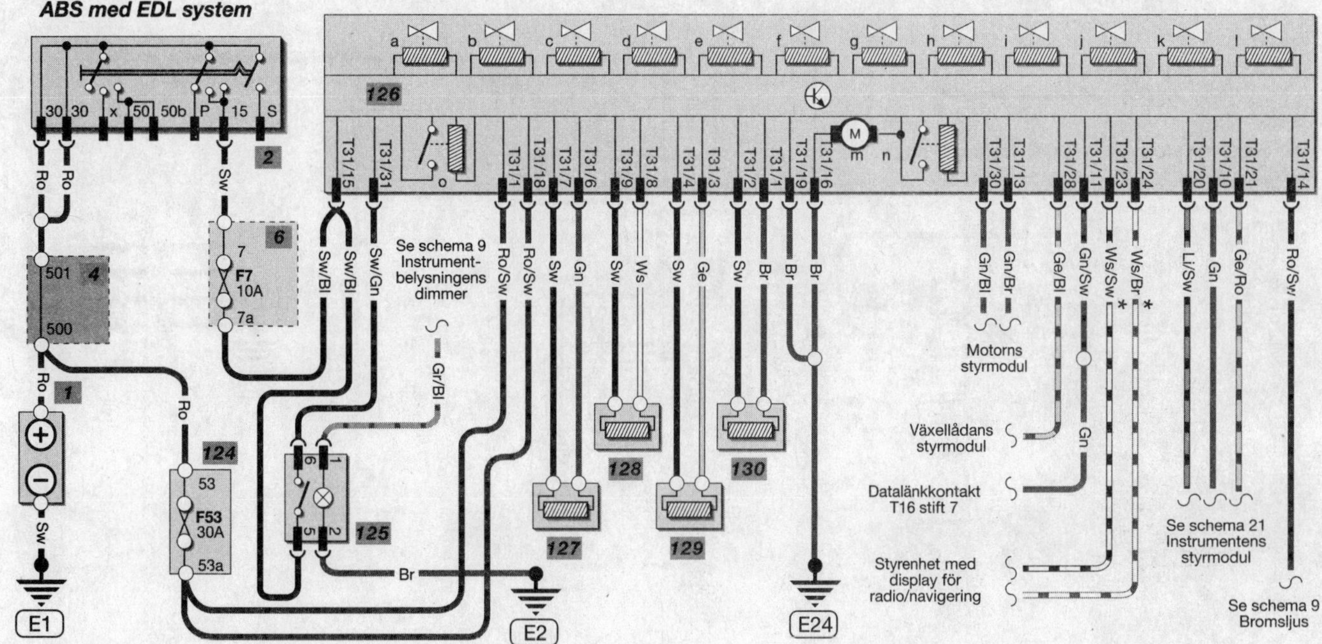

Färgkoder

Ws	Vit	**Gr**	Grå
Br	Brun	**Sw**	Svart
Bl	Blå	**Li**	Lila
Ro	Röd	**Gn**	Grön
Ge	Gul		

Komponentförteckning

1 Batteri
2 Tändningslås
4 Reläplatta
6 Säkringshållare
131 Bränslepumprelä
132 Motronic styrenhet
133 Startmotor
134 Generator
135 Bränslepump med nivågivare
136 Bränsleinsprutare cyl 1
137 Bränsleinsprutare cyl 2
138 Bränsleinsprutare cyl 3
139 Bränsleinsprutare cyl 4
140 Luftflödesgivare
141 EVAP ventil
142 Uppvärmd syresensor
143 Tändningsförstärkare
144 Tändspole
145 Fördelare
146 Tändstift

Kopplingsschema 13

MTS H32414

1.6 M3.2 Motronic motor

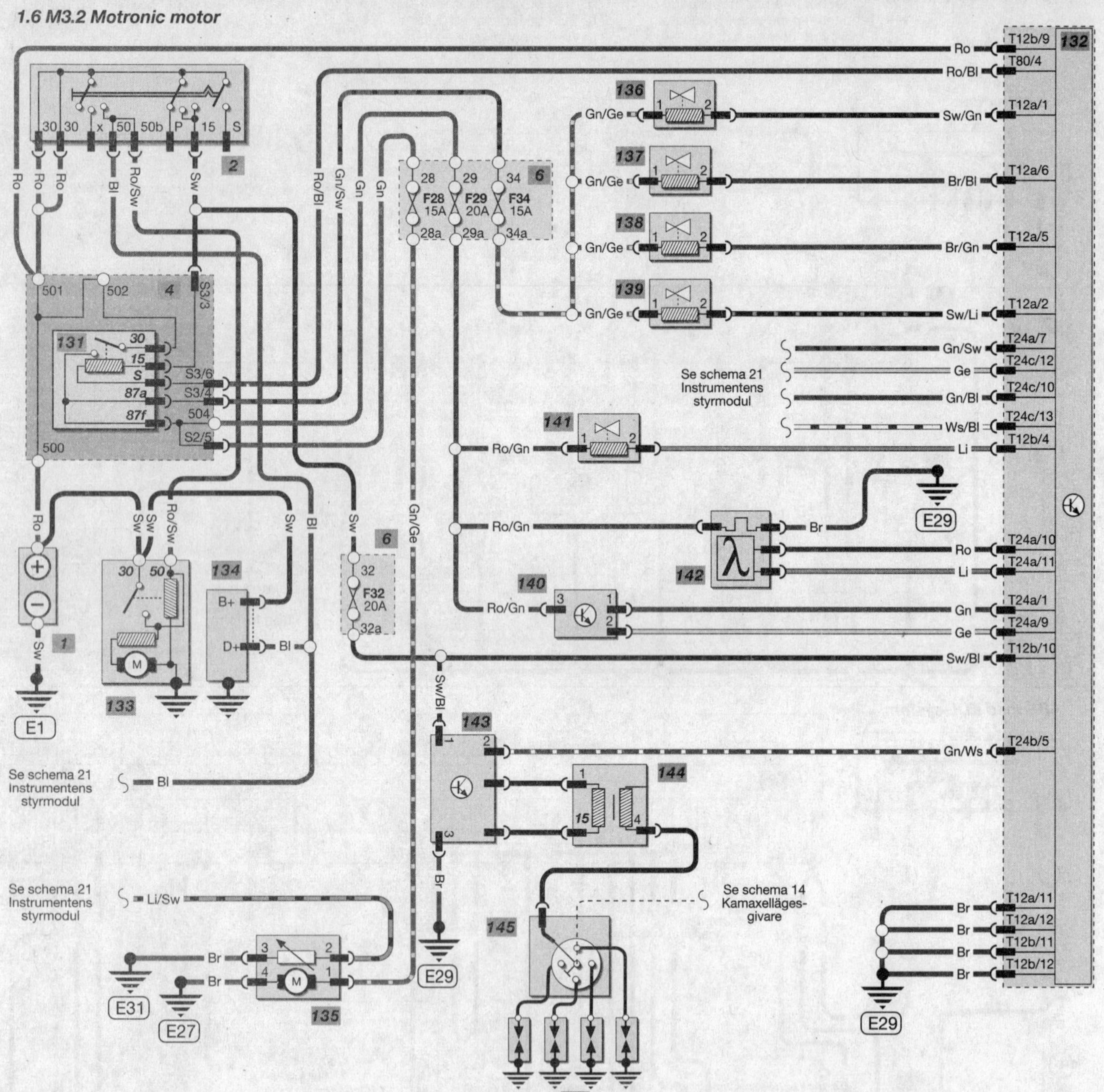

Färgkoder

Ws	Vit	**Gr**	Grå
Br	Brun	**Sw**	Svart
Bl	Blå	**Li**	Lila
Ro	Röd	**Gn**	Grön
Ge	Gul		

Komponentförteckning

132 Motronic styrenhet
147 Knacksensor 1
148 Kamaxellägesgivare
149 Gasspjällets styrmodul
150 Motorns kylvätsketemperaturgivare
151 Motorns hastighetsgivare

Kopplingsschema 14

* Endast auto

MTS H32415

1.6 M3.2 Motronic motor forts.

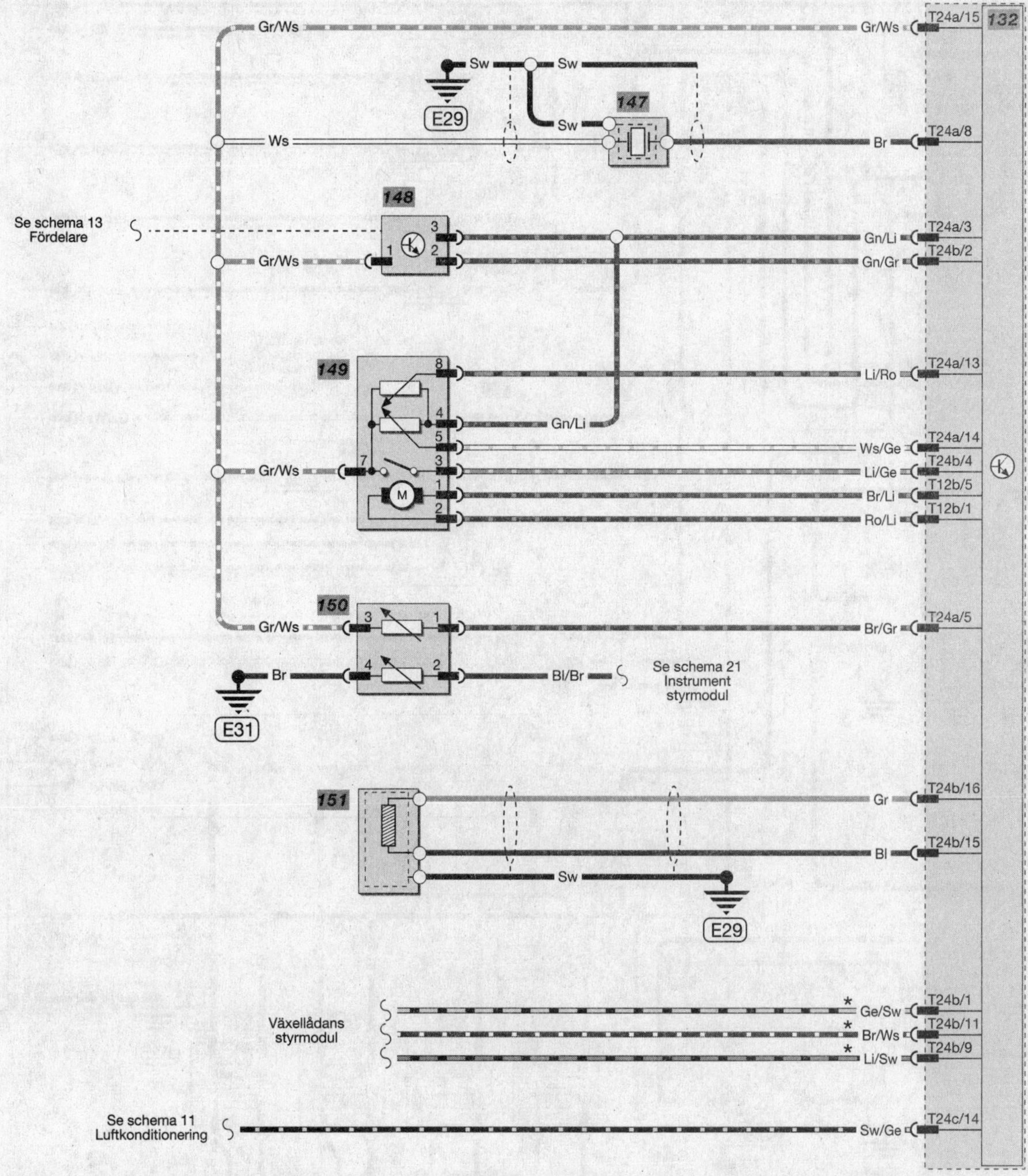

Kopplingsschema 15

Färgkoder

Ws	Vit	**Gr**	Grå
Br	Brun	**Sw**	Svart
Bl	Blå	**Li**	Lila
Ro	Röd	**Gn**	Grön
Ge	Gul		

Komponentförteckning

1 Batteri
2 Tändningslås
4 Reläplatta
6 Säkringshållare
131 Bränslepumprelä
132 Motronic styrenhet
133 Startmotor
134 Generator
135 Bränslepump med nivågivare
136 Bränsleinsprutare cyl 1
137 Bränsleinsprutare cyl 2
138 Bränsleinsprutare cyl 3
139 Bränsleinsprutare cyl 4
140 Luftmängdsgivare
141 EVAP ventil
142 Uppvärmd syresensor
143 Tändningsförstärkare
146 Tändstift
152 Tändspole 1
153 Tändspole 2
154 Tändspole 3
155 Tändspole 4
156 Styrventil laddtryck
157 Motorns kylvätskenivågivare

* Endast auto

MTS H32416

1.8 M3.2 Motronic motor

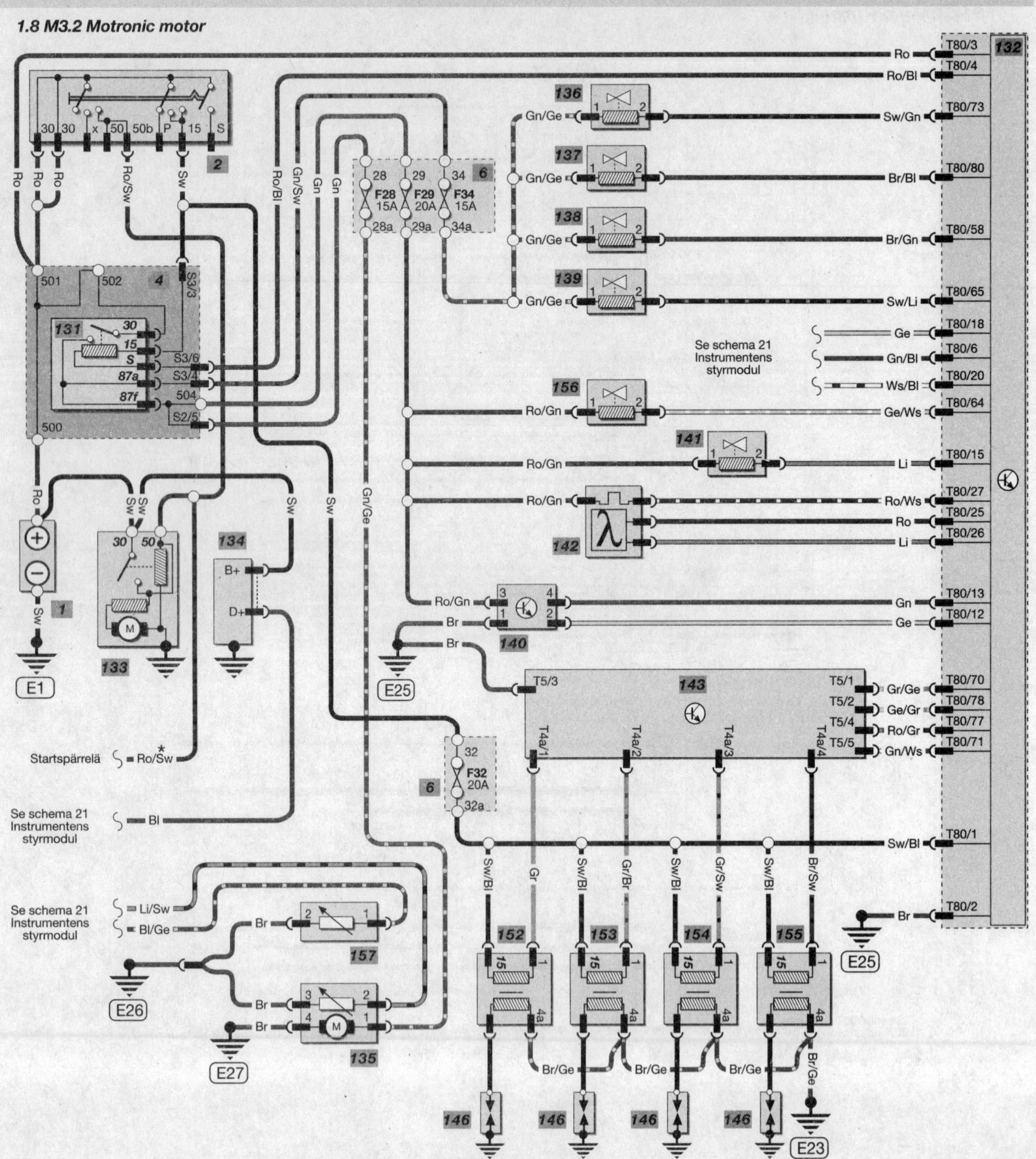

Färgkoder

Ws	Vit	**Gr**	Grå
Br	Brun	**Sw**	Svart
Bl	Blå	**Li**	Lila
Ro	Röd	**Gn**	Grön
Ge	Gul		

Komponentförteckning

132 Motronic styrenhet
150 Motorns kylvätsketemperaturgivare
151 Motorns hastighetsgivare
147 Knacksensor 1
148 Kamaxellägesgivare
149 Gasspjällets styrmodul
157 Knacksensor 2
158 Insugsluftens temperaturgivare
159 Barometrisk tryckgivare

Kopplingsschema 16

* Endast auto

MTS H32417

1.8 M3.2 Motronic motor forts.

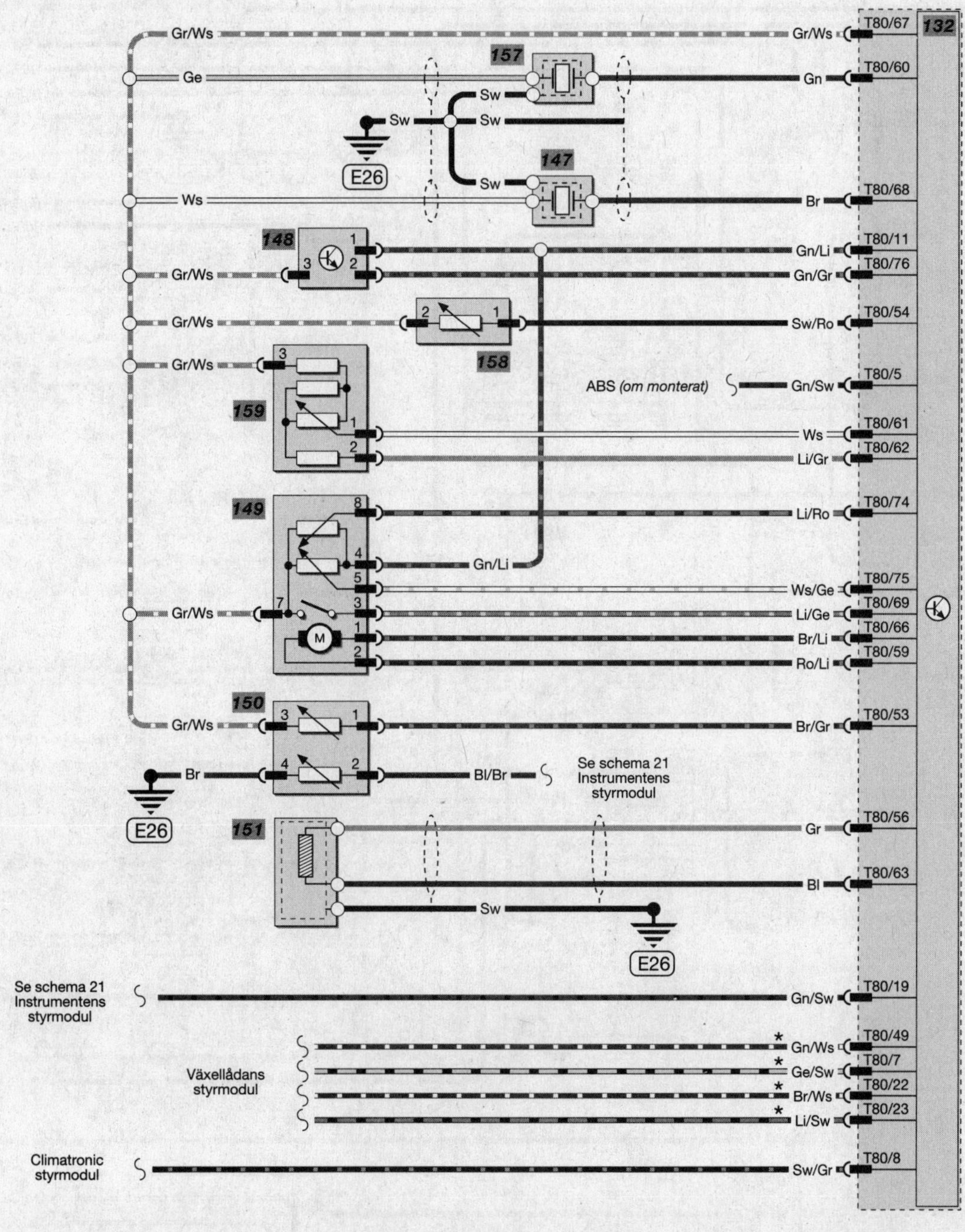

Kopplingsschema 17

Färgkoder

Ws	Vit	**Gr**	Grå
Br	Brun	**Sw**	Svart
Bl	Blå	**Li**	Lila
Ro	Röd	**Gn**	Grön
Ge	Gul		

Komponentförteckning

1 Batteri
2 Tändningslås
4 Reläplatta
6 Säkringshållare
133 Startmotor
134 Generator
140 Luftmängdsgivare
156 Styrventil laddtryck
160 Säkr i motorns styrenhetshus
161 Diesel direktinsprutning styrenhet
162 Glödstift
163 Spänningsmatningsrelä
164 Insprutningsstartventil
165 Bränsleavstängningsventil
166 Avgasåterföringsventil (EGR)
167 Brytare på kopplingspedal
168 Brytare på bromspedal
169 Bränsletemperaturgivare och bränslemätarstyrning
170 Farthållarbrytare
171 Kylvätskans värmeelement
172 Lågvärmerelä i motorns styrenhetshus
173 Högvärmerelä i motorns styrenhetshus
174 Glödstiftsrelä
175 Bränslenivågivare

* Endast auto
** Endast manuell
*** Endast farthållare

MTS H32418

1.9 Bosch Direct EDC dieselmotor

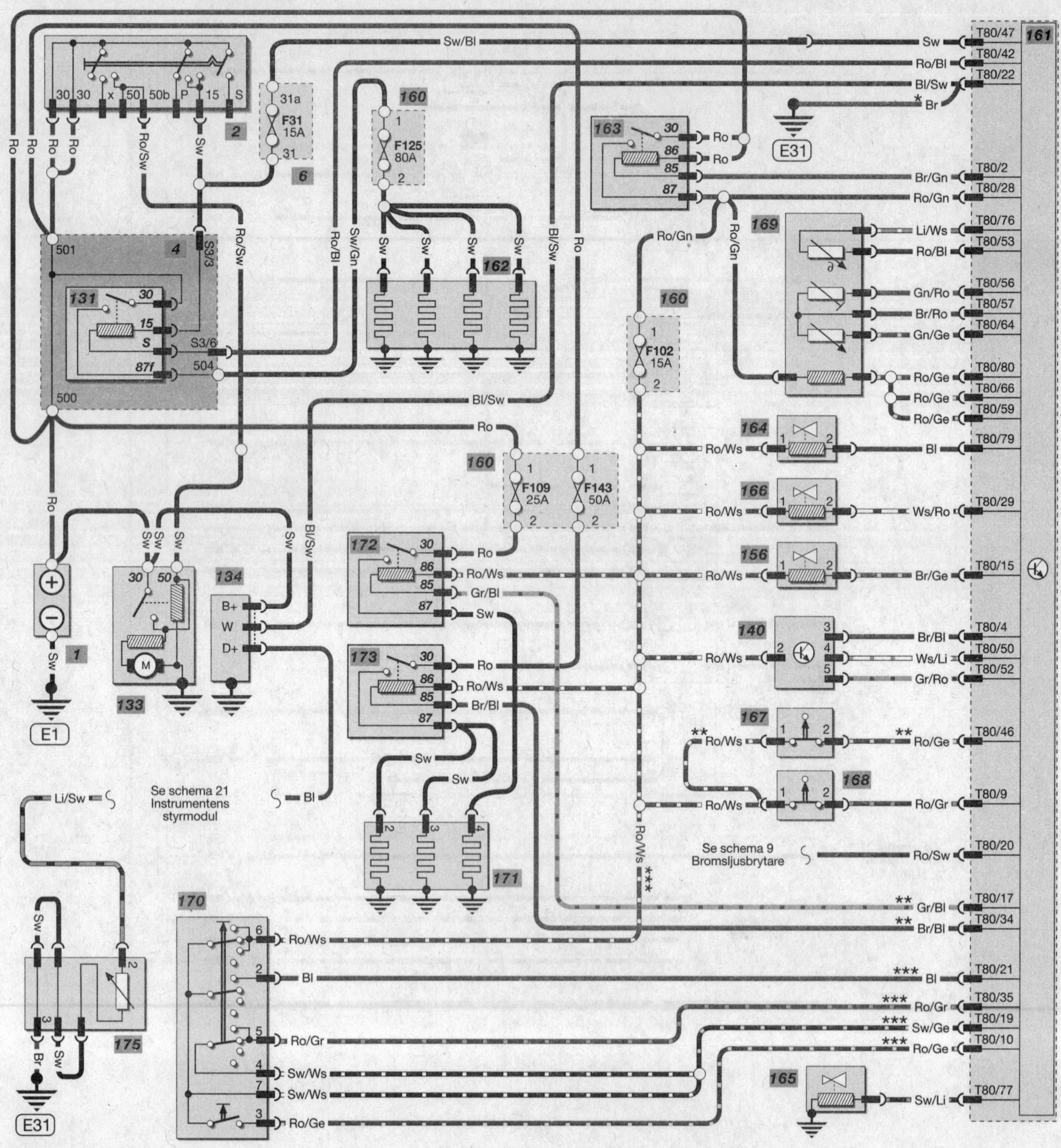

Färgkoder

Ws	Vit	**Gr**	Grå
Br	Brun	**Sw**	Svart
Bl	Blå	**Li**	Lila
Ro	Röd	**Gn**	Grön
Ge	Gul		

Komponentförteckning

150 Kylvätskans temperaturgivare
151 Motorns hastighetsgivare
161 Diesel direktinsprutning styrenhet
176 Nållyftsgivare
177 Gaspedalens lägesgivare
178 Insugsgrenrörets tryck- och temperaturgivare

Kopplingsschema 18

* Endast auto

MTS H32419

1.9 Bosch Direct EDC dieselmotor forts.

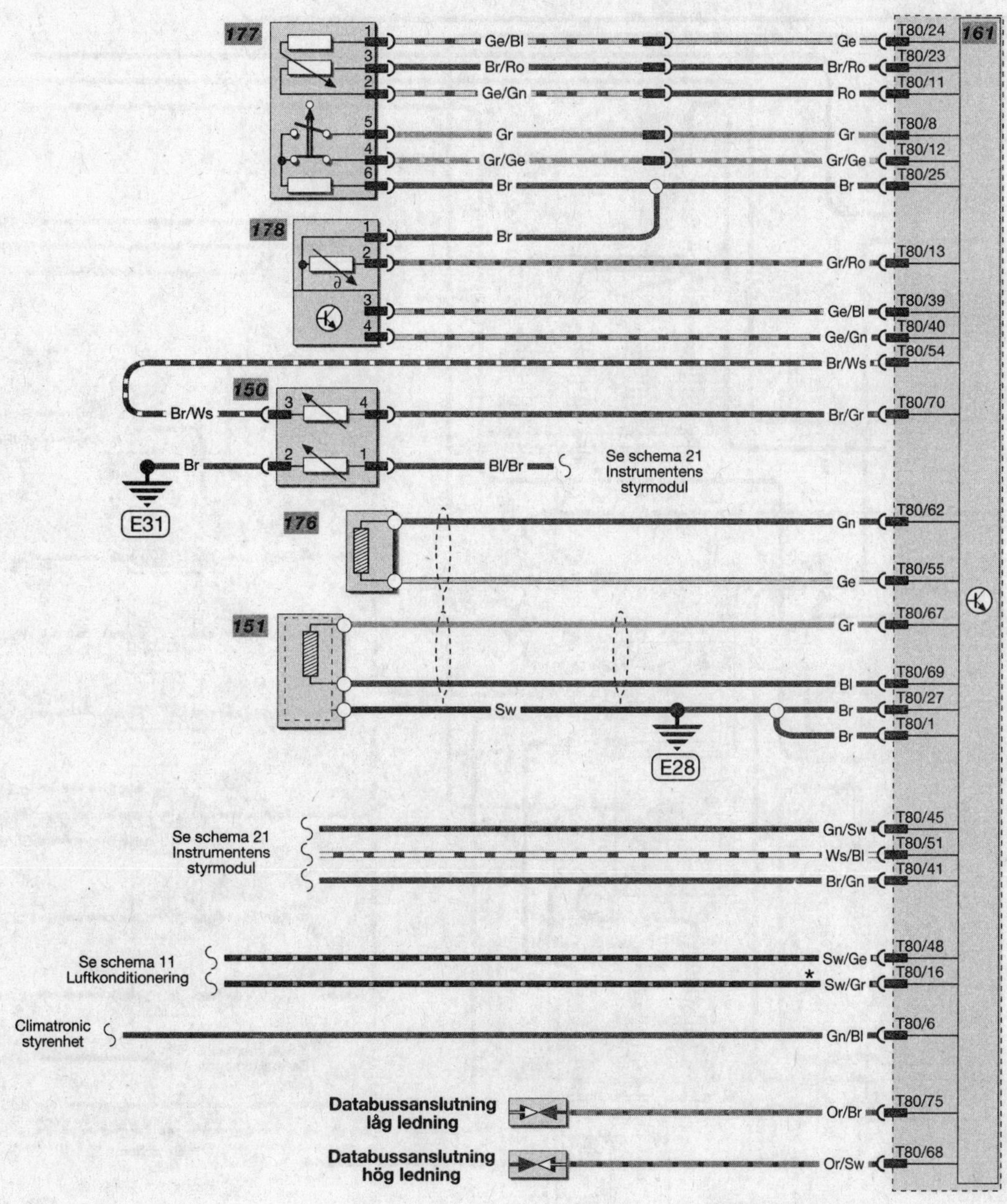

Kopplingsschema 19

Färgkoder

Ws	Vit	**Gr**	Grå
Br	Brun	**Sw**	Svart
Bl	Blå	**Li**	Lila
Ro	Röd	**Gn**	Grön
Ge	Gul		

Komponentförteckning

1 Batteri
2 Tändningslås
4 Reläplatta
6 Säkringshållare
133 Startmotor
134 Generator
135 Bränslepump m nivågivare
140 Luftflödesgivare
148 Kamaxellägesgivare
156 Styrventil laddtryck
160 Säkring i motorns styrenhetshus
161 Diesel direktinsprutning styrenhet
162 Glödstift
163 Spänningsmatningsrelä
166 Avgasåterföringsventil (EGR)
167 Brytare kopplingspedal
168 Brytare bromspedal
170 Brytáre farthållare
171 Kylvätskans värmeelement
172 Lågvärmerelä i motorns styrenhetshus
173 Högvärmerelä i motorns styrenhetshus
174 Glödstiftsrelä
179 Insugsgrenrörets klaffomkopplingsventil

* Endast auto
** Endast manuell
*** Endast farthållare

MTS H32420

1.9 Direct Pump Injector dieselmotor

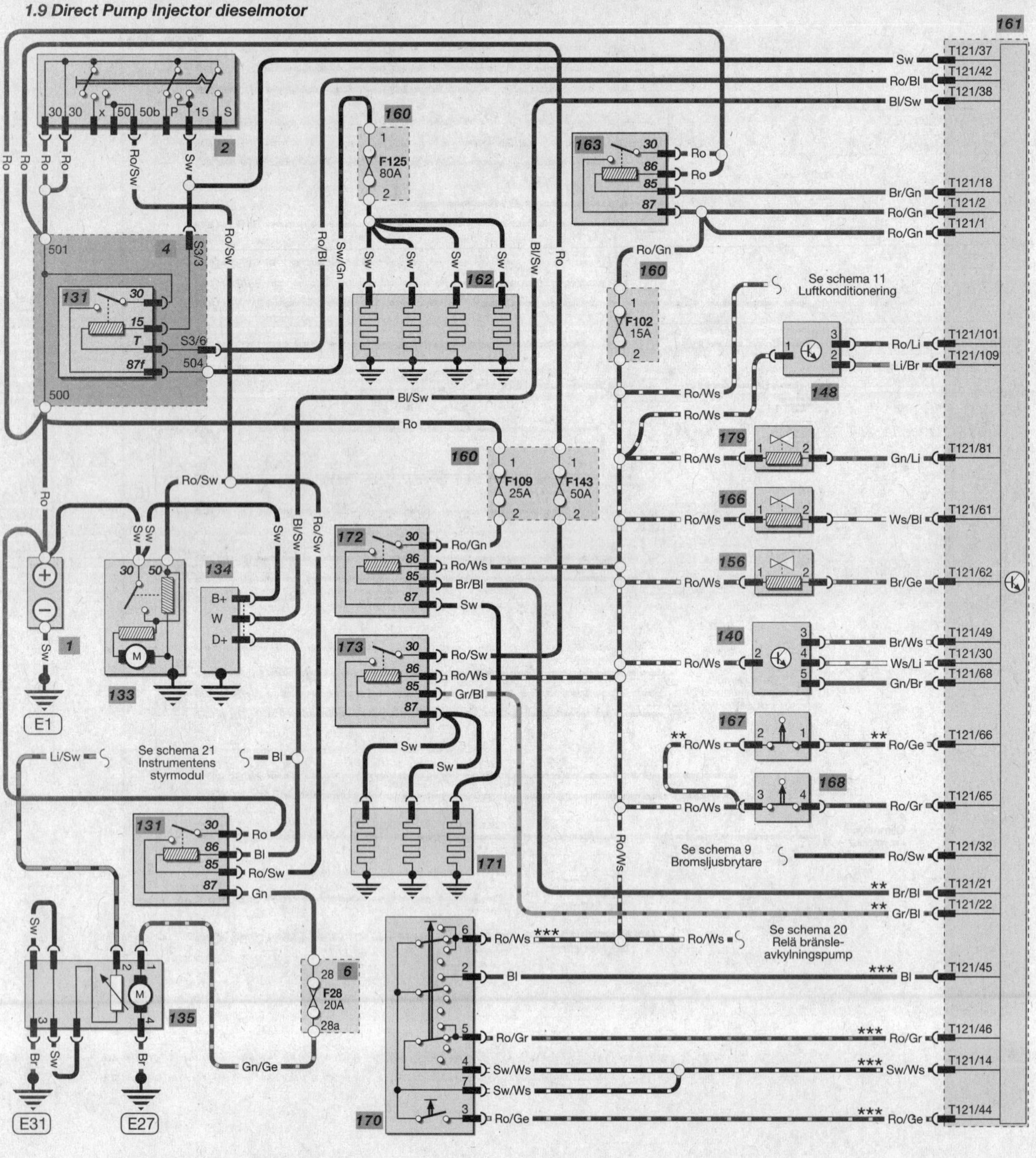

Färgkoder

Ws	Vit	**Gr**	Grå
Br	Brun	**Sw**	Svart
Bl	Blå	**Li**	Lila
Ro	Röd	**Gn**	Grön
Ge	Gul		

Komponentförteckning

1 Batteri
4 Reläplatta
6 Säkringshållare
150 Kylvätskans temperaturgivare
151 Motorns hastighetsgivare
160 Säkring i motorns styrenhetshus
161 Diesel direktinsprutning styrenhet
177 Gaspedalens lägesgivare
178 Insugsgrenrörets tryck- och temperaturgivare
180 Relä bränsleavkylningspump
181 Bränsleavkylningspump
182 Bränsleinsprutare cyl 1
183 Bränsleinsprutare cyl 2
184 Bränsleinsprutare cyl 3
185 Bränsleinsprutare cyl 4
186 Bränsletemperaturgivare

Kopplingsschema 20

MTS H32421

1.9 Direct Pump Injector dieselmotor forts.

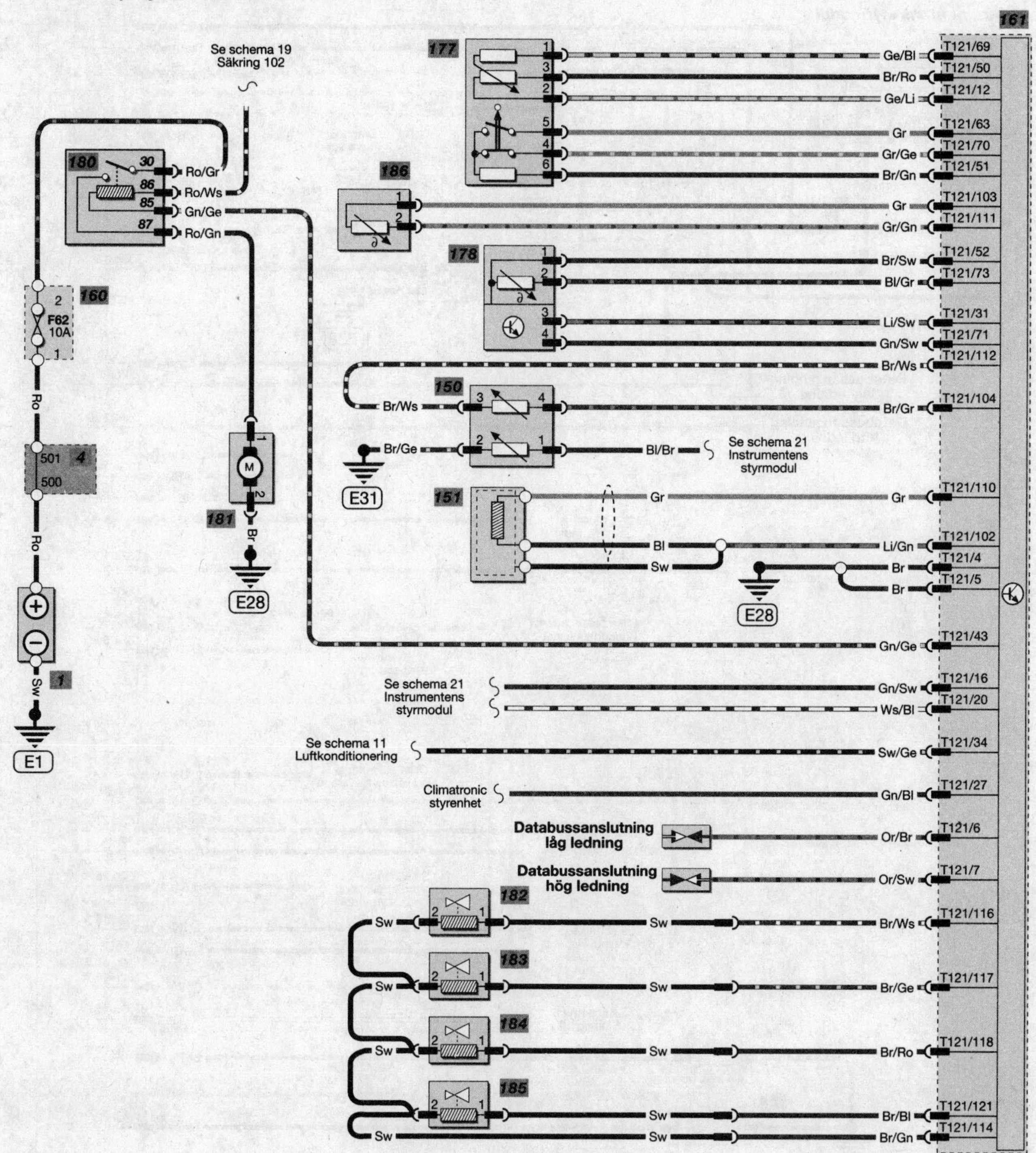

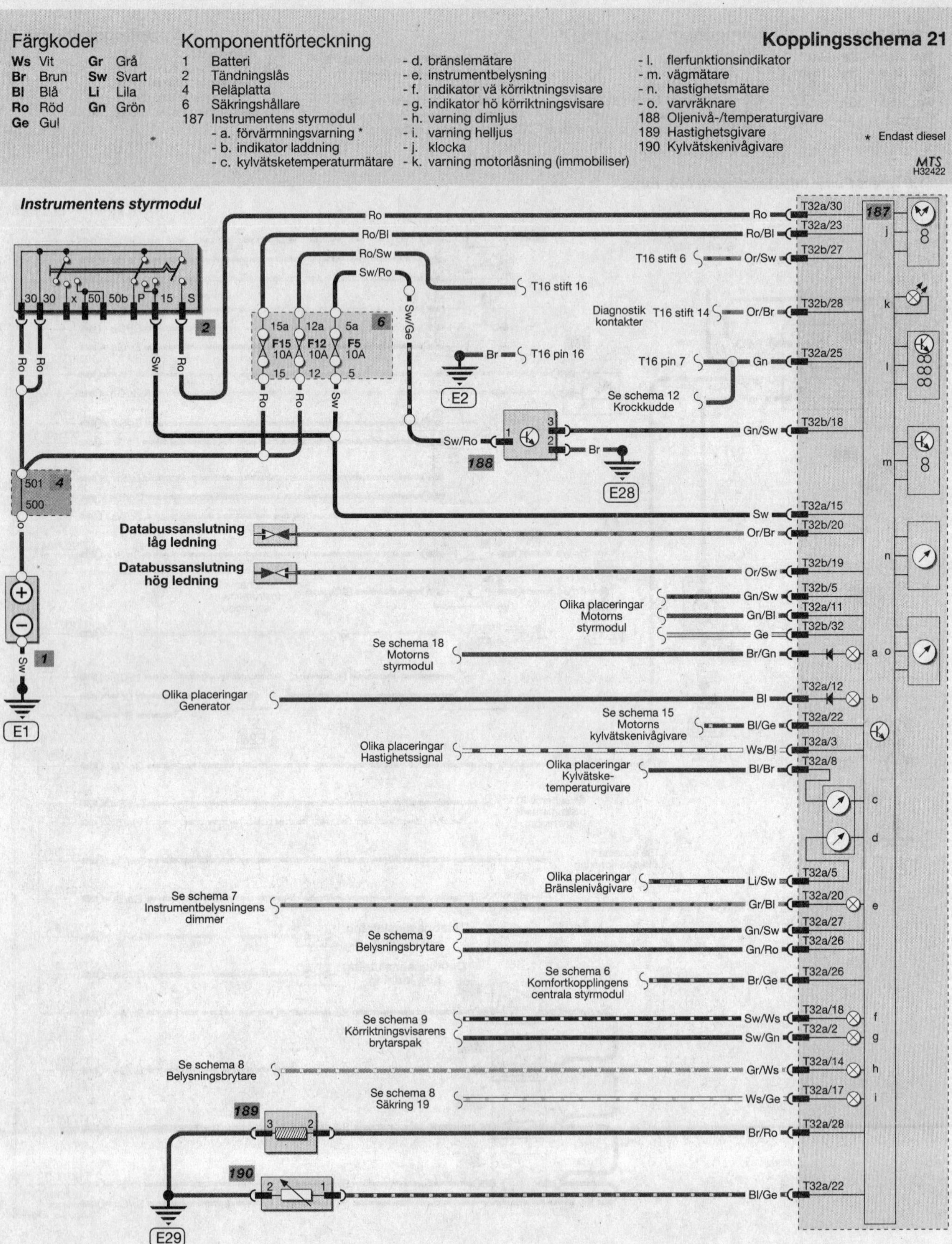

Färgkoder
Ws Vit
Br Brun
Bl Blå
Ro Röd
Ge Gul
Gr Grå
Sw Svart
Li Lila
Gn Grön
Komponentförteckning
1 Batteri
2 Tändningslås
4 Reläplatta
6 Säkringshållare
187 Instrumentens styrmodul
- a. förvärmningsvarning *
- b. indikator laddning
- c. kylvätsketemperaturmätare
- d. bränslemätare
- e. instrumentbelysning
- f. indikator vä körriktningsvisare
- g. indikator hö körriktningsvisare
- h. varning dimljus
- i. varning helljus
- j. klocka
- k. varning motorlåsning (immobiliser)
- l. flerfunktionsindikator
- m. vägmätare
- n. hastighetsmätare
- o. varvräknare
188 Oljenivå-/temperaturgivare
189 Hastighetsgivare
190 Kylvätskenivågivare
Kopplingsschema 21
* Endast diesel
MTS
H32422
Instrumentens styrmodul
Databussanslutning låg ledning
Databussanslutning hög ledning
T16 stift 6
T16 stift 16
Diagnostik kontakter
T16 stift 14
T16 pin 16
T16 pin 7
Se schema 12 Krockkudde
Olika placeringar Motorns styrmodul
Se schema 18 Motorns styrmodul
Olika placeringar Generator
Se schema 15 Motorns kylvätskenivågivare
Olika placeringar Hastighetssignal
Olika placeringar Kylvätske-temperaturgivare
Olika placeringar Bränslenivågivare
Se schema 7 Instrumentbelysningens dimmer
Se schema 9 Belysningsbrytare
Se schema 6 Komfortkopplingens centrala styrmodul
Se schema 9 Körriktningsvisarens brytarspak
Se schema 8 Belysningsbrytare
Se schema 8 Säkring 19
E1
E2
E28
E29

Färgkoder

Ws	Vit	**Gr**	Grå
Br	Brun	**Sw**	Svart
Bl	Blå	**Li**	Lila
Ro	Röd	**Gn**	Grön
Ge	Gul		

Komponentförteckning

187 Instrumentens styrmodul
- p. varning bromssystem
- q. varning handbroms
- r. varning låg spolarvätskenivå
- s. varning antispinnsystem (TCS)
- t. varning ABS

191 Temperaturgivare ytterluft
192 Brytare bromsvätskenivå
193 Brytare handbroms
194 Brytare oljetryck
195 Flerfunktionsknapp
196 Givare spolarvätskenivå

Kopplingsschema 22

* Endast dragkrok

MTS
H32423

Instrumentens styrmodul forts.

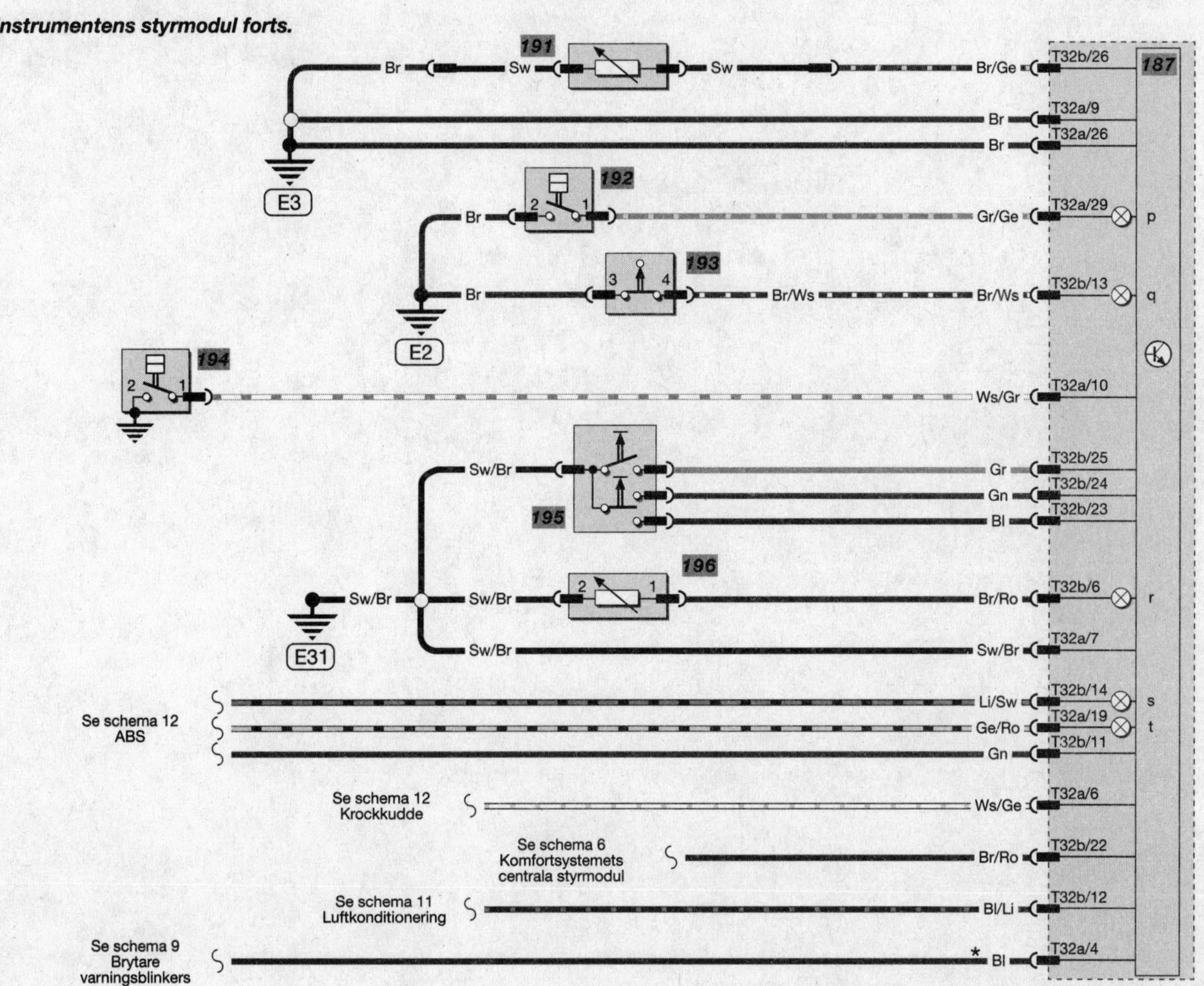

HAYNES

Observera: *Alla siffror är ungefärliga och kan variera beroende på modell. Se tillverkarens uppgifter för exakta mått.*

Dimensioner

Total längd:	
Sedan	4675 mm
Kombi	4669 mm
Total bredd	1740 mm
Total höjd (olastad):	
Sedan	1459 mm
Kombi	1466 mm
Vändradie	11,4 m

Vikter

Fordonets vikt utan förare och last:	
Bensinmodeller	
1,6 liter	1 275 kg (manuell) eller 1 310 kg (automatisk)
1,8 liter	1375 kg (manuell) eller 1385 kg (automatisk)
Dieselmodeller	1240 kg (manuell) eller 1390 kg (automatisk)
Max bogseringsvikt:	
Släpvagn utan bromsar	630 till 650 kg
Släpvagn med bromsar	1400 till 1700 kg
Maximal taklast	100 kg

Lyftning och stödpunkter

Domkraften som medföljer fordonets verktygslåda bör endast användas vid hjulbyte – se *Hjulbyte* längst fram i den här handboken. Vid alla andra arbeten ska bilen lyftas med en hydraulisk garagedomkraft, som alltid ska åtföljas av pallbockar under bilens stödpunkter.

När man använder garagedomkraft eller pallbockar bör man alltid placera domkraftshuvudet eller pallbockshuvudena under eller bredvid det aktuella hjulets stödpunkter under tröskeln **(se bild)**. Använd en träbit mellan domkraften eller pallbocken och tröskeln.

Försök inte placera domkraften under den främre tvärbalken, sumpen eller någon del av fjädringen.

Domkraften som medföljer fordonet placeras i stödpunkterna på tröskarnas undersida – se *Hjulbyte* längst fram i den här manualen. Se till att domkraftens huvud sitter korrekt innan du börjar lyfta bilen.

Arbeta **aldrig** under, runt eller i närheten av en lyft bil om den inte har ordentligt stöd på minst två punkter.

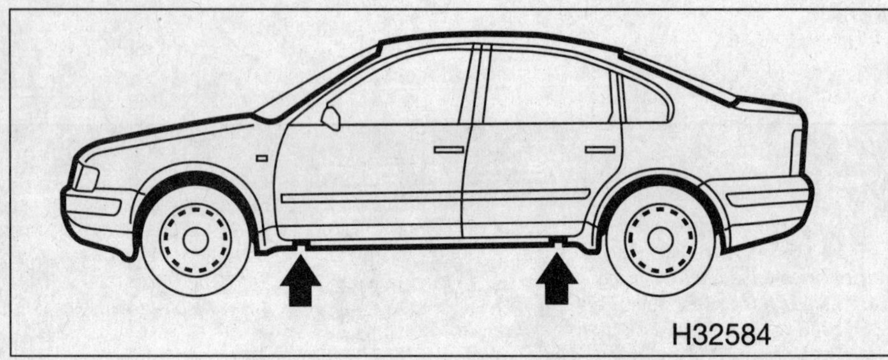

Fordonets stödpunkter under tröskarna

Stöldskyddssystem för ljudanläggning - föreskrifter

Ljudanläggningen (radion/CD/ kassettbandspelare) som finns som standard är utrustad med en inbyggd säkerhetskod för att hindra tjuvar. Om strömmen till anläggningen bryts aktiveras stöldskyddet. Även om strömmen omedelbart återställs kommer enheten inte att fungera förrän korrekt kod angetts. Därför bör man inte lossa batteriets minusledare eller ta ut enheten ur bilen om man inte känner till ljudanläggningens kod.

När service, reparationer och renoveringar utförs på en bil eller bildel bör följande beskrivningar och instruktioner följas. Detta för att reparationen ska utföras så effektivt och fackmannamässigt som möjligt.

Tätningsytor och packningar

Vid isärtagande av delar vid deras tätningsytor ska dessa aldrig bändas isär med skruvmejsel eller liknande. Detta kan orsaka allvarliga skador som resulterar i oljeläckage, kylvätskeläckage etc. efter montering. Delarna tas vanligen isär genom att man knackar längs fogen med en mjuk klubba. Lägg dock märke till att denna metod kanske inte är lämplig i de fall styrstift används för exakt placering av delar.

Där en packning används mellan två ytor måste den bytas vid ihopsättning. Såvida inte annat anges i den aktuella arbetsbeskrivningen ska den monteras torr. Se till att tätningsytorna är rena och torra och att alla spår av den gamla packningen är borttagna. Vid rengöring av en tätningsyta ska sådana verktyg användas som inte skadar den. Små grader och repor tas bort med bryne eller en finskuren fil.

Rensa gängade hål med piprensare och håll dem fria från tätningsmedel då sådant används, såvida inte annat direkt specificeras.

Se till att alla öppningar, hål och kanaler är rena och blås ur dem, helst med tryckluft.

Oljetätningar

Oljetätningar kan tas ut genom att de bänds ut med en bred spårskruvmejsel eller liknande. Alternativt kan ett antal självgängande skruvar dras in i tätningen och användas som dragpunkter för en tång, så att den kan dras rakt ut.

När en oljetätning tas bort från sin plats, ensam eller som en del av en enhet, ska den alltid kasseras och bytas ut mot en ny.

Tätningsläpparna är tunna och skadas lätt och de tätar inte annat än om kontaktytan är fullständigt ren och oskadad. Om den ursprungliga tätningsytan på delen inte kan återställas till perfekt skick och tillverkaren inte gett utrymme för en viss omplacering av tätningen på kontaktytan, måste delen i fråga bytas ut.

Skydda tätningsläpparna från ytor som kan skada dem under monteringen. Använd tejp eller konisk hylsa där så är möjligt. Smörj läpparna med olja innan monteringen. Om oljetätningen har dubbla läppar ska utrymmet mellan dessa fyllas med fett.

Såvida inte annat anges ska oljetätningar monteras med tätningsläpparna mot det smörjmedel som de ska täta för.

Använd en rörformad dorn eller en träbit i lämplig storlek till att knacka tätningarna på plats. Om sätet är försedd med skuldra, driv tätningen mot den. Om sätet saknar skuldra bör tätningen monteras så att den går jäms med sätets yta (såvida inte annat uttryckligen anges).

Skruvgängor och infästningar

Muttrar, bultar och skruvar som kärvar är ett vanligt förekommande problem när en komponent har börjat rosta. Bruk av rostupplösningsolja och andra krypsmörjmedel löser ofta detta om man dränker in delen som kärvar en stund innan man försöker lossa den. Slagskruvmejsel kan ibland lossa envist fastsittande infästningar när de används tillsammans med rätt mejselhuvud eller hylsa. Om inget av detta fungerar kan försiktig värmning eller i värsta fall bågfil eller mutterspräckare användas.

Pinnbultar tas vanligen ut genom att två muttrar låses vid varandra på den gängade delen och att en blocknyckel sedan vrider den undre muttern så att pinnbulten kan skruvas ut. Bultar som brutits av under fästytan kan ibland avlägsnas med en lämplig bultutdragare. Se alltid till att gängade bottenhål är helt fria från olja, fett, vatten eller andra vätskor innan bulten monteras. Underlåtenhet att göra detta kan spräcka den del som skruven dras in i, tack vare det hydrauliska tryck som uppstår när en bult dras in i ett vätskefyllt hål

Vid åtdragning av en kronmutter där en saxsprint ska monteras ska muttern dras till specificerat moment om sådant anges, och därefter dras till nästa sprinthål. Lossa inte muttern för att passa in saxsprinten, såvida inte detta förfarande särskilt anges i anvisningarna.

Vid kontroll eller omdragning av mutter eller bult till ett specificerat åtdragningsmoment, ska muttern eller bulten lossas ett kvarts varv och sedan dras åt till angivet moment. Detta ska dock inte göras när vinkelåtdragning använts.

För vissa gängade infästningar, speciellt topplocksbultar/muttrar anges inte åtdragningsmoment för de sista stegen. Istället anges en vinkel för åtdragning. Vanligtvis anges ett relativt lågt åtdragningsmoment för bultar/muttrar som dras i specificerad turordning. Detta följs sedan av ett eller flera steg åtdragning med specificerade vinklar.

Låsmuttrar, låsbleck och brickor

Varje infästning som kommer att rotera mot en komponent eller en kåpa under åtdragningen ska alltid ha en bricka mellan åtdragningsdelen och kontaktytan.

Fjäderbrickor ska alltid bytas ut när de använts till att låsa viktiga delar som exempelvis lageröverfall. Låsbleck som viks över för att låsa bult eller mutter ska alltid byts ut vid ihopsättning.

Självlåsande muttrar kan återanvändas på mindre viktiga detaljer, under förutsättning att motstånd känns vid dragning över gängen. Kom dock ihåg att självlåsande muttrar förlorar låseffekt med tiden och därför alltid bör bytas ut som en rutinåtgärd.

Saxsprintar ska alltid bytas mot nya i rätt storlek för hålet.

När gänglåsmedel påträffas på gängor på en komponent som ska återanvändas bör man göra ren den med en stålborste och lösningsmedel. Applicera nytt gänglåsningsmedel vid montering.

Specialverktyg

Vissa arbeten i denna handbok förutsätter användning av specialverktyg som pressar, avdragare, fjäderkompressorer med mera. Där så är möjligt beskrivs lämpliga lättillgängliga alternativ till tillverkarens specialverktyg och hur dessa används. I vissa fall, där inga alternativ finns, har det varit nödvändigt att använda tillverkarens specialverktyg. Detta har gjorts av säkerhetsskäl, likväl som för att reparationerna ska utföras så effektivt och bra som möjligt. Såvida du inte är mycket kunnig och har stora kunskaper om det arbetsmoment som beskrivs, ska du aldrig försöka använda annat än specialverktyg när sådana anges i anvisningarna. Det föreligger inte bara stor risk för personskador, utan kostbara skador kan också uppstå på komponenterna.

Miljöhänsyn

Vid sluthantering av förbrukad motorolja, bromsvätska, frostskydd etc. ska all vederbörlig hänsyn tas för att skydda miljön. Ingen av ovan nämnda vätskor får hällas ut i avloppet eller direkt på marken. Kommunernas avfallshantering har kapacitet för hantering av miljöfarligt avfall liksom vissa verkstäder. Om inga av dessa finns tillgängliga i din närhet, fråga hälsoskyddskontoret i din kommun om råd.

I och med de allt strängare miljöskyddslagarna beträffande utsläpp av miljöfarliga ämnen från motorfordon har alltfler bilar numera justersäkringar monterade på de mest avgörande justeringspunkterna för bränslesystemet. Dessa är i första hand avsedda att förhindra okvalificerade personer från att justera bränsle/luftblandningen och därmed riskerar en ökning av giftiga utsläpp. Om sådana justersäkringar påträffas under service eller reparationsarbete ska de, närhelst möjligt, bytas eller sättas tillbaka i enlighet med tillverkarens rekommendationer eller aktuell lagstiftning.

Inköp av reservdelar

Reservdelar finns att köpa på flera ställen, t.ex. hos Audi-verkstäder, tillbehörsbutiker och motorspecialister. För att säkert få rätt del krävs ibland att bilens chassinummer uppges. Ta om möjligt med den gamla delen för säker identifiering. Många delar, t.ex. startmotor och generator, finns att få som fabriksrenoverade utbytesdelar - delar som returneras ska alltid vara rena.

Vi rekommenderar följande källor för inköp av reservdelar.

Auktoriserade VW-verkstäder

Det här är det bästa stället för reservdelar som är specifika för bilen och som inte finns att få tag på på andra ställen (t.ex. märkesbeteckningar, invändiga täckpaneler, vissa karosspaneler etc). Det är även det enda ställe där man kan få reservdelar om bilens garanti fortfarande gäller.

Tillbehörsbutiker

Här är det ofta bra att göra inköp av underhållsmaterial (olje-, luft- och bränslefilter, glödlampor, drivremmar, fett, bromsklossar, bättringslack etc.). Tillbehör av detta slag som säljs av välkända butiker håller samma standard som de som används av biltillverkaren.

Förutom delar säljer dessa butiker även verktyg och allmänna tillbehör. De har ofta bekväma öppettider och är billiga, och det brukar aldrig vara långt till en sådan butik. Vissa tillbehörsbutiker har reservdelsdiskar där så gott som alla typer av komponenter kan köpas eller beställas.

Motorspecialister

Bra motorspecialister har alla viktigare komponenter som slits snabbt i lager och kan ibland tillhandahålla enskilda komponenter till renoveringar av större enheter (t.ex. bromstätningar och hydrauldelar, lagerskålar, kolvar och ventiler). I vissa fall kan de ta hand om arbeten som omborrning av motorblocket, omslipning av vevaxlar etc.

Specialister på däck och avgassystem

Dessa kan vara oberoende återförsäljare eller ingå i större kedjor. De har ofta bra priser jämfört med märkesverkstäder, men det är lönt att jämföra priser hos flera försäljare. Kontrollera även vad som ingår vid priskontrollen - ofta ingår t.ex. inte ventiler och balansering vid köp av ett nytt hjul.

Andra inköpsställen

Var misstänksam när det gäller delar som säljs på lågprisförsäljningar och i andra hand. De är inte alltid av usel kvalitet, men det är mycket liten chans att reklamera köpet om de är otillfredsställande. Köper man komponenter som är avgörande för säkerheten, som bromsklossar, på ett sådant ställe riskerar man inte bara sina pengar utan även sin egen och andras hälsa.

Begagnade delar eller delar från en bildemontering kan vara prisvärda i vissa fall, men sådana inköp bör helst göras av en erfaren hemmamekaniker.

Bilens chassinummer

I biltillverkningen modifieras modellerna fortlöpande och det är endast de större modelländringarna som publiceras. Reservdelskataloger och listor sammanställs på numerisk bas. Därför är det viktigt att känna till bilens chassinummer för att få rätt reservdel.

Lämna alltid så mycket information som möjligt vid beställning av reservdelar. Ange årsmodell, chassinummer och motornummer när det behövs.

Chassinummerplåten sitter i motorrummets bakre del **(se bild)**. Ytterligare ett *chassinummermärke* sitter under det bakre bagageutrymmets golvbeläggning eller på bagageutrymmets golv **(se bild)**. *Bilens chassinummer* finns också på en platta som man kan se genom vindrutan på passagerarsidan **(se bild)**.

Motornumret är stämplat på vänster sida av motorblocket. *Motorkoden* finns också på en informationsetikett i reservhjulets urholkning eller på golvet i bagageutrymmet, samt på en etikett på kuggremmen eller ventilkåpan.

Övriga chassinummer eller koder är stämplade på viktiga föremål, exempelvis växellådan. Som hemmamekaniker har man sällan användning för sådana nummer.

Chassinummer

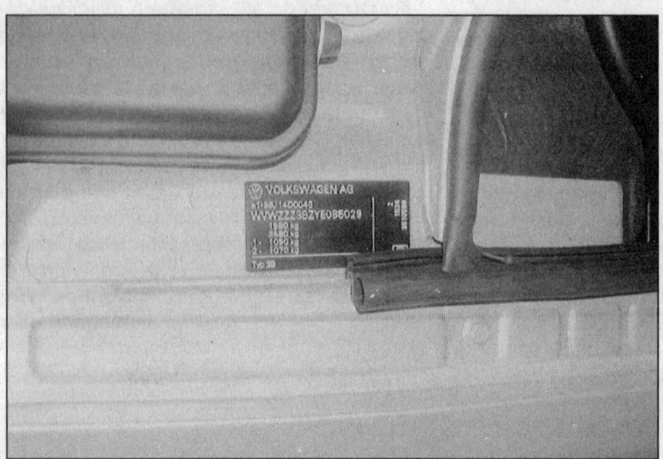

Chassinummerplåt

Chassinummeretikett

Inledning

En uppsättning bra verktyg är ett grundläggande krav för var och en som överväger att underhålla och reparera ett motorfordon. För de ägare som saknar sådana kan inköpet av dessa bli en märkbar utgift, som dock uppvägs till en viss del av de besparingar som görs i och med det egna arbetet. Om de anskaffade verktygen uppfyller grundläggande säkerhets- och kvalitetskrav kommer de att hålla i många år och visa sig vara en värdefull investering.

För att hjälpa bilägaren att avgöra vilka verktyg som behövs för att utföra de arbeten som beskrivs i denna handbok har vi sammanställt tre listor med följande rubriker: *Underhåll och mindre reparationer, Reparation och renovering* samt *Specialverktyg*. Nybörjaren bör starta med det första sortimentet och begränsa sig till enklare arbeten på fordonet. Allt eftersom erfarenhet och självförtroende växer kan man sedan prova svårare uppgifter och köpa fler verktyg när och om det behövs. På detta sätt kan den grundläggande verktygssatsen med tiden utvidgas till en reparations- och renoveringssats utan några större enskilda kontantutlägg. Den erfarne hemmamekanikern har redan en verktygssats som räcker till de flesta reparationer och renoveringar och kommer att välja verktyg från specialkategorin när han känner att utgiften är berättigad för den användning verktyget kan ha.

Underhåll och mindre reparationer

Verktygen i den här listan ska betraktas som ett minimum av vad som behövs för rutinmässigt underhåll, service och mindre reparationsarbeten. Vi rekommenderar att man köper blocknycklar (ring i ena änden och öppen i den andra), även om de är dyrare än de med öppen ände, eftersom man får båda sorternas fördelar.

- ☐ *Blocknycklar - 8, 9, 10, 11, 12, 13, 14, 15, 17 och 19 mm*
- ☐ *Skiftnyckel - 35 mm gap (ca.)*
- ☐ *Tändstiftsnyckel (med gummifoder)*
- ☐ *Verktyg för justering av tändstiftens elektrodavstånd*
- ☐ *Sats med bladmått*
- ☐ *Nyckel för avluftning av bromsar*
- ☐ *Skruvmejslar:*
  Spårmejsel - 100 mm lång x 6 mm diameter
  Stjärnmejsel - 100 mm lång x 6 mm diameter
- ☐ *Kombinationstång*
- ☐ *Bågfil (liten)*
- ☐ *Däckpump*
- ☐ *Däcktrycksmätare*
- ☐ *Oljekanna*
- ☐ *Verktyg för demontering av oljefilter*
- ☐ *Fin slipduk*
- ☐ *Stålborste (liten)*
- ☐ *Tratt (medelstor)*

Reparation och renovering

Dessa verktyg är ovärderliga för alla som utför större reparationer på ett motorfordon och tillkommer till de som angivits för *Underhåll och mindre reparationer*. I denna lista ingår en grundläggande sats hylsor. Även om dessa är dyra, är de oumbärliga i och med sin mångsidighet - speciellt om satsen innehåller olika typer av drivenheter. Vi rekommenderar 1/2-tums fattning på hylsorna eftersom de flesta momentnycklar har denna fattning.

Verktygen i denna lista kan ibland behöva kompletteras med verktyg från listan för *Specialverktyg*.

- ☐ *Hylsor, dimensioner enligt föregående lista* ***(se bild)***
- ☐ *Spärrskaft med vändbar riktning (för användning med hylsor)* ***(se bild)***
- ☐ *Förlängare, 250 mm (för användning med hylsor)*
- ☐ *Universalknut (för användning med hylsor)*
- ☐ *Momentnyckel (för användning med hylsor)*
- ☐ *Självlåsande tänger*
- ☐ *Kulhammare*
- ☐ *Mjuk klubba (plast/aluminium eller gummi)*
- ☐ *Skruvmejslar:*
  Spårmejsel - en lång och kraftig, en kort (knubbig) och en smal (elektrikertyp)
  Stjärnmejsel - en lång och kraftig och en kort (knubbig)
- ☐ *Tänger:*
  Spetsnostång/plattång
  Sidavbitare (elektrikertyp)
  Låsringstång (inre och yttre)
- ☐ *Huggmejsel - 25 mm*
- ☐ *Ritspets*
- ☐ *Skrapa*
- ☐ *Körnare*
- ☐ *Purr*
- ☐ *Bågfil*
- ☐ *Bromsslangklämma*
- ☐ *Avluftningssats för bromsar/koppling*
- ☐ *Urval av borrar*
- ☐ *Stållinjal*
- ☐ *Insexnycklar (inkl Torxtyp/med splines)* ***(se bild)***
- ☐ *Sats med filar*
- ☐ *Stor stålborste*
- ☐ *Pallbockar*
- ☐ *Domkraft (garagedomkraft eller en stabil pelarmodell)*
- ☐ *Arbetslampa med förlängningssladd*

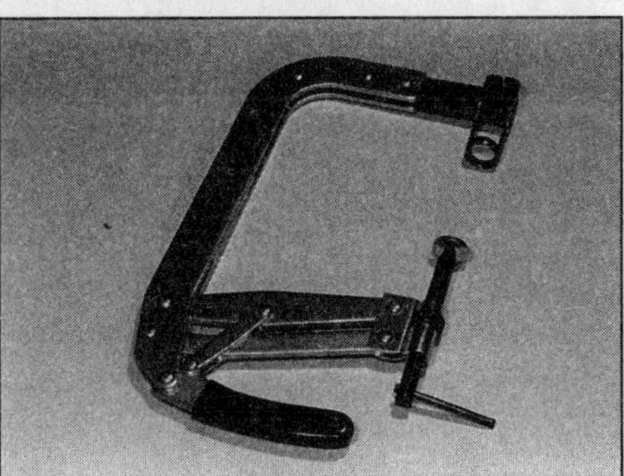
Ventilfjäderkompressor (ventilbåge)

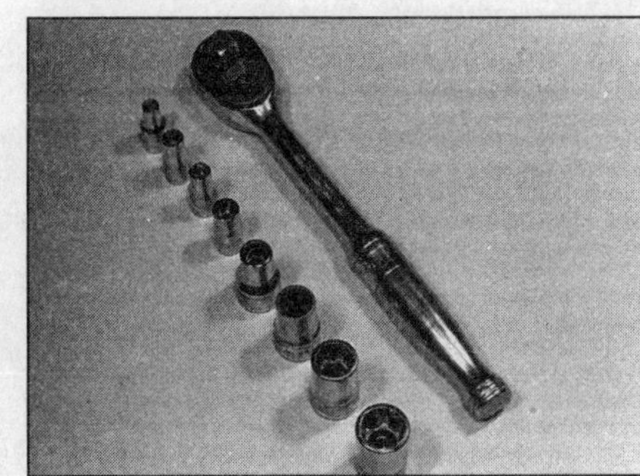
Hylsor och spärrskaft

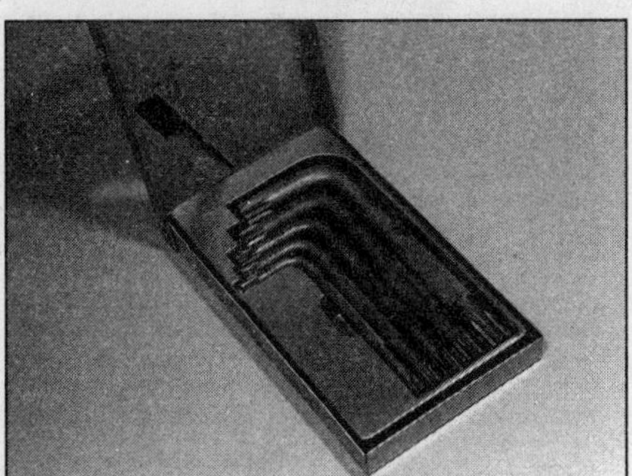
Nycklar med splines

Kolvringskompressor

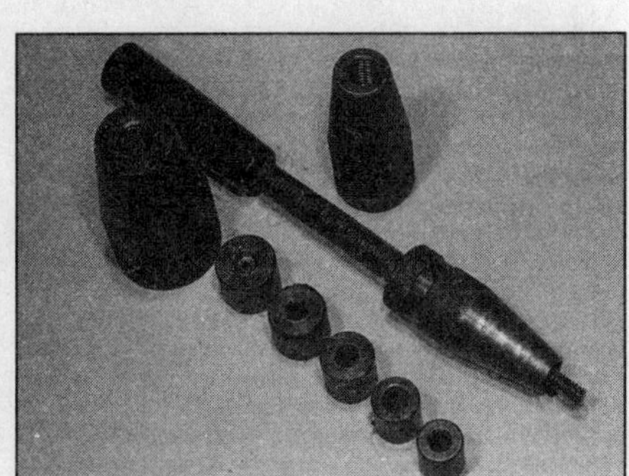
Centreringsverktyg för koppling

Specialverktyg

Verktygen i denna lista är de som inte används regelbundet, är dyra i inköp eller som måste användas enligt tillverkarens anvisningar. Det är bara om du relativt ofta kommer att utföra tämligen svåra jobb som många av dessa verktyg är lönsamma att köpa. Du kan också överväga att gå samman med någon vän (eller gå med i en motorklubb) och göra ett gemensamt inköp, hyra eller låna verktyg om så är möjligt.

Följande lista upptar endast verktyg och instrument som är allmänt tillgängliga och inte sådana som framställs av biltillverkaren speciellt för auktoriserade verkstäder. Ibland nämns dock sådana verktyg i texten. I allmänhet anges en alternativ metod att utföra arbetet utan specialverktyg. Ibland finns emellertid inget alternativ till tillverkarens specialverktyg. När så är fallet och relevant verktyg inte kan köpas, hyras eller lånas har du inget annat val än att lämna bilen till en auktoriserad verkstad.

- ☐ *Ventilfjäderkompressor **(se bild)***
- ☐ *Ventilslipningsverktyg*
- ☐ *Kolvringskompressor **(se bild)***
- ☐ *Verktyg för demontering/montering av kolvringar*
- ☐ *Honingsverktyg*
- ☐ *Kulledsavdragare*
- ☐ *Spiralfjäderkompressor (där tillämplig)*
- ☐ *Nav/lageravdragare, två/tre ben*
- ☐ *Slagskruvmejsel*
- ☐ *Mikrometer och/eller skjutmått **(se bild)***
- ☐ *Indikatorklocka **(se bild)***
- ☐ *Stroboskoplampa **(se bild)***
- ☐ *Kamvinkelmätare/varvräknare*
- ☐ *Multimeter*
- ☐ *Kompressionsmätare **(se bild)***
- ☐ *Handmanövrerad vakuumpump och mätare*
- ☐ *Centreringsverktyg för koppling **(se bild)***
- ☐ *Verktyg för demontering av bromsbackarnas fjäderskålar*
- ☐ *Sats för montering/demontering av bussningar och lager*
- ☐ *Bultutdragare **(se bild)***
- ☐ *Gängningssats*
- ☐ *Lyftblock*
- ☐ *Garagedomkraft*

Inköp av verktyg

När det gäller inköp av verktyg är det i regel bättre att vända sig till en specialist som har ett större sortiment än t ex tillbehörsbutiker och bensinmackar. Tillbehörsbutiker och andra försöljningsställen kan dock erbjuda utmärkta verktyg till låga priser, så det kan löna sig att söka.

Det finns gott om bra verktyg till låga priser, men se till att verktygen uppfyller grundläggande krav på funktion och säkerhet. Fråga gärna någon kunnig person om råd före inköpet.

Vård och underhåll av verktyg

Efter inköp av ett antal verktyg är det nödvändigt att hålla verktygen rena och i fullgott skick. Efter användning, rengör alltid verktygen innan de läggs undan. Låt dem inte ligga framme sedan de använts. En enkel upphängningsanordning på väggen för t ex skruvmejslar och tänger är en bra idé. Nycklar och hylsor bör förvaras i metalllådor. Mätinstrument av skilda slag ska förvaras på platser där de inte kan komma till skada eller börja rosta.

Lägg ner lite omsorg på de verktyg som används. Hammarhuvuden får märken och skruvmejslar slits i spetsen med tiden. Lite polering med slippapper eller en fil återställer snabbt sådana verktyg till gott skick igen.

Arbetsutrymmen

När man diskuterar verktyg får man inte glömma själva arbetsplatsen. Om mer än rutinunderhåll ska utföras bör man skaffa en lämplig arbetsplats.

Vi är medvetna om att många bilägare/hemmamekaniker av omständigheterna tvingas att lyfta ur motor eller liknande utan tillgång till garage eller verkstad. Men när detta är gjort ska fortsättningen av arbetet göras inomhus.

Närhelst möjligt ska isärtagning ske på en ren, plan arbetsbänk eller ett bord med passande arbetshöjd.

En arbetsbänk behöver ett skruvstycke. En käftöppning om 100 mm räcker väl till för de flesta arbeten. Som tidigare sagts, ett rent och torrt förvaringsutrymme krävs för verktyg liksom för smörjmedel, rengöringsmedel, bättringslack (som också måste förvaras frostfritt) och liknande.

Ett annat verktyg som kan behövas och som har en mycket bred användning är en elektrisk borrmaskin med en chuckstorlek om minst 8 mm. Denna, tillsammans med en sats spiralborrar, är i praktiken oumbärlig för montering av tillbehör.

Sist, men inte minst, ha alltid ett förråd med gamla tidningar och rena luddfria trasor tillgängliga och håll arbetsplatsen så ren som möjligt.

Mikrometerset

Indikatorklocka med magnetstativ

Stroboskoplampa

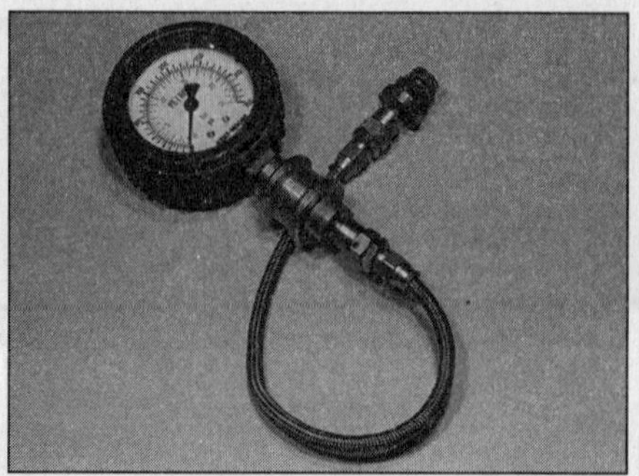

Kompressionsmätare

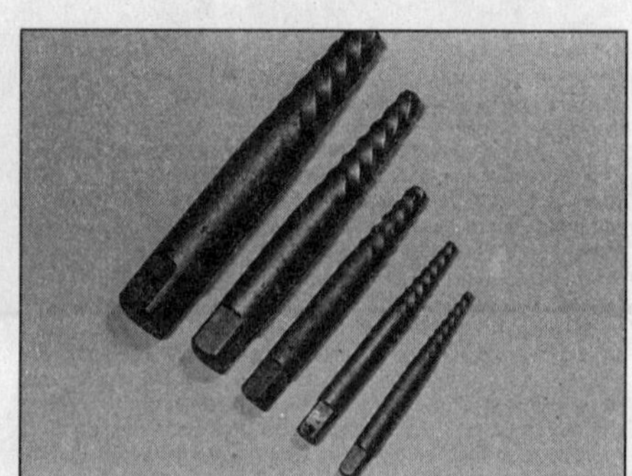

Bultutdragare

Det här avsnittet är till för att hjälpa dig att klara bilbesiktningen. Det är naturligtvis inte möjligt att undersöka ditt fordon lika grundligt som en professionell besiktare, men genom att göra följande kontroller kan du identifiera problemområden och ha en möjlighet att korrigera eventuella fel innan du lämnar bilen till besiktning. Om bilen underhålls och servas regelbundet borde besiktningen inte innebära några större problem.

I besiktningsprogrammet ingår kontroll av nio huvudsystem – stommen, hjulsystemet, drivsystemet, bromssystemet, styrsystemet, karosseriet, kommunikationssystemet, instrumentering och slutligen övriga anordningar (släpvagnskoppling etc).

Kontrollerna som här beskrivs har baserats på Svensk Bilprovnings krav aktuella vid tiden för tryckning. Kraven ändras dock kontinuerligt och särskilt miljöbestämmelserna blir allt strängare.

Kontrollerna har delats in under följande fem rubriker:

1 *Kontroller som utförs från förarsätet*
2 *Kontroller som utförs med bilen på marken*
3 *Kontroller som utförs med bilen upphissad och med fria hjul*
4 *Kontroller på bilens avgassystem*
5 *Körtest*

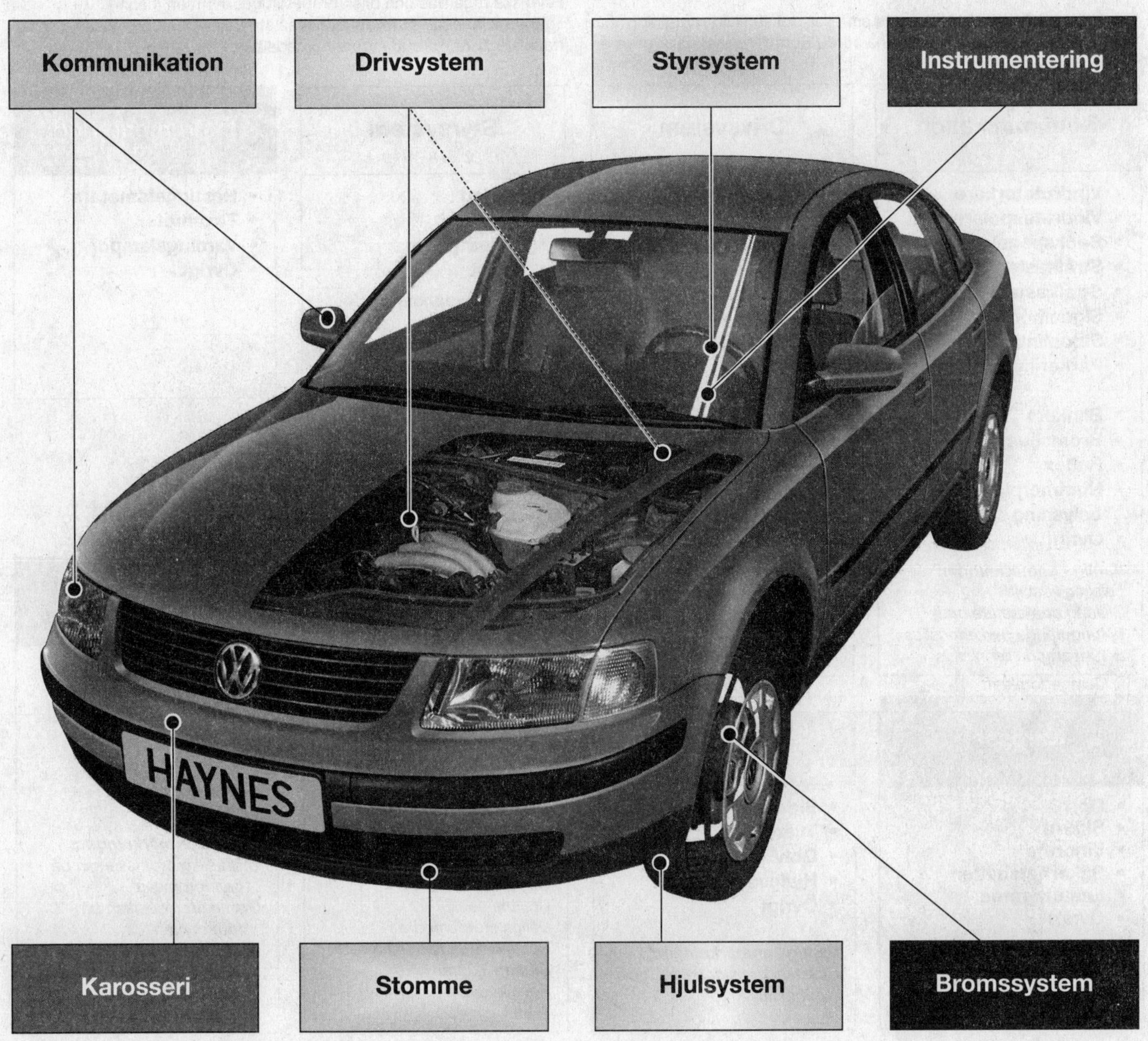

Besiktningsprogrammet

Vanliga personbilar kontrollbesiktigas första gången efter tre år, andra gången två år senare och därefter varje år. Åldern på bilen räknas från det att den tas i bruk, oberoende av årsmodell, och den måste genomgå besiktning inom fem månader.

Tiden på året då fordonet kallas till besiktning bestäms av sista siffran i registreringsnumret, enligt tabellen nedan.

Slutsiffra	Besiktningsperiod
1	*november t.o.m. mars*
2	*december t.o.m. april*
3	*januari t.o.m. maj*
4	*februari t.o.m. juni*
5	*maj t.o.m. september*
6	*juni t.o.m. oktober*
7	*juli t.o.m. november*
8	*augusti t.o.m. december*
9	*september t.o.m. januari*
0	*oktober t.o.m. februari*

Om fordonet har ändrats, byggts om eller om särskild utrustning har monterats eller demonterats, måste du som fordonsägare göra en registreringsbesiktning inom en månad. I vissa fall räcker det med en begränsad registreringsbesiktning, t.ex. för draganordning, taklucka, taxiutrustning etc.

Efter besiktningen

Nedan visas de system och komponenter som kontrolleras och bedöms av besiktaren på Svensk Bilprovning. Efter besiktningen erhåller du ett protokoll där eventuella anmärkningar noterats.

Har du fått en 2x i protokollet (man kan ha max 3 st 2x) behöver du inte ombesiktiga bilen, men är skyldig att själv åtgärda felet snarast möjligt. Om du inte åtgärdar felen utan återkommer till Svensk Bilprovning året därpå med samma fel, blir dessa automatiskt 2:or som då måste ombesiktigas. Har du en eller flera 2x som ej är åtgärdade och du blir intagen i en flygande besiktning av polisen, blir dessa automatiskt 2:or som måste ombesiktigas. I detta läge får du även böta.

Om du har fått en tvåa i protokollet är fordonet alltså inte godkänt. Felet ska åtgärdas och bilen ombesiktigas inom en månad.

En trea innebär att fordonet har så stora brister att det anses mycket trafikfarligt. Körförbud inträder omedelbart.

Kommunikation

- **Vindrutetorkare**
- **Vindrutespolare**
- **Backspegel**
- **Strålkastarinställning**
- **Strålkastare**
- **Signalhorn**
- **Sidoblinkers**
- **Parkeringsljus fram**
  bak
- **Blinkers**
- **Bromsljus**
- **Reflex**
- **Nummerplåts-belysning**
- **Övrigt**

Vanliga anmärkningar:
Felaktig ljusbild
Skadad strålkastare
Ej fungerande parkeringsljus
Ej fungerande bromsljus

Drivsystem

- **Avgasrening, EGR-system (-88)**
- **Avgasrening**
- **Bränslesystem**
- **Avgassystem**
- **Avgaser (CO, HC)**
- **Kraftöverföring**
- **Drivknut**
- **Elförsörjning**
- **Batteri**
- **Övrigt**

Vanliga anmärkningar:
Höga halter av CO
Höga halter av HC
Läckage i avgassystemet
Ej fungerande EGR-ventil
Skadade drivknutsdamasker
Löst batteri

Styrsystem

- **Styrled**
- **Styrväxel**
- **Hjälpstyrarm**
- **Övrigt**

Vanliga anmärkningar:
Glapp i styrleder
Skadade styrväxeldamasker

Instrumentering

- **Hastighetsmätare**
- **Taxameter**
- **Varningslampor**
- **Övrigt**

Karosseri

- **Dörr**
- **Skärm**
- **Vindruta**
- **Säkerhetsbälten**
- **Lastutrymme**
- **Övrigt**

Vanliga anmärkningar:
Skadad vindruta
Vassa kanter
Glappa gångjärn

Stomme

- **Sidobalk**
- **Tvärbalk**
- **Golv**
- **Hjulhus**
- **Övrigt**

Vanliga anmärkningar:
Rostskador i sidobalkar, golv och hjulhus

Hjulsystem

- **Däck**
- **Stötdämpare**
- **Hjullager**
- **Spindelleder**
- **Länkarm fram**
  bak
- **Fjäder**
- **Fjädersäte**
- **Övrigt**

Vanliga anmärkningar:
Glapp i spindelleder
Utslitna däck
Dåliga stötdämpare
Rostskadade fjädersäten
Brustna fjädrar
Rostskadade länkarms-infästningar

Bromssystem

- **Fotbroms fram**
  bak
  rörelseres.
- **Bromsrör**
- **Bromsslang**
- **Handbroms**
- **Övrigt**

Vanliga anmärkningar:
Otillräcklig bromsverkan på handbromsen
Ojämn bromsverkan på fotbromsen
Anliggande bromsar på fotbromsen
Rostskadade bromsrör
Skadade bromsslangar

1 Kontroller som utförs från förarsätet

Handbroms

□ Kontrollera att handbromsen fungerar ordentligt utan för stort spel i spaken. För stort spel tyder på att bromsen eller bromsvajern är felaktigt justerad.

□ Kontrollera att handbromsen inte kan läggas ur genom att spaken förs åt sidan. Kontrollera även att handbromsspaken är ordentligt monterad.

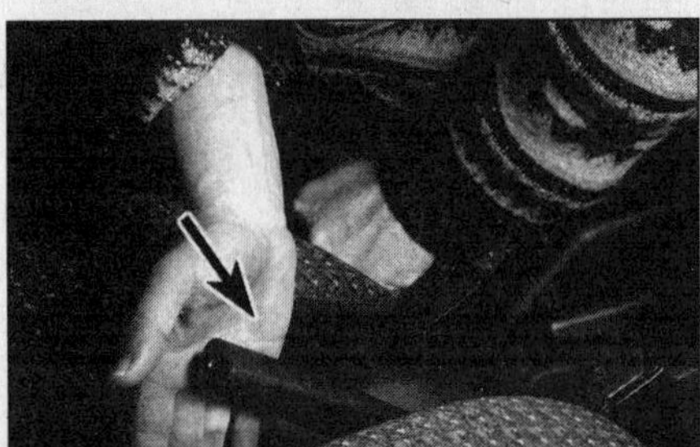

Fotbroms

□ Tryck ner bromspedalen och håll den nedtryckt i ca 30 sek. Kontrollera att den inte sjunker ner mot golvet, vilket tyder på fel på huvudcylindern. Släpp pedalen, vänta ett par sekunder och tryck sedan ner den igen. Om pedalen tar långt ner måste broms-arna justeras eller repareras. Om pedalens rörelse känns "svampig" finns det luft i bromssystemet som då måste luftas.

□ Kontrollera att bromspedalen sitter fast ordentligt och att den är i bra skick. Kontrollera även om det finns tecken på oljeläckage på bromspedalen, golvet eller mattan eftersom det kan betyda att packningen i huvudcylindern är trasig.

□ Om bilen har bromsservo kontrolleras denna genom att man upprepade gånger trycker ner bromspedalen och sedan startar motorn med pedalen nertryckt. När motorn startar skall pedalen sjunka något. Om inte kan vakuumslangen eller själva servoenheten vara trasig.

Ratt och rattstång

□ Känn efter att ratten sitter fast. Undersök om det finns några sprickor i ratten eller om några delar på den sitter löst.

□ Rör på ratten uppåt, nedåt och i sidled. Fortsätt att röra på ratten samtidigt som du vrider lite på den från vänster till höger.

□ Kontrollera att ratten sitter fast ordentligt på rattstången, vilket annars kan tyda på slitage eller att fästmuttern sitter löst. Om ratten går att röra onaturligt kan det tyda på att rattstångens bärlager eller kopplingar är slitna.

Rutor och backspeglar

□ Vindrutan måste vara fri från sprickor och andra skador som kan vara irriterande eller hindra sikten i förarens synfält. Sikten får inte heller hindras av t.ex. ett färgat eller reflekterande skikt. Samma regler gäller även för de främre sidorutorna.

□ Backspeglarna måste sitta fast ordentligt och vara hela och ställbara.

Säkerhetsbälten och säten

Observera: *Kom ihåg att alla säkerhetsbälten måste kontrolleras - både fram och bak.*

□ Kontrollera att säkerhetsbältena inte är slitna, fransiga eller trasiga i väven och att alla låsmekanismer och rullmekanismer fungerar obehindrat. Se även till att alla infästningar till säkerhetsbältena sitter säkert.

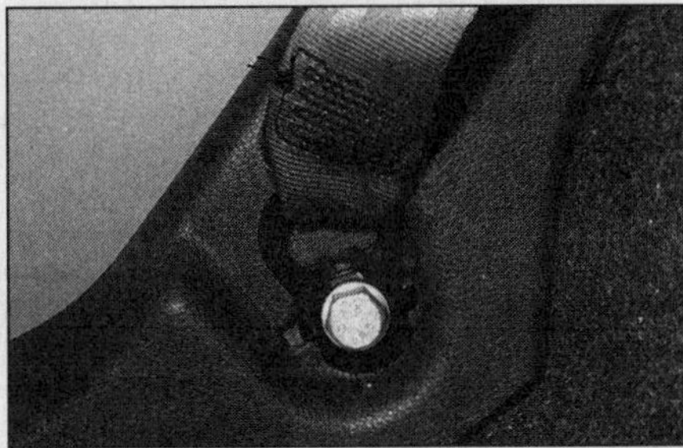

□ Framsätena måste vara ordentligt fastsatta och om de är fällbara måste de vara låsbara i uppfällt läge.

Dörrar

□ Framdörrarna måste gå att öppna och stänga från både ut- och insidan och de måste gå ordentligt i lås när de är stängda. Gångjärnen ska sitta säkert och inte glappa eller kärva onormalt.

2 Kontroller som utförs med bilen på marken

Registreringsskyltar

□ Registreringsskyltarna måste vara väl synliga och lätta att läsa av, d v s om bilen är mycket smutsig kan det ge en anmärkning.

Elektrisk utrustning

□ Slå på tändningen och kontrollera att signalhornet fungerar och att det avger en jämn ton.

□ Kontrollera vindrutetorkarna och vindrutespolningen. Svephastigheten får inte vara extremt låg, svepytan får inte vara för liten och torkarnas viloläge ska inte vara inom förarens synfält. Byt ut gamla och skadade torkarblad.

□ Kontrollera att strålkastarna fungerar och att de är rätt inställda. Reflektorerna får inte vara skadade, lampglasen måste vara hela och lamporna måste vara ordentligt fastsatta. Kontrollera även att bromsljusen fungerar och att det inte krävs högt pedaltryck för att tända dem. (Om du inte har någon medhjälpare kan du kontrollera bromsljusen genom att backa upp bilen mot en garageport, vägg eller liknande reflekterande yta.)

□ Kontrollera att blinkers och varningsblinkers fungerar och att de blinkar i normal hastighet. Parkeringsljus och bromsljus får inte påverkas av blinkers. Om de påverkas beror detta oftast på jordfel. Se också till att alla övriga lampor på bilen är hela och fungerar som de ska och att t.ex. extraljus inte är placerade så att de skymmer föreskriven belysning.

□ Se även till att batteri, elledningar, reläer och liknande sitter fast ordentligt och att det inte föreligger någon risk för kortslutning

Fotbroms

□ Undersök huvudbromscylindern, bromsrören och servoenheten. Leta efter läckage, rost och andra skador.

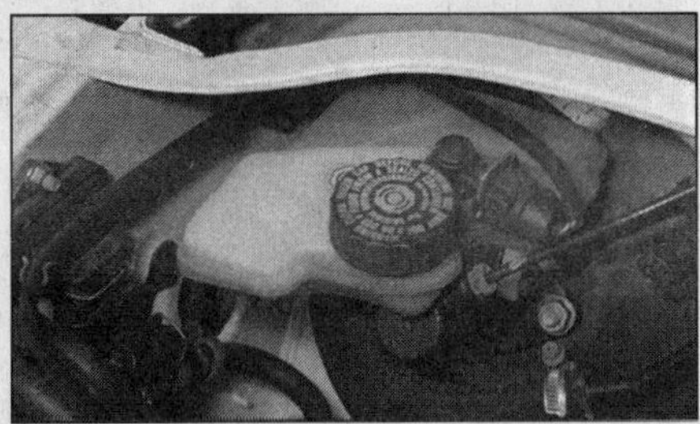

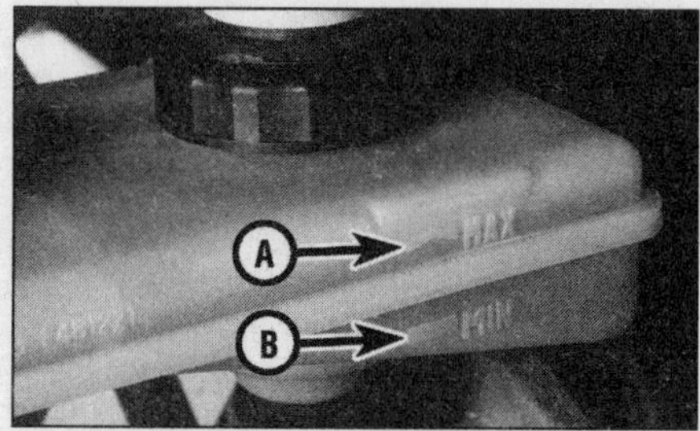

☐ Bromsvätskebehållaren måste sitta fast ordentligt och vätskenivån skall vara mellan max- (A) och min- (B) markeringarna.

☐ Undersök båda främre bromsslangarna efter sprickor och förslitningar. Vrid på ratten till fullt rattutslag och se till att bromsslangarna inte tar i någon del av styrningen eller upphängningen. Tryck sedan ner bromspedalen och se till att det inte finns några läckor eller blåsor på slangarna under tryck.

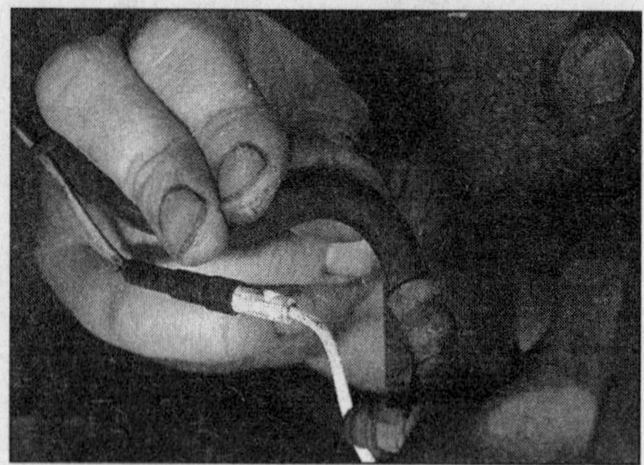

Styrning

☐ Be någon vrida på ratten så att hjulen vrids något. Kontrollera att det inte är för stort spel mellan rattutslaget och styrväxeln vilket kan tyda på att rattstångslederna, kopplingen mellan rattstången och styrväxeln eller själva styrväxeln är sliten eller glappar.

☐ Vrid sedan ratten kraftfullt åt båda hållen så att hjulen vrids något. Undersök då alla damasker, styrleder, länksystem, rörkopplingar och anslutningar/fästen. Byt ut alla delar som verkar utslitna eller skadade. På bilar med servostyrning skall servopumpen, drivremmen och slangarna kontrolleras.

Stötdämpare

☐ Tryck ned hörnen på bilen i tur och ordning och släpp upp. Bilen skall gunga upp och sedan gå tillbaka till ursprungsläget. Om bilen fortsätter att gunga är stötdämparna dåliga. Stötdämpare som kärvar påtagligt gör också att bilen inte klarar besiktningen. (Observera att stötdämpare kan saknas på vissa fjädersystem.)

☐ Kontrollera också att bilen står rakt och ungefär i rätt höjd.

Avgassystem

☐ Starta motorn medan någon håller en trasa över avgasröret och kontrollera sedan att avgassystemet inte läcker. Reparera eller byt ut de delar som läcker.

Kaross

☐ Skador eller korrosion/rost som utgörs av vassa eller i övrigt farliga kanter med risk för personskada medför vanligtvis att bilen måste repareras och ombesiktas. Det får inte heller finnas delar som sitter påtagligt löst.

☐ Det är inte tillåtet att ha utskjutande detaljer och anordningar med olämplig utformning eller placering (prydnadsföremål, antennfästen, viltfångare och liknande).

☐ Kontrollera att huvlås och säkerhetsspärr fungerar och att gångjärnen inte sitter löst eller på något vis är skadade.

☐ Se också till att stänkskydden täcker däckens slitbana i sidled.

3 Kontroller som utförs med bilen upphissad och med fria hjul

Lyft upp både fram- och bakvagnen och ställ bilen på pallbockar. Placera pallbockarna så att de inte tar i fjäderupphängningen. Se till att hjulen inte tar i marken och att de går att vrida till fullt rattutslag. Om du har begränsad utrustning går det naturligtvis bra att lyfta upp en ände i taget.

Styrsystem

☐ Be någon vrida på ratten till fullt rattutslag. Kontrollera att alla delar i styrningen går mjukt och att ingen del av styrsystemet tar i någonstans.

☐ Undersök kuggstångsdamaskerna så att de inte är skadade eller att metallklämmorna glappar. Om bilen är utrustad med servostyrning ska slangar, rör och kopplingar kontrolleras så att de inte är skadade eller

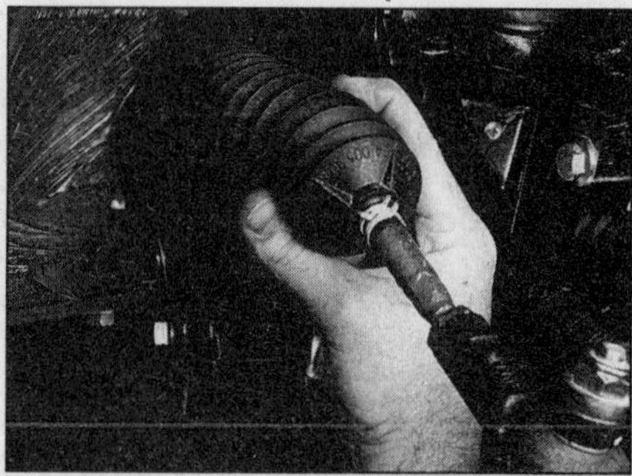

läcker. Kontrollera också att styrningen inte är onormalt trög eller kärvar. Undersök länkarmar, krängningshämmare, styrstag och styrleder och leta efter glapp och rost.

☐ Se även till att ingen saxpinne eller liknande låsmekanism saknas och att det inte finns gravrost i närheten av någon av styrmekanismens fästpunkter.

Upphängning och hjullager

☐ Börja vid höger framhjul. Ta tag på sidorna av hjulet och skaka det kraftigt. Se till att det inte glappar vid hjullager, spindelleder eller vid upphängningens infästningar och leder.

☐ Ta nu tag upptill och nedtill på hjulet och upprepa ovanstående. Snurra på hjulet och undersök hjullagret angående missljud och glapp.

☐ Om du misstänker att det är för stort spel vid en komponent led kan man kontrollera detta genom att använda en stor skruvmejsel eller liknande och bända mellan infästningen och komponentens fäste. Detta visar om det är bussningen, fästskruven eller själva infästningen som är sliten (bulthålen kan ofta bli uttänjda).

☐ Kontrollera alla fyra hjulen.

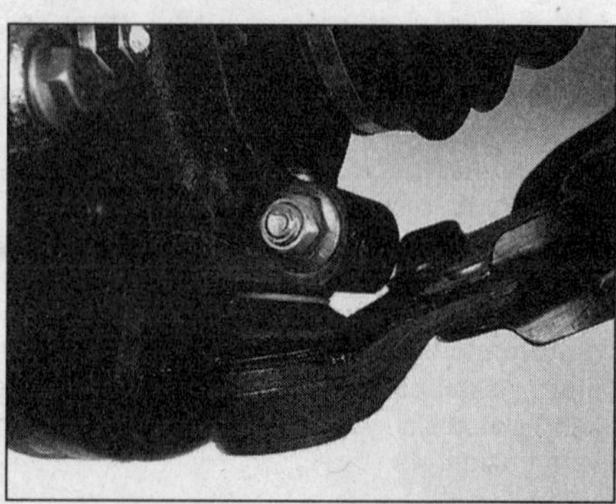

Fjädrar och stötdämpare

☐ Undersök fjäderbenen (där så är tillämpligt) angående större läckor, korrosion eller skador i godset. Kontrollera också att fästena sitter säkert.

☐ Om bilen har spiralfjädrar, kontrollera att dessa sitter korrekt i fjädersätena och att de inte är utmattade, rostiga, spruckna eller av.

☐ Om bilen har bladfjädrar, kontrollera att alla bladen är hela, att axeln är ordentligt fastsatt mot fjädrarna och att fjäderöglorna, bussningarna och upphängningarna inte är slitna.

☐ Liknande kontroll utförs på bilar som har annan typ av upphängning såsom torsionfjädrar, hydraulisk fjädring etc. Se till att alla infästningar och anslutningar är säkra och inte utslitna, rostiga eller skadade och att den hydrauliska fjädringen inte läcker olja eller på annat sätt är skadad.

☐ Kontrollera att stötdämparna inte läcker och att de är hela och oskadade i övrigt samt se till att bussningar och fästen inte är utslitna.

Drivning

☐ Snurra på varje hjul i tur och ordning. Kontrollera att driv-/kardanknutar inte är lösa, glappa, spruckna eller skadade. Kontrollera också att skyddsbälgarna är intakta och att driv-/kardanaxlar är ordentligt fastsatta, raka och oskadade. Se även till att inga andra detaljer i kraftöverföringen är glappa, lösa, skadade eller slitna.

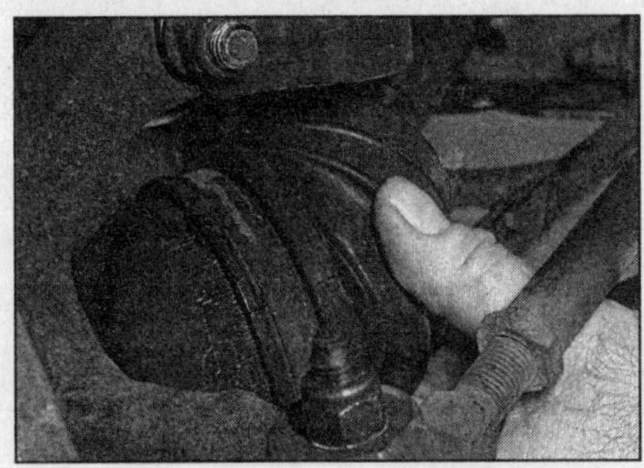

Bromssystem

☐ Om det är möjligt utan isärtagning, kontrollera hur bromsklossar och bromsskivor ser ut. Se till att friktionsmaterialet på bromsbeläggen (A) inte är slitet under 2 mm och att bromsskivorna (B) inte är spruckna, gropiga, repiga eller utslitna.

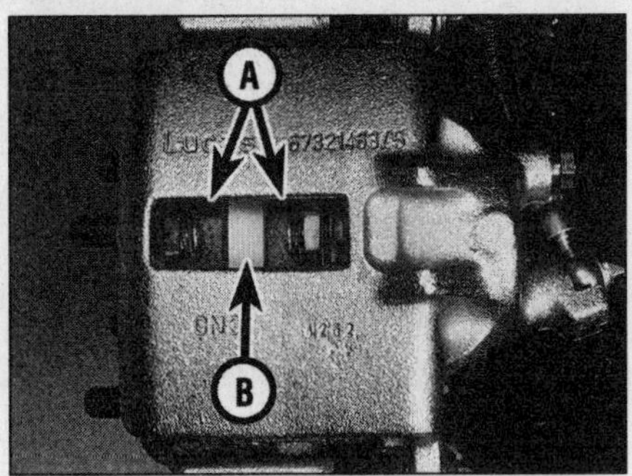

☐ Undersök alla bromsrör under bilen och bromsslangarna bak. Leta efter rost, skavning och övriga skador på ledningarna och efter tecken på blåsor under tryck, skavning, sprickor och förslitning på slangarna. (Det kan vara enklare att upptäcka eventuella sprickor på en slang om den böjs något.)

☐ Leta efter tecken på läckage vid bromsoken och på bromssköldarna. Reparera eller byt ut delar som läcker.

☐ Snurra sakta på varje hjul medan någon trycker ned och släpper upp bromspedalen. Se till att bromsen fungerar och inte ligger an när pedalen inte är nedtryckt.

☐ Undersök handbromsmekanismen och kontrollera att vajern inte har fransat sig, är av eller väldigt rostig eller att länksystemet är utslitet eller glappar. Se till att handbromsen fungerar på båda hjulen och inte ligger an när den läggs ur.

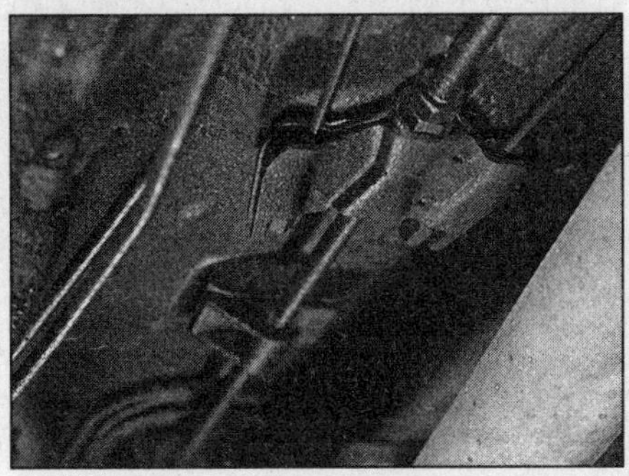

☐ Det är inte möjligt att prova bromsverkan utan specialutrustning, men man kan göra ett körtest och prova att bilen inte drar åt något håll vid en kraftig inbromsning.

Bränsle- och avgassystem

☐ Undersök bränsletanken (inklusive tanklock och påfyllningshals), fastsättning, bränsleledningar, slangar och anslutningar. Alla delar måste sitta fast ordentligt och får inte läcka.

☐ Granska avgassystemet i hela dess längd beträffande skadade, avbrutna eller saknade upphängningar. Kontrollera systemets skick beträffande rost och se till att rörklämmorna är säkert monterade. Svarta sotavlagringar på avgassystemet tyder på ett annalkande läckage.

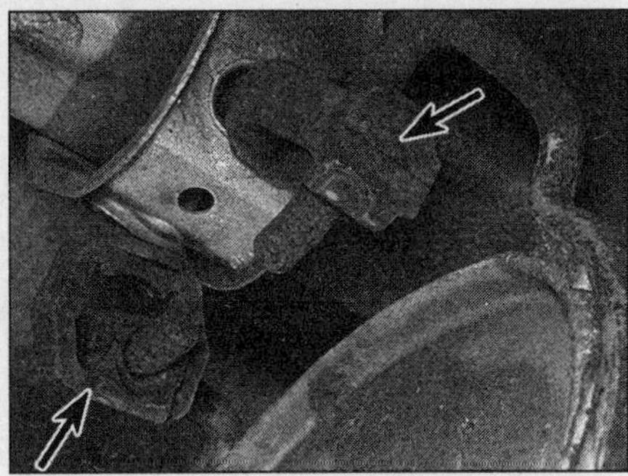

Hjul och däck

☐ Undersök i tur och ordning däcksidorna och slitbanorna på alla däcken. Kontrollera att det inte finns några skärskador, revor eller bulor och att korden inte syns p g a utslitning eller skador. Kontrollera att däcket är korrekt monterat på fälgen och att hjulet inte är deformerat eller skadat.

☐ Se till att det är rätt storlek på däcken för bilen, att det är samma storlek och däcktyp på samma axel och att det är rätt lufttryck i däcken. Se också till att inte ha dubbade och odubbade däck blandat. (Dubbade däck får användas under vinterhalvåret, från 1 oktober till första måndagen efter påsk.)

☐ Kontrollera mönsterdjupet på däcken – minsta tillåtna mönsterdjup är 1,6 mm. Onormalt däckslitage kan tyda på felaktig framhjulsinställning.

Korrosion

☐ Undersök alla bilens bärande delar efter rost. (Bärande delar innefattar underrede, tröskellådor, tvärbalkar, stolpar och all upphängning, styrsystemet, bromssystemet samt bältesinfästningarna.) Rost som avsevärt har reducerat tjockleken på en bärande yta medför troligtvis en tvåa i besiktningsprotokollet. Sådana skador kan ofta vara svåra att reparera själv.

☐ Var extra noga med att kontrollera att inte rost har gjort det möjligt för avgaser att tränga in i kupén. Om så är fallet kommer fordonet ovillkorligen inte att klara besiktningen och dessutom utgör det en stor trafik- och hälsofara för dig och dina passagerare.

4 Kontroller som utförs på bilens avgassystem

Bensindrivna modeller

☐ Starta motorn och låt den bli varm. Se till att tändningen är rätt inställd, att luftfiltret är rent och att motorn går bra i övrigt.

☐ Varva först upp motorn till ca 2500 varv/min och håll den där i ca 20 sekunder. Låt den sedan gå ner till tomgång och iaktta avgasutsläppen från avgasröret. Om tomgången är onaturligt hög eller om tät blå eller klart synlig svart rök kommer ut med avgaserna i mer än 5 sekunder så kommer bilen antagligen inte att klara besiktningen. I regel tyder blå rök på att motorn är sliten och förbränner olja medan svart rök tyder på att motorn inte förbränner bränslet ordentligt (smutsigt luftfilter eller annat förgasar- eller bränslesystemfel).

☐ Vad som då behövs är ett instrument som kan mäta koloxid (CO) och kolväten (HC). Om du inte har möjlighet att låna eller hyra ett dylikt instrument kan du få hjälp med det på en verkstad för en mindre kostnad.

CO- och HC-utsläpp

☐ För närvarande är högsta tillåtna gränsvärde för CO- och HC-utsläpp för bilar av årsmodell 1989 och senare (d v s bilar med katalysator enligt lag) 0,5% CO och 100 ppm HC.

På tidigare årsmodeller testas endast CO-halten och följande gränsvärden gäller:

årsmodell 1985-88	3,5% CO
årsmodell 1971-84	4,5% CO
årsmodell -1970	5,5% CO.

Bilar av årsmodell 1987-88 med frivilligt monterad katalysator bedöms enligt 1989 års komponentkrav men 1985 års utsläppskrav.

☐ Om CO-halten inte kan reduceras tillräckligt för att klara besiktningen (och bränsle- och tändningssystemet är i bra skick i övrigt) ligger problemet antagligen hos förgasaren/bränsleinsprutningsystemet eller katalysatorn (om monterad).

☐ Höga halter av HC kan orsakas av att motorn förbränner olja men troligare är att motorn inte förbränner bränslet ordentligt.

Dieseldrivna modeller

☐ Det enda testet för avgasutsläpp på dieseldrivna bilar är att man mäter röktätheten. Testet innebär att man varvar motorn kraftigt upprepade gånger.

Observera: *Det är oerhört viktigt att motorn är rätt inställd innan provet genomförs.*

☐ Mycket rök kan orsakas av ett smutsigt luftfilter. Om luftfiltret inte är smutsigt men bilen ändå avger mycket rök kan det vara nödvändigt att söka experthjälp för att hitta orsaken.

5 Körtest

☐ Slutligen, provkör bilen. Var extra uppmärksam på eventuella missljud, vibrationer och liknande.

☐ Om bilen har automatväxellåda, kontrollera att den endast går att starta i lägena P och N. Om bilen går att starta i andra växellägen måste växelväljarmekanismen justeras.

☐ Kontrollera också att hastighetsmätaren fungerar och inte är missvisande.

☐ Se till att ingen extrautrustning i kupén, t ex biltelefon och liknande, är placerad så att den vid en eventuell kollision innebär ökad risk för personskada.

☐ Gör en hastig inbromsning och kontrollera att bilen inte drar åt något håll. Om kraftiga vibrationer känns vid inbromsning kan det tyda på att bromsskivorna är skeva och bör bytas eller fräsas om. (Inte att förväxlas med de låsningsfria bromsarnas karakteristiska vibrationer.)

☐ Om vibrationer känns vid acceleration, hastighetsminskning, vid vissa hastigheter eller hela tiden, kan det tyda på att drivknutar eller drivaxlar är slitna eller defekta, att hjulen eller däcken är felaktiga eller skadade, att hjulen är obalanserade eller att styrleder, upphängningens leder, bussningar eller andra komponenter är slitna.

Motorn

- ☐ Motorn drar inte runt vid startförsök
- ☐ Motorn drar runt, men startar inte
- ☐ Motorn är svårstartad när den är kall
- ☐ Motorn är svårstartad när den är varm
- ☐ Startmotorn ger oljud ifrån sig eller går väldigt ojämnt
- ☐ Motorn startar, men stannar omedelbart
- ☐ Ojämn tomgång
- ☐ Motorn feltänder vid tomgångsvarvtal
- ☐ Motorn feltänder vid alla varvtal
- ☐ Långsam acceleration
- ☐ Överstegring av motorn
- ☐ Låg motorkapacitet
- ☐ Motorn misständer
- ☐ Varningslampan för oljetryck lyser när motorn är igång
- ☐ Glödtändning
- ☐ Motorljud

Kylsystem

- ☐ Överhettning
- ☐ Alltför stark avkylning
- ☐ Yttre kylvätskeläckage
- ☐ Inre kylvätskeläckage
- ☐ Korrosion

Bränsle- och avgassystem

- ☐ Överdriven bränsleförbrukning
- ☐ Bränsleläckage och/eller bränslelukt
- ☐ Överdrivet oljud eller överdrivet mycket avgaser från avgassystemet

Koppling

- ☐ Pedalen går i golvet – inget tryck eller mycket lite motstånd
- ☐ Kopplingen tar inte (det går inte att lägga i växlar)
- ☐ Kopplingen slirar (motorvarvtalet ökar utan att hastigheten ökar)
- ☐ Skakningar vid frikoppling
- ☐ Missljud när kopplingspedalen trycks ner eller släpps upp

Manuell växellåda

- ☐ Missljud i friläge när motorn går
- ☐ Missljud när en speciell växel ligger i
- ☐ Svårt att lägga i växlar
- ☐ Växeln hoppar ur
- ☐ Vibrationer
- ☐ Smörjmedelsläckage

Automatväxellåda

- ☐ Vätskeläckage
- ☐ Allmänna problem med växlingen
- ☐ Växellådan växlar inte ner (kickdown) när gaspedalen är helt nedtryckt
- ☐ Motorn startar inte i någon växel, eller startar i andra växlar än Park eller Neutral
  Växellådan slirar, växlar trögt, låter illa eller är utan drift i framväxlarna eller backen

Drivaxlar

- ☐ Vibrationer vid acceleration eller inbromsning
- ☐ Klickande eller knackande ljud vid svängar (i låg fart med fullt rattutslag)

Bromssystem

- ☐ Bilen drar åt ena sidan vid inbromsning
- ☐ Oljud (slipljud eller högt gnisslande) vid inbromsning
- ☐ Överdriven pedalväg
- ☐ Bromspedalen känns svampig vid nedtryckning
- ☐ Överdriven pedalkraft krävs för att stanna bilen
- ☐ Skakningar i bromspedal eller ratt vid inbromsning
- ☐ Pedalen vibrerar vid hård inbromsning
- ☐ Bromsarna kärvar
- ☐ Bakhjulen låser sig vid normal inbromsning

Styrning och fjädring

- ☐ Bilen drar åt ena sidan
- ☐ Hjulen vinglar och skakar
- ☐ Kraftiga krängningar runt hörn eller vid bromsning
- ☐ Vandrande eller allmän instabilitet
- ☐ Överdrivet stel styrning
- ☐ Överdrivet spel i styrningen
  Bristande servoeffekt
- ☐ Överdrivet däckslitage

Elsystem

- ☐ Batteriet laddar ur på bara ett par dagar
- ☐ Tändningslampan fortsätter att lysa när motorn går
- ☐ Tändningslampan tänds inte
- ☐ Ljusen fungerar inte
- ☐ Instrumentavläsningarna missvisande eller ryckiga
- ☐ Signalhornet fungerar dåligt eller inte alls
- ☐ Vindrute-/bakrutetorkarna fungerar dåligt eller inte alls
- ☐ Vindrutespolarna fungerar dåligt eller inte alls
- ☐ De elektriska fönsterhissarna fungerar dåligt eller inte alls

Inledning

De fordonsägare som underhåller sina bilar med rekommenderad regelbundenhet kommer inte att behöva använda den här delen av handboken ofta. Idag är bildelar så pålitliga att om de inspekteras eller byts med rekommenderade mellanrum är plötsliga haverier tämligen sällsynta. Fel uppstår vanligen inte plötsligt, de utvecklas med tiden. Speciellt större mekaniska haverier föregås vanligen av karakteristiska symptom under hundra- eller tusentals kilometer. De komponenter som vanligen havererar utan föregående varning är i regel små och lätta att ha med i bilen.

Det första steget vid all felsökning är att avgöra var man ska börja söka. Ibland är detta uppenbart, men ibland behövs lite detektivarbete. En ägare som gör ett halvdussin slumpmässiga justeringar eller komponentbyten kanske lyckas åtgärda felet (eller undanröja symptomen), men om felet uppstår igen vet hon eller han ändå inte var felet sitter och måste spendera mer tid och pengar än vad som är nödvändigt för att åtgärda det. Ett lugnt och metodiskt tillvägagångssätt är bättre i det långa loppet. Ta alltid hänsyn till varningstecken eller ovanligheter som uppmärksammats före haveriet - kraftförlust, höga/låga mätaravläsningar, ovanliga lukter - och kom ihåg att haverier i säkringar och tändstift kanske bara är symptom på ett underliggande fel.

Följande sidor fungerar som en enkel guide till de vanligaste problemen som kan uppstå med bilen. Problemen och deras möjliga orsaker grupperas under rubriker för olika komponenter eller system som Motorn, Kylsystemet etc. Avsnitt som tar upp detta problem visas inom parentes. Läs aktuellt avsnitt för systemspecifik information. Oavsett fel finns vissa grundläggande principer. Dessa är:

☐ *Bekräfta felet*. Det görs för att kontrollera att symptomen är kända innan arbetet påbörjas. Det här är extra viktigt om du undersöker ett fel åt någon annan som kanske inte har beskrivit problemet korrekt.

☐ *Förbise inte det självklara*. Om bilen t.ex. inte startar, finns det verkligen bensin i tanken? (Ta inte någon annans ord för givet på denna punkt och lita inte heller på bränslemätaren!) Om ett elektriskt fel indikeras, leta efter lösa eller brutna ledningar innan testutrustningen tas fram.

☐ Bota sjukdomen, inte symptomen. Att byta ett urladdat batteri mot ett fulladdat tar dig från vägkanten, men om orsaken inte åtgärdas kommer det nya batteriet snart att vara urladdat. Byts nedoljade tändstift ut mot nya rullar bilen, men orsaken till nedsmutsningen måste fortfarande fastställas och åtgärdas (om den inte berodde att tändstiften hade fel värmetal).

☐ *Ta inte någonting för givet*. Glöm inte att även nya delar kan vara defekta (särskilt om de skakat runt i bagageutrymmet i flera månader). Utelämna inte några komponenter vid en felsökning bara för att de är nya eller nymonterade. När felet slutligen upptäcks inser du antagligen att det fanns tecken på felet från början.

Motorn

Motorn går inte runt vid startförsök

☐ Batterianslutningarna sitter löst eller är korroderade (se *Veckokontroller*).
☐ Batteriet urladdat eller defekt (kapitel 5A).
☐ Trasigt, löst eller urkopplat kablage i startkretsen (kapitel 5A).
☐ Defekt solenoid eller brytare (kapitel 5A).
☐ Defekt startmotor (kapitel 5A).
☐ Startmotorns drev eller svänghjulets/drivplattans krondrev har lösa eller brutna kuggar (kapitel 2 och 5A).
☐ Motorns jordfläta trasig eller urkopplad (kapitel 5A).

Motorn drar runt, men startar inte

☐ Bränsletanken tom
☐ Batteriet urladdat (motorn roterar långsamt) (kapitel 5A)
☐ Batterianslutningarna sitter löst eller är korroderade (se *Veckokontroller*).
☐ Delar i tändningen fuktiga eller skadade - bensinmodeller (kapitel 1A och 5B).
☐ Brutna, lösa eller urkopplade ledningar i tändningskretsen - bensinmodeller (kapitel 1A och 5B).
☐ Slitna, defekta eller felaktigt justerade tändstift - bensinmodeller (kapitel 1A).
☐ Förvärmningssystemet defekt - dieselmodeller (kapitel 5C).
☐ Bränsleinsprutningssystemet defekt - bensinmodeller (kapitel 4A).
☐ Defekt stoppelektromagnet - dieselmodeller (kapitel 4B).
☐ Luft i bränslesystemet - dieselmodeller (kapitel 4B).
☐ Mekaniskt avbrott (exempelvis kamremmen) (kapitel 2).

Motorn är svårstartad när den är kall

☐ Batteriet urladdat (kapitel 5A).
☐ Batterianslutningarna sitter löst eller är korroderade (se *Veckokontroller*).
☐ Slitna, defekta eller felaktigt justerade tändstift - bensinmodeller (kapitel 1A).
☐ Förvärmningssystemet defekt - dieselmodeller (kapitel 5C).
☐ Bränsleinsprutningssystemet defekt - bensinmodeller (kapitel 4A).
☐ Annat fel på tändningssystemet - bensinmodeller (kapitel 1A och 5B).
☐ Låg cylinderkompression (kapitel 2).

Motorn svårstartad när den är varm

☐ Smutsigt eller igensatt luftfilter (kapitel 1)
☐ Bränsleinsprutningssystemet defekt - bensinmodeller (kapitel 4A).
☐ Låg cylinderkompression (kapitel 2).

Startmotorn ger ifrån sig oljud eller kärvar

☐ Startmotorns drev eller svänghjulets krondrev har lösa eller brutna kuggar
(kapitel 2 och 5A).
☐ Startmotorns fästbultar lösa eller saknas (kapitel 5A).
☐ Startmotorns inre delar slitna eller skadade (kapitel 5A).

Motorn startar, men stannar omedelbart

☐ Lösa eller defekta elektriska anslutningar i tändningskretsen - bensinmodeller (kapitel 1A och 5B).
☐ Vakuumläckage i gasspjällshuset eller insugningsröret - bensinmodeller (kapitel 4A).
☐ Igentäppt insprutningsventil/bränsleinsprutningssystemet defekt - bensinmodeller (kapitel 4A).

Ojämn tomgång

☐ Igensatt luftfilter (kapitel 1).
☐ Vakuumläckage i gasspjällshuset, insugningsröret eller tillhörande slangar - bensinmodeller (kapitel 4A).
☐ Slitna, defekta eller felaktigt justerade tändstift - bensinmodeller (kapitel 1A).
☐ Ojämn eller låg cylinderkompression (kapitel 2).
☐ Slitna kamlober (kapitel 2).
☐ Felmonterad kamrem (kapitel 2).
☐ Igentäppt insprutningsventil/bränsleinsprutningssystemet defekt - bensinmodeller (kapitel 4A).
☐ Defekt(a) insprutningsventiler - dieselmodeller (kapitel 4B).

Feltändning vid tomgångshastighet

☐ Slitna, defekta eller felaktigt justerade tändstift - bensinmodeller (kapitel 1A).
☐ Defekta tändkablar - bensinmodeller (kapitel 1A).
☐ Vakuumläckage i gasspjällshuset, insugningsröret eller tillhörande slangar - bensinmodeller (kapitel 4A).
☐ Igentäppt insprutningsventil/bränsleinsprutningssystemet defekt - bensinmodeller (kapitel 4A).
☐ Defekt(a) insprutningsventiler - dieselmodeller (kapitel 4B).
☐ Ojämn eller låg cylinderkompression (kapitel 2).
☐ Lösa, läckande eller trasiga slangar i vevhusventilationen (kapitel 4C).

Feltändning vid alla varvtal

☐ Tilltäppt bränslefilter (kapitel 1).
☐ Defekt bränslepump eller lågt matningstryck - bensinmodeller (kapitel 4A).
☐ Blockerad bensintanksventilation eller delvis igentäppta bränslerör (kapitel 4).
☐ Vakuumläckage i gasspjällshuset, insugningsröret eller tillhörande slangar - bensinmodeller (kapitel 4A).
☐ Slitna, defekta eller felaktigt justerade tändstift - bensinmodeller (kapitel 1A).
☐ Defekta tändkablar - bensinmodeller (kapitel 1A).
☐ Defekt(a) insprutningsventiler - dieselmodeller (kapitel 4B).
☐ Defekt tändspole - bensinmodeller (kapitel 5B).
☐ Ojämn eller låg cylinderkompression (kapitel 2).
☐ Igentäppt insprutningsventil/bränsleinsprutningssystemet defekt - bensinmodeller (kapitel 4A).

Motor (fortsättning)

Långsam acceleration

- ☐ Slitna, defekta eller felaktigt justerade tändstift - bensinmodeller (kapitel 1A).
- ☐ Vakuumläckage i gasspjällshuset, insugningsröret eller tillhörande slangar - bensinmodeller (kapitel 4A).
- ☐ Igentäppt insprutningsventil/bränsleinsprutningssystemet defekt - bensinmodeller (kapitel 4A).
- ☐ Defekt(a) insprutningsventiler - dieselmodeller (kapitel 4B).

Överstegring av motorn

- ☐ Vakuumläckage i gasspjällshuset, insugningsröret eller tillhörande slangar - bensinmodeller (kapitel 4A).
- ☐ Tilltäppt bränslefilter (kapitel 1).
- ☐ Defekt bränslepump eller lågt matningstryck - bensinmodeller (kapitel 4A).
- ☐ Blockerad bensintanksventilation eller delvis igentäppta bränslerör (kapitel 4).
- ☐ Igentäppt insprutningsventil/bränsleinsprutningssystemet defekt - bensinmodeller (kapitel 4A).
- ☐ Defekt(a) insprutningsventiler - dieselmodeller (kapitel 4B).

Låg motorkapacitet

- ☐ Kamremmen felaktigt monterad eller spänd (kapitel 2).
- ☐ Tilltäppt bränslefilter (kapitel 1).
- ☐ Defekt bränslepump eller lågt matningstryck - bensinmodeller (kapitel 4A).
- ☐ Ojämn eller låg cylinderkompression (kapitel 2).
- ☐ Slitna, defekta eller felaktigt justerade tändstift - bensinmodeller (kapitel 1A).
- ☐ Vakuumläckage i gasspjällshuset, insugningsröret eller tillhörande slangar - bensinmodeller (kapitel 4A).
- ☐ Igentäppt insprutningsventil/bränsleinsprutningssystemet defekt - bensinmodeller (kapitel 4A).
- ☐ Defekt(a) insprutningsventiler - dieselmodeller (kapitel 4B).
- ☐ Insprutningspumpens synkronisering felaktig - dieselmodeller (kapitel 4B).
- ☐ Bromsarna kärvar (kapitel 1 och 9).
- ☐ Kopplingen slirar (kapitel 6)
- ☐ Igensatt luftfilter (kapitel 1).

Motorn misständer

- ☐ Kamremmen felaktigt monterad eller spänd (kapitel 2).
- ☐ Vakuumläckage i gasspjällshuset, insugningsröret eller tillhörande slangar - bensinmodeller (kapitel 4A).
- ☐ Igentäppt insprutningsventil/bränsleinsprutningssystemet defekt - bensinmodeller (kapitel 4A).

Varningslampan för oljetryck lyser när motorn är igång

- ☐ Låg oljenivå eller felaktig oljegrad (*Veckokontroller*).
- ☐ Defekt oljetrycksbrytare (kapitel 5A).
- ☐ Slitna motorlager och/eller sliten oljepump (kapitel 2).
- ☐ Motorns arbetstemperatur hög (kapitel 3).
- ☐ Defekt oljetrycksventil (kapitel 2).
- ☐ Oljeupptagarens sil igensatt (kapitel 2).

Glödtändning

- ☐ Stora sotavlagringar i motorn (kapitel 2).
- ☐ Motorns arbetstemperatur hög (kapitel 3).
- ☐ Bränsleinsprutningssystemet defekt - bensinmodeller (kapitel 4A).
- ☐ Defekt stoppelektromagnet - dieselmodeller (kapitel 4B).

Motorljud

Förtändning (spikning) eller knackning under acceleration eller belastning

- ☐ Tändningssystemet defekt - bensinmodeller (kapitel 1A och 5B).
- ☐ Fel värmetal på tändstift - bensinmodeller (kapitel 1A).
- ☐ Vakuumläckage i gasspjällshuset, insugningsröret eller tillhörande slangar - bensinmodeller (kapitel 4A).
- ☐ Stora sotavlagringar i motorn (kapitel 2).
- ☐ Igentäppt insprutningsventil/bränsleinsprutningssystemet defekt - bensinmodeller (kapitel 4A).

Visslande eller väsande ljud

- ☐ Läckage i insugningsröret eller gasspjällshusets packning - bensinmodeller (kapitel 4A).
- ☐ Läckande avgasgrenrörspackning eller skarv mellan rör och grenrör (kapitel 4)
- ☐ Läckande vakuumslang (kapitel 4 och 9).
- ☐ Blåst topplockspackning (kapitel 2).

Knackande eller skallrande ljud

- ☐ Slitage på ventiler eller kamaxel (kapitel 2).
- ☐ Defekt hjälpaggregat (kylvätskepump, växelströmsgenerator, etc.) (kapitel 3, 5, etc.)

Knackande ljud eller slag

- ☐ Slitna vevstakslager (regelbundna hårda knackningar som eventuellt minskar vid belastning) (kapitel 2).
- ☐ Slitna ramlager (buller och knackningar som eventuellt tilltar vid belastning) (kapitel 2).
- ☐ Kolvslammer (hörs mest vid kyla) (kapitel 2).
- ☐ Defekt hjälpaggregat (kylvätskepump, växelströmsgenerator, etc.) (kapitel 3, 5, etc.)

Kylsystem

Överhettning

- ☐ För lite kylvätska i systemet (*Veckokontroller*).
- ☐ Defekt termostat (kapitel 3)
- ☐ Kylarblocket eller gallret igentäppt (kapitel 3).
- ☐ Defekt elektrisk kylfläkt eller termostatkontakt (kapitel 3).
- ☐ Defekt temperaturmätargivare (kapitel 3).
- ☐ Luftficka i kylsystemet.
- ☐ Defekt expansionskärlslock (kapitel 3).

För stark avkylning

- ☐ Defekt termostat (kapitel 3)
- ☐ Defekt temperaturmätargivare (kapitel 3).

Yttre kylvätskeläckage

- ☐ Åldrade eller skadade slangar eller slangklämmor (kapitel 1)
- ☐ Läckage i kylare eller värmepaket (kapitel 3).
- ☐ Defekt trycklock (kapitel 3).
- ☐ Kylvätskepumpens inre tätning läcker (kapitel 3).
- ☐ Tätningen mellan kylvätskepumpen och huset läcker (kapitel 3).
- ☐ Kokning på grund av överhettning (kapitel 3).
- ☐ Kylarens hylsplugg läcker (kapitel 2).

Inre kylvätskeläckage

- ☐ Läckande topplockspackning (kapitel 2).
- ☐ Sprucket topplock eller motorblock (kapitel 2).

Korrosion

- ☐ Bristfällig avtappning och spolning (kapitel 1).
- ☐ Felaktig kylvätskeblandning eller fel typ av kylvätska (se *Veckokontroller*).

Bränsle- och avgassystem

Överdriven bränsleförbrukning

- ☐ Smutsigt eller igensatt luftfilter (kapitel 1)
- ☐ Bränsleinsprutningssystemet defekt - bensinmodeller (kapitel 4A).
- ☐ Defekt(a) insprutningsventiler - dieselmodeller (kapitel 4B).
- ☐ Tändningssystemet defekt - bensinmodeller (kapitel 1A och 5B).
- ☐ För lite luft i däcken (se *Veckokontroller*).

Bränsleläckage och/eller bränslelukt

- ☐ Skador på bränsletank, ledningar eller anslutningar (kapitel 4).

Överdriven ljudnivå eller för mycket avgaser från avgassystemet

- ☐ Läckande avgassystem eller grenrörsanslutningar (kapitel 1 och 4).
- ☐ Läckande, korroderade eller skadade ljuddämpare eller rör (kapitel 1 och 4).
- ☐ Trasiga fästen som orsakar kontakt med kaross eller fjädring (kapitel 1).

Koppling

Pedalen går i golvet - inget tryck eller mycket lite motstånd

- ☐ Huvud- eller slavcylindern defekt (kapitel 6).
- ☐ Defekt hydraulurkopplingssystem (kapitel 6).
- ☐ Defekt urkopplingslager eller arm (kapitel 6).
- ☐ Trasig tallriksfjäder i kopplingens tryckplatta (kapitel 6).

Frikopplar inte (går ej att lägga i växlar)

- ☐ Huvud- eller slavcylindern defekt (kapitel 6).
- ☐ Defekt hydraulurkopplingssystem (kapitel 6).
- ☐ Lamellen har fastnat på räfflorna på växellådans ingående axel (kapitel 6)
- ☐ Lamellen fastnar på svänghjul eller tryckplatta (kapitel 6).
- ☐ Defekt tryckplatta (kapitel 6).
- ☐ Urkopplingsmekanismen sliten eller felaktigt ihopsatt (kapitel 6).

Kopplingen slirar (motorns varvtal ökar men inte bilens hastighet)

- ☐ Defekt hydraulurkopplingssystem (kapitel 6).
- ☐ Lamellbeläggen är mycket slitna (kapitel 6).
- ☐ Lamellbeläggen förorenade med olja eller fett (kapitel 6).
- ☐ Defekt tryckplatta eller svag tallriksfjäder (kapitel 6).

Skakningar vid frikoppling

- ☐ Lamellbeläggen förorenade med olja eller fett (kapitel 6).
- ☐ Lamellbeläggen är mycket slitna (kapitel 6).
- ☐ Defekt eller skev tryckplatta eller tallriksfjäder (kapitel 6).
- ☐ Slitna eller lösa fästen till motor eller växellåda (kapitel 2).
- ☐ Slitage på lamellnavet eller räfflorna på växellådans ingående axel (kapitel 6)

Missljud när kopplingspedalen trycks ner eller släpps upp

- ☐ Slitet urkopplingslager (kapitel 6).
- ☐ Sliten eller torr kopplingspedalskulbult (kapitel 6).
- ☐ Defekt tryckplatta (kapitel 6).
- ☐ Tryckplattans tallriksfjäder trasig (kapitel 6).
- ☐ Kopplingsfriktionsplattans dämpfjädrar defekta (kapitel 6).

Manuell växellåda

Missljud i friläge när motorn går

- ☐ Ingående axelns lager slitna (tydliga missljud när kopplingspedalen släpps upp, men inte när den trycks ner) (kapitel 7A).*
- ☐ Slitet urkopplingslager (missljud med nedtryckt pedal som möjligen minskar när pedalen släpps upp) (kapitel 6).

Missljud när en specifik växel ligger i

- ☐ Slitna eller skadade kuggar på växellådsdreven (kapitel 7A)*.

Svårt att lägga i växlar

- ☐ Kopplingen defekt (kapitel 6).
- ☐ Slitet eller skadat växellänkage (kapitel 7A).
- ☐ Slitna synkroniseringsenheter (kapitel 7A)*.

Växeln hoppar ur

- ☐ Slitet eller skadat växellänkage (kapitel 7A).
- ☐ Slitna synkroniseringsenheter (kapitel 7A)*.
- ☐ Slitna väljargafflar (kapitel 7A)*.

Vibrationer

- ☐ För lite olja (kapitel 1).
- ☐ Slitna lager (kapitel 7A)*.

Smörjmedelsläckage

- ☐ Läckande oljetätning (kapitel 7A).
- ☐ Läckande husfog (kapitel 7A)*
- ☐ Läckage i ingående axelns oljetätning (kapitel 7A).

**Även om nödvändiga åtgärder för beskrivna symptom är svårare än vad en hemmamekaniker klarar av är informationen ovan en hjälp att spåra felkällan, så att den tydligt kan beskrivas för en yrkesmekaniker.*

Automatväxellåda

Observera: *På grund av automatväxelns komplicerade sammansättning är det svårt för hemmamekanikerna att ställa riktiga diagnoser och serva enheten. Om andra problem än följande uppstår ska bilen tas till en verkstad eller till en specialist på växellådor. Var inte för snabb med att ta bort växellådan om ett fel misstänks. De flesta kontroller ska utföras med växellådan monterad.*

Oljeläckage

- ☐ Automatväxellådans vätska är ofta mörk till färgen. Oljeläckage ska inte blandas ihop med motorolja, som lätt kan stänka på växellådan av luftflödet.
- ☐ För att hitta läckan, använd avfettningsmedel eller en ångtvätt och rengör växelhuset och områdena runt omkring från smuts och avlagringar. Kör bilen långsamt så att inte luftflödet blåser den läckande oljan långt från källan. Hissa upp bilen och stöd den på pallbockar, och avgör varifrån läckan kommer.

Allmänna problem med att växla

- ☐ Kapitel 7B behandlar kontroll och justering av växelmekanismen på automatväxellådor. Följande problem är vanliga problem som kan orsakas av en feljusterad mekanism:

a) Motorn startar i andra växlar än Park eller Neutral.
b) Indikatorpanelen anger en annan växel än den som används.
c) Bilen rör sig när växlarna Park eller Neutral ligger i.
d) Dålig eller felaktig utväxling.

- ☐ Se kapitel 7B för information om växelmekanismens justering.

Växellådan växlar inte ner (kickdown) när gaspedalen är helt nedtryckt

- ☐ Växellådans oljenivå är låg (kapitel 1).
- ☐ Felaktig justering av växelspaksmekanismen (kapitel 7B).

Motorn startar inte i någon växel, eller startar i andra växlar än Park eller Neutral

- ☐ Felaktig justering av växelspaksmekanismen (kapitel 7B).

Växellådan slirar, växlar trögt, låter illa eller är utan drift i framväxlarna eller backen

- ☐ Det kan finnas många orsaker till ovanstående problem, men om det inte finns en mycket uppenbar anledning (som en lös eller korroderad anslutningskontakt på eller i närheten av växellådan), ska bilen lämnas till en VW-verkstad för feldiagnostisering. Växellådans styrenhet innehåller ett självdiagnossystem, och felkoder kan snabbt läsas och tolkas av en mekaniker med tillgång till rätt diagnosutrustning.

Drivaxlar

Vibrationer vid acceleration eller inbromsning

- ☐ Sliten inre drivknut (kapitel 8).
- ☐ Böjd eller skev drivaxel (kapitel 8).

Klickande eller knackande ljud vid svängar (i låg fart med fullt rattutslag)

- ☐ Sliten yttre drivknut (kapitel 8).
- ☐ För lite smörjmedel i drivknuten, eventuellt på grund av skadad damask (kapitel 8).

Bromssystem

Observera: *Kontrollera att däcken är i gott skick och har rätt tryck, att framhjulsinställningen är korrekt och att bilen inte är ojämnt lastad innan bromsarna antas vara defekta. Förutom kontroll av anslutningar för rör och slangar ska alla åtgärder i ABS-systemet utföras av en VW-verkstad.*

Bilen drar åt ena sidan vid inbromsning

- ☐ Slitna, defekta, skadade eller förorenade bromsklossar på en sida (kapitel 1 och 9).
- ☐ Skuren eller delvis skuren främre eller bakre bromsok (kapitel 9).
- ☐ Olika sorters friktionsmaterial monterade på sidorna (kapitel 9).
- ☐ Bromsokets eller den bakre bromssköldens fästbultar lösa (kapitel 9).
- ☐ Slitna eller skadade komponenter i styrning eller fjädring (kapitel 1 och 10).

Oljud (slipljud eller högt gnisslande) vid inbromsning

- ☐ Friktionsmaterial på bromskloss nedslitet till stödplattan av metall (kapitel 1 och 9).
- ☐ Överdriven korrosion på bromsskiva - kan framträda när bilen stått ett tag (kapitel 1 och 9).
- ☐ Främmande föremål (grus, etc.) klämt mellan skiva och stänkskydd (kapitel 1 och 9).

Överdriven pedalväg

- ☐ Defekt huvudcylinder (kapitel 9)
- ☐ Luft i hydraulsystemet (kapitel 9).
- ☐ Defekt vakuumservo (kapitel 9).
- ☐ Defekt vakuumpump, i förekommande fall (kapitel 9).

Bromspedalen känns svampig vid nedtryckning

- ☐ Luft i hydraulsystemet (kapitel 9).
- ☐ Åldrade bromsslangar (kapitel 1 och 9).
- ☐ Huvudcylinderns fästen sitter löst (kapitel 9).
- ☐ Defekt huvudcylinder (kapitel 9)

Överdriven pedalkraft krävs för att stanna bilen

- ☐ Defekt vakuumservo (kapitel 9).
- ☐ Bromsservons vakuumslang urkopplad, skadad eller lös (kapitel 1 och 9).
- ☐ Defekt vakuumpump, i förekommande fall (kapitel 9).
- ☐ Defekt primär- eller sekundärkrets (kapitel 9).
- ☐ Hopskuret bromsok (kapitel 9).
- ☐ Bromsklossarna felmonterade (kapitel 9).
- ☐ Fel typ av klossar monterade (kapitel 9).
- ☐ Beläggning på bromskloss (kapitel 9).

Skakningar i bromspedal eller ratt vid inbromsning

- ☐ Överdrivet skev bromsskiva (kapitel 9).
- ☐ Bromsklossarnas friktionsmaterial slitet (kapitel 1 och 9).
- ☐ Bromsokets fästbultar lösa (kapitel 9).
- ☐ Slitage i fjädringens eller styrningens komponenter eller fästen (kapitel 1 och 10).

Pedalen pulserar vid hård inbromsning

- ☐ Normalt för ABS - inget fel

Bromssystem (fortsättning)

Bromsarna kärvar

- ☐ Skurna bromsokskolvar (kapitel 9).
- ☐ Feljusterad handbromsmekanism (kapitel 9).
- ☐ Defekt huvudcylinder (kapitel 9).

Bakhjulen låser sig vid normal inbromsning

- ☐ Förorenade bromsklossbelägg bak (kapitel 1 och 9).
- ☐ Bakre bromsskivorna har slagit sig (kapitel 1 och 9).

Styrning och fjädring

Observera: *Kontrollera att felet inte beror på felaktiga däcktryck, blandade typer av däck eller på att bromsarna låser sig innan fjädringen eller styrningen antas vara defekt.*

Bilen drar åt ena sidan

- ☐ Defekt däck (se *Veckokontroller*).
- ☐ För stort slitage i fjädring eller styrning (kapitel 1 och 10).
- ☐ Felaktig framhjulsinställning (kapitel 10).
- ☐ Skadade styrnings- eller fjädringskomponenter efter olycka (kapitel 1 och 10).

Hjulen vinglar och skakar

- ☐ Obalanserade framhjul (vibration känns huvudsakligen i ratten) (kapitel 10).
- ☐ Obalanserade bakhjul (vibrationerna känns i hela bilen) (kapitel 10).
- ☐ Skadade eller åldrade hjul (kapitel 10).
- ☐ Defekt eller skadat däck (*Veckokontroller*).
- ☐ Slitage i styrning eller fjädring (kapitel 1 och 10).
- ☐ Lösa hjulbultar (kapitel 1 och 10).

Kraftiga krängningar runt hörn eller vid bromsning

- ☐ Defekta stötdämpare (kapitel 1 och 10).
- ☐ Trasig eller svag spiralfjäder och/eller fjädringskomponent (kapitel 1 och 10).
- ☐ Slitage eller skada på krängningshämmare eller fästen (kapitel 10)

Vandrande eller allmän instabilitet

- ☐ Felaktig framhjulsinställning (kapitel 10).
- ☐ Slitage i styrning eller fjädring (kapitel 1 och 10).
- ☐ Hjulen obalanserade (kapitel 10).
- ☐ Defekt eller skadat däck (*Veckokontroller*).
- ☐ Lösa hjulbultar (kapitel 10).
- ☐ Defekta stötdämpare (kapitel 1 och 10).

Överdrivet stel styrning

- ☐ Styrstagsändens eller fjädringens spindelled anfrätt (kapitel 1 och 10).
- ☐ Trasig eller felaktigt justerad drivrem (kapitel 1).
- ☐ Felaktig framhjulsinställning (kapitel 10).
- ☐ Defekt styrväxel (kapitel 10).

Överdrivet spel i styrningen

- ☐ Slitage i rattstångens kardanknut(ar) (kapitel 10).
- ☐ Styrstagsändens spindelleder slitna (kapitel 1 och 10).
- ☐ Slitage i styrväxeln (kapitel 10).
- ☐ Slitage i styrning eller fjädring (kapitel 1 och 10).

Bristande servoeffekt

- ☐ Trasig eller felaktigt justerad drivrem (kapitel 1).
- ☐ För hög eller låg nivå av styrservovätska (*Veckokontroller*).
- ☐ Igensatt slang till styrservon (kapitel 10)
- ☐ Defekt servostyrningspump (kapitel 10).
- ☐ Defekt styrväxel (kapitel 10).

Överdrivet däckslitage

Däcken slitna på inner- eller ytterkanten

- ☐ Felaktig camber- eller castervinkel (kapitel 10).
- ☐ Slitage i styrning eller fjädring (kapitel 1 och 10).
- ☐ Överdrivet hård kurvtagning
- ☐ Skada efter olycka.

Däckmönster har fransiga kanter

- ☐ Felaktig toe-inställning (kapitel 10).

Slitage i mitten av däckmönstret

- ☐ För mycket luft i däcken (*Veckokontroller*).

Däcken slitna på inner- och ytterkanten

- ☐ För lite luft i däcken (*Veckokontroller*).
- ☐ Slitna stötdämpare (kapitel 10).

Ojämnt däckslitage

- ☐ Obalanserade hjul (*Veckokontroller*).
- ☐ Överdrivet skeva däck/hjul (kapitel 10).
- ☐ Slitna stötdämpare (kapitel 1 och 10).
- ☐ Defekt däck (*Veckokontroller*).

Elsystem

Observera: *Vid problem med start, se felen under Motor tidigare i detta avsnitt.*

Batteriet laddar ur på bara ett par dagar

- ☐ Batteriet defekt invändigt (kapitel 5A).
- ☐ Batteriets elektrolytnivå låg - om det är tillämpligt (*Veckokontroller*).
- ☐ Batterianslutningarna sitter löst eller är korroderade (*Veckokontroller*).
- ☐ Drivremmen sliten eller felaktigt justerad, om det är tillämpligt (kapitel 1).
- ☐ Generatorn laddar inte vid korrekt effekt (kapitel 5A).
- ☐ Generatorn eller spänningsregulatorn defekt (kapitel 5A).
- ☐ Kortslutning ger kontinuerlig urladdning av batteriet (kapitel 5 och 12).

Tändningens varningslampa fortsätter att lysa när motorn går

- ☐ Drivremmen trasig, sliten eller felaktigt justerad (kapitel 1).
- ☐ Internt fel i generatorn eller spänningsregulatorn (kapitel 5A).
- ☐ Trasigt, löst eller urkopplat kablage i laddningskretsen (kapitel 5A).

Tändningslampan tänds inte

- ☐ Trasigt, urkopplat eller löst kablage i varningslampans krets (kapitel 12).
- ☐ Defekt växelströmsgenerator (kapitel 5A).

Ljusen fungerar inte

- ☐ Trasig glödlampa (kapitel 12).
- ☐ Korrosion på glödlampa eller sockel (kapitel 12).
- ☐ Trasig säkring (kapitel 12).
- ☐ Defekt relä (kapitel 12).
- ☐ Trasigt, löst eller urkopplat kablage (kapitel 12).
- ☐ Defekt brytare (kapitel 12)

Instrumentavläsningarna missvisande eller ryckiga

Instrumentavläsningarna stiger med motorvarvtalet

- ☐ Defekt spänningsregulator (kapitel 12).

Bränsle- eller temperaturmätaren ger inget utslag

- ☐ Defekt givarenhet (kapitel 3 och 4).
- ☐ Kretsavbrott (kapitel 12).
- ☐ Defekt mätare (kapitel 12)

Bränsle- eller temperaturmätaren ger kontinuerligt maximalt utslag

- ☐ Defekt givarenhet (kapitel 3 och 4).
- ☐ Kortslutning (kapitel 12).
- ☐ Defekt mätare (kapitel 12)

Signalhornet fungerar dåligt eller inte alls

Signalhornet tjuter hela tiden

- ☐ Signalhornets kontakter är kortslutna eller tryckplattan har fastnat (kapitel 12).

Signalhornet fungerar inte

- ☐ Trasig säkring (kapitel 12).
- ☐ Vajer eller vajeranslutningar lösa, trasiga eller urkopplade (kapitel 12).
- ☐ Defekt signalhorn (kapitel 12).

Signalhornet avger ryckigt eller otillfredsställande ljud

- ☐ Lösa vajeranslutningar (kapitel 12).
- ☐ Signalhornets fästen sitter löst (kapitel 12).
- ☐ Defekt signalhorn (kapitel 12).

Vindrute-/bakrutetorkarna fungerar dåligt eller inte alls

Torkarna fungerar inte eller går mycket långsamt

- ☐ Torkarbladen fastnar vid rutan eller så är länksystemet anfrätt eller kärvar (*Veckokontroller* och kapitel 12).
- ☐ Trasig säkring (kapitel 12).
- ☐ Vajer eller vajeranslutningar lösa, trasiga eller urkopplade (kapitel 12).
- ☐ Defekt relä (kapitel 12).
- ☐ Defekt torkarmotor (kapitel 12).

Torkarbladen sveper över för stort/litet område av rutan

- ☐ Torkararmarna felaktigt placerade i spindlarna (kapitel 12).
- ☐ Kraftigt slitage i torkarnas länksystem (kapitel 12).
- ☐ Torkarmotorns eller länksystemets fästen sitter löst (kapitel 12).

Torkarbladen rengör inte rutan effektivt

- ☐ Torkarbladens gummi slitet eller saknas (*Veckokontroller*).
- ☐ Torkararmens fjäder trasig eller armtapparna har skurit (kapitel 12).
- ☐ Spolarvätskan har för låg koncentration för att beläggningen ska kunna tvättas bort (*Veckokontroller*).

Vindrutespolarna fungerar dåligt eller inte alls

Ett eller flera spolarmunstycken sprutar inte

- ☐ Blockerat spolarmunstycke (kapitel 12).
- ☐ Urkopplad, veckad eller igensatt spolarslang (kapitel 12).
- ☐ För lite spolarvätska i spolarvätskebehållaren (*Veckokontroller*).

Spolarpumpen fungerar inte

- ☐ Trasiga eller lösa kablar eller anslutningar (kapitel 12).
- ☐ Trasig säkring (kapitel 12).
- ☐ Defekt spolarbrytare (kapitel 12)
- ☐ Defekt spolarpump (kapitel 12).

Spolarpumpen går ett tag innan det kommer någon spolarvätska

- ☐ Defekt envägsventil i vätskematarslangen (kapitel 12).

De elektriska fönsterhissarna fungerar dåligt eller inte alls

Fönsterrutan rör sig bara i en riktning

- ☐ Defekt brytare (kapitel 12)

Fönsterrutan rör sig långsamt

- ☐ Fönsterhissen anfrätt eller skadad, eller behöver smörjas (kapitel 11).
- ☐ Dörrens inre komponenter eller klädsel hindrar fönsterhissen (kapitel 11).
- ☐ Defekt motor (kapitel 11)

Fönsterrutan rör sig inte

- ☐ Trasig säkring (kapitel 12).
- ☐ Defekt relä (kapitel 12).
- ☐ Trasiga eller lösa kablar eller anslutningar (kapitel 12).
- ☐ Defekt motor (kapitel 12)

Centrallåset fungerar dåligt eller inte alls

Totalt systemhaveri

- ☐ Trasig säkring (kapitel 12).
- ☐ Defekt relä (kapitel 12).
- ☐ Trasiga eller lösa kablar eller anslutningar (kapitel 12).

Regeln låser men låser inte upp, eller låser upp men låser inte

- ☐ Defekt brytare (kapitel 12)
- ☐ Regelns reglagespakar eller reglagestag är trasiga eller urkopplade (kapitel 11).
- ☐ Defekt relä (kapitel 12).

Ett lås fungerar inte

- ☐ Trasiga eller lösa kablar eller anslutningar (kapitel 12).
- ☐ Defekt motor (kapitel 11)
- ☐ Låsets reglagespakar eller reglagestag trasiga, losskopplade eller kärvar (kapitel 11).
- ☐ Defekt dörrlås (kapitel 11).

A

ABS (Anti-lock brake system) Låsningsfria bromsar. Ett system, vanligen elektroniskt styrt, som känner av påbörjande låsning av hjul vid inbromsning och lättar på hydraultrycket på hjul som ska till att låsa.

Air bag (krockkudde) En uppblåsbar kudde dold i ratten (på förarsidan) eller instrumentbrädan eller handskfacket (på passagerarsidan) Vid kollision blåses kuddarna upp vilket hindrar att förare och framsätespassagerare kastas in i ratt eller vindruta.

Ampere (A) En måttenhet för elektrisk ström. 1 A är den ström som produceras av 1 volt gående genom ett motstånd om 1 ohm.

Anaerobisk tätning En massa som används som gänglås. Anaerobisk innebär att den inte kräver syre för att fungera.

Antikärvningsmedel En pasta som minskar risk för kärvning i infästningar som utsätts för höga temperaturer, som t.ex. skruvar och muttrar till avgasrenrör. Kallas även gängskydd.

Antikärvningsmedel

Asbest Ett naturligt fibröst material med stor värmetolerans som vanligen används i bromsbelägg. Asbest är en hälsorisk och damm som alstras i bromsar ska aldrig inandas eller sväljas.

Avgasgrenrör En del med flera passager genom vilka avgaserna lämnar förbränningskamrarna och går in i avgasröret.

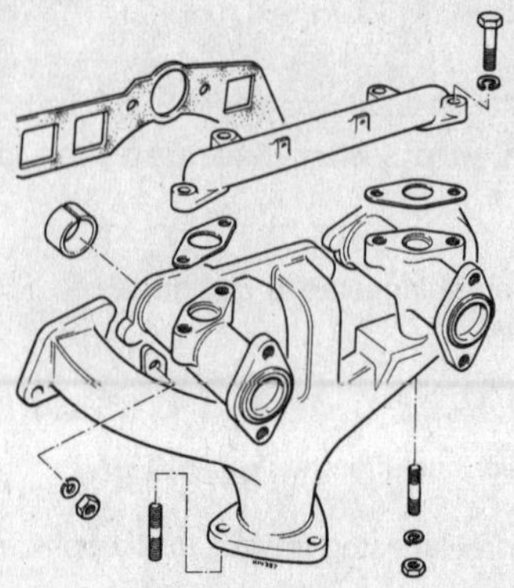

Avgasgrenrör

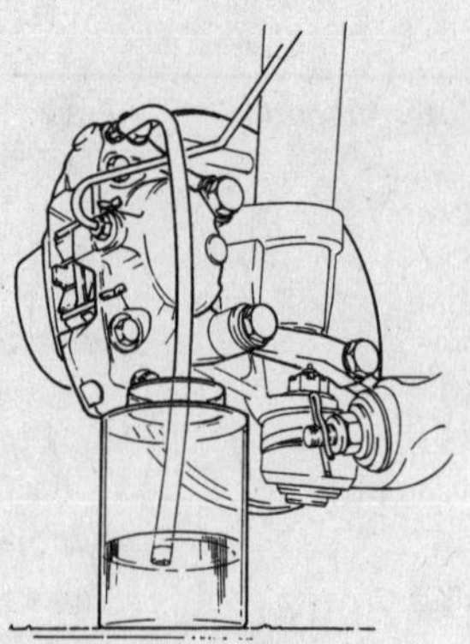

Avluftning av bromsarna

Avluftning av bromsar Avlägsnande av luft från hydrauliskt bromssystem.

Avluftningsnippel En ventil på ett bromsok, hydraulcylinder eller annan hydraulisk del som öppnas för att tappa ur luften i systemet.

Axel En stång som ett hjul roterar på, eller som roterar inuti ett hjul. Även en massiv balk som håller samman två hjul i bilens ena ände. En axel som även överför kraft till hjul kallas drivaxel.

Axialspel Rörelse i längdled mellan två delar. För vevaxeln är det den distans den kan röra sig framåt och bakåt i motorblocket.

B

Belastningskänslig fördelningsventil En styrventil i bromshydrauliken som fördelar bromseffekten, med hänsyn till bakaxelbelastningen.

Bladmått Ett tunt blad av härdat stål, slipat till exakt tjocklek, som används till att mäta spel mellan delar.

Bladmått

Bromsback Halvmåneformad hållare med fastsatt bromsbelägg som tvingar ut beläggen i kontakt med den roterande bromstrumman under inbromsning.

Bromsbelägg Det friktionsmaterial som kommer i kontakt med bromsskiva eller bromstrumma för att minska bilens hastighet. Beläggen är limmade eller nitade på bromsklossar eller bromsbackar.

Bromsklossar Utbytbara friktionsklossar som nyper i bromsskivan när pedalen trycks ned. Bromsklossar består av bromsbelägg som limmats eller nitats på en styv bottenplatta.

Bromsok Den icke roterande delen av en skivbromsanordning. Det grenslar skivan och håller bromsklossarna. Oket innehåller även de hydrauliska delar som tvingar klossarna att nypa skivan när pedalen trycks ned.

Bromsskiva Den del i en skivbromsanordning som roterar med hjulet.

Bromstrumma Den del i en trumbromsanordning som roterar med hjulet.

C

Caster I samband med hjulinställning, lutningen framåt eller bakåt av styrningens axialled. Caster är positiv när styrningens axialled lutar bakåt i överkanten.

CV-knut En typ av universalknut som upphäver vibrationer orsakade av att drivkraft förmedlas genom en vinkel.

D

Diagnostikkod Kodsiffror som kan tas fram genom att gå till diagnosläget i motorstyrningens centralenhet. Koden kan användas till att bestämma i vilken del av systemet en felfunktion kan förekomma.

Draghammare Ett speciellt verktyg som skruvas in i eller på annat sätt fästes vid en del som ska dras ut, exempelvis en axel. Ett tungt glidande handtag dras utmed verktygsaxeln mot ett stopp i änden vilket rycker avsedd del fri.

Drivaxel En roterande axel på endera sidan differentialen som ger kraft från slutväxeln till drivhjulen. Även varje axel som används att överföra rörelse.

Drivrem(mar) Rem(mar) som används till att driva tillbehörsutrustning som generator, vattenpump, servostyrning, luftkonditioneringskompressor mm, från vevaxelns remskiva.

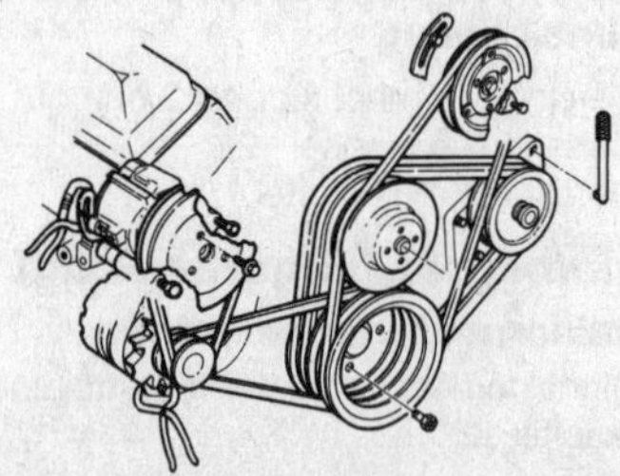

Drivremmar till extrautrustning

Dubbla överliggande kamaxlar (DOHC) En motor försedd med två överliggande kamaxlar, vanligen en för insugsventilerna och en för avgasventilerna.

E

EGR-ventil Avgasåtercirkulationsventil. En ventil som för in avgaser i insugsluften.

Elektrodavstånd Den distans en gnista har att överbrygga från centrumelektroden till sidoelektroden i ett tändstift.

Justering av elektrodavståndet

Elektronisk bränsleinsprutning (EFI) Ett datorstyrt system som fördelar bränsle till förbränningskamrarna via insprutare i varje insugsport i motorn.

Elektronisk styrenhet En dator som exempelvis styr tändning, bränsleinsprutning eller låsningsfria bromsar.

F

Finjustering En process där noggranna justeringar och byten av delar optimerar en motors prestanda.

Fjäderben Se MacPherson-ben.

Fläktkoppling En viskös drivkoppling som medger variabel kylarfläkthastighet i förhållande till motorhastigheten.

Frostplugg En skiv- eller koppformad metallbricka som monterats i ett hål i en gjutning där kärnan avlägsnats.

Frostskydd Ett ämne, vanligen etylenglykol, som blandas med vatten och fylls i bilens kylsystem för att förhindra att kylvätskan fryser vintertid. Frostskyddet innehåller även kemikalier som förhindrar korrosion och rost och andra avlagringar som skulle kunna blockera kylare och kylkanaler och därmed minska effektiviteten.

Fördelningsventil En hydraulisk styrventil som begränsar trycket till bakbromsarna vid panikbromsning så att hjulen inte låser sig.

Förgasare En enhet som blandar bränsle med luft till korrekta proportioner för önskad effekt från en gnistantänd förbränningsmotor.

G

Generator En del i det elektriska systemet som förvandlar mekanisk energi från drivremmen till elektrisk energi som laddar batteriet, som i sin tur driver startsystem, tändning och elektrisk utrustning.

Glidlager Den krökta ytan på en axel eller i ett lopp, eller den del monterad i endera, som medger rörelse mellan dem med ett minimum av slitage och friktion.

Gängskydd Ett täckmedel som minskar risken för gängskärning i bultförband som utsätts för stor hetta, exempelvis grenrörets bultar och muttrar. Kallas även antikärvningsmedel.

H

Handbroms Ett bromssystem som är oberoende av huvudbromsarnas hydraulikkrets. Kan användas till att stoppa bilen om huvudbromsarna slås ut, eller till att hålla bilen stilla utan att bromspedalen trycks ned. Den består vanligen av en spak som aktiverar främre eller bakre bromsar mekaniskt via vajrar och länkar. Kallas även parkeringsbroms.

Harmonibalanserare En enhet avsedd att minska fjädring eller vridande vibrationer i vevaxeln. Kan vara integrerad i vevaxelns remskiva. Även kallad vibrationsdämpare.

Hjälpstart Start av motorn på en bil med urladdat eller svagt batteri genom koppling av startkablar mellan det svaga batteriet och ett laddat hjälpbatteri.

Honare Ett slipverktyg för korrigering av smärre ojämnheter eller diameterskillnader i ett cylinderlopp.

Hydraulisk ventiltryckare En mekanism som använder hydrauliskt tryck från motorns smörjsystem till att upprätthålla noll ventilspel (konstant kontakt med både kamlob och ventilskaft). Justeras automatiskt för variation i ventilskaftslängder. Minskar även ventilljudet.

I

Insexnyckel En sexkantig nyckel som passar i ett försänkt sexkantigt hål.

Insugsrör Rör eller kåpa med kanaler genom vilka bränsle/luftblandningen leds till insugsportarna.

K

Kamaxel En roterande axel på vilken en serie lober trycker ned ventilerna. En kamaxel kan drivas med drev, kedja eller tandrem med kugghjul.

Kamkedja En kedja som driver kamaxeln.

Kamrem En tandrem som driver kamaxeln. Allvarliga motorskador kan uppstå om kamremmen brister vid körning.

Kanister En behållare i avdunstningsbegränsningen, innehåller aktivt kol för att fånga upp bensinångor från bränslesystemet.

Kanister

Kardanaxel Ett långt rör med universalknutar i bägge ändar som överför kraft från växellådan till differentialen på bilar med motorn fram och drivande bakhjul.

Kast Hur mycket ett hjul eller drev slår i sidled vid rotering. Det spel en axel roterar med. Orundhet i en roterande del.

Katalysator En ljuddämparliknande enhet i avgassystemet som omvandlar vissa föroreningar till mindre hälsovådliga substanser.

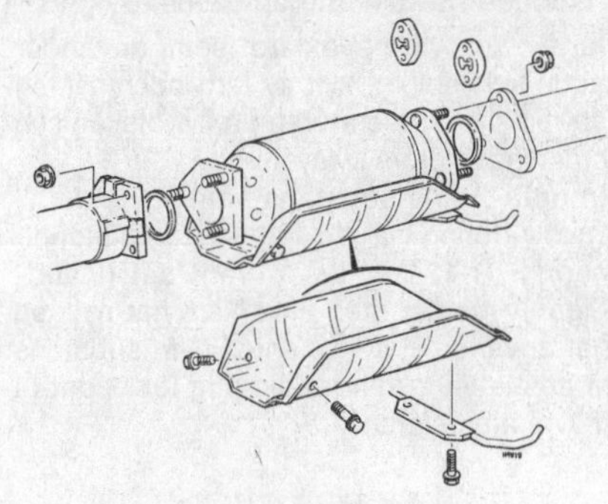
Katalysator

Kompression Minskning i volym och ökning av tryck och värme hos en gas, orsakas av att den kläms in i ett mindre utrymme.

Kompressionsförhållande Skillnaden i cylinderns volymer mellan kolvens ändlägen.

Kopplingsschema En ritning över komponenter och ledningar i ett fordons elsystem som använder standardiserade symboler.

Krockkudde (Airbag) En uppblåsbar kudde dold i ratten (på förarsidan) eller instrumentbrädan eller handskfacket (på passagerarsidan) Vid kollision blåses kuddarna upp vilket hindrar att förare och framsätespassagerare kastas in i ratt eller vindruta.

Krokodilklämma Ett långkäftat fjäderbelastat clips med ingreppande tänder som används till tillfälliga elektriska kopplingar.

Kronmutter En mutter som vagt liknar kreneleringen på en slottsmur. Används tillsammans med saxsprint för att låsa bultförband extra väl.

Krysskruv Se Phillips-skruv

Kronmutter

Kugghjul Ett hjul med tänder eller utskott på omkretsen, formade för att greppa in i en kedja eller rem.

Kuggstångsstyrning Ett styrsystem där en pinjong i rattstångens ände går i ingrepp med en kuggstång. När ratten vrids, vrids även pinjongen vilket flyttar kuggstången till höger eller vänster. Denna rörelse överförs via styrstagen till hjulets styrleder.

Kullager Ett friktionsmotverkande lager som består av härdade inner- och ytterbanor och har härdade stålkulor mellan banorna.

Kylare En värmeväxlare som använder flytande kylmedium, kylt av fartvinden/fläkten till att minska temperaturen på kylvätskan i en förbränningsmotors kylsystem.

Kylmedia Varje substans som används till värmeöverföring i en anläggning för luftkonditionering. R-12 har länge varit det huvudsakliga kylmediet men tillverkare har nyligen börjat använda R-134a, en CFC-fri substans som anses vara mindre skadlig för ozonet i den övre atmosfären.

L

Lager Den böjda ytan på en axel eller i ett lopp, eller den del som monterad i någon av dessa tillåter rörelse mellan dem med minimal slitage och friktion.

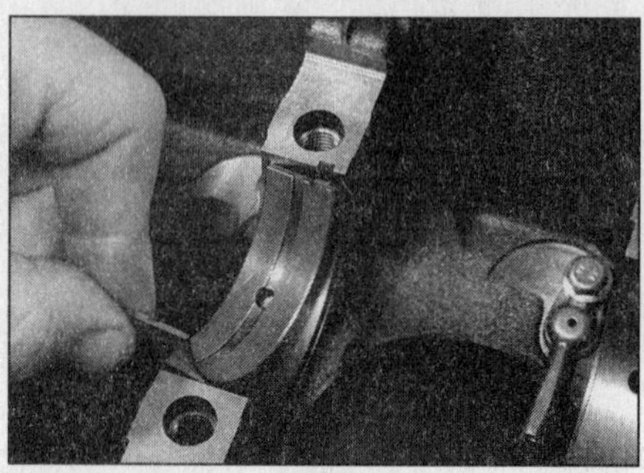

Lager

Lambdasond En enhet i motorns grenrör som känner av syrehalten i avgaserna och omvandlar denna information till elektricitet som bär information till styrelektroniken. Även kalla syresensor.

Luftfilter Filtret i luftrenaren, vanligen tillverkat av veckat papper. Kräver byte med regelbundna intervaller.

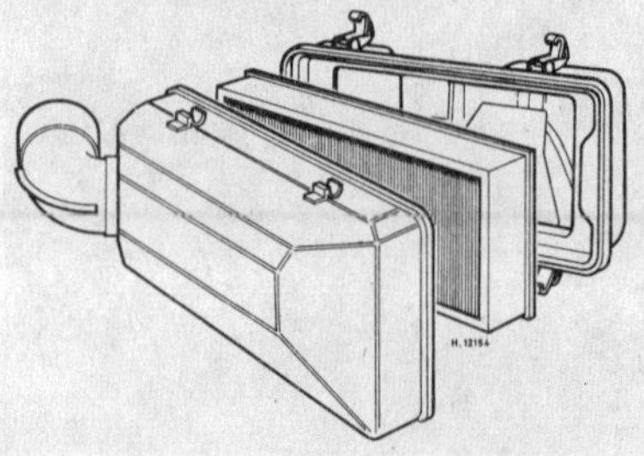

Luftfilter

Luftrenare En kåpa av plast eller metall, innehållande ett filter som tar undan damm och smuts från luft som sugs in i motorn.

Låsbricka En typ av bricka konstruerad för att förhindra att en ansluten mutter lossnar.

Låsmutter En mutter som låser en justermutter, eller annan gängad del, på plats. Exempelvis används låsmutter till att hålla justermuttern på vipparmen i läge.

Låsring Ett ringformat clips som förhindrar längsgående rörelser av cylindriska delar och axlar. En invändig låsring monteras i en skåra i ett hölje, en yttre låsring monteras i en utvändig skåra på en cylindrisk del som exempelvis en axel eller tapp.

M

MacPherson-ben Ett system för framhjulsfjädring uppfunnet av Earle MacPherson vid Ford i England. I sin ursprungliga version skapas den nedre bärarmen av en enkel lateral länk till krängningshämmaren. Ett fjäderben - en integrerad spiralfjäder och stötdämpare - finns monterad mellan karossen och styrknogen. Många moderna MacPherson-ben använder en vanlig nedre A-arm och inte krängningshämmaren som nedre fäste.

Markör En remsa med en andra färg i en ledningsisolering för att skilja ledningar åt.

Motor med överliggande kamaxel (OHC) En motor där kamaxeln finns i topplocket.

Motorstyrning Ett datorstyrt system som integrerat styr bränsle och tändning.

Multimätare Ett elektriskt testinstrument som mäter spänning, strömstyrka och motstånd.

Mätare En instrumentpanelvisare som används till att ange motortillstånd. En mätare med en rörlig pekare på en tavla eller skala är analog. En mätare som visar siffror är digital.

N

NOx Kväveoxider. En vanlig giftig förorening utsläppt av förbränningsmotorer vid högre temperaturer.

O

O-ring En typ av tätningsring gjord av ett speciellt gummiliknande material. O-ringen fungerar så att den trycks ihop i en skåra och därmed utgör tätningen.

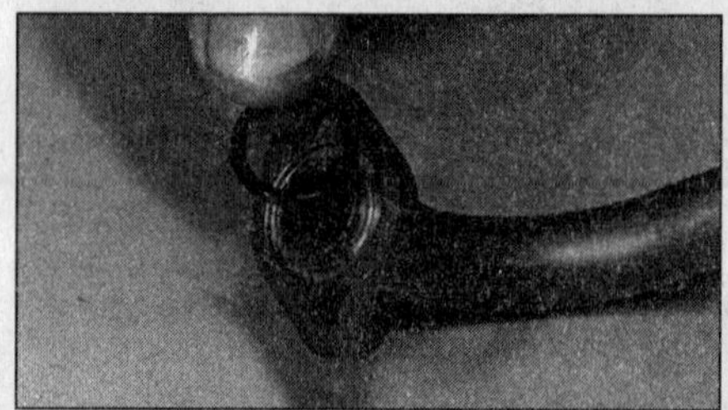

O-ring

Ohm Enhet för elektriskt motstånd. 1 volt genom ett motstånd av 1 ohm ger en strömstyrka om 1 ampere.

Ohmmätare Ett instrument för uppmätning av elektriskt motstånd.

P

Packning Mjukt material - vanligen kork, papp, asbest eller mjuk metall - som monteras mellan två metallytor för att erhålla god tätning. Exempelvis tätar topplockspackningen fogen mellan motorblocket och topplocket.

Packning

Phillips-skruv En typ av skruv med ett korsspår, istället för ett rakt, för motsvarande skruvmejsel. Vanligen kallad krysskruv.

Plastigage En tunn plasttråd, tillgänglig i olika storlekar, som används till att mäta toleranser. Exempelvis så läggs en remsa Plastigage tvärs över en lagertapp. Delarna sätts ihop och tas isär. Bredden på den klämda remsan anger spelrummet mellan lager och tapp.

Plastigage

R

Rotor I en fördelare, den roterande enhet inuti fördelardosan som kopplar samman centrumelektroden med de yttre kontakterna vartefter den roterar, så att högspänningen från tändspolens sekundärlindning leds till rätt tändstift. Även den del av generatorn som roterar inuti statorn. Även de roterande delarna av ett turboaggregat, inkluderande kompressorhjulet, axeln och turbinhjulet.

S

Sealed-beam strålkastare En äldre typ av strålkastare som integrerar reflektor, lins och glödtrådar till en hermetiskt försluten enhet. När glödtråden går av eller linsen spricker byts hela enheten.

Shims Tunn distansbricka, vanligen använd till att justera inbördes lägen mellan två delar. Exempelvis sticks shims in i eller under ventiltryckarhylsor för att justera ventilspelet. Spelet justeras genom byte till shims av annan tjocklek.

Skivbroms En bromskonstruktion med en roterande skiva som kläms mellan bromsklossar. Den friktion som uppstår omvandlar bilens rörelseenergi till värme.

Skjutmått Ett precisionsmätinstrument som mäter inre och yttre dimensioner. Inte riktigt lika exakt som en mikrometer men lättare att använda.

Smältsäkring Ett kretsskydd som består av en ledare omgiven av värmetålig isolering. Ledaren är tunnare än den ledning den skyddar och är därmed den svagaste länken i kretsen. Till skillnad från en bränd säkring måste vanligen en smältsäkring skäras bort från ledningen vid byte.

Spel Den sträcka en del färdas innan något inträffar. "Luften" i ett länksystem eller ett montage mellan första ansatsen av kraft och verklig rörelse. Exempel, den sträcka bromspedalen färdas innan kolvarna i huvudcylindern rör på sig. Även utrymmet mellan två delar, exempelvis kolv och cylinderlopp.

Spiralfjäder En spiral av elastiskt stål som förekommer i olika storlekar på många platser i en bil, bland annat i fjädringen och ventilerna i topplocket.

Startspärr På bilar med automatväxellåda förhindrar denna kontakt att motorn startas annat än om växelväljaren är i N eller P.

Storändslager Lagret i den ände av vevstaken som är kopplad till vevaxeln.

Svetsning Olika processer som används för att sammanfoga metallföremål genom att hetta upp dem till smältning och sammanföra dem.

Svänghjul Ett tungt roterande hjul vars energi tas upp och sparas via moment. På bilar finns svänghjulet monterat på vevaxeln för att utjämna kraftpulserna från arbetstakterna.

Syresensor En enhet i motorns grenrör som känner av syrehalten i avgaserna och omvandlar denna information till elektricitet som bär information till styrelektroniken. Även kalla Lambdasond.

Säkring En elektrisk enhet som skyddar en krets mot överbelastning. En typisk säkring innehåller en mjuk metallbit kalibrerad att smälta vid en förbestämd strömstyrka, angiven i ampere, och därmed bryta kretsen.

T

Termostat En värmestyrd ventil som reglerar kylvätskans flöde mellan blocket och kylaren vilket håller motorn vid optimal arbetstemperatur. En termostat används även i vissa luftrenare där temperaturen är reglerad.

Toe-in Den distans som framhjulens framkanter är närmare varandra än bak-kanterna. På bakhjulsdrivna bilar specificeras vanligen ett litet toe-in för att hålla framhjulen parallella på vägen, genom att motverka de krafter som annars tenderar att vilja dra isär framhjulen.

Toe-ut Den distans som framhjulens bakkanter är närmare varandra än framkanterna. På bilar med framhjulsdrift specificeras vanligen ett litet toe-ut.

Toppventilsmotor (OHV) En motortyp där ventilerna finns i topplocket medan kamaxeln finns i motorblocket.

Torpedplåten Den isolerade avbalkningen mellan motorn och passagerarutrymmet.

Trumbroms En bromsanordning där en trumformad metallcylinder monteras inuti ett hjul. När bromspedalen trycks ned pressas böjda bromsbackar försedda med bromsbelägg mot trummans insida så att bilen saktar in eller stannar.

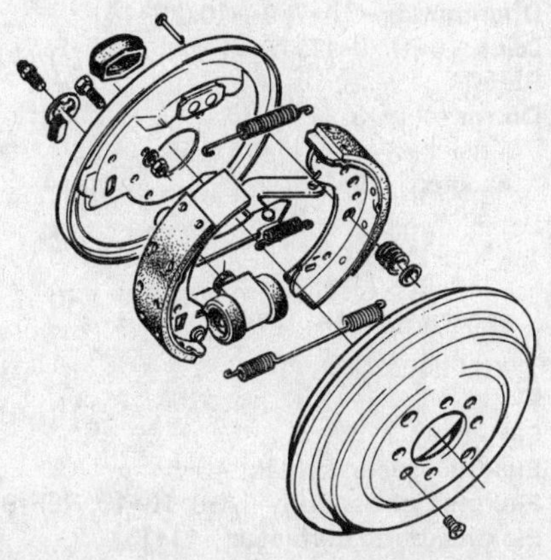

Trumbroms, montage

Turboaggregat En roterande enhet, driven av avgastrycket, som komprimerar insugsluften. Används vanligen till att öka motoreffekten från en given cylindervolym, men kan även primäranvändas till att minska avgasutsläpp.

Tändföljd Turordning i vilken cylindrarnas arbetstakter sker, börjar med nr 1.

Tändläge Det ögonblick då tändstiftet ger gnista. Anges vanligen som antalet vevaxelgrader för kolvens övre dödpunkt.

Tätningsmassa Vätska eller pasta som används att täta fogar. Används ibland tillsammans med en packning.

U

Universalknut En koppling med dubbla pivåer som överför kraft från en drivande till en driven axel genom en vinkel. En universalknut består av två Y-formade ok och en korsformig del kallad spindeln.

Urtrampningslager Det lager i kopplingen som flyttas inåt till frigöringsarmen när kopplingspedalen trycks ned för frikoppling.

V

Ventil En enhet som startar, stoppar eller styr ett flöde av vätska, gas, vakuum eller löst material via en rörlig del som öppnas, stängs eller delvis maskerar en eller flera portar eller kanaler. En ventil är även den rörliga delen av en sådan anordning.

Ventilspel Spelet mellan ventilskaftets övre ände och ventiltryckaren. Spelet mäts med stängd ventil.

Ventiltryckare En cylindrisk del som överför rörelsen från kammen till ventilskaftet, antingen direkt eller via stötstång och vipparm. Även kallad kamsläpa eller kamföljare.

Vevaxel Den roterande axel som går längs med vevhuset och är försedd med utstickande vevtappar på vilka vevstakarna är monterade.

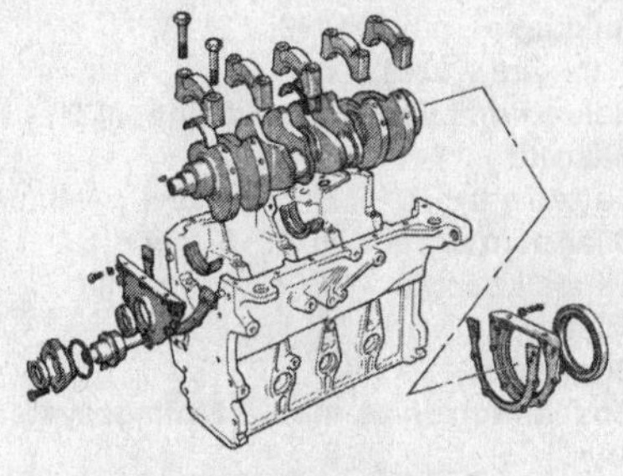

Vevaxel, montage

Vevhus Den nedre delen av ett motorblock där vevaxeln roterar.

Vibrationsdämpare En enhet som är avsedd att minska fjädring eller vridande vibrationer i vevaxeln. Enheten kan vara integrerad i vevaxelns remskiva. Kallas även harmonibalanserare.

Vipparm En arm som gungar på en axel eller tapp. I en toppventilsmotor överför vipparmen stötstångens uppåtgående rörelse till en nedåtgående rörelse som öppnar ventilen.

Viskositet Tjockleken av en vätska eller dess flödesmotstånd.

Volt Enhet för elektrisk spänning i en krets 1 volt genom ett motstånd av 1 ohm ger en strömstyrka om 1 ampere.

Sakregister

Observera: *Hänvisningarna i sakregistret är i formen* ***"Kapitelnummer"•"Sidnummer"***

Reparationshandböcker för bilar

Reparationshandböcker på svenska

AUDI 100 & 200 (82 - 90)	SV3214
Audi 100 & A6 (maj 91 - maj 97)	SV3531
Audi A4 (95 - Feb 00)	SV3717
BMW 3-Series 98 - 03	SV4783
BMW 3- & 5-serier (81 - 91)	SV3263
BMW 5-Serie (96 - 03)	SV4360
CHEVROLET & GMC Van (68 - 95)	SV3298
FORD Escort & Orion (90 - 00)	SV3389
Ford Escort (80 - 90)	SV3091
Ford Focus (01 - 04)	SV4607
Ford Mondeo (93 - 99)	SV3353
Ford Scorpio (85 - 94)	SV3039
Ford Sierra (82 - 93)	SV3038
MERCEDES-BENZ 124-serien (85 - 93)	SV3299
Mercedes-Benz 190, 190E & 190D (83 - 93)	SV3391
OPEL Astra (91 - 98)	SV3715
Opel Kadett (84 - 91)	SV3069
Opel Omega & Senator (86 - 94)	SV3262
Opel Vectra (88 - 95)	SV3264
Opel Vectra (95 - 98)	SV3592
SAAB 9-3 (98 - 02)	SV4615
Saab 9-3 (0 - 06)	SV4756
Saab 9-5 (97 - 04)	SV4171
Saab 90, 99 & 900 (79 - 93)	SV3037
Saab 900 (okt 93 - 98)	SV3532
Saab 9000 (85 - 98)	SV3072
SKODA Octavia (98 - 04)	SV4387
Skoda Fabia (00 - 06)	SV4789
TOYOTA Corolla (97 - 02)	SV4738
VOLVO 240, 242, 244 & 245 (74 - 93)	SV3034
Volvo 340, 343, 345 & 360 (76 - 91)	SV3041
Volvo 440, 460 & 480 (87 - 97)	SV3066
Volvo 740, 745 & 760 (82 - 92)	SV3035
Volvo 850 (92 - 96)	SV3213
Volvo 940 (91 - 96)	SV3208
Volvo S40 & V40 (96 - 04)	SV3585
Volvo S40 & V50 (04 - 07)	SV4757
Volvo S60 (01 - 08)	SV4794
Volvo S70, V70 & C70 (96 - 99)	SV3590
Volvo V70 & S80 (98 - 05)	SV4370
VW Golf & Jetta II (84 - 92)	SV3036
VW Golf III & Vento (92 - 98)	SV3244
VW Golf IV & Bora (98 - 00)	SV3781
VW Passat (88 - 96)	SV3393
VW Passat (dec 00 - maj 05)	SV4764
VW Passat (dec 96 - nov 00)	SV3943
VW Transporter (82 - 90)	SV3392

TechBooks på svenska

Bilens elektriska och elektroniska system	SV3361
Bilens felkodssystem: Handbok för avläsning och diagnostik	SV3534
Bilens kaross - underhåll och reparationer	SV4763
Bilens Luftkonditioneringssystem	SV3791
Bilens motorstyrning och bränsleinsprutningssystem	SV3390
Dieselmotorn - servicehandbok	SV3533
Haynes Reparationshandbok för små motorer	SV4274

Service and Repair Manuals

Titel	Bok nr.
ALFA ROMEO Alfasud/Sprint (74 - 88) up to F *	0292
Alfa Romeo Alfetta (73 - 87) up to E *	0531
AUDI 80, 90 & Coupe Petrol (79 - Nov 88) up to F	0605
Audi 80, 90 & Coupe Petrol (Oct 86 - 90) D to H	1491
Audi 100 & 200 Petrol (Oct 82 - 90) up to H	0907
Audi 100 & A6 Petrol & Diesel (May 91 - May 97) H to P	3504
Audi A3 Petrol & Diesel (96 - May 03) P to 03	4253
Audi A4 Petrol & Diesel (95 - 00) M to X	3575
Audi A4 Petrol & Diesel (01 - 04) X to 54	4609
AUSTIN A35 & A40 (56 - 67) up to F *	0118
Austin/MG/Rover Maestro 1.3 & 1.6 Petrol (83 - 95) up to M	0922
Austin/MG Metro (80 - May 90) up to G	0718
Austin/Rover Montego 1.3 & 1.6 Petrol (84 - 94) A to L	1066
Austin/MG/Rover Montego 2.0 Petrol (84 - 95) A to M	1067
Mini (59 - 69) up to H *	0527
Mini (69 - 01) up to X	0646
Austin/Rover 2.0 litre Diesel Engine (86 - 93) C to L	1857
Austin Healey 100/6 & 3000 (56 - 68) up to G *	0049
BEDFORD CF Petrol (69 - 87) up to E	0163
Bedford/Vauxhall Rascal & Suzuki Supercarry (86 - Oct 94) C to M	3015
BMW 316, 320 & 320i (4-cyl) (75 - Feb 83) up to Y *	0276
BMW 320, 320i, 323i & 325i (6-cyl) (Oct 77 - Sept 87) up to E	0815
BMW 3- & 5-Series Petrol (81 - 91) up to J	1948
BMW 3-Series Petrol (Apr 91 - 99) H to V	3210
BMW 3-Series Petrol (Sept 98 - 03) S to 53	4067
BMW 520i & 525e (Oct 81 - June 88) up to E	1560
BMW 525, 528 & 528i (73 - Sept 81) up to X *	0632
BMW 5-Series 6-cyl Petrol (April 96 - Aug 03) N to 03	4151
BMW 1500, 1502, 1600, 1602, 2000 & 2002 (59 - 77) up to S *	0240
CHRYSLER PT Cruiser Petrol (00 - 03) W to 53	4058
CITROËN 2CV, Ami & Dyane (67 - 90) up to H	0196
Citroën AX Petrol & Diesel (87 - 97) D to P	3014
Citroën Berlingo & Peugeot Partner Petrol & Diesel (96 - 05) P to 55	4281
Citroën BX Petrol (83 - 94) A to L	0908
Citroën C15 Van Petrol & Diesel (89 - Oct 98) F to S	3509
Citroën C3 Petrol & Diesel (02 - 05) 51 to 05	4197
Citroen C5 Petrol & Diesel (01-08) Y to 08	4745
Citroën CX Petrol (75 - 88) up to F	0528
Citroën Saxo Petrol & Diesel (96 - 04) N to 54	3506
Citroën Visa Petrol (79 - 88) up to F	0620
Citroën Xantia Petrol & Diesel (93 - 01) K to Y	3082
Citroën XM Petrol & Diesel (89 - 00) G to X	3451
Citroën Xsara Petrol & Diesel (97 - Sept 00) R to W	3751
Citroën Xsara Picasso Petrol & Diesel (00 - 02) W to 52	3944
Citroen Xsara Picasso (03-08)	4784
Citroën ZX Diesel (91 - 98) J to S	1922
Citroën ZX Petrol (91 - 98) H to S	1881
Citroën 1.7 & 1.9 litre Diesel Engine (84 - 96) A to N	1379
FIAT 126 (73 - 87) up to E *	0305
Fiat 500 (57 - 73) up to M *	0090
Fiat Bravo & Brava Petrol (95 - 00) N to W	3572
Fiat Cinquecento (93 - 98) K to R	3501
Fiat Panda (81 - 95) up to M	0793
Fiat Punto Petrol & Diesel (94 - Oct 99) L to V	3251
Fiat Punto Petrol (Oct 99 - July 03) V to 03	4066
Fiat Punto Petrol (03-07) 03 to 07	4746
Fiat Regata Petrol (84 - 88) A to F	1167
Fiat Tipo Petrol (88 - 91) E to J	1625
Fiat Uno Petrol (83 - 95) up to M	0923
Fiat X1/9 (74 - 89) up to G *	0273
FORD Anglia (59 - 68) up to G *	0001
Ford Capri II (& III) 1.6 & 2.0 (74 - 87) up to E *	0283
Ford Capri II (& III) 2.8 & 3.0 V6 (74 - 87) up to E	1309
Ford Cortina Mk I & Corsair 1500 ('62 - '66) up to D*	0214
Ford Cortina Mk III 1300 & 1600 (70 - 76) up to P *	0070
Ford Escort Mk I 1100 & 1300 (68 - 74) up to N *	0171
Ford Escort Mk I Mexico, RS 1600 & RS 2000 (70 - 74) up to N *	0139
Ford Escort Mk II Mexico, RS 1800 & RS 2000 (75 - 80) up to W *	0735
Ford Escort (75 - Aug 80) up to V *	0280
Ford Escort Petrol (Sept 80 - Sept 90) up to H	0686
Ford Escort & Orion Petrol (Sept 90 - 00) H to X	1737
Ford Escort & Orion Diesel (Sept 90 - 00) H to X	4081
Ford Fiesta (76 - Aug 83) up to Y	0334
Ford Fiesta Petrol (Aug 83 - Feb 89) A to F	1030
Ford Fiesta Petrol (Feb 89 - Oct 95) F to N	1595
Ford Fiesta Petrol & Diesel (Oct 95 - Mar 02) N to 02	3397
Ford Fiesta Petrol & Diesel (Apr 02 - 07) 02 to 57	4170
Ford Focus Petrol & Diesel (98 - 01) S to Y	3759
Ford Focus Petrol & Diesel (Oct 01 - 05) 51 to 05	4167
Ford Galaxy Petrol & Diesel (95 - Aug 00) M to W	3984
Ford Granada Petrol (Sept 77 - Feb 85) up to B *	0481
Ford Granada & Scorpio Petrol (Mar 85 - 94) B to M	1245
Ford Ka (96 - 02) P to 52	3570
Ford Mondeo Petrol (93 - Sept 00) K to X	1923
Ford Mondeo Petrol & Diesel (Oct 00 - Jul 03) X to 03	3990
Ford Mondeo Petrol & Diesel (July 03 - 07) 03 to 56	4619
Ford Mondeo Diesel (93 - 96) L to N	3465
Ford Orion Petrol (83 - Sept 90) up to H	1009
Ford Sierra 4-cyl Petrol (82 - 93) up to K	0903
Ford Sierra V6 Petrol (82 - 91) up to J	0904
Ford Transit Petrol (Mk 2) (78 - Jan 86) up to C	0719
Ford Transit Petrol (Mk 3) (Feb 86 - 89) C to G	1468
Ford Transit Diesel (Feb 86 - 99) C to T	3019
Ford Transit Diesel (00-06)	4775
Ford 1.6 & 1.8 litre Diesel Engine (84 - 96) A to N	1172
Ford 2.1, 2.3 & 2.5 litre Diesel Engine (77 - 90) up to H	1606
FREIGHT ROVER Sherpa Petrol (74 - 87) up to E	0463
HILLMAN Avenger (70 - 82) up to Y	0037
Hillman Imp (63 - 76) up to R *	0022
HONDA Civic (Feb 84 - Oct 87) A to E	1226
Honda Civic (Nov 91 - 96) J to N	3199
Honda Civic Petrol (Mar 95 - 00) M to X	4050
Honda Civic Petrol & Diesel (01 - 05) X to 55	4611
Honda CR-V Petrol & Diesel (01-06)	4747
Honda Jazz (01 - Feb 08) 51 - 57	4735
HYUNDAI Pony (85 - 94) C to M	3398
JAGUAR E Type (61 - 72) up to L *	0140
Jaguar MkI & II, 240 & 340 (55 - 69) up to H *	0098
Jaguar XJ6, XJ & Sovereign; Daimler Sovereign (68 - Oct 86) up to D	0242
Jaguar XJ6 & Sovereign (Oct 86 - Sept 94) D to M	3261
Jaguar XJ12, XJS & Sovereign; Daimler Double Six (72 - 88) up to F	0478
JEEP Cherokee Petrol (93 - 96) K to N	1943
LADA 1200, 1300, 1500 & 1600 (74 - 91) up to J	0413
Lada Samara (87 - 91) D to J	1610
LAND ROVER 90, 110 & Defender Diesel (83 - 07) up to 56	3017
Land Rover Discovery Petrol & Diesel (89 - 98) G to S	3016
Land Rover Discovery Diesel (Nov 98 - Jul 04) S to 04	4606
Land Rover Freelander Petrol & Diesel (97 - Sept 03) R to 53	3929
Land Rover Freelander Petrol & Diesel (Oct 03 - Oct 06) 53 to 56	4623
Land Rover Series IIA & III Diesel (58 - 85) up to C	0529
Land Rover Series II, IIA & III 4-cyl Petrol (58 - 85) up to C	0314
MAZDA 323 (Mar 81 - Oct 89) up to G	1608
Mazda 323 (Oct 89 - 98) G to R	3455
Mazda 626 (May 83 - Sept 87) up to E	0929
Mazda B1600, B1800 & B2000 Pick-up Petrol (72 - 88) up to F	0267
Mazda RX-7 (79 - 85) up to C *	0460
MERCEDES-BENZ 190, 190E & 190D Petrol & Diesel (83 - 93) A to L	3450
Mercedes-Benz 200D, 240D, 240TD, 300D & 300TD 123 Series Diesel (Oct 76 - 85)	1114
Mercedes-Benz 250 & 280 (68 - 72) up to L *	0346
Mercedes-Benz 250 & 280 123 Series Petrol (Oct 76 - 84) up to B *	0677
Mercedes-Benz 124 Series Petrol & Diesel (85 - Aug 93) C to K	3253
Mercedes-Benz A-Class Petrol & Diesel (98-04) S to 54)	4748
Mercedes-Benz C-Class Petrol & Diesel (93 - Aug 00) L to W	3511
Mercedes-Benz C-Class (00-06)	4780
MGA (55 - 62) *	0475
MGB (62 - 80) up to W	0111
MG Midget & Austin-Healey Sprite (58 - 80) up to W *	0265
MINI Petrol (July 01 - 05) Y to 05	4273
MITSUBISHI Shogun & L200 Pick-Ups Petrol (83 - 94) up to M	1944
MORRIS Ital 1.3 (80 - 84) up to B	0705
Morris Minor 1000 (56 - 71) up to K	0024
NISSAN Almera Petrol (95 - Feb 00) N to V	4053
Nissan Almera & Tino Petrol (Feb 00 - 07) V to 56	4612
Nissan Bluebird (May 84 - Mar 86) A to C	1223
Nissan Bluebird Petrol (Mar 86 - 90) C to H	1473
Nissan Cherry (Sept 82 - 86) up to D	1031
Nissan Micra (83 - Jan 93) up to K	0931
Nissan Micra (93 - 02) K to 52	3254
Nissan Micra Petrol (03-07) 52 to 57	4734
Nissan Primera Petrol (90 - Aug 99) H to T	1851
Nissan Stanza (82 - 86) up to D	0824
Nissan Sunny Petrol (May 82 - Oct 86) up to D	0895
Nissan Sunny Petrol (Oct 86 - Mar 91) D to H	1378
Nissan Sunny Petrol (Apr 91 - 95) H to N	3219
OPEL Ascona & Manta (B Series) (Sept 75 - 88) up to F *	0316
Opel Ascona Petrol (81 - 88)	3215
Opel Astra Petrol (Oct 91 - Feb 98)	3156
Opel Corsa Petrol (83 - Mar 93)	3160
Opel Corsa Petrol (Mar 93 - 97)	3159
Opel Kadett Petrol (Nov 79 - Oct 84) up to B	0634
Opel Kadett Petrol (Oct 84 - Oct 91)	3196
Opel Omega & Senator Petrol (Nov 86 - 94)	3157
Opel Rekord Petrol (Feb 78 - Oct 86) up to D	0543
Opel Vectra Petrol (Oct 88 - Oct 95)	3158

** Classic reprint*

Titel	Bok nr.
PEUGEOT 106 Petrol & Diesel (91 - 04) J to 53	**1882**
Peugeot 205 Petrol (83 - 97) A to P	**0932**
Peugeot 206 Petrol & Diesel (98 - 01) S to X	**3757**
Peugeot 206 Petrol & Diesel (02 - 06) 51 to 06	**4613**
Peugeot 306 Petrol & Diesel (93 - 02) K to 02	**3073**
Peugeot 307 Petrol & Diesel (01 - 04) Y to 54	**4147**
Peugeot 309 Petrol (86 - 93) C to K	**1266**
Peugeot 405 Petrol (88 - 97) E to P	**1559**
Peugeot 405 Diesel (88 - 97) E to P	**3198**
Peugeot 406 Petrol & Diesel (96 - Mar 99) N to T	**3394**
Peugeot 406 Petrol & Diesel (Mar 99 - 02) T to 52	**3982**
Peugeot 505 Petrol (79 - 89) up to G	**0762**
Peugeot 1.7/1.8 & 1.9 litre Diesel Engine (82 - 96) up to N	**0950**
Peugeot 2.0, 2.1, 2.3 & 2.5 litre Diesel Engines (74 - 90) up to H	**1607**
PORSCHE 911 (65 - 85) up to C	**0264**
Porsche 924 & 924 Turbo (76 - 85) up to C	**0397**
PROTON (89 - 97) F to P	**3255**
RANGE ROVER V8 Petrol (70 - Oct 92) up to K	**0606**
RELIANT Robin & Kitten (73 - 83) up to A *	**0436**
RENAULT 4 (61 - 86) up to D *	**0072**
Renault 5 Petrol (Feb 85 - 96) B to N	**1219**
Renault 9 & 11 Petrol (82 - 89) up to F	**0822**
Renault 18 Petrol (79 - 86) up to D	**0598**
Renault 19 Petrol (89 - 96) F to N	**1646**
Renault 19 Diesel (89 - 96) F to N	**1946**
Renault 21 Petrol (86 - 94) C to M	**1397**
Renault 25 Petrol & Diesel (84 - 92) B to K	**1228**
Renault Clio Petrol (91 - May 98) H to R	**1853**
Renault Clio Diesel (91 - June 96) H to N	**3031**
Renault Clio Petrol & Diesel (May 98 - May 01) R to Y	**3906**
Renault Clio Petrol & Diesel (June '01 - '05) Y to 55	**4168**
Renault Espace Petrol & Diesel (85 - 96) C to N	**3197**
Renault Laguna Petrol & Diesel (94 - 00) L to W	**3252**
Renault Laguna Petrol & Diesel (Feb 01 - Feb 05) X to 54	**4283**
Renault Mégane & Scénic Petrol & Diesel (96 - 99) N to T	**3395**
Renault Mégane & Scénic Petrol & Diesel (Apr 99 - 02) T to 52	**3916**
Renault Megane Petrol & Diesel (Oct 02 - 05) 52 to 55	**4284**
Renault Scenic Petrol & Diesel (Sept 03 - 06) 53 to 06	**4297**
ROVER 213 & 216 (84 - 89) A to G	**1116**
Rover 214 & 414 Petrol (89 - 96) G to N	**1689**
Rover 216 & 416 Petrol (89 - 96) G to N	**1830**
Rover 211, 214, 216, 218 & 220 Petrol & Diesel (Dec 95 - 99) N to V	**3399**
Rover 25 & MG ZR Petrol & Diesel (Oct 99 - 04) V to 54	**4145**
Rover 414, 416 & 420 Petrol & Diesel (May 95 - 98) M to R	**3453**
Rover 45 / MG ZS Petrol & Diesel (99 - 05) V to 55	**4384**
Rover 618, 620 & 623 Petrol (93 - 97) K to P	**3257**
Rover 75 / MG ZT Petrol & Diesel (99 - 06) S to 06	**4292**
Rover 820, 825 & 827 Petrol (86 - 95) D to N	**1380**
Rover 3500 (76 - 87) up to E *	**0365**
Rover Metro, 111 & 114 Petrol (May 90 - 98) G to S	**1711**
SAAB 95 & 96 (66 - 76) up to R *	**0198**
Saab 90, 99 & 900 (79 - Oct 93) up to L	**0765**
Saab 900 (Oct 93 - 98) L to R	**3512**
Saab 9000 (4-cyl) (85 - 98) C to S	**1686**
Saab 9-3 Petrol & Diesel (98 - Aug 02) R to 02	**4614**
Saab 9-3 Petrol & Diesel (02-07) 52 to 57	**4749**
Saab 9-5 4-cyl Petrol (97 - 04) R to 54	**4156**
SEAT Ibiza & Cordoba Petrol & Diesel (Oct 93 - Oct 99) L to V	**3571**
Seat Ibiza & Malaga Petrol (85 - 92) B to K	**1609**
SKODA Estelle (77 - 89) up to G	**0604**
Skoda Fabia Petrol & Diesel (00 - 06) W to 06	**4376**
Skoda Favorit (89 - 96) F to N	**1801**
Skoda Felicia Petrol & Diesel (95 - 01) M to X	**3505**
Skoda Octavia Petrol & Diesel (98 - Apr 04) R to 04	**4285**
SUBARU 1600 & 1800 (Nov 79 - 90) up to H *	**0995**
SUNBEAM Alpine, Rapier & H120 (67 - 74) up to N *	**0051**
SUZUKI SJ Series, Samurai & Vitara (4-cyl) Petrol (82 - 97) up to P	**1942**
Suzuki Supercarry & Bedford/Vauxhall Rascal (86 - Oct 94) C to M	**3015**
TALBOT Alpine, Solara, Minx & Rapier (75 - 86) up to D	**0337**

Titel	Bok nr.
Talbot Horizon Petrol (78 - 86) up to D	**0473**
Talbot Samba (82 - 86) up to D	**0823**
TOYOTA Avensis Petrol (98 - Jan 03) R to 52	**4264**
Toyota Carina E Petrol (May 92 - 97) J to P	**3256**
Toyota Corolla (80 - 85) up to C	**0683**
Toyota Corolla (Sept 83 - Sept 87) A to E	**1024**
Toyota Corolla (Sept 87 - Aug 92) E to K	**1683**
Toyota Corolla Petrol (Aug 92 - 97) K to P	**3259**
Toyota Corolla Petrol (July 97 - Feb 02) P to 51	**4286**
Toyota Hi-Ace & Hi-Lux Petrol (69 - Oct 83) up to A	**0304**
Toyota RAV4 Petrol & Diesel (94-06) L to 55	**4750**
Toyota Yaris Petrol (99 - 05) T to 05	**4265**
TRIUMPH GT6 & Vitesse (62 - 74) up to N *	**0112**
Triumph Herald (59 - 71) up to K *	**0010**
Triumph Spitfire (62 - 81) up to X	**0113**
Triumph Stag (70 - 78) up to T *	**0441**
Triumph TR2, TR3, TR3A, TR4 & TR4A (52 - 67) up to F *	**0028**
Triumph TR5 & 6 (67 - 75) up to P *	**0031**
Triumph TR7 (75 - 82) up to Y *	**0322**
VAUXHALL Astra Petrol (80 - Oct 84) up to B	**0635**
Vauxhall Astra & Belmont Petrol (Oct 84 - Oct 91) B to J	**1136**
Vauxhall Astra Petrol (Oct 91 - Feb 98) J to R	**1832**
Vauxhall/Opel Astra & Zafira Petrol (Feb 98 - Apr 04) R to 04	**3758**
Vauxhall/Opel Astra & Zafira Diesel (Feb 98 - Apr 04) R to 04	**3797**
Vauxhall/Opel Astra Petrol (04 - 08)	**4732**
Vauxhall/Opel Astra Diesel (04 - 08)	**4733**
Vauxhall/Opel Calibra (90 - 98) G to S	**3502**
Vauxhall Carlton Petrol (Oct 78 - Oct 86) up to D	**0480**
Vauxhall Carlton & Senator Petrol (Nov 86 - 94) D to L	**1469**
Vauxhall Cavalier Petrol (81 - Oct 88) up to F	**0812**
Vauxhall Cavalier Petrol (Oct 88 - 95) F to N	**1570**
Vauxhall Chevette (75 - 84) up to B	**0285**
Vauxhall/Opel Corsa Diesel (Mar 93 - Oct 00) K to X	**4087**
Vauxhall Corsa Petrol (Mar 93 - 97) K to R	**1985**
Vauxhall/Opel Corsa Petrol (Apr 97 - Oct 00) P to X	**3921**
Vauxhall/Opel Corsa Petrol & Diesel (Oct 00 - Sept 03) X to 53	**4079**
Vauxhall/Opel Corsa Petrol & Diesel (Oct 03 - Aug 06) 53 to 06	**4617**
Vauxhall/Opel Frontera Petrol & Diesel (91 - Sept 98) J to S	**3454**
Vauxhall Nova Petrol (83 - 93) up to K	**0909**
Vauxhall/Opel Omega Petrol (94 - 99) L to T	**3510**
Vauxhall/Opel Vectra Petrol & Diesel (95 - Feb 99) N to S	**3396**
Vauxhall/Opel Vectra Petrol & Diesel (Mar 99 - May 02) T to 02	**3930**
Vauxhall/Opel Vectra Petrol & Diesel (June 02 - Sept 05) 02 to 55	**4618**
Vauxhall/Opel 1.5, 1.6 & 1.7 litre Diesel Engine (82 - 96) up to N	**1222**
VW 411 & 412 (68 - 75) up to P *	**0091**
VW Beetle 1200 (54 - 77) up to S	**0036**
VW Beetle 1300 & 1500 (65 - 75) up to P	**0039**
VW 1302 & 1302S (70 - 72) up to L *	**0110**
VW Beetle 1303, 1303S & GT (72 - 75) up to P	**0159**
VW Beetle Petrol & Diesel (Apr 99 - 07) T to 57	**3798**
VW Golf & Jetta Mk 1 Petrol 1.1 & 1.3 (74 - 84) up to A	**0716**
VW Golf, Jetta & Scirocco Mk 1 Petrol 1.5, 1.6 & 1.8 (74 - 84) up to A	**0726**
VW Golf & Jetta Mk 1 Diesel (78 - 84) up to A	**0451**
VW Golf & Jetta Mk 2 Petrol (Mar 84 - Feb 92) A to J	**1081**
VW Golf & Vento Petrol & Diesel (Feb 92 - Mar 98) J to R	**3097**
VW Golf & Bora Petrol & Diesel (April 98 - 00) R to X	**3727**
VW Golf & Bora 4-cyl Petrol & Diesel (01 - 03) X to 53	**4169**
VW Golf & Jetta Petrol & Diesel (04 - 07) 53 to 07	**4610**
VW LT Petrol Vans & Light Trucks (76 - 87) up to E	**0637**
VW Passat & Santana Petrol (Sept 81 - May 88) up to E	**0814**
VW Passat 4-cyl Petrol & Diesel (May 88 - 96) E to P	**3498**
VW Passat 4-cyl Petrol & Diesel (Dec 96 - Nov 00) P to X	**3917**
VW Passat Petrol & Diesel (Dec 00 - May 05) X to 05	**4279**
VW Polo & Derby (76 - Jan 82) up to X	**0335**
VW Polo (82 - Oct 90) up to H	**0813**

Titel	Bok nr.
VW Polo Petrol (Nov 90 - Aug 94) H to L	**3245**
VW Polo Hatchback Petrol & Diesel (94 - 99) M to S	**3500**
VW Polo Hatchback Petrol (00 - Jan 02) V to 51	**4150**
VW Polo Petrol & Diesel (02 - May 05) 51 to 05	**4608**
VW Scirocco (82 - 90) up to H *	**1224**
VW Transporter 1600 (68 - 79) up to V	**0082**
VW Transporter 1700, 1800 & 2000 (72 - 79) up to V *	**0226**
VW Transporter (air-cooled) Petrol (79 - 82) up to Y *	**0638**
VW Transporter (water-cooled) Petrol (82 - 90) up to H	**3452**
VW Type 3 (63 - 73) up to M *	**0084**
VOLVO 120 & 130 Series (& P1800) (61 - 73) up to M *	**0203**
Volvo 142, 144 & 145 (66 - 74) up to N *	**0129**
Volvo 240 Series Petrol (74 - 93) up to K	**0270**
Volvo 262, 264 & 260/265 (75 - 85) up to C *	**0400**
Volvo 340, 343, 345 & 360 (76 - 91) up to J	**0715**
Volvo 440, 460 & 480 Petrol (87 - 97) D to P	**1691**
Volvo 740 & 760 Petrol (82 - 91) up to J	**1258**
Volvo 850 Petrol (92 - 96) J to P	**3260**
Volvo 940 petrol (90 - 98) H to R	**3249**
Volvo S40 & V40 Petrol (96 - Mar 04) N to 04	**3569**
Volvo S40 & V50 Petrol & Diesel (Mar 04 - Jun 07) 04 to 07	**4731**
Volvo S60 Petrol & Diesel (01-08)	**4793**
Volvo S70, V70 & C70 Petrol (96 - 99) P to V	**3573**
Volvo V70 / S80 Petrol & Diesel (98 - 05) S to 55	**4263**

DIY Manual Series

The Haynes Air Conditioning Manual	**4192**
The Haynes Car Electrical Systems Manual	**4251**
The Haynes Manual on Bodywork	**4198**
The Haynes Manual on Brakes	**4178**
The Haynes Manual on Carburettors	**4177**
The Haynes Manual on Diesel Engines	**4174**
The Haynes Manual on Engine Management	**4199**
The Haynes Manual on Fault Codes	**4175**
The Haynes Manual on Practical Electrical Systems	**4267**
The Haynes Manual on Small Engines	**4250**
The Haynes Manual on Welding	**4176**

USA Automotive Repair Manuals

ACURA Integra '86-'89 & Legend '86-'90	**12020**
Acura Integra '90-'93 & Legend '91-'95	**12021**
AMC Gremlin, Sprint & Hornet '70-'83	**14020**
AMC/Renault Alliance & Encore '83-'87	**14025**
AUDI 4000 '80-'87	**15020**
Audi 5000 '77-'83	**15025**
Audi 5000 '84-'88	**15026**
BMW 3 & 5 Series '82-'92	**18020**
BMW 3-Series, Including Z3 '92-'98	**18021**
BMW 3-series, including Z4 '99-'05	**18022**
BMW 320i '75-'83	**18025**
BMW 1500 & 2002 '59-'77	**18050**
BUICK Century '97-'05	**19010**
Buick/Olds/Pontiac Full-Size (FWD) '85-'05	**19020**
Buick/Olds/Pontiac Full-Size (RWD) '70-'90	**19025**
Buick Regal '74-'87	**19030**
CADILLAC Rear Wheel Drive '70-'93	**21030**
CHEVROLET Astro & GMC Safari Mini Van '85-'03	**24010**
Chevrolet Camaro '70-'81	**24015**
Chevrolet Camaro '82-'92	**24016**
Chevrolet Camaro/Pontiac Firebird '93-'02	**24017**
Chevrolet Chevelle '69-'87	**24020**
Chevrolet Chevette '76-'87	**24024**
Chevrolet Colorado & GMC Canyon '04-'06	**24027**
Chevrolet Corsica & Beretta '87-'96	**24032**
Chevrolet Corvette '68-'82	**24040**
Chevrolet Corvette '84-'96	**24041**
Chevrolet Full Size Sedans '69-'90	**24045**
Chevrolet Impala SS & Buick Roadmaster '91-'96	**24046**
Chevrolet Lumina & Monte Carlo '95-'05	**24048**
Chevrolet Luv Pick-up '72-'82	**24050**
Chevrolet Monte Carlo '70-'88	**24055**
Chevrolet Nova '69-'79	**24059**
Chevrolet Nova & Geo Prizm (FWD) '85-'92	**24060**
Chevrolet & GMC Pick-up '67-'87	**24064**
Chevrolet & GMC Pick-up '88-'98; C/K Classic '99-'00	**24065**
Chevrolet Silverado Pick-up '99-'06	**24066**
Chevrolet S10 & GMC S15 '82-'93	**24070**
Chevrolet S-10 '94-'04	**24071**
Chevrolet TrailBlazer & GMC Envoy '02-'03	**24072**

** Classic reprint*

Titel	Bok nr.
Chevrolet Sprint & Geo Metro '85-'01	24075
Chevrolet Vans '68-'96	24080
Chevrolet & GMC Full-size Vans '96-'05	24081
CHRYSLER Cirrus/Dodge Stratus/Ply. Breeze '94-'00	25015
Chrysler Full-Size (FWD) '88-'93	25020
Chrysler LH Series '93-'97	25025
Chrysler LHS, Concorde, 300M & Dodge Intrepid '98-'03	25026
Chrysler 300, Dodge Charger & Magnum '05-'07	25027
Chrysler Mid-Size Sedans (FWD) '82-'95	25030
Chrysler PT Cruiser '01-'03	25035
Chrysler Sebring & Dodge Avenger '95-'05	25040
DATSUN 200SX '77-'79	28004
Datsun 200SX '80-'83	28005
Datsun B-210 '73-'78	28007
Datsun 210 '79-'82	28009
Datsun 240Z, 260Z, & 280Z '70-'78	28012
Datsun 280ZX '79-'83	28014
Datsun 310 '78-'82	28016
Datsun 510 & PL521 Pick-up '68-'73	28018
Datsun 510 '78-'81	28020
Datsun 620 Pick-up '73-'79	28022
Datsun 810/Maxima '77-'84	28025
DODGE Aries & Plymouth Reliant '81-'89	30008
Dodge & Plymouth Mini Vans '84-'95	30010
Dodge & Plymouth Mini Vans '96-'02	30011
Dodge Challenger & Ply. Sapporo '78-'83	30012
Dodge Caravan, Chrysler Voyager/Town & Country '03-'06	30013
Dodge Colt & Plymouth Champ '78-'87	30016
Dodge Dakota Pick-up '87-'96	30020
Dodge Durango '98-'99 & Dakota '97-'99	30021
Dodge Durango '00-'03 & Dakota Pick-ups '00-'04	30022
Dodge Durango '04-'06 & Dakota Pick-ups '05-'06	30023
Dodge Dart/Plymouth Valiant '67-'76	30025
Dodge Daytona & Chrysler Laser '84-'89	30030
Dodge/Plymouth Neon '95-'99	30034
Dodge Omni/Plymouth Horizon '78-'90	30035
Dodge Neon '00-'05	30036
Dodge Full-Size Pick-up '74-'93	30040
Dodge Pick-Ups '94-'01	30041
Dodge Pick-Ups '02-'05	30042
Dodge D50 Pick-up & Raider '79-'93	30045
Dodge/Plymouth/Chrysler Full-Size (RWD) '71-'89	30050
Dodge Shadow & Plymouth Sundance '87-'94	30055
Dodge Spirit & Plymouth Acclaim '89-'95	30060
Dodge & Plymouth Vans '71-'03	30065
FIAT 124 Sport/Spider '68-'78	34010
Fiat X1/ 9 '74-'80	34025
FORD Aerostar Mini Van '86-'97	36004
Ford Contour & Mercury Mystique '95-'00	36006
Ford Courier Pick-up '72-'82	36008
Ford Crown Victoria '88-'06	36012
Ford Escort & Mercury Lynx '81-'90	36016
Ford Escort '91-'00	36020
Ford Escape & Mazda Tribute '01-'03	36022
Ford Explorer '91-'01, Explorer Sport thru '03, Sport Trac thru '05	36024
Ford Explorer & Mercury Mountaineer '02-'06	36025
Ford Fairmont & Mercury Zephyr '78-'83	36028
Ford Festiva & Aspire '88-'97	36030
Ford Fiesta '77-'80	36032
Ford Focus '00-'05	36034
Ford & Mercury Full Size Sedans '75-'87	36036
Ford & Mercury Mid-Size Sedans '75-'86	36044
Ford Mustang V8 '64 1/2 - '73	36048
Ford Mustang II '74-'78	36049
Ford Mustang/Mercury Capri '79-'93	36050
Ford Mustang '94 - '04	36051
Ford Mustang '05-'07	36052
Ford Pick-ups & Bronco '73-'79	36054
Ford Pick-ups & Bronco '80-'96	36058
Ford Pick-ups, Expedition & Lincoln Navigator '97-'03	36059
Ford Super Duty Pick-up & Excursion '99-'06	36060
Ford Pick-ups, Full-size F-150 '04-'06	36061
Ford Pinto & Mercury Bobcat '75-'80	36062
Ford Probe '89-'92	36066
Ford Ranger & Bronco II '83-'92	36070
Ford Ranger & Mazda Pick-ups '93-'05	36071
Ford Taurus & Mercury Sable '86-'95	36074
Ford Taurus & Mercury Sable '96-'05	36075
Ford Tempo & Mercury Topaz '84-'94	36078
Ford T-bird & Mercury Cougar '83-'88	36082
Ford Thunderbird & Mercury Cougar '89-'97	36086
Ford Full-Size Vans '69-'91	36090
Ford Full-Size Vans '92-'05	36094
Ford Windstar '95-'03	36097

Titel	Bok nr.
GM: Century, Celebrity, Ciera, Cutlass Cruiser, 6000 '82-'96	38005
GM: Regal, Lumina, Grand Prix, Cutlass Supreme '88-'05	38010
GM: Skyhawk, Cimarron, Cavalier, Firenza, J-2000, Sunbird '82-'94	38015
GM: Chevrolet Cavalier & Pontiac Sunfire '95-'04	38016
GM: Chevrolet Cobalt & Pontiac G5 '05-'07	38017
GM: Skylark, Citation, Omega, Phoenix '80-'85	38020
GM: Skylark, Somerset, Achieva, Calais, Grand Am '85-'98	38025
GM: Malibu, Alero, Cutlass & Grand Am '97-'03	38026
GM: Chevrolet Malibu '04-'07	38027
GM: Eldorado, Seville, Deville, Riviera, Toronado '71-'85	38030
GM: Eldorado, Seville, Deville, Riviera & Toronado '86-'93	38031
GM: Cadillac DeVille '94-'05 & Seville '92-'04	38032
GM: Lumina APV, Silhouette, Trans Sport '90-'96	38035
GM: Venture, Silhouette, Trans Sport, Montana '97-05	38036
GEO Storm '90-'93	40030
HONDA Accord CVCC '76-'83	42010
Honda Accord '84-'89	42011
Honda Accord '90-'93	42012
Honda Accord '94-'97	42013
Honda Accord '98 - '02	42014
Honda Accord '03-'05	42015
Honda Civic 1200 '73-'79	42020
Honda Civic 1300 & 1500 cc CVCC '80-'83	42021
Honda Civic 1500 CVCC '75-'79	42022
Honda Civic '84-'90	42023
Honda Civic '92-'95	42024
Honda Civic '96-'00, CR-V '97-'01 & Acura Integra '94-'00	42025
Honda Civic '01-'04 and CR-V '02-'04	42026
Honda Odyssey '99-'04	42035
Honda All Pilot models (03-07)	42037
Honda Prelude CVCC '79-'89	42040
HYUNDAI Elantra '96-'01	43010
Hyundai Excel & Accent '86-'98	43015
ISUZU Rodeo, Amigo '89-'02	47017
Isuzu Trooper '84-'91 & Pick-up '81-'93	47020
JAGUAR XJ6 '68-'86	49010
Jaguar XJ6 '88-'94	49011
JEEP Cherokee, Wagoneer, Comanche '84-'01	50010
Jeep CJ '49-'86	50020
Jeep Grand Cherokee '93-'04	50025
Jeep Liberty '02-'04	50035
Jeep Wagoneer/J-Series '72-'91	50029
Jeep Wrangler '87-'03	50030
KIA Sephia & Spectra '94-'04	54070
LINCOLN Town Car '70-'05	59010
MAZDA GLC (RWD) '77-'83	61010
Mazda GLC (FWD) '81-'85	61011
Mazda 323 & Protegé '90-'00	61015
Mazda MX-5 Miata '90-'97	61016
Mazda MPV Van '89-'94	61020
Mazda Pick-ups '72-'93	61030
Mazda RX7 Rotary '79-'85	61035
Mazda RX-7 '86-'91	61036
Mazda 626 (RWD) '79-'82	61040
Mazda 626 & MX-6 (FWD) '83-'92	61041
Mazda 626, MX-6 & Ford Probe '93-'01	61042
MERCEDES BENZ Diesel 123 '76-'85	63012
Mercedes Benz 190 Series '84-'88	63015
Mercedes Benz 230, 250, & 280 '68-'72	63020
Mercedes Benz 280 (123 Series) '77-'81	63025
Mercedes Benz 350 & 450 '71-'80	63030
MERCURY Villager & Nissan Quest '93-'01	64200
MGB (4cyl.) '62-'80	66010
MG Midget & Austin-Healy Sprite '58-'80	66015
MITSUBISHI Cordia, Tredia, Galant, Precis & Mirage '83-'93	68020
Mitsubishi Eclipse, Laser, Talon '90-'94	68030
Mitsubishi Eclipse & Eagle Talon '95-'01	68031
Mitsubishi Galant '94-'03	68035
Mitsubishi Pick-up & Montero '83-'96	68040
NISSAN 300ZX '84-'89	72010
Nissan Altima '93-'04	72015
Nissan Maxima '85-'92	72020
Nissan Maxima '93-'04	72021
Nissan/Datsun Pick-up '80-'97, Pathfinder '87-'95	72030
Nissan Frontier Pick-up '98-'04, Pathfinder '96-'04 & Xterra '00-'04	72031
Nissan Pulsar '83-'86	72040
Nissan Sentra '82-'94	72050
Nissan Sentra & 200SX '95-'04	72051
Nissan Stanza '82-'90	72060
OLDSMOBILE Cutlass '74-'88	73015
PONTIAC Fiero '84-'88	79008
Pontiac Firebird V8 '70-'81	79018

Titel	Bok nr.
Pontiac Firebird '82-'92	79019
Pontiac Mid-size Rear-wheel Drive '70-'87	79040
PORSCHE 911 '65-'89	80020
Porsche 914 '69-'76	80025
Porsche 924 '76-'82	80030
Porsche 924S & 944 '83-'89	80035
SAAB 900 '79-'88	84010
SATURN S-series '91-'02	87010
Saturn Ion '03-'07	87011
Saturn L-Series '00-'04	87020
SUBARU 1100, 1300, 1400, & 1600 '71-'79	89002
Subaru 1600 & 1800 '80-'94	89003
Subaru Legacy '90-'99	89100
Subaru Legacy & Forester '00-'06	89101
SUZUKI Samurai, Sidekick '86-'01	90010
TOYOTA Camry '83-'91	92005
Toyota Camry & Avalon '92-'96	92006
Toyota Camry, Avalon, Solara, Lexus ES 300 '97-'01	92007
Toyota Camry, Avalon, Solara, Lexus ES 300/330 '02-'05	92008
Toyota Celica '71-'85	92015
Toyota Celica (FWD) '86-'99	92020
Toyota Supra '79-'92	92025
Toyota Corolla '75-'79	92030
Toyota Corolla (RWD) '80-'87	92032
Toyota Corolla (FWD) '84-'92	92035
Toyota Corolla & Geo/Chevrolet Prizm '93-'02	92036
Toyota Corolla '03-'05	92037
Toyota Corolla Tercel '80-'82	92040
Toyota Corona '74-'82	92045
Toyota Cressida '78-'82	92050
Toyota Highlander & Lexus RX-300/330 '99-'06	92095
Toyota Hi-Lux Pick-up '69-'78	92070
Toyota Land Cruiser FJ40, 43, 45, 55 & 60 '68-'82	92055
Toyota Land Cruiser FJ60, 62, 80 & FZJ80 '80-'96	92056
Toyota MR-2 '85-'87	92065
Toyota Previa Van '91-'95	92080
Toyota Pick-up '79-'95	92075
Toyota RAV4 '96-'02	92082
Toyota Sienna '98-'02	92090
Toyota Prius (01-07)	92081
Toyota Tacoma '95-'04, 4Runner '96-'02, T100 '93-'98	92076
Toyota Tercel '87-'94	92085
Toyota Tundra & Sequoia '00-'05	92078
TRIUMPH Spitfire '62-'81	94007
Triumph TR7 '75-'81	94010
VW Beetle & Karmann Ghia '54-'79	96008
VW New Beetle '98-'00	96009
VW Dasher '74 thru '81	96012
VW Rabbit, Jetta (Gas) '75-'92	96016
VW Golf & Jetta '93-'98	96017
VW Golf & Jetta '99-'02	96018
VW Rabbit, Jetta, (Diesel) '77-'84	96020
VW Passat '98-'01 & Audi A4 '96-'01	96023
VW Transporter 1600 '68-'79	96030
VW Transporter 1700, 1800, & 2000 '72-'79	96035
VW Type 3 1500 & 1600 '63-'73	96040
VW Vanagon Air - Cooled '80-'83	96045
Volvo 120 & 130 Series & 1800 '61-'73	97010
Volvo 140 '66-'74	97015
Volvo 240 Series '76-'93	97020
Volvo 740 & 760 Series '82-'88	97040

USA Techbooks

Titel	Bok nr.
Automotive Computer Codes	10205
OBD-II (96 on) Engine Management Systems	10206
Fuel Injection Manual (86-99)	10220
Holley Carburettor Manual	10225
Rochester Carburettor Manual	10230
Weber/Zenith Stromberg/SU Carburettor Manual	10240
Chevrolet Engine Overhaul Manual	10305
Chrysler Engine Overhaul Manual	10310
GM and Ford Diesel Engine Repair Manual	10330
Suspension, Steering and Driveline Manual	10345
Ford Automatic Transmission Overhaul Manual	10355
General Motors Automatic Transmission Overhaul Manual	10360
Automotive Detailling Manual	10415
Automotive Heating & Air Conditioning Manual	10425
Automotive Reference Manual & Illustrated Automotive Dictionary	10430
Used Car Buying Guide	10440

* *Classic reprint*

Motorcycle Service and Repair Manuals

Titel	Bok nr.
APRILIA RS50 (99 - 06) & RS125 (93 - 06)	4298
Aprilia RSV1000 Mille (98 - 03)	◆ 4255
Aprilia SR50	4755
BMW 2-valve Twins (70 - 96)	◆ 0249
BMW F650	◆ 4761
BMW K100 & 75 2-valve Models (83 - 96)	◆ 1373
BMW R850, 1100 & 1150 4-valve Twins (93 - 04)	◆ 3466
BMW R1200 (04 - 06)	◆ 4598
BSA Bantam (48 - 71)	0117
BSA Unit Singles (58 - 72)	0127
BSA Pre-unit Singles (54 - 61)	0326
BSA A7 & A10 Twins (47 - 62)	0121
BSA A50 & A65 Twins (62 - 73)	0155
Chinese Scooters	4768
DUCATI 600, 620, 750 and 900 2-valve V-Twins (91 - 05)	◆ 3290
Ducati MK III & Desmo Singles (69 - 76)	◇ 0445
Ducati 748, 916 & 996 4-valve V-Twins (94 - 01)	◆ 3756
GILERA Runner, DNA, Ice & SKP/Stalker (97 - 07)	4163
HARLEY-DAVIDSON Sportsters (70 - 08)	◆ 2534
Harley-Davidson Shovelhead and Evolution Big Twins (70 - 99)	◆ 2536
Harley-Davidson Twin Cam 88 (99 - 03)	◆ 2478
HONDA NB, ND, NP & NS50 Melody (81 - 85)	◇ 0622
Honda NE/NB50 Vision & SA50 Vision Met-in (85 - 95)	◇ 1278
Honda MB, MBX, MT & MTX50 (80 - 93)	0731
Honda C50, C70 & C90 (67 - 03)	0324
Honda XR80/100R & CRF80/100F (85 - 04)	2218
Honda XL/XR 80, 100, 125, 185 & 200 2-valve Models (78 - 87)	0566
Honda H100 & H100S Singles (80 - 92)	◇ 0734
Honda CB/CD125T & CM125C Twins (77 - 88)	◇ 0571
Honda CG125 (76 - 07)	◇ 0433
Honda NS125 (86 - 93)	◇ 3056
Honda CBR125R (04 - 07)	4620
Honda MBX/MTX125 & MTX200 (83 - 93)	◇ 1132
Honda CD/CM185 200T & CM250C 2-valve Twins (77 - 85)	0572
Honda XL/XR 250 & 500 (78 - 84)	0567
Honda XR250L, XR250R & XR400R (86 - 03)	2219
Honda CB250 & CB400N Super Dreams (78 - 84)	◇ 0540
Honda CR Motocross Bikes (86 - 01)	2222
Honda CRF250 & CRF450 (02 - 06)	2630
Honda CBR400RR Fours (88 - 99)	◇ ◆ 3552
Honda VFR400 (NC30) & RVF400 (NC35) V-Fours (89 - 98)	◇ ◆ 3496
Honda CB500 (93 - 02) & CBF500 03 - 08	◇ 3753
Honda CB400 & CB550 Fours (73 - 77)	0262
Honda CX/GL500 & 650 V-Twins (78 - 86)	0442
Honda CBX550 Four (82 - 86)	◇ 0940
Honda XL600R & XR600R (83 - 08)	◆ 2183
Honda XL600/650V Transalp & XRV750 Africa Twin (87 to 07)	◆ 3919
Honda CBR600F1 & 1000F Fours (87 - 96)	◆ 1730
Honda CBR600F2 & F3 Fours (91 - 98)	◆ 2070
Honda CBR600F4 (99 - 06)	◆ 3911
Honda CB600F Hornet & CBF600 (98 - 06)	◇ ◆ 3915
Honda CBR600RR (03 - 06)	◆ 4590
Honda CB650 sohc Fours (78 - 84)	0665
Honda NTV600 Revere, NTV650 and NT650V Deauville (88 - 05)	◇ ◆ 3243
Honda Shadow VT600 & 750 (USA) (88 - 03)	2312
Honda CB750 sohc Four (69 - 79)	0131
Honda V45/65 Sabre & Magna (82 - 88)	0820
Honda VFR750 & 700 V-Fours (86 - 97)	◆ 2101
Honda VFR800 V-Fours (97 - 01)	◆ 3703
Honda VFR800 V-Tec V-Fours (02 - 05)	◆ 4196
Honda CB750 & CB900 dohc Fours (78 - 84)	0535
Honda VTR1000 (FireStorm, Super Hawk) & XL1000V (Varadero) (97 - 08)	◆ 3744
Honda CBR900RR FireBlade (92 - 99)	◆ 2161
Honda CBR900RR FireBlade (00 - 03)	◆ 4060
Honda CBR1000RR Fireblade (04 - 07)	◆ 4604
Honda CBR1100XX Super Blackbird (97 - 07)	◆ 3901
Honda ST1100 Pan European V-Fours (90 - 02)	◆ 3384

Titel	Bok nr.
Honda Shadow VT1100 (USA) (85 - 98)	2313
Honda GL1000 Gold Wing (75 - 79)	0309
Honda GL1100 Gold Wing (79 - 81)	0669
Honda Gold Wing 1200 (USA) (84 - 87)	2199
Honda Gold Wing 1500 (USA) (88 - 00)	2225
KAWASAKI AE/AR 50 & 80 (81 - 95)	1007
Kawasaki KC, KE & KH100 (75 - 99)	1371
Kawasaki KMX125 & 200 (86 - 02)	◇ 3046
Kawasaki 250, 350 & 400 Triples (72 - 79)	0134
Kawasaki 400 & 440 Twins (74 - 81)	0281
Kawasaki 400, 500 & 550 Fours (79 - 91)	0910
Kawasaki EN450 & 500 Twins (Ltd/Vulcan) (85 - 07)	2053
Kawasaki EX500 (GPZ500S) & ER500 (ER-5) (87 - 08)	◆ 2052
Kawasaki ZX600 (ZZ-R600 & Ninja ZX-6) (90 - 06)	◆ 2146
Kawasaki ZX-6R Ninja Fours (95 - 02)	◆ 3541
Kawasaki ZX-6R (03 - 06)	◆ 4742
Kawasaki ZX600 (GPZ600R, GPX600R, Ninja 600R & RX) & ZX750 (GPX750R, Ninja 750R)	◆ 1780
Kawasaki 650 Four (76 - 78)	0373
Kawasaki Vulcan 700/750 & 800 (85 - 04)	◆ 2457
Kawasaki 750 Air-cooled Fours (80 - 91)	0574
Kawasaki ZR550 & 750 Zephyr Fours (90 - 97)	◆ 3382
Kawasaki Z750 & Z1000 (03 - 08)	◆ 4762
Kawasaki ZX750 (Ninja ZX-7 & ZXR750) Fours (89 - 96)	◆ 2054
Kawasaki Ninja ZX-7R & ZX-9R (94 - 04)	◆ 3721
Kawasaki 900 & 1000 Fours (73 - 77)	0222
Kawasaki ZX900, 1000 & 1100 Liquid-cooled Fours (83 - 97)	◆ 1681
KTM EXC Enduro & SX Motocross (00 - 07)	◆ 4629
MOTO GUZZI 750, 850 & 1000 V-Twins (74 - 78)	0339
MZ ETZ Models (81 - 95)	◇ 1680
NORTON 500, 600, 650 & 750 Twins (57 - 70)	0187
Norton Commando (68 - 77)	0125
PEUGEOT Speedfight, Trekker & Vivacity Scooters (96 - 08)	◇ 3920
PIAGGIO (Vespa) Scooters (91 - 06)	◇ 3492
SUZUKI GT, ZR & TS50 (77 - 90)	◇ 0799
Suzuki TS50X (84 - 00)	◇ 1599
Suzuki 100, 125, 185 & 250 Air-cooled Trail bikes (79 - 89)	0797
Suzuki GP100 & 125 Singles (78 - 93)	◇ 0576
Suzuki GS, GN, GZ & DR125 Singles (82 - 05)	◇ 0888
Suzuki GSX-R600/750 (06 - 09)	◆ 4790
Suzuki 250 & 350 Twins (68 - 78)	0120
Suzuki GT250X7, GT200X5 & SB200 Twins (78 - 83)	◇ 0469
Suzuki GS/GSX250, 400 & 450 Twins (79 - 85)	0736
Suzuki GS500 Twin (89 - 06)	◆ 3238
Suzuki GS550 (77 - 82) & GS750 Fours (76 - 79)	0363
Suzuki GS/GSX550 4-valve Fours (83 - 88)	1133
Suzuki SV650 & SV650S (99 - 08)	◆ 3912
Suzuki GSX-R600 & 750 (96 - 00)	◆ 3553
Suzuki GSX-R600 (01 - 03), GSX-R750 (00 - 03) & GSX-R1000 (01 - 02)	◆ 3986
Suzuki GSX-R600/750 (04 - 05) & GSX-R1000 (03 - 06)	◆ 4382
Suzuki GSF600, 650 & 1200 Bandit Fours (95 - 06)	◆ 3367
Suzuki Intruder, Marauder, Volusia & Boulevard (85 - 06)	◆ 2618
Suzuki GS850 Fours (78 - 88)	0536
Suzuki GS1000 Four (77 - 79)	0484
Suzuki GSX-R750, GSX-R1100 (85 - 92), GSX600F, GSX750F, GSX1100F (Katana) Fours	◆ 2055
Suzuki GSX600/750F & GSX750 (98 - 02)	◆ 3987
Suzuki GS/GSX1000, 1100 & 1150 4-valve Fours (79 - 88)	0737
Suzuki TL1000S/R & DL1000 V-Strom (97 - 04)	◆ 4083
Suzuki GSF650/1250 (05 - 09)	◆ 4798
Suzuki GSX1300R Hayabusa (99 - 04)	◆ 4184
Suzuki GSX1400 (02 - 07)	◆ 4758
TRIUMPH Tiger Cub & Terrier (52 - 68)	0414
Triumph 350 & 500 Unit Twins (58 - 73)	0137
Triumph Pre-Unit Twins (47 - 62)	0251
Triumph 650 & 750 2-valve Unit Twins (63 - 83)	0122
Triumph Trident & BSA Rocket 3 (69 - 75)	0136
Triumph Bonneville (01 - 07)	◆ 4364
Triumph Daytona, Speed Triple, Sprint & Tiger (97 - 05)	◆ 3755
Triumph Triples and Fours (carburettor engines) (91 - 04)	◆ 2162

Titel	Bok nr.
VESPA P/PX125, 150 & 200 Scooters (78 - 06)	0707
Vespa Scooters (59 - 78)	0126
YAMAHA DT50 & 80 Trail Bikes (78 - 95)	◇ 0800
Yamaha T50 & 80 Townmate (83 - 95)	◇ 1247
Yamaha YB100 Singles (73 - 91)	◇ 0474
Yamaha RS/RXS100 & 125 Singles (74 - 95)	0331
Yamaha RD & DT125LC (82 - 95)	◇ 0887
Yamaha TZR125 (87 - 93) & DT125R (88 - 07)	◇ 1655
Yamaha TY50, 80, 125 & 175 (74 - 84)	◇ 0464
Yamaha XT & SR125 (82 - 03)	◇ 1021
Yamaha YBR125	4797
Yamaha Trail Bikes (81 - 00)	2350
Yamaha 2-stroke Motocross Bikes 1986 - 2006	2662
Yamaha YZ & WR 4-stroke Motocross Bikes (98 - 08)	2689
Yamaha 250 & 350 Twins (70 - 79)	0040
Yamaha XS250, 360 & 400 sohc Twins (75 - 84)	0378
Yamaha RD250 & 350LC Twins (80 - 82)	0803
Yamaha RD350 YPVS Twins (83 - 95)	1158
Yamaha RD400 Twin (75 - 79)	0333
Yamaha XT, TT & SR500 Singles (75 - 83)	0342
Yamaha XZ550 Vision V-Twins (82 - 85)	0821
Yamaha FJ, FZ, XJ & YX600 Radian (84 - 92)	2100
Yamaha XJ600S (Diversion, Seca II) & XJ600N Fours (92 - 03)	◆ 2145
Yamaha YZF600R Thundercat & FZS600 Fazer (96 - 03)	◆ 3702
Yamaha FZ-6 Fazer (04 - 07)	◆ 4751
Yamaha YZF-R6 (99 - 02)	◆ 3900
Yamaha YZF-R6 (03 - 05)	◆ 4601
Yamaha 650 Twins (70 - 83)	0341
Yamaha XJ650 & 750 Fours (80 - 84)	0738
Yamaha XS750 & 850 Triples (76 - 85)	0340
Yamaha TDM850, TRX850 & XTZ750 (89 - 99)	◇ ◆ 3540
Yamaha YZF750R & YZF1000R Thunderace (93 - 00)	◆ 3720
Yamaha FZR600, 750 & 1000 Fours (87 - 96)	◆ 2056
Yamaha XV (Virago) V-Twins (81 - 03)	◆ 0802
Yamaha XVS650 & 1100 Drag Star/V-Star (97 - 05)	◆ 4195
Yamaha XJ900F Fours (83 - 94)	◆ 3239
Yamaha XJ900S Diversion (94 - 01)	◆ 3739
Yamaha YZF-R1 (98 - 03)	◆ 3754
Yamaha YZF-R1 (04 - 06)	◆ 4605
Yamaha FZS1000 Fazer (01 - 05)	◆ 4287
Yamaha FJ1100 & 1200 Fours (84 - 96)	◆ 2057
Yamaha XJR1200 & 1300 (95 - 06)	◆ 3981
Yamaha V-Max (85 - 03)	◆ 4072
ATVs	
Honda ATC70, 90, 110, 185 & 200 (71 - 85)	0565
Honda Rancher, Recon & TRX250EX ATVs	2553
Honda TRX300 Shaft Drive ATVs (88 - 00)	2125
Honda Foreman (95 - 07)	2465
Honda TRX300EX, TRX400EX & TRX450R/ER ATVs (93 - 06)	2318
Kawasaki Bayou 220/250/300 & Prairie 300 ATVs (86 - 03)	2351
Polaris ATVs (85 - 97)	2302
Polaris ATVs (98 - 06)	2508
Yamaha YFS200 Blaster ATV (88 - 06)	2317
Yamaha YFB250 Timberwolf ATVs (92 - 00)	2217
Yamaha YFM350 & YFM400 (ER and Big Bear) ATVs (87 - 03)	2126
Yamaha Banshee and Warrior ATVs (87 - 03)	2314
Yamaha Kodiak and Grizzly ATVs (93 - 05)	2567
ATV Basics	10450
TECHBOOK SERIES	
Twist and Go (automatic transmission) Scooters Service and Repair Manual	4082
Motorcycle Basics TechBook (2nd Edition)	3515
Motorcycle Electrical TechBook (3rd Edition)	3471
Motorcycle Fuel Systems TechBook	3514
Motorcycle Maintenance TechBook	4071
Motorcycle Modifying	4272
Motorcycle Workshop Practice TechBook (2nd Edition)	3470

◇ = not available in the USA *◆ = Superbike*

HOUSE AND GARDEN	
Home Extension Manual	H4357
The Victorian House Manual	H4213
The 1930s House Manual	H4214
Washing Machine Manual (4th Edition)	H4348
Dishwasher Manual	H4555
Lawnmower Manual (3rd Edition)	L7337
Washerdrier & Tumbledrier Manual	L7328
Loft Conversion Manual	H4446
Home Buying & Selling	H4535
Garden Buildings Manual	H4352
The Eco-House Manual	H4405
Home Grown Vegetable Manual	H4649
Food Manual	H4512
CYCLING	
The London Cycle Guide	L7320
The Mountain Bike Book (2nd edn)	H4673
Birmingham & the Black Country Cycle Rides	H4007
Bristol & Bath Cycle Rides	H4025
Manchester Cycle Rides	H4026
Racing Bike Book (3rd Edition)	H4341
The Bike Book (5th Edition)	H4421
OUTDOOR LEISURE	
Build Your Own Motorcaravan	H4221
The Caravan Handbook	L7801
The Caravan Manual (4th Edition)	H4678
The Motorcaravan Manual (2nd Edition)	H4047
Motorcaravanning Handbook	H4428
Camping Manual	H4319
Sailing Boat Manual	H4484
Motor Boat Manual	H4513
Sailing Boat Manual	H4484
OUTDOOR LEISURE	
Fender Stratocaster	H4321
Gibson Les Paul	H4478
Piano Manual	H4485

Alla produkter på dessa sidor finns hos motortillbehörsbutiker, cykelbutiker och bokhandlare. Finns också reparationshandböcker Chilton för amerikanska bilar på engelska. Vi utvecklar och uppdaterar kontinuerligt vårt utbud och nya titlar tillkommer därför hela tiden. För ytterligare information om vårt utbud, ring: (Sverige) +46 18 124016 • (UK) +44 1963 442030 • (USA) +1 805 498 6703 • (Australien) +61 3 9763 8100